Horn/Kroiß
Testamentsauslegung

Testamentsauslegung

– Strategien bei unklaren letztwilligen Verfügungen –

von

Dr. Claus-Henrik Horn

Rechtsanwalt und Fachanwalt für Erbrecht in Düsseldorf
Lehrbeauftragter an der Westfälischen Wilhelms-Universität Münster

und

Dr. Ludwig Kroiß

Leitender Oberstaatsanwalt in Traunstein
Honorarprofessor an der Universität Passau

unter Mitarbeit von

Bernhard Schmid

Rechtsanwalt und Steuerberater in München

2. Auflage 2019

C.H.BECK

Zitiervorschlag: Horn/Kroiß Testamentsauslegung/*Bearbeiter* § … Rn. …

www.beck.de

ISBN 978 3 406 73190 7

Wilhelmstraße 9, 80801 München
Druck und Bindung: Kösel GmbH & Co. KG
Am Buchweg 1, 87452 Altusried-Krugzell

Satz: Druckerei C. H. Beck, Nördlingen
(Adresse wie Verlag)

Umschlaggestaltung: Ralph Zimmermann – Bureau Parapluie

Gedruckt auf säurefreiem, alterungsbeständigem Papier
(hergestellt aus chlorfrei gebleichtem Zellstoff)

Vorwort

„*Ein gehöriges Maß an Fantasie*" fordert zu Recht Prof. Dr. Knut Werner Lange bei der Auslegung von Testamenten.[1] Basis für die zutreffende Auslegung von unklaren letztwilligen Verfügungen ist zudem neben dem Wissen der gesetzlichen Grundlagen der Rechtsinstitute vor allem die Kenntnis, welche Kriterien die Rechtsprechung und die Fachliteratur für die „richtige" erbrechtliche Bewertung von interpretationsbedürftigen Testamenten und Erbverträgen entwickelt haben. Wir haben diese Kriterien zur Abgrenzung typischer Auslegungsfälle analysiert und zusammengefasst.

Unsere Ausführungen aus der ersten Auflage haben wir teilweise grundlegend überarbeitet und an verschiedenen Stellen erweitert. Dabei sind natürlich die Erfahrungen aus unserer beruflichen Tätigkeit als Anwalt bzw. langjähriger Nachlassrichter eingeflossen. Der Inhalt ist noch mehr auf den Titel „Testamentsauslegung" fokussiert, so dass wir die Anfechtung und Umdeutung letztlich als Abgrenzung zur Auslegung im 1. Kapitel untergebacht haben. Das Buch schließt mit Verfahrensfragen, also wenn eine gerichtliche Klärung erforderlich oder ein Auslegungsvertrag möglich geworden ist.

Über 200 Gerichtsentscheidungen aus den letzten sieben Jahren wurden eingepflegt. Ebenfalls haben wir die Literatur aktualisiert und neue Aufsätze berücksichtigt.

Ohne Steuerrecht geht es nicht. Daher freuen wir uns, dass RA/StB Bernhard Schmid den neuen steuerrechtlichen Teil übernommen hat und das Steuerrecht rund um die Testamentsauslegung darlegt.

Wir danken dem Verlag C. H. Beck, vor allem unserem Lektor, Herrn Dr. Thomas Schäfer, für die engagierte Begleitung und mittlerweile langjährige angenehme Zusammenarbeit.

Gesetzgebung, Rechtsprechung und Literatur sind auf dem Stand Dezember 2018.

Anregungen und Verbesserungsvorschläge stehen wir offen gegenüber.

Düsseldorf und Traunstein, im Februar 2019

Dr. Claus-Henrik Horn
Prof. Dr. Ludwig Kroiß

[1] Erbrecht, 2. Aufl. 2017, § 35 Rn. 12.

Inhaltsübersicht

Inhaltsverzeichnis

Teil 1. Überblick und Abgrenzungen

Seite

Teil 4. Auslegung von gemeinschaftlichen Testamenten und Erbverträgen

Seite

Teil 5. Außergerichtliche und gerichtliche Verfahrensfragen

Seite

Teil 6. Steuerrecht

Abkürzungs- und Literaturverzeichnis

aA	anderer Ansicht
aaO	am angegebenen Ort
Abele/Klinger/Maulbetsch	Pflichtteilsansprüche reduzieren und vermeiden, 2. Aufl. 2018
abl.	ablehnend
ABl.	Amtsblatt
Abs.	Absatz
Abschn.	Abschnitt
AcP	Archiv für die civilistische Praxis (Zeitschrift)
aE	am Ende
aF	alte Fassung
AG	Aktiengesellschaft, Amtsgericht, Ausführungsgesetz
AGB	Allgemeine Geschäftsbedingungen
AGBG	Gesetz zur Regelung des Rechts der Allgemeinen Geschäftsbedingungen
AktG	Aktiengesetz
allgM	allgemeine Meinung
Alt.	Alternative
aM	andere Meinung
AnfG	Anfechtungsgesetz
Anh.	Anhang
Anl.	Anlage
Anm.	Anmerkung
AnwBl.	Anwaltsblatt (Zeitschrift)
AO	Abgabenordnung
Art.	Artikel
Aufl.	Auflage
Az.	Aktenzeichen
BAFA	Bundesamt für Wirtschaft und Ausfuhrkontrolle
BAG	Bundesarbeitsgericht
BAnz.	Bundesanzeiger
Baumbach/Hueck	Gesetz betreffend die Gesellschaften mit beschränkter Haftung: GmbHG, Kommentar, 21. Aufl. 2017
Baumgärtel/Laumen/Prütting	Handbuch der Beweislast, 4. Aufl. 2018
BayObLG	Bayerisches Oberstes Landesgericht
BayObLGZ	Amtliche Sammlung von Entscheidungen des BayObLG in Zivilsachen
BayVBl	Bayerische Verwaltungsblätter
BB	Der Betriebs-Berater
Bd.	Band
BeckNotarHdB	*Heckschen/Herrler/Starke* (Hrsg.), Beck'sches Notarhandbuch, 6. Aufl. 2015
BeckFormB ErbR	*Brambring/Mutter* (Hrsg.), Beck' sches Formularbuch Erbrecht, 3. Aufl. 2014
BeckOF ErbR	*Horn* (Hrsg.), Beck' sche Onlineformulare, 21. Ed. 2018
BeckOGK	beck-online.GROSSKOMMENTAR, Stand: 1.7.2018
BeckOK BGB	*Bamberger/Roth/Hau/Poseck* (Hrsg.), Beck'scher Online-Kommentar BGB, 48. Ed. Stand: 1.11.2018
Bengel/Reimann TV-HdB	*Bengel/Reimann* (Hrsg.) Handbuch der Testamentsvollstreckung, 6. Aufl. 2017
bestr.	bestritten
betr.	betrifft
BetrVG	Betriebsverfassungsgesetz
BeurkG	Beurkundungsgesetz
BFH	Bundesfinanzhof
BFHE	Sammlung der Entscheidungen des Bundesfinanzhofes

BFH/NV .... Sammlung der nicht veröffentlichten Entscheidungen des Bundesfinanzhofes
BGB .... Bürgerliches Gesetzbuch
BGBl. .... Bundesgesetzblatt
BGH .... Bundesgerichtshof
BGHSt .... Amtliche Sammlung von Entscheidungen des Bundesgerichtshofes in Strafsachen
BGHZ .... Amtliche Sammlung von Entscheidungen des Bundesgerichtshofes in Zivilsachen
Bl. .... Blatt
BLAH .... *Baumbach/Lauterbach/Albers/Hartmann*, ZPO, 76. Aufl. 2018
Blümich .... EStG, KStG, GewStG, Kommentar, Loseblatt, 142. EL (Stand: 06/2018)
BMF .... Bundesminister der Finanzen
BMJ .... Bundesminister(ium) der Justiz
BMWi .... Bundesminister(ium) für Wirtschaft
BNotO .... Bundesnotarordnung
Bonefeld/Kroiß/Tanck
Erbprozess .... Erbprozess, 5. Aufl. 2017
Bonefeld/Wachter FAErR .. *Bonefeld/Wachter* (Hrsg.), Handbuch des Fachanwalts Erbrecht, 3. Aufl. 2014
Bormann/Diehn/
Sommerfeldt .... Gesetz über Kosten der freiwilligen Gerichtsbarkeit für Gerichte und Notare: GNotKG, Kommentar, 2. Aufl. 2016
BR .... Bundesrat
BR-Drs. .... Drucksache des Bundesrates
BRAO .... Bundesrechtsanwaltsordnung
BRAGO .... Bundesrechtsanwaltsgebührenordnung
Brox/Walker .... Erbrecht, 28. Aufl. 2018
BSG .... Bundessozialgericht
BSHG .... Bundessozialhilfegesetz
BStBl. .... Bundessteuerblatt Teile I, II, III
BT .... Bundestag
BT-Drs. .... Drucksache des Deutschen Bundestages
Bunjes/Geist .... Umsatzsteuergesetz: UStG, Kommentar, 17. Aufl. 2018
Burandt/Rojahn .... Erbrecht, Kommentar, 3. Aufl. 2019
BVerfG .... Bundesverfassungsgericht
BVerfGE .... Amtliche Sammlung der Entscheidungen des BVerfG
BVerwG .... Bundesverwaltungsgericht
BVerwGE .... Amtliche Sammlung der Entscheidungen des BVerwG
BWNotZ .... Zeitschrift für das Notariat in Baden-Württemberg
bzgl. .... bezüglich
bzw. .... beziehungsweise

cic .... culpa in contrahendo
Crezelius .... Unternehmenserbrecht, 2. Aufl. 2009

Damrau/Tanck .... Praxiskommentar Erbrecht, 3. Aufl. 2014
DB .... Der Betrieb
DBA .... Doppelbesteuerungsabkommen
DGVZ .... Deutsche Gerichtsvollzieherzeitung
dh .... das heißt
Diehn .... Notarkostenberechnung, 5. Aufl. 2017
Diehn/Vollpert .... Praxis des Notarkostenrechts, 2. Aufl. 2017
DNotZ .... Deutsche Notar-Zeitschrift
Dombek/Kroiß .... Formularbiliothek Zivilprozess, 3. Aufl. 2018
DONot .... Dienstordnung für Notarinnen und Notare
DÖV .... Die öffentliche Verwaltung
DRiZ .... Deutsche Richterzeitung
DStR .... Deutsches Steuerrecht
DtZ .... Deutsch-Deutsche Rechts-Zeitschrift

DVO	Durchführungsverordnung
DWiR/DZWiR	Deutsche Zeitschrift für Wirtschaftsrecht
Ebenroth	Erbrecht, 1992
EFG	Entscheidungen der Finanzgerichte
EG	Europäische Gemeinschaft; Einführungsgesetz
EGBGB	Einführungsgesetz zum BGB
1. EheRG	Erstes Gesetz zur Reform des Ehe- und Familienrechts
Einf.	Einführung
Einl.	Einleitung
ErbbRVO	Verordnung über das Erbbaurecht
ErbbauRG	Erbbaurechtsgesetz
ErbStG	Erbschaft- und Schenkungsteuergesetz
ErbStR	Erbschaftsteuer-Richtlinie
Erman	Handkommentar zum Bürgerlichen Gesetzbuch, 15. Aufl. 2017
Esch/Baumann/ Schulze zur Wiesche	Handbuch der Vermögensnachfolge, 7. Aufl. 2009
EStG	Einkommensteuergesetz
EuErbVO	Europäische Erbrechtsverordnung VO (EU) Nr. 650/2012
EuGH	Europäischer Gerichtshof
EuGüVO	Europäische Güterrechtsverordnung VO (EU) 2016/1103
Eylmann	Bundesnotarordnung, Kommentar, 4. Aufl. 2016
EWiR	Entscheidungen zum Wirtschaftsrecht, Loseblattsammlung
FAHdB ErbR	*Frieser* (Hrsg.), Handbuch des Fachanwalts Erbrecht, 6. Aufl. 2015
FamRZ	Zeitschrift für das gesamte Familienrecht
f./ff.	folgende Seite bzw. Seiten
FFDH	*Ferid/Firsching/Dörner/Hausmann* (Hrsg.) Internationales Erbrecht, Loseblatt, 105. EL 2018
FG	Finanzgericht
FGG	Gesetz über die Angelegenheiten der freiwilligen Gerichtsbarkeit
Firsching/Graf NachlassR	Nachlassrecht, 10. Aufl. 2014
Fn.	Fußnote
FR	Finanz-Rundschau
FS	Festschrift
FuR	Familie und Recht (Zeitschrift)
GBO	Grundbuchordnung
GE	Das Grundeigentum
gem.	gemäß
GenG	Genossenschaftsgesetz
GewO	Gewerbeordnung
GewStG	Gewerbesteuergesetz
GForm FamFG	*Kroiß/Seiler* (Hrsg.), Gesetzesformulare FamFG, 2. Aufl. 2018
GG	Grundgesetz
ggf.	gegebenenfalls
GKG	Gerichtskostengesetz
GmbH	Gesellschaft mit beschränkter Haftung
GmbHG	Gesetz betreffend die Gesellschaften mit beschränkter Haftung
GrEStG	Grunderwerbsteuergesetz
GrStG	Grundsteuergesetz
GrdstVG	Gesetz über die Maßnahmen zur Verbesserung der Agrarstruktur und zur Sicherung land- und forstwirtschaftlicher Betriebe (Grundstücksverkehrsgesetz)
Groll ErbR-HdB	Praxis-Handbuch Erbrechtsberatung, 3. Aufl. 2010
Große-Wilde/Ouart	Praxiskommentar Erbrecht, 2. Aufl. 2010
GVBl	Gesetz- und Verordnungsblatt
GVG	Gerichtsverfassungsgesetz
GVKostG	Gesetz über Kosten der Gerichtsvollzieher
GWB	Gesetz gegen Wettbewerbsbeschränkungen
HaftpflG	Haftpflichtgesetz
Hartmann	Kostengesetze: KostG, Kommentar, 48. Aufl. 2018

Hartung/Schons/Enders .... Rechtsanwaltsvergütungsgesetz: RVG, Kommentar, 3. Aufl. 2017
Hausmann/Hohloch .... Handbuch des Erbrechts, 2. Aufl. 2010
HausratsVO .... Hausratsverordnung
HausTWG .... Gesetz über den Widerruf von Haustürgeschäften und ähnlichen Geschäften
HeimG .... Heimgesetz
HGB .... Handelsgesetzbuch
HK-BGB .... Schulze/Dörner/Ebert u. a. (Hrsg.), Handkommentar BGB, 9. Aufl. 2016
HK-Pflichtteilsrecht .... Dauner-Lieb/Grziwotz (Hrsg.) Handkommentar Pflichtteilsrecht, 2. Aufl. 2017
hL .... herrschende Lehre
hM .... herrschende Meinung
HöfeO .... Höfeordnung
Hrsg./hrsg. .... Herausgeber/herausgegeben
Hs. .... Halbsatz
HTÜ .... Haager Testamentsformübereinkommen

idF .... in der Fassung
idR .... in der Regel
insbes. .... insbesondere
InsO .... Insolvenzordnung
IPRax .... Praxis des Internationalen Privat- und Verfahrensrechts
iSd .... im Sinne des/der
IStR .... Internationales Steuerrecht
iSv .... im Sinne von
iÜ .... im Übrigen
iVm .... in Verbindung mit

Jauernig .... Bürgerliches Gesetzbuch, Kommentar, 17. Aufl. 2018
JFG .... Jahrbuch für Entscheidungen in Angelegenheiten der freiwilligen Gerichtsbarkeit und des Grundbuchrechtes
JMBl .... Justizministerialblatt
JR .... Juristische Rundschau
JurBüro .... Das juristische Büro
JuS .... Juristische Schulung
Justiz .... Die Justiz
JW .... Juristische Wochenschrift
JZ .... Juristen-Zeitung

Kap. .... Kapitel
Keidel .... FamFG, 19. Aufl. 2017
KG .... Kammergericht, Kommanditgesellschaft
KgaA .... Kommanditgesellschaft auf Aktien
Kipp/Coing .... Erbrecht, 14. Aufl. 1990
Klingelhöffer .... Pflichtteilsrecht, 4. Aufl. 2014
KölnFormB ErbR .... *Dorsel* (Hrsg.), 2. Aufl. 2015
KostO .... Kostenordnung
KostRspr .... Kosten-Rechtsprechung, Entscheidungssammlung
Krauß Vermögensnachfolge .... Vermögensnachfolge in der Praxis, 5. Aufl. 2018
Krauß Immobilienkaufverträge .... Immobilienkaufverträge in der Praxis, 8. Aufl. 2017
KreisG .... Kreisgericht
Kroiß AnwForm .... Anwaltformulare Nachlassgerichtliches Verfahren, 2011
Krug/Daragan .... Die Immobilie im Erbrecht, 2010
KRKB .... *Krug/Rudolf/Kroiß/Bittler* (Hrsg.) Anwaltformulare Erbrecht, 6. Aufl. 2019

Lange ErbR .... Erbrecht, 2. Aufl. 2017
Lange/Kuchinke .... Lehrbuch des Erbrechts, 5. Aufl. 2001

Langenfeld/Föhler	Testamentsgestaltung, 5. Aufl. 2015
Langenfeld/Günther	Grundstückszuwendungen zur lebzeitigen Vermögensnachfolge, 6. Aufl. 2009
Langenfeld/Milzer	Handbuch der Eheverträge und Scheidungsvereinbarungen, 7. Aufl. 2014
Leipold	Erbrecht, Lehrbuch, 21. Aufl. 2016
LMFH WürzNot-HdB	Limmer/Hertel/Frenzen/Mayer (Hrsg.), Würzburger Notarhandbuch, 5. Aufl. 2018
LM	*Lindenmaier/Möhring*, Nachschlagewerk des BGH in Zivilsachen
Ls.	Leitsatz
mit abl. Anm.	mit ablehnender Anmerkung
MaBV	Makler- und Bauträgerverordnung
MAH ErbR	*Scherer* (Hrsg.) Münchener Anwaltshandbuch Erbrecht, 5. Aufl. 2018
Mayer/Bonefeld TV	Mayer/Bonefeld u. a. (Hrsg.) Testamentsvollstreckung, 4. Aufl. 2015
MDR	Monatsschrift für Deutsches Recht
mE	meines Erachtens
Meincke/Hannes/Holtz	Erbschaftsteuer- und Schenkungssteuergesetz, 17. Aufl. 2018
MittBayNot	Mitteilungen des Bayerischen Notarvereins, der Notarkasse und der Landesnotarkammer Bayern
MittRhNotK	Mitteilungen der Rheinischen Notar-Kammer
Mot	Motive zu dem Entwurf eines Bürgerlichen Gesetzbuches für das Deutsche Reich (Bände I–V)
MPFormB ErbR	*Klinger* (Hrsg.), Münchener Prozessformularbuch Erbrecht, 4. Aufl. 2018
MSTB	*Mayer/Süß/Tanck/Bittler* (Hrsg.), Handbuch Pflichtteilsrecht, 4. Aufl. 2017
MüKoBGB	Münchener Kommentar zum BGB, 7. Aufl. 2016 ff.
MüKoHGB	Münchener Kommentar zum HGB, 4. Aufl. 2016 ff.
MüKoInsO	Münchener Kommentar zur Insolvenzordnung, 3. Aufl. 2013 ff.
MüKoZPO	Münchener Kommentar zur Zivilprozessordnung, 5. Aufl. 2016 f.
MVHdB I GesR	Münchener Vertragshandbuch Band 1: Gesellschaftsrecht, 8. Aufl. 2018
MVHdB VI BürgerlR II	Münchener Vertragshandbuch Band 6: Bürgerliches Recht II, 7. Aufl. 2016
Muscheler	Erbrecht, 2010
mwN	mit weiteren Nachweisen
MwSt	Mehrwertsteuer
mit zust. Anm.	mit zustimmender Anmerkung
NdsRpfl	Niedersächsische Rechtspflege
nF	neue Fassung
Nieder/Kössinger	Handbuch der Testamentsgestaltung, 5. Aufl. 2015
NJW	Neue Juristische Wochenschrift
NJW-FER	NJW- Entscheidungsdienst Familien- und Erbrecht
NJW-RR	NJW-Rechtsprechungs-Report Zivilrecht
NK-BGB	*Dauner-Lieb/Heidel/Ring* (Hrsg.), Nomos Kommentar BGB, Bd. 5, 5. Aufl. 2018
NK-NachfolgeR	*Kroiß/Horn/Solomon* (Hrsg.) Praxiskommentar Erbrechtliche Nebengesetze, 2. Aufl. 2019
Nr.	Nummer(n)
nrk	nicht rechtskräftig
NWB	Neue Wirtschafts- Briefe für Steuer- und Wirtschaftsrecht
og	oben genannte
OGHZ	Entscheidungen des Obersten Gerichtshofs für die Britische Zone in Zivilsachen
OHG	Offene Handelsgesellschaft
OLG	Oberlandesgericht
OLGZ	Rechtsprechung der Oberlandesgerichte in Zivilsachen
OVG	Oberverwaltungsgericht
OWi	Ordnungswidrigkeit
OWiG	Gesetz über Ordnungswidrigkeiten

pa	per annum
Palandt	BGB, Kommentar, 78. Aufl. 2019
Prot	Protokolle der Kommission für die 2. Lesung des Entwurfs des BGB
PStG	Personenstandsgesetz
pVV	positive Vertragsverletzung
RabelsZ	Zeitschrift für ausländisches und internationales Privatrecht
RdL	Recht der Landwirtschaft
Rn.	Randnummer
RE	Rechtsentscheid
RG	Reichsgericht
Reimann/Bengel/J. Mayer	Testament und Erbvertrag, 6. Aufl. 2015
RGBl.	Reichsgesetzblatt
RGRK	Das Bürgerliche Gesetzbuch, Kommentar, herausgegeben von Mitgliedern des Bundesgerichtshofs, 12. Aufl. 1974 ff.
RGZ	Entscheidungen des Reichsgerichtes in Zivilsachen
Rißmann Erbengemeinschaft	Erbengemeinschaft, 3. Aufl. 2019
Roth/Hannes/Mielke	Vor- und Nacherbschaft, 2010
Rpfl	Der Deutsche Rechtspfleger
RpflegerG	Rechtspflegergesetz
Rspr	Rechtsprechung
RsprN	Rechtsprechungsnachweis€
Rudolf Testamentsauslegung	*Rudolf/Bittler/Seiler/Schopp* (Hrsg.) Handbuch Testamentsauslegung und Anfechtung, 2. Aufl. 2013
RWS	Kommunikationsform Recht – Wirtschaft – Steuern
s.	siehe
S.	Satz, Seite(n)
Schauhoff	Handbuch der Gemeinnützigkeit, 3. Aufl. 2010
SchlHA	Schleswig-Holsteinische Anzeigen
Schlitt/Müller Pflichtteils-HdB	Handbuch Pflichtteilsrecht, 2. Aufl. 2017
Schlüter/Stolte	Stiftungsrecht, 3. Aufl. 2016
Schmidt	Einkommensteuergesetz: EStG, Kommentar, 37. Aufl. 2018
SeuffA	Seufferts Archiv für Entscheidungen der obersten Gerichte
s. o.	siehe oben
Soergel	BGB, Kommentar, 13. Aufl. 2001 ff.
sog.	sogenannt
Spiegelberger	Vermögensnachfolge, 2. Aufl. 2010
Staudinger	BGB, Kommentar, Neubearbeitung 2013 ff.
StBerG	Steuerberatungsgesetz
StGB	Strafgesetzbuch
StPO	Strafprozessordnung
stRspr	ständige Rechtsprechung
s. u.	siehe unten, siehe unter
Sudhoff Unternehmensnachfolge	Unternehmensnachfolge, 5. Aufl. 2005
Süß	Erbrecht in Europa, 3. Aufl. 2016
Süß/Ring EheR	Eherecht in Europa, 3. Aufl. 2016
Tanck/Krug	Anwaltsformulare Testamente, 5. Aufl. 2015
TestG	Gesetz über die Errichtung von Testamenten und Erbverträgen
TestÜbk	Haager Testamentsübereinkommen
Thomas/Putzo	ZPO, Kommentar, 39. Aufl. 2018
TGJG	*Troll/Gebel/Jülicher/Gottschalk* (Hrsg.), Erbschaftsteuer- und Schenkungsteuergesetz: ErbStG, Loseblatt, 54. EL 2018
ua	unter anderem, und andere
uÄ	und Ähnliches

uE .... unseres Erachtens
UmwG .... Umwandlungsgesetz
UntStFG .... Unternehmenssteuer-Fortentwicklungsgesetz
Urt. .... Urteil
UWG .... Gesetz gegen den unlauteren Wettbewerb
UStG .... Umsatzsteuergesetz
usw .... und so weiter
uU .... unter Umständen
UVR .... Umsatz- und Verkehrsteuer- Recht

va .... vor allem
VG .... Verwaltungsgericht
VGH .... Verwaltungsgerichtshof
vgl. .... vergleiche
VO .... Verordnung
VOBl. .... Verordnungsblatt
Vorb. .... Vorbemerkung
vTw .... Von Todes wegen

WährG .... Währungsgesetz
Wandtke/Bullinger .... Praxiskommentar zum Urheberrecht: UrhR, 4. Aufl. 2014
Warn Rspr. .... Rechtsprechung des Reichsgerichts, hrsg. von Warneyer
WEG .... Gesetz über das Wohnungseigentum und das Dauerwohnrecht vom 15.3.1951, BGBl. 1951 I 175
Weirich .... Erben und Vererben, 6. Aufl. 2010
Winkler .... Beurkundungsgesetz: BeurkG, Kommentar, 18. Aufl. 2017
Winkler TV .... Der Testamentsvollstrecker: nach Bürgerlichem, Handels- und Steuerrecht, 22. Aufl. 2016
WiStG .... Wirtschaftsstrafgesetz
WM .... Zeitschrift für Wirtschaft und Bankrecht, Wertpapiermitteilungen
WRP .... Wettbewerb in Recht und Praxis
WuM .... Wohnungswirtschaft und Mietrecht (Zeitschrift)
WürzNot-HdB .... *Limmer/Hertel/Frenzen/Mayer* (Hrsg.), Würzburger Notarhandbuch, 5. Aufl. 2018

zB .... zum Beispiel
Zerb .... Zeitschrift für die Steuer- und Erbrechtspraxis
ZEV .... Zeitschrift für Erbrecht und Vermögensnachfolge
ZGB .... Zivilgesetzbuch der ehem DDR
Ziff. .... Ziffer
Zimmermann TV .... Die Testamentsvollstreckung, 4. Aufl. 2018
ZIP .... Zeitschrift für Wirtschaftsrecht
Zöller .... Zivilprozessordnung: ZPO, Kommentar, 32. Aufl. 2018
ZOV .... Zeitschrift für offene Vermögensfragen
ZPO .... Zivilprozessordnung
ZRP .... Zeitschrift für Rechtspolitik
ZSEG .... Gesetz über die Entschädigung von Zeugen und Sachverständigen
ZSW .... Zeitschrift für das gesamte Sachverständigenwesen
zT .... zum Teil
ZVG .... Zwangsversteigerungsgesetz
zzt. .... zurzeit
zzgl. .... zuzüglich

Teil 1. Überblick und Abgrenzungen

§ 1 Einführung und strategische Vorgehensweise

Übersicht

I. Historische und gesetzliche Grundlagen

1 Bereits Juristen im alten Rom hatten sich mit der Auslegung letztwilliger Verfügungen zu beschäftigen. So hat auch das **Römische Recht** die für die Rechtsentwicklung maßgeblichen Auslegungsgrundsätze bestimmt.[1] Grundsätzlich konnten damals zwar eindeutige Erklärungen nicht ausgelegt werden. Es setzte sich aber mit der Zeit der Wille des Erblassers gegen den Wortlaut seiner Verfügung, die *voluntas* gegen die *verba,* durch. Die Betonung des Gewollten soll durch die **griechische Rhetorik** gefördert worden sein.[2] Der Wortlaut der Verfügung wurde in nachklassischer Zeit zurückgedrängt, damit der **Wille des Erblassers verwirklicht** werden konnte. Ein Testament war nach Möglichkeit aufrechtzuerhalten und wohlwollend auszulegen.

2 Dass Willenserklärungen mehrdeutig und auslegungsbedürftig sein können, ist in der Entstehungsgeschichte des Bürgerlichen Gesetzbuches bedacht worden. § 133 BGB zufolge ist bei der Auslegung einer Willenserklärung der wirkliche Wille zu erforschen und nicht an dem buchstäblichen Sinne des Ausdrucks zu haften.

3 Für die Auslegung von Verträgen normiert zudem § 157 BGB, dass diese so auszulegen sind, „*wie Treu und Glauben mit Rücksicht auf die Verkehrssitte es erfordern*". Diese Vorschriften aus dem Allgemeinen Teil des BGB werden durch Spezialvorschriften aus dem 5. Buch des BGB, dem Erbrecht, ergänzt, vor allem durch § 2084 BGB.

4 Für den Fall, dass eine letztwillige Verfügung unklar ist und der tatsächliche Wille nicht durch die individuelle Auslegung erforscht werden kann, sehen verschiedene Paragrafen Rechtsfolgen vor (etwa §§ 2066–2076 BGB). Der **Vorrang der individuellen Auslegung** ergibt sich aus dem Tatbestandsmerkmal „*im Zweifel*" oder ähnlich in den gesetzlichen Auslegungsvorschriften.

5 Auch die Anfechtungsvorschriften aus dem Allgemeinen Teil des BGB gelten für letztwillige Verfügungen (§§ 119 ff. BGB); aber auch sie werden durch spezielle Normen aus dem Erbrecht ergänzt (§§ 2078 bis 2083 BGB).

6 Die für die Auslegung und Anfechtung relevanten Normen des BGB hat der Gesetzgeber in über 118 Jahren nicht reformiert, obwohl sich die Behandlung und die Rechtsfolgen von unklaren letztwilligen Verfügungen stark verändert haben. Eine Gesetzesänderung verhalf einer Vielzahl von privatschriftlichen Testamenten zur Wirksamkeit und erhöhte gleichzeitig die Zahl der auszulegenden letztwilligen Verfügungen: Seit 1938[3] ist es für die **Formwirk-**

---

[1] *Lange* ErbR § 34 I 1.

[2] *Lange* ErbR § 34 I 1.

[3] „Gesetz über die Errichtung von Testamenten und Erbverträgen" vom 31.7.1938 (RGBl. I S. 973); § 2231 BGB wurde neu gefasst und in § 21 TestG überführt. Das TestG galt bis in das Jahr 1953 und wurde dann in

samkeit privatschriftlicher Testamente[4] nicht mehr erforderlich, dass ein Erblasser bei Abfassung über die in dem heutigen § 2247 BGB geregelten Voraussetzungen hinaus zwingend Ort und Datum der Testamentserrichtung angibt.

7 Weitere Gesetzesänderungen hinsichtlich der Formerfordernisse letztwilliger Verfügungen betrafen danach Sonderfälle, wie etwa durch die Reform des **Rechts der Vormundschaft** und **Pflegschaft für Volljährige** (Betreuungsgesetz – BtG) vom 12.9.1990 und durch den mit Wirkung zum 1.1.1992 aufgehobenen § 2230 BGB aF. Auch waren Änderungen hinsichtlich der Bestimmungen für öffentliche Testamente zu verzeichnen, etwa §§ 2232, 2233 BGB.[5]

8 Der früheren Rechtsprechung zufolge konnten eindeutige Erklärungen nicht ausgelegt werden.[6] Diese **Eindeutigkeitsformel** wurde jedoch mit der Grundsatzentscheidung des BGH vom 8.12.1982 aufgegeben, nach der der Auslegung eines Testamentes auch in Fällen **klaren und eindeutigen Wortlauts** durch eben diesen Wortlaut keine Grenze gesetzt ist.[7] Seitdem hat die Verwirklichung des Erblasserwillens Vorrang vor dem Wortlaut.

9 § 125 BGB schränkt eine Auslegung ausschließlich auf Basis des tatsächlichen Willens des Erblassers ein: Danach sind **Rechtsgeschäfte,** deren es der durch Gesetz vorgeschriebenen **Form mangelt, nichtig.**[8] Unabhängig von der Möglichkeit, in Notsituationen Testamente zu errichten, können letztwillige Verfügungen nur zur Niederschrift eines Notares oder durch eine eigenhändig geschriebene und unterschriebene Erklärung errichtet werden (§ 2231 BGB). Vor diesem Hintergrund kann ein durch Auslegung ermittelter tatsächlicher Wille des Erblassers nur dann maßgebend für seine letztwillige Nachfolge sein, wenn dieser in der Verfügung von Todes wegen irgendwie – wenn auch nur versteckt oder andeutungsweise – Ausdruck gefunden hat (Andeutungstheorie; → § 7 Rn. 72 ff.).

II. Interpretationsbedürftigkeit unklarer letztwilliger Verfügungen

10 Damit eine Auslegung erforderlich ist, muss eine letztwillige Verfügung **interpretations- und damit auslegungsbedürftig** sein. Soweit indes der Erblasser seinen Willen in jeder Hinsicht eindeutig und zweifelsfrei erklärt hat, keine tatsächlichen oder rechtlichen Änderungen nach Testamentserrichtung eingetreten sind und er sich nicht geirrt hat, besteht kein Raum für eine Auslegung oder Anfechtung.[9] Dann ist der Wortlaut des Testamentes bzw. Erbvertrages nach dem Erbfall zwingend umzusetzen.

11 Der Frage der Auslegungsbedürftigkeit ist grundsätzlich bei jedem Testament bzw. Erbvertrag nachzugehen, etwa wenn

- die **Verfügung mehrdeutig**[10] ist, etwa hinsichtlich[11]
  - der Person des Zuwendungsempfängers,
  - dem Zuwendungsgegenstand,
  - einzelnen Modalitäten der Zuwendungen, auch Bedingungen.
- ein Erbanwärter bzw. ein Vermächtnisnehmer vorverstorben ist,
- ein Erbanwärter oder Vermächtnisnehmer ausschlägt oder
- zugewiesene oder vermachte Vermögensgegenstände nicht mehr (im Nachlass) vorhanden sind.

12 So ist auch ein (vermeintlich) eindeutiger Wortlaut einer letztwilligen Verfügung auszulegen, wenn sich aus den Umständen ergibt, dass der Erblasser mit seinen Worten einen anderen Sinn verbunden hat, als es dem allgemeinen Sprachgebrauch entspricht.[12]

---

das BGB eingegliedert; aus § 21 TestG wurde § 2247 BGB; *Baumann* RNotZ 2010, 310 (313) und RNotZ 2011, 33.

[4] Zur Geschichte des privatschriftlichen Testamentes: *Götz* RNotZ 2010, 520.

[5] BeckOK BGB/*Litzenburger* § 2232 Rn. 4 f., § 2233 Rn. 1, 7 ff.

[6] BGH NJW 1958, 498; BGH NJW 1960, 959.

[7] BGH NJW 1983, 672; vorbereitet durch BGH NJW 1981, 1736.

[8] Palandt/*Weidlich* § 2247 Rn. 3.

[9] Vgl. Hausmann/Hohloch/*Staudinger,* ErbR HdB, Kap. 9 Rn. 1; NK-BGB/*Fleindl* § 2084 Rn. 19.

[10] Erman/*M. Schmidt* § 2084 Rn. 6; Staudinger/*Otte* Vorb. zu §§ 2064 ff. Rn. 50.

[11] BeckOK BGB/*Litzenburger* § 2084 Rn. 8.

[12] BGH NJW 1983, 672.

Auslegungsbedürftig sind vor allem **privatschriftliche Testamente,** die ohne juristische Beratung von Laien verfasst wurden. Der Text ist dann oftmals missverständlich oder gar widersprüchlich und fordert *Schellhammer* zufolge die Nachwelt zu *„haarspaltenden Interpretationen förmlich heraus"*.[13] Geradezu als Klassiker zu bezeichnen ist die rechtlich unzutreffende Verwendung der Begriffe *„vererben"* bzw. *„vermachen"* durch Laien.[14] Auch **Begriffe** wie **Vor-, Nach- und Ersatzerbe** scheinen für juristisch nicht ausgebildete Personen oftmals **austauschbar** und müssen deshalb teilweise völlig losgelöst von ihrer rechtstechnischen Bedeutung interpretiert werden (→ § 7 Rn. 54 ff., → § 12 Rn. 13 ff.).[15] Ein vom Wortlaut verfügter *„Nacherbe"* soll oftmals ein *„Ersatzerbe"* oder vor allem ein Schlusserbe iSd Erbrechts sein (→ § 12 Rn. 31).[16] 13

III. Gegenstand und Ziel der Auslegung

Den **Gegenstand** der Auslegung bilden die in den Verfügungen von Todes wegen[17] **enthaltenen Willenserklärungen.** Auszulegen ist damit jede einzelne letztwillige Verfügung des Erblassers;[18] Klauseln können auch mehrere letztwillige Verfügungen enthalten. Die einzelnen Verfügungen sind aber nicht isoliert zu würdigen, sondern im Zusammenhang mit den übrigen und mit dem gesamten Testament bzw. Erbvertrag. 14

Eine Auslegung ist nur dann vorzunehmen, wenn tatsächlich letztwillige Verfügungen vorliegen. Diese müssen in der gesetzlich gebotenen Form und mit Testierwillen errichtet worden sein.[19] Eine Auslegung ist nicht möglich, wenn bereits kein Testament vorliegt, weil es etwa bei dem Verfassen des Schriftstückes an dem **erforderlichen Testierwillen mangelte.** Es kann sich insoweit lediglich um einen **Entwurf** (→ § 4) oder um ein **Scherztestament** handeln (§ 118 BGB).[20] Fehlt es etwa einer letztwilligen Verfügung an der Unterschrift des Erblassers, kann diesem Formmangel nicht durch Auslegung des erklärten Willens zur Wirksamkeit verholfen werden.[21] 15

Schriftstücke können manchmal durch *„Umdeutung"* gerettet werden (§ 140 BGB). Beispielsweise kann eine lediglich maschinenschriftlich fixierte Begünstigung als Schenkung umgedeutet werden, so dass trotz der Formunwirksamkeit einer letztwilligen Verfügung der Wille des Erblassers umgesetzt werden kann (→ § 3 Rn. 46 ff.). 16

Ziel der Auslegung von letztwilligen Verfügungen ist es, ihren **rechtlich maßgebenden Inhalt zu ermitteln.**[22] Es ist dem wahren Willen des Erblassers Geltung zu verschaffen.[23] Zur Erreichung dieses Ziels ist der rechtlich maßgebende Inhalt der letztwilligen Verfügung zu erforschen.[24] Dafür ist zu klären, was der Erblasser **mit seinen Worten** zum Ausdruck bringen wollte, nicht aber die Ermittlung eines von der Erklärung losgelösten Willens.[25] So ist der Wortsinn des Erblasserwillens zu ermitteln. Dabei ist der Erblasserwille nur ein Faktor, allerdings auch der wichtigste. Die übrigen Faktoren sind der Wortlaut der Testamentsurkunde, die rechtlichen und tatsächlichen Umstände, von denen der Erfolg der Verfügung abhängt, und die gesetzlichen Auslegungsregeln.[26] 17

[13] *Schellhammer,* Erbrecht nach Anspruchsgrundlagen, Rn. 308.
[14] MAH ErbR/*Machulla* § 6 Rn. 10; FG Nürnberg DStRE 2010, 1363 (1365).
[15] BGH NJW 1983, 277 (278); BayObLG FamRZ 1989, 99 (101) = BeckRS 2009, 12 348; vgl. OLG Düsseldorf FGPrax 2011, 125 (126); Hausmann/Hohloch/*Staudinger,* ErbR HdB, Kap. 9 Rn. 14.
[16] OLG München BeckRS 2011, 28 351; LG Bonn NJW-RR 2004, 10 (11).
[17] MüKoBGB/*Leipold* § 2084 Rn. 3.
[18] *Lange* ErbR § 34 III 3a.
[19] NK-BGB/*Fleindl* § 2084 Rn. 14.
[20] Staudinger/*Otte* Vorb. zu §§ 2064 ff. Rn. 17.
[21] BayObLG BeckRS 2010, 8741; NK-BGB/*Fleindl* § 2084 Rn. 14.
[22] BGH NJWE-FER 1997, 252.
[23] BGH NJW 1993, 256; Erman/*M. Schmidt* § 2084 Rn. 5.
[24] Soergel/*Loritz* § 2084 Rn. 2; MüKoBGB/*Leipold* § 2084 Rn. 1.
[25] Daher die Andeutungs- bzw. Anhaltstheorie; BGH NJW 1981, 1737; NJW 1983, 672 (673); Groll ErbR-HdB/*Esser* B II. Rn. 306.
[26] Staudinger/*Otte* Vorb. zu §§ 2064 ff. Rn. 23.

IV. Grundsatz: Auslegung vor Anfechtung

18 Die Auslegung geht der Anfechtung vor, da die Auslegung den Erblasserwillen verwirklicht, während ihn die Anfechtung vernichtet und häufig zu der vom Erblasser ungewollten gesetzlichen Erbfolge führt.[27] **Die Auslegung reformiert das Testament, die Anfechtung kassiert es indes.** Schließlich hebelt die Anfechtung den Erblasserwillen vollends aus. Es tritt nämlich die vom Erblasser unerwünschte gesetzliche Erbfolge ein. Kann der tatsächliche Wille des Erblassers eindeutig durch die individuelle Auslegung festgestellt werden, so sind die **gesetzlichen Auslegungsregeln** gegenüber diesem Auslegungsergebnis **nachrangig.**[28]

V. Systematische Vorgehensweise

19 Sind letztwillige Verfügungen unklar, also ggf. auslegungs- oder anfechtungsbedürftig, ist zur Feststellung der detaillierten Erbfolge des Erblassers nach folgender Systematik vorzugehen:[29]

- **Einfache bzw. erläuternde Auslegung** (→ § 7 Rn. 18–84): Auf Basis des Wortlautes des formgerecht erklärten Testamentes oder geschlossenen Erbvertrages sind die Rechtswirkungen der Erbfolge des Erblassers zu erforschen, und zwar vom Standpunkt und vom Verständnis des Erblassers im Zeitpunkt der Testamentserrichtung ausgehend.
- **Mutmaßlicher Wille** (→ § 7 Rn. 85–88): Verläuft die einfache Auslegung erfolglos, so ist auf den wirklichen Willen abzustellen, den der Erblasser bei der Testamentserrichtung mutmaßlich gehabt hat. Es handelt sich hierbei jedoch nur um einen Behelf für den Richter, der sich außer Stande sieht, durch einfache Auslegung ein Ergebnis festzustellen.
- **Ergänzende Auslegung** (→ § 7 Rn. 89–139): Sind in dem Testament oder Erbvertrag Lücken festzustellen, die sich grundsätzlich nach der Testamentserrichtung ergeben haben, so sind diese Lücken durch den hypothetischen Erblasserwillen bei Testamentserrichtung zu schließen. Maßgebend ist das, was der Erblasser verfügt hätte, wenn er im Zeitpunkt der Testamentserrichtung gewußt hätte, was sich später verändert.
- **Wohlwollende Auslegung** (→ § 7 Rn. 140–157): Ist bei einer letztwilligen Verfügung zwar das von dem Erblasser verfolgte Ziel eindeutig festzustellen, aber bestehen zur Erreichung dieses Zieles mehrere Wege, von denen zumindest ein Weg unzulässig ist, greift § 2084 BGB. Danach gilt im Zweifel der Weg, nach dem die letztwillige Verfügung rechtswirksam das gewünschte Ziel erreicht.
- **Tatsächliche Vermutungen** (→ § 7 Rn. 158–159): Im Rahmen der freien Beweisführung hat die Rechtsprechung vereinzelt tatsächliche Vermutungen entwickelt. Diese gehen von hohen Wahrscheinlichkeiten eines gewissen Ablaufs aus, die sich aus der Lebenserfahrung ergeben würden.
- **Gesetzliche Auslegungsregeln** (→ § 8): Kann durch die individuelle Auslegung der vorherigen Schritte der Erblasserwille nicht zweifelsfrei erforscht und festgestellt werden, so bestimmt sich das Auslegungsergebnis nach den Bestimmungen der zahlreichen Auslegungsregeln, die das Gesetz vorsieht. Diese basieren auf der Lebenserfahrung, die der Gesetzgeber vor 1900 annahm.
- **Umdeutung** (→ § 3): Kann zwar der Erblasserwille zweifelsfrei festgestellt werden, aber handelt es sich dabei um einen rechtlich unzulässigen Weg, kann das eigentliche Rechtsgeschäft in ein entsprechendes Ersatzgeschäft umgedeutet werden (§ 140 BGB).
- **Anfechtung** (→ § 5): Sind die vorherigen Schritte nicht erfolgreich und sind Irrtümer festzustellen, können letztwillige Verfügungen angefochten werden.

---

[27] BGH NJW 1978, 264 (266); KG NJW 1971, 1992; Palandt/*Weidlich* § 2078 Rn. 1; MüKoBGB/*Leipold* § 2078 Rn. 10; *Olzen*/*Looschelders* ErbR Rn. 604.
[28] NK-BGB/*Fleindl* § 2084 Rn. 2.
[29] Vgl. *Schiffer*/*Scherf* ZErb 2006, 335.

VI. Verfahrensrechtliche Optionen

Verfahrensrechtlich hat die Testamentsauslegung die Besonderheit, dass ein Auslegungsergebnis nicht anerkannt werden kann. Denn die eigentliche Auslegung aufgrund der Tatsache ist Rechtsanwendung[30] und ausschließlich Aufgabe des Richters.[31] Die Tatsachen sind Anknüpfungspunkte, die Grundlage des Auslegungsergebnisses sind.[32] Der Grund hierfür besteht in der Formstrenge des Gesetzes bzw. der Wirksamkeit letztwilliger Verfügungen. Ausschluss dieser Formstrenge ist die Andeutungstheorie. Danach ist für die Erbfolge nicht maßgeblich, was der Erblasser tatsächlich wollte, sondern was er mit den Worten aus seiner letztwilligen Verfügung erreichen wollte. Absolut zutreffend ist daher die Feststellung des OLG Düsseldorf,[33] dass die Erbenstellung nicht disponibel ist. Eine Erbenstellung kann sich nur durch Gesetz oder durch eine wirksame letztwillige Verfügung begründen. 20

In erster Linie erfolgt die Klärung des „richtigen“ Erblasserwillens im Erbscheinsverfahren innerhalb der freiwilligen Gerichtsbarkeit durch den Nachlassrichter. Dieser wird auf Antrag eines potenziellen Erben tätig. In nahezu allen Fällen ist bei einem privatschriftlichen Testament ein Erbschein erforderlich, damit die Erben sich entsprechend legitimieren können. Selbst wenn kein Beteiligter dem Erbscheinsantrag entgegentritt, ist der Nachlassrichter nicht „gezwungen“, die begehrte Erbfolge durch Erlass des Erbscheins festzustellen. Er hat selber zu prüfen. Es ergeht ein Feststellungsbeschluss, wenn der Nachlassrichter die für den Erbschein erforderlichen Tatsachen als festgestellt erachtet. Dagegen kann ein Beteiligter Beschwerde zum Oberlandesgericht erheben. Das Beschwerdegericht ist eine zweite vollständige Tatsacheninstanz und überprüft die Testamentsauslegung vollumfänglich. Gegen den Beschluss des Beschwerdegerichtes kann nur dann Rechtsbeschwerde zum BGH eingelegt werden, wenn das Beschwerdegericht die Rechtsbeschwerde explizit zugelassen hat. Zu Recht kritisiert Kanzleiter,[34] dass damit die OLGs es in der Hand hätten, ob ihre eigenen Entscheidungen durch den BGH überprüft werden oder eben nicht. 21

Der Feststellungsbeschluss des Amtsgerichts wird irgendwann rechtskräftig. Unabhängig davon kann aber auch bei einem rechtskräftigen Feststellungsbeschluss, auf dessen Basis ein Erbschein erlassen wurde, der Erbschein wieder eingezogen werden. 22

Dagegen lässt sich in der streitigen Gerichtsbarkeit eine rechtskräftige Entscheidung über den „richtigen“ Erblasserwillen erzielen. In Betracht kommt vor allem die Erbenfeststellungsklage, aber auch eine Klage gegen den Erbschaftsbesitzer auf Herausgabe. Rechtskraft erwächst dieser Entscheidung aber nur zwischen den Parteien des Klageverfahrens. Nur insoweit ist die Entscheidung aus der streitigen Gerichtsbarkeit für das Nachlassgericht verbindlich. 23

Die Beteiligten haben die Möglichkeit, einen Auslegungsvertrag abzuschließen. Dieser wird als Vergleich iSd § 779 BGB oder auch als Feststellungs- oder Auslegungsvertrag nach § 311 BGB (§ 305 BGB aF) bezeichnet.[35] Da der Erblasserwille nicht disponibel und Testamentsauslegung Rechtsanwendung ist, ist ein solcher Auslegungsvertrag aber nicht für den Nachlassrichter verbindlich. Gleichwohl hat der BGH in seiner grundlegenden Entscheidung vom 22.1.1986[36] dem übereinstimmenden Verständnis der Beteiligten „eine nicht zu unterschätzende indizielle Bedeutung zukommen“ lassen. 24

In der Praxis folgen zumeist die Nachlassgerichte Auslegungsverträgen, wenn sämtliche potenziellen Erbanwärter daran beteiligt sind. Vorsorglich sollte in einem Auslegungsvertrag aber ein Erbteilsübertragungsvertrag gemäß §§ 2371, 2385, 2033 BGB aufgenommen werden.[37] Diese Erbteilsübertragungen erfolgen dann unter der aufschiebenden Bedingung, dass 25

[30] BGH NJW 1997, 901; BeckOGK BGB/*Gierl* § 2094 Rn. 150.
[31] OLG Frankfurt ZEV 2001, 316 (318); Burandt/Rojahn/*Czubayko* § 2084 BGB Rn. 25.
[32] *Horn* ZEV 2016, 565 (566).
[33] OLG Düsseldorf FamRZ 2012, 1587 = BeckRS 2012, 4247.
[34] *Kanzleiter* ZEV 2015, 249 (254).
[35] *Horn* ZEV 2016, 565 (567).
[36] BGH NJW 1986, 1812.
[37] BeckOK BGB/*Litzenburger* § 2084 Rn. 55.

das Nachlassgericht nicht einen Erbschein laut Auslegungsvertrag erlässt, sondern einen anderen am Auslegungsvertrag Beteiligten als Erben ansieht.[38]

[38] Muster bei BeckOF ErbR/*Horn* Form. 5.10.2.

§ 2 Erfordernis des Testierwillens

Übersicht

I. Testierwille

Damit eine schriftliche Erklärung als Testament bewertet werden kann, muss der Verfasser **im Zeitpunkt der Errichtung** mit ernstlichem Testierwillen gehandelt haben.[1] Dieses Erfordernis ergibt sich aus § 2247 Abs. 3 S. 2 BGB.[2] Auch wenn die formalen Voraussetzungen des § 2247 BGB eingehalten sind, muss das Vorliegen des Testierwillens außer Zweifel stehen.[3] In diesem Fall ist aber von dem Testierwillen bei Errichtung auszugehen.[4] Der Testierwille als spezifische Ausprägung des Erklärungsbewusstseins[5] liegt nach der in ständiger Rechtsprechung entwickelten Definition bei einer schriftlichen Erklärung vor, 1

> *„wenn sie mit Testierwillen abgegeben worden ist, also mit dem ernstlichen Willen des Erblassers, ein Testament zu errichten und rechtsverbindliche letztwillige Anordnungen zu treffen. Daher muss außer Zweifel stehen, dass der Erblasser die von ihm erstellte Urkunde als rechtsverbindliche letztwillige Verfügung angesehen oder zumindest das Bewusstsein hatte, sie könnte als solche angesehen werden."*[6]

Mithin muss der Erblasser **wissen und wollen,** seinen letzten **Willen rechtsverbindlich niederzulegen.**[7] Dabei ist gleichgültig, ob der Erblasser das Schriftstück als Testament oder letzten Willen bezeichnet hat.[8] Das BayObLG[9] sah sogar ein mit *„Entwurf"* versehenes Schriftstück als wirksames Testament an. Die geäußerte Absicht, seinen schon vollständig aufgesetzten Willen noch in Reinschrift bringen zu wollen, nötige nicht zu dem Schluss, das Geschriebene sei bis dahin ein im Rechtssinn unverbindlicher Entwurf. Auch ein mit *„Vollmacht"*[10] oder mit *„Schenkung"*[11] überschriebenes Schriftstück kann mit Testierwillen errichtet worden sein. Eine Formulierung wie etwa *„soll als … Erbe … eingesetzt werden"*, kann eine rechtswirksame Erbeinsetzung sein und eben nicht nur eine Absichtserklärung.[12] 2

---

[1] BGH NJW 1981, 1737; OLG München ZEV 2017; 634 (637); ZEV 2008, 596 = NJW-RR 2009, 16; Erman/*S. Kappler/T. Kappler* § 2247 Rn. 3; MüKoBGB/*Hagena* § 2247 Rn. 5 aE.

[2] BeckOGK BGB/*Grziwotz* § 2247 Rn. 12.

[3] OLG München ZErb 2018, 101 = BeckRS 2017, 138430 Rn. 3.

[4] BeckOK BGB/*Litzenburger* § 2247 Rn. 3.

[5] Staudinger/*Otte* Vorb. zu §§ 2064 ff. Rn. 9.

[6] OLG Karlsruhe FGPrax 2010, 239 (240); vgl. OLG München ZErb 2018, 101 = BeckRS 2017, 138430 Rn. 3; OLG München ZEV 2008, 596 (597); KG ZEV 2004, 380; BayObLG NJW-RR 1999, 88; Palandt/*Weidlich* § 2247 Rn. 5; Soergel/*J. Mayer* § 2247 Rn. 7, 8; aA nach Staudinger/*Baumann* § 2247 Rn. 17 reicht nur das Vorliegen des Bewusstseins nicht aus, die Erklärung könne als Testament angesehen werden.

[7] LG Darmstadt BeckRS 2008, 1630.

[8] BayObLG FamRZ 2005, 144.

[9] BayObLG NJW 1970, 2300; vgl. LG Saarbrücken MDR 1983, 404; Staudinger/*Baumann* § 2247 Rn. 81.

[10] PWW/*Avenarius* § 2247 Rn. 21; Reimann/Bengel/Mayer Testament und Erbvertrag/*Voit* § 2247 Rn. 6; Staudinger/*Baumann* § 2247 Rn. 50; bei Bankvollmacht verneinend: BayObLG NJWE-FER 2000, 316.

[11] Soergel/*J. Mayer* § 2247 Rn. 8; RG LZ 1924, 161.

[12] BayObLG ZEV 2005, 528.

Aber trotz der Überschrift „*Mein letzter Wille*“ kann ein Schriftstück lediglich als Entwurf zu werten sein.[13] Dies belegt, wie sehr die Einzelheiten in dem konkreten Fall ausschlaggebend sind.

3 **Lücken im Testament,** die spätere Einschübe zulassen, stehen einem wirksamen Testament nicht entgegen.[14] Der Testierwille hinsichtlich der anderen Teile des Testamentes ist dennoch anzunehmen, wenn diese nicht in ihrer Wirksamkeit von dem Ausfüllen der Lücke abhängen.[15]

4 Ob der Erblasser Testierwillen bei dem Verfassen seiner Erklärung gehabt hat, ist im Wege der Auslegung **ausschließlich nach § 133 BGB** zu ermitteln.[16] Bei der Auslegung sind alle erheblichen, auch außerhalb der Urkunde liegenden Umstände und der allgemeinen Lebenserfahrung zu berücksichtigen.[17] Deswegen liegt die Frage, ob der Erblasser ernstlich eine letztwillige Verfügung hat errichten wollen, im Wesentlichen auf tatsächlichem Gebiet und ist vom Tatrichter zu beurteilen.[18] Hierbei ist das Gesamtverhalten des Erklärenden zu prüfen.[19] **§ 2084 BGB ist nicht anwendbar,** da für dessen Anwendung das Vorliegen einer letztwilligen Verfügung Voraussetzung ist.[20] Ein Scheingeschäft (§ 117 BGB) bzw. ein geheimer Vorbehalt (§ 116 S. 2 BGB) lösen nicht die Unwirksamkeit eines Testamentes aus, zumal es sich nicht um eine empfangsbedürftige Willenserklärung handelt.

5 Möchte der Erblasser sein Testament widerrufen, muss er mit **Aufhebungswillen** handeln (§ 2255 S. 2 BGB). Dabei drückt nicht jede äußere endgültige Handlung wie Durchstreichen durch den Erblasser die Widerrufsabsicht des Erblassers aus.[21] Eine solche Veränderung kann auch erst mit der Errichtung eines neuen Testamentes gelten. Durchstreichungen sprechen zwar durchaus für den Aufhebungswillen. Dieser kann aber auch etwa durch Zeugenaussagen widerlegt werden.[22] Auch die Nicht-Auffindbarkeit der Originalurkunde begründet alleine nicht die Vermutung und nicht den Erfahrungssatz, dass der Erblasser sie vernichtet hat.[23] Es müssten schon Indizien für die Vernichtung durch den Erblasser vorliegen.[24]

II. Abgrenzungskriterien

6 Vorab: Kein Abgrenzungskriterium ist die Tatsache, ob das **Nachlassgericht** eine Erklärung gem. § 348 FamFG **eröffnet** hat. Im Zweifel muss jedes Schriftstück bereits bei der bloßen, wenn auch nur entfernten Möglichkeit einer Testamentseigenschaft, eröffnet werden. Im Zweifel muss ein Dokument eröffnet werden.[25] Auch offensichtlich unwirksame und widerrufene Testamente sind zu eröffnen.[26] Die Prüfung ist dem Erbscheinsverfahren vorbehalten.

[13] BayObLG ZEV 2000, 365; Soergel/*J. Mayer* § 2247 Rn. 8.

[14] Vgl. MüKoBGB/*Hagena* § 2247 Rn. 21.

[15] Reimann/Bengel/Mayer Testament und Erbvertrag/*Voit* § 2247 Rn. 9; Staudinger/*Baumann* § 2247 Rn. 58.

[16] OLG Hamm FamRZ 2018, 862 = BeckRS 2017, 138759 Rn. 34; BayObLG NJWE-FER 2001, 20; NJW-RR 1999, 88; OLG München ZEV 2008, 596 (597); Rudolf/Bittler/Seiler-Schopp, Testamentsauslegung und -anfechtung HdB/*Dommermühl,* § 2 Rn. 2; *Frank* ErbR § 5 Rn. 8; Jauernig/*Stürmer* § 2247 Rn. 1; MüKoBGB/*Hagena* § 2247 Rn. 5 mwN; *Olzen/Looschelders* ErbR Rn. 226; Palandt/*Weidlich* § 2084 Rn. 15; Staudinger/*Otte* Vorb. zu §§ 2064 ff. Rn. 10.

[17] OLG München ZErb 2018, 101 = BeckRS 2017, 138430 Rn. 3.

[18] OLG Schleswig ZEV 2010, 46 (47); OLG München ZEV 2008, 596 (597); BayObLG NJW 1970, 2300 (2301); jurisPK-BGB/*Bauermeister* § 2247 Rn. 19.

[19] BayObLG NJW 1970, 2300; KG ZEV 2004, 380; MüKoBGB/*Hagena* § 2247 Rn. 5.

[20] OLG München ZEV 2008, 596 (597); KG FamRZ 2004, 736 (738); OLG Köln FamRZ 1995, 1301; Jauernig/*Stürmer* § 2247 Rn. 1; MüKoBGB/*Leipold* § 2084 Rn. 74; Palandt/*Weidlich* § 2084 Rn. 15, § 2247 Rn. 17; *Schiffer/Scherf* ZErb 2006, 335.

[21] BayObLG NJW-RR 2005, 525.

[22] OLG Düsseldorf ZErb 2018, 13 (15).

[23] OLG München ZEV 2017, 634 (638).

[24] NK-BGB/*Kroiß* § 2255 Rn. 21.

[25] OLG Frankfurt a. M. FuR 2015, 553 = BeckRS 2015, 9130.

[26] BeckOK FamFG/*Schlögel* § 348 Rn. 6.

Prinzipiell kann auf jedem möglichen **Untergrund** ein wirksames Testament errichtet werden. So hat der BGH[27] festgestellt: 7

„Es ist deshalb in der Rechtsprechung und im Schrifttum allgemein anerkannt, daß für die Wirksamkeit eines eigenhändigen Testaments grundsätzlich weder das verwendete Schreibgerät noch das Material des Schriftträgers von Bedeutung ist, sofern es sich nur zur Fixierung der Schriftzüge eignet und nicht etwa aus der Wahl des Schreibmaterials erkennbar wird, daß der Erblasser eine letztwillige Verfügung ernstlich gar nicht hat treffen wollen (…).“

In Betracht kommen als Schreibmaterialien sogar die **Zellenwand einer Strafanstalt,**[28] die mittels Kohle- oder **Durchschreibpapier** hergestellte Durchschrift[29] oder auf der vermachten Sache selbst wie etwa einem **Gemälde** oder einem Wertpapier aufgebrachte Erklärungen.[30] Der äußeren Form ist großes Gewicht beizumessen.[31] Wenn zweifelhaft ist, ob der Erblasser bei dem Verfassen mit Testierwillen gehandelt hat, sind die nachfolgenden Indizien zur Entscheidungsfindung heranzuziehen. Dabei wird deutlich, dass es entscheidend auf den Einzelfall ankommt. So stellen folgende Sachverhalte Indizien **zugunsten der Annahme** eines **Testierwillens** dar: 8

- Schriftstück mit der Bezeichnung *„Testament“*,[32] *„Mein letzter Wille“*[33] oder *„Todesfallerklärung“*[34] in Verbindung mit einer eigenhändigen Unterschrift,[35]
- die Fomulierung: *„Hier mein aktuelles T.“*,[36]
- Einhaltung von testamentarischen Formvorschriften,[37]
- die eigenhändige Unterschrift[38] bzw.
- ein inhaltlich vollständiger Text sowie das Einhalten der Formerfordernisse.[39]

Für die Annahme eines Testamentes und damit nicht eines bloßen Entwurfes sprach für das BayObLG[40] in einem Fall, dass der Erblasser Entwürfe immer auf Briefumschläge geschrieben und diese danach weggeworfen habe. Das als Testament in Frage stehende Schriftstück hatte er allerdings nicht weggeworfen. Schädlich ist allein betrachtet noch nicht ein *„stichpunktartiger Charakter“* der Erklärung.[41] 9

Das OLG Karlsruhe[42] hatte über einen Fall zu entscheiden, in dem der Erblasser die Kopie seines privatschriftlichen Testamentes in einem Umschlag an die von ihm als Testamentsvollstrecker eingesetzte Person übergeben hatte, auf dem er handschriftlich vermerkte: *„Testament Mai 2000/zu meiner letzten Verfügung testamentarisch auszuführen gemeinsam von Herrn W. Sch. Diplom Ing. und Herrn W. Bü, Steuerber./Unterschrift“*. Das Original-Testament fand sich nach dem Todesfall nicht. Das OLG Karlsruhe ging daher zwar von der gesetzlichen Erbfolge aus, die aber durch die Testamentsvollstreckung belastet war, die dem Briefumschlag zu entnehmen war. 10

[27] BGH NJW 1967, 1124 (1125).
[28] Damrau/Tanck/*Weber* § 2247 Rn. 67.
[29] BGH NJW 1967, 1124.
[30] NK-BGB/*Kroiß* § 2247 Rn. 21.
[31] Staudinger/*Otte* Vorb. Zu §§ 2064 ff. Rn. 10.
[32] OLG München ZEV 2017, 634 (637).
[33] OLG München ZEV 2017, 634 (637).
[34] OLG München 2011, 4046.
[35] BayObLG Rpfleger 1991, 355; BayObLG FamRZ 1993, 117; jurisPK-BGB/*Bauermeister* § 2247 Rn. 14; Soergel/*J. Mayer* § 2247 Rn. 8.
[36] OLG Düsseldorf ErbR 2018, 50 = BeckRS 2017, 129494 Rn. 12.
[37] BayObLGZ 1982, 59 (64); vgl. Rudolf/Bittler/Seiler-Schopp, Testamentsauslegung und -anfechtung HdB/*Dommermühl*, § 2 Rn. 4.
[38] BeckOK BGB/*Litzenburger* § 2247 Rn. 23; Staudinger/*Baumann* § 2247 Rn. 88; jurisPK-BGB/*Bauermeister* § 2247 Rn. 19.
[39] BayObLG FamRZ 2000, 1251; Dt. ErbRK/*Schnabel* § 2247 Rn. 10; Palandt/*Weidlich* § 2247 Rn. 5; PWW/*Avenarius* § 2247 Rn. 20.
[40] BayObLG FamRZ 1992, 226 (227).
[41] OLG München ZEV 2017, 634 (637).
[42] OLG Karlsruhe FGPrax 2010, 239.

11 Auch sprach sich das OLG Frankfurt a. M.[43] gegen einen Entwurf und damit zugunsten eines wirksamen Einzeltestamentes in einem Fall aus, in dem der Erblasser den Entwurf eines gemeinschaftlichen Testamentes seines Nachbarn abgeschrieben und auch für seine Ehefrau mitunterschrieben hatte. Gegen einen Entwurf sprach, dass ein Entwurf in Gestalt einer Testamentsvorlage bereits vorhanden war, der Erblasser die Erklärung in einer Dokumentenmappe verwahrte und seiner Ehefrau gesagt hatte, dass er das vom Nachbarn entworfene Testament abgeschrieben und sie abgesichert habe.

12 Ein formwirksames Testament kann auch durch handschriftliche Änderungen **auf einer Kopie eines handschriftlichen Testamentes** hergestellt werden, wenn beide Schriftstücke ein einheitliches Ganzes bilden und auch die Änderungen auf der Kopie unterschrieben wurden.[44]

Kein zwingendes Indiz zugunsten des Testierwillens **bei beiden Ehegatten** liegt vor, wenn beiden Ehegatten an der Niederschrift eines Testamentes mitgewirkt haben. Maßgend ist vielmehr, ob die Ehegatten auch inhaltlich jeweils über *ihr* Vermögen testieren wollten.[45]

13 Folgende Umstände sprechen **gegen das Vorliegen eines Testierwillens:**

- Zweifel können sich aus ungewöhnlichen Schreibmaterialien, ungewöhnlichen Errichtungsformen, der inhaltlichen Gestaltung und einem ungewöhnlichen Aufbewahrungsort ergeben.[46] In einem Fall hatte der Erblasser auf einem **Notizzettel,** Format 7,5 cm × 10,5 cm, an seine Ehefrau eine Handlungsanweisung verfasst. Dem OLG München zufolge sprach die äußere Form gegen einen *„ernstlichen Testierwillen"*. Zudem würde aus dem Schriftstück deutlich, dass der Erblasser davon ausgegangen ist, in einer anderen Urkunde verbindliche letztwillige Verfügungen getroffen zu haben.[47] Konkrete Zweifel am Testierwillen meldete das OLG Hamm[48] bei einer Erklärung auf einem ausgeschnittenen Stück Papier und einem gefalteten Bogen Pergamentpapier an.
- Gegen den Testierwillen spricht die Errichtung von **mehreren Testamenten an einem Tag** mit teilweise verschiedenem Inhalt, wobei die Erblasserin frühere letztwillige Verfügungen in die amtliche Verwahrung gegeben hatte.[49]
- Das Vorliegen zweier inhaltsgleicher Schriftstücke auf ungewöhnlichen Schreibunterlagen spricht gegen den Testierwillen und damit dafür, dass es sich hierbei lediglich um schriftlich dokumentierte Vorüberlegungen oder Entwürfe handelt.[50]
- Abweichung der Form von den für Testamente üblichen Gepflogenheiten[51]
- Benutzung von rasch vergänglichen Materialien[52]
- Stenographische **Aufzeichnungen** sprechen eher für einen Entwurf.[53]
- Die Ernsthaftigkeit sei nach *Baumann*[54] fraglich, wenn das vermeintliche Testament in einer anderen Sprache geschrieben ist, eine andere Hand oder ein Fuß zum Schreiben verwendet wurde, obwohl die gewöhnliche **Schreibhand** unverletzt war.
- Bei der **Verwendung von ausgefallenem Material** für das Testament ist nach *Brox/Walker*[55] zu prüfen, ob es sich um einen Scherz (**Bierdeckel**) oder einen bloßen Entwurf (**Kalenderblatt**) handelt. Bei einer scherzhaft abgegebenen Erklärung fehlt der Testierwille.[56]
- Bei einem Notizbucheintrag ist der Testierwille zweifelhaft.[57]

---

[43] OLG Frankfurt a. M. BeckRS 2011, 22 780.
[44] OLG München FGPrax 2011, 305; NJW-RR 2006, 11.
[45] OLG München ZErb 2018, 101 = BeckRS 2017, 138430 Rn. 15.
[46] OLG Hamm ErbR 2016, 157 = BeckRS 2016, 518 Rn. 28.
[47] OLG München ZEV 2008, 596 (597).
[48] OLG Hamm BeckRS 2016, 518 Rn. 29.
[49] BayObLG NJW-RR 1989, 1092; HK-BGB/*Hoeren* § 2247 Rn. 7.
[50] OLG Hamm BeckRS 2016, 518 Rn. 32.
[51] BayObLG NJW-RR 1999, 88; OLG München ZEV 2008, 596.
[52] RG JW 1910, 291; Staudinger/*Baumann* § 2247 Rn. 26.
[53] Staudinger/*Baumann* § 2247 Rn. 17.
[54] Staudinger/*Baumann* § 2247 Rn. 21.
[55] *Brox/Walker* ErbR Rn. 122; ebenso Hausmann/Hohloch/*Obergfell,* ErbR HdB, Kap. 6 Rn. 84.
[56] BeckOGK BGB/*Grziwotz* § 2247 Rn. 13.
[57] BayObLG ZEV 2000, 365 (366).

- Bei dem Eindruck der Unvollständigkeit.[58]
- Das Fehlen einer **Orts- und Datumsangabe** kann gegen den Testierwillen sprechen, da man lt. OLG Düsseldorf[59] davon ausgehen könne, dass ein Testierender sich bemüht, alle vermuteten Förmlichkeiten einzuhalten.
- Nicht auseichend ist es, wenn der vermeintlich Testierende auf einer Karte einen Aufkleber mit der Beschriftung „*(Vorname) ist meine Haupterbin*" anbringt und die Karte mit einem zweiten Aufkleber mit Datum und Unterschrift versieht.[60]
- **„Entwurf"** als Überschrift spricht gegen den Testierwillen. Auf Grund besonderer Umstände kann es sich gleichwohl um ein wirksames Testament handeln.[61]
- Das LG Darmstadt[62] hat einen Testierwillen bei einem vermeintlichen Testament abgelehnt, das als zweites Testament errichtet wurde und nicht zur Veröffentlichung bestimmt war: Der Erklärende hatte festgehalten, dass er dieses Testament nur aus Gründen der Erbschaftsteuerersparnis errichtet habe.
- Eine maschinenschriftlich vorgedruckte Überschrift „Testament – mein letzter Wille" soll gegen den Testierwillen sprechen.[63]

Der Hinweis in einer schriftlichen Erklärung, dass nach Rückkehr aus einer Kur der Testierende das Testament mit einem Notar oder Rechtsberater festlegen will, schließt nach dem BayObLG[64] den Testierwillen nicht zwingend aus. Allerdings spricht eine solche Aussage eher dagegen, dass es sich bei dem betreffenden Schriftstück bereits um eine wirksame letztwillige Verfügung handelt. 14

III. Sonderfall „Vollmacht"

Hat der Testierende eine Erklärung mit „*Vollmacht*" überschrieben oder bevollmächtigt er dritte Personen in einer den Voraussetzungen des § 2247 BGB erfüllenden Erklärung hinsichtlich seines Vermögens oder bestimmter Gegenstände, so darf nicht vorschnell darin lediglich eine Vollmacht im Rechtssinne verstanden werden. So ist oftmals juristischen Laien nicht bekannt, dass eine Bevollmächtigung nicht bedeutet, wirtschaftlich Berechtigter zu sein. Vor diesem Hintergrund zutreffend hat das OLG Hamm[65] entschieden, dass auch ein mit „Vollmacht" überschriebenes Schriftstück ein Testament darstellen kann, es also mit Testierwillen errichtet wurde. Dort sah das Gericht Formulierungen mit „*über meinen Tod hinaus*" und „*auszahlen*" lassen können hinsichtlich eines Bausparvertrages als wirksames Vermächtnis an. 15

Das OLG München hatte sich bei folgendem Text mangels Testierwillen gegen eine letztwillige Verfügung entschieden: „*(Ort), 20.10.75, An das (= B 4)!, Habe mich entschlossen nach meinem Tode mein Vermögen (Bar u. Wertpapiere; C.bank; A.) dem (= B 4) zur Verfügung zu stellen. Sollte mir unerwartet etwas zustossen, dann halten Sie dieses Schreiben als Vollmacht! (Ort), 20.10.75, (Unterschrift)*" Die Wertpapiere bei der C.bank hatten einen Wert von ca. 0,5 Mio. EUR. Daneben gab es bei einer Sparkasse 0,03 Mio. EUR und eine selbst genutzte Immobilie mit ca. 0,1 Mio. EUR. Damit hob das Beschwerdegericht die Entscheidung des Nachlassgerichtes auf. Es begründete seine Entscheidung ua damit, dass die Erblasserin als Damenschneidermeisterin und aufgrund ihres Vermögens geschäftserfahren war. M. E. ist die erstinstanzliche Entscheidung überzeugender, da Laien unter einer Vollmacht nicht nur die Möglichkeit zur Rechtsvertretung sehen. 16

Anderer Fall: Hat die Erblasserin einem ihrer Söhne eine **handschriftliche Vollmacht** erteilt und darin ausgeführt, dieser Sohn sollte das restliche Vermögen bekommen, so kann 17

[58] KG NJW-RR 1991, 392 (393).
[59] OLG Düsseldorf ErbR 2015, 29 (31).
[60] OLG Hamburg ZErb 2014, 148.
[61] BayObLGZ 1970, 173.
[62] LG Darmstadt BeckRS 2008, 1630.
[63] OLG Koblenz FamRZ 2016, 1487 = BeckRS 2015, 112608 Rn. 11.
[64] BayObLG FamRZ 1997, 251 (252) = ZEV 1996, 432; aA BayObLG NJW-RR 1999, 88 für die Formulierung: „Das Ganze noch vor einem Notar machen."
[65] OLG Hamm FamRZ 2018, 862 = BeckRS 2017, 138759 Rn. 33 ff.

dies als bloße Ankündigung gewertet werden, wenn die Erblasserin im Anschluss daran ausführt, sie werde *„das Ganze noch vor einem Notar machen."*[66] Der Testierwille lag nicht vor, so auch in folgender Konstellation: Der Erblasser hatte innerhalb einer Generalvollmacht geschrieben *„bevollmächtige ... in privaten und geschäftlichen Angelegeheiten wahrzunehmen"* und *„allein Erbin bei Tod danach"*.[67] Geplant war die Errichtung eines notariellen Testamentes zugunsten der Bevollmächtigten, aber der Erblasser verstarb kurz vor dem Notartermin.

18 Das OLG Rostock[68] weist zu Recht darauf hin, dass eine mit „Testament" betitelte Erklärung nicht stets auf ein wirksames Testament hindeutet. So könne es sich auch um eine **postmortale Bevollmächtigung** handeln. Es ist noch hinzuzufügen, dass bei der Bevollmächtigung einer Person stets in Betracht zu ziehen sei, ob diese nicht das Amt eines **Testamentsvollstreckers** übernehmen soll (→ § 15 Rn. 12 ff.).

IV. Ort der Unterschrift – Oberschrift ausreichend?

19 Fehlt die **Unterschrift,** so liegt mangels Testierwillens kein wirksames Testament vor. § 2247 BGB verlangt die Unterschrift nach dem OLG Hamm[69] aus folgenden Gründen:

> *„Sie soll die Identifikation des Erblassers ermöglichen, sie soll sein Bekenntnis zum Inhalt des Schriftstücks als seinen letzten Willen verdeutlichen, und sie soll den Abschluss der Verfügung kennzeichnen (vgl. Senat FamRZ 1986, 728)."*

Die Unterschrift soll entsprechend dem Wortsinn den Urkundstext vor nachträglichen Ergänzungen und Zusätzen sichern.[70]

20 Eine **„Oberschrift"** ist in der Regel keine Unterschrift,[71] außer etwa wenn für die Unterschrift nicht ausreichend Platz vorhanden war.[72] Bei Platzmangel kommt auch eine Unterschrift neben dem Text bzw. auf der Rückseite bei einer Verbindung mit dem Testamentstext durch einen Hinweis in Betracht.[73] Die *„Unterschrift"* iSd § 2247 BGB muss aber nicht aus Vor- und Nachnamen bestehen. Ausreichend können auch **Abkürzungen,** Pseudonyme, die Familienstellung wie *„Mutter"*, Künstlernamen usw. sein.[74] Die Unterzeichnung nur mit den **Anfangskürzeln** des Vor- und Nachnamens reicht aus, wenn die Identität des Testierenden feststeht,[75] kann aber auch auf einen Testamentsentwurf hinweisen.[76] Sind die Begünstigten unterhalb der Unterschrift, die die darüber stehende letztwillige Verfügung abschließt, aufgelistet, so ist das Testament insoweit unwirksam.[77] So fehlt es an der Unterschrift als Abschluss. Diesen Grundsatz ergänzt das OLG München[78] wie folgt:

> *„Ausnahmen von diesem Grundsatz kommen in Betracht, wenn Zusätze zwar unter die Unterschrift gesetzt werden, der Bezug zu dem über der Unterschrift stehenden Text aber so eng ist, dass dieser erst mit dem Zusatz sinnvoll wird, z. B. wenn das Testament ohne die vorgenommenen Ergänzungen lückenhaft, unvollständig oder nicht durchführbar wäre und der wirkliche Wille des Erblassers nur aus beiden vom Erblasser niedergeschriebenen Erklärungen ersichtlich wird (OLG*

[66] BayObLG NJW-RR 1999, 88 (89).
[67] OLG Stuttgart ZEV 2015, 220 mit zust. Anm. *Baumann.*
[68] OLG Rostock ErbR 2015, 326 (328).
[69] OLG Hamm DNotZ 2011, 702; vgl. OLG München ErbR 2018, 456 (458) = BeckRS 2018, 10915; vgl. NK-BGB/*Kroiß* § 2247 Rn. 41; vgl. OLG München ZEV 2012, 43 (44); FGPrax 2011, 305; OLG Karlsruhe FamRZ 2012, 400 = 2011, 22 186.
[70] OLG München ErbR 2018, 456 (458) = BeckRS 2018, 10915.
[71] MüKoBGB/*Hagena* § 2247 Rn. 25 mit vielen Nachweisen aus der Rechtsprechung.
[72] OLG Hamm DNotZ 2011, 702; OLG Celle ZEV 2012, 41; Palandt/*Weidlich* § 2247 Rn. 11.
[73] OLG Köln ZErb 2014, 236 (238).
[74] BeckOK BGB/*Litzenburger* § 2247 Rn. 23; MüKoBGB/*Hagena* § 2247 Rn. 26.
[75] OLG Celle NJW 1977, 1690; OLG Stuttgart Justiz 1977, 378.
[76] BeckOK BGB/*Litzenburger* § 2247 Rn. 23.
[77] OLG München FGPrax 2011, 31.
[78] OLG München ZEV 2012, 43.

München NJW-RR 2011, 156 m.w.N.; BayObLGZ 2004, 215/218f.; BayObLGZ 2003, 352/355).“

Dagegen hat das OLG Karlsruhe[79] angenommen, dass ein Änderungsvorbehalt, der auf der Rückseite eines gemeinschaftlichen Testamentes verfügt war, von den Unterschriften der Testierenden auf der Vorderseite gedeckt war. Wiederum hat das OLG München[80] klargestellt, dass auch Ergänzungen gesondert unterschrieben sein müssen, außer es liege ein sehr enger Bezug zu dem über der Unterschrift stehenden Text vor. Das OLG Braunschweig[81] hat ein wirksames Testament darin gesehen, dass ein nicht unterzeichnetes Testament sich in einem verschlossenen Briefumschlag befand, wobei der Briefumschlag mit „*Testament*“ beschriftet war und vor allem die Unterschrift des Erblassers trug. So sei die Testamentserklärung „*in einem Guss*“ niedergelegt worden, womit das OLG Braunschweig diese Ausnahmeentscheidung begründete. 21

V. Brief als Testament

In der Praxis stellt sich die Frage nach dem Testierwillen vor allem bei **Briefen** und **Postkarten.** Grundsätzlich kann ein Testament in Briefform wirksam errichtet sein,[82] auch in einem Schriftsatz ans Gericht, weil der Adressat unerheblich ist.[83] Die **Anforderungen** an den Nachweis des Testierwillens sind indes **streng.**[84] Nicht ausreichend ist, wenn ein Brief von einer letztwilligen Verfügung nur berichtet.[85] Ob ein Brief ein Testament darstellt, ist nach den anerkannten Rechtsgrundsätzen zum Brieftestament dem OLG Schleswig[86] zufolge in **Abgrenzung von einer bloß unverbindlichen Mitteilung** über eine mögliche Testierabsicht nach § 133 BGB unter Heranziehung auch außerhalb der Urkunde liegender Umstände zu ermitteln. Bei dem zu beurteilenden Brief an den jüngeren Bruder der testierenden Verfasserin stellten die Schleswiger Richter den Testierwillen fest, da in dem Text die Formulierung „*erbst Du mein Geld*“ enthalten war, der Brief unmittelbar nach einer Beerdigung geschrieben wurde, mit Vor- und Nachnamen unterschrieben war und das sorgfältige Verwahren von Briefen für den Empfänger, der Alleinerbe aufgrund des Brieftestamentes wurde, typisch gewesen sei. Das BayObLG[87] wertete einen Brief an die Polizei eines Selbstmörders als letztwillige Verfügung. In diesem begründete er seinen Suizid und setzte seine Ehefrau zu seiner Universalerbin ein. 22

VI. Feststellungs- und Beweislast

Die Feststellungs- bzw. Beweislast für den Testierwillen trägt grundsätzlich **derjenige,** der **Rechte aus dem Schriftstück herleitet.**[88] Der Grundsatz der wohlwollenden Auslegung aus § 2084 BGB, also im Zweifel zugunsten der Wirksamkeit, gilt in diesem Zusammenhang nicht (→ § 7 Rn. 140ff.).[89] Auch greift die Vermutung des § 440 Abs. 2 ZPO nicht, wonach die Feststellung der Echtheit der Unterschrift die Echtheit der darüber stehenden Schrift 23

[79] OLG Karlsruhe FamRZ 2012, 400 = BeckRS 2011, 22186.

[80] OLG München ZEV 2012, 43.

[81] OLG Braunschweig ZEV 2012, 40.

[82] BGH NJW 1985, 969; OLG Schleswig ZEV 2010, 46 (48); BayObLG FamRZ 1999, 534; ausführlich: MüKoBGB/*Hagena* § 2247 Rn. 30; Palandt/*Weidlich* § 2247 Rn. 5.

[83] OLG Köln FamRZ 1995, 1301.

[84] BayObLG FamRZ 2001, 944 (945) = NJWE-FER 2001, 20 (21); Hausmann/Hohloch/*Obergfell*, ErbR HdB, Kap. 6 Rn. 84; Rudolf/Bittler/Seiler-Schopp, Testamentsauslegung und -anfechtung HdB/*Dommermühl*, § 2 Rn. 4.

[85] OLG Köln FamRZ 1995, 1301 = BeckRS 1995, 31025177; Jauernig/*Stürmer* § 2247 Rn. 1.

[86] OLG Schleswig ZEV 2010, 46 (48).

[87] BayObLG NJW-RR 1999, 1167 (1168).

[88] OLG München ZEV 2016, 323 (324); ZErb 2018, 101 = BeckRS 2017, 138430 Rn. 20; KG OLGZ 91, 144 (147); BayObLGZ 1970, 173 (181); Palandt/*Weidlich* § 2247 Rn. 17; PWW/*Avenarius* § 2247 Rn. 23f.; NK-BGB/*Kroiß* § 2247 Rn. 63.

[89] Palandt/*Weidlich* § 2247 Rn. 17.

vermuten lässt.[90] Schon das Bestehen gewichtiger Zweifel am ernstlichen Testierwillen bewirkt, dass ein gültiges Testament nicht angenommen werden kann.[91]

24 Zweifel am Testierwillen treten aber in der Praxis nur in Grenzfällen auf[92] und sind nur bei Vorliegen besonderer Umstände möglich:[93] Ein formgerechtes und inhaltlich vollständiges Testament wurde nämlich regelmäßig nach der Lebenserfahrung nur von demjenigen errichtet, der auch wirklich testieren wollte.[94] Dann spricht eine tatsächliche, aber widerlegbare Vermutung für einen Testierwillen des Erblassers.[95] Wenn überhaupt, kann der Testierwille nur bei privatschriftlichen Testamenten gem. § 2247 BGB fraglich sein, nicht hingegen bei öffentlichen letztwilligen Verfügungen.[96]

25 Sofern die Form des Schriftstückes nicht den für Testamente üblichen Gepflogenheiten entspricht, sind an den Nachweis des Testierwillens **strenge Anforderungen** zu stellen.[97] Das kann auch der Fall sein, wenn mehrere Testamente mit widersprüchlichem Inhalt vorliegen, die ungefähr zeitgleich errichtet wurden bzw. deren Reihenfolge nicht zu bestimmen ist.[98] Das Gleiche gilt, wenn getroffene Anordnungen unvollständig sind,[99] ungewöhnliches Schreibmaterial wie etwa ein kleiner Notizzettel, ein Bierdeckel, die Rückseite einer Fahrkarte oder ein Stück Holz verwendet oder das Schriftstück an einem ungewöhnlichen Ort verwahrt wurde.[100] Derjenige, der Rechte aus dem zweifelhaften Testament herleiten möchte, muss Umstände dartun und beweisen, die zweifelsfrei erkennen lassen, dass der Erblasser trotz der Mängel das Schriftstück als seine verbindliche Verfügung von Todes wegen betrachtet hat.[101]

VII. Exkurs: Testamentsänderungen und Widerrufe auf Kopien

26 Eine wirksame Testamentsänderung kann auch darin gesehen werden, dass auf einer Kopie eines handschriftlichen Testamentes oder auf einer Kopie eines notariellen (maschinenschriftlichen) Testamentes Änderungen durch den Testierenden angebracht wurden. Die Änderungen müssen dann die Voraussetzungen des § 2287 BGB erfüllen, also eigenhändig geschrieben und unterschrieben und möglichst mit Orts- und Datumsangabe versehen sein. Beispielsweise hat das OLG Karlsruhe auf ein wirksames Testament erkannt,[102] in dem der Erblasser zunächst handschriftlich geschrieben hatte *„Ich W hinterlasse mein Vermögen nach meinem Tod"*. Davon hatte er eine Kopie gemacht. Auf dieser Kopie hat er einen Namen handschriftlich eingefügt und dieses unterschrieben. In dem Fall des BGH[103] hatte der Erblasser auf die Abschrift eines notariellen Testamentes den handgeschriebenen, datierten und unterschriebenen Vermerk aufgebracht: *„Bis zum Höchstbetrage von 50.000,00 DM (...) B., dem 20.3.1961, C"*. Der BGH entschied, dass ein rechtswirksamer Widerruf oder eine rechtswirksame Einschränkung eines notariellen Testamentes auch dann vorliegt, wenn

[90] MüKoBGB/*Hagena* § 2247 Rn. 5; PWW/*Avenarius* § 2247 Rn. 25; Staudinger/*Baumann* § 2247 Rn. 148.
[91] OLG Koblenz FamRZ 2016, 1487 = BeckRS 2015, 112608 Rn. 11.
[92] BeckOK BGB/*Litzenburger* § 2247 Rn. 3.
[93] Dt. ErbRK/*Schnabel* § 2247 Rn. 12; vgl. BayObLG FamRZ 1992, 226 (227); aA HK-BGB/*Hoeren* § 2247 Rn. 7: Bei jedem eigenhändigen Testament müsse geprüft werden, ob die Erklärung auf einem ernstlichen Testierwillen beruht oder ob nur ein Testamentsentwurf vorliegt.
[94] BayObLG ZEV 2000, 365 mAnm *Koppenstein;* KG NJW-RR 1991, 392 (393); Baumgärtel/Laumen/Prütting/*Schmitz* § 2247 Rn. 8.
[95] BayObLG NJW-RR 1989, 1092; NK-BGB/*Kroiß* § 2247 Rn. 62.
[96] Reimann/Bengel/Mayer Testament und Erbvertrag/*Voit* § 2247 Rn. 5; Staudinger/*Otte* Vorb. zu §§ 2064 ff. Rn. 10.
[97] OLG München ZEV 2008, 596 (597); OLG Schleswig ZEV 2010, 46 (48); OLG Karlsruhe FGPrax 2010, 239; BayObLG NJWE-FER 2000, 316.
[98] Dt. ErbRK/*Schnabel* § 2247 Rn. 12.
[99] KG NJW-RR 1991, 393; Baumgärtel/Laumen/Prütting/*Schmitz* § 2247 Rn. 8.
[100] OLG Karlsruhe FGPrax 2010, 239; OLG München ZEV 2008, 596 (597); BayObLG FamRZ 1992, 226 (227); MüKoBGB/*Hagena* § 2247 Rn. 5; NK-BGB/*Kroiß* § 2247 Rn. 62; Palandt/*Weidlich* § 2247 Rn. 5; Soergel/*J. Mayer* § 2247 Rn. 12; vgl. Staudinger/*Baumann* § 2247 Rn. 21, 26.
[101] BayObLG NJW 1967, 729; Baumgärtel/Laumen/Prütting/*Schmitz* § 2247 Rn. 8.
[102] OLG Karlsruhe NJW-RR 2003, 653.
[103] BGH NJW 1966, 201.

eben ein solcher handschriftlicher Vermerk angebracht wurde, der erst in Verbindung mit der maschinenschriftlichen Testamentsabschrift einen vollständigen Sinn erhält. Unter Hinzuziehung der Testamentsabschrift ergebe sich, dass der Erblasser mit der Verwendung dieser Abschrift unter Einschaltung seines Vermerkes an einer bestimmten Stelle auch eine bestimmte Willenserklärung verbinden wollte, nämlich das hinterlegte Testament an dieser Stelle einzuschränken. Auch ist die Änderung eines notariellen Testamentes dadurch möglich, dass der Erblasser auf einer Ausfertigung eines notariellen Testamentes entsprechende Vermerke anbringt und unterschreibt, auch wenn diese erst in Verbindung mit den nicht eigenhändig verfassten Passagen der Notarurkunde einen Sinn ergeben.[104] Auch der (teilweise) Widerruf durch Durchstreichungen auf der Kopie eines handschriftlichen Testamentes kann wirksam sein.[105] In dem Fall des OLG Hamm[106] lag dem Erblasser nur der maschinenschriftliche Entwurf eines Testamentes vor, welches er hat beurkunden lassen. Auf diesem Entwurfstext brachte der Erblasser folgenden datierten und unterschriebenen Vermerk an: „*Dieses Testament ist wie auch eine etwaige Kopie dieser Durchschrift ungültig!* (...)" Das OLG Hamm stellte zunächst fest, dass der handschriftlich geschriebene Teil des Vermerkes bei isolierter Betrachtung unverständlich sei. Jedoch sei anerkannt, dass die Testamentsform als gewahrt angesehen wird, wenn es sich bei dem in Bezug genommenen Schriftstück um eine andere wirksame, insbesondere formgerecht errichtete letztwillige Verfügung handelt.

[104] BeckOK BGB/*Litzenburger* § 2247 Rn. 19.
[105] OLG München ZEV 2006, 33 (34).
[106] OLG Hamm NJW-RR 2000, 742 (743).

§ 3 Umdeutung (§ 140 BGB)

Übersicht

I. Praxisrelevanz

1 Der Umstand, dass das gemeinschaftliche Testament etwa bei Geschwistern und nichtehelichen bzw. nichtverpartnerten Partnern nicht zulässig ist, ist in der Bevölkerung einstweilen unbekannt.[1] Auch kommt es vor, dass bei der Errichtung eines fehlgeschlagenen gemeinschaftlichen Testamentes ein Ehegatte (unerkannt) testierunfähig war oder der zweite Ehegatte gar nicht unterschrieben hat. Auch kann eine spätere Vermächtnisaussetzung gegen die wechselbezüglichen Verfügungen eines vorherigen gemeinschaftlichen Testamentes verstoßen. In diesen Fällen ist von Anfang an die Nichtigkeit bzw. die Unwirksamkeit der letztwilligen Verfügung festzustellen. Das verfolgte Ziel des Erblassers kann möglicherweise im Wege der Umdeutung gem. § 140 BGB des ursprünglich nichtigen Rechtsgeschäftes in ein wirksames, vergleichbares Ersatzgeschäft erreicht werden. Dafür löst die Umdeutung das entscheidende Ziel heraus und ersetzt die nicht geeignete Gestaltung durch eine zulässige Gestaltung.

II. Rechtslage

1. Anwendungsbereich

2 Die individuelle **Auslegung** geht der Umdeutung vor.[2] Bei der Auslegung ist der wirkliche Wille des Erblassers nicht oder nicht vollständig bekannt und muss daher erforscht werden. Dagegen ist bei der Umdeutung der Wille (iSe wirtschaftlichen Ziels) des Erblassers zwar

[1] *V. Proff* ZErb 2008, 254.

[2] Damrau/Tanck/*Seiler-Schopp/Rudolf* § 2084 Rn. 79; NK-BGB/*Fleindl* § 2084 Rn. 58; *Jestaedt* ZErb 2016, 256.

bekannt; dieser ist jedoch auf ein unwirksames Rechtsgeschäft gerichtet. Die Umdeutung deutet mithin nicht einen unklaren Willen oder ergänzt einen unvollständigen letzten Willen. Der vom Erblasser eingeschlagene Weg führt nicht zum Erreichen seines gewünschten wirtschaftlichen Ziels. Es sind die allgemeinen Grundsätze des § 140 BGB anzuwenden, der wie folgt lautet: „*Entspricht ein nichtiges Rechtsgeschäft den Erfordernissen eines anderen Rechtsgeschäfts, so gilt das letztere, wenn anzunehmen ist, dass dessen Geltung bei Kenntnis der Nichtigkeit gewollt sein würde.*“ Dabei sind die Besonderheiten des Erbrechts zu beachten, wie etwa dass Billigkeitserwägungen nicht möglich sind.[3]

Gleichwohl ist die Abgrenzung zwischen Auslegung und Umdeutung oftmals schwierig.[4] 3
Auch gerichtliche Entscheidungen differenzieren nicht stets überzeugend, kommen aber oft zum richtigen Ergebnis. In vielen Fällen wird jedoch sowohl durch Auslegung als auch durch Umdeutung das gleiche wirtschaftliche Ziel erreicht, so dass es auf einen Entscheid nicht ankommt.

2. Nichtiges Rechtsgeschäft

Gegenstand einer Umdeutung kann jedes Rechtsgeschäft sein, das sich inhaltlich auf Re- 4
gelungen hinsichtlich der wirtschaftlichen Rechtsnachfolge bezieht,[5] so vor allem Testamente und Erbverträge, aber auch Schenkungsversprechen und Eheverträge. In Betracht kommen sowohl ganze Testamente und Erbverträge als auch die darin enthaltenen einzelnen letztwilligen Verfügungen.

In **objektiver Hinsicht** setzt § 140 BGB ein von Anfang an **nichtiges Rechtsgeschäft** vor- 5
aus,[6] wobei auch eine nachträgliche Unwirksamkeit denkbar ist. Für nachträgliche Veränderungen ist die Methode der ergänzenden Testamentsauslegung einschlägig. § 140 BGB gilt für **alle Fälle der Nichtigkeit,**[7] so etwa

- bei einem Verstoß gegen ein Verbotsgesetz,[8]
- bei Formnichtigkeit,[9]
- bei anfänglicher Unmöglichkeit,
- bei Erbverträgen wegen fehlender Geschäftsfähigkeit und
- bei gemeinschaftlichen Testamenten wegen fehlender Testierfähigkeit auch nur eines Ehegatten, Leseunfähigkeit eines Ehegatten und aufgrund der Errichtung durch Nichtehegatten, mithin Fehlen einer Ehe bzw. eingetragenen Lebenspartnerschaft.[10]

Auch der **Inhalt** einer letztwilligen Verfügung kann **zur Nichtigkeit führen,** etwa 6

- wegen Verstoßes gegen § 2065 Abs. 2 BGB, wenn einem Dritten die Bestimmung der Person des Erben sowie des Zuwendungsgegenstands übertragen wird,[11]
- wenn ein Erbvertrag nicht eine einzige vertragsmäßige Verfügung von Todes wegen enthält,
- wenn eine letztwillige Verfügung gegen zwingende rechtliche Vorschriften verstößt,
- wenn eine letztwillige Verfügung bei gemeinschaftlichen Testamenten und Erbverträgen gegen eine bindend gewordene wechselbezügliche bzw. erbvertragliche Anordnung verstößt.[12]

3. Ersatzgeschäft

Die Umdeutung eines nichtigen Rechtsgeschäftes gem. § 140 BGB ist nur dann möglich, 7
wenn es nach Form, Inhalt, Wirkung und Art den Erfordernissen eines Ersatzgeschäftes ent-

[3] BeckOGK BGB/*Gierl* § 2084 Rn. 137.
[4] Groll ErbR-HdB/*Esser* B II Rn. 81.
[5] BeckOGK BGB/*Gierl* § 2084 Rn. 138.
[6] Palandt/*Ellenberger* § 140 Rn. 3.
[7] NK-BGB/*Fleindl* § 2084 Rn. 60; MüKoBGB/*Leipold* § 2084 Rn. 135.
[8] Vgl. BGH NJW 1974, 43; OLG Hamm NJW 1974, 60.
[9] Vgl. OLG Koblenz NJW 1947/48, 384.
[10] Vgl. OLG Braunschweig NJW-RR 2005, 1027.
[11] Vgl. BGH NJW 1984, 46 (47); BayObLG NJW-RR 1998, 727; nach OLG Hamm FGPrax 2011, 223: Fall der Auslegung nach § 2104 S. 1 BGB.
[12] Vgl. BGH NJW 1978, 423.

spricht (**Umdeutungsfähigkeit**).[13] Die rechtlichen Voraussetzungen des Ersatzgeschäftes müssen erfüllt werden.[14] Dem auf einen **bestimmten wirtschaftlichen Erfolg gerichteten Willen** des letztwillig Verfügenden muss durch Umdeutung auch dann zum Erfolg verholfen werden, wenn der Erblasser eine rechtlich unzulässige Regelung gewählt hatte, aber ein zu einem jedenfalls annähernd gleichen Ergebnis führender, rechtlich zulässiger Weg offen steht.[15] Der vom Erblasser mit seiner unwirksamen letztwilligen Verfügung erstrebte wirtschaftliche Zweck muss auch mit der durch Umdeutung gefundenen letztwilligen Verfügung erreicht werden können.[16] Die Verwirklichung des Willens soll lt. BGH[17] nicht an Zweifeln über seine rechtliche Natur scheitern. Zu unterscheiden ist mithin zwischen dem erstrebten wirtschaftlichen Erfolg und dem rechtlichen Weg bzw. den Rechtsfolgen.

- In einem ersten Schritt sind die tatsächlichen wirtschaftlichen Absichten und Zielsetzungen des Erblassers festzustellen, die er mit seiner letztwilligen Verfügung verfolgt hat.
- In einem zweiten Schritt ist zu erforschen, mit welchem alternativen rechtlichen Weg diese Absichten und Ziele des Erblassers umgesetzt werden können. Dieses Ersatzgeschäft kann innerhalb derselben Rechtsform oder durch eine Rechtsformänderung erfolgen.

8 So ist dem BayObLG zufolge zu fragen,

> *„auf welchem rechtlich zulässigen Weg sich die tatsächlichen wirtschaftlichen Absichten und Zielsetzungen des E am besten verwirklichen lassen; denn das § 2084 BGB zu Grunde liegende Gebot der wohlwollenden Auslegung gilt auch für die Umdeutung (Staudinger/Otte, § 2084 Rn. 1; Soergel/Loritz, § 2084 Rn. 55), (…)"*

9 Das Ersatzgeschäft darf in seinen rechtlichen Wirkungen **nicht weiter reichen** als das ursprüngliche unwirksame Rechtsgeschäft; es darf aber in seinen Rechtsfolgen zurückbleiben.[18] Das Ersatzgeschäft darf kein Mehr, wohl aber ein Weniger oder ein Aliud darstellen.[19] So ist die Umdeutung einer Erbeinsetzung in ein Vermächtnis möglich, aber nicht umgekehrt. Schließlich stehen dem Erben umfangreichere Rechte als dem Vermächtnisnehmer zu. Ausreichend und erforderlich ist insoweit, dass der von dem Erblasser beabsichtigte **wirtschaftliche Erfolg** mit dem Ersatzgeschäft (nur teilweise oder in nicht so vollkommener Weise) erreicht wird.[20] Es muss derselbe oder doch zumindest nahezu derselbe wirtschaftliche Erfolg eintreten. Anderenfalls, also bei grundlegenden und wesentlichen Abweichungen, ist die Umdeutung unzulässig.

10 Das Ersatzgeschäft muss wirksam sein, so dass auch die Formvorschriften erfüllt sein müssen. Es darf kein unzulässiges Umgehungsgeschäft darstellen. Mithin darf der Zweck der Nichtigkeit nicht der Umdeutung entgegenstehen.[21]

4. Hypothetische Sichtweise des Erblassers

11 Die **subjektive Voraussetzung** der Umdeutung besteht darin, dass das Ersatzgeschäft, in das umgedeutet wurde, dem hypothetischen Erblasserwillen entspricht.[22] Bei Kenntnis der Nichtigkeit müsste nach einer hypothetischen Betrachtung der Erblasser das Ersatzgeschäft vorgenommen haben, um die mit dem nichtigen Geschäft verfolgten wirtschaftlichen Ziele zu erreichen.[23] Die Feststellung des hypothetischen Willens ist keine Beweis-, sondern eine Bewertungsfrage. Es muss gefragt werden, ob durch das Ersatzgeschäft der Zweck verwirk-

---

[13] Soergel/*Loritz* § 2084 Rn. 67.
[14] MüKoBGB/*Leipold* § 2084 Rn. 140 f.
[15] BayObLG ZEV 2004, 464 (465); MüKoBGB/*Leipold* § 2084 Rn. 63.
[16] OLG München ZErb 2016, 70 (72).
[17] FamRZ 1985, 693 = BeckRS 2010, 5450.
[18] BGH NJW 1994, 1785 (1787); KG FGPrax 2009, 170 (171); OLG Hamm NJW 1974, 60 (61); Palandt/*Ellenberger* § 140 Rn. 6; Burandt/Rojahn/*Czubayko* § 2084 Rn. 22.
[19] NK-BGB/*Fleindl* § 2084 Rn. 61.
[20] BGH NJW 1994, 1785 (1787); BayObLG ZEV 2004, 464 (466).
[21] MüKoBGB/*Leipold* § 2084 Rn. 141.
[22] BGH NJW 1994, 1785 (1787); NK-BGB/*Fleindl* § 2084 Rn. 61.
[23] BGH NJW 1994, 1785 (1787); Soergel/*Loritz* § 2084 Rn. 69; MüKoBGB/*Busche* § 140 Rn. 21; Palandt/*Ellenberger* § 140 Rn. 8.

licht werden kann und seine Geltung der Interessenbewertung der Parteien entspricht.[24] Nach *Musielak*[25] ist auf einen Erblasser als vernünftig denkender Mensch in Abwägung aller in Betracht kommender Verhältnisse und Interessen abzustellen. Lt. BGH[26] ist der **hypothetische Wille** regelmäßig dann anzunehmen, wenn durch das andere Rechtsgeschäft derselbe wirtschaftliche Erfolg erreicht wird wie durch das nichtige Rechtsgeschäft.

12 Bei **Kenntnis der Nichtigkeit** durch den Erblasser ist eine **Umdeutung ausgeschlossen.**[27] Sie darf sich auch nicht im Widerspruch zum Parteiwillen setzen.[28]

III. Fehlgeschlagenes gemeinschaftliches Testament

1. Grundsätzliches

13 Einen besonderen Stellenwert mit besonderer Mandatsrelevanz nehmen fehlgeschlagene gemeinschaftliche Testamente ein. So steht ein gemeinschaftliches Testament gem. § 2265 BGB ausschließlich Ehegatten und eingetragenen Lebenspartnern zur Verfügung; nur diesen gewährt § 2267 BGB eine Formerleichterung bei der Errichtung eines privatschriftlichen gemeinschaftlichen Testamentes dahingehend, dass der eine Ehegatte das Testament verfasst und der andere nur unterschreibt, möglichst mit Datums- und Ortsangabe.

14 In folgenden Situationen schlägt die gewollte Errichtung eines gemeinschaftlichen Testamentes fehl:

- fehlende Ehe, wenn **Nichtehegatten** verfügt haben,[29]
- fehlender Beitritt des anderen Ehegatten, der also nicht mitunterzeichnet hat,[30]
- Testierunfähigkeit eines Ehegatten[31] oder
- Leseunfähigkeit eines Ehegatten (Analphabet; vgl. § 2247 Abs. 4 BGB).[32]

15 Dann ist zu prüfen, inwieweit das gemeinschaftliche Testament, genauer die darin enthaltenen einzelnen letztwilligen Verfügungen, wirksam sind oder umgedeutet werden können. Die Prüfung kann sich nach nachfolgender Reihenfolge orientieren; die Einzelheiten werden nachfolgend dargestellt:

- Handelt es sich um eine einseitige Verfügung eines testierfähigen Erblassers, die dieser selber geschrieben hat? Diese bleibt unstreitig wirksam.
- Bei einer wechselbezüglichen Verfügung ist zu fragen, ob der eine Erblasser diese auch dann errichtet hätte, wenn er von der Unwirksamkeit der korrespondierenden Verfügung des anderen Erblassers gewußt hätte.

16 Sehr treffend führt das LG Karlsruhe[33] im Zusammenhang mit dem Rechtsinstitut der Umdeutung aus:

> *„…, das Erbrecht wird von dem Grundsatz geprägt, eine Verfügung von Todes wegen wenn möglich, aufrechtzuerhalten (z. B. § 2084 BGB).“*

17 Damit eine Aufrechterhaltung bzw. Umdeutung eines fehlgeschlagenen gemeinschaftlichen Testamentes in ein Einzeltestament bzw. vielmehr in einseitige Verfügungen möglich

---

24 MüKoBGB/*Leipold* § 2084 Rn. 143.

25 MüKoBGB/*Musielak* § 2265 Rn. 7.

26 BGH NJW 1980, 2350 (2352); vgl. NJW 1956, 297; vgl. NJW 1974, 43 (45); so auch juris-PK BGB/*Reymann* § 2265 Rn. 14.

27 Vgl. Palandt/*Ellenberger* § 140 Rn. 8.

28 BGH NJW 1980, 2350 (2352).

29 OLG Hamm NJW-RR 1996, 1290; BayObLG BeckRS 1993, 30850919.

30 OLG Düsseldorf FamRZ 1997, 771 = BeckRS 1997, 1374; BayObLG NJW-RR 1992, 332 (333); außer für den Erblasser war der Beitritt zwingend.

31 Staudinger/*Kanzleiter* § 2265 Rn. 14; vgl. OLG München ZEV 2010, 471.

32 Das OLG Düsseldorf (FuR 2012, 271 = BeckRS 2012, 4247) stellte für einseitige Verfügungen der vorverstorbenen Erblasserin fest, dass diese auch bei Unwirksamkeit der Verfügungen ihres Ehemanns Bestand haben oder „das Testament“ sei in diesem Fall als gemeinschaftliches gescheitert, dann aber gemäß § 140 BGB in ein Einzeltestament der Erblasserin umzudeuten. In diesem Fall hatte die Erblasserin ein gemeinschaftliches Testament mit ihrem wohl nicht lesefähigen Ehemann errichtet.

33 LG Karlsruhe BWNotZ 1989, 62.

ist, müssen die Formvoraussetzungen eines Einzeltestamentes erfüllt sein: Wenn Nichtehegatten ein **notarielles Testament** errichtet haben, erfüllt es die Formvoraussetzungen für beide Testierenden, so dass jeweils Einzeltestamente angenommen werden können.[34] Dann darf es aber den Testierenden nicht auf die Bindungswirkung enthaltener Verfügungen angekommen sein. Andernfalls kann auch in einen Erbvertrag umzudeuten sein.[35]

18 Bei **Nichtehegatten** kommt eine Umdeutung/Aufrechterhaltung unstreitig für denjenigen Testierenden in Betracht, der das fehlgeschlagene gemeinschaftliche Testament selber handschriftlich geschrieben und unterschrieben hat.[36] Schließlich erfülle nur dessen letztwillige Verfügung die Voraussetzungen des § 2247 BGB.[37] Die Verfügungen desjenigen, der nur mitunterzeichnet, sollen nach hM nicht gerettet werden können.[38] So sei eine Umdeutung in ein einseitiges Testanent nicht möglich, da dies formunwirksam sei.[39] Das überzeugt den Verfasser nicht vollends: So ist ein gemeinschaftliches Testament formgerecht unter Berufung auf die Formerleichterung des § 2267 BGB entstanden.[40] Selbst wenn der Ehegatte, der den Testamentstext eigenhändig geschrieben hat, testierunfähig war, dann hat immer noch der andere Ehegatte diesen Text unterschrieben. Für den nur unterschreibenden Ehegatten ist es doch gleichgültig, ob der schreibende Ehegatte testierfähig war oder nicht. Der nur unterschreibende Ehegatte hat schließlich den Testamentstext zuvor gelesen. Für ihn kann es bei der fraglichen Wirksamkeit seiner einseitigen Verfügungen keinen Unterschied machen, ob der schreibende Ehegatte testierfähig war oder nicht. Das gilt entsprechend für die wechselbezüglichen Verfügungen des nur unterschreibenden Ehegatten, soweit eine Umdeutung möglich ist.

2. Einseitige Verfügungen

19 Einseitige Verfügungen in einem fehlgeschlagenen gemeinschaftlichen Testament bleiben wirksam, zumindest bei dem Ehegatten, der auch den Testamentstext eigenhändig geschrieben hat (so die hM). Dies ist auch kein Fall der Umdeutung, die vielfach angenommen wird.[41] *Lange/Kuchinke*[42] weisen zutreffenderweise darauf hin, dass einseitige Verfügungen nicht der Umdeutung bedürfen, um wirksam zu sein. Dagegen führt etwa *Braun*[43] aus, dass die Rechtswirkungen des umzudeutenden Rechtsgeschäftes (einseitige Verfügung in einem gemeinschaftlichen Testament) exakt denjenigen des Ersatzgeschäftes, in das umgedeutet würde (Einzeltestament), entsprechen würde. Falls aber die Wirksamkeit einer einseitigen Verfügung von einer wechselbezüglichen Verfügung bedingt ist (auflösende Bedingung), kann die einseitige Verfügung unwirksam sein. Im Hinblick darauf, dass die ältere Rechtsprechung eher die Unzulässigkeit der Umdeutung von wechselbezüglichen Verfügungen annimmt,[44] ist sie gleichzeitig geneigt, Verfügungen, die durchaus auch wechselbezüglich sein könnten, **als einseitige Verfügungen auszulegen.**[45] *Weidlich*[46] weist auch zutreffend

[34] Burandt/Rojahn/*Braun* § 2265 Rn. 45.

[35] MüKoBGB/*Musielak* § 2265 Rn. 9; jurisPK-BGB/*Reymann* § 2265 Rn. 13; Burandt/Rojahn/*Braun* § 2265 Rn. 45.

[36] OLG Braunschweig NJW-RR 2005, 1027 (1028); Damrau/Tanck/*Klessinger* § 2265 Rn. 7; *Lange* ErbR § 16 Rn. 88; NK-BGB/*Gierl* § 2265 Rn. 21; BeckOK BGB/*Litzenburger* § 2265 Rn. 19; Palandt/*Weidlich* § 2265 Rn. 3

[37] Vgl. BayObLG NJWE-FER 2001, 181.

[38] OLG Schleswig ErbR 2017, 90 (94); BayObLG NJW 1969, 797; BeckOK BGB/*Litzenburger* § 2265 Rn. 19.

[39] OLG Düsseldorf ZErb 2017, 172 (173).

[40] So auch *Zimmer* ZEV 2010, 472 (473).

[41] Vgl. BeckOK BGB/*Litzenburger* § 2265 Rn. 21; Damrau/Tanck/*Klessinger* § 2265 Rn. 7; MüKoBGB/*Musielak* § 2265 Rn. 7.

[42] *Lange/Kuchinke* ErbR § 24 I 4 b.

[43] BeckOGK BGB/*Braun* § 2265 Rn. 67; vgl. Burandt/Rojahn/*Braun* § 2265 Rn. 47; so auch juris-PK BGB/*Reymann* § 2265 Rn. 15.

[44] So OLG Hamm NJW-RR 1996, 1290 (1291); BayObLG FamRZ 1993, 1370 = BeckRS 1993, 30850919; KG NJW 1969, 798.

[45] So auch Burandt/Rojahn/*Braun* § 2265 Rn. 48; Staudinger/*Kanzleiter* § 2265 Rn. 6; vgl. BayObLG NJWE-FER 2001, 181.

[46] Palandt/*Weidlich* § 2265 Rn. 3.

darauf hin, dass bei Verfügungen von Unverheirateten seltener eine vermeintliche Wechselbezüglichkeit angenommen werden kann, da die Auslegungsregel des § 2270 Abs. 2 BGB nicht gelte.

20 **Einzelfälle:** Die Aufrechterhaltung stellte der BGH[47] etwa für ein fehlgeschlagenes gemeinschaftliches Testament von Nichtehegatten fest, welches die **Lebensgefährtin** des Erblassers **nicht mitunterzeichnet** hatte. Dem Testamentstext zufolge sollten sich beide Lebensgefährten gegenseitig zu Alleinerben einsetzen. Schlußerbe sollte ein einseitiges Kind werden. Eine Tochter des Erblassers war ausdrücklich enterbt. Der BGH stellte die Einseitigkeit der Alleinerbeinsetzung zugunsten der Lebensgefährtin fest, da es *„ihm mithin erkennbar vor allem anderen darum (ging), seine Lebensgefährtin uneingeschränkt sicherzustellen und zu versorgen."*

21 Das Gleiche nahm das OLG Frankfurt a. M.[48] bei einem gemeinschaftlichen Testament eines verheirateten Erblassers an, das der Erblasser für **seine längerlebende Ehefrau mitunterschrieben** hatte. Es gäbe keine Anhaltspunkte dafür, dass der Erblasser die Alleinerbeinsetzung seiner Ehefrau davon abhängig machen wollte, dass seine Ehefrau ihn wiederum zu ihrem Alleinerben einsetzt.

22 Das OLG Düsseldorf[49] stellte für einseitige Verfügungen der vorverstorbenen Erblasserin fest, dass diese *„auch bei Unwirksamkeit der Verfügungen ihres Ehemannes Bestand"* haben sollen oder *„das Testament"* sei *„in diesem Falle als gemeinschaftliches gescheitert, dann aber gemäß § 140 BGB in ein Einzeltestament der Erblasserin umzudeuten"*. In diesem Fall hatte die Erblasserin ein gemeinschaftliches Testament mit ihrem wohl nicht lesefähigen Ehemann errichtet.

23 Das LG Bonn[50] konnte etwa kein Abhängigkeitsverhältnis feststellen, als zwei Freundinnen eine dritte gemeinsame Freundin als Schlußerbin eingesetzt haben. Bei dem vermeintlichen gemeinschaftlichen Testament von zwei Schwestern, die sich gegenseitig zu Vorerben bestimmt hatten, stellte das BayObLG[51] die Einseitigkeit fest, da die testamentarische Begünstigung hinter der gesetzlichen Erbfolge zurückblieb. Nach dieser hätten sich die Schwestern gegenseitig alleine beerbt. Zur Feststellung der Wechselbezüglichkeit unter Bezugnahme auf den Gedanken aus der Auslegungsregel des § 2270 Abs. 2 Alt. 1 BGB für den Fall, dass sich zwei Schwestern gegenseitig zu Erben eingesetzt haben, ist das OLG Zweibrücken[52] zu Recht zurückhaltend und sieht dies als *„zweifelhaft"* an.

24 Das BayObLG[53] verneinte bei einem Testament die Eigenschaft als mögliches gemeinschaftliches Testament, obwohl die Lebensgefährtin unterschrieben hatte und in der *„wir-Form"* deren Tochter als Schlußerbin bestimmt wurde. So hatte der Erblasser die Testamentsurkunde mit *„Mein letzter Wille"* überschrieben und im ersten Satz in der *„ich-Form"* seine Lebensgefährtin als *„Alleinerbin meines gesamten Nachlasses"* eingesetzt.

25 Großzügig zeigt sich die Rechtsprechung in den Fällen, in denen der andere Ehegatte **nicht** durch seine Unterschrift dem vorbereiteten, handschriftlich verfassten gemeinschaftlichen Testament **beigetreten** ist: In einem von dem OLG Düsseldorf[54] entschiedenen Fall hatte der unheilbar an Krebs erkrankte Erblasser verfügt, dass beide Ehegatten sich gegenseitig zu Alleinerben einsetzen. Seine Ehefrau hatte aber nicht unterschrieben. Für das Gericht stand fest, dass der Erblasser seine Ehefrau *„jedenfalls und unabhängig von ihrer Unterschrift als seine Erbin"* einsetzen wollte. Dies war auch in Beschlüssen des BayObLG[55] und des OLG Frankfurt a. M.[56] als entscheidungserheblich festgestellt worden (Kinder waren direkt zu Erben eingesetzt worden). Wenn nur ein von einem Ehegatten geschriebener und unterschriebener Entwurf eines gemeinschaftlichen Testamentes vorliegt, kann dies für dessen

[47] BGH NJW-RR 1987, 1410.
[48] OLG Frankfurt a. M. NJW-RR 2012, 11.
[49] OLG Düsseldorf BeckRS 2012, 4247.
[50] LG Bonn NJW-RR 2004, 10 (11).
[51] BayObLG FamRZ 1993, 1370 = BeckRS 1993, 30850919.
[52] OLG Zweibrücken FamRZ 1989, 790 = BeckRS 2009, 12358; zust. Palandt/*Weidlich* § 2265 Rn. 3.
[53] BayObLG NJWE-FER 2001, 181.
[54] OLG Düsseldorf BeckRS 1997, 1374.
[55] BayObLG NJW-RR 2003, 659 (660).
[56] OLG Frankfurt a. M. NJWE-FER 1998, 182; vgl. auch BGH NJW-RR 1987, 1410 für Nichtehegatten.

Erbabwicklung maßgeblich sein, wenn *„der Erblasser die Urkunde als seine rechtsverbindliche letztwillige Verfügung angesehen hat und sich dessen bewußt war, diese könne als sein Testament betrachtet werden"*.[57] Dies nahm auch das OLG Frankfurt a. M.[58] bei einem vermeintlichen gemeinschaftlichen Testament an, das der Erblasser auch für seine längerlebende Ehefrau unterschrieben hatte. Durch die Feststellung der Einseitigkeit einer Verfügung stellt sich dann nicht die Frage, ob eine wechselbezügliche Verfügung in eine einseitige Verfügung umgedeutet werden kann.

26 *Kanzleiter*[59] hält die Umdeutung in eine einseitige Verfügung *„seltener"* bei **fehlendem Beitritt** eines Ehegatten für möglich, vor allem bei einer Erbeinsetzung nach § 2269 Abs. 1 BGB. So auch in dem Fall des BayObLG:[60] Nur ein Ehegatte hatte das von ihm handschriftlich verfasste gemeinschaftliche Testament unterschrieben, welches eine gegenseitige Erbeinsetzung und die gemeinsamen Kinder als Schlußerben vorsah. Das Gericht lehnte die Aufrechterhaltung der Alleinerbeinsetzung der Ehefrau ab,[61] zog aber eine **Umdeutung in eine Vor- und Nacherbschaft** in Betracht. Es hätte nur ein Entwurf eines gemeinschaftlichen Testamentes nach § 2267 BGB vorgelegen. Sofern der erstverstorbene Verfasser etwa seine Kinder zu Schlußerben eingesetzt hat, kommt als Umdeutungsergebnis auch die Annahme der (befreiten) Vorerbschaft für die Ehefrau und der Nacherbschaft für seine Kinder in Betracht.[62]

3. Wechselbezügliche bzw. erbvertragliche Verfügungen

27 Bei der Umdeutung von wechselbezüglichen bzw. vertragsmäßigen Verfügungen in einseitige Verfügungen geht die gewollte Bindungswirkung verloren, so dass besonders früher Zurückhaltung bei der Aufrechterhaltung zu erkennen war.[63] § 2265 und § 10 Abs. 4 S. 1 LPartG ist aber kein Umdeutungsverbot für letztwillige Verfügungen zu entnehmen.[64]

28 Nachdem das RG[65] noch ein Umdeutungsverbot eines gemeinschaftlichen Testamentes nach § 2265 BGB von Nichtehegatten vertreten hatte, wurden letztwillige Verfügungen als umdeutungsfähig erachtet, wenn diese nicht wechselbezüglich waren.[66] Nachdem die Rechtsprechung zwischenzeitlich differenziert hatte,[67] erkennt die Rechtsprechung aus den letzten Jahren an, dass auch wechselbezügliche Verfügungen umgedeutet werden können.[68] Voraussetzung für die Aufrechterhaltung als Einzeltestament ist, dass die Formerfordernisse für ein Einzeltestament nach § 2247 BGB gewahrt sind.[69]

29 Eine wechselbezüglich gewollte Verfügung eines Ehegatten kann ohne Rücksicht auf den Grund der Unwirksamkeit der korrespektiven Verfügung des anderen in eine einseitige Verfügung umgedeutet werden.[70] Zur Begründung wird auf § 2070 Abs. 1 BGB abgestellt, wonach die Nichtigkeit oder der Widerruf der einen wechselbezüglichen Verfügung die Unwirksamkeit der anderen zur Folge habe.[71] Diese Rechtsfolge ist indes nicht zwingend. Der

[57] BayObLG NJW-RR 1992, 332 (333).
[58] OLG Frankfurt a. M. NJW-RR 2012, 11.
[59] Staudinger/*Kanzleiter* § 2265 Rn. 14.
[60] BayObLGZ 2000, 194.
[61] So wäre nicht sichergestellt gewesen, dass seine Kinder an den von ihm hinterlassenen Vermögensgegenständen teilhaben.
[62] OLG München ZEV 2010, 472 (472); BayObLGZ 2000, 194 (196).
[63] BeckOGK BGB/*Braun* § 2265 Rn. 64.
[64] BeckOGK BGB/*Braun* § 2265 Rn. 65 mwN.
[65] RGZ 87, 33; anscheinend zuletzt OLG Neustadt NJW 1958, 1785.
[66] KG NJW 1969, 798; OLG Düsseldorf FamRZ 1977, 771 = BeckRS 1997, 1374.
[67] BGH NJW 1987, 1410; KG JFG 23, 369; OLG Braunschweig NJW-RR 2005, 1027 (1028); OLG Hamm NJW-RR 1996, 1290 (1291); LG Bonn NJW-RR 2004, 10; Burandt/Rojahn/*Braun* § 2265 Rn. 44.
[68] OLG Schleswig BeckRS 2016, 19260 Rn. 36; OLG Düsseldorf FGPrax 2016, 176 (177); OLG München NJW-RR 2014, 1354 (1355); NJW-RR 2014, 838; Palandt/*Weidlich* § 2265 Rn. 3; BeckOGK BGB/*Gierl* § 2084 Rn. 152; BeckOGK BGB/*Braun* § 2265 Rn. 68 f.; vgl. zuvor OLG Düsseldorf BeckRS 2012, 4247 und OLG München 2010, 471.
[69] OLG Schleswig ErbR 2016, 90 = BeckRS 2016, 19260 Rn. 36 unter Verweis auf BGH NJW-RR 1987, 1410; jurisPK BGB/Reymann § 2265 Rn. 14.
[70] OLG Düsseldorf FGPrax 2016, 176 (177).
[71] Vgl. *Jestaedt* ZErb 2016, 256.

Wille der Erblasser ist vorrangig.[72] So kann ein Testierender die an die Nichtigkeit einer wechselbezüglichen Verfügung geknüpfte Rechtsfolge abmildern oder ausschließen; ein solcher Wille kann durch Auslegung ermittelt werden.[73] Daran knüpft das OLG Düsseldorf[74] wie folgt an:

> *„Demnach darf allerdings die Verfügung nicht ohne Weiteres als einzeltestamentarische Verfügung aufrechterhalten werden; es muss sich feststellen lassen, dass der Erblasser die als wechselbezüglich bezeichnete Verfügung auch dann getroffen hätte, wenn er die Unwirksamkeit der korrespektiven Verfügung gekannt hätte. Namentlich bei wechselbezüglichen Zuwendungen an Dritte müssen besondere Umstände vorliegen, damit eine Aufrechterhaltung als einseitige Verfügung in Betracht kommt (…).“*

Auf diesen Aspekt wies schon der BGH in seinem Urt. v. 12.1.2011[75] hin: Von der Unwirksamkeit einer wechselbezüglichen Verfügung könne man nur dann ausgehen, wenn nicht die Auslegung ergebe, dass der Erblasser seine Verfügung auch dann getroffen hätte, wenn ihm die Unwirksamkeit der Verfügung des anderen Ehegatten bekannt gewesen wäre. Die Verfügung bliebe dann als einseitige Verfügung aufrechterhalten. In diese Richtung: Der wirkliche oder mutmaßliche Wille entscheidet nach *Kanzleiter*[76] auch über den Grad der Wechselbezüglichkeit, was bei der Umdeutung zu berücksichtigen ist. Er schließt eine Umdeutung aus, wenn die Verfügungen in einem *„strengen Wechselverhältnis“* standen, also für den Fall, dass die Verfügung des einen nur dann gelten sollte, wenn die des Anderen auch wirksam ist.[77] *Reymann*[78] spricht zutreffend von einem „Zielkonflikt“ zwischen Wechselbezugs- und Umdeutungswille. 30

Einzelfälle:[79]

(1) OLG Düsseldorf Beschl. v. 19.2.2016:[80] Die Ehegatten mit drei gemeinsamen Kindern hatten 1998 durch ein gemeinschaftliches Testament sich gegenseitig zu Erben berufen, aber keine Schlußerbfolge etc. verfügt. 2007 beriefen sie sich erneut gegenseitig zu Erben und setzten als Schlußerben zwei von drei Kindern ein. Der Ehemann verstarb 2009; streitig war die Erbfolge nach der nachverstorbenen Ehefrau. Das Gericht rettete die Schlußerbeinsetzung und damit die Enterbung eines Kindes durch Umdeutung. Für die Abmilderung der Rechtsfolge des § 2270 Abs. 1 BGB und damit für die Aufrechterhatung sprach, dass die Ehefrau schon 2004 einen Demenztest ihres Ehemannes initiiert hatte und daher mit der Unwirksamkeit der Verfügungen ihres Ehemannes zumindest gerechnet haben musste. Im Mittelpunkt des 2007er Testamentes hätte die Enterbung des dritten Kindes gestanden.

(2) OLG München Beschl. v. 23.7.2014:[81] Die Ehegatten hatten einen Sohn, dem der Ehemann das von den Ehegatten selbstgenutzte Haus gegen einen Pflichtteilsverzicht übertragen hatte. Beide haben ein Berliner Testament errichtet, mithin ihren Sohn zum Schlußerben berufen. Bei Errichtung soll lt. Sohn die Ehefrau testierunfähig gewesen sein. Der testierfähige Ehemann stirbt. Der Sohn beruft sich auf die gesetzliche Erbfolge; seine längerlebende Mutter auf das gemeinschaftliche Testament und damit auf ihre Alleinerbeinsetzung. Der Senat vermutete, dass der Erblasser seine Ehefrau auch dann zur Alleinerbin eingesetzt hätte, wenn er von ihrer Testierunfähigkeit gewußt hätte. Die dementielle Erkrankung war ihm bekannt. Es würde fernliegend erscheinen, dass der Ehemann die gesetzliche Erbfolge vorgezogen hätte. Der Übertragungsvertrag an den Sohn und die Eheschließung schon 1952 belege, dass es dem Erblasser um die Absicherung und Versorgung seiner Ehefrau gegangen wäre.

(3) OLG München Beschl. v. 23.4.2014:[82] In diesem Fall hat der Senat nicht den Aufrechterhaltungswillen vermutet. Die Ehegatten hatten keine gemeinsamen Kinder. Der Ehemann hatte mehrmals ein als

72 BeckOK BGB/*Litzenburger* § 2270 Rn. 9.
73 OLG Düsseldorf FGPrax 2016, 176 (177).
74 OLG Düsseldorf FGPrax 2016, 176 (177); vgl. OLG München NJW-RR 2014, 1354 (1355).
75 BGH ZEV 2011, 251 (253).
76 *Kanzleiter* ZEV 1996, 306 (307).
77 Staudinger/*Kanzleiter* § 2265 Rn. 12; aA OLG Hamm NJW-RR 1996, 1290 (1291); vgl. OLG Karlsruhe BWNotZ 1989, 63.
78 JurisPK-BGB/*Reymann* § 2265 Rn. 20.
79 Frühere auch bei juris-PK BGB/*Reymann* § 2265 Rn. 26.
80 OLG Düsseldorf FGPrax 2016, 176 (177).
81 OLG München NJW-RR 2014, 1354 (1355).
82 OLG München NJW-RR 2014, 838; hierzu die Richter des 31. Zivilsenats in ZErb 2014, 250.

gemeinschaftliches Testament geplantes Testament errichtet, wonach die Ehegatten sich gegenseitig und die Verwandten von beiden zu Schlußerben zu gleichen Teilen berufen sollten. Die Ehefrau trat nie bei. Der fehlende Wille, dass das Testament auch ohne Beitritt gelten sollte, würde dadurch deutlich, dass der Ehemann mehrmals inhaltsgleiche Entwürfe aufgesetzt habe, die aber von seiner Ehefrau nie unterschrieben würden. Wenn nun die Erbeinsetzung zugunsten seiner Ehefrau aufrechterhalten bliebe, würde sein Plan, dass die Hälfte des gemeinsamen Vermögens an seine Verwandten gehen würde, nicht aufgehen.

(4) OLG Düsseldorf Beschl. v. 17.1.2012:[83] Die kinderlosen Ehegatten hatten beide die Nichte der vermögenden Ehefrau zur Alleinerbin berufen, jedoch sollte dem Ehemann vermächtnisweise ein Wohnrecht am selbstbewohnten Haus bleiben. Die Ehefrau starb zuerst, danach der leseunfähige Ehemann. Der gesetzliche Erbe des Ehemannes (Bruder) berief sich darauf, dass schon die Alleinerbeinsetzung der Nichte durch die vorverstorbene Ehefrau nichtig sei. Der Senat unterstellte, dass die vorverstorbene Ehefrau auch so testiert hätte, wenn sie gewußt hätte, dass die wechselbezüglichen Verfügungen unwirksam sind, weil ihr längerlebender Ehemann nicht lesen konnte (Analphabet). Es bestand kein Anhalt dafür, dass die Erbeinsetzung der Nichte von der Erbeinsetzung der Erblasserin durch ihren Ehemann abhängig gemacht werden sollte.

31 Das OLG München[84] hat im Jahr 2010 ebenfalls für eine von ihm festgestellte wechselbezügliche Erbeinsetzung[85] die zulässige Umdeutung festgestellt:

> *„Maßgeblich ist auch hier, dass der Erblasser auch in Kenntnis der unwirksamen oder fehlenden entsprechenden Verfügung des anderen Testierenden seine eigene Verfügung zu dessen Gunsten treffen wollte (vgl. BayObLG (…) NJW-RR 2003, 659; (…) ZEV 2000, 448; OLG Düsseldorf (…) FamRZ 1997, 771, 772; Kanzleiter, in: Staudinger, BGB, 2006, § 2265 Rn. 14; Musielak, in: MüKo-BGB, 5. Aufl., § 2265 Rn. 4, 8).“*

32 In seiner Anm. stimmt *Zimmer*[86] zwar dem Ergebnis des OLG München zu, aber mit einer anderen Begründung: Er stellte die Einseitigkeit der Verfügung fest; nach seiner Auffassung können wechselbezügliche Verfügungen nicht umgedeutet werden, da die Verfügung des einen mit der Verfügung des anderen *„stehen und fallen“* soll. Mit der oben zitierten Argumentation hätte das OLG München – damit in sich widersprüchlich – festgestellt, dass die Verfügungen gerade nicht wechselbezüglich sind. Das ist aber nicht ganz richtig: Das OLG München hat zwar festgestellt, dass die Erbeinsetzung wechselbezüglich erfolgt ist – aber eben nur vor der Vorstellung des testierfähigen Ehegatten, dass auch der andere Ehegatte testierfähig ist. Da der testierfähige Ehegatte sich, wie sich nachträglich herausgestellt hat, geirrt hat, ist ein weiterer Prüfungsschritt erforderlich, der auf den hypothetischen Erblasserwillen abstellt.

33 In diese Richtung ging bereits ein Beschl. des OLG Braunschweig,[87] das eine *„derartige Wechselbezüglichkeit“* angenommen hatte. In solchen *„Zweifelsfällen“* sei der *„Wille“ „mit dem Mittel der Auslegung nach allgemeinen Grundsätzen“* zu erforschen.[88] Innerhalb eines notariellen gemeinschaftlichen Testamentes hatten sich Mutter und Tochter gegenseitig zu Vorerben eingesetzt und zu Nacherben die beiden anderen Töchter (bzw. aus Sicht der testierenden Tochter die beiden anderen Schwestern) bestimmt. Nach dem Tod der Mutter stellte das OLG Braunschweig[89] die Wechselbezüglichkeit und trotzdem die Tochter als Vorerbin fest, nachdem es den *„hypothetischen Erblasserwillen“* ausgelegt hatte. Entgegen den beiden anderen Töchtern, die beide zu Nacherben bestimmt wurden, war die zur Vorerbin bestimmte Tochter *„ein Problemfall“;* sie hatte gesundheitliche Probleme und keinen eigenen Beruf erlernt. Daher sorgte sich die Mutter besonders um sie, da sie nach dem Ableben

[83] OLG Düsseldorf BeckRS 2012, 4247.
[84] OLG München ZEV 2010, 471.
[85] Die Erblasser hatten sich gegenseitig zu Alleinerben und als Schlußerben die Enkel eingesetzt. Dabei war die längerlebende Ehefrau, die in dem Verfahren einen Erbschein über ihren Betreuer beantragte, bei Testamentserrichtung dement. Der von ihr beantragte und auch vom OLG festgestellte Erbschein wies sie als alleinige, befreite Vorerbin und die Enkel als Nacherben aus.
[86] *Zimmer* ZEV 2010, 472.
[87] OLG Braunschweig NJW-RR 2005, 1027.
[88] OLG Braunschweig NJW-RR 2005, 1027 (1028).
[89] OLG Braunschweig NJW-RR 2005, 1027 (1028).

der Mutter ohne Versorgung gewesen wäre. Unter Berufung auf ua OLG Braunschweig NJW-RR 2005, 1027 bezeichnet *Lange*[90] die Meinung als im Vordringen befindlich, wonach Verfügungen wirksam bleiben, sofern der Wille festgestellt werden kann, dass die Erblasser bei Kenntnis der Unwirksamkeit des gemeinschaftlichen Testamentes gleichlautende einseitige Verfügungen getroffen hätten. Diese Meinung hat sich zutreffend durchgesetzt.

4. Sonderfälle

Wechselbezügliche Verfügungen können in einseitige Verfügungen umgedeutet werden, 34
wenn die Testierenden oder ein Testierender **direkt Dritte zu ihren/seinem Erben** bestimmt haben/hat.[91] Dabei stellt sich aber die vorherige Frage, ob die Testierenden tatsächlich eine solche Erbeinsetzung mit wechselbezüglicher Wirkung angeordnet haben; dies ist eher unwahrscheinlich.

Es kann auch eine **Umdeutung** in eine Alleinerbschaft des Längerlebenden in Betracht 35
kommen, die mit der **Bedingung** verknüpft ist, dass der Längerlebende seine Erbeneinsetzung nicht ändert oder entsprechend letztwillig verfügt.[92] Die Literatur spricht von einem Bedingungszusammenhang. Da bis zum Ableben des Längerlebenden nicht feststeht, ob die Bedingung eintritt, ist der Längerlebende lediglich befreiter Vorerbe (→ § 25 Rn. 19 ff.). Daher ist auch an eine Umdeutung **in eine Vor- und Nacherbschaft** zu denken.[93] Dies dürfte *v. Proff*[94] zufolge zutreffenderweise *„regelmäßig dem Willen der Beteiligten entsprechen"*.

Ein Erblasser hatte in dem Beschl. v. 27.1.2016 von dem OLG München[95] seine Ehefrau 36
zur Vorerbin und seine Söhne zu Nacherben berufen, aber verfügt, dass seine Ehefrau diese Nacherbeneinsetzung nur unter seinen Söhnen durch letztwillige Verfügung ändern darf. Da eine solche Änderungsklausel gegen den Grundsatz der Höchstpersönlichkeit verstößt, wäre die Verfügung insoweit unwirksam. Das OLG München hat jedoch eine Umdeutung vorgenommen. Schließlich ist es gestattet,[96] dass ein Erblasser einen Nacherben unter der auflösenden Bedingung einsetzen kann, dass der Vorerbe über seinen eigenen Nachlass nicht anderweitig verfügt. Die Umdeutung führte dazu, dass die Nacherbfolge bis zum Nacherbfall fortbesteht. So steht erst zu diesem Zeitpunkt fest, ob die Ehefrau (Vorerbin) anderweitig verfügt hat und so von ihrer Befugnis zur Herbeiführung der auflösenden Bedingung Gebrauch gemacht hat. Zum Bedingungseintritt führt aber nur eine Erbeinsetzung innerhalb der Änderungsbefugnis; es mussten also Abkömmlinge des Ehemannes zu Erben berufen sein. Das war der Fall, da die Ehefrau einen Sohn des Ehemannes zu ihrem eigenen Alleinerben berufen hatte. Sie hat mithin nicht den ihr zustehenden Verfügungsspielraum überschritten. In diesem Fall wäre es nicht zum Bedingungseintritt gekommen.

Eine weitere Alternative besteht darin, dass die Verfügung des Erstversterbenden wirksam 37
bleibt, aber ein **Anfechtungsrecht** nach § 2078 Abs. 2 BGB eingeräumt wird.[97]

IV. Umdeutung einer letztwilligen Verfügung in eine andere letztwillige Verfügung

1. Umdeutung in ein Testament oder in einen Erbvertrag

Ein **notarielles Testament,** falls es formunwirksam ist, kann in ein privatschriftliches Tes- 38
tament umgedeutet werden, wenn es die Formvoraussetzungen des § 2247 BGB erfüllt. Dies

[90] *Lange* ErbR § 16 Rn. 89.
[91] Burandt/Rojahn/*Braun* § 2265 Rn. 50 aE.
[92] BeckOK BGB/*Litzenburger* § 2265 Rn. 50; NK-BGB/*Gierl* § 2265 Rn. 22; *Kanzleiter* DNotZ 1973, 133 (149); MüKoBGB/*Musielak* § 2265 Rn. 8; Damrau/Tanck/*Klessinger* § 2265 Rn. 10; vgl. *Lange* ErbR § 16 Rn. 88.
[93] Vgl. OLG München ZEV 2010, 471 (472); BayObLGZ 2000, 194 (196); so Palandt/*Weidlich* § 2265 Rn. 3.
[94] *V. Proff* ZErb 2008, 254 (259).
[95] OLG München ZErb 2016, 70; krit. *Jestaedt* ZErb 2016, 256 (257).
[96] BGH NJW-RR 2001, 1588; OLG Hamm NJW-RR 2014, 1288 (1289); Palandt/*Weidlich* § 2265 Rn. 6; BeckOK BGB/*Litzenburger* § 2065 Rn. 12.
[97] Burandt/Rojahn/*Braun* § 2265 Rn. 50.

ist denkbar, wenn der Erblasser dem Notar etwa eine eigenhändig geschriebene und unterschriebene Erklärung überreicht hat.[98]

39 Ein wegen **mangelnder Geschäftsfähigkeit** gem. § 2275 Abs. 1 BGB **unwirksamer Erbvertrag** kann in ein notarielles Testament umgedeutet werden.[99] Hierzu ist lediglich die Testierfähigkeit erforderlich. Gleichwohl durften in der Praxis keine Fälle vorkommen, in denen gutachterlich zwischen Testierunfähigkeit und Geschäftsunfähigkeit unterschieden werden kann. Ein gemeinschaftliches Testament, das mangels Ehe der Testierenden oder wegen Testierunfähigkeit eines Ehegatten nichtig ist, kann wiederum (teilweise) aufrecht erhalten bleiben (→ Rn. 13–37). Ein notarielles gemeinschaftliches Testament von Nichtehegatten kann in einen Erbvertrag umgedeutet werden, es sei denn, dass eine erbvertragliche Bindung nicht gewollt sei.[100] Ergibt sich die Unwirksamkeit eines Erbvertrages daraus, dass dieser keine einzige erforderliche vertragsgemäße Verfügung enthält, kommt ebenfalls die Umdeutung in ein notarielles Einzel- oder gemeinschaftliches Testament in Betracht.[101] Rein deklaratorisch stellte das BayObLG[102] bei einem Erbvertrag, dessen Unwirksamkeit sich aus der nicht vorhandenen Unterschrift des Notars ergab, fest, dass eine Umdeutung in ein notarielles gemeinschaftliches Testament wegen des gleichen Formmangels nicht möglich ist.

2. Umdeutung einer einzelnen letztwilligen Anordnung

40 a) **Verstoß gegen § 2302 BGB.** Ein Vertrag, durch den sich jemand verpflichtet, eine Verfügung von Todes wegen zu errichten oder nicht zu errichten, aufzuheben oder nicht aufzuheben, ist gem. § 2302 BGB nichtig. Ein Ehemann hatte seine Ehefrau zur Alleinerbin eingesetzt, diese aber verpflichtet, nur zugunsten der gemeinsamen Kinder testamentarisch zu verfügen. Da die naheliegende Bewertung als Auflage gem. §§ 134, 2302 BGB nichtig war, deutete das OLG Hamm[103] die letztwillige Verfügung des Ehemannes **in eine Vor- und Nacherbschaft** um, so dass die Ehefrau Vorerbin und die Kinder Nacherben waren. Dieses Ersatzgeschäft würde auch dem *„hypothetischen Willen"* des verstorbenen Ehemannes entsprechen. Die erforderliche Andeutung sah das OLG Hamm im Testamentswortlaut *„verpflichtet"* im Hinblick auf die Ehefrau, wenn sie die Alleinerbschaft annimmt. Das BayObLG[104] deutete die nach § 134 BGB nichtige Auflage an den erbenden Sohn, er dürfe den Nachlass nur an seine Abkömmlinge weitervererben, in eine Vor- und Nacherbfolge um.

41 Der BGH[105] hat die nach § 2302 BGB unwirksame Anordnung eines Erblassers, seine mit einem Vermächtnis bedachte Ehefrau solle die Werte ihrerseits drei namentlich aufgeführten Kindern *„vererben"* und einem vierten Kinde einen ihr angemessen erscheinenden Ausgleich gewähren, als Nachvermächtnis zugunsten der drei Kinder und als ein die drei bedachten Kinder beschwerendes Untervermächtnis umgedeutet.[106]

42 Eine Verpflichtung in einem gemeinschaftlichen Testament oder einem Erbvertrag, wonach sich die Ehegatten gegenseitig zu Alleinerben einsetzen und sich dabei verpflichtet haben, dass der längerlebende Ehegatte die gemeinsamen Kinder zu Erben einsetzt, ist gem. **§ 2302 BGB** nichtig. Die nichtige Verpflichtung zur Erbeinsetzung der Kinder kann indes in eine Schlusserbschaft umgedeutet werden, die bereits in dem gemeinschaftlichen Testament bzw. Erbvertrag enthalten ist.[107]

[98] Soergel/*Loritz* § 2084 Rn. 73; *Lange/Kuchinke* ErbR § 34 V 1 f.; Damrau/Tanck/*Seiler-Schopp/Rudolf* § 2084 Rn. 73; NK-BGB/*Fleindl* § 2084 Rn. 63; Staudinger/*Otte* § 2084 Rn. 8.

[99] MüKoBGB/*Leipold* § 2084 Rn. 146.

[100] Damrau/Tanck/*Seiler-Schopp/Rudolf* § 2084 Rn. 91; Staudinger/*Otte* § 2084 Rn. 7; LG Karlsruhe BWNotZ 1989, 62.

[101] MüKoBGB/*Leipold* § 2084 Rn. 146 unter Hinweis auf KGJ 28 A 17 und 31 A 112.

[102] BayObLG MittBayNot 1976, 225.

[103] OLG Hamm NJW 1974, 60 (61).

[104] BayObLG FamRZ 1983, 839 = BeckRS 2010, 8037, wobei es selbst von Auslegung sprach.

[105] BGH DRiZ 1966, 398.

[106] Zitiert aus OLG Hamm NJW 1974, 60 (61); vgl. *Muscheler* ErbR 2011, 258 (261).

[107] MüKoBGB/*Leipold* § 2084 Rn. 145 unter Hinweis auf OLG Hamm JMBl NJW 1960, 125.

43 **b) Weitere Fälle.** Hat der Erblasser eine rechtlich unmögliche Pflegschaft angeordnet[108] oder einen dem deutschen Recht unbekannten *executer* eingesetzt,[109] können diese Anordnungen in eine Testamentsvollstreckung umgedeutet werden. Dieses Ergebnis ist aber überzeugender aufgrund einfacher Testamentsauslegung zu erzielen.

44 Dem deutschen Erbrecht unbekannte und ggf. nichtige Rechtsinstitute ausländischer Rechtsordnungen können umgedeutet werden, so etwa ein *trust* – je nach der tatsächlichen Ausgestaltung des *trust*[110] – in die Einsetzung eines Treuhänders,[111] in eine Dauertestamentsvollstreckung,[112] in eine ausländische Familienstiftung[113] oder in eine Vor- und Nacherbschaft mit einer Testamentsvollstreckung.[114]

45 Ein Vermächtnis über ein Grundstück, das wegen **§ 16 Abs. 1 HöfeO** unwirksam ist, kann lt. BGH[115] in ein Geldvermächtnis umgedeutet werden. Die Höhe des Geldvermächtnisses wäre nach dem Verkehrswert des Grundstücks zu bemessen, sie kann aber nach dem BGH bei Untragbarkeit für den Hof gekürzt werden.

V. Umdeutung einer letztwilligen Verfügung in ein Rechtsgeschäft unter Lebenden

46 **a) Unentgeltliche Begünstigung.** Eine Begünstigung durch ein Einzeltestament ist gem. § 2271 Abs. 2 BGB unwirksam, wenn sich der Erblasser bereits zuvor durch wechselbezügliche Verfügungen bzw. erbvertragliche Verfügungen gebunden hatte. Diese Begünstigung kann **in eine Schenkung** umzudeuten sein, vor allem, wenn es sich bei der Begünstigung um ein Vermächtnis handelt. In einem vom BGH[116] entschiedenen Fall hatte sich die Erblasserin zunächst erbrechtlich gebunden und später durch einen Erbvertrag verfügt, dass sie eine Darlehensschuld erlasse, die ihr gegen einen Dritten zustand. Der BGH[117] deutete den nichtigen Erbvertrag in einen Schenkungsvertrag um. Ansprüche aus § 2287 BGB der Erben der Erblasserin gegen die Dritten bestanden wegen eines lebzeitigen Eigeninteresses nicht.

47 Ein **formunwirksames Testament** kann **in eine Schenkung** umgedeutet werden.[118] In dem Fall des BGH[119] hatte die Erblasserin durch eine maschinenschriftliche Erklärung bestimmt, dass eine langjährige Freundin forderungsberechtigt hinsichtlich eines Girokontos sein soll. Falls diese Begünstigung von der Erblasserin als letztwillige Verfügung gedacht war, ist diese in ein Schenkungsangebot bzw. Schenkungsversprechen umzudeuten. Zur Wirksamkeit des Schenkungsvertrages bedarf es der Voraussetzungen eines Schenkungsvertrages. Die Formunwirksamkeit mangels notarieller Beurkundung kann durch Annahme und Vollzug geheilt sein (§ 518 Abs. 2 BGB). Die Anwendbarkeit des **§ 2301 BGB** bei **Überlebensbedingung** des Beschenkten kann der Umdeutung entgegenstehen.[120] Durch eine Umdeutung eines unwirksamen Vermächtnisses, das innerhalb eines Einzeltestamentes jederzeit widerrufbar ist, in ein Schenkungsversprechen kann die Begünstigung nicht mehr widerrufen werden. Kam es dem Erblasser gerade auf die **Möglichkeit des Widerrufes** an, ist eine Umdeutung in eine Schenkung nicht möglich.[121] Auch kann eine **nicht vollzogene Schenkung von Todes wegen** nach dem Erbfall nicht in ein Schenkungsversprechen umgedeutet werden.[122]

[108] RG WarnR 1913 Nr. 239.
[109] MüKoBGB/*Leipold* § 2084 Rn. 145.
[110] *Werner* ZEV 2006, 457 (458).
[111] BGH IPRax 1985, 221.
[112] BayObLG IPRax 1982, 111.
[113] BFH IStR 1994, 237.
[114] OLG Frankfurt DNotZ 1972, 543; LG Nürnberg/Fürth IPRspr 1962/63 Nr. 148.
[115] BGH MDR 1953, 669 = BeckRS 1953, 31203173.
[116] BGH NJW 1978, 423.
[117] BGH NJW 1978, 423 (424); abl. *Tiedtke* NJW 1978, 2572 (2574).
[118] Im Einzelnen: *Muscheler* ErbR Rn. 2845 ff.; MüKoBGB/*Leipold* § 2084 Rn. 148 ff.; krit. *Lange/Kuchinke* ErbR § 34 V 1e.
[119] BGH FamRZ 1985, 693 = BeckRS 2010, 5450.
[120] Damrau/Tanck/*Seiler-Schopp/Rudolf* § 2084 Rn. 84.
[121] Damrau/Tanck/*Seiler-Schopp/Rudolf* § 2084 Rn. 84.
[122] BGH NJW 1988, 2731 (2732).

48 b) **Entgeltliche Begünstigung.** Weniger problematisch sind die Fälle, in denen ein Erblasser Dritte letztwillig begünstigt hat, wenn er zuvor von diesen Dritten **Leistungen erhalten** hatte bzw. solche noch erhält.[123] Dann ist eine Umdeutung in einen entgeltlichen Vertrag möglich. Etwa kann ein Geldvermächtnis in einem ungültigen Testament in ein Schuldanerkenntnis nach § 781 BGB umzudeuten sein.[124]

VI. Umdeutung eines Rechtsgeschäftes unter Lebenden in letztwillige Verfügungen

49 Die Umdeutung eines Rechtsgeschäftes unter Lebenden in eine letztwillige Verfügung ist möglich.[125] Ein **unwirksamer (handschriftlicher) Schenkungsvertrag** kann regelmäßig nur in ein Vermächtnis umgedeutet werden und nicht in eine Erbeinsetzung.[126] Eine Erbeinsetzung als Ersatzgeschäft und damit die Gesamtrechtsnachfolge gem. § 1922 BGB würde nämlich weiter gehen als das unwirksame Geschäft, was einer Umdeutung entgegensteht. Etwas anderes kann nur dann gelten, wenn es sich bei dem Gegenstand aus dem unwirksamen Schenkungsvertrag um den einzigen Nachlassgegenstand handelt.[127] Auch eine Erklärung des Erblassers, seiner Lebensgefährtin solle bei seinem Tod ein Bezugsrecht an bestimmten Fondsanteilen zustehen, kann ein Vermächtnis nach Auslegung oder Umdeutung darstellen. Die Erklärung hatte der Erblasser in dem vom BGH[128] entschiedenen Fall handschriftlich auf die Buchungsbestätigung des streitigen Anlagefonds verfasst. Ein nur handschriftlicher und nicht notariell beurkundeter **Schenkungsvertrag über ein Grundstück** ist gem. §§ 125, 311b Abs. 1 S. 1 BGB nichtig. Dieser kann in ein Testament umgedeutet werden, so das OLG Koblenz.[129]

50 In dem von dem OLG Hamm[130] entschiedenen Fall schlossen Ehegatten einen **Ehevertrag** zu einem Zeitpunkt, in dem beide eine Trennung erwogen hatten. Die darin enthaltene Verpflichtung, durch eine letztwillige Verfügung die Begünstigung der gemeinsamen Kinder sicherzustellen, war wegen § 2302 BGB nichtig. Diese konnte aber in einen Erbvertrag umgedeutet werden, da wegen des in dem Ehevertrag in diesem Zusammenhang enthaltenen Wortes *„sicherstellen"* eine erbvertragliche Bindung angenommen werden konnte.[131] Ganz entsprechend: Eine Verpflichtung in einem **Vergleich** zu einer Scheidung, das Testament nicht zu ändern, ist wegen § 2302 BGB unwirksam. Nach dem OLG Stuttgart[132] kommt eine Umdeutung in einen Erbvertrag in Betracht.

51 Ein Vertrag eines Ehegatten **zur Übergabe seines gesamten Vermögens** bedarf der Zustimmung des anderen Ehegatten nach **§ 1365 BGB,** wenn die Ehegatten im gesetzlichen Güterstand der Zugewinngemeinschaft lebten. Andernfalls ist ein solcher Vertrag unwirksam. Zumindest nachdem die Zustimmung endgültig verweigert wurde, ist eine **Umdeutung** dem BGH[133] zufolge **in einen Erbvertrag** möglich. Nach einer späteren Entscheidung des BGH[134] gelte dies indes nur für Ausnahmefälle, da andernfalls der Schutzzweck des § 1365 BGB ausgehöhlt würde. Eine Umdeutung eines ebenfalls nach § 1365 BGB unwirksamen **Grundstückskaufvertrages** in einen Erbvertrag hat der BGH[135] in einem Fall angenommen.

[123] MüKoBGB/*Leipold* § 2084 Rn. 148.
[124] OLG München OLGE 35, 374.
[125] NK-BGB/*Fleindl* § 2084 Rn. 65; Damrau/Tanck/*Seiler-Schopp*/*Rudolf* § 2084 Rn. 85.
[126] KG FGPrax 2009, 170 (171).
[127] KG FGPrax 2009, 170 (171).
[128] BGH ZEV 2010, 84.
[129] NJW 1948, 384.
[130] OLG Hamm MittBayNot 1997, 300.
[131] OLG Hamm MittBayNot 1997, 300 (301); vgl. BeckOGK BGB/*Gierl* § 2084 Rn. 154.
[132] OLG Stuttgart NJW 1989, 2700; dazu: MüKoBGB/*Leipold* § 2084 Rn. 152.
[133] BGH NJW 1964, 347.
[134] NJW 1994, 1785.
[135] BGH NJW 1980, 2350 (2351).

§ 4 Optionen bei Irrtümern für die anwaltliche Beratungssituation

Übersicht

I. Verhältnis zur Auslegung

Die Anfechtung letztwilliger Verfügungen ist in den §§ 2078–2083 BGB geregelt. Zunächst ist zu versuchen, im Wege der Auslegung den letzten Willen des Erblassers zu ermitteln, d.h. die Auslegung ist vorrangig.[1] Erst wenn der wirkliche oder der hypothetische Wille des Erblassers nicht festgestellt werden kann, ist die Anfechtung zu prüfen.[2] Der Zweck der Testamentsanfechtung liegt daher in erster Linie im Schutz der *Interessen des Anfechtungsberechtigten* vor einer in sich fehlerhaften Erklärung des Erblassers.[3] 1

Das BayObLG führte dazu aus:[4] 2

> *„Die Anfechtung eines Testaments aufgrund des § 2078 BGB setzt voraus, dass der Erblasser sich in einem Irrtum befunden hat, sei es, dass er sich über den Inhalt seiner Erklärung im Irrtum befand oder eine Erklärung dieses Inhalts überhaupt nicht abgeben wollte (Erklärungsirrtum), sei es, dass er bei Kenntnis der Sachlage die Erklärung überhaupt nicht abgegeben hätte (Irrtum im Beweggrund). In beiden Fällen muss deshalb zunächst klargestellt werden, was der Erblasser wirklich gewollt hat und von welchen Voraussetzungen er sich bei der von ihm getroffenen Verfügung hat leiten lassen; denn eine Anfechtung nach § 2078 Abs. 1 BGB kommt nur in Frage, wenn die Erklärung so, wie sie auszulegen ist, mit dem wahren Willen nicht übereinstimmt. Auch eine Anfechtung nach § 2078 Abs. 2 BGB ist gegenstandslos, wenn die ergänzende Auslegung ergibt, was der Erblasser bestimmt haben würde, wenn er sich die Sachlage zutreffend vorgestellt hätte … Deshalb geht die Auslegung der letztwilligen Verfügung – im Fall eines Motivirrtums auch die ergänzende Auslegung – der Prüfung der Anfechtung voraus. Ob Wille und Erklärung auseinanderfallen bzw. ein ursächlicher Motivirrtum vorliegt, kann erst geklärt werden, wenn durch Auslegung festgestellt ist, mit welchem Inhalt die Erklärung ohne Berücksichtigung der Anfechtung rechtlich gelten würde. Wird der Wille des Erblassers durch den Testamentsinhalt, wie er sich aufgrund der – gegebenenfalls ergänzenden – Auslegung darstellt, ohnehin verwirklicht, liegt ein zur Anfechtung berechtigender Irrtum im Sinne des § 2078 BGB nicht vor …“*

Praxistipp:

Vor der Anfechtung ist immer die Auslegung zu prüfen. Die Auslegung geht der Anfechtung vor.

---

[1] BGH NJW 1978, 264; BayObLGZ DNotZ 1998, 209; Palandt/*Weidlich* § 2078 Rn. 1, § 2084 Rn. 1; BeckOK BGB/*Litzenburger* § 2078 Rn. 1.

[2] Rudolf/Bittler/Seiler-Schopp Testamentsauslegung und -anfechtung HdB/*Rudolf/Seiler-Schopp* § 4 Rn. 4.

[3] MüKoBGB/*Leipold* § 2078 Rn. 1.

[4] BayObLG NJW-RR 2002, 367 (370).

II. Verhältnis zu den Vorschriften des Allgemeinen Teils

3 Die §§ 2078–2083 BGB gehen als Spezialvorschriften den §§ 119 ff. BGB vor. Soweit die erbrechtlichen Anfechtungsvorschriften Lücken enthalten, darf auf die Vorschriften des Allgemeinen Teils zurückgegriffen werden.[5] Die Anfechtungsgründe sind aber abschließend in den §§ 2078, 2079 BGB geregelt. Insoweit darf nicht auf die §§ 119, 123 BGB zurückgegriffen werden.

III. Anfechtungsgegenstand

4 Angefochten werden können Einzeltestamente, gemeinschaftliche Testamente und Erbverträge. Nach § 2078 Abs. 1 BGB bezieht die Anfechtung sich auf die „letztwillige Verfügung", also auf das Testament als Ganzes.[6] Wie die Vorschrift allerdings durch das Wort „soweit" zum Ausdruck bringt, erfasst die Anfechtung nicht das Testament als Formalakt, sondern nur die einzelne (angefochtene) Verfügung des Erblassers.[7] Anfechtbar (und gegebenenfalls jeweils gesondert anzufechten) sind alle Zuwendungen und Anordnungen, die ein Erblasser in sein Testament aufnehmen kann, also z. B.

- die Erbeinsetzung,
- die Enterbung,
- die Einsetzung von Vor- und Nacherben,
- die Einsetzung als Ersatzerbe, wenn sie noch nicht gegenstandslos geworden ist,
- die Anordnung eines Vermächtnisses,
- die Begünstigung durch eine Auflage,
- die Anordnung von Testamentsvollstreckung,
- Teilungsanordnungen,
- familienrechtliche Anordnungen sowie
- ein Widerruf.[8]

5 Umstritten ist die analoge Anwendung auf Schenkungsverträge zugunsten Dritter auf den Todesfall.[9]

6 Im Rahmen von § 2079 BGB bezieht sich die Anfechtung auf die Verfügung von Todes wegen als Ganzes („Eine letztwillige Verfügung kann angefochten werden …"), also nicht lediglich auf einzelne Anordnungen. Von der Frage des Anfechtungsgegenstandes ist allerdings die der Reichweite der Anfechtung zu unterscheiden.

---

[5] NK-BGB/*Fleindl* § 2078 Rn. 7; Staudinger/*Otte* § 2078 Rn. 1; Soergel/*Loritz* § 2078 Rn. 5; MüKoBGB/*Leipold* § 2078 Rn. 12.

[6] Vgl. § 1937 BGB: „*Der Erblasser kann durch einseitige Verfügung von Todes wegen (Testament, letztwillige Verfügung) den Erben bestimmen*".

[7] Vgl. BGH NJW 1985, 2025 (2026); *Lange/Kuchinke* ErbR § 36 II 1a.

[8] Umstritten ist allerdings, ob der Widerruf nach §§ 2255 f. BGB durch Rücknahme eines notariellen Testaments aus der amtlichen Verwahrung angefochten werden kann; dafür BayObLG ZEV 2005, 480 = ZErb 2006, 32; OLG München, ZEV 2005, 482 ff.; MüKoBGB/*Hagena* § 2256 Rn. 11 f.; Soergel/*J. Mayer* § 2256 Rn. 10 (der in der Rücknahme allerdings keine Verfügung von Todes wegen sieht); dagegen *Kipp/Coing* § 31 II 3; *v. Lübtow* NJW 1968, 1849.

[9] BeckOK BGB/*Litzenburger* § 2078 Rn. 3; dafür: MüKoBGB/*Leipold* § 2078 Rn. 18; *v. Hippel* NJW 1966, 867; dagegen: BGH NJW 2004, 767 (769) = ZEV 2004, 118 (120) mit abl. Anm. *Leipold;* Staudinger/*Otte* Rn. 4.

§ 5 Abgrenzung zur Anfechtung

Übersicht

Schrifttum: *Bengel,* Zum Verzicht des Erblassers auf Anfechtung bei Verfügungen von Todes wegen, DNotZ 1984, 132; *Berse,* Der Motivirrtum im Testamentsrecht, 1991; *Brox,* Die Einschränkung der Irrtumsanfechtung, 1960; *Dohr,* Überwindung der aufgrund gemeinschaftlichen Testaments oder Erbvertrages entstandenen erbrechtlichen Bindungswirkung, MittRhNotK 1998, 381; *Helms,* Der Widerruf und die Anfechtung wechselbezüglicher Verfügungen bei Geschäfts- und Testierunfähigkeit, DNotZ 2003, 104; *Joussen,* Die erbrechtliche Anfechtung durch Minderjährige, ZEV 2003, 181; *Karpf,* Das Selbstanfechtungsrecht des Erblassers beim Erbvertrag, Diss. Bayreuth 1993; *Keymer,* Die Anfechtung nach § 2078 Abs. 2 und die Lehre von der Geschäftsgrundlage, 1984; *Krebber,* Die Anfechtbarkeit des Erbvertrages wegen Motivirrtums, DNotZ 2003, 20; *Leipold,* Der vergessliche Erblasser und die Anfechtung, ZEV 1995, 99; *Mankowski,* Selbstanfechtungsrecht des Erblassers beim Erbvertrag und Schadensersatzpflicht nach § 122 BGB, ZEV 1998, 46; *Mayer, J.,* Auslegung und Urkundsgestaltung im Erbrecht, DNotZ 1998, 772; *J. Mayer,* Der Rechtsirrtum und seine Folgen im bürgerlichen Recht, 1989; *Meyer, R.,* Testamentsanfechtung und Anfechtung der Erbschaftsausschlagung wegen Irrtums über die politischen Veränderungen in der ehemaligen DDR, ZEV 1994, 12; *Nieder,* Die Anfechtung von Verfügungen von Todes wegen, ZErb 1999, 42; *Peter,* Anfechtung oder Zuwendungsverzicht, BWNotZ 1977, 113; *Pohl,* „Unbewusste Vorstellungen" als erbrechtlicher Anfechtungsgrund?, 1976; *Rosemeier,* Beginn der Frist zur Anfechtung letztwilliger Verfügungen, ZEV 1995, 124; *Schubert/Czub,* Die Anfechtung letztwilliger Verfügungen, JA 1980, 257 ff., 334 ff.; *Sieker,* Der Motivirrtum des Erblassers aufgrund nicht bedachter Ereignisse, AcP 201, 697; *Veit,* Die Anfechtung von Erbverträgen, Diss. München 1991; *ders.,* Die Anfechtung von Erbverträgen durch den Erblasser, NJW 1993, 1553; *Wintermantel,* Die Folgen der Anfechtung gemäß § 2079 BGB und der Ausschlagung des überlebenden Ehegatten beim gegenseitigen gemeinschaftlichen Testament oder Ehegatten-Erbvertrag mit bindender Schlusserbeneinsetzung, BWNotZ 1993, 120.

I. Inhalts- und Erklärungsirrtum

1. Erklärungsirrtum

1 Ein Erklärungsirrtum im Sinne des § 2078 Abs. 1 BGB liegt vor, wenn der Testator eine Erklärung dieses Inhalts überhaupt nicht abgeben wollte. Dies ist dann der Fall, wenn das äußere Erklärungsverhalten nicht dem tatsächlichen Willen des Erklärenden entspricht, z. B.[1] bei

- Verschreiben,
- Versprechen oder
- beim notariellen Testament ein Irrtum über den Wortlaut der vom Notar verlesenen Niederschrift oder der dem Notar übergebenen Schrift.

2 Praktische Bedeutung hat diese Alternative auch bei einem Irrtum des mitunterzeichnenden Ehegatten über den Inhalt des vom anderen eigenhändig geschriebenen gemeinschaftlichen Testaments.[2]

Formulierungstext für einen Schriftsatz: Anfechtung eines Testaments wegen Erklärungsirrtums[3]

3 Namens und im Auftrag meiner Mandantin (......) erkläre ich die Anfechtung der letztwilligen Verfügung der Erblassers vom (......). Der Erblasser hat sich bei der Errichtung der letztwilligen Verfügung verschrieben: (......) (weiter ausführen).

Beweis: (......)

Insoweit liegt ein zur Anfechtung berechtigender Erklärungsirrtum nach § 2078 Abs. 1 BGB vor.

[1] Rudolf/Bittler/Seiler-Schopp Testamentsauslegung und -anfechtung HdB/*Rudolf/Seiler-Schopp* § 5 Rn. 1.
[2] BeckOK BGB/*Litzenburger* § 2078 Rn. 4
[3] KRKB AnwaltForm ErbR/*Kroiß* § 7 Rn. 179.

Anders als bei § 119 Abs 1 BGB kommt es bei der erforderlichen Kausalität zwischen Irrtum und Verfügung nicht auf die Betrachtung aus der Warte eines objektiven Dritten, sondern allein auf die subjektive, uU sogar irrationale Sichtweise des Erblassers an.[4] 4

2. Inhaltsirrtum

Ein Inhaltsirrtum ist gegeben, wenn sich der Erblasser über die Bedeutung der verwendeten Wörter oder die Rechtsnatur seiner Erklärung irrt. 5

Beim **Irrtum über die Erklärungsbedeutung (Inhaltsirrtum)** muss sich der Erblasser in einem Irrtum über die rechtliche Bedeutung seiner Erklärung befunden haben, d. h. er erklärt zwar, was er erklären will, aber irrt darüber, mit welchem rechtlichen Gehalt die von ihm errichtete Verfügung von Todes wegen Geltung erlangt bzw. welche verkehrsübliche Bedeutung sie hat.[5] Ein solcher Inhaltsirrtum ist zB bei einer falschen Vorstellung von den gesetzlichen Erbfolgeregeln[6] oder bei einer Verwechslung von Vor- und Nacherbschaft mit einem Nießbrauchsvermächtnis[7] und jetzt auch bei Irrtum über die Notwendigkeit der Ausschlagung nach § 2306 Abs. 1 S. 2 BGB[8] anzunehmen. 6

Auch der Irrtum des Erblassers über die **Bindungswirkung** eines von ihm geschlossenen **Erbvertrags** kann ihn gem. § 2078 Abs. 1 BGB zur Anfechtung berechtigen.[9] Ein Irrtum des Erblassers über den erbvertraglichen Ausschluss des Anfechtungsrechts wegen Übergehung eines Pflichtteilsberechtigten, § 2079 BGB, kann ihn als Rechtsirrtum ebenfalls zur Anfechtung gemäß § 2078 BGB berechtigen. Beide Anfechtungsgründe stehen selbständig nebeneinander.[10] 7

Schließlich unterliegt auch die **Rücknahme** eines notariellen **Testaments aus der amtlichen Verwahrung** der Anfechtung nach § 2078 BGB.[11] Ein vor einem Notar errichtetes Testament gilt dabei als widerrufen, wenn die in amtliche Verwahrung genommene Urkunde dem Erblasser übergeben wird, § 2256 Abs. 1 S. 1 BGB. Die Rücknahme eines notariellen Testaments aus amtlicher Verwahrung ist nach der Rechtsprechung und überwiegender Meinung auch eine Verfügung von Todes wegen.[12] Diese Rechtshandlung setzt zur Begründung ihrer Wirksamkeit folglich Testierfähigkeit voraus. 8

Formulierungstext für einen Schriftsatz: Anfechtung eines Testaments wegen Inhaltsirrtums[13]

Namens und im Auftrag meiner Mandantin (......) erkläre ich die Anfechtung der letztwilligen Verfügung des Erblassers vom (......). Der Erblasser hat sich über die Bindungswirkung des Erbvertrages geirrt. Er hat die Klausel, welche den vertragsmäßig bindenden Charakter der Verfügungen festlegt sowie die entsprechenden Belehrungen des Notars nicht verstanden. Im Testament vom (......) ist er nämlich von der Vorstellung ausgegangen, über seinen Nachlass frei verfügen zu können (......) (weiter ausführen). 9

Anders als bei § 119 Abs. 1 BGB kommt es bei der erforderlichen Kausalität zwischen Irrtum und Verfügung nicht auf die Betrachtung aus der Warte eines objektiven Dritten, sondern allein auf die subjektive, unter Umständen sogar irrationale Sichtweise des Erblassers an.[14] 10

---

[4] BGH FamRZ 1956, 83.
[5] Nieder/Kössinger Testamentsgestaltung-HdB/W. *Kössinger* § 24 Rn. 6.
[6] RGZ 70, 391.
[7] RGZ 70, 391 (394).
[8] Nieder/Kössinger Testamentsgestaltung-HdB/W. *Kössinger* § 24 Rn. 6.
[9] BayObLG NJW-RR 1997, 1027; OLG Hamm OLGZ 1966, 497 (498).
[10] BayObLG NJW-RR 1997, 1027.
[11] BayObLG ZEV 2005, 480.
[12] Vgl. BGHZ 23, 207 (211); BayObLGZ 1973, 35 (36); Erman/*S. Kappler/T. Kappler* § 2256 Rn. 2; MüKoBGB/*Hagena* § 2256 Rn. 6; Palandt/*Weidlich* § 2256 Rn. 2; aA Soergel/*J. Mayer*[13] § 2256 Rn. 7.
[13] KRKB AnwaltForm ErbR/*Kroiß* § 7 Rn. 181.
[14] BeckOK BGB/*Litzenburger* § 2078 Rn. 5.

II. Anfechtung wegen Motivirrtums

1. Überblick

11 Den in der Praxis bedeutsamsten Anfechtungsgrund nach § 2078 BGB stellt der Motivirrtum dar. Ein **Motivirrtum** ist gegeben, wenn der Erblasser durch die irrige Annahme oder Erwartung des Eintritts oder Nichteintritts eines Umstandes zu seiner Verfügung bestimmt worden ist. Dabei ist im Gegensatz zur Anfechtung nach §§ 119 ff. BGB **jeder Irrtum** im Beweggrund beachtlich.[15] Diese sehr weitreichende Anfechtungsmöglichkeit erklärt sich aus der besonderen Interessenlage der Beteiligten. Es fehlt an einem schutzwürdigen Vertrauen der Begünstigten, da diese jederzeit mit einem Widerruf rechnen mussten. § 2078 Abs. 3 BGB bestimmt ausdrücklich, dass § 122 BGB keine Anwendung findet.

12 Der Erblasser muss sich bei Errichtung der Verfügung entweder bestimmte vergangene oder gegenwärtige Tatsachen vorgestellt, oder den Eintritt oder das Ausbleiben zukünftiger Tatsachen oder rechtlicher Wirkungen seiner Verfügung subjektiv erwartet haben.[16] Der Irrtum kann sich auf Personen, Gegenstände, das Vermögen des Erblassers, aber auch auf wirtschaftliche oder politische Verhältnisse beziehen. So kann auch die unzutreffende Erwartung des Testators in Bezug auf die deutsche Wiedervereinigung einen Motivirrtum und damit einen Anfechtungsgrund darstellen.[17]

13 Obwohl § 2078 Abs. 2 BGB die Anfechtbarkeit wegen Motivirrtums gegenüber der Regelung in § 119 Abs. 2 BGB erweitert, ist dem Wortlaut dieser Bestimmung die Absicht zu entnehmen, Schranken zu setzen.[18] Nur besonders schwerwiegende Umstände, die gerade diesen Erblasser auch unter Berücksichtigung seiner ihm eigenen Vorstellungen mit Sicherheit dazu gebracht hätten, anders zu testieren, sollen eine Anfechtung begründen können.[19] Als Anfechtungsgrund reicht keinesfalls, dass möglicherweise **Vertrauen** bestand und enttäuscht wurde.[20]

14 § 2078 Abs. 2 BGB verlangt, dass der die Fehlvorstellung des Erblassers ausmachende und zur Anfechtung berechtigende Umstand nicht nur eine Ursache, sondern der **bewegende Grund** für seinen letzten Willen war. Nur mit dem erheblichen Gewicht des Beweggrundes kann ein Umstand den Verfügenden zu seiner Verfügung im Sinne von § 2078 Abs. 2 BGB bestimmt haben.[21] Nicht jede Ursache hat das Gewicht des Beweggrundes. Das Gesetz will offensichtlich mit diesem Wortlaut der Anfechtbarkeit letztwilliger Verfügungen Schranken setzen. Der Erblasserwillen selbst soll maßgeblich sein, nicht eine nachträgliche Spekulation über ihn.

2. Anfechtungsgründe

15 Letztlich muss die **Wirklichkeit** von den **Vorstellungen** des Erblassers abweichen. Eine letztwillige Verfügung kann angefochten werden, soweit der Erblasser zu der Verfügung durch die irrige Annahme oder Erwartung des Eintritts oder Nichteintritts eines Umstandes bestimmt worden ist. Die Anfechtung wird nach der Rechtsprechung zugelassen, wenn Umstände eingetreten sind, deren Nichteintritt der Erblasser zwar nicht ausdrücklich erwog, aber für sich als selbstverständlich ansehen konnte. Die Erblasservorstellungen können sich auf vergangene, gegenwärtige oder zukünftige Tatsachen und Umstände aller Art beziehen.[22]

16 Gründe für eine Testamentsanfechtung können sein:

- die Zugehörigkeit des Erben zur Hare-Krishna-Sekte,[23]

[15] *Lange* ErbR § 36 Rn. 80; Rudolf/Bittler/Seiler-Schopp Testamentsauslegung und -anfechtung HdB/*Rudolf/Seiler-Schopp* § 5 Rn. 8 ff.
[16] BeckOK BGB/*Litzenburger* § 2078 Rn. 7.
[17] BGH NJW 1994, 582.
[18] BGH NJW-RR 1987, 1412.
[19] BGH NJW 1962, 1058.
[20] BGH LM § 2078 BGB Nr. 11.
[21] BGH, WM 1971, 1153.
[22] BeckOK BGB/*Litzenburger* § 2078 Rn. 9.
[23] OLG München NJW 1983, 2577.

- eine noch nicht absehbare Heirat oder nichteheliche Lebensgemeinschaft,
- eine Adoption,[24]
- die Fehlvorstellung, es bestehe ein bestimmtes Verwandtschaftsverhältnis zum Bedachten oder
- die Vorstellung, das gestörte Verhältnis zum Bedachten werde sich nicht bessern,[25]
- die Ansicht, der Bedachte sei verheiratet[26] oder
- der Bedachte werde eine bestimmte Ausbildung erfolgreich abschließen oder seine politische Einstellung ändern[27] bzw beibehalten,
- die Vorstellung, der Bedachte werde fortlaufend Zahlungen, bestimmte Dienste erbringen oder ihn betreuen und pflegen,[28]
- der Glaube, ein langjähriger Streit könne nicht beigelegt werden,[29]
- die Vorstellung des Testators, er selbst werde nicht mehr heiraten[30] oder
- seine Ehe[31] bzw. nichteheliche Lebensgemeinschaft[32] werde harmonisch und glücklich verlaufen,[33]
- die Vorstellung, der Bedachte werde keine Zerrüttung der Ehe verursachen oder es werde ganz allgemein keine Unstimmigkeiten zwischen ihm und dem Bedachten kommen.[34]
- Schließlich können auch falsche Vorstellungen über Wert bzw Zusammensetzung[35] des Vermögens können einen Anfechtungsgrund darstellen.

Maßgeblich sind die Vorstellungen, die zum **Zeitpunkt der Testamentserrichtung** vorhanden waren.[36] Spätere Änderungen sind nicht relevant,[37] da bei dieser Konstellation sonst faktisch ein formloser Widerruf möglich wäre. 17

Hierzu führt das OLG München aus:[38] 18

> *„Entscheidende Voraussetzung der Anfechtbarkeit nach § 2078 Abs. 2 BGB ist die Feststellung, dass der Erblasserin bei Verfassung ihres Testaments von irrigen Vorstellungen geleitet wurde. Hierzu zählt auch die fehlgeschlagene Erwartung zukünftiger Entwicklungen, etwa die Erwartung des Ausbleibens tiefgreifender Unstimmigkeiten mit dem Bedachten, wobei auch unbewusste Vorstellungen und solche, die auf als selbstverständlich angenommen Voraussetzungen beruhen, ausreichen können (vgl. Jauernig-Stürner, BGB, § 2078 Anm. 4; BGH, FamRZ 1983, 989f. m.w.N.). Immer aber muss der Irrtum den Beweggrund selbst betreffen, also von der Erblasserin aus betrachtet äußere Umstände. Sinn und Zweck des § 2078 Abs. 2 BGB ist nicht, die testamentarische Verfügung unter den Wirksamkeitsvorbehalt fortdauernden unveränderten Verfügungswillens des Erblassers bis zu seinem Tode zu stellen. Dem schlicht willkürlichen Fortfall des Verfügungswillens trägt die freibleibende Verfügungs- und Testierfreiheit des Erblassers Rechnung. Ein Irrtum im Motivgrund des Testaments aber wird oft nicht mehr zu Lebzeiten des Erblassers und für ihn selbst erkennbar entdeckt; deshalb verleiht § 2078 Abs. 2 BGB einem solchen Motivirrtum rechtliche Beachtlichkeit und eröffnet die Anfechtung nach dem Erbfall.“*

[24] BGH NJW 1970, 279.
[25] BayObLG NJW-RR 2002, 367 (370).
[26] BayObLG FamRZ 1984, 422.
[27] BGH FamRZ 1956, 83.
[28] BGH NJW 1952, 419; NJW 1963, 246 (248); FamRZ 1983, 898.
[29] OLG Köln FamRZ 1990, 1038.
[30] RGZ 148, 218.
[31] BayObLG FamRZ 1990, 322 = NJW-RR 1990, 200.
[32] OLG Celle ZEV 2003, 328.
[33] BayObLG NJW-RR 1990, 200 (201).
[34] BGH NJW 1963, 246 (248); NJW-RR 1987, 1412.
[35] OLG Stuttgart BWNotZ 1960, 49; MüKoBGB/*Leipold* § 2078 Rn. 28; Soergel/*Loritz* § 2078 Rn. 14.
[36] BGHZ 42, 327.
[37] MüKoBGB/*Leipold* § 2078 Rn. 39.
[38] OLG München NJW-RR 1989, 1410.

19 Allein mit der Begründung, der Erblasser habe eine früher errichtete letztwillige Verfügung vergessen, kann diese Verfügung nicht angefochten werden.[39] Kannte der Erblasser ein altes Testament noch, legte ihm aber eine falsche rechtliche Wirkung bei, so ergibt sich hieraus allein noch kein Anfechtungsgrund für einen Abkömmling.[40]

20 Anders als bei der Auslegung (**„Andeutungstheorie“**) müssen die Vorstellungen des Erblassers nicht einmal in der letztwilligen Verfügung angedeutet worden sein. Die Anfechtung einer letztwilligen Verfügung setzt nicht voraus, dass sich, ein Anhaltspunkt für das Vorliegen eines Willensmangels aus der Verfügung selbst ergibt.[41]

Formulierungstext für einen Schriftsatz: Anfechtung eines Testaments wegen Motivirrtums[42]

21 Namens und im Auftrag meiner Mandantin (......) erkläre ich die Anfechtung der letztwilligen Verfügung des Erblassers vom (......) Der Erblasser hatte bei Errichtung der letztwilligen Verfügung die Fehlvorstellung, sein erstehelicher Sohn (......) würde ein erfolgreicher Rechtsanwalt werden. Tatsächlich scheiterte, wie erst jetzt bekannt wurde, dieser bereits am kleinen BGB-Schein, den er auch nach 20 Semestern nicht ablegen konnte. Hätte der Erblasser dies gewusst, hätte er den (......), den er als Nachfolger in seiner Kanzlei sah, nicht zum Alleinerben eingesetzt. Die falsche Annahme, dass jemand eine Ausbildung erfolgreich durchlaufen würde, stellt einen beachtlichen Motivirrtum dar (vgl. MüKoBGB/*Leipold* § 2078 Rn. 28).

3. Unbewusste Vorstellungen

22 Es berechtigen auch solche Vorstellungen und Erwartungen zur Anfechtung, die der Erblasser zwar nicht konkret bei Errichtung gehabt, aber dennoch als selbstverständlich seiner Verfügung zugrunde gelegt hat, sie also jederzeit in sein Bewusstsein hätte aufnehmen können.[43]

23 Die Anfechtung einer vertraglich bindenden Erbeinsetzung in einem Erbvertrag kann auch darauf gestützt werden, dass die **unbewusste Erwartung** des Erblassers enttäuscht worden ist, zwischen ihm und dem so Bedachten werde es bis zum Lebensende des Erblassers nicht zu einer Zerstörung des persönlichen Vertrauensverhältnisses kommen, die zu einer gerichtlichen Auseinandersetzung führt. Die Feststellung einer solchen Erwartung und ihrer Ursächlichkeit für die Erbeinsetzung setzt jedoch voraus, dass im Einzelfall besondere Umstände gegeben sind, die in diese Richtung deuten.[44]

24 Die Anfechtung wegen Motivirrtums im Sinn von § 2078 Abs. 2 BGB kann demnach nur auf solche irrige Vorstellungen und Erwartungen gestützt werden, die die Erblasserin im Zeitpunkt der Errichtung des Testaments tatsächlich gehabt hat; dazu gehören auch Vorstellungen und Erwartungen, die sie zwar nicht in ihr Bewusstsein aufgenommen, aber als selbstverständlich ihrer Verfügung zugrunde gelegt hat.[45]

25 **Unbewusste Vorstellungen** hat der BGH[46] wie folgt definiert:

> *„Die Rechtsprechung meint Umstände, die in der Vorstellungswelt dessen, der seinen Willen bildet und äußert, ohne nähere Überlegung so selbstverständlich sind, dass er sie zwar nicht konkret im Bewusstsein hat, aber doch jederzeit abrufen und in sein Bewusstsein holen kann. Demgegenüber bezeichnet die Psychologie als „unbewusst“ das, was für das Bewusstsein nicht erfassbar ist.“*

§ 2078 Abs. 2 BGB verlangt, dass der zur Anfechtung berechtigende Umstand der bewegende Grund für den letzten Willen war.[47] Der Irrtum muss für die letztwillige Verfügung

[39] BGHZ 42, 327.
[40] OLG Köln OLGZ 1970, 114.
[41] BGH NJW 1965, 584.
[42] KRKB AnwaltForm ErbR/*Kroiß* § 7 Rn. 183.
[43] BGH FamRZ 1983, 898.
[44] BayObLG NJW-RR 1999, 86.
[45] BGH NJW-RR 1987, 1412 (1413); BayObLG FamRZ 1997, 772; BayObLGZ 1993, 248 (252) mwN.; MüKoBGB/*Leipold* § 2078 Rn. 27 f.
[46] BGH NJW-RR 1987, 1412.
[47] BGH NJW-RR 1987, 1412 (1413).

ursächlich, das heißt bestimmend oder zumindest derart mitbestimmend sein, dass die Erblasserin sie ohne die irrige Vorstellung nicht getroffen hätte.[48]

Praxistipp für die Gestaltung letztwilliger Verfügungen:
Eine allzu sorglose Aufnahme von Beweggründen des Erblassers kann Angriffspunkte für eine spätere Anfechtung bilden.[49] Die Angabe von Motiven in letztwilligen Verfügungen sollte daher unterbleiben.

4. Beweislast

Die **materielle Beweislast** für die Feststellung der anfechtungsbegründenden Tatsachen 26
(Beweggrund und Kausalität) hat der Anfechtende zu tragen.[50]

III. Anfechtung wegen Drohung

Ein Anfechtungsgrund nach § 2078 Abs. 2 BGB liegt auch dann vor, wenn der Erblasser 27
durch **Drohung** zu der Verfügung bestimmt worden ist. Eine Drohung liegt vor, wenn ein künftiges Übel, auf dessen Eintritt oder Nichteintritt der Drohende behauptet einwirken zu können, und das verwirklicht werden soll, wenn der Bedrohte nicht die von dem Drohende gewünschte Willenserklärung abgibt.[51] Die Voraussetzungen der **Widerrechtlichkeit** der Drohung entsprechen denen des § 123 BGB.[52] Sie ist gegeben, wenn entweder das angedrohte Übel (Mittel), der Zweck, oder die Relation von Zweck und Mittel rechtswidrig ist. Für die Frage der Ernsthaftigkeit der Drohung kommt es auf die Sicht des Bedrohten an.[53] Nicht ausreichend ist eine Beeinflussung des Erblassers durch fortgesetztes aufdringliches Bitten.[54] Jedoch kann ein Anfechtungsgrund anzunehmen sein, wenn einem hilfsbedürftigem Erblasser damit gedroht wird, ihn zu verlassen, falls er nicht in einer bestimmten Art und Weise verfügt.[55] Eine Drohung ist letztlich jede Handlung, bei der der Erblasser unter einem nicht unerheblichen persönlichen oder wirtschaftlichen Druck gesetzt wird, oder bei der die Willensschwäche oder Zwangslage des Erblassers ausgenutzt wird.[56] Allein die Äußerung eines Dritten gegenüber dem Erblasser, er werde nicht „in den Himmel kommen", stellt keine Drohung dar, da es sich hierbei nicht um die Ankündigung eines vom Willen des Dritten abhängigen künftigen Übels handelt.[57]

Die Anfechtung gemäß § 2078 Abs. 2 BGB greift nur durch, wenn der Erblasser durch die 28
Drohung zur letztwilligen Verfügung überhaupt oder zu einzelnen darin getroffenen Anordnungen bestimmt oder doch wesentlich mitbestimmt worden ist, wenn also der Erblasser ohne den durch die Zwangslage ausgelösten Willensmangel die Verfügung nicht getroffen hätte und damit zwischen Drohung und Verfügung ein ursächlicher Zusammenhang besteht.[58]

Es kommt nicht darauf an, ob die Drohung vom Bedachten selbst oder von einem Dritte 29
ausgeübt worden ist.[59]

[48] BayObLGZ 1971, 147 (150); Palandt/*Weidlich* § 2078 Rn. 9 mwN.
[49] *Lange* ErbR § 36 Rn. 99.
[50] Erman/*M. Schmidt* § 2078 Rn. 14.
[51] BGH FamRZ 1996, 605.
[52] *Lange* ErbR § 36 Rn. 90.
[53] BGH FamRZ 1996, 605.
[54] Nieder/Kössinger Testamentsgestaltung-HdB/*W. Kössinger* § 24 Rn. 7; Rudolf/Bittler/Seiler-Schopp Testamentsauslegung und -anfechtung HdB/*Rudolf/Seiler-Schopp* § 5 Rn. 40.
[55] Soergel/*Loritz* § 2078 Rn. 22.
[56] *Lange/Kuchinke* ErbR § 36 III 5.
[57] KG NJW 2001, 903.
[58] BayObLG FamRZ 1990, 211.
[59] *Lange* ErbR § 36 Rn. 91.

Formulierungstext für einen Schriftsatz: Anfechtung einer letztwilligen Verfügung wegen Drohung[60]

30 Namens und im Auftrag meiner Mandantin (......) erkläre ich die Anfechtung der letztwilligen Verfügung des Erblassers vom (......). Sein erstehelicher Sohn hatte dem Erblasser gedroht, ihn wegen vermeintlicher Unregelmäßigkeiten bei der Steuerfahndung anzuzeigen und Betriebsgeheimnisse publik zu machen, wenn er ihn nicht zum Alleinerben einsetzen würde.

Beweis: (......) als Zeuge

Als gesetzliche Erbin ist meine Mandantin anfechtungsberechtigt.

IV. Anfechtung wegen Übergehung Pflichtteilsberechtigter

1. Überblick

31 Eine gesetzliche Sonderregelung bezüglich eines Motivirrtums stellt § 2079 BGB dar.[61] Demnach kann eine letztwillige Verfügung angefochten werden, wenn der Erblasser einen zur Zeit des Erbfalls vorhandenen **Pflichtteilsberechtigten übergangen** hat, dessen Vorhandensein ihm bei der Errichtung der Verfügung nicht bekannt war oder der erst nach der Errichtung geboren oder pflichtteilsberechtigt geworden ist. Letztlich begründet § 2079 BGB in Ergänzung zu § 2078 Abs. 2 BGB die Vermutung, dass die Unkenntnis vorhandener oder künftiger Pflichtteilsberechtigter bestimmendes Motiv des Erblassers war.[62]

§ 2281 BGB setzt bei **Erbverträgen** und **gemeinschaftlichen Testamenten** voraus, dass der Pflichtteilsberechtigte *„zur Zeit der Anfechtung"* vorhanden ist.

Die Anfechtung ist ausgeschlossen, soweit anzunehmen ist, dass der Erblasser auch bei Kenntnis der Sachlage die Verfügung getroffen haben würde, § 2079 Satz 2 BGB.

2. Anfechtungsgrund

32 **a) Vorhandensein eines Pflichtteilsberechtigten.** Als Pflichtteilsberechtigte kommen nur (leibliche oder adoptierte) Abkömmlinge des Erblassers, dessen Ehepartner oder dessen Eltern in Frage, die ohne die angefochtene Verfügung von Todes wegen zu gesetzlichen Erben berufen wären, § 2303 BGB.[63]

33 **b) Übergehen.** Ein Pflichtteilsberechtigter, der zu einem nicht völlig geringfügigen Erbteil als Erbe eingesetzt ist, wurde bei der Errichtung der letztwilligen Verfügung nicht übergangen, auch wenn er erst nach Errichtung der letztwilligen Verfügung pflichtteilsberechtigt geworden ist. Eine Anfechtung nach § 2079 S. 1 BGB scheidet daher aus.[64]

34 Bei § 2079 BGB handelt es sich um einen Sonderfall der Anfechtung wegen Irrtums.[65] Ein Pflichtteilsberechtigter ist übergangen, wenn der Erblasser ihn nicht bedacht hat, aber auch nicht von der Erbfolge ausschließen wollte.[66]

35 Das BayObLG[67] führt dazu aus:

> *„Umstritten ist allerdings die Frage, unter welchen Voraussetzungen eine durch den Erblasser bedachte Person als „übergangen" anzusehen ist, wenn sie aufgrund von nach der Testamentserrichtung eintretenden Umständen ein Pflichtteilsrecht erlangt hat (ausführliche Darstellung mit Nachweisen zum Streitstand bei Soergel/Loritz, BGB, 12. Aufl., Rn. 3 und MüKoBGB/Leipold, Rn. 6, jeweils zu § 2079). Die insbesondere in der Rechtsprechung ganz überwiegend vertretene Auffassung*

[60] KRKB AnwaltForm ErbR/*Kroiß* § 7 Rn. 186.
[61] *Lange* ErbR § 36 Rn. 92; *Klühs* ZErb 2010, 316.
[62] Jauernig/*Stürner* § 2079 Rn. 1.
[63] BeckOK BGB/*Litzenburger* § 2079 Rn. 2.
[64] OLG Karlsruhe ZEV 1995, 454; BayObLG FamRZ 1994, 1066.
[65] BGH FamRZ 1960, 28 (29).
[66] RGZ 59, 60 (62); Staudinger/*Otte* § 2079 Rn. 9; Soergel/*Siebert* Rn. 1; BGB-RGRK Anm. 5 zu § 2079.
[67] BayObLG DNotZ 1994, 412.

bejaht ein Übergehen nur dann, wenn der Pflichtteilsberechtigte weder enterbt noch als Erbe eingesetzt oder mit einem Vermächtnis bedacht ist ... Dies wird zum Teil dahin eingeschränkt, dass ganz geringfügige Zuwendungen außer Betracht zu bleiben haben ...
Nach der insbesondere in der Literatur vertretenen Gegenmeinung liegt hingegen ein Übergehen bereits dann vor, wenn der Bedachte im Zeitpunkt der Errichtung der ihn begünstigenden Verfügung noch nicht zu den Pflichtteilsberechtigten zählte, die Zuwendung also nicht im Hinblick auf seine Stellung als pflichtteilsberechtigter gesetzlicher Erbe getätigt wurde ...
Der Senat folgt der erstgenannten Auffassung ... Nach dem Sprachgebrauch und dem daraus abzuleitenden Wortsinn ist eine Person in einer letztwilligen Verfügung dann übergangen, wenn sie vom Erblasser weder mittelbar noch unmittelbar bei der Verteilung des Nachlasses berücksichtigt worden ist. Dies spricht für eine objektive Auslegung des Begriffs. Auch aus der Entstehungsgeschichte der Norm lassen sich Anhaltspunkte für die gegenteilige Auffassung nicht gewinnen (Schubert/Czub, JA 1980, 257). Die Annahme, dass der Erblasser den Bedachten günstiger gestellt hätte, wenn er bei der Testamentserrichtung die Pflichtteilsberechtigung gekannt oder vorhergesehen hätte, ist als allgemeine gesetzliche Vermutung, wie sie § 2079 BGB begründet, nicht gerechtfertigt. Denn die umstrittene Fallgestaltung ergibt sich vielfach daraus, dass der Erblasser in höherem Alter eine Person heiratet, die ihm, wie die Zuwendung im Testament zeigt, schon seit längerer Zeit nahegestanden hat. Oft sind dann im Testament Abkömmlinge aus einer früheren Ehe als Erben eingesetzt. In einem solchen Fall kann es keinesfalls als Regel unterstellt werden, daß der Erblasser die oft wohlüberlegte letztwillige Verfügung anders abgefasst hätte, wenn er den Umstand einer späteren Heirat in seine Überlegungen einbezogen hätte (ebenso Schubert/Czub, a. a. O.). Der Pflichtteilsberechtigte wird durch eine solche Auslegung des § 2079 Satz 1 BGB nicht schutzlos gestellt. Vielmehr verbleibt ihm die Möglichkeit, die letztwillige Verfügung nach § 2078 Abs. 2 BGB anzufechten (BayObLGZ 1971, 147/151; MüKoBGB/Leipold, § 2079 Rn. 21). Allerdings trifft ihn, anders als bei § 2079 Satz 1 BGB (vgl. Staudinger/Otte, § 2079 Rn. 1), die Feststellungslast dafür, daß der Erblasser einem Irrtum über seine künftige Rechtsstellung zu dem anfechtenden Pflichtteilsberechtigten unterlag, und daß dieser Irrtum für die in der letztwilligen Verfügung enthaltene Willensäußerung kausal war. Dieses Ergebnis erscheint dem Senat jedoch für zahlreiche der betroffenen Fallgestaltungen, insbesondere für die oben geschilderten, durchaus sachgerecht.“

Die Enterbung durch den Erblasser schließt ein Übergehen i. S. d. § 2079 S. 1 BGB von vorneherein aus.[68] 36

3. Wirkung der Anfechtung

Die nach § 2079 S. 1 BGB vorgenommene Anfechtung bewirkt bei Vorliegen ihrer Voraussetzungen grundsätzlich – wenn auch nicht notwendig[69] – die Nichtigkeit des ganzen Testaments.[70] Dies ist dem Wortlaut des § 2079 S. 1 BGB zu entnehmen, der – anders als bei § 2078 Abs. 1 und 2 BGB – nicht von vornherein eine Einschränkung durch das Wort „soweit“ enthält. Erst § 2079 S. 2 BGB besagt, dass die Anfechtung ausgeschlossen ist, „soweit“ anzunehmen ist, dass der Erblasser auch bei Kenntnis der Sachlage die Verfügung getroffen hätte; die materielle Beweislast hierfür trägt im Gegensatz zu der Regelung in § 2078 BGB der Anfechtungsgegner.[71] 37

[68] BeckOK BGB/*Litzenburger* § 2079 Rn. 4.
[69] OLG Köln NJW 1956, 1522.
[70] BayObLGZ 1971, 147; BGB-RGRK § 2079 Anm. 28; a. A. Staudinger/*Otte* § 2079 Rn. 14 ff.
[71] BGH LM BGB § 2079 Nr. 1; OLG Hamburg FamRZ 1990, 910; OLG Frankfurt FamRZ 1995, 1522; OLG Düsseldorf FamRZ 1999, 1024; Staudinger/*Otte* § 2079 Rn. 19; Palandt/*Weidlich* § 2079 Rn. 7.

38 Bei der Prüfung, ob die Voraussetzungen des § 2079 S. 2 BGB vorliegen, kommt es auf den zu ermittelnden **hypothetischen Willen** des Erblassers zum Zeitpunkt der Errichtung der letztwilligen Verfügung an.[72] Da sich feste Regeln hierfür nicht aufstellen lassen, sind alle erheblichen Umstände des Einzelfalls zu berücksichtigen. Im Allgemeinen wird die Anfechtung dann nicht durchgreifen, wenn die letztwillige Verfügung dem Willen entspricht, den der Erblasser im Zeitpunkt des Erbfalls gehabt hat. Die Prüfung ist darauf zu richten, wie der Erblasser zur Zeit der Testamentserrichtung verfügt haben würde, wenn er zwar hinsichtlich der Person des Pflichtteilsberechtigten die später eingetretene oder damals vorhanden gewesene Sachlage richtig überblickt hätte, im übrigen aber diejenigen Umstände auf sich hätte wirken lassen, die ihn zur Zeit der Errichtung des Testaments zu diesem bestimmt haben. Für die Feststellung dieser allein maßgebenden persönlichen Willensmeinung des Erblassers kommen alle erheblichen Umstände, seien es begleitende oder nachfolgende, in Betracht; unbedingt geltende Regeln lassen sich der Natur der Sache nach nicht aufstellen.[73] Zur Erforschung dieses Willens kann insbesondere auch der Umstand herangezogen werden, dass der Erblasser das Testament geflissentlich, d. h. absichtlich hat weiterbestehen lassen, nachdem er vom Erbrecht des Pflichtteilsberechtigten konkrete Kenntnis erlangt hatte.[74]

39 Die bloße Untätigkeit des Erblassers insoweit genügt hierfür nicht, denn sie kann durch Schwerfälligkeit, körperliche oder geistige Hinfälligkeit, die Kürze der zur Verfügung stehenden Lebenszeit, einen Rechtsirrtum des Erblassers (etwa über den Fortbestand der letztwilligen Verfügung) oder sonstige Gründe bedingt sein; maßgebend sind die Umstände des einzelnen Falls.

40 Die Feststellung des hypothetischen Willens des Erblassers zum Zeitpunkt der Testamentserrichtung kann gemäß § 2079 S. 2 BGB je nach den Umständen auch zu dem Ergebnis führen, dass der übergangene Pflichtteilsberechtigte auf Grund der Anfechtung seinen gesetzlichen Erbteil erhält, die letztwillige Verfügung im übrigen aber bestehen bleibt.[75]

Formulierungstext für einen Schriftsatz: Anfechtung wegen Übergehung eines Pflichtteilsberechtigten[76]

41 Namens und im Auftrag meines Mandanten (......) erkläre ich die Anfechtung der letztwilligen Verfügung des Erblassers vom (......). Der Erblasser (......) war sich bei Errichtung dieser letztwilligen Verfügung nicht bewusst, dass ihm später noch ein nichtehelicher Sohn geboren werden würde. Mein Mandant wurde am (......) als Sohn der (......) geboren. Der Erblasser hat die Vaterschaft anerkannt.

Insoweit ist ein Anfechtungsgrund nach § 2079 BGB gegeben. Auch hätte der Erblasser bei Kenntnis der Sachlage die Verfügung so nicht getroffen.

V. Weitere Voraussetzungen und das Verfahren der Anfechtung

1. Ursachenzusammenhang zwischen Irrtum und letztwilliger Verfügung

42 a) **Überblick.** Sowohl in den Fällen des § 2078 BGB als auch des § 2079 BGB müssen der Irrtum oder die Drohung für die Verfügung des Erblassers ursächlich gewesen sein. Wer sich auf die An-fechtung einer letztwilligen Verfügung gem. § 2078 BGB beruft, muss dabei nachweisen, dass ein etwaiger Irrtum auch ursächlich für die Verfügung war. § 2079 BGB begründet dagegen die Vermutung, dass der Irrtum kausal war.[77]

[72] BGHZ 80, 295 = NJW 1981, 1735; BayObLG NJW-RR 1989, 1090; Erman/*M. Schmidt* § 2079 Rn. 4. OLG Celle OLGZ 1969, 84; OLG Hamm NJW 1972, 1089; OLG Düsseldorf FamRZ 1999, 1024; Staudinger/*Otte* BGB § 2079 Rn. 11; BGB-RGRK § 2079 Anm. 27; Palandt/*Weidlich* § 2079 Rn. 5.

[73] RGZ 59, 60 (63).

[74] OLG Frankfurt NJW-RR 1995, 1350; BayObLG, FamRZ 1985, 534; NJW-RR 1989, 1090; OLG Hamburg, FamRZ 1990, 910 (912).

[75] Staudinger/*Otte* § 2079 Rn. 13.

[76] KRKB AnwaltForm ErbR/*Kroiß* § 7 Rn. 188.

[77] OLG Karlsruhe ZEV 1995, 454.

Beim **Motivirrtum** muss die Fehlvorstellung des Erblassers zum Zeitpunkt der Testamentserrichtung nicht nur eine Ursache, sondern **Beweggrund** für die Errichtung der letztwilligen Verfügung gewesen sein.[78] Der Irrtum oder die Drohung müssen für die angefochtene Verfügung „bestimmend oder mitbestimmend" gewesen sein.[79] Für die Annahme des erforderlichen ursächlichen Zusammenhangs zwischen dem Irrtum des Erblassers und der angefochtenen Verfügung genügt es dabei, wenn der Irrtum für diese **mitbestimmend** war, derart, dass – wenn neben der irrigen Vorstellung des Erblassers auch andere, zutreffende Vorstellungen für die Verfügung mitbestimmend waren – der Erblasser ohne die irrige Vorstellung die Verfügung nicht getroffen hätte. Hat der Erblasser nach der Errichtung des Testaments seinen Irrtum erkannt, ändert er es aber trotzdem nicht, so kann daraus bei freier Würdigung aller Umstände geschlossen werden, der Erblasser habe es bei dem Testament belassen wollen (der Irrtum habe also keinen Einfluss auf seinen Willen geübt, so dass der Erblasser die Verfügung auch bei Kenntnis der Sachlage getroffen hätte), es sei denn, dass nicht eine solche Erwägung, sondern andere Gründe für das Bestehenbleiben des Testaments ursächlich waren.[80] Die Anfechtung einer einseitigen letztwilligen Verfügung kann nicht zum Erfolg führen, wenn erwiesen ist, dass die durch einen Irrtum beeinflusste letztwillige Verfügung nach der zur Zeit des Erbfalls gegebenen Sachlage dem Willen des Erblassers entspricht und er sie bewusst hat gelten lassen, es also letzten Endes trotz seines Irrtums bei der getroffenen Verfügung hat belassen wollen.[81] 43

b) **Bestätigung.** Der Erblasser kann einen anfechtbaren Erbvertrag oder ein anfechtbares gemeinschaftliches Testament nach § 2284 BGB bestätigen. Ob dies auch in den Fällen der §§ 2078 f. BGB möglich sein soll, ist umstritten. Die wohl h. M. verneint dies mit dem Argument, dass der Erblasser mangels eigenen Anfechtungsrechts kein Recht zur Bestätigung habe. Er könne die Anfechtbarkeit nur durch eine neue letztwillige Verfügung beseitigen.[82] Jedenfalls die Anfechtungsberechtigten können eine anfechtbare Verfügung bestätigen.[83] 44

c) **„Geflissentliches Stehenlassen".** Hat der Erblasser von dem Anfechtungsgrund Kenntnis erlangt und ändert er daraufhin sein Testament nicht, ohne es ausdrücklich bestätigt zu heben, stellt sich die Frage der Anfechtbarkeit. 45

Das BayObLG führt dazu aus:[84] 46

> *„Das Landgericht hat auch den Umstand, dass der Erblasser sein Testament nach der Eheschließung nicht geändert hat, in seine Erwägungen einbezogen. Der Wille des Erblassers, einen später auftauchenden Pflichtteilsberechtigten nicht zu bedenken, kann sich nämlich auch darin äußern, dass er das Testament „geflissentlich" weiter bestehen lässt … Eine Erklärung für die unterlassene Änderung konnte das Landgericht in der immer stärker werdenden körperlichen Hinfälligkeit des Erblassers während der relativ kurzen Zeitspanne zwischen Eheschließung und seinem Tod erblicken. Dass er sich mit dem Gedanken einer Testamentsänderung getragen hat, ergibt sich aus der Aussage seines Sohnes B …"*

Das OLG Franfurt äußert sich dazu wie folgt:[85] 47

> *„Bei der Prüfung, ob die Voraussetzungen des § 2079 S. 2 BGB vorliegen, kommt es auf den zu ermittelnden hypothetischen Willen des Erblassers im Zeitpunkt der Errichtung der letztwilligen Verfügung an … Da sich feste Regeln hierfür nicht aufstellen lassen, sind alle erheblichen Umstände des Einzelfalls zu berücksichtigen. Im Allgemeinen wird die Anfechtung dann nicht durchgreifen, wenn die letztwillige Verfügung dem Willen entspricht, den der Erblasser im Zeitpunkt des*

[78] Burandt/Rojahn/*Czubayko* § 2078 Rn. 12.
[79] BGH FamRZ 1961, 364 (366).
[80] BayObLGZ 1971, 147.
[81] BayObLG NJW-RR 1995, 1096.
[82] OLG Hamm FamRZ 1994, 1063 (1065); aA Soergel/*Loritz* § 2080 Rn. 23.
[83] BGH NJW 1970, 279 (zu § 2079 BGB); OLG München ZEV 2005, 482 (zu § 2078 BGB).
[84] BayObLG FamRZ 1983, 952.
[85] OLG Frankfurt FamRZ 1995, 1522.

Erbfalls gehabt hat. Zur Erforschung dieses Willens kann insbesondere auch der Umstand herangezogen werden, dass der Erblasser das Testament ***geflissentlich, d. h. absichtlich hat weiterbestehen lassen****, nachdem er vom Erbrecht des Pflichtteilsberechtigten konkrete Kenntnis erlangt hatte“ …*

48 Entscheidend ist wohl, dass weitere Umstände hinzutreten, die auf einen Übergehungswillen des Erblassers zum Zeitpunkt der Testamentserrichtung schließen lassen.

49 Das OLG Brandenburg[86] beschreibt dies wie folgt:

„Die Prüfung ist darauf zu richten, wie der Erblasser zur Zeit der Testamentserrichtung verfügt haben würde, wenn er zwar hinsichtlich der Person des Pflichtteilsberechtigten die später eingetretene oder damals vorhanden gewesene Sachlage richtig überblickt hätte, im übrigen aber diejenigen Umstände auf sich hätte wirken lassen, die ihn zur Zeit der Errichtung des Testaments dazu bestimmt haben … Für die Feststellung dieses allein maßgebenden persönlichen Willens des Erblassers kommen alle erheblichen Umstände, seien es begleitende oder nachfolgende, in Betracht (BayObLGZ 1971, 147, 151).“

2. Beweis- bzw. Feststellungslast

50 a) **Anfechtungsgründe des § 2078 BGB.** Die Beweis- und Feststellungslast für die **anfechtungsbegründenden Tatsachen** (Beweggrund und Kausalität) trägt der Anfechtende.[87] An den Nachweis sind strenge Anforderungen zu stellen.[88] Jedoch sind alle Beweismittel zugelassen.[89] Auch mündliche Äußerungen des Erblassers, die keinen Niederschlag in einer Verfügung von Todes wegen gefunden haben, sind zu berücksichtigen.[90]

Der Beweis für den ursächlichen Zusammenhang ist erleichtert, wenn der Erblasser in der Verfügung selbst seinen Beweggrund angegeben hat; nach der Lebenserfahrung und dem gewöhnlichen Lauf der Dinge kann davon ausgegangen werden, dass der angegebene Grund den Erblasser zu seiner letztwilligen Anordnung bestimmt hat.[91]

51 Die Anfechtung einer letztwilligen Verfügung setzt nicht voraus, dass sich, ein Anhaltspunkt für das Vorliegen eines Willensmangels aus der Verfügung selbst ergibt.[92] Die Angabe des Grundes in der letztwilligen Verfügung hat lediglich eine tatsächliche Vermutung dahin zur Folge, da der angegebene Grund der wirklich bestimmende sei. Diese Vermutung ist jedoch widerlegbar.

52 b) **Anfechtungsgrund des § 2079 BGB.** Bei einer Anfechtung nach § 2079 BGB gilt eine **gesetzliche Vermutung** zugunsten des übergangenen Pflichtteilsberechtigten, § 2079 S. 1 BGB. Im Gegensatz zu § 2078 BGB stellt die Anfechtbarkeit nach § 2079 BGB den Regelfall und nicht einen gesondert zu begründenden Ausnahmetatbestand dar.[93] Bei der Prüfung, ob die Voraussetzungen des § 2079 S. 2 BGB vorliegen, kommt es auf den zu ermittelnden **hypothetischen Willen** des Erblassers im Zeitpunkt der Errichtung der letztwilligen Verfügung an.[94] Im Gegensatz zu § 2079 S. 1 BGB kommt es für die Anwendung des § 2079 S. 2 BGB darauf an, ob der Testierende seine Verfügung ohne den Irrtum so nicht getroffen hätte. Dabei spielt es keine Rolle, ob sein mutmaßlich abweichendes Testierverhalten dem Interesse oder dem hypothetischen Willen des Erstverstorbenen entsprochen hätte. Abzustellen ist auf die mutmaßliche subjektive Denk- und Anschauungsweise des letztwillig Verfügenden.[95] Es geht zu Lasten des Anfechtungsgegners, wenn sich der hypothetische Wille des Erblassers i. S. v. § 2079 S. 2 BGB nicht mehr mit letzter Sicherheit aufklären lässt; er trägt

[86] OLG Brandenburg FamRZ 1998, 59 (61).
[87] BayObLG ZEV 2006, 209; FamRZ 1997, 772.
[88] BayObLG ZEV 2006, 209.
[89] BeckOK BGB/*Litzenburger* § 2078 Rn. 19.
[90] BGH NJW 1965, 584.
[91] BayObLGZ 1971, 147.
[92] BGH NJW 1965, 584.
[93] *Lange* ErbR § 36 Rn. 98.
[94] OLG Düsseldorf FamRZ 1999, 1024.
[95] BayObLG ZEV 2001, 314.

insoweit die Beweislast.[96] Erfolgt die Anfechtung durch Dritte, die sich auf ein Selbstanfechtungsrecht des Erblassers berufen, tragen diese die Beweislast für das Vorliegen der die Anfechtung begründenden Voraussetzungen.[97]

3. Anfechtungsberechtigter

a) Dritte bei einseitigen Verfügungen. Der Erblasser ist bei einseitigen Verfügungen nicht anfechtungsberechtigt, da er die Widerrufsmöglichkeit, § 2253 BGB besitzt.[98] Anfechtungsberechtigt sind nach § 2080 BGB: 53

- derjenige, für den die Aufhebung positiv wäre, § 2080 Abs. 1 BGB
- derjenige, auf den der Irrtum sich bezieht, § 2080 Abs. 2 BGB
- der Pflichtteilsberechtigte im Falle des § 2079 BGB, § 2080 Abs. 3 BGB.

Nach **§ 2080 Abs. 1 BGB** ist zur Anfechtung derjenige berechtigt, „welchem die Aufhebung der letztwilligen Verfügung unmittelbar zustatten kommen würde". Damit engt die Vorschrift den Kreis der Personen ein, die eine irrtumsbehaftete letztwillige Verfügung im Wege der Anfechtung beseitigen können.[99] 54

„Rechtlicher Vorteil" ist ein Erbrecht (zB Anfechtung der Erbeinsetzung eines anderen durch einen gesetzlichen Erben), ein Anspruch aus einem Vermächtnis (z. B. Anfechtung des Widerrufs eines Vermächtnisses durch Vermächtnisnehmer), der Wegfall einer Beschwerung (z. B. Anfechtung eines Vermächtnisses, einer Auflage oder einer Testamentsvollstreckung durch einen Erben), einer (auflösenden oder aufschiebenden) Bedingung oder eines Verfügung- und Verwaltungsrechts (zB Anfechtung des Widerrufs einer Testamentsvollstreckung durch den Testamentsvollstrecker oder einer Verwaltungsbeschränkung durch die Eltern).[100] Als eigener unmittelbarer Vorteil iSv § 2080 Abs. 1 BGB kann auch ein Anfechtungsrecht in Betracht kommen.[101] Zu beachten ist, dass ein mittelbarer Vorteil nicht zur Anfechtung berechtigt. So reicht es nicht aus, dass nach erfolgter Anfechtung zwischen der Erbschaft und dem Anfechtenden eine Person weniger stünde. 55

Für die Irrtumsanfechtung kommt es gemäß **§ 2080 Abs. 2 BGB** insoweit zu einer Einschränkung der Anfechtungsbefugnis, als der Irrtum nur eine bestimmte Person betrifft. Der Schutzzweck der Anfechtung wird in diesen Fällen auf die vom Irrtum betroffenen Personen beschränkt. Dritte sollen aus einer Fehlmotivation jedenfalls dann keinen Vorteil ziehen dürfen, wenn die Person, auf die sich der Irrtum bezieht, es bei der Gültigkeit der Verfügung belassen will.[102] 56

§ 2080 Abs. 3 BGB stellt für die Anfechtung nach § 2079 BGB klar, dass hierzu ausschließlich der **Pflichtteilsberechtigte** ein Anfechtungsrecht besitzt. 57

Vor dem Erbfall ist die Anfechtung unzulässig.[103] 58

b) Der Erblasser beim Erbvertrag, § 2281 BGB. Beim **Erbvertrag** ist darauf zu achten, welche Verfügung angefochten werden soll. Die §§ 2281 ff. BGB gelten nur für die Anfechtung der **vertragsmäßig bindenden Verfügungen** des Erbvertrages. Erklärungen, die keine Verfügung von Todes wegen darstellen, z. B. ein Erbverzicht, sind nach den allgemeinen Vorschriften der §§ 119 ff. BGB anfechtbar. Einseitige Verfügungen von Todes wegen, § 2299 BGB, bedürfen nicht der Anfechtung durch den Erblasser, da dieser sie jederzeit widerrufen kann, § 2253 BGB. Einseitige Verfügungen können aber von Dritten angefochten werden, §§ 2299, 2078, 2079 BGB.[104] 59

Die erbvertraglich bindenden Verfügungen können aufgrund der §§ 2078, 2079 BGB auch vom **Erblasser** angefochten werden, § 2281 BGB. Das dem Erblasser gemäß § 2281 BGB in 60

[96] OLG Hamburg FamRZ 1990, 910.
[97] OLG München ZEV 2007, 530.
[98] Staudinger/*Kanzleiter* § 2271 Rn. 70; Staudinger/*Otte* § 2080 Rn. 1.
[99] Hk-BGB/*Hoeren* § 2080 Rn. 1.
[100] BeckOK BGB/*Litzenburger* § 2080 Rn. 2.
[101] BGHZ 112, 229.
[102] BayObLG NJW-RR 2002, 727.
[103] BeckOK BGB/*Litzenburger* § 2080 Rn. 1.
[104] BGHZ 37, 331 (333).

Verbindung mit § 2079 BGB eingeräumte Anfechtungsrecht wird nicht allein durch den Schutz und das Interesse des Pflichtteilsberechtigten bestimmt, sondern dient zumindest auch dem eigenen Interesse des Erblassers.[105] Dabei ist zu beachten, dass auch die willkürliche Schaffung der Pflichtteilsberechtigung durch den Erblasser, etwa durch Heirat oder Adoption, grundsätzlich unschädlich ist.[106] Lediglich für den Fall, dass der familienrechtliche Akt den ausschließlichen Zweck hatte, die Bindung der letztwilligen Verfügung zu beseitigen, kann die Schaffung des Anfechtungsgrundes gegen Treu und Glauben bzw. die guten Sitten verstoßen.

61 Die Anfechtung einer vertraglich bindenden Erbeinsetzung in einem Erbvertrag kann auch darauf gestützt werden, dass die **unbewusste Erwartung** des Erblassers enttäuscht worden ist, zwischen ihm und dem so Bedachten werde es bis zum Lebensende des Erblassers nicht zu einer Zerstörung des persönlichen Vertrauensverhältnisses kommen, die zu einer gerichtlichen Auseinandersetzung führt. Die Feststellung einer solchen Erwartung und ihrer Ursächlichkeit für die Erbeinsetzung setzt jedoch voraus, dass im Einzelfall besondere Umstände gegeben sind, die in diese Richtung deuten.[107]

62 Das dem Erblasser gemäß § 2281 BGB in Verbindung mit § 2079 BGB eingeräumte Anfechtungsrecht wird nicht allein durch den Schutz und das Interesse des Pflichtteilsberechtigten bestimmt, sondern dient zumindest auch dem eigenen Interesse des Erblassers.

63 Der BGH führt dazu aus[108]

> *„Hinsichtlich des eigenen Anfechtungsrechts des Erblassers (§ 2281 BGB) liegen die Dinge aber anders. Allerdings beruht auch dieses Anfechtungsrecht des Erblassers auf der Erwägung des Gesetzgebers, das Übergehen eines nicht bekannten Pflichtteilsberechtigten deute regelmäßig auf einen in der Person des Erblassers gegebenen Willensmangel (RGZ 59, 60, 63), und der Erblasser kann sein Anfechtungsrecht auf Grund von § 2079 BGB nur ausüben, solange der Pflichtteilsberechtigte lebt (§ 2281 Abs. 1 Hs. 2 BGB). Hat aber der Erblasser zu rechter Zeit angefochten, so wird die angefochtene Verfügung nichtig (Kipp-Coing, Erbrecht, 11. Aufl. § 24 III S. 118) und bleibt es auch, selbst wenn demnächst der Pflichtteilsberechtigte vor dem Erbfall wegfällt … Die Motive zum Entwurf eines Bürgerlichen Gesetzbuches (Band V S. 323) führen dazu aus, der Erblasser solle ein Recht, den Erbvertrag anzufechten, erhalten, weil er durch einen Irrtum oder die Übergehung eines Pflichtteilsberechtigten „in seinen Rechten beeinträchtigt wird. Zwar lässt sich dagegen einwenden, die nach dem Abschluss des Vertrages dem Verfügenden bekannt gewordenen oder die nach dieser Zeit neu hinzugetretenen Pflichtteilsberechtigten könnten wieder wegfallen. Allein der Einwand ist nicht durchgreifend. Denn es ist anzunehmen, der Verfügende würde einen Erbeinsetzungsvertrag überhaupt nicht abgeschlossen haben, wenn ihm die Änderung der Sachlage, welche durch den Wegfall der ihn zur Verfügung bestimmenden Tatsache eingetreten ist, bekannt gewesen wäre. Dazu kommt, dass der Verfügende ein höchst beachtenswertes Interesse daran haben kann, während seiner Lebenszeit feststellen zu lassen, dass der Erbeinsetzungsvertrag unwirksam ist, damit er für eine anderweite Verfügung Sicherheit gewinne.“*

Formulierungstext: Anfechtung eines Erbvertrags durch den Erblasser[109]

64 (……) (Notarielle Urkundenformalien)

Es erscheint (……) – persönlich bekannt und zweifelsfrei geschäftsfähig –

Sie erklärt:

[105] BGH FamRZ 1970, 79.
[106] Rudolf/Bittler/Seiler-Schopp Testamentsauslegung und -anfechtung HdB/*Rudolf/Seiler-Schopp* § 5 Rn. 63 mwN.
[107] BayObLG NJW-RR 1999, 86.
[108] BGH NJW 1970, 279.
[109] KRKB AnwaltForm ErbR/*Kroiß* § 7 Rn. 192.

In der Urkunde des Notars (......) in (......) – Urkunden-Rolle Nr. (......) – habe ich mit meinem Ehemann (...) am (...) einen Erbvertrag geschlossen. Nach Ziffer 2 haben wir uns gegenseitig zu Alleinerben und unseren Sohn (......) zum Erben des Längerlebenden eingesetzt. Mein Mann starb am (......). Am (...) habe ich mich mit (......) verheiratet.
Ich fechte die von mir in dem Erbvertrag vom (......) getroffenen Verfügungen wegen Übergehung eines Pflichtteilsberechtigten an.
Ich beantrage, mir eine Ausfertigung dieser Verfügung zu erteilen und diese dem Nachlassgericht (......) zu übersenden.

Diese Niederschrift wurde vom Notar der Anwesenden vorgelesen, von ihr genehmigt und wie folgt eigenhändig unterschrieben:

c) **Dritte beim Erbvertrag, §§ 2080 Abs. 1, 2285 BGB.** Nach dem Tod des erstversterbenden Ehegatten können Dritte nach den allgemeinen Regeln anfechten.[110] Nach dem Tode des Längerlebenden können nur noch Dritte den Erbvertrag anfechten. Für diese Anfechtung gelten die §§ 2078 ff. BGB, die §§ 2281–2284 BGB sind hingegen nicht anwendbar, d.h. dass auch die Anfechtungserklärung sich nach § 2081 BGB richtet. Lediglich § 2285 BGB ist zu beachten. Die Anfechtung durch Dritte ist demnach ausgeschlossen, wenn und soweit das Anfechtungsrecht durch **Fristablauf** gemäß § 2283 BGB oder durch **Bestätigung** gemäß § 2284 BGB erloschen ist.[111] Grund für diese **Akzessorietät** ist, dass der Dritte sein eigenes Anfechtungsrecht aus den Willensmängeln des Erblassers ableitet und dessen Entscheidung, gleichwohl am ursprünglichen Verteilungsplan festzuhalten, gegen sich gelten lassen muss.[112] 65

Formulierungstext: Anfechtung eines Erbvertrages durch Dritte[113]

Namens und im Auftrag meines Mandanten (......) erkläre ich die Anfechtung des von seinem Vater Heribert Geier mit seiner Ehefrau Gundi Geier vor dem Notar (......) in (......) geschlossenen Erbvertrages vom (......) (UR-Nr. (......)). In diesem Erbvertrag setzten sich die Eheleute gegenseitig zu Alleinerben und ihre beiden gemeinsamen Kinder zu Erben des zuletzt versterbenden Ehegatten ein. Nachdem Frau Gundi Geier am (......) verstarb, heiratete Heribert Geier erneut. Aus der mit Frieda Adler am (...) geschlossenen Ehe ging der Sohn Horst, geboren am (......), hervor. Am (......) verstarb dann Heribert Geier, ohne dass er weitere letztwillige Verfügungen hinterlassen hat. 66

Da bei Abschluss des Erbvertrages Horst Adler noch nicht geboren und Frieda Adler noch nicht pflichtteilsberechtigt war, ist eine Anfechtung nach § 2079 BGB möglich. Die Frist des § 2082 BGB ist gewahrt.

Mein Mandant ist gem. §§ 2080 Abs. 1, 2285 BGB anfechtungsberechtigt.

4. Anfechtungsrecht

Eine Anfechtung gemäß § 2078 Abs. 2 BGB ist nicht zulässig, wenn der Erblasser die Voraussetzungen für die Anfechtung durch ein gegen Treu und Glauben verstoßendes Verhalten selbst herbeigeführt hat.[114] 67

Bei der Anfechtung des Erbvertrags kann auf ein bereits entstandenes Anfechtungsrecht zur Selbstanfechtung durch Bestätigung nach § 2284 BGB verzichtet werden. Diese Bestätigung bedarf keiner bestimmten Form, da insoweit § 144 Abs. 2 BGB gilt.[115] 68

Beim Anfechtungsrecht handelt es sich um ein unselbständiges Gestaltungsrecht, das aus der erbrechtlichen Stellung abgeleitet wird.[116] Es kann weder übertragen, noch gepfändet 69

[110] Rudolf/Bittler/Seiler-Schopp Testamentsauslegung und -anfechtung HdB/*Scharf* § 5 Rn. 190.
[111] BeckOK BGB/*Litzenburger* § 2285 Rn. 2.
[112] NK-BGB/*Kornexl* § 2285 Rn. 1.
[113] KRKB AnwaltForm ErbR/*Kroiß* § 7 Rn. 194.
[114] BGHZ 4, 91.
[115] BayObLG NJW-RR 1989, 1090.
[116] Soergel/*Loritz* § 2080 Rn. 20.

noch verpfändet werden;[117] es ist allerdings vererblich. Das Anfechtungsrecht des Erben können Testamentsvollstrecker, Nachlasspfleger, Nachlassverwalter und Nachlassinsolvenzverwalter **nicht** ausüben.[118]

5. Die Anfechtungserklärung

70 **a) Adressat der Anfechtungserklärung.** Bei der Anfechtung handelt es sich um eine **empfangsbedürftige Willenserklärung,** die grundsätzlich gegenüber dem **Nachlassgericht** erfolgt, § 2081 Abs. 1 BGB. Liegt keiner der dort aufgezählten Fälle vor, z. B. beim Vermächtnis oder beim Erbvertrag, so ist sie dem **Anfechtungsgegner** zu erklären, § 143 Abs. 4 S. 1 BGB. Ist der Vertragspartner verstorben, ist die Anfechtung gegenüber dem Nachlassgericht zu erklären. Eine Begründung der Anfechtungserklärung ist nicht erforderlich.[119]

71 Die **Anfechtung des Widerrufs** eines Testaments, das Erbeinsetzungen und Vermächtnisse enthält, muss,

- soweit sie den Widerruf der Erbeinsetzungen betrifft, gegenüber dem **Nachlassgericht,**
- soweit sie sich gegen den Widerruf der Vermächtnisse richtet, gegenüber dem **Anfechtungsgegner** erklärt werden. Dies gilt insbesondere auch für die Anfechtung der Rücknahme eines öffentlichen Testaments, das Erbeinsetzungen und Vermächtnisse enthält, aus der amtlichen Verwahrung.[120]

72 Die **notarielle Erbvertragsanfechtungserklärung** muss dem Anfechtungsgegner in Urschrift oder Ausfertigung zugehen.[121] Nicht ausreichend ist die Übermittlung einer beglaubigten Abschrift der notariell beurkundeten Anfechtungserklärung. Diese Grundsätze sind zwar zu §§ 2296, 2271 Abs. 1 S. 1 BGB (Rücktritt vom Erbvertrag und Widerruf des gemeinschaftlichen Testaments) entwickelt worden, müssen aber angesichts der Übereinstimmung von § 2296 Abs. 2 BGB und § 2282 Abs. 3 BGB und vor allem wegen der Gleichheit des Rechtsgrundes beider Vorschriften auch für die in § 2282 Abs. 3 BGB behandelte Erbvertragsanfechtung gelten.[122]

73 Die Anfechtung muss gegenüber **dem zuständigen Gericht** erklärt werden. § 2081 BGB spricht vom „Nachlassgericht".

74 Die Testamentsanfechtung ist auch dann allein gegenüber dem Nachlassgericht zu erklären, wenn die Nachlasssache bereits in der Beschwerdeinstanz anhängig ist.[123]

Praxistipp:

Ist nicht klar, ob es sich bei der letztwilligen Verfügung um eine Erbeinsetzung oder ein Vermächtnis handelt, so sollte die Anfechtung sowohl gegenüber dem Nachlassgericht als auch dem Begünstigten gegenüber erklärt werden.

75 **b) Die örtliche Zuständigkeit des Nachlassgerichts.** Bezüglich der örtlichen Zuständigkeit gilt für Nachlasssachen § 343 FamFG (grundsätzlich: letzter gewöhnlicher Aufenthalt des Erblassers).[124]

§ 343 Örtliche Zuständigkeit

(1) Örtlich zuständig ist das Gericht, in dessen Bezirk der Erblasser im Zeitpunkt seines Todes seinen gewöhnlichen Aufenthalt hatte.

[117] NK-BGB/*Fleindl* § 2080 Rn. 7.
[118] Staudinger/*Otte* § 2080 Rn. 16.
[119] BayObLG Rpfleger 1981, 510.
[120] BayObLGZ 1960, 490.
[121] BayObLGZ 1963, 260.
[122] BayObLGZ 1963, 260.
[123] BayOblG FamRZ 1989, 1346.
[124] Vgl. dazu auch MüKoBGB/*Grziwotz* § 2353 Rn. 50.

(2) Hatte der Erblasser im Zeitpunkt seines Todes keinen gewöhnlichen Aufenthalt im Inland, ist das Gericht zuständig, in dessen Bezirk der Erblasser seinen letzten gewöhnlichen Aufenthalt im Inland hatte.
(3) [1]Ist eine Zuständigkeit nach den Absätzen 1 und 2 nicht gegeben, ist das Amtsgericht Schöneberg in Berlin zuständig, wenn der Erblasser Deutscher ist oder sich Nachlassgegenstände im Inland befinden. [2]Das Amtsgericht Schöneberg in Berlin kann die Sache aus wichtigem Grund an ein anderes Nachlassgericht verweisen.

c) **Die Internationale Zuständigkeit.**[125] Die internationalen Zuständigkeit leitet sich nun von der örtlichen Zuständigkeit ab, § 105 FamFG. Dazu heißt es in der Gesetzesbegründung: „Damit wird der ungeschriebenen sogenannten Gleichlauftheorie, wonach die deutschen Gerichte für Nachlasssachen nur bei Anwendung deutschen Sachrechts zuständig seien, eine Absage erteilt."[126] Art. 13 EuErbVO ist nicht einschlägig, da die Anfechtung letztwilliger Verfügungen dort nicht genant ist.[127] 76

d) **Die Form der Anfechtungserklärung.** Die **Anfechtungserklärung** muss keinen bestimmten Wortlaut haben.[128] Sie muss jedoch mit hinreichender Deutlichkeit erkennen lassen, welche Verfügung angefochten wird, und dass die Anfechtung auf einen Willensmangel gestützt wird.[129] Eine Begründung muss sie nicht enthalten. Diese kann unter Umständen sogar schädlich sein.[130] Eine Anfechtungserklärung im Sinne von § 2081 Abs. 1 BGB erfordert jedoch die eindeutige **Kundgabe eines Anfechtungswillens,** insoweit gelten die gleichen Grundsätze, die für die Anfechtungserklärung im Sinne von § 143 Abs. 1 BGB maßgebend sind.[131] Eine wirksame Anfechtungserklärung nach § 143 Abs. 1 BGB setzt voraus, dass sich aus ihr der unzweideutige Wille ergibt, das Rechtsgeschäft gerade wegen eines Willensmangels nicht bestehen zu lassen.[132] Dementsprechend muss die gegenüber dem Nachlassgericht abzugebende Erklärung der Anfechtung einer letztwilligen Verfügung unzweideutig erkennen lassen, dass der Anfechtende einen Mangel des Erblasserwillens geltend machen will.[133] Zwar muss das Wort Anfechtung nicht genannt werden, aber es muss zumindest durch Auslegung erkennbar sein, dass die Erklärung auf die Rechtsfolgen einer Anfechtung hinzielt und welche Verfügungen betroffen sein sollen. 77

Beim **Erbvertrag** und bei der Anfechtung **wechselbezüglicher Verfügungen im gemeinschaftlichen Testament**[134] bedarf die Anfechtungserklärung der notariellen Beurkundung, § 2282 Abs. 3 BGB. Über die Anfechtungserklärung des Erblassers ist deshalb eine notarielle Niederschrift nach §§ 8 ff. BeurkG aufzunehmen.[135] Die Anfechtung kann dabei nicht bedingt oder befristet erklärt werden.[136] 78

e) **Weiteres Verfahren.** Das Nachlassgericht soll die Anfechtungserklärung demjenigen **mitteilen,** welchem die angefochtene Verfügung unmittelbar zustatten kommt, § 2081 Abs. 2 BGB. Ob es von sich aus die Wirksamkeit der Anfechtung prüfen darf ist umstritten. Das Nachlassgericht soll nicht einmal prüfen dürfen, ob die Erklärung fristgerecht abgegeben wurde und ob wirklich ein Anfechtungsrecht besteht.[137] Für den vergleichbaren Fall der Ausschlagung wurde dies jüngst vom OLG München ausdrücklich verneint:[138] 79

[125] *Schaal,* Internationale Zuständigkeit deutscher Nachlassgerichte nach der geplanten FGG-Reform, BWNotZ 2007, 154.
[126] BT-Drs. 16/6308 S. 221.
[127] Dutta/Weber/*Lein* Art. 13 EuErbVO Rn. 3.
[128] BeckOK BGB/*Litzenburger* § 2081 Rn. 3.
[129] BayObLG FamRZ 1992, 226; OLG München Rpfleger 2005, 606; MüKoBGB/*Leipold* § 2082Rn. 17.
[130] OLG Düsseldorf FamRZ 2011, 1171.
[131] OLG München ZEV 2005, 482.
[132] BayObLG FamRZ 1992, 226.
[133] BayObLGZ 1989, 327 (330).
[134] *Lange* ZEV 2008, 313.
[135] NK-BGB/*Kornexl* § 2282 Rn. 13.
[136] BeckOK BGB/*Litzenburger* § 2282 Rn. 3.
[137] BayObLG FamRZ 2002, 497; OLG Brandenburg FamRZ 1999, 1461; *Lange* ErbR § 36 Rn. 122.
[138] OLG München MittBayNot 2010, 486 mit krit. Anm. *Kroiß.*

„Das Nachlassgericht ist grundsätzlich nicht befugt, über die Wirksamkeit einer Ausschlagung der Erbschaft außerhalb eines Erbscheinsverfahrens förmlich zu entscheiden. Eine solche Entscheidung ist auch im Rahmen einer nach Landesrecht durchzuführenden Ermittlung der Erben von Amts wegen nicht veranlasst."

80 Die Entscheidung wirft zwei Fragen auf. Neben der Frage, ob das Nachlassgericht bei Entgegennahme einer Ausschlagung oder Anfechtung die Wirksamkeit der Erklärung prüfen darf, wird auch obiter dicta der Charakter des amtlichen Erbenermittlungsverfahrens, wie es in Bayern und Baden-Württemberg vorgesehen ist, angesprochen.

81 Sowohl die Entgegennahme von Ausschlagungs- und Anfechtungserklärung als auch das amtliche Erbenermittlungsverfahren sind Nachlassverfahren, die sich, soweit sie nach dem 1.9.2009 eingeleitet wurden, nach dem FamFG richten.[139]

82 *aa) Prüfungskompetenz des Nachlassgerichts.* § 342 Abs. 1 Nr. 5 FamFG definiert die Entgegennahme von Erklärungen, die nach gesetzlicher Vorschrift dem Nachlassgericht gegenüber abzugeben sind, ausdrücklich als Nachlassverfahren. Unstreitig hat das Nachlassgericht bei der Entgegennahme der Erklärung seine örtliche Zuständigkeit zu prüfen.[140] Erachtet es sich für unzuständig, darf es die Erklärung nicht entgegennehmen. Wird die Unzuständigkeit erst nach der Entgegennahme der Erklärung festgestellt, hat das unzuständige Gericht die Erklärung an das zuständige weiterzuleiten, § 3 FamFG. Wirksam wird die Erklärung aber erst mit Eingang beim zuständigen Gericht.[141] Allerdings war schon vor Inkrafttreten des FamFG anerkannt, dass der Zeitpunkt des Eingangs beim unzuständigen Gericht maßgeblich sein soll, wenn es die Erklärung entgegengenommen hatte und der Erklärende nicht auf die Unzuständigkeit hingewiesen wurde.[142] Dies wurde mit einer unmittelbaren oder zumindest analogen Anwendung des § 7 FGG begründet.[143] Entsprechendes gilt nunmehr nach § 2 Abs. 3 FamFG.[144] Darüber hinaus wurde durch das FamFG noch eine zusätzliche Zuständigkeit des Gerichts, indessen Bezirk der Ausschlagende oder der Anfechtende seinen Wohnsitz hat, geschaffen, § 344 Abs. 7 FamFG. Da § 1945 BGB nur von der Entgegennahme der Erklärung spricht, kann eine über die Prüfung der örtlichen Zuständigkeit hinausgehende Pflicht zur Feststellung der Wirksamkeit der Entscheidung mit dem OLG München verneint werden.

83 Eine andere Frage ist aber, ob die Wirksamkeitsprüfung dem Nachlassgericht damit auch verwehrt ist. Die Rechtsprechung[145] räumte dem Nachlassgericht jedenfalls im Rahmen der ihm nach bayerischem Landesrecht obliegenden Pflicht, den Erben von Amts wegen zu ermitteln, die Befugnis ein, die Unwirksamkeit einer Erbausschlagung auszusprechen. Diese sollte mit einem beschwerdefähigen Beschluss geschehen. In einer späteren Entscheidung wurde die Beantwortung dieser Frage offen gelassen.[146] Das OLG München verweist nun auf die Möglichkeit der Wirksamkeitsprüfung im Erbscheinsverfahren. Ein Problem ergibt sich dadurch aber für die Nachlassgläubiger, die regelmäßig ein Interesse an der Frage der Wirksamkeit der Ausschlagung oder der Anfechtung haben. Der Erbe, der die Ausschlagung erklärt hat, wird gerade keinen Erbscheinsantrag stellen. Allenfalls Nachlassgläubiger, die bereits einen titulierten Anspruch gegen den Erblasser haben, könnten gemäß § 792 ZPO einen Erbschein für den Erben beantragen. Innerhalb dieses Verfahrens könnte dann die Wirksamkeit der Ausschlagungs- bzw. Anfechtungserklärung geprüft werden können. Ein Problem haben aber alle übrigen Nachlassgläubiger. Weder Pflichtteilsberechtigte noch Vermächtnisnehmer könnten ein Erbscheinsverfahren initiieren. Ihnen bleibt allenfalls der Weg zum streitigen Zivilgericht. Bei einer Klage auf Zahlung des Pflichtteilsanspruchs oder

139 *Kroiß,* Das neue Nachlassverfahrensrecht, 2009, S. 85 ff.
140 MüKoBGB/*Leipold* § 1945 Rn. 40.
141 *Kroiß,* Zuständigkeitsprobleme in der freiwilligen Gerichtsbarkeit, 1994, § 3 C II.
142 Staudinger/*Otte* § 1945 Rn. 17; BeckOK BGB/*Siegmann/Höger* § 1945 Rn. 5; Erman/*J. Schmidt* § 1945 Rn. 9.
143 *Kroiß,* Zuständigkeitsprobleme in der freiwilligen Gerichtsbarkeit, 1994 § 3 C I.
144 MüKoBGB/*Leipold* § 1945 Rn. 15.
145 BayObLGZ 1968, 68.
146 BayObLGZ 1985, 363 (364).

Erfüllung eines Vermächtnisses könnte inzident die Erbenstellung geklärt werden. Prozesse wären aber zu vermeiden, wenn das Nachlassgericht zumindest im amtlichen Erbenermittlungsverfahren Stellung zur Frage der Wirksamkeit der Ausschlagung beziehen könnte. Auch ist oft fraglich, ob ein Nachlassgläubiger einen Zivilprozess gegen den Ausschlagenden anstrengt, wenn er doch vom Nachlassgericht die Mitteilung erhält, „der Erbe habe die Ausschlagung der Erbschaft erklärt". Dem Nachlassgläubiger wird damit zunächst einmal die Wirksamkeit der Ausschlagung suggeriert. Auch hat der Nachlassgläubiger regelmäßig große praktische Schwierigkeiten, die Wirksamkeit einer Ausschlagung zu prüfen. Man sollte entsprechend der Rechtsprechung des BayObLG[147] den Nachlassgerichten zumindest die Befugnis belassen, in Fällen, in denen die Interessen der Beteiligten es erfordern, durch (beschwerdefähigen) Beschluss über die Wirksamkeit der Ausschlagung zu entscheiden. Schließlich spricht auch die Verpflichtung des Nachlassgerichts, die Ausschlagung demjenigen mitzuteilen, welchem die Erbschaft infolge der Ausschlagung angefallen ist, § 1953 Abs. 3 Satz 1 BGB, für eine Prüfungskompetenz hinsichtlich der Wirksamkeit der Ausschlagung. Sonst müsste das Nachlassgericht auch „sehenden Auges" eine „unwirksame Ausschlagung" an den „falschen Erben" mitteilen. Aufgrund der Mitteilungspflichten obliegt es vielmehr naturgemäß dem Nachlassgericht, dass es von Amts wegen, § 26 FamFG die nötigen Ermittlungen aufnehmen muss, um die Frage des Nächstberufenen zu klären.[148]

bb) Das amtliche Erbenermittlungsverfahren. Mit dieser Prüfungskompetenz hängt auch die zweite Frage, der Charakter des amtlichen Erbenermittlungsverfahrens, zusammen. Nach § 342 Abs. 1 Nr. 4 FamFG handelt es sich bei Verfahren, die die Ermittlung der Erben betreffen, um Nachlasssachen. Art. 37 Abs. 1 des bayerischen AGGVG bestimmt, dass das Nachlassgericht die Erben von Amts wegen zu ermitteln hat. Ob diesen Verfahren lediglich eine vorbereitende Funktion zukommt, darf spätestens mit Inkrafttreten des FamFG bezweifelt werden. Zuzugeben ist dem OLG München, dass einer Entscheidung im amtlichen Erbenermittlungsverfahren nicht eine dem Erbschein vergleichbare Bindungswirkung zukommt. Davon zu unterscheiden ist aber die Frage, welche Qualität das Erbenermittlungsverfahren hat und insbesondere, ob dieses durch einen Beschluss beendet werden darf. Spätestens seit Inkrafttreten des FamFG ergehen Endentscheidungen in Nachlasssachen durch Beschluss, § 38 Abs. 1 FamFG. Ein bloß vorbereitender Charakter für diese Verfahren ergibt sich weder aus den landesrechtlichen Vorschriften noch aus dem FamFG. Ein praktisches und rechtliches Bedürfnis für einen Beschluss, der auch die Wirksamkeit von Ausschlagungen umfasst, wird auch im Hinblick auf die Fälle gesehen, wenn ein Nachlasspfleger ein zum Nachlass gehörendes Grundstück veräußern will, weil er dazu der Genehmigung des Nachlassgerichts bedarf.[149] Vor Inkrafttreten des FamFG konnte das Nachlassgericht im Genehmigungsverfahren einen rechtsmittelfähigen Vorbescheid erlassen. Nunmehr muss der Genehmigungsbeschluss auch den zu dieser Zeit bereits bekannten Erben gemäß § 41 Abs. 3 FamFG mitgeteilt werden. Erst damit wird die Rechtsmittelfrist in Lauf gesetzt. Es besteht damit auch in diesen Fällen ein dringendes Bedürfnis an einem feststellenden Beschluss im Erbenermittlungsverfahren. Ein weiteres Argument gegen die Qualifizierung der amtlichen Erbenermittlung als bloß vorbereitende Tätigkeit ist die Tatsache, dass in einer Vielzahl von Nachlassverfahren gar kein Erbschein beantragt wird. Was soll dann in diesen Fällen vorbereitet werden? Sinn und Zweck des amtlichen Erbenermittlungsverfahren ist gerade die Feststellung der Erben im Interesse der Beteiligten (Erben, Nachlasspfleger, Grundstückskäufer) und der Nachlassgläubiger (Pflichtteilsberechtigte, Vermächtnisnehmer). 84

cc) Fazit. Als Fazit bleibt festzuhalten, dass das Nachlassgericht in gewissen Ausnahmefällen die Befugnis haben muss, förmlich und unter Darlegung der Gründe über das Ergebnis der Erbenermittlung zu befinden. Dem Gesetz ist nicht zu entnehmen, dass ein solcher Beschluss untersagt sein soll.[150] 85

[147] BayObLGZ 1968, 68.
[148] jurisPK-BGB/*Wildemann* § 1953 Rn. 9.
[149] *Litzenburger* FD-ErbR 2010, 300 505.
[150] BayObLGZ 1968, 68.

86 **f) Rücknahme der Anfechtungserklärung.** Die Anfechtungserklärung kann nicht mehr zurückgenommen werden; die Nichtigkeitsfolge ist daher nicht mehr beseitigbar.[151]

87 **g) Kosten.** Der Gegenstandswert richtet sich bei der Anfechtung einer Verfügung, die den gesamten Nachlass umfasst, nach dem Wert des gesamten Nachlasses, da die letztwillige Verfügung vernichtet werden soll. Nr. 12410 KV GNotKG sieht für die Entgegennahme von Erklärungen und Anzeigen eine *Festgebühr von 15 €* vor. Begründet wird diese relativ geringe Gebühr damit, dass der Aufwand der Gerichte bei der Entgegennahme verschiedenster Erklärungen und Anzeigen nicht sehr groß sei und für die Betroffenen meist kein unmittelbar wirtschaftlicher Vorteil entstehe. Diese Gebühr entsteht für die Entgegennahme einer Erklärung über die Anfechtung eines Testaments oder Erbvertrags (§§ 2081, 2281 Abs. 2 BGB).

6. Die Anfechtungsfrist

88 Die Anfechtung kann nur binnen **Jahresfrist** erfolgen, § 2082 Abs. 1 BGB. Die Anfechtungserklärung muss innerhalb der Frist beim örtlich zuständigen Nachlassgericht, § 343 FamFG eingehen[152]

89 **a) Fristbeginn (Kenntnis von den anfechtungsbegründenden Tatsachen).** Die Frist beginnt erst zu laufen mit Kenntnis
- vom Erbfall,
- von den anfechtungsbegründenden Tatsachen und
- von der letztwilligen Verfügung.

90 Erforderlich ist eine zuverlässige Kenntnis vom Anfechtungsgrund.[153] Erachtet der Anfechtungsberechtigte die letztwillige Verfügung für unwirksam, hat er keinen Grund, dagegen mit der Anfechtung vorzugehen. In diesem Fall beginnt die Jahresfrist nicht zu laufen.[154] Die Anfechtungsfrist kann nicht beginnen, solange die Anfechtungsberechtigung, § 2080 BGB nicht besteht, also z. B. nicht vor der Ausschlagung durch den vorrangig als Erben Berufenen.[155]

91 Die Frist für die Anfechtung der Rücknahme eines in amtliche Verwahrung gegebenen Testaments beginnt mit dem Zeitpunkt, in welchem der Anfechtungsberechtigte zuverlässige Kenntnis von dem behaupteten Anfechtungsgrund, das heißt allen das in Anspruch genommene Anfechtungsrecht begründenden Tatsachen, erlangt hat.[156] Umstritten ist, ob nur eine fehlende Tatsachenkenntnis die Kenntnis des Anfechtungsgrundes auszuschließen vermag oder ob auch Fehlvorstellungen in der rechtlichen Beurteilung den Beginn der Anfechtungsfrist hindern können.[157] Nach ganz h. M.[158] schließt ein **Tatsachenirrtum** die Kenntnis aus. Ein Rechtsirrtum soll hingegen nach verbreiteter Ansicht den Fristbeginn nicht hindern, also stets zu Lasten des Anfechtungsberechtigten gehen.[159] Dabei ist allerdings zu unterscheiden, ob der **Rechtsirrtum** die Unkenntnis einer die Anfechtung begründenden Tatsache zur Folge hat oder ob es sich lediglich um eine unzutreffende rechtliche Beurteilung des Anfechtungstatbestandes selbst handelt.[160] Nur im erstgenannten Fall ist der Rechtsirrtum beachtlich.

92 Das **OLG Köln**[161] führt dazu aus:

> *„Steht dem überlebenden Vertragspartner eines Erbvertrages ein Anfechtungsrecht aus §§ 2281 Abs. 1, 2078 Abs. 2 BGB wegen eines Motivirrtums zu, so wird der*

[151] *Lange* ErbR § 36 Rn. 122.
[152] *Zimmermann,* Der Verlust der Erbschaft, Rn. 359.
[153] RGZ 132, 2; Palandt/*Weidlich* § 2082 Rn. 2.
[154] RGZ 107, 192; Palandt/*Weidlich* § 2082 Rn. 3.
[155] MüKoBGB/*Leipold* § 2082 Rn. 9.
[156] OLG München ZEV 2005, 482.
[157] MüKoBGB/*Leipold* § 2082 Rn. 4.
[158] Vgl. BGB-RGRK/*Johannsen* Rn. 6; *Soergel/Loritz* Rn. 4; MüKoBGB/*Leipold* Rn. 5 f.
[159] OLG Köln FGPrax 2010, 241; Staudinger/*Otte* § 2082 Rn. 7; BGB-RGRK/*Johannsen* Rn. 7 ff.; MüKoBGB/*Leipold* Rn. 5 f.; Palandt/*Weidlich* § 2082 Rn. 4.
[160] BGH FamRZ 1970, 79; *Lange* ErbR § 36 Rn. 128.
[161] OLG Köln ZEV 2011, 83.

Lauf der Anfechtungsfrist nicht durch einen Rechtsirrtum gehemmt (hier: Irrtum über den Fortbestand der Bindungswirkung eines ohne Rücktrittsvorbehaltes abgeschlossenen Erbvertrages trotz Ausschlagung der Erbschaft durch den überlebenden Vertragspartner). Jedenfalls im Falle des Motivirrtums kann ein Rechtsirrtum niemals beachtlich sein und den Lauf der Anfechtungsfrist hemmen; es ist stets allein auf die Kenntnis des Anfechtungstatbestandes abzustellen."

Hält ein Anfechtungsberechtigter ein **gemeinschaftliches wechselbezügliches Testament** 93 für widerrufen, weil er irrig annimmt, dieses Testament sei von einem der Ehegatten vernichtet worden, so handelt es sich um einen Rechtsirrtum, der den Beginn der Anfechtungsfrist nicht hindert.[162] Irrt nach der Wiederverheiratung des überlebenden Ehegatten dessen neuer Ehegatte über die Schlusserbeneinsetzung, so wird die Anfechtungsfrist des § 2082 BGB jedenfalls durch die Kenntnisnahme eines Beschlusses des Nachlassgerichts in Lauf gesetzt, in dem das Nachlassgericht eine entsprechende Testamentsauslegung begründet.[163] Die Frist zur Anfechtung eines Erbvertrags läuft auch dann, wenn der Anfechtungsberechtigte wegen ihm bekannter veränderter tatsächlicher Verhältnisse den Erbvertrag nicht mehr für bindend hält.[164]

b) **Der Fristlauf.** Auf den Lauf der Frist finden die für die Verjährung geltenden Vorschrif- 94 ten der §§ 206, 210, 211 BGB entsprechende Anwendung, § 2082 Abs. 2 Satz 2 BGB.

Ob ein Testament rechtzeitig angefochten wurde, darf erst entschieden werden, wenn der 95 Anfechtungsgrund klargestellt ist.[165]

Ohne Rücksicht auf die Kenntnis des Anfechtungsberechtigten ist die Anfechtung aus- 96 geschlossen, wenn seit dem Erbfall **30 Jahre** verstrichen sind, § 2082 Abs. 3 BGB. Auch dabei handelt es sich um eine gesetzliche Ausschlussfrist, auf die sich Dritte nicht berufen müssen.

c) **Die Anfechtbarkeitseinrede.** Selbst nach Ablauf der Anfechtungsfrist kann derjenige, 97 der durch eine letztwillige Verfügung des Erblassers zu einer Leistung verpflichtet wurde (im Regelfall zur Erfüllung eines Vermächtnisses), die Anfechtbarkeit der Verfügung im Wege der **Einrede** geltend machen, **§ 2083 BGB.**[166]

Praxistipp:

Im Prozess kann die Einrede nur berücksichtigt werden, wenn sich der Anfechtungsberechtigte **ausdrücklich auf das Leistungsverweigerungsrecht** beruft.[167]

VI. Wirkung der erfolgreichen Anfechtung bei Einzeltestamenten

1. Anfechtung nach § 2078 BGB

Die Anfechtung führt zur **Nichtigkeit** der letztwilligen Verfügung von Anfang an, § 142 98 BGB. Bei der Anfechtung nach § 2078 BGB bezieht sich die Rechtsfolge der Nichtigkeit nur auf die angefochtenen Verfügungen, nicht notwendig auf das gesamte Testament.

Nach der Rechtsprechung des BGH[168] und nach der im Schrifttum fast einmütig vertrete- 99 nen Auffassung wirkt eine begründete Anfechtung einer Verfügung gem. § 2078 BGB, auch wenn sie nur von einem der mehreren Anfechtungsberechtigten (rechtzeitig) erklärt wird, nicht nur zu dessen Gunsten, sondern absolut und kommt auch den übrigen Beteiligten zugute.

[162] BayObLG FamRZ 1990, 1159.
[163] OLG Frankfurt ZEV 2002, 109.
[164] BayObLG MittBayNot 1991, 84.
[165] BayObLG FamRZ 1990, 1037.
[166] *Lange* ErbR § 36 Rn. 130.
[167] NK-BGB/*Fleindl* § 2083 Rn. 2.
[168] BGH NJW 1985, 2025.

100 Der BGH führt dazu aus:[169]

„Der hiergegen von Leipold (in: MüKoBGB, § 2080 Rn. 8; vgl. auch § 2078 Rn. 1 bis 3) gerichteten Kritik ist entgegenzuhalten, daß die Anfechtung einer Verfügung von Todes wegen nach dem Verständnis der ganz überwiegenden Meinung nicht nur dem Interesse des davon betroffenen Anfechtungsberechtigten dient, sondern zugleich auch dem Interesse des Erblassers zugute kommt, dessen Willensmangel „absolut“ Rechnung trägt und seinem (hypothetischen) Willen in größerem Umfang zum Erfolg verhilft. Das entspricht dem Grundgedanken des § 2078 Abs. 1 BGB, der dahin geht, die begründete Anfechtung eines dazu Berechtigten durchgreifen zu lassen, „soweit“ die Verfügung von dem Willensmangel betroffen ist, und nicht nur, „soweit der Anfechtungsberechtigte durch die Verfügung benachteiligt wird“. Ein etwaiges gegenläufiges Interesse eines (weiteren) Anfechtungsberechtigten, der es bei der anfechtbaren Verfügung (partiell) belassen und deshalb nicht anfechten will, hat womöglich geringeres Gewicht als das Interesse des Erblassers an einer („absoluten“) Korrektur seiner Verfügung und an dessen gewissermaßen treuhänderischer Wahrnehmung durch einen mitbetroffenen Anfechtungsberechtigten. Die herrschende Meinung ist zudem besser geeignet, (beim Erbvertrag und beim gemeinschaftlichen Testament) den Gleichlauf der Anfechtung gem. § 2078 BGB mit derjenigen nach § 2281 BGB zu gewährleisten.“

101 Da sich die Anfechtbarkeit nur auf die Einzelverfügungen, nicht aber auf die gesamte Verfügung von Todes wegen bezieht, so bleiben die vom Irrtum oder von der Drohung nicht beeinflussten weiteren Verfügungen in dem Testament usw wirksam. Die Wirkungen des Erbfalls treten so ein, als wäre die infolge Anfechtung nichtige Verfügung niemals getroffen worden.[170]

2. Anfechtung nach § 2079 BGB

102 Hingegen bewirkt die Testamentsanfechtung nach § 2079 BGB grundsätzlich die Nichtigkeit des ganzen Testaments.[171] Einzelne Verfügungen bleiben nur wirksam, wenn gemäß § 2079 S. 2 BGB positiv festgestellt werden kann, dass sie der Erblasser auch dann getroffen hätte, wenn er von dem Pflichtteilsberechtigten Kenntnis gehabt hätte.[172] Teilweise wird vertreten, dass das Testament nur insoweit nichtig sei, als der Pflichtteilsberechtigte von seinem gesetzlichen Erbrecht ausgeschlossen wurde.[173]

3. Anfechtung des gegenseitigen Erbvertrags

103 Beim gegenseitigen Erbvertrag führt die Nichtigkeit der angefochtenen Verfügung zur **Unwirksamkeit des ganzen Vertrages,** § 2298 Abs. 1 BGB. § 2298 BGB enthält eine Vermutung für die Wechselbezüglichkeit vertraglicher Verfügungen in einem gegenseitigen Erbvertrag.

4. Sonderfälle

104 a) **Anfechtung des Vermächtnisnehmers.** Die Anfechtung seitens eines Vermächtnisnehmers macht daher den Widerruf der in dem Testament enthaltenen Erbeinsetzungen lediglich dann unwirksam, wenn anzunehmen ist, dass der Erblasser das Testament nur in seiner Gesamtheit widerrufen hätte.[174]

105 b) **Anfechtung des Widerrufs.** Die Wirkung der Anfechtung des Widerrufs eines Testaments erstreckt sich grundsätzlich nur auf die Verfügungen, deren Wiederherstellung dem Anfechtungsberechtigten unmittelbar zustatten kommt.[175]

[169] BGH NJW 1985, 2025 (2026).
[170] BeckOK BGB/*Litzenburger* § 2078 Rn. 16.
[171] BayObLGZ 1971, 147.
[172] BayObLG FamRZ 1985, 534.
[173] OLG Köln NJW 1956, 1522.
[174] BayObLGZ 1960, 490.
[175] BGH NJW 1985, 2025.

VII. Besonderheiten bei der Anfechtung von Ehegattentestamenten und Erbverträgen

1. Erbverträge

a) **Form der Anfechtung.** Bei Erbverträgen bedarf die Anfechtungserklärung der **notariellen Beurkundung, § 2282 Abs. 3 BGB.** Die Anfechtung muss auch höchstpersönlich erfolgen, § 2282 Abs. 1 BGB. Die Formpflicht nach § 2282 Abs. 3 BGB gilt nicht für Dritte. Bei ihnen ist die Form davon abhängig, welche Erklärung angefochten werden soll.[176] Der Vertragsgegner oder ein Dritter kann die Erblasserverfügung nach den §§ 2078 ff. BGB gemäß § 25 FamFG schriftlich oder zur Niederschrift der Geschäftsstelle gegenüber dem Nachlassgericht erklären, § 2081 BGB. Die Anfechtung seiner eigenen Verfügung richtet sich beim Vertragsgegner nach §§ 119 ff. BGB. 106

Anfechtungsgegner ist zu Lebzeiten des Vertragsgegners stets der **Vertragsgegner,** § 143 Abs. 2 BGB. 107

b) **Frist.** Eine Anfechtung durch den Erblasser kann nur **binnen Jahresfrist** erfolgen, § 2283 Abs. 1 BGB.[177] Auf den Lauf der Frist finden die für die Verjährung geltenden Vorschriften der §§ 206, 210 BGB entsprechende Anwendung. Dritte können nach §§ 2078 ff. BGB nicht mehr anfechten, wenn das Anfechtungsrecht des Erblassers zur Zeit des Erbfalls erloschen ist, § 2285 BGB. In dem Fall eines Inhaltsirrtums über die durch den Erbvertrag eintretende Bindungswirkung beginnt die Anfechtungsfrist für den Erblasser jedenfalls dann zu laufen, wenn er beim späteren Durchlesen des Erbvertrages erkennt, dass dieser nur von den Erbvertragsschließenden gemeinsam aufgehoben oder geändert werden kann.[178] 108

c) **Anfechtungsgegenstand.** Der Erblasser muss nicht den kompletten Erbvertrag anfechten. Er kann isoliert eine oder mehrere darin enthaltene vertragsmäßige Verfügungen anfechten. 109

d) **Anfechtungsgründe.** § 2281 Abs. 1 BGB verweist auf die Anfechtungsgründe der **§§ 2078, 2079 BGB.** Darüber hinaus kann der Erblasser die Anfechtung auch darauf stützen, dass er sich der Bindungswirkung seiner vertragsmäßigen Verfügungen nicht bewusst war.[179] Insoweit handelt es sich um einen Inhaltsirrtum, wenn sich der Erblasser beim Abschluss des Erbvertrages über dessen rechtliche Tragweite, insbesondere über die eintretende Bindungswirkung nicht im Klaren war.[180] 110

Bei der Anfechtung wegen Übergehung eines Pflichtteilsberechtigten ist in den Fällen der Selbstanfechtung durch den Erblasser zu beachten, dass es erforderlich ist, dass der Pflichtteilsberechtigte zur Zeit der Anfechtung vorhanden ist, § 2281 Abs. 1 2. Hs. BGB. Dabei ist der Erblasser, der nach § 2079 BGB die Anfechtung erklärt hat, nicht gezwungen hinterher zugunsten des Pflichtteilsberechtigten zu verfügen. Er kann ihn sogar ausdrücklich enterben. Ohne Bedeutung ist, ob der Erblasser die Voraussetzungen des § 2079 BGB selbst herbeigeführt hat, z. B. durch Heirat oder Adoption. Allerdings wird das Familiengericht bei den Fällen der Adoption prüfen, ob das erforderliche Eltern-Kind-Verhältnis besteht.[181] 111

2. Gemeinschaftliche Testamente

a) **Überblick.** Die Frage der Anfechtbarkeit eines gemeinschaftlichen Testaments ist gesetzlich nicht besonders geregelt. Gleichwohl besteht wegen der Bindungswirkung bei wechselbezüglichen Verfügungen beim Erblasser ein Bedürfnis für die Anfechtung.[182] 112

[176] NK-BGB/*Kornexl* § 2281 Rn. 22.
[177] OLG Düsseldorf ZErb 2007, 151.
[178] OLG Frankfurt FamRZ 1998, 194.
[179] BayObLG NJW-RR 1997, 1027; OLG Hamm OLGZ 1966, 497.
[180] OLG Frankfurt FamRZ 1998, 194.
[181] NK-BGB/*Kornexl* § 2281 Rn. 51.
[182] Vgl. *Brox/Walker* ErbR Rn. 253.

Dabei ist wie folgt zu differenzieren:

113 Zu **Lebzeiten beider Ehegatten** tritt an Stelle der Anfechtung die **Möglichkeit des Widerrufs.**[183] Ein Dritter kann „mangels eines Erbfalls“ nicht anfechten.[184]

114 **Nach dem Tod eines Ehegatten** ist bei wechselbezüglichen Verfügungen eine Anfechtung **analog §§ 2281 ff. BGB** in Verbindung mit §§ 2078 f. BGB möglich. Form und Frist der Anfechtung richten sich dabei nach §§ 2282 Abs. 3, 2283 Abs. 1 BGB.[185] Im Hinblick auf die **eigenen einseitigen** Verfügungen des überlebenden Ehegatten ist eine Anfechtung nicht möglich, da diese, ebenso wie die einseitigen Verfügungen in einem Erbvertrag (§§ 2253 ff., 2299 BGB), frei widerruflich bleiben.[186] Der überlebende Ehegatte kann die einseitigen und wechselbezüglichen Verfügungen des verstorbenen Ehegatten nur nach § 2078 BGB anfechten.[187] Das Anfechtungsrecht nach § 2079 BGB steht insoweit nur dem übergangenen Pflichtteilsberechtigten zu.[188]

115 Bei der **Anfechtung durch Dritte** ist zwischen dem ersten und dem zweiten Erbfall zu unterscheiden: Nach dem Tod des Erstverstorbenen besteht die Anfechtungsmöglichkeit nur für die Verfügungen des verstorbenen Ehegatten, da die allgemeinen Grundsätze der Anfechtung einen Erbfall voraussetzen.[189]

116 **Nach dem zweiten Erbfall** hat der Dritte Anfechtungsmöglichkeiten hinsichtlich aller Verfügungen nach §§ 2078, 2079 BGB. Dabei ist zu beachten, dass § 2285 BGB für die Anfechtung einseitiger Verfügungen durch Dritte nicht gilt, da diese Vorschrift voraussetzt, dass dem Erblasser ein entsprechendes Anfechtungsrecht zustehen kann. Für die Anfechtung wechselbezüglicher Verfügungen ist § 2285 BGB entsprechend anzuwenden. D. h. das Anfechtungsrecht des Dritten kann nur entstehen, wenn das Anfechtungsrecht des Erblassers nicht durch Fristablauf, § 2283 BGB, oder durch Bestätigung, § 2284 BGB erloschen ist.[190]

Praxistipp:

Für die Form und Frist der Anfechtung durch Dritte sind die §§ 2081, 2082 BGB und nicht §§ 2282 f. BGB zu beachten.[191] Demnach ist die notarielle Beurkundung der Anfechtung nur bei der Selbstanfechtung des Erblassers vorgeschrieben, § 2282 Abs. 3 BGB.

117 b) **Anfechtungsadressat.** Nach der für die Anfechtung des gemeinschaftlichen Testamentes durch den überlebenden Ehegatten entsprechend anzuwendenden Bestimmung des § 2281 Abs. 2 BGB erfolgt die Anfechtung zwar **gegenüber dem Nachlassgericht;** dieses soll aber den von der Verfügung Begünstigten benachrichtigen.[192] Daraus ergibt sich, dass das Gesetz sachlich als den Anfechtungsgegner nicht das Nachlassgericht, sondern denjenigen ansieht, dessen Rechtsstellung von der Anfechtung betroffen wird.[193] Auch hierin wirkt sich die Errichtung des gemeinschaftlichen Testaments letztlich in rechtlich geregelte Beziehungen zwischen den Parteien aus.

[183] NK-BGB/*Müßig* § 2271 Rn. 78.
[184] MüKoBGB/*Musielak* § 2285 Rn. 2.
[185] Palandt/*Weidlich* § 2281 Rn. 2.
[186] NK-BGB/*Müßig* § 2271 Rn. 81.
[187] MüKoBGB/*Musielak* § 2271 Rn. 41.
[188] Staudinger/*Kanzleiter* § 2271 Rn. 68; Staudinger/*Otte* § 2080 Rn. 16.
[189] NK-BGB/*Müßig* § 2271 Rn. 98.
[190] MüKoBGB/*Musielak* § 2285 Rn. 5.
[191] Soergel/*Wolf* § 2271 Rn. 37.
[192] BGH NJW 1962, 1913.
[193] RGZ 143, 350.

Formulierungstext: Anfechtung eines gemeinschaftlichen Testaments[194]

(......) (Notarielle Urkundenformalien) 118

Es erscheint (......) – persönlich bekannt und zweifelsfrei geschäftsfähig –

Sie erklärt:
Ich habe mit meinem Ehemann (......) am (......) ein gemeinschaftliches Testament errichtet. Darin haben wir uns gegenseitig zu Alleinerben und unseren Sohn zum Erben des Längerlebenden eingesetzt. Mein Mann starb am (......). Am (......) habe ich mich mit (......) verheiratet.
Ich fechte die von mir in dem gemeinschaftlichen Testament vom (...) getroffenen Verfügungen wegen Übergehung eines Pflichtteilsberechtigten an.
Ich beantrage, mir eine Ausfertigung dieser Verfügung zu erteilen und diese dem Nachlassgericht in (......) zu übersenden.

Diese Niederschrift wurde vom Notar der Anwesenden vorgelesen, von ihr genehmigt und wie folgt eigenhändig unterschrieben:

(Unterschrift)

Praxistipp:

Der Erblasser muss nicht das komplette gemeinschaftliche Testament anfechten. Er kann isoliert eine oder mehrere darin enthaltene bindende Verfügungen anfechten.

3. Wirkung der Anfechtung

Verliert eine **vertragsmäßige Verfügung** in einem Erbvertrag oder eine **wechselbezügliche** 119 in einem gemeinschaftlichen Testament auf diesem Wege ihre Gültigkeit, so entfällt damit auch die erbrechtliche Bindungswirkung, § 2271 Abs. 2 BGB bzw § 2289 Abs. 1 S. 1 BGB, so dass danach errichtete Verfügungen von Todes wegen wieder wirksam werden.[195]

Bei **zweiseitigen Erbverträgen** ist dann regelmäßig der gesamte Vertrag unwirksam, 120 § 2298 Abs. 1 BGB. Dies gilt nur dann nicht, wenn ein abweichender Wille der vertragsschließenden anzunehmen ist, § 2298 Abs. 3 BGB.

Bei **einseitigen Erbverträgen** bleiben die übrigen Verfügungen, die der Erblasser getroffen 121 hat, wirksam, sofern kein abweichender Wille des Erblassers feststellbar ist, §§ 2085, 2279 Abs. 1 BGB.

Die Anfechtung **wechselbezüglicher Verfügungen** eines gemeinschaftlichen Testaments 122 durch einen Ehegatten führen nicht nur zur Nichtigkeit seiner Verfügungen, § 142 BGB, sondern auch zur Unwirksamkeit der wechselbezüglichen Verfügung des verstorbenen Ehegatten, § 2270 BGB. Demzufolge tritt meist nachträglich die gesetzliche Erbfolge nach dem Erstversterbenden ein.

Wurde in den Erbvertrag bzw. das gemeinschaftliche Testament eine **Wiederverheiratungsklausel** 123 aufgenommen, ist die Anfechtung wegen Übergehens eines Pflichtteilsberechtigten grundsätzlich ausgeschlossen, da die Eheleute bei der Errichtung der letztwilligen Verfügung bereits den Fall vor Augen hatten, dass ein neuer Pflichtteilsberechtigter hinzutritt. Insoweit steht der Anfechtung § 2079 S. 2 BGB entgegen.

[194] KRKB AnwaltForm ErbR/*Kroiß* § 7 Rn. 200.
[195] BeckOK BGB/*Litzenburger* § 2078 Rn. 16.

§ 6 Abgrenzung zum ausländischen Recht

Übersicht

1 In Fällen mit Auslandsbezug muss vorrangig das (auch für die Auslegung) anwendbare materielle Erbrecht ermittelt werden. Dafür sind die Vorschriften der Europäischen Erbrechtsverordnung maßgeblich.

I. Allgemeines und Anwendbarkeit der ErbVO

1. Anwendbarkeit der ErbVO

2 **a) Zeitlicher Anwendungsbereich.** Nach Art. 83 Abs. 1 ErbVO ist die Verordnung auf die Rechtsnachfolge von Personen anzuwenden, die am 17.8.2015 oder danach verstorben sind.[1] Hinsichtlich der vor dem 17.8.2015 getroffenen Rechtswahl sowie einer vor diesem Datum errichteten Verfügung von Todes wegen, sieht Art. 83 Abs. 2–4 ErbVO Sonderregelungen vor.[2]

3 **b) Räumlicher Anwendungsbereich.** Die ErbVO gilt in räumlicher Hinsicht in allen Mitgliedsstaaten der EU mit Ausnahme von Dänemark, Irland und des Vereinigten Königreichs. Die Anwendung der ErbVO setzt darüber hinaus keinen besonderen Bezug zu einem weiteren Mitgliedstaat voraus, dementsprechend werden auch sog. Drittstaatensachverhalte von der ErbVO erfasst.[3]

[1] GKKW IntErbR Teil 1 § 2 Rn. 16.
[2] GKKW IntErbR Teil 1 § 2 Rn. 16.
[3] GKKW IntErbR Teil 1 § 2 Rn. 17.

c) **Sachlicher Anwendungsbereich.** Der sachliche Anwendungsbereich der ErbVO wird von Art. 1 ErbVO bestimmt. 4

Die ErbVO beschränkt demnach den sachlichen Anwendungsbereich auf zivilrechtliche Aspekte der Rechtsnachfolge von Todeswegen und nimmt die in Abs. 1 S. 2 und Abs. 2 aufgezählten Angelegenheiten aus.[4] Insbesondere werden hiervon ausgenommen Fragen des Personenstandes sowie der Familienverhältnisse wie etwa das Bestehen oder Nichtbestehen einer Ehe/Lebenspartnerschaft sowie Fragen der Abstammung und der Adoption (Abs. 2 lit. a). Auch Fragen der Rechts- Geschäfts- und Handlungsfähigkeit natürlicher Personen (Abs. 2 lit. b), der Verschollenheit und Todesvermutung (lit. c), des Güterrechts (Abs. 2 lit. d), Unterhaltspflichten (lit. e), der Formgültigkeit mündlicher Verfügungen von Todes wegen (Abs. 2 lit. f), der Rechtsgeschäften unter Lebenden (Abs. 2 lit. g), Gesellschafts-, Vereinsrecht sowie Recht der juristischen Personen und Trusts (Abs. 2 lit. h, i), der dinglichen Rechte (Abs. 2 lit. k) sowie des Registerrechts (Abs. 2 lit. l) unterfallen nicht dem Anwendungsbereich der EuErbVO. 5

2. Art. 25 EGBGB nF

Durch das IntErbVerfG wurde Art. 25 EGBGB neu gefasst. Dieser lautet nunmehr: 6

> Art 25 EGBGB Rechtsnachfolge von Todes wegen
> Soweit die Rechtsnachfolge von Todes wegen nicht in den Anwendungsbereich der Verordnung (EU) Nr. 650/2012 fällt, gelten die Vorschriften des Kapitels III dieser Verordnung entsprechend.

Letztlich gelten damit nach deutschem Recht stets die Regelungen der ErbVO.

In bilateralen Abkommen enthaltene Regelungen über das auf die Rechtsnachfolge von Todes wegen anzuwendende Recht bleiben unberührt (vgl. Art. 75 Abs. 1 ErbVO).[5] 7

II. Bestimmung des Erbstatuts

1. Allgemeines

Das anzuwendende Recht auf die Rechtsnachfolge von Todes wegen ergibt sich nunmehr aus den Art. 21 ff. ErbVO. Die bislang maßgebliche Norm des Art. 25 EGBGB gilt demgegenüber nur noch dann, wenn der Anwendungsbereich der ErbVO nicht eröffnet ist und verweist für diesen Fall wiederum auf die ErbVO. 8

2. Rechtsnachfolge von Todes wegen, Art. 21, 22 ErbVO

Maßgeblich für die Ermittlung des anwendbaren Erbrechts sind Art. 21 und 22 ErbVO. Art. 22 ErbVO ist hierbei vorrangig zu prüfen, dh nur wenn keine vorrangig zu beachtende Rechtswahl zugunsten des Rechts der Staatsangehörigkeit vorliegt, bestimmt sich das Erbstatut objektiv nach Art. 21 ErbVO.[6] 9

a) **Grundregel des Art. 21 ErbVO.** Nach der Grundregel des Art. 21 Abs. 1 ErbVO bestimmt sich die gesamte Rechtsnachfolge von Todes wegen nach dem Recht desjenigen Staates, in dem der Erblasser seinen letzten gewöhnlichen Aufenthalt hatte. Anders als früher wird somit nicht mehr an die Staatsangehörigkeit angeknüpft. Eine Definition des Begriffes des „letzten gewöhnlichen Aufenthaltes" findet sich in der ErbVO nicht, so dass die Ausgestaltung der Rechtsprechung und Lehre, allen voran dem EuGH vorbehalten bleibt. 10

Zur genaueren Bestimmung des Begriffes vom „letzten gewöhnlichen Aufenthalt" lassen sich die **Erwägungsgründe** heranziehen. Darin heißt es: 11

[4] GKKW IntErbR Teil 1 § 2 Rn. 2.
[5] BT-Drs. 8/4201, 66.
[6] GKKW IntErbR Teil 1 § 4 Rn. 8.

„(23) In Anbetracht der zunehmenden Mobilität der Bürger sollte die Verordnung zur Gewährleistung einer ordnungsgemäßen Rechtspflege in der Union und einer wirklichen Verbindung zwischen dem Nachlass und dem Mitgliedstaat, in dem die Erbsache abgewickelt wird, als allgemeinen Anknüpfungspunkt zum Zwecke der Bestimmung der Zuständigkeit und des anzuwendenden Rechts den gewöhnlichen Aufenthalt des Erblassers im Zeitpunkt des Todes vorsehen. Bei der Bestimmung des gewöhnlichen Aufenthalts sollte die mit der Erbsache befasste Behörde eine Gesamtbeurteilung der Lebensumstände des Erblassers in den Jahren vor seinem Tod und im Zeitpunkt seines Todes vornehmen und dabei alle relevanten Tatsachen berücksichtigen, insbesondere die Dauer und die Regelmäßigkeit des Aufenthalts des Erblassers in dem betreffenden Staat sowie die damit zusammenhängenden Umstände und Gründe. Der so bestimmte gewöhnliche Aufenthalt sollte unter Berücksichtigung der spezifischen Ziele dieser Verordnung eine besonders enge und feste Bindung zu dem betreffenden Staat erkennen lassen.

(24) In einigen Fällen kann es sich als komplex erweisen, den Ort zu bestimmen, an dem der Erblasser seinen gewöhnlichen Aufenthalt hatte. Dies kann insbesondere der Fall sein, wenn sich der Erblasser aus beruflichen oder wirtschaftlichen Gründen – unter Umständen auch für längere Zeit – in einen anderen Staat begeben hat, um dort zu arbeiten, aber eine enge und feste Bindung zu seinem Herkunftsstaat aufrechterhalten hat. In diesem Fall könnte – entsprechend den jeweiligen Umständen – davon ausgegangen werden, dass der Erblasser seinen gewöhnlichen Aufenthalt weiterhin in seinem Herkunftsstaat hat, in dem sich in familiärer und sozialer Hinsicht sein Lebensmittelpunkt befand. Weitere komplexe Fälle können sich ergeben, wenn der Erblasser abwechselnd in mehreren Staaten gelebt hat oder auch von Staat zu Staat gereist ist, ohne sich in einem Staat für längere Zeit niederzulassen. War der Erblasser ein Staatsangehöriger eines dieser Staaten oder hatte er alle seine wesentlichen Vermögensgegenstände in einem dieser Staaten, so könnte seine Staatsangehörigkeit oder der Ort, an dem diese Vermögensgegenstände sich befinden, ein besonderer Faktor bei der Gesamtbeurteilung aller tatsächlichen Umstände sein.

(25) In Bezug auf die Bestimmung des auf die Rechtsnachfolge von Todes wegen anzuwendenden Rechts kann die mit der Erbsache befasste Behörde in Ausnahmefällen – in denen der Erblasser beispielsweise erst kurz vor seinem Tod in den Staat seines gewöhnlichen Aufenthalts umgezogen ist und sich aus der Gesamtheit der Umstände ergibt, dass er eine offensichtlich engere Verbindung zu einem anderen Staat hatte – zu dem Schluss gelangen, dass die Rechtsnachfolge von Todes wegen nicht dem Recht des gewöhnlichen Aufenthalts des Erblassers unterliegt, sondern dem Recht des Staates, zu dem der Erblasser offensichtlich eine engere Verbindung hatte. Die offensichtlich engste Verbindung sollte jedoch nicht als subsidiärer Anknüpfungspunkt gebraucht werden, wenn sich die Feststellung des gewöhnlichen Aufenthaltsorts des Erblassers im Zeitpunkt seines Todes als schwierig erweist."

12 Neben der Grundanknüpfung des Art. 21 Abs. 1 ErbVO ist die Ausweichklausel des Art. 21 Abs. 2 ErbVO zu beachten, wonach ausnahmsweise auf die Rechtsnachfolge von Todes wegen das Recht des anderen Staates anzuwenden ist, wenn sich aus der Gesamtheit der Umstände ergibt, dass der Erblasser im Zeitpunkt seines Todes eine offensichtlich engere Verbindung zu diesem anderen Staat hatte. Aus der Formulierung wird bereits ersichtlich, dass von dieser Ausweichklausel **restriktiv** Gebrauch gemacht werden soll.[7]

13 Bei der Verweisung des Art. 21 Abs. 1 ErbVO handelt es sich um eine **Gesamtverweisung.** Rück- und Weiterverweisungen des ausländischen IPR sind nach Maßgabe des Art. 34 Abs. 1 ErbVO beachtlich, nicht aber bei Art. 21 Abs. 2 ErbVO, bei dem es sich gemäß Art. 34 Abs. 2 ErbVO um eine **Sachnormverweisung** handelt.[8] Im Falle eines Mehrrechtsstaats ist im Falle des Art. 21 Abs. 1 ErbVO das IPR des jeweiligen (Bundes)Staates maßgeblich, im Falle des Art. 21 Abs. 2 ErbVO (Sachnormverweisung!) sind Art. 36, 37 ErbVO zu beachten.

14 **b) Rechtswahl, Art. 22 ErbVO.** Anders als nach bisherigem deutschem Recht wird dem Erblasser gestattet, das für die Rechtsnachfolge von Todes wegen maßgebende Recht in den Grenzen des Art. 22 ErbVO zu wählen. Die wirksame Rechtswahl verdrängt Art. 21 ErbVO.

[7] GKKW IntErbR Teil 1 § 4 Rn. 19.
[8] GKKW IntErbR Teil 1 § 4 Rn. 20.

Mit der Anknüpfung an den letzten gewöhnlichen Aufenthalt ergibt sich das Problem der Wandelbarkeit des anzuwendenden Erbrechts. Das Erbrecht kann im Laufe des Lebens des Erblassers mehrfach wechseln, ohne dass es für die Beteiligten erkennbar ist.[9] 15

Der Erblasser hat jedoch die Möglichkeit, durch **ausdrückliche Erklärung** in Form einer Verfügung von Todes wegen die gesamte Erbfolge dem Recht des Staates zu unterstellen, dem er angehört, Art. 22 ErbVO (**Heimatrecht zur Zeit der Rechtswahl**).[10] Ob auch eine konkludente Rechtswahl möglich und wirksam ist, richtet sich nach dem gewählten Recht. Insoweit handelt es sich letztlich um eine Frage der Form der Verfügung von Todes wegen, deren Wirksamkeit sich nach Art. 27 ErbVO bzw. des für Deutschland wegen Art. 75 Abs. 1 ErbVO vorrangig zu beachten Haager Testamentsformübereinkommen[11] richtet. 16

Damit ergibt sich für die Erbfolge nach einem **deutschen Staatsangehörigen,** dass dieser nach einem ausländischen Recht beerbt wird, wenn er mit letztem gewöhnlichem Aufenthalt außerhalb Deutschlands verstirbt. Er kann dies nur verhindern, indem er eine ausdrückliche Rechtswahl zugunsten seines deutschen Heimatrechts trifft. Ein **Ausländer** wird nach **deutschem Recht** beerbt, wenn er mit letztem gewöhnlichem Aufenthalt in Deutschland verstirbt. 17

Intertemporal erstreckt sich die Verordnung auf alle Erbfälle, die nach Inkrafttreten eingetreten sind. Eine vor Inkrafttreten getroffene Rechtswahl bleibt wirksam, soweit sie gem. Art. 22 ErbRVO zulässig ist. Aus Art. 22 Abs. 2 ErbRVO ergibt sich, dass es unzulässig wäre, das Recht des Staates „dem der Erblasser zum Todeszeitpunkt angehören wird" zu wählen; vielmehr ist nur die Wahl des Rechtes der Staatsangehörigkeit zum Errichtungszeitpunkt möglich. 18

Die **materielle Wirksamkeit** der Rechtswahl unterliegt nach Art. 22 Abs. 3 ErbVO dem jeweils gewählten Recht. 19

Gehört der Erblasser mehreren Staaten an (**Mehrrechtsstaatler**), so ist die Rechtswahl bzgl. aller Staatsangehörigkeiten möglich, Art. 22 Abs. 1 S. 2 ErbVO. Bei **Staatenlosen** ist vorrangig das New Yorker UN-Übereinkommen über die Rechtsstellung der Staatenlosen vom 28.9.1954[12] zu beachten. Für **Flüchtlinge** ist wiederum vorrangig das Genfer UN-Abkommen über die Rechtsstellung der Flüchtlinge vom 28.7.1951[13] zu beachten. 20

Möglich ist auch der **Widerruf bzw die Änderung** der Rechtswahl. Sie unterliegt den gleichen Anforderungen wie die erstmalige Ausübung der Rechtswahl. Zu beachten ist aber die Vorschrift des Art. 22 Abs. 4 ErbVO. Danach muss die Änderung oder der Widerruf der Rechtswahl den Formvorschriften für die Änderung oder den Widerruf einer Verfügung von Todes wegen entsprechen. 21

III. Errichtungsstatut, Art. 24–26 ErbVO

1. Allgemeines

Das Errichtungsstatut behandelt die Frage nach der kollisionsrechtlichen Bestimmung der materiellen Wirksamkeit von Verfügungen von Todes wegen. 22

Die Verfügung von Todes wegen ist in Art. 3 Abs. 1 lit. d ErbVO legaldefiniert als: 23

> „ein Testament, ein gemeinschaftliches Testament oder einen Erbvertrag"

Die materiellen Wirksamkeitsvoraussetzungen sind in den Art. 24 ff. ErbVO geregelt.

---

[9] *Süß* ZErb 2009, 344.
[10] *Dörner* ZEV 2010, 226.
[11] BGBl. II 1965, 1145.
[12] BGBl. II 1976, 474.
[13] BGBl. II 1953, 560.

2. Verfügungen von Todes wegen außer Erbverträgen, Art. 24 ErbVO

24 Die Zulässigkeit und materielle Wirksamkeit von Verfügungen von Todes wegen mit Ausnahme von Erbverträgen regelt Art. 24 ErbVO.

25 Art. 24 Abs. 1 ErbVO knüpft an das **hypothetische Erbstatut** des die Verfügung von Todes wegen errichtenden Erblassers zum Zeitpunkt der Errichtung an.[14] Demgemäß ergibt sich unter Berücksichtigung der Art. 21, 22 ErbVO als maßgebliches Recht grundsätzlich das des letzten gewöhnlichen Aufenthalts. Hiervon kann gemäß Art. 24 Abs. 2 ErbVO mittels Rechtswahl abgewichen werden, wobei sich die Zulässigkeit und die Voraussetzungen einer wirksamen Rechtswahl nach Art. 22 ErbVO richten. Eine Teilrechtswahl ist nach Art. 24 Abs. 2 ErbVO ausgeschlossen.

26 Ein **isolierter Widerruf/Änderung** des Errichtungsstatuts ist nicht zulässig, so dass das Errichtungsstatut unwandelbar ist und abschließend über die Zulässigkeit und der materiellen Wirksamkeit der Verfügung von Todes wegen bestimmt.[15] Dagegen ist die Änderung oder der Widerruf der ursprünglichen Verfügung von Todes wegen ist nach Art. 24 Abs. 3 ErbVO möglich und unterliegt als neue Verfügung von Todes wegen den nach Maßgabe der Abs. 1 und 2 bestimmten Rechtsordnung.

27 Für Verfügungen von Todes wegen, die vor dem 17.8.2015 errichtet wurden, ist die **Übergangsvorschrift** des Art. 83 Abs. 3 ErbVO zu beachten.

3. Erbverträge, Art. 25 ErbVO

28 Art. 25 ErbVO regelt die Zulässigkeit, materielle Wirksamkeit und Bindungswirkung von Erbverträgen. Dabei unterscheidet Art. 25 ErbVO zwischen einseitigen (Abs. 1) und mehrseitigen (Abs. 2) Erbverträgen. Das nach Art. 25 ErbVO bestimmte Recht ist **unwandelbar.**[16]

29 Der **Begriff** des Erbvertrages ist in Art. 3 Abs. 1 lit. b ErbVO legaldefiniert:

> *„eine Vereinbarung, einschließlich einer Vereinbarung aufgrund gegenseitiger Testamente, die mit oder ohne Gegenleistung Rechte am künftigen Nachlass oder künftigen Nachlässen einer oder mehrerer an dieser Vereinbarung beteiligter Personen begründet, ändert oder entzieht;"*

Der Begriff ist damit weiter als nach deutschem Rechtsverständnis und umfasst auch Erb- und Pflichtteilsverzichte[17] wie wohl auch Schenkungen von Todes wegen.[18]

30 Fraglich ist auch, ob gemeinschaftliche Testamente mit Bindungswirkung nach den §§ 2265 ff. BGB hierunter fallen. Die derzeit wohl hM bejaht dies mit der Folge, dass für gemeinschaftliche Testamente mit Bindungswirkung Art. 25 ErbVO gilt, unabhängig davon, ob diese in einer Urkunde zusammengefasst sind oder nicht. Existiert dagegen keine Bindungswirkung, fallen diese gemeinschaftlichen Testamente in den Anwendungsbereich des Art. 24 ErbVO.[19]

31 Bei **einseitigen Erbverträgen** ist nach Art. 25 Abs. 1 ErbVO das hypothetische Erbstatut dieser Person zum Zeitpunkt des Vertragsschlusses maßgeblich, so dass die Art. 21 Abs. 1, 2, 22 ErbVO gelten.

32 Bei **mehrseitigen, also den Nachlass mehrerer Personen betreffenden, Erbverträgen** richtet sich die **Zulässigkeit** gemäß Art. 25 Abs. 2 S. 1 ErbVO nach den hypothetischen Erbstatuten zum Zeitpunkt des Vertragsschlusses **eines jeden Beteiligten. Ist der Erbvertrag nur nach einer Rechtsordnung unzulässig, so ist der Erbvertrag als Ganzes unwirksam.**

33 Die Fragen nach der **materiellen Wirksamkeit und Bindungswirkung wie auch der Voraussetzungen der Auflösung** richten sich dagegen nach Art. 25 Abs. 2 S. 2 ErbVO nach der **einen** Rechtsordnung, zu **der der Erbvertrag die engste Verbindung hat.**

---

[14] GKKW IntErbR Teil 1 § 4 Rn. 67.
[15] GKKW IntErbR Teil 1 § 4 Rn. 69.
[16] GKKW IntErbR Teil 1 § 4 Rn. 73.
[17] Palandt/*Thorn* Art. 25 ErbVO Rn. 2.
[18] GKKW IntErbR Teil 1 § 4 Rn. 74.
[19] *Lechner* NJW 2013, 26 (27); GKKW IntErbR Teil 1 § 4 Rn. 75 mwN.

Art. 25 Abs. 3 ErbVO eröffnet eine Rechtswahlmöglichkeit unter den von Art. 22 ErbVO genannten Bedingungen. Diese Bestimmung gilt dabei gleichermaßen für einseitige wie für mehrseitige Erbverträge. Die Rechtswahl kann nur gemeinsam getroffen werden, wie sich aus dem Wortlaut („können die Parteien ... wählen") ergibt. 34

Ein isolierter **Widerruf/Änderung** der gemeinsamen Rechtswahl ist wie bei Art. 24 Abs. 2 ErbVO wohl nicht möglich.[20] 35

Wurde der Erbvertrag bereits vor dem 17.8.2015 errichtet, ist die Übergangsvorschrift des Art. 83 Abs. 3 ErbVO zu beachten. 36

4. Reichweite des Errichtungsstatuts, Art. 26 ErbVO

Nach Art. 26 Abs. 1 ErbVO gehören zur materiellen Wirksamkeit nach den Art. 24, 25 ErbVO insbesondere 37

a) die Testierfähigkeit der Person, die die Verfügung von Todes wegen errichtet;
b) die besonderen Gründe, aufgrund deren die Person, die die Verfügung errichtet, nicht zugunsten bestimmter Personen verfügen darf oder aufgrund deren eine Person kein Nachlassvermögen vom Erblasser erhalten darf;
c) die Zulässigkeit der Stellvertretung bei der Errichtung einer Verfügung von Todes wegen;
d) die Auslegung der Verfügung;
e) Täuschung, Nötigung, Irrtum und alle sonstigen Fragen in Bezug auf Willensmängel oder Testierwillen der Person, die die Verfügung errichtet.

Die Frage der Wirksamkeit der Bindungswirkung von Erbverträgen und damit die Frage des Verbots gemeinschaftlicher Testamente oder Erbverträge (wie zB in Italien) richtet sich demgegenüber unmittelbar nach den Art. 24, 25 ErbVO, wohingegen die Frage nach der formellen Zulässigkeit eine Frage des Formstatuts ist. 38

Art. 26 Abs. 2 ErbVO bestimmt, dass wenn eine Person nach dem nach Artikel 24 oder 25 anzuwendenden Recht die Testierfähigkeit erlangt hat, ein späterer Wechsel des anzuwendenden Rechts nicht ihre Fähigkeit zur Änderung oder zum Widerruf der Verfügung beeinträchtigt. Umstritten ist, ob Art. 26 Abs. 2 ErbVO anders als Art. 26 Abs. 5 S. 2 EGBGB aF nur das konkrete Vertrauen in die Abänderbarkeit einer errichteten Verfügung von Todes wegen bzgl. der Testierfähigkeit schützt[21] oder ob eine extensive Auslegung und damit ein Gleichlauf mit Art. 26 Abs. 5 S. 2 EGBGB aF geboten ist.[22] 39

IV. Formstatut, Art. 27, 75 ErbVO

Das Formstatut regelt die Formgültigkeit einer Verfügung von Todes wegen. 40

Vorrangig zu beachten ist das **Haager Testamentsformübereinkommen vom 5.10.1961,** wie sich aus Art. 75 Abs. 1 ErbVO ergibt. Ist dagegen der Anwendungsbereich des Haager Testamentsformübereinkommens nicht eröffnet, was nur für Formfragen schriftlicher Erbverträge und Erbverzichte der Fall ist, gilt die Bestimmung des Art. 27 ErbVO. Für mündliche Erbverträge und Erbverzichte gelten weder das Haager Testamentsformübereinkommen noch die ErbVO, so dass es hier bei der nationalen Regelung des Art. 26 Abs. 2 EGBGB bleibt, der aber auf die Regelung des Art. 27 ErbVO verweist. 41

Letztlich spielt die Unterscheidung aber keine Rolle, da richtigerweise Art. 27 ErbVO inhaltsgleich zum Haager Testamentsformübereinkommen auszulegen ist.[23] Diese enthält eine ganze Kaskade von Vorschriften, um möglichst zur formellen Wirksamkeit zu gelangen. 42

Die **Änderung oder der Widerruf** einer Verfügung von Todes wegen richtet sich nach Art. 27 Abs. 2 ErbVO/Art. 2 HTestFormÜ. Danach richtet sich die Formwirksamkeit nach Art. 27 Abs. 1 ErbVO, wobei nach Art. 27 Abs. 2 S. 2 ErbVO zudem die Änderung oder der Widerruf hinsichtlich ihrer Form auch dann gültig ist, wenn sie den Formerfordernissen ei- 43

[20] GKKW IntErbR Teil 1 § 4 Rn 80 mwN; aA *Nordmeier* ZErb 2013, 117; *Leitzen* ZEV 2013, 128 (130).
[21] GKKW IntErbR Teil 1 § 4 Rn 85.
[22] Palandt/*Thorn* Art. 26 ErbVO Rn 2.
[23] GKKW IntErbR Teil 1 § 4 Rn 87.

ner der Rechtsordnungen entsprechen, nach denen die geänderte oder widerrufene Verfügung von Todes wegen nach Absatz 1 gültig war.

44 Die Reichweite des Formstatuts ergibt sich aus Art. 27 Abs. 3 ErbVO.

45 Soweit es sich bei dem Verbot gemeinschaftlicher Testamente oder Erbverträge überwiegend um ein formelles Verbot (wie zB in den Niederlanden), nicht aber um ein materielles Verbot (wie zB in Italien) handelt, unterfällt es auch dem Formstatut, anderenfalls dem Errichtungsstatut.[24]

V. Rück- und Weiterverweisung

46 Zu beachten ist, dass auch die ErbVO mit Art. 34 ErbVO eine Regelung zu Rück- und Weiterverweisung kennt. Dabei regelt Art. 34 Abs. 1 ErbVO die Gesamtverweisung, während Art. 34 Abs. 2 ErbVO eine Sachnormverweisung darstellt.

47 In Erwägungsgrund 57 heißt es hierzu:

> „Die in dieser Verordnung festgelegten Kollisionsnormen können dazu führen, dass das Recht eines Drittstaats zur Anwendung gelangt. In derartigen Fällen sollte den Vorschriften des Internationalen Privatrechts dieses Staates Rechnung getragen werden. Falls diese Vorschriften die Rück- und Weiterverweisung entweder auf das Recht eines Mitgliedstaats oder aber auf das Recht eines Drittstaats, der sein eigenes Recht auf die Erbsache anwenden würde, vorsehen, so sollte dieser Rück- und Weiterverweisung gefolgt werden, um den internationalen Entscheidungseinklang zu gewährleisten. Die Rück- und Weiterverweisung sollte jedoch in den Fällen ausgeschlossen werden, in denen der Erblasser eine Rechtswahl zugunsten des Rechts eines Drittstaats getroffen hatte."

48 Drittstaaten sind dabei alle Nicht-Mitgliedsstaaten der EU sowie das Vereinigte Königreich, Irland und Dänemark.

VI. Entscheidungen zur Auslegung bei internationalen Erbfällen

1. Erbeinsetzung nach italienischem Recht[25]

49 Testiert ein in Italien lebender Erblasser (deutscher Staatsangehörigkeit) nach italienischem Recht, so ist im Rahmen der Testamentsauslegung sein wirklicher Wille unter Berücksichtigung des Sinngehalts des von ihm für anwendbar gehaltenen ausländischen Rechts zu ermitteln.

50 a) **Sachverhalt.** Der Erblasser (E) ist am 20.8.2012 in Südtirol verstorben. Aus seiner Ehe mit der Beteiligten zu 1 (B 1) sind B 2 und 3 hervorgegangen. Außerdem hatte er ein nichteheliches Kind (B 4). Sein Vermögen bestand im Wesentlichen aus einem Grundstück und dem darauf befindlichen, von den Eheleuten bewohnten Einfamilienhaus in Italien. Nachlassvermögen in Deutschland ist nicht vorhanden. Die Eheleute hatten beide die deutsche Staatsangehörigkeit und lebten im Güterstand der Zugewinngemeinschaft.

51 E hat 2004 ein eigenhändig geschriebenes und unterschriebenes Testament verfasst, wonach von allem, was er nach seinem Tode hinterlasse, B 1 „den verfügbaren Teil von ¼ erhalten" solle. Außerdem solle sie ein Wohnungs- und Nutzungsrecht an Haus und Garten des Wohngrundstücks erhalten. Der Hausrat solle nicht aufgeteilt werden, über den gesamten Hausrat solle B 1 bestimmen. Für den Fall, dass diese gemeinsam mit ihm versterben sollte, verfügte er, dass B 2 und 3 „den verfügbaren Anteil von ⅓" seiner Hinterlassenschaft zu gleichen Teilen erben. Sie sollten über den gemeinsamen Hausrat bestimmen und ein lebenslanges Wohnrecht an Haus und Garten des Wohngrundstücks erhalten.

[24] GKKW IntErbR Teil 1 § 4 Rn. 95 mwN.

[25] KG Berlin Beschl. v. 25.4.2017 – 6 W 61/16, ZEV 2017, 577.

b) Lösung des Kammergerichts

„Die Auslegung des Testaments ergibt, dass E seine Ehefrau als Miterbin zu ½ und seine Kinder zu gleichen Teilen als Miterben der weiteren Hälfte seines Nachlasses eingesetzt hat. Diese Erklärung ist im Testament schlüssig enthalten. Zwar hat er ausdrücklich nur verfügt, dass B 1 „den verfügbaren Teil von ¼4 erhalten" soll. Mit der Verwendung der Begrifflichkeit aus dem Zeitungsartikel zum italienischen Erbrecht und der Verfügung über den nach diesem Artikel bei Vorhandensein von Ehegatten und mehreren Kindern lediglich noch verfügbaren Teil von 1/4 (Art. 542 Abs. 2 ital. CC [Codice Civile]) hat E jedoch schlüssig zum Ausdruck gebracht, dass er die Beerbung durch B 1 und seine Kinder zu den im Artikel ausgewiesenen „Pflichtteilen" – die im italienischen Recht gem. Art. 536ff. CC als gesetzlich vorbehaltene („riservati") Erbteile ausgestaltet sind – bereits vorausgesetzt hat und deshalb nur noch über das ausdrücklich verfügt hat, was verfügbar („disponibile") war, nämlich das verbleibende Viertel. Dieses Vorverständnis und sein darauf aufbauender Wille werden bestätigt durch die nachfolgend für den Fall des gleichzeitigen Versterbens getroffene Anordnung. Auch dort hat er ausdrücklich nur das eine Drittel zugewendet, das bei einer Beerbung durch mehrere Kinder verfügbar ist (Art. 537 Abs. 2 CC)." 52

2. Testamentsvollstreckung durch Ehegatten nach niederländischen Recht[26]

Befindet sich ein Erblasser bei Abfassung seines Testaments in einem Irrtum über das maßgebende Erbstatut und verwendet er deshalb materiell-rechtliche Institute eines Rechts, das nicht als Erbstatut berufen ist – sogenanntes Handeln unter falschem (nicht anwendbaren) Recht –, muss durch die besagte Auslegung ermittelt werden, was er damit ausdrücken wollte. 53

a) **Sachverhalt.** Der Erblasser (E) hatte ausschließlich die niederländische Staatsangehörigkeit. Er war mit der Beteiligten (B) in einziger Ehe im Güterstand der Gütergemeinschaft niederländischen Rechts verheiratet. Aus der Ehe ist ein Sohn hervorgegangen; dieser hat im Verfahren vor dem Nachlassgericht erklärt, er habe keine Einwendungen gegen die Erteilung des von B beantragten Erbscheins und Testamentsvollstreckerzeugnisses. 54

1994 errichteten sowohl der damals in den Niederlanden wohnende E als auch B jeweils ein Testament vor einem Notar mit Amtssitz in den Niederlanden; die beiden Testamente sollten einander inhaltlich entsprechen. Nur die letztwillige Verfügung der B liegt in deutscher Übersetzung vor. Danach werden ua zu Erben zu gleichen Teilen der Ehepartner und die Kinder berufen, zugleich unter Bezugnahme auf Vorschriften des damaligen niederländischen Rechts eingehende Anordnungen zur Auseinandersetzung getroffen und der Ehepartner als Testamentsvollstrecker benannt. Der 2011 in Kleve verstorbene E hatte vor seinem Tode seinen gewöhnlichen Aufenthalt für mehr als 5 Jahre in Deutschland. Sein Nachlass besteht ua aus Grundbesitz in Kleve. 55

b) **Lösung des OLG Düsseldorf**

„Für die Auslegung eines Testaments ist das Erbstatut maßgebend. Befindet sich ein Erblasser bei Abfassung seines Testaments in einem Irrtum über das maßgebende Erbstatut und verwendet er deshalb materiell-rechtliche Institute eines Rechts, das nicht als Erbstatut berufen ist – sog. Handeln unter falschem (nicht anwendbaren) Recht –, muss durch die besagte Auslegung ermittelt werden, was er damit ausdrücken wollte. Die Grundsätze zum Handeln unter falschem Recht dienen dazu, den testamentarisch erklärten Erblasserwillen möglichst aufrechtzuerhalten, soweit er sich in die Begriffe des tatsächlich maßgebenden Erbstatuts „übersetzen" lässt – was sich im Falle deutschen Rechts als Erbstatuts bereits aus §§ 133, 2084 BGB ergibt … Hier ging E bei Errichtung seines notariellen Testaments 1994 davon aus, dass Erbstatut das niederländische Recht sei. Dabei irrte er 56

[26] OLG Düsseldorf Beschl. v. 3.6.2016 – I-3 Wx 268/14, ZEV 2017, 204.

insofern, als es, da er nach 1996 starb, infolge seines langjährigen Aufenthalts in Deutschland tatsächlich das deutsche Recht ist. Dieses beherrscht mithin die Auslegung seiner Institute des niederländischen Rechts heranziehenden letztwilligen Verfügung. Kennt ein ausländisches Recht dinglich wirkende Teilungsanordnungen, sind die dadurch Begünstigten im Grundsatz als Miterben in Höhe des auf sie entfallenden Wertanteils mit schuldrechtlicher Übertragungsverpflichtung anzusehen; denn nach deutschem Recht ist eine Singularsukzession von Todes wegen nicht möglich und bedarf es auch bei einer Teilungsanordnung eines Eigentumsübergangs durch besonderes Übertragungsgeschäft. Gestattet das fremde Recht dem Erblasser hingegen, die gesamten Aktiva und Passiva mit dinglicher, zum Zeitpunkt des Todes eintretender Wirkung einem einzigen Miterben zuzuweisen und die übrigen Miterben auf Geldansprüche zu beschränken, entspricht dies bei funktioneller Betrachtung einer mit Vermächtnissen oder Pflichtteilsansprüchen verbundenen Alleinerbeneinsetzung nach deutschem Recht. In diesem Fall kann dem de facto dinglich alleinberechtigten Miterben ein Alleinerbschein ausgestellt werden. So liegt es vor allem bei der Anordnung der sog. elterlichen Nachlassverteilung durch einen niederländischen Erblasser …
Die in der niederländischen Rechtspraxis bis 2002 als „executeur" bezeichnete Form des Testamentsvollstreckers ging jedenfalls nicht über die nach deutschem Sachrecht als Regelfall der Testamentsvollstreckung vorgesehene Abwicklungsvollstreckung, § 2203 BGB, hinaus … Aus diesen Grundsätzen folgt für den vorliegenden Fall: Zum einen kann B im Erbschein als Alleinerbin nach E ausgewiesen werden. Besonderheiten gegenüber den dargestellten Grundsätzen sind nicht ersichtlich. Da der Erbgang deutschem materiellen Recht unterliegt und B als Gesamtrechtsnachfolgerin des E nach § 1922 Abs. 1 BGB anzusehen ist, treten die Notwendigkeit einer gesonderten Rechtsübertragung und die damit einhergehenden Rechtsprobleme nicht auf; insoweit liegt es im gegebenen Fall gerade anders als bei der Anwendbarkeit niederländischen Rechts als …
Allerdings kann nach deutschem Recht der alleinige Erbe regelmäßig nicht Testamentsvollstrecker über den eigenen Nachlass sein; anderes gilt indes bei besonderen Interessenlagen … Vorliegend ist zu bedenken, dass zur Zeit der Testamentserrichtung in der niederländischen Rechtspraxis im Falle einer elterlichen Nachlassverteilung der überlebende Ehegatte als Testamentsvollstrecker nach niederländischem Recht vorsorglich eingesetzt wurde, um auch bei im Ausland, namentlich in Deutschland, auftretenden Schwierigkeiten bei der Umsetzung der Teilungsanordnung die gewünschte Vermögenszuordnung gewährleisten zu können (Imig MittRhNotK 1985, 200). Dieser Gesichtspunkt der Vorsorge entfällt wegen der Ungewöhnlichkeit der rechtlichen Gegebenheiten, die bei der Abwicklung der letztwilligen Anordnungen faktisch zu Komplikationen führen kann, auch im gegebenen Fall nicht, mag das Auftreten von Schwierigkeiten angesichts der Erteilung eines Erbscheins nach deutschem Recht und des Ausweises einer Alleinerbschaft auch weniger wahrscheinlich sein. Somit steht aus den bisher behandelten Rechtsgründen der Aufnahme eines Testamentsvollstreckervermerks in den Erbschein nichts entgegen."

3. Rechtsinstitute nach englischen Erbrecht[27]

57 Bei einem nach englischem Recht errichteten Testament sind die dort benannten Trustees unter Geltung des deutschen Erbstatuts in der Regel nicht als Erben eingesetzt, sondern lediglich als Testamentsvollstrecker berufen.

58 **a) Sachverhalt.** Der Erblasser war seit 1986 mit der Beteiligten zu 1. in zweiter Ehe verheiratet. Aus dieser Ehe ist der A hervorgegangen. Die Beteiligte zu 2. ist eine nichteheliche Tochter des Erblassers. Die erste Ehe des Erblassers ist kinderlos geblieben. Die Beteiligte zu

[27] OLG Schleswig Beschl. v. 9.7. 2014 – 3 Wx 15/14, FamRZ 2015, 357.

1. hat ihrerseits zwei weitere Kinder, nämlich B und C. Es handelt sich nach dem Vortrag der Beteiligten zu 1. um Kinder aus ihrer früheren Ehe, nicht um Kinder des Erblassers.

Der Erblasser hatte ein handschriftliches mit „Mein letzter Wille" überschriebenes Testa- 59
ment errichtet, in dem es heißt, er vermache im Falle seines Todes alles was er besitze seiner Frau Y. Später unterzeichneten der Erblasser und zwei Zeugen – Angestellte der H-Bank in England – ein maschinenschriftliches Papier „Will of X"; der Erblasser unterzeichnete zugleich ein einseitiges maschinenschriftliches Papier, das mit „private & confidential only" überschrieben worden ist. Die Beteiligte zu 1. unterschrieb am gleichen Tag entsprechende Schriftstücke in englischer Sprache („Will of Y", „private & confidential only").

b) Lösung des OLG Schleswig

„Verwendet der Erblasser in einem Testament materiell-rechtliche Institute eines 60
Rechts, das nicht als Erbstatut berufen ist, muss durch Auslegung nach den Regeln des Erbstatuts – bei deutschem Erbstatut also nach den §§ 133, 2084 BGB – ermittelt werden, was er damit ausdrücken will. In einem solchen Fall ist bei der Ermittlung des Erblasserwillens aber dem Sinngehalt des ausländischen Rechts Rechnung zu tragen.

Bei einem nach englischem Recht errichteten Testament sind die dort benannten Trustees unter Geltung des deutschen Erbstatuts gemäß den §§ 133, 2084 BGB in der Regel nicht als Erben eingesetzt, sondern lediglich als Testamentsvollstrecker berufen. Soweit dort beneficiaries benannt werden, ist jeweils im Einzelfall zu klären ist, ob sie einem Vermächtnisnehmer oder einem Erben nach deutschem Recht nahestehen."

Teil 2. Methoden der Auslegung von letztwilligen Verfügungen

§ 7 Individuelle Auslegung

Übersicht

I. Überblick

1 Die individuelle Auslegung, vor allem die einfache=erläuternde sowie die ergänzende Auslegung, hat **Vorrang vor den gesetzlichen Auslegungsregeln.**[1] Diese werden erst angewendet, wenn das Ergebnis der individuellen Auslegung zweifelbehaftet war oder nicht zu ermitteln war. Daher ist bei einer **auslegungsbedürftigen letztwilligen Verfügung** erst der Versuch zu unternehmen, die von dem Erblasser tatsächlich beabsichtigte Rechtswirkung seiner die Formvorschriften beachtenden Erklärung zu erforschen.

II. Grundlagen der Auslegung

1. Einseitige letztwillige Verfügungen (subjektive Auslegung)

2 Bei einseitigen letztwilligen Verfügungen muss **kein Erklärungsempfänger geschützt** werden, so dass sich die Auslegung ausschließlich nach § 133 BGB sowie ggf. weiteren Spezialnormen aus dem Erbrecht zu orientieren hat und nicht anhand von § 157 BGB vorzunehmen ist.[2] Entscheidend ist der individuelle Erblasserwille. [3] *„Einfluss der Verkehrssitte"* und *„Treu und Glauben"* sind daher nicht zu beachten.[4] Bei der Auslegung von letztwilligen Verfügungen ist ferner der § 2084 BGB, der Grundsatz der wohlwollenden Auslegung, heranzuziehen. Die Auslegung erfolgt mithin nach §§ 133, 2084 BGB. Ein Stufenverhältnis zwischen den beiden Normen besteht nicht.[5] Für die Auslegung ist nur der **tatsächliche (reale) subjektive Wille des Erblassers** maßgeblich, da es keinen Empfänger für einseitige testamentarische Verfügungen gibt. Es kommt grundsätzlich nicht darauf an, wie Dritte die Erklärung verstehen dürfen.[6] Der Bedachte genießt keinen Vertrauensschutz im Hinblick auf die objektive Bedeutung der abgegebenen Erklärung.[7]

3 Grundsätzlich ist daher der Vertrauensschutz unbeachtlich, außer der Erblasser wollte einen Nachlassbeteiligten zu einem bestimmten Verhalten veranlassen, etwa bei Zuwendungen unter einer aufschiebenden oder auflösenden Potestativbedingung, bei Teilungsanordnungen, Auflagen und Anweisungen an den Testamentsvollstrecker.[8] Der Grund besteht aber weniger in dem Vertrauensschutz, als vielmehr darin, dass der Empfänger verstehen können muss, was der Erblasser von ihm fordert. Nur so kann das Ziel des Erblassers verwirklicht werden, das er mit seinen letztwilligen Verfügungen verfolgte.

2. Wechselbezügliche bzw. vertragsmäßige Verfügungen (objektive Auslegung)

4 Wie die Verfügungen in einem Einzeltestament sind auch die einseitigen Verfügungen in Erbverträgen und in gemeinschaftlichen Testamenten nach §§ 133, 2084 BGB auszulegen.

5 Hingegen sind vertragsgemäße Verfügungen in Erbverträgen nach § 2278 BGB und wechselbezügliche Verfügungen in gemeinschaftlichen Testamenten nach § 2270 BGB zusätzlich auch nach § 157 BGB auszulegen, da der Empfängerhorizont des Vertragspartners bzw. des anderen Ehegatten zu berücksichtigen ist (§ 157 BGB).[9] Es ist auf den übereinstimmenden Willen der Ehegatten zum Zeitpunkt der Testamentserrichtung abzustellen.[10] Mithin ist der

---

[1] KG ErbR 2016, 449 (450) etwa für § 2270 Abs. 2 BGB; vgl. BGH ZEV 2003, 284.
[2] Nieder/Kössinger Testamentsgestaltung-HdB/W. *Kössinger* § 23 Rn. 5; vgl. BGH ZEV 2009, 459 (461).
[3] BeckOGK BGB/*Gierl* § 2084 Rn. 10.
[4] MüKoBGB/*Leipold* § 2084 Rn. 21.
[5] BeckOGK BGB/*Gierl* § 2084 Rn. 3.
[6] *Edenfeld* ZEV 2004, 141 (143).
[7] Rudolf/Bittler/Seiler-Schopp, Testamentsauslegung und -anfechtung-HdB/*Rudolf/Seiler-Schopp* § 1 Rn. 8.
[8] Staudinger/*Otte* Vorb. zu §§ 2064 ff. Rn. 24.
[9] BGH ZEV 2011, 422 (423); NJW 1991, 169 (170); BayObLG NJW-RR 1997, 835; KG ErbR 2018, 452 (454).
[10] OLG Bamberg ZEV 2016, 397 (398); Nieder/Kössinger Testamentsgestaltung-HdB/W. *Kössinger* § 23 Rn. 12.

gemeinsame Wille maßgebend, *„also welche Vorstelungen die Ehegatten im Zeitpunkt der Testamentserrichtung mit der von ihnen gewählten Formulierung hatten“*.[11]

Zu beachten ist daher auch die objektive Erklärungsbedeutung der auszulegenden Verfügung. Maßgebend ist der Empfängerhorizont des Vertragspartners bzw. des *„anderen“* verfügenden Ehegatten.[12] Vertragsmäßige und wechselbezügliche Verfügungen sind mithin nach §§ 133, 157, 2084 BGB auszulegen; sie werden objektiv (=normativ) ausgelegt. 6

- Für **vertragsmäßige Verfügungen** (§ 2278 BGB) ergibt sich dies bereits aus der Natur des Erbvertrags als „richtiger“ gegenseitiger Vertrag. Ein Erbvertragspartner kann sich schließlich zu Gegenleistungen verpflichten. Die Beurteilung findet aus der Sicht des (schutzwürdigen) Vertragspartners statt.
- Bei **wechselbezüglichen Verfügungen** (§ 2270 BGB) hat der andere Ehegatte ähnlich wie der Vertragspartner beim Erbvertrag seine eigenen Verfügungen gerade mit Rücksicht auf die des anderen Ehegatten getroffen. Die beiderseitigen Verfügungen werden nicht selten aufeinander abgestimmt und inhaltlich abgesprochen. Sie sind insofern **Ergebnis und Ausdruck eines gemeinsam gefassten Entschlusses**[13] beider Teile. Das Vertrauen des anderen Ehegatten darf deshalb nicht durch eine ausschließlich am Horizont des erstverstorbenen Ehegatten orientierte Auslegung enttäuscht werden, so dass auch hier § 157 BGB zur Anwendung kommt.[14]

Aus Gründen des Vertrauensschutzes ist zu fragen, wie eine Erklärung von dem konkreten Empfänger *(„konkreter Empfängerhorizont“)* objektiv verstanden werden, oder wie er sie nach Treu und Glauben unter Berücksichtigung der Verkehrssitte objektiv verstehen musste.[15] Bei der Auslegung des Empfängerhorizonts ist nicht auf die einzelne Vertragsklausel, sondern vielmehr auf den **Gesamtzusammenhang** abzustellen.[16] So hat der BGH entschieden:[17] 7

> *„Bei der Auslegung eines umfangreichen Ehe- und Erbvertrags, wie hier, kommt es auch wesentlich darauf an, den Zusammenhang der einzelnen Bestimmungen und Verfügungen zu erfassen und so die Tragweite einer bestimmten Verfügung aus dem Sinnzusammenhang heraus, in dem sie mit anderen Verfügungen und Regelungen steht, zu bestimmen.“*

Der Erklärungsempfänger kann also nicht die für ihn günstigste Auslegungsvariante wählen. Vielmehr ist er nach Treu und Glauben verpflichtet, unter Berücksichtigung aller ihm bekannter Umstände zu prüfen, was der Erklärende gemeint hat (objektiver Erklärungswert).[18] Maßgeblich ist nicht der Horizont eines objektiven Betrachters, sondern das subjektive Verständnis des Vertragspartners in der konkreten Situation bei Abfassung des gemeinschaftlichen Erbvertrags.[19] Es kommt auf den übereinstimmenden Willen bei Testamentserrichtung an (OLG Düsseldorf BeckRS 2018, 26334 Rn. 15). 8

Praxistipp:

Von daher erfolgt die **Auslegung in zwei Schritten:** (1) Zunächst ist nach §§ 133, 2084 BGB wie bei einseitigen Verfügungen zu klären, was der Erblasser mit seinen Worten sagen wollte. (2) Anschließend ist nach § 157 BGB zu prüfen, ob diese Auslegung auch dem Willen des anderen entspricht, also wie dieser die Verfügung des anderen verstehen durfte und mußte.

[11] OLG München BeckRS 2018, 18077 Rn. 9.
[12] BGH NJW 1989, 2885; Staudinger/*Otte* Vorb. zu §§ 2264 ff. Rn. 140; Erman/*M. Schmidt* § 2084 Rn. 2.
[13] AG Brandenburg FamRZ 2014, 1487 = BeckRS 2013, 16623; vgl. KG ErbR 2018, 452 (454).
[14] BGH NJW 1993, 256.
[15] BGH NJW 1990, 3206; BGH NJW 1992, 1446.
[16] BayObLG BayObLGZ 1986, 242 = FamRZ 1986, 1151; Burandt/Rojahn/*Czubayko* § 2084 Rn. 19.
[17] BGH NJW-RR 2003, 293 (294).
[18] BGH NJW 1981, 2296.
[19] BGH NJW 1991, 169; NJW 1993, 256; BayObLG FamRZ 1981, 710; FamRZ 1987, 208; Soergel/*Loritz* § 2084 BGB Rn. 51.

9 Der auf Grundlage des § 133 BGB ermittelte Wille ist nur in dem Umfang zu berücksichtigen, in dem dieser aus Sicht des anderen bei Anwendung der verkehrsüblichen Sorgfalt erkennbar war.[20] So ist zu prüfen, ob das gefundene Auslegungsergebnis auch dem anderen Ehegatten entsprochen hat (OLG Düsseldorf BeckRS 2018, 26334 Rn. 15; KG ZErb 2018, 178 (180)). Die Verfügungen seien erfahrungsgemäß nicht selten auch inhaltlich abgesprochen und insofern Ergebnis und Ausdruck eines gemeinsam gefassten Entschlusses.[21] Bei Diskrepanz gilt der Wille nur insoweit, wie sich beide Auffassungen decken.[22] So muss der andere die Möglichkeit haben, sich bei seinen Verfügungen auf diejenigen des anderen Teils einzustellen und umgekehrt.[23]

10 Wenn sich aber **kein gemeinsamer Wille feststellen** lässt, sind wechselbezügliche Verfügungen nach ihrem objektiven Erklärungsinhalt auszulegen.[24] Im Detail: Der BGH[25] hat bei späterer Nichtfeststellbarkeit und bei ursprünglichem Nichtvorliegen einer Übereinstimmung der beiderseitigen Vorstellungen und Absichten festgestellt, dass auf den Willen des Erblassers abzustellen ist, um dessen Nachfolge es geht, der also gestorben ist. Dann müsse eine Beurteilung nach § 157 BGB aus Sicht des anderen Ehegatten stattfinden (Empfängerhorizont).[26] So ist der Wille des Zweitversterbenden bei der Interpretation einer Verfügung des Erstversterbenden zu berücksichtigen, *„für dessen Ermittlung das Verhalten des Längstlebenden nach dem Tod seines Ehegatten von Bedeutung ist, soweit es einen entsprechenden Schluß zuläßt"*.[27] Entscheidend ist letztlich nicht der objektive Empfängerhorizont, sondern die Sichtweise des anderen Ehegatten.[28]

11 **Kurzum: Die letztwilligen wechselbezüglichen Verfügungen des erstversterbenden Ehegatten sind so auszulegen, wie sie der längerlebende Ehegatte bei Testamentserrichtung verstanden hat.**

12 Dies fasst *Otte*[29] so zusammen, dass jeder Ehegatte seine Verfügungen so gelten lassen müsse, wie sie der andere anhand der ihm erkennbaren Umstände erkennen durfte. *Musielak*[30] stimmt dem nur eingeschränkt zu. So sei es durchaus auch mit dem Begriff und Wesen des gemeinschaftlichen Testaments vereinbar, dass jeder Ehegatte seine Verfügung unabgestimmt neben die des anderen stellt. Dann könne nur darauf gesehen werden, dass der eine die Verfügung des anderen zur Kenntnis nimmt; dass er sie auch inhaltlich billigt, kann nur insoweit verlangt werden, als dies Einfluss auf seine Bereitschaft hat, mit dem anderen ein gemeinschaftliches Testament bestimmten Inhalts zu errichten. Einen gemeinschaftlichen Willen, der für die Auslegung der einzelnen Verfügung relevant ist, gäbe es in dieser Konstellation nicht. Wenn eine Willensübereinstimmung nicht festzustellen sei, so ist nach *Lange*[31] doch der Wille des Verfügenden entscheidend, aber im Hinblick auf § 157 BGB so, wie der andere Ehepartner die Erklärung verstehen konnte.

13 In Zweifelsfällen wird dem Willen desjenigen Erblassers mehr Beachtung gezollt werden müssen, dessen Anordnungen nach seinem Erbfall für seine Rechtsnachfolge ausgelegt werden. Das gilt umso mehr, wenn auch von ihm das wesentliche Vermögen stammt. Der erstversterbende Ehegatte wird regelmäßig primär seine eigene Absicherung nach dem ersten Erbfall im Blick haben.

14 **Besonderheiten bei einem Erbvertrag:** Bei einem Erbvertrag unterscheidet *Brox* zu Recht zwischen einem **unentgeltlichen** und einem **entgeltlichen Erbvertrag.** Sofern der Vertragspartner des letztwillig verfügenden Vertragspartners lediglich die Erklärung angenommen

[20] BeckOK BGB/*Litzenburger* § 2084 Rn. 19.
[21] BGH ZEV 2015, 343 (344); vgl. KG BeckRS 2018, 32120 Rn. 14.
[22] BeckOK BGB/*Litzenburger* § 2084 Rn. 19.
[23] BGH NJW 1993, 256; OLG Brandenburg NJW-RR 2009, 14; vgl. Nieder/Kössinger Testamentsgestaltung-HdB/*W. Kössinger* § 23 Rn. 13.
[24] NK-BGB/*Fleindl* § 2084 Rn. 67; Soergel/*Loritz* § 2084 Rn. 51.
[25] BGH NJW 1993, 256; so auch OLG Bamberg ZEV 2016, 397 (399).
[26] So auch Nieder/Kössinger Testamentsgestaltung-HdB/*W. Kössinger* § 23 Rn. 13.
[27] BGH ZEV 2015, 343 (344).
[28] Rudolf/Bittler/Seiler-Schopp, Testamentsauslegung und -anfechtung-HdB/*Rudolf/Seiler-Schopp* § 1 Rn. 24.
[29] Staudinger/*Otte* Vor §§ 2064 ff. Rn. 128.
[30] MüKoBGB/*Musielak* § 2269 Rn. 17.
[31] *Lange* ErbR § 16 Rn. 109.

hat, ist er nicht schutzwürdig, so dass § 157 BGB keine Anwendung findet.[32] Er hat sich schließlich nicht zu einer Gegenleistung verpflichtet. Dagegen spricht sich *Musielak* dafür aus, dass es auch bei einseitigen Erbverträgen nicht allein auf den Willen des Erblassers ankommt. Vielmehr müsse auch darauf abgestellt werden, wie der andere Vertragschließende die Verfügung verstehen konnte.[33] Sofern sich der annehmende Vertragspartner aber zu einer Leistung oder einem Verhalten verpflichtet oder gar selbst letztwillig verfügt, so bedarf er unstreitig des Schutzes durch § 157 BGB.[34]

3. Beweislast

Da die Auslegung Rechtsanwendung[35] ist, stellt sich nicht unmittelbar die Frage nach der Beweislastverteilung. Eine Darlegungs- und Beweislast obliegt einer Partei, wenn sie einen Sachverhalt außerhalb der Testamentsurkunde vorträgt, um darauf die erstrebte Auslegung zu stützen.[36] Hinsichtlich der Tatsachen, die Grundlage der Auslegung durch Rechtsanwendung sind, gelten die **allgemeinen Beweisregeln,**[37] so dass die Beweislast derjenige trägt, der eine Tatsache behauptet und hieraus eine bestimmte, für sich positive Auslegung herleitet. Auch wenn im Erbscheinsverfahren das Gericht von Amts wegen zu ermitteln hat, obliegt auch hier demjenigen, der sich auf eine Tatsache und ein Auslegungsergebnis beruft, die Feststellungslast.[38] Nur für die tatsächlichen Grundlagen der Auslegung gelten die verfahrensrechtlichen Vorschriften über die Tatsachenfeststellung, also hinsichtlich der Beweisführung und der Beweislast.[39] Da Auslegung Rechtsanwendung ist, die dem Richter vorbehalten ist, kann das Auslegungsergebnis nicht „anerkannt" werden, sondern nur die Tatsachen, die zu einem Auslegungsergebnis führen. 15

Die **gesetzlichen Auslegungs- und Ergänzungsregeln** haben für die Verteilung der Darlegungs- und Beweis- bzw. Feststellungslast eine **entscheidende Bedeutung.**[40] Sie sind aber nur dann anzuwenden, wenn die einfache bzw. die ergänzende Auslegung nicht den tatsächlichen Erblasserwillen ermitteln konnte.[41] Wenn sämtliche Tatbestandsmerkmale der Auslegungsregel vorliegen,[42] wird das Auslegungsergebnis der Norm widerlegbar vermutet. Wer ein anderes Auslegungsergebnis anstrebt, ist darlegungs- und beweisbelastet. 16

Praxistipp:

Die materielle Prüfungsreihenfolge versucht indes zuerst den Erblasserwillen durch die individuelle Auslegung festzustellen. Erst wenn dies erfolglos bleibt, sind die gesetzlichen Auslegungsvorschriften heranzuziehen. In der Praxis ist es aber so, dass der Ausleger bereits bei der individuellen Auslegung die gesetzlichen Auslegungsregeln im Blick hat. Stimmt das Ergebnis der individuellen Auslegung mit dem der einschlägigen gesetzlichen Auslegungsregel überein, vereinfacht dies die Argumentation zugunsten des zu erzielenden Auslegungsergebnisses. Ferner ist das Risiko einer gerichtlichen Geltendmachung niedriger.

4. Keine Fristen

Hinsichtlich der Auslegung kann grundsätzlich **keine Verjährung** eintreten, zumal der Erbauseinandersetzungsanspruch von Miterben aus § 2042 BGB unverjährbar ist.[43] Ergibt 17

---

32 *Brox/Walker* ErbR Rn. 223.
33 MüKoBGB/*Musielak* § 2274 Rn. 31.
34 *Brox/Walker* ErbR Rn. 224; Erman/*M. Schmidt* § 2084 Rn. 2; vgl. auch BGH NJW 1982, 31.
35 OLG Düsseldorf ZEV 2018, 462 (463) mit zust. Anm. *Horn;* BeckOK BGB/*Litzenburger* § 2084 Rn. 52; *Horn* ZEV 2016, 565.
36 BGH NJW 1987, 901; WM 1978, 377; BayObLG JurBüro 1981, 1728; OLG München BeckRS 2018, 18077 Rn. 16.
37 Soergel/*Loritz* § 2084 Rn. 79.
38 Staudinger/*Otte* Vor §§ 2064 Rn. 123.
39 MüKoBGB/*Leipold* § 2084 Rn. 162.
40 BeckOK BGB/*Litzenburger* § 2084 Rn. 52; Soergel/*Loritz* § 2084 Rn. 80.
41 BayObLG NJW-RR 2003, 297 (299); BeckOGK BGB/*Gierl* § 2084 Rn. 27.
42 Nieder/Kössinger Testamentsgestaltung-HdB/*W. Kössinger* § 23 Rn. 26.
43 *Herzog/Lindner,* Die Erbrechtsreform, Rn. 61.

die Auslegung die Enterbung eines Pflichtteilsberechtigten, so hat dieser innerhalb der 3-Jahres-Frist nach dem Erbfall seine Pflichtteilsansprüche geltend zu machen (§§ 195, 199 BGB). Die Ausschlussfristen für die Irrtumsanfechtung nach den §§ 2078 Abs. 2, 2082 BGB sind auch nicht analog anwendbar.[44] Höchstens kann das Verbot des Rechtsmissbrauchs nach § 242 BGB zeitliche Grenzen setzen.[45]

III. Einfache bzw. erläuternde Auslegung

18 **Checkliste der Prüfungsschritte**

- Feststellung der Auslegungsbedürftigkeit
- Wortlaut, Wortsinn und Aufbau
- Umstände außerhalb des Testamentes
- Maßgeblicher Zeitpunkt
- Kritische Hinterfragung juristischer Fachbegriffe
- Besonderheiten bei notariellen letztwilligen Verfügungen
- Andeutungstheorie

1. Feststellung der Auslegungsbedürftigkeit

19 Seit der Grundsatzentscheidung des BGH vom 8.12.1982[46] ist (erst) anerkannt,[47] dass selbst ein eindeutiger Wortlaut auslegungsbedürftig sein kann. So heißt es in diesem Urteil:

> *„Gerade weil es um die Erforschung des wirklichen Willens des Erblassers geht, und weil dieser auch in den seltenen (...) Fällen „klaren und eindeutigen" Wortlauts den Vorrang vor eben diesem Wortlaut hat (...), kann der Auslegung daher durch den Wortlaut keine Grenzen gesetzt sein."*

20 Bei jedem Testament und Erbvertrag ist zu hinterfragen, was der Erblasser damit gewollt hat. Eine Auslegung ist möglich und angezeigt, wenn der **Inhalt eines Testamentes** oder eines Erbvertrages **mehrdeutig** und damit auslegungsbedürftig ist.[48] Das ist auch der Fall, wenn Fachbegriffe sinnlos oder fehlerhaft verwendet worden sind.[49] Es bedarf der Benennung konkreter Umstände, die ergeben, dass der Erklärende mit seinen Worten einen anderen Sinn verbunden hat, als es dem allgemeinen Sprachgebrauch entspricht.[50] Das OLG Düsseldorf[51] hatte die Auslegungsbedürftigkeit damit begründet, dass es sich um ein privatschriftliches Testament eines juristischen Laien handelt und sich allein aus dem Inhalt der Verfügung nicht erschließen würde, welche Regelungen die Erblasserin in Bezug auf ihren Nachlass in juristisch-technischem Sinn gemeint habe. Daher ist zunächst in Gutachten, in Schreiben an Gegenanwälte oder in Schriftsätzen an das Gericht festzustellen und kurz zu

[44] BayObLG NJW-RR 1997, 1438; MüKoBGB/*Leipold* § 2084 Rn. 104.
[45] Nieder/Kössinger Testamentsgestaltung-HdB/*W. Kössinger* § 23 Rn. 38.
[46] BGH NJW 1983, 672; vor dieser Grundsatzentscheidung des BGH durften eindeutige Erklärungen nicht ausgelegt werden. Ihr vorausgegangen war zunächst die Zulassung des eigenhändigen Testamentes im Jahr 1938 und auch die großzügige Anwendung des Satzes *falsa demonstratio non nocet* durch die Rechtsprechung, nach dem falsche Bezeichnungen auch innerhalb einer letztwilligen Verfügung korrigiert werden können; *J. Mayer* DNotZ 1998, 772.
[47] Staudinger/*Otte* Vor §§ 2064 ff. Rn. 56; Nieder/Kössinger Testamentsgestaltung-HdB/*W. Kössinger* § 23 Rn. 21; Soergel/*Loritz* § 2084 Rn. 13; MüKoBGB/*Leipold* § 2084 Rn. 10; OLG Jena FGPrax 2018, 227 (228) mAnm *Bestelmeyer* = BeckRS 2018, 17321 Rn. 22.
[48] BeckOGK BGB/*Gierl* § 2084 Rn. 25.
[49] OLG Düsseldorf FGPrax 2011, 125 (126).
[50] BGH NJW 1983, 672 (673); KG ErbR 2018, 452 (454); OVG Münster ZEV 2009, 402 (403).
[51] OLG Düsseldorf ErbR 2018, 395 = BeckRS 2018, 6585 Rn. 24.

begründen, dass und warum die letztwillige Verfügung auslegungsbedürftig ist. Dabei sollten einige der nachfolgenden möglichen Gründe angesprochen werden.

Einzelfälle

(1) Das OLG Düsseldorf[52] hat die Auslegungsbedürftigkeit daraus gefolgert, dass die Erblasserin nicht deutlich zwischen „Erbe" und „Vermächtnis" unterschieden hat.

(2) Für das OLG Koblenz[53] war der Begriff „Angehörige" auslegungsfähig.

2. Grundsätze der einfachen Testamentsauslegung

Der Ausleger hat den wirklichen (realen) Willen des Erblassers zu erforschen.[54] Es ist stets zu klären, was der Erblasser mit *seinen* Worten sagen wollte.[55] Der BGH[56] hat entsprechend seiner bisherigen Linie in seinem Beschluss vom 10.12.2014 Folgendes festgestellt: 21

„Des Weiteren wird bei der Testamentsauslegung zu berücksichtigen sein, dass vor allem der wirkliche Wille des Erblassers zu erforschen und nicht am buchstäblichen Sinn des Ausdrucks zu haften ist (…).

Interessanterweise entspricht dies fast § 37 Teilentwurf ErbR von v. Schmitt, dem Ursprungsentwurf des § 2084 BGB, der wie folgt lautete: 22

„Bei der Auslegung letztwilliger Anordnungen soll mehr die nachweisliche Absicht der Verfügungen, als der Wortausdruck berücksichtigt, und im Zweifel der Sinn vorgezogen werden, bei welchem die Anordnung Erfolg haben kann."

Die 1. Kommission[57] übernahm den Vorschlag nicht und formulierte Entwurf 1 § 1788 mit dem heutigen Wortlaut des § 2084 BGB. Der Antrag in den Beratungen der 2. Kommission, die Norm zu streichen, wurde nicht angenommen.[58] 23

Der BGH in seinem Beschluss vom 17.7.2012 zu den weiteren Voraussetzungen der Auslegung:[59] 24

Dabei müssen nicht nur der gesamte Text der Verfügung, sondern auch alle dem Richter zugänglichen Umstände außerhalb der Urkunde ausgewertet werden, die zur Aufdeckung des Erblasserwillens möglicherweise dienlich sind (…). Abzustellen ist aber stets auf den Willen des Erblassers im Zeitpunkt der Errichtung. Danach eingetretene Umstände können nur Bedeutung erlangen, soweit sie Rückschlüsse hierauf zulassen (…)."

Sehr treffend hat auch das OLG Jena[60] in seinem Beschluss vom 31.7.2018 die Grundsätze der einfachen Testamentsauslegung wie folgt zusammengefasst: 25

„Für das Verständnis der in einem Testament enthaltenen Erklärungen ist gemäß §§ 133, 2084 BGB regelmäßig der wirkliche Wille des Erblassers zu erforschen. Der Erforschung des maßgeblichen wirklichen Erblasserwillens ist durch den Wortlaut der Verfügung von Todes wegen keine Grenze gezogen, weil auch in Fällen eines scheinbar klaren und eindeutigen Wortlauts der Erblasser mit seinen Worten einen anderen Sinn verbunden haben kann, als es dem allgemeinen Sprachgebrauch entspricht. Entscheidend ist, was der Erblasser mit seinen Worten sagen wollte und nicht, was er nach objektiven Maßstäben gesagt hat (…). Wenn auch an dem buchstäblichen Sinn des Ausdrucks nicht zu haften ist und sich das

---

52 OLG Düsseldorf ErbR 2018, 50 (51) = BeckRS 2018, 129494.

53 OLG Koblenz BeckRS 2014, 15927.

54 OLG Frankfurt a. M. ZErb 2018, 201 (205); MüKoBGB/*Leipold* § 2084 Rn. 8.

55 OLG München ErbR 2018, 456 (458) = BeckRS 2018, 10915; KG BeckRS 2018, 32120 Rn. 12.

56 BGH ZEV 2015, 343 (345); vgl. ZEV 2011, 422 (423); KG ErbR 2018, 452 (453); OLG Köln FGPrax 2015, 85 (86).

57 Mot. V, 43 ff.

58 Prot. V, 43 f.

59 BGH ZEV 2013, 36 (38); vgl. OLG Karlsruhe BeckRS 2010, 30 136.

60 OLG Jena FGPrax 2018, 227 (228) mAnm *Bestelmeyer* = BeckRS 2018, 17321 Rn. 22.

Gericht mithin nicht auf die Analyse des Wortlauts beschränken darf, ist sie doch immer der Ausgangspunkt der nach der Ermittlung des wirklichen Erblasserwillens strebenden einfachen (erläuternden) Auslegung (…).“

26 Auf die beachtenswerten Umstände außerhalb der letztwilligen Verfügungen geht treffend das KG in seinem Beschluss vom 6.4.2018[61] wie folgt ein:

„Da es um die Erforschung des wirklichen Willens des Erblassers geht, sind der Auslegung durch den Wortlaut keine Grenzen gesetzt, wenn sich aus den Umständen ergibt, dass der Erklärende mit seinen Worten einen anderen Sinn verbunden hat als es dem allgemeinen Sprachgebrauch entspricht. … Die außerhalb der Urkunde liegenden Umstände können vor oder nach der Errichtung des Testamentes liegen. Dazu gehört auch das gesamte Verhalten des Erblassers, seine Äußerungen und Handlungen, sofern sie einen Rückschluss auf den Erblasserwillen zum Zeitpunkt der Testamentserrichtung zulassen (…).“

3. Wortlaut, Wortsinn und Aufbau der letztwilligen Verfügung

27 Es kommt gem. § 133 BGB auf den wirklichen Willen des Erblassers an, ohne am buchstäblichen Sinne des Ausdrucks zu haften.[62] Ausgangspunkt einer jeden Auslegung ist der Wortlaut.[63] Ein **eindeutiger Wortlaut** stellt die Grundlage einer tatsächlichen bzw. **widerlegbaren Vermutung** dar, dass der Erblasser den Wortlaut nicht anders als im üblichen Sprachgebrauch gemeint hat.[64]

28 Aber: Entscheidend ist lt. OLG Jena,[65] *„was der Erblasser mit seinen Worten sagen wollte und nicht, was er nach objektiven Maßstäben gesagt hat“*. Da der Wortlaut nicht bindend ist, muss der Wortsinn der benutzten Ausdrücke „hinterfragt“ werden.[66] Ferner ist die allgemeine Lebenserfahrung zu berücksichtigen.[67] Zu beachten ist, dass der Sprachgebrauch nicht immer so exakt ist oder sein kann, dass der Testierende mit seinen Worten genau das unmissverständlich wiedergibt, was er zum Ausdruck bringen wollte.[68] Der *„verborgene Sinn“* ist zu ermitteln.[69]

29 Zunächst ist **jede einzelne Verfügung** in dem Testament bzw. Erbvertrag isoliert zu betrachten und dann im Kontext mit dem gesamten Text. Es sind auch der Aufbau[70] und die Gliederung der letztwilligen Verfügung zu beachten.[71] Der „gesamte Text der Verfügung“[72] muss ausgewertet werden. Auch ein durch die Zeichensetzung ergebender Sinn ist bei der Auslegung zu berücksichtigen.[73]

30 So ist zunächst davon auszugehen, dass der Erblasser einen Ausdruck oder eine Wortverbindung auch im Sinne des allgemeinen Sprachgebrauchs, also nach dem allgemeinen Wortsinn, verstanden hat.[74] Zudann sind **regionale, schichtspezifische oder berufstypische Faktoren** zu berücksichtigen, woraus sich eine erhebliche Bandbreite möglicher Auslegungsoptionen ergeben kann.[75] Eine Deutung einer Erklärung ist zulässig, die „vom Wortsinn

[61] ErbR 2018, 452 (454) = BeckRS 2018, 9262.
[62] KG BeckRS 2018, 32120 Rn. 12; OLG München BeckRS 2018, 18077 Rn. 9; ErbR 2018, 456 (458); OLG Jena FGPrax 2018, 227 (228) = BeckRS 2018, 17321 Rn. 22.
[63] ErbR 2018, 456 (458); OLG Hamm ZErb 2016, 21; NJW 2013, 1375; ZEV 2012, 314; OLG Schleswig NJOZ 2016, 410.
[64] Damrau/Tanck/*Seiler-Schopp/Rudolf* § 2084 Rn. 26; Staudinger/*Otte* Vor §§ 2064 ff. Rn. 58; Soergel/*Loritz* § 2084 Rn. 14; MüKoBGB/*Leipold* § 2084 Rn. 12; zumindest Vermutung: BGH NJW 1970, 758; KG Rpfleger 1969, 426.
[65] OLG Jena FG Prax 2018, 227 (228) = BeckRS 2018, 17321 Rn. 22 unter Verweis auf BGH NJW 1983, 672.
[66] OLG Hamm ZEV 2012, 214; BGH ZEV 2009, 459 (461).
[67] OLG Karlsruhe BeckRS 2010, 30136.
[68] OLG München FamRZ 2014, 1884 = BeckRS 2013, 14047.
[69] OLG Hamburg ZEV 2016, 32 (33).
[70] OLG Hamm ZErb 2016, 21 (22).
[71] BeckOGK BGB/*Gierl* § 2084 Rn. 36.
[72] BGH ZEV 2009, 459 (461); vgl. OLG München ErbR 2018, 456 (458).
[73] BayObLG NJW-RR 1997, 835 (836).
[74] BGH NJW 1993, 259 (160); BayObLG NJW 1999, 1119; Staudinger/*Otte* Vor §§ 2064 ff. Rn. 58.
[75] MüKoBGB/*Leipold* § 2084 Rn. 9.

abweicht".[76] Hierzu müssen Umstände vorliegen, *„aus denen geschlossen werden kann, dass der Erklärende mit seinen Worten einen anderen Sinn verbunden hat, als es dem allgemeinen Sprachgebrauch entspricht"*.[77] Im Zweifel hat es bei dem Verständnis nach Maßgabe des üblichen Sprachgebrauchs zu verbleiben.[78]

Zur Auslegung einzelner Wörter und Begriffe können auch die Definitionen aus Wörterbüchern wie dem *Duden*,[79] Bedeutungswörterbuch, oder *Götter*,[80] Neues deutsches Wörterbuch, herangezogen werden. Auch kann eine Internetrecherche, etwa bei Wikipedia oder schlicht bei Google, hilfreich bei der Feststellung sein, welches Verständnis in der Bevölkerung hinsichtlich eines Wortes besteht. Maßgeblich ist aber ausschließlich das Verständnis des Testators. 31

Die Auslegung bewegt sich im Spannungsfeld von dem Testamentstext und dem Willen des Testierenden. Zu erforschen ist der wirkliche Wille des Erblassers.[81] Entscheidend ist, was der Erblasser *mit seinen Worten* sagen wollte,[82] und der Verständnishorizont des Erblassers bezüglich seiner Erklärung.[83] Das subjektive Verständnis des Erblassers ist maßgebend (OLG Düsseldorf BeckRS 2018, 26334 Rn. 15). Schließlich ist der Wortlaut nicht bindend[84] und setzt der Auslegung keine Grenzen.[85] Dazu muss sich aus den Umständen ergeben, dass der Erblasser mit seinen Worten einen anderen Sinn verbunden hat, als es dem allgemeinen Sprachgebrauch entspricht.[86] Der formgerecht erklärte Erblasserwille geht *„jeder anderen Interpretation, die der Wortlaut zulassen würde, vor."*[87] Nach *Lange*[88] zutreffend ist *„ein gehöriges Maß an Fantasie"* für die Auslegung erforderlich, *„um die Denk- und Darstellungsweisen des Erblassers zu erfassen."* 32

Zum Hinterfragen des Wortsinns ist das Vorverständnis des erklärenden Erblassers hinsichtlich der von ihm gewählten Worte zu erfassen. Maßgebend ist allein das subjektive Verständnis des Erblassers von den von ihm verwendeten Begriffen.[89] Der Ausleger muss sich in die sprachlichen Gewohnheiten des Erblassers, seine sozialen Beziehungen, seine Lebensverhältnisse sowie seine Interessen hineindenken. Es ist der Sinn der Erklärung so zu bestimmen, wie er unter den Lebensumständen des Erklärenden aufzufassen ist.[90] So kann eine auf den ersten Blick eindeutige Erklärung sich als mehrdeutig und damit als auslegungsbedürftig erweisen. 33

Werden nach dem Wortlaut mögliche oder gar naheliegende Auslegungen nicht erwogen oder dem Testament ein Inhalt gegeben, der seinem Wortlaut nicht zu entnehmen ist, ist darin ein **Rechtsfehler** zu sehen.[91] 34

Praxistipp:

Liegt ein handschriftliches Testament vor, sollten die Erben versuchen zu erforschen, ob sich der Erblasser bei der Testamentserrichtung juristisch hat beraten lassen. So sollten sie etwa die Akten des Erblassers durchsehen oder Kontakt mit Rechtsanwälten, Notaren und Steuerberatern aufnehmen, mit denen der Erblasser Kontakt hatte.

---

[76] OLG München ErbR 2018, 713 = BeckRS 2018, 20681 Rn. 10.
[77] OLG München ErbR 2018, 713 = BeckRS 2018, 20681 Rn. 10.
[78] MüKoBGB/*Leipold* § 2084 Rn. 12.
[79] BayObLG NJWE-FER 1999, 325 (326).
[80] AG Lüdenscheid Beschl. v. 16.9.2011 – 9 VI 120/11 (nv).
[81] BGH ZEV 2009, 459 (461); KG ErbR 2018, 454 (454).
[82] BGH ZEV 2002, 20; KG ErbR 2018, 452 (454); OLG Naumburg FamRZ 2014, 1884 = BeckRS 2013, 14047.
[83] BeckOK BGB/*Litzenburger* § 2084 Rn. 10.
[84] BayObLG NJW-RR 1997, 836 (838).
[85] BayObLG ZEV 2004, 200.
[86] BGH ZEV 2004, 200; BGH NJW 1993, 256.
[87] BGH ZEV 2009, 459 (461).
[88] *Lange* ErbR § 35 Rn. 12.
[89] OLG Hamm ZErb 2016, 21.
[90] MüKoBGB/*Leipold* § 2084 Rn. 17.
[91] BGH NJW 1993, 2168 (2170); BayObLG NJWE-FER 1997, 276.

Formulierungstext für einen Schriftsatz:

35 Bei mehrdeutigen letztwilligen Verfügungen ist durch Auslegung nach §§ 133, 2084 BGB zu erforschen, welche Rechtswirkungen der Erblasser im Zeitpunkt der Testamentserrichtung mit der letztwilligen Verfügung erreichen wollte. Dabei ist der wirkliche Wille des Erblassers zu erforschen; es ist nicht an dem buchstäblichen Sinn des Ausdrucks zu haften (BGH ZEV 2015, 343 (345)). Ausgangspunkt jeder Auslegung ist der Wortlaut der letztwilligen Verfügung des Erblassers (OLG Hamm BeckRS 2011, 2646; BayObLG NJW-RR 1997, 835), der aber nicht bindend ist (BayObLG NJW-RR 1997, 836, 838). Maßgeblich ist, was der Erblasser mit seinen Worten sagen wollte (BGH ZEV 2005, 117 (119); OLG München ErbR 2018, 456 (458)).

Die Auslegung des Testamentswortlautes hat stets vom Standpunkt des Erblassers aus zu erfolgen (BGH FamRZ 1987, 475). Hat der Erblasser mit seinen Worten einen anderen als den verkehrsüblichen Sinn verbunden, so ist das Wortverständnis des Erblassers maßgeblich (OLG Hamm BeckRS 2011, 18 455; BeckOK BGB/Litzenburger § 2084 BGB Rn. 10). Im Übrigen ist auf den allgemeinen Sprachgebrauch zurückzugreifen.

4. Umstände außerhalb des Testamentes

36 Bei der Feststellung, ob eine letztwillige Verfügung auslegungsbedürftig ist und bejahendenfalls, welches Auslegungsergebnis festzustellen ist, sind auch Umstände außerhalb des Testamentes heranzuziehen.[92] Der Richter dürfte sich nicht auf eine Analyse des Wortlautes beschränken.[93] Dem BGH zufolge sind **alle dem Richter zugänglichen Umstände außerhalb der Testamentsurkunde** auszuwerten, die zur Aufdeckung des Erblasserwillens möglicherweise dienlich sind.[94] Das gilt vor allem für Umstände, die vor der Testamentserrichtung liegen, als auch – eingeschränkt – für nachträgliche Umstände.[95] Dazu gehören das gesamte **Verhalten des Erblassers,** seine Äußerungen und Handlungen.[96] Auch die Eigenheiten bzw. der Lebenszuschnitt des Erblassers sind zu berücksichtigen.[97] Zu berücksichtigen ist auch der Grad der Bildung des Testierenden.[98] Diese Thematik fasst das OLG Brandenburg[99] wie folgt zusammen:

> *„Solche Umstände, die im Zusammenhang mit der im Testament enthaltenen Erklärung stehen, können vor oder nach seiner Errichtung liegen. Dazu gehört das gesamte Verhalten des Erblassers, seine Äußerungen und Handlungen (…), auch der Inhalt früherer oder widerrufener oder nichtiger Verfügungen (…).“*

37 Die Berücksichtigung von Umständen und Schriftstücken außerhalb des Testamentes stellt **keinen Verstoß gegen den Zweck der Formvorschriften** letztwilliger Verfügungen dar, da die Auslegung auf den Bereich beschränkt bleibt, der durch die formgerechte Erklärung abgesteckt ist.[100] Das bedeutet jedoch nicht, dass es zulässig ist, dass der Erblasser die Details seiner etwa handschriftlichen Verfügung in einer maschinenschriftlichen Anlage festgehalten hat.[101]

---

[92] BGH NJW 1985, 1554; ZEV 2009, 459 (461); OLG München BeckRS 2011, 25 923; OLG Karlsruhe BeckRS 2010, 30136; OLG Hamm BeckRS 2007, 5274; Staudinger/*Otte* Vor §§ 2064 ff. Rn. 59; Damrau/Tanck/*Seiler-Schopp/Rudolf* § 2084 Rn. 10; hervorragende Zusammenstellung auch bei BeckOGK BGB/*Gierl* § 2084 Rn. 39 ff. und bei *Roth* NJW-Spezial 2017, 295.

[93] BGH ZEV 2009, 459 (461); OLG Jena FGPrax 2018, 227 (228) = BeckRS 2018, 17321 Rn. 23.

[94] BGH ZEV 2009, 459 (461); NJW 1981, 2745; NJW 1988, 2744 (2745); KG BeckRS 2018, 32120 Rn. 12 (mAnm *Bestelmeyer*).

[95] Vgl. OLG München ZEV 2009, 239 (240); OLG Hamm ZErb 2008, 23 (25); ausdrücklich vor und nach der Testamentserrichtung: OLG Hamm NJOZ 2007, 3146 (3150).

[96] OLG Hamm NJOZ 2007, 3146 (3150); Damrau/Tanck/*Seiler-Schopp/Rudolf* § 2084 Rn. 11.

[97] OLG München BeckRS 2011, 25 923.

[98] OLG Jena FGPrax 2018, 227 (229) = BeckRS 2018, 17321 Rn. 31.

[99] OLG Brandenburg VIZ 2004, 42 (44); vgl. KG ErbR 2018, 452 (454).

[100] MüKoBGB/*Leipold* § 2084 Rn. 29.

[101] MüKoBGB/*Leipold* § 2084 Rn. 29; dagegen OLG Hamm NJW 2003, 2391, wonach Erben wirksam durch Bezugnahme auf eine maschinenschriftliche Liste bestimmt waren.

Als für die Auslegung heranzuziehende Umstände außerhalb des Testamentes oder Erbvertrages kommen in Betracht: 38

- Zusammensetzung, Herkunft und Höhe des Vermögens des Erblassers[102]
- mit welchen Mitteln ein bestimmter Gegenstand erworben wurde[103]
- die Beziehung des Erblassers zu den letztwillig begünstigten oder enterbten Personen, seien sie familiärer, persönlicher oder beruflicher Art bzw. mit feindseliger oder guter Intention[104]
- Vermögens- und Einkommensverhältnisse, Verwandtschaft, Alter, berufliche Stellung und Religion der Personen, die letztwillig begünstigt oder enterbt werden[105]
- örtliche Gebräuche
- der fortwirkende Einfluss früher geltenden Rechts[106]
- bei einem im Ausland errichteten (dem deutschen Recht unterstehenden) Testament der ausländische Rechtsgebrauch[107]
- die äußere Gestaltung der Testamentsurkunde[108]
- ob und wie der Erblasser seine möglichen Erben bereits lebzeitig begünstigt hat[109]

Auch das Vorverständnis des erklärenden Erblassers ist zu erfassen. So kann die etwaige Tatsache, dass sich der Erblasser mit Hilfe eines **Ratgebers** sachkundig gemacht hat, in die Auslegung einzubeziehen sein. Zur Auslegung kann auch heranzuziehen sein, ob der Erblasser über *„gute Sachkunde"* bzgl. der Abfassung von letztwilligen Verfügungen verfügte.[110] 39

Schriftstücke des Erblassers können – auch wenn diese ohne Testierwillen verfasst wurden oder trotz Testierwillens formunwirksam sind – **Rückschlüsse auf den wirklichen Willen** des Erblassers zulassen.[111] Das gilt in jedem Fall, wenn diese vor Testamentserrichtung verfasst wurden. Spätere sind nur insoweit zur Auslegung heranzuziehen, soweit sie Rückschlüsse auf den Willen im Zeitpunkt der Testamentserrichtung zulassen. 40

Bei dem Vorliegen von **mehreren gültigen Testamenten** muss bei der Auslegung die Gesamtheit der Erklärungen betrachtet werden.[112] Sofern ein später errichtetes Testament letztlich ein früheres und damit widerrufenes Testament weiterentwickelt und keine Willensänderung des Erblassers zu verzeichnen ist, kann für die Auslegung auch das frühere, ggf. sogar formungültige Testament herangezogen werden.[113] So hat das BayObLG[114] festgestellt: 41

> *„Ein widerrufenes Testament kann auch für die Auslegung anderer letztwilliger Verfügungen von Bedeutung sein (…)."*

Dies ist in der Rechtsprechung[115] und Literatur[116] anerkannt. Auch ein **Testamentsentwurf** kann bei der Auslegung helfen.[117] Gleiches gilt für wegen Formmangels unwirksame 42

[102] RG WarnR 1913 Nr. 230; LG Frankfurt a. M. BeckRS 2011, 23 586: Da der Erblasser sehr vermögend war, setzte das Gericht niedrige Voraussetzungen an den Umfang der Pflegeleistungen, die als Bedingung für die Alleinerbeinsetzung verfügt waren.

[103] RG WarnR 1939 Nr. 46.

[104] MüKoBGB/*Leipold* § 2084 Rn. 30.

[105] RG LZ 1932, 388; MüKoBGB/*Leipold* § 2084 Rn. 30.

[106] Vgl. OLG Oldenburg NdsRpfl 1951, 198.

[107] RG LZ 1924, 741.

[108] BayObLG NJW-RR 1990, 202.

[109] OLG Hamm FamRZ 2011, 1331 = BeckRS 2011, 2644.

[110] OLG München FamRZ 2011, 1757 = BeckRS 2011, 4046.

[111] BGH ZEV 2009, 459 (461); OLG München BeckRS 2011, 25 923; MüKoBGB/*Leipold* § 2084 Rn. 31.

[112] BayObLG ZEV 1996, 432; FamRZ 1997, 247 = BeckRS 1996, 31 022 828.

[113] BayObLG NJW-RR 1997, 836 (837); Damrau/Tanck/*Seiler-Schopp*/*Rudolf* § 2084 Rn. 10.

[114] BayObLGZ 1989, 323 (326).

[115] OLG Stuttgart Rpfleger1988, 485 = BeckRS 1988, 30846499; BayObLG NJW-RR 2005, 525 (526); FGPrax 2001, 207 (208).

[116] Burandt/Rojahn/*Czubayko* § 2084 Rn. 13; Damrau/Tanck/*Seiler-Schopp*/*Rudolf* § 2084 Rn. 10; FA-Komm ErbR/*Löhnig* § 2084 Rn. 11.

[117] Vgl. RG JW 1913, 991.

Testamente.[118] Nach dem BayObLG[119] kann ein **durchgestrichenes Testament** zumindest dann zur Auslegung eines späteren, unvollständig gebliebenen Testaments herangezogen werden, wenn der Erblasser beide Schriftstücke in einem verschlossenen Umschlag aufbewahrt hat. Ein später errichtetes Testament oder Erbvertrag kann auch durch eine in einer früheren und nicht mehr gültigen Verfügung enthaltene Anordnung ergänzt werden.[120] Auch in der Testamentsurkunde oder einem Entwurf **durchgestrichene Wörter** sind innerhalb der Auslegung heranzuziehen.

Einzelfall

In dem Rechtsstreit vor dem LG Frankfurt a. M.[121] stritten die Parteien über den Umfang der laut testamentarischer Klausel erforderlichen Pflegeleistungen, damit die Ehefrau die Bedingung zu ihrer Alleinerbschaft erfüllt hat. Da in dem privatschriftlichen Testament in diesem Zusammenhang das Wort *„fürsorglich"* gestrichen war, sprach dies dem Gericht zufolge dafür, dass über die Qualität der erbrachten Pflege nicht gestritten werden sollte. Damit setzte das Gericht an den erforderlichen Umfang der Pflege niedrige Voraussetzungen. Dass der Erblasser sehr vermögend war, indizierte für das Gericht, dass die Ehefrau nicht ununterbrochen persönlich die Pflege zu übernehmen hatte, wenn diese durch andere Personen sichergestellt war.

43 Ein etwa maschinenschriftliches Schriftstück kann aber nicht als Umstand außerhalb des Testamentes als wirksame Testamentsergänzung angesehen werden. Bei einem handschriftlichen Testament sollten Personen letztwillig begünstigt werden, deren Namen der Erblasser unterhalb seiner Unterschrift unter dem eigentlichen Testament benannt hat. Da es an einer Andeutung in dem Text oberhalb fehlte, stellte das OLG München[122] die Formunwirksamkeit der Begünstigungen der benannten Personen fest.

Formulierungstext für einen Schriftsatz:

44 Neben dem gesamten Inhalt der Testamentsurkunde sind bei der Auslegung auch Umstände außerhalb des Testamentes heranzuziehen und zu würdigen (BGH NJW 1985, 1554; ZEV 2009, 459 (461)). Dies gilt vor allem für Umstände, die vor der Testamentserrichtung liegen, aber auch für nachträgliche Umstände, soweit sie einen Rückschluss auf den Willen des Erblassers zum Zeitpunkt der Testamentserrichtung zulassen (OLG München ErbR 2018, 456 ((458); ZEV 2009, 239 (240)). Herangezogen werden kann das gesamte Verhalten des Erblassers, seine Äußerungen und Handlungen sowie der Inhalt früherer, widerrufener oder nichtiger Verfügungen (OLG Brandenburg VIZ 2004, 42 (44)).

Praxistipp:

Demzufolge ist im Grundsatz bei jedem Testament zunächst in Frage zu stellen, ob der Erblasser auch die Rechtsfolgen mit seiner Erklärung bewirken wollte, die sich für den Juristen aus dem Wortlaut ergeben. Das darf aber nicht dazu führen, dass vorschnell der Erklärung des Erblassers ein anderer Sinn beigemessen wird. Dadurch könnte dem wahren Willen des Erblassers nicht Rechnung getragen werden.

5. Maßgeblicher Zeitpunkt

45 Die Auslegung erforscht den Willen, den der Erblasser **zur Zeit der Testamentserrichtung** hatte.[123] Daher ist zur Feststellung des tatsächlichen (realen), subjektiven Willens des Erb-

[118] BayObLG BayObLGZ 1981, 79 (82); FamRZ 1986, 604 = BeckRS 2009, 28315; MüKoBGB/*Leipold* § 2084 Rn. 31.

[119] BayObLG NJW-RR 2005, 525.

[120] BGH WM 1980, 1039 = BeckRS 1980, 31070512.

[121] Frankfurt a. M. BeckRS 2011, 23586.

[122] OLG München MDR 2011, 235 = BeckRS 2010, 25057.

[123] BGH ZEV 2011, 422 (423) (für Erbvertrag); NJW 1993, 256; ZEV 2004, 423 (424); OLG München BeckRS 2018, 18077 Rn. 4; OLG Karlsruhe NJW-RR 2011, 874 (875).

lassers immer ausschließlich der Zeitpunkt der Testamentserrichtung maßgeblich.[124] Allein auf diesen Errichtungszeitpunkt bezogen ist festzustellen, was der Erblasser mit seiner Erklärung für eine Nachfolgeregelung erreichen wollte. Nach Testamentserrichtung liegende Umstände können bedeutsam sein, wenn sie Rückschlüsse auf den Willen des Erblassers im Zeitpunkt der Testamentserrichtung zulassen.[125]

Für die Auslegung kann daher auch die im Zeitpunkt der Testamentserrichtung jeweils geltende Fassung von Gesetzen heranzuziehen sein, so vor allem hinsichtlich des BGB und des ErbStG. Wenn der Erblasser nach der Testamentserrichtung seinen Willen geändert hat, ist dies für die Auslegung unbeachtlich.[126] 46

Der Hintergrund besteht (auch) in der **Formstrenge des Gesetzes** für letztwillige Verfügungen. Die Formvorschriften würden umgangen, wenn eine Änderung des Willens nach Testamentserrichtung bei der Auslegung zu beachten wäre.[127] Sofern nicht ausschließlich der Errichtungszeitpunkt für die Testamentsauslegung maßgeblich wäre, würde man letztlich eine Änderung oder den Widerruf eines Testamentes ohne Beachtung der hierfür vorgeschriebenen gesetzlichen Form zulassen.[128] Das gilt nach herrschender Meinung auch bei Mehrdeutigkeit einer letztwilligen Verfügung sowie in den Fällen, in denen der Wille des Erblassers nicht mit seiner Erklärung übereinstimmt.[129] 47

Äußerungen des Erblassers, die dieser vor Errichtung des Testamentes gemacht hat, können Rückschlüsse auf den Willen im Zeitpunkt der Testamentserrichtung zulassen.[130] Sogar **spätere** Äußerungen des Erblassers können bei der Testamentsauslegung zu berücksichtigen sein, wenn sie **Rückschlüsse auf die Willensbildung im Zeitpunkt der Testamentserrichtung** ermöglichen.[131] So hat das KG[132] festgestellt: 48

> *„Bei der Auslegung eines Testaments können allerdings auch der Testamentserrichtung nachfolgende Umstände wie gelegentliche formlose Äußerungen des Erblassers herangezogen werden (...). Diese Umstände müssen aber einen Schluß auf seine Vorstellungen im Zeitpunkt der letztwilligen Verfügung zulassen, weil es auf den beim Testieren bestehenden Willen und nicht auf spätere Willensänderungen ankommt (...).“*

Spätere Umstände objektiver Art wie **Änderungen in der Vermögenszusammensetzung** oder Wertverschiebungen sind nur dann bei der Auslegung berücksichtigungsfähig, wenn der Erblasser sie bei der Testamentserrichtung mit einbezogen hat (s. auch § 5 Rn. 31).[133] Äußerungen des Erblassers, denen zufolge er jetzt eine andere Bedeutung seinem Testament beimisst als im Errichtungszeitpunkt, sind unbeachtlich.[134] 49

Formulierungstext für einen Schriftsatz:

Maßgeblich ist der Wille des Erblassers zum Zeitpunkt der Testamentserrichtung (BGH ZEV 2011, 422 (423); OLG München BeckRS 2018, 18077 Rn. 4). Nachträgliche Willensänderungen sind unbeachtlich (OLG Karlsruhe NJW-RR 2011, 874 (875)). 50

124 BayObLG NJW-RR 1996, 1351; KG NJW 1970, 758; NJOZ 2006, 678; Nieder/Kössinger Testamentsgestaltung-HdB/W. *Kössinger* § 23 Rn. 7; NK-BGB/*Fleindl* § 2084 Rn. 12.

125 OLG München ErbR 2018, 456 (458).

126 BayObLG NJW-RR 1996, 1351; OLG Karlsruhe NJW-RR 2011, 874 (875).

127 OLG Stuttgart ZEV 2012, 208.

128 Vgl. Soergel/*Loritz* § 2084 Rn. 33; MüKoBGB/*Leipold* § 2084 Rn. 25.

129 Vgl. Soergel/*Loritz* § 2084 Rn. 33 mwN zur aA.

130 *Schellhammer,* Erbrecht nach Anspruchsgrundlagen, Rn. 312.

131 OLG Stuttgart FGPrax 2011, 306; OLG Düsseldorf FGPrax 2011, 125; BayObLG NJW-RR 2002, 1086 (1087); OLG Hamm BeckRS 2007, 2028 Rn. 29; KG NJW 1970, 758; BayObLG NJW-RR 1997, 836 (839); NJW-RR 2002, 1086; BeckOK BGB/*Litzenburger* § 2084 Rn. 10; Soergel/*Loritz* § 2084 Rn. 33.

132 KG NJW 1970, 758.

133 BayObLG FamRZ 2005, 1202 = BeckRS 2004, 9702; Burandt/Rojahn/*Czubayko* § 2084 Rn. 5.

134 *Olzen/Looschelders* ErbR Rn. 569.

6. Optionen zur Ermittlung des Erblasserwillens

51 Bei der Erforschung des Erblasserwillens können neben Handlungen und Verhaltensweisen[135] auch **mündliche Äußerungen des Erblassers** über den Inhalt seines Testamentes verwertet werden, die zumindest Anzeichen für dessen Willen im Zeitpunkt der Testamentserrichtung sind.[136] Lassen spätere Äußerungen Rückschlüsse auf den Willen zum Zeitpunkt der Testamentserrichtung zu, sind diese innerhalb der Auslegung zu berücksichtigen.[137] Dabei ist jedoch Zurückhaltung geboten.[138] Unabhängig von der Tatsache, dass Zeugenaussagen, die mündliche Äußerungen des Erblassers beweisen sollen, insbesondere nach großen Zeiträumen hinsichtlich ihrer Richtigkeit nur mit Vorsicht zu verwerten sind,[139] ist zu bedenken, dass der Erblasser seinerzeit mit seinen mündlichen Äußerungen potenzielle Erbanwärter möglicherweise lediglich beschwichtigen wollte.[140] In der Praxis beteuern einstweilen Erblasser ihnen letztlich unliebsamen Personen, sie letztwillig begünstigt zu haben. Dabei nutzen sie insoweit die strengen Formvorschriften aus, indem sie wissen, dass solche mündlichen Äußerungen rechtlich folgenlos sind.

Beispiel:

Ein Herr soll mit seiner jeweils aktuellen Geliebten zu einem Notar gegangen sein, um diese durch Einzeltestament zu seiner Alleinerbin einzusetzen. Da er sich zuvor mit seiner Ehefrau durch ein gemeinschaftliches Testament gebunden hatte, wusste er, dass die notariellen Einzeltestamente zugunsten seiner Geliebten unwirksam waren und sein Vermögen „in der Familie“ blieb – was auch tatsächlich seinem letzten Willen entsprach.

52 Sofern der Erblasser aber im **Zusammenhang mit der Konzeptionierung** seines Testamentes mündliche oder schriftliche Äußerungen zu den Vorstellungen seiner letztwilligen Nachfolge abgegeben hat, kann diesen ein hoher Stellenwert bei der Testamentsauslegung beigelegt werden.[141] Das gilt besonders dann, wenn es etwa im Beisein von beratenden Notaren oder Rechtsanwälten Gespräche mit Erbanwärtern gegeben hat. Als wertvolle Zeugen können die beratenden Rechtsanwälte und Notare, möglicherweise auch Steuerberater, fungieren.[142]

Praxistipp:

Vertreter dieser Berufsgruppen haben aber vorher abzuklären, inwieweit sie durch etwaige Zeugenaussagen gegen ihre gesetzliche Schweigepflicht verstoßen. Im Grundsatz besteht die Schweigepflicht auch nach dem Erbfall des Erblassers gegenüber den Erben fort. Notare müssen etwa vor einer Zeugenaussage vor Gericht von ihrer Verschwiegenheitspflicht von dem Präsidenten des zuständigen Landgerichts bzw. der zuständigen Notarkammer entbunden werden. In einem Fall bestätigte das OLG Düsseldorf[143] das Zeugnisverweigerungsrecht eines Anwaltes nach §§ 29 Abs. 2 FamFG, 383 Abs. 1 Nr. 6 ZPO.

53 Anhaltspunkte für den Willen des Erblassers können sich dem BGH[144] zufolge auch aus den **Auffassungen der Beteiligten nach dem Erbfall** ergeben. Das gilt insbesondere dann,

[135] OLG Hamm FPR 2011, 284 (285); OLG Düsseldorf FGPrax 2011, 125 (126).
[136] BGH NJW 1988, 2742 (2743); BayObLG FamRZ 1988, 986; BayObLGZ 1981, 79 (87); KG NJW 1970, 758.
[137] BayObLG NJW-RR 2002, 1087 (1088).
[138] Soergel/*Loritz* § 2084 Rn. 28; vgl. NK-BGB/*Fleindl* § 2084 Rn. 17.
[139] Rudolf/Bittler/Seiler-Schopp, Testamentsauslegung und -anfechtung-HdB/*Rudolf/Seiler-Schopp* § 1 Rn. 15.
[140] NK-BGB/*Fleindl* § 2084 Rn. 17; vgl. MüKoBGB/*Leipold* § 2084 Rn. 32.
[141] Vgl. OLG Hamm ZErb 2008, 23.
[142] Keidel/*Zimmermann* FamFG § 352 Rn. 92.
[143] OLG Düsseldorf FGPrax 2018, 175 (176), auch zur möglichen Entbindung nach § 385 Abs. 2 ZPO, dort aber verneint. Eine Entbindung käme nur hinsichtlich des vermögensrechtlichen Bereiches in Betracht, nicht aber, wenn die höchstpersönliche Sphäre des Erblassers berührt würde. Davon sei aber bei einer Testamentsausberatung durchaus von auszugehen, da auch familiäre Fragen relevant seien.
[144] BGH ZEV 2009, 459 (461); KG BeckRS 2018, 32120 Rn. 12; vgl. bereits OLG Hamm DNotZ 1963, 559 (561); MüKoBGB/*Leipold* § 2084 Rn. 32.

wenn zu diesem Zeitpunkt die Beteiligten (noch) nicht anwaltlich vertreten waren. Etwa stellte das OLG Jena[145] auch darauf ab, was für einen Erbschein eine längerlebende Ehefrau, die mit dem Erblasser gemeinsam testiert hatte, beantragt hat. Gegenüber nachträglichen Stellungnahmen von Beteiligten ist aber Vorsicht geboten.[146]

Einzelfall

Innerhalb einer SMS-Unterhaltung kurz nach dem Erbfall hatte sich eine Beteiligte über die Auslegung des Testamentes geäußert. Das zog zu Recht das AG Gummersbach[147] in seiner Entscheidung in einem Erbscheinsverfahren gegen die Schreiberin heran.

7. Bedeutung juristischer Fachbegriffe

„Der Verwendung juristischer Fachbegriffe durch juristische Laien kommt keine maßgebliche Bedeutung zu, sondern es ist stets im Wege der Auslegung zu klären, welche Bedeutung die Erblasser – über den Wortsinn hinaus – den von ihnen verwendeten Begriffen beigemessen haben (…)“, so völlig zutreffend das OLG München.[148] So ist es nicht maßgeblich, ob der Erblasser von dem verwendeten Terminus eine zutreffende juristische Auslegung hatte.[149] 54

Hat der Erblasser juristische Fachbegriffe (ohne erbrechtliche Beratung) verwendet, wird oftmals verkannt, dass er nicht unbedingt die sich aus dem Gesetz ergebenden **Rechtsfolgen dieser Begriffe** bezwecken wollte. Das OLG Düsseldorf[150] bescheinigte etwa einem privatschriftlichen Testament, dass die darin enthaltenen Fachbegriffe *„juristisch sinnlos oder fehlerhaft“* verwendet wurden. Es muss also im Rahmen der Auslegung geprüft werden, ob der Erblasser die Fachbegriffe **tatsächlich im Sinne der juristischen Terminologie** verstanden und verwendet hat.[151] Hat ein juristischer Laie Fachbegriffe verwandt, verbietet sich nicht grundsätzlich ein *„vom Wortsinn der Fachbegriffe abweichendes Verständnis“*. [152] Zweifel daran, dass ein rechtlicher Fachbegriff den Erblasserwillen ordnungsgemäß wiedergibt, sind angebracht, wenn *„der Gesamtzusammenhang aller Regelungen der letztwilligen Verfügung mit einzelnen darin verwandeten Rechtsbegriffen nicht übereinstimmt“*.[153] 55

Schiffer/Scherf[154] weisen darauf hin, dass im Einzelfall ein erbrechtlicher Begriff in ein und demselben Testament mit unterschiedlicher Bedeutung verwendet werden kann. Oftmals verwechseln Laien etwa das Begriffspaar *„erben“* und *„vermachen“*[155] oder sind sich nicht bewusst, dass bei der Anordnung der Vor- und Nacherbschaft der Vorerbe zahlreichen gesetzlichen Beschränkungen unterliegt.[156] Auch ist in der Praxis festzustellen, dass mit der Einsetzung eines – wörtlich – *„Nacherben“* tatsächlich nach dem letzten Erblasserwillen im juristischen Sinne ein Ersatzerbe[157] bzw. in einem gemeinschaftlichen Testament ein Schlusserbe gemeint ist.[158] Dem *„Gebrauch der Worte „Vorerbe“ und „Nacherbe“ kommt für sich allein keine entscheidende Bedeutung im Rahmen der Auslegung zu“*, so das OLG Mün- 56

[145] OLG Jena FGPrax 2018, 227 (229) (mAnm *Bestelmeyer*) = BeckRS 2018, 17321 Rn. 31.
[146] *Edenfeld* ZEV 2004, 141 (144).
[147] AG Gummersbach BeckRS 2015, 123921.
[148] OLG München ErbR 2018, 226 (227).
[149] OLG München ErbR 2018, 713 = BeckRS 2018, 20681 Rn. 18.
[150] OLG Düsseldorf FGPrax 2011, 125 (126).
[151] Vgl. BayObLG FamRZ 1999, 1392 = BeckRS 1999, 31023002; OLG Hamm Rpfleger 2003, 505: Nacherbe; BayObLG NJWE-FER 1997, 276: Schlusserbe; BayObLG NJW-RR 2002, 873: Miterbe; BayObLG FamRZ 1989, 99, 101 = BeckRS 2009, 12348: Ersatzerbe; Rudolf/Bittler/Seiler-Schopp, Testamentsauslegung und -anfechtung-HdB/*Rudolf/Seiler-Schopp* § 1 Rn. 12.
[152] OLG Jena FGPrax 2018, 227 (228) (mAnm *Bestelmeyer*) = BeckRS 2018, 17321 Rn. 31 unter Verweis auf BGH NJW 1983, 277 (278).
[153] OLG Jena FGPrax 2018, 227 (228) (mAnm *Bestelmeyer*) = BeckRS 2018, 17321 Rn. 24 unter Verweis auf KG NJW-RR 1987, 451.
[154] *Schiffer/Scherf* ZErb 2006, 335 (337).
[155] BayObLG NJW-RR 2002, 873 (874); FamRZ 2000, 1458 = BeckRS 2000, 31029901.
[156] *J. Mayer* DNotZ 1998, 772 (773).
[157] Oder auch umgekehrt: BGH LM BGB § 2001 Nr. 1 = BeckRS 1951, 31397451.
[158] OLG München ZEV 2012, 153; LG Bonn NJW-RR 2004, 10 (11); FAKomm ErbR/*Löhnig* § 2084 Rn. 5.

chen[159] und bewertete die Einsetzung zum *„befreiten Vorerben"* als Alleinerbe bei einem gemeinschaftlichen Testament. Trotz der Verwendung des Wortes *„Pflichtteil"* kann etwa auch der gesetzliche Erbteil zu verstehen sein.[160] Die Ernennung zum Testamentsvollstrecker verbunden mit der Befugnis, *„über alle Konten einschließl. d. Aktien [zu] verfügen"*, legte das BayObLG[161] als Alleinerbeinsetzung aus. Vorsicht ist sogar dann geboten, wenn der Erblasser selbst Jurist war oder sich durch einen Juristen hat beraten lassen.[162]

Einzelfall

Die in einem Testament getroffene Regelung „Es bleibt die gesetzliche Regelung" ist lt. AG Gummersbach[163] nicht eindeutig dahingehend zu verstehen, dass der Erblasser die gesetzlichen Erben als Erben einsetzen wollte. In dem Fall stellte das Nachlassgericht fest, dass die Erblasserin zu ihren Erben nicht nur ihre beiden adoptierten Pflegekinder, sondern auch die nicht adoptierten Pflegekinder zählte. So hieß es auch dem Testament: *„Ich liebe Euch alle 4 gleich und ich weiss, Ihr werdet es gut machen"*.

57 Der ein Testament auslegende Jurist darf sich folglich nicht von Fachbegriffen in privatschriftlichen Testamenten irreführen lassen, sondern muss stets die Überlegung anstellen, was der Erblasser mit diesen Begriffen tatsächlich gemeint hat. Er muss sich davor hüten, seine ihm zur selbstverständlichen Gewohnheit gewordene Sprache zu verallgemeinern.[164] Bei Vorfinden von Fachtermina darf er nicht *„blind"* von der Rechtsfolge ausgehen, die das Gesetz jeweils vorsieht. Worte, die fachsprachlich eine feste Bedeutung haben, können auch umgangssprachlich unscharf oder in mehrfacher Bedeutung verwendet werden.[165] Das gilt auch dann, wenn *„Anzeichen"* dafür bestehen, dass ein Erblasser *„juristische Erkundigungen eingezogen"* hatte.[166] In einem solchen Fall ist lt. OLG Düsseldorf entscheidend,

> *„ob juristische Kenntnisse in der letztwilligen Verfügung derart Niederschlag gefunden haben, dass davon auszugehen wäre, sie seien so qualifiziert gewesen, dass bestimmte Begriffe schlechterdings nur in dem juristisch-technischen Sinne gemeint sein könnten."*

Formulierungstext für einen Schriftsatz:

58 Verwendet der Erblasser in seiner letztwilligen Verfügung juristische Fachbegriffe, so ist nicht zwingend davon auszugehen, dass er diese im Sinne der juristischen Terminologie verstanden hat und die sich aus dem Gesetz ergebenden Rechtsfolgen bezwecken wollte. Gerade bei Laientestamenten kommt der Verwendung juristischer Fachbegriffe keine maßgebliche Bedeutung zu (OLG München ErbR 2018, 226 (227).

8. Besonderheiten bei von Notaren entworfenen und beurkundeten Testamenten und Erbverträgen

59 Liegt ein **notarielles Testament** oder ein **notarieller Erbvertrag** vor, so spricht wegen der Beratungs- und Belehrungspflicht des Notars aus § 17 BeurkG[167] die **größere Wahrscheinlichkeit** dafür, dass der Erblasser Ausdrücke, die eine **exakte juristische Bedeutung** haben, auch in diesem Sinne gemeint hat.[168] Der dagegen verstoßende Notar macht sich gem. § 19

[159] OLG München BeckRS 2011, 28 351.
[160] BayObLG NJW-RR 2002, 296 (298).
[161] BayObLG NJW-RR 2004, 1593 (1594).
[162] BeckOK BGB/*Litzenburger* § 2084 Rn. 12.
[163] AG Gummersbach BeckRS 2015, 123921.
[164] MüKoBGB/*Leipold* § 2084 Rn. 36.
[165] Staudinger/*Otte* Vor §§ 2064 ff. Rn. 61; MüKoBGB/*Leipold* § 2084 Rn. 10; *Olzen/Looschelders* ErbR Rn. 566.
[166] OLG Düsseldorf FGPrax 2011, 125 (126).
[167] Zu dem Umfang der Pflicht: OLG Hamm BeckRS 2011, 21 433; ZEV 2011, 427 (428).
[168] BGH LM BGB § 2100 Nr. 2 = BeckRS 1951, 31 397 621; OLG Hamm Rpfleger 2001, 595 (596) = BeckRS 2006, 4644; BayObLG FamRZ 1996, 1037 (1038) = BeckRS 1996, 31 022 666; OLG Saarbrücken

BNotO schadensersatzpflichtig.[169] Innerhalb eines Klageverfahrens zur Auslegung einer letztwilligen Verfügung ist in Betracht zu ziehen, dem Notar den Streit zu verkünden, der durch eine auslegungsbedürftige Formulierung einer letztwilligen Anordnung Anlass für die Klage gegeben hat (**Streitverkündung** gem. §§ 72 ff. ZPO).[170] Der Schaden besteht regelmäßig in den Aufwendungen des Rechtsstreits.

Der Notar ist aufgrund von § 17 BeurkG verpflichtet, *„den Willen der Beteiligten zu erforschen, sie über die Tragweite ihres Geschäftes zu belehren und ihre Erklärungen klar und unzweideutig wiederzugeben."*[171] Etwa dem OLG München[172] zufolge bestehe bei einer von einem Notar beurkundeten Erklärung eine gewisse Vermutung[173] dafür, dass *„der objektive Erklärungsinhalt und der Wille des Erblassers übereinstimmen"*, denn der Notar sei verpflichtet, *„Irrtümer und Zweifel tunlichst zu vermeiden und zu diesem Zweck den Willen"* des Testierenden *„sorgfältig zu ermitteln."* Solange keine dem widersprechenden *„konkrete(n) Anhaltspunkte"* vorliegen, ist im Hinblick auf die notarielle Belehrung aus § 17 BeurkG davon auszugehen, dass der Erblasser *„entsprechend der juristischen Bedeutung der gewählten Begriffe testieren wollten."*[174] Bei einem notariellen Testament ist daher in der Regel die vom Gesetz vorgesehene Bedeutung und Rechtsfolge der verwendeten juristischen Begriffe zugrunde zu legen.[175] So spricht eine gewisse Vermutung dafür, dass „objektiver Erklärungsinhalt und Erblasserwillen übereinstimmen".[176] 60

Praxistipp:

Der Notar kann als Zeuge im Erbscheinsverfahren und im Zivilprozess angehört werden.[177] Zuvor muss er durch den Präsidenten des Gerichts bzw. der Notarkammer von seiner Verschwiegenheitspflicht entbunden werden. Das hat derjenige Beteiligte zu beantragen, der einen Notar als Zeugen benennt.

Es ist aber klar festzustellen, dass auch ein notarielles Testament bzw. ein Erbvertrag auslegungsbedürftig sein können, was in Rechtsprechung[178] und Literatur[179] anerkannt ist. Bezeichnenderweise erging das Grundsatzurteil des BGH[180] zu der einfachen Auslegung aufgrund eines notariellen Testamentes. Trotz der Befassung durch einen Notar kann sogar ein juristischer Begriff unrichtig und unpräzise verwendet worden sein.[181] Der Testamentsauslegung sind selbst in Fällen *„klaren und eindeutigen"* Wortlautes auch bei Mitwirkung eines 61

NJW-RR 1994, 844 (846); Staudinger/*Otte* Vor §§ 2064 ff. Rn. 67; BeckOK BGB/*Litzenburger* § 2084 Rn. 12; Damrau/Tanck/*Seiler-Schopp/Rudolf* § 2084 Rn. 10.

[169] OLG Hamm BeckRS 2011, 21433; OLG Schleswig BeckRS 2010, 4033.

[170] So im Verfahren LG Memmingen 35 O 1063/11 (nv).

[171] BayObLG FamRZ 1996, 1037 = BeckRS 1996, 31022666.

[172] OLG München NJW-RR 2011, 12 (13).

[173] BGH LM BGB § 2100 Nr. 2 = BeckRS 1951, 31 397 621; OLG München NJW-RR 2011, 12 (13); OLG Hamm Rpfleger 2001, 595 = BeckRS 2006, 4644; BayObLG FamRZ 1996, 1037 = BeckRS 1996, 31022666; BeckOK BGB/*Litzenburger* § 2084 Rn. 12.

[174] OLG Hamm Rpfleger 2001, 595 = BeckRS 2006, 4644.

[175] BGH NJW-RR 1990, 391 (392 f.); Damrau/Tanck/*Seiler-Schopp/Rudolf* § 2084 Rn. 30; MüKoBGB/*Leipold* § 2084 Rn. 39.

[176] OLG Frankfurt a. M. ZErb 2018, 201 (205).

[177] OLG Hamm BeckRS 2011, 18 455; BayObLG NJW-RR 1997, 835 (836); Burandt/Rojahn/*Czubayko* § 2084 Rn. 9.

[178] OLG Hamm ZEV 2011, 427 mAnm *Herrler;* BayObLG NJWE-FER 1999, 325; NJW-RR 1997, 835; OLG Saarbrücken NJW-RR 1994, 844 (845); OLG Hamm NJW-RR 1993, 1225 (1226); KG NJW-RR 1987, 451; BGH LM BGB § 2100 Nr. 2 = BeckRS 1951, 31397621; LM BGB § 2100 Nr. 1 = BeckRS 1951, 31397451.

[179] Staudinger/*Otte* Vor §§ 2064 ff. Rn. 67; Rudolf/Bittler/Seiler-Schopp, Testamentsauslegung und -anfechtung-HdB/*Rudolf/Seiler-Schopp* § 1 Rn. 13; BeckOK BGB/*Litzenburger* § 2084 Rn. 12; MüKoBGB/*Leipold* § 2084 Rn. 38.

[180] BGH NJW 1983, 672.

[181] KG NJW-RR 1987, 451; OLG Hamm NJW-RR 1993, 1225 (1226); Damrau/Tanck/*Seiler-Schopp/Rudolf* § 2084 Rn. 30.

Notares keine Grenzen gesetzt.[182] Die Mitwirkung eines Notars gewährleistet nicht, dass *„der Erblasserwille zweifelsfrei niedergelegt worden ist."*[183]

62 Es bedarf konkreter Anhaltspunkte, um die Vermutung der Richtigkeit zu entkräften.[184] Der BGH[185] entschied etwa für ein notarielles Testament, in dem Begriffe falsch verwendet wurden, dass dann keine Vermutung der Richtigkeit besteht. Solche Anhaltspunkte können darin bestehen,

- dass der Text des Notares widersprüchlich ist,[186]
- dass die maßgebliche Formulierung *„sprachlich unklar"* ist,[187]
- dass der Notar juristische Fachbegriffe falsch oder unpräzise verwendet hat,[188] oder
- dass der Notar vermeintliche, aber vom BGB nicht vorgesehene Fachbegriffe entwickelt hat.

63 Das OLG Hamm[189] hat 2001 festgestellt, dass keine Bindung *„bei der Auslegung an die in dem notariellen Testament gewählte juristische Begriffsbildung"* besteht, und 2011[190] über notarielle Verfügungen – anscheinend aus eigener Erfahrung – Folgendes bekundet:

> *„... in der Praxis werden diese jedoch immerhin so häufig verfehlt, dass sich hieraus in tatsächlicher Hinsicht keine Ausnahme vom Gebot der amtswegigen Erforschung des Erblasserwillens ableiten läßt."*

64 Daher hat etwa auch das BayObLG[191] festgestellt:

> *„Es gibt keinen Erfahrungssatz dahin, dass notarielle Texte immer sprachlich zweifelsfrei formuliert sind, ganz abgesehen davon, dass sich mit einem solchen Erfahrungssatz Auslegungszweifel im Einzelfall nicht lösen ließen."*

65 Zu beachten ist, dass bei der Auslegung nicht die Auffassung des beurkundenden Notars, sondern die des Erblassers maßgebend ist.[192] Dem Verständnis des Notars und dessen Belehrungen kommt aber eine Indizwirkung zu.[193]

Formulierungstext für einen Schriftsatz:

66 Auch wenn ein Notar eine letztwillige Verfügung konzipiert hat, kann diese dennoch auslegungsbedürftig sein (OLG Hamm ZEV 2011, 427 (428)). Bei notariellen Testamenten und Erbverträgen spricht zwar aufgrund der Pflicht des Notars aus § 17 BeurkG eine gewisse Vermutung dafür, dass der objektive Erklärungsinhalt mit dem Willen des Erblassers zum Zeitpunkt der Testamentserrichtung übereinstimmt (OLG München NJW-RR 2011, 12; vgl. OLG Frankfurt a.M. ZErb 2018, 201 (205)). Diese Indizwirkung entfällt jedoch, wenn in der notariellen Urkunde juristische Begriffe unrichtig verwandt wurden (BGH BeckRS 1951, 31397621; OLG Hamm NJW-RR 1993, 1225). Bei der Auslegung der notariellen letztwilligen Verfügung ist nur der Verständnishorizont des Erblassers maßgebend, nicht die Auffassung des beurkundenden Notars (BGH NJW 1981, 1736; OLG Hamm NJW-RR 1993, 1225 (1226)).

182 OLG Saarbrücken NJW-RR 1994, 844 (845).
183 BayObLG NJWE-FER 1999, 325.
184 OLG München NJW-RR 2011, 12 (13); OLG Hamm BeckRS 2006, 4644; BeckOK BGB/*Litzenburger* § 2084 Rn. 12; FAKomm ErbR/*Löhnig* § 2084 Rn. 7.
185 BGH LM BGB § 2100 Nr. 2 = BeckRS 1951, 31 397 621.
186 BGH LM BGB § 2100 Nr. 2 = BeckRS 1951, 31 397 621; BayObLG NJW-RR 1997, 835 f.
187 BayObLG NJW-RR 1997, 835.
188 BGH LM BGB § 2100 Nr. 2 = BeckRS 1951, 31 397 621; OLG Hamm NJW-RR 1993, 1225; KG NJW-RR 1987, 451.
189 OLG Hamm FamRZ 2002, 201 = BeckRS 2006, 4644.
190 OLG Hamm ZEV 2011, 427 (428) mAnm *Herrler.*
191 BayObLG NJW-RR 1997, 835 (836).
192 BGH LM BGB § 2100 Nr. 2 = BeckRS 1951, 31 397 451; OLG Hamm NJW-RR 1993, 1225 = FamRZ 1994, 188; KG NJW-RR 1987, 451; Palandt/*Weidlich* § 2084 Rn. 2; BeckOK BGB/*Litzenburger* § 2084 Rn. 12; MAH ErbR/*Machulla* § 6 Rn. 15; *Lange* ErbR § 16 Rn. 109.
193 OLG Düsseldorf FamRZ 2007, 769 = BeckRS 2007, 2206.

9. Unschädlichkeit einer Falschbezeichnung

a) **Fallgruppen.** Im Rahmen der Falschbezeichnung in letztwilligen Verfügungen sind zwei Fallgruppen zu unterscheiden: zum einen die **bewusste Falschbezeichnung** und zum anderen die **unbewusste Falschbezeichnung.** 67

Beispiel für die bewusste Falschbezeichnung:

Bezeichnet der Erblasser seine Ehefrau in seinem Testament als „Mutter", so kann die Auslegung ergeben, dass hiermit seine Ehefrau gemeint ist, insbesondere wenn er aufgrund seines speziellen Sprachgebrauchs seine Ehefrau stets als „Mutter" bezeichnet hat.[194]

Beispiel für die unbewusste Falschbezeichnung:

Der Erblasser, der A und B angestellt hatte, setzt A zu seinem Erben ein, weil er meint, dass B ihn bestohlen habe. In Wahrheit hat A ihn bestohlen.

Die Fälle der bewussten Falschbezeichnung werden im Wege der Auslegung gelöst; die der unbewussten Falschbezeichnung durch Anfechtung gem. § 2078 Abs. 1 BGB. Die Abgrenzung kann schwierig sein. 68

b) **Bewusste Falschbezeichnung.** Eine bewusste Falschbezeichnung ist im Grundsatz unschädlich, da bei der Testamentsauslegung maßgeblich ist, was der Erblasser mit seinen Worten tatsächlich gemeint hat *(falsa demonstratio non nocet).*[195] Danach sichert eine von dem Erblasser gewählte Formulierung, die nach allgemeinem Sprachgebrauch seinen Willen nicht zu treffen scheint, die Umsetzung seines letzten Willens, wenn das Gemeinte aufgrund feststellbarer Umstände zuverlässig ermittelt werden kann;[196] es muss seinem spezifischen Sprachgebrauch entsprechen. Bewusste Falschbezeichnungen sind vom Standpunkt des Erblassers schließlich der für ihn zutreffende Ausdruck des Gemeinten. Lediglich ein objektiver Dritter würde diese Bezeichnung als *„falsch"* bewerten. Es ist daher in diesen Fällen zu fragen, ob der Erblasser das von ihm verwendete Wort von seinem Standpunkt aus als zutreffenden Ausdruck des Gemeinten oder aber als Fehlgriff qualifizieren würde.[197] Im Hinblick auf die zu beachtende Andeutungs- bzw. Anhaltstheorie wird eine falsche Bezeichnung als **formwahrende Andeutung** gesehen.[198] Es hat derjenige die Falschbezeichnung zu **beweisen,** der daraus einen rechtlichen Vorteil ziehen will.[199] 69

Praxistipp:

Die praktische Bedeutung der Anwendung des „falsa demonstratio non nocet"-Grundsatzes in der Testamentsauslegung ist aber gering, da zumeist der „richtige" Erblasserwille durch den allgemeinen Sprachgebrauch oder durch den spezifischen Sprachgebrauch des Erblassers ermittelt werden kann.

c) **Unbewusste Falschbezeichnung.** Anders liegen hingegen die Fälle, in denen der Erblasser den Bedachten unbewusst falsch bezeichnet hat. Verwendet der Erblasser im Testament einen bestimmten Namen zur Kennzeichnung des Bedachten und hat er sich hierbei **geirrt,** kann nicht durch Auslegung der tatsächlich zu Begünstigende ermittelt werden.[200] Etwas anderes gilt nur dann, wenn das Testament Anhaltspunkte dafür enthält, dass eine andere Person gemeint ist bzw. wenn ein abweichender Namensgebrauch durch den Erblasser feststellbar wäre.[201] 70

[194] Soergel/*Loritz* § 2084 Rn. 20; *Lange* ErbR § 35 Rn. 14.
[195] BeckOK BGB/*Litzenburger* § 2084 Rn. 14.
[196] MüKoBGB/*Leipold* § 2084 Rn. 18; Soergel/*Loritz* § 2084 Rn. 19.
[197] Staudinger/*Otte* Vor §§ 2064 ff. Rn. 32.
[198] BGH NJW 1983, 672 (673); Damrau/Tanck/*Seiler-Schopp/Rudolf* § 2084 Rn. 29; Soergel/*Loritz* § 2084 Rn. 19.
[199] Vgl. BGH NJW 1986, 1867 (1868); NJW 1995, 3258; vgl. NJW 2001, 144 (145).
[200] MüKoBGB/*Leipold* § 2084 Rn. 19.
[201] MüKoBGB/*Leipold* § 2084 Rn. 19.

71 Bei unbewusster Falschbezeichnung ist eine **Auslegung nicht möglich,** sondern es verbleibt nur die **Anfechtung** nach § 2078 Abs. 1 BGB.[202] Das gilt sowohl für Inhaltsirrtümer als auch bei Irrtümern in der Erklärungshandlung, etwa wenn sich der Erblasser verschreibt und *„Hans"* statt *„Heinz"* schreibt, obwohl er nicht seinem Sohn Hans, sondern seinem Sohn Heinz etwas Bestimmtes zuwenden wollte.[203] *Brox* möchte indes solche Irrtumsfälle auch durch Auslegung lösen, da nach einer Anfechtung die gesetzliche Erbfolge eintritt, was dem letzten Willen des Erblassers nicht entsprechen würde.[204]

10. Andeutungstheorie als Grenze der Erforschung des letzten Willens des Erblassers

72 Im Hinblick auf die strengen testamentarischen und erbvertraglichen Formvorschriften kann durch die Auslegung nicht ein von der Erklärung losgelöster Erblasserwille ermittelt werden. Die Formvorschriften sollen verantwortliches Testieren fördern und Streitigkeiten über den Inhalt letztwilliger Verfügungen vermeiden.[205] Maßgeblich ist, was der Erblasser **mit seinen Worten** sagen wollte.[206] Die **Auslegung** muss sich stets an der im Testament bzw. Erbvertrag **verkörperten Erklärung** orientieren. Selbst wenn durch Zeugenaussagen u. Ä. bewiesen werden kann, dass der Erblasser im Zeitpunkt einen anderen letzten Willen hatte, ist dies gleichgültig, wenn dieser Wille nicht mit den Worten aus dem Testament bzw. dem Erbvertrag korrespondiert. Die Andeutungstheorie dient der Gewährleistung der für die Wirksamkeit des Testierwillens erforderlichen Formvorschriften.[207]

73 Eine Grenze wird der einfachen Auslegung daher durch die **Andeutungs- bzw. Anhaltstheorie** gesetzt. Danach muss der durch Auslegung ermittelte Rechtsfolgewille in dem Testament bzw. Erbvertrag jedenfalls **irgendwie zum Ausdruck** gekommen sein (andeutungsweise, unvollkommen oder versteckt).[208] Das ist zwingende Voraussetzung.[209] Die herrschende Meinung verlangt daher zumindest einen unvollkommenen oder versteckten Anhaltspunkt in der letztwilligen Verfügung.[210] Es muss lt. BGH *„für den festgestellten Willen eine hinreichende Stütze im Text des Testamentes gefunden"*[211] werden.

74 Einen sehr liberalen Ansatz der Andeutungstheorie vertritt das OLG Hamm,[212] die es damit begründet, dass eine Andeutung deswegen erforderlich wäre, um den Erblasserwillen *„beweismäßig"* und gegen spätere Verfälschung zu sichern. Im Rahmen der Andeutungstheorie würde es ausreichen, wenn sich die *„Auslegungsnotwendigkeit und die generelle Willensrichtung (...) aus dem Wortlaut herleiten lässt."*

75 Die Mindermeinung[213] hält Anhaltspunkte für das Auslegungsergebnis in der Testamentsurkunde nicht für erforderlich und lehnt die Andeutungstheorie ab. *Brox/Walker*[214] zufolge würde diese Theorie zu Unrecht einen *„weitschweifeligen"* Erblasser gegenüber einem Erblasser bevorzugen, der knapp formuliert. Zudem bestände eine große Rechtsunsicherheit, da es in der nicht kalkulierbaren Entscheidung des Richters liege, ob er die geforderte Andeutung im Testament findet oder nicht.

---

[202] MüKoBGB/*Leipold* § 2084 Rn. 19; vgl. Staudinger/*Otte* Vor §§ 2064 ff. Rn. 36, der nur von Abgrenzungsproblemen spricht.
[203] Soergel/*Loritz* § 2084 Rn. 23.
[204] *Brox/Walker* ErbR Rn. 199; ebenso *Foerste* DNotZ 1993, 84 (96).
[205] BGH NJW 1981, 1736 (1737).
[206] BGH ZEV 2002, 20; FamRZ 1987, 475; NJW 1993, 256.
[207] BeckOGK BGB/*Gierl* § 2084 Rn. 18.
[208] BGH NJW 1981, 1737; ZEV 2002, 20; KG BeckRS 2018, 32122 Rn. 13; OLG Frankfurt a. M. BeckRS 2018, 33073 Rn. 14; OLG Düsseldorf BeckRS 2011, 23314; OLG Hamm FamRZ 2011, 1331 = BeckRS 2011, 2644; OLG München BeckRS 2011, 25 923; MüKoBGB/*Leipold* § 2084 Rn. 14; Keidel/*Zimmermann* FamRZ § 352 Rn. 92; *Roth* NJW-Spezial 2017, 103.
[209] Burandt/Rojahn/*Czubayko* § 2084 Rn. 11.
[210] BGH NJW 1983, 672 (673); NJWE-FER 1997, 252; NJW 2002, 1126 (1127); OLG München FamRZ 2011, 235 = BeckRS 2010, 25057; BayObLG ZEV 2004, 200 (201); Soergel/*Loritz* § 2084 Rn. 8 f.; Palandt/*Weidlich* § 2084 Rn. 4; Erman/*M. Schmidt* § 2084 Rn. 3; MüKoBGB/*Leipold* § 2084 Rn. 14 ff.
[211] BGH ZEV 2002, 20; so auch KG ErbR 2018, 452 (454).
[212] OLG Hamm ZEV 2011, 427 (428) mit abl. Anm. *Herrler;* ebenfalls abl. *Böttcher* ZEV 2011, 537 (538).
[213] *Smid* JuS 1987, 286; *Häsemeyer* AcP 188, 428; *Gerhards* JuS 1994, 642; *Foerste* DNotZ 1993, 84.
[214] *Brox/Walker* ErbR Rn. 200.

Für die Auslegung einer letztwilligen Verfügung ist erforderlich, dass überhaupt eine formwirksam errichtete letztwillige Verfügung vorliegt.[215] Ein Formmangel kann mithin nicht durch Auslegung des erklärten Willens beseitigt werden[216] und führt zur Nichtigkeit gem. § 125 S. 1 BGB.[217] Folgt man der Andeutungstheorie nicht, würde dies zu einer Geltung des Willens führen, der nicht formgerecht erklärt worden ist.[218] Eine Aufgabe der Andeutungstheorie würde praktisch zur Gestattung der formlosen letztwilligen Verfügung führen.[219] In den Fällen der Formunwirksamkeit kommt ggf. eine **Umdeutung** in ein formgültiges Rechtsgeschäft in Betracht (→ § 3). 76

Nach einer Mindermeinung ist indes das Vorliegen überhaupt einer formgerechten Verfügung ausreichend, um den feststehenden wahren Willen zur Geltung zu bringen.[220] Diese Auffassung ist abzulehnen, da anderenfalls sich das ermittelte Auslegungsergebnis zu weit von dem im Testament oder Erbvertrag fixierten letzten Willen im Zeitpunkt der Errichtung entfernen könnte. 77

Die strengen Formvorschriften für letztwillige Verfügungen *„sollen den Erblasser dazu veranlassen, sich selbst darüber klar zu werden, welchen Inhalt seine Verfügung von Todes wegen haben soll, und seinen Willen möglichst deutlich zum Ausdruck zu bringen.“*[221] Die Abgrenzung zwischen dem verbindlich Gewollten von Vorüberlegungen und Entwürfen wird ermöglicht.[222] Auch **schützen** diese **den Erblasser vor Verfälschungen.**[223] Zudem kommt es durchaus vor, dass ein potentieller Erblasser mündlich Personen, die sich eine Begünstigung nach dessen Ableben erhoffen, erklärt, dass er ihnen etwas vererbt bzw. vermacht. Dadurch möchte der Erblasser entweder keine Diskussion zulassen oder bestehende Diskussionen beenden. Das ist für ihn risikolos, da er aufgrund der Formstrenge des Gesetzes die Gewissheit hat, dass nur sein formwirksam erklärter Wille nach seinem Ableben maßgebend ist.[224] Die Andeutungstheorie kann hinderlich sein, wenn das Vorhandensein von Schwarzgeld nicht andeutungsweise in einem Testament zutage tritt.[225] 78

In zwei Fällen verzichtet die Rechtsprechung hingegen auf jeglichen Anhaltspunkt in der Urkunde, und zwar zum einen in den Fällen der Falschbezeichnung *(falsa demonstratio non nocet)* und zum anderen dann, wenn außergewöhnliche, insbesondere politische Gründe den Erblasser gezwungen haben, seinen wahren Willen zu verbergen.[226] Bei der Falschbezeichnung sind zumindest die Anforderungen an die Andeutung in der letztwilligen Verfügung gering. 79

Eigentlich ist zunächst das Auslegungsergebnis festzustellen und sodann zu überprüfen, *„ob der so ermittelte Erblasserwille eine hinreichende Stütze im Testament selbst findet.“*[227] Allein um im Ergebnis **sinnlose Beweisaufnahmen** zu vermeiden, ist aber bei der Ermittlung des Auslegungsergebnisses bereits im Blick zu halten, ob dieses ausreichend Anhaltspunkte im Testament bzw. Erbvertrag findet. Nach *Leipold*[228] ist sogar zuerst zu prüfen, welchen Auslegungsspielraum das Testament eröffnet. Der Richter, der bei der Auslegung einer Erklärung ein bestimmtes Ergebnis erzielt hat, wird eher geneigt sein, hierfür bei der Formprüfung in der Urkunde auch eine Andeutung zu finden.[229] 80

215 NK-BGB/*Fleindl* § 2084 Rn. 14.
216 BayObLG FamRZ 1983, 836.
217 BGH NJW 1981, 1737 (1738).
218 Damrau/Tanck/*Seiler-Schopp/Rudolf* § 2084 Rn. 15.
219 Nieder/Kössinger Testamentsgestaltung-HdB/*W. Kössinger* § 23 Rn. 21a.
220 *Brox/Walker* ErbR Rn. 200.
221 BGH NJW 1981, 1737 (1738).
222 *Olzen/Looschelders* ErbR Rn. 575.
223 BGH NJW 1981, 1737 (1738); *Olzen/Looschelders* ErbR Rn. 575.
224 NK-BGB/*Fleindl* § 2084 Rn. 17.
225 *Schaub* ZEV 2011, 501 (503).
226 BGH FamRZ 1977, 786; vgl. Erman/*M. Schmidt* § 2084 Rn. 3; vgl. Staudinger/*Otte* Vor §§ 2064 ff. Rn. 32.
227 BGH NJWE-FER 1997, 252; NJW 1983, 672 (673).
228 MüKoBGB/*Leipold* § 2084 Rn. 13.
229 Nieder/Kössinger Testamentsgestaltung-HdB/*W. Kössinger* § 23 Rn. 21 a.

81 Diese Ausführungen gelten vor allem für die einfache bzw. erläuternde Testamentsauslegung.[230] Bei der ergänzenden Testamentsauslegung sind Besonderheiten zu beachten; die Voraussetzungen an die *„Stütze"* des Auslegungsergebnisses sind bedeutend niedriger (→ § 2 Rn. 132 ff.).

Formulierungstext für einen Schriftsatz:

82 Der durch einfache Auslegung erforschte Wille des Erblassers muss auch die erforderliche Andeutung in der letztwilligen Verfügung finden (sog. Andeutungstheorie, vgl. hierzu BGH ZEV 2002, 20). Der durch Auslegung ermittelte Erblasserwille muss in der formwirksamen Erklärung wenigstens ansatzweise oder auch versteckt angedeutet sein (OLG München ErbR 2018, 456 (458); OLG Hamm ZEV 2011, 427).

11. Grundrechts- und menschenrechtskonforme Auslegung

83 *Leipold*[231] zufolge sei es in Zweifelsfällen sachgerecht, von einem **Grundsatz der grund- und menschenrechtskonformen Auslegung** zu sprechen. Es deute vieles auf eine Auslegungsregel mit dem Inhalt hin, einen Willen zu unterstellen, der mit den heutigen gesellschaftsrechtlichen Verhältnissen und den heutigen, in den Grundrechten und Menschenrechten zum Ausdruck kommenden Wertungen übereinstimmt. Dies ist abzulehnen, ua da es durch die Möglichkeit der Enterbung dem Erblasser gestattet ist, nach seinen willkürlichen Kriterien einzelne Kinder zu enterben. Dies bestätigte der BGH[232] und wies auf das Pflichtteilsrecht hin. Zudem sind ausschließlich die Verhältnisse und die Willensrichtung des Erblassers im Zeitpunkt der Testamentserrichtung maßgebend.[233]

84 Als Auslöser für diesen Ansatz von *Leipold* ist wohl die Entscheidung des **EGMR**[234] vom 7.3.2004 zu sehen. Danach sei es konventionsrechtswidrig, wenn eine Testamentsklausel in einem Testament von 1939 zugunsten der aus einer kirchlich geschlossenen Ehe des Sohnes der Erblasserin entstammenden Kinder so ausgelegt würde, dass diese nicht für adoptierte Kinder gelte. Der EGMR erkannte darin einen Verstoß gegen die im Recht auf Familienleben enthaltene **Erbrechtsgarantie** (Art. 8 EMRK) in Verbindung mit dem **Diskriminierungsverbot** aus Art. 14 EMRK. Das EGMR legte dieser Klausel einen Sinn bei, der dem heutigen Stand des Rechts entspricht. Es sei nationalen Gerichten verboten, entgegen einem eindeutigen Wortlaut einer letztwilligen Verfügung einen Inhalt zu geben, der mit der Menschenrechtskonvention nicht zu vereinbaren ist. Das Gericht hat dabei die ebenfalls durch die Menschenrechtskonvention geschützte Testierfreiheit verkannt.[235] *J. Mayer*[236] stellte zutreffend die Unvereinbarkeit der Auslegungsmethode des EGMR mit dem deutschen Erbrecht fest. Deswegen ist auch die Auffassung von *Leipold* abzulehnen. Unabhängig davon war in dem von dem EGMR entschiedenen Fall der Wortlaut keineswegs eindeutig.[237]

Praxistipp:

Den Grundrechten und den Menschenrechten darf bei der Testamentsauslegung kein besonderes Gewicht beigemessen werden.

[230] Für Differenzierung nach Auslegungsart: Soergel/*Loritz* § 2084 Rn. 10 ff.

[231] *Leipold* ErbR Rn. 257c; MüKoBGB/*Leipold* § 2084 Rn. 25; Staudinger/*Otte* Einl. zum ErbR, Rn. 107 f. stellt nur fest, dass die EMRK auch Auswirkungen auf das Erbrecht haben kann.

[232] BGH NJW 1999, 566 (569).

[233] Vgl. ebenfalls dagegen BeckOK BGB/*Litzenburger* § 2084 Rn. 9.

[234] EGMR NJW 2005, 875.

[235] BeckOK BGB/*Litzenburger* § 2084 Rn. 9.

[236] *J. Mayer* FPR 2011, 247 (252).

[237] BeckOK BGB/*Litzenburger* § 2084 Rn. 13.

IV. Mutmaßlicher Wille als Behelf für den Richter

Gelingt es dem Richter trotz Heranziehung aller dienlichen Umstände nicht, durch einfache Auslegung den tatsächlich vorhanden gewesenen Willen des Erblassers zu ermitteln, hat er den **Sinn** zu ermitteln, der **dem mutmaßlichen Erblasserwillen am ehesten** entspricht.[238] Dies wird aus dem in § 2084 BGB enthaltenen Grundsatz der *benigna interpretatio* gefolgert.[239] Diesen Auslegungsschritt bezeichnet der BGH als *„zweitbeste"* Lösung bzw. als einen *„Notbehelf"*.[240] Der mutmaßliche Erblasserwille treffe schließlich den wirklichen Willen des Erblassers *„eben weniger sicher"* und kann ihm daher prinzipiell nicht so nahe kommen, als wenn der tatsächliche Wille des Erblassers bewiesen oder sogar zugestanden wäre.[241] Bei der Erforschung des mutmaßlichen Willens ist nicht auf einen dem Erblasser unterstellten hypothetischen, irrealen Willen wie bei der ergänzenden Testamentsauslegung, sondern **auf den wirklichen Willen abzustellen,** den der Erblasser mutmaßlich gehabt hat, als er sein Testament errichtete.[242] 85

Zu prüfen ist bei der Feststellung des mutmaßlichen Erblasserwillens, was der Erblasser im Zeitpunkt der Testamentserrichtung **vernünftigerweise gewollt** haben kann.[243] Dabei sind Anhaltspunkte aus Testament, den sonstigen Umständen und der allgemeinen Lebenserfahrung zu entnehmen. Auch bei dieser Auslegungsart muss der so ermittelte Wille genügend Ausdruck in der Urkunde gefunden haben, um formgültig zu sein.[244] Für diese Auslegung muss der Erblasser im Zeitpunkt der Testamentserrichtung wenigstens an die Möglichkeit einer späteren Änderung der Umstände gedacht haben.[245] 86

Sofern die Parteien dem Richter zur Feststellung des mutmaßlichen Erblasserwillens keine außerhalb der Testamentsurkunde liegenden Umstände an die Hand geben, hat er *„sich allein auf eine Ausdeutung des Wortlautes zu beschränken"*,[246] mithin den **Testamentstext zu analysieren.** In solchen Fällen würde der Richter der Urkunde in aller Regel einen vernünftigen Sinn entnehmen können.

In der Theorie mag sich vielleicht die einfache Auslegung von der Erforschung des mutmaßlichen Willens abgrenzen. Bei der Auslegung eines speziellen Falls in der Praxis stellt sich aber die Frage, wo ein Unterschied bei der Abgrenzung ist. Letztlich Auslöser dieser Auslegungsmethode war ein Urteil des OLG Stuttgart, das vom BGH aufgehoben wurde.[247] Die Stuttgarter Richter hatten eine *„zweifelsfreie Auslegung"* des Testamentes als unmöglich angesehen und dann abgelehnt. So leicht kann es sich aber ein Gericht nicht machen, so dass der BGH[248] wie folgt entgegnet hat: 87

> *„Dass das Testament von 1965 so widersprüchlich oder unverständlich wäre, dass es ausgeschlossen erschiene, einen vernünftigen Sinn daraus zu gewinnen, was in ganz besonders gelagerten Ausnahmefällen vorkommen kann, hat auch das Berufungsgericht nicht sagen wollen (…)."*

Auch *Leipold*[249] kritisiert diese Auslegungsmethode: Das Verständnis nach Maßgabe des üblichen Sprachsinns würde im Regelfall mit dem Willen des Erblassers übereinstimmen. Daher könne davon ausgegangen werden, damit auch zugleich den wirklichen Willen des 88

---

238 BGH ZEV 2015, 343 (345); NJW 1981, 2745 (2746); NJW 1983, 672 (673); NJW 1993, 256; KG ErbR 2016, 520 (522); BayObLG NJW-RR 1997, 835 (836); OLG Hamm FPR 2011, 284 (285); *Lange* ErbR § 35 Rn. 17.

239 *Johannsen* WM 1972, 62 (65).

240 BGH NJW 1983, 672 (673).

241 BGH NJW 1983, 672 (673).

242 BGH JZ 1953, 122.

243 Nieder/Kössinger Testamentsgestaltung-HdB/*W. Kössinger* § 23 Rn. 25; *Lange* ErbR § 35 Rn. 18.

244 BGH NJW 1983, 672; vgl. OLG Zweibrücken Rpfleger 1986, 479 (480).

245 Nieder/Kössinger Testamentsgestaltung-HdB/W. *Kössinger* § 23 Rn. 25; BGH JZ 1953, 122; Damrau/Tanck/*Seiler-Schopp/Rudolf* § 2084 Rn. 32.

246 BGH NJW 1983, 672 (673); NJW 1956, 665.

247 BGH NJW 1981, 2745.

248 BGH NJW 1981, 2745 (2746).

249 MüKoBGB/*Leipold* § 2084 Rn. 12.

Erblassers zu treffen. Auch in der Literatur wird diese Auslegungsmethode nur an wenigen Stellen berücksichtigt.

V. Ergänzende Auslegung

89 **Checkliste der Prüfungsschritte**

- Feststellung der Lücke aufgrund der Willensrichtung
- Kausalität: Ungewollte Lücke
- Schließen der Lücke durch den hypothetischen Erblasserwillen
- Andeutung der Willensrichtung im Testament

1. Anwendungsbereich

90 Zwischen der Testamentserrichtung und der Testamentsanwendung, also nach dem Erbfall, liegen oftmals viele Jahre oder Jahrzehnte. In dieser Zeit können sich die für die Konzeptionierung des Testamentes **wesentlich gewesenen Umstände geändert** haben. Der Wert des Vermögens kann etwa durch eine sehr positive Entwicklung des Unternehmens des Erblassers erheblich gestiegen sein. Nach einer erhaltenen Erbschaft kann sich die Zusammensetzung und auch der Wert des Nachlasses geändert haben. Auch nachdem der Erblasser sich an der Börse verspekuliert hat, kann seinem zuvor errichteten Testament die Grundlage entzogen sein. Die Umstände können sich ebenfalls durch die Geburt weiterer Kinder geändert haben. Auch beispielsweise nach der Veräußerung eines Gegenstandes, der einer Person vermacht war, ist fraglich, ob und wie nun diese Person begünstigt werden sollte.

91 In diesen Fällen hat sich jeweils eine **Lücke ergeben,** die der Erblasser bei der Konzipierung seines Testamentes nicht bedacht und damit nicht geregelt hat.[250] Die ergänzende Auslegung (=**berichtigende Auslegung**)[251] stellt dann auf den hypothetischen Willen des Erblassers im Zeitpunkt der Testamentserrichtung ab; sie fragt: Wenn der Erblasser von der Änderung in der Zukunft eines für seine Testamentskonzeptionierung wesentlichen Umstandes gewusst hätte, was hätte er dann für diesen Fall verfügt? Die Aufgabe der ergänzenden Auslegung besteht in der Vervollständigung einer lückenhaften Regelung.[252] Gegen die Vornahme der ergänzenden Auslegung spricht nicht, dass der Erblasser nach Kenntnis eines Umstandes sein Testament nicht geändert hat.[253] Das OLG München definiert die ergänzende Testamentsauslegung in seinem Beschluss vom 11.6.2018[254] wie folgt (und gibt damit die Prüfungserforderlichkeiten vor):

> *„Die ergänzende Testamentsauslegung setzt dabei zunächst voraus, dass eine planwidrige Regelungslücke im Testament vorliegt, die durch den festgestellten Willen des Erblassers zu schließen ist. Dabei muss aus dem Gesamtbild des Testaments selbst eine Willensrichtung des Erblassers erkennbar sein, die tatsächlich in Richtung der vorgesehenen Ergänzung geht. Durch ergänzende Testamentsauslegung kann also die durch den Wegfall des Bedachten entstandene Lücke nur dann geschlossen werden, wenn die für die Zeit der Testamentserrichtung anhand des Testaments oder unter Zuhilfenahme von Umständen außerhalb des Testaments oder der allgemeinen Lebenserfahrung festzustellende Willensrichtung des Erblassers dafür eine genügende Grundlage bietet (…). Durch sie darf also kein*

[250] Vgl. OLG Düsseldorf NJW-RR 2012, 391.
[251] *Muscheler* ErbR Rn. 1862.
[252] *Lange/Kuchinke* ErbR § 34 III 5a; Damrau/Tanck/*Seiler-Schopp/Rudolf* § 2084 Rn. 34.
[253] OLG Schleswig FamRZ 2012, 666 = BeckRS 2011, 28746; BayOblG BeckRS 2010, 30314; BeckOGK BGB/*Gierl* § 2084 Rn. 89.
[254] OLG München ErbR 2018, 456 (459 f.) = BeckRS 2018, 10915.

Wille in das Testament hineingetragen werden, der darin nicht andeutungsweise ausgedrückt ist (...).“

2. Grundlagen

a) Methode der ergänzenden Testamentsauslegung im Überblick. In einem Testament oder Erbvertrag können Lücken enthalten sein. Zur **Ausfüllung einer Lücke** bestehen zwei grundsätzlich verschiedene Möglichkeiten: 92

- Es tritt nur für die Lücke die **gesetzliche Erbfolge** ein (§ 2088 BGB), was neben der gewillkürten Erbfolge möglich und zulässig ist.[255]
- Es ist aufgrund der im Testament festgestellten Willensrichtung der **hypothetische Erblasserwille** zu ermitteln und auf dieser Basis die Lücke zu schließen.

Da die gesetzliche Erbfolge gem. § 2088 BGB nur im Zweifel maßgebend ist, ist zunächst der Versuch zu unternehmen, die **Lücke** möglichst durch individuelle ergänzende Auslegung oder subsidiär durch die gesetzlichen Auslegungsregeln **zu schließen.** Die Methode der ergänzenden Auslegung fasst das OLG Köln[256] wie folgt zusammen: 93

„... d.h. es ist zu fragen, was nach der Willensrichtung des Erblassers im Zeitpunkt der Testamentserrichtung als von ihm gewollt anzusehen wäre, sofern er vorausschauend die spätere Entwicklung bedacht hätte (...).“

Eine ergänzungsfähige Lücke besteht nur dann, wenn nach dem Gesamtbild des Testamentes, insbesondere den damit verfolgten Zwecken, dessen Unvollständigkeit vom Testierenden nicht gewollt war. Maßgebend ist die **subjektive Einstellung des Erblassers,** nicht die Sichtweise eines objektiven Betrachters. Daher sind auch irrationale Erwägungen des Erblassers zu berücksichtigen. 94

Gegenstände einer Ergänzung im Wege der Auslegung können etwa sein:[257] 95

- Teile von Verfügungen[258]
- ganze Zuwendungen[259]
- Enterbungen[260]
- sonstige erbrechtliche Verfügungen[261]

Hat der Erblasser für die tatsächlich eingetretenen Veränderungen in seinem Testament bereits **vorgesorgt,** kann dieser vorhandene Wille durch die ergänzende Auslegung nicht korrigiert werden.[262] Die Lücke ist dann nicht planwidrig. Dann ist nur eine Umdeutung (§ 140 BGB) oder Anfechtung (§§ 2079 f. BGB) möglich. 96

b) Abgrenzung zur einfachen Auslegung. Die einfache bzw. erläuternde Auslegung (→ § 7 Rn. 18–84) stellt den rechtlich geltenden Inhalt des Testamentes fest.[263] Sie ermittelt den Sinn der Erklärung und hilft so, den erklärten Rechtsfolgewillen des Erblassers umzusetzen. Indes führt die ergänzende Auslegung zu Rechtsfolgen, die im Testamentswortlaut weder ausdrücklich noch dem Sinn nach angesprochen sind. Sie versucht, den unvollständigen Willen des Erblassers durch seinen irrealen, hypothetischen Willen zu ergänzen.[264] Sofern der tatsächliche Wille festgestellt werden kann, ist der Anwendungsbereich der ergänzenden Testamentsauslegung nicht eröffnet.[265] 97

---

255 MüKoBGB/*Leipold* § 2084 Rn. 84; Damrau/Tanck/*Sticherling* § 2088 Rn. 1; *Muscheler* ErbR Rn. 1863; das Römische Recht hingegen verbot das Nebeneinander von gesetzlicher und gewillkürter Erbfolge.

256 OLG Köln ZEV 2009, 241 (242); vgl. zuvor BayObLG NJW-RR 1991, 1094 (1096); NJW 1988, 2744.

257 BeckOK BGB/*Litzenburger* § 2084 Rn. 36.

258 OLG Düsseldorf NJW-FER 1998, 12: Befreiung des Vorerben; BayObLG NJWE-FER 2000, 93: Zuwendungsgegenstand; RG JW 1911, 115: Empfänger; OLG Oldenburg NdsRpfl 1948, 8: Empfänger.

259 BayObLG FamRZ 1991, 982 = BeckRS 2010, 30314: Miterbe; DNotZ 1994, 399 (400): Alleinerbe; ZEV 2001, 24 (26): Ersatzerbe; OLG Hamm NJW-RR 1987, 648: Ersatzerbe.

260 BayObLG NJW-RR 1992, 840 (841); LG Freiburg BWNotZ 1983, 123.

261 Vgl. OLG Düsseldorf FamRZ 1999, 958 = NJWE-FER 1999, 94.

262 Vgl. BGH FamRZ 1983, 380 (382) = BeckRS 2010, 7142; BeckOK BGB/*Litzenburger* § 2084 Rn. 40.

263 MüKoBGB/*Leipold* § 2084 Rn. 80.

264 Nieder/Kössinger Testamentsgestaltung-HdB/W. *Kössinger* § 23 Rn. 29.

265 *Horn/Kroiß* ZEV 2012, 662 (664); *Hammann* ErbR 2014, 420 (421).

98 Der Ausleger darf auch nicht vorschnell die Methode der ergänzenden Auslegung anwenden, sondern hat immer zu prüfen, ob ein zufriedenstellendes Ergebnis nicht mit der **einfachen Auslegung** unter Berücksichtigung des Grundsatzes der wohlwollenden Auslegung gem. § 2084 BGB und der gesetzlichen Auslegungsregeln erzielt werden kann.[266] Das kann etwa dann der Fall sein, wenn die Rechtsfolgen einer erklärten Verfügung unklar oder unvollständig geregelt sind.

99 c) **Abgrenzung zur Irrtumsanfechtung.** Die **ergänzende Auslegung** ist im Vergleich zur Anfechtung **vorrangig.**[267] Wenn der Wille durch Auslegung dargestellt werden kann, liegt ein zur Anfechtung berechtigender Irrtum nicht vor.[268]

Einzelfall

Auslegung und Anfechtung können aber zu gleichen Ergebnissen führen, etwa in einem vom BayObLG[269] entschiedenen Rechtsstreit, wenn bei beiden Methoden die Anordnung der Testamentsvollstreckung entfällt, da die beschwerte Tochter sich nach Testamentserrichtung wieder positiv entwickelte und keinen abzulehnenden Freund mehr hatte. Ihr Freund im Zeitpunkt der Testamentserrichtung war der wesentliche Grund für den testierenden Vater, die Testamentsvollstreckung anzuordnen.

100 Bei einem vollständigen, aber auf einem Irrtum beruhenden Testament verbleibt nur die Anfechtung wegen Motivirrtums gem. § 2078 Abs. 2 BGB.[270] Aufgrund der Nichtigkeit des Testamentes gem. § 142 Abs. 1 BGB würde dann der irreale Wille nur negativ berücksichtigt werden und nicht wie bei der ergänzenden Auslegung positiv.[271] Auch ist bei der Anwendung der ergänzenden Auslegung auf die Grenzziehung zur Irrtumsanfechtung zu achten, da ansonsten diese Vorschrift gegenstandslos würde.[272]

101 d) **Zulässigkeit und Rechtsgrundlage.** In Rechtsprechung und Literatur ist die Zulässigkeit der ergänzenden Testamentsauslegung anerkannt,[273] obwohl es **keine eindeutige gesetzliche Grundlage** gibt. Trotz der Nähe zur ergänzenden Auslegung von Verträgen unter Lebenden bestehen Unterschiede, da bei letzteren Verträgen über § 157 BGB der Grundsatz „*Treu und Glauben*" anzuwenden ist.[274] Über einen Interessenausgleich soll ein Vertragspartner wegen der später erkannten Lücke nicht einseitig benachteiligt werden. Indes dient ein Testament nicht dem Interessenausgleich und der Erblasser kann grundsätzlich nachträglich auftretende oder ihm bewusst werdende Lücken später selbst schließen. Da der Gesetzgeber sich aber für den Vorrang der gewillkürten vor der gesetzlichen Erbfolge im Hinblick auf die Privatautonomie entschieden hat,[275] muss dem Erblasser mit der ergänzenden Auslegung eine Methode an die Hand gegeben werden, die seinen Willen trotz fehlerhafter Willensbildung weitgehend umzusetzen versucht. Das ist bei einer lückenbedingten Anfechtung oder bei Annahme der gesetzlichen Erbfolge für die Lücke nicht der Fall, da der testierende Erblasser gerade die gesetzliche Erbfolge vermeiden wollte.

102 Als **Rechtsgrundlage** können sowohl § 133 BGB als auch § 2084 BGB nicht unmittelbar herangezogen werden, da bei diesen verschiedene Auslegungsmöglichkeiten schon nach dem Inhalt des Testaments, d. h. nach dem möglichen Sinn des Erklärungstatbestandes, vorausgesetzt sind.[276] Auch kommt die bei Rechtsgeschäften unter Lebenden gerne und häufig zu Argumentationszwecken herangezogene Norm § 242 BGB im Zusammenhang mit Tes-

[266] Damrau/Tanck/*Seiler-Schopp/Rudolf* § 2084 Rn. 36.
[267] BayObLG NJW-RR 2002, 367 (368); FamRZ 1991, 982; NJW 1967, 729; MüKoBGB/*Leipold* § 2084 Rn. 80.
[268] BGH NJW 1978, 264 (266).
[269] BayObLG NJW-RR 2002, 367.
[270] Nieder/Kössinger Testamentsgestaltung-HdB/*W. Kössinger* § 23 Rn. 29.
[271] Nieder/Kössinger Testamentsgestaltung-HdB/*W. Kössinger* § 23 Rn. 29.
[272] Nieder/Kössinger Testamentsgestaltung-HdB/*W. Kössinger* § 23 Rn. 31.
[273] BGH NJW 1983, 672 (674); BayObLG NJW 1988, 2744; NJW-RR 1991, 1094 (1096); OLG Köln ZEV 2009, 243; OLG München ZEV 2006, 456; BeckOK BGB/*Litzenburger* § 2084 Rn. 35 ff.; Staudinger/*Otte* Vor §§ 2064 ff. Rn. 81 ff.; Soergel/*Loritz* § 2084 Rn. 34 ff.; Dt. ErbRK/*Gemmer* § 2084 Rn. 23.
[274] MüKoBGB/*Leipold* § 2084 Rn. 81.
[275] Staudinger/*Otte* Vor §§ 2064 ff. Rn. 85.
[276] MüKoBGB/*Leipold* § 2084 Rn. 83; Damrau/Tanck/*Seiler-Schopp/Rudolf* § 2084 Rn. 33.

tamenten nicht in Betracht.[277] Das Gleiche gilt für die Regeln über den **Wegfall der Geschäftsgrundlage** gem. § 313 BGB, da es sich im Erbrecht nicht wie im Schuldrecht um einen gegenseitigen Leistungsaustausch handelt, sondern um eine unentgeltliche Zuwendung erbrechtlicher Natur.[278]

Ihre **dogmatische Herleitung** findet die ergänzende Auslegung aber dennoch **in dem Zweck des § 2084 BGB.**[279] Zudem belegen einige gesetzliche Auslegungsregeln wie §§ 2069, 2169 Abs. 3 und 2173 BGB, dass der Gesetzgeber von der ergänzenden Testamentsauslegung ausgegangen ist.[280] Auch andere Normen wie § 2085 BGB (Teilnichtigkeit), § 2077 Abs. 3 BGB (Nichtigkeit wegen Eheauflösung) und § 140 BGB (Umdeutung) erforschen den hypothetischen Willen, was die ergänzende Auslegung ebenfalls zum Ziel hat.[281] *Muscheler*[282] sieht die rechtliche Grundlage in einzelnen gesetzlichen Ausprägungen wie §§ 2069, 2169 Abs. 3, 2173 BGB. 103

3. Arten von Lücken in Testamenten bzw. Erbverträgen

a) Lücke nach Testamentserrichtung. Der klassische Fall besteht in einer **nachträglichen Lücke,** die durch Änderung der Sach- oder Rechtslage nach der Testamentserrichtung entstanden ist und nicht von dem Erblasser vorhergesehen bzw. erwogen wurde.[283] So kann das Testament undurchführbar geworden sein.[284] Denkbar ist auch, dass eine erwartete Entwicklung der Verhältnisse nicht eingetreten ist oder das Testament den vom Erblasser verfolgten Zweck nicht mehr erfüllt. Der Testierende kann auch Verhältnisse bei Testamentserrichtung falsch beurteilt haben.[285] 104

Tatsächliche Änderungen kommen beispielhaft wie folgt in Betracht: 105

- Vorversterben eines Begünstigten[286]
- Scheidung und ggf. danach Wiederheirat
- Früher Tod eines Ehegatten, ggf. zusätzlich Wiederheirat des längerlebenden Ehegatten
- Negative Entwicklung der Beziehung zu einem Begünstigten *(„unvorteilhafte oder unerwünschte Entwicklung“)*[287]
- Entstehen einer Verbindlichkeit nach dem Erbfall, womit der Erblasser nicht bei Testamentserrichtung gerechnet hat, etwa der Vergütungsanspruch eines Testamentsvollstreckers
- Erhalt einer unerwarteten Erbschaft[288] oder einer Schenkung
- Geburt eines weiteren Kindes[289]
- Verkauf oder Nichtmehrvorhandensein des vermachten Gegenstandes
- Veränderungen der Vermögenslage
- Wertveränderungen der durch Teilungsanordnung zugewiesenen Gegenstände
- Scheidung und die Auswirkung auf letztwillige Zuwendungen an Schwiegerkinder.[290]

Folgende rechtliche und insbesondere **gesetzliche Veränderungen** können ein Testament auslegungsbedürftig werden lassen: 106

- Währungsreform
- Einführung eines Erb- und Pflichtteilrechts für nichteheliche Kinder

[277] Soergel/*Loritz* § 2084 Rn. 34.
[278] BGH NJW 1993, 850; OLG Düsseldorf ZEV 1996, 466 mAnm *Medicus* = NJWE-FER 1997, 60; Nieder/Kössinger Testamentsgestaltung-HdB/*W. Kössinger* § 23 Rn. 30; BeckOK BGB/*Litzenburger* § 2271 Rn. 33.
[279] Erman/*M. Schmidt* § 2084 Rn. 8; MüKoBGB/*Leipold* § 2084 Rn. 83; aA Soergel/*Loritz* § 2084 Rn. 34.
[280] Damrau/Tanck/*Seiler-Schopp/Rudolf* § 2084 Rn. 33.
[281] BeckOK BGB/*Litzenburger* § 2084 Rn. 35; Soergel/*Loritz* § 2084 Rn. 34.
[282] *Muscheler* ErbR Rn. 1870.
[283] RGZ 99, 82, 85; OLG Nürnberg ZEV 2010, 411 (414); KG NJW 1963, 766 (768); BayObLG NJW 1988, 2744; Palandt/*Weidlich* § 2084 Rn. 8; Staudinger/*Otte* Vor §§ 2064 ff. Rn. 81.
[284] Dt. ErbRK/*Gemmer* § 2084 Rn. 23.
[285] LG Mönchengladbach Az. 5 T 493/04 (nv).
[286] Vgl. OLG Nürnberg ZEV 2010, 411 (414); OLG Schleswig FamRZ 2012, 666 = BeckRS 2011, 28746.
[287] OLG Hamm BeckRS 2011, 18455; vgl. auch OLG Nürnberg ZEV 2010, 411 (414).
[288] OLG München NJW-RR 2011, 1020 (1022).
[289] BayObLG FamRZ 1991, 982 = BeckRS 2010, 30314.
[290] *Reimann* ZEV 2011, 636.

- Änderung der gesetzlichen Erbregeln im Zusammenhang mit Adoptionen
- Änderung des gesetzlichen Güterstandes durch Bestimmung der Zugewinngemeinschaft (früher Gütertrennung)[291]
- die deutsche Wiedervereinigung[292]
- nachträgliches Wiederwirksamwerden eines früheren Erbvertrages wegen Wegfalls eines einen Juden diskriminierenden Gesetzes, das zwischenzeitlich zur Unwirksamkeit eines Erbvertrages geführt hatte[293]

107 **b) Lücke bereits vor Testamentserrichtung.** Eine bereits vor Testamentserrichtung bestehende Lücke in einem Testament kann ebenfalls durch ergänzende Auslegung geschlossen werden.[294] Eine **ursprüngliche Lücke** liegt vor, wenn der Erblasser im Zeitpunkt der Testamentserrichtung

- bereits vorhandene Umstände oder Entwicklungen außer Acht gelassen hat, etwa weil er sie nicht kannte,[295]
- bereits vorhandene Verhältnisse falsch beurteilt hat,[296] oder
- sich über den Inhalt eines Vertrages geirrt und daher unzutreffende Schlussfolgerungen gezogen hatte.[297]

Einzelfall:

Dem BGH lag als Beispiel für die letzte Alternative bei einer Entscheidung folgender Fall zugrunde:[298] Der Gesellschaftsvertrag einer OHG schloss nur einen vorübergehenden Eintritt als Gesellschafter aus. Aus Unkenntnis verfügte der Erblasser, dass der endgültig Bedachte erst mit Vollendung seines 40. Lebensjahres in die Gesellschaft eintritt. Der BGH hat durch Auslegung den Eintrittszeitpunkt auf den Erbfall vorverlegt.

108 **c) Lücke nach dem Erbfall.** Sobald ein Testament entstanden ist, stehen die Rechtssicherheit und der Vertrauensschutz auch der Erben einer ergänzenden Auslegung von Lücken entgegen, die erst nach dem Erbfall entstanden sind.[299] Der Erblasser weiß schließlich, dass er durch sein Testieren eine Rechtsfolge auf den Zeitpunkt seines Todes setzt und für die weitere Zukunft seine Herrschaft über seine Vermögensnachfolge verliert.

109 Umstritten war diese Frage insbesondere nach der **deutschen Wiedervereinigung.**[300] *Otte*[301] regt an, dass letztwillige Verfügungen, die vor dem Hintergrund der deutschen Teilung errichtet und nach dem 3.10.1990 nicht an die neuen politischen und rechtlichen Verhältnisse angepasst worden sind, unter Umständen **als auflösend bedingte Anordnungen** von Todes wegen ausgelegt werden können.

110 Eine **Geldentwertung** oder das **Verhalten eines Bedachten nach dem Erbfall** können nicht im Rahmen der ergänzenden Auslegung beachtet werden. Der Eintritt in eine Sekte nach dem Erbfall kann so nicht zu einer wiederholten Uminterpretation des Erblasserwillens führen.[302]

111 Dagegen ist eine ergänzende Auslegung wegen nachträglicher Lücken möglich, wenn die letztwillige **Verfügung im Zeitpunkt des Erbfalls noch nicht wirksam** geworden ist.[303] Maß-

---

291 Vgl. Damrau/Tanck/*Tanck* § 1931 Rn. 6.

292 Hierzu MüKoBGB/*Leipold*[4] § 2084 Rn. 108 ff.; OLG Oldenburg DtZ 1992, 290; *Grunewald* NJW 1991, 1208 (1210); OLG Frankfurt OLGZ 1993, 382; Staudinger/*Otte* Vor §§ 2064 ff. Rn. 101 ff.; LG Mönchengladbach Az. 5 T 493/04.

293 BayObLG NJW-RR 1999, 1167.

294 BGH NJW 1978, 264; OLG Naumburg FGPrax 1996, 30 (31); MüKoBGB/*Leipold* § 2084 Rn. 88; Staudinger/*Otte* Vor §§ 2064 ff. Rn. 91; Dt.ErbRK/*Gemmer* § 2084 Rn. 24.

295 Nieder/Kössinger Testamentsgestaltung-HdB/*W. Kössinger* § 23 Rn. 31.

296 BayObLG NJW-RR 1997, 1438 (1439).

297 BayObLG NJW-RR 1997, 1438; OLG Zweibrücken ZEV 2001, 27.

298 BGH NJW 1978, 264.

299 MüKoBGB/*Leipold* § 2084 Rn. 126; Nieder/Kössinger Testamentsgestaltung-HdB/*W. Kössinger* § 23 Rn. 32.

300 *H. Meyer* ZEV 1994, 12; MüKoBGB/*Leipold,* 4. Aufl. 2004, § 2084 Rn. 108 f.

301 Staudinger/*Otte* Vor §§ 2064 ff. Rn. 106.

302 Vgl. OLG München NJW 1983, 2577.

303 *Hammann* ErbR 2014, 420 (421).

geblich ist dann nicht der Erbfall, sondern der Zeitpunkt der Wirksamkeit einer einzelnen letztwilligen Verfügung, so vor allem in folgenden Fällen:[304]

- bei der Anordnung einer **Nacherbfolge** für Veränderungen der Verhältnisse zwischen dem Vor- und Nacherbfall[305]
- bei einer **aufschiebend bedingten Verfügung** vor Eintritt der Bedingung[306]
- bei **hinausgeschobener Fälligkeit** eines Vermächtnisses oder einer Auflage[307]
- bei einer vermächtnisweisen Zuwendung **laufender Zahlungen**[308]
- bei einem auch längere Zeit nach dem Erbfall ausübbaren Übernahmerecht[309]
- bei der Anordnung einer noch längere Zeit ab dem Erbfall dauernden **Testamentsvollstreckung**[310]
- Nach Wegfall oder Nichtannahme des namentlich berufenen Testamnetsvollstreckers, wenn der Erblasser für diesen Fall keine Anordnung getroffen hat.[311]

4. Feststellung einer Lücke aufgrund der Willensrichtung

Zunächst ist eine Lücke in der letztwilligen Verfügung festzustellen. Methodisch muss hierzu zunächst die **wirkliche Willensrichtung des Erblassers im Zeitpunkt der Testamentserrichtung,**[312] die nicht mit seinem hypothetischen Willen verwechselt werden darf, ermittelt werden. Die Willensrichtung ist anhand der für die **einfache Auslegung** geltenden Grundsätze zu erforschen.[313] Sie muss nicht (ausschließlich) im Testament enthalten sein bzw. daraus unmittelbar hervorgehen.[314] Auch können außerhalb des Testamentes liegende Umstände und die allgemeine **Lebenserfahrung** zur Feststellung der Willensrichtung herangezogen werden.[315] So können auch **Äußerungen des Erblassers,** soweit diese Rückschlüsse auf dessen Willensbildung bei Testamentserrichtung zulassen, zu berücksichtigen sein.[316] Es ist zur Feststellung der Willensrichtung allein der Zeitpunkt der Testamentserrichtung maßgeblich.[317] 112

Die Willensrichtung stellt die reale Einstellung des Erblassers im Zeitpunkt der Testamentserrichtung dar und kann mit **Motivation oder Zielsetzung des Erblassers** umschrieben werden.[318] Hilfreich sind etwaig im Testament vorhandene Motivangaben.[319] Sie ergibt sich aus den **wirtschaftlichen,** nicht rechtlichen **Absichten** und dem Ziel des Erblassers, die er mit seiner vorgesehenen Erbregelung verfolgt hat.[320] *„Hinsichtlich dieses Ziels muss ein wirklicher Wille des Erblassers bestanden haben,“* so das BayObLG.[321] Zu fragen ist, was der Erblasser durch sein Testament erreichen wollte; *Hammann* fragt:[322] 113

---

[304] BeckOK BGB/*Litzenburger* § 2084 Rn. 40; MüKoBGB/*Leipold* § 2084 Rn. 127.

[305] BGH LM BGB § 2084 Nr. 5; BayObLG NJW-RR 1991, 1094.

[306] BayObLG NJW-RR 1991, 1094 (Geburt eines weiteren Enkelkindes des Erblassers); OLG Köln OLGZ 1969, 290 (291) (Zuwendung des Grundbesitzes eines Heimatvertriebenen für den Fall der Rückkehr, Berücksichtigung der Entstehung eines Lastenausgleichsanspruchs nach dem Erbfall).

[307] BGH WM 1971, 533.

[308] BGH FamRZ 1962, 256.

[309] RGZ 108, 83 (Änderung des Anrechnungsbetrages wegen Inflation).

[310] Vgl. BayObLG NJW-RR 1988, 387 (388); vgl. LG Kiel MDR 1967, 593; vgl. BayObLG ZEV 1997, 338; vgl. BayObLG NJW-RR 2003, 224; vgl. OLG Zweibrücken FamRZ 2006, 891 = DNotZ 2006, 773.

[311] OLG Düsseldorf ErbR 2018, 395 = BeckRS 2018, 6585.

[312] BGH NJW 1957, 421 (422); OLG München ErbR 2018, 456 (459); BayObLG NJW-RR 1997, 1438 (1439); Nieder/Kössinger Testamentsgestaltung-HdB/*W. Kössinger* § 23 Rn. 33.

[313] BGH NJW 1957, 421 (422); Damrau/Tanck/*Seiler-Schopp/Rudolf* § 2084 Rn. 38.

[314] MüKoBGB/*Leipold* § 2084 Rn. 95.

[315] OLG München ErbR 2018, 456 (460) = BeckRS 2018, 10915.

[316] BayObLG NJW-RR 1997, 1438 (1439); ZEV 2001, 24 (25); Erman/*M. Schmidt* § 2084 Rn. 7.

[317] OLG München ErbR 2018, 456 (460).

[318] MüKoBGB/*Leipold* § 2084 Rn. 95; BeckOGK BGB/*Gierl* § 2084 Rn. 94; vgl. Staudinger/*Otte* Vor §§ 2064 ff. Rn. 93; Palandt/*Weidlich* § 2084 Rn. 9; vgl. BayObLG NJW-RR 2002, 367 (370).

[319] BayObLG NJW-RR 1999, 1167 (1168); BeckOK BGB/*Litzenburger* § 2084 Rn. 44.

[320] BayObLG NJW-RR 2002, 367 (370); Damrau/Tanck/*Seiler-Schopp/Rudolf* § 2084 Rn. 38; *Lange/Kuchinke* ErbR § 34 III 5 b.

[321] BayObLG NJW-RR 2002, 367 (370).

[322] *Hammann* ErbR 2014, 420 (421).

„Ob eine Verfügung von Todes wegen lückenhaft ist, zeigt sich an Hand eines Soll-Ist-Vergleichs. Die Kernfrage lautet: Wird der verfolgte Zweck / werden die Ziele des Erblassers durch die Verfügung von Todes wegen erreicht werden oder nicht? In vielen Fällen ist die Antwort evident. Z. T. müssen allerdings erst die Erblasserziele, also der „Soll-Zustand" (im Wege einer erläuternden Auslegung) ermittelt werden, bevor ein Abgleich mit dem „Ist-Zustand", den Folgen bei einer Umsetzung des problematischen Testaments, möglich ist."

114 Derart **praktisch-wirtschaftliche Ziele** können etwa sein:[323]
- die Absicherung des Bedachten
- die Fortführung eines Unternehmens
- die Belohnung für die Pflege im Alter
- das Bedenken eines ganzen Familienstammes
- die wirtschaftliche Gleichbehandlung nahestehender Personen

115 Darüber hinaus sind zu beachten:[324]
- die **Vorstellungen des Erblassers** über seine Nachlassgegenstände und ihr Schicksal bis zum Eintritt des Erbfalls sowie
- seine Vorstellungen über die Lebenszeit, das Verhalten und die künftige wirtschaftliche Entwicklung des oder der Bedachten.

116 Diese Vorstellungen und Ziele im Zeitpunkt der Testamentserrichtung sind der **Vergleichsmaßstab** für die Prüfung der Vollständigkeit oder Lückenhaftigkeit der einzelnen Verfügungen, und zwar im Vergleich zu den tatsächlichen Verhältnissen zur Zeit des Erbfalls.[325] Die festgestellte Motivation des Erblassers bei Testamentserrichtung muss zweckgetreu **zu Ende gedacht werden,**[326] so dass spätere Änderungen der Zielrichtung auf Grund neuer Entschlüsse ausgeschlossen werden. Zeigt sich, dass das von dem Erblasser mit seinem Testament angestrebte Ziel in Folge der Umstände, die er nicht berücksichtigt hat, nicht erreicht werden kann, so liegt eine Lücke vor.

5. Planwidrige Lücke

117 Damit eine Lücke durch ergänzende Auslegung geschlossen werden darf, muss diese vom Erblasser ungewollt, nicht bedacht bzw. unerkannt sein.[327] Der BGH fragt in seinem Beschl. v. 12.7.2017 nach einer „ungewollten Regelungslücke" und definiert diese wie folgt:[328]

„Eine solche liegt vor, wenn ein bestimmter, tatsächlich eingetretener Fall vom Erblasser nicht bedacht und deshalb nicht geregelt wurde, aber geregelt worden wäre, wenn der Erblasser ihn bedacht hätte (…). Ein nach Testamentserrichtung eingetretenes Ereignis kommt hierfür in Betracht, falls dessen Kenntnis für die Entschließung des späteren Erblassers bedeutsam gewesen wäre (…). Das kann auch ein unerwarteter Vermögenserwerb des Erblassers sein (…). Ob danach von einer planwidrigen Unvollständigkeit der Verfügung von Todes wegen auszugehen ist, kann nicht schematisch anhand des Wortlauts der letztwilligen Verfügung festgestellt werden. Vielmehr ist eine wertende Gesamtbetrachtung aller Umstände bei Testamentserrichtung vorzunehmen (…)."

118 Der Erblasser muss einen Aspekt seines Nachlasses irrtümlich und damit **nicht bewusst nicht geregelt** haben.[329] Die ergänzende Auslegung setzt nämlich eine ***„planwidrige Lücke"*** voraus.[330] Es ist zur Kausalität der Lücke festzustellen, ob der Erblasser eine andere testa-

323 Nieder/Kössinger Testamentsgestaltung-HdB/*W. Kössinger* § 23 Rn. 33; *Hammann* ErbR 2014, 420 (423).
324 Nieder/Kössinger Testamentsgestaltung-HdB/*W. Kössinger* § 23 Rn. 33.
325 BayObLG FamRZ 1991, 982 = BeckRS 2010, 30314.
326 BeckOK BGB/*Litzenburger* § 2084 Rn. 43.
327 OLG Köln ZEV 2009, 241 (242); *Lange/Kuchinke* ErbR § 34 III 5a.
328 BGH ZEV 2017, 629 (630).
329 OLG München ZErb 2011, 336; Soergel/*Loritz* § 2084 Rn. 38.
330 OLG Düsseldorf ZEV 2018, 140 (141); OLG München ErbR 2018, 454 (460); ZEV 2013, 507 (510); ZErb 2011, 336; *Olzen/Looschelders* ErbR Rn. 577.

mentarische oder erbvertragliche Anordnung getroffen hätte, wenn ihm die Lücke bewusst gewesen wäre.[331] Bei der Lücke muss es sich mithin um eine **planwidrige Unvollständigkeit**[332] bzw. um ein Sachverhaltsdefizit handeln.[333] Andernfalls müssten auch solche Lücken durch die ergänzende Auslegung geschlossen werden, die daraus resultieren, dass der Erblasser bewusst nur über einen Teil seines Nachlasses verfügt hat.[334] Die gewillkürte Erbfolge wird dann für den Teil des Nachlasses, über den nicht verfügt ist, durch die gesetzliche Erbfolge ergänzt (§ 2088 BGB). Grundsätzlich hat aber die gewillkürte Erbregelung Vorrang.

Für die Anwendbarkeit der ergänzenden Auslegung ist es nicht hinderlich, wenn dem Erb- 119
lasser die nachträglichen Veränderungen bekannt geworden sind.[335] Das gilt vor allem dann, wenn der Erblasser dann nicht (mehr) an seine letztwillige Verfügung gedacht hat.[336]

Formulierungstext für einen Schriftsatz:

Die ergänzende Testamentsauslegung kommt in Betracht, wenn die letztwillige Verfügung eine Lü- 120
cke aufweist. Eine solche liegt lt. BGH vor, „wenn ein bestimmter, tatsächlich eingetretener Fall vom Erblasser nicht bedacht und deshalb nicht geregelt wurde, aber geregelt worden wäre, wenn der Erblasser ihn bedacht hätte" (BGH ZEV 2017, 629 (639)). Hierzu ist die Willensrichtung des Erblassers durch einfache Auslegung auf Basis der letztwilligen Verfügung festzustellen (OLG München ErbR 2018, 456 (460); BGH NJW 1957, 421 (422)). Insoweit können auch außerhalb der Testamentsurkunde liegende Umstände sowie die Lebenserfahrung herangezogen werden (OLG München ZEV 2017, 409 (410); OLG Hamm FPR 2011, 284).

Maßgeblich ist die Sicht des Erblassers, so dass eine Lücke nur besteht, wenn die Unvollständigkeit des Testaments nicht beabsichtigt war. Es muss sich folglich um eine unbewusste und planwidrige Lücke handeln (OLG München FGPrax 2010, 244 (245)).

6. Schließen der Lücke durch hypothetischen Erblasserwillen

Auf Basis der Willensrichtung ist die planwidrige Lücke im Testament zu schließen.[337] 121
Dazu muss ein hypothetischer Erblasserwille ermittelt werden können.[338] Hierzu das OLG Düsseldorf in seinem Beschluss vom 12.1.2017:[339]

> *„Steht fest, dass die letztwillige Verfügung angesichts der vom Erblasser damit verfolgten Ziele lückenhaft ist, hält sich auch die ergänzende Testamentsauslegung an den festgestellten Willen des Erblassers und richtet sich vorrangig an den in der Verfügung erkennbaren festgelegten Zielen aus. Sie setzt voraus, dass aus dem Gesamtbild des Testaments selbst eine Willensrichtung des Erblassers erkennbar ist, die tatsächlich in Richtung der vorgesehenen Ergänzung geht und beruht damit auf dem Erblasserwillen bei Testamentserrichtung (…)"*

Es ist zu fragen, welche letztwilligen Anordnungen der Erblasser getroffen oder unterlas- 122
sen hätte, wenn er im Zeitpunkt der Testamentserrichtung die nicht in Erwägung gezogenen Umstände gekannt oder sie als möglich vorausgesehen hätte.[340] Der Ausleger muss den in

[331] Vgl. AG Spandau FamRZ 2004, 570 (571).
[332] *Larenz,* Methodenlehre der Rechtswissenschaft, S. 373.
[333] Nieder/Kössinger Testamentsgestaltung-HdB/*W. Kössinger* § 23 Rn. 33.
[334] MüKoBGB/*Leipold* § 2084 Rn. 84.
[335] BayObLG FamRZ 1983, 380 (382) = BeckRS 2010, 7142; FamRZ 1991, 982 (983); MüKoBGB/*Leipold* § 2084 Rn. 87.
[336] BeckOK BGB/*Litzenburger* § 2084 Rn. 40.
[337] OLG München ErbR 2018, 456 (460); ZEV 2017, 409 (410); *Lange/Kuchinke* ErbR § 34 III 5a.
[338] BGH ZEV 2017, 629 (631) mAnm *Leipold.*
[339] OLG Düsseldorf ZEV 2017, 147 (148).
[340] BGH NJW 1957, 421; NJW 1963, 1150 (1151); BayObLG ZEV 2001, 24 (25); NJW 1988, 2744; NJW 1967, 729; OLG Hamm FamRZ 1998, 121 = VIZ 1998, 49 (50); BeckOK BGB/*Litzenburger* § 2084 Rn. 42; MüKoBGB/*Leipold* § 2084 Rn. 92.

der letztwilligen Verfügung angedeuteten und real feststellbaren subjektiven Willen **weiter und zu Ende denken.**[341] Der BGH[342] fordert für den hypothetischen Willen Folgendes:

> *„Dabei handelt es sich nicht um den mutmaßlichen wirklichen Willen der E, sondern den Willen, den sie vermutlich gehabt hätte, wenn sie die planwidrige Unvollkommenheit der letztwilligen Verfügung im Zeitpunkt ihrer Errichtung erkannt hätte (...). Insoweit darf ein den Verhältnissen entsprechender Erblasserwille nur unterstellt werden, wenn er auf eine bestimmte, durch Auslegung der letztwilligen Verfügung erkennbare Willensrichtung des Erblassers zurückgeführt werden kann (...). Lässt sich ein solcher Wille nicht feststellen, so muss es trotz vorhandener Regelungslücke beim bisherigen Auslegungsergebnis verbleiben (...).“*

123 Hierzu das OLG München:[343]

> *„Zu fragen ist, wie E seine Verfügung inhaltlich gestaltet hätte, wenn er bei Errichtung des Testaments die später eingetretene Entwicklung der für ihn relevanten Verhältnisse vorausschauend berücksichtigt hätte. Eine Voraussicht der Zukunft in allen Einzelheiten, d. h. einen allwissenden Erblasser, hat man sich dabei nicht vorzustellen; denn ein solcher hypothetischer Wille wäre realitätsfremd und würde daher nicht dem Sinn der an das Testament und die reale Willensrichtung anknüpfenden ergänzenden Auslegung entsprechen. Vielmehr ist zu erwägen, wie E testiert hätte, wenn er die Möglichkeit der späteren Entwicklung in ihren wesentlichen Zügen bedacht hätte (...).“*

124 Nach dem OLG Düsseldorf[344] ist bei der Ermittlung des hypothetischen Erblasserwillens „der real feststellbare subjektive Wille zu Ende zu denken, also zu erforschen, was der Erblasser geregelt hätte, wenn er von der ergänzungsfähigen Lücke gewusst hätte. Auszugehen ist von den persönlichen Einstellungen des Erblassers, selbst von irrealen.“

125 Es ist ein dem Erblasser unterstellter **irrealer oder hypothetischer** (unwirklicher) **Wille** zu erforschen, nicht indes der erwiesene, wirkliche oder mutmaßliche Wille zur Geltung zu bringen.[345] Der Ausleger hat sich in den früheren Zustand zurückzuversetzen und von dort aus **in die damalige Zukunft zu schauen,** um die Auffassung des Erblassers zu den geänderten Verhältnissen zu ermitteln.[346] Bei dem hypothetischen Willen handelt es sich um eine wertende Schlussfolgerung des Auslegers auf Grundlage des Testamentes und der erkennbaren realen Willensrichtung bei Testamentserrichtung, was auch als hypothetische Rechtsfolgenanordnung, also eine hypothetische Willenserklärung verstanden werden kann.[347] Dabei sind **auch Umstände außerhalb des Testamentes,** die allgemeine **Lebenserfahrung** und Äußerungen des Erblassers, die Rückschlüsse auf seinen Willen im Zeitpunkt der Testamentserrichtung zulassen, zu berücksichtigen.[348] Maßgebend ist schließlich auch bei der ergänzenden Auslegung der Erblasserwille **im Zeitpunkt der Testamentserrichtung.**[349] Spätere Willensänderungen sind nicht zu berücksichtigen.[350] Es können aber Rückschlüsse auf den hypothetischen Willen im Zeitpunkt der Testamentserrichtung aus einem nach der Errich-

[341] *Hammann* ErbR 2014, 420 (424); Burandt/Rojahn/*Czubayko* § 2084 Rn. 17; BeckOK BGB/*Litzenburger* § 2084 Rn. 42; MüKoBGB/*Leipold* § 2084 Rn. 98; *Purruker* ZEV 2008, 290 (291).

[342] BGH ZEV 2017, 620 (631) mAnm *Leipold.*

[343] OLG München ZEV 2006, 456 (457) mAnm *Werner;* vgl. BayObLG NJW-RR 2002, 367 (370).

[344] OLG Düsseldorf MittBayNot 2012, 397 (399).

[345] OLG Nürnberg ZEV 2010, 411 (414); OLG München NJW-RR 2011, 1020 (1022); Nieder/Kössinger Testamentsgestaltung-HdB/*W. Kössinger* § 23 Rn. 35; Damrau/Tanck/*Seiler-Schopp/Rudolf* § 2084 Rn. 40; *Olzen/Looschelders* ErbR Rn. 586.

[346] Palandt/*Weidlich* § 2084 Rn. 10.

[347] MüKoBGB/*Leipold* § 2084 Rn. 91.

[348] BGH NJW 1973, 240 (241); OLG Nürnberg ZEV 2010, 411 (414); BayObLG NJW 1988, 2744 (2745); Nieder/Kössinger Testamentsgestaltung-HdB/*W. Kössinger* § 23 Rn. 35; Damrau/Tanck/*Seiler-Schopp/Rudolf* § 2084 Rn. 40.

[349] BGH LM BGB § 2084 Nr. 5; NJW 1963, 1150 (1151); OLG Düsseldorf NJW-RR 2012, 391.

[350] Nieder/Kössinger Testamentsgestaltung-HdB/*W. Kössinger* § 23 Rn. 35; Staudinger/*Otte* Vor §§ 2064 ff. Rn. 94; aA *Muscheler* ErbR Rn. 1876.

tung gebildeten Willen gezogen werden.[351] Gleichwohl muss die gesamte Entwicklung zwischen der Testamentserrichtung und dem Erbfall *„in allen wesentlichen Zügen"* erfasst und es müssen *„sämtliche Umstände"* berücksichtigt werden, die für die Bildung des hypothetischen Willens bedeutsam sein können.[352]

Bei **wechselbezüglichen Verfügungen** bzw. bei **vertragsmäßigen Verfügungen** kommt es nicht alleine auf den hypothetischen Willen des Erblassers an, sondern auf den **übereinstimmenden hypothetischen Willen** beider Ehegatten bzw. Vertragspartner (§ 157 BGB).[353] 126

Praxistipp:

Jemand würde ein Testament unzutreffend auslegen, wenn er im Rahmen der ergänzenden Auslegung das Testament durch diejenige Verfügung vervollständigt, die er objektiv für die gerechteste hält.[354] Dies würde dem Grundsatz der Privatautonomie widersprechen. Ein Ausleger muss sich vom Testament ausgehend gedanklich in die Person des Erblassers versetzen und aus dessen Sicht der Dinge die Lücke zu schließen versuchen.[355]

Sind in einer Verfügung Motive angegeben, so erlauben diese das Weiterentwickeln der Verfügungen. Andernfalls ist der **Sinn der getroffenen Verfügungen zu Ende zu denken.**[356] Aus allen denkbaren Gestaltungsmöglichkeiten muss diejenige gewählt werden, mit der die durch die irrealen oder hypothetischen Erblasserwillen gefundenen Zwecke und Motive am besten zu verwirklichen sind.[357] Es muss bei der Auslegung nach dem Wortlaut indes verbleiben, wenn ein vom Testamentswortlaut abweichender realer oder hypothetischer Erblasserwille nicht erkennbar ist.[358] 127

Die ergänzende Auslegung kann zwar nicht eine völlig andere Verfügung schaffen.[359] Die **Lücke** kann aber grundsätzlich **in nahezu jeder Richtung** geschlossen werden, wie etwa (Grenze durch nachfolgende Anhaltstheorie): 128

- Entfallen eines Vorausvermächtnisses[360]
- Ergänzung eines Vermächtnisses
- Wegfall einer Nacherbeinsetzung[361]
- Ergänzung einer (Nach-)Erbeinsetzung durch einen weiteren, nach der Testamentserrichtung geborenen weiteren Abkömmling[362]
- nach Verkauf eines vermachten Gegenstandes Vermächtnis hinsichtlich des Kaufpreiserlöses (→ § 11 Rn. 8–17)
- Anpassung eines vermachten Barbetrages an die Inflation
- beispielsweise Berücksichtigung in einem gemeinschaftlichen Testament von einem Änderungsvorbehalt, so dass der längerlebende Ehegatte etwa nach einer Wiederheirat seinen neuen Ehegatten durch ein Vermächtnis begünstigen kann oder etwa nach dem überraschenden Erwerb einer Erbschaft nur über diese anderweitig verfügen kann (→ § 20 Rn. 86 ff.; → § 21 Rn. 35 ff.)
- Änderung der Erbquoten
- Anpassung durch Hinzufügung eines Ausgleichsanspruchs (→ § 10 Rn. 22)

[351] BayObLG NJW-RR 1996, 1351.
[352] KG FamRZ 2011, 928 = BeckRS 2010, 29660; vgl. OLG Nürnberg ZEV 2010, 411 (414); vgl. MüKoBGB/*Leipold* § 2084 Rn. 92.
[353] OLG Düsseldorf MittBayNot 2012, 397 (399); ErbR 2012, 120 (123); OLG Hamm FGPrax 2012, 202 (203); BeckOGK BGB/*Gierl* § 2084 Rn. 96.
[354] Staudinger/*Otte* Vor §§ 2064 ff. Rn. 93.
[355] MüKoBGB/*Leipold* § 2084 Rn. 91.
[356] BeckOK BGB/*Litzenburger* § 2084 Rn. 44.
[357] Nieder/Kössinger Testamentsgestaltung-HdB/*W. Kössinger* § 23 Rn. 35; Damrau/Tanck/*Seiler-Schopp/Rudolf* § 2084 Rn. 42.
[358] OLG Hamm NJWE-FER 1997, 61.
[359] MüKoBGB/*Leipold* § 2084 Rn. 99; *Olzen/Looschelders* ErbR Rn. 585.
[360] BayObLG NJW-RR 1997, 1438.
[361] BGH LM BGB § 2084 Nr. 5.
[362] BayObLG FamRZ 1991, 982 = BeckRS 2010, 30314; NJW-RR 1991, 1094.

129 Umstritten ist, ob als Ergebnis einer ergänzenden Auslegung sogar die **Beseitigung einer letztwilligen Verfügung** möglich ist. Andernfalls kann dieses Ziel auch mit der Anfechtung erreicht werden. Dem BayObLG[363] zufolge kann – entgegen dem Regelfall – die ergänzende Auslegung dazu führen, dass eine letztwillige Verfügung als gegenstandslos zu behandeln ist und die gesetzliche Erbfolge eintritt, wenn der Erblasser mangels seines Irrtums sie nicht getroffen haben würde. Gegen die Anfechtung grenzt das BayObLG[364] die ergänzende Auslegung mit folgender Begründung ab:

> *„Die Anfechtung kommt sonach nur dann in Betracht, wenn sich aus dem Testament selbst im Zusammenhang mit weiteren Auslegungsbehelfen nicht ergibt, daß der Erblasser in einem Irrtum gehandelt hat und die Verfügung bei richtiger Vorstellung nicht getroffen hätte."*

130 Dagegen spricht sich *Leipold*[365] aus: Ein Widerruf bzw. die Behandlung als gegenstandslos bzw. unwirksam könne nicht durch ergänzende Auslegung festgestellt werden. Das könne nicht mehr als Weiterdenken des Testamentstextes angesehen werden. Eine solche letztwillige Verfügung müsse ggf. angefochten werden. Höchstens könne durch ergänzende Auslegung eine auflösende Bedingung angenommen werden.

Formulierungstext für einen Schriftsatz:

131 Zu ermitteln ist der Wille, den der Erblasser „vermutlich gehabt hätte", wenn er „die planwidrige Unvollkommenheit der letztwillgen Verfgung im Zeitpunkt ihrer Errichtung erkannt hätte" (BGH ZEV 2017, 629 (631)). Zur Schließung der Lücke ist zu fragen, welche letztwillige Anordnung der Erblasser verfügt hätte, wenn er vorausschauend die spätere Entwicklung und damit die tatsächlichen oder rechtlichen Änderungen bedacht hätte (OLG Nürnberg ZEV 2010, 411 (414)). Das Testament ist weiter und zu Ende zu denken (MüKoBGB/Leipold § 2084 Rn. 98). Es geht also um die Berücksichtigung eines nur hypothetischen Willens des Erblassers (OLG München NJW-RR 2011, 1020 (1022)). Dabei kann die Lücke in nahezu jede Richtung geschlossen werden.

7. Andeutung der Willensrichtung im Testament

132 Im letzten Schritt ist zu prüfen, ob das Auslegungsergebnis vor den strengen gesetzlichen Formvorschriften für Testamente und Erbverträge bestehen kann. Auch bei der ergänzenden Auslegung gilt die **Andeutungs- bzw. Anhaltstheorie.** Aber es muss kein Anhaltspunkt für das aufgrund des hypothetischen Willens ermittelte Auslegungsergebnis bestehen, da so eine Auslegung jeweils ins Leere laufen würde.[366] Schließlich wird eine bestehende Lücke durch das Auslegungsergebnis geschlossen. Weder für das Auslegungsergebnis noch für den hypothetischen Willen muss im Testament ein Anhaltspunkt vorhanden sein.[367] Das ist bei einem irrealen Willen auch nicht möglich.[368]

133 Indes muss für die **Motivation, Ziele und Absichten** des Erblassers, also für die **Willensrichtung,** eine **Stütze im Testamentstext** zu finden sein, was das OLG Köln[369] wie folgt begründet:

> *„Würde man einen Anhaltspunkt für das Ergebnis der ergänzenden Auslegung im Testament fordern, wäre dies sinnwidrig: Wenn ein solcher Anhaltspunkt im Tes-*

[363] BayObLG NJW 1967, 729; auch NJW-RR 2002, 367: Entfall einer Testamentsvollstreckung; BayObLG NJW-RR 1997, 1438: Entfall eines Vorausvermächtnisses; wohl zustimmend Nieder/Kössinger Testamentsgestaltung-HdB/*W. Kössinger* § 23 Rn. 35.

[364] BayObLG NJW 1967, 729 (730).

[365] MüKoBGB/*Leipold* § 2084 Rn. 98.

[366] Vgl. *Foerste* DNotZ 1993, 84.

[367] OLG Köln ZEV 2009, 241; aA OLG Hamm NJW-RR 1987, 648 (649).

[368] Firsching/Graf NachlassR/*Krätzschel* Rn. 1.134.

[369] OLG Köln ZEV 2009, 241 (242); vgl. BayObLG ZEV 2001, 24 (25); OLG Karlsruhe ZEV 2009, 34 (35); OLG München ZEV 2007, 93; BGH FamRZ 1983, 380 (382) = BeckRS 2010, 7142; aA *Brox/Walker* ErbR Rn. 204.

tament zu finden wäre, hätte der Erblasser die mögliche Entwicklung bereits berücksichtigt, so dass es sich nicht um eine ergänzende, sondern um eine einfache Auslegung handeln würde. Auch für den hypothetischen Willen selbst kann es angesichts der Irrealität dieses Willens keine Andeutung im Testament geben. Dem Formerfordernis ist deshalb bereits dann Rechnung getragen, wenn sich für die Willensrichtung des Erblassers, seine Motivation oder Zielsetzung ein – auch noch so geringer – Anhaltspunkt oder ein – noch so unvollkommener – Ausdruck aus dem Testament selbst ergibt (...).“

Das BayObLG[370] konkretisiert die Anforderungen an den Anhalt im Testament wie folgt: 134

„..., für die behauptete Willensrichtung des Erblassers muss sich daher ein wenn auch noch so geringer oder unvollkommener Anhaltspunkt im Testament selbst finden (...).“

Eine **Ergänzung** ist mithin **nur zulässig,** wenn das Testament hierfür eine Grundlage bietet 135 bzw. anhand des Testamentes aufgrund von Umständen außerhalb des Testamentes oder der allgemeinen Lebenserfahrung festzustellen ist.[371] Die bei Testamentserrichtung festzustellende Willensrichtung muss für das Schließen der Lücke eine genügende Grundlage bieten.[372] Es darf kein Wille in das Testament hineingetragen werden, der darin nicht andeutungsweise ausgedrückt ist.[373]

Einzelfall

Ein Ersatzerbe kann nur dann durch ergänzende Auslegung festgestellt werden, wenn nach der Willensrichtung des Erblassers anzunehmen ist, dass der Erblasser die Erbeinsetzung gewollt hätte, sofern er die spätere Entwicklung vorausschauend bedacht hätte, so das OLG Düsseldorf.[374]

Dies wird umso eher der Fall sein, je mehr das vom Erblasser erstrebte Ziel aus dem 136 Wortlaut der Urkunde hervorgeht.[375] Die Anhaltstheorie setzt damit der Auslegung Grenzen. Gerade bei der ergänzenden Auslegung ist Zurückhaltung geboten.[376] Diese darf schließlich nicht dazu führen, dass dasjenige als vom Erblasser gewollt angesehen wird, was ein Dritter anstelle des Erblassers verfügt hätte.[377] Ein Teil der Literatur lehnt das Erfordernis von Anhaltspunkten ab, da es nur dann Anhaltspunkte geben könne, wenn der Erblasser eine Entwicklung berücksichtigt hätte.[378] Diese Auffassung ist abzulehnen, um einer zu weiten Auslegung Grenzen zu setzen. Schließlich dürfen keine vom Erblasserwillen und von den gesetzlichen Formvorschriften losgelösten letztwilligen Verfügungen ermittelt werden.

Mit dieser Anknüpfung an das Testament sind subjektive und objektive Komponenten 137 verbunden.[379]

- Das **subjektive Kriterium** besteht in der Anknüpfung an die Motivation und die Zwecksetzung des Erblassers. Es ist zu fragen, was der Erblasser vermutlich angeordnet hätte, wenn er Kenntnis von der veränderten Sachlage gehabt hätte und seine Verfügung getreu seiner ursprünglichen Zwecksetzung modifiziert hätte.[380]
- Das **objektive Kriterium** besteht darin, dass die ergänzende Auslegung nur zu solchen ermittelten letztwilligen Anordnungen führen darf, die sich als Weiterentwicklung ei-

[370] BayObLG NJW-RR 1991, 1094 (1096); vgl. NJW 1988, 2744 (2745).
[371] BGH FamRZ 1983, 380 (382); OLG Nürnberg ZEV 2010, 411 (414); Damrau/Tanck/*Seiler-Schopp/Rudolf* § 2084 Rn. 43 f.
[372] OLG Düsseldorf ZEV 2018, 140 (141).
[373] OLG München ErbR 2018, 456 (460).
[374] OLG Düsseldorf ZEV 2018, 141 (141).
[375] Nieder/Kössinger Testamentsgestaltung-HdB/W. *Kössinger* § 23 Rn. 36; Damrau/Tanck/*Seiler-Schopp/Rudolf* § 2084 Rn. 43.
[376] KG NJW 1963, 766 (768); Damrau/Tanck/*Seiler-Schopp/Rudolf* § 2084 Rn. 43; Soergel/*Loritz* § 2084 Rn. 35.
[377] KG NJW 1963, 766 (768).
[378] *Brox/Walker* ErbR Rn. 201; *Foerste* DNotZ 1993, 84 (85, 91 ff.).
[379] Damrau/Tanck/*Seiler-Schopp/Rudolf* § 2084 Rn. 45; kritisch Soergel/*Loritz* § 2084 Fn. 170.
[380] MüKoBGB/*Leipold* § 2084 Rn. 97; Dt. ErbRK/*Gemmer* § 2084 Rn. 25; vgl. BGH NJW 1983, 672 (674).

nes Testamentes darstellen.[381] Die bestehende Verfügung ist weiter und zu Ende zu denken.[382]

Formulierungsmuster für einen Schriftsatz:

138 Die ermittelte Willensrichtung des Erblassers muss einen Anhaltspunkt im Testament finden. An diese Andeutung sind jedoch keine hohen Anforderungen zu stellen. Dem Formerfordernis ist bereits Rechnung getragen, wenn sich ein noch so geringer oder unvollkommener Ausdruck der Willensrichtung in der Urkunde findet (BayObLG NJW-RR 1991, 1094 (1096); OLG München ErbR 2018, 456 (460)). Für das Auslegungsergebnis selbst ist keine Andeutung zu fordern, denn für den hypothetischen Willen kann es aufgrund seiner Irrealität keine Andeutung im Testament geben (OLG Köln ZEV 2009, 241 (242)).

8. Einzelfälle

139 Folgende Einzelfälle sind typisch für die ergänzende Auslegung:

- Die Erblasserin hat **unerwartet Vermögen** nach Testamentserrichtung geerbt. Die ergänzende Auslegung kann ergeben, dass es zwar bei ihrer verfügten Erbeinsetzung verbleibt, sie aber über das Vermögen aus der Erbschaft anderweitig verfügen kann.[383]
- Der Erblasser hat einen guten Freund durch eine Erbquote, ein Vermächtnis oder eine Auflage begünstigt. Nun ist dieser **vorverstorben** und es stellt sich die Frage, ob die Kinder des guten Freundes erben, also entsprechend dem Gedanken des § 2069 BGB (→ § 14 Rn. 20 ff.).[384]
- Ein bestimmter Gegenstand ist vermacht. Nach Testamentserrichtung hat sich der Erblasser dazu entschlossen, den **Gegenstand zu verkaufen.** Es fragt sich, ob der ursprünglich mit dem Gegenstand Bedachte stattdessen den Veräußerungserlös verlangen kann (→ § 11 Rn. 8 ff.).[385]
- In der Zeit des Nationalsozialismus hatte ein Jude ein Einzeltestament errichtet, da er dachte, dass aufgrund des damals geltenden Rechts der mit seiner Ehefrau abgeschlossene Erbvertrag unwirksam ist. Aufgrund einer **späteren Gesetzesänderung** war doch der frühere Erbvertrag wirksam, so dass das spätere Einzeltestament nach ergänzender Auslegung unbeachtlich war.[386] Die Lücke war darin zu sehen, dass der Jude die künftige Rechtslage unrichtig beurteilt hatte.
- Der Erblasser hatte zum **Testamentsvollstrecker** eine bestimmte Person bestimmt. Nach dem Wegfall dieser Person ist durch ergänzende Auslegung zu ermitteln, ob die Testamentsvollstreckung mit einer anderen Person fortgeführt werden soll oder mit dem Wegfall der benannten Person endet (→ § 15 Rn. 21–30).[387]
- Der Erblasser hatte seinem nichtehelichen Kind ein Grundstück vermacht. Nach Testamentserrichtung änderte sich die Rechtslage dahingehend, dass dem nichtehelichen Kind ein Erbersatzanspruch zusteht. Durch ergänzende Testamentsauslegung ist zu klären, ob der Wert des Erbersatzanspruchs auf das Grundstücksvermächtnis anzurechnen ist.[388]
- Der Erblasser hat in seinem 1970 errichteten Testament seiner Ehefrau eine monatliche Rente von DM 500 vermacht. Er stirbt in 2012. Dann kann durch ergänzende Auslegung festgestellt werden, dass der Betrag an den **Kaufpreisschwund** bzw. an die Inflation anzupassen ist.[389]

---

[381] MüKoBGB/*Leipold* § 2084 Rn. 98; Burandt/Rojahn/*Czubayko* § 2084 Rn. 17.

[382] MüKoBGB/*Leipold* § 2084 Rn. 98; vgl. OLG München ZEV 2008, 290 (291); BayObLG FamRZ 1986, 606 (608) = BeckRS 2009, 27 969; BayObLG NJW 1988, 2744 (2747).

[383] OLG München NJW-RR 2011, 1020 (1022).

[384] KG FamRZ 2011, 928 = BeckRS 2010, 29 660; OLG München ZEV 2007, 93; BayObLG ZEV 2001, 24 (25).

[385] OLG Koblenz BeckRS 2009, 88 052; BGH NJW 1957, 421.

[386] BayObLG NJW-RR 1999, 1167 (1168).

[387] OLG Düsseldorf NJWE-FER 1998, 135.

[388] BGH NJW 1979, 917 (918).

[389] Damrau/Tanck/*Seiler-Schopp*/*Rudolf* § 2084 Rn. 57.

- Die Ehegatten haben innerhalb eines Berliner Testamentes ihre beiden Kinder zu gleichen Teilen eingesetzt. Nach dem frühen Tod des Ehemannes kommt es zu einem tiefen Zerwürfnis des Sohnes zu der Ehefrau, seiner Mutter, das der Sohn ausgelöst hat. Deswegen und zum Dank für die langjährige Hilfe und Pflege setzt die Ehefrau ihre Tochter zur Alleinerbin ein. Durch ergänzende Auslegung kann sich ein **Änderungsvorbehalt** in dem Berliner Testament ergeben, so dass das spätere Einzeltestament nicht an der Bindungswirkung des Berliner Testamentes scheitert (→ § 20 Rn. 86 ff.; → § 21 Rn. 35 ff.).[390]
- Der Erblasser hatte für seine Tochter Testamentsvollstreckung angeordnet, da er mit ihr im Zeitpunkt der Testamentserrichtung ein gestörtes Verhältnis hatte, dessen Grund deren Lebensführung war. Da die Lebensführung sich zu dem Zeitpunkt des Erbfalls gebessert hatte, entfiel aufgrund ergänzender Testamentsauslegung die Anordnung der Testamentsvollstreckung.[391]
- Wegfall der Hofeigenschaft.[392]

Beispiel zur ergänzenden Testamentsauslegung:[393]

Die verwitwete Erblasserin hinterließ ihre drei Söhne Oskar, Heinz und Fritz. Sie hatte letztwillig Folgendes verfügt: „Nach meinem Ableben erhält mein Sohn Heinz aus meinem Nachlass DM 30.000 vorweg ausbezahlt. Das restliche Vermögen bzw. Nachlass erhalten mein Sohn Oskar und mein Sohn Heinz zu gleichen Teilen. Mein Sohn Fritz erhielt bereits seinen Erbteil ausbezahlt, weshalb er keinen weiteren Anspruch mehr hat."

E äußerte im Zusammenhang mit der Testamentserrichtung, dass sie ihre drei Kinder nunmehr gleichbehandelt habe (Das Vermögen der Erblasserin betrug im Zeitpunkt der Testamentserrichtung rund DM 90.000). Dem Testament vorausgegangen war eine der E bekannte Zahlung ihres Sohnes Heinz an seinen Bruder Fritz in Höhe von DM 30.000. In dem von den beiden Söhnen hierüber abgeschlossenen privatschriftlichen Vertrag ist unter anderem vereinbart, dass Fritz als Ausgleich für die Zuwendung auf seinen Erbteil am Nachlass der E zu Gunsten seines Bruders Heinz verzichtet.

Das Nachlassgericht erteilte auf der Grundlage des Testaments einen gemeinschaftlichen Erbschein, wonach die Erblasserin von ihren beiden Söhnen Heinz und Oskar je zu $^1/_2$ beerbt worden sei. In der Folgezeit verklagte Heinz seinen Bruder Fritz auf Rückzahlung der DM 30.000 mit der Begründung, dass der in dem Vertrag erklärte Erbverzicht formunwirksam sei und deshalb der Zahlungsgrund fehle. Fritz wurde antragsgemäß verurteilt.

Auslegungsergebnis: Das Testament ist ergänzend dahingehend auszulegen, dass die drei Söhne Erben zu je $^1/_3$ geworden sind und dass das Vorausvermächtnis zugunsten von Heinz entfällt. So war als Willensrichtung der Erblasserin die Gleichbehandlung ihrer Söhne festzustellen.

VI. Wohlwollende Auslegung

1. Allgemeiner Grundsatz der Testamentsauslegung

Entgegen dem Wortlaut wird § 2084 BGB in Verbindung mit § 133 BGB als gesetzliche Grundlage für den allgemeinen Grundsatz der wohlwollenden Testamentsauslegung[394] herangezogen *(benigna interpretatio),* den rechtlich maßgeblichen Inhalt einer letztwilligen Verfügung auf Basis einer formgerechten Erklärung zu erforschen.[395] **§§ 133, 2084 BGB** werden daher zu Recht in der Praxis nebeneinander genannt und übereinstimmend als **Basis der Auslegung** von letztwilligen Verfügungen betrachtet.[396] Beide Normen zielen darauf ab, den Willen des Erklärenden zu ermitteln und ihm gerecht zu werden.[397] Wenn ein festgestellter Wille umzusetzen ist, spricht der BGH[398] auch recht pauschal davon, dass *„der Rechtsge-* 140

[390] OLG Nürnberg ZEV 2010, 411 (414).
[391] BayObLG NJW-RR 2002, 367 (371).
[392] OLG Hamm FGPrax 2012, 202.
[393] Nach BayObLG NJW-RR 1997, 1438.
[394] Damrau/Tanck/*Seiler-Schopp/Rudolf* § 2084 Rn. 64.
[395] Soergel/*Loritz* § 2084 Rn. 2.
[396] BGH ZEV 2010, 422 (423); NJW 1960, 959 (961); MüKoBGB/*Leipold* § 2084 Rn. 62.
[397] Soergel/*Loritz* § 2084 Rn. 55.
[398] BGH ZEV 2010, 84 (85).

danke des § 2084 BGB zu beachten" sei. Ein Stufenverhältnis, wonach etwa erst nach § 133 BGB und danach nach § 2084 BGB auszulegen wäre, besteht nicht.[399]

2. Unmittelbarer Anwendungsbereich

141 a) **Grundsätzliches.** Der vom Wortlaut des § 2084 BGB vorgesehene Anwendungsbereich betrifft die in der Praxis sehr selten vorkommenden Fälle, bei denen eine letztwillige Verfügung in der Weise auslegungsfähig ist, dass für die Erreichung eines eindeutigen Ziels (im Sinne der Vorschrift eines „*Erfolges*") mehrere Wege in Betracht kommen, von denen aber nur über einen Weg das Ziel verwirklicht werden kann.[400] Die **Beweisregel**[401] greift erst ein, wenn eine zuvor notwendige Auslegung nach den allgemeinen Grundsätzen oder nach besonderen Auslegungsregeln nicht bereits erfolgreich ist, sondern Zweifel offen lässt, welche von zwei Auslegungsmöglichkeiten die rechtlich zutreffende ist.[402] Die wohlwollende Auslegung kann sich sowohl auf eine letztwillige Verfügung wie etwa eine Erbeinsetzung oder eine Vermächtnisaussetzung oder auf das gesamte Rechtsgeschäft, also das Testament bzw. den Erbvertrag, beziehen.[403]

Beispiel:

Der Erblasser hinterlässt Sohn und Ehefrau. Seinem Testament ist eindeutig zu entnehmen, dass der Sohn seinen Anteil an einer BGB-Gesellschaft erhalten soll. Wegen einer qualifizierten Nachfolgeklausel im BGB-Gesellschaftsvertrag sind nur Kinder nachfolgeberechtigt. Als mögliche Wege der Auslegung kommen in Betracht, dass entweder die Ehefrau Alleinerbin und der Sohn Vermächtnisnehmer ist oder dass Ehefrau und Sohn jeweils Miterben sind, aber der Sohn durch eine Teilungsanordnung in Verbindung zu einer sich aus dem Unternehmenswert ergebenden Erbquote nur das Betriebsvermögen erhält. Bei Annahme der Alleinerbschaft der Ehefrau würde diese letztwillige Gestaltung ins Leere zielen, da die Ehefrau nicht nachfolgeberechtigt ist. Die Gesellschaftsbeteiligung kann nicht in den Nachlass fallen, ggf. ein Abfindungsanspruch. Bei Annahme der 2. Alternative des Weges wird das testamentarische Ziel erreicht, so dass dieser Weg mit Hilfe von § 2084 BGB maßgeblich ist.

142 b) **Formgültige letztwillige Verfügung.** Unabdingbare Voraussetzung der Anwendung des § 2084 BGB ist das **Vorliegen** einer formgültigen letztwilligen Verfügung.[404] Handelt es sich bei der Erklärung nur um eine Absichtserklärung, Ankündigung, einen Wunsch oder einen Entwurf, so ist § 2084 BGB nicht anwendbar, auch nicht analog.[405] Nur einem festgestellten Erblasserwillen durch einen formgerecht erklärten letzten Willen soll zum Erfolg verholfen werden.[406] Es besteht schließlich kein Grund dafür, eine Äußerung eines Erblassers im Zweifel als rechtsgeschäftliche Erklärung zu deuten.[407]

143 Ob der **erforderliche Testierwille** vorliegt oder nicht, ist ausschließlich nach § 133 BGB zu beurteilen, nicht nach § 2084 BGB.[408] Es muss daher ein Rechtsbindungswille festzustellen sein.[409] § 2084 BGB ist ebenfalls in nachfolgenden Fällen nicht anwendbar:[410]
- bei Zweifeln über die Echtheit der Testamentsurkunde
- bei Zweifeln über die Testierfähigkeit

[399] Soergel/*Loritz* § 2084 Rn. 55, Fn. 254.
[400] Palandt/*Weidlich* § 2084 Rn. 13, der von einer Sonderregelung spricht; Soergel/*Loritz* § 2084 Rn. 55; Dt. ErbRK/*Gemmer* § 2084 Rn. 19 f.
[401] RGZ 92, 68 (72).
[402] Palandt/*Weidlich* § 2084 Rn. 13.
[403] MüKoBGB/*Leipold* § 2084 Rn. 59.
[404] Burandt/Rojahn/*Czubayko* § 2084 Rn. 21.
[405] OLG Köln FamRZ 1995, 1301 = BeckRS 1995, 13025177; BayObLG FGPrax 2004, 33 (34); MüKoBGB/*Leipold* § 2084 Rn. 74; BeckOK BGB/*Litzenburger* § 2084 Rn. 31.
[406] BGH WM 1976, 744; Staudinger/*Otte* § 2084 Rn. 2; Soergel/*Loritz* § 2084 Rn. 57.
[407] MüKoBGB/*Leipold* § 2084 Rn. 74.
[408] BGH WM 1976, 744; KG NJW 1959, 1441; *Schiffer/Scherf* ZErb 2006, 335; aA OLG Karlsruhe BWNotZ 1960, 150.
[409] Palandt/*Weidlich* § 2084 Rn. 15; Soergel/*Loritz* § 2084 Rn. 57.
[410] OLG Neustadt Rpfleger 1962, 446 (448); Soergel/*Loritz* § 2084 Rn. 58; Staudinger/*Otte* § 2084 Rn. 3; Erman/*M. Schmidt* § 2084 Rn. 8.

- bei Zweifeln über die Formwirksamkeit etwa wegen fehlender Unterschrift (es besteht keine Vermutung für die Erfüllung des Formerfordernisses)[411]
- bei Zweifeln, ob der Erblasser einen Absendervermerk als Namensunterschrift iSd § 2247 Abs. 1 BGB gemeint hat[412]

c) **Auslegungsfähiger und mehrdeutiger Weg.** Der Inhalt des Testamentes oder des Erbvertrages muss aufgrund seines Wortlautes und Sinns verschiedene Auslegungen zulassen.[413] So ist § 2084 BGB schließlich nur „*im Zweifel*" anwendbar. Die Vorschrift ist bei nur einer einzigen Auslegungsmöglichkeit nicht anwendbar. Das Gleiche gilt, wenn von den möglichen Auslegungsergebnissen ein Ergebnis zweifelsfrei dem Erblasserwillen entspricht, auch wenn gerade dieses zur (teilweisen) Unwirksamkeit führt.[414] In diesen Fällen kann ggf. die Umdeutung nach § 140 BGB helfen (→ § 14). Die Auslegungsfähigkeit muss sich für § 2084 BGB **auf verschiedene Wege** beziehen, die aufgrund der letztwilligen Verfügungen in Betracht kommen, wie etwa Vorerbschaft oder Nießbrauch bzw. Allein- oder Miterbe.[415] 144

An der **erforderlichen Mehrdeutigkeit** mangelt es, wenn der Erblasser seine letztwilligen Anordnungen nur für einen bestimmten Sachverhalt getroffen hat, der nun zwar nicht eingetreten ist, aber eine vergleichbare Interessenlage aufweist.[416] Als Beispiel kommt die Schlusserbeinsetzung in einem Berliner Testament nur für den Fall des gleichzeitigen Ablebens, aber eben nicht für zeitlich aufeinanderfolgende Erbfälle in Betracht. Eine solche Konstellation ist demnach nicht nach § 2084 BGB, sondern möglicherweise durch einfache oder auch ergänzende Auslegung zu lösen.[417] 145

d) **Eindeutigkeit des Ziels als Definition des „Erfolges".** Ein Erfolg iSd § 2084 BGB bedeutet, dass die letztwillige Verfügung zu dem vom Erblasser gewollten wirtschaftlichen Ziel rechtswirksam führt.[418] Unabdingbar ist für die Anwendung des § 2084 BGB, dass sich das von dem Erblasser mit seiner letztwilligen Verfügung **verfolgte Ziel zweifelsfrei ermitteln** lässt,[419] und zwar seiner Richtung und wirtschaftlichen Bedeutung nach.[420] Ist ungewiss, welche Person von mehreren möglichen Empfängern der Erblasser letztwillig begünstigen wollte, kann nicht die eine Person durch § 2084 BGB ermittelt werden, weil etwa eine andere Person bereits vorverstorben ist, so dass insoweit die letztwillige Verfügung ins Leere zielen würde.[421] Es ist auch nicht möglich, dass durch § 2084 BGB sämtliche in Betracht kommenden Personen bestimmt werden, wenn indes der Erblasser mit der undeutlichen Bezeichnung nur eine einzige Person bedenken wollte.[422] 146

An dem erforderlichen Erfolg fehlt es beispielsweise, wenn unklar ist, welche Person der Erblasser begünstigen wollte.[423] Diese Anforderung ist nicht so eng, wenn die Identität des zu Begünstigenden gegenüber dem Zweck der Zuwendung zurücktritt.[424] Das kann bereits etwa bei der Zuwendung für Schulen,[425] für den Tierschutz[426] und vor allem **bei karitativen, also sozialen Zielen** sein. Dann muss den vom Erblasser verfolgten sachlichen Zielen besondere Bedeutung beizumessen sein und zur Bestimmung, welche Person oder Einrichtung bedacht sein soll, ein mutmaßlicher, wenn auch nicht mit letzter Sicherheit feststellbarer Wille genügen.[427] 147

---

411 Staudinger/*Otte* § 2084 Rn. 3.
412 Vgl. KG JFG 16, 91; JFG 21, 36 (37).
413 BGH NJW 1960, 959 (960); KG NJW 1970, 758; MüKoBGB/*Leipold* § 2084 Rn. 66.
414 BayObLGZ 1953, 195 (200); Staudinger/*Otte* § 2084 Rn. 16.
415 BeckOK BGB/*Litzenburger* § 2084 Rn. 30.
416 MüKoBGB/*Leipold* § 2084 Rn. 66; Soergel/*Loritz* § 2084 Rn. 60.
417 OLG Stuttgart NJW-RR 1994, 592; OLG Köln FamRZ 1996, 310 = BeckRS 1995, 31 025 169.
418 Dt. ErbRK/*Gemmer* § 2084 Rn. 20; Burandt/Rojahn/*Czubayko* § 2084 Rn. 21.
419 BeckOK BGB/*Litzenburger* § 2084 Rn. 29.
420 MüKoBGB/*Leipold* § 2084 Rn. 70.
421 Siehe §§ 1923 Abs. 1, 2160 BGB.
422 BGH WM 1975, 737 (738).
423 Hilfe leistet ggf. § 2073 BGB.
424 BeckOK BGB/*Litzenburger* § 2084 Rn. 29.
425 Vgl. OLG Oldenburg NdsRpfl 1948, 8.
426 Vgl. OLG Oldenburg NJW-RR 1993, 581.
427 MüKoBGB/*Leipold* § 2084 Rn. 72.

148 Die wohlwollende Auslegung ist auch dann **ausgeschlossen,** wenn der Erblasser bewusst darauf verzichtet hat, die zu begünstigende(n) Person(en) zu bestimmen oder diese im Widerspruch zu § 2065 Abs. 2 BGB einem Dritten überlassen wollte.

Praxistipp:

Droht die Unzulässigkeit der Erbeinsetzung einer zu begünstigenden Person wegen § 2065 Abs. 2 BGB, sollte der Versuch der Auslegung dahingehend unternommen werden, dass die Auslegung stattdessen eine Vermächtnisaussetzung ergibt. Gem. § 2151 Abs. 1 BGB kann entweder der Beschwerte oder ein Dritter bestimmen, wer von mehreren den Vermächtnisgegenstand erhalten soll.[428]

149 e) **Abgrenzung zu § 140 BGB.** § 2084 BGB deutet den Willen nicht um, um ihm einen anderen rechtlichen Sinn beizulegen.[429] Die wohlwollende Auslegung zielt vielmehr auf eine rechtliche Beurteilung innerhalb des Sinnes der Erklärung ab. Das Tatbestandsmerkmal *„im Zweifel"* in dem § 2084 BGB macht deutlich, dass es sich um eine echte Auslegungsregel handelt und nicht um einen umdeutenden Rechtssatz.[430] Dagegen erfasst die **Umdeutungsvorschrift** § 140 BGB die Fälle (→ § 14),[431]

- in denen der Wortlaut der Verfügung samt ihrer Begleitumstände nur zur Unwirksamkeit führende Deutungen gestattet,[432] oder
- in denen vom Wortlaut her eine andere Auslegung möglich ist, aber der erkennbare Wille des Erblassers gerade auf den zur Unwirksamkeit führenden Inhalt gerichtet war.

150 In der Praxis sind die **Grenzen** zwischen der wohlwollenden Auslegung gem. § 2084 BGB und der Umdeutung gem. § 140 BGB **fließend.**[433] *Otte*[434] trennt sogar in seiner Kommentierung zu § 2084 BGB nicht zwischen § 2084 BGB und § 140 BGB.

151 f) **Vermeidung der Unwirksamkeit.** Durch die wohlwollende Auslegung soll die Unwirksamkeit des Testamentes bzw. des Erbvertrages oder eine darin enthaltene letztwillige Verfügung vermieden werden. So soll dem Willen des Erblassers **so weit wie möglich zur rechtlichen Geltung verholfen** werden,[435] indem ein rechtlich zulässiger Weg einem rechtlich unzulässigen Weg vorgezogen wird.[436] Dabei ist gleichgültig, worauf die Unwirksamkeit beruht[437] und ob die Verfügung nichtig oder nachträglich unwirksam ist.[438]

Wenn nur zwei Wege durch Auslegung zu erforschen sind, von denen lediglich einer rechtlich zulässig ist, dann gilt dieser und nicht der andere.[439] Sind mehr als zwei potenzielle und auch rechtlich wirksame Wege möglich, so ist diejenige Auslegung zu bevorzugen, die das vom Erblasser gewollte Ziel am Vollständigsten erreicht.[440]

152 § 2084 BGB verhilft auch **praktikablen Lösungen** zum Erfolg:[441] Dem Zweck des § 2084 BGB entspricht es nämlich auch, in einer Art und Weise die Verfügung im Sinne des Erblassers effektiv auszulegen, dass das von dem Erblasser verfolgte Ziel auf dem einfachsten und **kostensparendsten Weg** erreicht wird,[442] also damit weniger umständlich und mit

[428] BayObLG NJW-RR 1998, 727 (729).
[429] Soergel/*Loritz* § 2084 Rn. 55.
[430] MüKoBGB/*Leipold* § 2084 Rn. 64.
[431] MüKoBGB/*Leipold* § 2084 Rn. 65.
[432] § 2084 BGB setzt voraus, dass die letztwillige Verfügung verschiedene Auslegungsergebnisse zulässt.
[433] Damrau/Tanck/*Seiler-Schopp/Rudolf* § 2084 Rn. 71.
[434] Staudinger/*Otte* § 2084 Rn. 1.
[435] BGH LM BGB § 2084 Nr. 3.
[436] Palandt/*Weidlich* § 2084 Rn. 13.
[437] Soergel/*Loritz* § 2084 Rn. 62.
[438] MüKoBGB/*Leipold* § 2084 Rn. 67.
[439] BeckOK BGB/*Litzenburger* § 2084 Rn. 34.
[440] MüKoBGB/*Leipold* § 2084 Rn. 69.
[441] Erman/*M. Schmidt* § 2084 Rn. 8.
[442] KG HRR 1940, 1428; MüKoBGB/*Leipold* § 2084 Rn. 67.

geringeren Kosten der erstrebte wirtschaftliche Erfolg eintritt.[443] Gleiches gilt, wenn durch ein bestimmtes Auslegungsergebnis ein erneuter Anfall der **Erbschaftsteuer** vermieden wird.[444]

Es sind aber auch **Grenzen** zu beachten: Wohlwollende Auslegung bedeutet nicht, dass eine Verfügung im Sinne des weitgehenden Erfolges, also im Sinne des Begünstigten auszulegen ist, indem ihm etwa möglichst viel zukommt,[445] er möglichst wenig beschränkt wird[446] oder die gesetzliche Erbfolge weit möglichst zurückgedrängt wird. Vielmehr kommt es nur auf den vom Erblasser gewollten Erfolg an.[447] 153

Folgende Einzelfälle verdeutlichen die Grenzen und zugleich Möglichkeiten der wohlwollenden Auslegung: 154

- Durch § 2084 BGB wird nicht die Frage geklärt, ob die Zuwendung des *„Schreibsekretärs mit Inhalt"* auch die Hypotheken der in dem Sekretär befindlichen Hypothekenbriefe umfasst.[448]
- Der BGH[449] bejahte in einem Fall, dass mit dem bei der Bank liegenden *„Barvermögen"* auch die dort belegenen Wertpapiere zu verstehen sind.
- Ist jemandem der *„größere Teil"* des *„Geldes"* des Erblassers zugewiesen worden, erhält dieser nach Auslegung die Hälfte. Dieses Auslegungsergebnis entspricht dem mutmaßlichen Willen des Erblassers am ehesten.
- Die unzulässige alternative Erbeinsetzung *„der Lebensgefährtin oder der gemeinsamen Tochter"* legte das BayObLG in eine der Generationenfolge entsprechende Erb- und Ersatzerbeinsetzung aus.[450]
- Auslegung einer Verpflichtung, Vermächtnisgegenstände an bestimmte Personen *„weiterzuvererben"*, was wegen § 2302 BGB unzulässig wäre, als Nachvermächtnis gem. § 2191 BGB.[451] Dieses Ergebnis kann ebenfalls durch Umdeutung erreicht werden (→ § 14 Rn. 39 bis 41).
- Die Verfügung des Erblassers hatte keinen Erfolg, da er eine nicht rechtsfähige und damit nicht erbfähige Gesellschaft bedacht hatte. § 2084 BGB ergab, dass die Mitglieder dieser Gesellschaft die Zuwendung mit der Auflage erhielten, diese im Sinne der Gemeinschaft zu verwerten.[452]
- Vom Testamentswortlaut wurde die medizinische Fakultät einer Universität begünstigt. Da diese nicht rechtsfähig ist, ergab die Auslegung, dass die Universität mit der Auflage begünstigt wird, die Zuwendung zugunsten der Fakultät zu verwenden.[453]
- Ein Erblasser bestimmte letztwillig, dass sein Nachlass den Tierschutzvereinen in deutschen Städten mit über 20.000 Einwohnern *pro rata* der Einwohnerzahl zufallen soll. Das KG[454] legte 1938 dieses Testament so aus, dass Alleinerbe die zentrale Spitzenorganisation der Tierschutzvereine ist, aber mit der Auflage belegt ist, das Erbe im Sinne des Testamentes zu verwenden.
- Bei einer letztwilligen Begünstigung *„der Kirche"* liegt die Auslegung zugunsten der kirchlichen Organisation nahe, der der Erblasser selbst angehörte.[455]

Kann die für die letztwillige Verfügung **gewählte Form nicht zweifelsfrei geklärt** werden, kann die wohlwollende Auslegung zum Zuge kommen. So kann etwa ein handschriftlich verfasster Nachtrag zu einem Erbvertrag als gemeinschaftliches Testament ausgelegt wer- 155

---

443 KG JW 1938, 2273 Nr. 6; Erman/*M. Schmidt* § 2084 Rn. 8.
444 BayObLG NJW 1960, 1765: Feststellung eines Nießbrauchsvermächtnisses, da dies damals erbschaftsteuerlich vorteilhafter im Vergleich zur Vor- und Nacherbfolge war.
445 BGH WM 1975, 593.
446 Vgl. BayObLG FamRZ 1996, 636 (637) = BeckRS 1995, 31022886.
447 Staudinger/*Otte* § 2084 Rn. 15.
448 Verneinend RG SeuffA 75 Nr. 107.
449 BGH WM 1975, 1259.
450 BayObLG NJW 1999, 1118, ohne sich aber auf § 2084 BGB explizit zu beziehen.
451 BGH 6.6.1966, zit. bei *Kessler* DRiZ 1966, 398.
452 Vgl. *Kipp/Coing* ErbR § 21 Vb mwN.
453 OLG Köln NJW 1986, 2199.
454 KG 1938, 2273.
455 BayObLG NJW 1999, 1119.

den.[456] Voraussetzung für diese Auslegung ist, dass mehrere inhaltliche Deutungen in Betracht kommen, von denen aber zumindest eine die Formerfordernisse erfüllt und zumindest eine andere Deutung eben die Formerfordernisse nicht erfüllt.[457] Für die wohlwollende Auslegung besteht aber kein Raum, wenn die Erfüllung von Formerfordernissen zweifelhaft ist.[458] So kann aus § 2084 BGB nicht der Grundsatz *„im Zweifel zugunsten der Formwirksamkeit"* herausgelesen werden.[459]

3. Analoge Anwendung im Zusammenhang mit lebzeitigen Verfügungen

156 Auch wenn sich § 2084 BGB vom Wortlaut her nur auf letztwillige Verfügungen bezieht, so ist die analoge Anwendung bei Zweifeln anerkannt, ob eine Willenserklärung als Verfügung von Todes wegen oder als Rechtsgeschäft unter Lebenden aufzufassen ist.[460] Es ist danach abzugrenzen, ob die Beteiligten **schon zu Lebzeiten Rechte und Pflichten** begründen wollten,[461] auch wenn diese erst nach dem Tod eines Beteiligten voll wirksam werden sollen, oder ob eine Bindung des Erblassers schon zu Lebzeiten nicht gewollt war.[462] Voraussetzung ist aber auch für die analoge Anwendbarkeit ein feststehender Rechtsbindungswille.[463] Auch muss entweder bei Annahme einer letztwilligen Verfügung oder einer lebzeitigen Verfügung einer Option von beiden die Wirksamkeit versagt sein, um § 2084 BGB analog anwenden zu können. Der BGH[464] erklärt die entsprechende Anwendung wie folgt:

> *„Damit wird dem Umstand Rechnung getragen, daß den Vorstellungen der Beteiligten über die rechtliche Einkleidung ihres Handelns bei Laien in der Regel nur untergeordnete Bedeutung zukommt. Deshalb sollte die Verwirklichung ihres Willens an Zweifeln über die rechtliche Einordnung des Geschäfts nach Möglichkeit nicht scheitern (…)."*

157 So ist § 2084 BGB analog auch auf den Fall anzuwenden, wenn fraglich ist, ob ein Schenkungsversprechen als von Todes wegen oder als unter Lebenden zu bewerten ist.[465] Gleiches gilt *Weidlich*[466] zufolge bei der Frage, ob eine letztwillige Verfügung oder eine unwiderrufliche Vollmacht auf den Todesfall vorliegt. Die analoge Anwendung geht aber nicht so weit, dass sie auch solche Fälle erfasst, in denen sich ein Wille des Erblassers dahingehend feststellen lässt, dass er von mehreren möglichen Wegen gerade den Weg wollte, der unzulässig ist.[467]

VII. Tatsächliche Vermutungen

158 Unabhängig von den gesetzlichen Auslegungsregeln hat die Rechtsprechung für die Auslegung von Testamenten und Erbverträgen auch sogenannte tatsächliche Vermutungen gebildet, die die Rechtsfindung vereinheitlichen sollen.[468] So würde die Lebenserfahrung häufig die hohe Wahrscheinlichkeit eines gewissen Ablaufs begründen und damit eine tatsächliche oder unechte Vermutung.[469] Bei **freier Beweiswürdigung** könne diese einen weiteren Beweis überflüssig machen; ein Missbrauch sei aber zu verhüten. Die Tatsachenvermu-

[456] BayObLGZ 1960, 192 (195).
[457] MüKoBGB/*Leipold* § 2084 Rn. 71.
[458] Soergel/*Loritz* § 2084 Rn. 57.
[459] Damrau/Tanck/*Seiler-Schopp/Rudolf* § 2084 Rn. 69.
[460] BGH NJW 1984, 46 (47); FamRZ 1985, 693 (695) = BeckRS 2010, 5450; OLG Koblenz ZEV 1997, 255; Palandt/*Weidlich* § 2084 Rn. 14; Erman/*M. Schmidt* § 2084 Rn. 9.
[461] BGH NJW 1984, 46 (47).
[462] BGH NJW 1998, 2136 (2138); MüKoBGB/*Leipold* § 2084 Rn. 76.
[463] BeckOK BGB/*Litzenburger* § 2084 Rn. 32; vgl. Staudinger/*Otte* § 2084 Rn. 3.
[464] BGH NJW 1988, 2731 (2732); vgl. Soergel/*Loritz* § 2084 Rn. 59.
[465] BGH NJW 1988, 2731; BeckOK BGB/*Litzenburger* § 2084 Rn. 32; aA *Bork* JZ 1988, 1059.
[466] Palandt/*Weidlich* § 2084 Rn. 14; vgl. Damrau/Tanck/*Seiler-Schopp/Rudolf* § 2084 Rn. 66.
[467] Soergel/*Loritz* § 2084 Rn. 59.
[468] Nieder/Kössinger Testamentsgestaltung-HdB/*W. Kössinger* § 23 Rn. 28.
[469] Baumbach/Lauterbach/*Hartmann*[69] Anhang § 286 Rn. 14.

tung ist eine Beweislastnorm, die den Gegenbeweis zulässt.[470] Hintergrund dieser tatsächlichen Vermutungen sind die Grundsätze des Anscheinsbeweises, die der Praxis teils als Beweiserleichterung und teils als Vorgaben zur Beweiswürdigung dienen.[471]

Einige Beispiele aus der Rechtsprechung: 159

- Ein äußerlich formgültiges Testament enthalte eine tatsächliche Vermutung dafür, dass es in dieser Form und mit diesem Inhalt vom Erblasser verfasst worden ist.[472]
- Es wird die Richtigkeit einer **Datums- und Ortsangabe** in einem Testament vermutet.[473]
- Ebenfalls hat das BayObLG[474] in ständiger Rechtsprechung den Erfahrungssatz gebildet, dass letztwillige Verfügungen, durch die jeder Ehegatte **die gemeinschaftlichen Kinder** zu seinen **(Schluss-)Erben** einsetzt, im Zweifel nicht zueinander wechselbezüglich sind. So sei nach der Lebenserfahrung nicht davon auszugehen, dass ein Elternteil die eigenen Kinder nur deshalb im Testament bedenkt, weil dieses auch der andere tut. Dagegen wird die Wechselbezüglichkeit der Erbeinsetzung der Kinder zu einer eventuellen Erbeinsetzung des längerlebenden Ehegatten im ersten Erbfall anzunehmen sein (→ § 17 Rn. 26).
- Dem OLG Hamm[475] zufolge spricht eine tatsächliche Vermutung bei einer Testamentsurkunde, die nach ihrem äußeren Bild den Anforderungen des § 2267 BGB entspricht, dafür, dass es auch **ordnungsgemäß errichtet** wurde.
- Es wird im Hinblick auf § 2257 BGB vermutet, dass der Erblasser durch **Widerruf** eines späteren Testamentes ein früheres Testament wiederherstellen wollte.[476]
- Die bloße Tatsache der **Unauffindbarkeit der Urkunde** begründet keine tatsächliche Vermutung oder einen Erfahrungssatz, dass das Testament durch den Erblasser vernichtet worden ist.[477]
- Nach dem LG Berlin[478] spricht eine allgemeine tatsächliche Vermutung dafür, dass der Erblasser grundsätzlich nicht den Willen hat, die Abkömmlinge eines **ausschlagenden Kindes** zu Ersatzerben zu berufen.
- Verzichtet ein Abkömmling infolge vollständiger **Abfindung** auf einen ihm zugewandten Erbteil, dann besteht eine tatsächliche Vermutung dafür, dass seine Abkömmlinge für diesen Fall nicht als Ersatzbedachte berufen sind.[479]
- Bei einem notariellen Testament oder Erbvertrag besteht eine tatsächliche Vermutung für das Vorliegen der **Testierfähigkeit** bzw. Geschäftsfähigkeit.[480]

[470] Baumbach/Lauterbach/*Hartmann*[69] § 292 Rn. 6.
[471] Musielak/Voit/*Foerste* ZPO § 286 Rn. 25.
[472] BayObLG NJW 1970, 2300; Baumgärtel/Laumen/Prütting/*Schmitz* § 2247 Rn. 10; Nieder/Kössinger Testamentsgestaltung-HdB/*W. Kössinger* § 17 Rn. 58.
[473] OLG München ZEV 2010, 50; BayObLG BeckRS 1991, 30 897 610.
[474] BayObLG Rpfleger 1985, 445 = BeckRS 2009, 29 043; BeckRS 2009, 28 314 = FamRZ 1986, 392; NJWE-FER 1997, 13 (14); aA OLG Köln NJW-RR 1994, 397 (398).
[475] OLG Hamm NJW-RR 1993, 269; Staudinger/*Kanzleiter* § 2267 Rn. 19.
[476] OLG Köln BeckRS 2006, 3017.
[477] LG Duisburg NJW-RR 2005, 884 (885); BayObLG ZEV 2003, 503 (507).
[478] LG Berlin BeckRS 2011, 15 188.
[479] BGH NJW 1974, 43.
[480] Vgl. OLG Hamm NJWE-FER 1997, 206 (207).

§ 8 Gesetzliche Ergänzungs- und Auslegungsregeln

Übersicht

I. Anwendbarkeit nach erfolgloser individueller Auslegung

1 Die nachfolgend dargestellten gesetzlichen Auslegungsregeln sind erst dann anzuwenden, wenn nicht mittels der individuellen Auslegung, also der einfachen oder der ergänzenden

Auslegung, der Erblasserwille festgestellt werden konnte. Das ergibt sich aus dem Tatbestandsmerkmal *„im Zweifel"* in den einzelnen Paragrafen.

II. Gesetzliche Ergänzungs- und Auslegungsregeln zu der Person des Testamentserben

1. Erbeinsetzung der gesetzlichen Erben

§ 2066 BGB

Hat der Erblasser seine gesetzlichen Erben ohne nähere Bestimmung bedacht, so sind diejenigen, welche zur Zeit des Erbfalls seine gesetzlichen Erben sein würden, nach dem Verhältnis ihrer gesetzlichen Erbteile bedacht. Ist die Zuwendung unter einer aufschiebenden Bedingung oder unter Bestimmung eines Anfangstermins gemacht und tritt die Bedingung oder der Termin erst nach dem Erbfall ein, so sind im Zweifel diejenigen als bedacht anzusehen, welche die gesetzlichen Erben sein würden, wenn der Erblasser zur Zeit des Eintritts der Bedingung oder des Termins gestorben wäre.

a) **Normzweck.** § 2066 BGB ordnet die Anwendung der gesetzlichen Erbfolgeregelungen der §§ 1922 ff. BGB an. So werden Lücken, die durch eine unvollständige, nicht etwa auslegungsbedürftige,[1] Erbeinsetzung der gesetzlichen Erben entstanden sind, geschlossen. Während es sich bei § 2066 Satz 1 BGB um eine Ergänzungsnorm handelt, stellt Satz 2 eine Auslegungsregel dar.[2] 2

b) **Tatbestand des § 2066 S. 1 BGB.** *aa) Zuwendung an gesetzliche Erben.* Grundsätzlich muss der Erblasser die Bezeichnung *„meine gesetzlichen Erben"* verwendet haben. Ähnliche Bezeichnungen wie *„meine (rechtmäßigen) Erben"* oder schlicht *„meine Erben"* werden aber idR ebenso erfasst.[3] 3

Keine Anwendung findet die Vorschrift, wenn der Erblasser durch eine Formulierung wie etwa *„meine Erben"* auf eine frühere Verfügung von Todes wegen Bezug nimmt und die Gruppe *„meine Erben"* somit individualisiert ist. Jedoch darf hierzu das spätere Testament nicht als Widerrufstestament iSd § 2253 ff. BGB aufzufassen sein.[4] Beschränken sich die Anordnungen des Erblassers darauf, dass die gesetzliche Erbfolge eintreten soll, ist § 2066 BGB mangels gewillkürter Erbfolge ebenfalls nicht anwendbar.[5] Hat der Erblasser den gesetzlichen Erben eines Dritten etwas zugewandt, ist § 2066 BGB nach hM [6] analog anzuwenden. Etwa können die gesetzlichen Erben des Vorerben zu Nacherben eingesetzt sein (→ § 12 Rn. 35). 4

bb) Ohne nähere Bestimmung. Eine Ergänzung nach § 2066 S. 1 BGB erfolgt nur insoweit, als in der letztwilligen Verfügung die gesetzlichen Erben **nicht individualisiert** sind und/oder ihre Anteile nicht bestimmt werden. Wollte etwa der Erblasser mit den gesetzlichen Erben nur seine Abkömmlinge, jedoch nicht auch seinen Ehegatten oder ersatzweise den Staat bedacht wissen, kommt § 2066 BGB aufgrund des Vorrangs der individuellen Auslegung nicht zur Anwendung.[7] Bei einer namentlichen oder einer sonstigen Individualisierung der bedachten Personen, etwa mit *„meine Kinder"*, ist § 2066 S. 1 BGB auch dann 5

[1] MüKoBGB/*Leipold* § 2066 Rn. 2.

[2] BeckOK BGB/*Litzenburger* § 2066 Rn. 1, 9; jurisPK-BGB/*Lenz-Brendel* § 2066 Rn. 2 und 9; MüKoBGB/*Leipold* § 2066 Rn. 2; NK-BGB/*Beck/Selbherr* § 2066 Rn. 1; Palandt/*Weidlich* § 2066 Rn. 2, 4; aA *Schellhammer*, Erbrecht nach Anspruchsgrundlagen, Rn. 336; beides Auslegungsregel: Staudinger/*Otte* § 2066 Rn. 2.

[3] MüKoBGB/*Leipold* § 2066 Rn. 3; NK-BGB/*Beck/Selbherr* § 2066 Rn. 2; Palandt/*Weidlich* § 2066 Rn. 2.

[4] Palandt/*Weidlich* § 2066 Rn. 2.

[5] BGH NJW 1981, 1736; jurisPK-BGB/*Lenz-Brendel* § 2066 Rn. 5; NK-BGB/*Beck/Selbherr* § 2066 Rn. 2; Staudinger/*Otte* § 2066 Rn. 3.

[6] OLG Köln FamRZ 1970, 605 (606); MüKoBGB/*Leipold* § 2066 Rn. 4; NK-BGB/*Beck/Selbherr* § 2066 Rn. 7; Staudinger/*Otte* § 2066 Rn. 10; aA Erman/*Schmidt* § 2066 Rn. 8.

[7] NK-BGB/*Beck/Selbherr* § 2066 Rn. 3; MüKoBGB/*Leipold* § 2066 Rn. 6; Staudinger/*Otte* § 2066 Rn. 4.

mangels zu regelnder Lücke nicht anwendbar, wenn es sich bei den Personen um die gesetzlichen Erben handelt. In diesem Fall findet § 2091 BGB Anwendung.[8] Sind nur die Erben, nicht aber ihre Anteile bestimmt, werden diese ebenfalls nach § 2091 BGB festgelegt.[9] Wurden die Anteile, nicht aber die gesetzlichen Erben festgelegt, erfolgt die gesetzliche Auslegung nur hinsichtlich der Erbenbestimmung.[10]

6 c) **Tatbestand des § 2066 S. 2 BGB.** Die Zuwendung muss an den Eintritt **eines zukünftigen ungewissen** (aufschiebende Bedingung) oder eines **zukünftigen gewissen Ereignisses** (Anfangstermin) gebunden sein und der Eintritt muss nach dem Erbfall erfolgen. Die Regelung des § 2066 S. 2 BGB kommt nur zur Anwendung, wenn der Wille des Erblassers bzgl. des maßgebenden Zeitpunkts nicht ersichtlich ist. Nach § 1923 Abs. 2 BGB reicht es aus, wenn der Begünstigte bei dem Erbfall gezeugt war. Dies übertragen auf § 2066 S. 2 bedeutet, dass der Erbe zu dem späteren Zeitpunkt gezeugt sein muss.[11]

7 d) **Rechtsfolge.** Sämtliche zum Zeitpunkt des Erbfalls vorhandenen gesetzlichen Erben werden entsprechend ihrer Quote gem. § 2066 S. 1 BGB nach Stämmen bedacht. Die gesetzlichen Erben sind potenziell die jeweils berufenen Verwandten des Erblassers sowie der Ehegatte bzw. Lebenspartner und zuletzt der Staat (§§ 1924 bis 1936 BGB). Ferner gehören zu diesem Personenkreis auch etwaige **Adoptivkinder und -eltern.** Die Bestimmung der gesetzlichen Erben erfolgt nach dem **Recht,** welches zum **Zeitpunkt des Erbfalls** gilt.[12] Eine Bestimmung nach dem zur Zeit der Testamentserrichtung geltenden Recht kann sich durch Auslegung ergeben.[13] Ist schließlich erkennbar, dass die gesetzlichen Erben nach einem anderen als dem zum Zeitpunkt des Erbfalls geltenden Recht ermittelt werden sollen, ist diesem Willen zu entsprechen.[14]

8 Maßgebender Zeitpunkt für die Bestimmung der gesetzlichen Erben im Falle des Eintritts einer aufschiebenden Bedingung oder eines bestimmten Termins nach dem Erbfall ist gem. § 2066 S. 2 BGB im Zweifel der Erbfall. Wenn die *„gesetzlichen Erben"* als Nacherben eingesetzt wurden, gilt § 2066 S. 2 BGB analog. Die gesetzlichen Erben werden in diesem Fall im Zeitpunkt des Nacherbfalls bestimmt. Stirbt ein als Nacherbe eingesetzter „gesetzlicher Erbe" zwischen Erbfall und Nacherbfall, liegt keine vererbliche Nacherbschaft vor. § 2066 S. 2 BGB geht § 2108 Abs. 2 S. 1 BGB somit im Zweifel vor.[15]

2. Erbeinsetzung der Verwandten

> § 2067 BGB
>
> Hat der Erblasser seine Verwandten oder seine nächsten Verwandten ohne nähere Bestimmung bedacht, so sind im Zweifel diejenigen Verwandten, welche zur Zeit des Erbfalls seine gesetzlichen Erben sein würden, als nach dem Verhältnis ihrer gesetzlichen Erbteile bedacht anzusehen. Die Vorschrift des § 2066 Satz 2 findet Anwendung.

9 a) **Normzweck.** Durch § 2067 BGB sollen Unbestimmtheiten hinsichtlich des Personenkreises und der Erbanteile beseitigt werden, die bei einer schlichten Erbeinsetzung der *„Verwandten"* entstehen.

10 b) **Tatbestand.** *aa) § 2067 S. 1 BGB.* Ebenso wie § 2066 BGB setzt § 2067 BGB voraus, dass der Erblasser die Bedachten nicht namentlich benannt oder auf andere Weise individualisiert hat (sonst § 2091 BGB). Stattdessen muss der Erblasser die Bezeichnung *„meine*

[8] BeckOK BGB/*Litzenburger* § 2066 Rn. 3; jurisPK-BGB/*Lenz-Brendel* § 2066 Rn. 4; MüKoBGB/*Leipold* § 2066 Rn. 3; Staudinger/*Otte* § 2066 Rn. 3.

[9] BeckOK BGB/*Litzenburger* § 2066 Rn. 3; NK-BGB/*Beck/Selbherr* § 2066 Rn. 2; Staudinger/*Otte* § 2066 Rn. 3.

[10] MüKoBGB/*Leipold* § 2066 Rn. 6.

[11] NK-BGB/*Beck/Selbherr* § 2066 Rn. 6; MüKoBGB/*Leipold* § 2066 Rn. 18; Palandt/*Weidlich* § 2066 Rn. 4.

[12] JurisPK-BGB/*Lenz-Brendel* § 2066 Rn. 14; NK-BGB/*Beck/Selbherr* § 2066 Rn. 4.

[13] NK-BGB/*Beck/Selbherr* § 2066 Rn. 4.

[14] NK-BGB/*Beck/Selbherr* § 2066 Rn. 4; Palandt/*Weidlich* § 2066 Rn. 3.

[15] MüKoBGB/*Leipold* § 2066 Rn. 18.

Verwandten", *„meine nächsten Verwandten"* oder ähnliche Formulierungen verwendet haben. In Betracht kommen auch Bezeichnungen wie beispielsweise *„meine Blutsverwandten"* oder *„meine Sippe"*.[16] Auf die Erbeinsetzung der Verwandten eines Dritten ist § 2067 BGB analog anwendbar[17] oder im Rahmen einer Einzelfallauslegung zu berücksichtigen. Zumindest entspricht das Ergebnis der Auslegung regelmäßig dem des § 2067 BGB.[18]

11 *bb) § 2067 S. 2 BGB.* § 2067 S. 2 BGB verweist auf § 2066 S. 2 BGB und ordnet dessen entsprechende Anwendung an. Insoweit kann auf die Ausführungen zu § 2066 S. 2 BGB verwiesen werden (→ Rn. 6).

12 c) **Rechtsfolge.** § 2067 S. 1 BGB bestimmt, dass diejenigen Verwandten, welche zum Zeitpunkt des Erbfalls (nicht Zeitpunkt der Testamentserrichtung)[19] als gesetzliche Erben berufen wären (§§ 1924 bis 1930 BGB), **im Verhältnis ihrer gesetzlichen Erbteile erben.** Wer Verwandter des Erblassers ist, ergibt sich aus § 1589 S. 1 BGB. Nicht zugehörig sind demnach etwa der Ehegatte, der (eingetragene) Lebenspartner, Verschwägerte oder der Staat.[20] Dagegen werden, soweit ein gesetzliches Erbrecht gegeben ist, **Adoptivkinder und -eltern** von § 2067 BGB erfasst.

13 Ergibt die individuelle Auslegung, dass der Erblasser mit *„den Verwandten"* auch den Ehegatten erfassen wollte, ist dieser mit einzubeziehen. Bedenkt der Erblasser seine *„Familie"* oder seine *„Hinterbliebenen"* umfasst die Zuwendung regelmäßig über die Verwandtschaft hinaus den Ehegatten, den Lebenspartner oder etwaige Stief-, Schwieger- oder Pflegekinder.[21] Grundsätzlich sind der Sprachgebrauch und die Lebensverhältnisse des Erblassers bei der Bestimmung seines Willens zu beachten.[22]

14 Hat der Erblasser die zu begünstigenden Verwandten bezeichnet (*„meine Geschwister"*, *„die Kinder und Enkel"* etc.), wird lediglich die Quote der Erben anhand von § 2067 S. 1 BGB bestimmt. § 2091 BGB findet insoweit keine Anwendung (Erbquoten nach Stämmen anstatt nach Köpfen).[23] Etwas anderes gilt, wenn die zu begünstigenden Verwandten namentlich erwähnt sind, aber eine Regelung der Erbanteile fehlt, dann erfolgt die Bestimmung gem. § 2091 BGB.[24] Stellt sich heraus, dass der Erblasser mit den *„Verwandten"* auch verschwägerte Personen miteinbezogen hat, müssen diese durch Auslegung ermittelbar sein, denn die gesetzliche Erbfolgeregelung sieht keine Regelung für einen solchen Fall vor.[25]

15 § 2067 S. 2 BGB verweist auf die Regelung des § 2066 S. 2 BGB, wonach die Erben bei einer aufschiebend bedingten oder befristeten Zuwendung den gesetzlichen Erben zum Zeitpunkt des Anfalls der Zuwendung entsprechen.

3. Erbeinsetzung der Kinder – § 2068 BGB

§ 2068 BGB

Hat der Erblasser seine Kinder ohne nähere Bestimmung bedacht und ist ein Kind vor der Errichtung des Testaments mit Hinterlassung von Abkömmlingen gestorben, so ist im Zweifel anzunehmen, dass die Abkömmlinge insoweit bedacht sind, als sie bei der gesetzlichen Erbfolge an die Stelle des Kindes treten würden.

16 a) **Normzweck.** Hat der Erblasser seine *„Kinder"* bedacht und ist eines davon vor der Testamentserrichtung verstorben, treten nach dieser Auslegungsregel dessen Abkömmlinge

[16] MüKoBGB/*Leipold* § 2067 Rn. 3; Staudinger/*Otte* § 2067 Rn. 2.
[17] OLG Hamm Rpfleger 1986, 480; *Kipp/Coing* ErbR § 22 II; MüKoBGB/*Leipold* § 2067 Rn. 5; aA NK-BGB/*Beck/Selbherr* § 2067 Rn. 7.
[18] NK-BGB/*Beck/Selbherr* § 2067 Rn. 7; Palandt/*Weidlich* § 2067 Rn. 2; Staudinger/*Otte* § 2067 Rn. 8.
[19] MüKoBGB/*Leipold* § 2067 Rn. 7.
[20] NK-BGB/*Beck/Selbherr* § 2067 Rn. 2.
[21] *Kipp/Coing* ErbR § 22 II; MüKoBGB/*Leipold* § 2067 Rn. 3 f.; NK-BGB/*Beck/Selbherr* § 2067 Rn. 3 f.; Staudinger/*Otte* § 2067 Rn. 4.
[22] Staudinger/*Otte* § 2067 Rn. 6.
[23] NK-BGB/*Beck/Selbherr* § 2067 Rn. 5; Staudinger/*Otte* § 2067 Rn. 7.
[24] NK-BGB/*Beck/Selbherr* § 2067 Rn. 6.
[25] MüKoBGB/*Leipold* § 2067 Rn. 4.

in Anwendung des Eintrittsrechts nach § 1924 Abs. 3 BGB an die Stelle des verstorbenen Kindes.[26] Die Vorschrift ist erforderlich, da nur Kinder iSv § 1924 Abs. 4 BGB Abkömmlinge ersten Grades sind. Das weicht vom allgemeinen Sprachgebrauch ab, wonach mit *„Kindern"* auch etwa Enkel gemeint sein können.[27] Die Norm beruht auf der Vermutung, dass die *„Kinder"* aufgrund ihrer Kindeseigenschaft bedacht wurden.[28] Den Wegfall eines bedachten Abkömmlings nach Testamentserrichtung regelt dagegen § 2069 BGB.

17 **b) Tatbestand.** *aa) Zuwendung an die Kinder.* „Kinder" iSv § 2068 BGB sind die Abkömmlinge ersten Grades (§ 1589 S. 1 BGB), zu denen grundsätzlich auch **Adoptivkinder sowie nichteheliche Kinder** gehören.[29] Etwas anderes gilt für Volljährige, die adoptiert wurden.[30] Ob auch Schwieger-, Stief- und Pflegekinder bedacht sein sollen, muss durch individuelle Auslegung ermittelt werden. Bleibt die Auslegung ergebnislos, gelten in analoger Anwendung des § 2067 BGB lediglich die gesetzlichen Erben als bedacht.[31]

Für die Anwendbarkeit des § 2068 BGB dürfen die Kinder **nicht namentlich bezeichnet sein.** Dagegen steht eine Bestimmung der Erbanteile der Kinder der Anwendung des § 2068 BGB nicht entgegen.[32] Durch analoge Anwendung der Vorschrift sind ferner Bezeichnungen wie *„meine Söhne"* oder *„meine Kinder aus erster Ehe"* erfasst.[33] Zuwendungen an Kinder eines Dritten fallen nicht unter § 2068 BGB.[34] Bei entsprechenden Anhaltspunkten ist die ratio legis des § 2068 BGB aber auch innerhalb der individuellen Auslegung bedeutsam.[35] Eine zumindest analoge Anwendung der Auslegungsregel ist geboten, wenn die Kinder neben der allgemeinen Bezeichnung auch namentlich genannt werden.[36]

18 *bb) Ohne nähere Bestimmung.* Der Erblasser darf die *„Kinder"* nicht näher bezeichnet oder bestimmt haben. Es muss also zweifelhaft sein, ob der Erblasser bestimmte Abkömmlinge begünstigen wollte. Ein abweichender Erblasserwille kommt insbesondere dann in Betracht, wenn er die Verfügung von Todes wegen **in Kenntnis des Todesfalls** des Kindes verfasst hat.[37]

19 *cc) Vorversterben eines Kindes.* Das vom Erblasser bedachte Kind muss **vor der Testamentserrichtung** verstorben sein. Für den Tod des Kindes nach Testamentserrichtung gilt die Regelung des § 2069 BGB. Stammen keine Abkömmlinge von dem verstorbenen Kind ab, tritt Anwachsung nach § 2094 BGB ein.[38] Eine Ausschlagung (§§ 1946, 2180 Abs. 2 S. 2 BGB), eine Erbunwürdigkeitserklärung (§ 2340 Abs. 2 BGB) sowie ein Verzicht auf testamentarische Zuwendungen (§ 2352 BGB) führen nicht zur Anwendung von § 2068 BGB, da keiner dieser Gründe vor Testamentserrichtung eintreten kann.[39] Kommt das Kind aufgrund Erbverzichts nicht als Erbe in Betracht, gilt § 2349 BGB.[40] Hatte der Erblasser Kenntnis vom Vorversterben des Kindes, steht dies der Anwendung des § 2068 BGB nicht entgegen, kann aber innerhalb der Einzelfallauslegung beachtlich sein.[41]

20 **c) Rechtsfolge.** Die Abkömmlinge des verstorbenen Bedachten erben, sofern sie auch im Rahmen der gesetzlichen Erbfolge an die Stelle des verstorbenen Bedachten getreten wären.

[26] NK-BGB/*Beck/Selbherr* § 2068 Rn. 1.
[27] *Kipp/Coing* ErbR § 22 III; NK-BGB/*Beck/Selbherr* § 2068 Rn. 2.
[28] Vgl. MüKoBGB/*Leipold* § 2068 Rn. 5.
[29] MüKoBGB/*Leipold* § 2068 Rn. 3; NK-BGB/*Beck/Selbherr* § 2068 Rn. 5; Staudinger/*Otte* § 2068 Rn. 3 und 6; BeckOGK BGB/*Gomille* § 2068 Rn. 12.
[30] LG München FamRZ 2000, 569 (570); BeckOK BGB/*Litzenburger* § 2068 Rn. 3; NK-BGB/*Beck/Selbherr* § 2068 Rn. 5.
[31] MüKoBGB/*Leipold* § 2068 Rn. 6; Staudinger/*Otte* § 2068 Rn. 3.
[32] NK-BGB/*Beck/Selbherr* § 2068 Rn. 4; MüKoBGB/*Leipold* § 2068 Rn. 2.
[33] NK-BGB/*Beck/Selbherr* § 2068 Rn. 6; MüKoBGB/*Leipold* § 2068 Rn. 4; Staudinger/*Otte* § 2068 Rn. 2.
[34] OLG München NJW-RR 2006, 1597; NK-BGB/*Beck/Selbherr* § 2068 Rn. 7; Staudinger/*Otte* § 2068 Rn. 9; aA MüKoBGB/*Leipold* § 2068 Rn. 5.
[35] KG NJW-RR 1991, 392 (394).
[36] NK-BGB/*Beck/Selbherr* § 2068 Rn. 4; MüKoBGB/ *Leipold* § 2068 Rn. 4.
[37] NK-BGB/*Beck/Selbherr* § 2068 Rn. 4.
[38] NK-BGB/*Beck/Selbherr* § 2068 Rn. 3.
[39] Staudinger/*Otte* § 2068 Rn. 5.
[40] NK-BGB/*Beck/Selbherr* § 2068 Rn. 8.
[41] MüKoBGB/*Leipold* § 2068 Rn. 2.

Die Ehelichkeit der in Frage kommenden Abkömmlinge des Verstorbenen ist nicht erforderlich.[42] Auch Adoptivkinder gehören entgegen dem gewöhnlichen Sprachgebrauch grundsätzlich zu den Abkömmlingen.[43] Auch hier gilt als Ausnahme die Erwachsenenadoption.[44] In beiden Fällen kann sich Abweichendes durch Auslegung ergeben.[45]

4. Wegfall eines Abkömmlings

§ 2069 BGB Abkömmlinge des Erblassers

Hat der Erblasser einen seiner Abkömmlinge bedacht und fällt dieser nach der Errichtung des Testaments weg, so ist im Zweifel anzunehmen, dass dessen Abkömmlinge insoweit bedacht sind, als sie bei der gesetzlichen Erbfolge an dessen Stelle treten würden.

§ 2070 BGB Abkömmlinge eines Dritten

Hat der Erblasser die Abkömmlinge eines Dritten ohne nähere Bestimmung bedacht, so ist im Zweifel anzunehmen, dass diejenigen Abkömmlinge nicht bedacht sind, welche zur Zeit des Erbfalls oder, wenn die Zuwendung unter einer aufschiebenden Bedingung oder unter Bestimmung eines Anfangstermins gemacht ist und die Bedingung oder der Termin erst nach dem Erbfall eintritt, zur Zeit des Eintritts der Bedingung oder des Termins noch nicht gezeugt sind.

a) **Normzweck.** *aa) § 2069 BGB.* Die Norm regelt den Fall, dass ein vom Erblasser bedachter Abkömmling **nach der Errichtung des Testaments** wegfällt (Abgrenzung zu § 2068 BGB). Sie stellt auf den Zeitpunkt des Erbfalls ab, nicht auf den Zeitpunkt der Testamentserrichtung.[46] § 2069 BGB ist eine ergänzende Testamentsauslegungsregel, die entsprechend der gesetzlichen Regelung des § 1924 Abs. 3 BGB von einem Erblasserwillen dahingehend ausgeht, dass sich Zuwendungen an Abkömmlinge auch auf deren Abkömmlinge erstrecken. 21

bb) § 2070 BGB. Es handelt sich um eine Auslegungsregel, welche den Zeitpunkt für die Bestimmung des Personenkreises der Abkömmlinge eines Dritten bestimmt. Die Regelung trägt der Tatsache Rechnung, dass im Zeitpunkt des Erbfalls **noch nicht gezeugte Personen nicht erbfähig sind** und nur als Nacherben in Frage kommen (§§ 1923, 2101 Abs. 1 S. 1 BGB). Bei einer Nacherbeinsetzung einer zum Zeitpunkt des Erbfalls noch nicht gezeugten Person wird diese mit ihrer Geburt Erbe (§ 2106 Abs. 2 S. 1 BGB). 22

b) **Tatbestand.** *aa) § 2069 BGB.* Erforderlich ist eine Zuwendung an einen Abkömmling des Erblassers. Zu den Abkömmlingen des Erblassers gehören seine **ehelichen und nichtehelichen** Abkömmlinge **in gerader Linie,** also Kinder, Enkel, Urenkel usw. sowie seine Adoptivkinder.[47] Voraussetzung ist aber, dass durch die **Adoption** verwandtschaftliche Beziehungen begründet werden.[48] § 2069 BGB ist daher nicht anwendbar, wenn der Erblasser etwa ein Kind seines volljährig adoptierten Kindes bedacht hat („adoptiertes Enkelkind").[49] Gleiches gilt für das Kind des Kindes, das der Erblasser volljährig adoptiert hat.[50] Durch individuelle Auslegung kann sich auch eine Berücksichtigung der grundsätzlich nicht erfassten Stief- oder Pflegekinder ergeben.[51] Ausweislich des Wortlautes werden von § 2069 BGB einseitige Abkömmlinge des erstversterbenden Ehegatten, die innerhalb gemeinschaftlicher Testamente bzw. Ehegattenerbverträge als Schlusserben oder Vermächtnisnehmer nach dem Tod des Längerlebenden eingesetzt worden sind, nicht in der Situation des Erbfalls des län- 23

[42] Staudinger/*Otte* § 2068 Rn. 6.
[43] Staudinger/*Otte* § 2068 Rn. 7.
[44] NK-BGB/*Beck/Selbherr* § 2068 Rn. 5; Staudinger/*Otte* § 2068 Rn. 8, 7.
[45] MüKoBGB/*Leipold* § 2068 Rn. 3, 6; Staudinger/*Otte* § 2068 Rn. 8.
[46] BGH ZEV 2002, 150 (151).
[47] MüKoBGB/*Leipold* § 2069 Rn. 4; NK-BGB/*Beck/Selbherr* § 2069 Rn. 6; BeckOK BGB/*Litzenburger* § 2069 Rn. 3.
[48] BeckOGK BGB/*Gomille* § 2069 Rn. 8.
[49] MüKoBGB/*Leipold* § 2069 Rn. 23; Burandt/Rojahn/*Czubayko* § 2069 Rn. 7; BeckOGK BGB/*Gomille* § 2069 Rn. 8.
[50] BayObLGZ 1984, 246 (251).
[51] Staudinger/*Otte* § 2069 Rn. 3, 26.

gerlebenden Ehegatten erfasst. Eine analoge Anwendung des § 2069 BGB[52] oder eine Berücksichtigung im Rahmen der individuellen Auslegung[53] sollen der vergleichbaren Situation gerecht werden.

Für § 2069 BGB reicht es aus, wenn zum Zeitpunkt der Testamentserrichtung lediglich ein Abkömmling des Erblassers vorhanden ist. Ebenso kann der Erblasser mehrere oder alle und nicht nur *„einen seiner Abkömmlinge"* bedacht haben.[54] Auf die vermutete Erbeinsetzung der **Abkömmlinge eines Dritten** ist § 2069 BGB auch nicht analog anwendbar, die Testamentsauslegung kann jedoch zu demselben Ergebnis führen.[55] Entsprechendes gilt mangels der fehlenden Sach- und Interessenlage des § 2069 BGB für die Erbeinsetzung anderer naher Verwandter.[56]

24 Anders als bei den §§ 2066 bis 2068 BGB ist es für die Auslegung im Rahmen des § 2069 BGB unerheblich, wie der Erblasser seine Abkömmlinge bezeichnet hat und ob diese individualisiert werden können.[57] Vielmehr genügt eine Bestimmbarkeit nach den §§ 2066 ff. BGB.[58]

Während vor der Testamentserrichtung wegfallende Kinder bei Sammelbezeichnungen von § 2068 BGB berücksichtigt werden, besteht für entferntere Abkömmlinge und benannte Kinder eine Regelungslücke. Diese wird durch analoge Anwendung des § 2069 BGB[59] oder des § 2068 BGB[60] geschlossen.

Eine zusätzliche Voraussetzung besteht in dem **Wegfall des Abkömmlings nach Testamentserrichtung.** Für den Wegfall eines Abkömmlings kommen folgende Gründe in Betracht:

25 • **Tod:** Der typische Fall ist der durch Ableben ausgelöste Wegfall eines Abkömmlings **zwischen Testamentserrichtung und Erbfall,** wodurch die Zuwendung grundsätzlich unwirksam werden würde (§§ 1923 Abs. 1, 2160 BGB). Stirbt der Bedachte nach dem Erbfall, beeinflusst dies grds. nicht die Wirksamkeit der Zuwendung nach § 1922 Abs. 1 BGB bzw. § 2176 BGB. Etwas anderes kann gelten, wenn die Zuwendung aufschiebend bedingt oder befristet ist und der Abkömmling nach dem Erbfall, aber vor Eintritt der Bedingung bzw. des Termins und somit vor dem Anfall der Zuwendung verstirbt (§§ 2139, 2177 BGB). Ist die Anwartschaft des Abkömmlings vererblich, bleibt sie wirksam und geht auf dessen Erben über. Fehlt es an der Vererblichkeit der Anwartschaft, treten entsprechend § 2066 S. 2 BGB die **gesetzlichen** Erben des Abkömmlings gem. § 2069 BGB an dessen Stelle.[61]

26 • **Erbunwürdigkeit:** Auch ein erbunwürdiger Abkömmling fällt aufgrund der **Rückwirkung** des § 2344 Abs. 1, 2 BGB weg.[62]

27 • **Ausschlagung:** Durch die *ex tunc*-Wirkung des § 1953 Abs. 1 BGB gilt der Anfall der Erbschaft nach einer Ausschlagung als nicht eingetreten. Somit liegt ein Wegfall iSv § 2069 BGB vor.[63] Dementsprechend ordnet § 1953 Abs. 2 BGB dieselben Rechtsfolgen wie beim Vorversterben des Ausschlagenden an. Allerdings ist die Anwendbarkeit des § 2069 BGB umstritten, soweit der pflichtteilsberechtigte Ausschlagende seinen Pflichtteil verlangt (→ § 21 Rn. 35; § 10 Rn. 13 bis 14).

28 • **Zuwendungsverzicht:** Der Verzicht auf eine letztwillige Zuwendung gem. § 2352 BGB lässt den Bedachten entfallen. Seit Inkrafttreten der Erbrechtsreform am 1.1.2010 er-

---

52 MüKoBGB/*Leipold* § 2069 Rn. 5, 32.

53 Staudinger/*Otte* § 2069 Rn. 3, 26 ff.

54 BayObLGZ 1971, 386; BeckOK BGB/*Litzenburger* § 2069 Rn. 3; MüKoBGB/*Leipold* § 2069 Rn. 6; NK-BGB/*Beck/Selbherr* § 2069 Rn. 8; Palandt/*Weidlich* § 2069 Rn. 3.

55 OLG Hamm Rpfleger 1986, 480 (481); MüKoBGB/*Leipold* § 2069 Rn. 37 f.

56 OLG München NJW-RR 2006, 1597 (1598); *Brox/Walker* ErbR Rn. 210; MüKoBGB/*Leipold* § 2069 Rn. 37 f.; NK-BGB/*Beck/Selbherr* § 2069 Rn. 23 ff.

57 MüKoBGB/*Leipold* § 2069 Rn. 7.

58 NK-BGB/*Beck/Selbherr* § 2069 Rn. 9; MüKoBGB/*Leipold* § 2069 Rn. 7.

59 Staudinger/*Otte* § 2069 Rn. 5.

60 MüKoBGB/*Leipold* § 2068 Rn. 4.

61 Vgl. BGH NJW 1958, 22; MüKoBGB/*Leipold* § 2069 Rn. 9; NK-BGB/*Beck/Selbherr* § 2069 Rn. 11.

62 RGZ 95, 97 (98); OLG Frankfurt ZEV 1995, 457; MüKoBGB/*Leipold* § 2069 Rn. 16; NK-BGB/*Beck/Selbherr* § 2069 Rn. 13; Staudinger/*Otte* § 2069 Rn. 7.

63 BGH NJW 1960, 1899; RG LZ 1923, 451 (452); OLG Köln FamRZ 1993, 242 (243); MüKoBGB/*Leipold* § 2069 Rn. 13; NK-BGB/*Beck/Selbherr* § 2069 Rn. 12.

streckt sich der Zuwendungsverzicht gem. §§ 2352 S. 3 n. F., 2349 BGB auch auf die Abkömmlinge des Bedachten, sofern nicht ein anderes bestimmt wird (→ § 10 Rn. 15).[64]

Keinen Wegfall iSd § 2069 BGB bewirken Umstände, die die Wirksamkeit der letztwilligen Verfügung im Ganzen entfallen lassen oder nur die gesetzliche Erbfolge beeinflussen.[65] Hierzu gehören:

- **Erbverzicht:** Der bedachte Abkömmling verzichtet gem. § 2346 Abs. 1 BGB auf seinen gesetzlichen Erbteil. Die Verfügung von Todes wegen **bleibt wirksam.** Fällt der Bedachte nach seinem Erbverzicht aus einem anderen Grund weg, sind seine Abkömmlinge gem. § 2069 BGB im Zweifel als Erben berufen.[66] Da sich der Erbverzicht des Bedachten gem. § 2349 BGB im Zweifel auch auf seine Abkömmlinge erstreckt, bezieht dieser sich nur auf die gesetzliche, nicht aber auf die gewillkürte Erbfolge.[67] 29
- **Auflösende Bedingung/Verwirkungsklauseln:** In dem Eintritt einer auflösenden Bedingung ist kein Wegfall iSv § 2069 BGB zu sehen. Vielmehr wird die Zuwendung von diesem Zeitpunkt an **unwirksam.** § 2069 BGB ist hier **mangels wirksamer Zuwendung nicht anwendbar.**[68] Die Gegenauffassung argumentiert, dass auch bei auflösend bedingten Zuwendungen der bedachte Abkömmling wegfallen könne, wenn der Grund in der Person des Abkömmlings liegt und vor der Zuwendung eintritt. Dies käme insbesondere bei Verwirkungsklauseln in Betracht.[69] Die Vermutungswirkung des § 2069 BGB sei in diesen Konstellationen jedoch regelmäßig widerlegt.[70] 30
- **Widerruf** nach §§ 2253 ff. BGB[71] 31
- **Rücktritt** von einem Erbvertrag gem. §§ 2293 ff. BGB[72] 32
- **Aufhebung eines gemeinschaftlichen Testaments** gem. § 2271 Abs. 2 BGB[73] 33
- **Anfechtung einer letztwilligen Verfügung gem. §§ 2078, 142 Abs. 1 BGB:** § 2069 BGB setzt eine wirksame Verfügung von Todes wegen voraus, bei der lediglich der Zuwendungsempfänger weggefallen ist. Wird eine letztwillige Verfügung angefochten, so ist **die gesamte Verfügung** gem. § 142 Abs. 1 BGB als **von Anfang an nichtig anzusehen.** Eine Zuwendung, die auf die Abkömmlinge des Bedachten fallen könnte, besteht demnach nicht mehr.[74] 34
- **Enterbung:** Eine Enterbung erstreckt sich im Zweifel nicht auf die Abkömmlinge und ist mithin kein analoger Anwendungsfall des § 2069 BGB. Dessen Rechtsfolge kann sich aber durch individuelle Auslegung ergeben.[75] 35

Hinweis:

Eine Testamentsauslegung gem. § 2069 BGB erfolgt nur, wenn **der Wille** des Erblassers bzgl. der Regelung des Wegfalls eines Bedachten **zweifelhaft** ist. Hat der Erblasser die Berücksichtigung der Abkömmlinge des Bedachten hingegen ausdrücklich ausgeschlossen, kommt es zu einer Anwachsung nach § 2094 BGB.

bb) § 2070 BGB. Voraussetzung ist eine Zuwendung an einen Abkömmling eines Dritten. 36
Abkömmlinge eines Dritten sind beispielsweise die Kinder und Kindeskinder eines Freun-

64 MüKoBGB/*Leipold* § 2069 Rn. 11; NK-BGB/*Beck/Selbherr* § 2069 Rn. 14.
65 NK-BGB/*Beck/Selbherr* § 2069 Rn. 16.
66 MüKoBGB/*Leipold* § 2069 Rn. 10; Soergel/*Loritz* § 2069 Rn. 8.
67 MüKoBGB/*Leipold* § 2069 Rn. 10.
68 BayObLG FamRZ 2004, 1672 (1673); MüKoBGB/*Leipold* § 2069 Rn. 18.
69 Staudinger/*Otte* § 2069 Rn. 17.
70 BayObLG NJW-RR 2004, 654 (655); NK-BGB/*Beck/Selbherr* § 2069 Rn. 15; Palandt/*Weidlich* § 2069 Rn. 5.
71 Staudinger/*Otte* § 2069 Rn. 21.
72 Staudinger/*Otte* § 2069 Rn. 21.
73 Staudinger/*Otte* § 2069 Rn. 21.
74 MüKoBGB/*Leipold* § 2069 Rn. 17; Palandt/*Weidlich* § 2069 Rn. 5; aA RGZ 95, 97 (98); Staudinger/*Otte* § 2069 Rn. 18.
75 MüKoBGB/*Leipold* § 2069 Rn. 3.

des, der Geschwister des Erblassers oder die Abkömmlinge der Stiefkinder des Erblassers.[76] § 2070 BGB ist entgegen seines Wortlautes auch bei Zuwendungen an lediglich einen Abkömmling eines Dritten anzuwenden. Ausgenommen ist der Fall der namentlichen Benennung des Bedachten.[77] Die Vorschrift greift entsprechend dem Prinzip der Erbfolge nach Stämmen (§§ 2066 ff. BGB) nicht bei Zuwendungen des Erblassers an eigene Abkömmlinge.

Die bedachten Abkömmlinge des Dritten dürfen zum Zeitpunkt des Erbfalls bzw. des nach dem Erbfall liegenden Bedingungseintritts noch nicht gezeugt sein.

37 Auch im Rahmen der Auslegung gem. § 2070 BGB gilt der Vorrang der individuellen Auslegung. Falls der Erblasser zum maßgeblichen Zeitpunkt nicht gezeugte Abkömmlinge bedenken wollte, kommen diese als Nacherben oder Nachvermächtnisnehmer in Frage (§§ 2101 Abs. 1 S. 1, 2178 BGB).[78]

38 c) **Rechtsfolge.** *aa) § 2069 BGB.* Fällt der bedachte Abkömmling nach Testamentserrichtung und vor dem Erbfall weg, treten seine Abkömmlinge an seine Stelle, soweit diese bei gesetzlicher Erbfolge dem Erblasser gem. § 1924 BGB folgen würden. Auch die Erbquoten ergeben sich aus § 1924 Abs. 4 BGB.[79] Zum maßgeblichen Zeitpunkt des Erbfalls müssen die nachrückenden Abkömmlinge leben oder zumindest gezeugt sein. Bei aufschiebend bedingten oder auf einen Anfangstermin Bezug nehmenden Zuwendungen ist, sofern die Bedingung oder der Termin erst nach dem Erbfall eintritt, in analoger Anwendung des § 2066 S. 2 BGB dieser Zeitpunkt entscheidend.[80] Die nachrückenden Abkömmlinge müssen nicht ehelich, aber mit dem Erblasser verwandt sein (§ 1589 S. 1 BGB). Relevant wird dies beispielsweise im Rahmen der Erwachsenenadoption (vgl. §§ 1770 Abs. 1 S. 1, 1772 BGB).[81]

39 Eine **kumulative Anwendung** der Auslegungsregeln der **§ 2069 BGB** (Ersatzerbeinsetzung) und **§ 2270 Abs. 2 BGB** (Wechselbezüglichkeit) ist dem Grundsatzurteil des BGH[82] vom 16.1.2002 zufolge nicht zulässig. Die Interessenlage des § 2270 Abs. 2 BGB liege nur dann vor, wenn der Wille der Testierenden, eine Person ersatzweise zum Erben zu berufen, zumindest aufgrund ergänzender Auslegung zu ermitteln ist. Lt. OLG Celle[83] gelte das nicht für vertragsmäßige Verfügungen, da sich die Bindungswirkung nicht aus einer Auslegungsregel ergebe, sondern aus vertraglicher Vereinbarung zugunsten des Weggefallenen. So verweise § 2279 Abs. 1 BGB einschränkungslos auf die für einseitige Verfügungen geltenden Vorschriften und so eben auch auf § 2069 BGB. Überzeugend ist das nicht.[84]

40 *bb) § 2070 BGB.* Die Norm schließt Abkömmlinge, die nach dem Erbfall bzw. dem Eintritt der aufschiebenden Bedingung oder des Anfangstermins gezeugt wurden, von der Erbfolge aus. Stammen zum maßgeblichen Zeitpunkt des Erbfalls und auch danach keine Abkömmlinge von dem bedachten Dritten ab, ist durch individuelle Auslegung zu ermitteln, was der Erblasser für diese Konstellation gewollt hätte. Dann kann etwa der Dritte selbst die Zuwendung erhalten oder die gewillkürte Erbfolge wird durch die gesetzliche Erbfolge ersetzt.[85]

41 Bei einer Zuwendung an Enkelkinder des Erblassers ist durch individuelle Auslegung zu ermitteln, ob auch nach dem Erbfall geborene Enkel bedacht sind.[86] Dies wird vor allem dann zu bejahen sein, wenn im Zeitpunkt der Testamentserrichtung noch keine Enkel gezeugt waren.[87]

---

[76] *Brox/Walker* ErbR Rn. 21; NK-BGB/*Beck/Selbherr* § 2070 Rn. 3.
[77] BeckOK BGB/*Litzenburger* § 2070 Rn. 2; NK-BGB/*Beck/Selbherr* § 2070 Rn. 3.
[78] NK-BGB/*Beck/Selbherr* § 2070 Rn. 4; Palandt/*Weidlich* § 2070 Rn. 1 aE.
[79] MüKoBGB/*Leipold* § 2069 Rn. 22.
[80] MüKoBGB/*Leipold* § 2069 Rn. 24; NK-BGB/*Beck/Selbherr* § 2069 Rn. 22; Staudinger/*Otte* § 2069 Rn. 28.
[81] BayObLG FamRZ 1985, 426; MüKoBGB/*Leipold* § 2069 Rn. 22.
[82] BGH NJW 2002, 1126 (1126) = ZEV 2002, 150 mit zust. Anm. *Otte*.
[83] OLG Celle MittBayNot 2013, 315 (316) mit abl. Anm. *Keim*.
[84] OLG München NJW-RR 2012, 9 (10); *Keim* MittbayNot 2013, 316 (317).
[85] *Brox/Walker* ErbR Rn. 211; MüKoBGB/*Leipold* § 2070 Rn. 6; NK-BGB/*Beck/Selbherr* § 2070 Rn. 4; Palandt/*Weidlich* § 2070 Rn. 1; aA „abwegig" und daher Unwirksamkeit: Staudinger/*Otte* § 2070 Rn. 3.
[86] NK-BGB/*Beck/Selbherr* § 2070 Rn. 2; Palandt/*Weidlich* § 2070 Rn. 2; Staudinger/*Otte* § 2070 Rn. 4.
[87] NK-BGB/*Beck/Selbherr* § 2070 Rn. 2; Staudinger/*Otte* § 2070 Rn. 3; aA *Kipp/Coing* ErbR § 22 V Fn. 28.

5. Erbeinsetzung einer Personengruppe

> § 2071 BGB
> Hat der Erblasser ohne nähere Bestimmung eine Klasse von Personen oder Personen bedacht, die zu ihm in einem Dienst- oder Geschäftsverhältnis stehen, so ist im Zweifel anzunehmen, dass diejenigen bedacht sind, welche zur Zeit des Erbfalls der bezeichneten Klasse angehören oder in dem bezeichneten Verhältnis stehen.

a) **Normzweck.** § 2071 BGB ist eine Auslegungsregel und dient der Bestimmung der Bedachten bei Zuwendungen an eine aus unbestimmt vielen Personen bestehende Personengruppe.[88] 42

b) **Tatbestand.** *aa) Zuwendung an eine Personenklasse.* Zu einer Personenklasse gehört die Gesamtheit der unter einen bestimmten Allgemeinbegriff fallenden Personen, beispielsweise *„die Mitschüler meines Sohnes"* oder *„meine Hausangestellten"*.[89] Die Vorschrift nennt als Beispiel Personen, die in einem Dienst- oder Geschäftsverhältnis zum Erblasser stehen. Ein solches Verhältnis ist jedoch nicht erforderlich. Die bedachte Personenklasse kann auch aus nur einer Person bestehen, so etwa bei jeweiligen Trägern eines Amts oder einer Funktion wie *„der Bundespräsident"* oder *„unser Bürgermeister"*.[90] Bei einzelnen Personen ist zunächst zu ermitteln, ob der Erblasser tatsächlich die bestimmte Person und nicht die Personengruppe bedenken wollte. Auf einen solchen Fall findet § 2071 BGB keine Anwendung. Entsprechendes gilt für mit Namensnennung verbundene Sammelbezeichnungen, wie bei der Erbeinsetzung *„meiner Skatbrüder, nämlich A und B"*.[91] 43

bb) Unbestimmte oder unzweckmäßige Bezeichnung der Personenklasse. Lässt die Erbeinsetzung keine eindeutigen Schlüsse auf einen bestimmten Personenkreis (*„etwa Freunde des Jazz"*, *„waidgerechte Jäger"*, *„Naturfreunde des Schwarzwaldes"*, *„alle wahren Kunstliebhaber"* oder *„Gäste des Chiemgaues"*)[92] zu oder erscheint die Begünstigung aller dem Personenkreis angehörigen Personen unzweckmäßig, ist die Verfügung unwirksam, sofern sich durch Auslegung keine Klärung ergibt.[93] 44

Stellt der Personenkreis eine juristische Person dar, kann in Anlehnung an den Rechtsgedanken des § 2072 BGB eine Erbeinsetzung der juristischen Person unter der Auflage in Frage kommen, das Zugewendete dem Erblasserwillen entsprechend zu verwenden.[94]

c) **Rechtsfolge.** Die Angehörigen der Personenklasse werden im Zweifel zum Zeitpunkt des Erbfalls bestimmt, also welche Personen dann der bezeichneten Klasse angehören oder in dem bezeichneten Verhältnis stehen. § 2071 BGB enthält keine Bestimmung bzgl. der Anteile der bedachten Personen. Hier muss im Zweifel auf die Regelungen der §§ 2091, 2157 BGB zurückgegriffen werden.[95] Eine Erbeinsetzung mit der Formulierung *„meiner geliebten Frau"* spricht dafür, dass der Erblasser seine Ehefrau im Zeitpunkt der Testamentserrichtung bedenken wollte und nicht alle eventuell folgenden Ehefrauen.[96] Bei Zuwendungen an eine juristische Person muss geprüft werden, ob der Erblasser die Mitglieder oder die juristische Person selbst (dann ist § 2071 BGB nicht anwendbar) bedenken wollte.[97] Im Einzelfall kann ein Abstellen **auf den Zeitpunkt der Testamentserrichtung** geboten sein, so etwa bei einer Ende des Jahres 1974 errichteten Zuwendung an *„unsere Fußballweltmeister"*.[98] 45

---

[88] MüKoBGB/*Leipold* § 2071 Rn. 1; NK-BGB/*Beck/Selbherr* § 2071 Rn. 1.
[89] Staudinger/*Otte* § 2071 Rn. 2.
[90] MüKoBGB/*Leipold* § 2071 Rn. 4; NK-BGB/*Beck/Selbherr* § 2071 Rn. 2; Staudinger/*Otte* § 2071 Rn. 2.
[91] MüKoBGB/*Leipold* § 2071 Rn. 3; Staudinger/*Otte* § 2071 Rn. 2.
[92] NK-BGB/*Beck/Selbherr* § 2071 Rn. 3 Fn. 7.
[93] MüKoBGB/*Leipold* § 2071 Rn. 2; NK-BGB/*Beck/Selbherr* § 2071 Rn. 2.
[94] Staudinger/*Otte* § 2071 Rn. 5.
[95] NK-BGB/*Beck/Selbherr* § 2071 Rn. 4; Staudinger/*Otte* § 2071 Rn. 4.
[96] MüKoBGB/*Leipold* § 2071 Rn. 5; NK-BGB/*Beck/Selbherr* § 2071 Rn. 2; Staudinger/*Otte* § 2071 Rn. 2.
[97] MüKoBGB/*Leipold* § 2071 Rn. 8; NK-BGB/*Beck/Selbherr* § 2071 Rn. 3.
[98] Staudinger/*Otte* § 2071 Rn. 3.

6. Erbeinsetzung der Armen – § 2072 BGB

§ 2072 BGB
Hat der Erblasser die Armen ohne nähere Bestimmung bedacht, so ist im Zweifel anzunehmen, dass die öffentliche Armenkasse der Gemeinde, in deren Bezirk er seinen letzten Wohnsitz gehabt hat, unter der Auflage bedacht ist, das Zugewendete unter Armen zu verteilen.

46 a) **Normzweck.** Durch die Auslegungsregel[99] des § 2072 BGB sollen Unbestimmtheiten bzgl. des Personenkreises und der Erbanteilshöhe beseitigt werden, die bei einer sozialen Zuwendung an *„die Armen"* entstehen. Um den bei einer Abwicklung mit einer unbestimmt großen Anzahl von Miterben bzw. Vermächtnisnehmern entstehenden, unverhältnismäßigen Aufwand zu vermeiden, richtet sich die Zuwendung im Zweifel an eine der **Armenpflege dienende öffentliche Einrichtung,** die die Zuwendung im Rahmen einer Auflage an die Armen verteilen muss.[100]

47 b) **Tatbestand.** Es muss eine **Zuwendung an die Armen vorliegen** oder entsprechend. Der Versuch einer individuellen Auslegung dieser Verfügung muss erfolglos verlaufen sein. Der bedachte Personenkreis muss mit *„die Armen"* oder – für eine analoge Anwendung des § 2072 BGB – ähnlich unbestimmt bezeichnet worden sein. In Frage kommen etwa die Bezeichnungen *„die Bedürftigen"*, *„körperbehinderte Kinder"*,[101] *„die Behinderten"*,[102] *„die alten gebrechlichen Leute"*, *„die Blinden"*,[103] *„die Obdachlosen"*, *„die Kriegsgeschädigten"*,[104] *„Waisen"*[105] oder *„die sozial Schwachen"*.[106] Die Zuwendungen des Erblassers müssen sich stets an bestimmbare Zuwendungsempfänger richten. Eine Zuwendung zugunsten eines sozialen Zwecks ist im Rahmen des § 2072 BGB nicht möglich. Deswegen muss der Personenkreis als **bestimmbare Gruppe,** beispielsweise als Insassen eines Heims, konkretisierbar sein.[107] Zuwendungen zugunsten eines sozialen Zwecks fallen, soweit die individuelle Auslegung nicht etwas anderes ergibt (etwa eine Zuwendung an *„den Tierschutz"* als Zuwendung zugunsten des örtlichen Tierschutzvereins),[108] unter die Zweckauflagen des § 2193 BGB.[109]

48 c) **Rechtsfolge.** Den früheren Armenkassen der Gemeinde entsprechen heutzutage die **örtlichen Träger der Sozialhilfe** (§§ 3, 96, 98 SGB XII).[110] Der Sozialträger der Gemeinde des letzten Erblasserwohnsitzes (§§ 7 bis 9, 11 BGB) ist *„im Zweifel"* zuständig. Der Erblasser kann folglich auch die Zuständigkeit einer anderen Gemeinde bestimmen.[111] Ohne eine solche Festlegung und bei mehreren letzten Wohnsitzen des Erblassers gem. § 7 Abs. 2 BGB ist der Hauptwohnsitz für die Bestimmung der maßgeblichen Gemeinde heranzuziehen.[112] Gibt es keinen, sind die Gemeinden zu gleichen Teilen bedacht. Bei einem letzten Wohnsitz im

[99] KG NJW-RR 1993, 76; OLG Hamm MDR 1984, 940; *Lange/Kuchinke* ErbR § 34 VI 3g; MüKoBGB/*Leipold* § 2072 Rn. 1; NK-BGB/*Beck/Selbherr* § 2072 Rn. 1; aA Umdeutungsregel Palandt/*Weidlich* § 2072 Rn. 1; Soergel/*Loritz* § 2072 Rn. 1.
[100] *Kipp/Coing* ErbR § 22 VII; Staudinger/*Otte* § 2072 Rn. 1.
[101] BayObLG NJW-RR 2000, 1174.
[102] OLG Hamm MDR 1984, 940.
[103] Vgl. LG Bonn Rpfleger 1989, 63 (63 f.).
[104] KG FamRZ 1993, 360.
[105] BayObLG NJW-RR 1998, 727.
[106] Übersichten bei MüKoBGB/*Leipold* § 2072 Rn. 7; NK-BGB/*Beck/Selbherr* § 2072 Rn. 5; Palandt/*Weidlich* § 2072 Rn. 2; aA direkte Anwendbarkeit BayObLG NJW-RR 2000, 1174; *Lange/Kuchinke* ErbR § 34 VI 3 g.
[107] BayObLG NJW-RR 2000, 1174; NK-BGB/*Beck/Selbherr* § 2072 Rn. 5.
[108] OLG Oldenburg NJW-RR 1993, 581.
[109] MüKoBGB/*Leipold* § 2072 Rn. 9; NK-BGB/*Beck/Selbherr* § 2072 Rn. 6.
[110] OLG Hamm MDR 1984, 940 (941); NK-BGB/*Beck/Selbherr* § 2072 Rn. 2; Staudinger/*Otte* § 2072 Rn. 3.
[111] BeckOK BGB/*Litzenburger* § 2072 Rn. 6; NK-BGB/*Beck/Selbherr* § 2072 Rn. 3.
[112] BeckOK BGB/*Litzenburger* § 2072 Rn. 6; NK-BGB/*Beck/Selbherr* § 2072 Rn. 4; Staudinger/*Otte* § 2072 Rn. 4; aA MüKoBGB/*Leipold* § 2072 Rn. 5: zu gleichen Teilen.

Ausland ist der letzte inländische Wohnsitz maßgeblich.[113] Fehlt ein letzter Wohnsitz, ist auf den letzten Aufenthalt abzustellen.[114]

7. Mehrdeutige Bezeichnung eines Bedachten

§ 2073 BGB
Hat der Erblasser den Bedachten in einer Weise bezeichnet, die auf mehrere Personen passt, und lässt sich nicht ermitteln, wer von ihnen bedacht werden sollte, so gelten sie als zu gleichen Teilen bedacht.

a) Normzweck. Durch die gesetzliche Fiktion[115] des § 2073 BGB wird erreicht, dass eine Zuwendung des Erblassers trotz einer mehrdeutigen Bezeichnung des Zuwendungsempfängers wenigstens teilweise erfüllt werden kann und nicht mangels Bestimmtheit unwirksam ist. Auch wenn der Erblasser erkennbar nur eine Person bedenken wollte, dürfte diese salomonische Regelung eher seinem Willen als die Unwirksamkeit der Zuwendung entsprechen. Denn dann würde die Person, die der Erblasser bedenken wollte, soweit sie nicht auch gesetzlicher Erbe ist, nicht begünstigt werden.[116] 49

b) Tatbestand. *aa) Zuwendung an eine unter mehreren in Frage kommende Person.* Voraussetzung ist eine Zuwendung zugunsten einer Person, deren Beschreibung mindestens auf eine weitere Person zutrifft. Somit bedarf es eines begrenzten Kreises natürlicher oder juristischer Personen, bei dem die vom Erblasser gemeinte Person nicht anhand der Auslegung individualisiert werden kann.[117] Beispielhafte Formulierungen sind etwa Zuwendungen an *„meine Bekannte Helga"*, wenn der Erblasser mit mehreren *„Helgas"* bekannt war, oder *„den Staat"*, wenn die Bundesrepublik und der Freistaat Sachsen in Frage kommen,[118] oder an *„den Tierschutzverein in der Stadt C"*, wenn in dieser Stadt mindestens zwei Tierschutzvereine ansässig sind.[119] 50

Ist die vom Erblasser gewählte Bezeichnung zu unbestimmt, etwa bei der Verwendung eines weit verbreiteten Familiennamens, so dass ein abgrenzbarer Personenkreis nicht auszumachen ist, ist die Zuwendung gem. § 2065 Abs. 2 BGB unwirksam.[120] Dieselbe Rechtsfolge tritt ein, sofern der Zuwendungsempfänger nicht existiert oder unauffindbar ist. Dann ist die Zuwendung nicht wirksam.[121] Stellt sich heraus, dass der Erblasser eine Aufteilung der Zuwendung unter keinen Umständen in Kauf nehmen wollte, ist § 2073 BGB nicht anzuwenden.[122] 51

bb) Ausschluss bzw. Aufzählung einzelner Personen. Analoge Anwendung findet § 2073 BGB in den Konstellationen, in denen der Erblasser Einzelne aus einer Personengruppe ausgeschlossen hat (so werden die Übrigen bedacht), oder wenn eine, entgegen der Vorstellung des Erblassers, nicht vollständige Aufzählung (so werden die Übrigen ebenfalls bedacht) vorliegt.[123] Bei **alternativer Erbeinsetzung** ist § 2073 BGB dem Grundgedanken entsprechend § 2084 BGB analog anwendbar.[124] 52

[113] NK-BGB/*Beck/Selbherr* § 2072 Rn. 4.
[114] BeckOK BGB/*Litzenburger* § 2072 Rn. 6; MüKoBGB/*Leipold* § 2072 Rn. 5.
[115] MüKoBGB/*Leipold* § 2073 Rn. 1; NK-BGB/*Beck/Selbherr* § 2073 Rn. 1; *Schellhammer,* Erbrecht nach Anspruchsgrundlagen, Rn. 339; Staudinger/*Otte* § 2073 Rn. 1.
[116] NK-BGB/*Beck/Selbherr* § 2073 Rn. 1; MüKoBGB/*Leipold* § 2073 Rn. 1; Palandt/*Weidlich* § 2073 Rn. 1.
[117] NK-BGB/*Beck/Selbherr* § 2073 Rn. 2; Palandt/*Weidlich* § 2073 Rn. 1.
[118] AG Leipzig Rpfleger 1995, 22; NK-BGB/*Beck/Selbherr* § 2073 Rn. 3.
[119] OLG Celle NJW-RR 2003, 368 (369); NK-BGB/*Beck/Selbherr* § 2073 Rn. 3; *Schellhammer,* Erbrecht nach Anspruchsgrundlagen, Rn. 339.
[120] *Kipp/Coing* ErbR § 22 VIII.
[121] BeckOK BGB/*Litzenburger* § 2073 Rn. 1; MüKoBGB/*Leipold* § 2073 Rn. 5; NK-BGB/*Beck/Selbherr* § 2073 Rn. 3; Palandt/*Weidlich* § 2073 Rn. 2.
[122] BGH WM 1975, 737 (738); NK-BGB/*Beck/Selbherr* § 2073 Rn. 3.
[123] BayObLG NJW-RR 1990, 1417; NK-BGB/*Beck/Selbherr* § 2073 Rn. 4, 5; Palandt/*Weidlich* § 2073 Rn. 2.
[124] BayObLG NJW 1999, 1119; NK-BGB/*Beck/Selbherr* § 2073 Rn. 6.

53 c) **Rechtsfolge.** Die in Frage kommenden Personen gelten als zu gleichen Teilen (Kopfteilen) bedacht.

III. Gesetzliche Auslegungsregeln zur bedingten Erbeinsetzung

1. Zulässigkeit von Bedingungen und Befristungen bei letztwilligen Verfügungen

54 Ein Erblasser kann die Wirksamkeit seines Testamentes oder Erbvertrages bzw. der einzelnen letztwilligen Verfügungen von Bedingungen und Befristungen abhängig machen. Die Zulässigkeit ist zwar nicht ausdrücklich geregelt, ergibt sich aber aus §§ 2066 S. 2, 2074, 2075, 2100 BGB.[125] Daher sind die §§ 158, 163 BGB auf Verfügungen von Todes wegen anwendbar.[126] Eine Grenze setzt ua das Gebot der Selbstbestimmung aus § 2065 BGB:[127] Der Erblasser kann einen Dritten nicht entscheiden lassen, ob und wann seine letztwillige Verfügung gelten soll (§ 2065 Abs. 1 BGB; → § 16 Rn. 3 ff.). Ebenso muss der Erblasser die Person des Begünstigten persönlich bestimmen (§ 2065 Abs. 2 BGB). Verstöße gegen § 2065 BGB führen zur Nichtigkeit.[128]

55 Da die §§ 2066 S. 2, 2074, 2075, 2100 BGB jeweils als Tatbestandsmerkmal eine Bedingung vorsehen, werden Ausführungen zu Bedingungen nach § 158 BGB und zu Befristungen nach § 163 BGB vorangestellt.

2. §§ 158, 163 BGB als Grundlage

§ 158 BGB Aufschiebende und auflösende Bedingung

(1) Wird ein Rechtsgeschäft unter einer aufschiebenden Bedingung vorgenommen, so tritt die von der Bedingung abhängig gemachte Wirkung mit dem Eintritt der Bedingung ein.

(2) Wird ein Rechtsgeschäft unter einer auflösenden Bedingung vorgenommen, so endigt mit dem Eintritt der Bedingung die Wirkung des Rechtsgeschäfts; mit diesem Zeitpunkt tritt der frühere Rechtszustand wieder ein.

§ 163 BGB Zeitbestimmung

Ist für die Wirkung eines Rechtsgeschäfts bei dessen Vornahme ein Anfangs- oder ein Endtermin bestimmt worden, so finden im ersteren Falle die für die aufschiebende, im letzteren Falle die für die auflösende Bedingung geltenden Vorschriften der §§ 158, 160, 161 entsprechende Anwendung.

56 a) **Normzweck.** *aa) Bedingung nach § 158 BGB.* Durch ein bedingtes Rechtsgeschäft wird die Wirksamkeit des Geschäftes von einem **zukünftigen, ungewissen**[129] **Ereignis abhängig gemacht.**[130] Die „*Bedingung*" des § 158 BGB stellt zum einen die Gestaltung des Rechtsgeschäfts unter Bezug auf ein zukünftiges, ungewisses Ereignis dar; zum anderen wird durch sie auch das Ereignis als solches bezeichnet.[131] Der Vorteil der Berücksichtigung einer Bedingung besteht in der Möglichkeit, schon bei Abschluss eines Rechtsgeschäftes ein mögliches künftiges Ereignis zu berücksichtigen und somit der zukünftigen Entwicklung vorzeitig anzupassen. Ferner besteht eine gewisse Wahrscheinlichkeit, dass der durch den Eintritt der Bedingung Begünstigte sich im Sinne der Bedingung verhält. Beispielsweise kann für eine Schenkung das Bestehen des ersten juristischen Staatsexamens als Bedingung gestellt werden.[132]

[125] BeckOK BGB/*Litzenburger* § 2074 Rn. 1.
[126] NK-BGB/*Beck/Selbherr* § 2074 Rn. 1; *Schellhammer*, Erbrecht nach Anspruchsgrundlagen, Rn. 340.
[127] Palandt/*Weidlich* § 2074 Rn. 1.
[128] BayObLG NJW-RR 2000, 1174; Palandt/*Weidlich* § 2065 Rn. 2.
[129] BayObLG NJW 1967, 729; NK-BGB/*Beck/Selbherr* § 2074 Rn. 2.
[130] *Brox/Walker* BGB-AT Rn. 479; MüKoBGB/*Westermann* § 158 Rn. 8; Staudinger/*Bork* § 158 Rn. 1.
[131] *Brox/Walker* BGB-AT Rn. 479; MüKoBGB/*Westermann* § 158 Rn. 8.
[132] *Brox/Walker* BGB-AT Rn. 483.

bb) Befristung nach § 163 BGB. Durch eine Zeitbestimmung, also eine Befristung gem. § 163 BGB, kann ein Rechtsgeschäft derart gestaltet werden, dass dessen Wirksamkeit zu einem **zukünftigen, gewissen Zeitpunkt** eintritt (Anfangstermin) oder nur bis zu diesem besteht (Endtermin).[133] 57

b) Tatbestand. *aa) § 158 BGB.* Erforderlich ist ein zukünftiges, ungewisses Ereignis. Eine Bedingung kann sich nicht auf ein gegenwärtiges oder bereits geschehenes Ereignis beziehen. Allerdings kommt eine analoge Anwendung des § 158 BGB auf bereits geschehene Ereignisse in Betracht, soweit sich die Bedingung auf die zukünftige Kenntnis der Parteien im Hinblick auf den Eintritt des Ereignisses bezieht (sog. **Gegenwartsbedingung**). Ob eine Bedingung vorliegt, ist durch Auslegung zu ermitteln.[134] 58

Die Bedingung ist wie folgt **abzugrenzen:**

- Eine **Befristung** und keine Bedingung liegt vor, wenn der Eintritt des Ereignisses **gewiss** und **zukünftig** ist.[135] Bezugspunkt kann hierbei auch ein gewisses zukünftiges Ereignis zu einem ungewissen Zeitpunkt sein, so etwa der Todestag einer Person.[136] 59
- Bei der **Bestimmung der Fälligkeit** wird lediglich der Eintritt der Fälligkeit und nicht die Wirksamkeit des Rechtsgeschäfts geregelt.[137] 60
- **Anlass bzw. Beweggrund:** Der Anlass stellt lediglich den **Beweggrund zur Testamentserrichtung** dar und ist keine Bedingung.[138] Beispielhaft ist ein bevorstehendes Ereignis, in dessen Bewusstsein die letztwillige Verfügung errichtet wurde (→ § 18 Rn. 7). Eine Bedingung liegt dagegen vor, wenn die Anordnungen in der Verfügung von Todes wegen einen eindeutigen Bezug zu der entsprechenden Formulierung haben. Möglicher Inhalt des Anlasses sind eine gewisse Todesart oder ein bestimmter Todeszeitpunkt, die nicht mit dem weiteren Inhalt der letztwilligen Verfügung verknüpft sind. Beispielhaft ist die Formulierung *„für den Fall, dass uns beiden etwas zustoßen sollte“* vor Antritt einer Reise.[139] 61
- Im Unterschied zur Bedingung wird bei einem **Wunsch** bzw. **Motiv** die Wirksamkeit der Zuwendung nicht vom Eintritt des Wunsches oder Motivs abhängig gemacht (also nicht etwa *„Wenn A sein Jurastudium abschließt, …“*). Ein Wunsch bzw. ein Motiv sind nicht Voraussetzung, sondern drücken rechtlich unverbindlich aus, was dem Erblasser gefallen würde.[140] Muss durch Auslegung festgestellt werden, ob eine Bedingung oder ein Wunsch des Erblassers vorliegt, spricht es für das Vorliegen eines unverbindlichen Wunsches, wenn der Erblasser Bezug auf höchstpersönliche Lebensbereiche des Bedachten nimmt und eine Bedingung deshalb Gefahr laufen würde, gegen die guten Sitten zu verstoßen.[141] 62
- Eine rechtliche Verpflichtung des Erben zu einem bestimmten Verhalten kann der Erblasser durch eine **Auflage** nach § 1940 BGB erreichen.[142] Auflage und Bedingung können insofern zusammentreffen, als eine Zuwendung mit einer Auflage versehen ist und deren Nichterfüllung im Rahmen einer auflösenden Bedingung die Unwirksamkeit der Zuwendung herbeiführt.[143] 63

Bei der **aufschiebenden Bedingung** tritt die Wirksamkeit des Rechtsgeschäfts erst mit Eintritt des zukünftigen, ungewissen Ereignisses ein (**Suspensivbedingung** gem. § 158 Abs. 1 BGB). Dagegen ist bei der **auflösenden Bedingung** das Wirksambleiben des Rechtsgeschäftes vom Nichteintritt des zukünftigen, ungewissen Ereignisses abhängig (**Resolutivbedingung** gem. § 158 Abs. 2 BGB). Wird der Begriff *„Bedingung“* verwendet, muss durch Auslegung festgestellt werden, ob er iSv § 158 BGB oder dem allgemeinen Sprachgebrauch entspre- 64

[133] Staudinger/*Bork* § 163 Rn. 1.
[134] BayObLG Rpfleger 1967, 11 (12); Staudinger/*Bork* § 158 Rn. 8.
[135] BGH FamRZ 1979, 787 (788); *Brox/Walker,* BGB-AT Rn. 481 f.; MüKoBGB/*Westermann* § 158 Rn. 8; Staudinger/*Otte* § 2074 Rn. 10.
[136] *Brox/Walker* BGB-AT Rn. 482.
[137] BGH NJW-RR 1998, 801 (802); Staudinger/*Bork* § 158 Rn. 11.
[138] KG ErbR 2016, 449 (450).
[139] BayObLG FamRZ 1995, 1446; MüKoBGB/*Leipold* § 2074 Rn. 7; NK-BGB/*Beck/Selbherr* § 2074 Rn. 5.
[140] NK-BGB/*Beck/Selbherr* § 2074 Rn. 4; MüKoBGB/*Leipold* § 2074 Rn. 8; Staudinger/*Otte* § 2074 Rn. 13.
[141] MüKoBGB/*Leipold* § 2074 Rn. 8.
[142] MüKoBGB/*Westermann* § 158 Rn. 58; Staudinger/*Otte* § 2074 Rn. 15.
[143] Staudinger/*Otte* § 2074 Rn. 15.

chend und damit durchaus rechtlich unverbindlich verwandt wurde (auch bei Konzeptionierung durch einen Notar).[144] Dasselbe gilt hinsichtlich der Frage, ob eine aufschiebende oder eine auflösende Bedingung vorliegt.[145] Eine Rechtsvermutung oder Auslegungsregel zugunsten einer Bedingungsart bestehen nicht.

Folgende **Unterfälle der Bedingung** sind zu nennen:

65 • Eine **Verwirkungs- bzw. Strafklausel** (→ §§ 17, 24)[146] besteht aus einer meist auflösend[147] bedingten Zuwendung, bei der bei Zuwiderhandlung des Bedachten dieser oftmals auf den Pflichtteil verwiesen wird oder keine Zuwendung erhält.[148] Notwendig ist eine **gewisse Bestimmtheit der Klausel.** Ausreichend können Anordnungen wie *„gestritten und geschimpft, wer das macht, der soll gar nichts bekommen"*,[149] *„wer das Testament anficht"* oder *„wer die Gerichte anruft"* sein (→ § 17 Rn. 11 ff.).[150]

66 • Bei **Potestativbedingungen** (→ § 12) ist der Bedingungseintritt bzw. -nichteintritt vom Willen des Bedachten oder eines Dritten (etwa bei einer Heirat) abhängig (siehe § 2075 BGB; → § 16 Rn. 17 ff.).[151] Auch die Verpflichtung zur Pflege des Erblassers oder einer anderen Person kann so als Bedingung herangezogen werden (→ § 16 Rn. 15 f.).

67 *bb) Zeitbestimmung nach § 163 BGB.* Durch einen **Anfangstermin** wird die Wirksamkeit eines Rechtsgeschäfts vom Eintritt eines zukünftigen, gewissen Ereignisses abhängig gemacht. Aufgrund der Parallelen findet die Regelung zur aufschiebenden Bedingung entsprechende Anwendung (§§ 163, 158 Abs. 1 BGB).[152] Durch einen **Endtermin** endet die Wirksamkeit eines Rechtsgeschäfts mit Eintritt eines zukünftigen, gewissen Ereignisses. Die Regelung der auflösenden Bedingung ist entsprechend anzuwenden (§§ 163, 158 Abs. 2 BGB).[153]

68 c) **Rechtsfolge bei Bedingungseintritt.** Wann eine Bedingung als eingetreten gilt, regelt das Gesetz nicht und ist durch Auslegung zu ermitteln.[154] Mit Eintritt des zukünftigen, ungewissen Ereignisses ändert sich die Rechtslage **kraft Gesetzes.** Einer weiteren Willenserklärung oder dem Bestand der Willenseinigung der Parteien bedarf es nicht.[155] Während bei der aufschiebenden Bedingung mit deren Eintritt das Rechtsgeschäft wirksam wird, endet beim Eintritt der auflösenden Bedingung die Wirksamkeit des Rechtsgeschäfts.[156]

69 Die Rückabwicklung bei einer auflösenden Bedingung erfolgt nach Bereicherungsrecht und § 985 BGB.[157] Die Rechtswirkung tritt jeweils ab dem Zeitpunkt des Eintritts des Ereignisses ein (*ex nunc*-Wirkung). Dem Bedingungseintritt steht es gleich, wenn die Partei, die Interesse am Ausbleiben des Bedingungseintritts hat, diesen wider Treu und Glauben verhindert (§ 162 Abs. 1 BGB). Die Wahrung der Formvorschriften, die Geschäftsfähigkeit der Parteien sowie eine eventuell notwendige Gutgläubigkeit müssen zum Zeitpunkt der Vornahme des Rechtsgeschäftes und nicht bei Bedingungseintritt vorliegen.[158] Vor Bedingungseintritt unterliegen aufschiebend bedingte Ansprüche mangels Entstehung im Gegensatz zu auflösend bedingten noch nicht der Verjährung.[159] Hat eine Partei Kenntnis vom Bedin-

[144] BayObLG Rpfleger 1967, 11 (12); MüKoBGB/*Westermann* § 158 Rn. 10, 11.
[145] BGH NJW 1975, 776 (777); *Brox/Walker* BGB-AT Rn. 489; Staudinger/*Bork* § 158 Rn. 5.
[146] Auch privatorische oder kassatorische Klausel genannt: MüKoBGB/*Leipold* § 2074 Rn. 29; NK-BGB/*Beck/Selbherr* § 2074 Rn. 14.
[147] NK-BGB/*Beck/Selbherr* § 2074 Rn. 14; MüKoBGB/*Leipold* § 2074 Rn. 29; Palandt/*Weidlich* § 2075 Rn. 6.
[148] NK-BGB/*Beck/Selbherr* § 2074 Rn. 14; Palandt/*Weidlich* § 2075 Rn. 6.
[149] BayObLG NJW 1962, 1060 (1061); NK-BGB/*Beck/Selbherr* § 2074 Fn. 31; Staudinger/*Otte* § 2074 Rn. 63.
[150] OLG Dresden NJW-RR 1999, 1165; MüKoBGB/*Leipold* § 2074 Rn. 30; Staudinger/*Otte* § 2074 Rn. 64.
[151] MüKoBGB/*Westermann* § 158 Rn. 19; *Olzen/Looschelders* ErbR Rn. 215 ff.; Staudinger/*Otte* § 2074 Rn. 27.
[152] *Brox/Walker* BGB-AT Rn. 490.
[153] *Brox/Walker* BGB-AT Rn. 490; Staudinger/*Bork* § 163 Rn. 5.
[154] Staudinger/*Bork* § 158 Rn. 13.
[155] MüKoBGB/*Westermann* § 158 Rn. 38, 44.
[156] *Brox/Walker* BGB-AT Rn. 491.
[157] Staudinger/*Bork* § 158 Rn. 22.
[158] BGH NJW 1953, 1099; MüKoBGB/*Westermann* § 158 Rn. 39; Staudinger/*Bork* § 158 Rn. 18.
[159] Staudinger/*Bork* § 158 Rn. 19, 21.

gungseintritt bzw. -ausfall, besteht eine vertragliche oder vorvertragliche Pflicht zur Mitteilung an die andere Partei, soweit diese keine Kenntnis haben kann und ein erkennbares Interesse an der Information hat.[160]

d) Rechtsfolge bei Unmöglichkeit oder Ausfall der Bedingung. Sobald ein Ereignis nicht mehr eintreten kann (Ausfall) oder der Bedingungseintritt objektiv unmöglich ist, ist die Bedingung unwirksam.[161] Zu unterscheiden ist sodann, ob zudem auch die **Zuwendung,** die an diese ausgefallene oder unmögliche Bedingung geknüpft war, unwirksam ist. 70

Eine **aufschiebend bedingte** Zuwendung ist insgesamt unwirksam, wenn der Bedingungseintritt bereits bei Testamentserrichtung objektiv unmöglich und dies dem Erblasser bekannt war. Eine Teilbarkeit von Zuwendung und Bedingung iSv § 2085 BGB kommt nicht in Betracht. Wird aber ein entsprechender Erblasserwille festgestellt, kann die Zuwendung jedoch mittels Umdeutung nach § 140 BGB aufrecht erhalten werden (→ § 14). Hatte der Erblasser keine Kenntnis oder trat die objektive Unmöglichkeit erst **nach Testamentserrichtung** ein, so kann bei einer **aufschiebenden Bedingung** die Zuwendung dem Bedachten entweder sofort mit dem Erbfall oder nach dem Erbfall zufallen, und zwar in dem Zeitpunkt, in dem der Bedingungseintritt endgültig unmöglich wird.[162] 71

Bei einer **auflösenden Bedingung** führt die Unmöglichkeit des Bedingungseintritts zwar zum Wegfall der Bedingung, die Zuwendung bleibt aber idR wirksam (str.).[163] Zuwendung und Bedingung sind trennbar, wenn nach dem Willen des Erblassers zunächst eine Zuwendung erfolgen sollte, aber zeitlich begrenzt durch den Bedingungseintritt.[164] Es kommt sehr auf den Einzelfall an.[165] 72

Litzenburger[166] zufolge ist die Frage, ob der Erblasser die Zuwendung auch bei Unwirksamkeit der Bedingung gewollte hätte, stets anhand der einfachen bzw. der ergänzenden Auslegung zu beantworten. Es sei nicht zwischen einer auflösenden und aufschiebenden Bedingung zu unterscheiden. Vielmehr sei unter Zuhilfenahme bestimmter Differenzierungen, etwa ob die Bedingung zeit- oder zweckbezogen ist, oder im Falle der zweckbezogenen Bedingung, ob diese einen belohnenden (keine Teilbarkeit) oder bestrafenden (Teilbarkeit) Charakter hat, der Wille des Erblassers zu ermitteln. Er orientiert sich anhand bestimmter Differenzierungen.[167] Führe die Auslegung zu keinem Ergebnis, komme eine geltungserhaltende Auslegung nach § 2085 BGB mangels vergleichbarer Sachverhalte auch analog nicht in Betracht.[168] Die Zuwendung sei dann unabhängig davon unwirksam, ob die Bedingung die Wirksamkeit der Zuwendung aufschieben oder auflösen sollte.[169] 73

e) Rechtsfolge bei Unwirksamkeit der Bedingung. Eine Bedingung kann gegen ein gesetzliches Verbot oder gegen die guten Sitten verstoßen (§§ 134, 138 BGB).[170] Dies führt **auch** zu der **Unwirksamkeit der Zuwendung,** unabhängig, ob es sich um eine aufschiebende oder auflösende Bedingung handelt.[171] Eine Teilbarkeit ist nicht durch Umdeutung gem. § 139 BGB oder § 2085 BGB möglich. Eine Umdeutung der Zuwendung kann nach § 140 BGB in Betracht kommen.[172] Aufgrund der Testierfreiheit aus § 1937 BGB müssen jedoch erhebliche Gründe mit Ausnahmecharakter für die Sittenwidrigkeit und der daraus folgenden Unwirksamkeit der Bedingung sprechen. *Leipold*[173] differenziert: Hätte der Erblasser mit der sittenwidrigen Bedingung in die Freiheitsrechte des zu Begünstigenden in unzulässiger Weise 74

[160] Staudinger/*Bork* § 158 Rn. 17.
[161] Palandt/*Weidlich* § 2074 Rn. 4.
[162] Palandt/*Weidlich* § § 2074 Rn. 4 (str.).
[163] Burandt/Rojahn/*Czubayko* § 2075 Rn. 19; BeckOK BGB/*Litzenburger* § 2074 Rn. 24.
[164] Staudinger/*Otte* § 2074 Rn. 75 ff., § 2085 Rn. 13 ff.; NK-BGB/*Beck/Selbherr* § 2074 Rn. 27, 32.
[165] NK-BGB/*Beck/Selbherr* § 2074 Rn. 32; BeckOK BGB/*Litzenburger* § 2074 Rn. 24.
[166] *Litzenburger* ZEV 2008, 369 (370).
[167] *Litzenburger* ZEV 2008, 369 (371).
[168] *Litzenburger* ZEV 2008, 369 (371).
[169] *Litzenburger* ZEV 2008, 369 (371).
[170] Beispiele bei BeckOK BGB/*Litzenburger* § 2074 Rn. 20.
[171] BayObLG 22, 265; Palandt/*Weidlich* § 2074 Rn. 5.
[172] Palandt/*Weidlich* § 2074 Rn. 5.
[173] MüKoBGB/*Leipold* § 2074 Rn. 28.

eingegriffen, müsse dem Schutzzweck zufolge die Zuwendung ohne die Bedingung aufrecht erhalten bleiben.

75 Regelmäßig finden sich solche Bedingungen innerhalb familiärer Beziehungen, weshalb ein Verstoß gegen die familiäre Rücksichtnahmepflicht nach §§ 1353 Abs. 1 S. 2, 1618a BGB nahe liegt: Entgegen einer Auffassung,[174] nach welcher es sich trotz allem um ein Angebot des Erblassers handelt, auf welches der Bedachte keinen Anspruch hat, muss festgestellt werden, dass hierin oftmals durch die drohenden wirtschaftlichen Einbußen[175] ein **Eingriff in das selbst bestimmte Leben** des Bedachten zu sehen ist.[176] Zu weit gehend ist die Gegenmeinung, welche diese Konstellation als Herausforderung an die moralische Standhaftigkeit des Bedachten bezeichnet und die Einstufung solcher Bedingungen als sittenwidrig selbst als sittenwidrig qualifiziert, da sie die Charakterstärke des Bedachten in Frage stelle und ihm die Möglichkeit, eine moralische Entscheidung zu fällen, nehme.[177]

76 Eine pauschale Unzulässigkeitserklärung bzgl. jeglicher Einflussnahme des Erblassers auf die Privatsphäre des Bedachten ist nicht angezeigt, wodurch lediglich Bedingungen im Vermögensbereich erlaubt wären.[178] Vorzugswürdig ist nach alledem eine Einzelfallbetrachtung der Bedingung, bei der anhand von Kriterien wie etwa **Ausmaß** der Bedingung,[179] **Schwierigkeit** der Bedingung, **Umfang** der Zuwendung und **Angewiesenheit** des Bedachten auf diese oder ein berechtigtes **Vertrauen** auf den Erhalt der Zuwendung, über die Frage der Sittenwidrigkeit entschieden wird. Auch welche **Absicht** der Erblasser mit der Bedingung verfolgt, kann erheblich sein.[180]

3. Aufschiebende Bedingung

> § 2074 BGB
>
> Hat der Erblasser eine letztwillige Zuwendung unter einer aufschiebenden Bedingung gemacht, so ist im Zweifel anzunehmen, dass die Zuwendung nur gelten soll, wenn der Bedachte den Eintritt der Bedingung erlebt.

77 Nach der Auslegungsregel des § 2074 BGB reicht bei einer aufschiebend bedingten Zuwendung das Erleben des Erbfalls durch den Bedachten im Zweifel nicht aus. Vielmehr muss der Bedachte den Eintritt der Bedingung erleben, die auch erst lange nach dem Erbfall eintreten kann.

78 Der Erblasser muss aufschiebend bedingt jemanden zum Erben eingesetzt oder ein Vermächtnis ausgesetzt haben. Bei einer Erbeinsetzung handelt es sich notwendigerweise um einen Nacherben. Aufschiebende Bedingungen iSv § 2074 BGB sind **zukünftige, ungewisse Ereignisse,** von deren Eintritt der Erblasser die Wirksamkeit seiner Zuwendung abhängig macht. Somit fallen Befristungen u.ä. nicht in den Anwendungsbereich des § 2074 BGB. Auch bei einer Ersatzerbschaft ist § 2074 BGB nicht anzuwenden, da hier das Erbe kraft Gesetzes an den ersatzweise Bedachten fällt (§§ 2096, 2190 BGB).[181]

79 Im Zweifelsfall ist die aufschiebend bedingte Zuwendung unwirksam, wenn der Bedachte vor dem Bedingungseintritt verstirbt. Stirbt etwa der unter einer Bedingung eingesetzte Nacherbe vor Eintritt des Nacherbfalls, ist seine Anwartschaft entgegen § 2108 Abs. 2 S. 1 BGB nicht vererblich (§ 2108 Abs. 2 S. 2 BGB). Etwaige Ersatzerben bzw. Ersatzvermächtnisnehmer können sich durch die Anwendung des § 2069 BGB ergeben.[182]

---

[174] *Gutmann,* Freiwilligkeit als Rechtsbegriff, 219 ff.; *Muscheler* ZEV 1999, 151 (152).

[175] Staudinger/*Otte* § 2074 Rn. 36 ff.

[176] Staudinger/*Otte* § 2074 Rn. 36 ff.

[177] So *Muscheler* ZEV 1999, 151 (151 f.), zust. *Gutmann* S. 214, 243; aA Staudinger/*Otte* § 2074 Rn. 38.

[178] So aber *Keuk* FamRZ 1972, 9 (14 f.); aA *Gutmann* S. 224; NK-BGB/*Beck/Selbherr* § 2074 Rn. 20; Staudinger/*Otte* § 2074 Rn. 36 ff.

[179] Vgl. BGH NJW 1965, 688; Staudinger/*Otte* § 2074 Rn. 41.

[180] Staudinger/*Otte* § 2074 Rn. 42 f.

[181] MüKoBGB/*Leipold* § 2074 Rn. 3; Staudinger/*Otte* § 2074 Rn. 80.

[182] BGH NJW 1958, 22; MüKoBGB/*Leipold* § 2074 Rn. 4; NK-BGB/*Beck/Selbherr* § 2074 Rn. 37.

4. Auflösende Bedingung

§ 2075 BGB

Hat der Erblasser eine letztwillige Zuwendung unter der Bedingung gemacht, dass der Bedachte während eines Zeitraums von unbestimmter Dauer etwas unterlässt oder fortgesetzt tut, so ist, wenn das Unterlassen oder das Tun lediglich in der Willkür des Bedachten liegt, im Zweifel anzunehmen, dass die Zuwendung von der auflösenden Bedingung abhängig sein soll, dass der Bedachte die Handlung vornimmt oder das Tun unterlässt.

a) **Normzweck.** Der Erblasser kann zwar angeordnet haben, dass die Begünstigung einer Person von dessen Tun oder Unterlassen abhängt, aber offen gelassen haben, ob es sich um eine aufschiebende oder auflösende Bedingung handelt. In diesem Fall greift § 2075 BGB ein und fasst die Anordnung als auflösende Bedingung auf.[183] Andernfalls würde erst mit dem Tod des Bedachten feststehen, ob die (dann aufschiebende) Bedingung eingetreten ist, und der Bedachte würde selbst nicht durch die Zuwendung begünstigt.[184] Das vom Erblasser angeordnete Verhalten ist somit Voraussetzung für das Behaltendürfen, nicht dagegen für den Erwerb der Zuwendung. § 2075 BGB erfasst insbesondere **Wiederverheiratungs-** (→ § 22) und **Verwirkungsklauseln** (→ §§ 13, 21).[185] 80

b) **Tatbestand.** *aa) Zuwendung unter der Bedingung eines Tuns oder Unterlassens.* Voraussetzung ist zunächst, dass eine echte und wirksame **Potestativbedingung** vorliegt. Das vom Erblasser gewünschte Verhalten des Bedachten muss damit allein in dessen Willkür liegen. Beispielhaft sind etwa Trinken, Rauchen, ein geerbtes Wohnhaus selbst bewohnen, eine erneute Heirat oder das Verlangen des Pflichtteils.[186] 81

Entgegen dem Wortlaut der Norm steht die Notwendigkeit der Mitwirkung eines Dritten und/oder der Eintritt eines ungewissen Ereignisses der Anwendbarkeit von § 2075 BGB nicht entgegen.[187] So kann der Erblasser etwa als auflösende Bedingung verfügen, dass der Bedachte im Fall einer Heirat mit seinem Ehegatten Gütertrennung zu vereinbaren[188] oder einen Dritten dauerhaft zu pflegen hat.[189]

bb) Unbestimmte Dauer. Das Tun oder Unterlassen des Bedachten muss für unbestimmte Dauer bedingt sein. Ist dagegen etwa der Verzicht auf eine Heirat bis zum Eintritt der Volljährigkeit des Bedachten als Bedingung gestellt, ist die Zuwendung gem. § 2074 BGB zu beurteilen.[190] Unbestimmte Dauer setzt jedoch nicht unbedingt Lebenslänglichkeit voraus, ausreichend kann auch die Lebensdauer einer dritten Person sein, etwa die einer zu pflegenden Person. Gleiches gilt etwa bei der finanziellen Unterstützung einer dritten Person bis zu deren wirtschaftlicher Selbstständigkeit.[191] 82

c) **Rechtsfolge.** Durch die Zuwiderhandlung des Bedachten tritt die auflösende Bedingung ein, die Zuwendung wird gem. § 158 Abs. 2 BGB *ex nunc* unwirksam.[192] Tritt die auflösende Bedingung durch das Verhalten eines Dritten oder durch sonstige, vom Bedachten nicht verschuldete Umstände ein, gilt sie analog § 2076 BGB als nicht eingetreten.[193] 83

Tritt die Bedingung bei einer auflösend bedingten Erbeinsetzung ein, kommt es zur Nacherbfolge. Zuvor hat der unter einer auflösenden Bedingung Bedachte die **Stellung eines Vor-** 84

[183] BayObLG NJW-FER 1998, 205.
[184] *Kipp/Coing* ErbR § 23 III; NK-BGB/*Beck/Selbherr* § 2075 Rn. 2; Staudinger/*Otte* § 2075 Rn. 1.
[185] Staudinger/*Otte* § 2075 Rn. 1.
[186] BayObLG FamRZ 2005, 395; *Schellhammer,* Erbrecht nach Anspruchsgrundlagen, Rn. 343.
[187] NK-BGB/*Beck/Selbherr* § 2075 Rn. 3; MüKoBGB/*Leipold* § 2075 Rn. 3 und 7; Staudinger/*Otte* § 2075 Rn. 3; aA Palandt/*Weidlich* § 2075 Rn. 2.
[188] NK-BGB/*Beck/Selbherr* § 2075 Rn. 3; Staudinger/*Otte*§ 2075 Rn. 3.
[189] MüKoBGB/*Leipold* § 2075 Rn. 7.
[190] NK-BGB/*Beck/Selbherr* § 2075 Rn. 4; Palandt/*Weidlich* § 2075 Rn. 1; aA BeckOK BGB/*Litzenburger* § 2075 Rn. 2.
[191] Staudinger/*Otte* § 2075 Rn. 2.
[192] MüKoBGB/*Leipold* § 2075 Rn. 9.
[193] MüKoBGB/*Leipold* § 2075 Rn. 7.

erben (idR eines befreiten Vorerben).[194] Die Nacherben bestimmten sich in Ermangelung einer Bestimmung durch den Erblasser oder einer erfolgreichen Auslegung nach § 2104 BGB, so dass die gesetzlichen Erben mit Ausnahme des Fiskus erben (§ 2104 S. 2 BGB). Der auflösend bedingte Bedachte wird Vollerbe, soweit feststeht, dass die auflösende Bedingung **nicht eingetreten ist** bzw. nicht mehr eintreten kann. Mit Gewissheit lässt sich dies oftmals erst nach dem Tod des Bedachten sagen.[195] Eine Beteuerung des Bedachten, er wolle die Bedingung stets erfüllen, ist nicht ausreichend.[196]

85 Bei einem **Vermächtnis** endet mit dem Bedingungseintritt der Vermächtnisanspruch; die Erben können das Vermächtnis nach § 812 Abs. 1 S. 2 BGB zurückfordern.[197] Hat der Erblasser indes einen Nachvermächtnisnehmer bestimmt, geht der Anspruch auf diesen über (§ 2191 Abs. 1 BGB).

5. Bedingung zum Vorteil eines Dritten

§ 2076 BGB

Bezweckt die Bedingung, unter der eine letztwillige Zuwendung gemacht ist, den Vorteil eines Dritten, so gilt sie im Zweifel als eingetreten, wenn der Dritte die zum Eintritt der Bedingung erforderliche Mitwirkung verweigert.

86 a) **Normzweck.** § 2076 BGB ergänzt § 162 BGB.[198] Verhindert derjenige, der durch einen Bedingungseintritt benachteiligt wird, die durch den Bedingungseintritt ausgelöste Begünstigung einer anderen Person, so gilt gem. § 162 BGB die Bedingung als eingetreten. § 2076 BGB vereitelt so, dass eine Person treuwidrig einen Bedingungseintritt verhindert, um selbst (weiterhin) einen Vorteil zu genießen (§ 162 Abs. 2 BGB). Weitere Konstellation: Wenn der durch eine Bedingung Begünstigte gegen Treu und Glauben den Bedingungseintritt zu seinem eigenen Vorteil selbst herbeiführt, so vereitelt § 162 Abs. 2 BGB den Erfolg. In beiden Fällen wird demnach zum Nachteil der nicht schutzwürdigen Partei das jeweilige Gegenteil angeordnet. Die Bedingung gilt als eingetreten bzw. nicht eingetreten.

87 § 2076 legt den Willen des Erblassers zudem ergänzend aus und regelt den Fall, dass jemand auch dann begünstigt wird, wenn ein Dritter seine für den Bedingungseintritt und damit Begünstigung des anderen erforderliche Mitwirkung verweigert.[199] § 2076 BGB gilt für aufschiebende und zumindest analog auch für auflösende Bedingungen.[200]

88 b) **Tatbestand.** *aa) Zuwendung unter Bedingung zum Vorteil eines Dritten.* Bis zu dem Bedingungseintritt ist ein Dritter begünstigt; dieser Vorteil muss nicht finanzieller Natur sein.[201] Nicht unter § 2076 BGB fallen Zuwendungen unter einer einen Dritten begünstigenden Auflage (§§ 2192, 2195 BGB) oder einem Vermächtnis (§§ 1939, 2147 BGB). In beiden Fällen mangelt es an der Bedingung der Zuwendung und deren Wirksamkeit bleibt im Zweifel von der Nichterfüllung oder Unmöglichkeit der Auflage oder dem Vermächtnis unberührt.[202]

89 *bb) Verweigerung der Mitwirkung.* Der durch den Nichteintritt der Bedingung Begünstigte muss seine erforderliche Mitwirkung verweigern. Sofern der Bedingungseintritt aus einem anderen Grund als der Mitwirkungsverweigerung des Dritten scheitert und die Unmöglichkeit vom Bedachten nicht zu vertreten ist, ist durch Auslegung zu ermitteln, ob ein ernsthaf-

194 BayObLGZ 62, 57; Palandt/*Weidlich* § 2075 Rn. 5.
195 BayObLG FamRZ 2005, 395 (396); NK-BGB/*Beck/Selbherr* § 2075 Rn. 9.
196 NK-BGB/*Beck/Selbherr* § 2075 Rn. 9.
197 BeckOK BGB/*Litzenburger* § 2075 Rn. 3.
198 NK-BGB/*Beck/Selbherr* § 2076 Rn. 1.
199 BeckOK BGB/*Litzenburger* § 2076 Rn. 1.
200 MüKoBGB/*Leipold* § 2076 Rn. 3; NK-BGB/*Beck/Selbherr* § 2076 Rn. 2.
201 MüKoBGB/*Leipold* § 2076 Rn. 2; NK-BGB/*Beck/Selbherr* § 2076 Rn. 4; Palandt/*Weidlich* § 2076 Rn. 2.
202 NK-BGB/*Beck/Selbherr* § 2076 Rn. 1.

tes Bemühen des Bedachten, den Bedingungseintritt herbeizuführen, ausreicht.[203] Unter Umständen muss nicht einmal ein Versuch der Erfüllung getätigt worden sein.[204]

c) **Rechtsfolge.** Bei einer aufschiebenden Bedingung gilt die Bedingung mit der Verweigerung der Mitwirkung als eingetreten, so dass der Bedachte sodann die Zuwendung erhält. Bei der auflösenden Bedingung kann der Bedachte die Zuwendung bedingungslos behalten. 90

IV. Folgen einer Scheidung

§ 2077 BGB

(1) Eine letztwillige Verfügung, durch die der Erblasser seinen Ehegatten bedacht hat, ist unwirksam, wenn die Ehe vor dem Tod des Erblassers aufgelöst worden ist. Der Auflösung der Ehe steht es gleich, wenn zur Zeit des Todes des Erblassers die Voraussetzungen für die Scheidung der Ehe gegeben waren und der Erblasser die Scheidung beantragt oder ihr zugestimmt hatte. Das Gleiche gilt, wenn der Erblasser zur Zeit seines Todes berechtigt war, die Aufhebung der Ehe zu beantragen, und den Antrag gestellt hatte.
(2) Eine letztwillige Verfügung, durch die der Erblasser seinen Verlobten bedacht hat, ist unwirksam, wenn das Verlöbnis vor dem Tode des Erblassers aufgelöst worden ist.
(3) Die Verfügung ist nicht unwirksam, wenn anzunehmen ist, dass der Erblasser sie auch für einen solchen Fall getroffen haben würde.

a) **Normzweck.** Sofern sich Ehegatten durch letztwillige Verfügungen bedacht haben und entweder geschieden sind oder in der Trennungsphase die Voraussetzungen des § 1933 BGB vorliegen, geht der Gesetzgeber davon aus, dass die letztwilligen Begünstigungen unwirksam sind.[205] Es handelt sich um eine dispositive Auslegungsregel der ergänzenden Testamentsauslegung.[206] Die Auslegungsregl orientiert sich grds. am Willen und den Vorstellungen zum Zeitpunkt der Testamentserrichtung.[207] 91

Auf **gemeinschaftliche Testamente** (§ 2268 BGB) und **Erbverträge** (§ 2279 Abs. 2 BGB) ist § 2077 BGB entsprechend anwendbar bzw. es wird auf § 2077 BGB verwiesen (→ § 19).[208] 92

Die Norm ergänzt die allgemeinen Nichtigkeits- und Unwirksamkeitsvorschriften der §§ 125, 134, 138 BGB.[209] Ausgangspunkt der Vorschrift ist das Vorliegen eines Irrtums iSd § 2078 Abs. 2 BGB. Deshalb kommt eine Anfechtung nach § 2078 Abs. 2 BGB in Betracht, sofern etwa innerhalb einer Ehekrise die Voraussetzungen des § 2077 Abs. 1 S. 2 BGB (noch) nicht gegeben waren.[210] 93

Eine analoge Anwendung des § 2077 BGB auf den Fall, dass der Erblasser den Ehegatten seines Kindes (Schwiegertochter, Schwiegersohn) letztwillig bedenkt, lehnt der BGH[211] mit der Begründung ab, dass es an einer für eine Analogie notwendigen vergleichbaren Lebenssituation, hier also am vergleichbaren vermutbaren Erblasserwillen, fehle.[212] Ebenso wie bei der Aufhebung einer Adoption und der Beendigung einer eheähnlichen Beziehung komme eine Anfechtung nach § 2078 Abs. 2 BGB in Betracht.[213] *Reimann*[214] befürwortet dagegen die analoge Anwendung von § 2077 Abs. 1 BGB auf letztwillige Zuwendungen an Schwiegerkinder. 94

203 BayObLG FamRZ 1986, 606 (607); NK-BGB/*Beck/Selbherr* § 2076 Rn. 6.
204 *Kipp/Coing* ErbR § 23 IV.
205 MüKoBGB/*Leipold* § 2077 Rn. 1; Staudinger/*Otte* § 2077 Rn. 7.
206 BGH FamRZ 2003, 870 (871); *Czubayko* ZEV 2009, 551 (553); MüKoBGB/*Leipold* § 2077 Rn. 2, 3; NK-BGB/*Beck/Selbherr* § 2077 Rn. 1; Staudinger/*Otte* § 2077 Rn. 6.
207 KG ErbR 2016, 449 (451).
208 NK-BGB/*Beck/Selbherr* § 2077 Rn. 6.
209 NK-BGB/*Beck/Selbherr* § 2077 Rn. 3.
210 MüKoBGB/*Leipold* § 2077 Rn. 4.
211 BGH ZEV 2003, 284 mit abl. Anm. *Leipold*.
212 AA MüKoBGB/*Leipold* § 2077 Rn. 6; krit. Anm. von *Olzen* JZ 2004, 97 (100).
213 MüKoBGB/*Leipold* § 2077 Rn. 6; Palandt/*Weidlich* § 2077 Rn. 2; Staudinger/*Otte* § 2077 Rn. 28.
214 *Reimann* ZEV 2011, 636 (638).

95 **b) Tatbestand.** *aa) § 2077 Abs. 1 BGB.* Es muss eine letztwillige Verfügung zugunsten des anderen Ehegatten vorliegen. Sämtliche Arten von Zuwendungen wie die Erbeinsetzung, auch Vor-, Nach-, Ersatzerbeinsetzung, Auflage, Vermächtnis werden von der Auslegungsregel berücksichtigt.[215] Gem. § 10 LPartG gehören auch die eingetragenen Lebenspartner zu dem von § 2077 BGB[216] erfassten Personenkreis. Eine analoge Anwendung auf **nichteheliche Lebensgemeinschaften** kommt nicht in Betracht.[217] In diesen Fällen kann die Beziehungsauflösung als auflösende Bedingung angesehen werden oder es kommt eine Anfechtung der Zuwendung nach § 2078 Abs. 2 BGB in Betracht.[218] Ob der Erblasser seinen Ehegatten namentlich genannt hat oder schlicht seinen „Ehegatten" bedacht hat, ist unerheblich.

96 Umstritten ist, ob die Rechtsfolge des § 2077 Abs. 1 BGB auch dann anzunehmen ist, wenn die letztwillige Verfügung zugunsten des anderen Ehegatten **vor der Eheschließung** errichtet wurde. Wenn vor Errichtung die späteren Ehegatten sich bereits verlobt hatten, so ist nach hM § 2077 Abs. 1 BGB anwendbar. Nach der wohl hM[219] in der Literatur gilt dies indes nicht, wenn schon vor dem **Verlöbnis** letztwillig verfügt wurde. Dagegen setzt der BGH[220] richtigerweise auch schon vor dem Verlöbnis an. So basierte die letztwillige Begünstigung des anderen vor der Verheiratung bereits auf der emotionalen Bindung, die in der Eheschließung mündete. Es ist nicht interessengerecht, wenn die Unwirksamkeit einer Begünstigung von dem Zufall abhängt, ob diese vor der Eheschließung bzw. vor dem Verlöbnis oder auch schon zuvor erfolgt ist. Lt. KG[221] soll § 2077 BGB nicht anwendbar sein, wenn das Testament vor Geltung des LPartG errichtet wurde.

97 Bei einer Eheauflösung durch den Tod des Bedachten gelten §§ 1923 Abs. 1, 2108, 2160 BGB, wonach die Zuwendung entfällt;[222] ein Rückgriff auf § 2077 BGB ist nicht erforderlich.

98 Weitere Voraussetzung ist **die Auflösung** der Ehe bzw. der eingetragenen Lebenspartnerschaft (§ 2077 Abs. 1 S. 1 BGB). Für die Eheauflösung kommen drei Gründe in Betracht:
- das rechtskräftige Scheidungsurteil nach § 1564 S. 1, 2 BGB,
- das rechtskräftige Aufhebungsurteil nach § 1313 S. 1, 2 BGB, oder
- die Wiederverheiratung eines der Ehegatten nach unrichtiger Todeserklärung des anderen Ehegatten (§ 1319 Abs. 2 S. 1 BGB).[223]

99 Alternativ besteht die Voraussetzung in dem Vorliegen eines **rechtshängigen Scheidungs- oder Aufhebungsverfahrens** (§ 2077 Abs. 1 S. 2, 3 BGB). Die Voraussetzungen der Ehescheidung finden sich in den §§ 1564 bis 1568 BGB und sind vom Nachlass- bzw. Prozessgericht innerhalb des § 2077 Abs. 1 BGB als Vorfrage zu prüfen.[224] Der Erblasser muss alternativ berechtigt gewesen sein, die Ehe **aufheben zu lassen,** und den entsprechenden Antrag vor Eintritt des Erbfalls auch bereits gestellt haben (§§ 1313 bis 1318 BGB). Die **Darlegungs- und Beweislast** für das Vorliegen der Aufhebungsvoraussetzungen nach § 2077 Abs. 1 S. 2, 3 BGB trägt derjenige, der die Unwirksamkeit der Zuwendung geltend macht.[225]

100 *bb) Letztwillige Verfügung zugunsten des Verlobten nach § 2077 Abs. 2 BGB.* Ein Verlöbnis ist das formlose, beiderseitige, ernstliche Versprechen, künftig die Ehe miteinander einzugehen.

---

215 BeckOK BGB/*Litzenburger* § 2077 Rn. 1.
216 KG ErbR 2016, 449 (452); NK-BGB/*Beck/Selbherr* § 2077 Rn. 4; Staudinger/*Otte* § 2077 Rn. 11.
217 MüKoBGB/*Leipold* § 2077 Rn. 6, 15.
218 OLG Celle NJW-RR 2003, 1304 (1305); NK-BGB/*Beck/Selbherr* § 2077 Rn. 16.
219 MüKoBGB/*Leipold* § 2077 Rn. 7, 15; BeckOK BGB/*Litzenburger* § 2077 Rn. 1, 2.
220 BGH FamRZ 1961, 364 (366); Staudinger/*Otte* § 2077 Rn. 11.
221 KG ErbR 2016, 449 (452).
222 Damrau/Tanck/*Seiler-Schopp/Rudolf* § 2077 Rn. 4.
223 MüKoBGB/*Leipold* § 2077 Rn. 8; NK-BGB/*Beck/Selbherr* § 2077 Rn. 10; Staudinger/*Otte* § 2077 Rn. 13.
224 *Czubayko* ZEV 2009, 551 (552); MüKoBGB/*Leipold* § 2077 Rn. 12, so etwa bei OLG Stuttgart ZEV 2012, 208.
225 BGH NJW 1995, 1082 (1084); *Czubayko* ZEV 2009, 551 (553); MüKoBGB/*Leipold* § 2077 Rn. 13; NK-BGB/*Beck/Selbherr* § 2077 Rn. 23; Staudinger/*Otte* § 2077 Rn. 14.

Das Verlöbnis muss wirksam sein.[226] Die Aufhebung eines Verlöbnisses kann durch **einverständliche Aufhebung,** Rücktritt ohne Notwendigkeit der Angabe eines Grundes (vgl. § 1298 Abs. 3 BGB), Eintritt einer auflösenden Bedingung oder nachträgliche Unmöglichkeit (etwa eine Eheschließung mit einem Dritten) geschehen. Die **Schadensersatzpflicht** des § 1298 Abs. 1 BGB bezieht sich nicht auf eine Erbaussicht. Die **Darlegungs- und Beweislast** für die Aufhebung des Verlöbnisses im Zeitpunkt des Erbfalls liegt bei demjenigen, der die Unwirksamkeit der Zuwendung behauptet.[227] Hat der Erblasser eine Zuwendung an seinen Verlobten gerichtet und führte dieses Verlöbnis anschließend zur Eheschließung, so richtet sich ihre Wirksamkeit nach § 2077 Abs. 1 und 3 BGB und nicht mehr nach Abs. 2 und 3.[228] 101

cc) Annahme zugunsten der Wirksamkeit der Begünstigung nach § 2077 Abs. 3 BGB. Stellt sich aber heraus, dass der Erblasser auch im Falle des § 2077 Abs. 1 oder 2 BGB den Ehegatten bzw. Verlobten bedacht wissen wollte, so bleibt die Zuwendung nach § 2077 Abs. 3 BGB wirksam (→ § 19). Die **Darlegungs- und Beweislast** für einen Erblasserwillen gem. § 2077 Abs. 3 BGB trägt der Ehegatte bzw. Verlobte,[229] der sich auf diese Ausnahmeregelung beruft. 102

c) **Rechtsfolge.** In den Fällen des § 2077 Abs. 1 und Abs. 2 BGB sind **Begünstigungen** zugunsten des anderen Ehegatten **unwirksam.** Ein Vollziehungsanspruch etwaiger Auflagen besteht nicht mehr. Überdies entfällt die durch die Erbeinsetzung des Ehegatten notwendige Enterbung der nach §§ 1924 bis 1930 BGB erbberechtigten Verwandten. Die **Wirksamkeit der übrigen letztwilligen Verfügungen in dem Testament** richtet sich nach § 2085 BGB.[230] Bei gemeinschaftlichen Testamenten und Erbverträgen von Ehegatten bestehen weitere gesetzliche Sonderregeln (→ § 19). 103

V. Aufrechterhaltung bei Teilunwirksamkeit bzw. unterbliebener Ergänzung

1. Bei Teilunwirksamkeit

§ 2085 BGB

Die Unwirksamkeit einer von mehreren in einem Testament enthaltenen Verfügungen hat die Unwirksamkeit der übrigen Verfügungen nur zur Folge, wenn anzunehmen ist, dass der Erblasser diese ohne die unwirksame Verfügung nicht getroffen haben würde.

a) **Normzweck.** § 2085 BGB weicht für letztwillige Verfügungen vom Grundsatz des § 139 BGB ab. Danach hat die Nichtigkeit eines Teils eines Rechtsgeschäfts die Nichtigkeit des ganzen Rechtsgeschäfts zur Folge, wenn nicht anzunehmen ist, dass es auch ohne den nichtigen Teil vorgenommen worden wäre. Die Vorschrift widerspricht somit dem gemeinrechtlichen Grundsatz *„utile per inutile non vitiatur"*.[231] Dies ist sachgemäß, da letztwillige Verfügungen wegen ihrer Unvollständigkeit nicht wie Rechtsgeschäfte unter Lebenden jederzeit wiederholt werden können. Gegenüber anderen, die Teilnichtigkeit betreffenden Vorschriften ist § 139 BGB subsidiär.[232] Die vollständige Unwirksamkeit würde dem Erblasserwillen regelmäßig am wenigsten gerecht werden, so sollte nach seinem letzten Willen die gesetzliche Erbfolge gerade nicht eintreten.[233] Derselbe Gedanke ist Grundlage für den Vorrang der Auslegung gegenüber der Anfechtung von letztwilligen Verfügungen.[234] 104

---

[226] Staudinger/*Otte* § 2077 Rn. 20.
[227] OLG Stuttgart Rpfleger 1997, 437; NK-BGB/*Beck/Selbherr* § 2077 Rn. 24; Staudinger/*Otte* § 2077 Rn. 20.
[228] BayObLG FamRZ 1993, 362; NK-BGB/*Beck/Selbherr* § 2077 Rn. 15; Staudinger/*Otte* § 2077 Rn. 21.
[229] BGH NJW 2004, 3113 (3114); NK-BGB/*Beck/Selbherr* § 2077 Rn. 25.
[230] MüKoBGB/*Leipold* § 2077 Rn. 14.
[231] „Eine nichtige Klausel macht eine wirksame Klausel nicht unwirksam"; MüKoBGB/*Busche* § 139 Rn. 1.
[232] MüKoBGB/*Busche* § 139 Rn. 8.
[233] BayObLG FamRZ 1989, 325 (326); BayObLG 1992, 862 (865); NK-BGB/*Fleindl* § 2085 Rn. 1.
[234] Vgl. *Brox/Walker* ErbR Rn. 199.

105 **b) Tatbestand.** *aa) Teilbarkeit.* Es müssen mindestens zwei[235] **selbstständige** und somit **teilbare Verfügungen** von Todes wegen in einem Testament oder Erbvertrag vorliegen. Dies ist etwa bei einer Erbeinsetzung und einer Verwirkungsklausel oder[236] dem Ausschluss von der Erbfolge mit zusätzlicher Pflichtteilsentziehung gegeben.[237] Fehlt es an der Teilbarkeit, sind sowohl § 2085 BGB als auch § 139 BGB nicht anwendbar. Jeweils selbstständig können etwa eine letztwillige Erbeinsetzung und der einhergehende Ausschluss der gesetzlichen Erbfolge sein. Jedoch kann letzteres auch eine bloße Verweisung auf die gesetzliche Folge der letztwilligen Erbeinsetzung sein. Dies ist eine Frage der Einzelfallauslegung im Vorfeld des § 2085 BGB.[238] Dasselbe gilt beispielsweise für eine Einsetzung eines Alleinerben mit Pflichtteilsverweisung eines anderen.[239] Nach dem Tod des Erben bleibt die Enterbung des auf den Pflichtteil Verwiesenen.

106 *bb) Unwirksamkeit.* Ferner muss mindestens eine Verfügung in dem Testament unwirksam sein sowie zumindest eine wirksame Verfügung vorliegen.[240] Der Grund für die Unwirksamkeit ist unerheblich. In Betracht kommen folgende Gründe:[241]

- Formnichtigkeit gem. § 2247 Abs. 1 BGB[242]
- Nichtigkeit gem. §§ 134, 138 BGB oder Anfechtung gem. §§ 2078 ff. BGB,[243]
- Verstoß gegen § 2065 BGB
- Ausschlagung gem. §§ 1942 ff. BGB[244]
- Zugewendeter Gegenstand stand nicht im Eigentum des Erblassers[245]
- Vorversterben eines Bedachten gem. § 1923 Abs. 1 BGB[246]
- Eintritt einer auflösenden bzw. Ausfall einer aufschiebenden Bedingung[247]
- Unwirksamkeit einer Pflichtteilsentziehung gem. §§ 2336 Abs. 4, 2337 S. 2 BGB oder Nichtvorliegen eines Entziehungsgrundes[248]
- Unwirksamkeit eines Vermächtnisses[249]
- Unwirksamkeit wegen § 2289 Abs. 1 S. 2 BGB (Vorrang von erbvertraglichen Verfügungen)[250]

107 Nicht zu einer Unwirksamkeit iSv § 2085 BGB führt ein **nicht (mehr) feststellbarer Testamentsinhalt,** etwa weil ein Teil des Testaments zerstört wurde oder verloren gegangen ist.[251]

108 *cc) Analoge Anwendung des § 2085 BGB.* Auf teilweise unwirksame Verfügungen, etwa solche mit **von einem Dritten oder per Computer geschriebenen Satzteilen,** ist § 2085 BGB auch nicht analog anwendbar. Der Erblasserwille muss sich dann alleine aus dem wirksamen Teil ergeben.[252] Auch wenn eines von mehreren Testamenten unwirksam ist, ist § 2085

---

[235] Bzgl. der Teilunwirksamkeit einer einheitlichen Verfügung siehe MüKoBGB/*Leipold* § 2085 Rn. 10 ff.

[236] RG JW 37, 2201.

[237] OLG Hamm FamRZ 1972, 660; Palandt/*Weidlich* § 2085 Rn. 2.

[238] RG DR 1941, 1000; OLG Zweibrücken FGPrax 1996, 152; OLG Frankfurt FamRZ 1997, 1433 (1435); Staudinger/*Otte* § 2085 Rn. 8.

[239] OLG Frankfurt NJW 1972, 2132; NK-BGB/*Fleindl* § 2085 Rn. 3; Palandt/*Weidlich* § 2085 Rn. 2.

[240] BayObLG FamRZ 2004, 312 (313); MüKoBGB/*Leipold* § 2085 Rn. 5; Staudinger/*Otte* § 2085 Rn. 6.

[241] Übersichten bei *Lange/Kuchinke* ErbR § 34 V 2a Fn. 156; MüKoBGB/*Leipold* § 2085 Rn. 4; Staudinger/*Otte* § 2085 Rn. 3.

[242] RGZ 63, 23; BayObLG FamRZ 1986, 726; OLG Zweibrücken NJW-RR 2003, 872; Staudinger/*Otte* § 2085 Rn. 3.

[243] MüKoBGB/*Leipold* § 2085 Rn. 3; *Kipp/Coing* ErbR § 24 III 1 a.

[244] NK-BGB/*Fleindl* § 2085 Rn. 7; Palandt/*Weidlich* § 2085 Rn. 4; aA MüKoBGB/*Leipold* § 2085 Rn. 4.

[245] BayObLG FamRZ 1989, 325; MüKoBGB/*Leipold* § 2085 Rn. 4.

[246] BayObLG ZEV 2001, 24 (26); MüKoBGB/*Leipold* § 2085 Rn. 4.

[247] HM *Lange/Kuchinke* ErbR § 34 V 2a Fn. 156; Palandt/*Weidlich* § 2085 Rn. 4; Staudinger/*Otte* § 2085 Rn. 3; aA MüKoBGB/*Leipold* § 2085 Rn. 4.

[248] BGH LM BGB § 2085 Nr. 2; OLG Hamm OLGZ 1973, 83 (88); OLG Hamm NJW 1972, 2132.

[249] BayObLG FamRZ 1989, 325 (325 ff.).

[250] OLG Stuttgart ZEV 2003, 79 (81); MüKoBGB/*Leipold* § 2085 Rn. 4.

[251] BGH LM BGB § 2085 Nr. 1; BayObLGZ 1967, 197 (206); BeckOK BGB/*Litzenburger* § 2085 Rn. 3; aA, aber mit demselben Ergebnis, Staudinger/*Otte* § 2085 Rn. 4 f.

[252] Staudinger/*Otte* § 2085 Rn. 9.

BGB nicht analog anwendbar.[253] Bei vertraglichen und wechselbezüglichen Verfügungen gehen die spezielleren § 2298 Abs. 1 und § 2270 Abs. 1 BGB dem § 2085 BGB vor.[254] Beinhaltet eine Urkunde zugleich letztwillige Verfügungen und Rechtsgeschäfte unter Lebenden, bestimmt sich im Falle der Einheitlichkeit der Verfügungen die Wirksamkeit der letztwilligen Verfügung nach § 2085 BGB und im umgekehrten Fall die des Rechtsgeschäfts unter Lebenden nach § 139 BGB.[255]

c) **Rechtsfolge.** Vorbehaltlich eines abweichenden Willens des Erblassers[256] bleiben die von den unwirksamen Verfügungen teilbaren Verfügungen wirksam. Regelmäßig wird sich der Erblasser keine Gedanken über unwirksame Verfügungen gemacht haben. Maßgeblich ist dann der **hypothetische Wille** des Erblassers zur Zeit der Testamentserrichtung und unter Berücksichtigung späterer Umstände.[257] Wer sich auf einen von § 2085 BGB abweichenden Erblasserwillen beruft, trägt hierfür die Darlegungs- und Beweislast.[258] 109

2. Bei unterbliebener Ergänzung

§ 2086 BGB

Ist einer letztwilligen Verfügung der Vorbehalt einer Ergänzung beigefügt, die Ergänzung aber unterblieben, so ist die Verfügung wirksam, sofern nicht anzunehmen ist, dass die Wirksamkeit von der Ergänzung abhängig sein sollte.

Im Gegensatz zur allgemeinen Vermutung des § 154 Abs. 1 S. 1 BGB soll der Erblasserwille gem. § 2086 BGB im Zweifel auch beim Ausbleiben einer vorbehaltenen Ergänzung der letztwilligen Verfügung gelten. Die Vorschrift trägt wie die §§ 2084, 2085 BGB dem erbrechtlichen Grundsatz Rechnung, dass dem geäußerten Erblasserwillen möglichst zur Geltung zu verhelfen ist. 110

Bis auf die ausgebliebene Ergänzung muss ein im Übrigen **vollständiges und formwirksames Testament** vorliegen. Der Ergänzungsvorbehalt des Erblassers muss im Testament **ausdrücklich oder zumindest konkludent** zum Ausdruck kommen.[259] Dies kann beispielsweise durch eine Freilassung im Text geschehen.[260] Unbeabsichtigte Unvollständigkeiten, etwa wenn der Name eines Bedachten oder die Höhe eines Geldvermächtnisses fehlt, sind keine Anwendungsfälle des § 2086 BGB und bedürfen der individuellen Auslegung.[261] 111

Hat der Erblasser ein vollständiges und formwirksames Testament ohne Ergänzungsvorbehalt angefertigt und im Nachhinein den Willen zu einer Ergänzung gefasst, welche jedoch ausbleibt, bleibt das Testament uneingeschränkt gültig.[262] Liegt ein Testament mit unterbliebener Ergänzung vor, gilt dies im Zweifel unbeachtet der ausgebliebenen Ergänzung. Wer sich aufgrund von Anhaltspunkten im Testament oder den Umständen auf einen abweichenden Willen des Erblassers beruft, trägt die Darlegungs- und Beweislast.[263] 112

---

[253] MüKoBGB/*Leipold* § 2085 Rn. 9; Staudinger/*Otte* § 2085 Rn. 17.
[254] NK-BGB/*Fleindl* § 2085 Rn. 9; Staudinger/*Otte* § 2085 Rn. 16.
[255] Staudinger/*Otte* § 2085 Rn. 18.
[256] OLG Hamm FamRZ 2000, 1607; MüKoBGB/*Leipold* § 2085 Rn. 3; NK-BGB/*Fleindl* § 2085 Rn. 8.
[257] BayObLG FamRZ 1989, 325 (236); MüKoBGB/*Leipold* § 2085 Rn. 3.
[258] BGH LM BGB § 2085 Nr. 2; RGZ 63, 23 (27); Staudinger/*Otte* § 2085 Rn. 2.
[259] OLG Stuttgart ZEV 2008, 434 (436); MüKoBGB/*Leipold* § 2086 Rn. 4.
[260] RG LZ 1914, 1116; MüKoBGB/*Leipold* § 2086 Rn. 4.
[261] NK-BGB/*Fleindl* § 2086 Rn. 2.
[262] MüKoBGB/*Leipold* § 2086 Rn. 4.
[263] OLG Stuttgart ZEV 2008, 434; NK-BGB/*Fleindl* § 2085 Rn. 1.

VI. Gesetzliche Auslegungsregeln zur Abgrenzung von Erbe und Vermächtnis

§ 2087 BGB

(1) Hat der Erblasser sein Vermögen oder einen Bruchteil seines Vermögens dem Bedachten zugewendet, so ist die Verfügung als Erbeinsetzung anzusehen, auch wenn der Bedachte nicht als Erbe bezeichnet ist.

(2) Sind dem Bedachten nur einzelne Gegenstände zugewendet, so ist im Zweifel nicht anzunehmen, dass er Erbe sein soll, auch wenn er als Erbe bezeichnet ist.

113 a) **Normzweck.** Oftmals verkennt der Erblasser die juristisch bedeutsame Unterscheidung der Begriffe *„Erbe"* und *„Vermächtnis"* oder gebraucht andere Bezeichnungen.[264] Lässt sich auch durch individuelle Auslegung (→ § 5) nicht klären, ob der Erblasser eine Erbeinsetzung gem. § 1937 BGB oder ein Vermächtnis gem. § 1939 BGB beabsichtigt hat, helfen die Auslegungsregeln[265] des § 2087 Abs. 1 und 2 BGB.[266]

114 b) **Tatbestand und Rechtsfolge.** *aa) Zuwendung des Vermögens oder eines Bruchteils nach § 2087 Abs. 1 BGB.* § 2087 Abs. 1 BGB stellt klar, dass eine Erbeinsetzung nicht zwangsläufig das Wort *„Erbe"* beinhalten muss. Gegenstand der Zuwendung muss die Gesamtheit des Vermögens des Erblassers oder eines Bruchteils sein. Der Erblasser kann beispielsweise *„die Hälfte meines Vermögens"*, *„mein Hab und Gut"*, *„den Restbetrag meines Vermögens"* oder *„alles, was ich habe"* zugewendet haben.[267] Die Verwendung der Begriffe *„vermachen"* oder *„Vermächtnis"* steht der Qualifikation als Erbeinsetzung nicht entgegen, sofern der Erblasser diese Begriffe nicht bewusst im rechtstechnischen Sinne verwendet hat.[268] Auch die Zuwendung einzelner Gegenstände kann sich durch Auslegung als Erbeinsetzung entgegen der Vermutung des § 2087 Abs. 2 BGB erweisen (→ § 5 Rn. 24 bis 47).[269] Bei der Zuwendung eines Erbbruchteils kann ein Quotenvermächtnis gewollt sein (§ 2155 BGB).[270] Die Vorschrift erfasst auch die Fälle der Erbeinsetzung als Vor- oder Nacherbe[271] sowie die Ersatzerbschaft.[272] Schließlich können auch Schenkungen von Todes wegen in den Anwendungsbereich des § 2087 BGB fallen.[273]

115 *bb) Zuwendung einzelner Gegenstände nach § 2087 Abs. 2 BGB.* § 2087 Abs. 2 BGB trägt der Tatsache Rechnung, dass eine auf einzelne Gegenstände bezogene Erbfolge im BGB nicht vorgesehen ist. Der Erblasser muss in seiner Verfügung eine typische Regelung eines Vermächtnisses getroffen haben, nämlich die Zuwendung einzelner Vermögensgegenstände. Aus dem Umkehrschluss zu § 2087 Abs. 2 BGB ergibt sich, dass die Zuwendung einzelner Gegenstände auch bei der Verwendung des Begriffs *„Erbe"* im Zweifel **als Vermächtnis zu werten** ist. Möglich sind auch eine Teilungsanordnung (§ 2048 BGB) oder ein Vorausvermächtnis (§ 2150 BGB). Für die Zuwendung des Pflichtteils gilt im Zweifel § 2304 BGB. § 2149 BGB erfasst einzelne von der Erbeinsetzung ausgenommene Gegenstände und weist sie den gesetzlichen Erben zu.

[264] BayObLG FamRZ 1992, 862 (864); 1995, 835; OLG Köln Rpfleger 1992, 199; Palandt/*Weidlich* § 2087 Rn. 2.
[265] BeckOK BGB/*Litzenburger* § 2087 Rn. 2 f.; MüKoBGB/*Rudy* § 2087 Rn. 6.
[266] Palandt/*Weidlich* § 2087 Rn. 1.
[267] Vgl. BayObLG FamRZ 2001, 1252; Burandt/Rojahn/*Czubayko* § 2087 Rn. 4; MüKoBGB/*Rudy* § 2087 Rn. 3.
[268] Damrau/Tanck/*Sticherling* § 2087 Rn. 13.
[269] MüKoBGB/*Rudy* § 2087 Rn. 3, 7 ff.
[270] BGH NJW 1960, 1759; MüKoBGB/*Rudy* § 2087 Rn. 6; Palandt/*Weidlich* § 2087 Rn. 8.
[271] OLG Brandenburg FamRZ 1998, 926.
[272] MüKoBGB/*Rudy* § 2087 Rn. 5.
[273] MüKoBGB/*Rudy* § 2087 Rn. 5.

VII. Gesetzliche Ergänzungsregeln zu den Erbquoten

1. Anwendung der §§ 2089 bis 2093 BGB auch auf Vermächtnisse

Die §§ 2089–2093 BGB sind direkt auf Erbeinsetzungen und durch die Verweisung in § 2157 BGB auch entsprechend auf Vermächtnisse anzuwenden.[274] 116

2. Einsetzung auf Bruchteile

§ 2088 BGB

(1) Hat der Erblasser nur einen Erben eingesetzt und die Einsetzung auf einen Bruchteil der Erbschaft beschränkt, so tritt in Ansehung des übrigen Teils die gesetzliche Erbfolge ein.

(2) Das Gleiche gilt, wenn der Erblasser mehrere Erben unter Beschränkung eines jeden auf einen Bruchteil eingesetzt hat und die Bruchteile das Ganze nicht erschöpfen.

§ 2088 BGB ist anwendbar, wenn der Erblasser einen Erben nur für einen Bruchteil bestimmt hat und fraglich ist, wer Erbe des „restlichen" Nachlasses ist. Der Erblasser muss **bewusst** entweder einen Erben auf einen Bruchteil der Erbschaft (§ 2088 Abs. 1 BGB) oder mehrere Erben jeweils auf Bruchteile[275] der Erbschaft eingesetzt haben (§ 2088 Abs. 2 BGB), **ohne die Erbschaft zu erschöpfen.** Die Erbeinsetzung kann auch konkludent durch die Zuwendung einzelner Vermögensteile erfolgen (§ 2087 Abs. 1 BGB).[276] Der BGH[277] hat § 2088 BGB auch bei teilweiser Sittenwidrigkeit einer Erbeinsetzung angewendet. 117

Gem. § 2088 Abs. 1 bzw. 2 BGB tritt in solchen Fällen hinsichtlich des nicht zugewendeten Teils der Erbschaft die gesetzliche Erbfolge nach den §§ 1924 ff. BGB ein. § 2088 BGB ist eine gegenüber § 2089 BGB subsidiäre Ergänzungsregel und gilt nicht analog für Vermächtnisse.[278] Hat der Erblasser nicht alle Bruchteile bestimmt, wird im Übrigen gem. § 2092 BGB nach Köpfen aufgeteilt. Hat er überhaupt keine Bruchteile festgelegt, gilt § 2091 BGB. Sofern ein eingesetzter Erbe ebenfalls kraft Gesetzes berufen ist, muss durch individuelle Auslegung ermittelt werden, ob hinsichtlich seines Erbteils § 2088 BGB gelten oder er von der gesetzlichen Erbfolge durch Enterbung ausgeschlossen sein soll.[279] Ist neben dem Erben ein *nasciturus* eingesetzt, tritt für den Fall dass dieser nicht lebend geboren wird Anwachsung gem. § 2094 BGB ein.[280] Erfolgte die nicht erschöpfende **Erbeinsetzung unbewusst,** gilt § 2089 BGB. 118

Eine Frage der Einzelfallauslegung ist gegeben, sofern der Erblasser bei mehreren Bedachten eine Einsetzung widerruft oder teilweise Unwirksamkeit vorliegt. Hier kommt die Anwendung von § 2088 BGB[281] ebenso wie die von § 2089 BGB[282] in Frage.[283] Bloße Rechenfehler des Erblassers werden durch individuelle Auslegung oder § 2089 BGB korrigiert.[284] 119

---

274 Staudinger/*Otte* § 2089 Rn. 4.

275 Zumindest analoge Anwendung bei Einsetzung Mehrerer auf einen Bruchteil: jurisPK-BGB/*Ehm* § 2088 Rn. 5.

276 BeckOK BGB/*Litzenburger* § 2088 Rn. 1.

277 BGH NJW 1969, 1343 (1346).

278 BeckOK BGB/*Litzenburger* § 2088 Rn. 1, 3.

279 BayObLGZ 1965, 166 (177); BeckOK BGB/*Litzenburger* § 2088 Rn. 4; NK-BGB/*Krafka* § 2088 Rn. 2.

280 MüKoBGB/*Rudy* § 2088 Rn. 3.

281 *Kipp/Coing* ErbR § 31 II 2 Fn. 11.

282 *Lange/Kuchinke* ErbR § 23 I 2a Fn. 9; Palandt/*Weidlich* § 2089 Rn. 1.

283 BayObLG FamRZ 2003, 1506 (1507); MüKoBGB/*Rudy* § 2088 Rn. 3; Soergel/*Loritz* § 2089 Rn. 4.

284 NK-BGB/*Krafka* § 2088 Rn. 1.

3. Erhöhung der Bruchteile

§ 2089 BGB

Sollen die eingesetzten Erben nach dem Willen des Erblassers die alleinigen Erben sein, so tritt, wenn jeder von ihnen auf einen Bruchteil der Erbschaft eingesetzt ist und die Bruchteile das Ganze nicht erschöpfen, eine verhältnismäßige Erhöhung der Bruchteile ein.

120 Die Ergänzungsregel des § 2089 BGB erfasst den Fall, dass der Erblasser die alleinigen (sonst § 2088 BGB) Erben auf Bruchteile eingesetzt hat, ohne dadurch das gesamte Erbe zu erschöpfen. Durch die verhältnismäßige Erhöhung der Bruchteile werden Kalkulationsfehler des Erblassers behoben und bzgl. der überschüssigen Erbanteile der **Eintritt der gesetzlichen Erbfolge nach § 2088 Abs. 2 BGB verhindert.**

121 Die vom Erblasser als Erben eingesetzten Personen müssen **unter Ausschluss der gesetzlichen Erbfolge** dessen alleinige Erben und ausnahmslos auf Bruchteile eingesetzt sein. Die Summe aller Erbanteile muss weniger als die ganze Erbschaft ausmachen. Gem. § 2089 BGB werden die ausstehenden Bruchteile der Erbschaft auf die vom Erblasser eingesetzten Erben aufgeteilt, so dass sich deren Erbanteile entsprechend ihrem Verhältnis zueinander erhöhen. Durch Auslegung kann sich eine vorrangig zu beachtende Korrektur lediglich einzelner Erbteile ergeben.[285] Sind nicht alle Bedachten auf einen Bruchteil eingesetzt, gilt § 2092 BGB; ist die Einsetzung der Bruchteilserben nicht abschließend, gilt § 2088 BGB. Der infolge des § 2089 BGB erhöhte Erbteil eines Bedachten ist kein besonderer Erbteil i. S. v. § 2095 BGB.[286]

Beispiel:

Sei A zu $1/4$, B zu $1/12$ und C ebenfalls zu $1/12$ als Erbe eingesetzt. Durch die Ermittlung des kleinsten gemeinsamen Nenners ergeben sich die Erbbruchteile $3/12$, $1/12$ und $1/12$. Auf diese Weise kann man die Erbteilverhältnisse der Bedachten untereinander erkennen. A ist zu B und C jeweils im Verhältnis 3 : 1 bedacht. Durch Addition der Zähler (3 + 1 + 1 = 5) berechnet sich der maßgebliche Nenner. A erbt $3/5$, B $1/5$ und C $1/5$.

4. Minderung der Bruchteile

§ 2090 BGB

Ist jeder der eingesetzten Erben auf einen Bruchteil der Erbschaft eingesetzt und übersteigen die Bruchteile das Ganze, so tritt eine verhältnismäßige Minderung der Bruchteile ein.

122 § 2090 BGB korrigiert eine fehlerhafte Bruchteilseinsetzung der Erben in entgegengesetzter Richtung zu § 2089 BGB. Übersteigt die bruchteilsweise Einsetzung der Bedachten addiert die ganze Erbschaft, werden die Bruchteile verhältnismäßig gemindert. Die Unwirksamkeit der Verfügung wird somit verhindert.

123 Sämtliche Bedachte müssen auf einen Bruchteil eingesetzt sein. Die Summe der addierten Erbanteile muss mehr als die ganze Erbschaft ausmachen. Zudem darf kein Widerruf einer früheren Erbeinsetzung durch eine spätere vorliegen (§ 2258 BGB). Vorrangig ist auch eine Irrtumsanfechtung nach § 2078 BGB, wenn etwa der Erblasser einen Erben mit einer höheren Quote bedacht hat, als er wollte.[287] Die über das ganze Erbe hinausgehenden Bruchteile werden entsprechend ihrem Verhältnis zueinander gemindert, so dass das Erbe zwar erschöpft, aber nicht mehr überschritten wird. Durch Auslegung kann sich aber auch ergeben, dass die Minderung nur bei einigen Erbteilen vorzunehmen ist.[288]

[285] NK-BGB/*Krafka* § 2089 Rn. 2.
[286] MüKoBGB/*Rudy* § 2089 Rn. 1 f.; Staudinger/*Otte* § 2089 Rn. 3.
[287] Damrau/Tanck/*Sticherling* § 2090 Rn. 2.
[288] Damrau/Tanck/*Sticherling* § 2090 Rn. 4; NK-BGB/*Krafka* § 2090 Rn. 2.

Beispiel:
A sei zu $^{1}/_{2}$, B zu $^{1}/_{3}$ und C zu $^{1}/_{4}$ als Erbe eingesetzt. Durch die Ermittlung des kleinsten gemeinsamen Nenners ergeben sich die Erbbruchteile $^{6}/_{12}$, $^{4}/_{12}$ sowie $^{3}/_{12}$ und somit ein Überschuss von $^{1}/_{12}$. Diese Bruchteile werden addiert, ergibt $^{13}/_{12}$. Die ursprünglichen Bruchteile jedes Erben werden dadurch dividiert, also mit dem Kehrwert multipliziert. Dies ergibt für A $^{12}/_{26}$, für B $^{12}/_{39}$ und für C $^{12}/_{53}$. Die Kontrollberechnung – Erweiterung auf den kleinsten gemeinsamen Nenner 156 und Addition der sich ergebenden Brüche – ergibt ($^{72}/_{156}$ für A, $^{48}/_{156}$ für B und $^{36}/_{156}$ für C), dass nunmehr drei Erbteile insgesamt $^{156}/_{156}$ ergeben. Das ursprüngliche Verhältnis der Bruchteile zueinander ist erhalten geblieben (A zu B 3:2 und A zu C 2:1).

5. Unbestimmte Bruchteile

§ 2091 BGB

Sind mehrere Erben eingesetzt, ohne dass die Erbteile bestimmt sind, so sind sie zu gleichen Teilen eingesetzt, soweit sich nicht aus den §§ 2066 bis 2069 ein anderes ergibt.

Durch die Ergänzungsregel des § 2091 BGB wird eine letztwillige Verfügung, welche sich auf die Bestimmung der Erben beschränkt, durch eine **Festlegung der Erbanteile** vervollständigt. Der Erblasser muss **mindestens zwei Personen** bedacht haben. Überdies muss die Erbeinsetzung einer Bestimmung über die Erbanteile ermangeln und diese Frage der Auslegung nicht zugänglich sein.[289] Denkbar ist ferner, dass eine vorhandene Erbanteilsregelung nicht durchgeführt werden kann, weil etwa der Erblasser die gesetzliche Erbfolge verkannt hat (z. B. Erbeinsetzung des Bruders und dessen Kinder als *„gesetzliche Erben"*).[290] Darüber hinaus führt auch eine sich vom Erblasser vorbehaltene und schließlich unterlassene Erbanteilsregelung nach § 2086 BGB im Zweifel zur Anwendbarkeit von § 2091 BGB. 124

Gem. § 2093 BGB ist § 2091 BGB entsprechend anzuwenden, wenn ein Teil der Erbschaft auf mehr als einen Erben verteilt werden soll, ohne dass der Erblasser eine Quotelung vorgegeben hat. Steht den Erben A und B etwa ein gemeinschaftlicher Erbteil von $^{1}/_{2}$ zu, so erbt im Zweifel jeder zu $^{1}/_{4}$. Gegenüber den §§ 2066 bis 2069 BGB ist § 2091 BGB ausdrücklich subsidiär. Dies gilt auch bei lediglich analoger Anwendung der §§ 2066 bis 2069 BGB.[291] Durch vorrangig vorzunehmende Auslegung kann sich entgegen § 2091 BGB ergeben, dass der Erblasser eine Einsetzung nach Stämmen gegenüber der Einsetzung nach Köpfen bevorzugt hat.[292] 125

Kommt § 2091 BGB zur Anwendung, gelten die Erben als zu gleichen Teilen eingesetzt und sind damit zu **gleichen Kopfteilen eingesetzte Miterben.** 126

6. Teilweise Einsetzung auf Bruchteile

§ 2092 BGB

(1) Sind von mehreren Erben die einen auf Bruchteile, die anderen ohne Bruchteile eingesetzt, so erhalten die letzteren den freigebliebenen Teil der Erbschaft.

(2) Erschöpfen die bestimmten Bruchteile die Erbschaft, so tritt eine verhältnismäßige Minderung der Bruchteile in der Weise ein, dass jeder der ohne Bruchteile eingesetzten Erben so viel erhält wie der mit dem geringsten Bruchteil bedachte Erbe.

Der Erblasser muss mindestens einen Erben mit einem Bruchteil und mindestens einen weiteren Erben ohne Bruchteil bedacht haben. Erstrecken sich die Erbeinsetzungen auf mehr als eine Verfügung, muss die Möglichkeit eines Widerrufs der vorherigen Erbeinsetzung 127

289 BayObLG FamRZ 1990, 1405; NJW-RR 1999, 1311; NK-BGB/*Krafka* § 2091 Rn. 1.
290 NK-BGB/*Krafka* § 2091 Rn. 1; Palandt/*Weidlich* § 2091 Rn. 1.
291 BayObLG FamRZ 1986, 610; NK-BGB/*Krafka* § 2091 Rn. 1.
292 NK-BGB/*Krafka* § 2091 Rn. 1.

durch die spätere sorgfältig geprüft werden.[293] Die Verteilung des restlichen Erbteils erfolgt vorbehaltlich der §§ 2066 bis 2069 BGB in Gemäßheit zu § 2091 BGB nach Kopfteilen. Auch im Falle des § 2092 Abs. 2 BGB muss mindestens ein Erbe auf einen Bruchteil des Erbes eingesetzt und mindestens ein weiterer Erbe ohne Bruchteil bedacht sein. Zusätzlich muss die Bruchteilseinsetzung das Erbe erschöpfen oder sogar übersteigen. Unter den ohne Bruchteil eingesetzten Erben wird bei § 2092 Abs. 1 BGB der restliche Erbteil entsprechend § 2091 BGB nach Köpfen aufgeteilt. Bei § 2092 Abs. 2 BGB tritt eine verhältnismäßige Minderung der Bruchteile ein, so dass jeder Erbe, der nicht auf einen Bruchteil eingesetzt ist, die gleiche Erbquote erhält, wie der mit dem geringsten Bruchteil bedachte Erbe.

Beispiel:

Zu *§ 2092 Abs. 1 BGB:* A sei auf 1/2, B auf 1/4 und C sowie D ohne Bruchteil als Erbe eingesetzt. A und B erben zusammen 3/4 der Erbschaft. C und D teilen sich das restliche Viertel und erben somit zu jeweils 1/8.

7. Gemeinschaftlicher Erbteil

> § 2093 BGB
>
> Sind einige von mehreren Erben auf einen und denselben Bruchteil der Erbschaft eingesetzt (gemeinschaftlicher Erbteil), so finden in Ansehung des gemeinschaftlichen Erbteils die Vorschriften der §§ 2089 bis 2092 entsprechende Anwendung.

128 Erforderlich ist die **Einsetzung mehrerer auf ein und denselben Bruchteil.** Auf gesetzliche Erben findet § 2093 BGB **keine analoge Anwendung.**[294] Der Erblasser muss **mindestens zwei Erben** auf ein und denselben Erbteil einsetzen. Beispielsweise setzt der Erblasser seinen Ehegatten zur Hälfte und seine zwei Kinder nicht jeweils auf ein Viertel, sondern gemeinsam auf die andere Hälfte ein. Ein auf einen gemeinsamen Erbteil gerichteter Erblasserwille kann sich auch durch Auslegung ergeben.[295] Mögliche Anhaltspunkte sind etwa:[296]

- das Zusammenfassen mehrerer Erben unter einer Gesamtbezeichnung, etwa einer Nummer,
- die räumliche Anordnung der Erben in der letztwilligen Verfügung oder[297]
- die Einsetzung mehrerer auf einen Gegenstand entgegen der Vermutung des § 2087 Abs. 2 BGB.

129 Entscheidend sind objektive Gesichtspunkte. Die Erben können etwa in einer **engen Beziehung zueinander** (z. B. die Kinder des Erblassers) **oder zu einem Gegenstand** des Nachlasses stehen, etwa die Segelfreunde des Erblassers in Bezug auf dessen Segelboot.[298]

130 **Alleine nicht ausreichend** für die Annahme eines gemeinschaftlichen Erbteils ist dagegen:[299]

- die sprachliche Zusammenfassung der Erben in einem Satz oder in einem von mehreren nebeneinander geltenden Testamenten,
- eine Gesamtbezeichnung wie *„meine Nachbarn A und B"* oder *„die Eheleute A"* oder
- das Nebeneinander von eingesetzten und gesetzlichen Erben, vgl. § 2094 Abs. 2 BGB.

Eine gesetzliche Vermutung für einen Erblasserwillen zur Bildung einer Erbengruppe besteht nicht. Der Erblasser kann mehrere Gruppen und auch Untergruppen bilden.

131 Für den gemeinschaftlichen Erbteil gelten die §§ 2089 bis 2092 BGB in entsprechender Weise (§ 2093 BGB). Eine Anwachsung nach § 2094 BGB tritt zunächst innerhalb der Gemeinschaft ein (§ 2094 Abs. 1 S. 2 BGB). Ferner sind die Erben des gemeinschaftlichen Erb-

[293] NK-BGB/*Krafka* § 2092 Rn. 1.
[294] Staudinger/*Otte* § 2093 Rn. 2.
[295] BayObLG FamRZ 2000, 120; NK-BGB/*Krafka* § 2093 Rn. 4.
[296] Vgl. MüKoBGB/*Rudy* § 2093 Rn. 2; Staudinger/*Otte* § 2093 Rn. 1.
[297] BayObLG FamRZ 1977, 275 (275 ff.).
[298] MüKoBGB/*Rudy* § 2093 Rn. 2.
[299] Vgl. MüKoBGB/*Rudy* § 2093 Rn. 2; Staudinger/*Otte* § 2093 Rn. 2.

teils untereinander vorrangige Ersatzerben (§ 2098 Abs. 2 BGB). Weitere Rechtsbeziehungen bewirkt ein gemeinschaftlicher Erbteil nicht. Die einzelnen Erbanteile behalten ihre **Selbstständigkeit.**

8. Anwachsung

§ 2094 BGB

(1) Sind mehrere Erben in der Weise eingesetzt, dass sie die gesetzliche Erbfolge ausschließen, und fällt einer der Erben vor oder nach dem Eintritt des Erbfalls weg, so wächst dessen Erbteil den übrigen Erben nach dem Verhältnis ihrer Erbteile an. Sind einige der Erben auf einen gemeinschaftlichen Erbteil eingesetzt, so tritt die Anwachsung zunächst unter ihnen ein.

(2) Ist durch die Erbeinsetzung nur über einen Teil der Erbschaft verfügt und findet in Ansehung des übrigen Teils die gesetzliche Erbfolge statt, so tritt die Anwachsung unter den eingesetzten Erben nur ein, soweit sie auf einen gemeinschaftlichen Erbteil eingesetzt sind.

(3) Der Erblasser kann die Anwachsung ausschließen.

a) **Normzweck.** Vergrößert sich der Erbteil eines Miterben aufgrund des Wegfalls eines 132 anderen Miterben, liegt ein Fall der Anwachsung nach § 2094 BGB vor. Die Vorschrift enthält eine **gegenüber der Ersatzerbschaft subsidiäre**[300] **Regelung,** welche den Erbteil eines weggefallenen Miterben einem vermuteten Erblasserwillen entsprechend unter den restlichen Miterben aufteilt.[301] Dem § 2094 BGB entsprechende Regelungen finden sich sowohl für die gesetzliche Erbfolge (§ 1935 BGB) als auch für Vermächtnisse (§§ 2158 f. BGB). Lt. § 2099 BGB ist die Anwachsung ausdrücklich subsidiär gegenüber der Ersatzerbschaft nach § 2096 BGB.

b) **Tatbestand.** *aa) Grundsätzliches.* Zunächst darf der Erblasser die Anwachsung nicht 133 ausgeschlossen haben (§ 2094 Abs. 3 BGB). Ein Ausschluss kann sich ausdrücklich oder durch Auslegung ergeben[302] und sich auf einzelne Miterben beschränken.[303] In diesem Zusammenhang sind auch die Vorschriften der § 2099 BGB (Vorrang der Ersatzerbschaft) – ggf. über § 2102 Abs. 1 BGB (Verhältnis Nacherbschaft zu Ersatzerbschaft) – und § 2304 BGB (Pflichtteilszuwendung im Zweifel keine Erbeinsetzung) zu beachten.[304]

Weiterhin muss ein Miterbe **vor oder nach dem Erbfall weggefallen sein** (vor dem Erbfall 134 etwa Tod, Zuwendungsverzicht, auflösende Bedingung; nach dem Tod etwa Auschlagung, Erbunwürdigkeit, Nichterleben einer aufschiebenden Bedingung).[305] Ein nachheriger Wegfall muss aber auf den Erbfall **zurückwirken.**[306] Die Miterben können auch Vor- oder Nacherben sein.[307] Ein § 2094 BGB entsprechender Wegfall kommt aus den folgenden Gründen in Betracht:[308]

- Tod des potenziellen Erben **vor dem Erbfall,**[309]
- Totgeburt der zur Erbschaft berufenen Leibesfrucht **vor oder nach dem Erbfall,**[310]
- Eintritt einer auflösenden oder Ausfall einer aufschiebenden Bedingung **vor dem Erbfall,**[311]
- Verzicht (§ 2352 BGB) oder Ausschlagung (§ 1953 BGB) des Erben,[312]

[300] BayObLG FamRZ 1996, 1240 (1241); Staudinger/*Otte* § 2094 Rn. 1, 12.
[301] BayObLG FamRZ 1993, 736 (737); Staudinger/*Otte* § 2094 Rn. 1.
[302] BayObLG FamRZ 1993, 736 (737).
[303] BeckOK BGB/*Litzenburger* § 2094 Rn. 3; jurisPK-BGB/*Ehm* § 2094 Rn. 9; NK-BGB/*Krafka* § 2094 Rn. 8 f.
[304] JurisPK-BGB/*Ehm* § 2094 Rn. 10 f.
[305] BeckOK BGB/*Litzenburger* § 2094 Rn. 2.
[306] RGZ 95, 97 (98); MüKoBGB/*Rudy* § 2094 Rn. 3; Staudinger/*Otte* § 2094 Rn. 2.
[307] MüKoBGB/*Rudy* § 2094 Rn. 1.
[308] Übersichten bei MüKoBGB/*Rudy* § 2094 Rn. 3; Staudinger/*Otte* § 2094 Rn. 2.
[309] Staudinger/*Otte* § 2094 Rn. 2.
[310] RG WanR 1914 Nr. 125.
[311] Staudinger/*Otte* § 2094 Rn. 6.
[312] Staudinger/*Otte* § 2094 Rn. 2.

- Erbunwürdigkeitserklärung (§ 2344 BGB) oder[313]
- Ausbleiben der nach Art. 86 EGBGB erforderlichen Genehmigung.[314]

135 **Kein** Wegfall iSv § 2094 liegt vor, wenn:

- der Erbe **nach dem Erbfall** verstirbt, es sei denn, dass seine Erben gem. §§ 1952, 1953 BGB ausschlagen,[315]
- eine auflösende Bedingung **nach dem Erbfall** eintritt, denn dann tritt Nacherbfolge ein,[316]
- Tod eines Mitnacherben mit vererblicher Anwartschaft **zwischen Erbfall und Nacherbfall,**[317]
- Tod eines Mitvorerben, vgl. die §§ 2102 Abs. 1 (Nacherbschaft und Ersatzerbschaft), 2105 Abs. 1 (gesetzliche Erben als Vorerben) und 2099 (Vorrang der Ersatzerbschaft) BGB oder[318]
- bei einem Widerruf der Erbeinsetzung, da dies die § 2094 BGB zugrunde liegende Vermutung erschüttert.[319]

136 Von der früher hM abgelehnt[320] wird das Vorliegen eines Wegfalls bei einer nichtigen Erbeinsetzung (etwa nach Anfechtung nach §§ 2078 f. BGB, Verstoß gegen §§ 7, 27 BeurkG, Sittenwidrigkeit nach § 138 BGB). Die früher hM überzeugt nicht;[321] es ist zu differenzieren.[322]

137 Die weiteren Voraussetzungen der Anwachsung richten sich danach, ob ein Fall des § 2094 Abs. 1 S. 1 BGB oder des § 2094 Abs. 2 BGB vorliegt.

138 *bb) Verfügung über die ganze Erbschaft – § 2094 Abs. 1 BGB.* Hat der Erblasser sein Erbe vollständig durch letztwillige Verfügung aufgeteilt oder haben sich die Erbanteile nach § 2089 erhöht, so dass die gesetzliche Erbfolge auch nicht bloß zum Teil eintritt, bedarf es für die Rechtsfolge des § 2094 Abs. 1 BGB keiner weiteren Voraussetzungen.

139 *cc) Verfügung über einen Teil der Erbschaft – § 2094 Abs. 2 BGB.* Kommt dagegen die gesetzliche Erbfolge teilweise zur Anwendung, hängt der Eintritt der Anwachsung unter den eingesetzten Erben davon ab, ob sie auf **einen gemeinsamen Erbteil** gem. § 2093 BGB berufen sind.

140 c) **Rechtsfolge.** Durch die Anwachsung geht der Erbanteil des weggefallenen auf die anwachsungsberechtigten Miterben entsprechend dem Verhältnis ihrer Anteile über. Anwachsungsberechtigt sind nur die infolge letztwilliger Verfügung berufenen Miterben. Gem. § 2094 Abs. 1 S. 2 BGB sind dies insbesondere, bzw. in den Fällen des Abs. 2 ausschließlich, diejenigen Miterben, die zusammen mit dem weggefallenen Miterben auf einen gemeinsamen Erbteil eingesetzt sind.[323]

141 Grundsätzlich wird der angewachsene Erbteil **unselbstständiger** Teil des ursprünglichen Erbteils, der diesen vergrößert und nicht gesondert angenommen oder ausgeschlagen werden kann (§ 1950 BGB). Ausnahmen ergeben sich im Rahmen der § 2007 BGB (Haftung bei mehreren Erbteilen), § 2095 BGB (angewachsener Erbteil), § 2110 BGB (Umfang des Nacherbrechts) sowie § 2373 S. 1 BGB (dem Verkäufer verbleibende Erbteile).

Beispiele:

Zu § 2094 Abs. 1 S. 1 BGB: A sei auf ½, B auf ⅓ und C auf ⅙ eingesetzt. Fällt A weg, wächst sein Erbanteil B und C im Verhältnis ihrer Anteile an. Durch die Bestimmung des kleinsten gemeinsamen Nenners ergeben sich die Bruchteile von 3/6, 2/6 und 1/6. B erbt zu C im Verhältnis 2 : 1. Nach der Anwachsung erhält B somit ⅔ und C ⅓ der Erbschaft.

[313] Staudinger/*Otte* § 2094 Rn. 2.
[314] RGZ 95, 97 (98).
[315] Staudinger/*Otte* § 2094 Rn. 2 aE.
[316] Staudinger/*Otte* § 2094 Rn. 6; *Wacke* DNotZ 1990, 403 (407).
[317] Staudinger/*Otte* § 2094 Rn. 3.
[318] *Schopp* MDR 1978, 10; Staudinger/*Otte* § 2094 Rn. 5.
[319] MüKoBGB/*Rudy* § 2094 Rn. 3.
[320] RGZ 95, 97 (98); Damrau/*Damrau*, 1. Aufl., § 2094 Rn. 4.
[321] BeckOK BGB/*Litzenburger* § 2094 Rn. 2; MüKoBGB/*Rudy* § 2094 Rn. 3.
[322] Staudinger/*Otte* § 2088 Rn. 5; Erman/*Nobis* § 2094 Rn. 2; Damrau/Tanck/*Sticherling* § 2094 Rn. 4.
[323] Staudinger/*Otte* § 2094 Rn. 8.

Zu § 2094 Abs. 1 S. 2 BGB: A sei auf ½ und B, C sowie D gemeinschaftlich auf die andere Hälfte eingesetzt. Fällt A weg, kommt wiederum die Rechnungsmethode des Abs. 1 S. 1 zur Anwendung. Fällt einer der gemeinschaftlichen Erben weg, erfolgt die Anwachsung nur zwischen den beiden verbliebenen gemeinschaftlichen Erben. Der Erbanteil des A bleibt in diesen Fällen unverändert. Fällt etwa B weg, erbt A weiterhin 1/2 und C und D bekommen jeweils 1/4.

Zu § 2094 Abs. 2 BGB: A, B und C seien gemeinschaftlich zu 1/3, D und E ebenfalls gemeinschaftlich zu 1/3 als Erben eingesetzt sowie F infolge gesetzlicher Erbfolge auf das restliche Drittel berufen. Fällt A weg, verbleibt das gemeinschaftliche Drittel bei B und C. Der gemeinschaftliche Erbteil von D und E bleibt ebenso unverändert wie das gesetzliche Drittel des E. Fällt D weg, verbleibt das gemeinschaftliche Drittel bei E. Fällt hingegen F weg, tritt keine Anwachsung ein.

9. Angewachsener Erbteil

§ 2095 BGB

Der durch Anwachsung einem Erben anfallende Erbteil gilt in Ansehung der Vermächtnisse und Auflagen, mit denen dieser Erbe oder der wegfallende Erbe beschwert ist, sowie in Ansehung der Ausgleichungspflicht als besonderer Erbteil.

Abweichend vom Grundsatz des § 2094 BGB ordnet § 2095 BGB die Eigenständigkeit des angewachsenen Erbteils (**besonderer Erbteil**) an. Inhaltlich stimmt die Vorschrift mit dem für die gesetzliche Erbfolge geltenden § 1935 BGB überein. Dasselbe gilt hinsichtlich Beschwerungen durch Auflagen oder Vermächtnisse bei der Vermächtnisanwachsung nach § 2159 BGB. 142

Sofern kein der Anwendung des § 2095 BGB widersprechender Erblasserwille festgestellt werden kann, bedarf es zunächst einer **Anwachsung gem. § 2094 Abs. 1 oder 2 BGB.** Des Weiteren muss der ursprüngliche oder der angewachsene Erbteil mit einer der in § 2095 BGB genannten Verbindlichkeiten – **Vermächtnis, Auflage** oder **Ausgleichungspflicht** – beschwert sein. 143

Das durch § 2095 BGB begründete Vorliegen zweier Erbteile hat für die Fälle der beschränkten Erbenhaftung die Anwendbarkeit des § 2007 BGB zur Folge. Dementsprechend sind die Haftung für den ursprünglichen Erbteil und den Anwachsungserbteil **gesondert zu beurteilen.** Dies gilt jedoch nur dann, wenn die Erbteile **unterschiedlich beschwert** sind (§ 2007 S. 2 BGB). Eine etwaige Ausgleichspflicht zwischen den Miterben gem. §§ 2050 ff. BGB belastet **nur hinsichtlich des ursprünglich beschwerten Erbteils** (§ 2095 iVm § 2056 BGB).[324] Schließlich gilt der angewachsene Erbteil auch im Rahmen des § 2318 BGB als besonderer Erbteil.[325] 144

VIII. Gesetzliche Auslegungsregeln zur Ersatzerbfolge

1. Ersatzerbe

§ 2097 BGB

Ist jemand für den Fall, dass der zunächst berufene Erbe nicht Erbe sein kann, oder für den Fall, dass er nicht Erbe sein will, als Ersatzerbe eingesetzt, so ist im Zweifel anzunehmen, dass er für beide Fälle eingesetzt ist.

Die Auslegungsregel des § 2097 BGB gilt für den Fall, dass der Erblasser bei der Anordnung einer Ersatzerbschaft sich entweder auf ein **Nichtkönnen** oder ein **Nichtwollen** des Berufenen beschränkt hat, ohne die jeweils andere Möglichkeit bedacht zu haben. Die Be- 145

[324] MüKoBGB/*Rudy* § 2095 Rn. 4.
[325] MüKoBGB/*Rudy* § 2095 Rn. 3; NK-BGB/*Krafka* § 2095 Rn. 4.

schränkung auf einen der Fälle muss unbewusst erfolgt sein, da andernfalls kein Zweifel besteht, der eine Auslegung rechtfertigt.[326]

146 Zu den Gründen, warum der Berufene nicht Erbe sein kann, gehören:[327]
- sein Versterben **vor dem Erbfall** (§ 1923 Abs. 1 BGB)[328]
- seine Erbunwürdigkeit[329]
- das Ausbleiben der nach Art. 86 EGBGB erforderlichen Genehmigung
- der Eintritt einer auflösenden bzw. der Ausfall einer aufschiebenden Bedingung
- der Widerruf der Erbeinsetzung
- die Nichtigkeit der Erbeinsetzung

147 Die Gründe des Nichtwollens[330] setzen sich aus der Ausschlagung[331] und dem Zuwendungsverzicht[332] zusammen. Die Vorschrift gilt analog für Ersatzvermächtnisse, nicht dagegen innerhalb des § 2069 BGB.[333] Lässt sich der Erblasserwille hinsichtlich des Umfanges der Ausfallgründe nicht feststellen, erstreckt sich die Ersatzberufung gem. § 2097 BGB im Zweifel auf alle in Betracht kommenden Gründe sowohl des Nichtkönnens als auch des Nichtwollens des Berufenen.

2. Anteile bei Ersatzerbschaft von Miterben

§ 2098 BGB

(1) Sind die Erben gegenseitig oder sind für einen von ihnen die übrigen als Ersatzerben eingesetzt, so ist im Zweifel anzunehmen, dass sie nach dem Verhältnis ihrer Erbteile als Ersatzerben eingesetzt sind.

(2) Sind die Erben gegenseitig als Ersatzerben eingesetzt, so gehen Erben, die auf einen gemeinschaftlichen Erbteil eingesetzt sind, im Zweifel als Ersatzerben für diesen Erbteil den anderen vor.

148 Voraussetzung für die Anwendung des § 2098 Abs. 1 BGB ist, dass die zur Erbschaft Berufenen gegenseitig oder mehrere für einen als Ersatzerben eingesetzt sind. Abs. 2 der Auslegungsregel erfasst den Fall, dass es Ersatzerben innerhalb eines gemeinschaftlichen Erbteils und darüber hinaus mindestens einen weiteren Ersatzerben gibt. Die Vorschrift ist auf Ersatzvermächtnisse analog anzuwenden.[334] Ist neben den Miterben auch ein Dritter Ersatzerbe, ist § 2098 BGB nicht anwendbar. Durch Auslegung kann sich ein kopfteiliger Erbanteil für den Dritten ergeben, während sich die Erbteile der Miterben aus § 2098 BGB ergeben.[335]

149 Gem. § 2091 BGB würden die Ersatzerben im Zweifel gleich große Erbteile erhalten. Liegen die Voraussetzungen des § 2098 Abs. 1 BGB vor, treten die Ersatzerben dagegen entsprechend ihren Anteilsverhältnissen an die Stelle des Weggefallenen. Nach § 2098 Abs. 2 BGB gehen die Ersatzerben innerhalb eines gemeinschaftlichen Erbteils den oder dem übrigen Ersatzerben vor.

Beispiele:[336]

Zu § 2098 Abs. 1 BGB: Sei A auf $^1/_2$, B auf $^1/_3$ und C auf $^1/_6$ als Erbe eingesetzt. A ist zu B im Verhältnis 3 : 2 und zu C im Verhältnis 3 : 1 bedacht. Somit ist B zu C im Verhältnis 2 : 1 bedacht. Fällt A weg, teilt

[326] BayObLG FamRZ 1989, 666 (666 ff.); insbesondere beim Erbvertrag OLG Düsseldorf DNotZ 1974, 367 (370); MüKoBGB/*Rudy* § 2097 Rn. 3; Staudinger/*Otte* § 2097 Rn. 1.
[327] Vgl. Staudinger/*Otte* § 2097 Rn. 1.
[328] BayObLG FamRZ 1989, 666 (667).
[329] BayObLG FamRZ 1989, 666 (667).
[330] Vgl. Staudinger/*Otte* § 2097 Rn. 1.
[331] RGZ 113, 45 (50).
[332] BayObLG FamRZ 1989, 666 (667).
[333] NK-BGB/*Krafka* § 2097 Rn. 1 f.; Staudinger/*Otte* § 2097 Rn. 2.
[334] Staudinger/*Otte* § 2098 Rn. 4.
[335] MüKoBGB/*Rudy* § 2098 Rn. 2.
[336] JurisPK-BGB/*Ehm* § 2098 Rn. 2 f.; MüKoBGB/*Rudy* § 2098 Rn. 3.

sich dessen Erbanteil entsprechend der Anteilsverhältnisse von B und C auf. B erbt $^2/_3$, C erhält $^1/_3$ des Erbes.

Zu § 2098 Abs. 2 BGB: A, B und C seien auf einen gemeinschaftlichen Erbteil von $^2/_3$ und D und E jeweils auf $^1/_6$ als Erbe eingesetzt. Fällt A weg, bleibt der gemeinschaftliche Erbteil iHv $^2/_3$ bei B und C. Bezüglich D und E bleibt es bei jeweils $^1/_6$.

3. Verhältnis Nacherbe zu Ersatzerbe

§ 2102 BGB

(1) Die Einsetzung als Nacherbe enthält im Zweifel auch die Einsetzung als Ersatzerbe.
(2) Ist zweifelhaft, ob jemand als Ersatzerbe oder als Nacherbe eingesetzt ist, so gilt er als Ersatzerbe.

a) **Normzweck.** § 2102 Abs. 1 BGB beruht als Auslegungsregel[337] auf dem bis in das Römische Recht zurückreichenden Erfahrungssatz, dass ein Nacherbe regelmäßig auch dann berufen sein soll, wenn der Nacherbfall nicht (mehr) eintreten kann. Der Nacherbe soll im Unterschied zum Ersatzerben unbedingt und lediglich zugunsten des Vorerben verzögert erben. Folgerichtig gibt es auch keine dem § 2102 Abs. 1 BGB entsprechende Vermutung in umgekehrter Richtung.[338] 150

Auch § 2102 Abs. 2 BGB[339] beinhaltet eine Auslegungsregel,[340] welche auf der Annahme beruht, dass der Erblasser einen Erben im Zweifel nicht mit einer Nacherbschaft und den damit verbundenen Pflichten belasten wollte. Stattdessen wird regelmäßig eine Ersatzberufung anzunehmen sein. 151

Ersatzvermächtnisse werden durch analoge Anwendung des § 2102 BGB erfasst.[341]

b) **Tatbestand.** *aa) Einsetzung als Nacherbe – § 2102 Abs. 1 BGB.* Der Erblasser muss eine Nacherbschaft gem. §§ 2100 ff. BGB verfügt haben und der Vorerbe muss vor Eintritt des Erbfalls wegfallen, so dass der Nacherbfall nicht mehr eintreten kann. Da § 2100 BGB für die Nacherbschaft voraussetzt, dass zunächst der Vorerbe Erbe wird, kann der Nacherbe allein aufgrund seiner Nacherbenstellung nicht mehr zum Erben berufen werden. Gleiches gilt, wenn der Vorerbe zwar erst nach dem Erbfall wegfällt, seine Erben aber wiederum die Erbschaft ausschlagen.[342] Der Ersatzerbe muss zur Zeit des Erbfalls **mindestens bereits gezeugt sein,** andernfalls bleibt er Nacherbe und die Erbschaft fällt ihm gem. §§ 2101 Abs. 1, 2106 Abs. 2 S. 1 BGB mit seiner Geburt an. Einstweilen nehmen die gesetzlichen Erben des Erblassers die Vorerbenposition ein (§ 2105 Abs. 2 Var. 2, Abs. 1 BGB).[343] Ferner muss der Erblasserwille bezüglich einer Ersatzerbeneinsetzung des Nacherben zweifelhaft sein. Innerhalb gemeinschaftlicher Testamente und zweiseitiger Erbverträge, bei denen nach dem Trennungsprinzip die Erblasser gegenseitige Vorerben und ein Dritter Nacherbe ist, ist § 2102 Abs. 1 BGB anzuwenden.[344] 152

bb) Einsetzung als Ersatz- oder Nacherbe – § 2102 Abs. 2 BGB. Ob der Erblasser eine Ersatz- oder eine Nacherbschaft anordnen wollte, muss zweifelhaft sein. Dies kann auch der Fall sein, wenn der Erblasser sich sprachlich eindeutig ausgedrückt hat. Ordnet er etwa eine Ersatzerbschaft an, kann trotzdem eine Nacherbschaft gewollt sein. Schließlich ist dem Lai- 153

337 OLG Hamm FamRZ 2002, 201 (203); BayObLG FamRZ 1992, 475 (476); MüKoBGB/*Grunsky* § 2102 Rn. 2; Staudinger/*Avenarius* § 2102 Rn. 1; aA Ergänzungsregel Soergel/*Harder* § 2102 Rn. 2.

338 OLG Schleswig BeckRS 2010, 28245; MüKoBGB/*Grunsky* § 2102 Rn. 1, 5; Palandt/*Weidlich* § 2102 Rn. 1; Staudinger/*Avenarius* § 2102 Rn. 1.

339 Zur Anwendbarkeit bei gemeinschaftlichen Testamenten: *Stryk* DNotZ 1988, 147.

340 Palandt/*Weidlich* § 2102 Rn. 4; Staudinger/*Avenarius* § 2102 Rn. 9; aA Fiktion *Diederichsen* NJW 1965, 671 (675).

341 RG LZ 1922, 465; Staudinger/*Avenarius* § 2102 Rn. 12.

342 BGH NJW 1965, 2295; MüKoBGB/*Grunsky* § 2102 Rn. 2.

343 BeckOK BGB/*Litzenburger* § 2102 Rn. 3; MüKoBGB/*Grunsky* § 2102 Rn. 2.

344 BGH FamRZ 1987, 475 (475 f.); BeckOK BGB/*Litzenburger* § 2102 Rn. 5; aA OLG Karlsruhe FamRZ 1970, 255 (256).

en die Unterscheidung dieser Begriffe oftmals nicht geläufig.[345] Dies gilt auch bei notariellen Testamenten, bei denen allerdings die Beratungspflicht des Notars eher für eine rechtstechnische Begriffsverwendung spricht.[346] Der hM[347] zufolge ist § 2102 Abs. 2 BGB gegenüber § 2101 Abs. 1 BGB subsidiär.

154 c) **Rechtsfolge.** Bei Wegfall des Vorerben fällt gem. § 2102 Abs. 1 BGB mit Eintritt des Erbfalls die Erbschaft dem vom Wortlaut her eigentlichen Nacherben nun als Ersatzerbe an. Ein von § 2102 Abs. 1 BGB abweichender Erblasserwille wird regelmäßig dann festzustellen sein, wenn der Nacherbfall beispielsweise nicht mit dem Tod des Vorerben, sondern etwa durch Fristablauf oder Bedingungseintritt eintreten soll. Durch Auslegung kann sich ergeben, dass ein Ersatzerbe auch Nacherbe sein soll.[348] Im Zweifel ist dies aber nicht der Fall.[349]

155 Ist unklar, ob eine Person als Ersatz- oder Nacherbe berufen ist, wird gem. § 2102 Abs. 2 BGB von einer Ersatzerbenstellung des Begünstigten ausgegangen.

IX. Gesetzliche Auslegungsregeln zur Vor- und Nacherbschaft

1. Noch nicht gezeugter Nacherbe

§ 2101 BGB

(1) Ist eine zur Zeit des Erbfalls noch nicht gezeugte Person als Erbe eingesetzt, so ist im Zweifel anzunehmen, dass sie als Nacherbe eingesetzt ist. Entspricht es nicht dem Willen des Erblassers, dass der Eingesetzte Nacherbe werden soll, so ist die Einsetzung unwirksam.

(2) Das Gleiche gilt von der Einsetzung einer juristischen Person, die erst nach dem Erbfall zur Entstehung gelangt; die Vorschrift des § 84 bleibt unberührt.

156 Aus dem Umkehrschluss zu § 1923 BGB folgt, dass die Erbeinsetzung einer zum Zeitpunkt des Erbfalls noch nicht gezeugten Person unwirksam ist. Aus § 2108 Abs. 1 BGB ergibt sich die entsprechende Anwendbarkeit dieses Grundsatzes auf die Nacherbschaft. Demzufolge muss der Nacherbe spätestens zum Zeitpunkt des Nacherbfalls zumindest gezeugt sein. Gegenstand des § 2101 BGB ist nur das „*Wie*" der Erbeinsetzung, nicht dagegen das „*Ob*". Ob überhaupt eine noch nicht gezeugte Person als Erbe eingesetzt ist, muss durch die allgemeinen Auslegungsgrundsätze auf Basis der letztwilligen Verfügung beantwortet werden.[350]

157 Der Erblasser muss eine oder mehrere Personen als Erbe eingesetzt haben, die zum Zeitpunkt des Erbfalls noch nicht einmal gezeugt sind. Als Beispiel ist etwa die Erbeinsetzung der „*leiblichen Nachkommen meiner Kinder*" zu nennen.[351] An die Möglichkeit einer Nacherbeinsetzung braucht der Erblasser hierbei nicht gedacht zu haben.[352]

158 Die eigentlich unwirksame Erbeinsetzung einer noch nicht gezeugten Person wird **durch Umdeutung in eine Nacherbeinsetzung** mit § 2108 Abs. 1 BGB iVm § 1923 BGB vereinbar und somit **wirksam.**[353] Die Nacherbschaft fällt im Zweifel **mit der Geburt des Nacherben** an (§ 2106 Abs. 2 S. 1 BGB). Hat der Erblasser ausschließlich noch nicht gezeugte Personen eingesetzt, gelten gem. § 2105 Abs. 2 Var. 2 iVm Abs. 1 BGB die gesetzlichen Erben als Vorerben. Sind dagegen sowohl bereits gezeugte oder geborene als auch noch nicht gezeugte Personen eingesetzt, gelten die zumindest bereits gezeugten Personen als Vorerben eingesetzt. Gleich-

345 BGH LM BGB § 2100 Nr. 1 = BeckRS 1951, 31397451; Staudinger/*Avenarius* § 2102 Rn. 10.
346 BayObLGZ 34, 295; RGZ 160, 109; Staudinger/*Avenarius* § 2102 Rn. 10.
347 *Diederichsen* NJW 1965, 671 (675); Staudinger/*Avenarius* § 2102 Rn. 8; aA MüKoBGB/*Grunsky* § 2102 Rn. 7.
348 BGH LM BGB § 2100 Nr. 1; Palandt/*Weidlich* § 2102 Rn. 1.
349 OLG Schleswig FamRZ 2011, 675 = BeckRS 2010, 28245.
350 OLG Köln DNotZ 1993, 814 (815); Staudinger/*Avenarius* § 2101 Rn. 4.
351 OLG Köln DNotZ 1993, 813.
352 *Diederichsen* NJW 1965, 671 (675); MüKoBGB/*Grunsky* § 2101 Rn. 1.
353 MüKoBGB/*Grunsky* § 2101 Rn. 1; Staudinger/*Avenarius* § 2101 Rn. 1 f.

zeitig sind sie durch den Erblasser eingesetzte Vollerben.[354] Die Erbquoten ergeben sich in diesem Fall erst dann, wenn keine weiteren Zeugungen möglich sind. Im Erbschein können die Erbquoten daher offenbleiben oder als Mindesterbteil angegeben werden.[355]

Stellt sich heraus, dass der Erblasser eine Nacherbeinsetzung nicht gewollt hat, ist diesem 159
Willen zu entsprechen und die Erbeinsetzung somit gem. § 2101 Abs. 1 S. 2 BGB **unwirksam.** Diese Rechtsfolge ergibt sich bereits aus § 1923 BGB (iVm § 2108 Abs. 1 BGB). Die **Darlegungs- und Beweislast** für einen § 2101 Abs. 1 S. 2 BGB entsprechenden Erblasserwillen trägt derjenige, der sich hierauf beruft.[356] Hat der Erblasser allgemeine Bezeichnungen, wie etwa *„Verwandte"* oder *„Kinder"* verwendet, kommt die Anwendung der §§ 2066 ff. BGB (eventuell auch analog) in Betracht. Sind bereits gezeugte oder geborene wie auch noch nicht gezeugte Personen bedacht, findet § 2101 Abs. 1 BGB nur auf letztere Anwendung. Wurde eine noch nicht gezeugte Person als Nacherbe eingesetzt und war bei Eintritt des Nacherbfalls noch nicht gezeugt, gilt diese durch analoge Anwendung des § 2101 Abs. 1 S. 1 BGB als Nachnacherbe.[357] Erste Nacherben sind im Zweifel die gesetzlichen Erben (§ 2105 Abs. 2 BGB).

Für die Erbeinsetzung noch **nicht entstandener juristischer Personen** ordnet § 2101 Abs. 2 160
BGB die Anwendung des § 2101 Abs. 1 BGB an. Sie werden mit ihrer Entstehung Erbe (§ 2106 Abs. 2 S. 2 BGB). Hinsichtlich Stiftungen (auch ausländische),[358] die von dem Erblasser errichtet und erst nach dem Erbfall rechtsfähig anerkannt wurden, bleibt § 84 BGB zu beachten. Somit erlangen diese mit der Anerkennung **auf den Erbfall rückwirkend die Erbenstellung.**[359]

2. Nacherbe und Ersatzerbe – § 2102 BGB

§ 2102 BGB

(1) Die Einsetzung als Nacherbe enthält im Zweifel auch die Einsetzung als Ersatzerbe.

(2) Ist zweifelhaft, ob jemand als Ersatzerbe oder als Nacherbe eingesetzt ist, so gilt er als Ersatzerbe.

Beide Absätze des § 2102 BGB enthalten Auslegungsregeln für den Fall, dass eine Erbein- 161
setzung nicht eindeutig als Nach- oder Ersatzerbschaft einzustufen ist. Abs. 1 der Vorschrift besagt, dass eine Einsetzung als Nacherbe in Zweifelsfällen auch die Einsetzung als Ersatzerbe umfasst. Ist es fraglich, ob jemand als Ersatzerbe oder Nacherbe eingesetzt ist, ist Abs. 2 zufolge von einer Ersatzerbschaft auszugehen. Weitere Ausführungen → § 3 Rn. 142 ff.

3. Anordnung der Herausgabe der Erbschaft

§ 2103 BGB

Hat der Erblasser angeordnet, dass der Erbe mit dem Eintritt eines bestimmten Zeitpunkts oder Ereignisses die Erbschaft einem anderen herausgeben soll, so ist anzunehmen, dass der andere als Nacherbe eingesetzt ist.

§ 2103 BGB ist eine dispositive Auslegungsregel[360] für den Fall, dass der Erblasser für den 162
Eintritt eines bestimmten Zeitpunkts oder Ereignisses die Herausgabe der Erbschaft an ei-

[354] BeckOK BGB/*Litzenburger* § 2101 Rn. 4.
[355] OLG Düsseldorf DNotZ 1978, 683 (684); *Nieder* DNotZ 1993, 816 (820).
[356] OLG Köln DNotZ 1993, 814 (815); MüKoBGB/*Grunsky* § 2101 Rn. 1 aE; NK-BGB/*Gierl* § 2101 Rn. 3.
[357] RG Recht 1908 Nr. 3629; NK-BGB/*Gierl* § 2101 Rn. 5; Staudinger/*Avenarius* § 2101 Rn. 16.
[358] BayObLG NJW 1965, 1438; MüKoBGB/*Grunsky* § 2101 Rn. 7 aE; Staudinger/*Avenarius* § 2101 Rn. 8.
[359] MüKoBGB/*Grunsky* § 2101 Rn. 7.
[360] RG LZ 1923, 321; BeckOK BGB/*Litzenburger* § 2103 Rn. 1; Palandt/*Weidlich* § 2103 Rn. 1; aA Ergänzungsregel jurisPK-BGB/*Schneider* § 2103 Rn. 1.

nen anderen angeordnet hat. Die Vorschrift stellt die Vermutung auf, dass dann eine Nacherbschaft von dem Erblasser gewollt ist. Im Gegensatz zum Erbschaftsvermächtnis hat das Institut der Vor- und Nacherbschaft dingliche Wirkung und soll deshalb bevorzugt werden.[361] Grds. kommt schließlich in Betracht, dass die Herausgabe aufgrund eines Vermächtnisses zu erfolgen hat.

163 Die Voraussetzung des § 2103 BGB besteht darin, dass der Erstberufene die Erbschaft nach einer gewissen Dauer bzw. dem Eintritt eines Ereignisses an einen Dritten herausgeben soll. Dem Erstberufenen muss die Erbschaft bis dahin zumindest eine gewisse Zeit zustehen, damit aufgrund einer zeitlichen Aufeinanderfolge von einer Vor- und Nacherbschaft ausgegangen werden kann.[362]

164 Wenn der Erbe lediglich einen Teil der Erbschaft an einen anderen herausgeben muss, ist dennoch § 2103 BGB anwendbar. Erforderlich ist indes die **genaue Abgrenzung zu einem Vermächtnis.**[363] Unerheblich ist, ob der Erstberufene durch letztwillige Verfügung oder kraft gesetzlicher Erbfolge berufen wurde.[364] Die Bestimmung des für die Herausgabepflicht maßgeblichen Zeitpunkts oder Ereignisses kann nicht einem Dritten überlassen werden.[365]

165 Liegt ein **Berliner Testament** vor, bei dem sich Ehegatten in einem gemeinschaftlichen Testament gegenseitig als Erben einsetzen und festlegen, dass der beiderseitige Nachlass nach dem Tode des Längerlebenden an einen Dritten (meist die gemeinsamen Kinder) fallen soll, geht die speziellere Auslegungsregel des § 2269 Abs. 1 BGB dem § 2103 BGB vor. Im Zweifel ist dann gem. der Einheitslösung davon auszugehen, dass der längerlebende Ehegatte Vollerbe des Erstversterbenden und der Dritte dessen Schlusserbe ist.[366]

166 Für die Abgrenzung zwischen Nießbrauch und Vorerbschaft kann § 2103 BGB nicht als Auslegungshilfe herangezogen werden. Die Entscheidung muss hier **allein anhand individueller Auslegung** erfolgen.

4. Gesetzliche Erben als Nacherben

§ 2104 BGB

Hat der Erblasser angeordnet, dass der Erbe nur bis zu dem Eintritt eines bestimmten Zeitpunkts oder Ereignisses Erbe sein soll, ohne zu bestimmen, wer alsdann die Erbschaft erhalten soll, so ist anzunehmen, dass als Nacherben diejenigen eingesetzt sind, welche die gesetzlichen Erben des Erblassers sein würden, wenn er zur Zeit des Eintritts des Zeitpunkts oder des Ereignisses gestorben wäre. Der Fiskus gehört nicht zu den gesetzlichen Erben im Sinne dieser Vorschrift.

167 a) **Normzweck.** § 2104 BGB ist eine Auslegungsregel[367] für den Fall, dass der Erblasser bei einer Nacherbschaftsanordnung zwar den Vor-, jedoch nicht den Nacherben bestimmt hat. Die Vorschrift ergänzt die unvollständige Anordnung durch eine Bestimmung des oder der Nacherben und verhilft somit den Erblasserwillen, den Vorerben nur zeitlich begrenzt zu begünstigen, zu verwirklichen.[368]

168 b) **Tatbestand.** Für die Anwendung des § 2104 BGB bedarf es einer Vor- und Nacherbeneinsetzung, bei welcher der Erblasser den **Nacherben nicht bestimmt hat.** Eine Bestimmung darf sich auch nicht durch Auslegung ergeben. Hat der Erblasser einen Nacherben bestimmt, fällt dieser jedoch vor Eintritt des Nacherbfalles weg und kommt weder ein Ersatznacherbe gem. §§ 2069, 2096 BGB, noch Anwachsung gem. § 2094 BGB oder eine Verer-

[361] Staudinger/*Avenarius* § 2103 Rn. 1 f.
[362] RG LZ 1923, 321; MüKoBGB/*Grunsky* § 2103 Rn. 2; Staudinger/*Avenarius* § 2103 Rn. 3.
[363] BayObLGZ 22, 94; BayObLGZ 31, 281; Staudinger/*Avenarius* § 2103 Rn. 3 f.
[364] MüKoBGB/*Grunsky* § 2103 Rn. 1; Palandt/*Weidlich* § 2103 Rn. 2.
[365] BGH NJW 1955, 100; BeckOK BGB/*Litzenburger* § 2103 Rn. 3; MüKoBGB/*Grunsky* § 2103 Rn. 1.
[366] Staudinger/*Avenarius* § 2103 Rn. 6; zu § 2069 BGB: *Olzen/Looschelders* ErbR Rn. 481 f.
[367] HM BGH NJW 1986, 182; *Brox/Walker* ErbR Rn. 350; Palandt/*Weidlich* § 2104 Rn. 5; Staudinger/*Avenarius* § 2104 Rn. 2; aA Ergänzungsregel BayObLG NJW-RR 2002, 297; Jauernig/*Stürner* § 2104 Rn. 1.
[368] MüKoBGB/*Grunsky* § 2104 Rn. 1 f.

bung des Anwartschaftsrechts gem. § 2108 Abs. 2 BGB in Betracht, ist über die Anwendung des § 2104 BGB differenziert zu entscheiden.

§ 2142 Abs. 2 BGB sieht für die Ausschlagung des Nacherben die Vollerbenstellung des Vorerben vor. Dies entspricht dem allgemeinen Grundsatz, dass bei einer Anordnung der Vor- und Nacherbschaft die Beschränkung des Vorerben nur dem Nacherben dient. Fällt der Nacherbe weg, fällt auch der Zweck für die Vorerbenbeschränkung des zeitlich ersten Erben weg.[369] 169

In Übereinstimmung mit diesem Rechtsgedanken führt auch der Wegfall des Nacherben durch Anfechtung nach §§ 2078 ff. BGB, Ausschlagung nach §§ 1942 ff. BGB oder durch Erbunwürdigkeitserklärung nach den §§ 2339 ff. BGB zur Vollerbenstellung des Vorerben. Nur falls der Erblasser eine **unbedingte Vorerbenbeschränkung** gewollt hat, kommt eine analoge Anwendung des § 2104 BGB auf die nachträglich unvollständige Nacherbenregelung in Frage.[370] 170

c) **Rechtsfolge.** Ist der Tatbestand des § 2104 S. 1 BGB erfüllt, sind **die gesetzlichen Erben** des Erblassers vorbehaltlich eines abweichenden Erblasserwillens mit Eintritt des bestimmten Zeitpunkts oder Ereignisses **als Nacherben berufen.** Die gesetzlichen Erben werden übereinstimmend mit § 2066 S. 2 BGB in dem Zeitpunkt des Eintritts der Nacherbfolge bestimmt. § 2104 S. 2 BGB nimmt den Fiskus (§ 1936 BGB) aus dem Kreis der möglichen gesetzlichen Erben aus. Ist dieser der einzige in Frage kommende gesetzliche Erbe, verbleibt das Erbe daher unbeschränkt beim Vorerben.[371] Fehlt es zusätzlich an einer Bestimmung des Zeitpunkts oder Ereignisses für den Eintritt der Nacherbfolge, kann hierzu die Regelung des § 2106 BGB herangezogen werden.[372] 171

5. Gesetzliche Erben als Vorerben

§ 2105 BGB

(1) Hat der Erblasser angeordnet, dass der eingesetzte Erbe die Erbschaft erst mit dem Eintritt eines bestimmten Zeitpunkts oder Ereignisses erhalten soll, ohne zu bestimmen, wer bis dahin Erbe sein soll, so sind die gesetzlichen Erben des Erblassers die Vorerben.

(2) Das Gleiche gilt, wenn die Persönlichkeit des Erben durch ein erst nach dem Erbfall eintretendes Ereignis bestimmt werden soll oder wenn die Einsetzung einer zur Zeit des Erbfalls noch nicht gezeugten Person oder einer zu dieser Zeit noch nicht entstandenen juristischen Person als Erbe nach § 2101 als Nacherbeinsetzung anzusehen ist.

a) **Normzweck.** § 2105 BGB ist eine Auslegungsregel[373] für Vor- und Nacherbschaften, bei denen der Erblasser nicht die Person des Vorerben bestimmt oder eine erst später bestimmbare bzw. noch nicht vorhandene Person eingesetzt hat. Die Vorschrift ist notwendig, da ebenso wie der Nacherbe auch der Vorerbe ausdrücklich bestimmt sein muss, damit es nicht zu einer herrenlosen Erbschaft kommt. § 2105 BGB dient demzufolge parallel zu § 2104 BGB der Verwirklichung des Erblasserwillens hinsichtlich einer unvollständigen Vor- und Nacherbschaftsanordnung.[374] 172

b) **Tatbestand.** *aa) Fehlende Bestimmung des Vorerben – § 2105 Abs. 1 BGB.* Der Erblasser muss eine Vor- und Nacherbschaft angeordnet haben, bei der sich die Person des Vorerben auch nicht im Wege der Auslegung ergibt.[375] Auf Fälle des nachträglichen Wegfallens des Vorerben ist § 2105 BGB insbesondere dann analog anwendbar, wenn der Erblasser der Verzögerung bis zur Berufung des Nacherben eine eigene Bedeutung beigemessen hat.[376] 173

[369] *Kipp/Coing* ErbR § 47 I mit Fn. 2; § 47 II 3d; Staudinger/*Avenarius* § 2104 Rn. 9.
[370] *Olzen* Jura 2001, 726; Staudinger/*Avenarius* § 2104 Rn. 9 f.
[371] JurisPK-BGB/*Schneider* § 2104 Rn. 9; Staudinger/*Avenarius* § 2104 Rn. 5.
[372] BayObLG FamRZ 1996, 1577; 1967, 695; Staudinger/*Avenarius* § 2104 Rn. 3.
[373] MüKoBGB/*Grunsky* § 2105 Rn. 1; aA jurisPK-BGB/*Schneider* § 2105 Rn. 6.
[374] JurisPK-BGB/*Schneider* § 2105 Rn. 2; Staudinger/*Avenarius* § 2105 Rn. 1.
[375] Staudinger/*Avenarius* § 2105 Rn. 4.
[376] Staudinger/*Avenarius* § 2105 Rn. 7.

174 *bb) Fehlende Bestimmbarkeit des Vorerben – § 2105 Abs. 2 BGB.* Der vom Erblasser vorgesehene Erbe muss zur Zeit des Erbfalls nicht **bestimmbar** sein, weil seine Persönlichkeit noch durch ein ausstehendes Ereignis bestimmt wird, der Erbe noch nicht gezeugt oder bei juristischen Personen noch nicht entstanden ist. Ist der Erbe bei Eintritt des Erbfalls schon gezeugt oder ist die vom Erblasser errichtete Stiftung bereits eingesetzt, liegt kein Fall des § 2105 BGB vor. Mit der Geburt bzw. dem Anerkenntnis der Stiftung wird die Erbfähigkeit bzw. Rechtsfähigkeit zur Zeit des Erbfalls fingiert (§§ 1923 Abs. 2, 84 BGB).[377]

175 c) **Rechtsfolge.** § 2105 Abs. 1 BGB ordnet an, dass die gesetzlichen Erben des Erblassers die freie Vorerbenposition einnehmen. Die anfänglich unvollständige Vor- und Nacherbschaftsanordnung wird somit vervollständigt und wirksam. § 2105 Abs. 2 BGB verweist hinsichtlich der Rechtsfolge auf Abs. 1.

6. Eintritt der Nacherbfolge

§ 2106 BGB

(1) Hat der Erblasser einen Nacherben eingesetzt, ohne den Zeitpunkt oder das Ereignis zu bestimmen, mit dem die Nacherbfolge eintreten soll, so fällt die Erbschaft dem Nacherben mit dem Tod des Vorerben an.

(2) Ist die Einsetzung einer noch nicht gezeugten Person als Erbe nach § 2101 Abs. 1 als Nacherbeinsetzung anzusehen, so fällt die Erbschaft dem Nacherben mit dessen Geburt an. Im Falle des § 2101 Abs. 2 tritt der Anfall mit der Entstehung der juristischen Person ein.

176 a) **Normzweck.** Die Auslegungsregel[378] des § 2106 Abs. 1 BGB erfasst den Fall des **unbestimmten Nacherbfallzeitpunktes.** In Übereinstimmung zu § 2102 Abs. 1 BGB beruht § 2106 BGB auf der Vermutung, dass der Nacherbe unbedingt und lediglich zugunsten des Vorerben verzögert erben soll. Daher ist davon auszugehen, dass regelmäßig spätestens mit dem Tod des Vorerben der Grund für die Verzögerung wegfällt. Hinsichtlich solcher Erben, die beim Erbfall noch nicht vorhanden sind, nimmt der Abs. 2 der Vorschrift Bezug auf § 2101 BGB.

177 b) **Tatbestand.** *aa) Fehlende Bestimmung des Nacherbfalles – § 2106 Abs. 1 BGB.* Der Erblasser muss bei seiner Vor- und Nacherbschaftsanordnung offen gelassen haben, wann der Nacherbfall eintreten soll, oder diese Bestimmung einem Dritten[379] überlassen haben (§ 2065 Abs. 2 BGB; → § 12 Rn. 35). Somit stellt sich die Frage, wie lange der Vorerbe durch die Erbschaft begünstigt bzw. der Anfall der Nacherbschaft verzögert werden soll.

178 *bb) Erbeinsetzung noch nicht vorhandener Personen – § 2106 Abs. 2 BGB.* Die Anwendung des § 2106 Abs. 2 BGB setzt eine Erbeinsetzung einer **noch** nicht gezeugten natürlichen Person bzw. einer noch nicht entstandenen juristischen Person voraus.

179 c) **Rechtsfolge.** Der Nacherbfall tritt mit dem Tod des Vorerben ein (§ 2106 Abs. 1 BGB). Hat der Erblasser eine im Zeitpunkt des Erbfalls noch nicht gezeugte Person oder eine noch nicht entstandene juristische Person als Erbe eingesetzt und ist diese gem. § 2101 Abs. 1 S. 1, Abs. 2 BGB als Nacherbe zu betrachten, werden die Vorerben gem. § 2105 Abs. 2 BGB bestimmt. Die somit zur Vorerbschaft berufenen gesetzlichen Erben dienen als bloße **Platzhalter** zwecks der Aufrechterhaltung der Erbeinsetzung der noch nicht vorhandenen Person. Eine Verzögerung des Nacherbfalls bis zum Tod des Vorerben wird daher nicht dem Erblasserwillen entsprechen.[380] Dementsprechend ordnet § 2106 Abs. 2 BGB an, dass der Nacherbfall mit der Geburt bzw. Entstehung des Nacherben eintritt. Eine kumulative Anwendung

[377] Staudinger/*Avenarius* § 2105 Rn. 10.

[378] Staudinger/*Avenarius* § 2106 Rn. 1; aA Ergänzungsregel: Jauernig/*Stürner* § 2106 Rn. 1; Soergel/*Harder* § 2106 Rn. 1.

[379] BGH NJW 1955, 100; Staudinger/*Avenarius* § 2106 Rn. 5.

[380] Staudinger/*Avenarius* § 2106 Rn. 6.

des § 2106 BGB mit anderen gesetzlichen Auslegungsregeln wie etwa § 2104 BGB ist möglich.[381]

7. Kinderloser Vorerbe

> § 2107 BGB
>
> Hat der Erblasser einem Abkömmling, der zur Zeit der Errichtung der letztwilligen Verfügung keinen Abkömmling hat oder von dem der Erblasser zu dieser Zeit nicht weiß, dass er einen Abkömmling hat, für die Zeit nach dessen Tod einen Nacherben bestimmt, so ist anzunehmen, dass der Nacherbe nur für den Fall eingesetzt ist, dass der Abkömmling ohne Nachkommenschaft stirbt.

a) **Normzweck.** Die Vorschrift enthält eine **mutmaßliche auflösende Bedingung** für die Fälle, dass der Erblasser einen Abkömmling als Vorerben eingesetzt und mangels eigenen Abkömmlings des Bedachten bzw. in Unkenntnis hiervon einen Dritten als Nacherbe bestimmt hat. Insofern handelt es sich um einen **Motivirrtum** iSd § 2078 Abs. 2 BGB, der subsidiär zur Auslegung zur Anfechtung berechtigt. Der Rechtsgedanke des § 2107 BGB findet sich auch entsprechend in den §§ 2069 und 2079 BGB.[382] 180

b) **Tatbestand.** *aa) Tatsächliches oder angenommenes Fehlen eines Abkömmlings.* Zu den Abkömmlingen iSv § 2107 BGB gehören die in gerader Linie vom Erblasser abstammenden ehelichen oder nichtehelichen Abkömmlinge, die im Zeitpunkt des Erbfalls zumindest gezeugt sein müssen (§§ 1589 Abs. 1 S. 1, 1923 Abs. 2 BGB). Grundsätzlich sind auch Adoptivkinder als Abkömmlinge iSd Vorschrift anzusehen.[383] Erfolgt die Adoption allerdings gezielt um die Nacherbschaft zu verhindern, soll einer Ansicht zufolge entsprechend zu § 162 Abs. 2 BGB und dem mutmaßlichen Erblasserwillen die Nacherbschaft wirksam bleiben.[384] *Grunsky*[385] bemerkt hierzu kritisch, dass die Vereitelungsabsicht des Vorerben bei der Zeugung eines Abkömmlings dagegen unbeachtlich sei und für die Adoption somit nichts anderes gelten könne. 181

Die Erbberechtigung des Abkömmlings ist kein Tatbestandsmerkmal der Vorschrift. Durch Auslegung muss geklärt werden, ob § 2107 BGB Anwendung findet, falls der Abkömmling auf das Erbe verzichtet, es ausschlägt oder dessen unwürdig erklärt wird.[386] Grundsätzlich ist dies anzunehmen. § 2107 BGB ist auch dann nicht analog anwendbar, wenn der eingesetzte Vorerbe kein Abkömmling des Erblassers, aber sonst mit ihm verwandt ist (etwa die Geschwister des Erblassers).[387] Der Abkömmling muss seinerseits einen Abkömmling hinterlassen haben. Dieser muss erst **nach Testamentserrichtung geboren** oder zumindest gezeugt worden sein.[388] Alternativ muss der Erblasser **in Unkenntnis von seiner Existenz** verfügt haben. 182

Schlägt der Vorerbe das Erbe aus, wird als erbunwürdig erklärt oder stirbt vor dem Erbfall, kommt § 2107 BGB der hM zufolge nicht zur Anwendung.[389] In Betracht kommt dann jedoch eine Anfechtung nach § 2078 Abs. 2 BGB oder § 2079 BGB.[390] 183

bb) Nacherbeinsetzung eines Dritten für den Tod des Vorerben. Bei dem Dritten kann es sich auch um einen Abkömmling des Vorerben handeln.[391] Der Nacherbe muss für den Fall 184

[381] BayObLG FamRZ 1967, 695; Staudinger/*Avenarius* § 2106 Rn. 3.
[382] MüKoBGB/*Grunsky* § 2107 Rn. 1; Staudinger/*Avenarius* § 2107 Rn. 1 f.
[383] BayObLGZ 1984, 246 (249); BayObLG Rpfleger 1976, 122; Staudinger/*Avenarius* § 2107 Rn. 6.
[384] Soergel/*Harder* § 2107 Rn. 2; Staudinger/*Avenarius* § 2107 Rn. 6.
[385] MüKoBGB/*Grunsky* § 2107 Rn. 3.
[386] MüKoBGB/*Grunsky* § 2107 Rn. 4; Staudinger/*Avenarius* § 2107 Rn. 7.
[387] MüKoBGB/*Grunsky* § 2107 Rn. 2.
[388] MüKoBGB/*Grunsky* § 2107 Rn. 2; Staudinger/*Avenarius* § 2107 Rn. 6.
[389] MüKoBGB/*Grunsky* § 2107 Rn. 6; Palandt/*Weidlich* § 2107 Rn. 4; Soergel/*Harder*/*Wegmann* § 2107 Rn. 2; aA entsprechende Anwendung des § 2107 BGB; Staudinger/*Avenarius* § 2107 Rn. 9.
[390] MüKoBGB/*Grunsky* § 2107 Rn. 6 aE; Palandt/*Weidlich* § 2107 Rn. 4.
[391] BGH NJW 1980, 1276 (1277).

des **Versterbens des Vorerben** eingesetzt sein.[392] Nach § 2106 Abs. 1 BGB wird dies vermutet, sofern sich der Erblasser hierzu nicht geäußert hat. Ist ein anderes Ereignis für den Eintritt der Nacherbfolge maßgebend, ist dies mit der Vermutung des § 2107 BGB nicht vereinbar.

185 c) **Rechtsfolge.** Bei Vorliegen der Voraussetzungen ergibt sich gem. § 2107 BGB die Vermutung für eine **auflösend bedingte Nacherbeneinsetzung.**[393] Erst wenn ein Abkömmling des Erben vor dessen Tod geboren oder zumindest gezeugt wird, tritt die auflösende Bedingung ein und die vom Erblasser angeordnete Nacherbschaft wird, ohne dass es einer Anfechtung bedarf, unwirksam[394] (§ 158 Abs. 2 BGB). Der zunächst aufschiebend bedingte Vollerbe bzw. auflösend bedingte Vorerbe wird dann zum unbedingten Vollerben. Hat der Erbe nicht anders verfügt, fällt das ihm zugeflossene Erbe somit seinen Abkömmlingen und nicht dem ursprünglichen Nacherben zu.

8. Erbfähigkeit; Vererblichkeit des Nacherbrechts

§ 2108 BGB

(1) Die Vorschrift des § 1923 findet auf die Nacherbfolge entsprechende Anwendung.

(2) Stirbt der eingesetzte Nacherbe vor dem Eintritt des Falles der Nacherbfolge, aber nach dem Eintritt des Erbfalls, so geht sein Recht auf seine Erben über, sofern nicht ein anderer Wille des Erblassers anzunehmen ist. Ist der Nacherbe unter einer aufschiebenden Bedingung eingesetzt, so bewendet es bei der Vorschrift des § 2074.

186 a) **§ 2108 Abs. 1 BGB.** Die Norm ordnet die entsprechende Anwendbarkeit des § 1923 BGB auf das Institut der Nacherbschaft an. In entsprechender Anwendung besagt die Vorschrift, dass Nacherbe nur werden kann, wer zur Zeit des Nacherbfalls lebt oder zumindest gezeugt ist. Stirbt der Nacherbe vor oder gleichzeitig[395] mit Eintritt des Nacherbfalls, wird der Vorerbe mit dem Tode des Erblassers zum Vollerben.[396] Dies gilt nicht, sofern ein Ersatz- oder Ersatznacherbe vorhanden ist.[397]

187 Bei mehreren Nacherben, von denen einer verstirbt, muss erforscht werden, ob hinsichtlich dessen Erbanteils Anwachsung bei den übrigen Nacherben nach § 2094 BGB eintreten soll oder der Vorerbe insoweit zum Vollerben wird. Da der Nacherbe unbedingt und lediglich zugunsten des Vorerben verzögert erben soll, ist regelmäßig von einer Anwachsung bei den übrigen Nacherben auszugehen.[398] Anders als der Vorerbe muss der Nacherbe im Zeitpunkt des Erbfalls nicht einmal gezeugt sein (§ 2101 Abs. 1 S. 1 BGB). Die entsprechende Anwendung des § 1923 BGB gem. § 2108 Abs. 1 BGB bedeutet, dass der Nacherbe spätestens bei Eintritt des Nacherbfalls gezeugt sein muss.[399] Bei späterer Zeugung ergibt die analoge Anwendung des § 2101 BGB eine Nachnacherbschaft, die mit der Geburt anfällt (§ 2106 Abs. 2 S. 1 BGB).[400]

188 b) **§ 2108 Abs. 2 S. 1 BGB.** Die Auslegungsregel[401] § 2108 Abs. 2 S. 1 BGB regelt die Vererblichkeit der Nacherbschaft, die der Gesetzgeber als den Regelfall ansieht.[402] Sie betrifft nur natürliche Personen als Nacherben. Stirbt der Nacherbe zwischen Erb- und Nacherbfall,

[392] MüKoBGB/*Grunsky* § 2107 Rn. 6.
[393] BayObLG Rpfleger 1981, 64; Staudinger/*Avenarius* § 2107 Rn. 8 aE.
[394] MüKoBGB/*Grunsky* § 2107 Rn. 9.
[395] Vgl. OLG Hamm MDR 1952, 359; jurisPK-BGB/*Schneider* § 2108 Rn. 7.
[396] BeckOK BGB/*Litzenburger* § 2108 Rn. 1; Palandt/*Weidlich* § 2108 Rn. 1.
[397] NK-BGB/*Gierl* § 2108 Rn. 2.
[398] MüKoBGB/*Grunsky* § 2108 Rn. 2.
[399] RG JW 1929, 2596.
[400] RG WarnR 1909 Nr. 30; jurisPK-BGB/*Schneider* § 2108 Rn. 3; NK-BGB/*Gierl* § 2108 Rn. 3.
[401] BayObLG Rpfleger 1983, 11; jurisPK-BGB/*Schneider* § 2108 Rn. 6; NK-BGB/*Gierl* § 2108 Rn. 4; Palandt/*Weidlich* § 2108 Rn. 2; aA erbrechtliche Einrichtung RGZ 106, 355; 142, 171 (173); Staudinger/*Avenarius* § 2108 Rn. 8.
[402] OLG Düsseldorf ErbR 2017, 230 (231),

ist im Zweifel die Vererblichkeit des Anwartschaftsrechts zu bejahen. Ein gegen die Vererblichkeit gerichteter Wille ergibt sich nicht allein schon aus der Anordnung einer Ersatznacherbschaft,[403] insbesondere wenn sich diese erst durch § 2069 BGB ergibt.[404] Er ist dagegen zu bejahen, wenn ein Nachnacherbfall ausdrücklich angeordnet wurde oder wenn dieser mit dem Tod des Nacherben eintreten soll (§ 2106 Abs. 1 BGB).[405] § 2108 Abs. 2 S. 1 BGB ist *lex specialis* zu § 2069 BGB.[406] Für einen § 2108 Abs. 2 S. 1 BGB ausschließenden Erblasserwillen trägt derjenige die Darlegungs- und Beweislast, der sich hierauf beruft.[407] Im Erbschein ist anzugeben, ob die Nacherbschaft vererblich ist. Schweigt der Erbschein hierzu, ist der Vermutung des § 2108 Abs. 2 S. 1 BGB entsprechend von der Vererblichkeit auszugehen.[408]

c) **§ 2108 Abs. 2 S. 2 BGB.** Ist der Nacherbe unter einer aufschiebenden Bedingung eingesetzt, ist im Zweifel anzunehmen, dass die Zuwendung nur gelten soll, wenn dieser den Eintritt der Bedingung erlebt (§ 2108 Abs. 2 S. 2 BGB iVm § 2074 BGB). Die aufschiebende Bedingung muss sich daher von dem Nacherbfall unterscheiden. In Betracht kommt beispielsweise die Wiederverheiratung (→ § 22) des Vorerben. 189

9. Umfang des Nacherbrechts

§ 2110 BGB

(1) Das Recht des Nacherben erstreckt sich im Zweifel auf einen Erbteil, der dem Vorerben infolge des Wegfalls eines Miterben anfällt.

(2) Das Recht des Nacherben erstreckt sich im Zweifel nicht auf ein dem Vorerben zugewendetes Vorausvermächtnis.

a) **Normzweck.** § 2110 Abs. 1 und 2 BGB enthalten Auslegungsregeln bezüglich des Nacherbschaftsumfangs und gelten, soweit kein gegenteiliger Erblasserwille besteht. Profitiert der Vorerbe davon, dass ein Miterbe wegfällt, soll dies auch dem Nacherben zuträglich sein. Der Miterbe war ebenfalls nur Vorerbe. Ein Vermächtnis, das einem Erben zugewandt wird (Vorausvermächtnis), erhält dieser unabhängig von seiner Erbenstellung und infolge schuldrechtlichen Anspruchs (§§ 2150, 2174 BGB). Dafür, dass es dem Nacherben bei Wegfall des Vorerben zu Gute kommen soll, besteht kein entsprechender Erfahrungssatz. 190

b) **Tatbestand und Rechtsfolge.** *aa) Wegfall eines Miterben des Vorerben – § 2110 Abs. 1 BGB.* Dem Wortlaut nach muss der Miterbe **vor dem Nacherbfall** wegfallen, da sein Erbanteil sonst nicht dem Vorerben anfällt. In Frage kommen daher die Fälle der[409] 191
- Erbteilserhöhung gem. § 1935 BGB
- Anwachsung gem. § 2094 BGB
- Ersatzberufung eines Miterben gem. § 2096 BGB

Ferner ist ein **nachheriger Wegfall,** der auf den Erbfall **zurückwirkt,** ebenfalls tatbestandlich. Dies ist der Fall bei[410] 192
- Anfechtung gem. § 2078 und § 2079 BGB,
- Ausschlagung gem. § 1953 BGB,
- Erbunwürdigkeitserklärung gem. § 2344 BGB oder
- dem Nichterleben des Eintritts einer aufschiebenden Bedingung gem. § 2074 BGB.

[403] BGH LM BGB § 2108 Nr. 1; OLG Braunschweig NJW-RR 2005, 1027; NK-BGB/*Gierl* § 2108 Rn. 6.
[404] *Kipp/Coing* ErbR § 47 IV 2b; anders dagegen bei ausdrücklicher Anordnung: OLG Braunschweig FamRZ 1995, 443; einschränkend: OLG Braunschweig NJW-RR 2005, 1027 (1028).
[405] KG DNotZ 1955, 408; OLG Hamm Rpfleger 2003, 436 (437); NK-BGB/*Gierl* § 2108 Rn. 6.
[406] BGH NJW 1963, 1150 (1151); NK-BGB/*Gierl* § 2108 Rn. 14.
[407] BayObLG Rpfleger 1983, 11; OLG Braunschweig NJW-RR 2005, 1027; OLG Karlsruhe ZEV 2009, 34; NK-BGB/*Gierl* § 2108 Rn. 10.
[408] RGZ 154, 330; Staudinger/*Avenarius* § 2108 Rn. 19; NK-BGB/*Gierl* § 2108 Rn. 10.
[409] MüKoBGB/*Grunsky* § 2110 Rn. 2.
[410] MüKoBGB/*Grunsky* § 2110 Rn. 2; NK-BGB/*Gierl* § 2110 Rn. 2 Fn. 2.

193 **Kein Wegfall** iSv § 2110 Abs. 1 BGB liegt vor, wenn der Miterbe stirbt und durch den Vorerben beerbt wird. Dieser Erbteil verbleibt beim Vorerben vorbehaltlich einer weiteren Nacherbschaft.[411]

Vorbehaltlich eines abweichenden Erblasserwillens geht mit Eintritt des Nacherbfalls der **erhöhte Erbanteil des Vorerben auf den Nacherben über** (§ 2139 BGB).

194 *bb) Vorausvermächtnis des Vorerben – § 2110 Abs. 2 BGB.* Ein Vermächtnis, das einem Erben zugewandt wird (Vorausvermächtnis), erhält dieser unabhängig von seiner Erbenstellung und einer möglichen eigenen Beschwer; es geht in sein Eigentumsvermögen über.

10. Auslegungsregel für die Befreiung

§ 2137 BGB

(1) Hat der Erblasser den Nacherben auf dasjenige eingesetzt, was von der Erbschaft bei dem Eintritt der Nacherbfolge übrig sein wird, so gilt die Befreiung von allen in § 2136 bezeichneten Beschränkungen und Verpflichtungen als angeordnet.

(2) Das Gleiche ist im Zweifel anzunehmen, wenn der Erblasser bestimmt hat, dass der Vorerbe zur freien Verfügung über die Erbschaft berechtigt sein soll.

195 a) **Normzweck.** Die Vorschrift beantwortet die Frage, was der Erblasser im Zweifel mit einer *„Einsetzung des Nacherben auf den Überrest"* (Abs. 1) oder einer *„Einräumung der freien Verfügung des Vorerben über die Erbschaft"* (Abs. 2) gewollt hat. Dagegen ist die Rechtsnatur des Abs. 1 umstritten. Die (noch) hM[412] spricht von einer Ergänzungsregel mit zwingender Rechtsfolge. Begründet wird dies damit, dass lediglich in Abs. 2 von einem *„Zweifel"* die Rede ist. *Grunsky*[413] argumentiert dagegen für eine **widerlegbare Vermutung.** Wenn der Erblasser den Vorerben ausdrücklich nicht umfassend befreit hat, sei diesem Willen zu entsprechen, auch wenn die Formulierung der *„Einsetzung auf den Überrest"* verwendet wurde. Andernfalls würde an dem oftmals zufälligen Wortlaut gehaftet. Schließlich wird vertreten, dass auch § 2137 Abs. 1 BGB eine **Auslegungsregel** beinhaltet.[414]

196 b) **Tatbestand und Rechtsfolge.** *aa) § 2137 Abs. 1 BGB.* Der Erblasser muss den Nacherben auf das, *„was nach dem Eintritt der Nacherbfolge übrig sein wird"* oder in ähnlicher Weise eingesetzt haben. In Betracht kommen etwa Formulierungen wie *„kann die Erbschaft aufbrauchen"* oder *„kann mit der Erbschaft machen, was er will"* in Bezug auf den Vorerben.[415] Das OLG Düsseldorf[416] hat § 2137 BGB bei der Formulierung angewandt *„Bei seinem Ableben* [**der alleinerbende Sohn**] *wird die Hinterlassenschaft aus meinem Erbe mit seinen Kindern … aufgeteilt"*.

197 In diesen Fällen ist gem. § 2137 Abs. 1 BGB von einer vollständigen Befreiung des Vorerben gem. § 2136 BGB auszugehen. Abzugrenzen ist die vollständige Befreiung von der Einsetzung als unbeschränkter Vollerbe in Verbindung mit einem aufschiebend bedingten Vermächtnis iHd übrigen Erbes, das mit dem Tod des Vollerben wirksam wird.[417]

198 *bb) § 2137 Abs. 2 BGB.* Voraussetzung ist, dass der Erblasser den Vorerben *„zur freien Verfügung über die Erbschaft"* berechtigt hat. In Frage kommen auch ähnliche Formulierungen wie etwa die *„Einsetzung des Nacherben auf das, worüber der Vorerbe nicht anderweitig verfügt hat"*.[418]

---

[411] MüKoBGB/*Grunsky* § 2210 Rn. 2 aE; NK-BGB/*Gierl* § 2110 Rn. 2 Fn. 1.
[412] Jauernig/*Stürner* Anm. §§ 2136–2138 Rn. 1; Soergel/*Harder/Wegmann* § 2137 Rn. 1.
[413] MüKoBGB/*Grunsky* § 2137 Rn. 1; zust. BeckOK BGB/*Litzenburger* § 2137 Rn. 2; jurisPK-BGB/*M. Hadman/B. Hadman* § 2137 Rn. 2.
[414] *Kipp/Coing* ErbR § 51 II 1b; Palandt/*Weidlich* § 2137 Rn. 1; Staudinger/*Avenarius* § 2137 Rn. 2.
[415] BeckOK BGB/*Litzenburger* § 2137 Rn. 1.
[416] OLG Düsseldorf ZEV 2018, 660 (662) Rn. 29 = BeckRS 2018, 6585 Rn. 29.
[417] OLG Oldenburg DNotZ 1958, 95; OLG Bremen DNotZ 1956, 149; BeckOK BGB/*Litzenburger* § 2137 Rn. 1.
[418] BeckOK BGB/*Litzenburger* § 2137 Rn. 3.

§ 2137 Abs. 2 BGB ordnet vorbehaltlich eines abweichenden Erblasserwillens die vollständige Befreiung des Vorerben gem. § 2136 BGB an. 199

11. Ausschlagung der Nacherbschaft

> § 2142 BGB
>
> (1) Der Nacherbe kann die Erbschaft ausschlagen, sobald der Erbfall eingetreten ist.
>
> (2) Schlägt der Nacherbe die Erbschaft aus, so verbleibt sie dem Vorerben, soweit nicht der Erblasser ein anderes bestimmt hat.

Die **Auslegungsregel** § 2142 Abs. 2 BGB beantwortet die Frage, inwiefern die Ausschlagung der Erbschaft durch den Nacherben vor dem Nacherbfall die Stellung des Vorerben beeinflusst. Das Ausschlagungsrecht des Nacherben besteht unabhängig neben dem des Vorerben.[419] 200

Der Nacherbe muss vor dem Erbfall die Nacherbschaft ausgeschlagen haben. Dann verbleibt dem Vorerben endgültig die Erbschaft. Wenn der Nacherbe erst nach dem Nacherbfall die Ausschlagung erklärt hat, fällt die Erbschaft an den Vorerben mit endgültiger Wirkung zurück.[420] § 2142 Abs. 2 BGB ist nicht bei dem Wegfall des Nacherben aus sonstigen Gründen anwendbar, wie Vorversterben, Erbunwürdigkeit (§ 2344 BGB) oder Erbverzicht (§ 2352 BGB). Stirbt der Nacherbe vor dem Nacherbfall, geht sein Ausschlagungsrecht bei Vererblichkeit des Anwartschaftsrechts auf seine Erben über, sofern keine Ersatzerben bestimmt wurden.[421] 201

X. Gesetzliche Auslegungsregeln im Zusammenhang mit einem Vermächtnis

1. Beschwerter

> § 2147 BGB
>
> Mit einem Vermächtnis kann der Erbe oder ein Vermächtnisnehmer beschwert werden. Soweit nicht der Erblasser ein anderes bestimmt hat, ist der Erbe beschwert.

§ 2147 S. 1 BGB bestimmt, dass nur Erben und Vermächtnisnehmer – letztere durch ein Untervermächtnis – mit einem Vermächtnis beschwert werden können. Satz 2 der Vorschrift enthält eine Auslegungsregel bezüglich der Frage, ob der Erbe oder der Vermächtnisnehmer mit dem Vermächtnis beschwert ist. 202

Erbe ist, wer durch gesetzliche oder gewillkürte Erbfolge zur Rechtsnachfolge des Erblassers berufen ist (§§ 1922 Abs. 1, 1937 BGB).[422] Vermächtnisnehmer ist, wer durch letztwillige Verfügung (§ 1939 BGB) oder kraft Gesetzes[423] (Voraus des Ehegatten § 1932 BGB, Dreißigster § 1969 BGB) mit Eintritt des Erbfalls einen schuldrechtlichen Anspruch gegen den Beschwerten erhält. Bei einem **Vorausvermächtnisnehmer** gem. § 2150 BGB, welcher zugleich Erbe und Vermächtnisnehmer ist, kann sich das ihn beschwerende Vermächtnis auf die eine oder die andere Zuwendung beziehen.[424] 203

Ersatz- und Nacherben werden erst mit ihrer Berufung zur Erbschaft, also im Ersatz- oder Nacherbfall, durch das Vermächtnis beschwert. Eine vorherige Vermächtnisbeschwerung scheitert daran, dass die Berufung zum Erben bis zum tatsächlichen Eintritt ungewiss 204

[419] MüKoBGB/*Grunsky* § 2142 Rn. 3.
[420] NK-BGB/*Gierl* § 2142 Rn. 11.
[421] MüKoBGB/*Grunsky* § 2142 Rn. 2; NK-BGB/*Gierl* § 2142 Rn. 4.
[422] Als Erbe gilt auch der Hoferbe, § 17 Abs. 2 HöfeO: BGH NJW 1962, 1615; NJW-RR 1986, 164.
[423] Staudinger/*Otte* § 2147 Rn. 6.
[424] Staudinger/*Otte* § 2147 Rn. 2.

ist und ausbleiben kann.[425] Beschwerungen, die den Nacherben vor dem Nacherbfall treffen, können indes eine Bedingung für den Nacherbfall oder einen unverbindlichen Wunsch des Erblassers darstellen.[426] Die Beschwerung des Vorerben durch das Vermächtnis geht, wenn das Vermächtnis nicht erfüllt wurde, auf den Nacherben über. Der Erblasser kann jedoch auch die Beschwerung auf den Vorerben beschränken.[427]

205 Ein Vermächtnisnehmer kann erst mit Anfall des Vermächtnisses beschwert werden.[428] Nicht durch ein Vermächtnis können Pflichtteilsberechtigte[429] (Ausnahme § 2338 BGB), lediglich durch Rechtsgeschäft unter Lebenden vom Erblasser Begünstigte[430] (Ausnahme Hofübergabevertrag § 17 HöfeO) sowie Testamentsvollstrecker beschwert werden.[431] Gleiches gilt für Auflagenbegünstigte[432] und Erben des beschwerten Erben bzw. Vermächtnisnehmers, da diese nur mittelbar begünstigt werden. Indes kann ein Vermächtnis als Nachlassverbindlichkeit den Erben des Beschwerten beschweren (§§ 2181, 1967 Abs. 2 BGB).[433] Schließlich können auch durch Vertrag zugunsten Dritter auf den Todesfall Begünstigte (§ 331 BGB, § 166 Abs. 1, 2 VVG) nicht durch ein Vermächtnis beschwert werden, da die Zuwendung außerhalb des Nachlasses ergeht.[434]

206 Entsprechende Anwendung findet § 2147 BGB auf Beschwerungen durch Auflagen (§ 1940 BGB).[435]

2. Mehrere Beschwerte

§ 2148 BGB

Sind mehrere Erben oder mehrere Vermächtnisnehmer mit demselben Vermächtnis beschwert, so sind im Zweifel die Erben nach dem Verhältnis der Erbteile, die Vermächtnisnehmer nach dem Verhältnis des Wertes der Vermächtnisse beschwert.

207 **a) Normzweck und Tatbestand.** Es kommt vor, dass der Erblasser mehrere Erben oder Vermächtnisnehmer mit einem Vermächtnis beschwert hat, die jeweiligen Anteile allerdings nicht festgelegt hat. Die Auslegungsregel des § 2148 BGB klärt in diesem Zusammenhang stehende Fragen, sofern der Wille des Erblassers nicht festgestellt werden kann. Bezüglich der Haftung muss zwischen dem Außen- und dem Innenverhältnis unterschieden werden. Das Außenverhältnis betrifft die Frage, von wem der Vermächtnisnehmer die Erfüllung des Vermächtnisses verlangen kann. Im Innenverhältnis muss dagegen entschieden werden, wer die wirtschaftliche Last des Vermächtnisses zu tragen hat. Weicht die Haftung im Außen- von der im Innenverhältnis ab, können Ausgleichs- und Befreiungsansprüche entstehen.

208 Ob der Anwendungsbereich des § 2148 BGB beide Haftungsverhältnisse erfasst, ist umstritten. Der Wortlaut der Vorschrift lässt die Frage offen und die Rechtsprechung hat sich hierzu bislang nicht geäußert.[436] Die hM[437] beschränkt den Anwendungsbereich zu Recht auf das Innenverhältnis. Die Haftung im Außenverhältnis regelt sich dagegen nach den §§ 421 bis 427, 431 BGB sowie den §§ 2058 bis 2063 BGB.

[425] BayObLGZ 1966, 271 (274); NK-BGB/*Horn/J. Mayer* § 2147 Rn. 4a; Staudinger/*Otte* § 2147 Rn. 3.
[426] BayObLG NJW 1967, 446 (447); NK-BGB/*Horn/J. Mayer* § 2147 Rn. 4a; Staudinger/*Otte* § 2147 Rn. 3.
[427] Staudinger/*Otte* § 2147 Rn. 3.
[428] Staudinger/*Otte* § 2147 Rn. 3 aE.
[429] BGH NJW-RR 1986, 164; Staudinger/*Otte* § 2147 Rn. 12.
[430] NK-BGB/*Horn/J. Mayer* § 2147 Rn. 8.
[431] NK-BGB/*Horn/J. Mayer* § 2147 Rn. 8 Fn. 12 mit Hinweis zur ausnahmsweisen Beschwerbarkeit bei § 2221 BGB übersteigender Vergütung.
[432] *Lange/Kuchinke* ErbR § 29 III 1; MüKoBGB/*Rudy* § 2147 Rn. 6; NK-BGB/*Horn/J. Mayer* § 2147 Rn. 9; aA Soergel/*Wolf* § 2147 Rn. 12.
[433] NK-BGB/*Horn/J. Mayer* § 2147 Rn. 8.
[434] BGH NJW-RR 1986, 164.
[435] Staudinger/*Otte* § 2147 Rn. 15.
[436] JurisPK-BGB/*Reymann* § 2148 Rn. 4.
[437] *Brox/Walker* ErbR Rn. 455, 457; MüKoBGB/*Rudy* § 2148 Rn. 2; ausführlich NK-BGB/*Horn/J. Mayer* § 2148 Rn. 10; Staudinger/*Otte* § 2148 Rn. 4; aA Erman/*Nobis* § 2148 Rn. 2.

Auf das Verhältnis von Vor- zu Nacherben ist § 2148 BGB nicht anwendbar, da diese nicht zeitgleich Erben sind. Hat der Erblasser einen Vorerben mit einem Vermächtnis beschwert, haftet dieser ab Eintritt des Erbfalls und über den Eintritt der Nacherbfolge hinaus (§ 2145 Abs. 1 BGB).[438] Ist dagegen der Nacherbe beschwert, entsteht der Vermächtnisanspruch mit Eintritt des Nacherbfalls und belastet nur den Nacherben.[439] Hat der Erblasser offen gelassen, wer beschwert sein soll, ist das Erbe an sich beschwert. Folglich haftet ab Eintritt des Erbfalls bis zum Eintritt des Nacherbfalls ausschließlich der Vorerbe, der das Vermächtnis aus dem Erbe erfüllen kann (§§ 2126, 2124 Abs. 2 S. 1 BGB).[440] Diese Haftung setzt sich nach Eintritt des Nacherbfalls fort (§ 2145 Abs. 1 BGB). Die Haftung erstreckt sich dann auch auf den Nacherben.[441] 209

Sind zugleich Erben und Vermächtnisnehmer durch ein Vermächtnis beschwert, findet § 2148 BGB analoge Anwendung.[442] Durch § 2192 BGB ergibt sich die entsprechende Anwendung des § 2148 BGB auf die Beschwerung mehrerer durch eine Auflage. 210

Ebenso kann § 2306 Abs. 1 S. 1 BGB die Anwendbarkeit des § 2148 BGB begrenzen. Sind die mehreren Erben oder Vermächtnisnehmer **alternativ beschwert,** liegt eine Gesamtschuld nach § 421 BGB vor, bei der im Innenverhältnis § 2148 BGB anzuwenden ist.[443] Bei mehreren **alternativ Bedachten** gelten die §§ 2073, 2151 und 2152 BGB.[444] 211

b) Rechtsfolge. In Zweifelsfällen sind die Erben oder Vermächtnisnehmer **im Verhältnis ihrer Erbteile bzw. ihrer Vermächtniswerte beschwert.** Die Erbteile und Vermächtniswerte ergeben sich vorbehaltlich eines abweichenden Erblasserwillens ohne Rücksicht auf nur einzelne belastende Beschränkungen und Beschwerungen.[445] Gleichermaßen bleiben Vorausvermächtnisse bei der Berechnung außen vor.[446] Sind Erben und Vermächtnisnehmer beschwert, wird auf den Wert ihrer Zuwendungen abgestellt. Der maßgebliche Zeitpunkt für den Wert der Zuwendung ist der Erbfall.[447] 212

3. Bestimmungsrecht des Beschwerten oder eines Dritten bei mehreren Bedachten

§ 2151 BGB

(1) Der Erblasser kann mehrere mit einem Vermächtnis in der Weise bedenken, dass der Beschwerte oder ein Dritter zu bestimmen hat, wer von den mehreren das Vermächtnis erhalten soll.

(2) Die Bestimmung des Beschwerten erfolgt durch Erklärung gegenüber demjenigen, welcher das Vermächtnis erhalten soll; die Bestimmung des Dritten erfolgt durch Erklärung gegenüber dem Beschwerten.

(3) Kann der Beschwerte oder der Dritte die Bestimmung nicht treffen, so sind die Bedachten Gesamtgläubiger. Das Gleiche gilt, wenn das Nachlassgericht dem Beschwerten oder dem Dritten auf Antrag eines der Beteiligten eine Frist zur Abgabe der Erklärung bestimmt hat und die Frist verstrichen ist, sofern nicht vorher die Erklärung erfolgt. Der Bedachte, der das Vermächtnis erhält, ist im Zweifel nicht zur Teilung verpflichtet.

a) Normzweck. Die Vorschrift ergänzt den Grundsatz der Höchstpersönlichkeit § 2065 Abs. 2 BGB, wonach der Erblasser die Bestimmung der Person, die die Zuwendung erhalten soll, sowie die Bestimmung des Gegenstandes der Zuwendung nicht einem Dritten überlas- 213

[438] JurisPK-BGB/*Reymann* § 2148 Rn. 12.
[439] BayObLG NJW 1967, 446 (447); jurisPK-BGB/*Reymann* § 2148 Rn. 12.
[440] JurisPK-BGB/*Reymann* § 2148 Rn. 12.
[441] JurisPK-BGB/*Reymann* § 2148 Rn. 12.
[442] BeckOK BGB/*Müller-Christmann* § 2148 Rn. 2; MüKoBGB/*Rudy* § 2148 Rn. 3; NK-BGB/*Horn/J. Mayer* § 2148 Rn. 5; Palandt/*Weidlich* § 2148 Rn. 1.
[443] MüKoBGB/*Rudy* § 2148 Rn. 4; NK-BGB/*Horn/J. Mayer* § 2148 Rn. 6; Staudinger/*Otte* § 2148 Rn. 7.
[444] NK-BGB/*Horn/J. Mayer* § 2148 Rn. 6; Palandt/*Weidlich* § 2148 Rn. 1.
[445] BeckOK BGB/*Müller-Christmann* § 2148 Rn. 4; jurisPK-BGB/*Reymann* § 2148 Rn. 8; MüKoBGB/*Rudy* § 2148 Rn. 7; NK-BGB/*Horn/J. Mayer* § 2148 Rn. 13; aA Staudinger/*Otte* § 2148 Rn. 6.
[446] NK-BGB/*Horn/J. Mayer* § 2148 Rn. 13.
[447] BeckOK BGB/*Müller-Christmann* § 2148 Rn. 4; Staudinger/*Otte* § 2148 Rn. 6.

sen kann. Für Vermächtnisse schränkt § 2151 BGB den § 2065 Abs. 2 BGB ein. So ist es nach § 2151 Abs. 1 BGB zulässig, dass der Erblasser einen Personenkreis bestimmt, aus dem der Beschwerte oder ein Dritter den Vermächtnisnehmer auswählt. Eine kumulative Anwendung der Vorschrift mit den § 2153 BGB (Bestimmung der Anteile), § 2154 BGB (Wahlvermächtnis), § 2155 BGB (Gattungsvermächtnis) oder § 2156 BGB (Zweckvermächtnis) ist möglich.[448] Aus § 2151 Abs. 2 BGB ergibt sich, wie die Ausübung des Bestimmungsrechts zu erfolgen hat. Schließlich klärt § 2151 Abs. 3 BGB, wie der Vermächtnisnehmer bestimmt wird, falls der Bestimmungsberechtigte hierzu nicht in der Lage ist, das Erlöschen des Bestimmungsrechts und die Teilungsverpflichtung des Vermächtnisnehmers.

214 **b) Tatbestand und Rechtsfolge.** Der Personenkreis, aus dem der Vermächtnisnehmer ausgewählt werden soll, muss **hinreichend bestimmt werden,** um mit § 2065 Abs. 2 BGB vereinbar zu sein.[449] Beispielsweise wurde die Formulierung, dass eine Geldsumme *„an verschiedene Vereine und wohltätige oder gemeinnützige Anstalten sowie bedürftige Personen“* verteilt werden soll, auch bei einer Beschränkung auf eine gewisse Stadt, als zu unbestimmt eingeschätzt.[450] In Betracht kommt hierbei eine Zuwendung an *„die Armen“* i. S. v. § 2072 BGB.[451] Ebenfalls zu unbestimmt ist die Anordnung, dass der Testamentsvollstrecker *„versehentlich nicht berücksichtigten Personen“* Vermächtnisse zuteilen solle.[452] Zu dem Personenkreis können sowohl Erben (§ 2150 BGB Vorausvermächtnis) als auch der Beschwerte oder – bei einem entsprechenden Erblasserwillen – der Bestimmungsberechtigte gehören.[453]

215 Der Erblasser kann mehrere Bestimmungsberechtigte festlegen, die analog § 317 Abs. 2 Hs. 1 BGB im Zweifel einstimmig entscheiden müssen.[454] Bei mehreren bestimmungsberechtigten Testamentsvollstreckern ist § 2224 BGB zu beachten. Hat der Erblasser keinen Bestimmungsberechtigten festgelegt, bestimmt gem. § 2152 BGB der Beschwerte den Begünstigten.[455]

216 Bis auf Fälle der Arglist und Sittenwidrigkeit sowie Billigkeitsentscheidungen ist die Bestimmung der gerichtlichen Nachprüfung entzogen.[456] Sie ergeht **formlos** und ist als **Gestaltungserklärung unwiderruflich.**[457] Gehört der Bestimmungsberechtigte selbst zum Kreise der Bedachten, genügt der erkennbar geäußerte Wille, sich zum Vermächtnisnehmer zu bestimmen.[458]

217 Fällt der Bestimmungsberechtigte etwa durch Versterben, Ablauf der Frist des § 2151 Abs. 3 S. 2 BGB oder Verlust seiner Geschäftsfähigkeit weg, erlischt das Bestimmungsrecht mangels Übertragbarkeit, sofern der Erblasser keine Ersatzperson bestimmt hat. § 2154 Abs. 2 BGB ist nicht analog anwendbar.[459] Ist der Personenkreis zu unbestimmt, kommt eine Auflage in Frage, da durch dieses Rechtsinstitut die begünstigte Person nicht festgelegt werden muss (§ 2193 Abs. 1 BGB).[460]

218 Kann der Bestimmungsberechtigte den Vermächtnisnehmer nicht oder nicht innerhalb einer vom Nachlassgericht gesetzten Frist bestimmen, gelten laut § 2151 Abs. 3 S. 1 und 2 BGB die Angehörigen des Personenkreises als Gesamtgläubiger gem. § 428 BGB. Insofern ist die Begünstigung der Angehörigen des Personenkreises durch ihre (fristgerechte) Nichtaus-

[448] *J. Mayer* MittBayNot 1999, 447 (449 f.); MüKoBGB/*Rudy* § 2151 Rn. 1.
[449] BayObLG FamRZ 1998, 860 (861 f.); OLG Düsseldorf JW 1925, 2147; MüKoBGB/*Rudy* § 2151 Rn. 2.
[450] Umdeutung in eine Auflage: RGZ 96, 15 (17).
[451] MüKoBGB/*Rudy* § 2151 Rn. 2.
[452] OLG Hamburg HansRGZ 1930 B 750; MüKoBGB/*Rudy* § 2151 Rn. 2.
[453] MüKoBGB/*Rudy* § 2151 Rn. 3; Staudinger/*Otte* § 2151 Rn. 4.
[454] NK-BGB/*Horn/J. Mayer* § 2151 Rn. 8; Staudinger/*Otte* § 2151 Rn. 6.
[455] NK-BGB/*Horn/J. Mayer* § 2151 Rn. 8.
[456] Ausführlich MüKoBGB/*Rudy* § 2151 Rn. 12 sowie Staudinger/*Otte* § 2151 Rn. 8 bis 10.
[457] BeckOK BGB/*Müller-Christmann* § 2151 Rn. 4; MüKoBGB/*Rudy* § 2151 Rn. 11; NK-BGB/*Horn/J. Mayer* § 2151 Rn. 9.
[458] MüKoBGB/*Rudy* § 2151 Rn. 11.
[459] BeckOK BGB/*Müller-Christmann* § 2151 Rn. 6; MüKoBGB/*Rudy* § 2151 Rn. 10; Staudinger/*Otte* § 2151 Rn. 11.
[460] *Haegele* Rpfleger 1965, 355 (358); MüKoBGB/*Rudy* § 2151 Rn. 6.

wahl durch den Bestimmungsberechtigten **auflösend bedingt.**[461] § 2074 BGB ist daher nicht anwendbar. Aus § 2151 Abs. 3 S. 3 BGB ergibt sich, dass derjenige, der das Vermächtnis erhält, abweichend von § 430 BGB sein Vermächtnis im Zweifel nicht zu teilen braucht, weil dies dem § 2151 BGB zugrunde liegenden Willen des Erblassers entspricht.[462]

4. Wahlweise Bedachte

§ 2152 BGB

Hat der Erblasser mehrere mit einem Vermächtnis in der Weise bedacht, dass nur der eine oder der andere das Vermächtnis erhalten soll, so ist anzunehmen, dass der Beschwerte bestimmen soll, wer von ihnen das Vermächtnis erhält.

Die Ergänzungsregel betrifft eine dem § 2151 BGB ähnliche Anordnung des Erblassers. 219
Auch hier bedenkt der Erblasser mehrere Personen dergestalt mit einem Vermächtnis, dass nur der eine oder der andere das Vermächtnis erhalten soll. Zusätzlich hat der Erblasser auf die Bestimmung eines Personenkreises verzichtet, aus dem sich der Bestimmungsberechtigte ergeben soll. Stattdessen hat er mehrere Personen alternativ mit einem Vermächtnis bedacht.

Wird ein abweichender Wille des Erblassers nicht festgestellt, ist der **Beschwerte berechtigt zu bestimmen,** wer das Vermächtnis erhalten soll. Für die Ausübung des Bestimmungsrechts und die Teilungsverpflichtung des Vermächtnisnehmers gelten § 2151 Abs. 2 und 3 BGB.[463] 220

5. Wegfall des Beschwerten

§ 2161 BGB

Ein Vermächtnis bleibt, sofern nicht ein anderer Wille des Erblassers anzunehmen ist, wirksam, wenn der Beschwerte nicht Erbe oder Vermächtnisnehmer wird. Beschwert ist in diesem Fall derjenige, welchem der Wegfall des zunächst Beschwerten unmittelbar zustatten kommt.

Zweck eines Vermächtnisses ist regelmäßig nicht die Beschwer des Erben bzw. Vermächtnisnehmers, sondern die Begünstigung des Vermächtnisnehmers. In Übereinstimmung mit der *ratio legis* des § 2085 BGB und im Gegensatz zum Grundsatz des § 139 BGB hat der Wegfall des Beschwerten nach der Auslegungsregel des § 2161 BGB grundsätzlich nicht die Unwirksamkeit des Vermächtnisses zur Folge (sog. *„Fortbestandsvermutung“*[464]). 221

Der Erblasser muss ein Vermächtnis gem. § 1939 BGB angeordnet haben und der Beschwerte muss **vor dem Erbfall oder rückwirkend weggefallen** sein,[465] wobei der Grund des Wegfalls unerheblich ist.[466] In Frage kommen somit Vorversterben, Ausschlagung, Erbunwürdigkeit und Widerruf.[467] Ebenso irrelevant ist, ob der ursprünglich Beschwerte kraft Gesetzes oder infolge einer Verfügung von Todes wegen berufen war.[468] Für den Wegfall des Beschwerten im Rahmen einer Auflage (§ 1940 BGB) gilt § 2161 BGB entsprechend (§ 2192 BGB). 222

Wird der Beschwerte nicht Erbe oder Vermächtnisnehmer, bleibt das Vermächtnis vorbehaltlich eines abweichenden Erblasserwillens dennoch wirksam und der infolge des Wegfalls 223

[461] MüKoBGB/*Rudy* § 2151 Rn. 7; dagegen für aufschiebend bedingtes Vermächtnis der schließlich Ausgewählten: *Kipp/Coing* ErbR § 55 III 4; Staudinger/*Otte* § 2178 Rn. 3.
[462] MüKoBGB/*Rudy* § 2151 Rn. 14; Staudinger/*Otte* § 2151 Rn. 13.
[463] MüKoBGB/*Rudy* § 2152; Staudinger/*Otte* § 2152 Rn. 1.
[464] NK-BGB/*Horn/J. Mayer* § 2161 Rn. 1.
[465] NK-BGB/*Horn/J. Mayer* § 2161 Rn. 2.
[466] MüKoBGB/*Rudy* § 2161 Rn. 2; Staudinger/*Otte* § 2161 Rn. 1.
[467] RG WanR 1936 Nr. 41; MüKoBGB/*Rudy* § 2161 Rn. 2; NK-BGB/*Horn/J. Mayer* § 2161 Rn. 2.
[468] JurisPK-BGB/*Reymann* § 2161 Rn. 4; MüKoBGB/*Rudy* § 2161 Rn. 2.

des ursprünglich Beschwerten an dessen Stelle Tretende wird seinerseits durch das Vermächtnis beschwert. Ausschlaggebend ist **allein die rechtliche Nachfolge.** Ob der Wegfall dem Nachfolger zustattenkommt, ist **keine ökonomische Frage.**[469] Die Haftung des neuen Beschwerten orientiert sich an der des ursprünglich Beschwerten (§ 2187 Abs. 2 BGB).

224 Die **Vermächtnisanordnung** bleibt entgegen § 2161 BGB **nicht wirksam,** wenn sich aus den Umständen ergibt, dass der Erblasser explizit den ursprünglich Beschwerten persönlich beschweren wollte. Dann wird das Vermächtnis mit dessen Wegfall unwirksam.[470] Dies liegt insbesondere dann nahe, wenn der Beschwerte eine höchstpersönliche Handlung wie etwa Auftrag (§ 664 BGB), Dienst- (§ 613 BGB) oder entsprechende Werkleistung erbringen sollte.[471] Gem. § 2161 BGB bleiben auch solche Vermächtnisanordnungen wirksam, bei denen die in dem gleichen Testament angeordnete Erbeinsetzung unwirksam wird[472] oder der ursprüngliche Vermächtnisnehmer als Ersatzerbe durch Ausschlagung des Erben selbst zum Beschwerten wird (§ 2150 BGB Vorausvermächtnis).[473]

6. Erstreckung auf Zubehör und Ersatzansprüche

> § 2164 BGB
>
> (1) Das Vermächtnis einer Sache erstreckt sich im Zweifel auf das zur Zeit des Erbfalls vorhandene Zubehör.
>
> (2) Hat der Erblasser wegen einer nach der Anordnung des Vermächtnisses erfolgten Beschädigung der Sache einen Anspruch auf Ersatz der Minderung des Wertes, so erstreckt sich im Zweifel das Vermächtnis auf diesen Anspruch.

225 a) **Normzweck.** Die Vorschrift enthält zwei Auslegungsregeln, die dem Grundgedanken der wirtschaftlichen Einheit Rechnung tragen.[474] Abs. 1 beruht auf der Vermutung, dass der Erblasser in Übereinstimmung mit den §§ 311c und 926 BGB (vgl. auch die §§ 1120, 1031 und 1096 BGB sowie § 865 ZPO) eine vermachte Sache grundsätzlich nebst Zubehör zuwenden möchte. Ergänzend geht Abs. 2 davon aus, dass der Erblasser dem Vermächtnisnehmer Ansprüche wegen Beschädigung des Vermächtnisgegenstandes zugutekommen lassen möchte.

226 b) **Tatbestand.** *aa) § 2164 Abs. 1 BGB.* Der Begriff des Zubehörs ist in den §§ 97 und 98 BGB legaldefiniert. Erfasst werden demnach bewegliche Sachen, die, ohne Bestandteile der Hauptsache zu sein, dem wirtschaftlichen Zwecke der Hauptsache zu dienen bestimmt sind und zu ihr in einem dieser Bestimmung entsprechenden räumlichen Verhältnis stehen.[475] Von der Zubehöreigenschaft zu trennen ist die Frage des Eigentums (vgl. § 1120 BGB). Zubehör können etwa auch gestohlene oder unter Eigentumsvorhalt stehende Sachen sein.[476]

227 Sachen, die nicht Zubehör der Hauptsache sind, von dem Erblasser aber als solche betrachtet wurden, fallen nicht unter § 2164 BGB. Trotzdem können sie mitvermacht sein; lediglich die Auslegungsregeln des § 2164 BGB stehen dem Vermächtnisnehmer insofern nicht zur Verfügung.[477] Für Vermächtnisse über **Sachgesamtheiten** (etwa Hausrat oder eine Briefmarkensammlung) oder **Rechtsgesamtheiten** (etwa Vermögen oder ein Unternehmen) gilt § 2164 Abs. 1 BGB analog.[478]

---

[469] MüKoBGB/*Rudy* § 2161 Rn. 3; Staudinger/*Otte* § 2161 Rn. 3.

[470] NK-BGB/*Horn/J. Mayer* § 2161 Rn. 3; Staudinger/*Otte* § 2161 Rn. 2.

[471] JurisPK-BGB/*Reymann* § 2161 Rn. 5; NK-BGB/*Horn/J. Mayer* § 2161 Rn. 3; Staudinger/*Otte* § 2161 Rn. 2.

[472] RG WarnR 1936 Nr. 81; NK-BGB/*Horn/J. Mayer* § 2161 Rn. 2.

[473] NK-BGB/*Horn/J. Mayer* § 2161 Rn. 2.

[474] MüKoBGB/*Rudy* § 2164 Rn. 1; NK-BGB/*Horn/J. Mayer* § 2164 Rn. 1; aA Vermutung Soergel/*Wolf* § 2164 Rn. 1.

[475] Palandt/*Ellenberger* § 97 Rn. 5 ff.; NK-BGB/*Horn/J. Mayer* § 2164 Rn. 5.

[476] Palandt/*Ellenberger* § 97 Rn. 2; Staudinger/*Otte* § 2164 Rn. 2.

[477] NK-BGB/*Horn/J. Mayer* § 2164 Rn. 2.

[478] *Reichel* AcP 138, 194 (199); Staudinger/*Otte* § 2164 Rn. 7.

bb) § 2164 Abs. 2 BGB. Der Wortlaut erfasst lediglich solche Ansprüche, die nach der Vermächtnisanordnung entstanden sind. Gleiches muss jedoch für Ansprüche gelten, die bereits vor der Anordnung, aber **in Unkenntnis** des Erblassers entstanden sind.[479] Geht der Vermächtnisgegenstand sogar unter, gilt § 2169 Abs. 3 BGB (ggf. iVm § 2172 Abs. 2. S. 2 BGB). Wurde der Ersatzanspruch vor dem Erbfall erfüllt, gilt § 2173 BGB.[480] 228

c) **Rechtsfolge.** *aa) § 2164 Abs. 1 BGB.* Der Anspruch des Vermächtnisnehmers erstreckt sich gem. § 2164 Abs. 1 BGB im Zweifel auf das zur Zeit des Erbfalls **vorhandene Zubehör** des Vermächtnisgegenstandes. Dies gilt nach der hM[481] auch bei einem späteren Vermächtnisanfall bei aufschiebend bedingten und befristeten Vermächtnissen (§§ 2177, 2178 BGB). Der Beschwerte muss somit gem. § 2179 BGB für Verluste und Verschlechterungen der Vermächtnissache bis zum Erbfall eintreten. Zur Auswechselung von Zubehörteilen im Rahmen einer ordnungsgemäßen Wirtschaft ist der Beschwerte berechtigt.[482] 229

Handelt es sich um Zubehör, das nicht im Eigentum des Erblassers stand, rechtfertigt dies nicht die Annahme eines Verschaffungsvermächtnisses gem. § 2170 BGB.[483] Vielmehr wird der Beschwerte zur **Übertragung des Besitzes oder zur Leistung des Zubehörteils bzw. Wertersatzes** verpflichtet (§ 2169 Abs. 2 und 3 BGB).[484] Denkbar ist nach der hM[485] auch die Übertragungspflicht eines am Zubehör bestehenden Anwartschaftsrechts aus Eigentumsvorbehalt, wobei im Zweifel der Vermächtnisnehmer analog § 2165 Abs. 1 S. 1 BGB die offenen Kaufpreisraten begleichen muss.[486] Bei Zubehörteilen, die einem von § 2164 Abs. 1 BGB abweichenden Erblasserwillen entsprechend vom Vermächtnis ausgenommen sind, ist anzunehmen, dass diese beim Beschwerten verbleiben oder dem Vermächtnisnehmer nur für ein Entgelt überlassen werden sollen.[487] Die Auslegung kann ergeben, dass eine Sache, die nicht Zubehör ist, aufgrund des wirtschaftlichen Zusammenhangs zur Hauptsache dennoch mitvermacht werden soll.[488] 230

bb) § 2164 Abs. 2 BGB. Vorbehaltlich eines abweichenden Willens des Erblassers erstreckt sich der Umfang des Vermächtnisses auch auf Schadensersatzansprüche des Erblassers wegen Wertminderung des Vermächtnisgegenstands, die nach (oder in Unkenntnis des Erblassers vor) Anordnung des Vermächtnisses entstanden sind. Der Anspruch beschränkt sich auf den Substanzwert der Sache.[489] Denkbare darüber hinaus gehende Wertersatzansprüche des Erblassers bleiben unberücksichtigt.[490] 231

7. Belastungen

§ 2165 BGB

(1) Ist ein zur Erbschaft gehörender Gegenstand vermacht, so kann der Vermächtnisnehmer im Zweifel nicht die Beseitigung der Rechte verlangen, mit denen der Gegenstand belastet ist. Steht dem Erblasser ein Anspruch auf die Beseitigung zu, so erstreckt sich im Zweifel das Vermächtnis auf diesen Anspruch.

(2) Ruht auf einem vermachten Grundstück eine Hypothek, Grundschuld oder Rentenschuld, die dem Erblasser selbst zusteht, so ist aus den Umständen zu entnehmen, ob die Hypothek, Grundschuld oder Rentenschuld als mitvermacht zu gelten hat.

[479] Staudinger/*Otte* § 2164 Rn. 9; Soergel/*Wolf* § 2164 Rn. 5.
[480] NK-BGB/*Horn/J. Mayer* § 2164 Rn. 7.
[481] MüKoBGB/*Rudy* § 2164 Rn. 2; NK-BGB/*Horn/J. Mayer* § 2164 Rn. 3; Palandt/*Weidlich* § 2164 Rn. 1.
[482] NK-BGB/*Horn/J. Mayer* § 2164 Rn. 3; Staudinger/*Otte* § 2164 Rn. 4.
[483] MüKoBGB/*Rudy* § 2164 Rn. 3; Staudinger/*Otte* § 2164 Rn. 2.
[484] MüKoBGB/*Rudy* § 2164 Rn. 3; NK-BGB/*Horn/J. Mayer* § 2164 Rn. 4; Staudinger/*Otte* § 2164 Rn. 2.
[485] *Lange/Kuchinke* ErbR § 29 V Fn. 203; NK-BGB/*Horn/J. Mayer* § 2164 Rn. 4; Palandt/*Weidlich* § 2164 Rn. 2.
[486] NK-BGB/*Horn/J. Mayer* § 2164 Rn. 4; Staudinger/*Otte* § 2164 Rn. 2.
[487] MüKoBGB/*Rudy* § 2164 Rn. 3.
[488] MüKoBGB/*Rudy* § 2164 Rn. 4.
[489] NK-BGB/*Horn/J. Mayer* § 2164 Rn. 8.
[490] *Kipp/Coing* ErbR § 58 II; MüKoBGB/*Rudy* § 2164 Rn. 6.

232 a) **Normzweck.** Es besteht die Vermutung, dass der Erblasser den vermachten Gegenstand regelmäßig mit den **tatsächlichen und rechtlichen Eigenschaften** vermachen möchte, wie sie **vor dem Erbfall** bestehen. Der Vermächtnisnehmer soll den Gegenstand so erhalten, wie er auch dem Erblasser zustand.[491] § 2165 Abs. 1 S. 1 BGB enthält eine folgerichtige Auslegungsregel hinsichtlich der Belastung eines Vermächtnisgegenstandes mit Rechten Dritter. § 2165 Abs. 1 S. 2 BGB ergänzt diese mit einer abweichenden Auslegungsregel für den Ausnahmefall, dass dem Erblasser ein Anspruch auf Beseitigung der Belastung zustand. § 2165 Abs. 2 BGB betrifft vermachte Grundstücke, die mit einem **Eigentümergrundpfandrecht** des Erblassers belastet sind.

233 b) **Tatbestand und Rechtsfolge.** *aa) § 2165 Abs. 1 S. 1 BGB.* Der vermachte Gegenstand muss im Zeitpunkt des Erbfalls zur Erbschaft, also **zum Vermögen des Erblassers,** gehören. Eine spätere Zugehörigkeit reicht nur insofern aus, als der Gegenstand erst nach dem Erbfall entsteht.[492] Für fremde vermachte Gegenstände (§§ 2170, 2169 BGB) regelt § 2182 Abs. 2 BGB die Haftung für Rechtsmängel; bei Gattungsvermächtnissen nach § 2155 BGB gilt § 2182 Abs. 1 BGB und bei belasteten Grundstücken ist § 2182 Abs. 3 BGB *lex specialis.*

234 Wurde ein Gegenstand zur Sicherung übereignet, gehört er nicht mehr zur Erbschaft.[493] In solchen Fällen wird der Erblasser regelmäßig von der Erfüllung der gesicherten Verbindlichkeit ausgehen, so dass von einem Verschaffungsvermächtnis gem. § 2170 BGB auszugehen ist.[494] Gleiches gilt für die Belastung mit gesetzlichen und vertraglichen Pfandrechten.[495] Unter Belastung iSd Vorschrift fallen grundsätzlich[496] alle **dinglichen Rechte** an der vermachten Sache, die auch dem Beschwerten zustehen können. So kommen etwa Pfandrechte, Nießbrauchsrechte, Hypotheken und öffentliche Lasten in Betracht.[497] Nicht ausreichend sind indes die Vermietung oder Verpachtung der Sache. Hier sind die §§ 566 (iVm § 578) und 986 Abs. 2 BGB zu beachten.[498]

235 Ist § 2165 Abs. 1 S. 1 BGB einschlägig, kann der Vermächtnisnehmer keine Beseitigung der Rechte verlangen, die den vermachten Gegenstand belasten. Er haftet im Innen- sowie im Außenverhältnis nur dinglich mit dem vermachten Gegenstand, **nicht persönlich.**[499] Eine persönliche Haftung ergibt sich laut *Horn/J. Mayer*[500] einzig bei der Reallast (§ 1108 BGB). Abweichungen können sich aus den §§ 2166 bis 2168a BGB sowie dem Erblasserwillen ergeben.[501]

236 *bb) § 2165 Abs. 1 S. 2 BGB.* Abweichend von § 2165 Abs. 1 S. 1 BGB erstreckt sich der Vermächtnisanspruch auf die Belastungsbeseitigung, wenn schon dem Erblasser ein solcher Anspruch zustand. Ein bedingter Anspruch genügt hierzu.[502] Der Vermächtnisnehmer kann vom Beschwerten nicht die Beseitigung selbst, sondern die **Abtretung des Beseitigungsanspruchs** verlangen.[503] Nicht selbstständig übertragbare Beseitigungsansprüche wie der der Grundbuchberichtigung gem. § 894 BGB gehen mit der Erfüllung des Vermächtnisanspruchs von selbst auf den Vermächtnisnehmer über.[504]

237 *cc) § 2165 Abs. 2 BGB.* Bei Eigentümergrundpfandrechten (§§ 1163, 1168, 1170 bis 1173, 1177 und 1196 BGB) findet § 2165 Abs. 1 BGB keine Anwendung. Es ist gem. § 2165 Abs. 2 BGB **den Umständen zu entnehmen,** ob diese mitvermacht wurden. Für die

491 MüKoBGB/*Rudy* § 2165 Rn. 1; Staudinger/*Otte* § 2165 Rn. 3.
492 JurisPK-BGB/*Reymann* § 2165 Rn. 5; Staudinger/*Otte* § 2165 Rn. 1.
493 MüKoBGB/*Rudy* § 2165 Rn. 2; Staudinger/*Otte* § 2165 Rn. 5.
494 Staudinger/*Otte* § 2165 Rn. 5.
495 Staudinger/*Otte* § 2165 Rn. 7.
496 MüKoBGB/*Rudy* § 2164 Rn. 3 mit Ausnahmen unter Rn. 5; Staudinger/*Otte* § 2165 Rn. 4.
497 Palandt/*Weidlich* § 2165 Rn. 1.
498 MüKoBGB/*Rudy* § 2165 Rn. 3; Staudinger/*Otte* § 2165 Rn. 6.
499 NK-BGB/*Horn/J. Mayer* § 2165 Rn. 6.
500 NK-BGB/*Horn/J. Mayer* § 2165 Rn. 6 Fn. 12.
501 NK-BGB/*Horn/J. Mayer* § 2165 Rn. 6.
502 BGH WM 1980, 310 (312) = BeckRS 1979, 30378991.
503 Staudinger/*Otte* § 2165 Rn. 11.
504 NK-BGB/*Horn/J. Mayer* § 2165 Rn. 7; Staudinger/*Otte* § 2165 Rn. 11.

Frage, ob ein Eigentümergrundrecht vorliegt, ist die materielle Rechtslage maßgeblich, das Grundbuch kann hiervon abweichen.[505]

Wurde ein Grundpfandrecht dadurch zum Eigentümergrundpfandrecht, dass der Erblasser die gesicherte Forderung befriedigt hat, sprechen die Umstände und die Lebenserfahrung grundsätzlich für ein Mitvermachen des Eigentümergrundpfandrechts. Denn der juristische Laie wird nach der Tilgung regelmäßig vom Untergang des Grundpfandrechts ausgehen.[506] Ein Mitvermachen wird dagegen bei vorläufigen Eigentümergrundschulden in der Regel abzulehnen sein.[507] 238

8. Belastung mit einer Hypothek

§ 2166 BGB

(1) Ist ein vermachtes Grundstück, das zur Erbschaft gehört, mit einer Hypothek für eine Schuld des Erblassers oder für eine Schuld belastet, zu deren Berichtigung der Erblasser dem Schuldner gegenüber verpflichtet ist, so ist der Vermächtnisnehmer im Zweifel dem Erben gegenüber zur rechtzeitigen Befriedigung des Gläubigers insoweit verpflichtet, als die Schuld durch den Wert des Grundstücks gedeckt wird. Der Wert bestimmt sich nach der Zeit, zu welcher das Eigentum auf den Vermächtnisnehmer übergeht; er wird unter Abzug der Belastungen berechnet, die der Hypothek im Range vorgehen.

(2) Ist dem Erblasser gegenüber ein Dritter zur Berichtigung der Schuld verpflichtet, so besteht die Verpflichtung des Vermächtnisnehmers im Zweifel nur insoweit, als der Erbe die Berichtigung nicht von dem Dritten erlangen kann.

(3) Auf eine Hypothek der im § 1190 bezeichneten Art finden diese Vorschriften keine Anwendung.

a) **Normzweck.** Die Vorschrift beruht auf dem Nebeneinander der durch § 1967 BGB begründeten persönlichen Haftung des Erben und der dinglichen Haftung des Vermächtnisnehmers ab dem Zeitpunkt der Vermächtniserfüllung. Die Auslegungsregel erfasst den Fall, dass ein vermachtes Grundstück zugunsten eines Dritten mit einer Hypothek belastet ist, deren Beseitigung der Vermächtnisnehmer gem. § 2165 Abs. 1 S. 1 BGB nicht verlangen kann und für die der Erblasser zum Zeitpunkt des Erbfalls **persönlich haftete.** 239

Mit der Befriedigung des Hypothekengläubigers durch den Vermächtnisnehmer würde gem. den §§ 1143 Abs. 1, 774, 412 BGB die Forderung auf den Vermächtnisnehmer übergehen, die dieser entgegen dem Grundsatz des § 2165 Abs 1 S. 1 BGB (kein Anspruch auf Übertragung eines lastenfreien Gegenstandes) als Nachlassverbindlichkeit gegen den Erben geltend machen könnte. Der Erbe hätte dann neben dem Grundstücksvermächtnis zusätzlich deren wirtschaftliche Belastung in Form der Hypothekenschulden zu tragen. Dies würde der allgemeinen Wertung widersprechen, dass der durch das vermachte Grundstück Begünstigte die Belastungen zu tragen hat.[508] Denn oftmals kann er diese aus den Erträgen des Grundstücks bestreiten. Jedenfalls steht die Belastung in einer inneren Beziehung zum Grundstück.[509] 240

b) **Tatbestand und Rechtsfolge.** Das Grundstück oder der Grundstücksbruchteil[510] muss zum Nachlass gehören (keine Verschaffungsvermächtnisse nach § 2170 BGB) und bereits vor dem Erbfall mit einer Hypothek, die **keine Höchstbetragshypothek**[511] sein darf (§§ 2166 241

[505] BeckOK BGB/*Müller-Christmann* § 2165 Rn. 7; NK-BGB/*Horn*/*J. Mayer* § 2165 Rn. 8; Soergel/*Wolf* § 2165 Rn. 4.

[506] BeckOK BGB/*Müller-Christmann* § 2165 Rn. 7; NK-BGB/*Horn*/*J. Mayer* § 2165 Rn. 8.

[507] BeckOK BGB/*Müller-Christmann* § 2165 Rn. 7; Soergel/*Wolf* § 2165 Rn. 3; Staudinger/*Otte* § 2165 Rn. 10; aA NK-BGB/*Horn*/*J. Mayer* § 2165 Rn. 8.

[508] NK-BGB/*Horn*/*J. Mayer* § 2166 Rn. 1.

[509] Staudinger/*Otte* § 2166 Rn. 2.

[510] BGH NJW 1962, 1715; *Kipp*/*Coing* ErbR § 58 III Fn. 7; MüKoBGB/*Rudy* § 2166 Rn. 3, Fn. 3.

[511] Zur Begründung etwa NK-BGB/*Horn*/*J. Mayer* § 2166 Rn. 5; ausführlich Staudinger/*Otte* § 2166 Rn. 9 und 12 zu vergleichbaren Sicherungsgrundschulden.

Abs. 3, 1190 BGB), belastet sein. Die durch die Hypothek gesicherte Schuld muss eine **persönliche** des Erblassers oder die eines Dritten sein, zu deren Berichtigung der Erblasser verpflichtet ist. Haftete dieser dagegen lediglich mit seinem Grundstück, ist § 2166 BGB nicht anwendbar.[512]

242 Der Vermächtnisnehmer haftet nur insofern (und somit subsidär), als kein Dritter dem Erblasser zur Schuldberichtigung verpflichtet ist (§ 2166 Abs. 2 BGB). Dies sind beispielsweise Fälle des § 775 BGB (Anspruch des Bürgen auf Befreiung) oder des § 426 BGB (Ausgleich unter Gesamtschuldnern). Der Vermächtnisnehmer haftet dann nur, falls der Drittschuldner etwa insolvent oder unauffindbar ist.[513] Indes steht ihm die Einrede der Vorausklage nach § 771 BGB nicht zu.[514] Ist die Hypothekenschuld beim Erbfall bereits zum Teil oder vollständig befriedigt, gilt insoweit § 2165 Abs. 2 BGB und nicht § 2166 BGB.[515] Auf Sicherungsgrundschulden, die eine persönliche Schuld des Erblassers sichern, kann § 2166 BGB analog angewendet werden.[516]

243 Die Haftung des Vermächtnisnehmers gem. § 2166 BGB besteht gegenüber dem Erben (**Innenverhältnis**) und ist auf den Wert des Grundstücks beschränkt (§ 2166 Abs. 1 S. 1 aE BGB). Dieser wird nach dem **Verkehrswert**[517] **des Grundstücks zum Zeitpunkt des Eigentumsübergangs** an den Vermächtnisnehmer bestimmt. Maßgeblicher Zeitpunkt ist daher die Grundbucheintragung (§§ 873, 925 BGB).[518] Grundstücksbelastungen, die zur Zeit des Eigentumsübergangs gegenüber der Hypothek vorrangig sind, werden vom Wert des Grundstücks abgezogen.[519] Berichtigt der Vermächtnisnehmer die Schuld nach Eigentumsübergang entgegen § 2166 Abs. 2 BGB, geht die Forderung gem. § 1143 BGB auf ihn über. Dasselbe gilt, soweit er die Schuld über seine Haftung hinaus berichtigt.[520] Gegenüber dem Dritten haftet der Vermächtnisnehmer nur dinglich mit dem Grundstück.[521]

9. Belastung mit einer Gesamthypothek

§ 2167 BGB

Sind neben dem vermachten Grundstück andere zur Erbschaft gehörende Grundstücke mit der Hypothek belastet, so beschränkt sich die in § 2166 bestimmte Verpflichtung des Vermächtnisnehmers im Zweifel auf den Teil der Schuld, der dem Verhältnis des Wertes des vermachten Grundstücks zu dem Werte der sämtlichen Grundstücke entspricht. Der Wert wird nach § 2166 Abs. 1 Satz 2 berechnet.

244 § 2166 Abs. 1 BGB begründet im Innenverhältnis mit dem Erben eine Haftung des Vermächtnisnehmers. Er ist dadurch dem Erben gegenüber zur Befriedigung des Hypothekengläubigers verpflichtet. § 2166 Abs. 1 S. 1 und Abs. 2 BGB begrenzen diese Haftung des Vermächtnisnehmers auf den Wert des belasteten Grundstücks und auf den Betrag, der von dem Erben nicht von einem Dritten vorrangig verlangt werden kann. Die Auslegungsregel des § 2167 BGB **ergänzt** diese **Haftungsbeschränkungen.**[522]

245 Für die Anwendung des § 2167 BGB ist neben einer Ausgleichspflicht iSd § 2166 BGB zusätzlich eine Gesamthypothek gem. § 1132 BGB notwendig, die das vermachte Grundstück sowie mindestens ein weiteres nachlasszugehöriges Grundstück belastet. Gehört von mehre-

[512] MüKoBGB/*Rudy* § 2166 Rn. 3; NK-BGB/*Horn/J. Mayer* § 2166 Rn. 4.
[513] NK-BGB/*Horn/J. Mayer* § 2166 Rn. 6.
[514] NK-BGB/*Horn/J. Mayer* § 2166 Rn. 6.
[515] NK-BGB/*Horn/J. Mayer* § 2166 Rn. 2; Staudinger/*Otte* § 2166 Rn. 1.
[516] BGH NJW 1963, 1612 (1612 f.); MüKoBGB/*Rudy* § 2166 Rn. 4; NK-BGB/*Horn/J. Mayer* § 2166 BGB Rn. 2.
[517] Ausführlich Staudinger/*Otte* § 2166 Rn. 5.
[518] BeckOK BGB/*Müller-Christmann* § 2166 Rn. 7; NK-BGB/*Horn/J. Mayer* § 2166 Rn. 7; Staudinger/*Otte* § 2166 Rn. 4.
[519] MüKoBGB/*Rudy* § 2166 Rn. 7, 9; Staudinger/*Otte* § 2166 Rn. 6, 7.
[520] MüKoBGB/*Rudy* § 2166 Rn. 11; Staudinger/*Otte* § 2166 Rn. 4, 8 aE.
[521] Staudinger/*Otte* § 2166 Rn. 3.
[522] BeckOK BGB/*Müller-Christmann* § 2167 Rn. 1; Staudinger/*Otte* § 2166 Rn. 1 f.

ren belasteten Grundstücken nur eines zur Erbschaft, bestimmt sich die Haftung nach der Grundregel des § 2166 BGB.[523] Bei mehreren zur Erbschaft gehörenden Grundstücken, welche zusammen mit nicht zur Erbschaft gehörenden Grundstücken belastet sind, gilt § 2167 BGB nur für erstere; die übrigen Grundstücke werden bei der Berechnung der Höhe der Haftung nicht berücksichtigt.[524]

Wenn der Erblasser gegenüber dem Eigentümer des nicht nachlasszugehörigen mithaften- 246
den Grundstücks zur Befriedigung des Gläubigers verpflichtet ist, ergibt sich die Vermächtnisnehmerhaftung über eine analoge Anwendung des § 2168 Abs. 2 BGB nach den §§ 2166 Abs. 1, 2167 BGB.[525] Die **subsidiäre Vermächtnisnehmerhaftung** gegenüber dem Erben zur Berichtigung verpflichteten Dritten (§ 2166 Abs. 2 BGB) gilt auch im Rahmen des § 2167 BGB.[526]

§ 2167 BGB ist analog anzuwenden, falls nicht mehrere Grundstücke, sondern mehrere 247
Miteigentumsanteile eines Grundstücks mit einer Hypothek belastet sind.[527]

Im Zweifel haftet der Vermächtnisnehmer gem. § 2167 BGB im **Innenverhältnis** nur so- 248
weit für die Hypothekenbelastung, wie die Schuld dem Verhältnis zwischen dem Wert des vermachten und dem Wert der übrigen belasteten Grundstücke entspricht. Für die Wertberechnung verweist § 2167 S. 2 BGB auf § 2166 Abs. 1 S. 2 BGB. Die dingliche Haftung im **Außenverhältnis** zwischen Vermächtnisnehmer und Hypothekengläubiger betrifft § 2167 BGB nicht, da § 1132 BGB maßgebend ist.[528]

Beispiel:

Mehrere Grundstücke im Gesamtwert von EUR 150.000 sind mit einer vollvalutierten Gesamthypothek i. H. v. EUR 120.000 belastet. Der Wert des vermachten Grundstücks beträgt EUR 50.000 und macht somit 1/3 des Gesamtwertes der Grundstücke aus. Dementsprechend haftet der Vermächtnisnehmer für 1/3 der Gesamthypothekenschuld. Seine Ausgleichspflicht beträgt mithin EUR 40.000.

10. Belastung mit einer Gesamtgrundschuld

§ 2168 BGB

(1) Besteht an mehreren zur Erbschaft gehörenden Grundstücken eine Gesamtgrundschuld oder eine Gesamtrentenschuld und ist eines dieser Grundstücke vermacht, so ist der Vermächtnisnehmer im Zweifel dem Erben gegenüber zur Befriedigung des Gläubigers in Höhe des Teils der Grundschuld oder der Rentenschuld verpflichtet, der dem Verhältnis des Wertes des vermachten Grundstücks zu dem Wert der sämtlichen Grundstücke entspricht. Der Wert wird nach § 2166 Abs. 1 Satz 2 berechnet.

(2) Ist neben dem vermachten Grundstück ein nicht zur Erbschaft gehörendes Grundstück mit einer Gesamtgrundschuld oder einer Gesamtrentenschuld belastet, so finden, wenn der Erblasser zur Zeit des Erbfalls gegenüber dem Eigentümer des anderen Grundstücks oder einem Rechtsvorgänger des Eigentümers zur Befriedigung des Gläubigers verpflichtet ist, die Vorschriften des § 2166 Abs. 1 und des § 2167 entsprechende Anwendung.

§ 2168 Abs. 1 S. 1 BGB enthält eine Auslegungsregel für Grundstücksbelastungen durch 249
eine Gesamtgrund- oder Gesamtrentenschuld (§ 1132 iVm den §§ 1192, 1199 BGB) und entspricht inhaltlich dem § 2167 BGB.[529] Demzufolge müssen zur Anwendung sämtliche von der Gesamtgrund- bzw. Gesamtrentenschuld belasteten Grundstücke **zur Erbschaft** ge-

[523] NK-BGB/*Horn*/*J. Mayer* § 2167 Rn. 2; Staudinger/*Otte* § 2167 Rn. 3.
[524] NK-BGB/*Horn*/*J. Mayer* § 2167 Rn. 2.
[525] MüKoBGB/*Rudy* § 2167 Rn. 2; NK-BGB/*Horn*/*J. Mayer* § 2167 Rn. 2.
[526] NK-BGB/*Horn*/*J. Mayer* § 2167 Rn. 2.
[527] JurisPK-BGB/*Reymann* § 2167 Rn. 3; Staudinger/*Otte* § 2167 Rn. 4.
[528] JurisPK-BGB/*Reymann* § 2167 Rn. 2; NK-BGB/*Horn*/*J. Mayer* § 2167 Rn. 5; Palandt/*Weidlich* § 2167 Rn. 1; es haftet jedes belastete Grundstück voll für die Forderung (§ 1132 Abs. 1 S. 1 BGB), welche der Gläubiger nach seinem Belieben auf die Grundstücke verteilen kann (§ 1132 Abs. 1 S. 2, Abs. 2 BGB).
[529] NK-BGB/*Horn*/*J. Mayer* § 2168 Rn. 2; „Parallele zu § 2167 BGB": MüKoBGB/*Rudy* § 2168 Rn. 1; Staudinger/*Otte* § 2168 Rn. 1.

hören.[530] § 2168 Abs. 2 BGB erweitert gegenüber § 2166 Abs. 1 S. 1 BGB die Haftung des Vermächtnisnehmers.[531] Seinem Sinn und Zweck nach gilt § 2268 Abs. 2 BGB auch dann, wenn der Erblasser nicht dem Eigentümer, sondern dem Schuldner zur Befriedigung des Gläubigers verpflichtet war oder dem Gläubiger persönlich haftete.[532] Auf Gesamthypotheken ist § 2168 Abs. 2 BGB analog anzuwenden.[533]

250 Gem. § 2168 Abs. 1 BGB besteht auch bei Gesamtgrund- oder Gesamtrentenschulden **im Innenverhältnis** bzgl. eines mitbelasteten und vermachten Grundstückes nur eine **wertanteilige Ausgleichspflicht** des Vermächtnisnehmers gegenüber dem Erben.[534] Über die Verweisung in § 2168 Abs. 1 S. 2 BGB hinaus gelten für das Ausmaß der Haftung neben § 2166 Abs. 1 S. 2 BGB auch § 2167 Abs. 1 S. 1 und Abs. 2 BGB.[535] Somit sind wiederum der Grundstückswert als Haftungsgrenze sowie die **Subsidiarität der Ausgleichspflicht** des Vermächtnisnehmers gegenüber dem Erben zur Berichtigung verpflichteten Dritten zu beachten. Nach § 2168 Abs. 2 BGB haftet der Vermächtnisnehmer auch dann, wenn neben dem vermachten Grundstück auch ein nicht zur Erbschaft gehörendes Grundstück mit einer Gesamtgrund- oder Gesamtrentenschuld belastet ist und der Erblasser gegenüber dem Eigentümer des anderen Grundstücks oder dessen Rechtsnachfolger zur Befriedigung verpflichtet war (etwa aufgrund von § 415 Abs. 3 BGB oder § 1173 BGB).[536]

11. Anwendung auf Schiffe, Schiffsbauwerke und Schiffshypotheken

§ 2168a BGB

§ 2165 Abs. 2, §§ 2166, 2167 gelten sinngemäß für eingetragene Schiffe und Schiffsbauwerke und für Schiffshypotheken.

251 § 2168a BGB ordnet die sinngemäße Anwendung des § 2165 Abs. 2 BGB und der §§ 2166, 2167 BGB für eingetragene **Schiffe** und Schiffsbauwerke und für Schiffshypotheken (vgl. die §§ 8, 24 ff. und 76 ff. SchiffsRG) an. Grundsätzlich erlischt die Schiffshypothek bei Vereinigung mit dem Eigentum oder bei Erlöschen der gesicherten Forderung (§ 64 Abs. 1 SchiffsRG, § 57 SchiffsRG). § 2165 Abs. 2 BGB ist daher nur in den seltenen Fällen des § 64 Abs. 2 SchiffsRG sinngemäß anzuwenden.[537] Das Recht des Eigentümers, anstelle einer erloschenen, aber noch nicht gelöschten Schiffshypothek eine andere eintragen zu lassen (sog. Stellenoffenhaltung nach § 57 Abs. 3 SchiffsRG), ist kein Recht am Schiff und geht folglich unmittelbar mit dem Schiffseigentum auf den Vermächtnisnehmer über.[538] Bei einer Gesamtschiffshypothek nach § 28 SchiffsRG gilt § 2167 BGB. Für Nießbräuche nach § 9 SchiffsRG findet § 2165 Abs. 1 BGB unmittelbare Anwendung.[539]

252 Die fehlende Verweisung nach § 2168 BGB erklärt sich daraus, dass nach dem SchiffsRG bei eingetragenen Schiffen nur die Schiffshypothek als Pfandrecht vorgesehen ist.[540] § 98 Abs. 2 LuftfzRG ordnet die sinngemäße Anwendung des § 2168a BGB auf in der Luftfahrzeugrolle eingetragene Luftfahrzeuge an.[541] Hierbei entspricht das Registerpfandrecht der Schiffshypothek.[542]

---

[530] JurisPK-BGB/*Reymann* § 2168 Rn. 4.
[531] MüKoBGB/*Rudy* § 2168 Rn. 3.
[532] MüKoBGB/*Rudy* § 2168 Rn. 3; NK-BGB/*Horn/J. Mayer* § 2168 Rn. 3.
[533] NK-BGB/*Horn/J. Mayer* § 2168 Rn. 3 aE.
[534] NK-BGB/*Horn/J. Mayer* § 2168 Rn. 2.
[535] MüKoBGB/*Rudy* § 2168 Rn. 2; Staudinger/*Otte* § 2168 Rn. 4.
[536] NK-BGB/*Horn/J. Mayer* § 2168 Rn. 3.
[537] NK-BGB/*Horn/J. Mayer* § 2168a Rn. 1; Staudinger/*Otte* § 2168a Rn. 2.
[538] MüKoBGB/*Rudy* § 2168a Rn. 1; Staudinger/*Otte* § 2168a Rn. 2.
[539] NK-BGB/*Horn/J. Mayer* § 2168a Rn. 1; Staudinger/*Otte* § 2168a Rn. 3.
[540] MüKoBGB/*Rudy* § 2168a Rn. 1; Staudinger/*Otte* § 2168a Rn. 1.
[541] MüKoBGB/*Rudy* § 2168a Rn. 2; NK-BGB/*Horn/J. Mayer* § 2168a Rn. 2.
[542] MüKoBGB/*Rudy* § 2168a Rn. 2; NK-BGB/*Horn/J. Mayer* § 2168a Rn. 2.

12. Vermächtnis fremder Gegenstände

§ 2169 BGB

(1) Das Vermächtnis eines bestimmten Gegenstands ist unwirksam, soweit der Gegenstand zur Zeit des Erbfalls nicht zur Erbschaft gehört, es sei denn, dass der Gegenstand dem Bedachten auch für den Fall zugewendet sein soll, dass er nicht zur Erbschaft gehört.

(2) Hat der Erblasser nur den Besitz der vermachten Sache, so gilt im Zweifel der Besitz als vermacht, es sei denn, dass er dem Bedachten keinen rechtlichen Vorteil gewährt.

(3) Steht dem Erblasser ein Anspruch auf Leistung des vermachten Gegenstands oder, falls der Gegenstand nach der Anordnung des Vermächtnisses untergegangen oder dem Erblasser entzogen worden ist, ein Anspruch auf Ersatz des Wertes zu, so gilt im Zweifel der Anspruch als vermacht.

(4) Zur Erbschaft gehört im Sinne des Absatzes 1 ein Gegenstand nicht, wenn der Erblasser zu dessen Veräußerung verpflichtet ist.

a) **Normzweck.** Die Vorschrift beruht auf der Annahme, dass der Erblasser regelmäßig nur solche Gegenstände vermachen möchte, die zu seinem Vermögen gehören.[543] § 2169 Abs. 1 BGB regelt die Wirksamkeit von Vermächtnissen, bei denen der vermachte Gegenstand bei dem Erbfall **nicht zu dem Vermögen des Erblassers gehört.** In den Anwendungsbereich fallen auch Stückvermächtnisse, Wahlvermächtnisse[544] sowie auf den Nachlass beschränkte Gattungsvermächtnisse, bei denen kein der Gattung entsprechender Gegenstand zu dem Vermögen des Erblassers zählt.[545] 253

§ 2169 Abs. 2 BGB betrifft den Fall, dass der Gegenstand zwar nicht dem Erblasser gehört, sondern der Erblasser Besitzer ist. § 2169 Abs. 3 BGB findet Anwendung, sofern dem Erblasser ein Anspruch auf Leistung des vermachten Gegenstandes oder ein Ersatzanspruch für dessen Untergang bzw. Entzug zustand. Abs. 2 und Abs. 3 können nebeneinander anzuwenden sein[546] und mildern die Unwirksamkeitsfolge des Abs. 1 durch ihre Ersatzansprüche auf Besitz, Leistung oder Wertersatz ab.[547] 254

b) **Tatbestand und Rechtsfolge.** *aa) Vermächtnis eines fremden Gegenstandes – § 2169 Abs. 1 BGB.* Der Erblasser muss durch Testament oder Erbvertrag einen **nicht zur Erbschaft gehörenden** Gegenstand vermacht haben. Gegenstand iSd Vorschrift sind nicht nur körperliche Gegenstände, also Sachen iSv § 90 BGB, sondern auch Rechte,[548] am Gegenstand zu bestellende Rechte[549] sowie das Recht auf den Erwerb des Gegenstandes.[550] 255

Aus welchem **Grund** der Gegenstand nicht zur Erbschaft gehört, ist unerheblich.[551] Maßgeblich ist die rechtliche Zugehörigkeit.[552] Schließlich ordnet § 2169 Abs. 4 BGB ergänzend an, dass auch Gegenstände, zu deren Veräußerung sich der Erblasser verpflichtet hatte, als fremd gelten. 256

Zu dem Vermögen des Erblassers gehören solche Sachen nicht, die zu einem **Gesamthandsvermögen**[553] zählen, auch wenn der Erblasser daran beteiligt ist.[554] Dagegen kann sich 257

[543] BGH NJW1959, 2252; NK-BGB/*Horn/J. Mayer* § 2169 Rn. 1; Staudinger/*Otte* § 2169 Rn. 1.
[544] Vgl. OLG Bremen ZEV 2001, 401; NK-BGB/*Horn/J. Mayer* § 2169 Rn. 3; Staudinger/*Otte* § 2169 Rn. 2.
[545] MüKoBGB/*Rudy* § 2169 Rn. 3; Staudinger/*Otte* § 2169 Rn. 2.
[546] NK-BGB/*Horn/J. Mayer* § 2169 Rn. 2 Fn. 3; MüKoBGB/*Rudy* § 2169 Rn. 12.
[547] NK-BGB/*Horn/J. Mayer* § 2169 Rn. 2.
[548] BGH NJW 1983, 937; MüKoBGB/*Rudy* § 2169 Rn. 3; Palandt/*Weidlich* § 2169 Rn. 1; Burandt/Rojahn/*Burandt* § 2169 Rn. 3.
[549] BGH NJW 1983, 937; OLG Celle MDR 1950, 353 (354).
[550] Vgl. BGH NJW 1959, 2252 (2254); Staudinger/*Otte* § 2169 Rn. 4.
[551] BGH NJW 1957, 421; NK-BGB/*Horn/J. Mayer* § 2169 Rn. 4; Staudinger/*Otte* § 2169 Rn. 5.
[552] Burandt/Rojahn/*Burandt* § 2169 Rn. 5; NK-BGB/*Horn/J. Mayer* § 2169 Rn. 4.
[553] So etwa bei einer Erbengemeinschaft, einem Gesamtgut der Gütergemeinschaft oder dem Gesellschaftsvermögen einer Personengesellschaft.
[554] BGH NJW 1964, 2298 (2299); MüKoBGB/*Rudy* § 2169 Rn. 5; Staudinger/*Otte* § 2169 Rn. 7.

durch Auslegung ein auf die Zuwendung eines Anteils an der Gesamthand gerichteter Erblasserwille ergeben.[555] Gehört ein ideeller Bruchteil des Gegenstandes zu dem Vermögen des Erblassers, ist das Vermächtnis insoweit wirksam (§ 2085 BGB).

258 Entscheidender **Zeitpunkt** für die Nichtzugehörigkeit des Gegenstandes zu dem Erblasservermögen ist **der Erbfall** und nicht der der Testamentserrichtung oder des Anfalls des Vermächtnisses.[556] Ob der Erblasser **Kenntnis** von der Nichtzugehörigkeit hatte, ist für die Anwendung von § 2169 Abs. 2 BGB gleichgültig.[557] Diese Frage kann indes bei der Ermittlung des Erblasserwillens des § 2169 Abs. 1 Hs. 2 BGB erheblich sein, also ob ein Verschaffungsvermächtnis vorliegt.[558]

259 Gehört der Gegenstand nicht zu dem Vermögen des Erblassers, ist die Zuwendung im Zweifel unwirksam und es besteht kein Leistungsanspruch des Bedachten nach § 2174 BGB. Gehört der Gegenstand teilweise zu dem Erblasservermögen, gilt § 2085 BGB.[559] Ist das Vermächtnis gem. § 2169 Abs. 1 BGB unwirksam, kann ein Sekundärvermächtnis[560] gem. § 2169 Abs. 2 oder 3 BGB vorliegen. Wollte der Erblasser den Gegenstand dagegen auch für den Fall gem. § 2169 Abs. 1 Hs. 2 BGB zuwenden, dass dieser nicht zu seinem Vermögen gehört, liegt ein Verschaffungsvermächtnis nach § 2170 BGB vor.[561]

260 Die Darlegungs- und Beweislast hinsichtlich der Fremdheit des Gegenstandes trägt der Vermächtnisbeschwerte.[562] Den auf ein Verschaffungsvermächtnis gerichteten Erblasserwillen muss dagegen der Bedachte beweisen.[563]

261 *bb) Vermächtnis des Besitzes – § 2169 Abs. 2 BGB.* War der Erblasser im Besitz des vermachten Gegenstandes, so gilt im Zweifel gem. § 2169 Abs. 2 BGB der Besitz als vermacht. Dies gilt nicht, sofern der Bedachte keinen rechtlichen Vorteil durch den Besitz erlangt und deshalb mit einem berechtigten Herausgabeverlangen des Eigentümers konkret zu rechnen wäre.[564] Dies ist beispielsweise bei einem unrechtmäßigen Besitz oder § 540 BGB, § 603 S. 2 BGB und § 691 S. 1 BGB der Fall, sofern keine Zurückbehaltungsrechte oder Gegenansprüche bestehen.[565] Rechtliche Vorteile ergeben sich etwa aus den §§ 858 ff. 861 f., 937 ff., 987 ff., 1006 und 1007 BGB.[566] Die **Darlegungs- und Beweislast** für den Besitz des Erblassers trägt der Bedachte.[567] Dagegen hat der Beschwerte einen § 2169 Abs. 2 BGB entgegenstehenden Willen des Erblassers zu beweisen.[568]

262 *cc) Vermächtnis eines Leistungs- oder Wertersatzanspruchs – § 2169 Abs. 3 BGB.* Der Anwendungsbereich erfasst die Fälle im Vorfeld des § 2173 BGB. Der Erblasser darf somit den Gegenstand bzw. dessen Ersatz nicht bereits erhalten haben, sonst gilt § 2173 BGB.[569] Als **Anspruch auf Leistung** des vermachten Gegenstandes kommt etwa ein Übereignungsanspruch einer Sache oder eines Anwartschaftsrechts in Betracht.[570] Unerheblich ist, ob der Erblasser Kenntnis davon hatte, dass der Leistungsanspruch noch nicht erfüllt war.[571] Der

---

555 MüKoBGB/*Rudy* § 2169 Rn. 5.
556 BeckOK BGB/*Müller-Christmann* § 2169 Rn. 3; NK-BGB/*Horn/J. Mayer* § 2169 Rn. 4.
557 Burandt/Rojahn/*Burandt* § 2169 Rn. 5.
558 BGH FamRZ 1984, 41; Staudinger/*Otte* § 2169 Rn. 6.
559 NK-BGB/*Horn/J. Mayer* § 2169 Rn. 7; oder § 139 BGB: *Lange/Kuchinke* ErbR § 29 V Fn. 189.
560 NK-BGB/*Horn/J. Mayer* § 2169 Rn. 7; auch als Restvermächtnis bezeichnet bei MüKoBGB/*Rudy* § 2169 Rn. 8.
561 Palandt/*Weidlich* § 2169 Rn. 2; Staudinger/*Otte* § 2169 Rn. 10.
562 JurisPK-BGB/*Reymann* § 2169 Rn. 35; NK-BGB/*Horn/J. Mayer* § 2169 Rn. 14; Palandt/*Weidlich* § 2169 Rn. 4.
563 BGH FamRZ 1984, 41 (42); jurisPK-BGB/*Reymann* § 2169 Rn. 35; NK-BGB/*Horn/J. Mayer* § 2169 Rn. 14.
564 *Lange/Kuchinke* ErbR § 29 V Fn. 196; NK-BGB/*Horn/J. Mayer* § 2169 Rn. 8; ausführlich Staudinger/*Otte* § 2169 Rn. 14.
565 NK-BGB/*Horn/J. Mayer* § 2169 Rn. 8; Palandt/*Weidlich* § 2169 Rn. 6.
566 NK-BGB/*Horn/J. Mayer* § 2169 Rn. 8.
567 JurisPK-BGB/*Reymann* § 2169 Rn. 35; NK-BGB/*Horn/J. Mayer* § 2169 Rn. 14.
568 JurisPK-BGB/*Reymann* § 2169 Rn. 35; NK-BGB/*Horn/J. Mayer* § 2169 Rn. 14.
569 NK-BGB/*Horn/J. Mayer* § 2169 Rn. 9, 11.
570 NK-BGB/*Horn/J. Mayer* § 2169 Rn. 10.
571 NK-BGB/*Horn/J. Mayer* § 2169 Rn. 10.

Leistungs- bzw. Ersatzanspruch des Erblassers geht so, wie er zur Zeit des Erbfalls besteht, auf den Vermächtnisnehmer über.[572]

Ansprüche auf Ersatz des Wertes sind solche wegen Schadensersatz, Bereicherung, Enteignungsentschädigung, Rücktrittserstattung oder Lastenausgleich.[573] Der Anspruch muss **nach der Vermächtnisanordnung** durch Untergang oder Entzug des Gegenstandes entstanden sein. Ansprüche, die in Unkenntnis des Erblassers bereits vor der Vermächtnisanordnung entstanden sind, werden analog § 2169 Abs. 3 BGB gehandhabt.[574] Bei Kenntnis gelten hingegen die §§ 2171 und 2172 BGB.[575] 263

Auch keinen analogen Fall[576] stellt die rechtsgeschäftliche Surrogation etwa nach der Veräußerung des vermachten Gegenstandes durch den Erblasser dar.[577] Das Surrogat gilt nicht als vermacht, da **kein allgemeines Surrogationsprinzip** innerhalb des BGB existiert.[578] Indes kann sich durch Auslegung etwas anderes ergeben, insbesondere wenn das Surrogat die wirtschaftliche Funktion des veräußerten Gegenstandes übernimmt (→ § 7 Rn. 17 bis 23). Bei einer bloßen Beschädigung des Gegenstandes nach Anordnung des Vermächtnisses gilt § 2164 Abs. 2 BGB. 264

13. Verbindung, Vermischung, Vermengung der vermachten Sache

§ 2172 BGB

(1) Die Leistung einer vermachten Sache gilt auch dann als unmöglich, wenn die Sache mit einer anderen Sache in solcher Weise verbunden, vermischt oder vermengt worden ist, dass nach den §§ 946 bis 948 das Eigentum an der anderen Sache sich auf sie erstreckt oder Miteigentum eingetreten ist, oder wenn sie in solcher Weise verarbeitet oder umgebildet worden ist, dass nach § 950 derjenige, welcher die neue Sache hergestellt hat, Eigentümer geworden ist.

(2) Ist die Verbindung, Vermischung oder Vermengung durch einen anderen als den Erblasser erfolgt und hat der Erblasser dadurch Miteigentum erworben, so gilt im Zweifel das Miteigentum als vermacht; steht dem Erblasser ein Recht zur Wegnahme der verbundenen Sache zu, so gilt im Zweifel dieses Recht als vermacht. Im Falle der Verarbeitung oder Umbildung durch einen anderen als den Erblasser bewendet es bei der Vorschrift des § 2169 Abs. 3.

a) **Normzweck.** Die dispositive[579] Vorschrift ergänzt die Ausführungen zur Unwirksamkeit eines objektiv unmöglichen Vermächtnisses in § 2171 BGB. Nach § 2171 Abs. 1 BGB sind Vermächtnisse, die eine zu dem Zeitpunkt des Erbfalls objektiv unmögliche Leistung zum Gegenstand haben, unwirksam. Liegt dagegen ein entsprechender Wille des Erblassers vor, erklärt § 2171 Abs. 2 BGB solche Vermächtnisse für wirksam, deren objektive Unmöglichkeit behebbar ist. Ebenfalls wirksam sind Vermächtnisse, bei denen vor Eintritt einer aufschiebenden Bedingung oder eines Anfangstermins die objektive Unmöglichkeit behoben wird. 265

§ 2172 Abs. 1 BGB ordnet hinzufügend an, dass die Leistung des **vermachten Gegenstandes** auch dann unmöglich ist, wenn dieser mit einer anderen Sache in solcher Weise **verbunden, vermischt** oder **vermengt** worden ist, dass sich nach den §§ 946 bis 948 BGB das Eigentum an der anderen Sache auf sie erstreckt bzw. Miteigentum entsteht oder wenn sie in solcher Weise **verarbeitet** oder **umgebildet** worden ist, dass nach § 950 BGB derjenige, wel- 266

[572] MüKoBGB/*Rudy* § 2169 Rn. 13.

[573] Burandt/Rojahn/*Burandt* § 2169 Rn. 14; NK-BGB/*Horn/J. Mayer* § 2169 Rn. 11; Staudinger/*Otte* § 2169 Rn. 15.

[574] NK-BGB/*Horn/J. Mayer* § 2169 Rn. 11; direkte Anwendung MüKoBGB/*Rudy* § 2169 Rn. 14.

[575] MüKoBGB/*Rudy* § 2169 Rn. 14; NK-BGB/*Horn/J. Mayer* § 2169 Rn. 11.

[576] BGH NJW 1957, 421; MüKoBGB/*Rudy* § 2169 Rn. 15; Staudinger/*Otte* § 2169 Rn. 16; aA *Lange/Kuchinke* ErbR § 29 V Fn. 195.

[577] NK-BGB/*Horn/J. Mayer* § 2169 Rn. 9; Staudinger/*Otte* § 2169 Rn. 16.

[578] BGH NJW 1957, 421; Palandt/*Weidlich* § 2169 Rn. 7; Staudinger/*Otte* § 2169 Rn. 16; aA *Lange/Kuchinke* ErbR § 29 V Fn. 195; Kriterien zum Abgrenzungsfall, ob nach einer Veräußerung der Erlös vermacht ist bei § 7 Rn. 7 bis 16.

[579] NK-BGB/*Horn/J. Mayer* § 2172 Rn. 1.

cher die neue Sache hergestellt hat, Eigentümer geworden ist. § 2172 Abs. 2 BGB mildert die durch die Unmöglichkeit bedingte Unwirksamkeitsfolge des § 2172 Abs. 1 BGB iVm § 2171 BGB durch die Gewähr von Sekundärvermächtnissen.

267 **b) Tatbestand und Rechtsfolge.** *aa) Unwirksamkeit des Vermächtnisses – § 2172 Abs. 1 BGB.* Durch die Vermengung, Vermischung, Verbindung, Verarbeitung oder Umbildung müssen sich die **Eigentumsverhältnisse** an der vermachten Sache **nachteilig geändert** haben.[580] Dies ist dann etwa nicht der Fall, wenn die vermachte Sache nach der Verbindung oder der Vermischung als Hauptsache anzusehen ist (§ 947 Abs. 2 BGB bzw. § 948 Abs. 1 BGB iVm § 947 Abs. 2 BGB). Eine nachteilige Eigentumsveränderung liegt ferner nicht vor, soweit bei einer Verarbeitung oder Umbildung der Wert der neuen Sache erheblich geringer ist als der Wert der vermachten Sache (§ 950 Abs. 1 BGB). Unerheblich für die Frage der Eigentumsveränderung ist, wer diese veranlasst hat und ob der Erblasser Eigentümer aller beteiligten Sachen war und somit selbst kein Eigentum verloren hat. Maßgeblich ist allein das konkrete Eigentum an der vermachten Sache.[581] In den Anwendungsbereich des § 2172 Abs. 1 BGB fallen nur solche Eigentumsverluste, die **vor dem Erbfall eingetreten** sind.[582] Die Konstellationen nach Eintritt des Erbfalls richten sich nach §§ 280 ff. BGB.[583]

268 Sind die Tatbestandsvoraussetzungen des § 2172 Abs. 1 BGB erfüllt, gilt das Vermächtnis als von Anfang an objektiv unmöglich und somit über § 2171 BGB als unwirksam.[584] Geschah der Vorgang weder durch den Erblasser selbst noch mit seiner Billigung, kommen die Ersatzansprüche des § 2169 Abs. 3 BGB (iVm § 2172 Abs. 2 S. 2 BGB) in Betracht. Andernfalls sind die Sekundärvermächtnisansprüche nicht anwendbar und nach der Lebenserfahrung ist von einer stillschweigenden Auflösung des Vermächtnisses durch den Erblasser auszugehen.[585] Die Einzelfallauslegung kann jedoch auch in solchen Fällen zu ähnlichen Rechtsfolgen wie die des § 2172 Abs. 2 BGB gelangen.[586]

269 *bb) Sekundärvermächtnisansprüche – § 2172 Abs. 2 BGB.* Erfolgte die nachteilige Veränderung der Eigentumsverhältnisse gem. § 2172 Abs. 1 BGB nicht durch den Erblasser und wurde seinerseits auch nicht gebilligt, stehen dem Vermächtnisnehmer die **Sekundärvermächtnisansprüche** des § 2172 Abs. 2 BGB zur Verfügung. Das ursprüngliche Vermächtnis ist dagegen unmöglich und damit unwirksam. Erwarb der Erblasser durch die Verbindung, Vermischung oder Vermengung Miteigentum an der neuen Sache, so gilt im Zweifel das **Miteigentum als vermacht** (§ 2172 Abs. 2 S. 1 Hs. 1 BGB). Gehörte auch die andere Sache dem Erblasser, steht dem Vermächtnisnehmer ein Anspruch auf einen Miteigentumsanteil zu, der wertmäßig dem der ursprünglich vermachten Sache entspricht.[587] Stand dem Erblasser ein **Recht zur Wegnahme** der vermachten Sache nach § 951 Abs. 2 BGB zu, wird dieses gem. § 2172 Abs. 1 S. 1 Hs. 2 BGB als vermacht angesehen. Schließlich ordnet § 2172 Abs. 2 S. 2 BGB die entsprechende Anwendung des § 2169 Abs. 3 BGB an. Folglich gilt im Falle der Verarbeitung oder Umbildung der Wertersatzanspruch des Erblassers als vermacht.

14. Forderungsvermächtnis

§ 2173 BGB

Hat der Erblasser eine ihm zustehende Forderung vermacht, so ist, wenn vor dem Erbfall die Leistung erfolgt und der geleistete Gegenstand noch in der Erbschaft vorhanden ist, im Zweifel anzunehmen, dass dem Bedachten dieser Gegenstand zugewendet sein soll. War die Forderung auf die Zahlung einer Geldsumme gerichtet, so gilt im Zweifel die entsprechende Geldsumme als vermacht, auch wenn sich eine solche in der Erbschaft nicht vorfindet.

---

580 MüKoBGB/*Rudy* § 2172 Rn. 3; NK-BGB/*Horn*/*J. Mayer* § 2172 Rn. 3.
581 MüKoBGB/*Rudy* § 2172 Rn. 3; Staudinger/*Otte* § 2172 Rn. 2.
582 MüKoBGB/*Rudy* § 2172 Rn. 2; NK-BGB/*Horn*/*J. Mayer* § 2172 Rn. 2.
583 MüKoBGB/*Rudy* § 2172 Rn. 2; NK-BGB/*Horn*/*J. Mayer* § 2172 Rn. 2.
584 NK-BGB/*Horn*/*J. Mayer* § 2172 Rn. 4.
585 NK-BGB/*Horn*/*J. Mayer* § 2172 Rn. 4 und Fn. 7.
586 MüKoBGB/*Rudy* § 2172 Rn. 4; NK-BGB/*Horn*/*J. Mayer* § 2172 Rn. 5; Staudinger/*Otte* § 2172 Rn. 7.
587 MüKoBGB/*Rudy* § 2172 Rn. 4; Staudinger/*Otte* § 2172 Rn. 4.

a) **Normzweck.** Ist eine Forderung vermacht und erlischt diese vor dem Vermächtnisanfall durch Erfüllung, hat dies gem. § 2171 BGB grundsätzlich die Unwirksamkeit des ursprünglichen Vermächtnisses zur Folge, denn die Übertragung einer nicht (mehr) bestehenden Forderung ist objektiv unmöglich.[588] Die Unwirksamkeit entspricht indes regelmäßig nicht dem Willen des Erblassers.[589] Damit der potentiell Begünstigte nicht leer ausgeht, enthält § 2173 BGB zwei Auslegungsregeln. 270

b) **Tatbestand und Rechtsfolge.** *aa) § 2173 S. 1 BGB.* Der Erblasser muss eine **ihm zustehende Forderung** vermacht haben. Sie muss ihm nicht bei Anordnung des Vermächtnisses, aber spätestens beim Erbfall zustehen.[590] Hierzu gehören auch verbriefte Forderungen aus Inhaber-, Order- und Namenspapieren sowie dingliche Verwertungsrechte, etwa aus einer Grundschuld.[591] Dasselbe gilt für Ersatzansprüche, die durch die Beschädigung oder den Untergang des Vermächtnisgegenstandes entstanden sind (§ 2164 Abs. 2 BGB und § 2169 Abs. 3 BGB).[592] Zudem kann der Erblasser auch die Befreiung von einer Schuld (**Befreiungsvermächtnis**) sowie etwas, was er dem Vermächtnisnehmer ohnehin schuldet (**Schuldvermächtnis**), vermachen.[593] 271

Auf die Forderung muss zur Anwendung von § 2173 BGB **vor dem Erbfall** geleistet worden sein. Ein Schulderlass nach § 397 BGB genügt hierfür nicht, da der Erblasser etwas erlangt haben muss.[594] Für Leistungen nach dem Erbfall gelten die allgemeinen §§ 275 ff. BGB und insbesondere § 285 BGB.[595] Ohne Belang ist, ob die Leistung freiwillig oder zwangsweise erfolgt und, außer bei höchstpersönlichen Leistungen, auch wer geleistet hat.[596] Für Früchte und Nutzungen des Gegenstandes gilt § 2184 BGB. Außer bei Geldsummen muss sich der geleistete Gegenstand **noch in der Erbschaft befinden** (§ 2173 S. 2 BGB). Dass sein Wert noch vorhanden ist, reicht nicht aus.[597] Durch Auslegung kann sich allerdings ergeben, dass der Erblasser einen Ersatzgegenstand vermachen wollte.[598] 272

Liegen die Tatbestandsvoraussetzungen des § 2173 S. 1 BGB vor, gilt der auf die vermachte Forderung geleistete Gegenstand im Zweifel als vermacht. 273

bb) § 2173 S. 2 BGB. **Geldbetragsvermächtnisse** sind unbeschränkte Gattungsvermächtnisse nach § 2155 BGB.[599] Dementsprechend wird nach § 2173 S. 2 BGB vermutet, dass die auf eine Geldforderung geleistete Geldsumme vermacht wurde, auch wenn sie als solche nicht mehr in der Erbschaft vorhanden ist.[600] Das Geldvermächtnis ersetzt das Forderungsvermächtnis.[601] Der Nachlass kann darüber hinaus insgesamt weniger Geld als den geleisteten Betrag ausmachen oder gar kein Geld enthalten.[602] Wird eine bar gezahlte Geldsumme auf ein Konto eingezahlt, entsteht hierdurch kein Forderungsvermächtnis.[603] Im Übrigen gelten die Ausführungen zu § 2173 S. 1 BGB. Sind die Tatbestandsvoraussetzungen des § 2173 S. 2 BGB erfüllt, gilt die geleistete Geldsumme unabhängig davon, ob sie noch in der Erbschaft vorhanden ist, als vermacht. Eine individuelle Auslegung kann diese Vermutung widerlegen.[604] Dies ist insbesondere bei Forderungen mit wechselndem Bestand anzuneh- 274

588 Damrau/Tanck/*Linnartz* § 2173 Rn. 1; MüKoBGB/*Rudy* § 2173 Rn. 1; NK-BGB/*Horn/J. Mayer* § 2173 Rn. 1.
589 MüKoBGB/*Rudy* § 2173 Rn. 1; NK-BGB/*Horn/J. Mayer* § 2173 Rn. 1.
590 MüKoBGB/*Rudy* § 2173 Rn. 3.
591 NK-BGB/*Horn/J. Mayer* § 2173 Rn. 2; Staudinger/*Otte* § 2173 Rn. 2.
592 NK-BGB/*Horn/J. Mayer* § 2173 Rn. 2; Staudinger/*Otte* § 2173 Rn. 2.
593 MüKoBGB/*Rudy* § 2173 Rn. 7, 8; NK-BGB/*Horn/J. Mayer* § 2173 Rn. 11, 12.
594 MüKoBGB/*Rudy* § 2173 Rn. 3; NK-BGB/*Horn/J. Mayer* § 2173 Rn. 4.
595 Damrau/Tanck/*Linnartz* § 2173 Rn. 7; NK-BGB/*Horn/J. Mayer* § 2173 Rn. 5.
596 MüKoBGB/*Rudy* § 2173 Rn. 3; NK-BGB/*Horn/J. Mayer* § 2173 Rn. 3.
597 NK-BGB/*Horn/J. Mayer* § 2173 Rn. 6.
598 NK-BGB/*Horn/J. Mayer* § 2173 Rn. 6.
599 NK-BGB/*Horn/J. Mayer* § 2173 Rn. 7.
600 Beispielsweise weil der Erblasser die Geldsumme selbst verbraucht hat: OLG Koblenz WM 1997, 870.
601 Damrau/Tanck/*Linnartz* § 2173 Rn. 13; NK-BGB/*Horn/J. Mayer* § 2173 Rn. 9.
602 Damrau/Tanck/*Linnartz* § 2173 Rn. 12; MüKoBGB/*Rudy* § 2173 Rn. 5.
603 MüKoBGB/*Rudy* § 2173 Rn. 6.
604 MüKoBGB/*Rudy* § 2173 Rn. 5; NK-BGB/*Horn/J. Mayer* § 2173 Rn. 10.

men, etwa bei **Sparguthaben.**[605] Hier wird der Erblasser regelmäßig das beim Erbfall vorhandene Guthaben vermachen wollen (→ § 7 Rn. 24 bis 30).[606]

15. Fälligkeit bei Beliebigkeit

§ 2181 BGB

Ist die Zeit der Erfüllung eines Vermächtnisses dem freien Belieben des Beschwerten überlassen, so wird die Leistung im Zweifel mit dem Tode des Beschwerten fällig.

275 § 2181 BGB bezieht sich auf die Fälligkeit und nicht auf den Anfall eines Vermächtnisses; der Anfall regelt sich nach §§ 2176 bis 2178 BGB.[607] Gem. § 271 Abs. 1 BGB wird der Vermächtnisanspruch grundsätzlich mit dem Vermächtnisanfall, dh idR mit dem Erbfall, fällig (§ 2176 BGB). § 2181 BGB enthält eine Auslegungsregel für Vermächtnisse, bei denen der Erblasser die Bestimmung der **Fälligkeit** des Vermächtnisanspruchs in das **freie Belieben** des Beschwerten gestellt hat. Dies kann der Fall sein, wenn der Bedachte den Vermächtnisgegenstand erst *„später"* erhalten soll.[608] Auf diese Weise kann der Beschwerte einen Zeitpunkt festlegen, der ihn **am wenigsten belastet.**[609] Er kann die Leistung gem. § 271 Abs. 2 BGB im Zweifel jederzeit bewirken. Dagegen kann der Vermächtnisnehmer die Leistung nicht verlangen, bevor der von dem Beschwerten bestimmte Zeitpunkt eingetreten ist.[610] Bei Beliebigkeit ist dies gem. § 2181 BGB **im Zweifel der Tod des Beschwerten.**

276 Ist der Beschwerte Vorerbe und der Nacherbfall soll vor dessen Tod eintreten, so wird sich die Fälligkeit des Vermächtnisses im Zweifelsfall nach dem Eintritt des Nacherbfalls richten.[611] Bei dem Nacherben ist dagegen im Zweifel der Nacherbfall maßgeblich.[612] Stirbt der Beschwerte vor Erfüllung des Vermächtnisses, haften seine Erben nach § 1967 Abs. 2 BGB.[613] Stand dem Erblasser eine Haftungsbeschränkung zu, können sich auch seine Erben hierauf berufen.[614] Der Lebenserfahrung entspricht es, wenn der Beschwerte entgegen § 2184 BGB die bis zur Fälligkeit gezogenen Nutzen behalten darf.[615] Dafür wird er regelmäßig keine Verwendungen erstattet bekommen und hat die Lasten zu tragen.[616]

277 Für **Auflagen,** bei denen die Fälligkeit durch den Beschwerten nach Belieben zu bestimmen ist, gilt die Vorschrift analog.[617]

16. Haftung für Rechtsmängel

§ 2182 BGB

(1) Ist ein nur der Gattung nach bestimmter Gegenstand vermacht, so hat der Beschwerte die gleichen Verpflichtungen wie ein Verkäufer nach den Vorschriften des § 433 Abs. 1 Satz 1, der §§ 436, 452 und 453. Er hat den Gegenstand dem Vermächtnisnehmer frei von Rechtsmängeln im Sinne des § 435 zu verschaffen. § 444 findet entsprechende Anwendung.

(2) Dasselbe gilt im Zweifel, wenn ein bestimmter nicht zur Erbschaft gehörender Gegenstand vermacht ist, unbeschadet der sich aus dem § 2170 ergebenden Beschränkung der Haftung.

(3) Ist ein Grundstück Gegenstand des Vermächtnisses, so haftet der Beschwerte im Zweifel nicht für die Freiheit des Grundstücks von Grunddienstbarkeiten, beschränkten persönlichen Dienstbarkeiten und Reallasten.

---

[605] MüKoBGB/*Rudy* § 2173 Rn. 5; NK-BGB/*Horn*/*J. Mayer* § 2173 Rn. 10.
[606] OLG Koblenz FamRZ 1998, 579; MüKoBGB/*Rudy* § 2173 Rn. 5.
[607] Burandt/Rojahn/*Burandt* § 2181 Rn. 1.
[608] BayObLG FamRZ 1996, 1036 (1036 f.); Damrau/Tanck/*Linnartz* § 2181 Rn. 2.
[609] MüKoBGB/*Rudy* § 2181 Rn. 1; NK-BGB/*Horn*/*J. Mayer* § 2181 Rn. 1.
[610] NK-BGB/*Horn*/*J. Mayer* § 2181 Rn. 4; Palandt/*Weidlich* § 2181 Rn. 1.
[611] NK-BGB/*Horn*/*J. Mayer* § 2181 Rn. 5.
[612] NK-BGB/*Horn*/*J. Mayer* § 2181 Rn. 5.
[613] NK-BGB/*Horn*/*J. Mayer* § 2181 Rn. 4.
[614] MüKoBGB/*Rudy* § 2181 Rn. 1; NK-BGB/*Horn*/*J. Mayer* § 2181 Rn. 4.
[615] MüKoBGB/*Rudy* § 2181 Rn. 2; NK-BGB/*Horn*/*J. Mayer* § 2181 Rn. 5.
[616] MüKoBGB/*Rudy* § 2181 Rn. 2.
[617] Damrau/Tanck/*Linnartz* § 2181 Rn. 6; Staudinger/*Otte* § 2181 Rn. 5.

a) **Normzweck.** Im Vermächtnisrecht werden für Rechts- und Sachmängel eigenständige Rechtsfolgen angeknüpft.[618] Für Stückvermächtnisse besteht keine gesetzliche Sach- oder Rechtsmängelhaftung, weil es regelmäßig zumindest dem Erblasserwillen entspricht, dass der Vermächtnisnehmer den Vermächtnisgegenstand so erhält, wie er in der Erbschaft vorhanden ist.[619] Unabhängig davon ist es dem Erblasser unbenommen, auch bei Stückvermächtnissen eine Sach- und Rechtsmangelhaftung anzuordnen.[620] Für Gattungs- (§ 2155 BGB) und **Verschaffungsvermächtnisse** (§ 2170 BGB)[621] regelt dagegen § 2182 BGB dispositiv[622] die Rechtsmängelhaftung nach kaufrechtlichen Grundsätzen. Ergänzend regelt § 2183 BGB die Sachmängelhaftung (nur) für Gattungsvermächtnisse. 278

Neben den Gewährleistungsvorschriften der §§ 2182 f. BGB regeln die § 2164 Abs. 2 BGB und § 2169 Abs. 3 BGB den Untergang und die Verschlechterung der vermachten Sache. Schließlich regeln die §§ 2171 f. BGB die Unmöglichkeit der Vermächtniserfüllung und die §§ 280 ff. BGB die Pflichtverletzung innerhalb des Vermächtnisschuldverhältnisses.[623] Wegen § 816 Abs. 1 S. 2 BGB soll im Vermächtnisrecht, anders als im Kaufrecht, auch bei einem gutgläubigen Eigentumserwerb des Vermächtnisnehmers ein Rechtsmangel vorliegen.[624] 279

b) **Tatbestand und Rechtsfolge.** *aa) § 2182 Abs. 1 BGB.* Bei Gattungsvermächtnissen hat der Beschwerte den vermachten Gegenstand zu übergeben und zu übereignen (§ 433 Abs. 1 S. 1 BGB und § 2155 BGB).[625] Dabei muss der vermachte Gegenstand frei von Rechten Dritter sein (§ 435 BGB). Wird ein Recht vermacht, muss dies frei von Rechtsmängeln sein (§ 453 Abs. 1 BGB). Berechtigt das vermachte Recht zum Besitz einer Sache, ist diese Sache frei von Rechtsmängeln zu übergeben (§ 453 Abs. 3 BGB). Wenn der Vermächtnisbeschwerte gegenüber dem Vermächtnisnehmer einen Rechtsmangel arglistig verschweigt oder für die Rechtsmangelfreiheit eine Garantie übernimmt, schließt § 2182 Abs. 1 S. 3 BGB i. V. m. § 444 BGB einen Haftungsausschluss aus. § 2171 BGB ist hinsichtlich eines anfänglich unmöglichen Vermächtnisses *lex specialis* zu § 311a BGB.[626] Die Anwendung von § 2182 Abs. 1 BGB ist ausgeschlossen, sofern bei einem auf die Erbschaft beschränkten Gattungsvermächtnis sämtliche zur Erbschaft gehörende Gegenstände denselben Rechtsmangel aufweisen.[627] 280

bb) § 2182 Abs. 2 BGB. Für die Rechtsmängelhaftung bei Verschaffungsvermächtnissen erklärt die Auslegungsregel des § 2182 Abs. 2 BGB für den Zweifelsfall die Bestimmungen des § 2182 Abs. 1 BGB für anwendbar und ergänzt diese um die Haftungsbeschränkungen des § 2170 BGB. Somit ist auf die Ausführungen zu § 2182 Abs. 1 BGB zu verweisen. 281

cc) § 2182 Abs. 3 BGB. Die Auslegungsregel beschränkt die Rechtsmängelhaftung für Grundstücke bei Gattungs- und Verschaffungsvermächtnissen im Zweifelsfalle auf Erbbaurechte, Nießbrauch, privatrechtliche Vorkaufsrechte und Grundpfandrechte.[628] Hier besteht eine Haftung nach § 2182 Abs. 3, 1 BGB, § 435 BGB. Beachtlich ist hierbei § 435 S. 2 BGB, wonach ein im Grundbuch fälschlicherweise eingetragenes Recht einem Rechtsmangel gleichsteht. Ausgenommen ist dagegen im Zweifel die Haftung für Grunddienstbarkeiten (§§ 1018 bis 1029 BGB), beschränkte persönliche Dienstbarkeiten (§§ 1090 bis 1093 BGB) 282

[618] JurisPK-BGB/*Reymann* § 2182 Rn. 4; NK-BGB/*Horn/J. Mayer* § 2182 Rn. 3; gerechtfertigt, da der Vermächtnisnehmer eher mit einem Beschenkten als einem Käufer zu vergleichen ist Staudinger/*Otte* § 2182 Rn. 2.

[619] JurisPK-BGB/*Reymann* § 2182 Rn. 2; MüKoBGB/*Rudy* § 2182 Rn. 1; NK-BGB/*Horn/J. Mayer* § 2182 Rn. 1.

[620] MüKoBGB/*Rudy* § 2182 Rn. 1.

[621] Auch Wahlgattungs- und Wahlverschaffungsvermächtnisse MüKoBGB/*Rudy* § 2182 Rn. 2; Palandt/*Weidlich* § 2182 Rn. 1.

[622] BeckOK BGB/*Müller-Christmann* § 2182 Rn. 1 Fn. 3; jurisPK-BGB/*Reymann* § 2182 Rn. 7.

[623] MüKoBGB/*Rudy* § 2182 Rn. 5; NK-BGB/*Horn/J. Mayer* § 2182 Rn. 7–9.

[624] MüKoBGB/*Rudy* § 2182 Rn. 3; Palandt/*Weidlich* § 2182 Rn. 1.

[625] NK-BGB/*Horn/J. Mayer* § 2183 Rn. 6.

[626] JurisPK-BGB/*Reymann* § 2182 Rn. 10.

[627] BeckOK BGB/*Müller-Christmann* § 2182 Rn. 1; jurisPK-BGB/*Reymann* § 2182 Rn. 3.

[628] JurisPK-BGB/*Reymann* § 2182 Rn. 16; NK-BGB/*Horn/J. Mayer* § 2182 Rn. 11.

und Reallasten (§§ 1105 bis 1112 BGB). Eine Ausnahme besteht durch analoge Anwendung des § 2165 Abs. 2 BGB bei einem mitvermachten Beseitigungsanspruch.[629] Auch Vormerkungen nach § 883 BGB, die die Einräumung der in § 2182 Abs. 3 BGB genannten Beschwerungen sichern, begründen keine Haftung des Vermächtnisbeschwerten.[630] Bei Grundstückverschaffungsvermächtnissen kann neben § 2182 Abs. 3 BGB über § 2182 Abs. 2 BGB auch § 2170 Abs. 2 BGB anzuwenden sein.[631] Aus § 2182 Abs. 1 BGB ergibt sich die Anwendbarkeit von § 436 BGB auf Grundstücksvermächtnisse.[632] Daher muss der Vermächtnisbeschwerte Erschließungsbeiträge und sonstige Anliegerbeiträge für Maßnahmen tragen, die bis zum Vermächtnisanfall bautechnisch begonnen sind.

17. Kürzungen der Beschwerungen

§ 2188 BGB

Wird die einem Vermächtnisnehmer gebührende Leistung auf Grund der Beschränkung der Haftung des Erben, wegen eines Pflichtteilsanspruchs oder in Gemäßheit des § 2187 gekürzt, so kann der Vermächtnisnehmer, sofern nicht ein anderer Wille des Erblassers anzunehmen ist, die ihm auferlegten Beschwerungen verhältnismäßig kürzen.

283 § 2188 BGB ergänzt vorbehaltlich eines abweichenden Erblasserwillens[633] die §§ 2186 und 2187 BGB und gleicht eine Kürzung des Hauptvermächtnisses aus, so dass die vom Erblasser regelmäßig beabsichtigte **Wertrelation** zwischen Hauptvermächtnis und Beschwerungen gewahrt wird.[634] Erforderlich ist eine Kürzung des Hauptvermächtnisses durch eine Haftungsbeschränkung der Erben (§ 327 InsO, §§ 1990 bis 1992 BGB), wegen eines Pflichtteilsanspruchs (§ 2318, §§ 2322 bis 2324 BGB) oder gem. dem § 2187 BGB (Hauptvermächtnis *„zweiter Stufe"*) oder § 2188 BGB.[635] Eine analoge Anwendung von § 2188 BGB erfolgt bei Kürzungen im Rahmen eines gemeinschaftlichen Vermächtnisses nach §§ 2157, 2090 BGB.[636] Eine Überschwerung des Hauptvermächtnisses ist nicht notwendig.[637]

284 Liegen die Tatbestandsvoraussetzungen des § 2188 BGB vor, steht dem Hauptvermächtnisnehmer ein Leistungsverweigerungsrecht als Einrede zu.[638] Er darf das Untervermächtnis in dem Verhältnis kürzen, wie der Hauptvermächtnisbeschwerte ihm gegenüber hierzu befugt war.[639] Wird das Hauptvermächtnis auf null gekürzt, entfällt auch die Beschwerung vollständig.[640] Besteht das Untervermächtnis aus einer **unteilbaren Leistung** (etwa eine Uhr oder ein Schreibtisch), ersetzt ein Zurückbehaltungsrecht das Kürzungsrecht des Hauptvermächtnisnehmers.[641] Kann oder will der Untervermächtnisnehmer den Kürzungsbetrag nicht erstatten, entfällt der Untervermächtnisanspruch und der Hauptvermächtnisnehmer wird durch Zahlung des gekürzten Untervermächtniswertes von seiner Leistungspflicht frei.[642]

---

[629] NK-BGB/*Horn/J. Mayer* § 2182 Rn. 11 Fn. 37.
[630] JurisPK-BGB/*Reymann* § 2182 Rn. 16; NK-BGB/*Horn/J. Mayer* § 2182 Rn. 11.
[631] JurisPK-BGB/*Reymann* § 2182 Rn. 17.
[632] AA mit Verweis auf § 2184 NK-BGB/*Horn/J. Mayer* § 2182 Rn. 14.
[633] JurisPK-BGB/*Reymann* § 2188 Rn. 3.
[634] JurisPK-BGB/*Reymann* § 2188 Rn. 2; NK-BGB/*Horn/J. Mayer* § 2188 Rn. 1.
[635] Staudinger/*Otte* § 2188 Rn. 2; NK-BGB/*Horn/J. Mayer* § 2188 Rn. 2.
[636] NK-BGB/*Horn/J. Mayer* § 2188 Rn. 2.
[637] Staudinger/*Otte* § 2188 Rn. 1.
[638] Burandt/Rojahn/*Burandt* § 2188 Rn. 4; NK-BGB/*Horn/J. Mayer* § 2188 Rn. 5.
[639] JurisPK-BGB/*Reymann* § 2188 Rn. 7.
[640] NK-BGB/*Horn/J. Mayer* § 2188 Rn. 3; Staudinger/*Otte* § 2188 Rn. 3.
[641] JurisPK-BGB/*Reymann* § 2188 Rn. 10; NK-BGB/*Horn/J. Mayer* § 2188 Rn. 4.
[642] JurisPK-BGB/*Reymann* § 2188 Rn. 10; NK-BGB/*Horn/J. Mayer* § 2188 Rn. 4.

XI. Verhältnis von Auflage und Zuwendung

§ 2195 BGB

Die Unwirksamkeit einer Auflage hat die Unwirksamkeit der unter der Auflage gemachten Zuwendung nur zur Folge, wenn anzunehmen ist, dass der Erblasser die Zuwendung nicht ohne die Auflage gemacht haben würde.

Die Unwirksamkeit einer von mehreren letztwilligen Verfügungen hat gem. § 2085 BGB im Zweifel nicht die Unwirksamkeit der anderen zur Folge. Als besonderer Anwendungsfall dieser Grundregel beantwortet die Auslegungsregel des § 2195 BGB die Frage, wie sich die Unwirksamkeit einer Auflage auf die Wirksamkeit einer Zuwendung auswirkt.[643] Als mögliche Zuwendungen sind Erbeinsetzung, Vermächtnis und auch die Auflage zu nennen. Die Unwirksamkeit einer Auflage hat im Zweifel nicht die Unwirksamkeit der unter der Auflage gemachten Zuwendung zur Folge. Heißt: Der Erblasser hat eine Zuwendung gemacht und diese mit einer Auflage beschwert. Auch wenn die Auflage unwirksam sein sollte, soll es bei der Zuwendung verbleiben. Nur wenn anzunehmen ist, dass der Erblasser die Zuwendung nicht ohne die beschwerende Auflage verfügen wollte, ist auch die Zuwendung unwirksam. Im Regelfall bleibt also die Erbeinsetzung oder das Vermächtnis wirksam. 285

Grund und Zeitpunkt für den Eintritt der Unwirksamkeit der Auflage sind nicht erheblich.[644] In Betracht kommen beispielsweise Sittenwidrigkeit, ein Gesetzesverstoß, die Anfechtung und die Unmöglichkeit der Auflagenerfüllung.[645]

Ein von § 2195 BGB abweichender Wille des Erblassers kommt etwa dann in Betracht, wenn die Wirksamkeit der Zuwendung mit der der Auflage *„stehen und fallen“*[646] oder die Auflage als Gegenleistung für die Zuwendung dienen soll.[647] *Otte*[648] fordert darüber hinaus, dass die Auflage nicht nur der Anlass, sondern der einzige Zweck der Zuwendung sein muss. 286

XII. Gesetzliche Auslegungsregeln bei Testamentsvollstreckung

1. Beschränkung des Rechts des Testamentsvollstreckers, Ausführung durch den Erben

§ 2208 BGB

(1) Der Testamentsvollstrecker hat die in den §§ 2203 bis 2206 bestimmten Rechte nicht, soweit anzunehmen ist, dass sie ihm nach dem Willen des Erblassers nicht zustehen sollen. Unterliegen der Verwaltung des Testamentsvollstreckers nur einzelne Nachlassgegenstände, so stehen ihm die im § 2205 Satz 2 bestimmten Befugnisse nur in Ansehung dieser Gegenstände zu.

(2) Hat der Testamentsvollstrecker Verfügungen des Erblassers nicht selbst zur Ausführung zu bringen, so kann er die Ausführung von dem Erben verlangen, sofern nicht ein anderer Wille des Erblassers anzunehmen ist.

a) § 2208 Abs. 1 BGB. Es handelt sich bei § 2208 Abs. 1 BGB um eine durchaus versteckte Auslegungsregel, wonach im Zweifel ein Testamentsvollstrecker die letztwilligen Verfügungen des Erblassers ausführen muss (§ 2203 BGB), die Auseinandersetzung unter den Miterben zu bewirken hat (§ 2204 BGB), den Nachlass zu verwalten und den Nachlass in Besitz zu nehmen hat. Zudem darf er über die Nachlassgegenstände verfügen (§ 2205 BGB) 287

643 NK-BGB/*Horn/J. Mayer* § 2195 Rn. 1.

644 MüKoBGB/*Rudy* § 2195 Rn. 2; Staudinger/*Otte* § 2195 Rn. 2.

645 Vgl. NK-BGB/*Horn/J. Mayer* § 2195 Rn. 3; Staudinger/*Otte* § 2195 Rn. 2.

646 *Lange/Kuchinke* ErbR § 30 I 3; § 30 III 6.

647 MüKoBGB/*Rudy* § 2195 Rn. 2 aE.

648 Staudinger/*Otte* § 2195 Rn. 3.

sowie die zur ordnungsgemäßen Verwaltung erforderlichen Verbindlichkeiten eingehen (§ 2206 BGB). Andernfalls müsste der Erblasser Beschränkungen letztwillig angeordnet haben.[649] In Ermangelung einer ausdrücklichen Anordnung kann auch auf den mutmaßlichen Erblasserwillen abgestellt werden. Dieser besteht aus dem Sinnzusammenhang der letztwilligen Verfügung und den Motiven des Erblassers für die Anordnung der Testamentsvollstreckung.[650] Eine Beschränkung kann etwa dem mutmaßlichen Willen entsprechen, wenn ein erheblicher Interessenkonflikt bei dem Testamentsvollstrecker anzunehmen ist.[651] Dem Testamentsvollstrecker steht somit nur die zur Wahrung seines Amtes erforderliche Rechtsmacht zu, die dem Willen des Erblassers entsprach.[652]

288 **Weitere Beschränkungsmöglichkeiten** finden sich in § 2209 S. 1 Hs. 2 BGB (schlichte Verwaltungsvollstreckung), § 2222 BGB (Nacherbenvollstreckung) und in § 2223 BGB (Vermächtnisvollstreckung). Darüber hinaus kann der Erblasser gem. § 2216 Abs. 2 BGB Verwaltungsanordnungen festlegen. Diese haben grundsätzlich nur schuldrechtliche Wirkungen im Innenverhältnis zwischen Testamentsvollstrecker und Erben. Beschränkungen nach § 2208 BGB entfalten dagegen **dingliche Wirkungen im Außenverhältnis** zwischen Testamentsvollstrecker und Dritten.[653]

289 Einen Mindestumfang für die Befugnisse des Testamentsvollstreckers sieht das BGB nicht vor, so dass eine einzige Aufgabe, etwa der Vollzug einer Auflage, ausreicht.[654] Beschränkungen iSv §§ 2208 BGB sind gem. § 2368 Abs. 1 S. 2 BGB im Testamentsvollstreckerzeugnis anzugeben. Durch den **öffentlichen Glauben des Testamentsvollstreckerzeugnisses** gelten nicht eingetragene Beschränkungen als nicht angeordnet, außer wenn der Dritte Kenntnis von der Beschränkung hat (§ 2368 Abs. 1, 3 BGB, §§ 2365, 2366 BGB).

290 Die Bestimmungen des § 2208 BGB stellen eine Ausnahme vom gesetzgeberischen Grundmodell des **Generalvollstreckers** dar, weshalb bei der Annahme von Beschränkungen aus den Umständen Zurückhaltung geboten ist.[655] Aus demselben Grund trägt derjenige die **Darlegungs- und Beweislast,** der sich auf eine Beschränkung nach § 2208 BGB beruft.[656]

291 Auch der Erweiterung der Testamentsvollstreckerbefugnisse sind Grenzen gesetzt.[657] Unwirksam ist daher die Befugnis[658]

- unentgeltlich über das in § 2205 S. 3 BGB festgelegte Maß zu verfügen,
- das Privatvermögen der Erben zu belasten oder darüber zu verfügen,
- Rechtsstreitigkeiten über die Grenzen der §§ 2212 ff. BGB hinaus zu führen,
- die Befreiung von der Bezeichnungspflicht des § 2215 Abs. 1 BGB,
- die Befreiung von den in § 2220 BGB genannten zwingenden Verpflichtungen,
- die Erben zu bestimmen,
- die verbindliche Testamentsauslegung[659] sowie
- die Erbschaft anzunehmen oder auszuschlagen.

292 **Überschreitet** der Testamentsvollstrecker seine ihm durch den Erblasser **zugebilligte Rechtsmacht,** handelt er als **Nichtberechtigter.**[660] Die Verfügung ist unwirksam und bleibt dies ohne die Genehmigung des Berechtigten (§§ 182, 184 BGB). Die Berechtigten sind die Erben und eventuelle Nacherben. Mit ihrer Genehmigung kann sich der Testamentsvollstrecker folglich über Beschränkungen seiner Befugnisse **hinwegsetzen.**[661]

[649] BeckOK BGB/*Lange* § 2208 Rn. 2; NK-BGB/*Kroiß* § 2208 Rn. 4.
[650] MüKoBGB/*Zimmermann* § 2208 Rn. 6.
[651] Bengel/Reimann TV-HdB/*Schaub* 4. Kap. Rn. 100.
[652] *Lange/Kuchinke* ErbR § 31 V 1 a.
[653] MüKoBGB/*Zimmermann* § 2208 Rn. 4; NK-BGB/*Kroiß* § 2208 Rn. 2.
[654] BayObLG NJW-RR 1986, 629; MüKoBGB/*Zimmermann* § 2208 Rn. 2; NK-BGB/*Kroiß* § 2208 Rn. 1.
[655] BeckOK BGB/*Lange* § 2208 Rn. 2; Palandt/*Weidlich* § 2208 Rn. 1.
[656] NK-BGB/*Kroiß* § 2008 Rn. 7.
[657] MüKoBGB/*Zimmermann* § 2208 Rn. 14 ff.; Palandt/*Weidlich* § 2208 Rn. 7; ausführlich Staudinger/*Reimann* § 2208 Rn. 25 ff.
[658] MüKoBGB/*Zimmermann* § 2208 Rn. 15; Staudinger/*Reimann* § 2208 Rn. 26 f.
[659] *Storz* ZEV 2009, 265 (270).
[660] *Lange/Kuchinke* ErbR § 31 V 1a.
[661] BGH NJW 1963, 2320; 1971, 1805; 1971, 2264; *Lange/Kuchinke* ErbR § 31 V 1a und Fn. 120; MüKoBGB/*Zimmermann* § 2208 Rn. 5.

293 b) **§ 2208 Abs. 2 BGB.** Bei der **beaufsichtigenden Testamentsvollstreckung**[662] stehen dem Testamentsvollstrecker die Rechte aus §§ 2203 bis 2206 BGB nicht zu.[663] Um dennoch sicherzustellen, dass der Wille des Erblassers von den Erben beachtet wird, steht dem beaufsichtigenden Testamentsvollstrecker im Zweifel ein **klagbarer Anspruch** gegen die Erben zu.

2. Dauervollstreckung

> § 2209 BGB
>
> Der Erblasser kann einem Testamentsvollstrecker die Verwaltung des Nachlasses übertragen, ohne ihm andere Aufgaben als die Verwaltung zuzuweisen; er kann auch anordnen, dass der Testamentsvollstrecker die Verwaltung nach der Erledigung der ihm sonst zugewiesenen Aufgaben fortzuführen hat. Im Zweifel ist anzunehmen, dass einem solchen Testamentsvollstrecker die in § 2207 bezeichnete Ermächtigung erteilt ist.

294 § 2209 BGB enthält zwei Varianten der Verwaltungsvollstreckung: die **Verwaltungsvollstreckung** (im engeren Sinne) in S. 1 Hs. 1 und die **Dauervollstreckung** in S. 1 Hs. 2. In § 2209 S. 2 BGB findet sich eine ergänzende Auslegungsregel mit der Vermutung für eine erweiterte Verpflichtungsbefugnis des Verwaltungsvollstreckers. Verwaltungsvollstreckung ist die Verwaltung des Nachlasses um ihrer selbst willen, ohne der Ausführung anderer letztwilliger Anordnungen oder der Auseinandersetzung zu dienen.[664] Einziges Ziel ist die Erzielung von Erträgen durch das Nutzen des Nachlassvermögens.[665]

295 Je länger eine Verwaltung dauert, desto öfter ist es notwendig, Geschäfte abzuschließen und desto größer ist das Verkehrsschutzinteresse.[666] Deshalb wird nach § 2209 S. 2 BGB i. V. m. § 2207 BGB im Zweifel angenommen, dass ein mit einer Verwaltungs- oder Dauervollstreckung beauftragter Testamentsvollstrecker in der Eingehung von Verpflichtungen mit der Ausnahme des § 2205 S. 3 BGB nicht beschränkt ist. Somit darf er uneingeschränkt entgeltliche Verpflichtungen eingehen, die Verbindlichkeiten nach sich ziehen. Dies ist aufgrund der Dauer der Testamentsvollstreckung angezeigt.

3. Vergütung des Testamentsvollstreckers

> § 2221 BGB
>
> Der Testamentsvollstrecker kann für die Führung seines Amts eine angemessene Vergütung verlangen, sofern nicht der Erblasser ein anderes bestimmt hat.

296 Nach § 2221 BGB steht dem Testamentsvollstrecker eine **angemessene Vergütung** zu, sofern der Erblasser nicht anders verfügt hat. Der Erblasser kann die Vergütung durch letztwillige Verfügung bestimmen. Die bloße Bezugnahme auf eine fremde Bestimmung, etwa eine Gebührenordnung, Tabelle oder Richtlinie,[667] ohne dass diese in das Testament aufgenommen und dem Einzelfall angepasst wird, ist unwirksam.[668] Die Vergütungsbestimmung kann auch letztwillig dem Testamentsvollstrecker selbst oder einem Dritten übertragen werden (§§ 315 ff. BGB).[669] Im Streitfall entscheidet das Prozessgericht.[670]

[662] Zur Begriffsabgrenzung: *Schmidl* NJW-Spezial 2010, 615.
[663] Burandt/Rojahn/*Heckschen* § 2208 Rn. 6; NK-BGB/*Kroiß* § 2208 Rn. 14.
[664] BGH NJW-RR 1991, 835 (836); Staudinger/*Reimann* § 2209 Rn. 1.
[665] JurisPK-BGB/*Heilmann* § 2209 Rn. 1; Staudinger/*Reimann* § 2209 Rn. 6.
[666] JurisPK-BGB/*Heilmann* § 2209 Rn. 8; NK-BGB/*Kroiß* § 2209 Rn. 9.
[667] Übersichten bei Damrau/Tanck/*Bonefeld* § 2221 Rn. 4 ff.; MüKoBGB/*Zimmermann* § 2221 Rn. 9 ff.; Staudinger/*Reimann* § 2221 Rn. 43 ff.
[668] MüKoBGB/*Zimmermann* § 2221 Rn. 4; aA *Reithmann* ZEV 2001, 385.
[669] MüKoBGB/*Zimmermann* § 2221 Rn. 4 ff.
[670] Vgl. Damrau/Tanck/*Bonefeld* § 2221 Rn. 31; MüKoBGB/*Zimmermann* § 2221 Rn. 7.

297 Hat der Erblasser die Vergütung festgelegt oder ausgeschlossen, ist diese Entscheidung allein maßgeblich.[671] So bleibt dem (potenziellen) Testamentsvollstrecker nur die Nichtannahme (§ 2202 BGB) oder die Kündigung des Amts übrig, sofern er eine Vergütung für seine Tätigkeit begehrt und der Erblasser dies ausgeschlossen hat.[672] Ansonsten steht ihm gem. § 2221 BGB eine angemessene Vergütung zu. Was unter angemessener Vergütung zu verstehen ist, bestimmt sich nach Art, Dauer und Umfang seiner Tätigkeit, wobei auch der Nachlasswert[673] zu berücksichtigen ist.[674] Die Frage der Angemessenheit der Vergütung betrifft nicht nur deren Höhe, sondern auch die Frage, ob sie überhaupt verlangt werden kann. Dies ist etwa dann nicht der Fall, wenn das Amt des Testamentsvollstreckers vor dem Beginn oder Ende seiner Tätigkeit endet, wobei der **Grund unerheblich** ist.[675]

298 In Ermangelung einer abweichenden Anordnung des Erblassers wird die Vergütung des Testamentsvollstreckers grundsätzlich erst nach der Rechenschaftslegung gem. §§ 2218, 666 BGB und somit mit der **Beendigung seines Amtes fällig.**[676] Etwas anderes gilt bei der Dauerverwaltung: Aus § 2218 Abs. 2 BGB ergibt sich, dass die Vergütung dann in regelmäßigen Abständen, in der Regel der Rechnungslegung entsprechend jährlich, zu erfolgen hat.[677]

299 Die Vergütung ist eine Nachlassverbindlichkeit nach § 1967 Abs. 2 BGB und trifft somit die Erben.[678] § 2218 Abs. 1 BGB verweist nicht auf § 669 BGB. Dementsprechend besteht kein Anspruch auf einen Vorschuss.[679] Dies wird jedoch durch die Verfügungsbefugnis gem. § 2205 BGB iVm § 181 BGB ausgeglichen, wonach der Testamentsvollstrecker den entsprechenden Betrag (Sachwerte nur ausnahmsweise)[680] dem Nachlass selbst entnehmen kann.[681] Dabei trägt er das Risiko,[682] dass der entnommene Betrag auch angemessen ist, und er darf Nachlassgegenstände zu diesem Zweck nicht veräußern.[683]

300 An die Möglichkeit einer **Verwirkung des Vergütungsanspruchs** ist bei einer besonders schweren Pflichtverletzung des Testamentsvollstreckers zu denken.[684] Bei vorzeitiger Beendigung der Tätigkeit kommt eine dem mutmaßlichen Willen des Erblassers entsprechende Vergütungsminderung in Frage.[685] Neben den Vergütungsanspruch kann ein Aufwendungsersatzanspruch nach den §§ 2218, 670 BGB treten.[686]

[671] JurisPK-BGB/*Heilmann* § 2221 Rn. 14; Staudinger/*Reimann* § 2221 Rn. 1.

[672] Staudinger/*Reimann* § 2221 Rn. 2; Möglichkeit mit Erben zu verhandeln: MüKoBGB/*Zimmermann* § 2221 Rn. 4.

[673] Wertgebühr BGH ZEV 2005, 22 (23, 25); MüKoBGB/*Zimmermann* § 2221 Rn. 8 Fn. 19 mwN.

[674] BGH NJW 1967, 2400; MüKoBGB/*Zimmermann* § 2221 Rn. 8.

[675] Staudinger/*Reimann* § 2221 Rn. 3.

[676] JurisPK-BGB/*Heilmann* § 2221 Rn. 20; Staudinger/*Reimann* § 2221 Rn. 10.

[677] BGH WM 1964, 950; OLG Köln Rpfleger 1987, 458; mit Hinweis auf die sog. Konstituierungsgebühr Staudinger/*Reimann* § 2221 Rn. 10; MüKoBGB/*Zimmermann* § 2221 Rn. 14, 22; vgl. BayObLGZ 1972, 379; LG München ZEV 2007, 529.

[678] Staudinger/*Reimann* § 2221 Rn. 4; als Gesamtschuldner nach § 2058 BGB Damrau/Tanck/*Bonefeld* § 2221 Rn. 28.

[679] BGH WM 1972, 101 (102); OLG Köln Rpfleger 1987, 458; Staudinger/*Reimann* § 2221 Rn. 11.

[680] Damrau/Tanck/*Bonefeld* § 2221 Rn. 27; Staudinger/*Reimann* § 2221 Rn. 13.

[681] Staudinger/*Reimann* § 2221 Rn. 11.

[682] Entlassung gem. § 2227 BGB und/oder Schadensersatz: OLG Köln NJW-RR 1987, 1097; MüKoBGB/*Zimmermann* § 2221 Rn. 24; Staudinger/*Reimann* § 2221 Rn. 12.

[683] BGH NJW 1963, 1615; Staudinger/*Reimann* § 2221 Rn. 12.

[684] BGH DNotZ 1980, 164; jurisPK-BGB/*Heilmann* § 2221 Rn. 22; nicht schon wegen langsamer und ineffektiver Arbeit OLG Frankfurt MDR 2000, 788; MüKoBGB/*Zimmermann* § 2221 Rn. 21.

[685] MüKoBGB/*Zimmermann* § 2221 Rn. 19.

[686] Damrau/Tanck/*Bonefeld* § 2221 Rn. 29; MüKoBGB/*Zimmermann* § 2221 Rn. 26.

XIII. Gesetzliche Auslegungsregeln zum gemeinschaftlichen Testament

1. Gegenseitige Einsetzung

§ 2269 BGB

(1) Haben die Ehegatten in einem gemeinschaftlichen Testament, durch das sie sich gegenseitig als Erben einsetzen, bestimmt, dass nach dem Tode des Überlebenden der beiderseitige Nachlass an einen Dritten fallen soll, so ist im Zweifel anzunehmen, dass der Dritte für den gesamten Nachlass als Erbe des zuletzt versterbenden Ehegatten eingesetzt ist.

(2) Haben die Ehegatten in einem solchen Testament ein Vermächtnis angeordnet, das nach dem Tode des Überlebenden erfüllt werden soll, so ist im Zweifel anzunehmen, dass das Vermächtnis dem Bedachten erst mit dem Tode des Überlebenden anfallen soll.

Bei der Konstellation des Berliner Testamentes ist gem. § 2269 Abs. 1 BGB im Zweifel die **Einheitslösung** und damit nicht die Trennungslösung verfügt. Es wird auf § 20 verwiesen. 301

Wenn innerhalb eines gemeinschaftlichen Testamentes, das die Voraussetzungen des § 2269 Abs. 1 BGB erfüllt, zweifelhaft ist, welcher Ehegatte ein im zweiten Erbfall fälliges Vermächtnis zugunsten eines Dritten angeordnet hat, greift diese Auslegungsregel.[687] Nach § 2269 Abs. 2 BGB stammt dann das Vermächtnis auch von dem längerlebendem Ehegatten.[688] Zur Wirksamkeit des Vermächtnisses ist wegen § 2160 BGB erforderlich, dass der Vermächtnisnehmer den längerlebenden Ehegatten überlebt.[689] Es können aber bei Vorversterben gem. § 2269 BGB ggf. dessen Abkömmlinge die Vermächtnisnehmerstellung übernehmen.[690] Der längerlebende Ehegatte ist berechtigt, über den Vermächtnisgegenstand lebzeitig zu verfügen.[691] Ist das Vermächtnis wechselbezüglich verfügt worden, stehen erst nach dem Tod dem beeinträchtigten Vermächtnisnehmer die Ansprüche aus § 2288 BGB analog zu. Die Norm ist bei Auflagen nicht heranzuziehen.[692] 302

Für **Erbverträge** ordnet § 2280 BGB die Anwendung von § 2269 BGB an. 303

2. Wechselbezügliche Verfügungen

§ 2270 BGB

[...]

(2) Ein solches Verhältnis der Verfügungen zueinander ist im Zweifel anzunehmen, wenn sich die Ehegatten gegenseitig bedenken oder wenn dem einen Ehegatten von dem anderen eine Zuwendung gemacht und für den Fall des Überlebens des Bedachten eine Verfügung zugunsten einer Person getroffen wird, die mit dem anderen Ehegatten verwandt ist oder ihm sonst nahe steht.

[...]

Diese gesetzliche Auslegungsregel wird in § 20 besprochen (→ § 20 Rn. 9 ff.). 304

687 BeckOK BGB/*Litzenburger* § 2269 Rn. 53.
688 MüKoBGB/*Musielak* § 2269 Rn. 68.
689 *Brox*/*Walker* ErbR Rn. 190.
690 MüKoBGB/*Musielak* § 2269 Rn. 72.
691 BGH NJW 1958, 547 (548).
692 BeckOK BGB/*Litzenburger* § 2269 Rn. 54.

XIV. Gesetzliche Auslegungsregeln im Pflichtteilsrecht

1. Zuwendung des Pflichtteils

§ 2304 BGB
Die Zuwendung des Pflichtteils ist im Zweifel nicht als Erbeinsetzung anzusehen.

305 a) **Normzweck.** Die letztwillige Zuwendung des Pflichtteils ist mehrdeutig und bedarf daher der Auslegung:[693] In Frage kommen eine Erbeinsetzung i. H. d. Pflichtteils, ein Vermächtnis in eben dieser Höhe oder eine Enterbung mit der Einsetzung auf den Pflichtteil.[694] Kann der Erblasserwille durch Auslegung nicht ermittelt werden, nimmt die **negative Auslegungsregel** des § 2304 BGB **im Zweifel keine Erbeinsetzung** an und weicht damit von § 2087 Abs. 1 BGB ab.[695]

306 b) **Tatbestand.** Der Erblasser muss die „*Zuwendung*" des Pflichtteils angeordnet haben. Unklar ist, ob hierunter auch die Einsetzung auf den Pflichtteil fällt.[696] Unter Zuwendung wird grundsätzlich die Mehrung einer Rechtsstellung bzw. das Verschaffen eines Vermögensvorteils verstanden.[697] Hierzu gehört nicht, worauf der Bedachte ohnehin einen (gesetzlichen) Anspruch hat.[698] Dementsprechend würde eine Pflichtteilseinsetzung nur dann eine Zuwendung darstellen, wenn der Pflichtteil zuvor entzogen worden wäre (§§ 2333, 2336, 2353 ff. BGB), einem erbunwürdigen gesetzlichen Erben verziehen wurde (§ 2343 BGB) oder ein Verzichtender (§ 2346 BGB) bedacht wird.[699] Der Zuwendungsbegriff des § 2304 BGB ist indes ein weiter und durchaus untechnisch, der jede Art der Pflichtteilseinsetzung erfasst.[700] Der Zuwendungsempfänger muss pflichtteilsberechtigt sein und die Pflichtteilszuwendung wertmäßig objektiv dem Pflichtteil entsprechen sowie in Geld erfolgen.[701]

307 c) **Rechtsfolge.** Für eine Erbeinsetzung spricht innerhalb der individuellen Auslegung, wenn der Begünstigte **unmittelbare Rechte am Nachlass** und das **Recht zur Mitsprache** bei dessen Verwaltung und Verteilung erhalten soll.[702] Beispielhafte Formulierungen hierfür sind „*soll nur den Pflichtteil erben*" und „*sollen Erben mit der Pflichtteilsquote werden*".[703] Dagegen spricht eine Formulierung ohne die Wörter „*Erbe*" oder „*erben*", etwa „*setze ... auf den Pflichtteil*" für eine Enterbung.[704]

308 Bleiben Zweifel und ist der Tatbestand des § 2304 BGB erfüllt, entfällt die Möglichkeit der Annahme einer Erbeinsetzung.[705] Ob dann eine Enterbung mit Einsetzung auf den Pflichtteil oder ein Vermächtnis vorliegt, geht aus § 2304 BGB jedoch nicht hervor.[706] Während früher stets die eine oder die andere Möglichkeit in Erwägung gezogen wurde (sog. „*Einheitstheorien*"),[707] erfolgt die Entscheidung mittlerweile durch Auslegung nach Wortlaut, Sinn und Zweck der Verfügung unter Berücksichtigung der Umstände des Einzel-

---

693 NK-BGB/*Bock* § 2304 Rn. 1; Staudinger/*Otte* § 2304 Rn. 1.
694 NK-BGB/*Bock* § 2304 Rn. 1; Staudinger/*Otte* § 2304 Rn. 1.
695 JurisPK-BGB/*Birkenheier* § 2304 Rn. 2; MüKoBGB/*Lange* § 2304 Rn. 1; Staudinger/*Haas* (2006) § 2304 Rn. 2.
696 MüKoBGB/*Lange* § 2304 Rn. 2; Staudinger/*Otte* § 2304 Rn. 3.
697 Staudinger/*Otte* § 2304 Rn. 4.
698 Staudinger/*Haas* (2006) § 2304 Rn. 4.
699 Staudinger/*Otte* § 2304 Rn. 4.
700 MüKoBGB/*Lange* § 2304 Rn. 3; Staudinger/*Haas* (2006) § 2304 Rn. 4.
701 MüKoBGB/*Lange* § 2304 Rn. 3 f.; Staudinger/*Haas* (2006) § 2304 Rn. 5 ff.
702 MüKoBGB/*Lange* § 2304 Rn. 7; NK-BGB/*Bock* § 2304 Rn. 2.
703 JurisPK-BGB/*Birkenheier* § 2304 Rn. 6; ausführlich: Staudinger/*Otte* § 2304 Rn. 12.
704 NK-BGB/*Bock* § 2304 Rn. 2.
705 Wer Gegenteiliges behauptet, trägt die Darlegungs- und Beweislast: MüKoBGB/*Lange* § 2304 Rn. 5; Staudinger/*Otte* § 2304 Rn. 13.
706 BGH ZEV 2004, 374 (375); NK-BGB/*Bock* § 2304 Rn. 1, 3; Staudinger/*Haas* (2006) § 2304 Rn. 3, 14.
707 Staudinger/*Haas* (2006) § 2304 Rn. 16 mwN.

falls.[708] Orientierung bei der Bestimmung der Rechtsfolge gibt die Frage, ob der Erblasser den Zuwendungsempfänger begünstigen (Vermächtnisanordnung) oder ihm nur belassen wollte, was er ihm nach dem Gesetz nicht entziehen konnte (Pflichtteil).[709] Bei Formulierungen wie *„wende ... den Pflichtteil zu“* oder *„Vermächtnis i. H. d. Betrages des gesetzlichen Pflichtteils“* ist ein Vermächtnis anzunehmen.[710] Im Zweifel ist eine Enterbung mit Pflichtteilseinsetzung anzunehmen.[711]

2. Pflichtteilslast des an die Stelle des Pflichtteilsberechtigten getretenen Erben

§ 2320 BGB

(1) Wer an Stelle des Pflichtteilsberechtigten gesetzlicher Erbe wird, hat im Verhältnis zu Miterben die Pflichtteilslast und, wenn der Pflichtteilsberechtigte ein ihm zugewendetes Vermächtnis annimmt, das Vermächtnis in Höhe des erlangten Vorteils zu tragen.

(2) Das Gleiche gilt im Zweifel von demjenigen, welchem der Erblasser den Erbteil des Pflichtteilsberechtigten durch Verfügung von Todes wegen zugewendet hat.

a) Tatbestand. § 2320 BGB ist eine dispositive (vgl. § 2324 BGB) Ausnahme gegenüber 309
dem Grundsatz der §§ 2038 Abs. 2, 748, 2047 Abs. 1 BGB und § 2148 BGB, nach dem mehrere Miterben die Pflichtteils- und Vermächtnislast nach dem Verhältnis ihrer Erbteile zu tragen haben.[712] Abs. 1 ordnet an, dass derjenige, der anstelle des Pflichtteilsberechtigten gesetzlicher Erbe wird, die Pflichtteilslast zu tragen hat. Daneben haftet er für einen Vermächtnisanspruch des Pflichtteilsberechtigten in Höhe des von ihm erlangten Vorteils. Nach Abs. 2 gilt dies im Zweifel auch für denjenigen, dem durch Verfügung von Todes wegen der Erbteil des Pflichtteilsberechtigten zugewendet wurde.

Der Erblasser muss den gesetzlichen Erbteil des Pflichtteilsberechtigten bewusst und ge- 310
wollt einem Dritten zugewendet haben.[713] Hierbei ist unerheblich, ob der Dritte erst durch letztwillige Verfügung Erbe wird oder sich sein gesetzlicher Erbteil erhöht.[714] Somit gilt § 2320 Abs. 2 BGB etwa auch bei **Anwachsung** (§ 2094 BGB) oder **Ersatzerbschaft** (§§ 2096, 2097 BGB).[715]

b) Rechtsfolge. Die Höhe des erlangten Vorteils entspricht dem erlangten bzw. erhöhten 311
gesetzlichen Erbrecht zu dem Zeitpunkt des Erbfalls.[716] Hierbei sind etwaige Beschränkungen und Beschwerungen des Erbteils unter Beachtung der Abwälzung der Pflichtteilslast zu berücksichtigen.[717] Mehrere an die Stelle des Pflichtteilsberechtigten Getretene tragen die Pflichtteils- und Vermächtnislast entsprechend dem Verhältnis ihrer erlangten Vorteile.[718] Die Anordnungen des § 2320 BGB gelten nur für das **Innenverhältnis** zwischen mehreren Miterben. Im Außenverhältnis bleibt die gesamtschuldnerische Haftung der Miterben gem. §§ 2058 ff. BGB bestehen.[719]

---

708 Staudinger/*Haas* (2006) § 2304 Rn. 16 f.
709 BGH NJW 2004, 3558; jurisPK-BGB/*Birkenheier* § 2304 Rn. 9; Palandt/*Weidlich* § 2304 Rn. 1.
710 NK-BGB/*Bock* § 2304 Rn. 3.
711 NK-BGB/*Bock* § 2304 Rn. 7; Palandt/*Weidlich* § 2304 Rn. 2.
712 BGH NJW 1983, 2378; MüKoBGB/*Lange* § 2320 Rn. 1; NK-BGB/*Bock* § 2320 Rn. 1 f.
713 BGH NJW 1983, 2378 (2379); *Lange/Kuchinke* ErbR § 37 IX 5a Fn. 418; MüKoBGB/*Lange* § 2320 Rn. 10; NK-BGB/*Bock* § 2320 Rn. 12; aA Staudinger/*Otte* § 2320 Rn. 8.
714 MüKoBGB/*Lange* § 2320 Rn. 9; Staudinger/*Otte* § 2320 Rn. 3.
715 BGH NJW 1983, 2378; MüKoBGB/*Lange* § 2320 Rn. 9; Staudinger/*Otte* § 2320 Rn. 3.
716 BGH NJW 1983, 2378 (2379); Palandt/*Weidlich* § 2320 Rn. 3; Staudinger/*Otte* § 2320 Rn. 15.
717 MüKoBGB/*Lange* § 2320 Rn. 6.
718 Staudinger/*Otte* § 2320 Rn. 9.
719 MüKoBGB/*Lange* § 2320 Rn. 1; NK-BGB/*Bock* § 2320 Rn. 3.

Teil 3. Auslegung von einseitigen Verfügungen

§ 9 Abgrenzung Erbe zu Vermächtnis und zu Auflage

Übersicht

I. Praxisrelevanz

Über kein anderes erbrechtliches Begriffspaar irren sich weite Teile der Bevölkerung so konsequent und folgenschwer wie über die rechtliche Bedeutung einer *Erbeinsetzung* und einer *Vermächtnisaussetzung*. Ausdrücke mit dem Wortstamm *„vererben"* und *„vermachen"* werden als Substantiv und als Verb unterschiedslos oder gar nicht gebraucht.[1] Lt. KG[2] werden „Erbe", „Vermächtnis" und Legat" in weiten Kreisen der Bevölkerung als 1

[1] Palandt/*Weidlich* § 2087 Rn. 2 mwN; auch BayObLG NJW-RR 2002, 1302; OLG Köln Rpfleger 1992, 199 = DNotZ 1993, 133 (134); BayObLG FamRZ 1995, 835; vgl. *Lange* ErbR § 35 Rn. 41.

[2] KG ErbR 2018, 389 (390).

Synonyme betrachtet. Dieser Irrtum zieht erhebliche Rechtsfolgen mit sich, da Testierende selber und vor allem ohne rechtliche Beratung ihren letzten Willen handschriftlich fixieren können (§ 2247 Abs. 1 BGB). Nach dem Erbfall stellt sich oftmals die Frage, wie der von einem Laien verfasste letzte Wille erbrechtlich zu bewerten ist. Die bloße Bezeichnung ist nicht allein entscheidend.[3] Jedoch ist in der Praxis immer wieder festzustellen, dass auch von Rechtsanwälten oder Notaren vorformulierte Testamente und Erbverträge auslegungsbedürftig sind. Vereinzelt werden sogar in von Juristen konzipierten Verfügungen Gegenstände verteilt, ohne einen Erben zu berufen. Diese „Verteilungstestamente sind besonders praxisrelevant; man spricht von der vom deutschen Erbrecht nicht vorgesehenen[4] gegenständlichen Erbeinsetzung.

2 Der Gesetzgeber hat das **Verwechslungsproblem** gesehen und durch die gesetzliche Auslegungsregel § 2087 BGB (→ § 8 Rn. 113) normiert, dass die Wortwahl nicht unbedingt ausschlaggebend ist. Demzufolge ist im Zweifel derjenige Erbe, dem der Erblasser sein Vermögen oder davon einen Bruchteil zugewendet hat. Die Zuwendung einzelner Gegenstände stellt im Zweifel ein Vermächtnis dar. Zweifel liegen dann vor, wenn durch einfache Auslegung der wahre Erblasserwille nicht festgestellt werden kann; Abgrenzungskriterien werden in diesem Kapitel geschildert. Bei nachfolgenden Bezeichnungen kann sowohl eine Erbeinsetzung als auch eine Vermächtnisaussetzung gemeint sein, wobei zusätzlich zur Auflage nach § 1940 BGB abzugrenzen ist:

- *„herauszugeben“*[5]
- *„Alles übrige gehört meiner Frau“*[6]
- Der Bedachte ist zur freien Verfügung über den Nachlass befugt und Dritte sollen bei dessen Tod den vorhandenen Rest erhalten.[7]
- *„Restbetrag meines Vermögens“*[8]
- *„... und was noch übrig bleibt“*[9]

Praxistipp:
Wegen der grundsätzlichen Bedeutung der Abgrenzung von „Erbe“ zu „Vermächtnis“ sollte der Berater dem Mandanten anfangs diese Unterschiede genau erläutern. Dies trägt außerordentlich zu dem erforderlichen rechtlichen Verständnis des Mandanten bei. Bei der Beschreibung der Funktionsweise der Erbengemeinschaft bietet sich als „Bild“ die BGB-Gesellschaft an, hinsichtlich derer die meisten Nichtjuristen über ein Grundverständnis verfügen. Oftmals sind Mandanten der Auffassung, sie könnten etwa direkt von der Bank Zahlung von dem nachlasszugehörigen Konto in Höhe ihrer Erbquote verlangen.

II. Rechtslage

1. Erwerb und Ausschlagung

3 Auf den **Erben** als Rechtsnachfolger gehen gem. § 1922 BGB durch **Vonselbsterwerb** (= Universalsukzession) in der Sekunde des Todes das gesamte Vermögen und die Verbindlichkeiten des Erblassers über, auch wenn einzelne Positionen erst später bekannt werden oder entstehen (§§ 1922, 1967 BGB). Der Erbe erhält seine Rechtsstellung automatisch und ohne einen besonderen Übertragungsakt. Dabei verschmilzt bei dem Alleinerben der Nachlass mit dem Eigenvermögen des Erben. Bei mehr als einem Erben gilt Entsprechendes für die **Miterben** (§§ 2032 Abs. 1, 2058 BGB), jedoch mit der Ausnahme, dass es sich bei der

[3] OLG Karlsruhe ErbR 2015, 499 (500); NK-BGB/*Horn/J. Mayer* § 1939 Rn. 4.
[4] Staudinger/*Otte* § 2087 Rn. 4.
[5] Ggf. Erbeinsetzung: OLG Rostock OLGE 30, 222 (223).
[6] Ggf. Erbeinsetzung: BayObLG NJW-RR 2005, 525.
[7] Ggf. Bedachter Erbe und Dritte Vermächtnisnehmer: LG Bremen DNotZ 1956, 149.
[8] Ggf. Erbeinsetzung: BayObLG FamRZ 1990, 1399 (1400).
[9] Ggf. Erbeinsetzung: OLG München BeckRS 2010, 16654.

ungeteilten Erbengemeinschaft um eine Gesamthandsgemeinschaft handelt; der jeweilige durch die Erbquote bestimmte Teil stellt Sondervermögen des Miterben neben dessen Eigenvermögen dar.

Dagegen verfügt der **Vermächtnisnehmer** gem. § 1939 BGB über einen **schuldrechtlichen Anspruch** (§ 2174 BGB),[10] welcher sich gegen den Erben oder bei einem Untervermächtnis gegen einen Vermächtnisnehmer richtet (§ 2147 BGB). Dieser Anspruch muss vom Vermächtnisnehmer geltend gemacht werden Der Vermächtnisnehmer im Gegensatz zum Erben ist nicht dinglich am Nachlass beteiligt bzw. berechtigt und muss selbst tätig werden. Eine Ausnahme dazu bildet der mit einem Vorausvermächtnis begünstigte Vorerbe; ein solches Vermächtnis wirkt dinglich. Sind keine anderen Verfügungen getroffen, entsteht das Vermächtnis, fällt also an, mit dem Erbfall (§ 2176 BGB). In der Regel ist es dann auch fällig, wobei die Fälligkeit auch auf einen Zeitpunkt nach dem Anfall verfügt werden kann. 4

Im Gegensatz zum Vermächtnisnehmer ist es dem **Erben** nicht möglich, nur bestimmte Gegenstände zu fordern. Er kann die Erbschaft lediglich insgesamt **ausschlagen.** Ist ein Erbe durch letztwillige Verfügung eingesetzt und gleichzeitig gesetzlicher Erbe, so kann er auch nur aus dem testamentarischen bzw. erbvertraglichen Berufungsgrund ausschlagen und die Erbschaft aus gesetzlichem Berufungsgrund annehmen (§ 1948 Abs. 1 BGB).[11] Bei der Ausschlagung sind weitere Besonderheiten zu beachten: Sie ist innerhalb von 6 Wochen zu erklären (§ 1944 BGB bzw. 6 Monate bei speziellen Auslandstatbeständen). Diese hat in öffentlich beglaubigter Form oder zur Niederschrift des Nachlassgerichts zu erfolgen (§ 1945 BGB). Eine bedingte bzw. befristete Ausschlagung ist unzulässig (§ 1947 BGB). 5

Sind dem **Vermächtnisnehmer** mehrere Gegenstände vermacht, kann er **einzelne Gegenstände** durch Geltendmachung annehmen bzw. durch Erklärung gegenüber dem Erben ausschlagen. Nach Geltendmachung hat der Erbe den Gegenstand zu übereignen (§§ 873, 925, 929 ff. BGB) oder das Recht abzutreten (§ 398 BGB).[12] Da es sich bei dem Vermächtnisanspruch um einen schuldrechtlichen Anspruch handelt, unterliegt dieser der **3-jährigen Regelverjährung** (§§ 195, 199 Abs. 1 BGB). Ist der Vermächtnisanspruch auf Übereignung eines Grundstücks gerichtet, beträgt die Verjährung 10 Jahre (§ 196 BGB).[13] Wenn der Vermächtnisnehmer auch pflichtteilsberechtigt ist, kann die Erklärung der Ausschlagung des Vermächtnisses erforderlich werden (§ 2307 BGB), besonders bei der Belastung durch ein Untervermächtnis oder durch Auflagen (§ 2307 Abs. 1 S. 2 BGB). Die Ausschlagung eines Vermächtnisses ist nicht fristgebunden.[14] 6

Ein Vermächtnisgegenstand kann mehreren Begünstigten vermacht worden sein. Es ist dann durch Auslegung[15] zu erforschen, ob ein **gemeinschaftliches Vermächtnis** iSd §§ 2157 ff. BGB oder mehrere selbstständige Vermächtnisse angeordnet sind. 7

2. Verbindlichkeiten

Auf den Erben gehen mit dem Erbfall sämtliche Verbindlichkeiten des Erblassers über, so dass der Erbe grundsätzlich auch mit seinem Eigenvermögen für die geerbten Verbindlichkeiten haftet. Durch **Einreden,** auch im Zusammenhang mit der Nachlassverwaltung und -insolvenz, kann der Erbe aber sein Eigenvermögen vor dem Zugriff von Gläubigern des Erblassers schützen (§§ 1970–2017 BGB). Dieses Risiko besteht bei dem Vermächtnisnehmer nicht. Dieser hat aber nach der Auslegungsregel[16] § 2165 Abs. 1 BGB *„im Zweifel"* lediglich solche Belastungen zu übernehmen, die an dem vermachten Gegenstand haften. Erfasst sind aber nur dingliche Belastungen.[17] Hintergrund: Der Gesetzgeber geht davon aus, dass der Erblasser den vermachten Gegenstand mit seinen im Zeitpunkt des Erbfalls beste- 8

[10] Burandt/Rojahn/*Burandt* § 2174 Rn. 4.
[11] § 1948 Abs. 2 BGB sieht ein entsprechendes Wahlrecht bei gleichzeitiger Berufung durch Testament und durch Erbvertrag vor.
[12] MüKoBGB/*Rudy* § 2174 Rn. 16.
[13] OLG München ZEV 2018, 35 (37); aA *Damrau* ZErb 2015, 333.
[14] BGH NJW 2011, 1353.
[15] *Hölscher* ErbR 2016, 244; vgl. OLG Hamm ErbR 2016, 269 = BeckRS 2016, 3143.
[16] Damrau/Tanck/*Linnartz* § 2165 Rn. 1.
[17] Burandt/Rojahn/*Burandt* § 2165 Rn. 4.

henden rechtlichen und tatsächlichen Eigenschaften zuwenden will.[18] §§ 2166 bis 2168a BGB sehen genauere Regeln vor, wenn etwa Grundstücke oder Schiffe vermacht sind, auf denen eine **Hypothek**, eine **Grundschuld** oder eine **Rentenschuld** lasten. Diese Regeln stellen aber sicher, dass der Vermächtnisnehmer nicht über den Wert des vermachten Gegenstandes hinaus, also mit seinem Eigenvermögen, haftet. Dies ist hingegen bei einem Erben möglich, wenn er nicht die zahlreichen Möglichkeiten einer Haftungsbeschränkung nutzt.

3. Erlangung der Erbschaft bzw. des Vermächtnisses

9 Der Miterbe kann seinen **Auseinandersetzungsanspruch** aus § 2042 BGB erst geltend machen, wenn die Nachlassverbindlichkeiten gem. § 2046 BGB berichtigt sind und Teilungsreife besteht.[19] So kann er durch andere Miterben „ausgehungert" werden, indem sie sich einer einvernehmlichen (Teil-)Auseinandersetzung widersetzen. Durch eine Klage ist in der Praxis kaum möglich, eine Erbengemeinschaft auseinanderzusetzen.

10 Da es sich bei einem Vermächtnisanspruch um eine Nachlassverbindlichkeit gem. §§ 1967ff. BGB handelt, kommt der Vermächtnisnehmer früher in den Genuß der unbeschränkten Verfügungsfreiheit über die letztwillige Begünstigung als ein Erbe. So steht ihm ein klagefähiger Anspruch zu.

Praxistipp:

Da Miterben sich gegenseitig blockieren können, indem einzelne Miterben nicht an der Auseinandersetzung mitwirken, kann durch letztwillige Verfügung Vorsorge getroffen werden. Eine Person kann sowohl als Miterbe als auch als Vorausvermächtnisnehmer bedacht werden. Da das Vermächtnis klagefähig ist, wird es in der Regel auch von zerstrittenen Erbengemeinschaften erfüllt. Es sollte dann aber geregelt sein, ob der bedachte Miterbe sich den Wert des Vorausvermächtnisses auf seinen Erbteil anrechnen zu lassen hat.

11 Das Vermächtnis muss grundsätzlich bis zur völligen Ausschöpfung des Nachlasses erfüllt werden,[20] wobei als Grenze bei der Nachlassinsolvenz § 327 Abs. 1 Nr. 2 InsO und vor allem der nach Berichtigung der Nachlassverbindlichkeiten und Schulden des Erblassers verbleibende Nachlasswert zu beachten ist (§§ 1972, 1992, 2060, 2306, 2318, 2322 BGB). Der Anspruch des Vermächtnisnehmers ist nachrangig zu anderen Nachlassverbindlichkeiten, vor allem zu Pflichtteilsansprüchen, aber vorrangig vor den Ansprüchen des Erben.[21]

4. Rechtslage vor dem Erbfall für Begünstigte

12 Vor dem Erbfall sind Erbe und Vermächtnisnehmer insoweit gleichgestellt, dass sie beide **nicht über ein Anwartschaftsrecht,** sondern nur über eine mehr oder minder begründete tatsächliche Aussicht auf einen künftigen Anspruch verfügen.[22] Geringfügige Abweichungen bestehen indes bei dem **Erbschaftsvertrag** gem. § 311b Abs. 4, 5 BGB.

5. Grundsatz der Höchstpersönlichkeit

13 Der Erblasser muss höchstpersönlich bestimmen, wer sein Erbe sein soll (§ 2065 Abs. 2 BGB).[23] Er darf die Auswahl nicht einem Dritten überlassen.[24] Zumindest muss er genaue Kriterien vorgeben, wonach ein Dritter – ausgestattet mit dem erforderlichen Sachverhalt – ohne eigenes Ermessen den Erben bestimmen kann.[25] Das Gesetz ist bei dem Vermächtnis-

[18] MüKoBGB/*Rudy* § 2165 Rn. 1.
[19] Burandt/Rojahn/*Flechtner* § 2042 Rn. 17.
[20] BGH NJW 1993, 850.
[21] Vgl. Burandt/Rojahn/*Burandt* § 2174 Rn. 4.
[22] MüKoBGB/*Rudy* § 2174 Rn. 24.
[23] Staudinger/*Otte* § 2087 Rn. 15.
[24] BGH NJW 1955, 100.
[25] BGH NJW 1955, 100 (101); BayObLG ZEV 2001, 22; Damrau/Tanck/*Seiler-Schopp*/*Rudolf* § 2065 Rn. 20.

nehmer bei Weitem nicht so streng: So kann bei einem Auswahlvermächtnis gem. § 2151 BGB nach dem Erbfall ein Dritter die Person des zu begünstigenden Vermächtnisnehmers bestimmen, nachdem der Erblasser eine Personengruppe vorgegeben hat. Das sog. Supervermächtnis[26] nutzt die Freiheiten im Vermächtnisrecht im Gegensatz zur Erbeinsetzung.

III. Formulierungsbeispiele

1. Erbeinsetzung

Um spätere Auslegungserfordernisse zu vermeiden, ist der von dem Mandanten geäußerte Wille über seine postmortale Nachfolge durch Wahl der zutreffenden, vom Gesetz vorgegebenen Gestaltungsmittel umzusetzen. Eine **Erbeinsetzung** kann wie folgt formuliert werden: 14

> Ich setze zu meinem unbeschränkten Alleinerben A ein.

> A soll mich zu 1/4 und B zu 3/4 beerben.

> Zu meinem alleinigen Vorerben bestimme ich A; Nacherben sollen B und C zu gleichen Teilen sein. Der Nacherbfall tritt mit dem Tod des Vorerben ein.

2. Vermächtnis

Vermächtnisse können durch nachfolgende Formulierungen ausgesetzt werden: 15

> Ich vermache A meine sämtlichen im Zeitpunkt meines Erbfalls bei der Stadtsparkasse Düsseldorf geführten Konten und Depots, und zwar mit den per Erbfall bestehenden Guthaben bzw. Wertpapieren. Dieser mit dem Erbfall entstehende Anspruch ist drei Monate nach dem Erbfall fällig.

> Im Wege eines Vermächtnisses erhält B meine Uhr mit den beiden Diamanten.

> C setze ich ein Vermächtnis mit einer Quote von 20 % des Wertes meines Nachlasses im Zeitpunkt meines Ablebens aus (Auskunftsansprüche und Bewertung entsprechend dem Pflichtteilsrecht).

> Meinen Vermächtnisnehmer D beschwere ich mit dem Untervermächtnis, wonach meine Ehefrau eine monatliche, nicht wertgesicherte Rentenzahlung von 2.000 EUR erhält.

IV. Abgrenzungskriterien

1. Grundsätzliches

Die individuelle Auslegung letztwilliger Verfügungen geht stets der gesetzlichen Auslegungsregel § 2087 BGB vor, die erst dann anwendbar ist, wenn kein zweifelsfreier Erblasserwille festgestellt werden kann.[27] Die Verwendung der Begriffe Erbe und Vermächtnis 16

[26] *Keim* ZEV 2016, 6; Muster bei BeckOF Vertrag/*Wälzholz* Form. 5.1.4.1.1.

[27] BGH ZEV 2000, 195 (196); OLG München ZEV 2017, 634 (639); ZErb 2010, 299; OLG Naumburg FamRZ 2007, 943 = BeckRS 2007, 3672; BayObLG FGPrax 2005, 126; OLG Celle ZErb 2002, 331; Burandt/Rojahn/*Czubayko* § 2087 Rn. 2; MüKoBGB/*Rudy* § 2087 Rn. 1; NK-BGB/*Krafka* § 2087 Rn. 2.

stellt gerade bei von Laien formulierten Testamentstexten höchstens ein Indiz für die tatsächlich beabsichtigten Rechtsfolgen dar.[28] Falsch verwendete Wortbedeutungen sind der Auslegung zugänglich, wenn der Erblasser mit dem Begriff „erben" die Zuwendung eines Vermächtnisses bzw. umgekehrt mit dem Begriff „vermachen" eine Erbeinsetzung verbindet.[29] Diese Frage ist vielmehr nach dem „sachlichen Inhalt" der letztwilligen Verfügung zu beurteilen.[30] So hat das BayObLG[31] festgestellt:

> *„Die bloße Bezeichnung der testamentarisch Bedachten als Erben ist nicht entscheidend für die Beantwortung der Frage, ob eine Erbeinsetzung (§ 1937 BGB) oder Vermächtnisse (§ 1939 BGB) vorliegen. Ob ein Bedachter Erbe oder Vermächtnisnehmer ist, beurteilt sich vielmehr nach dem auszulegenden sachlichen Inhalt der letztwilligen Verfügung."*

2. Kriterien zugunsten einer Erbeinsetzung

17 Für eine Erbeinsetzung sprechen Formulierungen wie *„alles, was ich habe"* oder *„mein Hab und Gut"*.[32] So eindeutig ist es nicht stets. Der BGH hat in seinem Beschl. v. 12.7.2017[33] zu den wesentlichen Entscheidungskriterien festgestellt, dass es bei der Entscheidung,

> *„ob eine Person als Erbe eingesetzt ist, wesentlich darauf an[kommt], wer nach dem Willen des Erblassers den Nachlass regeln und die Nachlassschulden, zu denen auch die Bestattungskosten zählen, zu tilgen hat und ob der Bedachte unmittelbare Rechte am Nachlass oder nur Ansprüche gegen andere Bedachte erwerben soll (…)."*

18 So ist durchaus eine Erbeinsetzung anzunehmen, wenn der Bedachte
- die Nachlassabwicklung übernehmen bzw. regeln soll,[34]
- die wirtschaftliche Stellung des Erblassers fortsetzen soll,[35]
- die Nachlassschulden zu tilgen hat,[36]
- eine starke Stellung erhalten soll,[37]
- Erbschaftsteuern zu tilgen hat,[38]
- unmittelbar Rechte am Nachlass erhalten soll,[39]
- die Beerdigung[40] und die Grabpflege übernehmen soll, da der Erblasser nach der Lebenserfahrung will, dass dies von den eingesetzten Erben wahrgenommen wird,[41]
- die Bestattungskosten übernehmen soll,[42]
- den gesamten übrigen Nachlass erhalten soll,[43]

---

[28] Dem folgend OLG Karlsruhe ErbR 2015, 499 (500).
[29] OLG München ZErb 2016, 286 (287).
[30] KG ErbR 2018, 389 (390); OLG Karlsruhe ErbR 2015, 499 (500).
[31] FGPrax 2005, 126 (127); vgl. BayObLG NJW-RR 2002, 1302.
[32] Damrau/Tanck/*Sticherling* § 2087 Rn. 15.
[33] BGH ZEV 2017, 629 (632); vgl. BeckOGK BGB/*Gierl* § 2087 Rn. 12.
[34] OLG Hamburg ZEV 2016, 384 (385); OLG München ZEV 2010, 299; OLG Celle MDR 2003, 89; BayObLG ZEV 1997, 162 = NJW-RR 1997, 517 (518); NJW-RR 2002, 1232; ZEV 2001, 240 (241).
[35] OLG München ZEV 2010, 299; BayObLG NJW-RR 2001, 656 (656); OLG Celle ZErb 2002, 331; BayObLGZ 1965, 457 (460); ZEV 2001, 240 (241).
[36] OLG Hamburg ZEV 2016, 384 (385); BayObLG FamRZ 2004, 567 = BeckRS 2003, 7711; OLG Celle ZErb 2002, 331; OLG Düsseldorf MittBayNot 1995, 400 (401).
[37] OLG Hamburg ZEV 2016, 384 (385); NK-BGB/*Horn/J. Mayer* § 1939 Rn. 4.
[38] BayObLG ZEV 2001, 240 (241).
[39] BayObLG FamRZ 2004, 567; NJW-RR 2002, 1232.
[40] BayObLG ZEV 2001, 240 (241).
[41] OLG Hamburg ZEV 2016, 384 (385); Palandt/*Weidlich* § 2087 Rn. 2; vgl. BayObLG DNotZ 2003, 870 (871).
[42] OLG Celle MDR 2003, 89.
[43] BayObLG NJWE-FER 2001, 182.

- für den Erblasser eine Vertrauensperson war, indem er ihm Vollmacht/Patientenverfügung erteilt oder das Originaltestament gegeben hat bzw.[44]
- den Restbetrag des Vermögens des Erblassers erhält.[45]

Es kommt nicht entscheidend darauf an, dass dem Erben nach Erfüllung der Nachlass- 19
verbindlichkeiten, darunter auch Vermächtnisse und Auflagen, überhaupt ein wirtschaftlicher Vorteil verbleiben soll.[46] So kann der Erblasser seinen Erben mit dem Universalvermächtnis beschwert haben, nach dem ein Dritter den nach Erbfallabwicklung verbleibenden Wert erhält.[47] Auch wenn ein von mehreren Bedachter nur einen Gegenstand erhält, der *„deutlich hinter dem Wert der den anderen Kindern zugedachten Gegenstände zurückbleibt“*, kann dieser Miterbe sein.[48] Ein eindeutiger Wortlaut geht – wie immer – einem davon abweichenden Auslegungsergebnis vor.

3. Kriterien zugunsten einer Vermächtnisaussetzung

Es deutet auf eine Begünstigung durch ein Vermächtnis hin, wenn der Begünstigte 20

- den zugewiesenen Gegenstand ungeschmälert von Nachlassverbindlichkeiten erhalten soll,[49]
- nur Ansprüche gegen andere Personen und damit nicht unmittelbar Rechte am Nachlass erhalten soll,[50]
- lediglich auf schuldrechtliche Ansprüche gegen die Erben hinsichtlich einzelner Gegenstände verwiesen werden soll,[51]
- reine Geldansprüche erhält[52] bzw. nicht das nahezu ganze Vermögen darstellende Geldbeträge bekommt,[53]
- Mieter ist und eines der Häuser *„erben“* soll, wenn noch weiteres erhebliches Vermögen vorhanden ist,[54]
- nicht an der Verwaltung und Auseinandersetzung des Nachlasses beteiligt sein soll,
- von einem Dritten bestimmt werden musste[55] bzw.
- ein gutes Dutzend Geldbeträge erhält, da es nach der Lebenserfahrung fernliegt, so viele Personen zu dinglichen Teilhabern am Nachlass zu machen.[56]

Einzelfall:

Hat der Erblasser durch letztwillige Verfügung einer Person etwa das in einem Land belegene Vermögen als *„Alleinerbe“* zugewiesen und besteht in einem anderen Land ebenfalls Vermögen, über das nicht letztwillig verfügt wurde, kann es sich um ein Vorausvermächtnis gem. § 2150 BGB handeln. Das entschied das OLG Hamm[57] für die Einsetzung zum Alleinerben eines Kindes für das in Österreich belegene Vermögen, das den größten Teil des Nachlasses ausmachte. So habe die Erblasserin mit dem Testament nicht ihren Nachlass erschöpfend regeln wollen. Es sei daher die gesetzliche Erbfolge eingetreten. Bei Annahme eines Vermächtnisses hinsichtlich des österreichischen Vermögens wäre die Durchsetzung für das begünstigte Kind einfacher als bei Annahme einer Erbengemeinschaft mit Teilungsanordnung.

[44] Damrau/Tanck/*Sticherling* § 2087 Rn. 7.
[45] BayObLG FamRZ 1986, 604.
[46] BayObLG NJW-RR 2002, 1232 (1232); OLG Schleswig BeckRS 2011, 28746.
[47] BeckOK BGB/*Litzenburger* § 2087 Rn. 5.
[48] OLG München FamRZ 2007, 943 = BeckRS 2009, 26402; hierzu Besprechung von *Burandt* ZFE 2010, 240.
[49] BeckOK BGB/*Litzenburger* § 2087 Rn. 5; vgl. BGH DNotZ 1972, 500; BayObLG NJW-RR 2002, 875.
[50] BayObLG FamRZ 2004, 567 = BeckRS 2003, 7711 = Rpfleger 2003, 652.
[51] BayObLG NJW-RR 2001, 656 (656) = ZEV 2001, 240 (241); OLG Düsseldorf MittBayNot 1995, 400 (401).
[52] BayObLG NJW-RR 1998, 1230; vgl. FamRZ 1986, 835 = BeckRS 2009, 27989 für Geldsumme bzw. Bankguthaben.
[53] OLG München ZErb 2016, 286 (287); NJW-RR 2011, 157.
[54] BayObLG ZEV 1996, 393.
[55] BeckOGK BGB/*Gierl* § 2087 Rn. 14; Staudinger/*Otte* § 2087 Rn. 15.
[56] OLG München ZErb 2016, 286 (287).
[57] OLG Hamm FGPrax 2011, 301.

4. Gegenständliche Erbeinsetzung (Verteilungstestament)

21 a) **Grundsätzliches.** Bei Laien sehr beliebt ist es, nicht entsprechend den Vorgaben des Gesetzes Erben zu berufen und Vermächtnisse auszusetzen, sondern lediglich Vermögensgegenstände oder Vermögensgruppen zu benennen und einzelnen Bedachten zuzuweisen. Eine solche möglicherweise gewollte gegenständliche Erbeinsetzung sieht das Gesetz nicht vor und ist unzulässig.[58]

Beispiel:

Der Nachlasswert besteht zu 90 % aus einem Einfamilienhaus und zu 10 % aus Geld- und Wertpapiervermögen; das übrige Vermögen ist praktisch wertlos. Der Erblasser kann umgangssprachlich wie folgt verfügt haben:

Alternative 1: A erhält mein Einfamilienhaus.

Alternative 2: X, Y und Z vermache ich mein Einfamilienhaus. Meinen Fernseher vererbe ich an F.

22 Die Zuweisung erfolgt oft wahllos durch Verwendung der Wortstämme *erben* und *vermachen* bzw. durch umgangssprachliche Formulierungen, aus denen nach dem allgemeinen Sprachverständnis hervorgeht, dass die bedachte Person den Gegenstand erhalten soll. Für den *Zweifelsfall* hält das Gesetz auch für diese Fälle eine Auslegungsregel bereit: § 2087 Abs. 2 BGB nimmt bei der Zuwendung einzelner Gegenstände an einen Bedachten an, dass dieser Erbe sein soll – sogar, wenn er so bezeichnet ist. Diese Auslegungsregel kann zur Konsequenz haben, dass es entweder gar keinen Erben gibt oder dass die gesetzliche Erbfolge gilt. Dann hätten die gesetzlichen Erben die Arbeit mit der Nachlassabwicklung, könnten aber Gefahr laufen, wertmäßig alles an die Vermächtnisnehmer herauszugeben. Die Berufung zum Erben setzt nicht notwendig voraus, dass ihm ein mehr oder weniger großer oder sogar der größte Teil des Nachlasses verbleibt.[59] Ausweislich ihres Wortlautes greift die Auslegungsregel § 2087 Abs. 2 BGB schließlich nur in Zweifelsfällen ein.[60] Die sich im Rahmen der individuellen Auslegung stellende Frage ist die, ob der Erblasser nicht mit einem solchen Verteilungstestament die Einsetzung eines Erben verfolgt hat.

Hinweis:

In dem zunächst anstehenden Schritt der Prüfung kann noch offen bleiben, ob der Begünstigte Allein- oder Miterbe ist und ob im Falle einer Miterbschaft den im Testament nicht angesprochenen Rest die gesetzlichen Erben erhalten.

23 Der BGH hat sich in seinem Beschl. v. 12.7.2017[61] geäußert, welcher Grundsatz innerhalb der individuellen Auslegung heranzuziehen ist, der zur Nichtanwendbarkeit der Zweifelsregelung des § 2087 Abs. 2 BGB führt:

> *„Eine Erbeinsetzung kann trotz Zuwendung nur einzelner Gegenstände anzunehmen sein, wenn der Erblasser sein Vermögen vollständig den einzelnen Vermögensgegenständen nach verteilt hat, wenn er dem Bedachten die Gegenstände zugewendet hat, die nach seiner Vorstellung das Hauptvermögen bilden, oder nur Vermächtnisnehmer vorhanden wären und nicht anzunehmen ist, dass der Erblasser überhaupt keine Erben berufen und seine Verwandten oder seinen Ehegatten als gesetzliche Erben ausschließen wollte (Senat v. 19.1.2000 – IV ZR 157/98, ZEV 2000, 195 unter I.2.b.aa mwN).“*

24 b) **Fragliche gewollte Erbenstellung des Begünstigten.** *aa) Grundsatz.* Zentral ist: Es ist nicht anzunehmen, dass der Erblasser mit seinem Testament keinen Erben berufen woll-

[58] *Otte* NJW 1987, 3164; OLG Stuttgart ZErb 2018, 248 (250).
[59] BGH ZEV 2017, 629 (632) mit zust. Anm. *Leipold.*
[60] Burandt/Rojahn/*Czubayko* § 2087 Rn. 2; Palandt/*Weidlich* § 2087 Rn. 1.
[61] BGH ZEV 2017, 629 (631); ebenso OLG München ZEV 2017, 634 (639), KG ErbR 2018, 389 (390); ErbR 2016, 594 (595).

te.[62] Daher ist durch Auslegung zu erforschen, ob die mit einem Gegenstand bedachte Person auch (Mit-)erbe sein soll. Es hat eine Abgrenzung zu der Stellung eines Vermächtnisnehmers zu erfolgen. Der BGH[63] stellte folgenden Grundsatz auf, nach dem zu entscheiden ist, ob der Begünstigte (Mit-)Erbe ist:

> „*... bei der Entscheidung, ob eine Person als Erbe eingesetzt ist, [kommt es] wesentlich darauf an, wer nach dem Willen des Erblassers den Nachlass regeln und die Nachlassschulden, zu denen auch die Bestattungskosten zählen, zu tilgen hat und ob der Bedachte unmittelbare Rechte am Nachlass oder nur Ansprüche gegen andere Bedachte erwerben soll (...).*“

25 Entscheidend ist auch, ob der Erblasser durch die bedachte Person seine wirtschaftliche Stellung fortgesetzt wissen wollte, also diese sein Rechtsnachfolger sein sollte.[64] Zugunsten der Bewertung als Erbe spricht, wenn der Bedachte auch den Nachlass zu regeln hatte.[65] Konkreter stellt sich die Frage, ob der Erblasser dem Bedachten unmittelbar die materielle Rechtszuständigkeit und die Abwicklung des Nachlasses, insbesondere die dazu erforderliche Verfügungsbefugnis, übertragen wollte.[66]

26 Entscheidend sind in diesem Zusammenhang auch die Wertverhältnisse. Wer den mit Abstand wertvollsten Nachlassgegenstand erhält, wird auch Erbe sein sollen.[67] Hierzu der BGH:[68]

> „*Ebenso begegnet es keinen rechtlichen Bedenken, die Zuwendung des wertmäßigen Hauptnachlassgegenstands, etwa eines Hausgrundstücks, als Erbeinsetzung des Bedachten anzusehen, wenn der Nachlass dadurch im Wesentlichen erschöpft wird oder der objektive Wert das übrige Vermögen an Wert so erheblich übertrifft, dass der Erblasser ihn als seinen wesentlichen Nachlass angesehen hat (...).*“

27 In diesem Prüfungsschritt ist zu diskutieren, ob der Bedachte eine Erbenstellung erhalten sollte, mit der er dinglich am Nachlass beteiligt ist und damit auch Pflichten (Befriedigung von Nachlassgläubigern) zu erfüllen hat. Stets ist in Betracht zu ziehen, dass mit der Auslegungsregel § 2287 Abs. 2 BGB die gesetzliche Erbfolge gilt und der Bedachte „nur“ Vermächtnisnehmer ist. Schließlich sind grundsätzlich der mit dem wertmäßigen Hauptgegenstand des Nachlasses Bedachte als Erbe und die mit wertmäßig geringer anzusetzenden Gegenständen Bedachten als Vermächtnisnehmer anzusehen.[69] Ist einer Person die Hälfte des Nachlasswertes und mehreren Personen die andere Hälfte zugewiesen, spricht nach *Otte*[70] vieles für die Alleinerbeinsetzung der einen Person. Ein Indiz für eine Erbenstellung besteht, wenn der Erblasser die Begünstigungen ganz am Anfang seines Testamentes gesetzt hat; es sei wahrscheinlich, dass ein Erblasser seine Erben an hervorgehobener Stelle im Testament benennt.[71] Weist ein Erblasser zwar gegenständlich, aber erschöpfend einer Person zu, findet die Auslegungsregel § 2287 Abs. 2 BGB keine Anwendung.[72]

Einzelfälle:

(1) Bei dem Teil, über den nicht letztwillig verfügt wurde, kann es sich auch um den bedeutenden Nachlasswert handeln: So beschloss das OLG München,[73] dass die gesetzliche Erbfolge eintritt, wenn der

[62] BGH ZEV 2000, 195; KG ErbR 2018, 389 = BeckRS 2018, 1576 Rn. 12; OLG Brandenburg NJW-RR 2009, 14; BayObLG NJW-RR 1999, 1021.
[63] BGH ZEV 2017, 629 (632); vgl. MüKoBGB/*Rudy* § 2287 Rn. 8; BeckOGK BGB/*Gierl* § 2087 Rn. 12.
[64] OLG München FamRZ 2011, 68 = BeckRS 2010, 18492; OLG Köln FamRZ 1989, 549; BayObLG NJW-RR 1997, 517 (518); Dt. ErbRK/*Große-Wilde* § 2087 Rn. 16.
[65] OLG München ZEV 2017, 634 (639).
[66] Staudinger/*Otte* § 2087 Rn. 8.
[67] OLG Naumburg BeckRS 2016, 104279 Rn. 17.
[68] BGH ZEV 2017, 629 (631 f.); vgl. auch OLG Düsseldorf FGPrax 2016, 272.
[69] OLG Brandenburg NJW-RR 2009, 14; MüKoBGB/*Rudy* § 2087 Rn. 9; vgl. Dt. ErbRK/*Große-Wilde* § 2087 Rn. 16.
[70] Staudinger/*Otte* § 2087 Rn. 21.
[71] OLG München ZErb 2016, 286 (288).
[72] OLG Düsseldorf ErbR 2015, 386.
[73] OLG München FGPrax 2010, 244.

Erblasser nur über einen geringen Teil seines Nachlasses verfügt und eine Erbeinsetzung durch spätere gesonderte Verfügung beabsichtigt hat, zu der er aber nicht mehr gekommen ist. Eine ergänzende Auslegung der bestehenden Verfügung sei aufgrund des Fehlens einer planwidrigen Lücke nicht möglich.

(2) In die gleiche Richtung zielte nochmals das OLG München[74] in einem späteren Beschluss: Die Erblasserin hatte nur über ihre wertlose Wohnungseinrichtung zugunsten einer Dame verfügt, der sie auch Kontovollmacht über den Tod hinaus erteilt hat. Das Gericht bewertete diese Begünstigung mit der Auslegungsregel § 2087 Abs. 2 BGB als Vermächtnis; im Übrigen, also besonders hinsichtlich des Geldvermögens, trat gesetzliche Erbfolge ein.

(3) Das OLG München[75] betont in einem weiteren Beschluß die Selbstverständlichkeit, dass der Begriff „erben" im Zusammenhang mit der Begünstigung durch ein Auto nicht gegen die Annahme eines Vermächtnisses spricht. Dem Senat zufolge indizieren konkrete Geldbeträge ein Vermächtnis. Hinzu kam, dass es lt. OLG München nach der Lebenserfahrung fernliegend sei, dass ein Erblasser ein gutes Dutzend zu Miterben machen möchte.

(4) Wird einem Verein das „Grundstück" und das „Sparkassenbuch" „vermacht" und erhält eine weitere Person das Inventar, so gilt nach dem OLG Bremen[76] der Verein als Alleinerbe.

(5) Die Auslegung als Alleinerbeinsetzung einer Person begründete das OLG Düsseldorf[77] damit, dass sie den wesentlichen Teil erhielt und der Erblasser für diese Begünstigung das Verb „erben" anstatt wie bei den anderen Begünstigungen „erhalten" verwendet hat.

(6) Aus der Bezeichnung als „Hauptererbe", der zudem bestimmte Aufgaben zu erfüllen hat, kann nicht geschlossen werden, dass dieser sogleich Alleinerbe ist. In dem Fall des KG[78] hatte der Erblasser 10 weitere Personen mit Quoten von 5 bis 20 % begünstigt.

28 *bb) Mehrere Bedachte.* Bei mehreren Bedachten ist festzustellen, ob diese auch alle Erben werden sollten oder einer bzw. einige Erbe und andere Vermächtnisnehmer. Nachfolgende Konstallationen kommen bei **bei mehreren Bedachten** in Betracht:

- Es können mehrere Personen mit diesem einen Vermögensgegenstand (oft die einzige nachlasszugehörige Immobilie) begünstigt worden sein.
- Es kann beispielsweise A das Haus und B das Geld- und Wertpapiervermögen zugewiesen worden sein.

29 Entsprechend ist für jeden Bedachten gesondert zu prüfen, ob jeder namentlich Bedachte auch eine Erbenstellung erhalten sollte.[79] So können die Werte sehr unterschiedlich sein. Damit alle Begünstigten als Erben anzusehen sind, ist erforderlich, dass die Zuwendungen gleichstufig erfolgt sind.[80] Die Erbeinsetzung wird auch dadurch indiziert, dass die Begünstigten im Testament räumlich vor der Verteilung der Gegenstände an sie als „Erben" bezeichnet werden; dies spricht aber nicht dafür, dass alle zu gleichen Teilen erben sollen.[81] Sie müssen rechtlich auf gleicher Stufe stehen, wobei insbesondere auch die Motive des Erblassers zu beachten sind. Keiner darf der Hauptbedachte sein.[82] Wer einen verhältnismäßig geringwertigen Nachlassgegenstand erhält, kann in Einklang mit § 2287 Abs. 2 BGB Vermächtnisnehmer sein. Das Werteverhältnis der zugewandten Einzelgegenstände zum Nachlasswert ist bei einem auslegungsbedürftigen Testamentswortlaut das wesentliche Kriterium für die Frage, ob der Begünstigte Erbe oder Vermächtnisnehmer ist.[83]

30 **Grundsatz nach OLG Stuttgart:**[84] Hat der Erblasser sein gesamtes Vermögen einzelnen Bedachten zugewiesen und diese zudem als Erben bezeichnet, ist von einer Erbeinsetzung nach Quote auszugehen. Im Fall der erschöpfenden Zuwendung nach Vermögensgruppen sind die **Erbquoten anhand des wirtschaftlichen Wertverhältnisses** der zugewandten Vermö-

[74] OLG München ZErb 2010, 299.
[75] OLG München ZErb 2016, 286 (287).
[76] OLG Bremen ErbR 2015, 449.
[77] OLG Düsseldorf ErbR 2018, 50 = BeckRS 2018, 129494 Rn. 14.
[78] KG BeckRS 2018, 1576.
[79] BeckOGK BGB/*Gierl* § 2087 Rn. 22.
[80] BeckOK BGB/*Litzenburger* § 2087 Rn. 17.
[81] OLG Stuttgart ZErb 2018, 248 (250).
[82] Nieder/Kössinger Testamentsgestaltung-HdB/*R. Kössinger* § 8 Rn. 9.
[83] Burandt/Rojahn/*Czubayko* § 2087 Rn. 8.
[84] OLG Stuttgart ZErb 2018, 249 (251).

gensgruppen zum Gesamtnachlass zu ermitteln, wobei regelmäßig auf die Wertverhältnisse im Zeitpunkt des Erbfalls abzustellen ist.

Einzelfälle:

(1) Das OLG München[85] hatte über einen Fall zu urteilen, in dem der Erblasser eine Person mit seinem Grundstück und vier andere Personen mit seinem wertmäßig überwiegenden Geldvermögen begünstigt hat. Der Wertanteil des Grundstücks am Gesamtnachlasswert belief sich auf 22,5 %. Das Nachlassgericht hatte einen Alleinerbschein zugunsten des mit dem Grundstück Bedachten erlassen. Das OLG München stellte indes eine Erbeinsetzung zu gleichen Teilen fest: Aufgrund der Wertverhältnisse liege die Feststellung einer Alleinerbschaft des Grundstücksbegünstigten *„fern"*. Den Mehrwert zwischen dem rechnerischen Erbteil und dem Grundstückswert bewertete das Gericht als Vorausvermächtnis, so dass sich keine Ausgleichspflicht unter den Miterben ergab (§ 2150 BGB).[86]

(2) Das OLG München[87] kritisierte an der nachlassgerichtlichen Entscheidung, dass es bei drei Begünstigten eine Erbenstellung angenommen habe. So wäre anzudenken, dass die „Besitzanteile des Wohnhauses", „Besitzanteile an Waldstücken" und „Geldbetrag iHv 10.000" Vermächtnisse sein könnten. Erben könnten dann die drei durch das Geldvermögen Begünstigten sein.

(3) Das OLG Düsseldorf[88] hob eine erstinstanzliche Entscheidung auf, wonach 5 Personen Erben zu jeweils 18,44 % und 3 weitere Personen Erben zu jeweils 2,5933 % seien. Stattdessen stellte es für die 5 Personen Quoten von jeweils 20 % fest. Nur diese Personen seien in dem Testament als *„Erben"* bezeichnet worden.

Gelangt der Ausleger in diesem Prüfungsschritt zum Ergebnis, dass sämtliche namentlich Begünstigten keine Erben sein sollen, sondern Vermächtnisnehmer, tritt die gesetzliche Erbfolge ein. Das kann theoretisch auch dann der Fall sein, wenn den gesetzlichen Erben wirtschaftlich nichts oder verhältnismäßig fast nichts verbleibt. 31

cc) Sonderfall bei ausschließlich bedachten gesetzlichen Erben: Hat der Erblasser Gegenstände unter seinen **gesetzlichen Erben** aufgeteilt, so kann auch angenommen werden, dass er keine Erbeinsetzung hat treffen wollen, sondern **nur Teilungsanordnungen** verfügt hat, ggf. in Verbindung mit Vorausvermächtnissen.[89] Das AG Warstein[90] löste einen solchen Fall, indem es die gesetzliche Erbfolge und Vorausvermächtnisse zugunsten der gesetzlichen Erben durch Testament annahm. 32

c) **Fraglicher Gesamtverfügungswille.** Die Frage nach dem Gesamtverfügungswillen ist eröffnet, wenn im vorherigen Prüfungsschritt festgestellt werden konnte, dass dem bzw. den Bedachten eine Erbenstellung zukommen soll. Zudem müsste der Nachlass durch die Vermögenszuweisung noch nicht erschöpft sein.[91] Festzustellen ist dann in diesem weiteren Prüfungsschritt, ob andere Personen – in aller Regel gem. § 2088 Abs. 1 BGB die gesetzlichen Erben – neben den namentlich genannten Personen erben sollen.[92] Dann würde eine Kombination von gewillkürter und gesetzlicher Erbfolge vorliegen.[93] Kann mithin Gesamtverfügungswille festgestellt werden, erben das nicht verteilte Vermögen nicht die gesetzlichen Erben, sondern die namentlich mit den anderen Vermögensgegenständen Bedachten. 33

Andere, nicht im Testament benannte Personen sind dann keine Erben, wenn der Erblasser bei Testamentserrichtung mit Gesamtverfügungswillen gehandelt hat. Mit Gesamtverfügungswillen hat der Erblasser gehandelt, wenn er mit der letztwilligen Verfügung **seine Nachfolge von Todes wegen abschließend regeln wollte.**[94] Darauf deutet recht eindeutig hin, wenn sinngemäß verfügt ist, dass die gesetzlichen Erben oder andere Personen nichts bekommen sollen,[95] sie vom Wortlaut her ausdrücklich (und nicht konkludent) enterbt 34

[85] OLG München ZEV 2007, 383.
[86] OLG München ZEV 2007, 383 (385).
[87] OLG München FGPrax 2017, 278 (279).
[88] OLG Düsseldorf ErbR 2018, 509 (510) = BeckRS 2018, 13326.
[89] Staudinger/*Otte* § 2087 Rn. 25.
[90] AG Warstein BeckRS 2010, 30819.
[91] Damrau/Tanck/*Sticherling* § 2087 Rn. 19 ff.
[92] Vgl. OLG München NJW-RR 2011, 157.
[93] Damrau/Tanck/*Sticherling* § 2087 Rn. 21.
[94] Vgl. OLG Naumburg BeckRS 2016, 104279 Rn. 33.
[95] BeckOK BGB/*Litzenburger* § 2087 Rn. 13 unter Hinweis auf OLG Düsseldorf BeckRS 2007, 2206.

werden. Gleiches gilt, wenn der Erblasser etwa zunächst sein per Testamentserrichtung vorhandenes Vermögen aufgelistet und dies dann verteilt hat.[96] Hat der Erblasser also deutlich gemacht, dass andere Personen als die ausdrücklich bedachten Personen von der Rechtsnachfolge ausgeschlossen sein sollen, kann dies dem OLG Düsseldorf[97] zufolge für die Bewertung der begünstigten Personen als ausschließliche Erben ausreichend sein. Denkbar sind auch Formulierungen wie *„alle anderen bekommen nichts"* oder bei dem Wunsch, *„keine Erbengemeinschaft entstehen"* zu lassen.[98]

Einzelfälle:

(1) Gegen einen Gesamtverfügungswillen spricht es nach dem KG,[99] wenn der Erblasser nur die Grundbesitzverteilung an seine Kinder regelt und nicht sein nicht völlig unerhebliches Festgeld- und Wertpapiervermögen erwähnt. Die beiden Kinder, die den Grundbesitz erhalten sollten, hatten argumentiert, dass auch nur sie das Festgeld- und Wertpapiervermögen erhalten sollen und nicht auch das dritte Kind. Das KG tendierte dazu, in den für das Immobilienvermögen betreffenden Einzelzuwendungen Vermächtnisse zu sehen.

(2) Wirtschaftlich hatte der Erblasser seiner Ehefrau 78 % und seinem einseitigen Kind 22 % zugewiesen. Das KG[100] erkannte auf eine Alleinerbeinsetzung der Ehefrau. Dafür sprächen die überwiegenden Zuwendungen an den Ehegatten und die gegenseitige testamentarische Gleichbehandlung der Ehegatten.

35 **d) Zeitpunkt der Vorstellungen des Erblassers.** Auch in diesem Zusammenhang gilt der Grundsatz, dass die Vorstellungen des Erblassers über die voraussichtliche Zusammensetzung seines Nachlasses und den Wert der einzelnen Gegenstände **im Zeitpunkt der Testamentserrichtung** maßgeblich sind.[101] Es sind daher auch die Vorstellungen des Erblassers über die weitere Entwicklung seines Vermögens einzubeziehen,[102] mithin auch Änderungen in der Vermögenszusammensetzung oder Wertverschiebungen, die der Erblasser bereits bei Testamentserrichtung in seine Überlegungen einbezogen hat.[103]

36 Der Erblasser muss durch die Zuweisung seines Hauptvermögens an einen oder an mehrere Bedachte zur Annahme des Gesamtverfügungswillens seinen Nachlass **hat erschöpfen wollen:**[104] Der Gesamtverfügungswille ist auch dann festzustellen, wenn der Wert der Vermögensgegenstände, die nicht letztwillig ausdrücklich verteilt wurden, im Vergleich zu dem Wert der verfügten Gegenstände zu vernachlässigen ist. In diesem Fall erhalten der Bedachte bzw. die Bedachten auch die nicht im Testament ausdrücklich genannten Gegenstände.[105] *Rudy*[106] und *Litzenburger*[107] sprechen sich dafür aus, dass den Bedachten auch die nicht verfügten Gegenstände zufallen, wenn die angesprochenen Vermögensgegenstände 90 % des Nachlasswertes ausmachen. *Roth*[108] spricht von einer „80 %-Rechtsprechung". *Otte*[109] zufolge kann der mit mehr als ¾ des Nachlasswertes Bedachte als Alleinerbe anzusehen sein, wenn der Rest an mehrere Personen verteilt wurde. Lt. OLG München[110] sei es nicht abschließend geklärt, ab welcher Wertrelation eine Alleinerbeneinsetzung angenommen werden kann. Entscheidend ist auch hier der Einzelfall; es können auch 77 % ausreichen.[111]

[96] KG ErbR 2016, 598 (599).
[97] OLG Düsseldorf FamRZ 2007, 769 = BeckRS 2007, 2206.
[98] BeckOK BGB/*Litzenburger* § 2087 Rn. 13.
[99] KG ErbR 2016, 594 (595).
[100] KG ErbR 2016, 595 (597).
[101] BGH NJW 1997, 392 (393); FamRZ 1972, 563; OLG München ZEV 2017, 634 (639); OLG Brandenburg NJW-RR 2009, 14; BayObLG FamRZ 2005, 1202 (1203); BeckOK BGB/*Litzenburger* § 2087 Rn. 14; Damrau/Tanck/*Sticherling* § 2087 Rn. 14.
[102] KG ErbR 2016, 598 (599); vgl. Staudinger/*Otte* § 2087 Rn. 26 f.
[103] BayObLG NJW-RR 1995, 1096 (1097).
[104] Staudinger/*Otte* § 2087 Rn. 26.
[105] MüKoBGB/*Rudy* § 2087 Rn. 9.
[106] MüKoBGB/*Rudy* § 2087 Rn. 9 mwN.
[107] BeckOK BGB/*Litzenburger* § 2087 Rn. 13; ebenso *Schlüter* ErbR 2011, 233 (234).
[108] *Roth* NJW-Spezial 2017, 615.
[109] Staudinger/*Otte* § 2087 Rn. 22.
[110] OLG München ZErb 2016, 286 (288).
[111] BGH ZEV 2000, 195 (196): 84 %; OLG Hamburg ZEV 2016, 384 = BeckRS 2016, 6250: 74 % reichten nicht; BayObLG RPfleger 2000, 217: 88,5 %; BayObLG NJWE-FER 1999, 156: 77 %; OLG Celle MDR

Tatsächlich wird man durch einen Mindestprozentsatz keinen allgemeingültigen Grundsatz aufstellen können. Sicherlich wird man ab 90 % von einer Art tatsächlichen Vermutung sprechen können, dass die gesetzliche Erbfolge ausgeschlossen ist. Bei der Auslegung von Testamenten kommt es aber nur auf den Einzelfall an. Dort kann eine Nuance, etwa durch eine Zeugenaussage, schon den Ausschlag für eine Entscheidung geben. Oft unterläuft der Fehler, das Auslegungsergebnis vor allem an einer einzigen gerichtlichen Entscheidung festzumachen. Richtigerweise lassen sich nach Auswertung unzähliger Entscheidungen nur Grundsätze für die Auslegung entnehmen.

Ein besonderes Entscheidungskriterium zugunsten der Annahme einer Erbenstellung ist, 37 ob ein Bedachter oder mehrere Bedachte **das von dem Erblasser selbst genutzte Haus** oder Teileigentum (Eigentumswohnung) erhalten sollen.[112] Eine Vielzahl von gerichtlichen Entscheidungen nimmt die Tatsache auf, dass für weite Teile der Bevölkerung ihre Immobilie eine zentrale Stellung einnimmt. Viele haben jahrzehntelang sich die Immobilie erspart, die der Altersversorgung dient. Lt. OLG München[113] würden ältere Erblasser ihr Haus erfahrungsgemäß als ihr Kernvermögen betrachten. Die mit dem Haus begünstigte Person könnte als alleinige Rechtsnachfolgerin zu betrachten sein, zumal sie mit der Auszahlung des Pflichtteils beschwert wurde.

Einzelfälle:

(1) Das OLG Hamburg[114] sah die Verfügung über 70 % des Nachlasswertes (an sein Kind) nicht als ausreichendes Indiz für den Erblasserwillen, das gesetzliche Erbrecht seiner Ehefrau auszuschließen. Deswegen bewertete es die 70 %-Begünstigung seines Kindes mit § 2087 Abs. 2 BGB als Vermächtnis.

(2) Das OLG Schleswig[115] sprach sich gegen eine Alleinerbeinsetzung der Person aus, die der Erblasser „als Erbin meiner Wohnung" bezeichnet hatte. Die Wohnung machte 78 % vom Gesamtnachlasswert aus. Erschwerend wäre hinzugekommen, dass die Erblasserin zwei Testamentsvollstrecker eingesetzt hatte. Für das Konto- und das Bausparkassenguthaben galt die gesetzliche Erbfolge.

e) **Erbquoten der Bedachten.** Ist festgestellt worden, dass die Bedachten Miterben sind, 38 stellt sich die Frage nach den Erbquoten. Die Erbquoten müssen unabhängig davon bestimmt werden, ob man in dem Zwischenauslegungsschritt zum Ergebnis gekommen ist, dass für einen nicht verteilten Nachlassrest die gesetzliche Erbfolge eingetreten ist. Als Erstes sind die Quoten der namentlich Bedachten zu bestimmen. Bei einem nicht verteilten Nachlassrest, den die gesetzlichen Erben erhalten, ist dann die Gruppe der namentlich bedachten Erben und der Gruppe der gesetzlichen ins Verhältnis zu setzen; so sind die Erbquoten zu bilden. Im Erbschein wird nicht ausgewiesen, zu welcher Gruppe ein Miterbe gehört.

Beispiele:

1. Der Erblasser hat A seine Immobilie in Köln und B seine Immobilie in Düsseldorf zugewiesen. Die Auslegung hat ergeben, dass beide Erben sein sollen und dass der Erblasser mit Gesamtverfügungswillen gehandelt hat, dass also die beiden Bedachten auch das Geldvermögen mit einem Wert von ca. 10 % erhalten sollen. Wie ist zwischen A und B das Geldvermögen wirtschaftlich aufzuteilen? Was, wenn eine Immobilie einen ungewöhnlichen Wertzuwachs verzeichnen konnte? Was ist, wenn der Erblasser später unverhofft geerbt hat?

2. Der Erblasser hat A seine Immobilie und B sein Geld- und Wertpapiervermögen testamentarisch zugewiesen. Die Auslegung hat ergeben, dass beide auch eine Erbenstellung erhalten sollten und dass hinsichtlich des Nachlassrestes von 30 % die gesetzliche Erbfolge eingetreten ist. Zu welchen Anteilen teilen sich A und B die verbleibenden 70 % auf?

Zur Rechtstechnik: Es kommt bei der gegenständlichen Erbeinsetzung (= Verteilungstes- 39 tament) die **Einsetzung von Miterben** gem. § 2032 Abs. 1 BGB in Verbindung **mit Teilungs-**

2003, 89: 83–84 %; vgl. Rudolf/Bittler/Seiler-Schopp Testamentsauslegung und -anfechtung-Hdb/*Dommermühl* § 2 Rn. 21.

112 BGH NJW-RR 2005, 1460 (1461); OLG Düsseldorf FamRZ 2007, 769 = BeckRS 2007, 2206; BayObLG NJW-RR 2002, 1302; BayObLG NJW-RR 1997, 517 (518); BayObLG FamRZ 2005, 1933 (1934); OLG München ZEV 2017, 634 (639).

113 OLG München FGPrax 2017, 278 (279).

114 OLG Hamburg ZEV 2016, 384 (385).

115 OLG Schleswig NJOZ 2016, 410 = FamRZ 2016, 406 = BeckRS 2015, 17224.

anordnungen gem. § 2048 BGB in Betracht.[116] So haben die einzelnen Bedachten innerhalb der Erbauseinandersetzung einen Anspruch hinsichtlich des ihnen jeweils zugewiesenen Gegenstandes,[117] aber nicht schon zuvor, da das Gesetz eine gegenständlich beschränkte Teilerbauseinandersetzung nicht vorsieht (nur einvernehmlich möglich).[118] Es kann auch in Betracht zu ziehen sein, dass ein Miterbe einen zugewiesenen Gegenstand als Vorausvermächtnis erhält, dann wohl unter Anrechnung auf seinen rechnerischen Erbanteil.

40 **Zur Feststellung der Erbquoten:** Die Erbquoten ergeben sich idR aus dem Verhältnis der Werte der zugewiesenen Gegenstände.[119] War Gesamtverfügungswille festzustellen, sind diese Erbquoten auch für das im Testament nicht erwähnte Vermögen maßgeblich.[120] Dies erflogt auch unter Heranziehung des § 2089 BGB.[121]

41 Für die Erbquoten ist grundsätzlich die Vorstellung des Erblassers **bei Testamentserrichtung** darüber maßgeblich, wie sich sein Nachlass darstellen wird und welchen Wert jeweils die Gegenstände haben.[122] Dies sei nach *Groll*[123] *„allgemein"* so und gilt vor allem, wenn es dem Erblasser auf eine bestimmte Beteiligung am Nachlass ankam.[124] In einem solchen Fall sind zunächst die **Erbquoten anhand des wirtschaftlichen Wertverhältnisses** der zugewandten Vermögensgruppen bzw. -gegenstände zum Gesamtnachlass zum Zeitpunkt der Testamentserrichtung zu ermitteln.[125] Nach Auslegung kann es aber auch auf die Vermögensverhältnisse im Zeitpunkt des Erbfalls ankomen.[126] Das ist der Fall, wenn – wie regelmäßig – es dem Erblasser darauf angekommen ist, den Bedachten jeweils die zugewendeten Gegenstände zukommen zu lassen.[127] Dieses Vorgehen ist zwar umständlich und führt nicht ohne Weiteres zu genauen Bruchteilen, mache die Auslegung dem BGH zufolge aber nicht fehlerhaft.[128] § 2091 BGB ist nicht anzuwenden,[129] denn bei der gegenständlichen Verteilung hat der Erblasser verschieden hohe Erbquoten in Kauf genommen.[130] Hat der Erblasser aber einen Gegenstand an mehrere Bedachte zugewiesen, ist ohne weitere Anordnungen von einer Erbeinsetzung zu gleichen Teilen auszugehen.

42 Ergibt die Auslegung, dass der Erblasser auf die Vermögensverhältnisse **im Zeitpunkt seines Erbfalls** abstellen[131] oder dass der Erblasser einen Gegenstand einem Bedachten ohne Wertausgleich zukommen lassen wollte,[132] ist nicht auf die Wertverhältnisse per Testamentserrichtung abzustellen.[133] Dann sind für die Ermittlung der Erbquoten die Werte zur Zeit des Erbfalls maßgebend.[134] Andernfalls würden sich Ausgleichsansprüche der anderen Erben ergeben, die die Durchführung der Erbeinsetzung mit Teilungsanordnung gefährden oder sogar unmöglich machen würden.[135]

---

116 OLG Hamm BeckRS 2010, 19846; OLG Stuttgart ZErb 2018, 249 (251); Staudinger/*Otte* § 2087 Rn. 24.
117 BayObLG Recht 1913 Nr. 1476, zit. bei Staudinger/*Otte* § 2087 Rn. 24.
118 OLG Hamm BeckRS 2010, 19846.
119 KG ErbR 2016, 594 (595); Damrau/Tanck/*Sticherling* § 2087 Rn. 18.
120 MüKoBGB/*Rudy* § 2087 Rn. 11.
121 Damrau/Tanck/*Sticherling* § 2087 Rn. 20.
122 BGH FamRZ 1972, 561 (563); OLG München FamRZ 2011, 68 = BeckRS 2010, 18492; BayObLG NJW-RR 1997, 517 (518).
123 Groll ErbR-HdB/*Groll* B III Rn. 13.
124 BGH NJW 1997, 392 (393); BayObLG FamRZ 2004, 312; Dt. ErbRK/*Große-Wilde* § 2087 Rn. 17.
125 BGH NJW 1997, 392 (393); BGH FamRZ 1990, 396; BayObLG FamRZ 2004, 312; NK-BGB/*Krafka* § 2087 Rn. 5.
126 MüKoBGB/*Rudy* § 2087 Rn. 11.
127 OLG Stuttgart ZErb 2018, 249 (251) unter Verweis auf OLG Düsseldorf NotBZ 2013, 389 = BeckRS 2013, 13089.
128 BGH NJW 1997, 392 (393).
129 MüKoBGB/*Rudy* § 2287 Rn. 11.
130 OLG München FamRZ 2010, 758 = BeckRS 2009, 26402.
131 BGH NJW 1993, 1005 (1007); BGH NJW 1997, 392.
132 OLG Düsseldorf NotBZ 2013, 389 = BeckRS 2013, 13098; MüKoBGB/*Rudy* § 2087 Rn. 11.
133 BayObLG FGPrax 2005, 162 (163).
134 BeckOK BGB/*Litzenburger* § 2087 Rn. 19.
135 Staudinger/*Otte* § 2087 Rn. 30.

Letztlich kommt es darauf an, ob der Erblasser die Bedachten in einem ganz bestimmten Verhältnis am Wert des Nachlasses beteiligen oder den Bedachten möglichst die zugewandten Gegenstände sichern wollte.[136] 43

Einzelfall zu unbestimmten Erbquoten:

Unterschiedliche Erbquoten stellte das OLG Karlsruhe[137] bei einem Testament fest, in dem drei Personen wie folgt mit dem **„Nachlass von uns beiden"** bedacht wurden: *„erstens ein bedeutender Betrag"* an die Person A, *„zweitens ein großer Teil"* an Person B und *„drittens ein Teil"* an Person C. A und B waren demzufolge Erben zu je $^2/_5$ und C zu $^1/_5$.

Hat der Erblasser **über Gegenstände,** die er testamentarisch oder erbvertraglich Personen zugewiesen hat, bereits **lebzeitig verfügt,** ist die letztwillige Verfügung insoweit **gegenstandslos** und damit unwirksam (arg. § 2169 Abs. 1 Hs. 1 BGB).[138] Etwas anderes gilt nur, wenn der Erblasser eine dem Wert des Gegenstandes entsprechende Erbquote, unabhängig vom Vorhandensein dieses Gegenstandes, hätte zuwenden wollen.[139] 44

Praxistipp:

Der Gesetzgeber hat mit § 352a Abs. 2 S. 2 FamFG den sog. quotenlosen Erbschein eingeführt, wenn alle potenziellen Miterben zustimmen. Dieser erspart während des Erbscheinsverfahrens die Diskussion über die „richtigen" Quoten.

f) **Einfluss auf spätere, ggf. unbedachte Änderungen.** Sofern sich die Wertverhältnisse bei Testamentserrichtung durch **späteren Vermögenserwerb** geändert haben, verbleibt es zwar bei den sich aus den ursprünglichen Vermögenswerten ergebenden Erbquoten.[140] Es können sich jedoch Ausgleichspflichten unter den Erben ergeben.[141] Ist eine zugewiesene Immobilie wesentlich mehr wert als im Zeitpunkt der Testamentserrichtung, hat der so Begünstigte einen Ausgleich an die anderen Bedachten zu zahlen. Sind dem Testament Anhaltspunkte dafür zu entnehmen, dass der Erblasser die Bedachten auf sein Vermögen zum Zeitpunkt der Testamentserrichtung beschränken wollte, so gilt für das nach Testamentserrichtung erworbene Vermögen § 2088 BGB.[142] 45

Indes sind Änderungen dann zu berücksichtigen, wenn der Erblasser diese bereits bei der Testamentserrichtung in seine Überlegungen einbezogen hat. Folglich sind auch die tatsächlichen Vorstellungen des Erblassers über die **weitere Entwicklung** seines Vermögens und die voraussichtliche Zusammensetzung seines Nachlasses in der Auslegung einzubeziehen.[143] Zum Beleg der Willensrichtung des Erblassers können auch außerhalb der Testamentsurkunde liegende Umstände herangezogen werden, soweit diese auf die Willensrichtung bei Testamentserrichtung schließen lassen. Stattdessen kann die Auslegung ergeben, dass dem Willen des Erblassers zufolge die Vermögensverhältnisse im Zeitpunkt des Erbfalls maßgebend sind.[144] 46

Sollte der Erblasser nach Testamentserrichtung – auch unerwartet – erhebliches, weiteres Vermögen erwerben, so ändert dies nichts an der ursprünglichen Erbenstellung eines zu einem früheren Zeitpunkt Bedachten.[145] Es stellt sich nur die Frage, ob der ursprünglich Bedachte auch das unerwartet hinzugekommene Vermögen erhalten soll. Mit einem solchen 47

[136] Staudinger/*Otte* § 2087 Rn. 29 unter Hinweis auf BGH NJW 1997, 392.
[137] OLG Karlsruhe NJW-RR 2011, 874.
[138] MüKoBGB/*Rudy* § 2087 Rn. 12; dies gilt entsprechend, wenn der Erblasser auch schon bei der Verfügung nicht Eigentümer des Gegenstandes war, so BayObLG FamRZ 2002, 1293.
[139] MüKoBGB/*Rudy* § 2087 Rn. 12.
[140] BGH NJW 1997, 392 (393); FamRZ 1972, 561.
[141] Vgl. BGH NJW 1997, 392 (393); Staudinger/*Otte* § 2087 Rn. 31.
[142] Staudinger/*Otte* § 2087 Rn. 27.
[143] BayObLG FamRZ 2005, 1202 (1203).
[144] BGH NJW 1997, 392 (393); vgl. NJW 1993, 1005 (1007).
[145] BayObLG FamRZ 1986, 835.

Fall der möglichen ergänzenden Testamentsauslegung hatte der BGH sich in seinem Beschl. v. 12.7.2017[146] zu beschäftigen. Vereinfacht: Bei Testamentserrichtung hatte die Erblasserin ihr Haus und damit ihren Hauptvermögensgegenstand der Großnichte ihres vorverstorbenen Ehemannes zugewiesen. Diese gegenständliche Begünstigung wird als Alleinerbeinsetzung anzusehen sein. Nun erwarb die Erblasserin unerwartet später erhebliches Vermögen, indem ein Kriegskamerad ihres Vaters sie zu seiner Alleinerbin berufen hatte. Der Bruder der Erblasserin beruft sich nun auf die gesetzliche Erbfolge. Großnichte und Bruder haben jeweils einen auf sich selbst lautenden Erbschein beantragt. Der BGH ließ die Entscheidung offen, da die Vorinstanz noch tatsächliche Feststellungen zu treffen hatte. Der Anwendungsbereich der ergänzenden Auslegung sei nur dann eröffnet, wenn eine ungewollte Regelungslücke festgestellt sei.[147] Das sei nicht stets so. Wenn der Erblasser durch Zuwendung eines Gegenstands den Nachlass erschöpfen und gleichzeitig den Bedachten als Alleinerben einsetzen wollte, sei *„im Einzelfall zu prüfen, ob die durch Auslegung ermittelte Erbeinsetzung nach dem Regelungsplan des Erblassers auch einen nachfolgenden, unvorhergesehenen Vermögenserwerb erfassen sollte (…).“*

Praxistipp:

Je nach Veränderung des Nachlasses seit Testamentserrichtung und den seinerzeitigen Vorstellungen des Erblassers kann auch eine Anfechtung nach § 2078 Abs. 2 BGB in Betracht zu ziehen sein.[148]

5. Lebzeitige „Erfüllung“ eines Vermächtnisses

48 Wenn hingegen der zugewiesene Gegenstand **dem letztwillig Bedachten lebzeitig geschenkt** wird, dann bestehen zwei Möglichkeiten: Entweder wird die Schenkung angerechnet und reduziert so die Erbquote oder lässt sie gar entfallen. Der Entfall ist anzunehmen, wenn es dem Erblasser auf die Begünstigung durch eben diesen Gegenstand ankam.[149] Andernfalls kann eine solche Schenkung auf die nach Maßgabe der Werte per Testamentserrichtung zu ermittelnden Erbquoten keinen Einfluss haben, wenn der Erblasser eine bestimmte Beteiligung am Nachlass erreichen wollte.[150] Es bleibt dann bei den verfügten oder sich aus der Verfügung ergebenden Erbquoten, jedoch wird sich das lebzeitig beschenkte Kind den Wert der Schenkung auf seinen rechnerischen Erbanteil anrechnen zu lassen haben.[151] Wenn dieser geschenkte Gegenstand den wesentlichen Vermögensgegenstand darstellte, wird dessen Erbstellung von der lebzeitigen Übertragung nicht betroffen.[152]

49 Das OLG Köln[153] hatte über einen Fall zu entscheiden, in dem die Ehegatten neben ihrer gegenseitigen Alleinerbeinsetzung verfügt hatten, dass die Kinder Schlusserben werden, ein Kind durch Vorausvermächtnis die Immobilie erhält und die anderen Kinder durch Untervermächtnis eine Abfindung. Nun hatte die längerlebende Ehefrau einem Kind lebzeitig die Immobilie geschenkt. Das Gericht entschied, dass der beschenkte Miterbe gleichwohl die Untervermächtnisse gem. §§ 2174, 2186, 2147 S. 1, 2279 Abs. 1, 1939 BGB zu erfüllen hat, und zwar entgegen §§ 2186, 2176, 2169 Abs. 1, 2171 Abs. 1 BGB. So würde sich aus ergänzender Auslegung ergeben, dass das Untervermächtnis nicht bei lebzeitiger Erfüllung untergehen sollte.

[146] BGH ZEV 2017, 629 mit zust. Anm. *Leipold;* Vorinstanz OLG Düsseldorf ZEV 2017, 143 mAnm *Otte.*
[147] BGH ZEV 2017, 629 Rn. 15.
[148] MüKoBGB/*Rudy* § 2087 Rn. 12.
[149] BGH NJW 1997, 392 (393).
[150] Damrau/Tanck/*Sticherling* § 2087 Rn. 23; MüKoBGB/*Rudy* § 2087 Rn. 12.
[151] BGH MittBayNot 1997, 42 (43); Damrau/Tanck/*Sticherling* § 2087 Rn. 23.
[152] BayObLG NJW-RR 1997, 517; Rudolf/Bittler/Seiler-Schopp Testamentsauslegung und -anfechtung-Hdb/*Dommermühl* § 2 Rn. 26.
[153] OLG Köln ZErb 2014, 203.

6. Schwarzgeld

Bei der Auslegung sind auch Vermögenswerte, die unter Umgehung des deutschen Steuerrechts im Ausland gebildet worden sind, zu berücksichtigen. Problematisch kann sein, inwieweit sich im Hinblick auf die Andeutungstheorie Anhaltspunkte in dem Testament zu dem Schwarzgeld befinden.[154] Das BayObLG[155] hatte ein Testament auszulegen, in dem Immobilien einzelnen Miterben zugeordnet wurden und darüber hinaus verfügt war, dass *„meine Conten bei der Sparkasse"* eine Begünstigte zu 1/2 und zwei Begünstigte zu je 1/4 erhalten. Das Gericht legte *„Conten"* in der Art und Weise aus, dass damit auch das Schwarzgeldkonto in der Schweiz gemeint war. Demzufolge ergab die einfache Auslegung, dass sich die Erbeinsetzung auf das gesamte Geldvermögen bezog, die Immobilienzuweisungen wurden aber wegen § 2087 Abs. 2 BGB als Vorausvermächtnisse angesehen (§ 2150 BGB).[156] Die Erbquoten bezogen sich mithin auch auf das Schwarzgeldvermögen, zumal dem Erblasser und den Beteiligten dessen Existenz bekannt war.[157] 50

V. Optionen bei Zuwendung des Pflichtteils

Hat der Erblasser verfügt, dass er einer Person den Pflichtteil zuwendet, so ist dies gem. § 2304 BGB im Zweifel **nicht als Erbeinsetzung** zu sehen. Diese Vorschrift ist eine Ausnahme von der Auslegungsregel des § 2087 Abs. 1 BGB, wonach die Zuwendung des gesamten Vermögens oder eines Bruchteils als Erbeinsetzung anzusehen ist, auch wenn der Bedachte nicht als Erbe bezeichnet ist. Tatsächlich kann mit der Zuwendung des Pflichtteils oder einer sinngemäßen Verfügung eine Erbeinsetzung, ein Geldvermächtnis in Höhe des Pflichtteilsanspruchs oder die Beschränkung auf den gesetzlichen Pflichtteil gemeint sein.[158] Für die Abgrenzung von dem gesetzlichen Pflichtteil und Vermächtnis kommt es nach dem BGH darauf an, ob der Erblasser die Abkömmlinge begünstigen oder ihnen nur belassen wollte, was er ihnen nach dem Gesetz nicht entziehen konnte.[159] Zunächst müsste aber feststehen, dass keine Erbeinsetzung gemeint sei. Allerdings hat die Differenzierung mit der Erbrechtsreform 2010 stark an Bedeutung verloren, da seitdem für beide Ansprüche die dreijährige Verjährungsfrist gilt.[160] 51

Einstweilen wird **einer nicht pflichtteilsberechtigten Person der *„Pflichtteil"* zugewendet,** was etwa bei Stiefkindern oder Geschwistern der Fall sein kann. Eine Auslegung in eine Erbeinsetzung bzw. eher in eine Vermächtnisaussetzung ist dann anzudenken. § 2304 BGB hilft nicht weiter.[161] Der BGH[162] erkannte in diesem Fall auf ein Vermächtnis: Die Ehegatten hatten sich gegenseitig und alle Kinder, so auch das einseitige Kind des vorverstorbenen Ehemannes, zu Schlusserben berufen. Innerhalb einer Pflichtteilsstrafklausel war verfügt, dass bei Pflichtteilsgeltendmachung im ersten Erbfall dieses Kind *„auch nach dem Tode meiner Frau nur den Pflichtteil erhalten"* soll. Es würde deutlich, dass das Kind *„etwas"* bekommen sollte. Den Umfang des Vermächtnisses ließ der BGH offen und verwies zurück. Besonders, wenn dem Erblasser bewusst war, dass der betreffenden Person kein Pflichtteilsrecht zusteht, wird ein Vermächtnis anzunehmen sein.[163] Solche Fälle indizieren, ein Vermächtnis anzunehmen.[164] In Betracht kann ein Vermächtnis in Höhe des Pflichtteils bei Unterstellung der Abstammung von dem Erblasser[165] oder der gleiche Betrag 52

[154] Vgl. *Schaub* ZEV 2011, 501 (503).
[155] BayObLG ZEV 2003, 331.
[156] BayObLG ZEV 2003, 331 (334); vgl. MüKoBGB/*Rudy* § 2087 Rn. 9, 10.
[157] MüKoBGB/*Leipold* § 2084 Rn. 15.
[158] Damrau/Tanck/*Sticherling* § 2087 Rn. 16.
[159] BGH ZEV 2004, 374.
[160] Unterschiede bei Burandt/Rojahn/*Horn* § 2304 Rn. 14 f.
[161] NK-BGB/*Bock* § 2304 Rn. 14.
[162] BGH NJW-RR 1991, 706 (707).
[163] BeckOK BGB/*G. Müller* § 2304 Rn. 18.
[164] NK-BGB/*Bock* § 2304 Rn. 14; Burandt/Rojahn/*Horn* § 2304 Rn. 26.
[165] OLG Schleswig ZEV 2013, 501 (502); OLG Celle ZErb 2010, 86.

kommen, den das Kind aufgrund seines Pflichtteilsanspruchs im ersten Erbfall erhalten hat.[166]

VI. Feststellungs- und Beweislast

53 Für die Feststellungs- und Beweislast gilt die gesetzliche Auslegungsregel § 2087 BGB, so dass derjenige, der sich auf abweichendes Auslegungsergebnis beruft, feststellungs- bzw. beweisbelastet ist. Nach § 2087 Abs. 2 BGB wird etwa vermutet, dass derjenige, dem **ein Einzelgegenstand zugewiesen** wurde, **Vermächtnisnehmer** ist.[167] Auch wenn der Gegenstand nahezu das gesamte Vermögen des Erblassers darstellt, trägt der Begünstigte die Feststellungs- bzw. Beweislast für seine Alleinerbstellung.[168] Allerdings ist der Wert des Gegenstandes in einem solchen Fall ein starkes Indiz für die Einsetzung als Alleinerbe.[169] Dieses Indiz ist indes entkräftet, wenn der letztwilligen Verfügung zufolge der Begünstigte nicht die **Nachlassverbindlichkeiten** tilgen und nicht den Nachlass regeln muss sowie weder die Beerdigungskosten noch die Grabpflege zu übernehmen hat.[170] Hat der Erblasser durch Zuwendung einzelner Gegenstände bestimmten Personen nahezu sein gesamtes Vermögen verteilt, so spricht dies für eine Erbeinsetzung.[171] Wenn zwischen den verteilten Gegenständen ein **erheblicher Wertunterschied** besteht, liegt es nahe, den Hauptbegünstigten als Erben und die anderen, mit verhältnismäßig geringen Werten Bedachten als Vermächtnisnehmer aufzufassen.[172] Bei der Begünstigung durch einen Bruchteil stellt § 2087 Abs. 1 BGB die widerlegbare Vermutung zugunsten einer Erbeinsetzung zu einer Quote auf. Wer sich hingegen auf ein Quotenvermächtnis beruft, ist feststellungs- bzw. beweisbelastet.

VII. Abgrenzung zur Auflage

1. Praxisrelevanz

54 Sowohl in handschriftlichen als auch in notariellen Testamenten wird eine Begünstigung einstweilen entweder unreflektiert als *„Auflage"*, *„Verpflichtung"* oder gar nicht bezeichnet. Es stellt sich dann zumeist die Frage, ob der Erblasser die sich sehr stark voneinander unterscheidenden rechtlichen Wirkungen eines Vermächtnisses gem. §§ 1939, 2147 ff. BGB oder die einer Auflage nach §§ 1940, 2192 bis 2196 BGB erzielen wollte. Auffällig ist, dass in älteren notariellen Testamenten – trotz der Konzipierung durch einen speziell geschulten Juristen – durchaus Begünstigungen als *„Auflage"* bezeichnet werden, bei denen es sich aber nach individueller Auslegung allein auf Basis der Testamentsurkunde um ein Vermächtnis handeln soll. Überraschend wenige gerichtliche Entscheidungen sind zur Abgrenzung eines Erben bzw. vielmehr eines Vermächtnisnehmers zu einem Auflagenbegünstigten ergangen.[173]

2. Rechtslage

55 **a) Begriff und rechtliche Wirkung.** Durch eine Auflage erlegt der Erblasser einem Erben oder Vermächtnisnehmer eine Verpflichtung auf, ohne dass die begünstigte Person ein Recht auf Leistung erhält (§ 1940 BGB).[174] Dass der Begünstigte keinen Anspruch auf die Leistung

[166] Angedacht: BGH NJW-RR 1991, 706 (707); vgl. Palandt/*Weidlich* § 2269 Rn. 13.
[167] OLG München FamRZ 2011, 68 = BeckRS 2010, 18492.
[168] NK-BGB/*Krafka* § 2087 Rn. 14.
[169] Vgl. OLG Naumburg FamRZ 2007, 943 = BeckRS 2007, 3672; OLG München FamRZ 2008, 725 = BeckRS 2006, 13 714; Baumgärtel/Laumen/Prütting/*Schmitz* § 2087 Rn. 2.
[170] BayObLG NJW-RR 2003, 656; OLG München NJW-RR 2007, 1162 (1163).
[171] Baumgärtel/Laumen/Prütting/*Schmitz* § 2087 Rn. 3.
[172] Baumgärtel/Laumen/Prütting/*Schmitz* § 2087 Rn. 3 mwN aus der Rspr.
[173] FG Nürnberg DStRE 2010, 1363; OLG Karlsruhe NJW-RR 2004, 1307; OLG Karlsruhe BayObLG ZEV 2003, 241; OLG Frankfurt BeckRS 2001, 30186019; KG ZEV 1998, 306; BGH NJW 1993, 2168.
[174] OLG Koblenz NJW-RR 1986, 1039 (1040); BeckOK BGB/*Müller-Christmann* § 1940 Rn. 2; NK-BGB/*Kroiß/J. Mayer* § 1940 Rn. 2; *Olzen/Looschelders* ErbR Rn. 375.

hat, ist die Besonderheit und das Abgrenzungsmerkmal einer Auflage gegenüber dem Vermächtnis.[175] Die Auflage gewährt dem Begünstigten nur eine **Leistungspflicht ohne Erfüllungsanspruch.**[176] Ein Erbe oder ein Vermächtnisnehmer bzw. auch eine Erbengemeinschaft werden in dem gewollten Umfang beschwert, ohne *„andererseits zugleich"* den Begünstigten *„zu berechtigen"*.[177] Weil durch die Auflage kein Recht für den Begünstigten entsteht, fasst das Gesetz sie nicht unter den Begriff der Zuwendung.[178]

Eine Begünstigung durch eine Auflage ist im Zweifel **nicht vererblich.**[179] Die Auflage kann mit **wechselbezüglicher** bzw. **vertragsmäßiger Wirkung** angeordnet werden (§ 2270 Abs. 3 BGB; § 2278 Abs. 2 BGB). 56

b) Abmilderung des Höchstpersönlichkeitsgrundsatzes und gerichtliche Kontrolle. Gem. § 2065 Abs. 2 BGB muss der Erblasser seinen **Erben** höchstpersönlich bestimmen.[180] Eine Abmilderung besteht bei einem **Zweckvermächtnis** mit einem Bestimmungsrecht (§§ 2151, 2156 BGB). Ein Dritter hat seine Entscheidung nach *billigem Ermessen* zu treffen, was gem. §§ 315 bis 319 BGB der vollen gerichtlichen Kontrolle unterliegt.[181] Durch eine **Zweckauflage** gem. § 2193 Abs. 1 BGB kann die Bestimmung des Bedachten nochmals abgemildert[182] und in das *freie Belieben* eines Dritten oder des Beschwerten gestellt werden;[183] lediglich der Zweck muss von dem Erblasser letztwillig bestimmt werden. Die von einem Dritten zu treffende Auswahlentscheidung unterliegt lediglich insoweit einer gerichtlichen Kontrolle, ob sie *„den vom Erblasser bestimmten Zweck offensichtlich verfehlt oder auf Arglist beruht"*.[184] 57

c) Durchsetzung bzw. Vollziehung. Die Durchsetzung kann nur der **Vollziehungsberechtigte** gem. § 2194 BGB erzwingen, also ein Erbe oder derjenige, dem der Wegfall des mit der Auflage zunächst Beschwerten unmittelbar zustattenkommen würde. Sofern die Vollziehung im **öffentlichen Interesse** liegt, kann auch die zuständige **Behörde** die Vollziehung verlangen (§ 2194 S. 2 BGB). Nur wenn der Erbe Auflagenbegünstigter ist, kann er selbst für sich die Vollziehung der Auflage verlangen.[185] Der Erblasser kann durch die Anordnung einer **Testamentsvollstreckung** die Umsetzung der Auflage sicherstellen (§ 2203 BGB).[186] 58

d) Gegenstand. Der Gegenstand einer Auflage kann in einem Tun oder Unterlassen bestehen,[187] also mithin *„alles, wozu man sich schuldrechtlich verpflichten kann"*.[188] Auflagen haben oftmals keinen vermögensrechtlichen Inhalt,[189] sondern einen höchstpersönlichen Charakter; oftmals treffen sie nur einen ganz bestimmten Beschwerten.[190] 59

e) Abgrenzung zur Erbeinsetzung. Für eine Erbeinsetzung in Abgrenzung zu einer Auflage spricht,[191] wenn der Erblasser dem Bedachten seinen Nachlass überantworten, ihn also für die Verbindlichkeiten haften lassen und ihn als seinen Rechtsnachfolger ansehen wollte.[192] 60

---

175 OLG Frankfurt BeckRS 2001, 30186019; NK-BGB/*Kroiß/J. Mayer* § 1940 Rn. 2; MüKoBGB/*Leipold* § 1939 Rn. 2.
176 Burandt/Rojahn/*Große-Boymann* § 1940 Rn. 1; Palandt/*Weidlich* § 1940 Rn. 1.
177 KG ZEV 1998, 306.
178 Vgl. § 2279 Abs. 1 und § 2065 Abs. 2 iVm § 2192 BGB.
179 Groll ErbR-HdB/*Trisch* B V Rn. 7.
180 Ggf. abhängig durch Potestativbedingungen, → § 12.
181 Damrau/Tanck/*Linnartz* § 2156 Rn. 6; NK-BGB/*Kroiß/J. Mayer* § 2193 Rn. 10.
182 *Schwarz* ZEV 2011, 292 (294); BeckOK BGB/*Müller-Christmann* § 2193 Rn. 1; *Lange/Kuchinke* ErbR § 30 II 3 b.
183 MüKoBGB/*Rudy* § 2193 Rn. 7; *Schwarz* ZEV 2011, 292 (294).
184 BGH NJW 1993, 2168 (2169); Burandt/Rojahn/*Burandt* § 2193 Rn. 3.
185 Str., so aber OLG Karlsruhe NJW-RR 2004, 1307 (1308); MüKoBGB/*Leipold* § 2194 Rn. 3.
186 MAH ErbR/*Schlitt* § 13 Rn. 24; NK-BGB/*Kroiß/J. Mayer* § 1940 Rn. 2; *Vorwerk* ZEV 1998, 297.
187 Vgl. § 241 Abs. 1 S. 2 BGB.
188 OLG Frankfurt BeckRS 2001, 30 186 019; OLG Koblenz NJW-RR 1986, 1039 (1040); Beispiele bei Burandt/Rojahn/*Große-Boymann* § 1940 Rn. 3; MüKoBGB/*Leipold* § 1940 Rn. 4 ff.; sehr ausführlich und mit Hinweisen zu Fundstellen von Mustern: NK-BGB/*Kroiß/J. Mayer* Vorb. §§ 2192–2196 Rn. 8 ff.
189 BeckOK BGB/*Müller-Christmann* § 1940 Rn. 4.
190 OLG Frankfurt BeckRS 2001, 30186019.
191 Vgl. zur Abgrenzung auch BayObLG ZEV 2003, 241 (241).
192 NK-BGB/*Kroiß/J. Mayer* § 1940 Rn. 9.

Wird eine nicht rechtsfähige Vereinigung oder Einrichtung zum Erben berufen, so kann die Begünstigung durch Auslegung gerettet werden: Durch Auslegung wird dann der Rechtsträger zum Erben bestimmt, der durch die Auflage nach § 1940 BGB die Begünstigung dem gewollten Zweck zukommen lassen muss.[193] Die eigentlich unwirksame Begünstigung der „Bezirksgruppe“ löste das OLG Schleswig[194] durch eine „wohlwollende Auslegung“ nach § 2084 BGB: Der Verein, zu dem die Bezirksgruppe gehört, könne den Nachlass treuhänderisch für die Bezirksgruppe verwalten und dieser Geld sukzessiv zukommen lassen.

Einzelfälle:

(1) Der Verstorbene hat seinen Hund zu seinem Erben eingesetzt. Da dieser als Sache gem. § 90a BGB nicht erbfähig ist, kann beispielsweise derjenige, der den Hund laut Testament pflegen sollte, im Wege der Auslegung Erbe sein, aber mit der Auflage beschwert, den Nachlasswert dem Hund zu Gute kommen zu lassen.

(2) Auch wenn etwa ein Verstorbener die juristische Fakultät oder eine Krankenhausabteilung zum Erben eingesetzt hat, kann als Erbe die dahinter stehende juristische Person, hier die Universität oder das Krankenhaus angesehen werden, aber mit der Pflicht der zweckgebundenen Verwendung.

(3) Der Erblasser hatte verfügt, dass eine benannte Person sein Testamentsvollstrecker werden soll und dass er eine „Stiftung zu Gunsten X1, Stadt 1,“ wünsche. Das OLG Düsseldorf[195] sprach sich zugunsten einer Erbeinsetzung der Stiftung und damit gegen die gesetzliche Erbfolge mit Beschwerung einer Auflage zugunsten der Stiftung aus. Gegen eine Auflage spreche schon die Berufung eines Testamentsvollstreckers.udem lasse sich dem Testament „einen zur Annahme einer Erbeinsetzung der Stiftung drängenden Gedankengang des Erblassers deutlich erkennen“.

61 **f) Abgrenzung zum unverbindlichen Wunsch und zur Bedingung.** Im Gegensatz zu einem bloßen Wunsch, einem **Rat** oder einer **Empfehlung** des Erblassers begründet die Auflage eine rechtliche Verpflichtung,[196] eine Leistungspflicht.[197] Diese stehen im Gegensatz zur Auflage im freien Belieben des Erben oder Vermächtnisnehmers.[198] Aber auch mit den Worten *„ich hoffe“* oder *„ich wünsche“* kann eine Auflage angeordnet werden.[199]

62 Statt als Auflage kann eine letztwillige Anordnung auch als **Bedingung** ausgelegt werden, von der die testamentarische Begünstigung abhängig ist.[200] So ist es dem Bedachten freigestellt, ob er sich entsprechend der Bedingung verhält.[201] Wenn nicht, löst er die auflösende Bedingung aus und verliert die Erbenstellung. Bei einer Auflage ist er dagegen zur Befolgung verpflichtet, wenn er die beschwerte Erbschaft nicht rechtzeitig ausgeschlagen hat.

3. Abgrenzungskriterien

63 **a) Gegen eine Auflage.** Das entscheidende Abgrenzungskriterium besteht in der Frage, ob der Begünstigte selber seinen Anspruch gegen den Beschwerten durchsetzen können soll, also einen **klagbaren Anspruch** hat.[202] Das ist bei einem Vermächtnisanspruch der Fall (§ 2174 BGB). Es muss sich auch um einen **Vermögensvorteil** im weitesten Sinne handeln.[203]

64 Zugunsten eines Vermächtnisses kann sprechen, wenn innerhalb einer notariellen Urkunde, in der etwa die Eltern letztwillig verfügt haben, der Begünstigte auf sein Erb- bzw. Pflichtteilsrecht gem. §§ 2346 ff. BGB verzichtet hat. Es wäre unbillig, wenn der Verzichten-

[193] BayObLG NJW 1988, 2742 (Tiere); OLG Köln NJW 1986, 2199 (medizinische Fakultät); NK-BGB/*Kroiß/J. Mayer* § 1940 Rn. 9 f.; Burandt/Rojahn/*Große-Boymann* § 1940 Rn. 2.
[194] OLG Schleswig BeckRS 2017, 132055 Rn. 36.
[195] OLG Düsseldorf BeckRS 2018, 19172 Rn. 28 f.
[196] *Edenfeld* ZEV 2004, 141; MüKoBGB/*Leipold* § 1940 Rn. 3; *Groll* ErbR-HdB/*Trisch* B V Rn. 15.
[197] BeckOK BGB/*Müller-Christmann* § 1940 Rn. 3.
[198] NK-BGB/*Kroiß/J. Mayer* § 1940 Rn. 8.
[199] NK-BGB/*Kroiß/J. Mayer* § 1940 Rn. 8 unter Hinweis auf RG Recht 1918 Nr. 731 und Staudinger/*Otte* § 1940 Rn. 8.
[200] MüKoBGB/*Leipold* § 1940 Rn. 3; NK-BGB/*Kroiß/J. Mayer* § 1940 Rn. 9; Soergel/*Dieckmann* Vorb. § 2192 Rn. 5; vgl. BGH NJW-RR 2009, 1455.
[201] Damrau/Tanck/*Seiler-Schopp* § 1940 Rn. 4.
[202] MüKoBGB/*Leipold* § 1940 Rn. 2; NK-BGB/*Kroiß* § 1940 Rn. 2, 8; Damrau/Tanck/*Seiler-Schopp* § 1940 Rn. 2; Staudinger/*Otte* § 1940 Rn. 9 unter Verweis auf RG WarnR 1917 Nr. 148; LZ 1918, 268.
[203] Soergel/*Dieckmann* Vor § 2192 Rn. 5.

de auf eine Tätigkeit eines Vollziehungsberechtigten angewiesen wäre. Auch wenn in dem Testament beispielsweise verfügt ist, dass der Erbe erst nach Erfüllung einer Zahlungsverpflichtung gegenüber einem Dritten, was vom Wortlaut her als Auflage bezeichnet war, das Grundbuch berichtigen lassen darf, ist davon auszugehen, dass der Erblasser den vermeintlichen Auflagenbegünstigten mit einem klagbaren Anspruch ausstatten wollte.

Eine Erblasserin hatte ihre Erben im Hinblick auf ihren Grundbesitz mit der „*Auflage*" 65
beschwert, an ihre Enkelkinder „*einen 25% Anteil eines eventuellen Verkaufserlöses zu gleichen Teilen auszuzahlen*". Das FG Nürnberg[204] ging im Gegensatz zu dem eindeutigen Wortlaut wie selbstverständlich von einem Vermächtnis aus, verneinte jedoch eine Erbenstellung der Enkelkinder.

Das OLG Frankfurt[205] sprach sich bei folgendem Zusatz, welcher der Bestimmung der 66
Alleinerbin folgte, gegen die Annahme einer Auflage aus: „*Mit ihrem Tod soll ihr Anteil an dem Hause in Köln (…) an die Linie M. fallen.*" So sei bereits ein Anteil an einem Haus „*per se ein recht ungewöhnlicher Gegenstand einer Auflage.*" Bedeutsam war für das OLG Frankfurt aber Folgendes: „*Entscheidend ist jedoch, dass der letztwilligen Verfügung nicht entnommen werden kann, dass die Linie M. beim Tod der Erblasserin keinen Anspruch auf die Verschaffung des Anteils an dem Hause haben soll, was aber das Spezifikum der Auflage ausmacht.*"

b) Zugunsten einer Auflage. Ein Indiz gegen die Annahme eines Vermächtnisses und da- 67
mit für eine Auflage liegt vor, wenn der Erblasser den **Zugriff Dritter verhindern** wollte.[206] So sollte eine Begünstigte in einem Fall des KG[207] nicht selber berechtigt sein, damit ihr Ehemann und dessen Familie nicht an die Leistung herankämen. Soll eine Leistung etwa von Gläubigern des Begünstigten **nicht pfändbar** sein, spricht dies für eine Auflage. Auch der Vollziehungsanspruch des Vollziehungsberechtigten ist mangels Vermögenswert nicht pfändbar, aber vererblich (§ 2194 BGB).[208] In dem Fall des KG hat der Erbe ua eine Immobilie mit der „*Verpflichtung*" erhalten, seine Schwester an den Mieterlösen bzw. einem späteren Verkaufserlös zu beteiligen.

Ist von einem Erblasser die **Verwirklichung eines Zwecks** erstrebt, deutet dies auf eine 68
Auflage hin:[209] So kann eine Begünstigung durch die Bewertung als Auflage gerettet werden, wenn sie andernfalls etwa mangels Bestimmtheit als Vermächtnis unwirksam wäre. So hatte ein Erblasser zwei Erben zu gleichen Teilen eingesetzt und weiter bestimmt: „*Das Grundstück (…) soll gemeinnützigen Zwecken gewidmet werden. Es soll einer gemeinnützigen Organisation übertragen werden. Die Bestimmung der Organisation soll durch (Name eines Miterben) innerhalb von einem Jahr nach meinem Tod erfolgen.*" Da der Kreis der von der Erblasserin begünstigten Organisationen nicht abgrenzbar und überschaubar ist, kam laut BGH[210] ein Vermächtnis i.S. von § 2151 BGB nicht in Betracht und er stellte eine zulässige Zweckauflage gem. § 2193 Abs. 1 BGB fest. In diesem Fall war eine Behörde nach § 2194 S. 2 BGB vollziehungsberechtigt, da dies im öffentlichen Interesse stand.

Hat der Erblasser die zu begünstigende Person nicht genau umschrieben, indiziert dies 69
eine Auflagenbegünstigung und kein Vermächtnis.[211]

---

[204] FG Nürnberg DStRE 2010, 1363.
[205] OLG Frankfurt BeckRS 2001, 30186019.
[206] MüKoBGB/*Leipold* § 1940 Rn. 2; vgl. Staudinger/*Otte* § 1940 Rn. 1, 9.
[207] KG ZEV 1998, 306.
[208] Palandt/*Weidlich* § 2194 Rn. 1; NK-BGB/*Kroiß*/*J. Mayer* Vorb. §§ 2192–2196 Rn. 6.
[209] *Lange*/*Kuchinke* ErbR § 30 I.
[210] BGH NJW 1993, 2168 (2169) unter Verweis auf RGZ 96, 15 (17).
[211] Damrau/Tanck/*Seiler-Schopp* § 1940 Rn. 2; Staudinger/*Otte* § 1940 Rn. 9 unter Verweis auf RGZ 75, 380; 88, 336; 96, 19.

§ 10 Abgrenzung Teilungsanordnung zu Vorausvermächtnis

Übersicht

I. Praxisrelevanz

1 Die Praxisrelevanz der Abgrenzung zwischen Teilungsanordnung und Vorausvermächtnis belegt eine Vielzahl von gerichtlichen Entscheidungen. **Streitig** ist nicht, welcher Erbe welchen Gegenstand erhält, sondern welchen **wirtschaftlichen Wert** vom Nachlass die einzelnen Beteiligten erhalten. Zumeist fragt es sich,

- ob ein Erbe einen Gegenstand zusätzlich zu seinem Erbteil erhält,
- ob er diesen auf seinen rechnerischen Erbteil anrechnen muss, oder
- ob der Begünstigte einen Ausgleich an andere Erben bezahlen muss, wenn der ihm zugewiesene Gegenstand einen höheren Wert aufweist, als ihm von seinem wirtschaftlichen Erbteil her anhand der Erbquote gebührt.

2 Im Unterschied zu der Fallgruppe *„Erbeinsetzung nach Vermögensgruppen"* (→ § 8 Rn. 21 ff.), bei der sich die Erbquoten nach dem Wert der zugewiesenen Vermögensgegenstände richten, sind die letztwilligen Verfügungen der in diesem Kapitel besprochenen Fallgruppe zweischrittig aufgebaut: Der Erblasser hat zunächst die Personen seiner Erben einschließlich der **Erbquoten** und **dann die Zuweisungen** von einzelnen Vermögensgegenständen an einzelne Erben verfügt. Es ist auch möglich, dass in einem Testament die Erben nebst Quoten bestimmt werden und in einer **späteren Verfügung** den Erben Gegenstände zugewiesen werden.

3 Charakteristikum und gleichzeitig zwingendes Erfordernis zur Annahme dieses Abgrenzungsfalls ist, dass der Erblasser Erbquten verfügt hat oder zumindest Erbquoten durch Auslegung festgestellt werden können. Sofern den gesetzlichen Erben Gegenstände zugewiesen werden, kann von dem grundsätzlichen Erfordernis dieser Fallgruppe, dass letztwillig auch Erben und Erbquoten bestimmt wurden, unter Umständen abgesehen werden.[1] Dann sind die gesetzlichen Erbquoten anzunehmen, innerhalb derer einzelnen gesetzlichen Erben einzelne Gegenstände zugewiesen wurden. Das ist besonders dann der Fall, wenn der Erblasser erkennbar den Eintritt der gesetzlichen Erbfolge herbeiführen wollte und diese nicht nur hingenommen hat.[2] Der BGH hatte so über einen Fall zu urteilen, in dem beide Kinder *„grundsätzlich gleichgestellt"* sein sollten.[3] Darüber hinaus muss der Erblasser einem Mit-

[1] Vgl. OLG München ZEV 2007, 383.
[2] OLG Saarbrücken ZErb 2015, 153 (154).
[3] BGH FamRZ 1987, 475.

erben einen Gegenstand zugewiesen haben. Dieses Kapitel behandelt die Rechtslage der Zuweisung dieses Gegenstandes, nicht der Erbquoten.

II. Rechtslage

1. Grundsätzliches

Die Frage, ob es sich um ein Vorausvermächtnis oder eine Teilungsanordnung handelt, 4
wirkt sich vor allem **wirtschaftlich** aus. Dennoch bestehen zwischen beiden Instituten erhebliche rechtliche Unterschiede, welche im Einzelfall bedeutender als die wirtschaftliche Komponente sein können.

2. Erwerb

Eine Teilungsanordnung ist mit einer Erbeinsetzung verbunden. Mit dieser bestimmt der 5
Erblasser, welche Gegenstände die Erben im Rahmen der Erbauseinandersetzung erhalten (§ 2048 BGB).[4] Dabei soll die Höhe der Erbteile und deren Wert nicht verschoben werden.[5] Sofern die Erben sich nicht über eine vorzeitige Teilerbauseinandersetzung einigen, erhält der Begünstigte den Gegenstand erst mit Beendigung der Erbengemeinschaft. Es ist eine schuldrechtliche Verpflichtung der Erben, die entsprechenden Übertragungsakte vorzunehmen.[6] Da die **Teilungsanordnung nur schuldrechtlich** wirkt, können sich die Erben über sie einvernehmlich hinwegsetzen.[7] Eine abweichende dingliche Aufteilung durch die Miterben ist wirksam.[8] Das Vorausvermächtnis, bei dem dem Erben etwas zusätzlich zugewandt wird,[9] muss der Begünstigte hingegen gegenüber den Erben geltend machen (§ 2174 BGB; gegenüber Miterben mit der Gesamthandsklage gem. § 2059 Abs. 2 BGB). Vorbehaltlich einer abweichenden Anordnung entsteht der Anspruch mit dem Erbfall und wird sodann auch fällig (§ 2176 BGB). Dies hat zur Folge, dass der durch ein Vorausvermächtnis Begünstigte den Gegenstand idR früher als ein Erbe erhält, wenn der Erblasser eine Teilungsanordnung verfügt hat.[10] Schließlich kann ein Vermächtnis eingeklagt werden. Die klageweise Geltendmachung des Erbauseinandersetzungsanspruchs unter Berücksichtigung der Teilungsanordnung ist in der Praxis nahezu nicht möglich, da die Zustimmung zu einem detaillierten Teilungsplan eingeklagt werden muss. Zuvor muss Teilungsreife bestehen.

Der Vermächtnisanspruch **verjährt** nach drei Jahren (§§ 195, 199 Abs. 1 BGB; 10 Jahre 6
bei einem Grundstücksvermächtnis nach § 196);[11] der Erbauseinandersetzungsanspruch und damit die Teilungsanordnung sind unverjährbar.

3. Ausschlagung

Die Teilungsanordnung kann nicht separat ausgeschlagen (oder abgelehnt) werden; sie steht 7
und fällt mit der Erbeinsetzung.[12] Die Ausschlagung ist nur zusammen mit der Erbeinsetzung möglich (Frist: § 1944 BGB). Das Vorausvermächtnis kann isoliert ausgeschlagen werden (§ 2180 BGB); hierzu besteht keine Frist (vorbehaltlich § 2307 BGB).[13] Es ist idR möglich, auch das Erbe auszuschlagen und den Vermächtnisanspruch dennoch geltend zu machen.

4. Bindungswirkung

Das Vorausvermächtnis kann im **gemeinschaftlichen Testament** und im **Erbvertrag** mit 8
bindender Wirkung verfügt werden (§§ 2270 Abs. 3, 2271 BGB bzw. §§ 2278 Abs. 2, 2289

[4] Zu den Arten: *Schlüter* ErbR 2011, 233 (235).
[5] OLG München ErbR 2018, 713 = BeckRS 2018, 20681 Rn. 13.
[6] BeckOK BGB/*Lohmann* § 2048 Rn. 1.
[7] Krug/Daragan Immobilie ErbR/*Krug* § 5 Rn. 125.
[8] OLG München ErbR 2018, 713 = BeckRS 2018, 20681 Rn. 18.
[9] *Schlüter* ErbR 2011, 233 (235).
[10] Bonefeld/Wachter FAErbR/*Maulbetsch* § 10 Rn. 10.
[11] OLG München ZEV 2018, 35 (37); aA *Damrau* ZErb 2015, 333.
[12] Damrau/Tanck/*Rißmann* § 2048 Rn. 22.
[13] BGH NJW 2011, 1353.

BGB). Teilungsanordnungen sind dagegen stets frei widerruflich (§§ 2253, 2299 BGB). Folglich genießt der durch ein Vermächtnis Begünstigte den Schutz gegen spätere lebzeitige anderweitige Verfügungen durch § 2288 BGB.[14]

5. Beschwerungen

9 Das Vorausvermächtnis unterliegt nicht der **Testamentsvollstreckung,** sofern diese sich nicht explizit auf das Vermächtnis bezieht. Ebenso unterliegt das Vermächtnis im Zweifel nicht der **Nacherbenbeschränkung** (§ 2110 Abs. 2 BGB). Auch bei dem Erbschaftsverkauf wird im Zweifel das Vermächtnis nicht mitverkauft (§ 2373 BGB); die Teilungsanordnung geht indes auf den Erbschaftsverkäufer über (arg. § 2373 BGB).

6. Haftung und Insolvenz

10 Der Vermächtnisnehmer hat mit seiner Forderung einen besseren Rang gegenüber den Rechten aus einer Miterbenstellung und damit aus einer Teilungsanordnung (§ 1991 BGB iVm § 327 Abs. 1 Nr. 2 InsO, § 1992 BGB).[15] Nach Vermächtnisvollzug droht nur noch eine Anfechtung nach § 5 AnfG oder nach § 322 InsO. Der durch Teilungsanordnung zugewiesene Gegenstand zählt hingegen zu dem haftenden Nachlass.

III. Formulierungsbeispiele

11 Im Zusammenhang mit Vorausvermächtnissen und Teilungsanordnungen kommen – je nach Regelungsziel – die nachfolgenden Formulierungen in Betracht.

12 **Ziel:** Die Kinder sollen wertmäßig gleichgestellt werden, aber die beiden besonders werthaltigen Gegenstände sollen zwecks Konfliktreduzierung zugeordnet werden.

> Zu meinen Erben setze ich meine Kinder A und B zu gleichen Teilen ein. Ich verfüge folgende Teilungsanordnungen iSd § 2048 BGB: A erhält das Haus in Düsseldorf und B die Gewerbeimmobilie in Köln, und zwar jeweils unter Anrechnung auf ihren jeweiligen Erbteil. Falls so ein Kind durch den ihm zugewiesenen Gegenstand wertmäßig höher als nach seinem rechnerischen Erbteil begünstigt wird, so hat dieses Kind an das andere Kind einen Ausgleich zu zahlen. Dabei sind die Wertverhältnisse per Todestag maßgebend.

13 **Ziel:** Eine wertmäßige Gleichstellung der Kinder ist dem Testierenden gleichgültig; es sollen den Kindern einzelne Gegenstände zugeordnet werden, wobei ein etwaiger Wertüberschuss im Vergleich zur Erbquote nicht auszugleichen ist.[16]

> Ich setze A, B und C zu meinen Erben zu gleichen Teilen ein. Meine folgenden Nachlassgegenstände weise ich meinen Erben durch folgende Teilungsanordnungen iSd § 2048 BGB zu: A erhält die Immobilie in Düsseldorf, B die Immobilie in Traunstein und C die Immobilie in Osnabrück. Falls dadurch einer meiner Erben wertmäßig mehr erhält, als es seiner Erbquote entspricht, so wird ihm dieser Überschuss als Vorausvermächtnis zugewandt. Einen Ausgleich zwischen den Erben aufgrund dieser Zuweisungen schließe ich damit aus. Das Vorausvermächtnis wird unter der Bedingung der Annahme der Erbschaft angeordnet und fällt erst bei Auseinandersetzung des Nachlasses an.

[14] Analog bei gemeinschaftlichen Testamenten.
[15] BeckOGK BGB/*Hölscher* § 2150 Rn. 6.
[16] Nieder/Kössinger Testamentsgestaltung-HdB/*R. Kössinger* § 15 Rn. 234, der gleichwohl von der Kombination von Teilungsanordnung und Vorausvermächtnis ua wegen der unterschiedlichen Rechtsfolgen abrät.

Ziel: Unabhängig und wertmäßig zusätzlich zu dem Erbteil soll ein Kind einen Gegenstand erhalten. 14

Ich setze A und B zu meinen Erben zu jeweils $1/2$ ein. A erhält als Vorausvermächtnis, also zusätzlich und nicht unter Anrechnung auf den Erbteil, meinen gesamten Schmuck.

Ziel: Die drei Kinder sollen wertmäßig gleichgestellt sein. C soll aber die Möglichkeit haben, sofort nach dem Erbfall und nicht erst bei der Gesamterbauseinandersetzung gewisse Gegenstände zu seiner freien Verfügung zu erhalten. Auch soll C die Möglichkeit haben, die Erbschaft auszuschlagen, aber dennoch den zugewiesenen Gegenstand erhalten. 15

A, B und C beerben mich zu gleichen Teilen. Durch ein (Voraus-)Vermächtnis erhält C mein Mehrfamilienhaus in Traunstein. Dieses hat er sich auf seinen Erbteil von $1/3$ anrechnen zu lassen. Er kann auch diesen Gegenstand beanspruchen, wenn er die Erbschaft ausschlägt. Die Annahme der Erbschaft ist mithin keine Bedingung für das Bestehen des Vorausvermächtnisses.

Ziel: Die beiden Kinder sollen wertmäßig gleichgestellt sein. Tochter B soll das Recht eingeräumt werden, einen Gegenstand faktisch zu erwerben, und zwar gegen Anrechnung des Verkehrswertes des Gegenstandes im Zeitpunkt des Erbfalls auf ihren hälftigen Erbanteil.[17] 16

A und B setze ich jeweils zu einer Erbquote von 50 % zu meinen Erben ein. B ist berechtigt, bei der Auseinandersetzung meinen Getränkehandel zum Verkehrswert zu übernehmen. Das Übernahmerecht ist von B durch Erklärung gegenüber A innerhalb von drei Monaten nach meinem Ableben und Kenntnis vom Inhalt des Testaments auszuüben. Übt sie dieses Übernahmerecht aus, so hat sie sich den Verkehrswert per Todestag auf ihren hälftigen Erbanteil anrechnen zu lassen.

IV. Prüfungsreihenfolge und Abgrenzungskriterien

1. Grundsätzliche Vorgehensweise

Sofern in einer letztwilligen Verfügung, die Erbeinsetzungen mit Quoten und Zuweisungen von Gegenständen beinhaltet, nicht eindeutig bestimmt ist, welche Rechtsfolgen durch die Zuweisungen ausgelöst werden sollen, ist **zunächst von einer Teilungsanordnung auszugehen.** Sodann ist festzustellen, ob durch die Zuweisungen eine **objektive Wertverschiebung** gegenüber dem wirtschaftlichen Wert des Erbteils, der sich aufgrund der Erbquote und dem Gesamtnachlasswert berechnet, eintritt (objektives Merkmal).[18] Die Zuweisung weicht dann von der testamentarischen Quotierung ab. Ist keine objektive Wertverschiebung festzustellen, ist von einer Teilungsanordnung auszugehen (vorbehaltlich von Ausnahmen → Rn. 27 ff.). 17

Kommt es zu einer Wertverschiebung, spricht man von einer **überquotalen Teilungsanordnung.**[19] Für die Abgrenzung zwischen Teilungsanordnung und (hinsichtlich des überschießenden Teiles) Vorausvermächtnis ist darauf abzustellen, ob der Erblasser den Begüns- 18

[17] Vgl. BeckFormB ErbR/*Braun* E. II.2

[18] BGH NJW-RR 1992, 772 (774); NRW-RR 1990, 1220; BFH BFH/NV 2009, 1653 = BeckRS 2009, 25015463; *Olzen/Looschelders* ErbR Rn. 369.

[19] Etwa BGH FamRZ 1987, 475 = BeckRS 1987, 30853721; eine „wertverschiebende Teilungsanordnung“ gibt es nicht, so ua BGH NJW-RR 1990, 391 (392); *Sommer/Kerschbaumer* ZEV 2004, 13; *Loritz* NJW 1988, 2697 (2705).

tigten auch tatsächlich oberhalb seines rechnerischen Erbteils **wertmäßig begünstigen** wollte, wozu der **Begünstigungswille** erforderlich ist.[20] Dies kann auch der hypothetische Erblasserwille ergeben.[21] Unter Berufung und im Gleichklang mit der älteren BGH-Rechtsprechung[22] skizziert und löst das OLG Koblenz[23] die Thematik wie folgt:

> *„In einer solchen Lage stellt sich die Frage, ob der Mehrbetrag (Mehrwert) zusätzlich zu dem Erbteil zugewendet sein soll (vgl. BGH WM 1984, 1006 = FamRZ 1985, 62). Ist dies der Fall, dann handelt es sich (jedenfalls wegen des Mehrwerts) nicht (nur) um eine Teilungsanordnung, sondern (auch) um ein Vorausvermächtnis. Ist der Verfügung von Todes wegen eine entsprechende (zusätzliche) Zuwendung aber nicht zu entnehmen, oder ist dem Erblasser eine solche im Hinblick auf die von ihm eingegangenen erbrechtlichen Bindungen sogar verwehrt, dann kann es sich nur um eine Teilungsanordnung handeln."*

19 Folglich kommen folgende Alternativen in Betracht:

- Teilungsanordnung mit einer Ausgleichspflicht (sog. **echte Teilungsanordnung**) oder
- Teilungsanordnung mit einem Vorausvermächtnis hinsichtlich der Differenz zwischen dem Wert des zugewiesenen Gegenstandes und dem Wert des Erbteils gemäß der Erbquote (sog. **überquotale Teilungsanordnung**).[24] Der Begünstigte hat dann den Wert des zugewiesenen Gegenstandes teilweise auf seinen Erbteil anrechnen zu lassen.[25]

20 Welche der beiden Alternativen vorliegt, entscheidet sich danach, ob der Erblasser **Begünstigungswillen** hatte (subjektives Merkmal).[26] Es kommt darauf an, ob der Erblasser demjenigen, dem er einen Gegenstand zugewiesen hat, bewusst und gewollt gegenüber den übrigen Miterben einen **wirtschaftlichen Vorteil** neben dem eigentlichen Erbteil zuwenden wollte.[27] Das wird dann vorliegen, wenn der Erblasser einem Miterben etwas *„im Voraus und unter Anrechnung auf den Erbteil"* zugewiesen hat.[28]

21 Bejahendenfalls ist von einem **Vorausvermächtnis hinsichtlich des Mehrwertes** auszugehen, also der Differenz zwischen Wert des Erbteils und dem Wert des zugewiesenen Gegenstandes.[29] Dogmatisch ist das zwar nicht verifizierbar, zumal man sich nicht vorstellen kann, dass nur das Vorausvermächtnis hinsichtlich der Differenz beansprucht wird. Diese Rechtskonstruktion ist aber allg. anerkannt. Die wertmäßige Begünstigung spricht laut BGH[30] bereits für ein Vermächtnis, genügt aber alleine nicht.[31] Ein Indiz für das Vorliegen des Begünstigungswillens liegt vor, wenn dem Erblasser bei Testamentserrichtung ein objektiver Vermögensvorteil bekannt war.[32] Laut BGH[33] ist in der Regel auch bei einem entgeltlichen Vertrag von dem Begünstigungswillen auszugehen, also wenn der Begünstigte sich zu Gegenleistungen verpflichtet hat.

[20] OLG München ErbR 2018, 713 = BeckRS 2018, 20681 Rn. 14; OLG Koblenz NJW-RR 2005, 1601; vgl. LG Mönchengladbach BeckRS 2014, 14358; BeckOK BGB/*Lohmann* § 2048 Rn. 4; BeckOGK BGB/*Hölscher* § 2150 Rn. 8; *Schlüter* ErbR 2011, 233 (239); Rudolf/Bittler/Seiler-Schopp Testamentsauslegung und -anfechtung-HdB/*Dommermühl* § 2 Rn. 37.

[21] Vgl. OLG Brandenburg FamRZ 1998, 1619 (1623); Burandt/Rojahn/*Flechtner* § 2048 Rn. 24.

[22] BGH NJW 1982, 43; NJW 1985, 51; NJW 1990, 391; NJW-RR 1992, 772; NJW-RR 1990, 1220; NJW 1962, 343.

[23] OLG Koblenz NJW-RR 2005, 1601.

[24] OLG Hamburg ZEV 2017, 458 mAnm *Litzenburger;* NK-BGB/*Horn/J. Mayer* § 2150 Rn. 13.

[25] BeckOK BGB/*Müller-Christmann* § 2150 Rn. 8.

[26] BGH NJW-RR 1990, 1220; FamRZ 1987, 475; NJW 1985, 51; *Klinger/Roth* NJW-Spezial 2008, 263; *Sommer/Kerschbaumer* ZEV 2004, 13 (15); *Gergen* ZErb 2006, 362; *Scherer* NJW 2011, 2491 (2492); *Olzen/Looschelders* ErbR Rn. 367; Bonefeld/Wachter FAErbR/*Maulbetsch* § 10 Rn. 10.

[27] Burandt/Rojahn/*Flechtner* § 2048 Rn. 21.

[28] OLG Koblenz ZErb 2014, 75 (76).

[29] BFH MittBayNot 2011, 433 = BeckRS 2011, 94 379 Rn. 46; OLG Frankfurt a. M. NJW-RR 2008, 532 (533); BGH NJW-RR 1992, 772 (774); Nieder/Kössinger Testamentsgestaltung-HdB/*R. Kössinger* § 15 Rn. 223.

[30] BGH NJW 1995, 721 (721).

[31] BGH NJW 1962, 343 (344).

[32] LG Krefeld ZErb 2010, 186; Palandt/*Weidlich* § 2048 Rn. 7; MüKoBGB/*Ann* § 2048 Rn. 17.

[33] BGH NJW 1962, 343 (344).

Andernfalls, also vor allem wenn das Testament zu dieser Frage schweigt,[34] ergibt die **ergänzende Auslegung** eine **Teilungsanordnung mit einer Ausgleichspflicht** zulasten des mit dem Gegenstand begünstigten Miterben und zugunsten der übrigen Miterben.[35] Die Ausgleichspflicht braucht weder ausdrücklich noch konkludent angeordnet sein.[36] So führt das OLG Braunschweig aus:[37] 22

> *„Unter diesen Umständen hat die Verfügung in ergänzender Auslegung des Erblasserwillens den Inhalt, daß der Kläger der Beklagten aus seinem sonstigen Vermögen eine entsprechende Ausgleichszahlung zu erbringen hat, wenn er durch die Anordnungen der Mutter zur Zeit des Erbfalls einen zusätzlichen Vermögensvorteil erhalten würde.“*

Für die Berechnung der Höhe des Ausgleichsanspruchs ist der **Verkehrswert am Todestag** maßgebend. *Lohmann*[38] stellt konkretisierend auf den Zeitpunkt ab, zu dem der Anspruch auf Ausführung der Teilungsanordnung besteht. 23

Umstritten ist, ob der begünstigte Miterbe verpflichtet ist, den **Ausgleich** zu zahlen, oder er ihn nur freiwillig zu leisten hat. Wenn keine rechtliche **Verpflichtung** besteht und der begünstigte Miterbe sich weigert, einen Ausgleich aus seinem Eigenvermögen zu zahlen, so ist die Teilungsanordnung unwirksam und damit bei der Auseinandersetzung der Erbengemeinschaft unbeachtlich.[39] Ohne weitere Kommentierung spricht der BGH in seinem Beschl. v. 25.10.1995von einer *„freiwilligen Ausgleichszahlung“*, ohne dass es in dem Rechtsstreit darauf ankam.[40] Das OLG Braunschweig ging als vorinstanzliches Gericht anscheinend eher von einer Pflicht aus.[41] Die hA in der Lit. nimmt mit dem BGH keine Ausgleichsverpflichtung an, da der begünstigte Miterbe nicht mit seinem Eigenvermögen verpflichtet sein kann.[42] *Siegmann* hält im Einzelfall eine Verpflichtung für möglich, die sich aus einer durch ergänzende Auslegung ermittelten Auflage ergeben könnte.[43] 24

In früheren BGH-Urteilen heißt es, dass sich eine Teilungsanordnung nur dann aufrecht erhalten läßt, wenn der begünstigte Miterbe *„durch eigene Leistungen“* einen Ausgleich schafft.[44] Zu beachten ist indes, dass der BGH in seinem Urt. v. 28.11.1984[45] wie selbstverständlich festgestellt hat, dass durch Vermächtnis und durch Auflage ein Erbe auch in solchen Bereichen verpflichtet sein kann, *„die außerhalb des ihm erbrechtlich Zugewendeten liegen“*, gemeint sind Gegenstände, die dem Erblasser nicht gehören und daher nicht in dem Nachlass vorhanden sind (arg. aus §§ 2169 f. BGB). Es ist nicht einsichtig, warum bei einer Ausgleichspflicht, auch wenn diese sich erst durch ergänzende Auslegung ergibt, etwas anderes gelten soll als bei einer Verpflichtung durch Vermächtnis oder Auflage. Die Zuweisung bei wirtschaftlicher Gleichbehandlung seiner Erben hat schließlich der Erblasser beabsichtigt. Ist der ausgleichspflichtige Erbe zu diesem Ausgleich aus seinem **Eigenvermögen** nicht bereit (es kommt andernfalls auch ein Darlehen mit der Sicherheit des zugewiesenen Gegenstandes in Betracht), kann er schließlich die Erbschaft ausschlagen bzw. ggf. die Annahme anfechten. Wegen § 2306 BGB kann er seinen Pflichtteilsanspruch dennoch geltend machen. 25

[34] BGH NJW-RR 1990, 391 (392); OLG Koblenz FamRZ 2006, 292; LG Krefeld BeckRS 2010, 5508; Palandt/*Weidlich* § 2048 Rn. 7.
[35] OLG Saarbrücken ZErb 2015, 153 (154); OLG Frankfurt a. M. NJW-RR 2008, 532 (533); BGH NJW-RR 1990, 1220; *Schlüter* ErbR 2011, 233 (239).
[36] LG Krefeld ZErb 2010, 186.
[37] OLG Braunschweig BeckRS 1994, 30843726.
[38] BeckOK BGB/*Lohmann* § 2048 Rn. 5.
[39] NK-BGB/*Eberl-Borges* § 2148 Rn. 12; Burandt/Rojahn/*Flechtner* § 2048 Rn. 24; MüKoBGB/*Ann* § 2148 Rn. 17; vgl. *Siegmann* ZEV 1996, 47 ff.
[40] BGH NJW-RR 1996, 577 (577) mAnm *Kummer;* ebenfalls OLG Jena FamRZ 2009, 458 (459) = BeckRS 2009, 8668.
[41] OLG Braunschweig ZEV 1996, 69 (Ls.) = BeckRS 1994, 30843726.
[42] Burandt/Rojahn/*Flechtner* § 2048 Rn. 24; NK-BGB/*Eberl-Borges* § 2048 Rn. 12; Rudolf/Bittler/Seiler-Schopp Testamentsauslegung und -anfechtung-HdB/*Bittler* § 2 Rn. 36; aA Palandt/*Weidlich* § 2048 Rn. 1.
[43] *Siegmann* ZEV 1996, 47 (48).
[44] BGH FamRZ 1987, 475; NJW 1985, 51 (52).
[45] BGH FamRZ 1985, 278 = BeckRS 2010, 5447.

Die hier vertretene Auffassung kann sich auch auf das BGH-Urt. v. 28.1.1987[46] berufen, in dem es zu einer Ausgleichspflicht heißt:

> *„Dazu wird er aber in vielen Fällen von vornherein bereit und im Allgemeinen auch verpflichtet sein, zumal Teilungsanordnungen gem. § 2048 S. 1 BGB für alle Miterben verbindlich zu sein pflegen."*

26 Sehr vereinzelt nahm der BGH früher eine wertverschiebende Teilungsanordnung an.[47] Ohne die Erbquoten zu ändern, würde danach die Teilungsanordnung den Wert der Erbteile verschieben. Später stellte der BGH fest, dass es eine solche nicht geben kann (Ausnahme: § 2049 BGB).[48]

2. Ausnahmen

27 a) **Unabhängiger Berufungsgrund.** Nach der oben dargestellten Systematik wäre eine Teilungsanordnung anzunehmen, wenn der Wert der zugewiesenen Gegenstände unterhalb des auf den begünstigten Erben fallenden Erbteils liegt. Dies wird dann nicht anzunehmen sein, wenn der Erblasser

- einen von der Erbstellung des Bedachten **unabhängigen Berufungsgrund** schaffen wollte[49] und/oder
- es dem Bedachten schon **vor der Gesamterbauseinandersetzung** ermöglichen wollte, dass dieser bereits kurz nach dem Erbfall den zugewiesenen Gegenstand zu seiner freien Verfügung erhalten kann.[50] Daher spricht zugunsten eines Vorausvermächtnisses, wenn der Begünstigte den Gegenstand schon vor der Auseinandersetzung der Erbengemeinschaft erhalten sollte. *Hölscher*[51] stellt insoweit zutreffend die *„Frage nach der Fälligkeit"*.

28 Dann ist die Zuweisung des vollständigen Gegenstandes **als Vorausvermächtnis** zu bewerten, möglicherweise aber dann doch unter **Anrechnung auf den Erbteil,** was durch Auslegung zu ermitteln ist.[52] Auch im Falle der **Ausschlagung** erlangt so der Bedachte den Gegenstand, der sich so auch die unter den Miterben konfliktträchtige Auseinandersetzung der Erbengemeinschaft ersparen kann. Dem BGH[53] zufolge kann daher die Auslegung ein Vermächtnis ergeben, wenn

> *„ein bestimmter Gegenstand einem Miterben etwa auch für den (bei Testamentserrichtung hypothetischen) Fall zugewendet werden soll, daß er das Erbe ausschlägt oder aus anderen Gründen nicht Erbe wird. War die Zuwendung des Gegenstands so gemeint, liegt ein von der Erbeinsetzung unabhängiger Geltungsgrund selbst dann vor, wenn das Vermächtnis die Erbquote wertmäßig nicht verschiebt, sondern wie hier auf die Erbquote anzurechnen ist (…)."*

29 In diesem Urteil betont der BGH, dass die Abgrenzung zwischen der Teilungsanordnung und dem Vorausvermächtnis nicht unbedingt nach dem Kriterium der *„wertmäßigen Begünstigung"* erfolgen kann, da so *„nicht alle Unterschiede zwischen beiden Rechtsinstituten erfaßt seien"*. *Muscheler*[54] begrüßt diesen Ansatz des BGH, da der *„konturlose Begriff des Begünstigungswillens"* keinen *„erschöpfenden Beitrag zur Abgrenzungsproblematik"* leiste. Für eine sinnvolle Abgrenzung ist *Muscheler* zufolge zu fragen, **welche Rechtsfolgen** der Erblasser auslösen wollte.[55] Bei der Annahme eines Vorausvermächtnisses sieht er unabhän-

[46] BGH FamRZ 1987, 475 = BeckRS 2010, 27947.
[47] Etwa BGH MDR 1962, 387.
[48] BGH NJW-RR 1990, 1220; Burandt/Rojahn/*Flechtner* § 2048 Rn. 23; BeckOK BGB/*Lohmann* § 2048 Rn. 4.
[49] OLG Saarbrücken ZErb 2015, 153 (155); BeckOK BGB/*Lohmann* § 2048 Rn. 4; BeckOGK BGB/*Hölscher* § 2150 Rn. 12; Krug/Daragan Immobilie ErbR/*Krug* § 5 Rn. 136.
[50] NK-BGB/*Horn/J. Mayer* § 2150 Rn. 12; Staudinger/*Otte* § 2150 Rn. 17.
[51] BeckOGK BGB/*Hölscher* § 2051 Rn. 13.
[52] BGH NJW 1962, 1058; vgl. *Scherer* NJW 2011, 2491 (2492).
[53] BGH NJW 1995, 721.
[54] *Muscheler* ErbR Rn. 2648.
[55] *Muscheler* ErbR Rn. 2650; durchaus zust. NK-BGB/*Horn/J. Mayer* § 2150 Rn. 12.

gig von dem wirtschaftlichen Wert einen Vermögensvorteil iSd § 1939 BGB, da es sich um einen rechtlich selbstständigen Anspruch handelt. Unter Bezugnahme auf BGH NJW 1962, 343 (344) und auf *Mattern*[56] spreche auch der **Wille des Erblassers zur eigenen Bindung** bei gemeinschaftlichen Testamenten und Erbverträgen für ein Vermächtnis (§§ 2270 Abs. 3, 2278 Abs. 2 BGB).

b) Zusätzliche Begünstigung. Als weitere Ausnahme der oben dargestellten Prüfungssystematik ist zu beachten, dass der Erblasser den durch einen Gegenstand Begünstigten mit diesem Gegenstand **über den Erbteil hinaus** begünstigen wollte. So kann einem Miterben etwa der gesamte Schmuck zugewiesen werden, ohne dass eine Bewertung erforderlich wird. In einem Fall des OLG Braunschweig[57] hatten die Erblasser ein Berliner Testament errichtet, aber zusätzlich verfügt, dass ein Kind den Schlachtereibetrieb *„vorab erhalten"* sollte. Das Gericht nahm ein Vorausvermächtnis ohne Anrechnung auf den Erbteil des begünstigten Kindes an. 30

Grundsätzlich gilt bei der **Zuweisung von Gegenständen,** die im Vergleich zu dem Gesamtnachlasswert einen **geringen Wert** aufweisen, der Erfahrungssatz, dass es sich bei diesen um Vorausvermächtnisse **ohne Anrechnungs-** oder Ausgleichspflicht handelt. In der Praxis ist etwa oftmals festzustellen, dass Testierende weiblichen Begünstigten den Schmuck zugewiesen haben. Im Falle der Anrechnung müssten die Erben sich auf einen Wert dieser gesondert zugewiesenen Gegenstände einigen, was oftmals trotz der Einholung von (teuren) Wertgutachten konfliktträchtig verläuft. Bei geringen Werten wird der Testierende einen solchen potentiellen Konflikt verhindern gewollt haben, so dass nicht von einer Anrechnungs- oder Ausgleichsverpflichtung auszugehen ist. Wie immer kommt es aber letztlich auf die Umstände des Einzelfalls an. 31

3. Übernahmerecht

Der Erblasser kann auch anordnen, dass ein Miterbe selbst frei entscheiden kann, ob er einen Nachlassgegenstand übernehmen will oder nicht; ihm wird dann ein Gestaltungsrecht eingeräumt.[58] Dann ist er nicht wie bei einer Teilungsanordnung zum Erhalt verpflichtet.[59] Der schuldrechtliche Anspruch auf Übertragung entsteht erst, nachdem der **Miterbe** sich entsprechend **erklärt** hat.[60] Dabei kann der Erblasser bestimmt haben, welchen Betrag der betreffende Miterbe nach Ziehung dieses Übernahmerechts an die Erbengemeinschaft zu erstatten hat bzw. nach welchem Bewertungsverfahren dieser zu schätzen ist.[61] Wird kein Übernahmepreis angegeben, ist von dem **Verkehrswert** auszugehen; bei einem Landgut ist im Zweifel wegen § 2049 BGB von dem Ertragswert auszugehen. Wird ein Übernahmepreis unter dem Verkehrswert letztwillig angeordnet, handelt es sich hinsichtlich der Differenz um ein Vorausvermächtnis.[62] Es handelt sich lediglich um ein technisches Detail der Abwicklung, ob der betreffende Miterbe den Übernahmepreis durch Verrechnung mit dem Erbteil oder durch Einzahlung in den Nachlass leistet.[63] 32

Bereits ausschließlich die **Erwerbsmöglichkeit** gegen Zahlung des Verkehrswertes stellt einen **Vermögensvorteil** dar.[64] Allein deswegen ist ein Übernahmerecht als Vorausvermächtnis zu bewerten.[65] Ebenfalls kommt in Betracht, dass der Miterbe diesen Gegenstand zusätzlich zu seinem Erbteil erhält oder dass von einer Übernahmepflicht auszugehen ist. 33

---

[56] *Mattern* DNotZ 1963, 450 (456, 464).
[57] OLG Braunschweig BeckRS 1994, 30843726.
[58] Palandt/*Weidlich* § 2048 Rn. 9; Krug/Daragan Immobilie ErbR/*Krug* § 5 Rn. 142 ff.
[59] Bonefeld/Wachter FAErbR/*Maulbetsch* § 10 Rn. 12.
[60] LG Stuttgart ZEV 2002, 237; Burandt/Rojahn/*Flechtner* § 2048 Rn. 11.
[61] Damrau/Tanck/*Rißmann* § 2048 Rn. 42.
[62] Nieder/Kössinger Testamentsgestaltung-HdB/*R. Kössinger* § 15 Rn. 244.
[63] Staudinger/*Otte* § 2150 Rn. 15.
[64] BFH ZEV 2008, 551.
[65] NK-BGB/*Eberl-Borges* § 2048 Rn. 11; aA Nieder/Kössinger Testamentsgestaltung-HdB/*R. Kössinger* § 15 Rn. 243, danach ggf. nur Teilungsanordnung.

V. Feststellungs- und Beweislast

34 Derjenige, dem ein Gegenstand oberhalb seines Erbteils zugewiesen wurde und der keinen Ausgleich an die übrigen Miterben zahlen will, muss den **Begünstigungswillen** des Erblassers **beweisen.**[66]

[66] Baumgärtel/Laumen/Prütting/*Schmitz* § 2048 Rn. 1; *Horn/Kroiß* ErbR 2014, 56 (57); aA Damrau/Tanck/*Rißmann* § 2048 Rn. 38.

§ 11 Abgrenzungsfälle bei einem im Nachlass nicht (mehr) vorhandenen Vermächtnisgegenstand

Übersicht

I. Praxisrelevanz

Die Rechtswirkungen von **Testamenten und Erbverträgen** entfalten sich naturgemäß erst im Erbfall und damit einstweilen nach einem langen Zeitraum nach Errichtung. In der Zwischenzeit kann sich die Zusammensetzung des Vermögens des Erblassers erheblich verändert haben. Im Folgenden wird der Fokus auf die Gegenstände gelegt, die der Erblasser im Wege eines Vermächtnisses zugewandt hat und die beim Erbfall nicht bzw. nicht mehr in der Form wie bei Testamentserrichtung in dem Nachlass vorhanden sind. So kann der vermachte Gegenstand 1

- untergegangen oder dem Erblasser **entzogen** worden sein (Ziffer III),
- durch den Erblasser **lebzeitig veräußert** worden sein (Ziffer IV),
- wegen der altersbedingten Abnutzung **ausgetauscht** worden sein (Ziffer V),
- mit einem anderen Gegenstand **vermengt** oder **vermischt** worden sein (gesetzliche Auslegungsregel: § 2172 BGB),
- etwa ein **Sparbuch** sein, dessen Höhe des Guthabens sich zum Erbfall geändert hat. Alternativ kann das Guthaben auf ein anderes Konto umgebucht worden sein (Ziffer VI), oder
- sich bereits bei Testamentserrichtung nicht im Vermögen des Erblassers befunden haben (Ziffer VII).

In den vorliegenden Fällen stellt sich regelmäßig die Frage, ob dem ursprünglich bedachten Vermächtnisnehmer überhaupt noch ein Anspruch zusteht und bejahendenfalls, welche Leistung bzw. welchen Gegenstand er beanspruchen kann. Zumeist sind die letztwilligen Verfügungen aufgrund der nachträglichen Veränderungen im Vermögen **ergänzend auszulegen.** 2

II. Rechtslage

Im Hinblick auf die Vielzahl möglicher Fallgestaltungen und das detaillierte gesetzliche Regelwerk werden im Folgenden innerhalb der einzelnen Abgrenzungsfälle auch die gesetz- 3 lichen Auslegungsregeln dargestellt. § 2169 Abs. 1 BGB stellt die grundsätzliche Vermutung[1] auf, dass das Vermächtnis eines bestimmten Gegenstandes **unwirksam** ist, soweit der Gegenstand zur Zeit des Erbfalls **nicht zur Erbschaft** gehört. Dabei ist der Zeitpunkt der Anordnung gleichgültig, so dass der Gegenstand auch erst nach der Testamentserrichtung erworben worden sein kann.[2]

4 Ist der Gegenstand im Zeitpunkt des Erbfalls noch vorhanden, kann der Vermächtnisnehmer gem. §§ 2147, 2174 BGB von dem Erben, ggf. auch von einem anderen Vermächtnisnehmer, die Leistung des vermachten Gegenstandes fordern; es handelt sich um einen schuldrechtlichen Anspruch. Fällt der **Beschwerte,** also der Erbe oder der Vermächtnisnehmer, **weg,** bleibt im Zweifel der Vermächtnisanspruch wirksam (§ 2161 BGB). Verpflichtet ist dann derjenige, dem der Wegfall unmittelbar zustattenkommt (§ 2161 S. 2 BGB).

5 Der Vermächtnisnehmer hat grundsätzlich keine Nachlassverbindlichkeiten zu übernehmen. Etwas anderes gilt nur, wenn der Erblasser anderweitige Anordnungen getroffen hat bzw. solche durch Auslegung festzustellen sind. Für einige Einzelfälle, etwa wenn ein **vermachtes Grundstück** mit einer Hypothek oder einer **Grundschuld** belastet ist, finden sich in §§ 2165–2168a BGB für den Zweifelsfall gesetzliche Auslegungsregeln (→ § 8 Rn. 232 ff.). Ist ein Vermächtnisgegenstand beschädigt, erstreckt sich das Vermächtnis im Zweifel gem. § 2164 Abs. 2 BGB auch auf den *„Ersatz der Minderung des Wertes“*.[3]

III. Abgrenzungsfall bei untergegangenem bzw. entzogenem Vermächtnisgegenstand

6 Ist nach letztwilliger Anordnung eines Vermächtnisses der vermachte Gegenstand **untergegangen** oder dem **Erblasser entzogen** worden und steht dem Erblasser aufgrund dessen ein **Anspruch auf Wertersatz** zu, so gilt im Zweifel dieser als vermacht (§ 2169 Abs. 3 BGB; → § 8 Rn. 253 ff.). Dabei ist der Rechtsgrund des Ersatzanspruches gleichgültig. In Betracht kommen etwa Ansprüche wegen Schadensersatzes, bereicherungsrechtliche Ansprüche, Ansprüche aufgrund des Lastenausgleichs, Rückerstattungsansprüche und Ansprüche aus dem Vermögensgesetz.[4] Bei Kenntnis des Erblassers greifen §§ 2171, 2172 BGB und bei Leistung noch zu Lebzeiten des Erblassers § 2173 BGB.[5]

7 Anders zu behandeln ist die **Beschädigung** des Vermächtnisgegenstandes. Für diesen Fall und den eines Mangels[6] regelt § 2164 Abs. 2 BGB für den Zweifelsfall, dass ein dadurch ausgelöster Ersatzanspruch ebenfalls vermacht ist. Die Ersatzansprüche können sowohl auf Vertrag als auch auf unerlaubter Handlung beruhen. Ist der Anspruch bereits zu Lebzeiten erfüllt, ist § 2173 BGB zu beachten.[7]

IV. Abgrenzungsfall bei veräußertem Vermächtnisgegenstand

1. Grundsätzliches

8 Hat der Erblasser einen Gegenstand, den er letztwillig vermacht hat, zwischen dem Tag der Testamentserrichtung und dem Tag seines Todes **verkauft,** so ist zwar als Surrogat der Veräußerungserlös in sein Vermögen gefallen. Vorbehaltlich eines abweichenden Parteiwillens ordnet § 2169 Abs. 1 BGB dennoch an, dass das Vermächtnis **unwirksam** ist.[8] Die Auslegungsregel des § 2069 Abs. 3 BGB ist weder direkt noch analog anzuwenden; sie bezieht sich nicht auf rechtsgeschäftliche Surrogate.[9] Das Vermächtnisrecht verfügt nicht über eine

[1] NK-BGB/*Horn/J. Mayer* § 2169 Rn. 1.
[2] Damrau/Tanck/*Linnartz* § 2169 Rn. 5.
[3] OLG Nürnberg NJW 1956, 1882.
[4] Vgl. BGH NJW 1972, 1369; OLG München RzW 1967, 538; MüKoBGB/*Rudy* § 2169 Rn. 14.
[5] NK-BGB/*Horn/J. Mayer* § 2169 Rn. 11.
[6] MüKoBGB/*Rudy* § 2164 Rn. 5.
[7] Burandt/Rojahn/*Burandt* § 2164 Rn. 11.
[8] BGH NJW 1959, 2252 (2253).
[9] OLG Rostock ZEV 2009, 624 (625).

allgemeine Surrogationsregel.[10] Auch wenn der Erblasser hinsichtlich eines Gegenstandes ein Vermächtnis ausgesetzt hat, kann er über diesen auch aufgrund des Gedankens aus § 2286 BGB lebzeitig wirksam verfügen.[11]

Ist das Vermächtnis nicht einseitig, sondern **wechselbezüglich oder erbvertragsmäßig** angeordnet, können Ansprüche nach **§ 2288 BGB** in Betracht kommen[12] Sofern sich der Erblasser gegenüber dem Vermächtnisnehmer durch einen **Verfügungsunterlassungsvertrag** schuldrechtlich verpflichtet hat, über den vermachten Gegenstand nicht unter Lebenden zu verfügen, kommen bei Zuwiderhandlung **Schadensersatzansprüche** aus § 280 Abs. 1 BGB gegen die Erben in Betracht. Ein solcher Vertrag wirkt zwar wegen § 137 S. 1 BGB nicht dinglich, ist aber schuldrechtlich zulässig (§ 137 S. 2 BGB).[13] 9

2. Formulierungsbeispiele

Soll das Vermächtnis entfallen, wenn sich der vermachte Gegenstand beim Erbfall nicht mehr im Vermögen des Erblassers befindet, bietet sich folgende Formulierung an: 10

> Ich vermache A mein Haus Musterstraße 4 in Düsseldorf, eingetragen … . Wenn bei meinem Erbfall dieser Vermächtnisgegenstand nicht nachlasszugehörig sein sollte, entfällt das Vermächtnis ersatzlos.

Möchte hingegen der Erblasser den Bedachten wertmäßig und damit unabhängig von dem vermachten Gegenstand begünstigen, kann dieser letztwillig wie folgt verfügen: 11

> Ich vermache A meine Teekanne aus Silber. Sollte diese gleich aus welchem Grund nicht nachlasszugehörig sein, erhält A stattdessen einen Geldbetrag in der Höhe des Verkehrswertes, den diese Teekanne im Zeitpunkt meines Ablebens gehabt hätte. Das gilt jedoch nicht, wenn ich A diese Teekanne bereits lebzeitig geschenkt habe.

Bei gleicher Willensrichtung kann sich auch die Höhe des Geldzahlungsanspruchs an dem Veräußerungserlös orientieren: 12

> A setze ich als Vermächtnis mein Kaffeeservice der Staatlichen Porzellanmanufaktur Meißen aus. Sollte ich dieses vor meinem Tod veräußert haben, erhält A stattdessen einen Geldbetrag, dessen Höhe dem Veräußerungserlös entspricht. Insoweit steht dem Vermächtnisnehmer ein Auskunfts- und Belegvorlageanspruch gegen den Erben zu. Sollte das Service aus einem anderen Grund (teilweise) nicht nachlasszugehörig sein, entfällt insoweit das Vermächtnis.

3. Abgrenzungskriterien

Bei unklaren Formulierungen der letztwilligen Begünstigung ist im Wege der **ergänzenden Auslegung** (→ § 7 Rn. 89–139) zu ermitteln, ob statt des vermachten, genau bezeichneten Gegenstandes nun der im Nachlass vorhandene **Erlös** oder der **Wert** vermacht **sind.**[14] Inso- 13

[10] OLG Nürnberg NJW 1956, 1882; BGH NJW 1957, 421; Burandt/Rojahn/*Burandt* § 2169 Rn. 13.
[11] BGH NJW 1959, 2252 (2253).
[12] Vgl. OLG Oldenburg NRW-RR 1994, 843.
[13] BGH NJW 1959, 2252 (2253); MüKoBGB/*Rudy* § 2169 Rn. 16.
[14] BGH NJW 1957, 421 (422); Nieder/Kössinger Testamentsgestaltung-HdB/*R. Kössinger* § 23 Rn. 45; MüKoBGB/*Leipold* § 2084 Rn. 117 f.

weit kommen ein Wertersatz-[15] oder ein **Geldvermächtnis** in Betracht.[16] Es handelt sich um eine Weiterentwicklung des ursprünglich Zugewandten.[17]

14 In seinem Urt. v. 15.12.1956 stellt der BGH fest, dass ein Vermächtnis aufgrund der lebzeitigen Veräußerung unwirksam und damit ersatzlos entfallen ist,[18] *„wenn es der einzige Zweck des Vermächtnisses war, dem Bedachten gerade diesen betr. Gegenstand zuzuwenden, sei es z. B., weil der Bedachte gerade daran ein besonderes Interesse hatte oder weil der Erblasser den Gegenstand in der Hand des Bedachten am besten aufgehoben glaubte oder schließlich weil der Erblasser dem Bedachten aus anderen Gründen diesen Gegenstand, sonst aber nichts zuwenden wollte.“* Das ist laut BGH ausweislich der weiteren Urteilsbegründung nicht der Fall, *„wenn der Erblasser mit dem Vermächtnis noch andere, weitergehende Zwecke verfolgt hat.“*

15 So kann der Erlös als vermacht anzusehen sein, wenn der Erblasser der mit dem vermachten Gegenstand begünstigten Person *„überhaupt etwas zuwenden“* wollte. So **spricht für ein Wertersatzvermächtnis,**[19] *„wenn Vermächtniszweck in erster Linie die Zuwendung eines wirtschaftlichen Wertes überhaupt an einen besonders Nahestehenden war, wobei der vermachte Gegenstand nur eines von mehreren möglichen Mitteln zur Verwirklichung dieser Absicht ist, (…, BGH, a. a. O.).“*

16 Auch in einem weiteren Urteil nahm der BGH[20] an, dass nach dem Verkauf eines Gegenstandes der **auf einem Bankkonto deponierte Kaufpreiserlös** an die Stelle der ursprünglich vermachten Immobilie treten kann. Das OLG Koblenz[21] hat einen Wertersatzanspruch angenommen, als Zeugen aussagten, dass der Erblasser nach der Veräußerung bekundet hätte, dass *„das Geld aus dem Verkauf des Hauses in F. für sämtliche Beteiligte festgelegt würde“*. Darüber hinaus hatte der Erblasser seine Motivation zur Begünstigung der Vermächtnisnehmer in einem Brief festgehalten und in einem ergänzenden Testament die Verdienste der Vermächtnisnehmer hervorgehoben.[22]

17 Derjenige, der sich auf ein Wertersatzvermächtnis beruft, ist **beweisbelastet;** es besteht keine *„Beweisvermutung“*.[23] Nach dem OLG Rostock[24] ist *„ausreichender Sachvortrag nebst Beweisantritt“* erforderlich.

V. Abgrenzungsfall bei altersbedingt ausgetauschtem Vermächtnisgegenstand

1. Grundsätzliches und Formulierungsbeispiele

18 Da zwischen Testamentserrichtung und Erbfall durchaus ein **langer Zeitraum** liegen kann, kann der Erblasser einen vermachten Gegenstand, der bei Testamentserrichtung zu seinem Vermögen zählte, bis zum Erbfall – auch mehrmals – ersetzt bzw. ausgetauscht haben. Dies kann vor dem Hintergrund der **altersbedingten Abnutzung** oder infolge eines Umzuges erfolgt sein. Zu unterscheiden ist dabei, ob der Erblasser den Gegenstand

- exakt wie beispielsweise *„mein Auto A5 Coupé 2.0 TFSI“* (Alternative 1), oder
- nur pauschal wie beispielsweise *„mein Auto“* (Alternative 2)

bezeichnet hat.

19 Damit nach einem altersbedingten Austausch des Vermächtnisgegenstandes der letzte Wille des Erblassers nicht erforscht werden muss, empfehlen sich nachfolgende Formulierungen:

---

[15] BGH NJW 1959, 2252 (2254); Damrau/Tanck/*Linnartz* § 2169 Rn. 17.
[16] Zur Rechtsnatur: MAH ErbR/*Schlitt* § 13 Rn. 185 ff.
[17] Damrau/Tanck/*Seiler-Schopp/Rudolf* § 2084 Rn. 62.
[18] BGH NJW 1957, 421 (422).
[19] BGH NJW 1959, 2252 (2255); ebenso OLG Koblenz BeckRS 2009, 88052; NK-BGB/*Horn/J. Mayer* § 2169 Rn. 9; MüKoBGB/*Rudy* § 2169 Rn. 15.
[20] BGH NJW 1977, 672 (673).
[21] OLG Koblenz BeckRS 2009, 88052.
[22] OLG Koblenz BeckRS 2009, 88052.
[23] OLG Koblenz BeckRS 2009, 88052.
[24] OLG Rostock ZEV 2009, 624 (625).

A erhält im Wege eines Vermächtnisses das Fahrzeug, das zu meinem Vermögen im Zeitpunkt meines Ablebens gehört. Falls mir dann mehrere Fahrzeuge gehören sollten, erhält A das wertvollste Fahrzeug.

Ich vermache A meine derzeitige Eigentumswohnung *(genaue Bezeichnung)*. Sollte diese mir im Zeitpunkt meines Erbfalls nicht mehr gehören, entfällt das Vermächtnis. Maßgeblich ist dabei, ob die notarielle Beurkundung des Übertragungsvertrags, gleich ob Schenkung oder Veräußerung, schon erfolgt ist.

2. Auslegung bei genauer Bezeichnung

Bei der ersten Alternative (→ Rn. 18), also bei genauer Bezeichnung des vermachten Gegenstandes, den der Erblasser später altersbedingt ausgetauscht hat, ist durch **ergänzende Auslegung** (→ § 7 Rn. 89–139) zu ermitteln, ob ein **anstelle des ursprünglich vermachten Gegenstandes getretenes Ersatzstück,** das die gleiche wirtschaftliche Bedeutung hat, als vermacht anzusehen ist.[25] Der Erblasser kann aber trotz der genauen Bezeichnung eines Gegenstandes mit seinen Worten auch pauschal etwaige Ersatzstücke gemeint haben, so ist einfach auszulegen. Die einfache und die ergänzende Auslegung kommen in der Regel zu gleichen Ergebnissen. Dies kann sich aus dem in § 2169 Abs. 3 BGB zugrunde liegenden Erfahrungssatz ergeben. *Horn/J. Mayer*[26] nennen als Beispiel, dass an die Stelle der ursprünglich vermachten ersten Auflage eines bestimmten Buches die bei dem Erbfall aktuelle und im Nachlass vorhandene dritte Auflage als vermacht anzusehen ist. Als anderes Beispiel bringen *Lange/Kuchinke*[27] eine neue Armbanduhr, die die ursprünglich vermachte Armbanduhr ersetzte, und ziehen auch § 2169 Abs. 3 BGB entsprechend heran. In einem vom BGH[28] entschiedenen Fall hatte ein Erblasser einer Person seinen Hof in D., einer zweiten Person seinen Hof in A. und sein *„sonstiges Vermögen"* einer dritten Person zugewiesen. Zur Abwendung der Enteignung des Hofes in D. verkaufte der Erblasser diesen Hof. Von einem Teil des Erlöses erwarb er das Gut K.; den restlichen Erlös deponierte er auf einem Bankkonto. Dem BGH zufolge kann das Testament *„so zu verstehen sein"*, dass der ersten Person das Gut in K. und der restliche Erlös zufallen soll.[29] 20

Das OLG München[30] hatte über ein **im Ausland errichtetes Testament** zu entscheiden, mit dem der Erblasser seiner Ehefrau *„unser Wohnhaus"* vermacht hatte. Bei Testamentserrichtung gehörte den Ehegatten gemeinsam ein Wohnhaus in den USA. Danach kehrten die Ehegatten dauerhaft nach Deutschland zurück und bewohnten auch hier eine eigene Immobilie. Da sich die *„Lebensverhältnisse"* *„ganz erheblich verändert"*[31] hatten, bedurfte das Testament der ergänzenden Auslegung. So sei dem OLG München[32] zufolge wie folgt vorzugehen: 21

> *„Zu fragen ist, wie E. seine Verfügung inhaltlich gestaltet hätte, wenn er bei Errichtung des Testaments die später eingetretene Entwicklung der für ihn relevanten Verhältnisse vorausschauend berücksichtigt hätte. Eine Voraussicht der Zukunft in allen Einzelheiten, d. h. einen allwissenden Erblasser, hat man sich dabei nicht vorzustellen; denn ein solcher hypothetischer Wille wäre realitätsfremd und würde daher nicht dem Sinn der an das Testament und die reale Willensrichtung anknüpfenden ergänzenden Auslegung entsprechen. Vielmehr ist zu erwägen, wie E. testiert hätte, wenn er die Möglichkeit der späteren Entwicklung in ihren wesentlichen Zügen bedacht hätte (Leipold § 2084 Rn. 78 BGB)."*

[25] NK-BGB/*Horn/J. Mayer* § 2169 Rn. 9; Staudinger/*Otte* § 2169 Rn. 16.
[26] NK-BGB/*Horn/J. Mayer* § 2169 Rn. 9.
[27] *Lange/Kuchinke* ErbR § 29 V Fn. 195.
[28] BGH NJW 1983, 672.
[29] BGH NJW 1983, 672 (673).
[30] OLG München ZEV 2006, 456.
[31] OLG München ZEV 2006, 456 (457).
[32] ZEV 2006, 456 (457).

22 Das OLG München fand Anhaltspunkte dafür, dass der Erblasser seiner Ehefrau jeweils seinen Anteil an der gemeinsam genutzten Wohnung zuweisen wollte, die den gemeinsamen Lebensmittelpunkt darstellt. Daher konnte die Ehefrau den Miteigentumsanteil des Erblassers an der Immobilie in Deutschland verlangen, die an die Stelle der ursprünglichen Immobilie in den USA getreten war. Entsprechend hatte zuvor der BGH[33] über ein Testament entschieden, in dem die Erblasserin ihrem zweiten Ehemann das dingliche Wohnrecht an einem genau bezeichneten Haus einräumte, dessen Eigentümerin sie bei Testamentserrichtung war. Nach Verkauf und Umzug in ein anderes Haus war dem längerlebenden Ehemann das Wohnrecht an der *„letzten ehelichen Wohnung"* vermacht, stellte der BGH durch ergänzende Auslegung fest.[34]

3. Auslegung bei pauschaler Bezeichnung

23 Bei der zweiten Alternative, also wenn nur etwa *„mein Auto"* oder *„mein Fernseher"* vermacht wird, ist der Wille des Erblassers regelmäßig nicht darauf gerichtet, das ihm bei Testamentserrichtung gehörende Auto zuzuwenden, sondern den Pkw, den er hinterlässt.[35] Der Erblasser wird bei Testamentserrichtung mit einem Austausch gerechnet haben, so dass das Testament **einfach auszulegen** ist. Das ist nach *Leipold*[36] besonders dann der Fall, wenn der vermachte Gegenstand *„nach dem gewöhnlichen Lauf der Dinge unbrauchbar geworden"* ist und *„der Erblasser eine im wesentlichen gleichartige Sache zum selben Zweck erworben"* hat.

VI. Abgrenzungsfall bei vermachtem Sparbuch nach veränderter Guthabenhöhe bzw. nach Neuanlage

24 Testamentarisch werden durchaus Sparbücher oder Girokonten vermacht, die durch das Kreditinstitut und die jeweilige **Kontonummer** bezeichnet werden. Dabei handelt es sich um ein **Forderungsvermächtnis** iSd § 2173 BGB.[37] Üblich ist, dass sich die **Höhe des Guthabens** zwischen der Vermächtnisanordnung und dem Erbfall **geändert** hat, sei es aufgrund von Abhebungen oder von Aufstockung durch den Erblasser. Bei Reduzierungen kommt zunächst die gesetzliche Auslegungsregel des § 2173 S. 2 BGB in Betracht, wonach im Zweifel die entsprechende Geldsumme als vermacht gilt, auch wenn sich eine solche in der Erbschaft nicht vorfindet.

25 IdR wird Wille des Erblassers sein, dass dem Begünstigten der Betrag vermacht ist, der sich auf diesem Konto per Todestag befindet. Abgehobene Beträge sollen mithin zumeist nicht mitvermacht sein.[38] Zu Recht hat daher die Rspr. die **Auslegungsregel des § 2173 S. 2 BGB** bei einem vermachten Sparbuch **widerlegt.**[39] So ist nur das **Guthaben** des bezeichneten Sparbuches **per Todesfall** vermacht und nicht zusätzlich etwaig abgehobene Beträge.[40] Der testamentarische Wille erstrecke sich in einem Fall des OLG Koblenz[41] auf die Konten *„mit der Maßgabe, dass nur noch das beim Erbfall tatsächlich vorhandene jeweilige Guthaben vermacht sein soll."* Die Anpassung erfolge *„mit Hilfe der ergänzenden Testamentsauslegung"*.

26 Das gilt auch dann, wenn der Erblasser die abgehobenen Beträge bis zum Erbfall noch nicht verbraucht hat.[42] Andernfalls würde die Verfügungsbefugnis des Erblassers zu Lasten

---

33 NJW 1977, 1728.
34 NJW 1977, 1728 (1729).
35 MüKoBGB/*Rudy* § 2169 Rn. 11.
36 MüKoBGB/*Leipold* § 2084 Rn. 119.
37 OLG Koblenz NJWE-FER 1997, 197 (198); Burandt/Rojahn/*Burandt* § 2173 Rn. 2.
38 BeckOK BGB/*Müller-Christmann* § 2173 Rn. 5; *Warlich/Kühne* ZErb 2012, 259 (260).
39 OLG Koblenz FamRZ 1998, 579; OLG Düsseldorf OLGR 1995, 300; OLG Karlsruhe NJW-RR 2005, 1317 (1318).
40 So auch Damrau/Tanck/*Linnartz* § 2173 Rn. 13; NK-BGB/*Horn/J. Mayer* § 2173 Rn. 10; BeckOK BGB/*Müller-Christmann* § 2173 Rn. 5.
41 OLG Koblenz FamRZ 1998, 579 = BeckRS 1997, 30 840 540.
42 NK-BGB/*Horn/J. Mayer* § 2173 Rn. 10; BeckOK BGB/*Müller-Christmann* § 2173 Rn. 5.

des Beschwerten gehen. *Otte*[43] möchte aber dann nicht von § 2173 S. 2 BGB abweichen, wenn das Guthaben des vermachten Kontos üblicherweise nicht einem ständigen Wechsel unterliegt. Eine weitere Ausnahme hat das OLG Karlsruhe[44] formuliert. Demnach können auch bereits abgehobene Beträge vermacht sein, wenn der *„sich aus dem Wortlaut und dem Zusammenhang der einzelnen Anordnungen ergebende gegenseitige Bezug von Vermächtnis und Auflage“* aus Sicht der Erblasserin dagegen spricht, deren lebzeitige Verfügungen *„als vermächtnismindernd anzusehen“*.

Ausnahme: Dass das Guthaben von vermachten Konten per Erbfall maßgebend ist, kann 27
dann regelmäßig nicht gelten, wenn beispielsweise der Erblasser **nach Testamentserrichtung** einen Vermögensgegenstand **verkauft** und den Erlös **auf das vermachte Konto transferiert** hat. Wenn er im Zeitpunkt der Testamentserrichtung noch nicht an diesen späteren Verkauf gedacht hat und damit den durch das vermachte Konto Begünstigten nicht an einem solchen Erlös partizipieren lassen wollte, ist anzunehmen, dass das Vermächtnis hinsichtlich des Kontoguthabens sich nicht auf den Betrag erstreckt, der von dem Verkauf des Gegenstandes herrührt.

Praxistipp:

In diesen Fällen hat der Vermächtnisnehmer sich von dem Erben die Guthabensstände per Testamentserrichtung und per Erbfall nennen und belegen zu lassen. Im Regelfall ist davon auszugehen, dass mit dem Vermächtnisgegenstand (Guthaben) auch ein entsprechender Auskunfts- und Belegvorlageanspruch mitvermacht sind. Bei bedeutenden Wertunterschieden hat der Erbe zu belegen, woraus sich diese Unterschiede ergeben. Hat etwa ein Bevollmächtigter einen Betrag auf ein anderes Konto überwiesen, wird man idR davon ausgehen müssen, dass dieser Betrag mitvermacht ist. Etwas anderes gilt, wenn der Erblasser diesen Betrag zum Unterhalt etc. benötigt hat.

Einzelfall:

In einem vom OLG Koblenz[45] entschiedenen Fall hatte die Erblasserin ihr bei der Sparkasse deponiertes Guthaben drei Personen vermacht. Später eröffnete sie ein neues Konto, auf das sie den Kaufpreiserlös aus einem Grundstücksverkauf zahlte. Das OLG Koblenz entschied, dass der Erblasserwille sich nicht auch auf eine *„künftig entstehende Forderung“* erstreckte, so dass die drei Vermächtnisnehmer nicht auch das neue Konto mit dem Kaufpreiserlös beanspruchen konnten.

Die **Auszahlung** des (Bank-)Guthabens, etwa nach Auflösung des vermachten **Sparbuches,** 28
an den Erblasser führt in der Regel dazu, dass das Forderungsvermächtnis durch ein Geldvermächtnis ersetzt wird.[46] Anders zu beurteilen sind die Fälle, in denen der Erblasser dieses Geldvermögen neu angelegt hat, etwa bei einem anderen Kreditinstitut oder lediglich auf einem anderen Konto. Zumeist bezieht sich der Vermächtnisanspruch nach einer solchen **Umbuchung** auf das **neue Konto,** das als Surrogat gilt.[47] Das gilt besonders dann, wenn die Höhe des eingezogenen und erneut angelegten Geldbetrages identisch ist, hier ist dann weiterhin von einem Forderungsvermächtnis auszugehen.[48] Wenn hingegen der Erblasser mit der Wiederanlage eine neue Entscheidung getroffen hat, besteht statt eines Forderungsnunmehr ein Geldvermächtnis.[49]

Eine solche Auslegung kann neben der individuellen Auslegung auch auf § 2173 BGB ge- 29
stützt werden: Das OLG Koblenz[50] hatte über ein Testament zu entscheiden, in dem nach Auslegung eine Begünstigte die Alleinerbin war. Einer anderen Begünstigten hatte sie die Guthaben ihrer Konten bei der Postbank und bei der Sparkasse zugewendet. Nach Testa-

[43] Staudinger/*Otte* 2173 Rn. 9.
[44] OLG Karlsruhe NJW-RR 2005, 1317 (1318).
[45] OLG Koblenz FamRZ 1998, 579 = BeckRS 1997, 30840540.
[46] Damrau/Tanck/*Linnartz* § 2173 Rn. 13; Staudinger/*Otte* § 2173 Rn. 8.
[47] OLG Oldenburg ZEV 2001, 276 (277); MüKoBGB/*Rudy* § 2173 Rn. 1.
[48] Damrau/Tanck/*Linnartz* § 2173 Rn. 13.
[49] Staudinger/*Otte* § 2173 Rn. 10; Damrau/Tanck/*Linnartz* § 2173 Rn. 13.
[50] OLG Koblenz NJWE-FER 1997, 107 (108).

mentserrichtung wurde ein hoher Betrag von der Sparkasse auf ein neues Konto bei der Volksbank überwiesen, welches nach Auslegung ebenfalls von dem Vermächtnisanspruch umfasst war. So wäre es der Erblasserin nicht gerade darauf angekommen, nur dann das in den Nachlass fallende Geldvermögen zu vermachen, wenn es in der bei Testamentserrichtung bestehenden Anlageart fortbestehe. Das Vermächtnis einer Forderung würde sich im Zweifel gem. § 2173 BGB auf das Surrogat beziehen. Es sei im Hinblick auf § 2173 BGB sogar zu vermuten, dass selbst im Fall des **Untergangs des Surrogats** ein Zahlungsanspruch der Vermächtnisnehmer gegeben sei.

30 Um ein **Verschaffungsvermächtnis** iSd § 2170 Abs. 1 BGB handelt es sich, wenn der Erblasser letztwillig verfügt, dass für Bedachte ein **Sparbuch** mit einem bestimmten Guthaben **angelegt** werden soll. In einem Fall entschied das BayObLG,[51] dass die festgesetzten Beträge für die einzurichtenden Sparbücher nach der Vermögensvermehrung der Erblasserin zu erhöhen waren.

VII. Abgrenzungskriterien zugunsten eines Verschaffungsvermächtnisses

1. Grundsätzliches und Formulierungsbeispiele

31 Gehört ein vermachter Gegenstand im Zeitpunkt des Erbfalls **nicht zur Erbschaft,** so ist gem. § 2169 Abs. 1 BGB dieses Vermächtnis **unwirksam.** Dies gilt nicht, wenn der vermachte Gegenstand davon unabhängig angeordnet wurde und es sich mithin um ein Verschaffungsvermächtnis handelt (§ 2169 Abs. 1 letzter Hs. BGB). Dann obliegt es dem Beschwerten, entweder dem Erben oder einem Vermächtnisnehmer, dem Vermächtnisnehmer diesen Gegenstand zu verschaffen (§ 2170 Abs. 1 BGB). Wenn der Beschwerte dazu außerstande ist, hat er gem. § 2170 Abs. 2 S. 1 BGB den Wert zu entrichten. Der Beschwerte kann sich von der **Pflicht zur Beschaffung** befreien, wenn die Verschaffung nur mit einem unverhältnismäßigen Aufwand möglich ist, indem er ebenfalls den Wert entrichtet (§ 2170 Abs. 2 S. 2 BGB).

32 Bei einer juristisch korrekten und damit zweifelsfreien letztwilligen Anordnung ergeben sich keine Auslegungsfragen. So kann ein Verschaffungsvermächtnis etwa wie folgt verfügt werden:

> A erhält 12 Flaschen Champagner der Marke … . Sollten diese sich im Zeitpunkt meines Ablebens nicht in meinem Nachlass befinden, so haben die Erben der A diese auf Kosten des Nachlasses oder auf eigene Kosten zu verschaffen.

33 Denkbar ist auch die Klarstellung, dass sämtliche Vermächtnisse als nicht angeordnet gelten, soweit diese nicht zu der Erbschaft gehören:

> Soweit ein Vermächtnisgegenstand nicht mehr zum Nachlass gehört, entfällt das entsprechende Vermächtnis ersatzlos. Es handelt sich mithin nicht um ein Verschaffungsvermächtnis.

2. Abgrenzungskriterien

34 Wenn der Erblasser dem Vermächtnisnehmer den Gegenstand unbedingt zukommen lassen will, liegt ein Verschaffungsvermächtnis vor. Das hierfür maßgebliche Kriterium des BGH[52] besteht darin, ob der sog. ***„qualifizierte Zuwendungswillen“*** zur Zeit der Testa-

[51] BayObLG NJW-RR 1998, 727 (729).

[52] BGH FamRZ 1984, 41 = BeckRS 2009, 87121; vgl. BeckOGK BGB/*Schellenberger* § 2169 Rn. 10, Bspl. in Rn. 11; Palandt/*Weidlich* § 2169 Rn. 3.

mentserrichtung bei dem Erblasser vorlag. Entscheidend ist nach dem BGH[53] zudem die *„Intensität des Zuwendungswillens"*.

In diesem Zusammenhang besteht ein wichtiges Indiz zugunsten der Annahme eines Verschaffungsvermächtnisses, wenn der Erblasser bei Testamentserrichtung **Kenntnis** davon hatte, dass ihm der Gegenstand **nicht gehört.**[54] Das ist aber nicht zwingend.[55] Ein wichtiges Indiz für einen qualifizierten Zuwendungswillen liegt dann vor, wenn der Gegenstand nicht zum Nachlass gehörte, weil er durch den Erblasser zur Sicherheit an einen Dritten übereignet oder abgetreten ist.[56] 35

Einzelfall:

In dem von dem OLG Bremen[57] entschiedenen Fall setzte der Erblasser seiner Lebensgefährtin als Vermächtnis ein *„lebenslängliches unentgeltliches Wohnrecht an einer angemessenen Zwei-Zimmer-Wohnung in B."* aus. Weder bei Testamentserrichtung noch bei seinem Erbfall gehörte ihm eine solche Wohnung. Weil die Wohnung zudem nur allgemein bezeichnet war, ist dieses Vermächtnis nach dem OLG Bremen[58] nicht davon abhängig, ob eine solche Wohnung zum Nachlass gehörte oder nicht. Der alleinerbende Sohn musste der Lebensgefährtin das **Wohnrecht** verschaffen.

Ging der Erblasser **irrtümlich** davon aus, dass der vermachte Gegenstand nicht ihm (wirtschaftlich alleine) gehörte, so ist die Intensität des Zuwendungswillens maßgeblich.[59] Ein solcher Irrtum ist in der Praxis durchaus festzustellen, wenn dem Erblasser der Gegenstand zwar nicht rechtlich gehörte, aber (zumindest teilweise) **wirtschaftlich.** Das ist der Fall, wenn der vermachte Gegenstand beispielsweise in eine **Erbengemeinschaft** oder in eine **Personengesellschaft** fiel, an welcher der Erblasser als Miterbe oder Mitgesellschafter berechtigt war.[60] Das Gleiche gilt, wenn der Erblasser an der durch Vorversterben des Ehegatten entstandenen fortgesetzten **Gütergemeinschaft** – etwa neben den erbenden Kindern – partizipiert.[61] In diesen Fällen liegt ein Verschaffungsvermächtnis nahe.[62] Wenn ein Verschaffungsvermächtnis bereits an nachlassfremden Gegenständen möglich ist, dann kann ein solches Verschaffungsvermächtnis *„erst Recht"* für Gegenstände angeordnet werden, an denen der Erblasser mitberechtigt ist, so das OLG Saarbrücken.[63] 36

Hat der Erblasser einen Gegenstand an einen Dritten **sicherungsübereignet** oder -abgetreten, hat dieser in der Regel entweder ein Verschaffungsvermächtnis gewollt oder den Anspruch auf Leistung aus § 2169 Abs. 3 BGB vermacht.[64] Dies gilt besonders dann, wenn der Erblasser normalerweise von der pfandrechtsähnlichen Natur ausging und annahm, dass *„die gesicherte Forderung alsbald beglichen werde"*.[65] Der Beschwerte hat nach dem Erbfall den Gegenstand auszulösen, wobei er den aufzuwendenden Betrag nicht von dem Bedachten ersetzt verlangen kann. Anders entschied das OLG Schleswig:[66] Der Erblasser hatte eine **Lebensversicherung** vermacht, die ein **Darlehen besicherte.** Der Sonderfall bestand darin, dass die Darlehenstilgung ausschließlich über die zur Sicherheit abgetretene Lebensversicherung erfolgen sollte. Es entspreche der Lebenserfahrung, dass der Erblasser den vermachten Gegenstand nur mit den im Zeitpunkt bestehenden rechtlichen und tatsächlichen Eigenschaften zuwenden wolle. Die Entscheidung belegt, wie sehr es auf die Umstände des Einzelfalls ankommt. 37

---

53 BGH NJW 1983, 937; FamRZ 1984, 41 = BeckRS 2009, 87121; vgl. Nieder/Kössinger Testamentsgestaltung-HdB/*R. Kössinger* § 9 Rn. 62.
54 BGH NJW 1983, 937; Damrau/Tanck/*Linnartz* § 2169 Rn. 10.
55 BGH NJW 1983, 937; MüKoBGB/*Rudy* § 2169 Rn. 10.
56 BeckOGK BGB/*Schellenberger* § 2169 Rn. 11.
57 OLG Bremen ZEV 2001, 401.
58 OLG Bremen ZEV 2001, 401 (402).
59 BGH NJW 1984, 731 (732); NJW 1983, 937; OLG Oldenburg NJWE-FER 1999, 62 (63); NK-BGB/*Horn/J. Mayer* § 2169 Rn. 12.
60 Damrau/Tanck/*Linnartz* § 2169 Rn. 7; MüKoBGB/*Rudy* § 2169 Rn. 10.
61 BGH NJW 1984, 731; OLG Saarbrücken BeckRS 2006, 3721; OLG Oldenburg NJWE-FER 1999, 62.
62 BayObLG NJW-RR 2003, 293 (295); LG Rottweil ZErb 2009, 276.
63 OLG Saarbrücken NJOZ 2006, 3877 = BeckRS 2006, 3721.
64 Palandt/*Weidlich* § 2169 Rn. 3; Baumgärtel/Laumen/Prütting/*Schmitz* § 2169 Rn. 4.
65 OLG Schleswig BeckRS 2000, 30119486.
66 OLG Schleswig BeckRS 2000, 30119486.

38 Besonders zu behandeln sind die Fälle von **Verträgen zugunsten Dritter auf den Todesfall,** da nach Einräumung der Bezugsberechtigung der Drittbegünstigte den Auszahlungsanspruch erwirbt (§ 331 BGB). Dies ist vielen nicht bekannt.[67] Wird der Auszahlungsanspruch, etwa einer **Lebensversicherung,** vermacht und dabei ein Verschaffungsvermächtnis angenommen, hat der Erbe zu leisten, ohne dass er in den Genuss der ausgezahlten Summe gekommen ist. Vor diesem Hintergrund wird *Horn/J. Mayer*[68] zufolge ein Verschaffungsvermächtnis abzulehnen sein. Etwas anderes gilt wiederum, wenn die Versicherungssumme nach Testamentserrichtung und vor dem Ableben ausgezahlt wurde.[69]

39 Die **Beweislast** zugunsten eines Verschaffungsvermächtnisses trägt der Bedachte für die Zuwendung eines nachlassfremden Gegenstandes an ihn.[70] Dagegen muss der Beschwerte beweisen, dass der vermachte Gegenstand nicht Gegenstand des Nachlasses ist.[71]

---

67 NK-BGB/*Horn/J. Mayer* § 2169 Rn. 13.

68 NK-BGB/*Horn/J. Mayer* § 2169 Rn. 13; aA OLG München BeckRS 1995, 30840443; OLG Düsseldorf ZEV 1996, 142.

69 OLG München ZEV 1997, 336; Damrau/Tanck/*Linnartz* § 2169 Rn. 12.

70 BGH FamRZ 1984, 41 = BeckRS 2009, 87121; MüKoBGB/*Rudy* § 2169 Rn. 10; Baumgärtel/Laumen/Prütting/*Schmitz* § 2169 Rn. 2.

71 Burandt/Rojahn/*Burandt* § 2169 Rn. 11.

§ 12 Abgrenzungsfälle bei der Vor- und Nacherbfolge und bei Nießbrauch

Übersicht

I. Praxisrelevanz

Die Vielzahl gerichtlicher Entscheidungen belegt die außerordentliche Praxisrelevanz dieser Fallgruppe. Oftmals verfügen Erblasser sehr wortreich letztwillig und ohne juristische Beratung, wie ihr Nachlass nach ihrem Tod verwaltet und genutzt werden soll. Vor allem wird festgeschrieben, welche Personen in welcher Reihenfolge durch den Nachlass begünstigt werden sollen. Für den Ausleger, der den Testamentstext rechtlich einzuordnen und zu interpretieren hat, stellt sich die Frage, welche erbrechtlichen Rechtsinstitute dem letzten 1

Willen am ehesten gerecht werden. So sind die faktischen Wirkungen der Vor- und Nacherbschaft einem Nießbrauchsvermächtnis sehr ähnlich.[1] Abzugrenzen ist auch zu einer Testamentsvollstreckung und zu einem rechtlich unverbindlichen Wunsch. Selbst wenn die Beschwerung eines Erben mit der Nacherbschaft feststeht, ist fraglich, ob und bejahendenfalls wie weit der Vorerbe von den gesetzlichen Beschränkungen befreit sein soll.

II. Rechtslage

1. Grundsätzliches

2 Der Erblasser kann einen Erben in der Weise einsetzen, dass dieser erst Erbe (Nacherbe) wird, nachdem zunächst eine andere Person Erbe (Vorerbe) geworden ist (§ 2100 BGB).[2] Beide beerben den Erblasser, bilden aber keine Erbengemeinschaft. Nach dem Erbfall verfügt der Vorerbe neben seinem Eigenvermögen über ein Sondervermögen, das der Nacherbschaft unterliegt. Beide Vermögensmassen müssen getrennt behandelt werden. Mit dem Nacherbfall geht das Sondervermögen unmittelbar auf den Nacherben über (§ 2139 BGB). Der Erblasser kann bestimmen, bei welchem Ereignis oder bei welchem Zeitpunkt der Nacherbfall eintreten soll. Im Zweifelsfalle löst der Tod des Vorerben den Nacherbfall aus (§ 2106 Abs. 1 BGB). Es können Ersatzvorerben und Ersatznacherben verfügt sein.[3] Wenn der Vorerbe frei über einen Gegenstand lebzeitig und letztwillig verfügen können soll, kann der Erblasser ihm ein diesbezügliches Vorausvermächtnis gem. § 2110 Abs. 2 BGB aussetzen.[4]

3 Im Erbschein ist die Nacherbfolge anzugeben, und zwar auch unter welchen Voraussetzungen sie eintritt und wer Nacherbe wird. Kann sich der Kreis der Nacherben etwa durch eine Geburt oder eine Adoption noch ändern, können die bislang namentlich bekannten Nacherben im Erbschein als „derzeit“ bezeichnet werden.[5]

2. Rechtsposition des Vorerben

4 Mit dem Erbfall gehen Vermögen, Besitz und Verbindlichkeiten des Erblassers auf den Vorerben über (§§ 1922, 857, 1967 BGB). Der Vorerbe kann über die Nachlassgegenstände frei **verfügen** (§ 2112 BGB), wobei folgende Ausnahmen zu beachten sind:

- **Grundstücke:** Verfügungen des Vorerben über Grundstücke sind bei Eintritt des Nacherbfalls absolut unwirksam, soweit sie das Recht des Nacherben vereiteln oder beeinträchtigen, außer der Nacherbe stimmt der Verfügung zu (§ 2113 Abs. 1 BGB).
- **Schenkungen:** Ebenfalls unwirksam sind unentgeltliche Verfügungen über Nachlassgegenstände. Etwas anderes gilt, wenn die Schenkung einer sittlichen Pflicht oder Anstandsrücksichten entsprach (§ 2113 Abs. 2 BGB).
- **Grundstücksrechte:** Die Kündigung und Einziehung von nachlasszugehörigen Hypothekenforderungen, Grund- und Rentenschulden steht zwar dem Vorerben zu, der kann aber nur Zahlung an sich verlangen, wenn der Nacherbe einwilligt (§ 2114 S. 1 BGB). Andernfalls kann er nur die Hinterlegung für sich und den Nacherben fordern. Hingegen ist der Vorerbe bei Abtretungen, Verpfändungen, Löschungsbewilligungen, Umwandlung von Hypotheken in Grundschulden oder umgekehrt und Aufrechnungen verfügungsbefugt (§ 2114 S. 3 BGB).
- **Zwangsvollstreckungen,** Arrestvollziehungen und Verfügungen des Insolvenzverwalters über das Vermögen des Vorerben sind unwirksam, soweit sie das Recht des Nacherben vereiteln oder beeinträchtigen (§ 2115 BGB). Dagegen sind Zwangsverfügungen wegen Nachlassverbindlichkeiten und wegen dinglicher Rechte an Nachlassgegenständen wirksam, soweit sie auch gegenüber dem Nacherben wirksam wären.

[1] Vgl. *Olzen/Looschelders* ErbR Rn. 327.
[2] Zu den Besonderheiten bei der Besteuerung: *Siebert* ErbR 2011, 45.
[3] *Tanck* ZErb 2008, 33.
[4] Nieder/Kössinger Testamentsgestaltung-HdB/R. *Kössinger* § 10 Rn. 42.
[5] OLG München ZErb 2017, 171.

- **Schutz des guten Glaubens:** Der Vertragspartner des Vorerben ist bei Unkenntnis der Vor- und Nacherbfolge geschützt und kann gutgläubig erwerben (§ 2113 Abs. 3 BGB). Ein gutgläubiger Erwerb bei Grundstücksgeschäften scheitert meist an dem im Grundbuch einzutragenden Nacherbenvermerk (§ 51 GBO).

Der Nacherbe wird durch **Surrogation** geschützt, indem zur Erbschaft auch die Surrogate zu zählen sind (§ 2111 BGB).[6] So gehört zur Nacherbschaft auch das, was der Vorerbe auf Grund eines zur Erbschaft gehörenden Rechts oder als Ersatz für Zerstörung, Beschädigung oder Entziehung eines Erbschaftsgegenstandes oder durch Rechtsgeschäft mit Mitteln der Erbschaft erwirbt, sofern ihm nicht der Erwerb als Nutzung zusteht (§ 2111 Abs. 1 BGB). 5

Der Vorerbe darf für den Nachlass **Verpflichtungsgeschäfte** eingehen.[7] Verbindlichkeiten, die der Vorerbe in ordnungsgemäßer Verwaltung des Nachlasses eingegangen ist, gehören zu den Nachlassverbindlichkeiten, denen auch der Nacherbe nach dem Nacherbfall verpflichtet ist.[8] Er kann auch über die Erbschaft insgesamt oder seinen Miterbenanteil verfügen. 6

Über die **ordnungsgemäßen Nutzungen** hinaus ist der nicht befreite Vorerbe nicht durch den Nachlass begünstigt. So darf er weder Früchte im Übermaß ziehen noch die Substanz für sich verbrauchen (§ 2133 BGB bzw. § 2134 BGB). 7

Das Gesetz sieht vor, dass der Vorerbe von den folgenden gesetzlichen Beschränkungen befreit werden kann (§ 2136 BGB):[9] 8

- von den Anforderungen an den Maßstab für die Verwaltung und Rechnungslegung und der Verpflichtung zum Wertersatz bei Raub- und Übermaßfrüchten sowie bei Eigenverwendungen (§§ 2130 bis 2131, 2133 bis 2134 BGB)
- vom Verfügungsverbot über Grundstücke (§ 2113 Abs. 1 BGB)
- von den Beschränkungen hinsichtlich Hypothekenforderungen und Grundschulden (§ 2114 BGB)
- von der Hinterlegung von Wertpapieren und den Anforderungen der Anlage von Geld (§§ 2116 bis 2119 BGB)
- von der Aufstellung eines Wirtschaftsplans (§ 2132 BGB)
- von den Kontroll- und Sicherungsrechten (§§ 2127 bis 2130 BGB)

3. Rechtsposition des Nacherben

Erst mit dem Nacherbfall ist der Nacherbe Gesamtrechtsnachfolger des Erblassers (§ 2139 BGB). Zwischen dem (Vor-)Erbfall und dem Nacherbfall hat er schon eine unentziehbare und gesicherte Rechtsposition inne, und zwar das Anwartschaftsrecht **auf Eintritt in die Erbenposition.**[10] Ohne eine dem entgegenstehende letztwillige Regelung ist das Anwartschaftsrecht **vererblich** und **übertragbar.** § 2108 Abs. 2 BGB vermutet jedenfalls, dass die Nacherbenanwartschaft vererblich ist, kann aber letztwillig ausgeschlossen sein. Der Vorerbe hat dem Nacherben bei Eintritt des Nacherbfalls die Erbschaft in dem Zustand herauszugeben, der sich aus einer **fortgesetzten ordnungsgemäßen Verwaltung** ergibt (§ 2130 BGB). Durch ein Geschäft zwischen dem Vorerben und dem Nacherben kann die Nacherbenbeschränkung beseitigt werden.[11] 9

III. Formulierungsbeispiele

Eine Vor- und Nacherbschaft, bei der der Vorerbe nicht befreit ist, lässt sich wie folgt verfügen: 10

---

[6] BeckOK BGB/*Litzenburger* § 2111 Rn. 4 ff.
[7] BeckOK BGB/*Litzenburger* § 2112 Rn. 1.
[8] BGH NJW 1960, 959.
[9] Detailliert: *J. Mayer* ZEV 2000, 1; *Olzen/Looschelders* ErbR Rn. 338.
[10] OLG Hamm ErbR 2013, 394 (395); Palandt/*Weidlich* § 2100 Rn. 12.
[11] *Hartmann* ZEV 2009, 107.

Ich setze meine Ehefrau zu meiner Alleinerbin ein. Sie ist jedoch nur nicht befreite Vorerbin. Zu Nacherben setze ich meine beiden Kinder A und B zu gleichen Teilen ein. Der Nacherbfall tritt mit dem Tod der Vorerbin ein.

11 Soll die Vorerbschaft gänzlich oder nur teilweise befreit sein, bieten sich folgende Formulierungen an:

Ich setze A zur befreiten Vorerbin ein. Nacherben sind .....

alt.:
Die Vorerbin ist von allen gesetzlichen Beschränkungen befreit, soweit dies möglich und rechtlich zulässig ist.

alt.:
Die Vorerbin ist nur insoweit von § 2113 Abs. 1 BGB befreit, so dass sie über Grundstücke und Immobilien verfügen darf. Ansonsten verbleibt es bei den gesetzlichen Beschränkungen.

12 Eine Erbeinsetzung mit einem Nießbrauchsvermächtnis hinsichtlich der Erbschaft gem. § 1089 BGB wird folgendermaßen angeordnet:

Zu meinem Alleinerben berufe ich meinen Sohn. Meiner zweiten Ehefrau setze ich als Vermächtnis den lebenslangen Nießbrauch an meinem gesamten Nachlass aus. Die Nießbraucherin hat alle Lasten des Nachlasses zu tragen, auch soweit diese nach der gesetzlichen Regelung vom Eigentümer zu tragen wären.

IV. Abgrenzung zu anderen Rechtsinstituten

1. Grundsätzliches

13 Für die Anordnung der Vor- und Nacherbfolge ist es nicht erforderlich, dass der Erblasser in seinem Testament oder Erbvertrag auch die vom Gesetz vorgesehenen Fachtermina verwendet hat;[12] sie kann sich aus dem Testamentstext selbst oder aus Umständen außerhalb der letztwilligen Verfügung ergeben,[13] also durch Auslegung.[14] Daher sind auch **wirtschaftliche und erbschaftsteuerliche Erwägungen** Auslegungsgrundlage.[15] Die Vor- und Nacherbschaft kann sich auch aus der Umschreibung der Erblasserwünsche ergeben.[16] Das Rechtsinstitut der Vor- und Nacherbschaft braucht dem Erblasser auch nicht bekannt zu sein.[17] Es ist auch zur Annahme einer Nacherbeinsetzung nicht erforderlich, dass dem Nacherben tatsächlich Vermögenswerte aus dem Nachlass übrig bleiben.[18]

14 Selbst bei der Verwendung der Wortstämme „*Vor- und Nacherbfolge*“ bzw. „*Vor- und Nacherben*“ muss der Erblasser nicht stets das entsprechende Rechtsinstitut verfügt haben.[19] Oftmals sind innerhalb eines gemeinschaftlichen Testamentes bei der Anordnung von „Nacherben“ tatsächlich Schlusserben gemeint.[20] Die Bedeutung der Bezeichnung „*Nacherbe*“ reduziert sich durchaus hinsichtlich des ersten Wortteils auf eine chronologische derge-

[12] Vgl. BayObLG NJWE-FER 1998, 157 (158); NK-BGB/*Gierl* § 2100 Rn. 17; *Demharter* GBO § 51 Rn. 5.
[13] Staudinger/*Avenarius* § 2100 Rn. 16.
[14] OLG Schleswig ErbR 2015, 511 (513).
[15] NK-BGB/*Gierl* § 2100 Rn. 16.
[16] Burandt/Rojahn/*Lang* § 2100 Rn. 34.
[17] BayObLGZ 14, 145 zit. nach Staudinger/*Avenarius* § 2100 Rn. 16.
[18] MüKoBGB/*Grunsky* § 2100 Rn. 7.
[19] Vgl. OLG Düsseldorf FGPrax 2011, 125 (126).
[20] OLG München BeckRS 2011, 26619.

stalt, dass der so eingesetzte Erbe erst Erbe nach dem Längstlebenden der Testierenden sein sollte.[21] Auch bei einem von einem **Notar** nach Beratung entworfenen Testament oder Erbvertrag ist zu prüfen, ob der Erblasser tatsächlich den verwandten erbrechtlichen Begriffen die gleichen Rechtswirkungen beigemessen hat, wie sie das Gesetz vorsieht (→ § 7 Rn. 54–58).[22] Dabei ist zu berücksichtigen, dass das Rechtsinstitut der Vor- und Nacherbschaft durchaus kompliziert ist, so dass auch zu hinterfragen ist, ob der Erblasser überhaupt verstanden hat, was der Notar konzipiert hat. In der Regel kann aber davon ausgegangen werden, dass die in einer notariellen Verfügung enthaltenen Rechtsbegriffe dem Willen des Erblassers entsprechen.[23] Das gilt indes nicht, wenn sämtliche in einer letztwilligen Verfügung enthaltenen Bestimmungen *„nicht dem rechtlichen Sinn der in ihnen verwandten Rechtsbegriffe"* entsprechen.[24] Auch die Beratung durch Anwälte oder andere Volljuristen stellt nur ein Indiz dafür dar, dass der Wortlaut der Verfügung dem Erblasserwillen entspricht.[25]

15 Die Nacherbfolge tritt nur dann ein, wenn der Erblasser mindestens zwei Personen in der Weise zu Erben einsetzt, dass **der eine den Nachlass zeitlich nach dem anderen erhalten** soll.[26] Der Nachlass soll letztlich dem letzten Erben zugutekommen; der zunächst bedachte Erbe kann in seiner Verwaltungs- und Verfügungsbefugnis beschränkt sein.[27] Sämtliche Begünstigten müssen als Erben des Erblassers **unmittelbar in dessen Rechtsstellung** einrücken.[28] Der Vorerbe muss *„Herr des Nachlasses"* sein.[29]

16 Daher besteht das **maßgebliche Auslegungskriterium** zur Feststellung der Vor- und Nacherbschaft darin, ob der Erblasser *„einen zweimaligen Anfall der Erbschaft gewollt"* hat.[30] Die Frage ist, ob der Erblasser einen doppelten Erbfall bezweckte, also zeitlich nacheinander versetze Erben.[31] Wenn Ehegatten sich zwar gegenseitig zu Erben einsetzen, aber nach dem Tod des längerlebenden Ehegatten das jeweils eigene Vermögen der jeweils eigenen Verwandschaft zugewendet werden soll, spricht dies für eine Vor- und nacherbschaft.[32]

Einzelfall

Ein Indiz für einen gewollten zweimaligen Anfall der Erbschaft sah das BayObLG[33] darin, dass der Erblasser in seinem Testament den Bestand seines Vermögens aufgenommen hatte. Dies würde darauf hinweisen, dass der *„Erblasser nicht von dem endgültigen Verbleib des Nachlasses beim zunächst eingesetzten Erben ausgegangen ist"*.

17 Die Einsetzung eines Erben als *„Alleinerbe"*,[34] *„Haupterbe"*[35] oder *„Universalerbe"*[36] hindert die Annahme einer Vor- und Nacherbschaft nicht.[37] Hingegen schließt die Verwendung des Begriffs *„Vollerbe"* oder *„unbeschränkter Erbe"* zumeist die Annahme der Vor- und Nacherbschaft aus,[38] vorausgesetzt es ergibt sich nicht etwas anderes aus den Umständen.

[21] LG Bonn NJW-RR 2004, 10 (11).
[22] BGH BeckRS 1951, 31 397 451; Damrau/Tanck/*Bothe/Hennicke* § 2100 Rn. 3.
[23] Rudolf/Bittler/Seiler-Schopp Testamentsauslegung und -anfechtung-HdB/*Kropp* § 2 Rn. 68.
[24] BGH BeckRS 1951, 31 397 621 = LM BGB § 2100 Nr. 2.
[25] Burandt/Rojahn/*Lang* § 2100 Rn. 34.
[26] OLG Hamm Rpfleger 2003, 436 = BeckRS 2005, 12411; BeckOK BGB/*Litzenburger* § 2100 Rn. 22.
[27] NK-BGB/*Gierl* § 2100 Rn. 18.
[28] NK-BGB/*Gierl* § 2100 Rn. 18.
[29] BGH LM BGB § 2100 Nr. 2 = BeckRS 1951, 31397621.
[30] OLG Köln ZEV 2003, 466; BayObLG NJW-RR 2002, 296 (297); FamRZ 2000, 1538 = BeckRS 2000, 30098020; Roth/Hannes/Mielke Vor- und Nacherbschaft/*Roth* § 1 Rn. 5; Damrau/Tanck/*Bothe/Hennicke* § 2100 Rn. 2.
[31] BeckOGK BGB/*Küpper* § 2100 Rn. 67.
[32] OLG Düsseldorf ZErb 2018, 350 mit zust. Anm. *Horn*.
[33] BayObLG NJW-RR 2002, 296 (297).
[34] BayObLGZ 2001, 208; OLG Düsseldorf FamRZ 1998, 389 = NJWE-FER 2000, 1538.
[35] BayObLG FamRZ 1984, 1272 = BeckRS 2009, 87148.
[36] BayObLG FamRZ 2000, 1538 = BeckRS 2000, 30098020; NJW-RR 1997, 836 (838).
[37] BeckOK BGB/*Litzenburger* § 2100 Rn. 22; Roth/Hannes/Mielke Vor- und Nacherbschaft/*Roth* § 1 Rn. 8; Staudinger/*Avenarius* § 2100 Rn. 24.
[38] Für Vollerbe: OLG Oldenburg NJWE-FER 1999, 213; BeckOK BGB/*Litzenburger* § 2100 Rn. 22.

18 Es ist zur Annahme einer Vor- und Nacherbschaft nicht zwingend erforderlich, dass die Vorerben bzw. die Nacherben namentlich benannt sind.[39] Diese können auch durch die gesetzlichen Auslegungsvorschriften gem. § 2104 BGB bzw. § 2105 BGB individualisiert werden.

19 Die Nacherbfolge ist auch stets anzunehmen, wenn die Erbeinsetzung von dem Eintritt **oder Nichteintritt einer auflösenden oder aufschiebenden Bedingung** bzw. Befristung nach dem Erbfall abhängig ist.[40] Als Tatsachen für Bedingungen kommen neben dem Tod des Vorerben ein Ausbildungsabschluss, Kinderlosigkeit, Geburt von Nachkommen und auch die **Wiederverheiratung** (→ § 22) in Betracht.[41] Der Erblasser hatte in einem Fall des BayObLG[42] seinen Erben mit einer Bauverpflichtung innerhalb einer Frist beschwert, der der Erbe nicht nachgekommen ist. So stellte das BayObLG den Eintritt des Nacherbfalls fest.

20 Die **Nacherbfolge** kann durch den Erblasser auch **nur für einen Bruchteil** angeordnet sein.[43] Vor diesem Hintergrund ist es zulässig, dass ein Erbe hinsichtlich eines Bruchteils unbeschränkter Erbe und hinsichtlich eines anderen Bruchteils Vorerbe ist.[44]

21 Enthält die letztwillige Verfügung für die Vor- und Nacherbschaft **typische Rechtsfolgen,** so deutet das auf eine Nacherbeinsetzung gem. § 2100 BGB hin.[45]

22 Gleichwohl ist auch von einem **Nachvermächtnis** gem. § 2177 BGB und einer Auflage gem. § 2192 BGB abzugrenzen.[46]

Einzelfälle:[47]

(1) Verbietet der Erblasser seinem Erben, über den Nachlass zu verfügen, ist eine Anordnung der gesetzlichen Erben als Nacherben anzunehmen.[48]

(2) Ebenfalls kann eine Nacherbeinsetzung gewollt sein, wenn der Erblasser seinen Erben dazu bestimmt, zugunsten bestimmter Personen letztwillig zu verfügen. Durch Auslegung kann festzustellen sein, dass der Erblasser diese Personen dann zu seinen Nacherben berufen hat.[49] Dieses Ergebnis läßt sich auch durch Umdeutung gem. § 140 BGB dogmatisch klarer erzielen (→ § 14).

(3) Sind die Verwandten der beiden kinderlosen Ehegatten als Erben für den Nachlass des jeweiligen Ehegatten bezeichnet, ist die Anordnung der Vor- und Nacherbschaft indiziert.[50]

(4) In dem Fall des OLG Schleswig[51] hatte die Erblasserin bestimmt, dass ihre Schwester ihren Nachlass *„regelt"* (1. Satz) und *„ansonsten"* sollte eine andere Frau *„die Nachfolge übernehmen"* (2. Satz). Im Weiteren hatte sie kleinere Vermächtnisse ausgesetzt. Das OLG Schleswig stellte die Alleinerbschaft der Schwester und nur die Ersatzerbschaft der anderen Frau fest. So müsse gerade der Erbe den Nachlass *„regeln"*, zumal er *„den Nachlass zu verwalten und über ihn zu verfügen hat"*. Für dieses Ergebnis würde auch die systematische Stellung der Verfügung sprechen.

(5) Das OLG Hamm[52] nahm auch bei folgender Verfügung eine Vor- und Nacherbfolge hinsichtlich eines Erben an: Zunächst berief die Erblasserin ihre beiden Söhne zu ihren Erben. In einem Zusatz verfügte sie einen Tag später: *„Im Falle des Ablebens (ihres kinderlosen Sohnes) fällt sein Erbteil an die leiblichen Erben (...) zurück."* Nach dem Gericht könnte eine Erbschaft nur dann zurückfallen, wenn sie zunächst angefallen ist. Auch wollte die Erblasserin einer Zeugenaussage zufolge vermeiden, dass die Ehefrau ihres kinderlosen Sohnes ihren Grundbesitz erhält. Nach dem OLG Hamm seien solche *„Wertvorstellungen"* *„erfahrungsgemäß sehr verbreitet"*.

---

[39] BeckOK BGB/*Litzenburger* § 2100 Rn. 22; für § 2104 BGB: OLG Köln ZEV 2003, 466 = BeckRS 2002, 30299765.
[40] MüKoBGB/*Grunsky* § 2100 Rn. 9; vgl. NK-BGB/*Gierl* § 2100 Rn. 19; vgl. OLG Köln BeckRS 2002, 30299765.
[41] Burandt/Rojahn/*Lang* § 2100 Rn. 36.
[42] BayObLG ZEV 2005, 27.
[43] BGH NJW 1980, 1276; BayObLG NJW-RR 2003, 297.
[44] BayObLGZ 1965, 457 (461); Palandt/*Weidlich* § 2100 Rn. 4.
[45] Burandt/Rojahn/*Lang* § 2100 Rn. 39.
[46] OLG Schleswig ErbR 2015, 511 (513).
[47] Weitere bei NK-BGB/*Gierl* § 2100 Rn. 21; Palandt/*Weidlich* § 2100 Rn. 6.
[48] BeckOK BGB/*Litzenburger* § 2100 Rn. 27.
[49] BayObLGZ 1958, 225; OLG Oldenburg NdsRpfl 1954, 165; Palandt/*Weidlich* § 2100 Rn. 6.
[50] Rudolf/Bittler/Seiler-Schopp Testamentsauslegung und -anfechtung-HdB/*Kropp* § 2 Rn. 89.
[51] OLG Schleswig FamRZ 2011, 675 = BeckRS 2010, 28245.
[52] OLG Hamm ZErb 2010, 273.

(6) Die Erblasserin hatte ihr Vermögen an ihre Eltern und ihre Tochter zugewiesen, jedoch sollte die (wertmäßig ganz wesentliche Wohnung) der Tochter erst mit Vollendung des 25. Lebensjahres überschrieben werden. Das OLG Düsseldorf[53] bewertet die Eltern als Vorerben und die Tocher als Nacherbin, wobei der Nacherbfall mit Vollendung des 25. Lebensjahres der Tochter eintrat. Es sei nicht entscheidend, dass die Erblasserin die Vorerben nicht ausdrücklich benannt habe.

2. Abgrenzung zum Nießbrauchsvermächtnis

Im Wesentlichen stehen sowohl dem Vorerben als auch dem Berechtigten des Nießbrauchs an einer Erbschaft (§ 1089 BGB) die Nutzungen der Erbschaft zu; beide Rechtsstellungen sind vom wirtschaftlichen Ergebnis her ähnlich.[54] Dadurch entstehen Abgrenzungsprobleme; der Gesetzgeber hat keine Zweifelsregelung vorgesehen.[55] Die verwendeten Begriffe sind letztlich nicht maßgeblich und haben nur Indizwirkung.[56] Etwas anderes kann nach dem FG München[57] gelten, wenn die Worte *„Vorerbe"* und *„Nacherbe"* mehrfach in einem notariellen Testament verwendet werden. Daher ist durch Auslegung zu erforschen, ob der Berechtigte nach dem letzten Willen des Erblassers Vorerbe oder Nießbrauchsvermächtnisnehmer werden sollte. Das maßgebliche Abgrenzungskriterium besteht in dem Umfang des Rechts des Bedachten zur Verfügung über die Substanz des Nachlasses.[58] Für eine Vorerbschaft spricht, wenn der Erblasser dem Bedachten *„über die Nutzung hinaus eine dem Eigentümer gleichkommende Stellung hat zuwenden wollen"* und dieser *„für einen bestimmten Zeitraum, wenn auch unter gewissen Einschränkungen, eigenverantwortlicher Herr des Nachlasses"* sein soll.[59] Da dem Nießbrauchsberechtigten eine Veräußerung von Nachlassgegenständen nicht gestattet ist, weist die **Veräußerungsbefugnis** laut Testament auf die (befreite) Vorerbschaft hin.[60] 23

Entgegen dem Wortlaut nahm der BGH am 14.6.1951[61] an, dass die Ehefrau, die zur *„Nutznießerin meines gesamten (…) Inventars"* bestimmt war, Vorerbin war. So hatte der Erblasser darüber hinaus letztwillig verfügt: *„Dieselbe soll berechtigt sein, über die Erträgnisse meines Nachlasses nach eigenem Gutdünken zu verfügen"*. Der BGH schloss daraus, dass der Erblasser seiner Ehefrau *„auch die Verfügungsbefugnis über die Substanz des Nachlasses einräumen wollte"*. Die Zuwendung eines Nießbrauchs mit der Bestimmung, dass die Ehefrau den Nachlass *„vollständig vertreten"* könne, legte das OLG Oldenburg[62] als Vorerbschaft aus. Das gleiche Auslegungsergebnis nahm das BayObLG[63] bei folgender Begünstigung an: *„Nießbrauch, die Verwaltung und Verfügung im eigenen Interesse über den Nachlass"*. 24

Dieses Kriterium verfängt nicht, wenn der Bedachte nicht über Nachlassgegenstände verfügen darf. So kann es auch dem Vorerben letztwillig nicht gestattet worden sein, über die Nachlassgegenstände **zu verfügen.** Schließlich kann der Erblasser die Verfügungsbefugnis über den Rahmen der §§ 2113 bis 2115 BGB hinaus beschränken.[64] In einem solchen Fall ist bedeutsam, ob der Bedachte **sogleich dinglicher Vermögensinhaber** werden sollte (dann Vorerbe) oder ob er erst von dem Erben die Einräumung des Nießbrauchs am Nachlass verlangen muss (dann Nießbrauchsvermächtnis).[65] Bei dem Nießbrauchsvermächtnis steht 25

[53] OLG Düsseldorf ErbR 2018, 50 (51) = BeckRS 2017, 129494.
[54] FG Köln ZEV 2017, 727 (728) mAnm *Wachter;* Damrau/Tanck/*Bothe/Hennicke* § 2100 Rn. 4; vgl. MAH ErbR/*Wachter* § 17 Rn. 4.
[55] BeckOGK BGB/*Küpper* § 2100 Rn. 83.
[56] BGH Rpfleger 1952, 181 = BeckRS 1951, 31397621; BGH Rpfleger 1981, 64 = BeckRS 1980, 31140650; MüKoBGB/*Grunsky* § 2100 Rn. 12.
[57] EFG 2000, 279.
[58] BGH BeckRS 1951, 31397621; BeckOK BGB/*Litzenburger* § 2100 Rn. 31.
[59] BayObLG Rpfleger 1981, 64 = BeckRS 1980, 31140650.
[60] Damrau/Tanck/*Bothe/Hennicke* § 2100 Rn. 4; Palandt/*Weidlich* § 2100 Rn. 6; vgl. BayObLG NJW 1960, 1765 (1766).
[61] BGH LM BGB § 2100 Nr. 2 = BeckRS 1951, 31397621.
[62] OLG Oldenburg NdsRpfl 1951, 198.
[63] BayObLG OLGE 43, 400.
[64] BGH BeckRS 1951, 31397621.
[65] BeckOK BGB/*Litzenburger* § 2100 Rn. 31; Roth/Hannes/Mielke Vor- und Nacherbfolge/*Roth* § 1 Rn. 10.

schließlich dem Berechtigten nur ein **schuldrechtlicher Anspruch** gegen den Erben zu (§ 2174 BGB). Der Vorerbe erwirbt den Nachlass dagegen durch Universalsukzession (Vonselbsterwerb).

26 Es ist zur Annahme eines Vorerben nicht erforderlich, dass dem Bedachten **mehr Rechte belassen** werden, als für die Nutznießung am Nachlass und dessen Verwaltung erforderlich ist.[66] Ebenfalls innerhalb der Auslegung unerheblich ist das **Maß der Nutzungsberechtigung.**[67]

27 Wenn der Nießbrauchsvermächtnisnehmer zugleich auch zum **Testamentsvollstrecker** ernannt wurde, kann er sich selbst eine dinglich gesicherte Rechtstellung verschaffen und ist nicht auf den Erben angewiesen. Die Verbindung von Nießbrauch und Testamentsvollstreckung ist aber kein Indiz zur Annahme der Vorerbschaft, da sie *„geradezu typisch für die Fälle des Versorgungsnießbrauchs zugunsten der überlebenden Ehefrau ist"*.[68]

28 Umstritten ist, ob auch **steuerliche Auswirkungen** bei der Auslegung zu beachten sind. Der Nachlass wird bei der Vor- und Nacherbfolge, bei der der Nacherbfall durch den Tod des Vorerben ausgelöst wird, zweimal besteuert (§ 6 ErbStG). Hingegen findet bei der Annahme eines Nießbrauchsvermächtnisses nur einmal eine Besteuerung des Erbfalls statt, was erbschaftsteuerlich günstiger ist.[69] Für den Nießbrauch kann daher sprechen, wenn der Erblasser eine doppelte Steuerbelastung vermeiden wollte.[70] Diese Steuerfolge zog das BayObLG[71] innerhalb der Auslegung heran, zumal das Testament steuerrechtliche Anweisungen beinhaltete. Auch in einer früheren Entscheidung ging das BayObLG[72] aufgrund der niedrigeren Erbschaftsteuerbelastung von einem Nießbrauch aus, da *„vernünftigerweise"* die Erblasser den Nachlass nicht mit dem *„mehrfachen Anfall der Erbschaftsteuer"* belasten wollten. Im Hinblick auf die starken Wandlungen in dem Steuerrecht lehnt etwa *Litzenburger* dieses Abgrenzungskriterium zu Recht ab.[73]

29 Der **unterschiedliche Haftungsmaßstab** des Vorerben und des Nießbrauchsberechtigten kann ein weiteres Abgrenzungsmerkmal darstellen.[74] So haftet der Vorerbe nur für den Werterhalt des Nachlasses. Der Nießbrauchsberechtigte hingegen muss die Sachsubstanz gem. § 1041 BGB erhalten. Während der Vorerbe gem. § 277 BGB nur für diejenige Sorgfalt einzustehen hat, welche er in eigenen Angelegenheiten anzuwenden pflegt, haftet der Nießbrauchsberechtigte nach dem strengeren § 276 BGB für vorsätzliches und fahrlässiges Handeln.

30 Das FG München[75] zog zur Abgrenzung auch die sich aus dem Testament ergebenden **Auskunftsrechte** heran.[76] Seiner Ehefrau als mögliche Vorerbin oder mögliche Nießbrauchsberechtigte hatte der Erblasser ein Auskunftsrecht gegenüber dem Testamentsvollstrecker eingeräumt. Den möglichen Nacherben stand dieses Recht erst nach dem Tod der Ehefrau zu. Da dies der gesetzlichen Stellung von Vor- bzw. Nacherben entspricht, entschied sich das FG München auch deswegen gegen die Begünstigung der Ehefrau lediglich mit dem vermächtnisweisen Nießbrauch an der Erbschaft.

3. Abgrenzung zur Ersatzerbschaft

31 In Laientestamenten wird oftmals der Begriff *„Nacherbe"* oder eine ähnliche Formulierung wie *„danach erbt"* verwandt, obwohl ein Ersatzerbe i.S. des § 2096 BGB gemeint

[66] BGH BeckRS 1951, 31397621 unter Hinweis auf RG JW 1918, 434; Rudolf/Bittler/Seiler-Schopp Testamentsauslegung und -anfechtung-HdB/*Kropp* § 2 Rn. 74.
[67] NK-BGB/*Gierl* § 2100 Rn. 24.
[68] BayObLG Rpfleger 1981, 64 = BeckRS 1980, 31140650; im Ergebnis zust.: Roth/Hannes/Mielke Vor- und Nacherbfolge/*Roth* § 1 Rn. 13; ebenfalls: FG München EFG 2000, 279.
[69] NK-BGB/*Gierl* § 2100 Rn. 25; MüKoBGB/*Grunsky* § 2100 Rn. 13.
[70] BeckOGK BGB/*Küpper* § 2100 Rn. 85; Rudolf/Bittler/Seiler-Schopp Testamentsauslegung und -anfechtung-HdB/*Kropp* § 2 Rn. 77.
[71] BayObLG Rpfleger 1981, 64 = BeckRS 1980, 31140650.
[72] BayObLG NJW 1960, 1765 (1766); zust. Staudinger/*Avenarius* § 2100 Rn. 23 und NK-BGB/*Gierl* § 2100 Rn. 25.
[73] BeckOK BGB/*Litzenburger* § 2100 Rn. 31.
[74] Roth/Hannes/Mielke Vor- und Nacherbfolge/*Roth* § 1 Rn. 10 aE.
[75] FG München EFG 2000, 279.
[76] Allgemein zu Auskunftspflichten bei der Vor- und Nacherbfolge: *Sarres* ZEV 2004, 56.

ist.[77] Auch dem BGH[78] ist bekannt, dass der Unterschied rechtsunkundigen Personen *„nicht immer geläufig"* sei, so dass die Möglichkeit einer Verwechslung *„sehr leicht gegeben"* sei. Entscheidendes Abgrenzungskriterium ist laut *Krug*[79] der Wille des Erblassers, die Rechtsfolge nur einmal (dann Ersatzerbschaft) oder mehrfach eintreten lassen zu wollen. Lt. OLG Hamm[80] ist bei der Abgrenzung zwischen Ersatz- zu Nacherbschaft darauf abzustellen, *„welchen Zweck der Erblasser mit der von ihm getroffenen Regelung erreichen wollte."* Danach stellt es ein gewichtiges Indiz für die Nacherbfolge dar, wenn der Erblasser nach dem Tod seines Erben einen weiteren Erben beruft. In solchen Fällen können auch Anhaltspunkte für eine **befreite Vorerbschaft** bestehen, so etwa wenn der Erblasser den Zugriff familienfremder Personen wie die Ehegatten von zu Erben eingesetzten Kindern verhindern wollte.[81] Aber es ist die Ersatzerbschaft bei nicht durch einen Juristen verfassten Testamenten anzunehmen, wenn keine weiteren Umstände auf die Anordnung der Vor- und Nacherbschaft deuten.[82] Im Zweifel greift die gesetzliche Auslegungsregel des § 2102 Abs. 2 BGB mit der gleichen Vermutung.[83] Das BayObLG[84] bewertete nachfolgende Formulierung als Ersatzerbschaft: *„Sollte mein Sohn G ohne Nachkommen versterben, so erhält das Anwesen mein Sohn S."* Es fänden sich ansonsten in dem Testament keine Anzeichen dafür, dass der Sohn G lebzeitig oder letztwillig nicht frei verfügen darf.

Wenn indes aus den Umständen der Wille erkennbar ist, dass mit dem Wort *„Ersatzerbe"* 32
tatsächlich ein Nacherbe gemeint ist, ist entgegen der Regel eine solche Auslegung möglich.[85]

4. Abgrenzung zur Testamentsvollstreckung

Wenn der Erblasser verfügt hat, dass eine bestimmte Person den Nachlass bis zu einem be- 33
stimmten Zeitpunkt *„verwalten"* soll, ist zwischen einer Vor- und Nacherbschaft und der Testamentsvollstreckung abzugrenzen.[86] Schließlich haben sowohl der Vorerbe als auch der Testamentsvollstrecker den Nachlass zu verwalten. Das maßgebliche Abgrenzungskriterium besteht in dem **Umfang der Begünstigung** der zur Verwaltung berufenen Person.[87] Hat der Erblasser der Person Nutzungsrechte zugewiesen, die sich vom Wert her oberhalb einer angemessenen Testamentsvollstreckervergütung bewegen, so ist von der Vorerbschaft auszugehen.

5. Abgrenzung zu einem unverbindlichen Wunsch

Wenn der Erblasser sich in seinem Testament dazu geäußert hat, was mit seinem Nachlass 34
nach dem Tod seines Erben geschehen soll, darf nicht stets als Auslegungsergebnis die Anordnung einer Nacherbschaft festgestellt werden. So kann es sich um rechtlich unverbindliche Wünsche oder um bloß moralisch gemeinte Verpflichtungen an seinen Erben handeln,[88] vor allem, wenn der Ehegatte erben soll. Dies kommt bei Formulierungen in Betracht wie *„ich wünsche"* oder *„soll den Nachlass herausgeben"*. Nicht zu einer Vor- und Nacherbschaft führt auch die Klausel „Erbe ist meine Schwester und nach deren Tod ihre Erben".[89] Maßgeblich ist die Motivation des Erblassers. Für die Anordnung der Nacherbschaft muss ein entsprechender Rechtsbindungswille vorliegen.[90]

[77] BeckOK BGB/*Litzenburger* § 2100 Rn. 32; *Lange* ErbR § 16 Rn. 109.
[78] BGH BeckRS 1951, 31 397 451 = LM BGB § 2100 Nr. 1; *Edenfeld* ZEV 2004, 141 (144).
[79] Krug/Daragan Immobilie ErbR/*Krug* § 11 Rn. 6.
[80] OLG Hamm Rpfleger 2003, 436 = BeckRS 2005, 12411.
[81] OLG Hamm Rpfleger 2003, 436 = BeckRS 2005, 12411.
[82] Staudinger/*Avenarius* § 2100 Rn. 27.
[83] OLG Schleswig FamRZ 2011, 675 = BeckRS 2010, 28245.
[84] BayObLG ZEV 2000, 199.
[85] BGH BeckRS 1951, 31397451 = LM BGB § 2100 Nr. 1; MüKoBGB/*Grunsky* § 2100 Rn. 10.
[86] Burandt/Rojahn/*Lang* § 2100 Rn. 44; MüKoBGB/*Grunsky* § 2100 Rn. 8.
[87] BeckOK BGB/*Litzenburger* § 2100 Rn. 33.
[88] OLG Schleswig ErbR 2015, 511 (513); BeckOK BGB/*Litzenburger* § 2100 Rn. 34; Burandt/Rojahn/*Lang* § 2100 Rn. 45; *Edenfeld* ZEV 2004, 141; BeckOGK BGB/*Küpper* § 2100 Rn. 68.
[89] KG OLGE 40, 120, zit. bei BeckOGK BGB/*Küpper* § 2100 Rn. 68.
[90] Rudolf/Bittler/Seiler-Schopp Testamentsauslegung und -anfechtung-HdB/*Kropp* § 2 Rn. 57.

6. Exkurs: Berechtigung des Vorerben, die Nacherben zu ändern

35 Einstweilen bestimmen Erblasser, dass der Vorerbe befugt ist, die Nacherben zu ändern. Dies kann einen Verstoß gegen § 2065 BGB darstellen. Durch Auslegung können diese Fälle gerettet werden (→ Rn. 64 ff.).

V. Auslegung bei unzulässiger gegenständlich angeordneter Nacherbfolge

1. Ausgangssituation

36 Bei Testierenden besteht oftmals der Wunsch, dass eine Person zunächst alles erhält, aber bei dessen Tod Nachlassteile, oftmals Immobilien, andere Personen erhalten. Die Nacherbfolge soll sich nur auf einzelne Nachlassgegenstände erstrecken. Die Beschränkung der Nacherbschaft ist zwar hinsichtlich von Bruchteilen des Nachlasses zulässig, **nicht** dagegen in Bezug **auf einzelne** oder mehrere **Nachlassgegenstände.**[91] Eine gegenständlich angeordnete Nacherbeinsetzung ist unzulässig.[92] So ist diese mit dem Grundsatz der Gesamtrechtsnachfolge (Universalsukzession) nicht vereinbar, da das Vermögen gem. § 1922 BGB ungeteilt auf den Erben übergeht.[93] Eine Sondererbfolge ist grundsätzlich nicht möglich (Ausnahmen etwa bei Höfen iSd HöfeO und bei Personengesellschaftsanteilen).

2. Auslegungsoptionen

37 Bei unklaren Testamenten sind folgende Auslegungsergebnisse durch einfache Auslegung denkbar:[94]

38 a) **Mit Vermächtnis beschwerter Alleinerbe.** Die zunächst begünstigte Person ist Alleinerbe, aber beschwert mit einem Vermächtnis. Das Vermächtnis bezieht sich auf die aus dem Testament hervorgehenden Gegenstände, die nach Ableben der zunächst begünstigten andere Personen erhalten sollen. Es ist auf den Erbfall des Alleinerben *aufschiebend bedingt*, kann also nicht zuvor gefordert werden. Denkbar ist auch die Bewertung als auf den Tod des Alleinerben befristetes Vermächtnis iSd 2177 BGB.[95] Nach dem Tod des Alleinerben können dann die nachrangig Begünstigten ihren schuldrechtlichen Anspruch nach § 2174 BGB gegen die Erben des Alleinerben geltend machen. In diesem Fall sind die Vermächtnisnehmer nicht vergleichbar einem Nacherbenvermerk nach § 51 GBO geschützt.[96] Denkbar ist jedoch die Sicherung durch eine Vormerkung, falls diese im Einzelfall mitvermacht wurde.[97]

39 b) **Vor- und Nacherbfolge hinsichtlich Bruchteil.** Es liegt eine Vor- und Nacherbfolge vor. Die Nacherbfolge bezieht sich indes nur auf einen Bruchteil. So ist es zulässig, den Erben nur hinsichtlich eines Bruchteils mit der Nacherbfolge zu beschränken. Der eingesetzte Erbe wird dann nur zu einem Teil Vollerbe und im Übrigen Vorerbe.[98] Die Bestimmung der Bruchteile hat sich grds. an den Wertverhältnissen zu orientieren.

40 c) **Vor- und Nacherbfolge mit Vorausvermächtnis.**[99] Es liegt eine Vor- und Nacherbfolge vor. Der Erblasser hat dem Vorerben zusätzlich ein Vorausvermächtnis zugewandt (§§ 2150, 2110 BGB). Das Vorausvermächtnis kann sich etwa auf den gesamten Nachlass mit Aus-

[91] OLG Hamm NJW-RR 2000, 78 (79); BeckOK BGB/*Litzenburger* § 2100 Rn. 24; *Rossak* ZEV 2005, 14.
[92] NK-BGB/*Gierl* § 2100 Rn. 12; *Hahn* ZEV 2016, 360 (364); BeckOGK BGB/*Küpper* § 2100 Rn. 56.
[93] OLG Düsseldorf ErbR 2018, 48 (49).
[94] OLG Hamburg ZEV 2016, 384 (386); OLG Hamm ZErb 2015, 288 (289); OLG München DNotZ 2015, 385 (386) mit zust. Anm. *Kroll-Ludwigs* = MittBayNot 2015, 416 mit zust. Anm. *Braun; Litzenburger* FD-ErbR 2016, 384462; dagegen krit. *Hahn* ZEV 2016, 360 (365), der Bedenken aufgrund der Annäherung an die unzulässige gegenständliche Erbeinsetzung hat.
[95] OLG Hamm ZErb 2015, 288 (290).
[96] OLG München JFG 21, 122; MüKoBGB/*Grunsky* § 2110 Rn. 3.
[97] Nieder/Kössinger Testamentsgestaltung-HdB/*R. Kössinger* § 10 Rn. 154.
[98] OLG Hamburg ZEV 2016, 384 (387); *Kroll-Ludwigs* DNotZ 2015, 387.
[99] Nieder/Kössinger Testamentsgestaltung-HbB/*R. Kössinger* § 9 Rn. 45 mit Muster für Testament.

nahme des unbeweglichen Vermögens erstrecken.[100] Die Nacherbfolge bezieht sich dann nur auf das unbewegliche Vermögen. Das Vorausvermächtnis unterliegt nicht der Nacherbfolge (§§ 2150, 2110 Abs. 2, 2174 BGB). Theoretisch ist wiederum denkbar, dass das Vorausvermächtnis einem Nachvermächtnis unterliegt, ggf. sogar zugunsten der Nacherben.[101]

Nach der hM[102] hat das Vorausvermächtnis **dingliche Wirkung.** Danach erwirkt der Vorerbe ausnahmsweise den ihm durch Vorausvermächtnis zugewandten Gegenstand entsprechend eines Vindikationslegates von selbst mit dem Eintritt des Vorerbfalls frei von der Nacherbschaft in sein Eigenvermögen. Gegen die hM sind erhebliche Bedenken zu erheben, da so ua den Nachlassgläubigern ein Nachlassgegenstand entzogen wird.[103] Überzeugender ist anzunehmen, dass der Vermächtnisgegenstand nicht aus dem Nachlass iwS ausscheidet, sondern nur aus der Vorerbmasse.[104] 41

Der **Erbschein**[105] im Vorerbfall hat das Vorausvermächtnis auszuweisen, was positiv (… bezieht sich auf …) oder negativ (… bezieht sich auf den gesamten Nachlass mit Ausnahme der Immobilie …) formuliert sein kann.[106] Der Erbschein nach dem Nacherbfall hat auch auszuweisen, worauf sich die Nacherbfolge erstreckt.[107] Das Recht des Nacherben soll sich eben nicht auf die dem Vorerben als Vorausvermächtnisnehmer zugewendeten Gegenstände beziehen. Alternativ kommt auch in Betracht, dass aus dem Erbschein hervorgeht, dass sich die Nacherbfolge nur auf etwa das unbewegliche Vermögen bezieht. Nicht überzeugend ist der Vorschlag vom BayObLG[108] wie folgt zu formulieren: „*Bezüglich eines X-tels des Nachlasses ist Nacherbfolge angeordnet. Das Recht der Nacherben erstreckt sich nur auf das Anwesen Z. Nr. 35.*“. 42

3. Kriterien

Das OLG München[109] hat zu Recht klargestellt, dass es sich bei der Aussetzung eines Vorausvermächtnisses und der Beschränkung der Nacherbfolge auf einen Bruchteil um zwei völlig unterschiedliche Gestaltungen handelt. 43

Lt. OLG Hamburg[110] ist für die Unterscheidung Nacherbe zu befristetes/aufschiebend bedingtes Vermächtnis entscheidend, ob der Erblasser die zunächst berufene Person binden wollte (dann Nacherbfolge) oder die später begünstigte Person auf einen schuldrechtlichen Anspruch verweisen wollte. Da der Erblasser zugunsten der später begünstigten Person Begriffe wie „*vererbe ich*“ und „*Erbschaft*“ verwandt hatte, ging das OLG Hamburg von einer Nacherbfolge aus. Auch das OLG Hamm[111] fragt, inwieweit sich der Erblasser binden wollte, wobei hierzu die persönlichen Verhältnisse der Beteiligten zu dem Erblasser ausschlaggebend sein können. Im Zweifel wird man von einer Vor- und Nacherbfolge mit einem Vorausvermächtnis zugunsten des Vorerben ausgehen müssen, da der Wille des Erblassers regelmäßig auf die Absicherung des Nacherben durch einen Nacherbenvermerk im Grundbuch nach § 51 GBO zielen wird. 44

VI. Feststellung und ggf. Umfang einer etwaigen Befreiung des Vorerben

1. Anordnung durch letztwillige Verfügung

Eine Befreiung iSd § 2136 BGB setzt eine letztwillige Anordnung voraus, die aber weder ausdrücklich noch mit einem bestimmten Wortlaut erfolgt sein muss (OLG München 45

[100] OLG Düsseldorf ErbR 2018, 49 = BeckRS 2017, 130173.
[101] BeckOGK BGB/*Deppenkemper* § 2136 Rn. 55.
[102] BGH NJW 1960, 959; Soergel/*Harder*/*Wegmann* § 2110 Rn. 2; Erman/*Nobis* § 2100 Rn. 2.
[103] NK-BGB/*Horn*/*J. Mayer* § 2150 Rn. 7a mwN.
[104] BeckOGK BGB/*Müller-Christmann* § 2110 Rn. 21; BeckOGK BGB/*Deppenkemper* § 2136 Rn. 55 mwN.
[105] Vgl. Bonefeld/Kroiß/Tanck Erbprozess/*Kroiß* § 12 Rn. 21.
[106] OLG München DNotZ 2015, 385 (386) mit zust. Anm. *Kroll-Ludwigs; Fröhler* BWNotZ 2005, 1.
[107] OLG München DNotZ 2015, 385 (386).
[108] BayObLGZ 1965, 457 (464); ebenfalls abl. *Kroll-Ludwigs* DNotZ 2015, 388 (389).
[109] OLG München DNotZ 2015, 385 (386).
[110] OLG Hamburg ZEV 2016, 384 (386).
[111] OLG Hamm ZErb 2015, 288 (290).

BeckRS 2018, 28664 Rn. 7). Zunächst ist durch individuelle Auslegung zu ermitteln, ob der Erblasser den Vorerben völlig, teilweise oder gar nicht befreien wollte.[112] Wenn dies sich nicht eindeutig klären läßt, greift die widerlegbare Auslegungsregel des § 2137 Abs. 2 BGB. Die Anforderungen an die Anordnung der Befreiung des Vorerben bei der Vor- und Nacherbschaft in einem Testament bzw. einem Erbvertrag beschreibt das OLG Hamm[113] zutreffend wie folgt:

> *„Die Befreiung eines Vorerben muss in der letztwilligen Verfügung, durch die er berufen wird, selbst enthalten sein. Dabei ist eine ausdrückliche Erklärung nicht erforderlich. Auch bedarf es keiner bestimmten Ausdrucksweise. Es genügt vielmehr, wenn der dahingehende Wille des Erblassers im Testament irgendwie, wenn auch nur andeutungsweise oder versteckt, zum Ausdruck kommt. Trifft das zu, so können auch sonstige, außerhalb des Testaments liegende Umstände zu dessen Auslegung herangezogen werden (vgl. etwa BGH FamRZ 1970, 192; BayObLG FamRZ 2005, 65, 67; Senat NJW-RR 1997, 453, 454).“*

46 Das bedeutet, dass die Befreiung nach § 2136 BGB auch dann (teilweise) anzunehmen sein kann, wenn sie nicht ausdrücklich angeordnet ist.[114] Der Umfang der Befreiung ist mithin durch Auslegung festzustellen.[115] Dass die Verwendung des Begriffsstammes *„Befreiung“* nicht erforderlich ist, ergibt sich aus der **gesetzlichen Auslegungsregel** des § 2137 BGB, wonach die Befreiung anzunehmen ist, wenn der Nacherbe das erhalten soll, was von der Erbschaft im Zeitpunkt des Nacherbfalls *„übrig“* ist (Abs. 1),[116] bzw. wenn der Vorerbe zur freien Verfügung über die Erbschaft berechtigt ist (Abs. 2).[117] Die Anordnung der Befreiung muss zumindest andeutungsweise zum Ausdruck kommen.[118]

2. Umfang der Befreiung

47 Der Erblasser kann den Vorerben entweder von sämtlichen oder nur von einzelnen Möglichkeiten, die § 2136 BGB erlaubt, befreien. Dies ist durch Auslegung nach den allgemeinen Grundsätzen zu ergründen.[119] Darüber hinaus ist eine Befreiung nicht möglich.[120] Auch kann er die vom Gesetz vorgesehene Rechtsstellung des Vorerben beschränken.[121]

48 Die Befreiung ist grundsätzlich **personenbezogen.**[122] Bei mehreren Vorerben kann der Erblasser die Verwaltungs- und Verfügungsrechte unterschiedlich ausgestalten.[123] Selbst wenn eine (teilweise) Befreiung für den Vorerben festgestellt werden konnte, ist bei dessen Wegfall zu ermitteln, ob der gleiche Umfang der Befreiung auch für den **Ersatzvorerben,** den **Erben des Vorerben** oder den Erwerber der Vorerbschaft gelten soll.[124]

Die Befreiung kann **gegenständlich beschränkt** sein, so etwa auf bestimmte Arten von Verfügungen oder auf bestimmte Gegenstände.[125] Denkbar ist zum Beispiel, dass der Vorerbe ein Grundstück zwar belasten, aber nicht veräußern darf.[126]

---

[112] OLG Düsseldorf ErbR 2017, 277 (278).

[113] OLG Hamm FamRZ 2011, 1331 = BeckRS 2011, 2644; vgl. BayObLG BeckRS 2004, 5044; vgl. MüKoBGB/*Grunsky* § 2136 Rn. 2; Palandt/*Weidlich* § 2136 Rn. 5.

[114] BayObLGZ 1960, 432 (436).

[115] NK-BGB/*Gierl* § 2136 Rn. 12.

[116] Hierbei handelt es sich um eine widerlegbare Vermutung, so Damrau/Tanck/*Bothe/Hennicke* § 2137 Rn. 1; Palandt/*Weidlich* § 2137 Rn. 2; aA Soergel/Harder/*Wegmann* § 2137 Rn. 1, danach Ergänzungsregel mit der Folge, dass keine andere Auslegung zulässig ist.

[117] Roth/Hannes/Mielke Vor- und Nacherbschaft/*Roth* § 14 Rn. 2.

[118] OLG Oldenburg ZEV 2005, 26.

[119] BeckOK BGB/*Litzenburger* § 2136 Rn. 10.

[120] Burandt/Rojahn/*Lang* § 2136 Rn. 2.

[121] Dt. ErbR/*Große-Wilde* § 2136 Rn. 8; MüKoBGB/*Grunsky* § 2136 Rn. 7.

[122] Burandt/Rojahn/*Lang* § 2136 Rn. 3; *J. Mayer* ZEV 2000, 1, 3.

[123] LG Frankfurt Rpfleger 1980, 387; BeckOK BGB/*Litzenburger* § 2136 Rn. 10; Damrau/Tanck/*Bothe/Hennicke* § 2136 Rn. 6.

[124] Staudinger/*Avenarius* § 2136 Rn. 15.

[125] NK-BGB/*Gierl* § 2136 Rn. 12; *J. Mayer* ZEV 2000, 1, 3; aA Staudinger/*Avenarius* § 2136 Rn. 3.

[126] BeckOK BGB/*Litzenburger* § 2136 Rn. 10.

Eine Befreiung kann auch von einer **Bedingung** oder **Befristung** abhängig gemacht werden.[127] In Betracht kommt etwa die Befreiung von dem Verbot der Veräußerung einer nachlasszugehörigen Immobilie im Falle einer Krankheit, Pflege oder unzureichender Altersversorgung. Auch kann die Veräußerung einer Immobilie etwa nur dann erlaubt sein, wenn ein Mindestkaufpreis erzielt wird oder die Erwerber bestimmte Personen (nicht) sind. 49

3. Abgrenzungskriterien

a) **Grundsätzliches.** Für die Feststellung, ob und bejahendenfalls wie umfangreich der Vorerbe befreit ist, ist vor allem auf den von dem Erblasser verfolgten Zweck abzustellen.[128] Liegt der Schwerpunkt auf der finanziellen Sicherung des Vorerben, etwa zu dessen Altersversorgung, ist dies ein Indiz für eine Befreiung.[129] Auch die Einsetzung von entfernten Verwandten oder Nichtfamilienangehörigen kann für die Befreiung sprechen, vor allem bei Vorerbeinsetzung des Ehegatten.[130] 50

Ist dagegen vor allem der Erhalt der Nachlasssubstanz[131] für den Erblasser von Interesse oder verfolgt er einen *„dynastischen Gedanken"*,[132] spricht dies gegen eine Befreiung.[133] Das Gleiche gilt bei der Handlungsanweisung an einen etwaigen Testamentsvollstrecker, den Nachlass zu sichern.[134] Ansonsten ist die Anordnung einer Testamentsvollstreckung für die Frage der Befreiung neutral.[135] Ebenfalls ohne Aussagekraft ist, ob der Vorerbe als Alleinerbe, Haupterbe oder Universalerbe bezeichnet ist.[136] Gleiches gilt, wenn der Vorerbe nur zum Teil mit der Nacherbschaft beschränkt ist.[137] 51

Sofern ein Befreiungswille festzustellen ist, richtet dieser sich **im Zweifel** auf eine **Gesamtbefreiung** von sämtlichen in § 2136 BGB aufgeführten Beschränkungen und Verpflichtungen.[138] Dies ist der Regelfall.[139] Eine Gesamtbefreiung wird gemäß § 2137 Abs. 1 BGB im Zweifel angenommen, wenn der Erblasser den Nacherben auf dasjenige eingesetzt hat, was von der Erbschaft bei dem Eintritt der Nacherbfolge **übrig sein wird.**[140] 52

Das OLG Naumburg[141] nennt folgende Umstände, unter denen von einer **stillschweigenden Befreiung des Vorerben** auszugehen sei, und zwar: 53

„– *das Einsetzen des an der Vermögensbildung beteiligten Ehegatten zum Vorerben, wenn es sich bei dem Nacherben um einen eher entfernten Verwandten handelt (...) oder*
– *das Eintreten des Nacherbfalls mit dem Tod des Vorerben oder der Wiederverheiratung (...).*"

b) **Befreiung.** Ein Anhaltspunkt für eine befreite Vorerbschaft kann bestehen, wenn sich die Ehegatten gegenseitig zu Vorerben und einen entfernten Verwandten zum Nacherben berufen haben, und der längerlebende Ehegatte erheblich zum Erwerb des vom Erblasser hin- 54

[127] BayObLG FamRZ 1984, 1272 (1273); Palandt/*Weidlich* § 2136 Rn. 3; BeckOK BGB/*Litzenburger* § 2136 Rn. 10.
[128] NK-BGB/*Gierl* § 2136 Rn. 2.
[129] OLG Hamm FamRZ 2011, 1331 = BeckRS 2011, 2644; BayObLG FamRZ 1984, 1272 (1274); BeckOK BGB/*Litzenburger* § 2136 Rn. 11; Burandt/Rojahn/*Lang* § 2136 Rn. 12.
[130] OLG Hamm NJW-RR 1997, 453.
[131] OLG Hamm FamRZ 2011, 1331 = BeckRS 2011, 2644; Dt. ErbRK/*Große-Wilde* § 2136 Rn. 10.
[132] Vgl. BayObLG NJW-RR 1997, 836 (840).
[133] BeckOK BGB/*Litzenburger* § 2136 Rn. 11.
[134] BeckOK BGB/*Litzenburger* § 2136 Rn. 11.
[135] BeckOK BGB/*Litzenburger* § 2136 Rn. 11.
[136] Staudinger/*Avenarius* § 2136 Rn. 18; MAH ErbR/*Wachter* § 17 Rn. 159; Rudolf/Bittler/Seiler-Schopp Testamentsauslegung und -anfechtung-HdB/*Kropp*, § 2 Rn. 110.
[137] NK-BGB/*Gierl* § 2136 Rn. 4; Staudinger/*Avenarius* § 2136 Rn. 19.
[138] NK-BGB/*Gierl* § 2136 Rn. 12; Staudinger/*Avenarius* § 2136 Rn. 14 weist darauf hin, dass das aus dem Rechtsgedanken des § 2137 BGB folgt.
[139] Damrau/Tanck/*Bothe/Hennicke* § 2136 Rn. 5.
[140] MAH ErbR/*Wachter* § 17 Rn. 164.
[141] OLG Naumburg BeckRS 2014, 5589.

terlassenen Vermögens beigetragen hat.[142] Eine Auslegungsregel, wonach bei kinderlosen Ehegatten mit Nacherbeinsetzung der Wille regelmäßig auf eine befreite Vorerbschaft gerichtet sei, besteht indes nicht.[143]

55 Bestandteile in Verfügungen wie *„uneingeschränkte Verwaltung“* bzgl. eines Gegenstandes, *„Nießbrauchsvermächtnis samt Befugnis zur freien Verfügung“* und *„einer Verfügungsbefugnis über den Nachlass bei Bedarf für persönlichen Unterhalt“* indizieren eine Befreiung.[144]

Einzelfälle

(1) Als befreite Vorerbschaft hat das OLG Hamm[145] nachfolgende Erbeinsetzung ausgelegt: „Frau ... soll die ... Ertragsüberschüsse erhalten. Sie soll berechtigt sein, auch über das Nachlassvermögen aus der Vorerbschaft nach ihrem freien Ermessen bei Bedarf zu verfügen.“ So sollte die Vorerbin, mit der die Erblasserin langjährig persönlich verbunden war, einen „unbeschwerten Lebensabend“ verbringen können. Zudem hatte die Erblasserin ihre langjährige Freundin schon lebzeitig an ihrem größeren Vermögen teilhaben lassen.

(2) Ist ein kinderloses Kind deswegen mit der Nacherbschaft beschwert, damit das Vermögen des Erblassers nicht an dessen Ehefrau fließt, deutet das nach dem OLG Hamm[146] auf die Befreiung hin. Der andere Sohn, der eigene Kinder hatte, war nicht mit der Nacherbschaft beschwert worden. Nach dem OLG Hamm konnte nicht davon ausgegangen werden, dass der Erblasser seine Söhne unterschiedlich behandeln wollte. Dies wäre aber der Fall, wenn der eine Sohn den Nachlass für sich verbrauchen könnte und der andere kinderlose Sohn nicht befreiter Vorerbe wäre.

(3) Dies bestätigte das OLG Hamm[147] auch in einer späteren Entscheidung, in der es als ein Indiz für die befreite Vorerbschaft nannte, wenn der Erblasser *„einen Zugriff auf familienfremde Personen, insbesondere der Ehegatten der Kinder“*, auf seinen Nachlass verhindern wollte.

(4) Für die Befreiung von § 2113 Abs. 1 BGB spricht es, wenn der Erblasser dem Vorerben ein gegenseitiges Vorkaufsrecht über nachlasszugehörigen Grundbesitz eingeräumt hat. Andernfalls würde das Vorkaufsrecht keinen Sinn ergeben.[148]

(5) Die Erblasserin hatte ihr einziges Kind zum „Alleinerben“ bestimmt und ferner verfügt, dass ihre beiden namentlich genannten Enkelkinder „die Hinterlassenschaft aus meinem Erbe“ nach „seinem Ableben“ (gemeint das Ableben ihres Kindes) erhalten. Das OLG Düsseldorf[149] stellte in seinem Beschluss vom 21.3.2018 die befreite Vorerbschaft fest, nachdem es das Kind als alleinigen Vorerben mit Beschwerung durch ein aufschiebend bedingtes Vermächtnis zugunsten der Enkelkinder abgelehnt hatte. Neben dem Wortlaut stellte der 3. Senat auf das Nähe- und Vertrauensverhältnis zwischen Erblasserin und Kind ab, wobei hierfür auch die dem Kind erteilte Bankvollmacht sprach. „Ergänzend“ wies der Senat auf die Auslegungsregel § 2137 BGB hin.

(6) Das OLG Naumburg[150] ging von einer stillschweigenden Befreiung des längerlebenden Ehegatten aus, da es sich bei dem eingesetzten Nacherben nur um einen entfernten Verwandten handelte und die Pflichtteilsansprüche des eigenen Sohnes geschmälert werden sollten. Dazu war aus Rechtsgründen die Vor- und Nacherbfolge erforderlich, da sich andernfalls die Pflichtteilsansprüche nach dem längerlebenden Ehegatten nochmals auf Basis des auch geerbten Vermögens berechnet hätten.

Der Erblasser hatte eine Person zu seinem Erben berufen und weiter verfügt „Frau ... (also seine Erbin) soll das Vermögen für meine Kinder ... verwalten“. Das OLG München (BeckRS 2018, 28664 Rn. 8 ff.) stellte die nicht befreite Vorerbschaft fest. So hätte der Erblasser zum Ausdruck gebracht, dass die Nachlasssubstanz für die Kinder erhalten werden soll.

---

142 OLG Hamm NJW-RR 1997, 453 (454); BayObLGZ 1960, 432 (436); BeckOK BGB/*Litzenburger* § 2136 Rn. 11; krit. *Avenarius* NJW 1997, 1740.

143 BGH NJW 1951, 354; FamRZ 1970, 192 (193); aber zutreffend Indiz lt. Staudinger/*Avenarius* § 2136 Rn. 20.

144 NK-BGB/*Gierl* § 2136 Rn. 5 mit Nachweisen aus der Rechtsprechung; Tanck/Ulricher/*Lenz-Brendel/Roglmeier* § 1 Rn. 366.

145 OLG Hamm FamRZ 2011, 1331 = BeckRS 2011, 2644.

146 OLG Hamm ZErb 2010, 273.

147 OLG Hamm Rpfleger 2003, 436 = BeckRS 2005, 12411.

148 BayObLG FamRZ 2005, 65 = BeckRS 2004, 5044.

149 OLG Düsseldorf ZErb 2018, 148 = ErbR 2018, 395.

150 OLG Naumburg BeckRS 2014, 5589.

c) **Keine Befreiung.** Da das Gesetz von dem nicht befreiten Vorerben ausgeht, ist ohne Hinzutreten weiterer Umstände nicht von einer Befreiung des Vorerben auszugehen. Gegen eine Befreiung spricht, wenn der Erblasser sein hinterlassenes Vermögen als eine Einheit angesehen hat, vor allem bei der Erhaltung des Familienvermögens.[151] Aus der Formulierung „*lebenslängliche Nutzung und Verfügung*" kann keine Befreiung entnommen werden.[152] Hat der Testamentsvollstrecker den Nachlass zu sichern, ist dies ein Indiz gegen eine Befreiung.[153] 56

4. Sonderfall nachlasszugehörige Immobilien

Unterliegen Immobilien der Nacherbschaft, ist den Besonderheiten von Immobilienvermögen Rechnung zu tragen. So kann eine Veräußerung oder zumindest eine Belastung etwa durch eine Grundschuld zur Finanzierung von Renovierungsmaßnahmen erforderlich werden. Das OLG Hamm[154] hat eine Befreiung bei einer Immobilie angenommen, die als **Gaststätte** genutzt wurde. Die Schnelllebigkeit des Gaststättengewerbes kann zu hohen Investitionskosten führen; erforderliche Barmittel waren in dem Nachlass nicht vorhanden. 57

Zutreffenderweise nimmt *Grunsky*[155] eine konkludente Befreiung von den Beschränkungen des § 2113 Abs. 1 BGB in den Fällen an, in denen die **Nacherben minderjährig** sind. Ansonsten sind Grundstücksverfügungen nur nach Zustimmung eines zu bestellenden Pflegers zulässig. Entsprechendes ist bei einem noch **nicht geborenen Nacherben** anzunehmen. 58

Ist Befreiung nach dem Testamentswortlaut nur für das nachlasszugehörige Haus angeordnet und stellt dieses Haus den wesentlichen Nachlassgegenstand dar, ist regelmäßig insgesamt die befreite Vorerbschaft anzunehmen.[156] 59

5. Anknüpfung des Nacherbfalls an Bedingungen

Wird der Nacherbfall nicht nur durch den Tod, sondern auch bei einer etwaigen vorherigen Wiederheirat ausgelöst, ist regelmäßig von einer befreiten Vorerbschaft auszugehen (› § 25 Rn. 23f.). 60

Der Erblasser kann die **Nacherbschaft auflösend bedingt** verfügt haben. So kann diese bei Vorhandensein von Nachkommen des Vorerben entfallen, was sich entweder ausdrücklich aus dem Testament oder durch § 2107 BGB ergeben kann. Dies kann ein Indiz für die Befreiung darstellen.[157] 61

Streitig ist, ob eine Befreiung vorliegt, wenn der Erblasser eine Nacherbfolge unter der Bedingung verfügt hat, dass der Vorerbe nicht anderweitig verfügt.[158] 62

6. Feststellungs- und Beweislast

Die Feststellungs- und Beweislast hinsichtlich der Frage, ob der Vorerbe befreit ist, trägt der Vorerbe.[159] Etwas anderes gilt, wenn durch die letztwillige Verfügung generell die Befreiung angeordnet wurde. Dann ist derjenige feststellungs- und beweisbelastet, der sich auf eine eingeschränkte Befreiung beruft und daraus eigene Rechte herleitet. Unklarheiten gehen zu Lasten desjenigen, der sich darauf beruft.[160] Hat indes der Erblasser den „*Nacherben auf dasjenige eingesetzt, was von der Erbschaft bei dem Eintritt der Nacherbfolge übrig sein wird*", vermutet § 2137 BGB die Befreiung des Vorerben. Da nicht davon auszugehen ist, 63

---

151 MüKoBGB/*Grunsky* § 2136 Rn. 4; Roth/Hannes/Mielke Vor- und Nacherbfolge/*Roth* § 14 Rn. 6.
152 RG HRR 1931 Nr. 1050; Palandt/*Weidlich* § 2136 Rn. 6.
153 Palandt/*Weidlich* § 2136 Rn. 6.
154 OLG Hamm FamRZ 2010, 273 = BeckRS 2010, 18481.
155 MüKoBGB/*Grunsky* § 2136 Rn. 4.
156 Staudinger/*Avenarius* § 2136 Rn. 25 unter Verweis auf LG Berlin DNotZ 1943, 79.
157 BayObLG FamRZ 1981, 403; Damrau/Tanck/*Bothe/Hennicke* § 2136 Rn. 4; Staudinger/*Avenarius* § 2136 Rn. 24; durchaus zu Recht krit. BeckOK BGB/*Litzenburger* § 2136 Rn. 12 und Burandt/Rojahn/*Lang* § 2136 Rn. 17.
158 Burandt/Rojahn/*Lang* § 2136 Rn. 19.
159 NK-BGB/*Gierl* § 2136 Rn. 18; Ulricher NF ErbR/*Lenz-Brendel/Roglmeier* § 1 Rn. 367.
160 Burandt/Rojahn/*Lang* § 2136 Rn. 31.

dass ein Erblasser exakt den Gesetzeswortlaut der Auslegungsregel verwandt hat, muss der Vorerbe, wenngleich abgemindert, beweisen, dass der Tatbestand des § 2137 Abs. 1 BGB vorliegt.

VII. Nacherbenbestimmung durch Vorerben

1. Überblick

64 Vehement diskutiert und höchst umstritten sind die Fälle, in denen der Erblasser, der eine Vor- und Nacherbfolge verfügt hat, dem Vorerben die Befugnis erteilt, Einfluss auf den Nacherben zu nehmen. Es gilt der **Grundsatz der Höchstpersönlichkeit** nach § 2065 Abs. 2 BGB, wonach der Erblasser seine(n) Erben höchstpersönlich zu berufen hat (→ § 16 Rn. 3 ff. für Potestativbedingungen wie „Erbe ist der, der mich pflegt"). Andererseits weist *Otte*[161] völlig zu Recht darauf hin, dass §§ 2270 Abs. 1, 2298 Abs. 1 BGB vorsehen, dass die Geltung einer Verfügung von der Verfügung eines anderen abhängig gemacht werden kann (korrespektive Verfügungen). Es bestehe kein Grund, warum eine solche Abhängigkeit nicht auch außerhalb von gemeinschaftlichen Testamenten und Erbverträgen zulässig sein sollte. Ferner ist es zulässig, Verfügungen unter auflösende bzw. aufschiebende Bedingungen zu stellen (§ 2074 BGB). Wenngleich umstritten, ist es doch anerkannt, dass ein Erblasser einen Dritten dazu ermächtigen kann, nach genau vorgegebenen Kriterien seinen Erben zu bestimmen, nicht aber zu bezeichnen (→ § 3 Rn. 34).[162] „Bestimmen" wird insoweit verstanden, dass dem Dritten kein Ermessensspielraum zusteht; eine „Bezeichnung" würde nach Anwendung der vorgegebenen Auswahlkriterien eine genaue Person ergeben, ohne dass dem Dritten eine subjektive Auswahlbefugnis zukommt.

65 In diesem Spannungsfeld bewegt sich die Diskussion, an der sich die Bewertung der nachfolgenden Fälle orientiert. Das Ergebnis wird entweder durch Umdeutung nach § 140 BGB[163] oder durch Anwendung der wohlwollenden Testamentsauslegung nach § 2084 BGB[164] erzielt, wonach im Zweifel diejenige Auslegung vorzuziehen ist, mit der dem Willen des Erblassers zum Erfolg verholfen werden kann.

2. Berufung der Nacherben durch den Vorerben durch eigene Erbeinsetzung

66 Der Erblasser verfügt in dieser Variante, dass derjenige sein Nacherbe ist, den der Vorerbe zu seinem eigenen Erben beruft. Er bestimmt dann zu seinem Nacherben im Wege der Bedingung diejenige Person, die der Vorerbe zu seinem Erben einsetzt. Solche Erbeinsetzungen werden nach ihrem Erfinder als *Dieterle-Klauseln* bezeichnet.[165] Die hM erkennt darin keinen Verstoß gegen § 2065 Abs. 2 BGB, wenn dies nicht auf die Vertretung eines unentschlossenen Erblassers hinausläuft.[166] Es liege eine zulässige Potestativbedingung vor, nicht eine Willensäußerung eines Dritten.[167] Zunehmend wird mit überzeugenden Gründen die Zulässigkeit bezweifelt bzw. verneint.[168]

67 Jedoch ist es zulässig, dass ein Erblasser die gesetzlichen Erben einer anderen Person zu seinen Nacherben einsetzt.[169]

---

161 Staudinger/*Otte* § 2065 Rn. 45.

162 BGH NJW 1955, 100 (101).

163 OLG München ZEV 2016, 390 (391); OLG Hamm NJW-RR 2014, 1288 (1289).

164 OLG München MittBayNot 2018, 50 (51); OLG Düsseldorf BeckRS 2014, 4632.

165 *Dieterle* BWNotZ 1970, 170; BWNotZ 1971, 14; Muster bei BeckOGK BGB/*Küpper* § 2100 Rn. 403.

166 OLG Stuttgart FGPrax 2005, 221 (222); OLG München ZEV 2016, 390 (391) unzulässig, aber Umdeutung möglich; MüKoBGB/*Leipold* § 2065 Rn. 23; Staudinger/*Otte* § 2065 Rn. 47 f.; vgl. BGH NJW 1955, 100.

167 MüKoBGB/*Leipold* § 2065 Rn. 23.

168 OLG Frankfurt a. M. ZEV 2001, 316 (317) mit abl. Anm. *Otte; Kanzleiter* DNotZ 2001, 250; ausführliche Begründung bei BeckOGK BGB/*Hölscher* § 2151 Rn. 78; NK-BGB/*Horn/Mayer* § 2151 Rn. 5.

169 NK-BGB/*Beck/Selbherr* § 2065 Rn. 19; BeckOK BGB/*Litzenburger* § 2065 Rn. 14; *Schäfer* BWNotZ 1962, 202.

Einzelfall:

Die Erblasserin hatte wie folgt verfügt: „Hiermit setze ich meine Tochter als meine Erbin ein, mit der Bedingung, dass sie meinem Sohn aus erster Ehe 3.000 DM ausbezahlt. Sie darf das Erbe nicht verkaufen und muss es bei ihrem Tode meinem Sohn, dessen Frau oder seinen Kindern überlassen." Das OLG Düsseldorf[170] stellte zunächst zutreffend fest, dass die der Erblasserin vorschwebende Konstruktion, ihrer Tochter die Auswahl des Nacherben zu überlassen, gegen § 2065 Abs. 2 BGB verstößt. Der Senat legte die Verfügung nach dem Tod nun der Tochter so aus, dass diese unter der auflösenden Bedingung als Vorerbin eingesetzt war, dass eine der von der Erblasserin (ihrer Mutter) benannten Personen ihr Erbe wird. Die Vorerbin hatte zu ihrer Erbin ein Kind ihres Bruders berufen. Der Senat musste aufgrund des Eintritts der auflösenden Bedingung nicht dazu Stellung beziehen, wer ansonsten Nacherbe geworden wäre.

3. Bestimmung der Nacherben durch den Vorerben

Auch die Befugnis des Vorerben, den Nacherben nach freiem Ermessen zu bestimmen, ist unzulässig.[171] Gleiches gilt auch dann, wenn der Erblasser eine Gruppe von Personen als mögliche Nacherben vorgegeben hat. Die rettende Auslegung kann dann ergeben, dass diese Personen zu gleichen Teilen zu Nacherben berufen sind (entsprechend § 2073), andernfalls richten sich die Nacherben nach § 2104 S. 2 BGB.[172] 68

Einzelfälle:

(1) Der Erblasser hatte seine Ehefrau zur Alleinerbin berufen und angeordnet, dass sie den Nacherben einsetzen kann. Das OLG Oldenburg[173] erkannte auf einen Verstoß gegen § 2065 Abs. 2 BGB und zog dann die Auslegungsregel des § 2304 BGB heran, wonach die gesetzlichen Erben im Zeitpunkt des Nacherbfalls die Nacherben werden.

(2) Als unwirksam sah das BayObLG[174] die Klausel an, dass „der Vorerbe berechtigt sein sollte, aus den Abkömmlingen den für die Erhaltung und Bewirtschaftung des Grundbesitzes geeignetsten Nacherben auszuwählen".

Dabei ist indes *Litzenburger*[175] zu folgen, der diese Gestaltung als zulässig ansieht, wenn der Erblasser genaue Auswahlkriterien zur Bezeichnung des Nacherben vorgibt. 69

4. Auflösend von einer Verfügung des Vorerben bedingte Nacherbschaft

Der Erblasser verfügt eine Vor- und Nacherbfolge. Die Nacherbfolge stellt er unter der auflösenden Bedingung, dass der Vorerbe **nicht anderweitig** letztwillig verfügt.[176] Die Zulässigkeit einer solchen Erbeinsetzung ergibt sich schon aus §§ 2108 Abs. 2, 2075 BGB.[177] Denkbar ist, dass die auflösende Bedingung nur dann eintritt, wenn der Vorerbe für seinen eigenen Nachlass dem Erblasser genehme Erben beruft („kaptatorische Verfügung").[178] Am Todestag des Vorerben entscheidet sich dann, ob die auflösende Bedingung eingetreten ist. Ist die Bedingung nicht eingetreten, indem der Vorerbe nicht selbst verfügt bzw. nicht dem Erblasser genehme Personen zu seinen Erben eingesetzt hat, verbleibt es bei der Nacherbeinsetzung. Dagegen würde bei Bedingungseintritt in der Sekunde des Todes des Vorerben diese **Vollerbe.** Damit vererbt sich auch das durch den Vorerben von dem Erblasser geerbte Vermögen an die dem Erblasser genehmen Personen. Hierzu das OLG Frankfurt:[179] „Der Vorerbe kann somit Vollerbe werden, wenn er es will." 70

---

[170] OLG Düsseldorf BeckRS 2014, 4632.

[171] OLG Oldenburg ZEV 2010, 635 (636); MüKoBGB/*Leipold* § 2065 Rn. 20.

[172] MüKoBGB/*Leipold* § 2065 Rn. 22.

[173] OLG Oldenburg ZEV 2010, 635 (636).

[174] BayObLG FamRZ 2005, 65 = BeckRS 2004, 5044.

[175] BeckOK BGB/*Litzenburger* § 2065 Rn. 19.

[176] Zulässig: OLG München MittbayNot 2018, 50 mAnm *Braun;* OLG Hamm NJW-RR 2014, 1288 (1289); MüKoBGB/*Leipold* § 2065 Rn. 18; Palandt/*Weidlich* § 2065 Rn. 6; NK-BGB/*Gierl* § 2100 Rn. 10; MüKOBGB/*Leipold* § 2065 Rn. 18; aA Erman/*Schmidt* § 2065 Rn. 5.

[177] NK-BGB/*Beck/Selbherr* § 2065 Rn. 22; Palandt/*Weidlich* § 2065 Rn. 6.

[178] OLG Frankfurt a. M. OLGZ 1973, 103 (106); Staudinger/*Otte* § 2065 Rn. 49; MüKoBGB/*Leipold* § 2065 Rn. 24.

[179] OLG Frankfurt a. M. OLGZ 1973, 103 (104).

71 Wohlgemerkt: Hier verfügt der Vorerbe nur über seinen eigenen Nachlass und bestimmt nicht die Nacherben des ursprünglichen Erblassers. Vielmehr schafft er nur eine Bedingung, die aber eben den gewollten Einfluss auf die Erbeinsetzung des Erblassers hat, und zwar durch Wegfall der Nacherbschaft und Wegfall der Beschränkung durch die Nacherbschaft bei dem Vorerben; er wird bei seinem Tod unbeschränkter Vollerbe. Auch das bis zu diesem Zeitpunkt der Nacherbfolge unterliegende geerbte Vermögen des Vorerben fließt an den gewillkürten Erben des Vorerben.

5. Von einer Verfügung des Vorerben bedingte Nacherbschaft

72 Der Erblasser hat die Vor- und Nacherbfolge angeordnet und mehrere Personen zu seinen (letztlich potenziellen) Nacherben berufen. Die Einsetzung eines jeden Nacherben hat er unter die auflösende Bedingung gestellt (§ 158 Abs. 2 BGB), dass der Vorerbe zugunsten eines anderen Nacherben testiert.[180] Indem der Vorerbe über seinen eigenen Nachlass verfügt, indem er etwa eine von zwei zu Nacherben vom ursprünglichen Erblasser berufenen Personen zu seinem eigenen Erben beruft, wird die auflösende Bedingung zulasten eines potenziellen Nacherben ausgelöst. Der andere Nacherbe wird so alleiniger Nacherbe. Zudem wird er Erbe des Vorerben.

VIII. Aufhebung der Nacherbschaftsbeschränkung durch Abtretung des Nacherbenanwartschaftsrechts

1. Überblick

73 Erblasser meinen es oftmals (vermeintlich) gut mit der Anordnung einer Vor- und Nacherbschaft, wobei sie auf lange Zeit zementieren wollen, was mit ihrem Nachlass passiert. Nach dem Erbfall sind die Beteiligten damit häufig mit guten Gründen nicht „glücklich“. Es bestehen vor allem die folgenden Gestaltungen, die Nacherbschaftsbeschränkung aufzuheben:[181]

- Erbausschlagung durch Nacherben (§ 2142 Abs. 1 BGB)
- Überführung von Nachlassgegenständen in das „freie“ Vermögen des Vorerben
- Übertragung des Nacherbenanwartschaftsrechts durch Abtretung an den Vorerben

74 Letztere Gestaltung[182] wird aufgrund ihrer außerordentlichen Praxisrelevanz nachfolgend näher beleuchtet, zumal sie nur dann „funktioniert“, wenn weder ausdrücklich noch durch einfache bzw. ergänzende Auslegung Ersatznacherben oder Nachnacherben vorhanden sind.

2. Rechtslage

75 Erst mit dem Eintritt des Nacherbfalls erwirbt der Nacherbe die Erbschaft (§ 2139 BGB). Zuvor hat er die gesicherte Erwartung, die Erbschaft mit dem Nacherbfall zu erhalten. In dem Zeitraum zwischen dem eigentlichen Erbfall und dem Nacherbfall verfügt er über ein unentziehbares und unbeschränkbares Anwartschaftsrecht.[183] Dieses Nacherbenanwartschaftsrecht beschränkt den Vorerben in seiner Verfügungsbefugnis über die geerbten Gegenstände, wobei weiter entscheidend ist, ob er (teilweise) befreiter Vorerbe ist.

76 Soweit der Erblasser nichts Abweichendes angeordnet hat, ist das **Anwartschaftsrecht rechtsgeschäftlich übertragbar.**[184] Das Gesetz vermutet zudem die Vererblichkeit (§ 2108 BGB). Ist die Vererblichkeit letztwillig ausgeschlossen, kann daraus nicht geschlossen wer-

[180] Zulässig nach BGH NJW 1972, 1987; OLG München ZEV 2018, 50 (52); ZEV 2016, 390 (391); Staudinger/*Otte* § 2065 Rn. 52.
[181] Kölner Formularbuch ErbR/*Hartmann* Kap. 5 Rn. 212 ff.; *Gantzer* MittBayNot 1993, 67.
[182] Muster bei Kölner Formularbuch ErbR/*Hartmann* Kap. 5 Rn. 220.
[183] Palandt/*Weidlich* § 2100 Rn. 12.
[184] BeckOGK BGB/*Küpper* § 2100 Rn. 153; Nieder/Kössinger Testamentsgestaltung-HdB/*R. Kössinger* § 10 Rn. 89.

den, dass auch die Anwartschaft nicht übertragbar ist. Das Nacherbenanwartschaftsrecht kann mithin der Nacherbe auf Dritte und auch vor allem auf den Vorerben übertragen, und zwar in dem Umfang, wie es ihm selbst zusteht.[185] Die Zulässigkeit ist zwar nicht gesetzlich geregelt, aber allg. anerkannt.[186]

Entsprechend dem Abstraktionsprinzip ist zwischen dem Verfügungsgeschäft (Abtretung) und dem Verpflichtungsgeschäft (Schenkungs- oder Kaufvertrag) zu unterscheiden. Die Übertragung des Anwartschaftsrechts bedarf der **notariellen Form** (§ 2033 BGB analog; §§ 2385, 2371 BGB analog).[187] Hat ein Nacherbe gegenüber dem Vorerben in notarieller Form auf das Nacherbenrecht *„verzichtet"*, ergibt idR die Auslegung, dass damit die Übertragung des Nacherbenanwartschaftsrechts gemeint ist.[188] 77

Erwirbt der **Vorerbe** das Anwartschaftsrecht, **wird** er **Vollerbe.**[189] Die Vorerbschaft geht in seiner Hand durch Konsolidation unter; sein Vorerbenrecht erstarkt zum Vollrecht.[190] Hierzu ist erforderlich, dass sämtliche Nacherben ihr Anwartschaftsrecht übertragen.[191] Ansonsten betrifft es nur einen Teil. Die Übertragung der Anwartschaft des Nacherben auf den Vorben oder auf Dritte berührt nicht die Rechte etwaiger Ersatznacherben.[192] So wird der Vorerbe nicht Vollerbe, wenn **Rechte Dritter** betroffen sind.[193] Der Vorerbe wird nicht Vollerbe, wenn **Ersatznacherben** vorhanden sind,[194] sei es durch ausdrückliche Anordnung oder durch Auslegung. Zur Vollerbschaft ist mithin erforderlich, dass die Vererblichkeit entgegen der Vermutung des § 2108 Abs. 2 BGB ausgeschlossen ist.[195] Bei der Berufung von Abkömmlingen ist stets an § 2069 BGB zu denken, wonach bei Wegfall eines berufenen Abkömmlings im Zweifel dessen Abkömmlinge in seine Rechtsstellung eintreten. 78

Einzelfälle

(1) Sämtliche Kinder des Erblassers hatten ihre Nacherbenanwartschaftsrechte auf die Witwe übertragen, die zur alleinigen Vorerbin berufen war. Ausdrücklich hatte der Erblasser keinen Ersatznacherben berufen. Das OLG Hamm[196] hob die Entscheidung des Grundbuchamtes auf, das die Witwe nicht als unbeschränkte Alleinerbin eintragen wollte. Dieses hatte sich auf § 2069 BGB gestützt. Das OLG Hamm entschied sich für die Rechtsstellung der Witwe als unbeschränkte Alleinerbin aufgrund der Übertragung der Nacherbenanwartschaftsrechte. So könne die Befugnis der Witwe, bei Pflichtteilsgeltendmachung durch die Kinder frei über den Nachlass zu verfügen, nur so gewertet werden, dass aufgrund der Übertragungen die Nacherbschaft entfallen sollte.

(2) Das OLG München[197] hat in einem Einzelfall, der aber grundsätzliche Bedeutung hat, festgestellt, dass nach der Übertragung der Anwartschaft des Nacherben an den Vorerben die Auslegung nicht ergibt, dass damit die verfügten Ersatznacherben entfallen sind. IdR fallen mithin verfügte Ersatznacherben nach einer Übertragung nicht weg.

(3) Dagegen ist das LG München II[198] der Auffassung, dass nicht anzunehmen sei, dass die Abkömmlinge der Kinder zu Ersatznacherben berufen sind, wenn die Nacherben für die Übertragung eine Abfindung erhalten haben, die mindestens dem Wert des Pflichtteils entspricht.

Auch bleibt der Vorerbe trotz der Übertragung des Anwartschaftsrechts des Nacherben Vorerbe, wenn der Erblasser weitere Nacherbschaften angeordnet hat (**Nachnacherben**).[199] 79

[185] OLG München ZEV 2015, 347 (348).
[186] BayObLG NJW 1970, 1794 (1795); Palandt/*Weidlich* § 2100 Rn. 14.
[187] MüKoBGB/*Grunsky* § 2100 Rn. 37.
[188] *Muscheler* ErbR Rn. 2541; MüKoBGB/*Grunsky* § 2100 Rn. 35.
[189] *Muscheler* ZEV 2012, 289.
[190] BGH ZEV 1995, 453; OLG Köln ZEV 2018, 138 (139); MüKoBGB/*Grziwotz* Anh. § 2353 Rn. 86.
[191] BeckOGK BGB/*Küpper* § 2100 Rn. 143.
[192] OLG München ZEV 2015, 347 (348).
[193] BGH ZEV 1995, 453.
[194] OLG Hamm ErbR 2013, 394 (395); BayObLG NJW 1970, 1974 (1975).
[195] OLG Düsseldorf ErbR 2017, 230 (231) mwN.
[196] OLG Hamm ErbR 2013, 394 (395) mit zust. Anm. *Elmenhorst.*
[197] OLG München ZEV 2015, 347 (348).
[198] LG München II MittBayNot 1980, 29.
[199] BGH ZEV 1995, 453; vgl. *Muscheler* ZEV 2012, 289 (292).

3. Auswirkungen auf Erbschein und Grundbuch

80 Nach der Übertragung der Anwartschaft auf den Vorerben bedarf es in dem Erbschein nicht mehr der Angabe der Nacherbschaft.[200] Ist ein Erbschein bei der Übertragung noch nicht erlassen worden, ist nach Untergang der Vorerbschaft die Nacherbschaft in einem Erbschein nicht mehr auszuweisen. Ein bereits mit dem Nacherbenvermerk erteilter Erbschein muss wegen Unrichtigkeit eingezogen werden (§ 2361 BGB).[201]

81 Nachdem der Vorerbe Vollerbe geworden ist, ist ein im Grundbuch eingetragener Nacherbenvermerk gem. § 51 GBO zu löschen, da es mit der Übertragung unrichtig geworden ist.[202] Das ist nicht der Fall, wenn Ersatznacherben bestimmt sind.[203]

IX. Rechtsfolgen des Todes des Nacherben vor dem Erblasser

82 Erbe kann gem. § 2108 Abs. 1 BGB nur derjenige werden, der den Nacherbfall erlebt. Wenn der namentlich benannte Nacherbe vor dem Erblasser verstirbt, ist durch Auslegung zu ermitteln, ob die Nacherbschaft mit der Folge entfällt, dass der Vorerbe unbeschränkter Vollerbe wird, oder eine andere Person in die Stellung des Nacherben rückt.[204] Zur Vollerbschaft kommt es nicht, wenn der Erblasser Ersatznacherben berufen hat oder Anwachsung gem. § 2094 BGB bei den weiteren Nacherben eintritt.[205] Innerhalb der ergänzenden Testamentsauslegung ist zu fragen, was der Erblasser bei Testamentserrichtung für den nicht bedachten vorzeitigen Tod des Vorerben verfügt hätte.

Einzelfall

Das OLG Düsseldorf[206] hatte sich mit einer Konstellation zu beschäftigen, in der sich die Ehegatten gegenseitig zu Vorerben und jeweils ihr eigenes, einseitiges Kind zum Nacherben berufen hatten. Da die Tochter der vorverstorbenen Erblasserin noch vor der Erblasserin verstarb, hat die Erblasserin ohne Zustimmung durch ihren Ehemann der Lebensgefährten ihrer Tochter zum Nacherben eingesetzt. Diesen hatte sie als „Schwiegersohn" bezeichnet, was für das Gericht dafür sprach, dass sie ihn als Familienangehörigen angesehen hatte. Das Gericht führte aus, dass bei hypothetischer Betrachtung die Ehegatten bei Errichtung ihres gemeinschaftlichen Testamentes für den Fall des Vorversterbens des eigenen Kindes sich die Möglichkeit eingeräumt hätten, an dessen Stelle einen anderen Nacherben zu berufen.

---

200 OLG Köln ZEV 2018, 138, (140).
201 MüKoBGB/*Gziwotz* Anh. § 2353 Rn. 87; BeckOK FamFG/*Schlögel* § 352b Rn. 8.
202 MüKoBGB/*Grunsky* § 2100 Rn. 40.
203 OLG Hamm NJW 1970, 1606 (1607); BeckOK GBO/*Zeiser* § 51 Rn. 27.
204 OLG Düsseldorf ZErb 2018, 350 mit zust. Anm. *Horn*.
205 BeckOK BGB/*Litzenburger* § 2108 Rn. 1; MüKoBGB/*Grunsky* § 2108 Rn. 6.
206 OLG Düsseldorf ZErb 2018, 350.

§ 13 Abgrenzungsfälle bei der Erbeinsetzung von Abkömmlingen

Übersicht

I. Praxisrelevanz

Erblasser wollen oftmals ihre Nachkommen zu ihren Erben einsetzen. So finden sich in Testamenten Formulierungen mit auslegungsfähigen und auch -bedürftigen Oberbegriffen wie folgt: 1
- *„meine"* Kinder in Fällen, in denen es neben leiblichen und ehelichen Kindern auch nichteheliche, adoptierte, Stief- oder Pflegekinder gibt
- *„meine Abkömmlinge"* bzw. *„meine Nachfahren"*
- *„meine Kinder und meine Enkel"*

Werden die Erben mit Namen benannt, so bestehen keinerlei Unklarheiten und die letztwillige Verfügung ist nicht auslegungsfähig.[1] Anders ist es hingegen, wenn der Testierende zwar seine Kinder namentlich genannt hat, aber nach der Testamentserrichtung weitere Kinder hinzugekommen sind. 2

II. Rechtslage

1. Gesetzliche Erbfolge

Die gesetzlichen Erben der ersten Ordnung sind die Abkömmlinge des Erblassers (§ 1924 Abs. 1 BGB). Dass bei Vorhandensein von Kindern und Enkelkindern nicht auch die Enkelkinder den Erblasser beerben, verhindert § 1924 Abs. 2 BGB: Ein lebender Abkömmling schließt die Abkömmlinge des Erblassers aus, mit denen der Erblasser über ihn verwandt ist. Erst bei Wegfall eines näheren Abkömmlings kommen die entfernteren Abkömmlinge zum 3

[1] MüKoBGB/*Leipold* § 2069 Rn. 1.

Zuge, denn nach Wegfall ihres Repräsentanten können sie ihr Eintrittsrecht in den Stamm ausüben.

2. Gesetzliches Erbrecht nichtehelicher Kinder

4 a) **Grundsätzliches.**[2] Das nichteheliche Kind einer Mutter war schon immer nach seiner Mutter so erbberechtigt, wie ein in einer Ehe gezeugtes und geborenes Kind. Erst seit dem 1.4.1998 ist das nichteheliche Kind auch nach seinem Vater gesetzlich erbberechtigt. Dazu muss die **Vaterschaft** entweder durch Anerkennung oder durch Gerichtsurteil **festgestellt** worden sein (§§ 1594 ff. BGB, § 1600d BGB),[3] was auch noch nach dem Erbfall mit Rückwirkung auf den Zeitpunkt der Geburt möglich ist.[4]

5 b) **Rechtslage für vor dem 1.7.1949 Geborene.** Erst das Urt. des EGMR v. 28.5.2009[5] löste in Deutschland eine Reform[6] aus, wonach auch nichteheliche Kinder von Vätern erbberechtigt sind, die vor dem 1.7.1949 geboren wurden. Das gilt aber wegen des Vertrauensschutzes nur für Erbfälle ab dem 29.5.2009. Für vorherige Erbfälle gilt das bisherige Recht, wonach vor dem 1.7.1949 Geborenen kein Erb- und Pflichtteilsrecht nach dem Vater zusteht, außer sie haben eine notarielle Gleichstellungsvereinbarung getroffen.[7] Aktuelle Entwickung: Der EGMR hat am 7.2.2013 entschieden, dass die Gleichberechtigung auch rückwirkend sichergestellt werden muss.[8] Das BVerfG[9] hat dagegen in seinem Beschl. v. 18.3.2013 die Verfassungsmäßigkeit der deutschen Regelung und damit den Stichtag 29.5.2009 bestätigt. Am 9.2.2017[10] hat jedoch der EGMR entschieden, dass Deutschland nichteheliche Kinder diskriminiert. Eine Gesetzesänderung kann zu erwarten sein.[11] Zumindest hat der BGH in seinem Beschl. v. 12.7.2017[12] unter Betonung des Einzelfalls Art. 5 ZwErbGleichG teleologisch insoweit erweitert, dass er einer Tochter ein Erbrecht nach ihrem am 13.6.1993 verstorbenen Vater zugebilligt hat.

6 c) **Rechtslage für Erbfälle zwischen 1.7.1970 und 31.3.1998.** Für Erbfälle in diesem Zeitraum sind weiterhin die alten gesetzlichen Regelungen anzuwenden (§§ 1934a bis 1934e BGB aF):

- Wenn von dem Vater keine weiteren Kinder abstammen und der Verstorbene keine Ehefrau hinterlässt, ist das nichteheliche Kind gesetzlicher Alleinerbe.
- Wenn von dem Vater neben dem nichtehelichen Kind auch noch eheliche Kinder abstammen, kann das nichteheliche Kind lediglich vom Nachlass einen Geldbetrag erhalten, der wertmäßig dem gesetzlichen Erbteil eines ehelichen Kindes entspricht (sogenannter Erbersatzanspruch nach § 1934a BGB aF).

7 Hat ein nichteheliches Kind im Alter zwischen 21 und 26 Jahren mit seinem Vater den vorzeitigen Erbausgleich gem. § 1934d BGB aF vor dem 1.4.1998 vereinbart (Erbersatzanspruch), ist es weiterhin nicht gesetzlicher Erbe seines Vaters.

3. Gesetzliches Erbrecht adoptierter Kinder

8 a) **Grundsätzliches.** Ein im Zeitpunkt seiner Adoption **minderjähriges Kind** wird erbrechtlich so behandelt, als sei es ein leibliches Kind des Erblassers (§ 1754 BGB). Der Begriff „Abkömmlinge“ umfasst mithin auch adoptierte Abkömmlinge.[13] Das adoptierte Kind gehört dann der ersten Ordnung an, so dass es nach seinen Adoptiveltern, ggf. nach den neuen

[2] *Streßig* ErbR 2016, 357.
[3] Palandt/*Weidlich* § 1924 Rn. 8.
[4] *Karczewski* ZEV 2014, 641 zum Begriff des (nicht) ehelichen Abkömmlings.
[5] EGMR NJW-RR 2009, 1603.
[6] *Krug* ZEV 2011, 397 (399).
[7] Damrau/Tanck/*Tanck* § 1924 Rn. 5.
[8] NJW-RR 2014, 645.
[9] BVerfG ZEV 2013, 326.
[10] EGMR ErbR 2018, 143 = BeckRS 2017, 101431.
[11] *Litzenburger* FD-ErbR 2017, 387049.
[12] BGH ZEV 2017, 510.
[13] OLG München ZErb 2017, 171.

Großeltern und nach den weiteren neuen Verwandten, erbberechtigt ist. Wenn das Adoptivkind vor seinem neuen Elternteil verstirbt, erbt der Adoptivelternteil gesetzlich. Besonderheiten sind zu beachten, wenn die Adoptiveltern zuvor mit dem Kind verwandt waren (Stiefkind-, Halbwaisen- und Verwandten-Adoption).[14] Durch die Adoption erlischt das Verwandtschaftsverhältnis zu den leiblichen Verwandten des adoptierten Kindes völlig (§ 1755 BGB). Das Kind ist dann nach seinen leiblichen Eltern nicht mehr erbberechtigt.

b) Rechtslage bei Adoptionen vor dem 1.1.1977. Für vor diesem Stichtag adoptierte Kin- 9
der gelten Übergangsregeln (Art. 12 AdoptG). Danach gilt das alte Recht für Erbfälle vor diesem Stichtag, wenn der Erblasser ebenfalls vor diesem Stichtag ein minderjähriges Kind adoptiert hat. Nach altem Recht konnte das gesetzliche Erbrecht im Adoptionsvertrag ausgeschlossen werden (§ 1767 Abs. 1 BGB aF). Bei Erbfällen nach diesem Stichtag bestimmt das Alter des vormals minderjährig Adoptierten im Zeitpunkt des 1.1.1977 über die Rechtsfolgen:

- Wenn das Kind bereits volljährig war, gilt das heutige Recht der Volljährigen-Adoption. Ausnahme: Das Erbrecht des Kindes war durch den Adoptionsvertrag ausgeschlossen.
- Wenn das Kind noch minderjährig war, gilt das heutige Recht der Minderjährigen-Adoption. Das gilt nicht, wenn bis zum 31.12.1977 gegenüber dem Amtsgericht Berlin-Schöneberg eine spezielle Erklärung abgegeben wurde. Diese ist auf der Geburtsurkunde des adoptierten Kindes zu vermerken.

c) Volljährigenadoption. Wurde ein volljähriges Kind seit dem 1.1.1977 adoptiert,[15] er- 10
warb es ein entsprechendes Erbrecht nach dem Annehmenden, als sei es ein leibliches Kind (§§ 1767 Abs. 2, 1754 BGB). Es entsteht hingegen **kein Erbrecht im Verhältnis zu den Verwandten** des Annehmenden (§ 1770 Abs. 1 BGB), dafür bleiben die Verwandtschaftsverhältnisse und damit gesetzliche Erbrechte zu den Blutsverwandten bestehen (§ 1770 Abs. 2 BGB). Im **Adoptionsvertrag** kann ein **Ausschluss** des gesetzlichen Erbrechtes vereinbart werden.

III. Formulierungsbeispiele

Will ein Erblasser nur seine leiblichen Kinder und nicht das adoptierte Kind als Erbe ein- 11
setzen, so kann dies wie folgt erreicht werden:

> Zu meinen Erben bestimme ich ausschließlich meine leiblichen Kinder A, B und C. Mein adoptierter Sohn D soll nichts erben. Sollte ich später noch ein weiteres Kind adoptieren, so ist es nicht erbberechtigt.

IV. Abgrenzungskriterien bei der Erbeinsetzung der „Kinder"

1. Der Begriff „Kinder"

Hat der Erblasser seine *„Kinder"* zu seinen Erben eingesetzt, so kann unklar sein, ob da- 12
von etwa auch Enkelkinder, nichteheliche bzw. adoptierte Kinder umfasst sind. Das BGB bezeichnet sämtliche Abkömmlinge erster Ordnung als *„Kinder"* (§§ 1602 Abs. 2, 1603 Abs. 2, 1924 Abs. 4 BGB). Erfasst sind neben den ehelichen leiblichen Kindern auch die nichtehelichen und adoptierten Kinder.[16]

Dagegen ist im **allgemeinen Sprachgebrauch** der **Begriff des „Kindes" nicht eindeutig.** Er 13
kann weit verstanden werden, so dass neben den eigenen (und adoptierten) Kindern auch die Enkel (und ggf. Urenkel) gemeint sind. Das gilt nach dem OLG Köln[17] auch bei der Erb-

[14] Palandt/*Weidlich* § 1924 Rn. 12.
[15] Zu den Fällen zuvor: Palandt/*Weidlich* § 1924 Rn. 15.
[16] Palandt/*Weidlich* § 2068 Rn. 1; Damrau/Tanck/*Seiler-Schopp/Rudolf* § 2068 Rn. 6.
[17] OLG Köln NJW 1994, 266.

einsetzung der *„leiblichen Kinder"*. Es ist aber auch ein enges Verständnis möglich, nach dem der Begriff des Kindes nur auf die blutsverwandten, also leiblichen Abkömmlinge ersten Grades beschränkt ist. Grundsätzlich kann angenommen werden, dass mit der Erbeinsetzung von *„Kindern"* nicht auch Enkel und Urenkel zu Erben bestimmt werden sollen, sofern im Zeitpunkt des Erbfalls direkte leibliche Kinder leben. *Leipold*[18] zufolge gäbe es keine allgemeine Auslegungsregel dafür, dass mit dem Begriff *„Kinder"* auch die weiteren Abkömmlinge (hier die Enkelkinder) des Erblassers gemeint sind. Vielmehr sei im Zweifel die gesetzliche Erbfolge heranzuziehen. Die Enkel kommen wie bei der gesetzlichen Erbfolge erst bei Vorversterben ihres Elternteils, einem unmittelbaren Kind des Erblassers, zum Zuge.

Einzelfall:

(1) Das OLG Hamm[19] hat entsprechend entschieden: Aus dem Änderungsvorbehalt in einem gemeinschaftlichen Testament, anderweitig zugunsten der gemeinsamen Kinder verfügen zu dürfen, ergebe sich nicht die Berechtigung, zugunsten eines Enkelkindes letztwillig zu verfügen.

(2) Die Ehegatten hatten jeweils ein einseitiges und zudem drei gemeinsame Kinder. Als Erben hatten sie „unsere Kinder" berufen. Damit waren nur die gemeinsamen Kinder gemeint, so das OLG Düsseldorf (OLG Düsseldorf BeckRS 26334). So hätten die Ehegatten stets unterschieden. Nur die gemeinsamen Kinder seien als „unsere Kinder" bezeichnet worden.

14 Nicht unter den Begriff *„Kinder"* fallen in der Regel **Stief- und Pflegekinder** sowie die **Schwiegerkinder.**[20] Etwas anderes gilt nur, wenn ein entsprechender Erblasserwille durch Auslegung aufgrund weiterer Umstände ermittelt werden kann.[21]

15 Grundsätzlich sind von dem Begriff des *„Kindes"* auch **nichteheliche Kinder** erfasst.[22] Etwas anderes kann gelten, wenn der Vater zu seinem nichtehelichen Kind, das ggf. wesentlich älter als seine ehelichen Kinder ist, keinen Kontakt mehr hatte, so dass nach dem individuellen Sprachgebrauch des Erblassers das nichteheliche Kind für ihn kein *„Kind"* war.

16 Auch wenn fraglich ist, ob bei einer Erbeinsetzung der Kinder und einer Ersatzerbeinsetzung der Abkömmlinge bei Eintritt der Ersatzerbschaft auch das **Enkelkind erbberechtigt** ist, das **nichteheliches Kind eines Sohnes** des Erblassers ist, hat eine individuelle Auslegung zu erfolgen. So kann die Auslegung nach dem LG Stuttgart[23] ergeben, dass ein nichteheliches Kind von einem weggefallenen Sohn des Erblassers von der Ersatzerbeinsetzung ausgenommen ist. Es besteht aber dem OLG Köln[24] zufolge kein Erfahrungssatz, dass für nichteheliche Enkelkinder grundsätzlich ein anderer Erblasserwille anzunehmen ist als für eheliche Enkelkinder.

2. Adoptierte Kinder

17 **a) Kriterien zugunsten einer Erbenstellung.** Sofern nicht ein gegenteiliger Wille festzustellen ist, beerben den Erblasser bei einer Erbeinsetzung *„der Kinder"* oder der *„Abkömmlinge"* auch dessen adoptierte Kinder, weil diese auch die rechtliche Stellung ehelicher Kinder haben.[25] Etwas anderes gilt oftmals bei der Adoption von Volljährigen.[26]

Adoptierte Kinder würden dem BayObLG[27] zufolge auch im allgemeinen Sprachgebrauch *„ehelichen Kindern gleichgeachtet"*. Auch der Umstand, dass die Erblasser **bereits bei Tes-**

[18] MüKoBGB/*Leipold* § 2068 Rn. 7.
[19] OLG Hamm FGPrax 2005, 265.
[20] BeckOK BGB/*Litzenburger* § 2069 Rn. 3; MüKoBGB/*Leipold* § 2068 Rn. 6.
[21] Damrau/Tanck/*Seiler-Schopp/Rudolf* § 2068 Rn. 6.
[22] OLG Köln NJW 1994, 266 (267); Burandt/Rojahn/*Czubayko* § 2069 Rn. 7; Damrau/Tanck/*Seiler-Schopp/Rudolf* § 2068 Rn. 5; BeckOK BGB/*Litzenburger* § 2069 Rn. 3.
[23] LG Stuttgart Rpfleger 1996, 159 (160).
[24] OLG Köln NJW 1994, 266 (267).
[25] OLG Stuttgart ZEV 2000, 84; OLG Hamm NJWE-FER 1999, 127 (128); BayObLGZ 1984, 246 (249); OLG Frankfurt OLGZ 1972, 120 (123); Palandt/*Weidlich* § 2107 Rn. 1; Damrau/Tanck/*Bothe/Hennicke* § 2107 Rn. 2; NK-BGB/*Beck/Selbstherr,* § 2068 Rn. 5; Rudolf/Bittler/*Seiler-Schopp* Testamentsauslegung und -anfechtung HdB/*Rudolf* § 2 Rn. 197; aA BVerwGE 13, 260.
[26] LG Mönchengladbach FamRZ 2000, 569; NK-BGB/*Beck/Selbherr* § 2068 Rn. 5.
[27] BayObLGZ 1984, 246 (249); ebenso OLG Hamm NJWE-FER 1999, 127.

tamentserrichtung, etwa aufgrund ihres fortgeschrittenen Alters, **an die Möglichkeit einer Adoption gedacht** haben, deutet auf einen Willen hin, auch ein später adoptiertes Kind als Erbe einzusetzen.[28] Eine solche Auslegung begründet auch der EGMR[29] mit der Diskriminierung, die dem Adoptierten ansonsten widerfahren würde.[30]

Die Berufung zu Erben von adoptierten Kindern gilt nach dem OLG Stuttgart[31] auch bei der Erbeinsetzung in einem notariellen Testament der *„ehelichen Abkömmlinge"*, die *„zu gesetzlichen Erben berufen wären"*. Lt. OLG Stuttgart kann dagegen sprechen, wenn die Testierenden älter sind und damit bei Testamentserrichtung *„traditionell engere Vorstellungen"* geherrscht haben könnten. 18

b) Kriterien gegen eine Erbenstellung. In einigen Entscheidungen konnte ein von diesem Grundsatz gegenteiliger Wille festgestellt werden. Eine Erblasserin setzte zu ihren Erben ihre Kinder ein und zu Ersatzerben *„die Abkömmlinge meiner Erben"*. Zudem beschwerte sie diejenigen Erben ohne *„eheliche leibliche Abkömmlinge"* mit der Nacherbschaft. Eine Tochter ohne leibliche Kinder hatte ein Kind adoptiert. Lt. BayObLG[32] war sie dennoch mit der Nacherbschaft beschwert, da die Erblasserin den Zusatz *„leibliche"* verwendete und ihr bei Testamentserrichtung die Auswirkungen einer Adoption bekannt waren, da in ihrem Umfeld Kinder adoptiert wurden. 19

Auch der BGH[33] hat entschieden, dass der Zusatz *„leibliche"* vor *„Abkommen"* auf eine Abgrenzung gegenüber adoptierten Kindern hindeuten kann. Wenn der Erblasser für den Fall, dass seine als Erben eingesetzten Söhne *„kinderlos"* versterben, andere Abkömmlinge als Nacherben einsetzt, kann dem BayObLG[34] zufolge die Auslegung ergeben, dass keine volljährig adoptierten Kinder eines Sohnes gemeint sind. Hierbei war zu berücksichtigen, dass nach der **Volljährigenadoption** kein gesetzliches Erbrecht zu der Erblasserin, der Großmutter des Adoptierten, entstand (§ 1770 BGB). So ist der Rechtsgedanke aus § 2069 BGB zu berücksichtigen, wonach zu dem Kreis der ersatzweise berufenen Abkömmlinge nur mit dem Erblasser selbst verwandte Abkömmlinge zählen.[35] 20

Neben dem entsprechenden Inhalt von Briefen des Erblassers bestand für das LG Stuttgart[36] ein weiteres Indiz dafür, dass der Erblasser in seinem Testament mit *„Abkömmlinge"* nicht adoptierte Kinder seiner Tochter meinte, darin, dass das Testament vor der gesetzlichen Gleichstellung von Adoptivkindern errichtet wurde. 21

Bestimmt der Erblasser, dass zum Kreis der (Nach-)Erben nur seine *„Abkömmlinge im Sinne des § 1924 BGB"* zählen sollen, sind die von den Kindern des Erblassers **als Volljährige adoptierten Personen** bereits vom Wortlaut her von der Erbfolge ausgeschlossen.[37] Nach geltendem Recht sind von Kindern adoptierte Kinder nicht erbberechtigt. In diesem Fall ließ sich in dem Testament ein Bestreben der Erblasserin erkennen, ihr Vermögen nur leiblichen Nachkommen zukommen zu lassen. 22

Auch die Formulierung *„Als Erben setzen wir unsere gemeinschaftlichen Kinder ein, soweit solche aus unserer Ehe hervorgehen"* lässt lt. OLG Düsseldorf[38] darauf schließen, dass nur leibliche und nicht Adoptivkinder gemeint sind. Dieses Ergebnis wird bestärkt, wenn die Erblasser bei der Errichtung der letztwilligen Verfügung berechtigter Weise noch mit leiblichen Kindern rechneten und eine Adoption nicht in Erwägung gezogen haben.[39] Ein weiteres Indiz gegen die Erbeinsetzung des Adoptivkindes ist, wenn aus einem später geschlosse- 23

[28] OLG Frankfurt OLGZ 1972, 120 (125); OLG Düsseldorf OLGR 1998, 119 = FamRZ 1998, 1206.
[29] EGMR NJW 2005, 875 (878).
[30] Diese Begründung ist unsachgemäß, da es außerhalb des Pflichtteilsrechts und engen Grenzen wie § 138 BGB Erblassern freisteht, nach ihrem freien Belieben ihre Erben zu bestimmen.
[31] OLG Stuttgart ZEV 2010, 94.
[32] BayObLG NJW-RR 1992, 839.
[33] BGH FamRZ 1983, 380 = BeckRS 2010, 7142.
[34] BayObLGZ 1984, 246; entsprechend LG Stuttgart FamRZ 1990, 214.
[35] BayObLGZ 1984, 246 (250 f.).
[36] LG Stuttgart FamRZ 1990, 214.
[37] LG München FamRZ 2000, 569.
[38] OLG Düsseldorf NJWE-FER 1998, 84.
[39] OLG Düsseldorf NJWE-FER 1998, 84.

nen **Adoptionsvertrag** hervorgeht, dass das adoptierte Kind in einem beabsichtigten neuen Testament nicht als Erbe eingesetzt werden soll.[40]

24 c) **Adoptierte als bestimmte Ersatzerben.** Es sind Fälle denkbar, in denen der Erblasser beispielsweise seine Kinder namentlich zu seinen Erben eingesetzt und zugleich deren *„Kinder"* bzw. *„Abkömmlinge"* – ohne Namensnennung – zu Ersatzerben bestimmt hat. Sind nun die Kinder vorverstorben oder aus einem anderen Grund weggefallen und haben diese (**auch**) **adoptierte Kinder** (also die Enkel des Erblassers), stellt sich die Frage, ob Ersatzerben nur die leiblichen oder auch die adoptierten Kinder sind.

25 In einem vom LG München I[41] entschiedenen Sachverhalt fanden sich in dem gemeinschaftlichen Testament **weitere Anordnungen,** die dafür sprachen, dass die Erblasser einen Verbleib ihres Nachlasses im Besitz der **leiblichen Nachkommen** erreichen wollten. So war bestimmt, dass zum Kreis der (Nach-)Erben nur *„Abkömmlinge im Sinne des § 1924 BGB"* zählen sollen. Danach sind die von den Kindern des Erblassers **als Volljährige adoptierten Personen** bereits vom Wortlaut her von der Erbfolge ausgeschlossen.[42] Nach geltendem Recht sind von Kindern adoptierte Kinder nicht erbberechtigt (gegenüber den Großeltern). Das LG München I bestätigte daher die Entscheidung des Nachlassgerichts, welches den Erbscheinsantrag der adoptierten Tochter eines der leiblichen Kinder abgelehnt hatte.

26 Auch das BayObLG[43] kam zu dem Ergebnis, dass der Erblasser nur leibliche Abkömmlinge bedenken wollte, als er von seinen **vier Kindern zwei nur als Vorerben und die übrigen zwei als Nacherben** einsetzte. Die Nacherbfolge sollte mit dem *„kinderlosen"* Ableben der Vorerben eintreten. Nach dem Willen des Erblassers sollten im Falle des Vorversterbens eines der als Vorerben eingesetzten Kinder eher die anderen zwei Kinder an der Erbschaft partizipieren, als die dem Erblasser ferner stehende Adoptivtochter seines verstorbenen Sohnes.[44] Dies gilt umso mehr, als dass sich zum Zeitpunkt der Testamentserrichtung 1950 die Annahme an Kindes statt nicht auf die Verwandten des Annehmenden erstreckt.[45] Bei einem anderen Sachverhalt, über den das OLG Hamm[46] zu entscheiden hatte, hatte der Erblasser die Nacherbfolge für den Fall angeordnet, wenn *„die Ehe (seines Sohnes) kinderlos"* bleibt. Dieser Fall ist lt. BayObLG eingetreten, obwohl der Sohn die einseitige Tochter seiner Ehefrau adoptiert hatte.

27 Erst wenn die **individuelle Auslegung erfolglos** ist, kann lt. BayObLG[47] der **Rechtsgedanke** der gesetzlichen Auslegungsregel § 2069 BGB zur Anwendung kommen, wenn **ausdrücklich** eine Ersatzerbenbestimmung zugunsten der Abkömmlinge getroffen wurde.[48] Danach erben die Abkömmlinge des weggefallenen Kindes gem. § 1924 Abs. 2 bis 4 BGB statt des Kindes, womit auch nichteheliche und minderjährig adoptierte Kinder umfasst sind. Bei der **Volljährigenadoption** erstrecken sich die Wirkungen der Adoption nicht auf die Verwandten des Annehmenden (§ 1770 Abs. 1 BGB).[49] Der volljährig Adoptierte erwirbt mithin kein Erbrecht nach denjenigen Großeltern, mit denen er über seinen Adoptivelternteil verbunden ist. Daher ist unter Zugrundelegung des Rechtsgedankens aus § 2069 BGB ein volljährig adoptiertes Kind ohne gesetzliches Erbrecht nach den Großeltern nicht von der Ersatzerbeinsetzung der Abkömmlinge umfasst.

---

[40] OLG Düsseldorf NJWE-FER 1998, 84.
[41] LG München I FamRZ 2000, 569.
[42] LG München I FamRZ 2000, 569.
[43] BayObLG BayObLGZ 1984, 246.
[44] BayObLG BayObLGZ 1984, 246 (250).
[45] BayObLG BayObLGZ 1984, 246 (248).
[46] OLG Hamm NJWE-FER 1999, 127 (128), wobei berücksichtigt wurde, dass gem. § 1763 BGB aF die Wirkungen der Annahme an Kindes statt sich nicht auf die Verwandten des Annehmenden bezogen, so dass dem adoptierten Kind kein gesetzliches Erbrecht nach dem Erblasser zustand.
[47] BayObLG NJW 1961, 1678; ebenso OLG Brandenburg FamRZ 1999, 55 = BeckRS 1998, 3667.
[48] Diese kann lt. OLG Hamm NJWE-FER 1999, 127 auch innerhalb der individuellen Auslegung „ergänzend" herangezogen werden.
[49] Vgl. *Specks* ZErb 2007, 238 (240).

V. Abgrenzungsfall bei Erbeinsetzung der „Abkömmlinge" bzw. „Nachkommen"

1. Grundsätzliches

Der Begriff des **„Abkömmlings"** ist – umgangssprachlich – weiter als der des *„Kindes"*: So sind Abkömmlinge alle von einer Person in gerader Linie abstammenden Personen, mithin Kinder, Enkel, Urenkel etc. Maßgeblich ist die Abstammung im rechtlichen Sinne gem. § 1589 BGB, die von der biologischen Abstammung abweichen kann.[50] Eine Legaldefinition findet sich allerdings nicht im Gesetz.[51] Entsprechendes gilt zu dem Begriff **„Nachkommen"**, ggf. mit dem Zusatz *„leibliche"*.[52] 28

Einzelfall:

Mit „Abkömmlinge" können auch ausschließlich **biologische Kinder** gemeint sein. Es käme dann nicht auf die rechtliche Abstammung an. Dies begründete das OLG München[53] ua mit der Wortwahl von *„erzeugen"* bzw. *„falls ein Erbe kinderlos bleibt"*.

Im allgemeinen Sprachgebrauch ist der Begriff des Abkömmlings nicht streng umrissen, so dass zum einen nur die direkten Kinder oder zum anderen zudem auch die Enkelkinder etc. gemeint sein können. Lt. BGH[54] ist die Erbeinsetzung *„leibliche Abkömmlinge"* mehrdeutig und auslegungsbedürftig. 29

- Im Hinblick auf den Wortlaut beerben den Erblasser bei einer Erbeinsetzung wie *„Abkömmlinge als Erben zu gleichen Teilen"* neben den Kindern auch Enkel, Urenkel, etc.
- Wahrscheinlicher ist aber die Auslegung, wonach die Kinder entweder unbeschränkte Alleinerben oder Vorerben sind. In diesem Fall sind zumindest die Enkelkinder die Nacherben, ggf. auch die Urenkel die Nacherben der Nacherben. Hat ein Jurist ein Testament entworfen, in dem die Abkömmlinge zu Erben eingesetzt werden, ist eher davon auszugehen, dass die Kinder unbeschränkte Erben sein sollen. So wird er an § 1924 Abs. 2 BGB gedacht haben.

Zu beachten ist, dass sowohl der Begriff *„Abkömmling"* als auch der des *„Nachkommen"* **keinen Ausschluss** derjenigen **Nachkommen** enthalten, **die beim Erbfall weder geboren noch gezeugt** sind. Setzt der Erblasser als Erben die *„leiblichen Nachkommen seiner Kinder"* ein, ist durch Auslegung zu ermitteln, ob der Erblasser nur die bis zum Erbfall geborenen Enkelkinder berücksichtigen wollte oder ob er auch **nach seinem Tode gezeugte Kinder** berücksichtigen wollte.[55] **§ 2101 BGB** greift ausweislich seines eindeutigen Wortlautes nur dann ein, wenn feststeht, dass der Erblasser auch noch nicht gezeugte Personen einsetzen wollte. Auf diese gesetzliche Auslegungsregel kann daher, selbst wenn Zweifel bestehen, nicht zurückgegriffen werden. Für einen Fall dieser Konstellation hat das OLG Köln[56] angenommen, dass der Auslegung zufolge nur diejenigen Enkelkinder ihn beerben sollten, die bei seinem Erbfall schon gezeugt sind. 30

Einzelfall:

Die Erblasserin hatte vier Pflegekinder, von denen sie zwei Kinder adoptiert hatte. Die Adoption der weiteren beiden Pflegekinder scheiterte an der erforderlichen Zustimmung durch die leiblichen Eltern. Sie hatte durch Testament verfügt: *„Es bleibt die gesetzliche Regelung."*. Weiter verfügte sie, dass ihre persönlichen Sachen *„unter meinen 4 Kindern"* aufgeteilt werden sollen und Folgendes: *„Ich liebe Euch alle 4 gleich und ...."* Das AG Gummersbach[57] befand, dass die vier Kinder zu gleichen Teilen erben und sprach sich gegen die gesetzliche Erbfolge aus.

---

[50] BGH NJW 1989, 2197 (2198); MüKoBGB/*Leipold* § 1924 Rn. 3.
[51] MüKoBGB/*Leipold* § 1924 BGB Rn. 3.
[52] BGH NJW 1993, 256.
[53] OLG München ErbR 2013, 156 (157) mit zust. Anm. *Stahmer.*
[54] BGH FamRZ 1983, 380 = BeckRS 2010, 7142.
[55] OLG Köln NJW-RR 1992, 1031.
[56] OLG Köln NJW-RR 1992, 1031 (1032).
[57] AG Gummersbach BeckRS 2015, 123921.

2. Geburt eines weiteren Kindes nach Testamentserrichtung

31 Hat der Erblasser seine einzigen, bei Testamentserrichtung lebenden Kinder namentlich zu Erben eingesetzt und **wird vor seinem Tod ein drittes Kind geboren,** so ergibt regelmäßig die ergänzende Auslegung, dass die drei Kinder zu gleichen Teilen erben. Den erforderlichen Anhaltspunkt für die Willensrichtung sah das BayObLG[58] darin, dass der Erblasser seine beiden zuerst geborenen Kinder neben ihrem Namen mit *„Sohn"* und *„Tochter"* bezeichnet hatte. Folglich hatte das dritte Kind die gleiche verwandtschaftliche Stellung wie die laut dem Wortlaut Bedachten.

32 Entsprechend entschied auch das BayObLG:[59] Der Erblasser hatte seine beiden Söhne zu Vorerben eingesetzt. Zu Nacherben des Sohnes mit Kindern hatte er dessen gesetzliche Erben bestimmt; zu Nacherben des kinderlosen Sohnes den Sohn mit Kindern *„oder dessen Erben"*. Zwischen dem Erbfall und dem Nacherbfall wurde ein Kind von dem bislang kinderlosen Sohn geboren. Durch ergänzende Testamentsauslegung stellte das BayObLG[60] eine diesbezügliche Lücke fest und die gesetzlichen Erben des vormals kinderlosen Sohnes als dessen Nacherben.

Praxistipp:
Stets ist in diesen Fällen an die Anfechtung wegen Übergehung eines Pflichtteilsberechtigten zu denken (§ 2079 BGB).

VI. Abgrenzungskriterien bei gleichzeitiger Erbeinsetzung von Kindern und Enkelkindern bzw. von Partnern und Kindern

33 Auslegungsbedürftig sind letztwillige Verfügungen, in denen sowohl die Kinder als auch zugleich die Enkelkinder bedacht werden. Es kommen sodann folgende Auslegungsalternativen in Betracht:

- Sowohl die Kinder als auch die Enkelkinder beerben den Erblasser, so dass diese gemeinsam eine **Erbengemeinschaft** bilden.
- Die Kinder sind Vorerben und die Enkelkinder **Nacherben.**
- Die Kinder sind Erben und die Enkelkinder **Ersatzerben.**

34 Der BGH hatte über eine Testamentsanordnung eines Erblassers zu entscheiden, nach der seine *„beiden Söhne und deren leiblichen Nachkommen zu gleichen Teilen"* erben sollen. Diese kann als **Vor- und Nacherbschaft** ausgelegt werden. Dafür sprach in einem vom BGH[61] entschiedenen Fall, dass die Erbteile der Söhne bei vollständiger Gleichsetzung mit ihren Abkömmlingen bei jeder Geburt oder Zeugung (§ 2101 BGB) vermindert würden. Dieses Ergebnis wird nur in den wenigsten Fällen vom Erblasser gewollt sein. Meist sprechen viele Indizien dafür, dass der Erblasser seine Nachkommen ersten Grades (Kinder) als Vorerben und deren Abkömmlinge als Nacherben einsetzen wollte. Hat der Erblasser zu Lebzeiten zum Beispiel wertvolle Gegenstände wie etwa ein Haus verkauft und den Erlös zwischen seinen Kindern aufgeteilt, während der Erblasser den Enkeln nichts hat zukommen lassen, so spricht dies nach dem BGH[62] ebenfalls dafür, dass er seine Söhne als Vorerben angesehen hat.

35 Vergleichbar sind die Fälle, in denen der Erblasser seinen Partner *„oder"* sein Kind zum Erben eingesetzt hat. Eine alternative Erbeinsetzung ist gem. § 2065 BGB unwirksam. Daher kommt die Auslegung sowohl in eine Vor- und Nacherbschaft als auch in eine Ersatzerbeinsetzung in Betracht. Bei der Erbeinsetzung *„meine Lebensgefährtin T. oder unsere gemein-*

[58] BayObLG FamRZ 1991, 982 = BeckRS 2010, 30314.
[59] BayObLG NJW-RR 1991, 1094 (vereinfacht).
[60] BayObLG NJW-RR 1991, 1094 (1095 f.).
[61] BGH NJW 1993, 256 (257).
[62] BGH NJW 1993, 256 (257).

same Tochter M". nahm das BayObLG[63] die Lebensgefährtin als Erbin und die Tochter nur als **Ersatzerbin** an. So sei die Tochter an *„zweiter Stelle aufgeführt"* und diese Generationenfolge entspräche im Hinblick auf § 2269 Abs. 1 BGB der allgemeinen Lebenserfahrung. Bei der Erbeinsetzung der Nichte *„u. Familie"* stellte das OLG Hamm[64] nach Vorversterben der Nichte dessen einzige Tochter als Ersatzerbin fest.

Das BayObLG[65] hatte darüber zu entscheiden, ob mit folgender Erbeinsetzung *„Im Falle meines Ablebens und meines Kindes A setze ich meine Schwester B als Alleinerbin ein."* eine Nacherbeinsetzung zugunsten der Schwester B verfügt war. Der Sohn war im Zeitpunkt der Testamentserrichtung 8 Jahre alt; die Schwester gehörte der gleichen Generation wie die Erblasserin an. Das Gericht stellte indes nur eine **Ersatzerbschaft** zugunsten der Schwester B fest. So wäre es ungewöhnlich, wenn eine Mutter nicht wollte, dass ihr Sohn über den von ihr ererbten Nachlass nicht letztwillig verfügen kann. Nur für den Fall des Vorversterbens ihres Sohnes oder des gleichzeitigen Versterbens mit dem Sohn etwa aufgrund eines Unglücksfalls hätte die Erblasserin Vorsorge treffen wollen, zumal ihr Sohn ihr gesetzlicher Erbe gewesen wäre. Andernfalls hätten sie auch weitere Geschwister gesetzlich beerbt, was mit der Klausel ausgeschlossen werden sollte. 36

VII. Feststellungs- und Beweislast

Die Auslegung der Begriffe *„Kind"*, *„Abkömmling"* oder *„Nachkomme"* hat der Richter von Amts wegen durchzuführen.[66] Wer allerdings aus Umständen, die außerhalb der letztwilligen Verfügung liegen, eine für sich günstige Auslegung herleiten will, ist für den betreffenden Umstand darlegungs- und beweispflichtig.[67] Im Verfahren vor dem Nachlassgericht obliegt demjenigen die Feststellungslast hinsichtlich eines vorrangigen Erblasserwillens auf Ausschluss der Erbnachfolge des Abkömmlings, dem dieser Ausschluss zugutekommt.[68] 37

[63] BayObLG NJW 1999, 1118 (1119).
[64] OLG Hamm FGPrax 2012, 23.
[65] BayObLG NJW-RR 2002, 1086.
[66] Palandt/*Ellenberger* § 133 Rn. 29.
[67] BGH NJW 1999, 1702; OLG Saarbrücken NJW-RR 1999, 1197 (1198).
[68] NK-BGB/*Beck/Selbherr* § 2069 Rn. 27.

§ 14 Abgrenzungsfälle bei unterlassener, aber erforderlicher Ersatzerbeinsetzung

Übersicht

I. Praxisrelevanz

1 Die Abgrenzungsfälle bei unterlassener, aber erforderlicher Ersatzerbeinsetzung betreffen die Konstellationen, in denen der Erblasser zwar die Person des Erben letztwillig bestimmt hat, diese aber vor ihm verstorben ist oder aus einem anderen Grund, etwa durch Ausschlagung, weggefallen ist. Es stellt sich dann die Frage, ob nun die gesetzliche Erbfolge, Anwachsung nach § 2094 BGB bei etwaigen Miterben eintreten soll oder die Abkömmlinge des weggefallenen Erben in dessen Begünstigungsposition eintreten sollen. Selbst wenn der Erblasser durch Testament auch ausdrücklich Ersatzerben eingesetzt hat, ist durch Auslegung zu ermitteln, ob nicht vielleicht die gesetzliche Auslegungsregel § 2069 BGB Vorrang hat. Stirbt ein eingesetzter Nacherbe zwischen dem Erbfall und dem Nacherbfall, ist fraglich, ob nun die Erben des Nacherben oder die Ersatznacherben zur Nacherbfolge gelangen.

2 Nachfolgende Erwägungen sind auch auf vorverstorbene **Vermächtnisnehmer** und vorverstorbene **Auflagenbegünstigte** zu beziehen.

II. Rechtliche Hintergründe

3 Innerhalb dieser Abgrenzungsfälle sind im Wesentlichen im Zweifelsfalle nachfolgende **gesetzliche Auslegungsregeln** zu beachten:

- § 2069 BGB: Vorverstirbt ein eingesetzter Abkömmling, so erben dessen Abkömmlinge.
- § 2099 BGB: Das Recht des Ersatzerben geht dem Anwachsungsrecht vor.
- § 2102 Abs. 1 BGB: Der eingesetzte Nacherbe ist auch Ersatzerbe.
- § 2102 Abs. 2 BGB: Jemand ist Ersatzerbe, wenn nicht eindeutig ist, ob er Nach- oder Ersatzerbe sein soll.

III. Formulierungsbeispiele

Möchte der Erblasser etwa verhindern, dass aufgrund der gesetzlichen Auslegungsvorschrift des § 2069 BGB die Kinder seines Sohnes erben, sondern eine bestimmte Person, so kann er folgende Klausel verwenden: 4

Zu meinem Alleinerben setze ich meinen Sohn ein. Fällt mein Sohn vor oder nach dem Erbfall weg, so bestimme ich entgegen jeder anderslautenden gesetzlichen oder richterlichen Auslegungs- oder Vermutungsregel meinen Enkel Y zum Ersatzerben.

Soll indes die Ersatzerbenvermutung nach § 2069 BGB nicht gänzlich ausgeschlossen werden, sondern nur etwaige nichteheliche oder adoptierte Abkömmlinge nicht zu Ersatzerben berufen sein, kann wie folgt verfügt werden:[1] 5

Für den Fall, dass einer der Erben vor oder nach dem Erbfall wegfällt, bestimme ich seine Abkömmlinge zu Ersatzerben. Ausgenommen von der Ersatzerbfolge und der Vermutungsregelung des § 2069 BGB sind nichteheliche und adoptierte Kinder sowie deren Abkömmlinge.

Ist ein Nichtabkömmling zum Erben eingesetzt und soll § 2069 BGB für die Ersatzerbenbestimmung Anwendung finden, kann folgende letztwillige Anordnung getroffen werden: 6

Zu meiner Alleinerbin setze ich meine Haushälterin X ein. Fällt sie vor oder nach meinem Erbfall weg, so bestimme ich zu Ersatzerben ihre Abkömmlinge. § 2069 BGB soll entsprechend angewendet werden.

IV. Widerlegung von § 2069 BGB

1. Anordnung von Ersatzerben

§ 2069 BGB ist eine gesetzliche Auslegungsregel und gilt daher nur **im Zweifelsfalle**, also nicht bei Feststellung eines abweichenden Willens.[2] Ein abweichender Erblasserwille kann vorliegen, wenn der Erblasser von seinem Recht zur Anordnung eines Ersatzerben nach § 2096 BGB Gebrauch gemacht hat:[3] Es besteht aber kein generelles Rangverhältnis **zwischen § 2069 BGB und § 2096 BGB,** so dass die individuellen Umstände ausschlaggebend sind.[4] Im Zweifel geht aber *Rudolf*[5] zutreffend von einem Vorrang einer ausdrücklichen Ersatzerbeinsetzung aus. Schließlich hat der Erblasser sich bei Testamentserrichtung bewusst mit der Frage des eventuellen Wegfalls seines Erben beschäftigt und für diesen Fall Vorkehrungen, also eine Ersatzerbbestimmung, getroffen. § 2096 BGB schließt aber nur § 2069 BGB insoweit nach dem OLG München[6] aus, soweit die Ersatzerbeinsetzung reicht. Wenn die Ersatzerbeinsetzung nur für einen bestimmten Fall geregelt ist, so kann die Auslegung ergeben, dass der Erblasser nicht generell § 2069 BGG ausschließen wollte. Dies hat das OLG München[7] für den Fall bestätigt, in dem die beiden zu Erben eingesetzten Söhne ent- 7

[1] Tanck/Krug AnwForm Testamente/*Tanck* § 10 Rn. 58.
[2] Burandt/Rojahn/*Czubayko* § 2069 Rn. 3; NK-BGB/*Beck/Selbherr* § 2069 Rn. 2.
[3] MüKoBGB/*Leipold* § 2069 Rn. 19 f.
[4] BayObLG NJW-RR 1994, 460; *Lange/Kuchinke* ErbR § 27 VII 2.
[5] Rudolf/Bittler/Seiler-Schopp Testamentsauslegung und -anfechtung-HdB/*Rudolf* § 2 Rn. 242; so auch MüKoBGB/*Rudy* § 2096 Rn. 8; MüKoBGB/*Leipold* § 2069 Rn. 19; BeckOK BGB/*Litzenburger* § 2096 Rn. 2.
[6] OLG München ZErb 2011, 336.
[7] OLG München ZErb 2011, 336.

gegen § 2069 BGB gegenseitig zu Ersatzerben bestimmt und beide Söhne vorverstorben waren. Sodann ist im Zweifel auf § 2069 BGB zurückzugreifen. Gem. § 2099 BGB geht die Ersatzerbenanordnung auch der Anwachsung gem. § 2094 BGB vor.[8]

8 Wenn eine Ersatzerbeinsetzung nicht ausdrücklich und eindeutig verfügt wurde, gilt Folgendes: In Betracht kommt vor allem die **ergänzende Auslegung,** so dass ein feststellbarer **hypothetischer Wille** reicht.[9] Die Feststellung von Ersatzerben durch die einfache Auslegung ist hingegen in vielen Fällen lebensfremd:[10] Wenn ein Erblasser bei Testamentserrichtung einen realen Willen hinsichtlich seiner Ersatzerben aufwies, so wird er auch eine Ersatzerbeinsetzung ausdrücklich verfügt haben. Wenn ein Kind etwa den Pflichtteil geltend macht, entspricht es regelmäßig nicht dem Willen des Erblassers, dass sodann seine Kinder, also die Enkelkinder des Erblassers, durch die Anwendung des § 2069 BGB in den Genuss der Erbschaft gelangen.[11] So kann es zu einer Doppelbegünstigung eines Stammes kommen.

9 Hat der Erblasser nach Testamentserrichtung **Kenntnis von dem Vorversterben** seines Bedachten erhalten und ändert daraufhin nicht seine letztwillige Verfügung, kann daraus nicht der Ausschluss der Erstreckung auf Abkömmlinge des Vorverstorbenen geschlußfolgert werden.[12] Denkbar ist, dass der Erblasser davon ausgegangen ist, dass die Abkömmlinge des Weggefallenen automatisch an dessen Stelle träten.[13]

10 **Beweispflichtig** ist derjenige, der sich auf die Nichtanwendung des § 2069 BGB beruft.[14]

2. Verfügter Ausschluss des § 2069 BGB

11 Ein Erblasser kann auch statt der namentlichen Benennung von Ersatzerben nach § 2096 BGB auch nur die gesetzliche Auslegungsregel des § 2069 BGB ausschließen, so dass bei Wegfall seines Erben ansonsten die gesetzliche Erbfolge oder Anwachsung nach § 2094 BGB eintritt. Dies kann auch durch Auslegung festzustellen sein: Ist in einem notariellen Testament Entsprechendes wie *„eine Ersatzerbbestimmung wird nicht getroffen"* verfügt, so indiziert diese den Ausschluss von § 2069 BGB.[15] Eine Ausnahme nahm etwa das OLG München[16] für eine der Alleinerbeinsetzung folgenden Anordnung mit dem Wortlaut *„Ersatzerben will ich ausdrücklich nicht bestimmen"* an. Vor allem weil es sich dabei um eine von dem im Erbscheinsverfahren als Zeugen aufgetretenen Notar routinemäßig verwandte Formulierung handelte, wandte das Gericht § 2069 BGB an. So konnten die Kinder der zur Alleinerbin eingesetzten Tochter der Erblasserin diese beerben, nachdem die Tochter zu diesem Zweck ausgeschlagen hatte.

3. Ausschlagung

12 a) **Ohne Pflichtteilsgeltendmachung.** Schlägt ein Erbe aus, so liegt ein **Wegfall** iSd § 2069 BGB vor. Schließlich beseitigt die Ausschlagung rückwirkend den Anfall an den Erben (§ 1953 BGB).[17] Das gilt in jedem Fall, wenn der Ausschlagende **nicht pflichtteilsberechtigt** ist.[18] Solange indes ein grundsätzlich pflichtteilsberechtigter Abkömmling, der bei der Auferlegung von Beschränkungen und Beschwerungen gem. § 2306 BGB trotz Ausschlagung seinen Pflichtteil verlangen kann, seinen Pflichtteil nicht verlangt hat oder diesen aufgrund von Verjährung nicht mehr verlangen kann, ist auch § 2069 BGB anzuwenden.[19]

[8] OLG Schleswig FamRZ 20122, 666 = BeckRS 2011, 28746.
[9] BGH NJW 1960, 1899 (1900).
[10] *Perkams* ZEV 2005, 510 (511).
[11] LG Berlin BeckRS 2011, 15188.
[12] MüKoBGB/*Leipold* § 2069 Rn. 21.
[13] BayObLG FamRZ 1991, 614 (615) = BeckRS 1990, 30887885; NK-BGB/*Beck/Selbherr* § 2069 Rn. 3; BeckOK BGB/*Litzenburger* § 2069 Rn. 14.
[14] Dt. ErbRK/*Gemmer* § 2069 Rn. 17.
[15] BayObLG FGPrax 2005, 71; NK-BGB/*Beck/Selbherr* § 2069 Rn. 2; aA Palandt/*Weidlich* § 2069 Rn. 1.
[16] OLG München ZEV 2009, 239 mAnm *Dietz*.
[17] MüKoBGB/*Leipold* § 2069 Rn. 12; NK-BGB/*Beck/Selbherr* § 2069 Rn. 12.
[18] BGH NJW 1960, 1899; NK-BGB/*Beck/Selbherr* § 2069 Rn. 12; Staudinger/*Otte* § 2069 Rn. 9.
[19] BGH NJW 1960, 1899 (1900) stellt ebenfalls auf das Verlangen des Pflichtteils ab. Dagegen sprechen sich BeckOK/*Litzenburger* § 2069 Rn. 11a und Staudinger/*Otte* § 2069 Rn. 12 mit dem Argument der Rechtssi-

b) Nach Pflichtteilsgeltendmachung. Höchst umstritten sind die Fälle, in denen ein als (Nach-) Erbe vorgesehener Abkömmling ausschlägt.[20] Da es bei Anwendung von § 2069 BGB zu einer **Doppelbegünstigung eines Stammes** kommt bzw. kommen kann und regelmäßig die Geltendmachung des Pflichtteilsanspruchs nicht im Sinne des Erblassers war, dessen Nachfolgeplanung dadurch gestört wird, ist folgende **tatsächliche Vermutung** aufzustellen: Nach dem Verlangen des Pflichtteils durch einen Abkömmling können sich dessen Abkömmlinge nicht auf die Auslegungsregel des § 2069 BGB berufen.[21] Auch die Rechtsprechung lehnt die Anwendung ab.[22] Dies begründet das OLG München[23] wie folgt: 13

> *„Dies beruht auf der allgemeinen Lebenserfahrung, dass es in der Regel dem Willen des Erblassers nicht entspricht, den Stamm des Abkömmlings, der die Erbschaft ausschlägt und den Pflichtteil verlangt, doppelt zu berücksichtigen, und ebenso wenig, den überlebenden Ehegatten als Vorerben durch die Auszahlung des Pflichtteils im uneingeschränkten Genuss des Nachlasses zu beeinträchtigen (BayObLGZ 1962, 239, 244).“*

Bei dieser Konstellation kommt es aber außerordentlich auf die **Umstände des Einzelfalls** und damit auf eine individuelle Auslegung an.[24] So kann es etwa dem hypothetischen Interesse des Erblassers entsprechen, dass statt seines Kindes seine von dem ausschlagenden Kind abstammenden Enkelkinder erben. Das gilt vor allem dann, wenn sämtliche Kinder ausgeschlagen haben. Andernfalls würden schließlich entfernte Verwandte oder der Staat erben. Dies dürfte regelmäßig nicht dem letzten Willen des Erblassers entsprechen, wie das OLG Frankfurt[25] entschied. In dem entschiedenen Fall hatten die Eltern ein **Berliner Testament mit Pflichtteilsstrafklausel** errichtet. Nach dem Tod des erstversterbenden Vaters machten die Kinder im Einvernehmen mit der längerlebenden Mutter den Pflichtteil geltend. Das OLG Frankfurt stellte zwar die Auslösung der Pflichtteilsstrafklausel fest, erkannte aber auf die Ersatzerbfolge von Enkelkindern. 14

Dass es sehr auf den Einzelfall ankommt, belegen letztlich die vielen unterschiedlichen Literaturauffassungen. *Leipold*[26] unterscheidet zwischen Vollerbe und Nacherbe. Da die Pflichtteilslast gem. § 2320 BGB im Innenverhältnis die nachrückenden Abkömmlinge des Ausschlagenden bei Vollerbschaft tragen müssen, sei § 2069 BGB anzuwenden. So würde eine Doppelbegünstigung eines Stammes vermieden. Da sich der die Pflichtteilslast tragende Vorerbe nicht auf etwa § 2320 BGB berufen kann, gelte bei einer Nacherbschaft des Ausschlagenden dagegen § 2069 BGB nicht. *Litzenburger*[27] wendet wiederum § 2069 BGB grundsätzlich an, außer es ließe sich durch ergänzende Auslegung ein abweichender Erblasserwille feststellen. Eine Ersatzberufung gem. § 2069 BGB käme etwa in Betracht, wenn der ausgeschlagene Erbteil den Pflichtteil übersteigt. *Lange/Kuchinke ErbR*[28] nehmen eine um den Pflichtteil des Ausschlagenden gekürzte Ersatzerbschaft an. *Günther*[29] plädiert für eine individuelle Auslegung aufgrund einer sehr intensiven Sachverhaltsermittlung. So könne 15

cherheit für ein Abstellen bereits auf die Ausschlagung aus. Im Hinblick auf die kurze Ausschlagungsfrist, die Verjährungsfrist des Pflichtteilsanspruchs und die Möglichkeit des Verzichts auf die Geltendmachung ist die Literaturauffassung abzulehnen. Es sind etwa auch Fälle denkbar, in denen im Familieninteresse zwar ausgeschlagen, aber nicht der Pflichtteil geltend gemacht wird, etwa bei Überschuldung oder Bedürftigkeit eines Abkömmlings (Damrau/Tanck/*Seiler-Schopp/Rudolf* § 2069 Rn. 12 aE).

[20] Zum Meinungsstand in der Rspr. und Lit.: *Günther* ZEV 2011, 357.

[21] Im Ergebnis entsprechend: Burandt/Rojahn/*Czubayko* § 2069 Rn. 12; Palandt/*Weidlich* § 2069 Rn. 4 (zumindest bei Vor- und Nacherbschaft).

[22] BGH NJW 1960, 1899 (Nacherbschaft); OLG München BeckRS 2018, 31509 (Schlusserbschaft); BayObLG ZEV 2000, 274 (275) (Nacherbschaft); OLG Frankfurt Rpfleger 1970, 391 (Nacherbschaft); OLG Stuttgart Rpfleger 1982, 106 (Nacherbschaft); BayObLG NJW-RR 2000, 1391 (1392) (Nacherbschaft).

[23] OLG München DNotZ 2007, 537; so auch NK-BGB/*Beck/Selbherr* § 2069 Rn. 12.

[24] BayObLG ZEV 2000, 274 (275); MüKoBGB/*Leipold* § 2069 Rn. 14; Rudolf/Bittler/Seiler-Schopp Testamentsauslegung und -anfechtung-HdB/*Rudolf* § 2 Rn. 223.

[25] OLG Frankfurt DNotZ 2011, 552 (555) mAnm *Kanzleiter.*

[26] MüKoBGB/*Leipold* § 2069 Rn. 13 f.

[27] BeckOK BGB/*Litzenburger* § 2069 Rn. 11a.

[28] *Lange/Kuchinke* ErbR § 34 VI 3c Fn. 181.

[29] *Günther* ZEV 2011, 357 (361).

dem Erblasser die Geltendmachung des Pflichtteils gleichgültig gewesen sein bzw. er diese nicht sanktioniert wissen wollen. Das könne etwa dann gelten, wenn für den Erblasser der Verbleib des Nachlassvermögens in der Familie das vorherrschende Motiv war.

16 Das OLG München hat am 26.10.2011[30] über die Konstellation zu entscheiden gehabt, wo der Vorerbe ausschlug und seinen Pflichtteil verlangt hat. Die Auslegungsregel § 2069 BGB sei nicht anwendbar, da nicht ein Nacherbe ausgeschlagen habe. Indes sei dieser Fall von § 2102 Abs. 1 BGB erfasst, so dass der Nacherbe nach Ausschlagung durch den Vorerben bereits Erbe würde. Wegen § 2320 Abs. 2 BGB käme es nicht zu einer wirtschaftlichen Bevorzugung des Stammes des Vorerben, der ausgeschlagen hat.

4. Bei Erb- bzw. Zuwendungsverzicht

17 Da der **Erbverzicht** gem. § 2346 BGB sich nur auf die gesetzliche Erbfolge bezieht und § 2069 BGB nur bei gewillkürter Erbfolge anwendbar ist, liegt bei demjenigen, der auf das gesetzliche Erbrecht verzichtet hat, kein Wegfall iSd § 2069 BGB vor.[31]

Bei einem **Zuwendungsverzicht** gem. § 2352 BGB ist zu unterscheiden: Da § 2352 BGB in der Fassung für **Erbfälle vor dem 31.12.2009** nicht auf § 2349 BGB verwies, erstreckte sich der Verzicht nicht auf dessen Abkömmlinge.[32] Erfolgte der Verzicht ohne eine Abfindung, ist § 2069 BGB regelmäßig anzuwenden. Ein Ausschluss von § 2069 BGB ist indes anzunehmen, wenn der Verzichtende eine volle Abfindung erhalten hat.[33] Da für **Erbfälle nach dem 1.1.2010** nun § 2352 BGB auf § 2349 BGB verweist, erstreckt sich der Verzicht auch auf die Abkömmlinge des Verzichtenden, soweit nichts anderes angeordnet ist. Die Neuregelung wurde heftig kritisiert;[34] es ist vieles ungeklärt.[35] *Gockel*[36] hält die Zustimmung von Ersatzerben zum Zuwendungsverzicht für erforderlich, wenn diese mit erbvertraglicher Bindungswirkung eingesetzt wurden. Das würde bedeuten, dass in diesem Fall bei fehlender Zustimmung die Ersatzerben zu Erben berufen wären.

5. Trotz Ersatzerbeinsetzung

18 Eine ausdrückliche Ersatzerbenbestimmung schließt nicht stets die Anwendung des § 2069 BGB aus. So kann die Bestimmung der Ersatzerben auch nur für den Fall angeordnet sein, dass sie erst maßgebend ist, wenn keine Abkömmlinge des eingesetzten Kindes vorhanden sind.[37]

6. Ersatzerbe kein Nacherbe

19 Im Zweifelsfalle ist ein Ersatzerbe kein Nacherbe. Das OLG Schleswig[38] weist so darauf hin, dass das Gesetz aufgrund § 2102 Abs. 2 BGB gerade davon ausgeht, dass der Erblasser einen Erben nicht mit einer Nacherbschaft beschweren möchte. Eine Auslegungs- oder Erfahrungsregel, dass derjenige, der als Ersatzerbe berufen ist, im Zweifel als Nacherbe bestimmt ist, gibt es nicht.[39]

---

[30] OLG München NJW-RR 2012, 211.

[31] BeckOK BGB/*Litzenburger* § 2069 Rn. 10; Dt. ErbRK/*Gemmer* § 2069 Rn. 8; zu Angriffsstrategien: *Horn* ZEV 2010, 295.

[32] OLG München NJW-RR 2000, 949 (950); Rudolf/Bittler/Seiler-Schopp Testamentsauslegung und -anfechtung-HdB/*Rudolf*, § 2 Rn. 212; MüKoBGB/*Leipold* § 2069 Rn. 11; *Gockel*, Verzichtserklärungen im Erbrecht, § 3 Rn. 3.

[33] BGH NJW 1974, 43; OLG Hamm ZEV 2009, 566 (567); OLG Köln FamRZ 1990, 99; MüKoBGB/*Leipold* § 2069 Rn. 11; Burandt/Rojahn/*Czubayko* § 2069 Rn. 12; *Horn* ZFE 2009, 364 (366).

[34] Etwa *Kanzleiter* DNotZ 2009, 805; *Klinck* ZEV 2009, 533; dagegen *Schotten* ErbR 2011, 338.

[35] BeckOK BGB/*Litzenburger* § 2352 Rn. 21 f.

[36] *Gockel*, Verzichtserklärungen im Erbrecht, § 3 Rn. 8.

[37] BayObLG NJW-RR 1994, 460; NK-BGB/*Beck*/*Selbherr* § 2069 Rn. 2.

[38] OLG Schleswig BeckRS 2010, 28245 = FamRZ 2011, 675.

[39] Zur Abgrenzung: OLG Hamm FGPrax 2008, 31 = ZErb 2008, 23.

V. Abkömmlinge des Erben als Ersatzerben

1. Abkömmling als vorverstorbener Erbe

Hat der Erblasser einen Abkömmling zum Erben eingesetzt, so greift nach dessen Vorversterben die gesetzliche Auslegungsregel § 2069 BGB ein. Zu den Abkömmlingen des ausdrücklich zum Erben eingesetzten Abkömmlings zählen auch adoptierte und nichteheliche Kinder.[40] 20

2. Nicht-Abkömmling als vorverstorbener Erbe

a) **Keine analoge Anwendung des § 2069 BGB.** Ist eine Person zum Erben eingesetzt, die nicht Abkömmling des Erblassers ist, so kann grundsätzlich die gesetzliche Auslegungsregel weder analog noch entsprechend angewendet werden.[41] Nur wenn sich Ehegatten gegenseitig zu Alleinerben und ein **einseitiges Kind** zum Schlusserben eingesetzt haben, kommt eine analoge Anwendung des § 2069 BGB für den Fall des Vorversterbens des Elternteils des zum Schlusserben eingesetzten Kindes in Betracht.[42] Da es nicht Abkömmling des längerlebenden Ehegatten ist, ist die unmittelbare Anwendung von § 2069 BGB ausgeschlossen. 21

b) **Ergänzende Auslegung.** Nach Vorversterben des Erben, der kein Abkömmling des Erblassers ist, kann das Testament **ergänzend**[43] insoweit ausgelegt werden, dass die Abkömmlinge oder andere nahestehende Personen des Vorverstorbenen Ersatzerben sind.[44] Zur Annahme eines Ersatzerben fordert das OLG Düsseldorf:[45] 22

> „*Eine ergänzende Auslegung im vorstehend behandelten Sinne erfordert zusätzlich, dass sich aus sonstigen letztwilligen Bestimmungen oder auch aus außerhalb des Testaments liegenden Umständen – für den Zeitpunkt der Testamentserrichtung – ergibt, dass die Zuwendung dem Bedachten als Erstem seines Stammes und nicht nur ihm persönlich gegolten hat (…).*“

Kritik[46] hat die gängige Rechtsprechung erfahren, da sie die erforderliche Andeutung im Testament für die Ersatzerbenberufung durchaus schon in der Tatsache der Berufung dieser Person zum Erben gesehen hat.[47] Dieser Kritik ist das OLG Düsseldorf[48] gefolgt, indem es sich gegen diese Annahme der Andeutung ausgesprochen hat. 23

Für die Frage, ob Abkömmlinge des eigentlichen Erben Ersatzerben sind, ist **entscheidend**, ob es sich bei der bedachten und vorverstorbenen Person um eine **nahestehende Person** handelt, also ein **besonders enges Verhältnis zu dem Erblasser** bestand.[49] Lt. OLG Düssel- 24

[40] OLG Köln NJW 1994, 266 (für nichteheliche Kinder); BayObLG NJW 1961, 1678 (für adoptierte Kinder, wenn diese gesetzliche Erben des Annehmenden wären); Damrau/Tanck/*Seiler-Schopp/Rudolf* § 2069 Rn. 8; im Einzelnen → § 9 Rn. 12 bis 27; Erbeinsetzung nach § 2069 BGB nach BGH NJW 2002, 1126 nicht wechselbezüglich.

[41] BGH NJW 1973, 240; OLG Düsseldorf ZEV 2018, 140 (141); OLG München ErbR 2018, 456 (459); ZEV 2007, 93 (94); OLG Schleswig FamRZ 2012, 666 = BeckRS 2011, 28746; Burandt/Rojahn/*Czubayko* § 2069 Rn. 15; *Specks* ZErb 2007, 238 (239); *Hausmann* DNotZ 2011, 602 (617 f.); Rudolf/Bittler/Seiler-Schopp Testamentsauslegung und -anfechtung-HdB/*Rudolf* § 2 Rn. 229.

[42] BGH ZEV 2001, 237 (238); OLG Hamm OLGZ 1982, 272 (277); BayObLG NJW-RR 1991, 8 (9); MüKoBGB/*Leipold* § 2069 Rn. 5; *Hausmann* DNotZ 2011, 602 (617).

[43] OLG Düsseldorf ZEV 2018, 140 (141).

[44] OLG München FamRZ 2011, 1692 = BeckRS 2011, 8481; BGH NJW 1973, 240 (243); Rudolf/Bittler/Seiler-Schopp Testamentsauslegung und -anfechtung-HdB/*Rudolf* § 2 Rn. 233 ff.

[45] OLG Düsseldorf ZEV 2018, 140 (141); vgl. OLG München ErbR 2018, 456 (460).

[46] Etwa BeckOK BGB/*Litzenburger* § 2084 Rn. 48.

[47] OLG München FamRZ 2014, 514 = BeckRS 2014, 5500; NJW-RR 2006, 1597 (1598); vgl. BeckRS 2011, 8481 = FamRZ 2011, 1692; Palandt/*Weidlich* § 2069 Rn. 9; vgl. Burandt/Rojahn/*Czubayko* § 2069 Rn. 15.

[48] OLG Düsseldorf ZEV 2018, 140 (141).

[49] OLG Schleswig FamRZ 2012, 666 = BeckRS 2011, 28746; NK-BGB/*Beck/Selbherr* § 2069 Rn. 24; für *Perkams* ZEV 2005, 510 (512) sind enge persönliche Beziehungen des Erblassers zu seinem eingesetzten Erben gerade ein Argument gegen die Ersatzerbenberufung von dessen Abkömmlingen.

dorf[50] reicht ein nur „enges Verhältnis" für die Annahme einer Ersatzerbenstellung nicht aus. Ein Indiz dafür, dass der Erblasser weniger die Personen als die jeweiligen Stämme begünstigen wollte, kann darin bestehen, dass der Erblasser etwa seine Geschwister wie bei der gesetzlichen Erbfolge zu gleichen Teilen zu Erben eingesetzt hat.[51] Begünstigt er sie unterschiedlich, spricht dies gegen eine Ersatzerbeinsetzung der Kinder der zu Erben eingesetzten Geschwister. Für die Begünstigung des Stammes spricht, wenn der Erblasser entsprechend der gesetzlichen Erbfolge seine Verwandten bedacht hat, die er insoweit gleichbehandelt hat, ohne zu berücksichtigen, zu wem er ein gutes oder weniger gutes Verhältnis hatte.[52]

25 Die Rechtsprechung verfährt zugunsten der Annahme der Abkömmlinge des eigentlichen Erben als Ersatzerben großzügig.[53] Doch wenn der weggefallene Erbe keine Abkömmlinge hatte, so kommen als Ersatzerben auch andere Personen in Betracht. Erforderlich ist, dass diese anderen Personen ein besonderes Näheverhältnis zu den eingesetzten Erben hatten.[54] Dies wurde in folgenden Einzelfällen in der Rechtsprechung bejaht:

- der Ehegatte des eingesetzten und vorverstorbenen Abkömmlings, da die Erblasserin auch ein *„gutes, vertrauensvolles Verhältnis"* zu der gesamten Familie ihrer kinderlos verstorbenen Tochter hatte.[55]
- der Neffe der eingesetzten und vorverstorbenen Ehefrau als einziger Verwandter[56]
- der nichteheliche Sohn des eingesetzten und vorverstorbenen Ehemannes[57]

Einzelfälle:

(1) Die Ehegatten hatten jeweils hälftig einen eigenen Verwandten eingesetzt: *„Zum Erben des Längerlebenden bestimmen wir (1) Petra H (Enkel des Ehemannes) und German K (Neffe der Frau) je zur Hälfte"*. Das OLG München[58] stellte als Ersatzerben für den vorverstorbenen Neffen dessen Abkömmlinge fest. Maßgebend war dabei, dass die Verwandtschaftsbezeichnung in dem Testamentstext enthalten war und jeweils hälftig Verwandte eines jeden Ehegatten begünstigt werden sollten.

(2) Die stillschweigende Ersatzerbenberufung des Stammes ist nach dem KG[59] bei der umfassenden Betreuung und Pflege des Erblassers durch die Stieftochter anzunehmen. Entsprechendes gilt bei der Erbeinsetzung eines Cousins, der vorverstorben war.

(3) Das BayObLG[60] stellte die Kinder des Cousins als Ersatzerben fest, zumal die Erblasserin lebzeitig von der Familie ihres Cousins mitversorgt wurde und später in dem Familiengrab ihres Cousins beerdigt wurde.

(4) Der zum Erben eingesetzte *„Neffe"*, tatsächlich der Neffe des vorverstorbenen Ehemannes, war vorverstorben. Das BayObLG[61] nahm dessen Kinder als Ersatzerben an. Entscheidungserheblich war wieder die Bezeichnung des Verwandtschaftsgrades.[62] Zudem hatten Zeugen ausgesagt, dass die Erblasserin auch zu der Familie des *„Neffen"* ein *„gutes Verhältnis"* hatte.

(5) Wenn indes zu den Kindern der eigentlich zum Erben eingesetzten Personen „längere Zeit kein familiärer Kontakt mehr" bestand, spricht dies nach dem KG[63] gegen die Kinder als Ersatzerben.

(6) Auch bei der Erbeinsetzung von Geschwistern kommen deren Abkömmlinge als Ersatzerben in Betracht, vor allem wenn die Geschwister *„auch in ihrer verwandtschaftlichen Funktion"* bezeichnet sind.[64] In einem vom BayObLG[65] entschiedenen Fall setzte der Erblasser seine noch lebenden Ge-

[50] OLG Düsseldorf ZEV 2018, 140 (141).
[51] OLG München FamRZ 2011, 1692 = BeckRS 2011, 8481; aA OLG Schleswig FamRZ 2012, 666 = BeckRS 2011, 28746.
[52] OLG München ErbR 2018, 456 (460); NJW-RR 2007, 1162 (1164).
[53] MüKoBGB/*Leipold* § 2069 Rn. 38; *Lange/Kuchinke* ErbR § 34 VI 3 d.
[54] NK-BGB/*Beck/Selbherr* § 2069 Rn. 25; Palandt/*Weidlich* § 2069 Rn. 10; dagegen Staudinger/*Otte* § 2069 Rn. 33.
[55] OLG Hamm NJW-RR 1991, 1349 = OLGZ 1992, 23.
[56] BayObLG NJW 1988, 2744.
[57] BayObLG FamRZ 2005, 840 (845).
[58] OLG München NJW-RR 2006, 1597.
[59] KG MDR 1954, 39.
[60] BayObLGZ 1982, 159 (165).
[61] BayObLG ZEV 2005, 528.
[62] Für BeckOK BGB/*Litzenburger* § 2069 Rn. 6a ist die Bezeichnung des Verwandtschaftsgrades wertneutral.
[63] KG FamRZ 2011, 928 = BeckRS 2010, 29660.
[64] BayObLG ZEV 2004, 463; so auch NJW-RR 2004, 158; dagegen aber NJWE-FER 2001, 53.
[65] BayObLG NJW 2004, 158 (159); NJWE-FER 1997, 36.

schwister zu gleichen Teilen ein. Er hat also keinen Unterschied gemacht, ob er zu einem Geschwisterteil ein *„gutes oder weniger gutes Verhältnis"* hatte. Auch hier wurden die Kinder als Ersatzerben angenommen.

(7) Das OLG Karlsruhe[66] begründete in einem Fall die Abkömmlinge von eingesetzten Geschwistern als Ersatzerben damit, dass aufgrund des hohen Alters des Erblassers und seiner Geschwister bei Testamentserrichtung nicht abzusehen gewesen wäre, *„ob und welcher der als Miterben eingesetzten Geschwister den Erbfall erleben werde"*.

(8) In einem vom OLG Schleswig[67] entschiedenen Fall hatte die Erblasserin nur einen Bruder zum Erben eingesetzt, der aber vorher verstarb. Das Gericht stellte dessen Tochter als Alleinerbin fest, zumal sich *„das besondere Vertrauensverhältnis zwischen der Erblasserin und ihrem Bruder ersichtlich nahtlos auf"* dessen Tochter *„fortgesetzt hat."* So gab es Besuchskontakte und Hilfeleistungen der Nichte gegenüber der Erblasserin, die ihr auch Vollmacht erteilte.

Wenn die **(zweite) Ehefrau zur Erbin** eingesetzt ist und vor dem Erbfall ihres Ehemannes verstirbt, kann durch ergänzende Testamentsauslegung deren einseitiges Kind als Ersatzerbe ermittelt werden.[68] Ist der Lebensgefährte zum Erben eingesetzt und vorverstirbt dieser, können nach dem BayObLG[69] dessen Abkömmlinge Ersatzerben sein, 26

> *„wenn es sich um eine tiefer gehende und auf Dauer angelegte Beziehung bzw. Lebensgemeinschaft handelt (vgl. BayObLG, FamRZ 1993, 1496/1497)."*

Anders entschied das OLG Hamm[70] bei der testamentarischen **Erbeinsetzung des Geliebten.** Da nur ein Liebesverhältnis zwischen der Erblasserin und ihrem Erben bestand, war nicht anzunehmen, dass bei Vorversterben des Geliebten hypothetisch dessen Sohn Ersatzerbe werden sollte. *Litzenburger*[71] fordert, dass die persönliche Beziehung des Erblassers zu den Abkömmlingen des Partners der zu seinen eigenen Abkömmlingen entsprechen muss. 27

Sind sowohl die als Erbin eingesetzte Ehefrau als auch deren als Ersatzerbe eingesetzter Sohn, mithin der Stiefsohn des Erblassers, vorverstorben, können wiederum durch ergänzende Auslegung die Kinder des Stiefsohnes als Ersatzerben ermittelt werden. So hat das BayObLG[72] ausgeführt: 28

> *„Die Ersatzerbenberufung des Stiefsohnes spricht im Gegenteil eher für den Willen des Erblassers, seinen Nachlaß nicht nur seiner Ehefrau als solcher, sondern deren Familie insgesamt zukommen zu lassen."*

Die Rechtsprechung hat auch bei folgenden Erbeinsetzungen die Abkömmlinge des eigentlich Bedachten, der aber vorverstorben ist, als Ersatzerben angenommen: 29

- Ehegatte[73]
- Schwiegerkinder[74]
- Mutter des Erblassers[75]

Eher Zurückhaltung ist indes geboten, wenn etwa Hausangestellte, **gute Freunde** oder Bekannte bedacht wurden, die vorverstorben sind. *Weidlich*[76] geht ebenfalls davon aus, dass eine Begünstigung von Freunden und Betreuungspersonen diesen eher persönlich galt. Etwas anderes wird auch dann gelten, wenn ein (alleinstehender) Erblasser etwa nahezu keinen Kontakt mehr zu seinen Verwandten hatte und sein engster Freundeskreis ihm ähnlich bedeutend war wie für andere Verwandte. 30

---

[66] OLG Karlsruhe NJW-RR 1992, 1482.
[67] OLG Schleswig FamRZ 2012, 666 = BeckRS 2011, 28746.
[68] BayObLG NJWE-FER 1999, 214; vgl. Ersatzerbeinsetzung des Neffen der Ehefrau: BayObLGZ 1988, 165 (170); *Hausmann* DNotZ 2011, 602 (618).
[69] BayObLG ZEV 2001, 151.
[70] OLG Hamm OLGZ 1977, 260.
[71] BeckOK BGB/*Litzenburger* § 2069 Rn. 6b.
[72] BayObLG NJWE-FER 1999, 214 (215).
[73] BayObLG ZEV 1996, 191 (192) = BeckRS 1996, 31022666; OLG Frankfurt ZEV 1995, 457.
[74] OLG Oldenburg NdsRpfl. 1950, 73.
[75] OLG Hamburg FamRZ 1988, 1322.
[76] Palandt/*Weidlich* § 2069 Rn. 10.

31 Generell gilt, dass in diesen Fällen im Zweifel nicht von einer Ersatzberufung der Abkömmlinge des eingesetzten und vorverstorbenen eigentlichen Erben ausgegangen werden kann.[77] Daher trifft denjenigen die **Beweislast,** der sich durch ergänzende Auslegung auf seine Ersatzerbenstellung beruft.[78]

32 Die erforderliche **Andeutung im Testament** kann schon in der Tatsache der Berufung dieser Person zum Erben gesehen werden,[79] besonders wenn es sich dabei um eine nahestehende Person wie den Ehegatten oder einen nahen Verwandten handelt.[80]

VI. Wegfall eines Nacherben

1. Wegfall vor dem Erbfall

33 Der Fall, dass ein zum Nacherbe eingesetzter Abkömmling vor dem Erbfall wegfällt, ist von § 2069 BGB umfasst.[81] Für die Bestimmung der Ersatzerben ist der Zeitpunkt des Nacherbfalls entscheidend.[82]

2. Wegfall zwischen dem Erbfall und dem Nacherbfall

34 Schwieriger zu lösen ist dagegen der Fall, in dem ein Nacherbe zwischen dem Erbfall und dem Nacherbfall verstirbt.[83] Für den Zweifelsfall legt § 2108 Abs. 2 S. 1 BGB fest, dass das Anwartschaftsrecht des Nacherben vererblich ist. Von einem Anwartschaftsrecht spricht man erst, wenn eine gesicherte Rechtsposition vorliegt, die andere nicht durch eine einseitige Erklärung zu zerstören vermag.[84] Ein solches Anwartschaftsrecht erwirkt der Nacherbe mit dem Erbfall. Da das **Nacherbenanwartschaftsrecht** in den Nachlass des potenziellen Nacherben fällt, erbt dieses sein gesetzlicher oder sein gewillkürter Erbe.[85] Auch bei Vorhandensein von Abkömmlingen geht § 2108 Abs. 2 S. 1 BGB dem § 2069 BGB vor.[86]

35 *Gierl*[87] zufolge ist bei einem drohenden Vermögensabfluss an Familienfremde nach Anwendung des § 2108 Abs. 2 S. 1 BGB *„besonders sorgfältig zu prüfen"*, ob nicht Anhaltspunkte für die Anwendung des § 2069 BGB bestehen. Dies würde besonders naheliegen, wenn die Ehegatten sich gegenseitig zu Vorerben und die Abkömmlinge zu Nacherben eingesetzt haben.[88] Ein Anhaltspunkt gegen § 2108 Abs. 2 S. 1 BGB besteht nach dem BGH,[89] wenn sämtliche Verfügungen eines Testamentes zugunsten Familienangehöriger getroffen sind. Soll dagegen die Rechtsstellung des Nacherben gestärkt werden, indiziert dies § 2108 Abs. 2 S. 1 BGB und damit die Vererblichkeit des Anwartschaftsrechts.

36 Hat der Erblasser zwar nicht ausdrücklich die Vererblichkeit ausgeschlossen, aber **Ersatznacherben ausdrücklich berufen,** so wird die Vermutung der Vererblichkeit aus § 2108 Abs. 2 S. 1 BGB verdrängt.[90] Die Ersatznacherbeinsetzung geht vor.[91]

[77] KG DNotZ 1976, 564.
[78] NK-BGB/*Beck/Selbherr* § 2069 Rn. 28.
[79] BGH NJW 1973, 240 (242); OLG München NJW-RR 2006, 1597; BayObLG ZEV 2001, 151; MüKoBGB/*Leipold* § 2069 Rn. 38.
[80] OLG Schleswig FamRZ 2012, 666 = BeckRS 2011, 28746; BayObLG NJWE-FER 1999, 214 (215); vgl. NK-BGB/*Beck/Selbherr* § 2069 Rn. 24.
[81] BGH NJW 1960, 1899; OLG Bremen NJW 1970, 1923; NK-BGB/*Beck/Selbherr* § 2069 Rn. 18.
[82] MüKoBGB/*Leipold* § 2069 Rn. 35; *Lange/Kuchinke* ErbR § 34 VI 3c Fn. 183.
[83] BayObLG NJW-RR 1994, 460; *Langenfeld/Fröhler* Testamentsgestaltung Kap. 3 Rn. 156f.
[84] Krug/Daragan Immobilie ErbR/*Krug* § 11 Rn. 20.
[85] Krug/Daragan Immobilie ErbR/*Krug* § 11 Rn. 30.
[86] BGH NJW 1963, 1150 (1151); Damrau/Tanck/*Seiler-Schopp/Rudolf* § 2069 Rn. 28; Dt. ErbRK/*Gemmer* § 2069 Rn. 22; *Tanck* ZErb 2008, 33 rät wegen der Konkurrenzsituation zur Klarstellung in Testamenten.
[87] NK-BGB/*Gierl* § 2108 Rn. 14; ebenso *Olzen/Looschelders* ErbR Rn. 341.
[88] So auch NK-BGB/*Beck/Selbherr* § 2069 Rn. 20.
[89] BGH NJW 1963, 1150 (1151).
[90] Palandt/*Weidlich* § 2069 Rn. 6; MüKoBGB/*Leipold* § 2069 Rn. 26; Damrau/Tanck/*Seiler-Schopp/Rudolf* § 2069 Rn. 24; *Tanck* ZErb 2008, 33 (34); aA RGZ 95, 97 (99); *Muscheler* ErbR Rn. 2466.
[91] OLG Hamm Rpfleger 2003, 436 = BeckRS 2005, 12411.

Sowohl die Literatur als auch die Rechtsprechung[92] betonen, dass es besonders bei dieser 37
Fallgruppe auf die **Umstände des Einzelfalls** ankommt.

[92] Etwa BGH NJW 1963, 1150; BayObLG NJW-RR 1994, 460.

§ 15 Abgrenzungsfälle zur Anordnung der Testamentsvollstreckung

Übersicht

I. Praxisrelevanz

1 Gerade bei wortreichen Laientestamenten ist durch Auslegung zu erforschen, ob tatsächlich eine für die Erben erhebliche Einschränkung durch eine Testamentsvollstreckung gewollt ist. Innerhalb der Fälle, in denen der längerlebende Ehegatte begünstigt werden soll, stellt sich durchaus die Frage, ob dieser Vorerbe oder Nießbrauchsvermächtnisnehmer und diesbezüglicher Testamentsvollstrecker sein soll. Einstweilen hat ein Testator nur eine bestimmte Person zum Testamentsvollstrecker eingesetzt. Nach dessen Wegfall stellt sich dann die Frage, ob danach die Testamentsvollstreckung noch fortdauern soll und das Nachlassgericht ersucht wird, einen Ersatztestamentsvollstrecker auszuwählen.

2 Außerordentliche Praxisrelevanz haben die Fälle, in denen ein Testamentsvollstrecker namentlich benannt und kein Ersatztestamentsvollstrecker bestimmt wurde. Fällt der Testamentsvollstrecker weg, etwa weil er das Amt nicht annimmt, stellt sich stets die Frage, ob das Nachlassgericht einen Ersatztestamentsvollstrecker bestimmen muss (§ 2200 BGB).

II. Rechtslage

1. Grundsätzliches

3 Der Testamentsvollstrecker hat die **Rechtsstellung eines Treuhänders,** der innerhalb einer letztwilligen Verfügung von dem Erblasser benannt werden kann (§ 2197 Abs. 1 BGB). Die Anordnung der Testamentsvollstreckung kann nur höchstpersönlich durch den Erblasser erfolgen (§ 2065 BGB).[1] Dagegen kann dieser gem. § 2198 Abs. 1 BGB die Bestimmung der Person des Testamentsvollstreckers einem Dritten überlassen. Ebenfalls kann der Erblasser anordnen, dass das Nachlassgericht die Person des Testamentsvollstreckers bestimmt (§ 2200 BGB „*Ersuchen*"). Das Amt des Testamentsvollstreckers beginnt mit der Annahme des Amtes durch Erklärung dem Nachlassgericht gegenüber (§ 2202 BGB).

4 Die Anordnung der Testamentsvollstreckung bewirkt eine **Verfügungsbeschränkung der Erben** (§ 2211 Abs. 1 BGB). Da sie selbst nicht einmal zur Auskunftseinholung bei verschiedenen Stellen berechtigt sind,[2] hat der Testamentsvollstrecker ihnen unverzüglich nach An-

[1] Bengel/Reimann TV-HdB/*Reimann* 2. Kap. Rn. 8.
[2] AA für Bankauskünfte AG Kaiserslautern ZEV 2011, 585.

nahme des Amtes ein **Nachlassverzeichnis** auszuhändigen (§ 2215 Abs. 1 BGB). Vorteilhaft für Erben kann sich auswirken, dass deren Eigengläubiger nicht in den Nachlass vollstrecken können (§ 2214 BGB).

2. Arten

Hat der Erblasser lediglich Testamentsvollstreckung angeordnet, handelt es sich um die **Abwicklungstestamentsvollstreckung.** Der Testamentsvollstrecker hat die letztwilligen Verfügungen des Erblassers auszuführen (§ 2203 BGB), den Nachlass zu verwalten (§ 2205 BGB) und den Nachlass unter den Miterben auseinanderzusetzen (§ 2204 BGB).[3] 5

Der Erblasser kann die Rechte und damit die Aufgaben des Testamentsvollstreckers beschränken (§ 2208 BGB), so dass sich die Testamentsvollstreckung nur auf Erbteile oder auf einzelne Gegenstände beziehen kann.[4] Soll der Testamentsvollstrecker den Nachlass ausschließlich verwalten, handelt es sich um eine **Verwaltungsvollstreckung** gem. § 2209 S. 1 Hs. 1 BGB. Wenn der Testamentsvollstrecker nach den ihm zugewiesenen Abwicklungsmaßnahmen den Nachlass verwalten soll, wird diese als **Dauertestamentsvollstreckung** bezeichnet (§ 2209 S. 1 Hs. 2 BGB). Da Verwaltungs- und Dauertestamentsvollstreckung die Ausnahme sind, muss sich ihre Anordnung eindeutig (nach Auslegung) aus der letztwilligen Verfügung ergeben.[5] 6

Der **Nacherbenvollstrecker** hat bis zum Eintritt des Nacherbfalls die Rechte der Nacherben auszuüben (§ 2222 BGB). Sind in einem Testamentsvollstreckerzeugnis keine Beschränkungen angegeben, so gilt eine Testamentsvollstreckung bei einer Vor- und Nacherbschaft sowohl für den Vorerben als auch für den Nacherben (§ 2368 BGB).[6] Dem **Vermächtnisvollstrecker**[7] obliegt die Ausführung der einem Vermächtnisnehmer auferlegten Beschränkungen wie die Vollziehung von Auflagen oder Untervermächtnissen (§ 2223 BGB). Soll der Testamentsvollstrecker lediglich einen einem Vermächtnisnehmer zugewandten Gegenstand verwalten, spricht man von einem Verwaltungsvollstrecker.[8] 7

3. Besonderheiten bei dem gemeinschaftlichen Testament und Erbvertrag

Eine Testamentsvollstreckung kann **nur einseitig angeordnet** werden, so dass diese nicht in einem gemeinschaftlichen Testament wechselbezüglich (§ 2270 BGB) oder in einem Erbvertrag vertragsmäßig angeordnet sein kann (§§ 2299 Abs. 1, 2278 Abs. 2 BGB). Nach Eintritt der erbrechtlichen Bindung an eine Erbeinsetzung kann eine Testamentsvollstreckung nicht mehr einseitig angeordnet werden.[9] 8

Höchst umstritten ist es, ob die **Auswechslung der Person** des Testamentsvollstreckers einseitig möglich ist. Entscheidend dabei ist, ob dadurch der Erbe beeinträchtigt wird (§ 2271 Abs. 2 S. 1 bzw. § 2289 Abs. 1 S. 2 BGB). Lt. BGH[10] ist die Rechtsstellung des Erben aus dem Erbvertrag bzw. dem gemeinschaftlichen Testament mit der aus der späteren letztwilligen Verfügung, mit der die Person des Testamentsvollstreckers ausgetauscht wurde, nach Auslegung zu vergleichen. Der BGH[11] hat sich der vermittelnden Auffassung[12] angeschlossen, die darauf abstellt, ob im Vergleich zu der ursprünglichen Verfügung durch den Austausch der Person ein konkret messbarer Nachteil feststellbar ist. 9

[3] Zu den weiteren Pflichten: Bengel/Reimann TV-HdB/*Bengel/Dietz* 1. Kap. Rn. 64 ff.
[4] Palandt/*Weidlich* § 2208 BGB Rn. 3 f.; Bonefeld/Wachter FAErbR/*Bonefeld* § 17 Rn. 19.
[5] Bengel/Reimann TV-HdB/*Bengel/Dietz* 1. Kap. Rn. 146; Palandt/*Weidlich* § 2209 Rn. 2.
[6] OLG Düsseldorf MittBayNot 2012, 468 mAnm *Reimann*.
[7] Im Einzelnen: *Muscheler* ZEV 2011, 230.
[8] Palandt/*Weidlich* § 2223 Rn. 2.
[9] Bengel/Reimann TV-HdB/*Reimann* Kap. 2 Rn. 17.
[10] BGH ZEV 2011, 306 mAnm *Reimann*.
[11] BGH ZEV 2011, 306 (309).
[12] So auch das KG ZEV 2010, 40; dagegen verneint die hM eine Beeinträchtigung, so etwa OLG Hamm ZEV 2001, 271; die mM nimmt grundsätzlich eine Beeinträchtigung an, so etwa OLG Stuttgart OLGZ 1979, 49 (51).

III. Formulierungsbeispiele

10 Eine **Abwicklungstestamentsvollstreckung** kann wie folgt angeordnet werden, wobei zusätzliche Details ebenfalls verfügt werden sollten:

> Ich ordne Testamentsvollstreckung in der Form der Abwicklungstestamentsvollstreckung an. Zum Testamentsvollstrecker bestimme ich X. Ersatztestamentsvollstrecker ist Y. Nehmen die vorgenannten Personen nicht das Amt an oder fallen sie nach Annahme des Amtes weg, ersuche ich gem. § 2200 BGB das Nachlassgericht, eine geeignete Person zu benennen.

11 Soll hingegen nicht grundsätzlich eine Testamentsvollstreckung angeordnet werden, sondern diese nur von einer Person abhängig sein, so bietet sich folgende Klausel an:

> Ich ordne Testamentsvollstreckung in der Form der Abwicklungsvollstreckung an. Zum Testamentsvollstrecker ernenne ich meinen langjährigen Freund, den Rechtsanwalt Z. Sollte dieser das Amt nicht annehmen oder wegfallen, gleich aus welchem Grund, so ist eine Testamentsvollstreckung nicht angeordnet bzw. entfällt.

IV. Abgrenzung der Anordnung der Testamentsvollstreckung zu anderen Rechtsinstituten

1. Grundsätzliches

12 Für die Anordnung einer Testamentsvollstreckung sind eine **bestimmte Ausdrucksweise** und damit der Gebrauch des Ausdrucks „*Testamentsvollstrecker*" nicht erforderlich.[13] Erforderlich ist, dass[14]

> „*sich aus dem gesamten Inhalt des Testaments und den Umständen mit ausreichender Deutlichkeit der Wille des Erblassers ergibt, dass der Benannte den Nachlass oder Teile davon im fremden Interesse im Sinne des Willens und der Anordnungen des Erblassers verwalten soll (§ 133).*"

13 Es muss „*durch sinngemäße Auslegung*"[15] zum Ausdruck kommen, dass der **Erbe** (zunächst) **nicht** über den Nachlass **frei verfügen** können soll und der Erblasser damit **Vollstreckung im fremden Interesse** gewollt hat.[16] Die Verwaltung zumindest eines Teils des Nachlasses muss einem Dritten und nicht dem Erben obliegen.[17] Zur Feststellung der Anordnung einer Testamentsvollstreckung muss dem letzten Willen des Erblassers zufolge der Dritte für die **Verwirklichung der testamentarischen Anordnungen** sorgen müssen.[18]

14 Bei der Auslegung ist auch der Wert des Nachlasses und die Überlegung zu berücksichtigen, was „*die Anordnung sonst bedeuten*"[19] könnte. So hat die Rechtsprechung für folgende Testamentsbestandteile die Anordnung einer Testamentsvollstreckung angenommen:

---

[13] BayObLG ZEV 1996, 33 = BeckRS 1995, 31 022 886; BayObLGZ 1982, 59 (66); BeckOK BGB/*Lange* § 2197 Rn. 24; Palandt/*Weidlich* § 2197 Rn. 2; *Zimmermann* TV S. 65, Rn. 16; Rudolf/Bittler/Seiler-Schopp Testamentsauslegung und -anfechtung-HdB/*Scharf* § 2 Rn. 343.

[14] MüKoBGB/*Zimmermann* § 2197 Rn. 6.

[15] BayObLGZ 1982, 59 (66).

[16] Palandt/*Weidlich* § 2197 Rn. 2; Rudolf/Bittler/Seiler-Schopp Testamentsauslegung und -anfechtung-HdB/*Scharf* § 2 Rn. 344; BeckOK BGB/*Lange* § 2197 Rn. 24.

[17] BayObLGZ 1982, 59 (66).

[18] OLG Düsseldorf NJWE-FER 1999, 94.

[19] *Zimmermann* TV S. 66.

- *„mein Bruder übernimmt die Verteilung aller Ding“*[20]
- *„Nachlassverwalter“*[21]
- *„Vollmacht – Hiermit erteile ich (...) Vollmacht über die Verwaltung meines Hausanteils (...) zu verwalten und dafür ein monatliches Entgelt von DM 500,– für sich zu verwenden. Außerdem vermache ich ...“* Nach dem BayObLG[22] war dem Testament zu entnehmen, dass die Verwaltung einem Dritten und nicht dem Erben obliegen sollte. Weiteres Indiz für eine gegenständlich beschränkte Testamentsvollstreckung war die angeordnete Vergütung. Überhaupt für die Auslegung als letztwillige Verfügung sprach das Wort *„vermache“* in dem Text.
- In Abgrenzung zur Auflage, mit der der Erbe beschwert ist, legte das BayObLG[23] zugunsten der Anordnung einer Testamentsvollstreckung aus: *„Ich bestimme hiermit, daß sie mein Geld in Deutschland, mit einem Steuerberater oder Bankkaufmann ... (Beteiligter zu 2), anlegt, um eine monatliche, feste Rendite zu erhalten, damit sie bis zu ihrem Lebensende einen festen Hintergrund hat! Sie hat meinen Willen zu akzeptieren.“* Dem Gericht zufolge wollte damit die Erblasserin die Verfügungsmacht der Begünstigten beschränken und sie *„nicht nur in Form einer Auflage iSd §§ 1940, 2192 ff. BGB zur Erhaltung des angelegten Kapitals verpflichten“*. Das Ziel könne nur mit einer Testamentsvollstreckung erreicht werden, nicht mit einer Auflage.
- *„Pfleger“*[24]
- Das OLG Karlsruhe[25] nahm eine Testamentsvollstreckung bei der Aufschrift auf einem Umschlag *„Testament – zu meiner letzten Verfügung testamentarisch auszuführen gemeinsam, von Herrn W. Sch., Diplm Ing. u. Herrn W. Bü., Steuerber. Frau A. F., geb. B.“* an, obwohl sich in dem Umschlag lediglich eine einfache Kopie eines Testamentes befindet.

In der Literatur[26] werden auch Begriffe wie *„Kurator“*, *„Beistand“*, *„Treuhänder“*, *„Verwalter“* genannt, die auf die Anordnung einer Testamentsvollstreckung hindeuten könnten. Die Benennung eines *„Ratgebers“* reicht in der Regel nicht für die Annahme einer Testamentsvollstreckung. Die letztwillige Verfügung *„Bei Fragen kann Frau S zu Rate gezogen werden“* bewertete das OLG Düsseldorf[27] nicht als Testamentsvollstreckung, zumal Frau S aufgrund ihrer langjährigen Tätigkeit für die Testierenden bestens unterrichtet war. Wer die *„mit der Durchführung der Erbschaft verbundenen Arbeiten und Aufgaben zu erledigen“* habe, kann zusätzlich zu seiner Miterbenstellung noch Testamentsvollstrecker sein.[28] 15

Haben sich **Ehegatten** gegenseitig zu Alleinerben eingesetzt und Testamentsvollstreckung verfügt, so ist die Testamentsvollstreckung zumeist **erst für den zweiten Erbfall** angeordnet, sofern für den ersten Erbfall keine weiteren letztwilligen Verfügungen wie Vermächtnisse oder Auflagen bzw. eine Dauervollstreckung nach § 2209 BGB angeordnet wurden.[29] 16

Ebenfalls kann der Umfang der Aufgaben des Testamentsvollstreckers durch Auslegung festzustellen sein. Eine **Verwaltungsvollstreckung** bzw. eine **Dauertestamentsvollstreckung** muss aber aufgrund des Ausnahmecharakters eindeutig festgestellt werden. Ansonsten hat der Testamentsvollstrecker die gewöhnlichen Aufgaben einer Abwicklungstestamentsvollstreckung.[30]

---

[20] BayObLGZ 1992, 175 (178).
[21] BGH NJW 1983, 40.
[22] BayObLGZ 1982, 59 (65).
[23] BayObLG ZEV 1996, 33 = BeckRS 1995, 31022886.
[24] OLG Rostock OLGE 26, 344.
[25] OLG Karlsruhe FGPrax 2010, 239.
[26] BeckOK BGB/*Lange* § 2197 Rn. 24; MüKoBGB/*Zimmermann* § 2197 Rn. 6.
[27] OLG Düsselorf NJWE-FER 1999, 94.
[28] KG ErbR 2018, 389 (391) = BeckRS 2018, 1576 Rn. 3, dort aber verneinend.
[29] MüKoBGB/*Zimmermann* § 2197 Rn. 5; Damrau/Tanck/*Bonefeld* § 2197 Rn. 47; Staudinger/*Reimann* § 2197 Rn. 21; NK-BGB/*Weidlich* § 2197 Rn. 8; vgl. BayObLGZ 1985, 233 (239); BayObLGZ 1997, 1 (11).
[30] OLG Schleswig ErbR 2017, 439 = BeckRS 2017, 128935 Rn. 31; MüKoBGB/*Zimmermann* § 2203 Rn. 1.

17 Hat der Erblasser die Vor- und Nacherbschaft angeordnet und pauschal Testamentsvollstreckung angeordnet, stellt sich die Frage, ob der Testamentsvollstrecker auch bis zu dem Nacherbfall die Rechte der Nacherben wahrnehmen soll. Eine solche **Nacherbenvollstreckung** gem. § 2222 BGB muss nach hM angeordnet sein.[31] Zumindest müssen **ausreichend Anhaltspunkte** für einen entsprechenden Erblasserwillen anzunehmen sein können.[32] Im Zweifel umfasst lt. BayObLG[33] aber eine Testamentsvollstreckung nicht auch die Nacherbentestamentsvollstreckung. Gerade bei privatschriftlichen Testamenten dürfte der Erblasser allerdings mit der Anordnung der Testamentsvollstreckung zutreffend *Dillmann*[34] zufolge regelmäßig beabsichtigen, die Verwaltung seines Nachlasses umfassend zu regeln und einer bestimmten Person in die Hände zu legen. Durch Auslegung kann dann auch ermittelt werden, dass auch eine zusätzliche Nacherbenvollstreckung angeordnet sein soll. Sind in einem Testamentsvollstreckerzeugnis keine Beschränkungen bei einer Vor- und Nacherbfolge angegeben, so umfasst die Testamentsvollstreckung auch die Nacherbschaft, so das OLG Düsseldorf.[35]

18 Wenn ein Testamentsvollstrecker von § 181 BGB befreit ist, spricht das lt. OLG Frankfurt a. M.[36] dafür, dass er bei der **Erfüllung von Grundstücksvermächtnissen** nicht nur die Auflassung für die Erben erklären kann, sondern auch die Auflassung für die Vermächtnisnehmer annehmen darf.

2. Abzugrenzende Rechtsinstitute

19 Weiterhin ist das mögliche Auslegungsergebnis der Anordnung einer Testamentsvollstreckung von Nachfolgendem abzugrenzen:

- familienrechtliche Anordnungen nach §§ 1639, 1803, 1909 Abs. 1 S. 2, 1917 BGB[37]
- Teilungsanordnung nach § 2048 BGB[38]
- testamentarische Vollmachtserteilung[39]

20 Gerade bei wortreichen Laientestamenten kann im Zusammenhang mit *„verwalten"* bzw. *„Verwaltung"* unklar sein, ob

- ein **Nießbrauchsvermächtnis** kombiniert mit einer Testamentsvollstreckung (Dispositionsnießbrauch) oder
- eine **Vor- und Nacherbschaft**

von den Testierenden gemeint ist. Generell ist entscheidend, **in wessen Interesse** die Verwaltungs- und Verfügungsbefugnis bestehen soll.[40] Besteht diese im eigenen Nutzen und eigenen Interesse des Begünstigten, ist von einer Vor- und Nacherbschaft auszugehen.[41] Ist hingegen ein Dritter nutzungsberechtigt und damit begünstigt, so spricht vieles für das Nießbrauchsvermächtnis mit der Testamentsvollstreckung.[42] Etwas anderes wiederum kann gelten, wenn sich die Ehegatten aus erbschaftsteuerlichen Gründen nur mit dem Nießbrauch an dem Nachlass des erstverstorbenen Ehegatten begünstigt haben und die Testamentsvollstreckung diesbezüglich verfügt haben, damit der längerlebende Ehegatte sich selbst den Nießbrauch verschaffen kann. Bei der Annahme der Vor- und Nacherbschaft müssen indes der Erbfall und auch der Nacherbfall versteuert werden, wobei es in gewissem Maße Anrechnungen gibt (§ 27 ErbStG).

---

[31] Palandt/*Weidlich* § 2222 Rn. 1.
[32] NK-BGB/*Kroiß* § 2222 Rn. 2; BeckOK BGB/*Lange* § 2222 Rn. 3.
[33] BayObLGZ 159, 128 (135); vgl. Damrau/Tanck/*Bonefeld* § 2222 Rn. 1.
[34] *Dillmann* RNotZ 2002, 2 (12).
[35] MittBayNot 2012, 468.
[36] OLG Frankfurt a. M. ZEV 2018, 522 mit krit. Anm. *Litzenburger.*
[37] BeckOK BGB/*Lange* § 2197 Rn. 24; Damrau/Tanck/*Bonefeld* § 2197 Rn. 46.
[38] NK-BGB/*Kroiß* § 2197 Rn. 7; bei BayObLGZ 1992, 175 (178) sprach gegen eine Teilungsanordnung, da nicht mehrere Miterben eingesetzt waren.
[39] BayObLGZ 1982, 59 (zugunsten einer Testamentsauslegung sprach, dass der Erbe die Verfügungsbefugnis nicht widerrufen können sollte); Rudolf/Bittler/Seiler-Schopp Testamentsauslegung und -anfechtung-HdB/*Scharf* § 2 Rn. 363 f.; Vergleich bei Damrau/Tanck/*Bonefeld* § 2197 Rn. 12.
[40] NK-BGB/*Kroiß* § 2197 Rn. 7.
[41] BeckOK BGB/*J. Mayer* § 2197 Rn. 24; MüKoBGB/*Zimmermann* § 2197 Rn. 7.
[42] NK-BGB/*Kroiß* § 2197 Rn. 7; Damrau/Tanck/*Bonefeld* § 2197 Rn. 46.

Einzelfall

So hatte in einem vom BayObLG[43] entschiedenen Fall der Erblasser wie folgt letztwillig verfügt: „1) Erben sind meine Frau Silke und meine Kinder. 2) Meine Frau ist auf Lebensdauer bzw. solange sie sich nicht wiederverheiratet, zum Besitz und der von aller Aufsicht und Rechnungslegung befreiten Verwaltung des gesamten Nachlasses befugt. 3) Was nach ihrem Tod noch übrig ist, sollen die Kinder nach der gesetzlichen Erbfolge teilen.“ Da die Ehefrau von der Aufsicht und Rechnungslegung befreit war und dies § 2218 BGB widersprechen würde, entschied sich das BayObLG zunächst gegen eine Erbengemeinschaft aus der Ehefrau und den Kindern. Gegen die Annahme eines Nießbrauchsvermächtnisses sprach für das BayObLG, dass die Ehefrau zur freien Verfügung und damit auch zum Verbrauch über die Substanz befugt war. Die Ehefrau war sodann befreite Vorerbin.

V. Fragliches Fortbestehen der Testamentsvollstreckung nach Wegfall des namentlich bestimmten Testamentsvollstreckers

1. Anfänglich keine bestimmte Person

Haben Erblasser zwar eine Testamentsvollstreckung verfügt, aber **keine Person bestimmt,** die entweder selbst das Amt übernehmen oder zumindest die Person des Testamentsvollstreckers bestimmen soll, ist dieser Verfügung konkludent das Ersuchen zur Ernennung durch das Nachlassgericht nach § 2200 BGB zu entnehmen.[44] 21

2. Grundsatz bei Nichtannahme, Kündigung und Entlassung

Schwieriger sind indes die Fälle, in denen der Testierende **nur eine bestimmte Person** als Testamentsvollstrecker ernannt hat, aber offen gelassen hat, ob er grundsätzlich auch nach Wegfall dieser einen Person die Fortdauer der Testamentsvollstreckung beabsichtigte. Fälle des Wegfalls sind vor allem die Nichtannahme und die Kündigung nach § 2226 BGB. Auch kommt ein Wegfall aufgrund einer **Entlassung** nach § 2227 BGB in Betracht.[45] Die Testamentsvollstreckung selbst endet nach Wegfall der zunächst ausgewählten Person nur dann, wenn ein weiterer Testamentsvollstrecker nicht mehr vorhanden ist (§ 2224 Abs. 1 S. 2 BGB) und der Erblasser für diesen Fall nicht in seiner letztwilligen Verfügung 22

- durch Ersatzberufung (§ 2197 Abs. 1 BGB, § 2197 Abs. 2 BGB),
- durch Ernennung eines bestimmungsberechtigten Dritten (§ 2198 BGB),
- durch Ermächtigung zur Ernennung eines Nachfolgers (§ 2199 Abs. 2 BGB) oder
- durch Ersuchen an das Nachlassgericht (§ 2200 BGB)

vorgesorgt hat.[46]

Wenn es an einer ausdrücklichen letztwilligen Erklärung fehlt, kann sich das Ersuchen nach § 2200 BGB durch einfache Auslegung und ggf. ergänzende Auslegung ergeben.[47] Durch ergänzende Testamentsauslegung, für die der Sachverhalt sorgfältig zu untersuchen ist,[48] kann das **Ersuchen** nach § 2200 BGB festgestellt werden.[49] Das Ersuchen kann aber auch konkludent der letztwilligen Verfügung zu entnehmen sein.[50] Nach dem OLG Hamm[51] ist nach Wegfall des eingesetzten Testamentsvollstreckers zu prüfen, 23

> *„ob das Testament in seiner Gesamtheit den Willen des Erblassers erkennen lässt, die Testamentsvollstreckung auch nach dem Wegfall der vom Erblasser benannten Person fortdauern zu lassen. Hierbei ist zu prüfen, ob der Erblasser bei Berück-*

---

[43] BayObLGZ 22, 75.

[44] BeckOGK/*Leitzen* § 2200 Rn. 10; BeckOK BGB/*Lange* § 2200 Rn. 2; *Zimmermann* TV S. 105, Rn. 77.

[45] AG Velbert BeckRS 2017, 145245.

[46] Bengel/Reimann TV-HdB/*Reimann/J. Klinger* 7. Kap. Rn. 47.

[47] OLG Düsseldorf ZErb 2018, 148 (151) = BeckRS 2018, 6585.

[48] Keidel/*Zimmermann* FamFG § 345 Rn. 29.

[49] OLG Hamm ZEV 2015, 532 (533); OLG München NJW 2009, 1152 (1153); OLG Hamm ZEV 2001, 271 (272) mAmn *Reimann;* Burandt/Rojahn/*Heckschen* § 2200 Rn. 1; Damrau/Tanck/*Bonefeld* § 2200 Rn. 3; Keidel/*Zimmermann* FamFG § 345 Rn. 28 f.

[50] OLG Schleswig ErbR 2016, 98; Bonefeld/Wachter FA ErbR/*Bonefeld* § 17 Rn. 54.

[51] OLG Hamm ZEV 2015, 532 (533); zuvor OLG München NJW 2009, 1152 (1153).

sichtigung der später eingetretenen Sachlage mutmaßlich die Ernennung eines Testamentsvollstreckers durch das Nachlassgericht gewollt hätte. Insoweit kann insbesondere von Bedeutung sein, welche Gründe den Erblasser zur Anordnung der Testamentsvollstreckung bestimmt haben und ob diese Gründe, von seinem Standpunkt aus, auch nach dem Wegfall der im Testament benannten Person fortbestehen (…).“

24 Dabei sei vorrangig **danach zu differenzieren,** ob davon auszugehen ist, dass der Erblasser die Testamentsvollstreckung aus sachlichen Gründen der Nachlassabwicklung und/oder -verwaltung, oder aber personenbezogen, etwa mit Rücksicht auf die besondere Wertschätzung der Person des Testamentsvollstreckers angeordnet hat.[52] Die gleichen Abgrenzungskriterien zieht das AG Velbert[53] auch bei einem Wegfall durch Entlassung heran.

25 Das Gleiche gilt für den Fall, dass ein nach §§ 2198, 2199 BGB benannter **Bestimmungsberechtigter sein Recht nicht ausübt.** Eher ist in solchen Fällen aber kein konkludentes Ersuchen anzunehmen.[54]

26 Da § 2200 BGB keinen automatischen Auffangtatbestand bildet, muss ein Ernennungsersuchenswille des Erblassers der Verfüfung von Todes wegen iSd Andeutungstheorie zu entnehmen sein[55] bzw. bei der ergänzenden Auslegung eine entsprechende Willensrichtung.

3. Einzelheiten bei Nichtannahme, Kündigung und Entlassung

27 Auch wenn die Gerichte durchaus geneigt sind, Testamenten dieser Konstellation durch Auslegung ihre Ernennungszuständigkeit zu entnehmen,[56] so kann dies allein gesehen nicht richtig sein. *Lange*[57] meint ebenfalls, es könnte nicht ohne Weiteres aus der Bestimmung eines Testamentsvollstreckers ein Ersuchen an das Nachlassgericht entnommen werden. Das OLG Frankfurt a. M.[58] meint sogar, dass an die Feststellung des Ersuchens nach § 2200 BGB *„keine strengen Anforderungen“* zu stellen sind. Richtiger Weise ist vor allem auf die **Gründe** der Anordnung der Testamentsvollstreckung abzustellen.[59] Steht die **Person des Ernannten im Vordergrund,**[60] so spricht dies nach dessen Wegfall gegen den Fortgang der Testamentsvollstreckung. Sind dagegen die mit der Testamentsvollstreckung verfolgten Ziele noch nicht erreicht, indiziert dies den Fortbestand der Testamentsvollstreckung und die Ernennungszuständigkeit des Nachlassgerichts.[61] Das Testament muss in seiner Gesamtheit den Willen des Erblassers erkennen lassen, die Testamentsvollstreckung auch nach dem Wegfall der von ihr ernannten Person fortdauern zu lassen.[62] Dabei ist zu untersuchen, ob der Erblasser bei Berücksichtigung der später eingetretenen Sachlage mutmaßlich die Ernennung eines Testamentsvollstreckers durch das Nachlassgericht gewollt hätte.[63] Ohne weitere Anhaltspunkte kann aber nicht von dem Fortbestand der Testamentsvollstreckung ausgegangen werden,[64] zumal eine Andeutung für die Willensrichtung vorhanden sein muss.[65]

28 Ein **konkludentes Ersuchen**[66] ist bei folgenden Konstellationen von der Rechtsprechung **bejaht** worden:

[52] OLG Hamm ZEV 2015, 532 (533).
[53] AG Velbert BeckRS 2017, 145245.
[54] BeckOK BGB/*Lange* § 2200 Rn. 2a.
[55] AG Velbert BeckRS 2017, 145245.
[56] MüKoBGB/*Zimmermann* § 2200 Rn. 4.
[57] BeckOK BGB/*Lange* § 2200 Rn. 2.
[58] OLG Frankfurt a. M. ZErb 2017, 86; zuvor OLG Hamm ZEV 2001, 271 (272).
[59] OLG Zweibrücken ZEV 2007, 31; BayObLG NJW-RR 2003, 224 (225); NK-BGB/*Kroiß* § 2200 Rn. 3; Staudinger/*Reimann* § 2200 Rn. 7.
[60] KG FamRZ 2011, 1254; *Zimmermann* TV S. 106, Rn. 77.
[61] BeckOK BGB/*Lange* § 2200 Rn. 2.
[62] *Horn* ZEV 2007, 251.
[63] OLG Hamm ZEV 2001, 271 (272); Palandt/*Weidlich* § 2200 Rn. 2.
[64] NK-BGB/*Kroiß* § 2200 Rn. 4.
[65] BayObLG NJW-RR 2003, 224 (225); ZEV 1997, 338 (339); Damrau/Tanck/*Bonefeld* § 2200 Rn. 3; Staudinger/*Reimann* § 2200 Rn. 7.
[66] Keidel/*Zimmermann* FamFG § 345 Rn. 29.

- Der Erblasser hat in einem ersten Satz „Tesamentsvollstreckung" angeordnet und erst in einem zweiten Satz die Person hierzu genannt. Dabei hatte der das Testament beurkundende Notar sich selber benannt, so dass ein Verstoß gegen § 7 Ziff. 1 BeurkG vorlag. Zudem waren nicht ortsansässige gemeinnützige Einrichtungen begünstigt.[67]
- Der Erblasser hatte zum Ausdruck gebracht, dass seine Kinder, die Erben, nicht unbeschränkt über den Nachlass verfügen können sollten, etwa durch seine Festlegungen, dass das Barvermögen zum Unterhalt und zur Berufsausbildung der Kinder zu verwenden sei. Zudem hatte er Nutzungsbestimmungen über sein Anwesen getroffen. Auch war der Erblasser bei Testamentserrichtung bereits sehr alt und seine Kinder noch sehr jung.[68]
- Den Erben ist die Verwaltungsbefugnis entzogen.[69]
- Der Erblasser wollte eine *„längstmögliche"* Verwaltung.[70]
- Der Erblasser legte Wert auf eine Nachlassverwaltung und -verwertung, um damit Konflikten unter den vielen Erben und der damit einhergehenden Gefahr für den Nachlass zu begegnen.[71]
- Der Erblasser will verhindern, dass seine geschiedene Ehefrau Einfluss auf seine Erben, die gemeinsamen Kinder, nimmt. Zudem hatte der Erblasser Teilungsanordnungen hinsichtlich Grundvermögen getroffen, die durch einen Testamentsvollstrecker *„leichter"* durchzuführen sind.[72]
- Der Erblasser ordnete **Dauervollstreckung** an.[73]
- Der Erblasser hatte Vor- und Nacherbschaft angeordnet und der Testamentsvollstrecker ist vor dem Nacherbfall weggefallen.[74]
- Der Erblasser bezweckt mit der Anordnung der Testamentsvollstreckung die Sicherung der Erfüllung von Auflagen, wie die Verwendung eines Grundstückes für einen noch von dem Testamentsvollstrecker zu bestimmenden wohltätigen Zweck.[75]
- Der Erblasser ordnet zwar Testamentsvollstreckung an, aber ernennt keine oder nur eine ungeeignete Person als Testamentsvollstrecker.[76]
- Der Erblasser will testamentarisch Begünstigte vor Konflikten mit dem Erben schützen und die Ausführung weiterer Anordnungen sicherstellen.[77]
- Von einem Ersuchen ist auch bei einem **Behinderten- und Bedürftigentestament** auszugehen, da diese aufgrund der Schutzfunktion durch die Testamentsvollstreckung sicher funktionieren.[78]
- Der **Notar** hat sich in einem von ihm beurkundeten Testament zum Testamentsvollstrecker einsetzen lassen, was aufgrund § 7 BeurkG unzulässig ist. Dem Testament kann durch Auslegung ein Ersuchen entnommen werden, dass das Nachlassgericht den Notar zum Testamentsvollstrecker ernennt.[79]

Dagegen **verneinte** die Rechtsprechung bei folgenden Konstellationen **ein konkludentes** 29
Ersuchen:

- Der Erblasser hat die Verwaltung durch die Erben selbst vorausgesetzt.[80]
- Der eingesetzte Testamentsvollstrecker hatte sich zwei Jahre vergeblich um die Abwicklung bemüht und sein Amt niedergelegt. Dem Testament war kein Ersuchen zu entnehmen, da die vollständige Abwicklung des ansonsten überwiegend verteilten Nachlas-

[67] OLG Hamm ZEV 2015, 532 (533) mit zust. Anm. *Otte.*
[68] OLG München NJW 2009, 1152 (1153).
[69] OLGE 43, 400 (401) Fn. 1b; KG DNotZ 1955, 649.
[70] BayObLG FamRZ 1988, 325 (326).
[71] LG Kiel MDR 1967, 593 (594).
[72] BayObLG FamRZ 1987, 98.
[73] BayObLG FamRZ 1988, 325 (326); OLG Düsseldorf NJWE-FER1998, 135.
[74] BayObLG NJW-RR 1995, 711 (713).
[75] BayObLG ZEV 1997, 338.
[76] OLG Zweibrücken ZEV 2001, 27 mAnm *Damrau.*
[77] BayObLG NJW-RR 2003, 224; OLG Zweibrücken ZEV 2007, 31.
[78] Damrau/Tanck/*Bonefeld* § 2200 Rn. 3.
[79] Keidel/*Zimmermann* FamFG § 345 Rn. 29; aA LG Göttingen DNotZ 1952, 445.
[80] KG DNotZ 1955, 649 (652).

ses unter den Miterben ohne eine gerichtliche Auseinandersetzung nicht möglich sein wird.[81]

- Der Erblasser hatte in einem notariellen Testament verfügt: „*Die Bestimmung des Testamentsvollstreckers erfolgt gesondert privatschriftlich.*" Das OLG Frankfurt a. M.[82] sah darin kein Ersuchen iSd § 2200 BGB, nachdem der Erblasser die Bestimmung nicht privatschriftlich vorgenommen hatte.
- Nachdem der Testamentsvollstrecker die angeordnete Abwicklungsvollstreckung durchgeführt hat, ist die Testamentsvollstreckung generell beendet. Dem Testament war eine Testamentsvollstreckung „*über Jahrzehnte*" nicht zu entnehmen.[83]
- Der Erblasser hatte seinen Enkelsohn, der Rechtsanwalt war, zum Testamentsvollstrecker berufen und verfügt, dass dieser von den Beschränkungen des § 181 BGB befreit ist. Nach seiner Entlassung stellt das AG Velbert[84] kein Ersuchen iSd § 2200 BGB fest. Die namentliche Nennung und die Befreung von § 181 BGB würden für eine personenbezogene Berufung sprechen, zumal eine enge Vertrauensbeziehung des Erblassers zu dem entlassenen Testamentsvollstrecker bestand. Kein Kriterium bei der Frage nach dem Ersuchen sei es, ob ein Testamentsvollstrecker wegen einer zerstrittenen Erbengemeinschaft sinnvoll ist.
- Die Erblasserin hatte ihren **langjährigen Steuerberater** und ersatzweise einen in dessen Kanzlei tätigen Steuerberater zum Testamentsvollstrecker berufen. Beide lehnten die Übernahme ab. Das OLG Düsseldorf[85] stellte daraufhin kein Ersuchen nach § 2200 BGB fest. Die ausdrückliche Benennung einer Ersatzperson sei ein Indiz dafür, dass die Erblasserin nur diese beiden Personen als Testamentsvollstrecker wollte. Dafür spreche weiter, dass sie in einem frühereren Testament für den Wegfall der namentlich benannten Testamentsvollstrecker die IHK zur Bennung eines Testamentsvollstreckers ersucht hatte. Ihr sei mithin bekannt gewesen, dass ein Dritter eine Ersatzperson ernennen konnte (§ 2198 BGB).

4. Exkurs bei verfügtem Ersuchen, aber veränderten Umständen:

30 Bei einem Ersuchen nach § 2200 BGB ist das Nachlassgericht idR verpflichtet, einen Testamentsvollstrecker zu benennen.[86] Wenn aber die Anordnung einer Testamentsvollstreckung aufgrund veränderter Umstände – etwa bei einem geringen Nachlassumfang – ihren Sinn verloren hat, wird davon auszugehen sein, dass der Erblasser bei Kenntnis der zwischenzeitlich eingetretenen Umstände von der Anordnung abgesehen hätte.[87]

[81] OLG Hamm ZEV 2001, 271.
[82] OLG Frankfurt a. M. ZErb 2017, 86 (87).
[83] BayObLG ZEV 2001, 284 (285).
[84] AG Velbert BeckRS 2017, 145245.
[85] OLG Düsseldorf ZEV 2018, 660 = BeckRS 2018, 6585.
[86] OLG Hamburg ErbR 2017, 737 (738).
[87] OLG Hamburg ErbR 2017, 737 (738).

§ 16 Abgrenzung Potestativbedingung von unzulässiger Drittbestimmung

Übersicht

I. Praxisrelevanz

In von juristischen Laien verfassten Testamenten finden sich immer öfter Erbeinsetzungen wie:[1] 1

- Erbe soll das Enkelkind sein, das *„am besten für die Landwirtschaft geeignet ist"*.[2]
- Erbe ist derjenige, der dem Erblasser *„beistehen werde"*.[3]
- Erben soll derjenige, der den Erblasser *„im Alter pflegt und die Beerdigung übernimmt"*.[4]
- Erbe seien Personen, *„die mir Gutes tun, mich pflegen und sich um mein Grab kümmern"*.[5]
- Erbe soll meine Ehefrau sein, wenn sie mich zuletzt gepflegt hat.
- Erbe soll die Person sein, die *„die tätowierten Hautpartien des Erblassers abziehen, konservieren und auf einen Rahmen spannen"* lässt.[6]
- Erbe soll das Kind sein, *„welches sich zur Übernahme des elterlichen Erbes nach pflichtgemäßer Bestimmung des Überlebenden am besten eignet"*.[7]

Es stellt sich stets die Frage, ob die dargestellten Erbeinsetzungen wirksam sind. Wirksam kann eine Erbeinsetzung unter Bedingungen sein (§§ 2074, 2075 BGB iVm § 158 BGB). Es handelt sich um **Potestativbedingungen** (Willkürbedingungen), da deren Eintritt von dem Willen des Bedachten abhängt. Allerdings erklärt die Rechtsprechung bedingte Erbeinsetzungen nicht selten geradezu vorschnell wegen **Verstoßes gegen § 2065 Abs. 2 BGB** für unwirksam. Das hat sich seit der 1. Aufl. dieses Buches leider nicht geändert, sondern ist manifestiert worden.[8] Zur Begründung wird dann angeführt, dass die vom Erblasser bestimmten Kriterien zu unbestimmt seien.[9] Richtig wäre es im Hinblick auf den Grundsatz der wohlwollenden Auslegung aus § 2084 BGB, eine einfache Auslegung der vom Wortlaut her auslegungsfähigen, bedingten Erbauseinandersetzung vorzunehmen. 2

---

[1] Vgl. Staudinger/*Otte* § 2065 Rn. 32.
[2] BGH NJW 1965, 2201.
[3] BayObLG FamRZ 1991, 610 = BeckRS 1990, 30 887 924.
[4] OLG Frankfurt NJW-RR 1992, 72.
[5] BayObLG NJW-RR 1993, 138 = Rpfleger 1993, 200.
[6] KG NJW-RR 1999, 157.
[7] OLG Hamm FGPrax 2011, 223.
[8] Etwa OLG Köln ZErb 2017, 84 (85); OLG Düsseldorf ErbR 2017, 27 (28); ZErb 2014, 287 (288); OLG München NJW 2013, 2977 (278) mit abl. Anm. *Horn/Kroiß* = ZEV 2013, 617 (618) mit abl. Anm. *Otte*.
[9] Kritisch auch Nieder/Kössinger Testamentsgestaltung-HdB/R. *Kössinger* § 8 Rn. 39 und *Wagner* ZEV 1998, 255 (256).

II. Rechtslage

1. Erbenbestimmung als höchstpersönliche Entscheidung

3 Die Erbeinsetzung ist nach dem Gesetz so bedeutsam, dass nur der Erblasser selbst seine Erben bestimmen darf. Der Erblasser muss **höchstpersönlich** sein Testament errichten (§ 2064 BGB) bzw. seinen Erbvertrag schließen (§ 2274 BGB). Die Ausprägung der Testierfreiheit verpflichtet den Erblasser zugleich, den Begünstigten selbst auszuwählen.[10] So sieht § 2065 Abs. 2 BGB vor, dass der Erblasser die Bestimmung der Person, welche eine Zuwendung erhalten soll, nicht *„einem anderen überlassen"* darf. Gleichwohl ist eine namentliche Bezeichnung nicht erforderlich.[11]

4 § 2065 Abs. 1 BGB verbietet dem Erblasser, die Entscheidung, ob seine letztwillige Verfügung gelten soll, auf *„einen anderen"* zu übertragen. Auch die Bestimmung, welche Gegenstände oder Rechte der einzelne Erbe erhalten soll, darf er nicht *„einem anderen überlassen"* (§ 2065 Abs. 2 BGB). Da bei der Begünstigung durch ein **Vermächtnis** oder durch eine **Auflage** Ausnahmen bestehen (→ § 9 Rn. 13, 57), beziehen sich die engen Vorgaben primär auf den Erben.

5 Zulässig ist hingegen eine Erbeinsetzung sowohl unter einer **aufschiebenden** als auch unter einer **auflösenden Bedingung** (§§ 2074, 2075 BGB iVm § 158 BGB).[12] Das ist auch dann der Fall, wenn der Bedingungseintritt allein vom Willen des Bedachten oder eines Dritten abhängt.[13] Die Bedingung darf aber nicht auf eine Vertretung im Willen hinauslaufen.[14]

Bei dem Unterfall der in diesem Kapitel besprochenen Potestativbedingung macht der Erblasser die Erbeinsetzung davon abhängig, ob ein Dritter oder der Erbe nach seinem Belieben etwas unterlässt oder (fortgesetzt) tut.[15] Diese besondere Form der Bedingung ist auch dann zulässig, wenn der Eintritt der Bedingung vom Willen des Bedachten oder eines Dritten abhängt.[16] Etwa kann die Erbringung von Pflegeleistungen zur Bedingung einer letztwilligen Verfügung gemacht werden.[17]

6 Ist ein Verhalten eines Dritten **vor dem Erbfall** maßgebend, handelt es sich um eine aufschiebende Bedingung. Handelt es sich um ein Verhalten **nach dem Erbfall,** wie etwa Ausrichtung der Bestattung, ist die wunschgemäß handelnde Person bedingter Nacherbe.

2. Ausnahmen in anderen Bereichen

7 Eine Ausnahme sieht die **Höfeordnung** für die Bestimmung des Hofnachfolgers vor (§ 14 Abs. 3 HöfeO).[18] Dem Erblasser ist es hier gestattet, mehrere Personen mit einem Vermächtnis in der Weise zu bedenken, dass der Beschwerte oder ein Dritter als Bestimmungsberechtigter zu bestimmen hat, wer von dieser Gruppe den Vermächtnisgegenstand erhält (§ 2151 Abs. 1 BGB). § 2151 Abs. 1 BGB kann nicht analog auf die Erbeinsetzung angewendet werden.[19]

8 Durch die Aussetzung eines **Zweckvermächtnisses** kann der Testierende sogar offen lassen, was genau der Vermächtnisgegenstand ist (§ 2156 BGB). Dann hat entweder der Beschwerte oder ein Dritter nach billigem Ermessen die Leistung zu bestimmen. Auch bei der Auflage, deren Zweck der Erblasser bestimmt hat, kann er die Bestimmung der begünstigten Person dem Beschwerten oder einem Dritten überlassen (§ 2193 BGB).

---

[10] *Muscheler* ErbR Rn. 1697.
[11] OLG Köln NJW-RR 2015, 7 (8); BeckOGK BGB/*Gomille* § 2065 Rn. 31.
[12] OLG Hamm NJW-RR 2002, 1372 (1374).
[13] BeckOK BGB/*Litzenburger* § 2065 Rn. 11; MüKoBGB/*Leipold* § 2065 Rn. 12; vgl. *Keim* ZEV 2014, 72 (73).
[14] BGH NJW 1955, 100; MüKoBGB/*Leipold* § 2065 Rn. 12.
[15] Nieder/Kössinger Testamentsgestaltung-HdB/*R. Kössinger* § 8 Rn. 38.
[16] OLG Stuttgart BWNotZ 2005, 92 (93); KG ZEV 1998, 182 (183); MüKoBGB/*Leipold* § 2065 Rn. 12.
[17] LG Frankfurt a. M. BeckRS 2011, 23586.
[18] *Muscheler* ErbR Rn. 1699.
[19] Vgl. MüKoBGB/*Leipold* § 2065 Rn. 3.

Weiterhin kann der Erblasser durch eine entsprechende letztwillige Verfügung anordnen, dass die Erbauseinandersetzung nach billigem Ermessen eines Dritten wie beispielsweise einem Testamentsvollstrecker erfolgen kann (§ 2048 S. 2 BGB). Auch die Wahl des Testamentsvollstreckers kann er einem Dritten überlassen (§§ 2198 bis 2200 BGB), so dass es sogar als zulässig angesehen wird, wenn der beschwerte Erbe selbst die Person des Testamentsvollstreckers festlegen kann.[20] 9

III. Formulierungsbeispiele

Dem Erblasser stehen einige zulässige Optionen der Drittbestimmung bei der Errichtung seiner letztwilligen Verfügung zu.[21] Bei einem Bestimmungsvermächtnis gem. § 2151 BGB können der Beschwerte oder ein Dritter aus mehreren vom Erblasser benannten Personen auswählen.[22] 10

Mein Alleinerbe A hat nach seiner Wahl einem jungen Leistungssportler des X-Sportvereins im Wege eines Bestimmungsvermächtnisses 10.000 EUR zu zahlen.

Ein solches Bestimmungsvermächtnis gem. § 2151 BGB kann mit einem Zweckvermächtnis etwa wie folgt kombiniert werden:[23] 11

Ich setze einem meiner Enkel als Bestimmungs- und Zweckvermächtnis eine vierwöchige Reise nach Australien aus. Mein Testamentsvollstrecker hat einen Enkel auszuwählen, dem er dann den hierzu erforderlichen Betrag zur Verfügung zu stellen hat (Flug- und Hotelkosten (4-Sterne-Kategorie), Taschengeld).

Ihm ist gestattet, durch folgende Klausel die Bestimmung der Person des Testamentsvollstreckers einem Dritten zu überlassen:[24] 12

Mein Alleinerbe A kann die Person des Testamentsvollstreckers bestimmen, wobei er sich nicht selbst bestimmen kann. Der Testamentsvollstrecker muss zur Rechtsanwaltschaft zugelassen sein. Bestimmt A nicht innerhalb von 4 Wochen nach meinem Ableben die Person des Testamentsvollstreckers, so soll das Nachlassgericht eine geeignete Person auswählen.

Die Einsetzung einer, dem Testierenden bereits bekannten Person zu seinem Erben kann unter einer Bedingung, die sich auf das Verhalten dieser Person bezieht, so letztwillig verfügt werden:[25] 13

A pflegt mich bereits seit einigen Monaten. Unter der Bedingung, dass er dies auch bis zu meinem Ableben tut, setze ich A zu meinem Alleinerben ein. Maßgeblich ist hierbei, dass er monatlich mindestens 80 Stunden für meine Pflege aufwendet. Sollte dies durch einen Umzug in ein Pflegeheim nicht mehr möglich sein, ist es stattdessen erforderlich, dass A mich in diesem Pflegeheim mindestens 40 Stunden im Monat besucht.

---

[20] Bengel/Reimann TV-HdB/*Reimann* Kap. 2 Rn. 149.

[21] Gestaltungsmöglichkeiten bei Nieder/Kössinger Testamentsgestaltung-HdB/*Nieder/W. Kössinger* § 3 Rn. 41 ff.

[22] Nieder/Kössinger Testamentsgestaltung-HdB/*Nieder/W. Kössinger* § 3 Rn. 55.

[23] Tanck/Krug AnwForm Testamente/*Krug/Riedel* § 14 Rn. 51 ff.

[24] Tanck/Krug AnwForm Testamente/*Uricher* § 21 Rn. 47.

[25] *Langenfeld/Fröhler* Testamentsgestaltung Kap. 3 Rn. 385.

14 Viele Testierende möchten einstweilen in gesunden Tagen Vorsorge für den Fall treffen, dass sie später aufgrund eingetretener Testierunfähigkeit an der Erbeinsetzung der sie pflegenden Person gehindert sind. Zum Zeitpunkt der Testamentserrichtung ist aber noch ungewiss, ob der Erblasser überhaupt pflegebedürftig wird und wer ihn dann pflegt. Ratsam ist in dieser Konstellation die Aussetzung eines Vermächtnisses[26] oder einer Auflage, da diese auch Drittbestimmungsmöglichkeiten zulassen. Zu denken ist aber auch an ein kleineres Vermögen, das die später pflegende Person erhalten soll. Auch wenn grundsätzlich von einer Erbeinsetzung wie durch nachfolgende Klausel abzuraten ist,[27] so könnte ein entsprechender Wille des Erblassers wie folgt formuliert werden:

Ich bestimme die Person zu meinem Alleinerben, die mich in den letzten 12 Monaten meines Lebens gepflegt hat. Erforderlich ist, dass ich in eine Pflegestufe eingeordnet wurde. Der Alleinerbe muss mich zumindest in dem Umfang gepflegt haben, den eine professionelle Pflegekraft der Pflegestufe entsprechend aufwenden müsste. Falls mich mehrere Personen gepflegt haben, bestimmen sich die Erbquoten nach dem verhältnismäßigen Zeitaufwand, den die mich pflegenden Personen in den letzten 12 Monaten vor meinem Tod für mich eingesetzt haben.

Sterbe ich, ohne dass ich in eine Pflegestufe eingeordnet wurde, bzw. wenn ich in einem Heim versterbe (wegen § 14 HeimG oder entsprechend), so erbt der gemeinnützige Verein X alleine.

Praxistipp:

Wenn ein Mandant eine bedingte Erbeinsetzung nach Kriterien zur Bestimmung seines Erben in jedem Fall treffen möchte, ist es zweckmäßig, dass in der letztwilligen Verfügung ein Schiedsgutachter angeordnet wird. Der Berater hat aber von einer solchen Gestaltung dem Mandanten dringend abzuraten.

IV. Einsetzung einer bestimmten Person unter einer bestimmten Bedingung

15 Der Erblasser hat eine ihm bereits bekannte und von ihm ausgewählte Person unter der auflösenden Bedingung nach §§ 2075, 158 Abs. 2 BGB zu seinem Erben eingesetzt, dass er etwa einer in dem Testament definierten Tätigkeit nachgeht. Die Erbeinsetzung einer bestimmten Person unter einer bestimmten Bedingung wird in Rechtsprechung und Literatur weitgehend unstreitig als zulässig behandelt.[28] Inhalt der auflösenden Bedingung sind zumeist Leistungen der Verhaltensweisen, die fortlaufend, meist **bis zum Erbfall** erbracht werden müssen.

Einzelfälle

(1) So hatte das BayObLG[29] über ein Testament zu entscheiden, in dem die verwitwete Erblasserin eine bestimmte Person unter der Bedingung der fortlaufenden Pflege zu ihrer Erbin einsetzte. Diese bewertete das Gericht als Erbeinsetzung *„unter der auflösenden Bedingung des Wegfalls der versprochenen Versorgungsleistungen“*.[30] Hilfs- und Pflegeleistungen von Bedachten könnten grundsätzlich zur Bedingung einer letztwilligen Verfügung gemacht werden. Dies gelte ungeachtet dessen, *„daß die Pflegetätigkeit nur mit dem Willen der zu betreuenden Personen möglich ist“*.

(2) Das LG Frankfurt[31] hatte in dem Frankfurter Bierkönig-Fall über die Alleinerbeinsetzung der zweiten, über 60 Jahre jüngeren Ehefrau zu entscheiden. Die Alleinerbeinsetzung stand unter der Bedingung, dass die Ehefrau bis zum Tod des Erblassers in dem gemeinsamen Haushalt wohnt und den Erblasser

[26] Muster bei Tanck/Krug AnwForm Testamente/*Krug/Riedel* § 14 Rn. 114 f. und § 27 Rn. 14.
[27] Ebenfalls *Keim* FamRZ 2003, 137 (139).
[28] OLG Hamm NJW-RR 2002, 1372 (1374); NK-BGB/*Beck/Selbherr* § 2065 Rn. 17; vgl. Palandt/*Weidlich* § 2065 Rn. 11.
[29] BayObLG NJW-RR 1998, 729.
[30] BayObLG NJW-RR 1998, 729 (730).
[31] LG Frankfurt a. M. BeckRS 2011, 23586 (Nachlass Bruno Schubert, Frankfurter „Bierkönig“).

auch im Fall dauernder Pflegebedürftigkeit pflegt. Das Landgericht Frankfurt hatte sich mit der Frage zu beschäftigen, ob diese Bedingung erfüllt war. Dabei hatte das Gericht auch den von der Klausel gemeinten Umfang der erforderlichen Pflegeleistungen auszulegen. Es stellte überzeugend begründet zugunsten der Ehefrau die Voraussetzungen fest.

Eine Erbeinsetzung kann hingegen auch unter einer auflösenden Bedingung erfolgt sein, 16
bei der das Verhalten der Bedingung erst **nach dem Erbfall** stattzufinden hat. Die Person, die die Voraussetzungen nach dem Erbfall erfüllt, ist bedingter Nacherbe. Wird die Bedingung nicht erfüllt, entfällt die potenzielle Erbenstellung.

Einzelfälle

(1) So hatte ein Erblasser angeordnet, dass die Vorerben persönlich haftende Gesellschafter werden bzw. bleiben müssten. Damit wollte er eine Verbindung zwischen Gewinnberechtigung und persönlicher Verantwortung erreichen. Nachdem ein Vorerbe seinen Gesellschaftsanteil – der testamentarischen Anordnung zuwider – übertragen hatte, sah das OLG München die auflösende Potestativbedingung als ausgelöst an; der übertragende Vorerbe war damit enterbt.[32]

(2) Ebenfalls als zulässige bedingte Erbeinsetzung bewertete das KG die Bedingung, dass ein zu Lebzeiten des Erblassers überschuldeter Erbe sich in *„geordneter und vor Gläubigern gesicherter wirtschaftlicher Lage“* befindet.[33] Erst wenn der Testamentsvollstrecker dies festgestellt hatte, sollte die belastende Nacherbschaft entfallen. Der Testamentsvollstrecker hatte somit die zulässige Stellung eines Schiedsgutachters inne, der objektiv über den Bedingungseintritt entscheiden konnte. Dieser Testamentsvollstrecker hat jedoch den Fehler gemacht und den Bedingungseintritt nicht in entsprechender Anwendung des § 2198 Abs. 1 S. 2 BGB in öffentlich beglaubigter Form gegenüber dem Nachlassgericht erklärt, was allerdings, dem KG zufolge, erforderlich gewesen wäre.[34]

V. Abgrenzung zwischen zulässiger Potestativbedingung und unzulässiger Drittbestimmung

1. Grundsätze

Höchst umstr. sind dagegen die Fälle, in denen der Erblasser eine bestimmte oder gar eine 17
unbestimmte Personengruppe vorgegeben hat, aus der sich aufgrund der verfügten Voraussetzungen der Erbe ergeben soll. Der Testierende muss den Bedachten anhand von objektiven Voraussetzungen so genau bezeichnen, dass dieser zweifelsfrei ermittelt werden kann.[35] Zu den Voraussetzungen, bei denen Potestativbedingungen zulässig sind, hat der BGH bereits in seinem Urt. v. 18.11.1954[36] strenge Voraussetzungen festgestellt. Das OLG Frankfurt a. M.[37] formulierte dies in seinem Beschl. v. 4.7.2017 wie folgt:

> *„Es ist nämlich im Hinblick auf § 2084 BGB anerkannt, dass der Erblasser seinen letzten Willen nicht in der Weise zu äußern braucht, dass der Bedachte von vorne herein individuell bestimmt ist. Vielmehr genügt es – worauf das Nachlassgericht mit anderen Worten ebenfalls zu Recht abgestellt hat – entsprechend der Zielrichtung des § 2065 Abs. 2 BGB nach einhelliger Rechtsprechung, wenn der Bedachte im Zeitpunkt des Erbfalls durch jede sachkundige Person anhand objektiver Kriterien bezeichnet werden kann. Um die Bezeichnung des Bedachten handelt es sich dabei, wenn der Erblasser in seiner letztwilligen Verfügung hinsichtlich des Bedachten diejenigen Angaben gemacht hat, die es jeder mit genügender Sachkunde ausgestatteten Person ermöglichen, den Bedachten aufgrund der gemachten Angaben zu bezeichnen, ohne dass dabei ein eigenes Ermessen der mit entsprechender Sachkunde ausgestatteten Person bestimmend oder mitbestimmend ist. Der Personenkreis muss also so eng begrenzt und die Gesichtspunkte für die Auswahl müs-*

[32] OLG München ZEV 2007, 582 mit im Ergebnis, aber nicht in der Begründung zust. Anm. *Kroppenberg.*
[33] KG NJWE-FER 1998, 132 (133).
[34] KG NJWE-FER 1998, 132 (133).
[35] Burandt/Rojahn/*Czubayko* § 2065 Rn. 10; *Muscheler* ErbR Rn. 555.
[36] BGH NJW 1955, 100.
[37] OLG Frankfurt a. M. ErbR 2017, 729 (730); OLG Oldenburg ZEV 2010, 635 (636); KG NJWE-FER 1998, 132 (133).

sen so genau festgelegt sein, dass für eine Willkür des Dritten kein Raum bleibt (vgl. insgesamt u.a. BGH, Urt. v. 18.11.1954 – IV ZR 152/54, zitiert nach juris; BayObLG, Beschl. v. 19.4.2000 – IZ BR 130/99, zitiert nach juris, m.w.N.; Weidlich, a.a.O., § 2065, Rn. 8 m.w.N.).

18 § 2065 Abs. 2 BGB sieht als Tatbestandsmerkmal ausdrücklich einen *„anderen"*, also einen Dritten vor, der nicht den Erben *„bestimmen"* darf. Trotzdem wenden Gerichte[38] fast unisono § 2065 Abs. 2 BGB auch auf Fälle an, in denen der Erblasser keinen Dritten zur Bestimmung seines Erben eingesetzt hat. Auf diesen Fehler weisen ua *Otte*[39] und *Keim*[40] vehement hin. Unstr. ist das Gericht nicht Dritter;[41] dem Gericht obliegt die Rechtsanwendung aufgrund von Tatsachen. Das OLG Köln[42] ist zunächst auch auf der richtigen „Spur", erklärt dann aber kurzerhand § 2065 Abs. 2 BGB für anwendbar:

„Soweit der Wille des Testierenden durch Auslegung festgestellt werden kann, liegt zwar kein Fall der unzulässigen Bestimmung der Person des Bedachten durch einen Dritten vor. Die Testamentsauslegung ist, auch wenn sie wertende Elemente enthält, nicht die in § 2065 BGB gemeinte unzulässige Willensentscheidung; das Gericht ist insoweit nie Dritter. § 2065 BGB greift indes dann ein, wenn der Wortlaut der letztwilligen Verfügung so unbestimmt ist, dass die Auslegung ergebnislos bleiben muss (…)."

19 Nicht nur die Gerichte, sondern auch die hL[43] wenden § 2065 Abs. 2 BGB an, auch wenn der Erblasser keinen Dritten zur Bestimmung seines Erben eingesetzt hat. Dieser Fehler, auf den ua *Otte* und *Keim* hinweisen, unterläuft vielen Gerichten. **Einzig richtig ist, dass bei dieser Art von Erbeinsetzung durch einfache Testamentsauslegung unter Berücksichtigung der wohlwollenden Auslegung nach § 2084 BGB zu erforschen ist, auf welche Person die Voraussetzungen aus dem Testament passen.** Passen zwei Personen, erben sie nach Anwendung von § 2073 BGB[44] eben hälftig. Hat der Erblasser die Person zu seinem Erben bestimmt, die ihn zuletzt gepflegt hat, und stirbt er etwa aufgrund eines Autounfalls, so dass eine Pflege gar nicht erforderlich war, tritt die gesetzliche Erbfolge ein.

20 Auch wenn der Begründung eines Auslegungsergebnisses § 2065 Abs. 2 BGB (nach hiesigem Verständnis fälschlicherweise) vorangestellt wird, wird das Testament regelmäßig im Weiteren von der Methode her zutreffend ausgelegt. Als Maßgabe ist aber eben nicht § 2065 Abs. 2 BGB heranzuziehen, sondern § 2084 BGB: *„Lässt der Inhalt einer letztwilligen Verfügung verschiedene Auslegungen zu, so ist im Zweifel diejenige Auslegung vorzuziehen, bei welcher die Verfügung Erfolg haben kann."* *Beck/Selbherr*[45] sprechen einschränkend von der „Zielrichtung des § 2065" bei der Auslegung.

21 Bei Unwirksamkeit der Erbeinsetzung würde die gesetzliche Erbfolge eintreten oder ein früheres Testament maßgebend sein. Das wollte indes der Erblasser gerade verhindern. Daher plädiert *Gomille*[46] zu Recht auf die großzügige Auslegung solcher Klauseln.

22 Die Rechtsprechung unterscheidet zwischen **Bestimmung** und **Bezeichnung.**[47] Gemeint ist Bestimmung in dem Sinn, dass ein Dritter ein Auswahlermessen hat. Dagegen erfolgt die zulässige Bezeichnung der Person des Erben aufgrund strikter Anwendung der vorgegebenen Kriterien, so dass für eine Wertung durch den Dritten kein Raum ist. Das ist insoweit rich-

[38] OLG Köln ZErb 2014, 287; OLG München NJW 2013, 2977 (2978); KG NJW-RR 1999, 157 (159); BayObLG FamRZ 1992, 987 = BeckRS 1992, 30 897 872.
[39] Staudinger/*Otte* § 2065 Rn. 16; *Otte* ZEV 2013, 619 (620); wohl auch MüKoBGB/*Leipold* § 2065 Rn. 6.
[40] *Keim* ZEV 2014, 72 (73).
[41] NK-BGB/*Beck/Selbherr* § 2065 Rn. 5; MüKoBGB/*Leipold* § 2065 Rn. 34; Damrau/Tanck/*Seiler-Schopp* § 2065 Rn. 5.
[42] OLG Köln ZErb 2017, 84 (85).
[43] BeckOK BGB/*Litzenburger* § 2065 Rn. 11 aE; Soergel/*Loritz* § 2065 Rn. 13; BeckOGK BGB/*Gomille* § 2065 Rn. 38; jurisPK BGB/*Lenz-Brendel* § 2065 Rn. 13.
[44] Staudinger/*Otte* § 2065 Rn. 19.
[45] NK-BGB/*Beck/Selbherr* § 2065 Rn. 9.
[46] BeckOGK BGB/*Gomille* § 2065 Rn. 36.
[47] Abgrenzung bei BeckOK BGB/*Litzenburger* § 2065 Rn. 15.

tig, da auch bei der Ermittlung der Person des Erben kein Raum für ein Ermessen bestehen darf. Das **RG war liberaler.** In dem *„Ritterguts-Fall"* sah es das RG[48] als zulässig an, dass der Erbe aus einem begrenzten Kreis von Personen *„nach bestimmten Gesichtspunkten (...) durch einen Dritten bindend ausgewählt"* wird, wobei die Entscheidung auch ein *„reines Werturteil darstellen"* mag.[49] Die Auswahlkriterien müssten so genau sein, dass für eine *„Willkür des Dritten kein Raum bleibt, sondern die Entscheidung auf sein Urteil über das Vorliegen jener Voraussetzungen abgestellt ist, mag dies auch ein reines Werturteil darstellen oder ein solches einschließen"*. Nach dem hier vertretenen Verständnis ist diese Feststellung im Hinblick auf § 2065 Abs. 2 BGB zu weitgehend. Gleichwohl ist einzuräumen, dass nahezu jede Entscheidung auf einer Bewertung von Tatsachen beruht. Letztlich kommt es auf die Nuancen im Einzelfall an, ob nicht doch eine unzulässige Vertretung im Willen vorliegt. *Beck/Selbherr*[50] billigen dem Dritten „in engen Grenzen" eine „Bestimmungsbefugnis" zu.

Zur **Zulässigkeit von Bedingungen** ist es erforderlich, dass der Erblasser an dem Eintritt ein Interesse hatte. Zutreffend ist es für *Otte*[51] für die Zulässigkeit einer Erbeinsetzung durch eine solche Potestativbedingung entscheidend, ob der Erblasser **Interesse** am (Nicht-) Eintritt der Bedingung hatte. Ist dies dem Erblasser gleichgültig, ist die bedingte Erbeinsetzung unwirksam, denn der Erblasser würde seine höchstpersönliche Entscheidung delegieren, was gegen das Drittbestimmungsverbot aus § 2065 Abs. 2 BGB verstößt. Lt. *Keim*[52] habe ein Erblasser an der Pflege oder Zuwendung durch einen anderen im Alter offenkundig ein Interesse. Als Beispiel einer unzulässigen Bedingung – mangels Interesse – nennt *Keim* eine Erbeinsetzung, wonach der Sohn erbt, falls seine Ehefrau nicht innerhalb einer Woche nach dem Tod drei Kerzen in der Kirche anzündet. 23

Verstößt eine Erbeinsetzung gegen § 2065 BGB, ist zu prüfen, ob der Erblasserwille durch **Umdeutung nach § 140 BGB** auf einem anderen rechtlichen Wege umgesetzt werden kann. *Otte*[53] schlägt hierzu die Umdeutung in ein Zweckvermächtnis, in die Einräumung der Befugnis, einen Erben zu bestimmen, bzw. in die Einräumung der Befugnis, einen Universalvermächtnisnehmer zu ernennen, vor. Auch könne die unzulässige Anordnung, der Testamentsvollstrecker solle den Nachlass einer sozialen Bestimmung zuführen, in eine Erbeinsetzung des Testamentsvollstreckers mit der Auflage umgedeutet werden, den Nachlass einer sozialen Bestimmung zuzuführen. 24

2. Bedingte Erbeinsetzung aus einer zuvor festgelegten Personengruppe

Diese Untergruppe betrifft letztwillige Verfügungen, bei denen der Erblasser eine **Personengruppe vorgegeben** hat, aus der derjenige sein Erbe sein soll, der aufgrund **seines Verhaltens** die letztwillig verfügten Kriterien erfüllt. Die Auswahlkriterien müssen so bestimmt sein, dass die Ermittlung des Erben für jede sachkundige Person ohne Ausübung von Ermessen objektiv möglich ist.[54] Grundsätzlich sind aufschiebende und auflösende Bedingungen zulässig, auch wenn deren Eintritt allein von dem Willen des Bedachten oder eines Dritten abhängt[55] bzw. an ein *„bestimmtes Verhalten des Bedachten oder eines Dritten"* anknüpft.[56] 25

Diese Form der bedingten Erbeinsetzung wird von der hM als zulässig angesehen.[57] Nach dem BGH[58] ist unter Berufung auf *„Rechtsprechung und Schrifttum"* insoweit ausreichend, 26

[48] RGZ 159, 296 (299); zu den Reaktionen in der Lit.: BeckOGK BGB/*Gomille* § 2065 Rn. 50.
[49] Dagegen zust. Staudinger/*Otte* § 2065 Rn. 31.
[50] NK-BGB/*Beck/Selbherr* § 2065 Rn. 11.
[51] Staudinger/*Otte* § 2065 Rn. 62.
[52] *Keim* ZEV 2014, 72 (74).
[53] Staudinger/*Otte* § 2065 Rn. 65.
[54] BGH NJW 1955, 100.
[55] BeckOK BGB/*Litzenburger* § 2065 Rn. 11 mwN.
[56] OLG Hamm NJW-RR 2002, 1372 (1374).
[57] Palandt/*Weidlich* § 2065 Rn. 8; Burandt/Rojahn/*Czubayko* § 2065 Rn. 11; *Muscheler* ErbR Rn. 1701; Damrau/Tanck/*Seiler-Schopp/Rudolf* § 2065 Rn. 19.
[58] BGH NJW 1965, 2201.

„daß der Erblasser einen begrenzten Kreis von Personen bezeichnet, aus denen der Erbe nach festgelegten sachlichen Gesichtspunkten, darunter auch seiner Eignung für die Landwirtschaft, durch einen Dritten bindend ausgewählt werden soll, sofern jene Begrenzung und Festlegung so genau erfolgt sind, daß für eine Willkür des Dritten kein Raum bleibt (RGZ 159, 296, 299; Soergel-Siebert, BGB 9. Aufl. § 2065 Rdn. 1).“

27 Jedoch darf die Potestativbedingung nicht auf eine Vertretung im Willen hinauslaufen,[59] so dass Folgendes zu beachten ist:

28 • Nach dem BGH[60] ist eine Erbeinsetzung unter einer Potestativbedingung unzulässig, wenn der Erblasser bei Testamentserrichtung unentschlossen war. Zulässig ist eine solche Bedingung indes dann, wenn der Erblasser für den Fall des Eintritts oder Nichteintritts der Bedingung einen bestimmten, die Gültigkeit der Verfügung betreffenden Willen hatte.

29 • *Leipold*[61] fordert, dass der Erblasser seinen Willen vollständig gebildet hat und in seine Überlegungen das mögliche, wenn auch willensabhängige künftige Ereignis eingebunden hat.

Einzelfälle

(1) In einem vom OLG Oldenburg[62] entschiedenen Fall hatte die Erblasserin der Vorerbin die Auswahl des Nacherben überlassen. Das Gericht erklärte diese Bestimmung für unwirksam gem. § 2065 Abs. 2 BGB, da die Erblasserin *„keinerlei Kriterien bestimmt hat, nach denen die Bezeichnung des Nacherben aus dem Kreis der Nachkommen erfolgen soll“*.

(2) In einem anderen Fall sollte der Vorerbe anhand des Auswahlkriteriums *„Geeignetheit für die Erhaltung und Bewirtschaftung des Grundbesitzes“* aus den Abkömmlingen den Nacherben *„auswählen“*. Diese Bedingung ist dem BayObLG[63] zu unscharf, verschaffe dem Dritten ein Auswahlermessen und verstoße so gegen § 2065 Abs. 2 BGB.

(3) Der BGH[64] entschied, dass eine Erbeinsetzung desjenigen Sohnes von *„W.“*, *„der sich am besten für die Landwirtschaft eignet“* nicht dem Bestimmtheitserfordernis genügt.

30 Bei der **Begünstigung von gemeinnützigen Einrichtungen** zeigt sich die Rechtsprechung eher geneigt, keinen Verstoß gegen § 2065 Abs. 2 BGB zu erkennen, sondern das Testament zutreffend einfach auszulegen.

Einzelfälle

(1) Einen Fall des § 2065 Abs. 2 BGB lehnte das AG Waiblingen[65] hingegen bei der Erbeinsetzung der *„Kinderkrebshilfe“* ab, da mittels Auslegung, die Vorrang vor § 2065 Abs. 2 BGB habe, der zutreffende Rechtsträger ermittelt werden konnte.

(2) In seinem Testament hatte der Erblasser bestimmt, dass zunächst seine Mutter, sodann sein Vater erben und für den Fall, dass „keiner von uns überleben“ sollte, das gesamte Vermögen einem wohltätigen Zweck („Kinderkrebshilfe, Kinder in Not, Kranke in Not, Tierschutz etc.“) zugeführt werden soll und „die gesamte Verwandtschaft nichts erbt“. Das OLG Düsseldorf[66] sprach sich gegen eine Erbeinsetzung der Organisationen aus. Es stellte indes eine Beschwerung des einrückenden Erben (hier: des Fiskus) mit einer Zweckauflage fest.

3. Bedingte Erbeinsetzung aus einer unbestimmten Personengruppe

31 Auch die Erbeinsetzung der Person, die die in der letztwilligen Verfügung aufgeführten Kriterien aufgrund ihres Verhaltens erfüllt, ist nach der hier vertretenen Auffassung zulässig. Kann der hinreichend bestimmte Bedingungseintritt von einer **unübersehbaren Zahl von Personen** herbeigeführt werden, handelt es sich nämlich nicht um eine nach § 2065 Abs. 2

[59] BGH NJW 1955, 100; MüKoBGB/*Leipold* § 2065 Rn. 12.
[60] BGH NJW 1955, 100 (101).
[61] MüKoBGB/*Leipold* § 2065 Rn. 12.
[62] OLG Oldenburg ZEV 2010, 635 (636).
[63] BayObLG MittBayNot 2004, 450 (453).
[64] BGH NJW 1965, 2201.
[65] AG Waiblingen NotBZ 2009, 507 = BeckRS 2009, 22790.
[66] OLG Düsseldorf ErbR 2015, 27 (28).

BGB unzulässige Entscheidungsverlagerung.[67] Die *„Quantität des Adressatenkreises"* ist auch nach Ansicht von *Litzenburger „kein Problem des § 2065 BGB"*.[68] Auch *Kössinger*[69] kritisiert zu Recht die gerichtliche Praxis, unter Hinweis auf § 2065 Abs. 2 BGB aufgrund unbestimmter Kriterien die Unwirksamkeit anzunehmen. Tatsächlich ist anhand von § 2084 BGB zu prüfen, welche Person durch Auslegung (Anwendung der testamentarisch vorgegebenen Kriterien) Erbe ist. Die Bezeichnung muss **anhand objektiver Kriterien zum Zeitpunkt des Erbfalls** erfolgen. Aufgrund des allgemeinen Bestimmtheitsgrundsatzes muss der Erbe hinreichend bestimmt angegeben werden.[70]

Als Beispiele sind insoweit folgende Entscheidungen zu nennen: 32

- Die Erbeinsetzung der Person, *„die mir beisteht"*, ließ dem BayObLG[71] zufolge offen, an *„welche Art von Beistand die Erbin gedacht hat, ob damit die körperliche Pflege gemeint war, die Hilfe bei der anfallenden Hausarbeit oder eine seelische Stütze"*.
- Alleinerbe ist *„derjenige, der den zuletzt verstorbenen Ehegatten begleitet und gepflegt hat"*. Das OLG Köln[72] kritisierte, dass der Begriff „Pflege" umstritten und der Begriff „Begleitens" unbestimmt sei.
- *„Wer mir in den letzten Stunden beisteht, übergebe ich „Alles"*."[73]
- Erbe wird die Person, die *„sich bis zu meinem Tode um mich kümmert"*.[74] Die Lebensgefährtin und der Neffe des Erblassers hatten sich um diesen nach dem allgemeinen Sprachverständnis „gekümmert", so dass das Nachlassgericht[75] beide richtigerweise als Erben zu je 1/2 ansah. Das Beschwerdegericht hob die Entscheidung auf, da die Erbeinsetzung nichtig sei.
- Die Erbeinsetzung der Person, *„welche die Beisetzung und die Grabpflege übernimmt"*, ließ das BayObLG[76] daran scheitern, dass *„nichts über die Grabpflege bestimmt"* sei und es offen bliebe, *„wer diese Aufgabe übernimmt."*
- Unwirksam war für das OLG Frankfurt[77] die Bestimmung, dass derjenige Erbe sei, der den Erblasser *„im Alter pflegt und die Beerdigung übernimmt"*, da tatsächlich keine Pflege erforderlich gewesen ist.
- Gegen § 2065 Abs. 2 BGB verstieß dem KG[78] zufolge die Erbeinsetzung der Personen, die sinngemäß *„die (tätowierten) Hautpartien des Erblassers abziehen, konservieren und auf einen Rahmen spannen (lassen) und seinen Leichnam im übrigen der Anatomie übergeben"*.
- Eine Erblasserin hatte Personen bedacht, die ihr *„Gutes tun"*, sie *„pflegen"* und *„sich um das Grab kümmern"*. Das Nachlassgericht zog eine Auslegung als Vermächtnis in Betracht, worüber es im Erbscheinsverfahren nicht zu entscheiden hätte.[79]
- Mangelnde Bestimmtheit zog das BayObLG[80] für die Klausel *„mein Häuschen mit Garten in B. soll derjenige bekommen, der mich in Krankheit pflegt und mich betreut, das Grab übernimmt und mindestens 30 Jahre erhält und pflegt"*. in Erwägung und verwies die Sache zu der Vorinstanz zurück.

Es existieren aber auch einzelne Entscheidungen für die hier vertretene Auffassung. Die Erbeinsetzung „*Wer zuletzt mich pflegt und für mich sorgt bekommt das Haus, Schmuck und alles*" verstößt laut OLG Frankfurt[81] nicht gegen § 2065 Abs. 2 BGB, *„wenn die Erb-* 33

---

[67] *Wagner* ZEV 1998, 255; auch BeckOK BGB/*Litzenburger* § 2065 Rn. 11.
[68] BeckOK BGB/*Litzenburger* § 2065 Rn. 11.
[69] Nieder/Kössinger Testamentsgestaltung-HdB/*R. Kössinger* § 8 Rn. 39.
[70] MüKoBGB/*Leipold* § 2065 Rn. 27.
[71] BayObLG FamRZ 1991, 610 = BeckRS 1990, 30887924.
[72] OLG Köln ZErb 2017, 84 (87), („mangels hinreichender Bestimmtheit keine wirksame Erbeinsetzung").
[73] OLG Köln ZErb 2014, 287 („keine hinreichend bestimmte Erbeinsetzung").
[74] OLG München NJW 2013, 2977 („nichtig").
[75] AG Kaufbeuren BeckRS 2013, 9847.
[76] BayObLG FamRZ 1992, 987 = BeckRS 1992, 30897872.
[77] OLG Frankfurt NJW-RR 1992, 72.
[78] KG NJW-RR 1999, 157; zul. lt. Staudinger/*Otte* § 2065 Rn. 19 sowie lt. *Wagner* ZEV 1998, 255 (256).
[79] BayObLG NJW-RR 1993, 138.
[80] BayObLG NJW-RR 1997, 389.
[81] OLG Frankfurt DNotZ 1996, 56 (58) = NJW-RR 1995, 711.

lasserin vor ihrem Tod tatsächlich der Pflege bedurfte und sie die Pflegeperson selbst bestimmt hat". Auch *Keim* zufolge sind Erbeinsetzungen zu Belohnungszwecken zulässig, „*da an dem honorierenden Verhalten ein Interesse des Erblassers besteht*".[82] Dieser würde durchaus seinen Willen zum Ausdruck bringen, wen er mit der Erbschaft begünstigen wollte.

4. Bestimmung des Erben durch einen Dritten (§ 2065 Abs. 2 BGB)

34 Hat der Erblasser seinen (unbekannten) Erben anhand von **objektiven Kriterien** bestimmt, kann er zusätzlich einen Dritter eingesetzt haben, um dann die Person des Erben zu bestimmen. Dieser Dritte muss genau vom Erblasser festgelegt sein; eine besondere Sachkunde braucht er nicht zu haben.[83] Das Nachlassgericht ist dafür nicht zuständig. Der Dritte hat richtigerweise die Funktion eines **Schiedsgutachters** iSd § 317 BGB und nicht die eines Schiedsrichters, da diesem ein Beurteilungsspielraum zukommt.[84] Den Erben hat er durch eine öffentlich beglaubigte Erklärung dem Nachlassgericht gegenüber zu bestimmen (§ 2198 Abs. 1 BGB analog).[85] Die Entscheidung ist nur nach § 319 Abs. 1 S. 1 BGB dahingehend nachprüfbar, ob sie offenbar unbillig war.

[82] *Keim* FamRZ 2003, 137 (139).
[83] BeckOK BGB/*Litzenburger* § 2065 Rn. 17.
[84] NK-BGB/*Beck/Selbherr* § 2065 Rn. 17 (zum Verfahren, auch vor Gericht: Rn. 12); MüKoBGB/*Leipold* § 2065 Rn. 14; offen gelassen von KG NJWE-FER 1998, 132 (133).
[85] KG ZEV 1998, 182 (184); NK-BGB/*Beck/Selbherr* § 2065 Rn. 12.

§ 17 Wirkung von Verwirkungsklauseln

Übersicht

I. Praxisrelevanz

In von Laien formulierten Testamenten finden sich Anordnungen an die Erben wie *„bitte streitet nicht"* oder *„vertragt Euch"*. Manchmal verfügt der Erblasser auch eine Rechtsfolge für den Fall, dass einzelne Erben dieser Verhaltensanweisung zuwider handeln. Durch solche Verwirkungsklauseln bzw. Strafklauseln will der Erblasser sicherstellen, dass sein letzter Wille befolgt wird bzw. dass Streitigkeiten vermieden werden.[1] Der Erblasser droht demjenigen, der gegen seinen letzten Willen vorgeht, mit seiner Enterbung.[2] Die Rechtsprechung hatte ua über nachfolgende Klauseln zu entscheiden: 1

- *„Wer das Testament anficht, sich der Durchführung widersetzt oder sonstige erhebliche Schwierigkeiten bereitet, wird unter Widerruf aller für ihn getroffenen Verfügungen auf den Pflichtteil gesetzt, …"*[3]
- *„Derjenige, der mit diesen Testamentsbestimmungen nicht einverstanden ist, erhält nur den Pflichtteil unter Anrechnung dessen, was er bereits zu Lebzeiten von uns bekommen hat, wozu auch die Kosten einer Ausbildung, Ausstattung oder sonstige Zuwendungen gehören."*[4]
- *„Sollte einer der von uns als Erben eingesetzten Söhne … sich … nicht zufrieden geben, sollte einer … außergerichtlich oder gerichtlich streiten … so ist er auf den Pflichtteil gesetzt …"*[5]
- *„Sollte gegen mein Testament Einspruch oder Klage erhoben werden, so verfüge ich hiermit, daß diese Person von einem jeglichen Erbe meines Nachlasses ausgeschlossen wird."*[6]
- Sollte eine Person mit den angeordneten Verfügungen *„nicht einverstanden sein und gegen seine Anordnungen verstoßen, so erhält diese nur den Pflichtteil"*.[7]
- Das Kind, *„welches meinen letzten Willen nicht achtet, soll nur seinen Pflichtteil erhalten"*.[8]
- *„Gestritten und Geschimpft, wer das macht, soll gar nichts bekommen."*[9]
- *„Sollte eines unserer Kinder das Testament anfechten oder nach dem Erstverstorbenen den Pflichtteil fordern, so soll es auch nach dem Letztverstorbenen nur den Pflichtteil erhalten."*[10]

---

[1] Palandt/*Weidlich* § 2075 Rn. 6.
[2] OLG München ZEV 2007, 582.
[3] OLG Karlsruhe ZEV 2005, 256.
[4] BGH ZEV 2016, 635, Vorinstanz: OLG Frankfurt a. M. ZEV 2014, 257 mit krit. Anm. *Litzenburger.*
[5] BayObLG MittBayNot 2004, 450.
[6] OLG Dresden NJW-RR 1999, 1165.
[7] Aus Urteil zitiert: OLG Celle ZEV 1996, 307 = BeckRS 1995, 30885338.
[8] BGH FamRZ 1985, 278 = BeckRS 2010, 5447.
[9] BayObLG NJW 1962, 1060.
[10] Aus Originaltestament innerhalb der Mandatsbearbeitung des Autors.

2 Bei Vorliegen einer Verwirkungsklausel stellt sich zunächst die Frage, **durch welches Verhalten** die Sanktion ausgelöst wird. Im Folgenden wird deutlich, wie schwierig die Abgrenzung im Einzelfall ist. Auch besteht die Besonderheit, dass sich weitere Auslegungsfragen anschließen. Durch Auslegung zu ermitteln ist nämlich auch, welche Art der Erbeinsetzung der Erblasser verfügt hat und wer, ein Verwirken der Klausel vorausgesetzt, statt des Zuwiderhandelnden den Erblasser beerbt.

3 Besonders verbreitet sind als Unterfall der Sanktionsklauseln **Pflichtteilsstrafklauseln** in gemeinschaftlichen Testamenten (→ § 21).

Praxistipp:

Dem Berater ist bei einer Strafklausel in einem Testament zu äußerster Vorsicht zu raten, denn unter Umständen kann er durch seine Tätigkeit – vielleicht nur durch Unachtsamkeit oder aufgrund mangelnden Problembewusstseins – die Klausel zum Nachteil seines Mandanten auslösen. Auch im Hinblick auf die Schwierigkeiten der zu treffenden Auslegung ist dem Mandanten vor einem Schritt, durch den die Klausel ausgelöst werden könnte, ein deutlicher Haftungshinweis zu erteilen.

II. Rechtslage

4 Die **Zulässigkeit** von Verwirkungsklauseln, auch als Sanktions-, Straf-, kassatorische oder privatorische Klauseln bezeichnet, ist allgemein anerkannt[11] und regelmäßig nicht nach §§ 134, 138 BGB sittenwidrig.[12] So können erbrechtliche Begünstigungen unter eine **auflösende** (§ 158 Abs. 2 BGB) bzw. unter eine **aufschiebende Bedingung** (§ 158 Abs. 1 BGB) gestellt werden, was sich auch aus § 2075 BGB ergibt. IdR führt eine Verwirkungsklausel zu einer auflösend bedingten Erbeinsetzung.[13] Der Bedingungseintritt darf insoweit auch von dem Willen und damit dem Verhalten des Bedachten abhängig sein (Potestativbedingung).[14] Solche Bedingungen sind jedoch dann unwirksam, wenn die Auflage und die daran geknüpfte Bedingung sittenwidrig sind.[15] Auch bei Wiederverheiratungsklauseln wird nach einigen gerichtlichen Entscheidungen[16] die Sittenwidrigkeit diskutiert und daher bei der Gestaltung davon abgeraten.[17]

5 Bei der Erbeinsetzung unter einer Bedingung ist zu berücksichtigen, dass die Erbschaft in der Sekunde des Todes des Erblassers auf den oder die Erben übergeht (§ 1922 BGB, Vonselbsterwerb); es gibt keinen *„ruhenden Nachlass“*.[18] In den meisten Fällen führt daher eine bedingt angeordnete Erbeinsetzung zu einer sog. konstruktiven, da nicht ausdrücklich verfügten, **Vor- und Nacherbfolge.**[19] In der Regel liegt eine auflösende Bedingung nach § 158 Abs. 2 BGB iVm § 2075 BGB vor, wenn die Zuwiderhandlung den Verlust der testamentarischen Verfügung bewirkt.[20] Die Zuwendung soll zwar mit dem Erbfall anfallen, aber bei

[11] BGH ZEV 2006, 501; OLG Dresden NJW-RR 1999, 1165; MüKoBGB/*Leipold* § 2074 Rn. 29; NK-BGB/*Beck/Selbherr* § 2074 Rn. 14; Nieder/Kössinger Testamentsgestaltung-HdB/*R. Kössinger* § 15 Rn. 170; Staudinger/*Otte* § 2074 Rn. 68; Burandt/Rojahn/*Czubayko* §§ 2074, 2075 Rn. 15.

[12] OLG Stuttgart ErbR 2017, 429; Grenzen bei BeckOK BGB/*Litzenburger* § 2174 Rn. 9 f.

[13] BGH ZEV 2016, 635 (636).

[14] BGH ZEV 2009, 459 (460); Nieder/Kössinger Testamentsgestaltung-HdB/*R. Kössinger* § 15 Rn. 170.

[15] OLG München ZEV 2007, 582.

[16] BVerfG NJW 2004, 2008; BGH ZEV 1999, 599; vgl. Tanck/Krug AnwForm Testamente/*Tanck* § 19 Rn. 75.

[17] *Kroppenberg* ZEV 2007, 583 (584).

[18] Nieder/Kössinger Testamentsgestaltung-HdB/*R. Kössinger* § 15 Rn. 177.

[19] Arg. aus § 2104 BGB; BeckOK BGB/*Litzenburger* § 2074 Rn. 4; Nieder/Kössinger Testamentsgestaltung-HdB/*R. Kössinger* § 15 Rn. 177.

[20] BGH ZEV 2009, 459 (460); OLG Dresden NJW-RR 1999, 1165; BayObLG NJW 1962, 1060 (1061); *Kroppenberg* ZEV 2009, 463 (464); Palandt/*Weidlich* § 2075 Rn. 6; MüKoBGB/*Leipold* § 2074 Rn. 29; Nieder/Kössinger Testamentsgestaltung-Hdb/*R. Kössinger* § 15 Rn. 181, 187; detailliert und krit.: *Baumann,* Erbrechtliche Verwirkungsklauseln, Diss. 2009, S. 23 ff.

Zuwiderhandlung wegfallen.[21] Der Zuwiderhandelnde ist enterbt; mit der Zuwiderhandlung wird der Nacherbfall ausgelöst. Der Begünstigte erhält dann zunächst die Zuwendung als auflösend bedingter Vollerbe.[22] Die Bedingungen entfallen erst mit dem Tod des Begünstigten.[23]

Alternativ kommen auch folgende Rechtskonstruktionen in Betracht:[24] 6

- Bei der Annahme einer aufschiebend bedingten Enterbung ist der Begünstigte bis zum Eintritt der Bedingung Vorerbe (§ 2074 BGB).[25]
- Denkbar ist ebenfalls, dass ein aufschiebend bedingtes Vermächtnis angeordnet wurde.[26] Dann liegt eine aufschiebend bedingte Herausgabepflicht des Nachlasses vor.

Im Zweifel ist der bedingt Begünstigte **befreiter Vorerbe** (§ 2136 BGB),[27] wobei durch die 7 vorrangige individuelle Auslegung auch nur eine nur teilweise oder vollends nicht befreite Vorerbschaft angenommen werden kann.[28]

Praxistipp:

Bei der Formulierung eines Erbscheinsantrages ist zu beachten, dass dieser die Vor- und Nacherbschaft und die Bedingung berücksichtigt. So ist beides in dem Erbschein auszuweisen.[29]

III. Formulierungsbeispiele

Eine Verwirkungsklausel wird von Kössinger[30] wie folgt vorgeschlagen: 8

Sollte sich einer meiner Erben gegen mein Testament in irgendeiner Weise auflehnen, so werden er und seine Abkömmlinge enterbt.

Von der Verwendung dieser Klausel ist jedoch aufgrund ihrer Unbestimmtheit abzuraten. 9 Die nachfolgende Klausel ist hingegen bestimmter:

Wenn einer der Erben innerhalb des Erbscheinsverfahrens oder mittels einer Klage gegen dieses Testament vorgeht, indem er meine Testierunfähigkeit oder die Unechtheit dieses Testamentes erfolglos behauptet bzw. diese letztwillige Verfügung nach §§ 2078 f. BGB ohne Erfolg anficht, wird er einschließlich seiner Abkömmlinge enterbt.

Die durch eine Verwirkungsklausel unvermeidlich entstehende Vor- und Nacherbfolge 10 kann durch ein auflösend bedingtes Herausgabevermächtnis verhindert werden. Bei sanktionsbewehrtem Verhalten hat der Erbe Teile des Nachlasses herauszugeben.

---

[21] BGH ZEV 2009, 459 (460).
[22] MAH ErbR/*Horn* § 21 Rn. 3.
[23] BayObLG ZEV 2004, 461 (462); Nieder/Kössinger Testamentsgestaltung-HdB/*R. Kössinger* § 15 Rn. 187.
[24] MAH ErbR/*Horn* § 21 Rn. 3.
[25] OLG Dresden NJW-RR 1999, 1165.
[26] BayObLG NJW 1962, 1060 (1061); Palandt/*Weidlich* § 2075 Rn. 6.
[27] BayObLG NJW 1962, 1060 (1061); differenzierend: *Baumann*, Erbrechtliche Verwirkungsklauseln, Diss., 2009, S. 37 ff.
[28] MüKoBGB/*Leipold* § 2074 Rn. 40; Damrau/Tanck/*Seiler-Schopp*/*Rudolf* § 2075 Rn. 42.
[29] BayObLG ZEV 2004, 461 (462); Nieder/Kössinger Testamentsgestaltung-HdB/*Kössinger* § 15 Rn. 177; Tanck/Krug/*Tanck* § 10 Rn. 18; Burandt/Rojahn/*Czubayko* §§ 2074, 2075 Rn. 20.
[30] Nieder/Kössinger Testamentsgestaltung-HdB/*R. Kössinger* § 15 Rn. 185.

IV. Abgrenzung hinsichtlich des die Sanktion auslösenden Verhaltens

1. Verwirkungsfall in objektiver Hinsicht

11 Es ist festzustellen, ob die Verwirkungsklausel in objektiver Sicht ausgelöst wurde, also ob der Tatbestand erfüllt wurde.[31] Das ist oftmals schwierig, was insbesondere gilt, wenn die Klauseln von Laien formuliert wurden und daher **unbestimmt** sind.[32] Es ist durch Testamentsauslegung festzustellen, ob ein im Sinn der verfügten Sanktionsklausel sanktionsbewehrtes Verhalten vorliegt.[33] Bei Unbestimmtheit sind aber nach dem OLG Karlsruhe[34] solche Klauseln aufrechtzuerhalten und entsprechend ihrer erkennbaren Zweckrichtung auszulegen, um dem Willen des Erblassers so weit wie möglich zum Erfolg zu verhelfen. Zunächst kann jeder irgendwie geartete Angriff sowie jedes Zuwiderhandeln gegen die Anordnung des Erblassers – je nach Klausel – den **Tatbestand der Klausel** erfüllen.[35] Zur erforderlichen Auslegung hat der BGH Folgendes entschieden:[36]

> *„Es entspricht allgemeiner Meinung, dass es regelmäßig zunächst der Testamentsauslegung bedarf, um zu ermitteln, ob ein sanktionsbewehrtes Verhalten des Bedachten vorliegt (vgl. Otte, § 2074 Rn. 57; Leipold, § 2074 Rn. 33; Litzenburger, § 2074 Rn. 5; Johannsen, in: RGRK-BGB, 12. Aufl., § 2074 Rn. 6). Allein maßgeblich ist dabei der sich aus den Gesamtumständen ergebende Wille des Erblassers, der im Testament einen, wenn auch unvollkommenen Ausdruck gefunden haben muss (vgl. BGH v. 8.12.1982, BGH 8.12.1982 IVa ZR 94/81, BGHZ 86, 41, 47, NJW 1983, 672). Der Auslegung bedürfen vor allem allgemein gehaltene Verwirkungsklauseln, die nur an vage Voraussetzungen anknüpfen (vgl. Otte, § 2074 Rn. 54ff.; Leipold, § 2074 Rn. 33), aber auch solche, die auf ein bestimmtes Verhalten abstellen (sog. spezielle Verwirkungsklauseln; Birk, DNotZ 1972, 284, 288, 292; Rudolf, Hdb. Testamentsauslegung u. -anfechtung, 2000, § 2 Rn. 154), die Verhaltensanforderung aber gleichwohl nicht eindeutig ist.“*

Einzelfälle:

(1) Etwa ist nach dem OLG Dresden[37] die Klausel *„wer das Testament anficht“* grundsätzlich so zu verstehen, dass sie sich nicht nur rechtstechnisch auf die Anfechtung gem. §§ 2078 f. BGB beschränkt, sondern vielmehr *„alle Handlungen, die ihrer Art nach geeignet sind, die Verfügung ganz oder teilweise zu Fall zu bringen, also außer Anfechtungsklagen auch die prozessuale Geltendmachung der Unwirksamkeit, auch im Erbscheinsverfahren“* erfasst.

(2) Eine Pflichtteilsstrafklausel in der Konstellation des Berliner Testamentes, die daran knüpft, dass ein Beteiligter *„seinen Erbteil“* verlangt, kann dem OLG München[38] zufolge auch dann ausgelöst werden, wenn ein Kind sich generell gegen die Wirksamkeit des gemeinschaftlichen Testamentes gewandt hat.

12 Das OLG Dresden bringt dagegen deutlich zum Ausdruck, dass eine Sanktionsklausel nicht etwa dadurch ausgelöst wird, dass ein Bedachter geltend macht, ein Gegenstand gehöre nicht zum Nachlass.[39] Gleiches gilt nach *Leipold*[40] allgemein auch dann, wenn ein Erbe Rechte geltend macht, die unabhängig vom Erbfall bestehen. M. E. kann die Klausel auch dann nicht ausgelöst werden, wenn ein Bedachter die **Erbauseinandersetzungsklage** gem. § 2042 BGB anhängig macht, nachdem er sich vergeblich für eine einvernehmliche Teilung

[31] OLG Stuttgart ZEV 1998, 225; Rudolf/Bittler/Seiler-Schopp Testamentsauslegung und -anfechtung HdB/*Seiler-Schopp* § 2 Rn. 273 ff.

[32] MAH ErbR/*Horn* § 21 Rn. 5.

[33] BGH ZEV 2016, 635 (636).

[34] OLG Karlsruhe ZEV 2005, 256.

[35] BGH ZEV 2009, 459 (460); NK-BGB/*Beck/Selbherr* § 2074 Rn. 16.

[36] BGH ZEV 2009, 459 (461); vgl. ZEV 2016, 655 (636); OLG Dresden NJW-RR 1999, 1165; hM Palandt/*Weidlich* § 2075 Rn. 8; Burandt/Rojahn/*Czubayko* §§ 2074, 2075 Rn. 15.

[37] OLG Dresden NJW-RR 1999, 1165; vgl. OLG Karlsruhe ZEV 2005, 256 (257); Staudinger/*Otte* § 2074 Rn. 64; Palandt/*Weidlich* § 2075 Rn. 8; Burandt/Rojahn/*Czubayko* §§ 2074, 2075 Rn. 16.

[38] OLG München NJW-RR 2011, 1164; hierzu DNotI Gutachten DNotI-Report 2011, 93.

[39] NJW-RR 1999, 1165 unter Berufung auf OLG Dresden SeuffA 71 Nr. 21.

[40] MüKoBGB/*Leipold* § 2074 Rn. 31; so auch Damrau/Tanck/*Seiler-Schopp/Rudolf* § 2075 Rn. 19.

eingesetzt hat. Andernfalls könnte bei einem passiven Miterben eine Erbengemeinschaft nie aufgelöst werden. Dies widerspricht jedoch der Intention des Gesetzgebers, zumal die Erbengemeinschaft bereits per Gesetz auf Auseinandersetzung angelegt ist.

Grundsätzlich ist davon auszugehen, dass bei einer unbestimmten Klausel ein **außergerichtliches Verhalten nicht ausreichend** ist.[41] Insbesondere können bloße, vielleicht sogar spontane, **Unmutsäußerungen** nicht genügen.[42] Etwas anderes kann sich aus dem Testament ergeben, allerdings wird stets eine gewisse Nachdrücklichkeit und Ernsthaftigkeit der Äußerungen zu fordern sein.[43] Nach *Seiler-Schopp*[44] ist ein außergerichtliches Verhalten ausreichend, wenn ihm eine gewisse Nachdrücklichkeit zukommt. Wird hingegen ein gerichtliches Verfahren angestrengt, so ist der objektive Tatbestand der Sanktionsklausel zumeist ausgelöst.[45] Dies gilt etwa bei 13

- der Erhebung einer **Anfechtungsklage,**
- jeder prozessualen Geltendmachung der Unwirksamkeit, auch mittels einer Einrede oder im **Erbscheinsverfahren,**
- dem Antrag auf Prozesskostenhilfe (PKH) (str.).[46]

Der objektive Tatbestand einer Sanktionsklausel kann auch **einschränkend auszulegen** sein. Das ist etwa bei einer Verwirkungsklausel in einem gemeinschaftlichen Testament der Fall. In einem solchen Testament kann verfügt sein, dass ein Kind, das das gemeinschaftliche Testament angreift, enterbt sein soll. Nun kann der längerlebende Ehegatte später ein Einzeltestament nur zugunsten eines Kindes verfügt haben. Wenn nun das in dem Einzeltestament begünstigte Kind sich auf die Wirksamkeit des späteren Einzeltestamentes und damit gegen die **Wechselbezüglichkeit** der Erbeinsetzung für den zweiten Erbfall aus dem gemeinschaftlichen Testament im Erbscheinsverfahren beruft, kann darin nicht das Auslösen der Klausel gesehen werden. Zum einen befolgt das Kind den oftmals ausdrücklichen Wunsch des längerlebenden Elternteils und zum anderen soll mit dieser Konstellation oftmals der längerlebende Ehegatte geschützt werden. Nach seinem Tod ist er nicht mehr schutzwürdig. So hat auch das OLG Hamm[47] entschieden, dass der Zweck einer Verwirkungsklausel darin bestehen kann, den längerlebenden Ehegatten vor den *„persönlichen und wirtschaftlichen Belastungen"* zu schützen, die durch die Geltendmachung des Pflichtteilsanspruchs durch ein Kind entstehen. 14

2. Verwirkungsfall in subjektiver Sicht

Auch wenn die Verwirkungsklausel objektiv erfüllt ist, bedeutet das nicht, dass gleichzeitig der Verwirkungsfall ausgelöst ist. Zunächst ist die Kenntnis der Verwirkungsklausel erforderlich, damit die Sanktion eintritt.[48] Gefordert wird zudem grundsätzlich eine subjektive Komponente[49] bzw. ein *„subjektives Element"*,[50] eine *„bewusste Auflehnung"*.[51] Der BGH[52] fordert einen *„bewussten Ungehorsam"*, eine *„böswillige Auflehnung"* oder eine *„vorwerfbare Handlungsweise"*. Das BayObLG[53] verlangt, dass die Angriffe *„eine Auflehnung gegen den wahren Willen des Erblassers darstellen und aus einem bewussten Ungehorsam gegen den* 15

[41] Palandt/*Weidlich* § 2075 Rn. 8; Damrau/Tanck/*Seiler-Schopp/Rudolf* § 2075 Rn. 20; *Baumann,* Erbrechtliche Verwirkungsklauseln, Diss., 2009, S. 52.

[42] Vgl. Damrau/Tanck/*Seiler-Schopp/Rudolf* § 2075 Rn. 20; NK-BGB/*Beck/Selbherr* § 2074 Rn. 17.

[43] Vgl. *Lübbert* NJW 1988, 2706 (2710).

[44] Rudolf/Bittler/*Seiler-Schopp* Testamentsauslegung und -anfechtung HdB/*Seiler-Schopp* § 2 Rn. 276.

[45] Palandt/*Weidlich* § 2075 Rn. 8; MüKoBGB/*Leipold* § 2074 Rn. 32.

[46] KG JW 1936, 2744; Erman/*M. Schmidt* § 2074 Rn. 8; MüKoBGB/*Leipold* § 2074 Rn. 32; aA Damrau/Tanck/*Seiler-Schopp/Rudolf* § 2075 Rn. 20; aA Staudinger/*Otte* § 2074 Rn. 64.

[47] OLG Hamm ZEV 2011, 538.

[48] OLG Rostock NJW-RR 2015, 776 (777).

[49] BGH ZEV 2009, 459 (463); OLG Karlsruhe ZEV 2005, 256 (257); NK-BGB/*Beck/Selbherr* § 2074 Rn. 17; Burandt/Rojahn/*Czubayko* §§ 2074, 2075 Rn. 15; vgl. OLG Rostock NJW-RR 2015, 776 (777); aA *Lübbert* NJW 1988, 2706 (2710); differenzierend: *Baumann,* Erbrechtliche Verwirkungsklauseln, Diss., 2009, S. 69.

[50] BayObLG NJW-RR 1996, 262 (263).

[51] OLG München ZEV 2009, 582 (583).

[52] BGH FamRZ 1985, 278 = BeckRS 2010, 5447.

[53] BayObLG FamRZ 2005, 65 = BeckRS 2004, 5044.

Willen des Erblassers entspringen.“ **Unbewusster Gehorsam** liegt nach dem OLG Dresden[54] vor, wenn *„der Inhalt der Verfügung nicht respektiert werden sollte“*. Das OLG Stuttgart[55] denkt an *„die Parallele zu der bei einer Straftat erforderlichen Unrechtseinsicht (vgl. § 17 StGB)“*. Auch *Kroppenberg*[56] fordert ein Element des Widerstandes gegen den Erblasserwillen. Früher verlangte die Rechtsprechung über einen *„bewussten Ungehorsam“* hinaus ein *„böswilliges Auflehnen“*[57] bzw. eine *„vorwerfbare Handlung“*,[58] was aber zu eng ist.[59]

16 Diese subjektive Komponente ist aber nicht stets zu fordern. So kann nach dem OLG Stuttgart die Auslegung der Verwirkungsklausel ergeben, dass es dem Erblasser *„allein auf eine objektive und den Erben bewußte Abweichung“* ankam und daher ein *„Unrechtsbewußtsein im Sinne eines wissentlichen Verstoßes gegen den Willen der Erblasserin“* nicht erforderlich ist.[60] In dem Fall hatten Begünstigte nicht die Auflage befolgt, eine BGB-Gesellschaft zu gründen. In einem anderen Fall hatten Erben der Erfüllung eines Vermächtnisses widersprochen. Das OLG Celle[61] nahm daraufhin den Verwirkungsfall an, ohne in der Urteilsbegründung auf eine subjektive Komponente einzugehen.

3. Rechtsfolgen erfolgreicher Angriffe

17 Verhaltensweisen, die vordergründig die Klausel auslösen lassen, sind unschädlich, wenn sie nach hinreichend sorgfältiger Prüfung dem **wahren Willen** des Erblassers gerade zur Geltung verhelfen sollen.[62] Es sind folgende Konstellationen zu nennen:[63]

- **Auslegung** von letztwilligen Verfügungen: Geltendmachung im Erbscheinsverfahren, dass die Befreiung des Vorerben nicht dem Erblasserwillen entspricht,[64]
- **Unechtheit** des Testamentes („Fälschung“),[65]
- Formunwirksamkeit der letztwilligen Verfügung,
- **Testierunfähigkeit** des Erblassers[66] und
- **Anfechtung** wegen Irrtums und Drohung.[67]

18 Wenn diese Angriffe erfolgreich waren, greift die Verwirkungsklausel nicht.[68] Denn wenn durch den Angriff das gesamte Testament unwirksam wird, so gilt dies auch für die Verwirkungsklausel.[69] Auch bei Teilnichtigkeit soll die Strafklausel nicht relevant werden.[70]

---

54 OLG Dresden NJW-RR 1999, 1165; vgl. OLG Karlsruhe ZEV 2005, 256 (257).

55 OLG Stuttgart ZEV 1998, 225 = BeckRS 1997, 30 846 376.

56 *Kroppenberg* ZEV 2009, 463 (464).

57 OLG Stuttgart OLGZ 1968, 246.

58 OLG Braunschweig OLGZ 1977, 185.

59 NK-BGB/*Beck/Selbherr* § 2074 Rn. 18; auch Rudolf/Bittler/Seiler-Schopp Testamentsauslegung und -anfechtung HdB/*Seiler-Schopp* § 2 Rn. 282 beobachtet ein „Zurückschrauben der subjektiven Voraussetzungen für eine Verwirkung“ in der Rechtsprechung.

60 OLG Stuttgart ZEV 1998, 225; zust. MüKoBGB/*Leipold* § 2074 Rn. 33 und auch NK-BGB/*Beck/Selbherr* § 2074 Rn. 18.

61 OLG Celle ZEV 1998, 225 = BeckRS 1995, 30885338; zust. MAH ErbR/*Horn* § 21 Rn. 7.

62 BayObLG MittBayNot 2004, 450; Palandt/*Weidlich* § 2075 Rn. 9; Burandt/Rojahn/*Czubayko* §§ 2074, 2075 Rn. 15.

63 MüKoBGB/*Leipold* § 2074 Rn. 33, 36 f.; Palandt/*Weidlich* § 2075 Rn. 9; Nieder/Kössinger Testamentsgestaltung-HbB/*R. Kössinger* § 15 Rn. 188; Rudolf/Bittler/Seiler-Schopp Testamentsauslegung und -anfechtung HdB/*Seiler-Schopp* § 2 Rn. 283; Dt. ErbRK/*Gemmer* § 2074 Rn. 19.

64 BayObLG MittBayNot 2004, 450.

65 Unschädlich, wenn hierfür Anhaltspunkte von erheblichem Gewicht bestehen: OLG Dresden NJW-RR 1999, 1165.

66 Unschädlich, wenn hierfür Anhaltspunkte von erheblichem Gewicht bestehen: OLG Dresden NJW-RR 1999, 1165.

67 Nur schädlich, wenn sie bei bewußtem Ungehorsam gegen den Erblasserwillen erklärt wird: BayObLG NJW 1962, 1060 (1061).

68 MAH ErbR/*Stahl* § 15 Rn. 44; NK-BGB/*Beck/Selbherr* § 2074 Rn. 18; Damrau/Tanck/*Seiler-Schopp/Rudolf* § 2075 Rn. 24 f.; Dt. ErbRK/*Gemmer* § 2074 Rn. 20; Rudolf/Bittler/Seiler-Schopp Testamentsauslegung und -anfechtung-HdB/*Seiler-Schopp* § 2 Rn. 283.

69 MüKoBGB/*Leipold* § 2074 Rn. 36; Staudinger/*Otte* § 2074 Rn. 56.

70 MüKoBGB/*Leipold* § 2074 Rn. 36 unter Bezugnahme auf OLG Düsseldorf JW 1925, 2147 und auf *Kehrer* BWNotZ 1957, 125 (131).

Waren die **Einwände unbegründet** – die Abgrenzung ist schwierig und stellt das *„Kernproblem"*[71] dar –, führen nur vorwerfbare, dh leichtfertige oder ohne hinreichende Prüfung erfolgte Angriffe zur Verwirkung.[72] Unschädlich sind nach dem OLG Dresden Angriffe, für die *„Anhaltspunkte von erheblichem Gewicht bestehen"*.[73] Nicht zur Verwirkung sollen nach *Leipold* Verhaltensweisen führen, die nach der Überzeugung des *„Angreifers"* bzw. nach hinreichend sorgfältiger Prüfung die Verwirklichung des Erblasserwillens sicherstellen sollen.[74] Selbst wenn ein Erbe die zutreffende Auslegung durch ein Gericht klären lassen will, ist regelmäßig nicht die Auslösung einer Sanktionsklausel anzunehmen, auch wenn das Gericht dem Erben nicht folgt. Das gilt vor allem dann, wenn zumindest die **Auslegungsbedürftigkeit** festgestellt wurde, die der Erblasser schließlich selbst durch eine mehrdeutige Formulierung ausgelöst hat. Schließlich sei abzustellen auf die Vorwerfbarkeit des Verhaltens, also auf das Verschulden.[75] *Baumann* zufolge ist es dem Erblasser verwehrt, die Überprüfung seiner letztwilligen Verfügung auszuschließen, so dass es dadurch nicht zur Auslösung der Strafklausel kommen kann.[76] 19

V. Ermittlung des statt des Zuwiderhandelnden Begünstigten

Ist die Klausel ausgelöst, entfällt die Zuwendung und es tritt in der Regel die Nacherbfolge ein. Der Begünstigte, sofern er pflichtteilsberechtigt ist, kann zumindest seinen Pflichtteil beanspruchen. Andernfalls kann er nicht an dem Nachlass partizipieren. Bedeutsam und gleichfalls bei fehlender ausdrücklicher Anordnung auslegungsbedürftig[77] ist die Frage, wer an die Stelle des Zuwiderhandelnden als Erbe tritt. In Betracht kommt:[78] 20

- bei Vorhandensein von Miterben die **Anwachsung** gem. 2094 BGB,
- die **gesetzliche Erbfolge** nach dem Erblasser gem. § 2104 BGB sowie
- die **Abkömmlinge** des Zuwiderhandelnden gem. § 2069 BGB.

Ein Fall des § 2069 BGB liegt nicht vor, da durch den Bedingungseintritt kein Wegfall des Bedachten iSd Vorschrift vorliegt.[79] *Litzenburger* wendet aber zu Recht diese gesetzliche Auslegungsvorschrift an, wenn die Sanktion nur dem zunächst Bedachten gegolten hat.[80] 21

Der Zweck einer Strafklausel liegt zumeist darin, nicht nur den Zuwiderhandelnden, sondern auch dessen Stamm, also seine Abkömmlinge, zu bestrafen.[81] Andernfalls droht eine gezielte Manipulation. Gerade bei gemeinschaftlichen Testamenten wird vermutet, dass nach einem Verstoß der gesamte Stamm des Zuwiderhandelnden ebenfalls enterbt ist.[82] Dogmatisch nicht einwandfrei, aber ergebnisorientiert hat das OLG Frankfurt[83] hingegen durch ergänzende Auslegung entschieden, dass nach Auslösung einer Pflichtteilsstrafklausel statt des zunächst Berufenen dessen Kinder erben. Grundsätzlich ist bei Miterben die **Anwachsung** (§ 2094 BGB) und ansonsten die **gesetzliche Erbfolge** (§ 2104 BGB) anzunehmen.[84] 22

[71] Dt. ErbRK/*Gemmer* § 2074 Rn. 21.
[72] Palandt/*Weidlich* § 2075 Rn. 9.
[73] NJW-RR 1999, 1165.
[74] MüKoBGB/*Leipold* § 2074 Rn. 38.
[75] So auch Dt. ErbRK/*Gemmer* § 2074 Rn. 21 und Damrau/Tanck/*Seiler-Schopp*/*Rudolf* § 2075 Rn. 26.
[76] *Baumann*, Erbrechtliche Verwirkungsklauseln, Diss., 2009, S. 59.
[77] Palandt/*Weidlich* § 2075 Rn. 11.
[78] BayObLG NJW 1962, 1060 (1061); Palandt/*Weidlich* § 2075 Rn. 11.
[79] MüKoBGB/*Leipold* § 2074 Rn. 40; MAH ErbR/*Horn* § 21 Rn. 10; Rudolf/Bittler/Seiler-Schopp Testamentsauslegung und -anfechtung HdB/*Seiler-Schopp* § 2 Rn. 290.
[80] BeckOK BGB/*Litzenburger* § 2069 Rn. 12; vgl. *Wacke* DNotZ 1990, 403 (412 f.).
[81] Nieder/Kössinger Testamentsgestaltung-HdB/*R. Kössinger* § 15 Rn. 189.
[82] BayObLG NJW-RR 1996, 262 (263); MAH ErbR/*Horn* § 21 Rn. 10; Nieder/Kössinger Testamentsgestaltung-HdB/*R. Kössinger* § 15 Rn. 189 mwN.
[83] OLG Frankfurt DNotZ 2011, 552 mAnm *Kanzleiter*.
[84] Damrau/Tanck/*Seiler-Schopp*/*Rudolf* § 2075 Rn. 44; vgl. NK-BGB/*Beck*/*Selbherr* § 2074 Rn. 14; Nieder/Kössinger Testamentsgestaltung-HdB/*R. Kössinger* § 15 Rn. 177, 189; MüKoBGB/*Leipold* § 2074 Rn. 40.

§ 18 Abgrenzung zwischen Beweggrund/Motiv und Bedingung

Übersicht

I. Praxisrelevanz

1 Testierende nehmen sich oft lange vor, ein Testament zu errichten. Der konkrete Anlass zur Testamentserrichtung ist dann oftmals ein bevorstehendes Ereignis, wie etwa eine Reise oder eine Operation. Dieses Ereignis vor Augen, formulieren sie dann beispielsweise

- „Sollte mir bei der Operation etwas zustoßen, setze ich X zu meinem Erben ein."
- „Komme ich von der Reise nicht zurück, erbt Y alles."

2 Nach diesem Ereignis wird oftmals kein neues Testament errichtet, da der Testierende meint, er hätte schließlich ein Testament errichtet. Da aber ein Zusammenhang mit dem bevorstehenden Ereignis gebildet ist, können Juristen auf die Idee einer bedingten Erbeinsetzung kommen. Diese käme bei einem Versterben lange Zeit nach dem Ereignis nicht mehr zum Tragen.

II. Rechtslage

3 Der Erblasser ist im Rahmen seiner Testierfreiheit befugt, vollständige Testamente bzw. Erbverträge und auch nur einzelne Verfügungen von Bedingungen abhängig zu machen.[1] Eine echte Bedingung liegt vor, wenn das Ereignis objektiv ungewiss ist. Durch eine aufschiebende Bedingung gem. § 2074 BGB wird die letztwillige Verfügung erst mit Eintritt oder Nichteintritt eines nach dem Erbfall liegenden Umstandes wirksam (§ 158 Abs. 1 BGB). Das Testament als aufschiebend bedingtes Rechtsgeschäft würde mit Ausfall der echten Bedingung unwirksam.[2] Der so zum Erben Berufene ist dann Nacherbe; Vorerben sind im Zweifel die gesetzlichen Erben (§ 2105 BGB). Bei einer Befristung, bei der das Ereignis mit Gewissheit eintritt, gilt § 163 BGB. Hat der Bedachte während eines Zeitraumes etwas zu unterlassen oder fortgesetzt zu tun, spricht man von einer auflösenden Bedingung (§ 2075 BGB). Der Bedachte ist dann (befreiter) Vorerbe.[3] Hierzu zähen die Verwirkungsklauseln (→ § 16).

4 Grundsätzlich ist es auch zulässig, letztwillige Verfügungen von anderen Ereignissen zu bedingen, wie etwa als Ergebnis Tod durch die bevorstehende Reise oder Operation. Oftmals handelt es sich nur um eine bloße Motivangabe bzw. Angabe des Beweggrundes, gerade jetzt ein Testament zu errichten.

5 Die Angabe *„für den Fall meines Todes"* in einem Testament ist als sog. Rechtsbedingung unbeachtlich, da es sich um einen Umstand handelt, von dem die Rechtswirkungen des Testamentes schon nach dem Gesetz abhängen.[4]

III. Formulierungsbeispiel

6 Eine von einem bevorstehenden Ereignis bedingte Erbeinsetzung kann wie folgt formuliert werden:

---

[1] Palandt/*Weidlich* § 2074 Rn. 1.
[2] KG ErbR 2018, 450 (451) = BeckRS 2018, 9285.
[3] Palandt/*Weidlich* § 2075 Rn. 5.
[4] MüKoBGB/*Leipold* § 2074 Rn. 6.

Nur unter der Bedingung, dass ich aufgrund der morgigen Operation versterbe, berufe ich A zu meinem Erben. Alternative: ... setze ich A ein Vermächtnis dergestalt aus, dass ...

IV. Abgrenzungskriterien

Echte Bedingungen sind von der bloßen Mitteilung des Beweggrundes bzw. einer Motiv- 7
angabe durch Auslegung abzugrenzen. Bei einer bloßen Motivangabe soll nach dem Inhalt der Erklärung keine unmittelbare Verknüpfung zwischen Vorliegen oder Eintritt des motivierenden Umstandes und den Rechtswirkungen des Testamentes bestehen.[5] Entscheidend ist, ob sich eine unmittelbare Verknüpfung zwischen dem angegebenen Ereignis und dem Eintritt der testamentstrisch angeordneten Erbfolge feststellen lässt.[6] Der Nichteintritt der Bedingung soll nichts an der Geltung des Testamentes ändern. Gesetzliche Auslegungsregeln bestehen für diese Abgrenzung nicht.[7] Nach hM sollte man im Erbrecht mit der Annahme einer echten Bedingung zurückhaltend sein.[8] Vielmehr müssen zur Annahme einer echten Bedingung konkrete Anhaltspunkte vorliegen.[9] In der Regel verwendet ein Erblasser solche Formulierungen, um auszudrücken, warum er sich veranlasst gesehen hat, das Testament zu errichten und die darin vorgesehene (allgemeingültige) Regelung für Rechtsnachfolge nach seinem Tod zu treffen.[10] Davon ist besonders dann auszugehen, wenn trotz Eintritt des genannten Ereignisses der Erblasser das Testament nicht widerrufen oder ein abweichendes Testament errichtet hat.[11] Auch wenn die Formulierung am Eingang des Testamentes steht, spricht das *„eher für die Mitteilung des Gedanken an den eigenen Tod“* und nicht um eine echte Bedingung.[12] Ist dagegen der Wille des Erblassers erkennbar, die Wirksamkeit der Verfügung mit dem angegebenen, für ungewiss gehaltenen Umstand unmittelbar zu verknüpfen, so handelt es sich um eine echte Bedingung.[13]

Einzelfälle:

(1) Der Erblasser hatte verfügt: „Sollte heute bei diesem Eingriff [der leukämiekranke Erblasser hatte sich an diesem Tag einer Biopsie bei örtlicher Betäubung zu unterziehen] etwas passieren und ich nicht mehr aufwachen, vermache ich mein ganzes Vermögen ... Herrn A“. Lt. OLG Düsseldorf[14] führt diese Formulierung bei nicht vorhandenen weiteren konkreten Anhaltspunkten nicht zu der Auslegung, der Erblasser wolle über die bloße Mitteilung eines Beweggrundes für seine Testierung hinaus die Rechtsfolge nur dann, wenn der Eingriff einen negativen Ausgang nimmt.

(2) Das OLG München[15] nahm bei der Klausel „sollte mir bei der Gallenoperation etwas zustoßen“ ebenfalls ein bloßes Motiv an.

(3) „Dies Testament gilt nur bei einem Unfall oder sollte ich nicht aus Russland wiederkommen.“ Das OLG Schleswig[16] nahm hier eine echte Bedingung an. So sei der Satz klar und unmißverständlich verfügt. Zudem stand der Satz am Ende des Testamentes unmittelbar vor der Unterschrift; er fungierte eben nicht als Einleitungssatz.

(4) „Im Falle des plötzlichen Todes“ bewertete das BayObLG[17] ebenfalls nicht als echte Bedingung.

---

[5] MüKoBGB/*Leipold* § 2074 Rn. 7; Burandt/Rojahn/*Czubayko* § 2074 Rn. 7.
[6] KG ErbR 2018, 450 (451) = BeckRS 2018, 9285.
[7] BeckOK BGB/*Litzenburger* § 2074 Rn. 2.
[8] MüKoBGB/*Leipold* § 2074 Rn. 7; so auch Damrau/Tanck/*Seiler-Schopp* § 2074 Rn. 4; Soergel/*Loritz* § 2074 Rn. 13.
[9] OLG Düsseldorf FGPrax 2015, 270.
[10] OLG Düsseldorf FGPrax 2015, 270.
[11] KG ErbR 2018, 450 (451) = BeckRS 2018, 9285.
[12] KG ErbR 2018, 450 (451) = BeckRS 2018, 9285.
[13] OLG München NJW 2012, 2818; OLG Schleswig FamRZ 2016, 664 = BeckRS 2015, 18533 Rn. 21; BayObLG NJW-RR 2003, 659 (661).
[14] OLG Düsseldorf FGPrax 2015, 270.
[15] OLG München NJW 2012, 2818.
[16] OLG Schleswig FamRZ 2016, 664 = BeckRS 2015, 18533 Rn. 22.
[17] BayObLG FGPrax 2000, 149 (150).

Teil 4. Auslegung von gemeinschaftlichen Testamenten und Erbverträgen

§ 19 Abgrenzung zwischen Einzel- und gemeinschaftlichem Testament

Übersicht

I. Praxisrelevanz

In der Regel ist die Feststellung, ob ein gemeinschaftliches Testament bzw. ein gemeinschaftliches Testament gem. § 2265 BGB in Abgrenzung zum Einzeltestament gem. § 2247 BGB vorliegt, nicht problematisch. Ein Ehegatte hat nach gemeinsamem Entschluss letztwillige Verfügungen, die die Nachfolge von beiden Ehegatten zumindest teilweise betreffen, handschriftlich niedergeschrieben und der andere Ehegatte hat diese Erklärung zumindest durch seine Unterschrift bestätigt, die direkt unter der Unterschrift des einen Ehegatten positioniert ist. Insoweit ist es nicht schädlich, wenn der andere Ehegatte erst später unterschreibt. 1

Auslegungsbedürftig sind aber bereits die Fälle, in denen der eigentliche Text möglicherweise nur den einen Ehegatten betrifft und der andere Ehegatte diesen unterschreibt. Wenn sich der nur unterschreibende Ehegatte nur als Art Zeuge versteht oder nur seine Kenntnisnahme bestätigen will, liegt kein gemeinschaftliches Testament vor. 2

Auslegungsbedürftig sind vor allem Einzeltestamente von Ehegatten, die durch gemeinsame Betrachtung durchaus als gemeinschaftliches Testament bewertet werden können. Das kann auch dann der Fall sein, wenn das eine Einzeltestament handschriftlich und das andere notariell errichtet wurde. Die Rechtsfolgen können bedeutend sein: Handelt es sich um ein gemeinschaftliches Testament, das nach Auslegung nach den gesetzlichen Auslegungsregeln wechselbezügliche Verfügungen enthält, ist ein späteres Einzeltestament eines einzelnen Ehegatten ungültig (§ 2271 Abs. 2 S. 1 BGB). 3

II. Rechtslage

Ein gemeinschaftliches Testament kann sowohl als **eigenhändiges** als auch als **öffentliches** Testament errichtet werden (§§ 2247, 2267 BGB und § 2232 BGB). Die Errichtung kann auch in getrennten Urkunden erfolgen.[1] Auch ist es möglich, dass der eine Ehegatte hand- 4

[1] OLG München ZEV 2008, 485 (486).

schriftlich und der andere öffentlich testiert[2] bzw. bei unterschiedlichen Notaren die Beurkundungen vorgenommen werden.

5 Das gemeinschaftliche Testament steht nur **Ehegatten** bzw. **eingetragenen Lebenspartnern** zur Verfügung (§§ 2265 ff. BGB bzw. § 10 Abs. 4 S. 1 LPartG), und zwar nur während bestehender Ehe bzw. Lebenspartnerschaft.[3] Ein **vor Eheschließung** vermeintlich errichtetes gemeinschaftliches Testament ist unwirksam und wird auch nicht durch die Eheschließung geheilt, auch wenn bei Errichtung die Testierenden bereits verlobt waren.[4] Nach Aufhebung oder **Scheidung** der Ehe kann ein gemeinschaftliches Testament nicht mehr errichtet werden (§ 1564 S. 1 BGB, § 1313 BGB).

6 Die **Scheidung** oder Auflösung der Ehe führt grundsätzlich zur **Unwirksamkeit** des gemeinschaftlichen Testamentes (§§ 2268 Abs. 1, 2077 Abs. 1 S. 1 BGB), wobei diese Rechtsfolge auch schon eintritt, wenn zum Zeitpunkt des Todes eines Ehegatten die Voraussetzungen für die Scheidung der Ehe gegeben waren und der Erblasser die Ehescheidung beantragt oder ihr zugestimmt hatte (§§ 2268, 2077 Abs. 1 S. 2 BGB). Dies gilt indes nicht bei **Aufrechterhaltungswillen** gem. § 2268 Abs. 2 BGB (= Fortgeltungswille; → § 19). Bei Vorliegen des Aufrechterhaltungswillens bleibt ein gemeinschaftliches Testament auch nach Scheidung der Ehegatten wirksam, und zwar auch dann, wenn einer der Ehegatten sich mit einer anderen Person verheiratet.[5] Möglicherweise kommt aber bei Heirat die Anfechtung wegen Übergehens eines Pflichtteilsberechtigten nach § 2079 BGB in Betracht.

7 Das gemeinschaftliche Testament hat im Vergleich zu dem Einzeltestament im Wesentlichen folgende Besonderheiten: Es genügt, wenn einer der Ehegatten das Testament mit letztwilligen Verfügungen für beide Ehegatten **handschriftlich** errichtet und der andere Ehegatte die *„gemeinschaftliche Erklärung"* eigenhändig mitunterzeichnet (§§ 2267, 2247 BGB). Ohne die Formerleichterung aus § 2267 BGB müssten beide Ehegatten den gesamten gleich lautenden Text zweimal eigenhändig abschreiben.[6] Auch ist es zulässig, wenn die Ehegatten abwechselnd den Text schreiben und am Ende beide unterschreiben.[7] Sofern die Errichtung von einem gemeinschaftlichen Willen getragen war, kann der andere Ehegatte auch später unterschreiben (sukzessive Errichtung).[8] Ein ursprüngliches Einzeltestament kann durch **nachträgliche Zustimmung** des anderen Ehegatten nicht zu einem gemeinschaftlichen Testament umgewidmet werden.[9]

8 Aus der **amtlichen Verwahrung** kann es nur von beiden Ehegatten gemeinsam zurückgenommen werden (§ 2272 BGB).

9 Das gemeinschaftliche Testament kann sowohl **einseitige** als auch **wechselbezügliche** Verfügungen enthalten. Zur Wirksamkeit ist es nicht erforderlich, dass zumindest eine wechselbezügliche oder gegenseitige Verfügung enthalten ist.[10] Dann treten indes mangels wechselbezüglicher Verfügungen keine erbrechtlichen Bindungen ein (§§ 2270, 2271 BGB). Das gemeinschaftliche Testament kann Regelungen nur für den Tod des Erstversterbenden bzw. für beide Erbfälle enthalten. Voraussetzung ist indes, dass es letztwillige Verfügungen für die Nachfolge beider Ehegatten enthält.[11] Beinhaltet ein Testament nur letztwillige Verfügungen eines Ehegatten, so handelt es sich um ein **Einzeltestament,** auch wenn der andere Ehegatte mitunterzeichnet.[12]

10 Durch die Aufnahme von wechselbezüglichen Verfügungen können die Ehegatten eine Bindungswirkung erreichen, nach der bei Lebzeiten beider einseitig nur der **Widerruf** durch

[2] NK-BGB/*Gierl* § 2267 Rn. 6.
[3] BeckOK BGB/*Litzenburger* § 2265 Rn. 16, 17.
[4] MüKoBGB/*Musielak* § 2265 Rn. 2; Dt. ErbRK/*Zecher* § 2265 Rn. 13.
[5] BeckOGK BGB/*Braun* § 2065 Rn. 118.
[6] *Zacher-Röder*/*Eichner* ZEV 2010, 63 (66).
[7] Damrau/Tanck/*Klessinger* § 2267 Rn. 7; NK-BGB/*Gierl* § 2267 Rn. 15; aA MüKoBGB/*Musielak* § 2267 Rn. 22.
[8] Vgl. BeckOK BGB/*Litzenburger* § 2265 Rn. 7; Staudinger/*Kanzleiter* § 2267 Rn. 17; Palandt/*Weidlich* § 2267 Rn. 1.
[9] Damrau/Tanck/*Klessinger* § 2267 Rn. 9 f.
[10] BeckOK BGB/*Litzenburger* § 2265 Rn. 8.
[11] Burandt/Rojahn/*Braun* § 2265 Rn. 5.
[12] BeckOK BGB/*Litzenburger* § 2265 Rn. 8.

Zustellung einer notariellen Erklärung bei dem anderen Ehegatten erfolgen kann (§ 2271 Abs. 1 BGB). Nach dem Tod des Erstversterbenden kann der Längerlebende wechselbezügliche Verfügungen nicht mehr widerrufen (§ 2271 Abs. 2 S. 1 BGB), so dass er in seiner **Testierfreiheit beschränkt** ist (außer bei einem Änderungsvorbehalt; → § 20 Rn. 58 ff., → § 21 Rn. 35 ff.). Lebzeitig kann der Längerlebende zwar verfügen (§ 2286 BGB). Schenkungen können aber Ansprüche des durch die wechselbezügliche Verfügung Begünstigten gegen den **Beschenkten** auslösen, wenn der Begünstigte beeinträchtigt ist (§§ 2287, 2288 BGB analog).[13]

Für den Fall der gegenseitigen Erbeinsetzung und der Bestimmung der Erben für den zweiten Erbfall besteht mit § 2269 BGB (→ § 8 Rn. 301 ff.) für gemeinschaftliche Testamente eine besondere **Auslegungsregel.** Danach wird für den Zweifelsfall vermutet, dass zunächst der längerlebende Ehegatte Alleinerbe wird und die Kinder die Schlusserben, und zwar in Abgrenzung zur Vor- und Nacherbfolge. 11

III. Formulierungsbeispiele

In einem gemeinschaftlichen Testament, das der eine Ehegatte geschrieben und sodann unterschrieben hat, kann der andere Ehegatte folgenden Zusatz unter die Unterschrift des einen Ehegatten handschriftlich setzen: 12

Gemeinschaftliches Testament

Wir, die Ehegatten A und B, errichten nachfolgendes gemeinschaftliches Testament:

(...)

Ort, Datum
Vor- und Nachname von A

Dies ist unser gemeinsamer Wille.

Ort, Datum
Vor- und Nachname von B, ggf. Geburtsname

Innerhalb der Verfügung ist stets darauf zu achten, dass die Verfügungen, die wechselbezüglich sein sollen, auch als solche gekennzeichnet sind. Einseitige Verfügungen sind ebenfalls so zu bezeichnen. 13

Wir setzen uns mit wechselbezüglicher Wirkung gegenseitig zu Alleinerben ein. Hingegen bestimmen wir lediglich mit einseitiger Wirkung den Neffen A zum Alleinerben des Letztversterbenden.

Sofern die Ehegatten Einzeltestamente errichten wollen, sollte ein Hinweis aufgenommen werden, dass es sich um ein Einzeltestament handelt. Andernfalls könnte später als unzutreffendes Auslegungsergebnis festgestellt werden, dass die beiden Testamente als gemeinschaftliche Testamente zu bewerten sind. 14

Ich, ..., geboren am ..., errichte nachfolgendes Einzeltestament, das ausschließlich einseitige letztwillige Verfügungen enthält:
(...)

[13] Palandt/*Weidlich* § 2271 Rn. 10.

IV. Abgrenzungskriterien

1. Anforderungen an den Errichtungszusammenhang

15 a) **Grundsätzliches.** Das Gesetz definiert das gemeinschaftliche Testament nicht. Es ist kein Vertrag, sondern eine besondere Art des Testamentes, das dem Gesichtspunkt des **Vertrauensschutzes** Rechnung trägt.[14] Eine *„gemeinschaftliche Erklärung"* wird aufgrund des § 2265 BGB, der lediglich von einem *„gemeinschaftlichen Testament"* spricht, für erforderlich gehalten.[15] So hat das OLG Nürnberg[16] festgestellt:

> *„Das Wesen eines gemeinschaftlichen Testaments besteht in der Gemeinschaftlichkeit seiner Errichtung aufgrund eines gemeinsamen Entschlusses beider Ehegatten. Maßgeblich ist nicht die äußere Form einer einheitlichen Urkunde, sondern der Wille der Eheleute, eine gemeinschaftliche Erklärung abzugeben."*

16 Der Streit wirkt sich im Wesentlichen nur dann aus, wenn fraglich ist, ob ein gemeinschaftliches Testament bei Vorliegen von zwei separaten Schriftstücken anzunehmen ist. Zumindest muss zwischen den Verfügungen ein sog. Errichtungszusammenhang vorliegen.[17] Entscheidend ist, welche Anforderungen an die Manifestation des Willens, ein gemeinschaftliches Testament errichten zu wollen, zu stellen sind. So wird unterschiedlich beurteilt, ob der Errichtungszusammenhang auch in äußerlich erkennbarer Weise hervortreten muss.[18] Keinesfalls ist ausreichend, dass beide Ehegatten überhaupt an der Niederlegung eines Testamentes mitwirken; vielmehr müssen zur Annahme des Testierwillens beide Ehegatten über ihr Vermögen testieren wollen.[19]

17 b) **Gemeinschaftlichkeit.** Die Verfügungen müssen von beiden Ehegatten gemeinschaftlich getroffen worden sein, zumal dies das gemeinschaftliche Testament ausmacht.[20] Streitig ist, wie sich diese Gemeinschaftlichkeit zu manifestieren hat.

18 *aa) Objektive Theorie.* Diese stellt allein auf die äußere Form der Erklärung ab. Danach liegt ein gemeinschaftliches Testament vor, wenn die letztwilligen Verfügungen in einer *„einheitlichen Urkunde"* zusammengefasst sind, die auch aus mehreren Blättern bestehen kann. Es ist eine besondere Absicht der Testierenden nicht erforderlich. Jedoch muss sich aus dem Inhalt ergeben, dass die Ehegatten gemeinschaftlich verfügen wollten. Diese vor allem von dem RG[21] vertretene Auffassung wird mittlerweile als zu formalistisch abgelehnt.[22] Auch sind Ehegatten nach dem Wortlaut des § 2267 BGB nicht gezwungen, von dem Formprivileg Gebrauch zu machen.[23]

19 *bb) Subjektive Theorie.* Danach ist das maßgebliche Kriterium für das gemeinschaftliche Testament der Wille der Testierenden.[24] Maßgeblich ist, dass ein tatsächlicher Wille vorliegt, also es muss sich nicht um einen rechtsgeschäftlich erklärten Willen handeln.[25] Dabei ist nicht erforderlich, dass die Testierenden gerade die spezifischen Rechtsfolgen eines gemeinschaftlichen Testamentes herbeiführen wollten.[26] Umstritten ist hingegen, ob dieser Wille in irgendeiner Weise seinen Niederschlag in dem Testament gefunden haben muss:

---

[14] NK-BGB/*Gierl* § 2265 Rn. 3.
[15] BGH NJW 1958, 547; OLG Zweibrücken ZEV 2002, 414.
[16] OLG Nürnberg ZEV 2010, 411.
[17] OLG Nürnberg ZEV 2010, 411 (412); MüKoBGB/*Musielak* Vorb. § 2265 Rn. 8.
[18] *Olzen* JuS 2005, 673 (674).
[19] OLG München ErbR 2018, 226 (227).
[20] BeckOGK BGB/*Braun* § 2065 Rn. 7.
[21] RGZ 50, 308 (309); 72, 204 (205); OLG Koblenz NJW 1954, 1648.
[22] Burandt/Rojahn/*Braun* § 2265 Rn. 7; NK-BGB/*Gierl* § 2265 Rn. 4; Staudinger/*Kanzleiter* Vorb. zu §§ 2265 ff. Rn. 14.
[23] *Olzen* JuS 2005, 673 (674).
[24] BeckOK BGB/*Litzenburger* § 2265 Rn. 5; *Pfeiffer* FamRZ 1993, 1266 (1269 ff.); Staudinger/*Kanzleiter* Vorb. zu § 2265 ff. Rn. 15.
[25] OLG München NJW-RR 2011, 1020 (1023).
[26] jurisPK-BGB/*Reymann* § 2065 Rn. 8; BeckOGK BGB/*Braun* § 2065 Rn. 14.

- Die **streng subjektive Theorie**[27] nimmt an, dass der Wille zur Errichtung eines gemeinschaftlichen Testamentes ein tatsächlicher Wille ist. Dieser könne sich daher auch ausschließlich aus Umständen außerhalb der Testamentsurkunde ergeben, da er selbst nicht der Testamentsform bedarf.
- Dagegen fordert die hM, die **vermittelnde subjektive Theorie,**[28] einen Niederschlag des Willens zur gemeinschaftlichen Verfügung im Testament und begründet dies mit der Andeutungstheorie. Jeder der beiden Ehegatten muss bei Errichtung wissen und wollen, dass er zusammen mit dem Anderen letztwillig verfügt.[29] Der Wille[30] müsse nach außen erkennbar in der Urkunde manifestiert sein.

Im Hinblick auf die Formstrenge des Gesetzes bei der Testamentserrichtung und der sich daraus ergebenden Andeutungstheorie (→ § 7 Rn. 72 ff.) sowie der erforderlichen Rechtssicherheit[31] ist der hM zuzustimmen. Sind die Andeutungen nicht eindeutig, können innerhalb der Auslegung zusätzlich auch Umstände außerhalb der Urkunde herangezogen werden.[32] Da an die Eröffnung von gemeinschaftlichen Testamenten aufgrund §§ 348, 349 und 344 FamFG, vormals § 2273 Abs. 1 BGB aF, besondere Anforderungen gestellt werden, ist auch der Gesetzgeber von der äußeren Erkennbarkeit ausgegangen.[33] Folglich muss *„der Wille beider Ehegatten zum gemeinschaftlichen Testieren sich wenigstens andeutungsweise aus der Urkunde ergeben“*.[34] *Braun*[35] nennt als praktische Indizien für die Gemeinschaftlichkeit die räumliche Zusammenfassung, die sprachliche und inhaltliche Abstimmung, die Mitunterzeichnung durch den anderen Ehegatten, die örtliche und zeitliche Übereinstimmung und die gemeinschaftliche Aufbewahrung. Die weiteren Ausführungen basieren auf der vermittelnden subjektiven Theorie. 20

2. Kriterien bei separaten Testamenten

Liegen separate Testamente vor, so kann die Auslegung ergeben, dass es sich um ein gemeinschaftliches Testament handelt.[36] Hierzu ist es nach dem OLG München[37] allein nicht ausreichend, 21

> *„dass die Testamente von den Ehegatten am selben Tag und Ort errichtet worden sind und sich im Wortlaut im Wesentlichen gleichen.“*

Haben die Ehegatten in ihren separaten Erklärungen Worte wie *„wir“* oder *„gemeinsam“* verwendet und Bestimmungen über den *„beiderseitigen“* Nachlass getroffen, kann ein gemeinschaftliches Testament anzunehmen sein.[38] Dabei ist auch die Überschrift *„Mein letzter Wille“* nicht schädlich. Jedoch indiziert die Überschrift *„gemeinschaftliches Testament“* ein gemeinschaftliches Testament.[39] 22

[27] BayObLG NJW 1959, 1969; *Coing* JZ 1952, 611 (613); *Lutter* FamRZ 1959, 273 (274); Staudinger/*Kanzleiter* Vorb. zu §§ 2265 ff. Rn. 19.

[28] BGH NJW 1958, 547; OLG München ZEV 2008, 485 (486); OLG Braunschweig ZEV 2007, 178; Palandt/*Weidlich* Einf. v. § 2265 Rn. 2, 9; MüKoBGB/*Musielak* Vorb. § 2265 Rn. 9 ff.

[29] OLG Düsseldorf ZErb 2018, 82 (83).

[30] Für tatsächlichen Willen NK-BGB/*Gierl* § 2265 Rn. 7 f.; für geschäftsähnlichen Willen Staudinger/*Kanzleiter* Vorb. §§ 2265 ff. Rn. 18; für rechtsgeschäftlichen Willen Damrau/Tanck/*Klessinger* Vorb. zu §§ 2265 Rn. 10; *Pfeiffer* FamRZ 1993, 1266 (1270).

[31] OLG Zweibrücken FGPrax 2002, 231; Palandt/*Weidlich* Einf. v. § 2265 Rn. 2.

[32] OLG Nürnberg ZEV 2010, 411 (412); OLG Brandenburg ZEV 2007, 178 mAnm *Sticherling;* Palandt/*Weidlich* Einf. v. § 2265 Rn. 2.

[33] *Olzen* JuS 2005, 673 (675).

[34] OLG München ZEV 2008, 485 (486); vgl. KG ZEV 2000, 512; BayObLG FamRZ 1995, 1447 = BeckRS 1995, 31 022 852; aber aA BayObLG NJWE-FER 1997, 185.

[35] BeckOGK BGB/*Braun* § 2265 Rn. 20–25.

[36] OLG Nürnberg ZEV 2010, 411 (412); OLG München ZEV 2008, 485 (486); OLG Zweibrücken FGPrax 2002, 231; Burandt/Rojahn/*Braun* § 2265 Rn. 12.

[37] OLG München ZEV 2008, 485 (486); vgl. KG ZEV 2000, 512.

[38] BayObLG FamRZ 1995, 1447; vgl. FamRZ 1994, 191; vgl. NJW-RR 1992, 1356; vgl. OLG Hamm OLGZ 1972, 139 (143); Burandt/Rojahn/*Braun* § 2265 Rn. 14.

[39] *Olzen/Looschelders* ErbR Rn. 447.

Einzelfall

Ein zusätzlicher Anhaltspunkt zugunsten eines gemeinschaftlichen Testamentes bestand für das LG Kiel[40] darin, dass beide Erklärungen Bestimmungen für den Fall des Ablebens beider Elternteile für die gemeinsamen Kinder enthielten, und zwar dass diese dann entweder als Pflegekinder bei Freunden leben oder zur Adoption überlassen werden sollten. Für das LG Kiel war unproblematisch, dass der Ehemann sein Testament erst nach vier Monaten nach Errichtung des Testamentes durch seine Ehefrau verfasste. So sei der Ehemann für seine Neigung bekannt gewesen, *„unangenehmen Dingen aus dem Weg zu gehen"*.

23 Auch die **bloße Mitunterzeichnung** durch den jeweils anderen Ehegatten stellt ein Indiz zugunsten eines gemeinschaftlichen Testamentes dar, ist aber alleine nicht ausreichend.[41] Die Mitunterzeichnung bewirkt hingegen keinesfalls ein gemeinschaftliches Testament, wenn es sich vom Wortlaut her nur um das Testament eines Ehegatten handelt und nur Verfügungen über dessen Nachlass enthält.[42] So kann damit auch nur die Kenntnisnahme ausgedrückt werden.[43] Die **gegenseitige Bezugnahme** auf das jeweils andere stellt ein Kriterium zugunsten der Annahme eines gemeinschaftlichen Testamentes dar.[44] Eine **zeitgleiche Abfassung** ist nicht erforderlich, muss aber bei Lebzeiten beider Ehegatten erfolgt sein.[45]

24 Ein gemeinschaftliches Testament kann auch dann angenommen werden, wenn zunächst die Ehegatten in separaten Schriftstücken verfügt haben, aber später gemeinsam unterschriebene **Zusätze** bzw. **Nachträge**[46] verfügten, etwa für den Fall ihres gemeinsamen Todes, ggf. mit der Schlusserbfolge. Durch die so vorgenommene **Verknüpfung** kann ein gemeinschaftliches Testament anzunehmen sein.[47]

Einzelfall

Das BayObLG[48] hat ein gemeinschaftliches Testament in einem Fall angenommen, in dem der eine Ehegatte in der Ich-Form separat auch über Gegenstände verfügte, die auch im **Miteigentum seiner Ehefrau** standen. Die Ehefrau hatte auf einem separaten Blatt sich *„dem Testament meines Ehemannes v. 24.1.1983 voll und ganz"* angeschlossen. So habe die Ehefrau nach dem BayObLG nur deswegen ein separates Blatt verwendet, da das Blatt der Verfügungen des Ehemannes voll beschrieben sei. Diese Entscheidung ist grenzwertig und nur schwierig vertretbar.

25 **Gegen die Annahme** eines Willens zur Errichtung eines gemeinschaftlichen Testamentes sprechen folgende Kriterien: Selbst wenn die separaten Schriftstücke zeit- und wortgleich nach Absprache errichtet worden sind, ist besonders dann nicht ein gemeinschaftliches Testament anzunehmen, wenn Pluralformen[49] bzw. gegenseitige Bezugnahmen[50] **fehlen.** Das gilt auch dann, wenn die Ehegatten sich gegenseitig zu Alleinerben eingesetzt haben.[51]

Einzelfälle gegen ein gemeinschaftliches Testament

(1) Lt. BayObLG[52] kann zutreffend auch dann kein gemeinschaftliches Testament angenommen werden, wenn sich zwei separate Schriftstücke in einem **Briefumschlag** in dem Schreibtisch des Erblassers befanden.

(2) Die Verfassung von separaten Testamentsurkunden am selben Tag spricht lt. OLG Nürnberg[53] eher gegen ein gemeinschaftliches Testament.

(3) Das OLG Zweibrücken[54] hat ein gemeinschaftliches Testament aufgrund von zwei Schriftstücken abgelehnt, da diese nicht aufeinander Bezug nahmen und Worte wie *„ich"* und *„mein gesamtes Vermögen"* enthielten.

[40] LG Kiel NJOZ 2002, 2067.
[41] Vgl. BeckOK BGB/*Litzenburger* § 2265 Rn. 6.
[42] OLG Düsseldorf ErbR 2017, 230 (231).
[43] BayObLGZ 1959, 199 (207); NK-BGB/*Gierl* § 2265 Rn. 10.
[44] Damrau/Tanck/*Klessinger* § 2267 Rn. 16.
[45] MüKoBGB/*Musielak* § 2267 Rn. 15.
[46] Hierzu vertieft: *Zacher-Röder/Eichner* ZEV 2010, 63.
[47] OLG München ZEV 2008, 485 (487); OLG Frankfurt DNotZ 1994, 791 (792).
[48] BayObLG NJW-RR 1993, 1157.
[49] BayObLG NJW-RR 1992, 1356.
[50] KG ZEV 2000, 512.
[51] OLG Braunschweig ZEV 2007, 178.
[52] BayObLGZ 1959, 228 (231).
[53] OLG Nürnberg ZEV 2010, 411 (413).
[54] OLG Zweibrücken FGPrax 2002, 231.

3. Sukzessive Errichtung

Ein gemeinschaftliches Testament kann sukzessiv errichtet werden, also zeitlich nacheinander.[55] In Betracht kommt, dass entweder die **Unterschrift** des zweiten Ehegatten **nachträglich** vorgenommen wurde oder bei dem Verfassen von zwei separaten Schriftstücken ein zeitlicher Abstand besteht, zumal wenn das eine bei einem Notar beurkundet wurde. 26

Unzulässig ist eine spätere „Vergemeinschaftlichung", also wenn erst der eine Ehegatte sein Einzeltestament errichtet hat und später der andere Ehegatte – ggf. auch mit erst später entfaltetem Willen – dem durch seine Unterschrift oder einen anderen Zusatz zustimmt.[56] Auch entsteht kein gemeinschaftliches Testament, wenn ein Ehegatte eine Unterschrift vorweg blanko geleistet hat. Es würden so nicht die Formvorschriften eingehalten werden. 27

Möglich ist die sukzessive Errichtung indes dann, wenn der Wille zur Errichtung eines gemeinschaftlichen Testamentes jeweils bei Errichtung der eigenen Verfügung vorliegt und bis zur vollständigen Errichtung der Verfügung des anderen Ehegatten fortbesteht.[57] **Nach dem Tod** des zuerst verfügenden Ehegatten kann daher nicht mehr durch entsprechende Verfügungen des zweiten Ehegatten ein gemeinschaftliches Testament entstehen.[58] Ein **gemeinsamer Entschluss** von Anfang an ist indes nicht erforderlich.[59] 28

Möglich ist auch, dass die Ehegatten zunächst in einem gemeinsamen Testament sich gegenseitig zu Alleinerben eingesetzt haben und in einem späteren Testament etwa den Schlusserben bestimmt haben. Erforderlich ist hierzu der **Verknüpfungswille,** der sich aus den Urkunden zumindest andeutungsweise ergeben muss.[60] Hier das OLG Hamm:[61] *„Dabei müssen die Ehegatten nicht nur den Willen zur Zusammenfassung beider Testamente zum Ausdruck bringen, sondern auch deutlich machen, dass die frühere und die spätere Verfügung in ihrem Bestand voneinander abhängig sein, also miteinander stehen und fallen sollen. Dies ist allerdings nicht nur ausdrücklich, sondern auch stillschweigend möglich. Ob nach dem Willen der Testierenden mit der späteren Verfügung ein solches Abhängigkeitsverhältnis geschaffen werden sollte, ist wiederum im Wege der Auslegung nach §§ 133, 2084 BGB unter Berücksichtigung der Gesamtumstände des Einzelfalls zu ermitteln."* 29

Einzelfälle

(1) Das OLG Hamm[62] nahm einen Verknüpfungswillen auch bei Testamenten an, deren Errichtungszeitpunkte über 40 Jahre auseinanderlagen. So könnten sich auch Anhaltspunkte für eine nachträgliche Verknüpfung aus einer inhaltlichen Bezugnahme und einer gemeinsamen Verwahrung ergeben.

(2) Auch das OLG Düsseldorf[63] nahm eine Einheit bei zwei gemeinschaftlichen Testamenten an, bei denen das zweite Testament 24 Jahre später errichtet wurde. Erforderlich ist der Wille der Testierenden, beide Verfügungen als Einheit gelten zu lassen. In dem Fall hatten die Ehegatten sich zunächst gegenseitig zu Alleinerben berufen und später verfügt: *„Wir … setzen unseren Neffen …. als Alleinerben … ein"*. Der Neffe hat sich erfolgreich im 1. Erbfall (1) gegen den Witwer darauf berufen, er sei bereits Erbe der erstverstorbenen Erblasserin.

4. Gemeinschaftliche Testamente nach Unterzeichnung des zweiten Ehegatten

Nicht ausreichend für die Annahme eines gemeinschaftlichen Testamentes ist es, wenn auf einem Schriftstück zunächst der Ehemann in der Ich-Form seine Ehefrau zu seiner Alleinerbin einsetzt und nach deren Tod seinen Sohn und seine Schwiegertochter zu Erben bestimmt und darunter die Ehefrau nur selbst unterschreibt – auch wenn dort eine Beitrittserklärung 30

[55] NK-BGB/*Gierl* § 2267 Rn. 14.

[56] BeckOK BGB/*Litzenburger* § 2265 Rn. 7; Dt. ErbRK/*Zecher* § 2265 Rn. 10; Tanck/Krug AnwForm Testamente/*Tanck* § 3 Rn. 17.

[57] OLG Düsseldorf ZErb 2017, 82 (83); Burandt/Rojahn/*Braun* § 2265 Rn. 12; Staudinger/*Kanzleiter* Vorb. zu §§ 2265 ff. Rn. 20.

[58] Vgl. Palandt/*Weidlich* § 2267 Rn. 2.

[59] So indes Palandt/*Weidlich* Einf. v. § 2265 Rn. 9; Baumgärtel/Laumen/Prütting/*Schmitz* § 2265 Rn. 3 unter Bezugnahme auf BGH NJW 1977, 1772.

[60] OLG Hamm ZEV 2018, 93 (94).

[61] OLG Hamm ZEV 2018, 93 (94).

[62] OLG Hamm ZEV 2018, 93 (95).

[63] OLG Düsseldorf ZErb 2016, 296 (297).

von dem Ehemann für seine Ehefrau geschrieben war. Das entschied das OLG Hamm.[64] So würde die Erklärung der Ehefrau durch ihre Unterschrift nicht von der Unterschrift des Ehemannes gedeckt. Maßgeblich war dabei, dass der Ehemann über der Beitrittserklärung unterschrieben hatte; seine Unterschrift deckte mithin nicht die Beitrittserklärung. Diese Entscheidung wäre anders ausgefallen, wenn der Testamentstext etwa im Plural abgefasst gewesen wäre und eindeutig sich auch vom Wortlaut her auf die Ehefrau bezogen hätte. Die Unterschrift des zweiten Ehegatten kann auch nicht zuvor *blanko* erfolgen.[65]

31 Die Reihenfolge der Unterschriften ist gleichgültig. So kann der die gemeinschaftliche Erklärung verfassende Ehegatte sogleich im Anschluss an seinen Text oder auch erst unter der Unterschrift des anderen Ehegatten unterschreiben.[66] Beide Unterschriften müssen den Testamentstext räumlich abschließen. Unerklärliche leere Zwischenräume sind schädlich, besonders wenn die Unterschriften der Ehegatten sich quergeschrieben am linken Rand des Blattes befinden.[67]

32 Zulässig ist es, wenn der zweite Ehegatte erst **später,** aber noch zu Lebzeiten des ersten Ehegatten **unterschrieben** hat.[68] So sprach für das OLG München[69] der Beitritt der Ehefrau sogar nach sechs Jahren noch für ein gemeinschaftliches Testament, zumal Ausdrücke wie *„wir"*, *„die Eheleute ... setzen uns hiermit gegenseitig"* und *„unseres (...) Nachlasses"* der formulierende Ehemann verwandt hatte. Es sei nicht erforderlich, dass die Erklärungen der Ehegatten *„gleichzeitig"* erfolgten.

V. Feststellungs- und Beweislast

33 Derjenige trägt die Feststellungs- bzw. Beweislast für die Wirksamkeit eines eigenhändigen Testamentes, der aus den darin enthaltenen Verfügungen Rechte herleitet.[70] Bei Vorliegen der Form des § 2267 BGB bei einem gemeinschaftlichen Testament spricht eine tatsächliche Vermutung für den gemeinsamen Testierwillen.[71] Diese Vermutung ist entkräftet, wenn das gemeinsam unterzeichnete Testament nur letztwillige Verfügungen desjenigen enthält, der die Urkunde verfasst hat.[72]

[64] OLG Hamm OLGZ 1972, 139 (140).
[65] OLG Hamm OLGZ 1993, 141 (144); Damrau/Tanck/*Klessinger* § 2267 Rn. 5.
[66] Palandt/*Weidlich* § 2267 Rn. 1.
[67] BayObLG NJWE-FER 1997, 185.
[68] MüKoBGB/*Musielak* § 2267 Rn. 15.
[69] OLG München BeckRS 2011, 28 351.
[70] BayObLG NJWE-FER 1997, 185.
[71] OLG Zweibrücken FGPrax 2000, 244; OLG Hamm NJW 1993, 269; BeckOK BGB/*Litzenburger* § 2265 Rn. 6; Staudinger/*Kanzleiter* § 2267 Rn. 19.
[72] Baumgärtel/Laumen/Prütting/*Schmitz* § 2265 Rn. 4.

§ 20 Abgrenzungsfälle zur Feststellung der Wechselbezüglichkeit und zu Änderungsklauseln

Übersicht

I. Praxisrelevanz

1 *„Zugespitzt formuliert wird jemand, der einmal kurz und ohne großes Nachdenken seine Unterschrift unter ein vom anderen Ehepartner in zwei Sätzen überschaubar formuliertes gemeinschaftliches Testament geleistet hat, erbrechtlich lebenslänglich „in Ketten gelegt“, ohne dass er imstande war, diese Folgen vorherzusehen. Es ist nicht einfach, diese Rechtspraxis als Notar einem Betroffenen zu vermitteln, der nach dem Tode seines Ehepartners sein Testament ändern möchte.“* So zutreffend beschreibt *U. Mayer*[1] das Dilemma mit den gemeinschaftlichen Testamenten. Das Problem besteht in der Vermutungsvorschrift § 2270 Abs. 2 BGB, die in bei Familien üblichen Konstellationen die Wechselbezüglichkeit auch der Schlusserbfolge bedeutet. RiBGH aD *Wendt*[2] spricht zutreffend von der *„gefährlichsten Wirkung gemeinschaftlicher Testamente“*.

2 So sind die Rechtsfolgen des beliebten Berliner Testaments der breiten Bevölkerung zumeist unbekannt.[3] Aufgrund dessen ergehen im Zusammenhang mit möglichen wechselbe-

[1] *U. Mayer* ZEV 2016, 420 (422).
[2] *Wendt* ErbR 2018, 194 (195).
[3] § 2271 BGB sei unbekannt: *Schmitz* ErbR 2011, 135 (141).

züglichen Verfügungen ständig gerichtliche Entscheidungen. Im Mittelpunkt stehen zumeist die Fragen, ob für den zweiten Erbfall eine anderweitige Erbeinsetzung wirksam ist und ob ein durch lebzeitige Schenkungen beeinträchtigter Erbe einen Ausgleich nach § 2287 BGB analog verlangen kann.

3 Bei der Gestaltung von gemeinschaftlichen Testamenten ist besonderes Augenmerk auf die individuelle Formulierung einer Änderungsklausel zu legen. Aber die ursprünglich verfügte Wechselbezüglichkeit kann auch später entfallen, wenn sich die Umstände zwischen Testamentserrichtung und dem Erbfall wesentlich geändert haben. Das kann durch ergänzende Auslegung festzustellen sein.

Praxistipp:

Wenn die Wechselbezüglichkeit juristischen Laien zu erklären ist, bietet es sich an, von einem gegenseitigen Versprechen zu sprechen. Etwa hat der Längerlebende (A) bei Errichtung des Berliner Testaments dem Erstverstorbenen (B) versprochen, wenn er (B) ihn (A) zu seinem Alleinerben einsetzt, werde er (A) verbindlich die gemeinsamen Kinder zu Schlusserben bestimmen.

II. Rechtslage

1. Begriffsbestimmung

4 Wechselbezügliche Verfügungen können nur innerhalb von gemeinschaftlichen Testamenten von Ehegatten und eingetragenen Lebenspartnern angeordnet werden (§ 2270 BGB).[4] Zur Annahme kommt es darauf an,

> *„ob die Verfügung des einen Ehegatten gerade deshalb getroffen wurde, weil der andere seine Verfügung getroffen hat und deshalb nach dem gemeinsamen Willen der Eheleute die eine Verfügung mit der anderen stehen und fallen soll (…).“*[5]

5 Diese Definition des OLG Hamm steht im Einklang mit der Rechtsprechung und der Literatur.[6] Aus dem Zusammenhang des Motivs heraus muss eine **innere Abhängigkeit zwischen den einzelnen Verfügungen** bestehen.[7] Die Wechselbezüglichkeit einer Verfügung des einen Ehegatten lässt sich daher nur im Verhältnis zu einer Verfügung des anderen feststellen, außer es handelt sich um die seltene einseitige Wechselbezüglichkeit. Diese ist anerkannt, also die Wechselbezüglichkeit in Form einer lediglich einzigen Abhängigkeit.[8] Dann ist die Verfügung des einen Ehegatten nicht ohne die Verfügung des anderen Ehegatten getroffen, aber die Verfügung des anderen Ehegatten unabhängig davon, ob es die Verfügung des einen Ehegatten gibt.

6 Ein gemeinschaftliches Testament kann als solches nicht wechselbezüglich sein. Wechselbezüglich können nur die darin enthaltenen einzelnen Klauseln sein.[9]

7 Nach § 2270 Abs. 3 BGB kann die Wechselbezüglichkeit nur für **Erbeinsetzungen, Vermächtnisse, Auflagen und eine Rechtswahl** angeordnet werden. Weitere Anordnungen wie

[4] Ein gemeinschaftliches Testament kann sich auch aus separaten Urkunden ergeben; OLG Nürnberg ZEV 2010, 411 (412); → § 19 Rn. 21 ff.

[5] OLG Hamm ZEV 2018, 93 (94); vgl. OLG München ErbR 2018, 456 (459) = BeckRS 2018, 10915; vgl. OLG Schleswig ZEV 2018, 717 (718) Rn. 47 = BeckRS 2018, 16426 Rn. 47.

[6] BGH NJW-RR 1987, 1410; OLG Schleswig BeckRS 2011, 24295; OLG München DNotZ 2017, 215 (217); NJW-RR 2011, 1020 (1021); FamRZ 2008, 728 = BeckRS 2008, 6410; OLG Hamm NJOZ 2007, 3146 (3150) = FamRZ 2007, 678; OLG Düsseldorf FGPrax 2008, 29 (30); OLG Frankfurt a. M. BeckRS 2006, 12285; BayObLG NJW-RR 1991, 1288; Damrau/Tanck/*Klessinger* § 2270 Rn. 3; MüKoBGB/*Musielak* § 2270 Rn. 2; Staudinger/*Kanzleiter* § 2270 Rn. 1; *Schmitz* ErbR 2011, 135; BeckOGK BGB/*Braun* § 2270 Rn. 14; *Wendt* ErbR 2018, 194 (195).

[7] Prot. V, 451; Planck/*Greiff* § 2270 Anm. 2; OLG Frankfurt a. M. ErbR 2016, 650 (651); OLG München FamRZ 2010, 1846 = BeckRS 2010, 11135; Palandt/*Weidlich* § 2270 Rn. 1.

[8] BeckOGK BGB/*Braun* § 2270 Rn. 16.

[9] BGH NJW-RR 1987, 1410; OLG Frankfurt a. M. ErbR 2016, 650 (651).

die Testamentsvollstreckung und die Enterbung nach § 1938 BGB können allerdings an auflösende Bedingungen geknüpft werden, so dass sich auch hier faktisch eine Bindungswirkung erzielen lässt *(„unechte Wechselbezüglichkeit“)*.[10] Eine solche Bedingung kann auch konkludent durch Auslegung dem Testament entnommen werden.[11]

Damit letztwillige Verfügungen wechselbezüglich angeordnet werden können, ist es nicht erforderlich, dass sich die testierenden Ehegatten gegenseitig begünstigen.[12] Es ist auch möglich, dass Ehegatten durch zeitlich nacheinander errichten Verfügungen eine Wechselbezüglichkeit schaffen, also wenn sie etwa in dem ersten gemeinschaftlichen Testament sich gegenseitig zu Erben und dann in einem zweiten gemeinschaftlichen Testament Schlußerben berufen haben. Zwischen der Erbeinsetzung aus dem ersten Testament und der Erbeinsetzung aus dem zweiten Testament kann eine Wechselbezüglichkeit nur bei Vorliegen qualifizierter Voraussetzungen gesehen werden: Die Ehegatten müssen hinsichtlich beider Testamente jeweils deutlich machen, dass auch inhaltlich von einem Abhängigkeitsverhältnis auszugehen ist.[13] 8

2. Gesetzliche Auslegungsregel

§ 2270 Abs. 2 BGB wird die in der Praxis am häufigsten herangezogene Auslegungsregel sein, die oft zu großen Überraschungen bei längerlebenden Ehegatten führt. Eine am Küchentisch ohne juristische Beratung verfügte Schlusserbeinsetzung bewirkt, dass der längerlebende Ehegatte nicht mehr seine Erbfolge anderweitig regeln kann. Die Ausnahmen liegen oft nicht vor. Die Auslegungsregel stellt auf die Umstände bei Testamentserrichtung ab. Deswegen lehnt der BGH[14] die kumulative Anwendung mit § 2069 BGB, der auf den Erbfall abstellt, ab (→ Rn. 54 ff.). 9

Hintergrund dieser Regel ist es, dass die Enterbung der Kinder im ersten Erbfall durch die gegenseitige Erbeinsetzung im Vertrauen darauf erfolgt, dass das gemeinsame Vermögen bei dem zweiten Erbfall auf die Kinder übergeht.[15] 10

§ 2270 Abs. 2 BGB ist nur dann anwendbar, wenn durch individuelle Auslegung ein Auslegungsergebnis ohne Zweifel festgestellt werden kann. Die Auslegung muss also zur Anwendung des § 2270 Abs. 2 BGB weder die gegenseitige Abhängigkeit noch die gegenseitige Unabhängigkeit ergeben haben.[16] 11

Wenn das **gegenseitige Bedenken** festzustellen ist, kommt es auf eine Verfügung nach § 2270 Abs. 3 BGB an. Nach hM liegt dies auch bei einer Auflage vor.[17] Es ist nicht erforderlich, dass sich beide Ehegatten gegenseitig etwa zu unbeschränkten Erben einsetzen oder ein Vermächtnis aussetzen. Ein gegenseitiges Bedenken liegt auch vor, wenn der eine Ehegatte den anderen etwa zu seinem unbeschränkten Alleinerben einsetzt und dieser andere Ehegatte den einen Ehegatten durch eine Vorerbschaft, Miterbschaft oder ein Vermächtnis bedenkt. 12

Das **Verwandtschaftsverhältnis** ergibt sich aus § 1589 BGB und beurteilt sich nach dem Zeitpunkt der Testamentserrichtung.[18] Sie muss den Testierenden bei Testamentserrichtung auch bekannt sein.[19] Bei einer späteren Adoption ist § 2270 Abs. 2 BGB nicht unter dem Gesichtspunkt eines Verwandtschaftsverhältnisses heranzuziehen, sondern nur wegen eines etwaigen Näheverhältnisses.[20] Zu **„sonst nahe stehen“** → Rn. 51 ff.; § 2270 Abs. 2 BGB ist nicht analog auf Schwiegerkinder anzuwenden.[21] 13

---

[10] BeckOK BGB/*Litzenburger* § 2270 Rn. 5; NK-BGB/*Müßig* § 2270 Rn. 15.
[11] MüKoBGB/*Musielak* § 2270 Rn. 15; NK-BGB/*Müßig* § 2270 Rn. 15.
[12] BayObLG MittBayNot 1991, 174 = NJW-RR 1991, 1288; MüKoBGB/*Musielak* § 2270 Rn. 14.
[13] OLG Schleswig ZEV 2018, 717 (720) Rn. 58 = BeckRS 2018, 16426 Rn. 58.
[14] BGH ZEV 2002, 150 (151) mit zust. Anm. *Otte.*
[15] OLG München NJW-RR 2012, 338 (340); KG ZErb 2015, 87 (88).
[16] Palandt/*Weidlich* § 2270 Rn. 7.
[17] BeckOGK BGB/*Braun* § 2270 Rn. 52.
[18] BGH NJW 2002, 1127.
[19] BeckOK BGB/*Litzenburger* § 2270 Rn. 16.
[20] BeckOK BGB/*Litzenburger* § 2270 Rn. 16.
[21] BGH ZEV 2003, 384 (285) mAnm *Leipold.*

14 § 2270 Abs. 2 BGB wird bei einem **Erbvertrag** zwischen Ehegatten entsprechend herangezogen.[22] Eine aA[23] zieht zwar nicht explizit § 2270 Abs. 2 BGB heran, aber meint, dass bei einem Verwandtschaftsverhältnis zu einem eingesetzten Erben die Erbeinsetzung „in aller Regel bindend und damit vertragsmäßig“[24] sei.

3. Auswirkungen der Bindungswirkung

15 Eine frühere letztwillige Verfügung wird aufgehoben, wenn sie einer späteren wechselbezüglichen Verfügung widerspricht (§ 2258 Abs. 1 BGB). **Spätere einseitige Verfügungen** eines Ehegatten sind insoweit **unwirksam,** wie sie den wechselbezüglichen Verfügungen widersprechen und den durch die wechselbezügliche Verfügung Begünstigten rechtlich oder wirtschaftlich beeinträchtigen. Dies ergibt sich aus **§ 2271 Abs. 2 S. 1 BGB;**[25] vereinzelt wird § 2289 Abs. 1 S. 2 BGB analog herangezogen.[26] Das KG[27] führte aus, dass der Widerruf nach § 2271 Abs. 2 S. 1 BGB wegen wechselbezüglicher Verfügungen nicht möglich war, so dass die Erblasserin in entsprechender Anwendung des § 2289 Abs. 1 S. 2 BGB gehindert wesen sei, anderweitig zu testieren. § 2271 Abs. 1 S. 2 BGB führt aber nicht zur Aufhebung oder Minderung der Testierfähigkeit eines Ehegatten, sondern zur Beschränkung seiner Testierfreiheit.[28] Auch ist die spätere Verfügung nicht nichtig, sondern vielmehr insoweit unwirksam, als sie im Widerspruch zu einer wechselbezüglichen Verfügung steht.

16 So ist der Widerruf ab dem ersten Erbfall ausgeschlossen. Das bedeutet, dass einseitige Verfügungen, wie etwa eine Testamentsvollstreckung, auch ohne Mitwirken und Wissen des anderen Ehegatten mittels eines Widerrufstestamentes beseitigt werden können. Vor dem ersten Erbfall kann ein Ehegatte wechselbezügliche Verfügungen widerrufen, wozu aber § 2271 Abs. 1 S. 1 BGB auf § 2296 BGB verweist. Danach muss der Widerruf notariell beurkundet und dem anderen Ehegatten zugestellt werden.[29]

17 Dagegen regelt **§ 2271 Abs. 1 S. 2 BGB** den Fall, dass ein Ehegatte **zu Lebzeiten des anderen Ehegatten** alleine neu verfügt. Danach kann so ein Ehegatte nicht zu Lebzeiten des anderen Ehegatten seine gemeinschaftlichen Verfügungen aufheben. Dies führt zur Beschränkung der Testierfreiheit, nicht zur Aufhebung oder Minderung seiner Testierfähigkeit.[30] Die spätere einseitige Verfügung ist nicht formal nichtig, sondern nur insoweit unwirksam, wie sie im Widerspruch zu den wechselbezüglichen Verfügungen steht. Sie ist bzw. wird wirksam, wenn sich die wechselbezüglichen Verfügungen des längerlebenden Ehegatten als unwirksam erweisen.[31] Das kann etwa sein, wenn der andere Ehegatte vorverstorben ist.

18 Hat der längerlebende Ehegatte nach dem ersten Erbfall Gegenstände seines Vermögens verschenkt, kann der dadurch beeinträchtigte Erbe bzw. Vermächtnisnehmer Ansprüche nach **§§ 2287, 2288 BGB analog** geltend machen.[32] Gem. § 2286 BGB sind solche Schenkungen aber wirksam. Der Erblasser kann sich aber innerhalb eines **Verfügungsunterlassungsvertrages** schuldrechtlich verpflichten, über bestimmte Gegenstände nicht ohne Zustimmung des letztwillig Bedachten zu verfügen.[33]

---

[22] OLG München NJW-RR 2012, 9 (10); OLG Zweibrüchen FamRZ 1995, 1021 = BeckRS 1994, 30843904.
[23] BeckOK BGB/*Litzenburger* § 2278 Rn. 5; MüKoBGB/*Musielak* § 2278 Rn. 5.
[24] BGH NJW 1961, 120.
[25] OLG Saarbrücken ZEV 2018, 146 (147); OLG Bremen ZEV 2018, 90 (91); OLG Hamm ZErb 2015, 123 (124); NK-BGB/*Müßig* § 2271 Rn. 24.
[26] OLG Düsseldorf FGPrax 2018, 175; zu dem Unterschied: Nieder/Kössinger Testamentsgestaltung-HdB/*R. Kössinger* § 11 Rn. 37; *Schmitz* ErbR 2011, 135 (137).
[27] KG ErbR 2018, 452 (456) = BeckRS 2018, 9262.
[28] OLG Celle ErbR 2018, 269 mAnm *Riemer* = BeckRS 2018, 7843.
[29] Hierzu NK-BGB/*Horn* § 2296 Rn. 6 ff.
[30] OLG Celle ErbR 2018, 269.
[31] OLG Celle ErbR 2018, 269.
[32] MAH ErbR/*Ridder* § 11 Rn. 71; § 2087 BGB analog auf wechselbezügliche Verfügungen anwendbar, so BGH NJW 1982, 43; OLG Düsseldorf ZEV 2018, 462 (464) mit zust. Anm. *Horn;* vgl. NK-BGB/*Horn* § 2287 Rn. 4.
[33] BGH NJW 1959, 2252 (2253); MüKoBGB/*Musielak* § 2286 Rn. 11 ff.; BeckFormB ErbR/*Brambring* A I 5d, Muster D 12; *Olzen/Looschelders* ErbR Rn. 570; Bonefeld/Wachter FAErbR/*Maulbetsch* § 10 Rn. 17; Bonefeld/Wachter FAErbR/*Bartsch* § 16 Rn. 14.

4. Widerruf und Entfallen der Bindungswirkung

Wechselbezügliche Verfügungen können **einvernehmlich widerrufen** werden, etwa durch ein neues gemeinschaftliches Testament, einen neuen Erbvertrag, durch gemeinsame Rücknahme des öffentlichen Testamentes aus der amtlichen Verwahrung oder durch gemeinsame Vernichtung der Testamentsurkunde.[34] Einseitige Verfügungen können indes jederzeit widerrufen werden (§ 2253 Abs. 1 BGB). 19

Ein Ehegatte kann sich nur zu Lebzeiten des anderen Ehegatten durch einseitigen Widerruf von seinen wechselbezüglichen Verfügungen lösen. Erforderlich ist eine **notariell zu beurkundende Erklärung,**[35] die dem anderen Ehegatten durch einen Gerichtsvollzieher im Original oder in Ausfertigung zugestellt werden muss (§§ 2296, 2271 Abs. 1 BGB analog).[36] Das Gesetz verhindert so, dass der Widerruf eines Ehegatten heimlich hinter dem Rücken des anderen Ehegatten erfolgt. 20

Das Recht zum Widerruf erlischt gem. § 2271 Abs. 2 S. 1 BGB mit dem Tod des anderen Ehegatten. Der Widerruf soll auch gegenüber einem Betreuer des anderen Ehegatten erklärt werden können.[37] Es bestehen aber nach § 2271 Abs. 2 BGB folgende Ausnahmen bzw. Möglichkeiten,[38] sich auch nach dem Tod des Ehegatten von den wechselbezüglichen Verfügungen zu lösen: 21

- durch **Ausschlagung** der (testamentarischen) Erbschaft,[39]
- wenn dem bedachten Dritten der Pflichtteil gem. § 2333 BGB entzogen (§ 2336 BGB)[40] oder
- wenn dem bedachten Dritten der Pflichtteil in guter Absicht entzogen werden kann (§ 2338 BGB).

Die Bindungswirkung kann auch durch einen **Zuwendungsverzicht** gem. § 2352 BGB und durch **Erbunwürdigkeitserklärung** gem. § 2344 BGB entfallen. 22

Zudem entfällt die Wechselbezüglichkeit grundsätzlich mit **Scheidung** (§§ 2268 Abs. 1, 2077 BGB).[41] Dennoch kann in einem Fall des § 2077 Abs. 3 BGB, also bei Bestehen eines **Aufrechterhaltungswillens** (→ § 22) nach Scheidung bzw. Auflösung der Ehe, die Wechselbezüglichkeit bestehen bleiben, so der BGH[42] in seinem Grundsatzurteil vom 7.7. 2004. 23

5. Rechtsfolgen der Nichtigkeit wechselbezüglicher Klauseln

Eine wechselbezügliche Verfügung eines Ehegatten kann entweder wirksam einseitig widerrufen werden oder nichtig sein. Die Nichtigkeit kann sich aus Formverstößen (§ 125 BGB), aus der Auflösung oder Scheidung der Ehe (§§ 2268 Abs. 1, 2077 BGB) und nach Anfechtung (§§ 2078 f. BGB) ergeben. Nach § 2270 Abs. 1 BGB führt dies zur Nichtigkeit derjenigen letztwilligen Verfügungen des anderen Ehegatten, die zu den nichtigen bzw. widerrufenen Klauseln in einem Abhängigkeitsverhältnis stehen.[43] Die Wirksamkeit der einseitigen letztwilligen Verfügungen richtet sich nach § 2085 BGB.[44] 24

34 MAH ErbR/*Ridder* § 11 Rn. 63.
35 Muster bei MAH ErbR/*Ridder* § 11 Rn. 64; BGH ZEV 2011, 251 (252).
36 BGH NJW 2011, 1353 (1354); zum Widerruf bei Geschäftsunfähigkeit des Widerrufsgegners: *Zimmer* ZEV 2007, 159.
37 OLG Nürnberg ErbR 2014, 131 (132) mwN.
38 Nieder/Kössinger Testamentsgestaltung-HdB/*R. Kössinger* § 11 Rn. 35 f.
39 BGH NJW 2011, 1353 (1354) = ZEV 2011, 251.
40 *G. Müller* ZEV 2011, 240; KG ZEV 2011, 266 weist darauf hin, dass ein Widerruf durch eine nachträgliche Verzeihung gem. § 2337 S. 2 BGB nicht aufgehoben wird.
41 LG München I ZEV 2008, 537 (538).
42 BGH NJW 2004, 3113; vgl. *Kanzleiter* ZEV 2005, 181.
43 BeckOK BGB/*Litzenburger* § 2270 Rn. 22.
44 Damrau/Tanck/*Klessinger* § 2270 Rn. 24.

III. Formulierungsbeispiele

25 Sollen sämtliche Verfügungen, soweit gesetzlich möglich (§ 2270 Abs. 3 BGB), wechselbezüglich angeordnet werden, kann dies in dem gemeinschaftlichen Testament wie folgt angeordnet werden:

> Wir ordnen sämtliche Verfügungen mit wechselbezüglicher Wirkung an, soweit es sich um Erbeinsetzungen, Vermächtnisse, Auflagen und Rechtswahlen handelt.

26 Sofern sich die Ehegatten nur lebzeitig davor schützen wollen, dass ein Ehegatte heimlich Verfügungen des gemeinschaftlichen Testamentes widerruft, aber der längerlebende Ehegatte nach dem ersten Erbfall nicht erbrechtlich gebunden sein soll, kann folgende Klausel aufgenommen werden:

> Die Erbeinsetzung und die Vermächtnisse für den ersten Erbfall verfügen wird mit wechselbezüglicher Wirkung. Dagegen ordnen wir die Verfügungen für den zweiten Erbfall nur mit einseitiger Wirkung an, so dass der längerlebende Ehegatte frei verfügen kann.

27 Von besonderer Bedeutung sind Änderungsklauseln, die wie folgt formuliert werden können:

> Die Erbeinsetzung im zweiten Erbfall verfügen wir ebenfalls mit wechselbezüglicher Wirkung. Der Längstlebende ist aber nach Versterben des Erstversterbenden zur Änderung insoweit berechtigt, dass lediglich Abkömmlinge begünstigt werden dürfen, unabhängig ob durch Erbeinsetzung oder Vermächtnisaussetzung. Damit ist sichergestellt, dass nur gemeinsame Kinder bzw. Enkelkinder begünstigt werden können. Zudem kann der Längstlebende Testamentsvollstreckung anordnen. Sollte ein Ehegatte testierunfähig werden, ist der andere Ehegatte ab diesem Zeitpunkt zur Änderung wie zuvor verfügt berechtigt. Er hat durch ein substantiiertes medizinisches Gutachten nachzuweisen, dass der andere Ehegatte testierunfähig war.
>
> Alternative:
> … Von dem Abänderungsrecht kann der Längerlebende bereits vor dem Tod des Erstversterbenden Gebrauch machen.
>
> Zusatz:
> Anderen Personen darf der Längerlebende durch Vermächtnis nur solche Vermögensgegenstände zuwenden, die er nach dem Ableben des Erstversterbenden hinzuerworben hat, soweit sie nicht wirtschaftlicher Ersatz oder Ertrag des beim ersten Erbfall vorhandenen Vermögens sind.

IV. Abgrenzungskriterien

1. Grundsätzliches

28 Das OLG Saarbrücken[45] stellt mit der hM den Grundsatz zur Qualifikation von wechselbezüglichen Verfügungen wie folgt auf:

„Wann eine Verfügung wechselbezüglich ist, ergibt sich aus dem in § 2271 Abs. 1 BGB in Bezug genommenen § 2270 BGB. Danach kommt es darauf an, ob anzunehmen ist, dass

[45] OLG Saarbrücken ZEV 2018, 146 (147); vgl. OLG Schleswig ZEV 2018, 717 (718) Rn. 47 = BeckRS 2018, 16426 Rn. 47.

die Verfügung des einen Ehegatten nicht ohne die Verfügung des anderen getroffen sein würde. Hierzu ist die letztwillige Verfügung auszulegen.“

Enthält ein gemeinschaftliches Testament **keine klare und eindeutige Anordnung,** also keine *„ausdrückliche Aussage“*,[46] zur Wechselbezüglichkeit, muss diese nach den **allgemeinen Auslegungsgrundsätzen** ermittelt werden.[47] Es ist für jede letztwillige Verfügung separat zu prüfen, ob sie wechselbezüglich ist.[48] Diese Prüfung hat stets **im Hinblick auf eine letztwillige Verfügung des anderen Ehegatten** zu erfolgen. So muss die zu prüfende Verfügung des einen Ehegatten mit Rücksicht auf eine letztwillige Verfügung des anderen Ehegatten getroffen worden sein.[49] Die Verfügung des Einen muss mit der Verfügung des Anderen *„stehen oder fallen“* sollen.[50] Kann dies bejaht werden, ist die Wechselbezüglichkeit der Verfügung des einen Ehegatten festgestellt. Die Wechselbezüglichkeit ist immer im Hinblick auf mindestens zwei einander zugeordnete Verfügungen zu prüfen, da beide in dem in § 2270 Abs. 1 BGB beschriebenen Verhältnis stehen müssen.[51] Zusammenfassend kann sich die Wechselbezüglichkeit in folgender Prüfungsreihenfolge ergeben:[52] 29

- aus ausdrücklicher Anordnung
- aufgrund individueller Auslegung, also der einfachen oder ergänzenden Auslegung, wobei lt. KG[53] die Auslegungsregel § 2270 Abs. 2 BGB ergänzend heranzuziehen sein könne
- aus den Auslegungsregeln des § 2270 Abs. 2 BGB.

Auch eine **einseitige Wechselbezüglichkeit** ist denkbar *(„einseitige Abhängigkeit“).*[54] Dann ist immer nur die von der anderen Verfügung abhängige Verfügung bindend;[55] umgekehrt besteht kein Abhängigkeitsverhältnis.[56] 30

Maßgeblich ist der übereinstimmende Wille der testierenden Ehegatten **im Zeitpunkt der Testamentserrichtung** (§§ 133, 157 BGB).[57] Daher können die Ehegatten die Wirkungen der Wechselbezüglichkeit, wie sie das Gesetz vorsieht, **ausschließen, einschränken** oder durch einen **Änderungsvorbehalt** (→ Rn. 58 ff.) einer späteren einseitigen Veränderung zugänglich machen.[58] 31

Allein der Umstand, dass die Verfügung innerhalb eines gemeinschaftlichen Testamentes angeordnet wurde, spricht noch nicht für ihre Wechselbezüglichkeit: Es besteht **kein allgemeiner Erfahrungssatz,** dass sämtliche Klauseln in einem gemeinschaftlichen Testament **wechselbezüglich** sind.[59] 32

Auch wenn in einem **notariellen Testament** keine Aussage über die Wechselbezüglichkeit getroffen wurde, stellt dies kein Indiz dafür dar, dass diese nicht gewollt war.[60] Der Notar könnte gerade bei einer Situation des § 2270 Abs. 2 BGB einen Hinweis für entbehrlich gehalten haben. Kein Indiz gegen die Wechselbezüglichkeit ist darin zu sehen, wenn der länger lebende Ehegatte später anderweitig verfügt (OLG Stuttgart BeckRS 2018, 30334 Rn. 26). 33

---

[46] OLG Düsseldorf FGPrax 2008, 29 (30).
[47] OLG München NJW-RR 2011, 1020 (1021); ZEV 2011, 315; OLG Nürnberg ZEV 2010, 411 (413).
[48] OLG München ZEV 2017, 409 (410); NJW-RR 2011, 1020; OLG Düsseldorf NJW-RR 2008, 236 (238); BayObLG NJWE-FER 2001, 213 (214); BayObLG Rpfleger 1985, 445 = BeckRS 2009, 29043; Palandt/*Weidlich* § 2270 Rn. 1; *Zimmer* NJW 2009, 2364.
[49] OLG Hamm NJOZ 2007, 3146 (3150 f.).
[50] OLG München BeckRS 2011, 28 351; OLG Hamm FGPrax 2003, 271 (272); BeckOK BGB/*Litzenburger* § 2270 Rn. 7; *Lange* ErbR § 16 Rn. 122; Prot. V, 450 f.
[51] LG München I ZEV 2008, 537 (538).
[52] *Lange* ErbR § 16 Rn. 125.
[53] KG ErbR 2018, 452 (456) = BeckRS 2018, 9262.
[54] MüKoBGB/*Musielak* § 2270 Rn. 3; *Brox/Walker* ErbR Rn. 192; *Lange* ErbR § 16 Rn. 123.
[55] Nieder/Kössinger Testamentsgestaltung-HdB/*R. Kössinger* § 11 Rn. 46.
[56] Damrau/Tanck/*Klessinger* § 2270 Rn. 3.
[57] OLG München FamRZ 2010, 1846 = BeckRS 2010, 11135; FGPrax 2011, 129; OLG Düsseldorf NJW-RR 2008, 236 (238); Damrau/Tanck/*Klessinger* § 2270 Rn. 5; Palandt/*Weidlich* § 2270 Rn. 4; NK-BGB/*Müßig* § 2270 Rn. 18; *Schmucker* MittBayNot 2001, 526 (529).
[58] Palandt/*Weidlich* § 2270 Rn. 2.
[59] OLG Nürnberg ZEV 2010, 411 (413); BayObLG NJWE-FER 2001, 213 = BayObLG FamRZ 2001, 1734; BayObLG MittBayNot 1996, 216; Damrau/Tanck/*Klessinger* § 2270 Rn. 3; Staudinger/*Kanzleiter* § 2270 Rn. 22a f.
[60] BayObLG MittBayNot 1992, 403 (405).

34 In der Praxis ist festzustellen, dass Rechtsanwälte und Nachlassrichter gleichermaßen vorschnell dazu neigen, bei Vorliegen der Voraussetzungen der gesetzlichen Auslegungsregel § 2270 Abs. 2 BGB die Wechselbezüglichkeit letztwilliger Verfügungen festzustellen. Diese Praxis ist massiv zu kritisieren, da sie die Voraussetzungen an die individuelle Auslegung gegen § 2270 Abs. 2 BGB viel zu hoch aussetzt. Das OLG Saarbrücken[61] führte zur Prüfungsreihenfolge zutreffend aus:

„Für den Fall, dass die bei der Auslegung gebotene Willenserforschung der Testierenden weder die Abhängigkeit noch die Unabhängigkeit der beiderseitigen Verfügungen ergibt, kann auf die Auslegungsregel des § 2270 Abs. 2 BGB zurückgegriffen werden (…).“

35 Auch bei getrennten Urkunden können die darin enthaltenen Verfügungen zueinander wechselbezüglich sein. Die Urkunden können sogar nacheinander errichtet worden sein. Erforderlich zur Annahme der Wechselbezüglichkeit ist dann aber ein entsprechender Verknüpfungswille, der sich aus den Urkunden zumindest andeutungsweise ergeben muss.[62] Die Ehegatten müssen den Willen zur Zusammenfassung beider Testamente zum Ausdruck bringen und deutlich machen, dass die frühere und die spätere Verfügung in ihrem Bestand voneinander abhängig sein sollen. Anhaltspunkte für eine nachträgliche Verknüpfung sind eine inhaltliche Bezugnahme und eine gemeinsame Verwahrung; ein langer Zeitraum zwischen den Errichtungen spricht eher dagegen.[63]

2. Tatsächliche Vermutung

36 a) **Grundsätzliches.** Innerhalb der individuellen Auslegung sind sog. tatsächliche Vermutungen zu beachten, die die Rechtsprechung im Rahmen der freien Beweisführung entwickelt hat. Diese gehen **von hohen Wahrscheinlichkeiten** eines gewissen Ablaufs aus, die sich aus der Lebenserfahrung ergeben würden.[64] Eine entwickelte tatsächliche Vermutung betrifft die Frage der Wechselbezüglichkeit der Erbeinsetzung der Kinder in gemeinschaftlichen Testamenten. Alle tatsächlichen Vermutungen lassen den **Gegenbeweis** zu, der dahin geht, dass die vermutete Tatsache nicht zutrifft.[65]

37 b) **Konstellation der direkten Erbeinsetzung der Kinder.** Innerhalb eines gemeinschaftlichen Testamentes können die Eltern direkt ihre gemeinsamen Kinder zu ihren Erben bestimmen, ohne dass sie sich gegenseitig begünstigt haben. Es stellt sich die Frage, ob diese **Erbeinsetzungen wechselbezüglich** sind. Das BayObLG[66] stellt zunächst fest, dass der Begriff der Wechselbezüglichkeit nicht die gegenseitige Begünstigung der Ehegatten erfordert, und führt dann aus:

„Jedoch sind Verfügungen, durch die jeder Ehegatte die gemeinschaftlichen Kinder zu seinen Erben einsetzt, im Zweifel nicht wechselbezüglich. Denn es ist nach der Lebenserfahrung nicht davon auszugehen, daß ein Elternteil die Kinder nur deshalb im Testament bedenkt, weil dies auch der andere tut (BayObLG Rpfleger 1985, 445). Vielmehr liegt nahe, daß jeder Elternteil auf jeden Fall und unabhängig von der Verfügung des anderen will, daß sein Kind sein Erbe wird (vgl. Pfeiffer FamRZ 1993, 1266 (1272 bei Fußnote 84) m. w. N.; MüKo, § 2270 Rn. 12).“

38 In dieser Konstellation ist folglich nach der tatsächlichen Vermutung anzunehmen, dass die direkten Erbeinsetzungen der Kinder nicht wechselbezüglich sind. Es liegt auch kein Fall der **gesetzlichen Auslegungsregel § 2270 Abs. 2 BGB** vor, die im Zweifel die Wechselbezüglichkeit einer Verfügung vermutet,

---

[61] OLG Saarbrücken ZEV 2018, 146 (147) mAnm *Litzenburger;* vgl. OLG Hamm NJOZ 2007, 3146 (3150); OLG Düsseldorf MDR 2011, 1299 = BeckRS 2011, 24344; OLG München BeckRS 2011, 28351.

[62] OLG Hamm ZEV 2018, 93 (94); vgl. OLG Schleswig FamRZ 2016, 1306 = BeckRS 2016, 3777; jurisPK-BGB/*Reymann* § 2270 Rn. 11.

[63] OLG Hamm ZEV 2018, 93 (94).

[64] Nieder/Kössinger Testamentsgestaltung-HdB/*R. Kössinger* § 23 Rn. 28; → § 7 Rn. 158 f.

[65] Nieder/Kössinger Testamentsgestaltung-HdB/*R. Kössinger* § 8 Rn. 57.

[66] BayObLG NJWE-FER 1997, 13 (14).

- wenn die Ehegatten sich gegenseitig bedenken oder
- wenn Ehegatte (A) den anderen Ehegatten (B) bedacht und dieser (B) Anordnungen zugunsten eines Dritten getroffen hat, der mit dem Erstgenannten (A) verwandt ist oder diesem sonst nahe steht.

Einzelfälle

(1) Die gleiche tatsächliche Vermutung wendete das OLG Hamm[67] an: Die vorverstorbene Ehefrau hatte in dem gemeinschaftlichen Testament ihre vier Kinder zu Erben eingesetzt; ihren Ehemann begünstigte sie nicht. Der Ehemann hatte auch die Kinder in dem gemeinschaftlichen Testament für den Fall seines Längerlebens zu Erben eingesetzt, seine Ehefrau aber durch Vermächtnisse begünstigt. Nach dem Tod der Ehefrau setzte der Ehemann ein von seiner ursprünglichen Erbeinsetzung abweichendes Testament auf. Zwischen den Nachkommen war nunmehr die Frage der Wechselbezüglichkeit der Erbeinsetzung der Kinder streitig. Unter Anwendung der tatsächlichen Vermutung[68] lehnte das OLG Hamm die Wechselbezüglichkeit der Erbeinsetzungen der gemeinsamen vier Kinder ab. Ausdrücklich stellte das Gericht zudem fest, dass es sich nicht um einen Anwendungsfall der gesetzlichen Auslegungsregel des § 2270 Abs. 2 BGB handelt, da der Ehemann in dem gemeinschaftlichen Testament von seiner Ehefrau nicht begünstigt wurde.

(2) Zu dem gleichen Ergebnis ist auch das LG München I[69] gekommen. Dort hatten sich die Ehegatten gegenseitig zu Alleinerben und ihre Tochter zur Schlusserbin eingesetzt. Nachdem die Eltern sich hatten scheiden lassen, war nach dem LG München I die ursprüngliche Wechselbezüglichkeit der Schlusserbeinsetzung zu der jeweiligen Alleinerbeinsetzung entfallen. Nun war die Schlusserbeinsetzung nach Anwendung dieser tatsächlichen Vermutung als nicht wechselbezüglich festzustellen.

c) **Konstellation des Berliner Testamentes.** Im Hinblick auf die gesetzliche Auslegungsregel des § 2270 Abs. 2 BGB sind im Zweifel bei einem Berliner Testament als wechselbezüglich nachfolgende Verfügungen anzusehen:[70] 39

- (1) Die Erbeinsetzung durch den Mann zugunsten der Frau:
  - (a) mit der Erbeinsetzung durch die Frau zugunsten des Mannes,
  - (b) mit der Erbeinsetzung durch die Frau zugunsten der Kinder;
- (2) die Erbeinsetzung durch die Frau zugunsten des Mannes:
  - (a) mit der Erbeinsetzung durch den Mann zugunsten der Frau,
  - (b) mit der Erbeinsetzung durch den Mann zugunsten der Kinder.

In Betracht kommt darüber hinaus die Wechselbezüglichkeit der jeweiligen Schlusserbeinsetzung der Kinder durch die Eheleute. Insoweit ist es grundsätzlich erforderlich, dass die Ehegatten die **Wechselbezüglichkeit angeordnet** haben. Ist dies nicht eindeutig erfolgt, greift die tatsächliche Vermutung, dass die jeweilige Erbeinsetzung der Kinder nicht wechselbezüglich ist. So ist lt. BayObLG[71] nicht anzunehmen, dass jeder Ehegatte die Kinder deshalb im Testament bedenkt, weil dies auch der andere tut. In einem späteren Beschluss betonte dann auch das BayObLG,[72] dass sich diese tatsächliche Vermutung nicht auf das Verhältnis zwischen der Alleinerbeinsetzung im ersten Erbfall zur Schlusserbeinsetzung übertragen lasse. Auch das OLG Köln[73] hat sich gegen eine solche tatsächliche Vermutung ausgesprochen und festgestellt, dass die Anwendbarkeit des § 2270 Abs. 2 BGB damit nicht ausgeschlossen sei. Schließlich hat der BGH[74] bestätigt, dass die Auffassung vom BayObLG das Verhältnis der Schlusserbeinsetzung des einen Ehegatten zur Schlusserbeinsetzung des anderen betreffe. Anders „*kann*" es im Verhältnis dieser Schlusserbeinsetzungen zur gegenseitigen Alleinerbeinsetzung für den ersten Erbfall sein. Der BGH[75] nahm dann letztlich die Wechselbezüg- 40

[67] OLG Hamm DNotZ 2001, 395; ebenso MüKoBGB/*Musielak* § 2270 Rn. 12.

[68] Unter Verweis auf BayObLG Rpfleger 1985, 445 sowie BayObLG ZEV 1996, 188 (189).

[69] LG München I ZEV 2008, 537 (538).

[70] OLG Köln NJW-RR 1994, 397 (398); vgl. *Sachs* ErbR 2011, 80 (81).

[71] BayObLG FamRZ 1985, 1287 = BeckRS 2009, 29043; ebenso FamRZ 1986, 392 = BeckRS 2009, 28314; Palandt/*Weidlich* § 2270 Rn. 4 f.; *Sachs* weist in ErbR 2011, 80 auf die Missverständlichkeit der Formulierung bei Palandt hin.

[72] BayObLG FGPrax 2001, 248 (249).

[73] OLG Köln NJW-RR 1994, 397 (398).

[74] BGH NJW 2002, 1126; ebenso Nieder/Kössinger Testamentsgestaltung-HdB/*R. Kössinger* § 23 Rn. 28; ebenso MüKoBGB/*Musielak* § 2270 Rn. 12; ebenso Staudinger/*Kanzleiter* § 2270 Rn. 28a f.; ebenso Palandt/*Weidlich* § 2270 Rn. 5.

[75] BGH NJW 2002, 1126.

lichkeit der Schlusserbeinsetzung an und betonte dabei, dass dafür die Wiederverheiratungsklausel spreche.

41 Dagegen nimmt *Litzenburger*[76] auch in der Konstellation des Berliner Testamentes an, dass die Schlusserbeinsetzung der Kinder *„regelmäßig"* nicht wechselbezüglich zur gegenseitigen Erbeinsetzung ist, *„weil jeder diese auch unabhängig von der Zuwendung des anderen Ehepartners bedacht hätte"*. Er weist aber unter Berufung auf das BayObLG[77] darauf hin, dass wiederum die Wechselbezüglichkeit anzunehmen sei, wenn der Zuwendung auch das für den anderen erkennbare Motiv zugrunde liegt, den gemeinsamen Abkömmlingen die Teilhabe am Vermögen des Erstverstorbenen zu sichern.

Einzelfall

In dem vom OLG Frankfurt a. M.[78] entschiedenen Fall war der Ehemann vorverstorben. Für diesen Fall hatten die Ehegatten verfügt, dass Erben des Ehemannes die Ehefrau zu ½ und die beiden Kinder zu jeweils ¼ sind. Erben und damit Schlusserben wiederum der dann längerlebenden Ehefrau sollten die beiden Kinder zu je ½ sein. Die längerlebende Ehefrau hatte später anderweitig verfügt, was nach dem OLG Frankfurt a. M. zulässig war, da ihre Erbeinsetzung der beiden Kinder in dem früheren gemeinschaftlichen Testament nicht wechselbezüglich gewesen sei. Das OLG Frankfurt a. M.[79] begründet dieses gegen die Auslegungsregel des § 2270 Abs. 2 BGB stehende Auslegungsergebnis wie folgt: *„Motiv für die Erbeinsetzung leiblicher Kinder ist in der Regel die eigene enge Verbundenheit mit diesen und nicht die Erbeinsetzung durch den anderen Ehegatten."* Etwas anderes könnte dem OLG Frankfurt a. M. zufolge aber für die Konstellation des Berliner Testamentes gelten, da die Enterbung der Kinder im ersten Erbfall *„nur im Hinblick auf die Erbeinsetzung nach dem zweiten Erbfall gewollt und akzeptiert war (…)."*

42 **d) Vor- und Nacherbschaft.** Vor dem Hintergrund dieser tatsächlichen Vermutung dürfte im Regelfall bei der Trennungslösung, also der Vor- und Nacherbschaft in dem ersten Erbfall, Folgendes gelten: Die Ehegatten haben letztlich die Kinder zu ihren Erben bestimmt, nur mit der Besonderheit, dass im ersten Erbfall die Kinder mit der Vorerbschaft zugunsten des längerlebenden Elternteils beschwert sind. Sie sind folglich nicht enterbt.[80] Daher kann der Erfahrungssatz für die **Trennungslösung** aufgestellt werden, dass der eine Ehegatte die Kinder nicht deswegen zu Erben eingesetzt hat, weil der andere Ehegatte es gleichfalls getan hat, auch wenn sich die Ehegatten wechselbezüglich gegenseitig zu alleinigen Vorerben eingesetzt haben. Das gilt vor allem bei der nicht befreiten Vorerbschaft, da bei dieser die Substanz des Nachlasses des Erstverstorbenen erhalten bleibt; der Längerlebende hat faktisch lediglich eine Nießbraucherstellung inne. Dieses Ergebnis kann aber nur im Rahmen der individuellen Auslegung festgestellt werden: Die gesetzliche Auslegungsregel des § 2270 Abs. 2 BGB führt indes zur Wechselbezüglichkeit auch der Erbeinsetzung der Kinder im zweiten Erbfall.[81]

3. Indizien zugunsten der Wechselbezüglichkeit

43 Jede einzelne Verfügung innerhalb eines Testamentes muss ausgehend vom Wortlaut auch unter Berücksichtigung außerhalb liegender Umstände dahingehend analysiert werden, ob sie wechselbezüglich ist oder nicht.[82] Daher müssen zunächst die einzelnen Verfügungen ermittelt und festgestellt werden.[83]

Nach der hM[84] spricht für eine Wechselbezüglichkeit, wenn die Ehegatten Pluralformen wie *„ist unser letzter Wille"*,[85] *„wir"*, *„unser"*, *„wir berufen"* oder *„unser gemeinsamer Wille"* verwendet haben. Liegen keine weiteren Anhaltspunkte vor, kann das nicht richtig

[76] BeckOK BGB/*Litzenburger* § 2270 Rn. 19.
[77] BayObLG FGPrax 2001, 248 (249).
[78] OLG Frankfurt a. M. NJOZ 2007, 2438.
[79] OLG Frankfurt a. M. NJOZ 2007, 2438 (2440).
[80] Dies war auch für das OLG Frankfurt a. M. entscheidend: NJOZ 2007, 2438.
[81] So auch *Findeklee* ZErb 2002, 116.
[82] BGH NJW-RR 1987, 1410; OLG München ErbR 2018, 206; OLG Schleswig ZEV 2018, 717 (718) Rn. 47 = BeckRS 2018, 16426 Rn. 47.
[83] OLG München ErbR 2018, 206.
[84] OLG Hamm ZErb 2011, 111 (114) = FPR 2011, 284 (286); Damrau/Tanck/*Klessinger* § 2270 Rn. 6.
[85] OLG Frankfurt a. M. ErbR 2016, 650 (653).

sein.[86] Ausgehend vom Verständnis der Ehegatten errichten sie gemeinsam ein Testament, so dass sie allein deswegen die **Pluralform** verwenden. Schließlich ist anerkannt, dass kein Erfahrungssatz dafür spricht, dass die in einem gemeinschaftlichen Testament enthaltenen Verfügungen wechselbezüglich sind.[87] Kein Indiz für eine Richtung stellt es dar, wenn der längerlebende Ehegatte nach dem ersten Erbfall neu testiert hat.[88]

Nachfolgende Kriterien sprechen für die Wechselbezüglichkeit:[89] 44

- Die Ehegatten haben gleichlautend verfügt, auch wenn sie in getrennten Urkunden testiert haben.[90]
- Der Tod eines Ehegatten steht kurz bevor und er ist mit dem Schlusserben verwandt.[91]
- Das Testament enthält eine **Pflichtteilsstrafklausel.**[92]
- Die Ehegatten haben eine **Wiederverheiratungsklausel** aufgenommen.[93]
- Die Ehegatten haben für den Fall der Wiederverheiratung das **Anfechtungsrecht** nach § 2079 BGB ausgeschlossen.[94]
- Anordnungen der Ehegatten in einem gemeinschaftlichen Testament betreffend einen „Pflichtteils-" bzw. „Erbteilsverzicht" der Kinder bis beide Eltern verstorben sind, können für die wechselbezügliche Anordnung von deren Einsetzung als Schlusserben sprechen.[95]
- Den Eltern kommt es bei der Schlusserbeinsetzung der Kinder *„auf eine gleichmäßige Verteilung des beiderseitigen Vermögens auf die Kinder"* an, *„die bereits unmittelbar nach dem Tod eines Elternteils und nicht erst nach dem Tod des Letztversterbenden erfolgen soll (...)."*[96]
- Die bezweckte und gewollte Absicherung der gemeinsamen Kinder spricht zugunsten einer Wechselbezüglichkeit.[97]
- Schließlich spricht eine **Dankesschuld** – vielleicht für geleistete Dienste – für die Wechselbezüglichkeit.[98]
- Eine bindende Schlusserbeinsetzung ist auch dann anzunehmen, wenn **Kinder nur einseitig** von einem Ehegatten abstammen.[99] Ansonsten könnte das einseitige Kind des Erstversterbenden nichts aus dem Nachlass seines Elternteils erhalten, nach Eintritt der Verjährung nicht einmal seinen Pflichtteil nach dem erstverstorbenen Elternteil.[100]
- Die Klausel, wonach der *„Überlebende .... über das gesamte Vermögen unter Lebenden frei verfügen"* können soll, indiziert lt. OLG Düsseldorf[101] die Wechselbezüglichkeit der Schlusserbeinsetzung.
- Kein Indiz zugunsten der Wechselbezüglichkeit besteht darin, wenn eine karitative oder gemeinnützige Organisation zum Schlusserben eines kinderlosen Ehepaares berufen wird.[102]

Einzelfälle

(1) Die Wechselbezüglichkeit der Schlusserbeinsetzung sowohl der vorverstorbenen einseitigen Tochter als auch der Ersatzschlusserbeinsetzung des einseitigen „Neffen" nahm das OLG Schleswig[103] aufgrund von einfacher Auslegung an. So waren die Erben als *„unsere Tochter"* und als *„unsere Tochter"* be-

[86] So auch BeckOK BGB/*Litzenburger* § 2270 Rn. 11.
[87] OLG Nürnberg ZEV 2010, 411 (413).
[88] OLG München FGPrax 2011, 129; ZEV 2011, 315 (316); BeckRS 2011, 28351; OLG Düsseldorf BeckRS 2011, 29473; *Lange* ErbR § 16 Rn. 125.
[89] Katalog auch bei BeckOGK BGB/*Braun* § 2270 Rn. 38 ff.
[90] OLG Hamm FamRZ 1994, 1210 mwN = BeckRS 1993, 30984695; Palandt/*Weidlich* § 2270 Rn. 5.
[91] OLG Düsseldorf BeckRS 2007, 17745; BeckOK BGB/*Litzenburger* § 2270 Rn. 13.
[92] OLG München NJW-RR 2015, 775; aA OLG Frankfurt a. M. NJOZ 2007, 2438 = BeckRS 2006, 12285.
[93] BGH NJW 2002, 1126; jurisPK-BGB/*Reymann* § 2270 Rn. 28.
[94] BayObLG NJWE-FER 2000, 262 mwN; jurisPK-BGB/*Reymann* § 2270 Rn. 29.
[95] OLG München DNotZ 2017, 215 (216).
[96] LG München I BeckRS 1999, 7032.
[97] Damrau/Tanck/*Klessinger* § 2270 Rn. 6.
[98] MüKoBGB/*Musielak* § 2270 Rn. 7.
[99] BeckOK BGB/*Litzenburger* § 2270 Rn. 20 unter Verweis auf BayObLG NJW-RR 1992, 1223 (1224).
[100] BeckOK BGB/*Litzenburger* § 2270 Rn. 20.
[101] OLG Düsseldorf ErbR 2015, 503; aA BeckOK BGB/*Litzenburger* § 2270 Rn. 11.
[102] OLG München ErbR 2018, 206 (207) mAnm *Wendt*.
[103] OLG Schleswig BeckRS 2011, 24295.

zeichnet. Der Erblasser hatte zu beiden einen besonders nahen Kontakt, obwohl keine Verwandtschaft bestand. So war er für die „Tochter" faktischer Vater, da sie seit ihrem fünften Lebensjahr mit ihrem Stiefvater, hier dem Erblasser, aufwuchs. Die gute Beziehung zwischen dem Erblasser und seinem vermeintlichen „Neffen" würde dadurch belegt, dass er auf dessen Werdegang Einfluss genommen habe und er sich dafür eingesetzt habe, dass der „Neffe" das Abitur gemacht hat. Das OLG Schleswig hat ausdrücklich sein Ergebnis nicht auf § 2270 Abs. 2 Alt. 2 BGB gestützt.

(2) Bei einem vom OLG München[104] entschiedenen Fall war ein Ehegatte zum Zeitpunkt der Testamentserrichtung bereits schwer erkrankt und es drohte sein Tod. Seine ihn alleinbeerbende Ehefrau war damals 43 Jahre alt. Dies spricht für die Wechselbezüglichkeit, da der Erblasser nur so die Sicherheit erhielt, dass sein Vermögen letztlich an seine Kinder geht. Sonst hätte seine Ehefrau später familienfremde Personen zu ihren Erben einsetzen können. Diese Argumente verfangen aber nur bei der Einheitslösung, bei der der längerlebende Ehegatte unbeschränkter Alleinerbe wird.

(3) Die Ehegatten setzen sich gegenseitig zu Alleinerben ein und bestimmen, dass die *„Aufteilung des Erbgutes erst nach Ableben beider Elternteile erfolgen soll"*. Wird dieses Testament in einer späteren Erklärung von einem der Ehegatten als *„Vereinbarung"* bezeichnet, mit der eine Veränderung hinsichtlich eines Vermögensgegenstandes verfügt wurde, so indiziert dies die Wechselbezüglichkeit der Schlusserbeinsetzung.[105]

(4) Die Ehegatten hatten sich gegenseitig zu Vorerben und die jeweiligen einseitigen Kinder zu Nacherben berufen. Der Wortlaut enthielt keine Regelungen für den Fall ihres jeweiligen Längerlebens. § 2, der bei dem notariellen Testament den Eindruck als Standardklausel machte, hielt fest aber, dass es sich um ein „wechselbezügliches Testament" handle. Das OLG Düsseldorf[106] lehnte die Wechselbezüglichkeit einen vorsorglich unterstellten Erbeinsetzung der einseitigen Kinder der längerlebenden Ehefrau ab. So könne dem Testament nicht entnommen werden, dass die Eheleute sich auch wechselseitig binden wollten, sein eigenes Vermögen auf seine Kinder zu vererben.

4. Indizien gegen die Wechselbezüglichkeit

45 Nachfolgende Kriterien sprechen gegen die Annahme der Wechselbezüglichkeit:

- Die Ehegatten haben sich in **unterschiedlicher Weise begünstigt**, so hat beispielsweise der eine Ehegatte den anderen als unbeschränkten Alleinerben eingesetzt, während der andere Ehegatte den einen Ehegatten nur als Vorerben oder als Nießbrauchsvermächtnisnehmer bestimmt hat.[107]
- Die gemeinsamen Kinder sind jeweils direkt nach beiden Eltern zu Erben eingesetzt.[108]

46 Die Frage der Wechselbezüglichkeit der Schlusserbeinsetzung ist besonders streitig bei Testamenten, in denen sich die Ehegatten für den ersten Erbfall gegenseitig zu Alleinerben eingesetzt haben. Das AG Nettetal[109] hat zutreffend den Grundsatz aufgestellt, dass die Schlusserbeinsetzung in einem gemeinschaftlichen Testament im Zweifel nicht wechselbezüglich ist. In dem Fall war als Schlusserbe ein Ehepaar eingesetzt, so dass die Voraussetzungen des § 2270 Abs. 2 BGB nicht vorlagen. Nachfolgende Kriterien sprechen gegen die Wechselbezüglichkeit der Schlusserbeinsetzung:

- Es besteht ein **erheblicher Vermögensunterschied** zwischen den Ehegatten.[110] Es ist dann zweifelhaft, ob sich der vermögendere Ehegatte für den Fall seines Überlebens erbrechtlich binden wollte. Nach dem BGH[111] ist oftmals die Schlusserbeinsetzung durch den vermögenderen Ehegatten nicht wechselbezüglich, *„weil der vermögende Ehegatte an der eigenen Erbeinsetzung durch seinen vermögenslosen Ehegatten häufig kein Interesse hat, sondern sich die Freiheit behalten will, wen er als Schlusserben einsetzt."* Der Gedanke der

[104] OLG München NJW-RR 2011, 227.
[105] OLG München FamRZ 2008, 728 = BeckRS 2008, 6410.
[106] OLG Düsseldorf ZEV 2018, 462 (464) mit zust. Anm. *Horn.*
[107] OLG Zweibrücken ZEV 2004, 153; OLG Frankfurt BeckRS 2006, 12285; BayObLG NJWE-FER 2001, 213; Damrau/Tanck/*Klessinger* § 2270 Rn. 6 f.; BeckOK BGB/*Litzenburger* § 2270 Rn. 11.
[108] BayObLG FamRZ 1996, 1041.
[109] AG Nettetal FamRZ 1997, 453.
[110] OLG Saarbrücken FamRZ 1990, 1285 = BeckRS 2010, 26703; MüKoBGB/*Musielak* § 2270 Rn. 7; eher aA Staudinger/*Kanzleiter* § 2270 Rn. 29: es müsse genau geprüft werden; detailiert *U. Mayer* ZEV 2016, 420 (421).
[111] BGH BeckRS 2011, 26533; vgl. OLG Frankfurt a. M. ErbR 2016, 650 (653); OLG Celle FamRZ 2003, 887 (888); OLG Hamm ZEV 1995, 146 (147).

sicheren Versorgung des anderen Ehegatten, wenn dieser länger leben sollte, durch dessen Alleinerbschaft liegt näher.[112] Etwas anderes kann gelten, wenn die Ehegatten etwa nach langer Ehe oder bei Mitarbeit[113] des vermögenslosen Ehegatten der formalen Zuordnung des Vermögens nur geringe Bedeutung beigemessen haben.[114]

- Die Ehegatten hatten sich in einem **früheren Testament** gegenseitig zu Alleinerben ohne Schlusserbeinsetzung eingesetzt. Dies ist ein Indiz gegen die Wechselbezüglichkeit der Schlusserbeinsetzung des nur von dem längerlebenden Ehegatten einseitig abstammenden Sohnes, welche mit nochmaliger gegenseitiger Alleinerbeinsetzung später verfügt wurde.[115] Gleiches gilt für die Tatsache, dass der einseitige Sohn ohnehin gesetzlicher Erbe nach seinem längerlebenden Vater ist. Es würde nach dem OLG Düsseldorf[116] keine tatsächliche Vermutung dafür sprechen, dass die Ehefrau den Ehemann nur deswegen zu ihrem Erben eingesetzt hat, weil der Mann zugunsten seiner erstehelichen, mit der zweiten Ehefrau nicht verwandten Kinder Verfügungen getroffen hat. Vielmehr sei davon auszugehen, dass die (Schluss-)Erbeinsetzung des Ehegatten seiner einseitigen Kinder nicht wechselbezüglich ist. Auch schon früher hatte das OLG Düsseldorf[117] entschieden: Gegen die Wechselbezüglichkeit der Schlusserbeinsetzung des Neffen könnte sprechen, dass die Ehegatten bereits vor dem gemeinschaftlichen Testament sich in einem Erbvertrag gegenseitig zu Alleinerben eingesetzt haben.
- Ein **erheblicher Altersunterschied** bzw. **unterschiedliche Lebenserwartungen** sprechen gegen die Wechselbezüglichkeit,[118] da es wenig wahrscheinlich ist, dass sich der jüngere Ehegatte binden möchte. Nach dem Tod seines älteren Ehepartners möchte er sich eher die Möglichkeit offen halten, einen etwaigen späteren Lebensgefährten letztwillig begünstigen oder die gemeinsamen Kinder – je nach Entwicklung und Verhalten – unterschiedlich begünstigen zu können. Die Tatsache, dass die Ehegatten im jungen Alter testiert haben, stellt kein Indiz dar.[119]

Einzelfall

Das OLG Hamm[120] sprach sich gegen die Annahme der Wechselbezüglichkeit der Schlusserbeinsetzung aus. Bei Errichtung des gemeinschaftlichen Testamentes war der Ehemann schwer krank und verstarb kurz danach. Die Ehefrau besaß ein größeres Vermögen; der Ehemann kein nennenswertes Vermögen. Daher war zu schlussfolgern, dass sich die Erblasserin nicht binden wollte.

- Wenn sich die Ehegatten vom **Wert** der Zuwendungen her **sehr unterschiedlich** begünstigt haben, spricht dies gegen die Wechselbezüglichkeit. Dies gilt etwa dann, wenn dem einen Ehegatten von dem anderen Ehegatten eine Zuwendung gemacht wird, die etwa unterhalb der gesetzlichen Erbquote oder gar unterhalb des Pflichtteilsanspruchs liegt. Die Bindungswirkung der Erbeinsetzung zugunsten der Verwandten des geringfügig Begünstigten wird zu verneinen sein.[121] Auch die Verschiedenartigkeit der gegenseitigen Begünstigung ist ein Argument gegen die Wechselbezüglichkeit.[122]
- Dem längerlebenden Ehegatten werden *„weitestgehende Verfügungsmöglichkeiten"* eingeräumt, etwa durch die Formulierung: *„Die Häuser K-Straße 2 und I-Feld 5 kann der Überlebende verschenken, verkaufen oder für die Alterspflege nutzen."*[123]

---

[112] Damrau/Tanck/*Klessinger* § 2270 Rn. 7; BeckOK BGB/*Litzenburger* § 2270 Rn. 13; Rudolf/Bittler/Seiler-Schopp Testamentsauslegung und -anfechtung-HdB/*Kropp* § 2 Rn. 424.
[113] Palandt/*Weidlich* § 2270 Rn. 6, wonach die einseitige Wechselbezüglichkeit zu erwägen ist.
[114] OLG Hamm NJW-RR 1995, 777 (778); Staudinger/*Kanzleiter* § 2270 Rn. 29.
[115] OLG Düsseldorf BeckRS 2011, 24344.
[116] OLG Düsseldorf BeckRS 2011, 24344.
[117] OLG Düsseldorf NJW-RR 2008, 236 (238).
[118] Nieder/Kössinger Testamentsgestaltung-HdB/*R. Kössinger* § 11 Rn. 41; vgl. *Lange* ErbR § 16 Rn. 125; MüKoBGB/*Musielak* § 2270 Rn. 7; vgl. OLG München ZEV 2015, 474 (476).
[119] BayObLG FamRZ 1995, 251 = BeckRS 1994, 31008549.
[120] OLG Hamm ErbR 2016, 33 (35).
[121] Staudinger/*Kanzleiter* § 2270 Rn. 30 mwN aus der Rspr.; Palandt/*Weidlich* § 2270 Rn. 6; für das gemeinschaftliche Testament zweier Schwestern BayObLG FamRZ 1993, 1370 = BeckRS 1993, 30850919.
[122] OLG Zweibrücken ZEV 2004, 153 (154), dort Alleinerbe zu Vorerbe.
[123] OLG Hamm NJOZ 2007, 3146 (3151).

- Ein Testament wird unmittelbar **vor der Abreise** zu einem Auslandsaufenthalt errichtet.[124] Gleiches kann bei Errichtung **vor einer schweren Operation** gelten.[125]
- Es ist ein Verwandter des Längerlebenden zum Schlusserben eingesetzt worden, außer es bestand eine *„innere Verbundenheit"* zwischen dem Erstverstorbenen und dem Verwandten des Längerlebenden.[126] Das kann etwa bei Adoptiv-, Stief- und Pflegekindern der Fall sein.[127]
- Gegen die Wechselbezüglichkeit einer Verfügung, nach der der Neffe zum Schlusserben eingesetzt wird, spricht es, wenn die Ehegatten sich durch unterschiedliche Formulierungen zu gegenseitigen Alleinerben eingesetzt haben und die Schlusserbeinsetzung in einer getrennten Urkunde erfolgte.[128]
- Es bestehen **keine verwandtschaftlichen Beziehungen** der Ehegatten zu dem Schlusserben.[129] Etwas anderes gilt nur, wenn besondere Umstände wie langjährige Dienstleistungen oder eine enge persönliche Verbundenheit vorliegen. Da sich das Verhältnis des Längerlebenden zum Bedachten verschlechtern könnte, wird der Erstverstorbene dem Längerlebenden das Recht gewähren wollen, die Schlusserbeinsetzung zu ändern. So wird die Schlusserbeinsetzung von gemeinsamen Bekannten nach dem OLG München[130] nicht wechselbezüglich sein, da die Ehegatten es *„als selbstverständlich angesehen haben, dass jeder von ihnen vom Überlebenden beerbt würde, und dessen Rechtsstellung als Alleinerbe keineswegs von einer bestimmten letztwilligen Verfügung des Ehepartners abhängig machen wollte"*.
- Setzen sich Ehegatten, die keine gemeinsamen Kinder haben, gegenseitig zu Erben ein und bestimmen sie, dass nach dem Tod des Längstlebenden der beiderseitige Nachlass je zur Hälfte an Verwandte des Mannes und Verwandte der Frau fallen soll, dann ist lt. OLG Saarbrücken[131] im Zweifelsfall davon auszugehen, dass zwar die gegenseitigen Erbeinsetzungen und die zugunsten der Verwandten des anderen Ehegatten getroffenen Verfügungen im Verhältnis der Wechselbezüglichkeit zueinander stehen, nicht jedoch die Zuwendungen zugunsten der eigenen Verwandten.
- Die Schlusserbeinsetzung kann dann nicht wechselbezüglich sein, wenn bei Testamentserrichtung das **Verhältnis** der Eltern einem auch als Schlusserben eingesetzten Kind gegenüber *„stark angespannt"* war.[132] Ein schlechtes und problematisches Verhältnis zu bzw. mit einem Kind ist ein Argument gegen die Annahme der Bindungswirkung, so dass der Längerlebende noch auf die weitere Entwicklung nach dem Tod des Erstversterbenden reagieren kann.
- Die Erbeinsetzung des eigenen Pflegesohns als Schlusserben ist nicht wechselbezüglich zur eigenen Erbeinsetzung durch den Ehemann, wenn dieser kein nennenswertes Vermögen besessen hat.[133]
- Nicht gegen die Wechselbezüglichkeit spricht es, wenn der Längerlebende über den Nachlass unter Lebenden verfügen darf.[134] Dies stellte etwa das BayObLG[135] bei folgender Formulierung fest: *„Der Überlebende von uns soll in seiner Verfügung über den Nachlass des Erstversterbenden nicht beschränkt sein"*.

---

[124] Vgl. LG München FamRZ 2000, 705 = BeckRS 1999, 7032.
[125] BeckOK BGB/*Litzenburger* § 2270 Rn. 13.
[126] OLG Nürnberg ZEV 2010, 411 (414); vgl. OLG Koblenz BeckRS 2007, 10387 = FamRZ 2007, 1917.
[127] OLG Koblenz FamRZ 2007, 1719 = BeckRS 2007, 10387.
[128] OLG Nürnberg ZEV 2010, 411 (414).
[129] BayObLG BeckRS 1991, 30897814; vgl. OLG Hamm NJWE-FER 2001, 157; BeckOK BGB/*Litzenburger* § 2270 Rn. 12 mwN aus der Rechtsprechung; Palandt/*Weidlich* § 2270 Rn. 6; Bonefeld/Bittler Haftungsfallen ErbR/*Bittler* § 3 Rn. 5.
[130] OLG München MittBayNot 2008, 229 (231) = NJW-RR 2008, 387 (388); ebenso MüKoBGB/*Musielak* § 2270 Rn. 14.
[131] OLG Saarbrücken FamRZ 2015, 877 = BeckRS 2015, 9162.
[132] OLG Hamm NJOZ 2007, 3146 (3153).
[133] OLG Brandenburg FamRZ 1999, 1541.
[134] BeckOK BGB/*Litzenburger* § 2270 Rn. 11; BayObLG FamRZ 1994, 1422 = BeckRS 1994, 31023028.
[135] BayObLG FamRZ 1985, 209 = BeckRS 2009, 29033.

- Mit Auslösen einer Wiederverheiratungsklausel, wonach mit Bedingungseintritt der Sohn seinen Erbteil bekommen soll, kann die Wechselbezüglichkeut der Schlußerbeinsetzung des Sohnes entfallen.[136]

5. Sonderfall der Einsetzung der gesetzlichen Verwandten bei kinderlosen Ehegatten

Kinderlose Ehegatten setzen sich durchaus für den ersten Erbfall gegenseitig zu Alleinerben ein und als Schlusserben die *„gesetzlichen Erben"*. Auslegungsbedürftig ist vor allem, wessen gesetzliche Erben gemeint sind. Grundsätzlich sind diejenigen, die mit dem Längerlebenden verwandt sind, gemeint.[137] Eine solche Erbeinsetzung wird nicht wechselbezüglich sein, da für den zweiten Erbfall *„kein sonderliches Interesse am weiteren Schicksal des gemeinsamen Nachlasses"* besteht.[138] Das OLG Karlsruhe[139] ist für solche Fälle der Auffassung, dass die Ehegatten es dem Längerlebenden überlassen wollen, nach dem ersten Erbfall neu zu verfügen. Auch die 2. Alt. der gesetzlichen Auslegungsregel § 2270 Abs. 2 BGB hilft nicht weiter, da die gesetzlichen Erben des Längerlebenden nicht mit dem Erstverstorbenen verwandt sind. Bei der Einsetzung der *„gesetzlichen Erben"* als Schlusserben sind im Zweifel diejenigen berufen, die **zur Zeit des zweiten Erbfalls die gesetzlichen Erben** wären.[140] 47

Einzelfall

Das OLG Karlsruhe[141] hat hingegen in einem Fall festgestellt, dass sich die gesetzlichen Erben des erstverstorbenen und des längerlebenden Ehegatten den im zweiten Erbfall vorhandenen Nachlass teilen müssen. Damit trugen die Richter dem Umstand Rechnung, dass in dem Testament aufgenommen war: *„gemeinsam erarbeitet"*. Auch sollte das Erbe *„erst dann"*, gemeint ist der zweite Erbfall, *„nach der gesetzlichen Erbfolge geteilt werden"*. Allein im Hinblick auf § 2270 Abs. 2 BGB sei die Erbeinsetzung der Verwandten des Erstverstorbenen wechselbezüglich, so das OLG Karlsruhe. Das Gericht stellte aber für die Einsetzung der gesetzlichen Erben nach beiden Ehegatten die Wechselbezüglichkeit durch einfache Auslegung fest. Dies begründete es mit im Wesentlichen der von den Testierenden gewählten Formulierung *„gemeinsam erarbeitet"*.[142] In einer späteren Entscheidung begründete das OLG Karlsruhe[143] die Wechselbezüglichkeit der beiderseitigen Verwandten als Schlusserben schlicht mit der Lebenserfahrung.

Kanzleiter[144] begründet die etwaige Wechselbezüglichkeit auch der Schlusserbeinsetzung der gesetzlichen Erben des Längerlebenden damit, dass es dem Erstverstorbenen lieber sein kann, wenn Verwandte erben und nicht ein Fremder. 48

Wenn im zweiten Erbfall die gesetzlichen Erben sowohl des Erstverstorbenen als auch des Längerlebenden, also **beide Gruppen** jeweils hälftig, eingesetzt sind, ist im Hinblick auf die gesetzliche Auslegungsregel des § 2270 Abs. 2 BGB die Erbeinsetzung der gesetzlichen Erben nur des Erstverstorbenen **wechselbezüglich.**[145] Denn nur diese sind mit dem Erstverstorbenen verwandt. Durch individuelle Auslegung kann auch ein anderes Ergebnis festzustellen sein. 49

Wendt[146] nennt zunächst Auslegungskriterien aus der Rechtsprechung, fügt aber dann an, dass diese bei der Entscheidung mangels einigermaßen belastbarer Anknüpfungspunkte nahezu vollständig ausfallen würden. 50

6. Nahestehende Person gem. § 2270 Abs. 2 BGB

Verläuft die individuelle Auslegung erfolglos, so ist die gesetzliche Auslegungsregel § 2270 Abs. 2 BGB heranzuziehen. Durch individuelle Auslegung ist festzustellen, ob die zum 51

[136] KG ErbR 2016, 343 (344).
[137] Vgl. OLG Frankfurt a. M. NJWE-FER 1997, 255.
[138] OLG Frankfurt a. M. NJWE-FER 1997, 255.
[139] OLG Karlsruhe BeckRS 2011, 2410.
[140] Staudinger/*Kanzleiter* § 2269 Rn. 37.
[141] OLG Karlsruhe NJOZ 2007, 1351.
[142] OLG Karlsruhe NJOZ 2007, 1351 (1355).
[143] OLG Karlsruhe BeckRS 2011, 2410.
[144] Staudinger/*Kanzleiter* § 2270 Rn. 23.
[145] OLG Frankfurt NJWE-FER 2000, 37; OLG Saarbrücken BeckRS 2015, 9162.
[146] *Wendt* ErbR 2018, 194 (198).

Schlusserben eingesetzte Person dem Erstverstorbenen *„sonst nahe steht"*. Maßgeblich ist, ob im Einzelfall eine Beziehung besteht, die unter normalen Verhältnissen üblichen persönlichen Beziehungen zu nächsten Verwandten gleichkommt.[147] Das OLG Karlsruhe[148] fordert für ein *„Nahestehen"* iSd Gesetzes *„mehr als ein gutes verwandtschaftliches Verhältnis"* und *„enge persönliche Beziehungen und engere Bindungen"*. Der Vergleichsmaßstab besteht ausdrücklich nicht in dem Verhältnis zwischen entfernten Verwandten.[149] Häufig ist bei den Verwandten des Längstlebenden kein Näheverhältnis anzunehmen.[150]

52 Es ist ein strenger Maßstab anzulegen,[151] so dass vor allem **Stiefkinder,** Pflegekinder, verschwägerte Personen, sehr enge Freunde[152] oder langjährige Hausangestellte[153] in Betracht kommen.[154] Aber auch bei einem Stiefkind fördert das KG (KG BeckRS 2018, 24854 Rn. 14) zur Annahme eines Näheverhältnisses „besondere Anhaltspunkte". *Hausmann*[155] fordert *„außergewöhnlich enge persönliche Beziehungen"*, die bei Stiefkindern regelmäßig dann zu bejahen seien, wenn das Stiefkind in dem gleichen Haushalt mit dem Erblasser aufgewachsen sei. Eine Patenschaft oder die Pflege normaler familiärer Beziehungen reicht nicht aus.[156] Nach dem OLG Koblenz[157] genügt auch eine **Schwägerschaft** nicht für die Annahme einer nahestehenden Person. Gleiches gilt lt. OLG München[158] auch für **gemeinsame Bekannte.** Allein ein häufiger Brief- bzw. Kartenwechsel[159] oder eine Patenschaft in Verbindung mit der Pflege familiärer Beziehungen[160] indiziert nicht ein *„Nahestehen"* iSd § 2270 Abs. 2 BGB. Lt. *Zimmer*[161] seien wiederholte Besuche und reger Briefkontakt Indizien für ein Nahestehen.

53 Auch **juristische Personen**[162] können in Betracht kommen: So zum Beispiel nach dem OLG München[163] eine **Stiftung,** wenn sie dem Willen und Zweck des Stifters dienen und sein Lebenswerk fortsetzen soll. Zurückhaltend sollte man bei der Annahme eines Näheverhältnisses bei karitativen bzw. gemeinnützigen Schlußerben sein.[164]

7. Kumulation von gesetzlichen Auslegungsregeln

54 Ergibt sich die Erforderlichkeit einer Ersatzerbfolge aufgund eines weggefallenen Abkömmlings aus § 2069 BGB dahingehend, dass dessen Abkömmlinge die Ersatzerben sind, ist diese Ersatzerbfolge im Zweifel nicht wechselbezüglich. Das ist dann der Fall, wenn sich die Wechselbezüglichkeit aus § 2270 Abs. 2 BGB ergibt. Der BGH[165] lehnt eine Kumulation von § 2069 BGB und § 2270 Abs. 2 BGB ab (→ § 8 Rn. 39). So käme es die Feststellung, ob das in § 2270 Abs. 2 BGB vorausgesetzte Verwandtschafts- oder Näheverhältnis zu den testierenden Ehegatten gegeben ist, auf den Zeitpunkt der Testamentserrichtung an. Gerade dieser Zeit-

[147] BeckOK BGB/*Litzenburger* § 2270 Rn. 21; *Brox/Walker* ErbR Rn. 192.
[148] OLG Karlsruhe BeckRS 2011, 2410; vgl. OLG Frankfurt a. M. ErbR 2016, 648 (649).
[149] Rudolf/Bittler/Seiler-Schopp Testamentsauslegung und -anfechtung-HdB/*Kropp* § 2 Rn. 433.
[150] OLG Frankfurt a. M. ErbR 2016, 648 (649).
[151] KG BeckRS 2018, 24854 Rn. 14; OLG Frankfurt a. M. ErbR 2016, 648 (649); OLG Hamm NJWE-FER 2001, 157; RNotZ 2010, 337 (339); Palandt/*Weidlich* § 2270 Rn. 9.
[152] BayObLG FamRZ 1984, 1154 = BeckRS 2009, 87478; jurisPK-BGB/*Reymann* § 2270 Rn. 47.
[153] BayObLG FamRZ 1984, 1154 = BeckRS 2009, 87478.
[154] Im Einzelnen Damrau/Tanck/*Klessinger* § 2270 Rn. 15; Nieder/Kössinger Testamentsgestaltung-HdB/*R. Kössinger* § 11 Rn. 44.
[155] *Hausmann* DNotZ 2011, 602 (617) unter Verweis auf BayObLG NJW-RR 1992, 1223.
[156] OLG Hamm RNotZ 2010, 337.
[157] OLG Koblenz NJW-RR 2007, 1599; OLG Karlsruhe BeckRS 2011, 2410.
[158] OLG München NJW-RR 2008, 387 (388).
[159] BayObLG Rpfleger 1985, 445 = BeckRS 2009, 29043.
[160] OLG Hamm RNotZ 2010, 337 (339 f.).
[161] *Zimmer* ZEV 2015, 450 (451).
[162] *Frisch* BWNotZ 2000, 63; zu den Besonderheiten *Wendt* ErbR 194 (199); aA Rudolf/Bittler/Seiler-Schopp Testamentsauslegung und -anfechtung-HdB/*Kropp* § 2 Rn. 440; offengelassen für Aktion Sorgenkind e. V. von BayObLG FamRZ 1986, 604 = BeckRS 2009, 28315.
[163] ZEV 2000, 104.
[164] *Zimmer* ZEV 2015, 450 (451).
[165] BGH ZEV 2002, 150 mAnm *Otte*; so auch KG FGPrax 2015, 83; OLG Schleswig NJW-RR 2014, 73; BeckOK BGB/*Litzenburger* § 2069 Rn. 5; DNotI-Gutachten DNotI-Report 2015, 155 (156).

punkt sei aber für die Regelung des § 2069 BGB, die auf den Zeitpunkt des Schlusserbfalls und die dann geltende Rechtslage abhebe, nicht maßgebend. Lt. OLG München[166] ist aber § 2270 Abs. 2 BGB anwendbar, wenn sich die Ersatzerbfolge aufgrund individueller Auslegung, mithin auch die ergänzende Testamentsauslegung, ergibt. In einem späteren Beschluss stellte das OLG München[167] sowohl die Ersatzerbfolge von Nichtabkömmlingen als auch hierzu die Wechselbezüglichkeit durch individuelle Auslegung fest, so dass es ebenso nicht zu einer Kumulation von geetzlichen Auslegungsregeln kam.

Eine Kumulation von § 2270 Abs. 2 BGB und § 2094 BGB (**Anwachsung**) läßt die Rechtsprechung zu. Fällt ein Abkömmling weg, wächst im Zweifel dessen Anteil dem anderen Miterben an (§ 2094 BGB).[168] Die Wirkung der Anwachsung ist von § 2270 Abs. 2 BGB umfasst.[169] Mithin ist auch der angewachsene Erbteil wechselbezüglich. 55

Exkurs: Fällt ein Schlußerbe aufgrund eines **Zuwendungsverzichts** nach § 2349 BGB weg, erstreckt sich die Bindungswirkung der ursprünglichen Schlußerbeinsetzung auch auf den Erbteil, der dem anderen Schlußerben angewachsen ist.[170] 56

V. Feststellungs- und Beweislast

Wer sich auf eine Begünstigung aufgrund einer wechselbezüglichen Verfügung beruft, trägt für die **die Wechselbezüglichkeit begründenden Tatsachen** die Feststellungs- bzw. Beweislast.[171] Verbleibende Zweifel gehen zu seinen Lasten.[172] Wer aber einen von der **gesetzlichen Auslegungsregel** § 2270 Abs. 2 BGB abweichenden Erblasserwillen behauptet, ist insoweit feststellungs- bzw. beweisbelastet.[173] Dies gilt mit der Einschränkung, dass derjenige wiederum für die Bewertung als **„nahe stehende Person"** gem. § 2270 Abs. 2 BGB feststellungs- bzw. beweisbelastet ist, der eine solche Qualifikation für sich in Anspruch nimmt.[174] 57

VI. Änderungsklauseln

1. Aufgrund des Wortlautes

a) **Grundsätzliches.** Die Ehegatten können für ihre wechselbezüglichen Verfügungen eine Änderungs- oder Freistellungsklausel **ausdrücklich** oder **konkludent** anordnen.[175] Dabei muss deutlich feststellbar sein, dass sich ein solcher Vorbehalt zur späteren Änderung auf die Befugnis zur abweichenden letztwilligen Verfügung bezieht.[176] 58

Das Recht zur Abänderung kann mit beliebigen Einschränkungen versehen werden.[177] Nach Auffassung des OLG Bremen[178] ist es sogar zulässig, dass das Recht zur Abänderung von der Zustimmung durch einen Dritten abhängig gemacht wird. Auch die Einräumung eines Widerrufsrechts kommt in Betracht.[179] Begrifflich behält sich ein Ehegatte bei einem

---

166 OLG München ZEV 2017, 409 (411) mit abl. Anm. *Kollmeyer;* abl. ebenfalls DNotI-Gutachten DNotI-Report 2017, 177 (178); hierzu NK-BGB/*Müßig* § 2270 Rn. 36.

167 OLG München ErbR 2018, 456 (460) = BeckRS 2018, 10915.

168 OLG Nürnberg ZEV 2017, 642 (643) mit zust. Anm. *Litzenburger;* vgl. OLG Hamm MittBayNot 2015, 413; BeckOK BGB/*Litzenburger* § 2270 Rn. 4 und § 2094 Rn. 6.

169 AA BeckOGK BGB/*Braun* § 2270 Rn. 11.5.

170 OLG Hamm ZErb 2015, 123 (124).

171 Keidel/*Sternal* FamFG § 29 Rn. 65; *Zimmer* NJW 2009, 2364 (2365); Bonefeld/Bittler Haftungsfallen ErbR/*Bittler* § 3 Rn. 3.

172 BayObLG NJWE-FER 1997, 13 (14).

173 OLG Schleswig BeckRS 2018, 16426 Rn. 47; BeckOK BGB/*Litzenburger* § 2270 Rn. 24; *Zimmer* NJW 2009, 2364 (2365).

174 Damrau/Tanck/*Klessinger* § 2270 Rn. 35.

175 OLG München NJW-RR 2011, 227 (229); OLG Karlsruhe BeckRS 2011, 22 186; *Schmucker* MittBayNot 2001, 526 (532); *Schmitz* ErbR 2011, 135 (138).

176 OLG Düsseldorf FGPrax 2018, 175.

177 OLG Bremen ZEV 2018, 90 (91); Staudinger/*Kanzleiter* § 2271 Rn. 56.

178 OLG Bremen ZEV 2018, 90 (91) mit abl. Anm. *Wolffskeel v. Reichenberg.*

179 *Muscheler* ErbR Rn. 2161; Palandt/*Weidlich* § 2271 Rn. 20.

Änderungsvorbehalt (= Freistellungsklausel) die Änderung bzw. Aufhebung seiner letztwilligen Verfügungen vor. Mit einer **Freistellungsklausel** gestattet er dem anderen Ehegatten, dessen letztwillige Verfügungen aufzuheben oder zu verändern.[180] Es handelt sich bei dem Änderungsvorbehalt und den Freistellungsklauseln um Änderungsbefugnisse, die nachfolgend unter dem Begriff der *„Änderungsklauseln"* zusammengefaßt werden. Durch die Änderungsklausel kann der längerlebende Ehegatte etwa auf überraschende Ereignisse im Leben der Schlusserben reagieren.[181]

59 Die **Zulässigkeit** von Änderungsklauseln ist allgemein anerkannt: Wenn die Ehegatten schon frei darüber entscheiden können, ob ihre letztwilligen Verfügungen wechselbezüglich sind, können sie sich auch das Recht zur einseitigen Aufhebung bzw. Änderung ihrer letztwilligen Verfügungen einräumen.[182] Die Lockerung der Bindungswirkung widerspricht nicht der Wechselbezüglichkeit.[183]

60 Änderungsklauseln können Ehegatten bereits in ihrem gemeinschaftlichen Testament vereinbaren, aber auch durch ein **Ergänzungstestament.** Eine mündliche oder maschinenschriftliche Vereinbarung genügt nicht dem Formerfordernis.[184] Eine Änderungsklausel kann sich auch aus einer Gesamtschau mehrerer Testamente bzw. Erbverträge ergeben.[185]

61 Denkbar ist auch, dass nach Errichtung des gemeinschaftlichen Testaments ein Ehegatte dem anderen **einseitig** eine Änderung der letztwilligen Verfügung gestattet.[186] Zur Wirksamkeit einer solchen Gestattung ist eine Zustimmung oder dergleichen des Ehegatten, dem die Befugnis zur Änderung einseitig gewährt wird, nicht erforderlich.[187] Schließlich wird nur die Bindungswirkung des anderen Ehegatten beseitigt, der daher nicht schutzbedürftig ist.[188]

62 Bei einem **Erbvertrag** ist zu beachten, dass ein **Totaländerungsvorbehalt** nach der hM[189] unzulässig ist. Es müsse zumindest eine vertragsmäßige Verfügung unabänderbar sein.[190] Um sich vollständig von dem Vertrag lösen zu können, können die Erbvertragsparteien einen Rücktrittsvorbehalt vereinbaren (§ 2298 Abs. 2 BGB; Erbvertrag → § 21 Rn. 35 ff.).

63 **b) Befugnis unmittelbar für eigene und mittelbar für Verfügungen des Erstversterbenden.** Haben sich die Ehegatten nicht selbst, sondern **unmittelbar Dritte zu Erben** eingesetzt,[191] kann der längerlebende Ehegatte wegen des Grundsatzes der Höchstpersönlichkeit aus § 2065 BGB nicht die Verfügungen des erstverstorbenen Ehegatten ändern.[192]

64 Mit der **Trennungslösung** ist faktisch eine Durchbrechung zu erzielen: Die Anordnung der Nacherbschaft kann unter die Bedingung gestellt werden, dass der Vorerbe über sein eigenes Vermögen in einer bestimmten Weise verfügt[193] bzw. nicht anderweitig verfügt.[194] Mit Eintritt der Bedingung[195] wird der Vorerbe dann Vollerbe. Durch entsprechende Bedingungen können etwa auch Vermächtnisse zugunsten der Kinder oder anderer Personen entfallen.

---

180 NK-BGB/*Müßig* § 2271 Rn. 31.

181 Bonefeld/Wachter/*Enzensberger* § 21 Rn. 170.

182 BGH NJW 1964, 2056; NJW 1951, 959 (960); DNotZ 1987, 430 (432); OLG Karlsruhe BeckRS 2011, 22186; OLG München ZEV 2007, 33; OLG Hamm ZErb 2011, 279; ZEV 1995, 146 (148) mAnm *Kössinger;* LG München II ZEV 1995, 373 (374); BeckOK BGB/*Litzenburger* § 2271 Rn. 19; Staudinger/*Kanzleiter* § 2271 Rn. 56; *Lange/Kuchinke* ErbR § 24 VI 5a; MüKoBGB/*Musielak* § 2271 Rn. 31.

183 BGH DNotZ 1987, 430 (432); OLG Hamm NJW-RR 1995, 777; OLG Zweibrücken NJW-RR 1992, 587 (588); NK-BGB/*Müßig* § 2271 Rn. 30; aA Soergel/*Wolf* § 2271 Rn. 23: soweit der Vorbehalt reicht, liege keine Wechselbezüglichkeit vor.

184 BeckOK BGB/*Litzenburger* § 2271 Rn. 20; Burandt/Rojahn/*Braun* § 2271 Rn. 29.

185 BayObLG ZEV 1996, 432; Burandt/Rojahn/*Braun* § 2271 Rn. 29.

186 Damrau/Tanck/*Klessinger* § 2270 Rn. 32; MüKoBGB/*Musielak* § 2271 Rn. 31; NK-BGB/*Müßig* § 2271 Rn. 36.

187 Burandt/Rojahn/*Braun* § 2271 Rn. 29.

188 BayObLGZ 1966, 242 (255); Damrau/Tanck/*Klessinger* § 2270 Rn. 32.

189 Statt vieler *Keim* NJW 2009, 818.

190 BGH NJW 1958, 498; OLG München MittBayNot 2009, 237 (239).

191 So können die Ehegatten wechselbezüglich bestimmt haben, dass jeweils ihre Kinder sie direkt beerben. Der Längerlebende ist dann enterbt; ggf. wurden ihm Vermächtnisse ausgesetzt.

192 RGZ 79, 32; Burandt/Rojahn/*Braun* § 2271 Rn. 31; Groll ErbR-HdB/*Edenfeld* B VII Rn. 141.

193 Burandt/Rojahn/*Braun* § 2271 Rn. 31.

194 BGH NJW 1972, 1987; NJW 1951, 959 (960); Palandt/*Weidlich* § 2271 Rn. 20.

195 Die Bedingung kann sowohl auflösend als auch aufschiebend verfügt werden.

Bei der **Einheitslösung** kann dem längerlebenden Ehegatten gestattet werden, seine eigenen Verfügungen, die er wechselbezüglich angeordnet hat, nach dem ersten Erbfall zu ändern. Dies betrifft dann auch das Vermögen des erstversterbenden Ehegatten, da der Längerlebende dessen Alleinerbe geworden ist.[196] 65

c) **Auswirkungen auf die Wechselbezüglichkeit.** Das bedingte oder befristete **Entfallen der Bindungswirkung** lässt nicht zugleich die Wechselbezüglichkeit von letztwilligen Verfügungen entfallen. Trotz der Änderungsbefugnis *„für später"* ist laut BGH[197] die Wechselbezüglichkeit zu bejahen. Die Änderungsklausel beseitigt nicht die Wechselbezüglichkeit, sondern nur die Bindungswirkung ab einem bestimmten Zeitpunkt bzw. nach Bedingungseintritt.[198] Danach hat der Längerlebende seine Testierfreiheit (teilweise) zurück erlangt. 66

In der Regel wird dem längerlebenden Ehegatten eine Änderung oder Aufhebung seiner eigenen letztwilligen Verfügungen erst **nach dem ersten Erbfall** gestattet sein.[199] Fehlt eine anderweitige Klarstellung, so ist dies anzunehmen.[200] Bis dahin sind die Rechtswirkungen der Wechselbezüglichkeit zu beachten, so etwa, dass ein einseitiger Widerruf nur durch eine dem anderen Ehegatten zuzustellende, **notarielle Erklärung** (§ 2271 Abs. 1 BGB i. V. m. § 2296 Abs. 2 BGB) erfolgen kann und dass die Nichtigkeit der einen Verfügung die Unwirksamkeit der anderen Verfügung (§ 2270 Abs. 1 BGB) zur Folge hat.[201] So ist es nach dem OLG Zweibrücken[202] denkbar, dass ein Ehegatte zu Lebzeiten von einem Widerruf der letztwilligen Verfügungen durch den anderen Ehegatten unterrichtet werden möchte.[203] Daher spricht eine Änderungsklausel nicht gegen die Wechselbezüglichkeit bis zu dem ersten Erbfall.[204] 67

Ausgehend vom Wortlaut des § 2270 Abs. 1 BGB könnte angedacht werden, dass die Änderung oder Aufhebung einer eigenen letztwilligen Verfügung des längerlebenden Ehegatten diejenige Verfügung des erstverstorbenen Ehegatten entfallen lässt, aus der sich die Erb- oder Vermächtnisstellung des Längerlebenden ergibt.[205] Zumeist wird aber nur der Wille zur Bindungsfreistellung ohne Wegfall der Verfügungen des erstverstorbenen Ehegatten gegeben sein.[206] Demnach ist es der gemeinsame Wille der Testierenden, den § 2270 Abs. 1 BGB einschränkend auszulegen.[207] 68

Befreit die Änderungsklausel die Ehegatten **von jedweder Bindungswirkung,** also auch schon zu Lebzeiten beider Ehegatten, kann eine Wechselbezüglichkeit von vornherein nicht angenommen werden.[208] 69

Ist dem längerlebenden Ehegatten nach dem ersten Erbfall die Änderung oder Aufhebung seiner eigenen letztwilligen Verfügungen (eingeschränkt) gestattet und verfügt er bereits noch zu Lebzeiten des Erstverstorbenen neu, so ist dieses Einzeltestament unwirksam.[209] Etwas anderes kann sich höchstens durch ergänzende Auslegung ergeben, etwa wenn der andere Ehegatte lange im Koma lag.[210] 70

d) **Ausübung der Änderungs- bzw. Aufhebungsbefugnis.** Der längerlebende Ehegatte kann von seiner Befugnis nur durch ein formwirksames Testament oder einen Erbvertrag Ge- 71

[196] Dt. ErbRK/*Zecher* § 2270 Rn. 14.
[197] BGH NJW 1964, 2056; NJW 1987, 901; OLG Stuttgart NJW-RR 1986, 632; OLG Zweibrücken ZEV 2004, 153 (154); vgl. *Lange* ErbR § 16 Rn. 123.
[198] MAH ErbR/*Ridder* § 11 Rn. 85.
[199] Muster bei MAH ErbR/*Ridder* § 11 Rn. 83.
[200] Hausmann/Hohloch ErbR-HdB/*Hohloch* Kap. 7 D Rn. 143; vgl. BeckOK BGB/*Litzenburger* § 2271 Rn. 21.
[201] *Lange/Kuchinke* ErbR § 24 VI 5b; *Muscheler* ErbR Rn. 2161.
[202] OLG Zweibrücken ZEV 2004, 153 (154); ebenso OLG Stuttgart NJW-RR 1986, 632.
[203] Ebenso BGH NJW 1964, 2056.
[204] OLG Zweibrücken ZEV 2004, 153 (154); BGH NJW 1964, 2056; BeckOK BGB/*Litzenburger* § 2270 Rn. 9; Damrau/Tanck/*Klessinger* § 2270 Rn. 30.
[205] Hausmann/Hohloch ErbR-HdB/*Hohloch* Kap. 7 Rn. 146; NK-BGB/*Müßig* § 2271 Rn. 40.
[206] *Mohr* BWNotZ 1997, 169 (175); Palandt/*Weidlich* § 2271 Rn. 24.
[207] Burandt/Rojahn/*Braun* § 2271 Rn. 33.
[208] BGH NJW 1964, 2056; NK-BGB/*Müßig* § 2271 Rn. 40.
[209] BeckOK BGB/*Litzenburger* § 2271 Rn. 21; Burandt/Rojahn/*Braun* § 2271 Rn. 30.
[210] BayObLG DNotZ 1996, 316 (319).

brauch machen.[211] Ein Grund für die Änderung muss nicht angegeben werden;[212] § 2336 Abs. 2 BGB gilt auch nicht analog.[213] Ist eine Änderung nur bei Vorliegen bestimmter Bedingungen zulässig, empfehlen sich entsprechende Angaben zum Sachverhalt in der Testamentsurkunde.

72 Selbst wenn die Ausübung des Änderungsrechts zum Widerruf seiner früheren Verfügungen führt, müssen nicht die Förmlichkeiten wie bei einem lebzeitigen Widerruf nach § 2271 Abs. 1 S. 1 BGB eingehalten werden.[214] Die Änderungsbefugnis kann nicht durch Vernichtung des ursprünglichen gemeinschaftlichen Testaments ausgeübt werden.[215]

Von dem Änderungsvorbehalt kann erst ab dem ersten Erbfall durch Testamentserrichtung Gebrauch gemacht werden, außer es ist abweichend verfügt.[216]

73 e) **Arten.** *aa) Kein Änderungsvorbehalt.* Klauseln wie *„Änderungen bleiben den Eltern vorbehalten“*,[217] wobei mit Eltern die testierenden Ehegatten gemeint sind, haben keinerlei rechtliche Auswirkungen. So wollen zumeist Ehegatten feststellen, dass sie gemeinsam jederzeit ihr Testament ändern können. Damit ist die Klausel vielmehr als Hinweis auf die nach dem Gesetz bestehende Möglichkeit zur gemeinsamen Änderung zu Lebzeiten beider aufzufassen.[218]

74 *bb) Änderungsbefugnis nur hinsichtlich lebzeitiger Schenkungen.* In vielen gemeinschaftlichen Testamenten sind nachfolgende Klauseln zu finden, die von der Rechtsprechung nur als Befugnis zu lebzeitigen Schenkungen aufgefasst wurden.[219] Damit ist es dem längerlebenden Ehegatten nicht gestattet, auch letztwillig frei zu verfügen. Es entfällt lediglich der Schutz der letztwillig Begünstigten durch §§ 2287, 2288 BGB:[220]

- *„Der Überlebende von uns soll in der Verfügung über den Nachlass des Erstversterbenden nicht beschränkt sein.“*[221]
- *„Von etwaigen Verfügungsbeschränkungen ist jeder der beiden Ehegatten befreit.“*[222]
- Eine Generalvollmacht *„über den Tod hinaus über unser gesamtes Vermögen“* zugunsten des Längerlebenden in der Anlage zu einem gemeinschaftlichen Testament[223]
- *„Der Überlebende soll über sein Vermögen frei verfügen können.“*[224]
- *„..., dass der Überlebende von uns über das beiderseitige Vermögen frei und unbeschränkt verfügen darf.“*[225]
- *„über das gesamte Vermögen frei verfügen“*, vor allem, wenn die Ehegatten in einem vorausgegangenen Erbvertrag bestimmt hatten, dass der Überlebende *„diese Verfügung abändern und über den Nachlass frei verfügen“* kann.[226]

75 In den vorgenannten Entscheidungen befanden sich diese Klauseln zumeist unmittelbar nach der gegenseitigen Alleinerbeinsetzung, was ein weiteres Indiz zugunsten der Befugnis nur hinsichtlich lebzeitiger Schenkungen darstellt. Durch Auslegung kann aber auch festge-

[211] OLG Stuttgart NJW-RR 1986, 632; OLG Hamm NJW-RR 1996, 1095.
[212] NK-BGB/*Müßig* § 2271 Rn. 39.
[213] Firsching/Graf NachlassR/*Krätzschel* Rn. 1.209.
[214] BeckOK BGB/*Litzenburger* § 2271 Rn. 22; Burandt/Rojahn/*Braun* § 2271 Rn. 32; MAH ErbR/*Ridder* § 11 Rn. 85.
[215] OLG Hamm NJW-RR 1996, 1095; Burandt/Rojahn/*Braun* § 2271 Rn. 32; MüKoBGB/*Musielak* § 2271 Rn. 33.
[216] BeckOK BGB/*Litzenburger* § 2271 Rn. 21.
[217] BayObLG NJW-RR 1989, 587 (588).
[218] BeckOK BGB/*Litzenburger* § 2271 Rn. 21; Burandt/Rojahn/*Braun* § 2271 Rn. 34; MüKoBGB/*Musielak* § 2271 Rn. 31.
[219] OLG Hamm BeckRS 2011, 18455; OLG München BeckRS 2011, 28351; auch Burandt/Rojahn/*Braun* § 2271 Rn. 34; Damrau/Tanck/*Klessinger* § 2270 Rn. 29; Groll ErbR-HdB/*Edenfeld* B VII Rn. 142f.; MüKoBGB/*Musielak* § 2271 Rn. 32; Bonefeld/Bittler Haftungsfallen ErbR/*Bittler* § 3 Rn. 7.
[220] *Lange/Kuchinke* ErbR § 24 VI 5 a.
[221] BayObLG FamRZ 1985, 209 = BeckRS 2009, 29033.
[222] OLG Hamm BeckRS 2011, 18455.
[223] OLG Frankfurt a. M. ZEV 2009, 393.
[224] KG FamRZ 1998, 124 (126).
[225] OLG Hamm FGPrax 2002, 33.
[226] BayObLG NJW-RR 2002, 1160.

stellt werden, dass sich eine der vorgenannten Klauseln auch auf die Befugnis hinsichtlich der Erbfolge erstrecken kann. Dafür müssen dann aber weitere (gewichtige) Umstände hinzukommen.

cc) Änderungsbefugnis auch hinsichtlich neuer letztwilliger Verfügungen. Die Änderungsklauseln können dem Längerlebenden gestatten, ein gänzlich neues Testament zu errichten. Der Längerlebende ist dann an seine Verfügungen aus dem gemeinschaftlichen Testament nicht gebunden. Hierzu eignet sich folgende Klausel: 76

> Der längerlebende Ehegatte ist berechtigt, nach dem ersten Erbfall über das eigene und das geerbte Vermögen durch letztwillige Verfügungen und durch Schenkungen frei zu verfügen.

Beliebt sind auch eingeschränkte Änderungsbefugnisse, da so auf der einen Seite der längerlebende Ehegatte noch auf Entwicklungen nach dem ersten Erbfall reagieren kann und auf der anderen Seite für den erstversterbenden Ehegatten sichergestellt ist, dass sein Vermögen nicht an Familienfremde wie etwa den neuen Lebensgefährten des Längerlebenden fließen kann. So kommen folgende eingeschränkte Änderungsbefugnisse in Betracht:[227] 77

- Änderung der Erbquoten zwischen den gemeinsamen Kindern bis zur Enterbung, wobei auch jedes Kind beispielsweise eine Quote von 20 % erhalten muss,
- Austausch von Vermächtnisnehmern,
- Änderung nur zugunsten von Abkömmlingen, was die Enkel mit einschließen kann,
- Veränderung des Umfangs eines Vermächtnisses zugunsten einer unabänderlichen Person,
- Anordnung einer Testamentsvollstreckung oder Auswechslung der Person[228] des Testamentsvollstreckers,
- Änderung nur gegenständlich möglich, etwa nur hinsichtlich des Autos,
- Änderung möglich hinsichtlich desjenigen Vermögens, das dem Längerlebenden schon vor dem ersten Erbfall gehörte bzw. das er erst nach dem ersten Erbfall erwarb.

Auch kann die Ausübung einer Änderungsbefugnis an **Fristen** oder an **bestimmte Faktoren** geknüpft sein, so etwa bei **Fehlverhalten der Bedachten,** bei Wiederverheiratung, bei eigener Bedürftigkeit etc. Dann stellt sich im Erbscheinsverfahren aber stets die Frage, ob dieser Faktor eingetreten ist. Ist etwa die **Wiederheirat** ein solcher Faktor, ist der Nachweis nicht schwer. Ob sich hingegen ein Begünstigter ein solches Fehlverhalten vorwerfen lassen muss, das die Ehegatten bei Testamentserrichtung gemeint haben könnten, ist zumeist höchst schwierig zu beurteilen. Die gerichtliche Kontrolle können die Ehegatten aber auch ausschließen.[229] 78

So entschied das OLG Düsseldorf,[230] dass ein Ehegatte aufgrund einer Änderungsklausel nicht befugt war, ein Kind zu enterben. Nach dieser Klausel durfte der Längerlebende seine Verfügungen durch *„anderweitige Festlegung der Erbquoten"* ändern. Dem Gericht zufolge war aber keine Enterbung zulässig, was sich auch aus weiteren Umständen ergab. Gegen die Zulässigkeit einer Enterbung eines Kindes sprach sich auch das LG Hechingen (LG Hechingen BWNotZ 2003, 92 (94)) bei der Formulierung „andere Erbquoten" aus. 79

Ehegatten hatten die Änderungsklausel für den Fall aufgenommen, dass auf die Kinder bezogen *„deren Verhalten ihm nach seinem Ermessen Veranlassung"* gibt. Das OLG München[231] sah in einem Schreiben eines Kindes an den Längerlebenden, aus dem der endgültige Kontaktabbruch hervorging, ein solches Verhalten. Nur selten ist ein Fall so eindeutig. 80

---

[227] Burandt/Rojahn/*Braun* § 2271 Rn. 30; MAH ErbR/*Ridder* § 11 Rn. 84; NK-BGB/*Müßig* § 2271 Rn. 35.

[228] BGH ZEV 2011, 306: eher keine Beeinträchtigung gem. § 2289 Abs. 1 S. 2 BGB, so dass eine Änderungsbefugnis nicht erforderlich wäre.

[229] BGH NJW 1951, 959 (960); Burandt/Rojahn/*Braun* § 2271 Rn. 30; MüKoBGB/*Musielak* § 2271 Rn. 32.

[230] OLG Düsseldorf DNotZ 2007, 774 mit abl. Anm. *Schmucker;* hierzu auch *Keim* NJW 2009, 818 (819).

[231] OLG München MittBayNot 2009, 237 (240).

81 Das OLG Hamm[232] hatte über ein Testament zu entscheiden, in dem verfügt war: *„als weitere Erben* (gemeint sind Schlußerben) *können nur unsere derzeitigen Kinder I und E eingesetzt werden*". Nach dem ersten Erbfall setzte die Ehefrau den Sohn E zu ihrem Alleinerben ein. Das OLG Hamm[233] nahm aber die Wechselbezüglichkeit für eine jeweilige Erbeinsetzung von $1/2$ an, da nur I der leibliche Sohn des Erstverstorbenen war. So gäbe es keinen greifbaren Anhaltspunkt dafür, dass der schwerkranke Vater bei Testamentserrichtung daran gedacht haben könnte, sein leiblicher Sohn könne leer ausgehen.

82 Das OLG Hamm[234] entschied zutreffend bei der Änderungsbefugnis, nach der der *„Überlebende"* zu Erben *„nur eines oder beide Kinder aus unserer jetzigen Ehe"* bestimmen durfte, dass die Erbeinsetzung eines Enkelkindes unwirksam ist.

2. Aufgrund einfacher Testamentsauslegung

83 Die **konkludente** Vereinbarung einer Änderungsklausel kann durch einfache **Auslegung** festgestellt werden,[235] wobei viele vertreten, dass insoweit Zurückhaltung geboten sei. Bringt der Wortlaut des Testamentes keine Klarheit, ist zu prüfen, ob *„sich aus dem Testament oder aus sonstigen Umständen ein Anhaltspunkt"* für einen Änderungsvorbehalt ergibt.[236] Auch wenn bei Errichtung des gemeinschaftlichen Testamentes die Testierenden noch **jung** waren, indiziert dies keinen konkludenten Änderungsvorbehalt.[237] Das Gleiche gilt, wenn der **Erstverstorbene vermögenslos** war.[238]

84 Nach seiner **Wiederheirat** kann der Längerlebende auch zur Änderung befugt sein, vor allem, wenn er durch die Wiederverheiratung enterbt ist.[239] Das Gleiche kann gelten, wenn eine **Pflichtteilsstrafklausel** aufgenommen und diese ausgelöst worden ist. Nachdem sämtliche potenziellen Schlusserben nach Vertretung durch ihren Ergänzungspfleger gegen die Pflichtteilsklausel verstoßen hatten, war der Längerlebende nicht mehr an die ursprünglich wechselbezügliche Schlusserbeinsetzung gebunden.[240]

85 Es ist festzustellen, dass die Rechtsprechung eher in dem ursprünglichen Testament durch Auslegung keine Wechselbezüglichkeit erkennt als dass sie durch einfache Auslegung feststellt, dass kein Änderungsvorbehalt gegeben ist.[241] Auch bei der Formulierung in einem Berliner Testament *„Als weitere Erben können nur unsere derzeitigen Kinder I und E eingesetzt werden."* verneinte das OLG Hamm[242] selbst einen eingeschränkten Änderungsvorbehalt.

Gerade wenn der Hinweis, der längerlebende Ehegatte könne frei verfügen, räumlich zwischen der Erbeinsetzung für den ersten und der Erbeinsetzung für den zweiten Erbfall steht, handelt es sich zutreffend nach dem OLG Düsseldorf[243] oft nur um einen klarstellenden Hinweis darauf, dass der längerlebende Ehegatte die volle Stellung eines unbeschränkten Erben hat. Er solle mithin zu lebzeitigen Rechtsgeschäften berechtigt sein. Der Hinweis besage indes nichts zum zweiten Erbgang.

Einzelfälle

(1) Keinen Änderungsvorbehalt für eine letztwillige Verfügung nahm das OLG München[244] bei der Formulierung „Dieser ist zur unbeschränkten Verfügung über das Vermögen berechtigt" an. Daraus

[232] OLG Hamm ZErb 2011, 111.
[233] OLG Hamm ZErb 2011, 111 (114).
[234] OLG Hamm FamRZ 2011, 1172 = BeckRS 2011, 2646.
[235] Burandt/Rojahn/*Braun* § 2271 Rn. 29; *Kummer* ZEV 2009, 395; MüKoBGB/*Musielak* § 2271 Rn. 31.
[236] OLG Hamm FPR 2011, 284 (286).
[237] Vgl. BayObLG FamRZ 1995, 251 = BeckRS 1994, 31008549.
[238] OLG München DNotZ 1937, 704; zitiert nach Palandt/*Weidlich* § 2271 Rn. 21.
[239] BeckOK BGB/*Litzenburger* § 2271 Rn. 21a; Damrau/Tanck/*Klessinger* § 2271 Rn. 38.
[240] BayObLG NJW-RR 1990, 969.
[241] Etwa BayObLG FamRZ 1985, 1287 = BeckRS 2009, 29043.
[242] FPR 2011, 284 (286).
[243] OLG Düsseldorf FGPrax 2018, 175 (176); so auch OLG Hamburg BeckRS 2018, 22029 Rn. 15 zu der Formulierung: „über das Erbe der oder des Erstversterbenden frei verfügen kann".
[244] OLG München NJW-RR 2015, 775 (776); vgl. OLG Schleswig ErbR 2014, 444; OLG Köln ZErb 2014, 118.

würde sich nur ergeben, dass bis zum Schlusserbfall der Längstlebende über das Vermögen frei verfügen können soll.

(2) In einer späteren Entscheidung sah das OLG München[245] in dem zwischen der Erbeinsetzung für den ersten Erbfall und der Schlusserbeinsetzung stehenden Satz „Der Überlebende von uns ist durch dieses Testament nicht beschwert oder beschränkt und kann in jeder Weise frei verfügen." keinen Änderungsvorbehalt für die Schlusserbeinsetzung. Es stellte dabei heraus, dass dieser Satz eben nicht nach der Schlusserbeinsetzung positioniert war.

3. Aufgrund ergänzender Testamentsauslegung

Größere Bedeutung als die einfache Auslegung hat in diesem Zusammenhang die ergänzende Auslegung.[246] Sie greift insbesondere ein, wenn nach der Testamentserrichtung **unvorhergesehene Umstände** eingetreten sind, und die Erblasser, wenn sie diese Umstände bei Testamentserrichtung vorausschauend bedacht hätten, die Bindungswirkung für diesen Fall ausgeschlossen hätten.[247] Dann ist eine planwidrige Lücke festzustellen (→ § 7 Rn. 104 ff.). Ein nach Testamentserrichtung eingetretener Sinneswandel hat jedoch außer Betracht zu bleiben.[248] 86

Die Bindungswirkung kann etwa (partiell) entfallen, wenn der längerlebende Ehegatte unverhofft nach dem ersten Erbfall **werthaltiges Vermögen erwirbt.**[249] In dem Fall des OLG München[250] hatte die längerlebende Ehefrau ihren jüngeren Bruder überraschend alleine beerbt. Dem Gericht zufolge sollte sie *„die Möglichkeit zum neuen Testieren jedenfalls bezüglich dieses nachträglich ererbten Vermögens haben"*. Da das Gesetz keine gegenständlich beschränkte Erbeinsetzung vorsieht, nahm das OLG München[251] eine Änderungsbefugnis zugunsten der Aussetzung eines Vermächtnisses über das von dem Bruder geerbte Vermögen an. 87

Wenn die etwa als Unternehmensnachfolgerin vorgesehene Tochter zur Alleinerbin eingesetzt wurde und das **Unternehmen** bereits durch vorweggenommene Erbfolge erhalten hat, kann dies auch zum Entfallen der ursprünglichen wechselbezüglichen Alleinerbeinsetzung führen.[252] Die Ehegatten können bereits unmittelbar einen Begünstigten eingesetzt haben, damit dieser die Altersversorgung des Längerlebenden übernimmt. Sofern der Begünstigte diese Funktion nicht übernimmt, ist ein Änderungsvorbehalt anzunehmen.[253] 88

Das OLG Düsseldorf[254] weist zu Recht auf das Erfordernis eines Anhaltspunktes für die Annahme eines Änderungsvorbehaltes hin. So sei eine Andeutung erforderlich, *„in welcher Weise der Erbvertrag angepasst oder eine andere Form der letztwilligen Verfügung gewählt worden wäre."* Die spätere Lücke sah das OLG Düsseldorf darin, dass der einzige Abkömmling geistig behindert war. Diese spätere Entwicklung hatten die Erblasser bei Abschluss des Erbvertrages nicht bedacht. Er sollte statt unbeschränkter Alleinerbe nur Vorerbe werden. 89

Eine andere wesentliche Veränderung zwischen der Testamentserrichtung und dem zweiten Erbfall kann darin bestehen, dass sich das **Verhältnis** bzw. die Beziehung zu dem Schlusserben erheblich **verschlechtert** hat. Dies muss aber zumindest auch von dem vorgesehenen Schlusserben ausgehen. Die Messlatte des verschlechterten Verhältnisses ist bei Kindern höher anzusetzen als bei entfernteren Verwandten oder gar Freunden. Es ist nach dem OLG Nürnberg[255] erforderlich, dass bei Testamentserrichtung die Ehegatten die Erbeinset- 90

[245] OLG Düsseldorf FGPrax 2018, 175 (176).
[246] OLG München ZEV 2017, 409 (410); NJW-RR 2011, 315 (317); OLG Hamm BeckRS 2011, 18455; OLG Nürnberg ZEV 2010, 411 (414); OLG Hamm FGPrax 2002, 33; OLG Hamburg BeckRS 2018, 22029 Rn. 18 ff.
[247] Staudinger/*Kanzleiter* § 2270 Rn. 22b.
[248] BayObLG DNotZ 1994, 791; NK-BGB/*Müßig* § 2270 Rn. 21; Staudinger/*Kanzleiter* § 2270 Rn. 22b.
[249] Rudolf/Bittler/Seiler-Schopp Testamentsauslegung und -anfechtung-HdB/*Kropp* § 2 Rn. 485.
[250] FGPrax 2011, 129 = NJW-RR 2011, 1020.
[251] OLG München FGPrax 2011, 129 = NJW-RR 2011, 1020.
[252] Vgl. BayObLG ZEV 2004, 282 für einen Hof; vgl. Palandt/*Weidlich* § 2270 Rn. 6.
[253] Vgl. OLG Hamm NJW-RR 1995, 777; ebenso Palandt/*Weidlich* § 2271 Rn. 21.
[254] OLG Düsseldorf FGPrax 2012, 68.
[255] ZEV 2010, 411 (414).

zung von dem „*Fortbestand guter Beziehungen*“ zu ihrem zum Erben eingesetzten Neffen abhängig gemacht haben. Ein Anhaltspunkt könnte in der Formulierung „*unser lieber Neffe*“ bestehen. Weitere Tatsachen, die den Wegfall der Wechselbezüglichkeit rechtfertigen können, können sein, dass der potenzielle Schlusserbe Schulden an die Eltern nicht zurückbezahlt, ein Klageverfahren mit den Eltern angestrengt oder dass durch Briefe das nachhaltig schlechte Verhältnis dokumentiert wird. So hat eine Tochter ihrer Mutter schriftlich vorgeworfen, sie würde nur „*Champagner saufen*“ und „*auf (ihrem) dicken Hintern sitzen*“. Für den Wegfall der Wechselbezüglichkeit reicht ein kurzzeitiges Zerwürfnis nicht aus, wenn es nicht äußerst gravierend ist. Eine **gewisse Dauer** und **Nachhaltigkeit** sind zu fordern.

91 Verstößt ein Kind gegen eine **Pflichtteilsstrafklausel,** kann der längerlebende Ehegatte nach dem BayObLG[256] nicht mehr an seine Verfügungen zugunsten des betreffenden Kindes gebunden sein. Daraus zieht *G. Müller*[257] den Schluss, dass der längerlebende Ehegatte in diesem Fall auch nicht an die Bindung an eine verfügte Ersatzerbschaft oder an eine verfügte Anwachsung gebunden sein könnte. Vielmehr könne über den betreffenden Erbanteil aufgrund eines stillschweigenden Änderungsvorbehaltes neu verfügt werden. Etwas anderes könne sich ergeben, wenn der mutmaßliche Wille der Ehegatten darauf gerichtet war, dass der längerlebende Ehegatte selbst im Falle schwerer Verfehlungen eines Bedachten an die Ersatzerbeinsetzung oder an die Anwachsung gebunden sein sollte.

92 Bei der Annahme einer Änderungsklausel durch ergänzende Auslegung soll *Musielak*[258] zufolge „*Zurückhaltung und Vorsicht*“ geboten sein. Diese Auffassung kann nicht geteilt werden.[259] Oftmals sind sich Testierende über die Rechtsfolgen nicht ausdrücklich testierter wechselbezüglicher Verfugungen gar nicht bewusst. Nach dem OLG Hamm[260] gibt es aber zutreffender Weise **keinen Erfahrungssatz** dahingehend, dass in den Fällen, in denen Eltern ihre gemeinschaftlichen Kinder zu Schlusserben bestimmen, es ihrem gemeinschaftlichen Willen entspricht, dass der überlebende Elternteil zu einer Änderung des Testaments berechtigt sein sollte, wenn es nach dem Tod des zuerst versterbenden Ehegatten zu einem Vermögenszuwachs oder zu Familienstreitigkeiten kommt. Auch ist eine ergänzende Testamentsauslegung nicht ohne Weiteres möglich, wenn es sich bei einem Schlusserben um ein **schwerbehindertes Kind** handelt.[261]

---

256 BayObLGZ 1990, 58 (60).

257 *G. Müller* ZEV 2010, 240 (244).

258 MüKoBGB/*Musielak* § 2270 Rn. 8; so auch OLG Hamm BeckRS 2011, 18455.

259 Vgl. NK-BGB/*Müßig* § 2270 Rn. 21.

260 OLG Hamm FGPrax 2002, 33 (34) = ZEV 2002, 109; vgl. auch Damrau/Tanck/*Klessinger* § 2270 Rn. 29.

261 OLG Schleswig NJW-RR 2013, 906; vgl. OLG Düsseldorf MittBayNot 2012, 397.

§ 21 Abgrenzungsfälle zur Feststellung der Vertragsmäßigkeit erbvertraglicher Verfügungen und zu Änderungsklauseln

Übersicht

I. Praxisrelevanz

Es überrascht, dass auch der Frage der Vertragsmäßigkeit von letztwilligen Verfügungen in Erbverträgen ein eigenes Kapitel gewidmet wird. Schließlich müssen Erbverträge von Notaren beurkundet worden sein, so dass idR von einem Notar auch die Formulierungen kommen. Doch die Vielzahl von gerichtlichen Entscheidungen und die umfangreichen Ausführungen in der Rechtsliteratur belegen das Gegenteil. 1

Ob eine letztwillige Verfügung vertragsmäßig angeordnet ist oder nicht, wirkt sich auf die Bindungswirkung gegenüber dem Begünstigten nicht nur per Todes wegen aus, sondern bereits bei Schenkungen unter Lebenden. Der durch eine Schenkung in seinen Rechten aus dem Erbvertrag beeinträchtigte Erbe bzw. Vermächtnisnehmer kann gegenüber dem Beschenkten die Ansprüche aus § 2287 BGB bzw. § 2288 BGB nach dem Erbfall durchsetzen.

II. Rechtslage

1. Begriffsbestimmung

Bei einem Erbvertrag handelt es sich um eine „wirklich vertragliche letztwillige Verfügung".[1] Ein Erbvertrag kann nur **höchstpersönlich** von unbeschränkt Geschäftsfähigen abgeschlossen werden (§ 2274 BGB, § 2275 BGB) und bedarf der **notariellen Beurkundung** (§ 2276 BGB). Zumindest muss in diesem Vertrag eine Person letztwillig eine für sie bindende Anordnung verfügen und eine andere Person muss diesen Vertrag annehmen, um die 2

[1] OLG Frankfurt a. M. ErbR 2018, 100 (101).

Bindungswirkung herbeizuführen (**einseitiger Erbvertrag**).[2] Die annehmende Person kann sich als Vertragspartner des Erblassers durch Rechtsgeschäft schuldrechtlich zu einer Gegenleistung, etwa zu Rentenzahlungen oder zu Pflegeleistungen verpflichten (sog. **entgeltlicher Erbvertrag**).[3] Verfügen zwei Personen in dem Erbvertrag letztwillig, handelt es sich um einen **zweiseitigen Vertrag** (auch gemeinschaftlicher Erbvertrag). Bei weiteren beteiligten Personen spricht man von einem mehrseitigen Vertrag. Verfügen Ehegatten, so bestimmt § 2280 BGB die Anwendung von § 2269 BGB. Bedenken sich die beiden Erbvertragsschließenden letztwillig gegenseitig, spricht man von einem **gegenseitigen Erbvertrag** (auch reziproker Erbvertrag).

3 Für die Wirksamkeit eines Erbvertrages ist erforderlich, dass dieser **mindestens eine vertragliche Verfügung** eines Vertragsbeteiligten enthält (§ 2278 Abs. 1 BGB).[4] Vertraglich können nur **Erbeinsetzungen, Vermächtnisse, Auflagen und Rechtswahlen** gem. § 2278 Abs. 2 BGB verfügt werden; diese können aber auch lediglich mit einseitiger Wirkung verfügt sein.[5] Weitere Anordnungen wie Teilungsanordnungen oder Testamentsvollstreckereinsetzungen können ausschließlich einseitig verfügt werden (§ 2299 BGB). Für die einseitigen Verfügungen gilt gem. § 2299 Abs. 2 BGB Testamentsrecht; für vertragsmäßige Verfügungen ordnet das Gleiche § 2279 Abs. 1 BGB an.

4 Von der Vertragsmäßigkeit einer Verfügung ist die Frage ihrer **Wechselbezüglichkeit** abzugrenzen.[6] Hierzu müssen mindestens zwei Vertragsbeteiligte jeweils für ihren Erbfall zumindest eine vertragsmäßige Verfügung anordnen. Die Wechselbezüglichkeit ist festzustellen, wenn von den Testierenden gewollt ist, dass eine vertragsmäßige Verfügung des einen mit einer vertragsmäßigen Verfügung des anderen stehen und fallen soll. Die Verfügungen müssen dazu in einem Abhängigkeitsverhältnis stehen. § 2298 Abs. 3 BGB bestimmt als gesetzliche Auslegungsregel, dass die Verfügungen zueinander wechselbezüglich sind, wenn ein anderer Wille der Vertragsschließenden nicht anzunehmen ist. Die Rechtsfolge der Nichtigkeit einer vertragsmäßigen Verfügung führt gemäß § 2298 Abs. 1 BGB zur Nichtigkeit des ganzen Vertrages.

2. Entsprechende Anwendung des § 2270 Abs. 2 BGB?

5 § 2270 Abs. 2 BGB wird bei einem **Erbvertrag** zwischen Ehegatten entsprechend herangezogen.[7] Eine aA[8] zieht zwar nicht exlizit § 2270 Abs. 2 BGB heran, aber meint, dass bei einem Verwandtschaftsverhältnis zu einem eingesetzten Erben die Erbeinsetzung „in aller Regel bindend und damit vertragsmäßig“[9] sei.

3. Auswirkungen der Vertragsmäßigkeit von Verfügungen

6 Ein Vertragsschließender bindet sich durch eine vertragsmäßige Verfügung, so dass eine spätere Verfügung, die der früheren vertragsmäßigen Verfügung widerspricht, unwirksam ist (§ 2289 Abs. 1 S. 2 BGB).[10] Der BGH hat hierzu festgestellt:[11]

> *„Dem Vertragserblasser sind danach nur solche späteren testamentarischen Verfügungen untersagt, die den Vertragserben in seiner im Erbvertrag nach Inhalt und Umfang von den Parteien formulierten Rechtsstellung beeinträchtigen.“*

[2] NK-BGB/*Kornexl* Vor §§ 2274 bis 2302 Rn. 5.
[3] Damrau/Tanck/*Krüger* Vorb. zu §§ 2274 ff. Rn. 5.
[4] OLG München ZErb 2015, 17.
[5] *Basty* MittBayNot 2000, 73 (77).
[6] Tanck/Krug AnwForm Testamente/*Krug* § 24 Rn. 25.
[7] OLG München NJW-RR 2012, 9 (10); OLG Zweibrüchen FamRZ 1995, 1021 = BeckRS 1994, 30843904.
[8] BeckOK BGB/*Litzenburger* § 2278 Rn. 5; MüKoBGB/*Musielak* § 2278 Rn. 5.
[9] BGH NJW 1961, 120.
[10] OLG München BeckRS 2011, 24077; OLG Düsseldorf BeckRS 2011, 29473; MittRhNotK 1995, 97 (98); *Musielak* ZEV 2007, 245; *Weiler* DNotZ 1994, 427.
[11] BGH NJW 2011, 1733 (1735).

Die Bindung tritt mit Vertragsschluss ein (§§ 145 ff. BGB).[12] Sie bezweckt, dass sich der Vertragspartner auf die vertragsmäßigen Verfügungen des anderen verlassen kann.[13] Ein Widerruf ist durch einen notariellen Aufhebungsvertrag der ursprünglichen Vertragsschließenden (§ 2290 BGB) oder durch ein Einzeltestament unter Zustimmung des anderen Vertragsteils möglich (§ 2291 BGB). Ehegatten und eingetragene Lebenspartner können einen von ihnen abgeschlossenen Erbvertrag durch die Errichtung eines gemeinschaftlichen Testamentes aufheben (§ 2292 BGB).[14] 7

Ohne Mitwirken des anderen Vertragspartners ist eine Aufhebung nur durch die Ausübung eines **Rücktrittsrechts** möglich, wenn ein solches in dem Erbvertrag vorbehalten wurde (§ 2293 BGB).[15] Die Rücktrittserklärung bedarf der **notariellen Beurkundung** und muss gegenüber dem Vertragsschließenden erklärt werden (§ 2296 BGB). Nach dem Tod des anderen Vertragsschließenden kann der Längerlebende eine vertragsmäßige Verfügung durch Testamentserrichtung aufheben, wenn er sich den Rücktritt vorbehalten hat (§ 2297 BGB).[16] Ein Rücktritt ist bei Verfehlungen des Bedachten und bei Aufhebung von Gegenverpflichtungen möglich (§§ 2294, 2295 BGB). Bei einem gegenseitigen Erbvertrag wird angenommen, dass das Rücktrittsrecht des längerlebenden Erblassers mit dem Tod des anderen erlischt, wenn kein anderer Wille der Erbvertragsparteien anzunehmen ist (§ 2298 Abs. 2, 3 BGB).[17] 8

Trotz der Bindungswirkung kann derjenige, der vertragsmäßig eine andere Person begünstigt hat, über seine Vermögensgegenstände **lebzeitig verfügen** (§ 2286 BGB).[18] Nur in Ausnahmefällen kann sich ein *„benachteiligter"* Begünstigter auf § 138 BGB berufen. Ein solcher Ausnahmefall kann nach dem OLG Oldenburg[19] vorliegen, wenn sich der Testierende innerhalb eines **Verfügungsunterlassungsvertrages**[20] gem. § 137 S. 2 BGB verpflichtet hat, nicht über den Gegenstand der vertragsmäßigen Verfügung lebzeitig zu verfügen.[21] Unabhängig davon kann der durch eine Schenkung, die nach dem Abschuss des Erbvertrages vorgenommen wurde, beeinträchtigte Erbe bzw. Vermächtnisnehmer den Beschenkten nach dem Erbfall in Anspruch nehmen (§§ 2287, 2288 BGB).[22] 9

III. Formulierungsbeispiele

Sollen sämtliche Verfügungen, soweit gesetzlich möglich (§ 2278 Abs. 2 BGB), vertragsmäßig sein, kann dies in dem Erbvertrag wie folgt angeordnet werden: 10

> Sämtliche Verfügungen in diesem Erbvertrag sind mit erbvertraglicher Wirkung angeordnet, soweit es sich um Erbeinsetzungen, Vermächtnisse oder Auflagen handelt.

Es ist auch eine Differenzierung möglich, wie es etwa die folgenden Muster vorsehen: 11

> (1) Nur die in diesem Erbvertrag verfügten Vermächtnisse sind vertragsmäßige und damit bindende Verfügungen; weitere Verfügungen sind lediglich mit einseitiger Wirkung angeordnet.

[12] Tanck/Krug AnwForm Testamente/*Krug* § 24 Rn. 43.
[13] OLG Köln NJW-RR 1994, 651 (652).
[14] BayObLG NJW-RR 1996, 457 (458).
[15] Empfiehlt die Aufnahme: *Basty* MittBayNot 2000, 73 (79).
[16] BayObLG MittBayNot 1989, 322 (323).
[17] BayObLG MittBayNot 1989, 322 (323).
[18] OLG Oldenburg BeckRS 2011, 23182.
[19] OLG Oldenburg BeckRS 2011, 23182.
[20] *Basty* MittBayNot 2000, 73 (76).
[21] Tanck/Krug AnwForm Testamente/*Krug* § 24 Rn. 47.
[22] NK-BGB/*Horn* § 2287 Rn. 25.

(2) Ausschließlich die gegenseitige Alleinerbeinsetzung ist mit vertragsmäßiger Wirkung angeordnet worden. Bei den für den ersten Erbfall angeordneten Vermächtnissen und bei sämtlichen Verfügungen für den zweiten Erbfall handelt es sich nur um einseitige Verfügungen, die jederzeit einseitig widerrufen bzw. geändert werden können.

IV. Abgrenzungskriterien

1. Grundsätzliches

12 Bei der Auslegung eines Erbvertrages muss bei vertragsmäßigen Verfügungen der erklärte, übereinstimmende Wille der Vertragsparteien ermittelt werden (§§ 133, 157 BGB).[23] Neben den Interessen des Erblassers sind – wie bei Verträgen üblich – auch die Interessen des Vertragsgegners angemessen zu würdigen.[24] Nach dem OLG Hamm[25] ist *„Gegenstand der Vertragsauslegung ebenfalls, ob eine Verfügung, die nicht ausdrücklich als vertragsmäßig getroffen bezeichnet ist, als vertragsmäßig anzusehen ist.“* Diese Prüfung hat für jede Verfügung einzeln zu erfolgen.[26] So ist auch die Frage der Vertragsmäßigkeit für die Einsetzung von Schlusserben und Ersatzerben gesondert zu prüfen.[27] Allein durch den Umstand, dass eine Verfügung in einem Erbvertrag enthalten ist, ist diese nicht gleich auch vertragsmäßig angeordnet.[28] Schließlich kann in einem Erbvertrag gem. § 2299 BGB auch lediglich mit einseitiger Wirkung verfügt werden.[29] Eine gesetzliche Auslegungsregel zu der Frage der Vertragsmäßigkeit einer Verfügung wie entsprechend § 2270 BGB bei wechselbezüglichen Verfügungen in gemeinschaftlichen Testamenten enthält das Gesetz nicht.[30] Sind indes Verfügungen als *„vertragsmäßig“* bezeichnet, ergibt sich daraus *„angesichts der Klarheit und Eindeutigkeit“* ihre Vertragsmäßigkeit.[31] Im Zweifel ist durch Auslegung zu ermitteln, ob eine vertragsmäßige oder eine einseitige Verfügung vorliegt.[32] Ebenfalls ist durch Auslegung zu klären, welchen Bindungsumfang die Verfügung haben soll.[33]

2. Interessenlage des Vertragspartners als maßgebliches Abgrenzungskriterium

13 **a) Grundsätzliche Kriterien.** Für die Vertragsmäßigkeit einer Verfügung spricht, wenn einer Person, die an dem Vertrag selbst beteiligt ist, etwas durch den Erbvertrag zugewendet wird.[34] Das OLG München[35] spricht davon, dass *„die Annahme einer vertragsmäßigen Verfügung besonders nahe“* liege. Auch bei einer gegenseitigen Begünstigung von Todes wegen kann von der Bindungswirkung ausgegangen werden.[36] Für die Feststellung der Vertragsmäßigkeit von Verfügungen, durch die an dem Erbvertrag nicht beteiligte Personen begünstigt werden, ist das maßgebliche Entscheidungskriterium, **welches Interesse** der Erblasser oder der Vertragspartner an einer Bindung gehabt hat.[37] So hat das OLG Mün-

[23] OLG München ZErb 2015, 17; OLG Hamm NJW-RR 2005, 450 mwN aus der Rspr.
[24] BeckOGK BGB/*Röhl* § 2278 Rn. 13.
[25] OLG Hamm NJW-RR 2005, 450.
[26] BGH NJW 1961, 120; BayObLG NJW-RR 1999, 1167 (1168); Rpfleger 1983, 70 = FamRZ 1983, 838; OLG Zweibrücken FamRZ 1995, 1021 = BeckRS 1994, 30843904.
[27] OLG München BeckRS 2011, 24077.
[28] BGH DB 1970, 928 = DNotZ 1970, 356; OLG Stuttgart NJOZ 2002, 2703 (2704); BayObLG NJW-RR 1999, 1167 (1168); NJWE-FER 1997, 133 (134); MittRhNotK 1993, 121 (122) = FamRZ 1994, 190; MüKoBGB/*Musielak* § 2278 Rn. 3; zur Gesetzesentstehung: BeckOGK BGB/*Röhl* § 2278 Rn. 14.
[29] BGH NJW 1958, 498; *Lehmann* BWNotZ 2000, 129.
[30] Staudinger/*Kanzleiter* § 2278 Rn. 8; *J. Mayer* DNotZ 1998, 772 (783).
[31] OLG Stuttgart NJOZ 2002, 2703 (2704).
[32] OLG Düsseldorf BeckRS 2011, 29473.
[33] OLG Frankfurt a. M. ErbR 2018, 100 (101).
[34] BGH NJW 1989, 2885; OLG Hamm NJW-RR 2005, 450 (451); BayObLG NJW-RR 1999, 1167 (1168); MittBayNot 1989, 322.
[35] OLG München ZErb 2015, 17.
[36] OLG Hamm NJW 1974, 1774.
[37] *J. Mayer* DNotZ 1998, 772 (784); Tanck/Krug AnwForm Testamente/*Krug* § 24 Rn. 24; *Lange* ErbR § 17 Rn. 168.

chen[38] in Übereinstimmung mit der übrigen Rechtsprechung[39] und Literatur[40] folgende Regel aufgestellt:

> *„Desgleichen ist eine Zuwendung an eine mit dem Vertragspartner verwandte oder diesem nahestehende Person in der Regel als bindend und vertragsmäßig gewollt, vor allem, wenn ein Vertragsteil ein Interesse an der Bindung des Erblassers hatte (vgl. Palandt/Weidlich, BGB, 73. Aufl. 2104, § 2278 Rn. 2–4 mwN).“*

Grundsätzlich kann von der Vertragsmäßigkeit von **Begünstigungen der gemeinsamen Kinder** der Vertragsschließenden ausgegangen werden.[41] Denn in der Regel kann angenommen werden, dass für die Ehegatten eine gesicherte, vom Wohlwollen und Gutdünken des längstlebenden Elternteils unabhängige, erbrechtliche Stellung begründet werden soll und dass von vornherein jede Gefährdung dieser Stellung der Kinder ausgeschlossen werden soll.[42] Das OLG Düsseldorf[43] nahm auch die Vertragsmäßigkeit der Schlusserbeinsetzung von einseitigen und gemeinsamen Kindern an. So war auch die Erbeinsetzung des einseitigen Sohnes der Erblasserin für die Erblasserin vertragsmäßig. Auch eine erbvertragliche Begünstigung eines Kindes, die **Ausgleich für eine lebzeitige Begünstigung** eines anderen Kindes ist, ist regelmäßig vertragsmäßig.[44] Ferner indiziert die Aufnahme einer **Pflichtteilsstrafklausel** die vertragsmäßige Schlusserbeinsetzung von gemeinsamen Kindern, vor allem in Verbindung mit einer Wiederverheiratungsklausel.[45] 14

Für die Frage des Interesses sind die Beweggründe des/der Testierenden für den Abschluss eines Erbvertrages zu ermitteln. Zu berücksichtigen ist das mit dem Verteilungsplan von dem Erblasser bezweckte Ziel, so u. a. der Gedanke der **Familienbindung.**[46] Gehört etwa einem Ehegatten ein **Unternehmen,** liegt es oftmals in seinem Interesse, dass nach seinem Tod dieses von seinen Kindern und nach deren Erbfall von seinen Enkelkindern weitergeführt wird. Dann könnte er auf einen **mehrseitigen Erbvertrag** mit seinem Ehegatten und seinen Kindern hinwirken, indem er bereits seine Kinder zu seinen Erben einsetzt und seine Kinder wiederum ihre Kinder zu ihren Erben einsetzen. Da so der Unternehmer die Sicherheit hat, dass letztlich seine Enkelkinder in den Genuss seines Unternehmens gelangen (und nicht Schwiegerkinder), setzt er seine Kinder zu Erben ein. Dann steht es auch im Interesse der Kinder, wiederum ihre Kinder zu Erben einzusetzen, da sie andernfalls etwa enterbt worden wären. 15

Praxistipp:

In letztwilligen Verfügungen wird einstweilen für einen Zeitraum von Jahrzehnten, gerne auch ein halbes Jahrhundert, verfügt. Die Umstände, die Grundlage des Erbvertrages waren, können sich massiv ändern. Etwa kann ein Unternehmen nach Erbvertragsschluss verkauft oder insolvent werden. Dann hat eine Anpassung durch ergänzende Auslegung des Erbvertrages zu erfolgen.

Ein **moralisches Interesse** kann ebenso für die Annahme der vertragsmäßigen Begünstigung eines Dritten, der mithin nicht Erbvertragspartner ist, genügen.[47] Auch die Anerken- 16

[38] OLG München ZErb 2015, 17.
[39] BGH DB 1970, 928; NJW 1961, 120; BayObLG NJW-RR 1994, 844 (846); NJW-RR 1999, 1167 (1168); NJWE-FER 1997, 133 (134); MittRhNotK 1993, 121 (122) = FamRZ 1994, 190.
[40] Damrau/Tanck/*Krüger* § 2278 Rn. 4; MüKoBGB/*Musielak* § 2278 Rn. 5; *Weiler* DNotZ 1994, 427 (438).
[41] OLG Saarbrücken NJW-RR 1994, 844 (846); vgl. FamRZ 1989, 1353; Palandt/*Weidlich* § 2278 Rn. 4; Tanck/Krug AnwForm Testamente/*Krug* § 24 Rn. 24.
[42] Vgl. für gemeinsame Kinder: OLG Hamm NJW-RR 2005, 450 (452); OLG Saarbrücken NJW-RR 1994, 844, (845); BGH DB 1970, 928 = DNotZ 1970, 356; OLG Stuttgart NJOZ 2002, 2703 (2704); Damrau/Tanck/*Krüger* § 2278 Rn. 4; Staudinger/*Kanzleiter* § 2278 Rn. 10.
[43] OLG Düsseldorf BeckRS 2011, 29 473.
[44] OLG Hamm NJW-RR 2005, 450 (451).
[45] BayObLG NJW-RR 1994, 844 (846); Staudinger/*Kanzleiter* § 2278 Rn. 10.
[46] NK-BGB/*Kornexl* § 2278 Rn. 14.
[47] RGZ 116, 321; NK-BGB/*Kornexl* § 2278 Rn. 14; MüKoBGB/*Musielak* § 2278 Rn. 5.

nung der Dienste eines Vertragspartners indiziert die Bindungswirkung.[48] Die Vertragsmäßigkeit wird man auch annehmen können, wenn der Vertragspartner im Hinblick auf die Verfügung des Erblassers einen Erbverzicht erklärt oder sich in einem mit dem Erbvertrag verbundenen Rechtsgeschäft unter Lebenden zu bestimmten Leistungen (zB einer Rentenzahlung) an den Erblasser verpflichtet hat.[49]

17 Ein zu einer Vertragsmäßigkeit führendes Näheverhältnis zu Nichtverwandten erfordert nach *Litzenburger,*[50] dass zu der begünstigten Person eine persönliche Beziehung besteht, die bei normalen Verhältnissen zu den nächsten Verwandten üblich ist. Zu diesem Personenkreis würden vor allem Adoptiv-, Stief- und Pflegekinder, verschwägerte Personen, sehr enge Freunde und langjährige Hausangestellte zählen, aber nicht allgemein gute Nachbarn oder normale Freunde.

Einzelfall

Das OLG Hamm[51] sah ein Indiz für die Bindungswirkung auch darin, dass die Ehegatten einige Tage vor Abschluss des Erbvertrages **ehevertraglich die Gütertrennung** vereinbart hatten. Dies erfolgte auf Druck des Ehemannes, da er verhindern wollte, dass seine Ehefrau im Scheidungsfalle an von ihm geerbte Vermögensgegenstände gelangt. Nach dem OLG Hamm handelte es sich bei beiden Verträgen um ein zusammengehörendes Regelwerk.

18 Hat ein Vertragspartner etwa einen **Erbverzicht** oder einen **Pflichtteilsverzicht** gem. § 2346 BGB erklärt und wird letztwillig in der gleichen notariellen Urkunde begünstigt, indiziert dies die Vertragsmäßigkeit seiner Begünstigung.[52] Beispiel: Nach dem BGH[53] wird ein Vermächtnis regelmäßig dann vertragsmäßig verfügt worden sein, wenn die Vermächtnisnehmerin in der gleichen notariellen Urkunde einen Erbverzicht erklärt hat.

19 **b) Kriterien gegen die Vertragsmäßigkeit.** Gegen die Vertragsmäßigkeit und damit die Bindungswirkung spricht, wenn der bedachte Dritte mit dem Erbvertragspartner weder verwandt ist noch sonst ihm nahesteht.[54] Gleiches gilt, wenn durch eine Verfügung der in dem Erbvertrag **selbst begünstigte Vertragspartner beschwert** wird.[55] Kein eigenes Interesse eines Vertragspartners wird bei einer Begünstigung des **Stiefkindes** anzunehmen sein, da keine verwandtschaftliche Beziehung bestand und vor allem wenn deren Verhältnis *„schlecht"* war.[56] Gegen das Interesse einer vermögenden Mutter, den Sohn vertragsmäßig zu ihrem Erben einzusetzen, kann sprechen, wenn dieser geistig behindert ist und deswegen letztwillig wohl nicht verfügen kann.[57]

20 **c) Wortlaut.** Sind etwa Schlusserben *„im Wege des Erbvertrages"* oder *„bindend"* eingesetzt worden, bedeutet dies die Vertragsmäßigkeit.[58] Gleiches gilt, wenn der Erbvertragspartner eine Verfügung *„annimmt"* oder eine Verfügung als *„erbvertraglich"* oder *„(erb)vertragsmäßig"* bezeichnet wird.[59] Wird ein *„einseitiges Rücktrittsrecht von den vorstehenden erbvertraglichen Bestimmungen"* nicht vorbehalten, spricht dies für vertragsmäßige Verfügungen, da ein vertragliches Rücktrittsrecht gem. § 2293 BGB andernfalls keinen Sinn ergibt.[60] Nach *J. Mayer*[61] lässt die Formulierung, dass die vorstehenden *„erbvertragsmäßigen Bestimmungen"* gegenseitig angenommen wurden, offen, welche Regelung vertragsmäßig ist.

[48] BGH NJW 1978, 423.
[49] BeckOGK BGB/*Röhl* § 2278 Rn. 17 unter Bezugnahme auf BGH NJW 1962, 343; NJW 1989, 2885.
[50] BeckOK BGB/*Litzenburger* § 2278 Rn. 5.
[51] OLG Hamm NJW-RR 2005, 450 (452).
[52] *Lange* ErbR § 17 Rn. 169.
[53] BGH NJW 1989, 2885; vgl. BeckOK BGB/*Litzenburger* § 2278 Rn. 4.
[54] BGH NJW 1961, 120; BeckOK BGB/*Litzenburger* § 2278 Rn. 6.
[55] BeckOK BGB/*Litzenburger* § 2278 Rn. 7.
[56] BayObLG NJWE-FER 1997, 133 (134).
[57] BayObLG NJWE-FER 1997, 133 (134).
[58] OLG Stuttgart NJOZ 2002, 2703 (2704) = FamRZ 2004, 407; BayObLG NJW-RR 1996, 457 (458); Staudinger/*Kanzleiter* § 2278 Rn. 8; Burandt/Rojahn/*Burandt* § 2278 Rn. 15.
[59] BeckOK BGB/*Litzenburger* § 2278 Rn. 3.
[60] OLG Stuttgart NJOZ 2002, 2703 (2705); NK-BGB/*Kornexl* § 2278 Rn. 15.
[61] *J. Mayer* DNotZ 1998, 772 (785).

d) Gegenseitige Erbeinsetzung und Schlusserbeinsetzung von Verwandten. Die gegenseitige Erbeinsetzung von Ehegatten ist regelmäßig vertragsmäßig.[62] Setzen sich kinderlose Ehegatten zunächst gegenseitig zu Alleinerben und dann **Verwandte zu Schlusserben** ein, entspricht es der Lebenserfahrung, wenn die Verfügungen zugunsten der eigenen Verwandten einseitig und zugunsten der Verwandten des anderen Ehegatten vertragsmäßig sind.[63] So hat idR der Vertragspartner kein Interesse daran, den anderen hinsichtlich der Zuwendung an dessen Verwandte zu binden, so das OLG München.[64] 21

Einzelfall

Gegen diese Lebenserfahrung entschied das BayObLG:[65] Die kinderlosen Ehegatten hatten sich gegenseitig innerhalb eines Erbvertrages zu Alleinerben eingesetzt und zu Schlusserben die gesetzlichen Erben der Ehefrau, bei denen es sich um deren beide Schwestern handelte. Das BayObLG stellte die Vertragsmäßigkeit der Schlusserbeinsetzung fest, so dass das spätere Einzeltestament der Erblasserin zugunsten ihres Neffen unwirksam war. Es hatten Zeugen ausgesagt, dass die Erblasserin sich nach dem Erbvertragsschluss auch bezüglich der Schlusserbeinsetzung gebunden gefühlt hatte. Zudem habe der Ehemann der Erblasserin den Erbvertrag auch mit Bindungswillen bezüglich der Schlusserbeinsetzung abgeschlossen.

e) Änderungsklauseln. *aa) Grundsätzliche Unterscheidung.* Ob und in welchem Umfang eine **Änderungsklausel** (→ Rn. 35 ff.) verfügt ist, ist ein Kriterium innerhalb der Auslegung.[66] Die hM trennt jedoch die Frage, ob eine Verfügung vertragsmäßig ist, von der Frage, ob bei unterstellter Vertragsmäßigkeit die Vertragsmäßigkeit durch einen Änderungsvorbehalt wieder eingeschränkt wird.[67] Abzulehnen ist die Auffassung von *Brox/Walker,*[68] wonach ein Änderungsvorbehalt die Vertragsmäßigkeit entfallen lässt. Zu beachten ist, dass sich eine Änderungsbefugnis sowohl auf die gesamte letztwillige Nachfolgeregelung einer Person als auch nur auf einzelne Anordnungen innerhalb einer gesamten letztwilligen Nachfolgeregelung beziehen kann. Es ist richtigerweise zwischen einer freien Änderungsklausel und einer spezifizierten Änderungsklausel zu differenzieren:[69] 22

bb) Freie Änderungsklausel. Eine **freie Änderungsklausel** in dem hiesigen Sinne gestattet etwa innerhalb eines Ehegattenerbvertrages, in dem sich die Ehegatten für den ersten Erbfall vertragsmäßig und gegenseitig zu Alleinerben eingesetzt haben, zur Änderung der Erbfolge in dem zweiten Erbfall. Alternativ kann sich die Änderungsbefugnis nur auf einzelne Klauseln einer gesamten letztwilligen Nachfolgeregelung beziehen. Die Klausel belässt dann zwar zumindest einer genau bezeichneten Verfügung deren Vertragsmäßigkeit, gestattet aber die Änderung der übrigen Verfügungen. Diese anderen Verfügungen und in dem vorherigen Beispiel die Verfügungen für den zweiten Erbfall können nur mit einseitiger Wirkung verfügt sein.[70] Eine freie Änderungsklausel indiziert daher die Einseitigkeit der Anordnung. 23

Einzelfall

Etwas anderes kann sich ergeben, wenn nur und erst der längerlebende Ehegatte zur Änderung befugt ist, wie etwa bei einem durch das BayObLG entschiedenen Sachverhalt.[71] So können die Ehegatten zwar dem längerlebenden Ehegatten *„für die Zeit nach dem Tod des einen von ihnen freie Hand lassen wollen, für die Zeit vorher darauf Wert gelegt haben, von einer Änderung der Verfügung durch den anderen unterrichtet zu werden“.*[72] Dann ist auch von der Vertragsmäßigkeit der Verfügungen für den

[62] OLG Zweibrücken FamRZ 1995, 1021 = BeckRS 1994, 30843904.

[63] BGH NJW 1961, 120; BayObLG NJW-RR 1999, 1167 (1168); MittBayNot 1989, 322; OLG Saarbrücken FamRZ 1995, 1021 = BeckRS 1994, 30 843 904; MüKoBGB/*Musielak* § 2278 Rn. 5.

[64] OLG München ZErb 2015, 17 (18) unter Bezugnahme auf BGH NJW 1961, 120.

[65] BayObLG Rpfleger 1983, 70.

[66] AA *Weiler* DNotZ 1994, 427 (440).

[67] BGH NJW 1982, 441 (442); OLG Köln NJW-RR 1994, 651 (652); Staudinger/*Kanzleiter* § 2278 Rn. 11.

[68] So wohl *Brox/Walker* ErbR Rn. 161.

[69] Vgl. Erman/*S. Kappler/T. Kappler* § 2278 Rn. 4.

[70] Letztlich entsprechend im Ergebnis: *Weiler* DNotZ 1994, 427 (438); vgl. auch für einen Ehevertrag bei einer Änderungsklausel für den zweiten Erbfall BGH NJW 1982, 441 (442); vgl. Erman/*S. Kappler/T. Kappler* § 2278 Rn. 4; im Ergebnis entsprechend: NK-BGB/*Kornexl* § 2278 Rn. 28.

[71] BayObLG NJW-RR 1997, 7 (8); zust. NK-BGB/*Kornexl* § 2278 Rn. 15.

[72] BayObLG MittBayNot 1989, 322 unter Berufung auf BGH NJW 1964, 2056.

zweiten Erbfall auszugehen. In diesem Fall kann aber nicht von einer freien, sondern muss von einer spezifizierten Änderungsklausel gesprochen werden.

24 *cc) Spezifizierte Änderungsklauseln.* **Spezifizierte Änderungsklauseln** stellen dagegen ein starkes Indiz für die Vertragsmäßigkeit einer Verfügung dar. Eine Änderung ist erst nach einem gewissen oder ungewissen Bedingungseintritt oder nach Ablauf einer Frist möglich. In Betracht kommt etwa, dass eine Änderung zulässig wird, wenn ein Begünstigter einen Ausbildungsabschluss nicht erreicht, vorverstirbt oder nicht seinen Pflegeverpflichtungen aufgrund des Erbvertrages nachgekommen ist. Auch kann durch eine Änderungsklausel dem Erblasser gestattet werden, den vertragsmäßig eingesetzten Alleinerben durch später verfügte Vermächtnisse zu belasten. In diesen Fällen schafft eine Änderungsklausel einen Bindungsrahmen, der die Grenze für spätere Bindungen absteckt.[73]

25 Ein Änderungsvorbehalt hätte der Testierende nicht verfügt, wenn er nicht der Auffassung gewesen wäre, dass er sich durch den Erbvertrag zumindest in einer gewissen Weise gebunden hätte. Eben diese Bindungswirkung wollte dann ein Erblasser durch eine Änderungsbefugnis abschwächen. Gleichzeitig wollte er seinem Begünstigten eine gewisse Sicherheit einer Begünstigung geben, die er dem Begünstigten nicht vollends einseitig entziehen kann. Eine Änderungsklausel hätte folglich der Erblasser sich nicht vorbehalten, wenn er von einer einseitigen und damit unverbindlichen Verfügung ausgegangen wäre.

26 So hat auch das OLG Düsseldorf[74] entschieden: Der Vorbehalt, den im Erbvertrag eingesetzten Erben mit Vermächtnissen oder Auflagen zu belasten, steht nicht der Vertragsmäßigkeit der Erbeinsetzung entgegen. Die Erbeinsetzung wird durch den Vorbehalt in ihrem Wesen nicht berührt. Auch kann sich ein Erblasser vorbehalten, neben einem eingesetzten Erben noch einen Miterben später einzusetzen. Auch dieser Vorbehalt wäre nicht erforderlich, wenn die erste Erbeinsetzung nicht zumindest zu einem geringen Bruchteil vertragsmäßig erfolgt sei.[75]

27 Auch *Kornexl*[76] zufolge lassen Änderungsklauseln Rückschlüsse auf eine zunächst gewollte vertragsmäßige Bindung zu; nach *Weiler*[77] setzt ein spezifizierter Änderungsvorbehalt eine vertragsmäßige Verfügung voraus.

28 *dd) Durch ergänzende Auslegung.* Eine **Änderungsklausel** kann sich auch erst aufgrund ergänzender Testamentsauslegung nach Eintritt nicht erwarteter Umstände ergeben. Jedoch hat das OLG Düsseldorf[78] eine solche Klausel durch ergänzende Auslegung eines Erbvertrags abgelehnt: Hierfür sei kein Raum, auch wenn die Vertragsschließenden bei Kenntnis der späteren Entwicklung (hier: geistige Behinderung des gemeinsamen Sohnes) anders testiert hätten, nämlich den Sohn nicht uneingeschränkt als Erben eingesetzt hätten, zumindest solange der Erbvertrag nicht andeutet, in welcher Weise er angepasst oder eine andere Form der letztwilligen Verfügung gewählt worden wäre.

29 f) **Rücktrittsrecht.** Ist ein Rücktrittsrecht ausdrücklich vorbehalten, so ist von der Vertragsmäßigkeit der sich darauf beziehenden Verfügungen auszugehen.[79] Schließlich wäre bei einer einseitigen Verfügung ein Rücktrittsvorbehalt nicht erforderlich.

30 g) **Anwendung von § 2270 Abs. 2 BGB.** Es wird vertreten, dass die Grundsätze herangezogen werden können, die zur Beurteilung der Wechselbezüglichkeit von Verfügungen in **gemeinschaftlichen Testamenten** entwickelt worden sind.[80] Wegen der *„Ähnlichkeit der Rechtsinstitute"* des Ehegattenerbvertrages und des gemeinschaftlichen Testamentes könne

[73] Erman/*S. Kappler*/*T. Kappler* § 2278 Rn. 4.

[74] OLG Düsseldorf OLGZ 1966, 68.

[75] So Staudinger/*Kanzleiter* § 2278 Rn. 14, der aber nicht auf die Frage, ob eine Änderungsklausel die Vertragsmäßigkeit indiziert, eingeht.

[76] NK-BGB/*Kornexl* § 2278 Rn. 15.

[77] *Weiler* DNotZ 1994, 427 (439), der sich auch auf *Buchholz* FamRZ 1987, 440 (444) bezieht.

[78] OLG Düsseldorf MittBayNot 2012, 397 (399) mit krit. Anm. *Keim;* ebenfalls abl. bei einem gemeinschaftlichen Testament OLG Schleswig NJW-RR 2013, 906.

[79] BayObLG FamRZ 1994, 196; NK-BGB/*Kornexl* § 2278 Rn. 15.

[80] OLG Zweibrücken FamRZ 1995, 1021 = BeckRS 1994, 30843904; Staudinger/*Kanzleiter* § 2278 Rn. 10; NK-BGB/*Kornexl* § 2278 Rn. 17.

§ 2270 Abs. 2 BGB herangezogen werden, so der BGH.[81] Dagegen spreche nicht, dass § 2280 BGB nur auf die gesetzliche Auslegungsregel des § 2269 BGB verweist und damit explizit nicht auf die des § 2270 BGB. Eine Auslegung könne auf § 2270 BGB gestützt werden.

Bei Verfügungen in gemeinschaftlichen Testamenten ist anerkannt, dass die Auslegungsregeln § 2270 BGB (vermutete Wechselbezüglichkeit bei Verwandten) und § 2069 BGB (Abkömmlinge als vermutete Ersatzerben) nicht kumulativ verwendet werden können.[82] Aufgrund § 2069 BGB festgestellte Ersatzerben sind damit nicht mit wechselbezüglicher Wirkung ausgestattet. Diese Rechtsprechung ist auf vertragsmäßige Verfügungen übertragbar.[83] 31

h) Wechselbezüglichkeit vertragsmäßiger Verfügungen. Von der Wechselbezüglichkeit von vertragsmäßigen gegenseitigen Begünstigungen der Erbvertragspartner ist gem. § 2298 Abs. 2 S. 2 BGB solange auszugehen, bis ein anderer Wille der Vertragsschließenden festgestellt ist.[84] Die Vermutungswirkung des § 2298 Abs. 1 BGB iVm dem Abs. 3 geht weiter als die nach § 2271 Abs. 2 BGB bei dem gemeinschaftlichen Testament.[85] § 2298 Abs. 1 BGB vermutet, dass bei einem zweiseitigen Erbvertrag alle vertragsmäßigen Verfügungen in ihrem Bestand voneinander abhängig sind.[86] 32

Umstritten und höchstrichterlich ungeklärt ist die Frage, ob bei einem zweiseitigem Erbvertrag die Ausschlagung des längerlebenden Vertragspartners der „Erbschaft aufgrund gewillkürter Erbfolge“ dazu führt, dass der Ausschlagende seine Testierfreiheit wiedererlangt. Gegen die Wiedererlangung hat sich das OLG Oldenburg[87] ausgesprochen, und zwar auch unter Hinweis auf die Auslegungsregel gem. §§ 2085, 2279 BGB. *Wendt*[88] kritisiert diesen Beschluss massiv. Anerkannt ist, dass zu den Nichtigkeitsgründen nach § 2298 Abs. 1 BGB nicht die Fälle der nachträglichen Gegenstandslosigkeit zählen, so etwa durch Ausschlagung (§§ 1953, 2180 Abs. 3 BGB), aber auch infolge Vorversterbens, Zuwendungsverzicht (§ 2352 BGB) und Erb- und Vermächtnisunwürdigkeit (§§ 2339 ff. BGB).[89] Wenn der Erbvertrag indes ein Rücktrittsrecht beinhaltete, führt gem. § 2298 Abs. 2 S. 3 BGB die Ausschlagung aller dem längerlebenden Vertragspartner zugewandter vertragsmäßiger Zuwendungen zur Wiedererlangung der Testierfreiheit.[90] So kann er nach Ausschlagung seine vertragsmäßigen Verfügungen durch Testament aufheben. 33

V. Feststellungs- und Beweislast

Derjenige ist feststellungs- bzw. beweisbelastet, der eine Abänderung oder eine Aufhebung durch eine spätere Verfügung der fraglichen Verfügung für unwirksam hält.[91] Dafür, dass entgegen § 2298 Abs. 2 S. 2 BGB eine gegenseitige vertragsmäßige Begünstigung nicht wechselbezüglich ist, ist derjenige feststellungsbelastet, der sich darauf beruft.[92] 34

[81] BGH DB 1970, 928 = DNotZ 1970, 356 unter Hinweis auf BGH NJW 1958, 498; OLG München ZErb 2011, 336: § 2270 Abs. 2 BGB könne „entsprechend herangezogen“ werden; BeckOGK BGB/*Röhl* § 2278 Rn. 13.

[82] BGH NJW 2002, 1126; OLG München FamRZ 2010, 1846 = BeckRS 2010, 11135; vgl. MüKoBGB/*Musielak* § 2270 Rn. 18.

[83] OLG München NJW-RR 2012, 9; BeckOGK BGB/*Röhl* § 2278 Rn. 13; aA OLG Celle FamRZ 2013, 1164.

[84] BayObLG FamRZ 1994, 196.

[85] Nieder/Kössinger Testamentsgestaltung-HdB/*R. Kössinger* § 11 Rn. 14.

[86] BeckOGK BGB/*G. Müller* § 2298 Rn. 7.

[87] OLG Oldenburg ErbR 2015, 443 (444).

[88] *Wendt* ErbR 2015, 408.

[89] BeckOGK BGB/*G. Müller* § 2298 Rn. 17.

[90] MüKoBGB/*Musielak* § 2298 Rn. 6.

[91] Baumgärtel/Laumen/Prütting/*Schmitz* § 2278 Rn. 4.

[92] Baumgärtel/Laumen/Prütting/*Schmitz* § 2298 Rn. 1 mwN.

VI. Änderungsklauseln

1. Zulässigkeit und Grenzen

35 Die Zulässigkeit von Änderungsklauseln in Erbverträgen ist anerkannt.[93] Da ein Widerruf von einseitigen Verfügungen stets möglich ist, beziehen sich Befugnisse aus Änderungsvorbehalten ausschließlich auf vertragsmäßig angeordnete Verfügungen.

36 Der Erbvertrag muss aber ungeachtet des Vorbehalts *„zumindest eine vertraglich bindende und vorbehaltslose"* Verfügung enthalten.[94] Ein Abänderungsvorbehalt ist folglich unzulässig, wenn der Erblasser durch ihn ermächtigt wird, sämtliche vertragsmäßigen Verfügungen zu ändern.[95] Der Erbvertrag würde durch einen solchen Totalvorbehalt *„seines eigentlichen Wesens entkleidet"* und als Vertrag mangels Bindungswirkung wirkungslos, so der BGH.[96] Die Formvoraussetzungen eines Rücktritts würden umgangen. Demzufolge muss in einem Erbvertrag beispielsweise zumindest ein Vermächtnis vertragsmäßig verfügt sein. Zulässig ist ein Änderungsvorbehalt in einem **zweiseitigen Erbvertrag,** der es dem längerlebenden Erblasser gestattet, gänzlich frei über seinen Nachlass zu verfügen. Hierzu muss in diesem Erbvertrag aber etwa die gegenseitige Alleinerbeinsetzung vertragsmäßig angeordnet sein.[97]

37 Etwas weiter geht die „Lehre vom spezifizierten Abänderungsvorbehalt".[98] Danach ist ein **Änderungsvorbehalt** solange zulässig, wie seine Ausübung nur unter **bestimmten, genau festgelegten Voraussetzungen** möglich ist. Diese Einschränkung der Änderungsmöglichkeit kann auf der Tatbestands- und auch auf der Rechtsfolgenseite des Erbvertrages erfolgen.[99] Die Voraussetzungen, die eine Änderung dem Erblasser gestatten, dürfen aber nicht von dem Erblasser einseitig herbeigeführt werden können.[100] Damit ist sichergestellt, dass der Erblasser **nicht willkürlich** seine vertragsmäßigen Verfügungen widerrufen kann. Dem hat sich das OLG München[101] angeschlossen und eine zulässige Änderungsbefugnis festgestellt, solange

> *„die Änderung nur unter bestimmten Voraussetzungen möglich oder inhaltlich beschränkt ist, da auch im letzteren Fall der Erblasser in seiner Gestaltungsfreiheit beschränkt ist (Soergel/Wolf, BGB, 13. Aufl., § 2278 Rn. 7; Palandt/Edenhofer, BGB, 67. Aufl., § 2289 Rn. 9; Reimann/Bengel/J. Mayer, Testament und Erbvertrag, 5. Aufl., § 2278 Rn. 26f.)."*

2. Abgrenzung zum Rücktrittsvorbehalt

38 Durch einen vorbehaltenen Rücktritt kann sich der Erblasser von seinen vertragsmäßigen Verfügungen lösen.[102] Zur Ausübung ist zu Lebzeiten des anderen Vertragspartners erforderlich, dass der Rücktritt ihm durch eine notarielle Erklärung erklärt wird (§ 2296 Abs. 2 BGB). Dagegen kann von einer Änderungsbefugnis schon durch Errichtung eines privatschriftlichen oder öffentlichen Einzeltestamentes durch den Erblasser Gebrauch gemacht

[93] BGH NJW 1958, 498; NJW 1982, 441 (442); OLG Köln NJW-RR 1994, 651 (652); OLG München DNotZ 2009, 138; Damrau/Tanck/*Krüger* § 2278 Rn. 6; Burandt/Rojahn/*Burandt* § 2278 Rn. 20; MüKoBGB/*Musielak* § 2278 Rn. 14; *Weiler* DNotZ 1994, 427 (429).

[94] OLG München ZErb 2015, 17; OLG Köln RNotZ 2001, 397 (398); zuvor BGH NJW 1958, 498.

[95] OLG Köln NJW-RR 1994, 651 (652).

[96] BGH NJW 1958, 498; vgl. BayObLG NJW-RR 1997, 1027 (1028); vgl. Nieder/Kössinger Testamentsgestaltung-HdB/*R. Kössinger* § 11 Rn. 85.

[97] OLG Köln RNotZ 2001, 397 (398); OLG Stuttgart NJW-RR 1986, 165 (166); aA: Die Lehre vom erbvertraglichen Rest, eine Mindermeinung, fordert auch – um in dem Beispiel zu bleiben – für den zweiten Erbfall zumindest eine vertragsmäßige Verfügung, so MüKoBGB/*Musielak* § 2278 Rn. 20.

[98] Damrau/Tanck/*Krüger* § 2278 Rn. 6; Staudinger/*Kanzleiter* § 2278 Rn. 13; *J. Mayer* DNotZ 1990, 757 (774); BeckOK BGB/*Litzenburger* § 2278 Rn. 12; NK-BGB/*Kornexl* § 2278 Rn. 37; *Keim* NJW 2009, 818 (819).

[99] *Weiler* DNotZ 1994, 427 (440); *Keim* NJW 2009, 818 (819).

[100] *Musielak* ZEV 2007, 245 (248).

[101] OLG München DNotZ 2009, 138 (139); ZEV 2007, 33; wobei das OLG München zunächst die Auffassung von BGH NJW 1958, 498 bestätigt.

[102] Tanck/Krug AnwForm Testamente/*Krug* § 24 Rn. 134.

werden.[103] Folglich erhält der Vertragspartner von der geänderten Erbfolge seines Vertragspartners nicht zwingend Kenntnis, was wiederum bei einem Rücktritt der Fall ist.

Der Rücktrittsvorbehalt kann sich auch **durch Auslegung** ergeben,[104] so etwa nach dem 39
BayObLG[105] *„nach Wortlaut und Sinn"* des Erbvertrages. So kann beispielsweise durch Auslegung bzw. durch Umdeutung ein Rücktrittsrecht festgestellt werden, wenn der Erblasser nach dem Wortlaut des Erbvertrages zur einseitigen Änderung sämtlicher Verfügungen berechtigt ist.[106]

3. Form und Auslegung eines Änderungsvorbehaltes

Ein Änderungsvorbehalt muss in der für den Erbvertrag vorgeschriebenen Form verein- 40
bart sein (§ 2276 BGB).[107] Bei Ehegatten reicht die Form eines gemeinschaftlichen Testamentes (§ 2292 BGB), wenn dieser später und separat angeordnet wird.[108] Neben der ausdrücklichen Anordnung kann sich ein Änderungsvorbehalt auch aufgrund einfacher Auslegung oder ergänzender Auslegung ergeben,[109] wozu auf die Ausführungen von Änderungsvorbehalten bei gemeinschaftlichen Testamenten unter § 20 Rn. 58 ff. verwiesen wird. Eine solche Befugnis aufgrund der Auslegung muss sich *„eindeutig und ausdrücklich"* aus den Formulierungen des Erbvertrages ergeben.[110] In einem Erbvertrag sind die Anforderungen an einen stillschweigenden Vorbehalt aufgrund der **Pflichten des Notars** aus § 17 BeurkG (→ § 7 Rn. 54 ff.) höher als bei einem durch Laien formulierten gemeinschaftlichen Testament.[111] Innerhalb der ergänzenden Auslegung sind lt. OLG Düsseldorf[112] Anhaltspunkte dahingehend erforderlich, *„in welcher Weise der Erbvertrag angepasst oder eine andere Form der letztwilligen Verfügung gewählt worden wäre"*.

Auch bei einer ausdrücklich aufgenommenen Änderungsklausel ist der *„Spielraum für* 41
abändernde Verfügungen" des Erblassers durch Auslegung zu ermitteln.[113] *Keim*[114] weist auf Auslegungsprobleme aus der Praxis hin. Ebenfalls kann dem BGH[115] zufolge der **Umfang der Bindungswirkung** *„im Auslegungsweg"* zu ermitteln sein.

Einzelfälle

(1) Das OLG Düsseldorf[116] entschied beispielsweise für einen Änderungsvorbehalt, wonach es dem längerlebenden Ehegatten gestattet war, die Erbquoten der zu Schlußerben eingesetzten Kinder zu ändern, dass dieser nicht zur Enterbung eines Kindes berechtige. Darf der längerlebende Ehegatte die Erbeinsetzung für den zweiten Erbfall *„aus triftigem Grund"* ändern, so bedarf es hierzu sachlich vernünftiger und gerechtfertigter Gründe.[117]

(2) Das OLG München[118] hatte über eine Änderungsklausel zu entscheiden, die dem Längerlebenden die Änderung der Schlusserbeinsetzung erlaubt, *„wenn nach seinem Ermessen hierzu Veranlassung besteht"*. Wenn die Erbquoten geändert oder die Erben ausgewechselt werden dürfen, bedeutet das nach dem OLG München[119] nicht ohne Weiteres, dass die Erben mit einer Testamentsvollstreckung belastet werden dürfen.

[103] BeckOK BGB/*Litzenburger* § 2278 Rn. 16; *Keim* NJW 2009, 818 (819).
[104] BayObLG MittBayNot 1989, 322 (323).
[105] NJWE-FER 1998, 158 (159).
[106] BeckOK BGB/*Litzenburger* § 2278 Rn. 13; Burandt/Rojahn/*Burandt* § 2278 Rn. 20; *Lange/Kuchinke* ErbR § 25 VI 4.
[107] Burandt/Rojahn/*Burandt* § 2278 Rn. 22; NK-BGB/*Kornexl* § 2278 Rn. 38.
[108] BeckOK BGB/*Litzenburger* § 2278 Rn. 15.
[109] BGH NJW 1958, 498; OLG Köln NJW-RR 1994, 651 (652); OLG Düsseldorf BeckRS 2011, 29473; Staudinger/*Kanzleiter* § 2278 Rn. 15; NK-BGB/*Kornexl* § 2278 Rn. 39; Nieder/Kössinger Testamentsgestaltung-HdB/*R. Kössinger* § 11 Rn. 98; Erman/*S. Kappler/T. Kappler* § 2278 Rn. 4.
[110] OLG Oldenburg BeckRS 2011, 23182.
[111] Erman/*S. Kappler/T. Kappler* § 2278 Rn. 4.
[112] OLG Düsseldorf BeckRS 2011, 29473.
[113] OLG Stuttgart NJOZ 2002, 2703 (2706) = FamRZ 2004, 407 unter Berufung auf BGH NJW 1983, 277 (278).
[114] *Keim* NJW 2009, 818 (819).
[115] BGH NJW 2011, 1733 (1735).
[116] OLG Düsseldorf ZEV 2007, 275.
[117] OLG Koblenz DNotZ 1998, 218.
[118] OLG München FGPrax 2008, 254.
[119] OLG München ZEV 2008, 340 (341).

§ 22 Rechtsfolgen einer Scheidung auf gemeinschaftliche Testamente (Aufrechterhaltungswille)

Übersicht

I. Praxisrelevanz

1 Errichten Ehegatten ein gemeinschaftliches Testament oder schließen einen Erbvertrag, denken sie oftmals nicht an die rechtlichen Folgen einer späteren Scheidung für ihre darin enthaltenen letztwilligen Verfügungen. In Laientestamenten finden sich höchstens Regelungen für den Fall der Wiederheirat und den Fall des *„gleichzeitigen Versterbens“* (→ § 23).

2 Folgende Konstellationen sind in der Praxis festzustellen:

- Die Ehegatten haben sich gegenseitig bedacht, vor allem zu Alleinerben.
- Die Ehegatten haben sich gegenseitig zu Alleinerben eingesetzt und ihre Kinder (oder andere Personen) zu ihren Schlusserben.
- Die Ehegatten haben sich nicht gegenseitig bedacht, sondern jeweils ihre Kinder (oder andere Personen) unmittelbar zu ihren Erben bestimmt.

3 Wenn die Ehegatten geschieden sind oder die Voraussetzungen des § 2077 Abs. 1 S. 2, 3 BGB[1] vorliegen, stellt sich die *„hochgradig spekulative“*[2] Frage, ob und welche Verfügungen nach einer Scheidung bestehen bleiben. Angenommen, die Verfügungen bleiben aufrecht erhalten, ist unklar, ob auch die ursprüngliche Wechselbezüglichkeit bzw. Vertragsmäßigkeit bestehen bleibt. Schließlich müssen auch die Fälle behandelt werden, in denen die Ehegatten nach der Scheidung den ursprünglichen Ehegatten erneut geheiratet haben. Lebt dann das „alte“ gemeinschaftliche Testament wieder auf?

4 Hat ein Ehegatte innerhalb seines Einzeltestamentes *„meine Ehefrau“* zur Alleinerbin eingesetzt und erneut geheiratet: Bezieht sich die Bestimmung *„meine Ehefrau“* auch auf die neue Ehefrau, also jeweils auf die „aktuelle“ Ehefrau?

II. Rechtslage

1. Gesetzliche Vermutung

5 **a) Einzeltestament.** Das Gesetz sieht folgende Systematik vor: Hat der Erblasser ein **Einzeltestament** errichtet und darin seinen Ehegatten mit einer Erbeinsetzung, einem Vermächtnis oder einer Auflage begünstigt, so sind diese Verfügungen nach einer Scheidung gemäß der gesetzlichen Auslegungsregel § 2077 Abs. 1 BGB im Zweifel unwirksam. Verfügungen zugunsten Dritter bleiben bestehen. Dagegen bleibt bei Vorliegen des **Aufrechterhaltungswil-**

[1] Detailliert: *Czubayko* FPR 2011, 260 (261 ff.).
[2] *Langenfeld/Fröhler,* Testamentsgestaltung Kap. 5 Rn. 170.

lens nach § 2077 Abs. 3 BGB die Verfügung mit ihrem ganzen Inhalt wirksam. Ist die Berufung des Ehegatten wegen § 2077 BGB unwirksam, kommt die Ersatzerbeneinsetzung zum Tragen. So ist die Berufung eines Ersatzerben eine selbstständige Verfügung iSd § 2085 BGB zur primären Erbeinsetzung.[3]

b) **Gemeinschaftliches Testament.** Bei dem **gemeinschaftlichen Testament** verweist § 2268 BGB auf § 2077 BGB. Hat der Erblasser ein gemeinschaftliches Testament mit seinem Ehegatten errichtet, ist dieses im Zweifel nach der gesetzlichen Auslegungsregel § 2268 Abs. 2 BGB *„seinem ganzen Inhalt nach"* unwirksam *(„Alles-oder-nichts-Prinzip")*.[4] Dies betrifft mithin einseitige, wechselbezügliche und sogar Verfügungen zugunsten Dritter.[5] Soweit aber ein **Aufrechterhaltungswille** gem. § 2268 Abs. 2 BGB festzustellen ist, bleiben die Verfügungen wirksam. Demnach ist bei jeder einzelnen Verfügung in dem gemeinschaftlichen Testament zu prüfen, ob diese trotz der Scheidung wirksam bleibt. 6

c) **Erbvertrag.** Für den **Erbvertrag** verweist § 2279 Abs. 1 BGB (vertragsmäßige Verfügungen) bzw. § 2299 Abs. 2 S. 1 BGB (einseitige Verfügungen) auf die für letztwillige Zuwendungen geltenden Vorschriften und somit ua auch auf § 2077 BGB. Grundsätzlich hat bei einem Erbvertrag die Nichtigkeit einer vertragsmäßigen Verfügung eines in einem Erbvertrag Verfügenden zur Folge, dass diese Nichtigkeit nach § 2298 Abs. 1 BGB die Unwirksamkeit des ganzen Erbvertrages nach sich zieht.[6] Bei Vorliegen von § 2298 Abs. 3 BGB gilt das indes nicht. Es ist näher zu **differenzieren,** mit wem der Erblasser den Erbvertrag geschlossen hat. Vorab ist festzuhalten, dass auf sämtliche vertragsmäßige Verfügungen § 2279 BGB und auf einseitige Verfügungen § 2299 Abs. 2 S. 1 BGB anzuwenden ist.[7] Wenn ein Dritter durch eine vertragsmäßige Verfügung in einem Ehegattenerbvertrag begünstigt wird, gilt aufgrund des § 2279 Abs. 2 BGB der § 2077 BGB direkt. Das führt zu Folgendem: 7

(1) **Ehegatte ist Vertragspartner:** 8
- Ist der Vertragspartner der mittlerweile **geschiedene Ehegatte,** so hat die Scheidung im Zweifel die Unwirksamkeit **sämtlicher vertragsmäßiger Verfügungen** zur Folge, also sowohl die Verfügungen zugunsten des geschiedenen längerlebenden Ehegatten (direkt nach § 2077 BGB, wobei Klarstellung durch § 2279 Abs. 2 BGB erfolgt) als auch die vertragsmäßgen Verfügungen zugunsten von Dritten (§ 2279 Abs. 2 BGB verweist auf § 2077 BGB).[8]
- Bei **einseitigen Verfügungen** gilt Folgendes:
  - Sind diese **zugunsten des Ehegatten,** bestimmen im Zweifel §§ 2077, 2299 Abs. 2 S. 1 BGB ihre Unwirksamkeit.[9]
  - Sind diese **zugunsten Dritter,** werden sie nicht von § 2077 BGB erfasst. Über § 2299 Abs. 2 S. 1 BGB ist dann die gesetzliche Auslegungsvorschrift § 2085 BGB heranzuziehen.[10] Danach wird die Wirksamkeit der einseitigen Verfügung vermutet, sofern nicht anzunehmen ist, dass der Erblasser diese Verfügung nicht ohne die unwirksame Verfügung getroffen haben würde.

(2) **Dritter ist Vertragspartner:** 9
- Ist der Vertragspartner nicht der Ehegatte, sondern ein Dritter, sind sowohl vertragsmäßige als auch einseitige Begünstigungen zugunsten des geschiedenen längerlebenden Ehegatten im Zweifel gemäß § 2077 BGB aufgrund der Verweisung in § 2279 Abs. 1 BGB bzw. in § 2299 Abs. 2 S. 1 BGB unwirksam.[11] Einseitige Verfügungen zugunsten Dritter bleiben

---

[3] OLG Hamburg NJW-RR 2015, 1419 (1420).
[4] OLG Frankfurt a.M. ErbR 2015, 634 (637); zur Entstehungsgeschichte des § 2268 BGB: *Muscheler* DNotZ 1994, 733 (738); vgl. auch *Muscheler* ErbR Rn. 2044.
[5] NK-BGB/*Gierl* § 2268 Rn. 8.
[6] OLG Frankfurt a.M. ErbR 2015, 634 (636).
[7] MüKoBGB/*Musielak* § 2279 Rn. 1.
[8] NK-BGB/*Kornexl* § 2279 Rn. 26 f.; Burandt/Rojahn/*Burandt* § 2279 Rn. 5, 7; MüKoBGB/*Leipold* § 2077 Rn. 33; vgl. OLG Stuttgart BeckRS 2011, 24495.
[9] BeckOK BGB/*Litzenburger* § 2279 Rn. 8; NK-BGB/*Kornexl* § 2279 Rn. 29.
[10] NK-BGB/*Kornexl* § 2279 Rn. 30 mit ausführlicher Begründung; Damrau/Tanck/*Krüger* § 2298 Rn. 2.
[11] NK-BGB/*Kornexl* § 2279 Rn. 28.

im Zweifel wirksam; ihre Unwirksamkeit kann sich nur über § 2299 Abs. 2 S. 1 BGB aus § 2085 BGB ergeben,[12] da sie nicht von § 2077 BGB erfasst werden.[13]

10 • Der Ehegatte hatte seinem Ehegatten, von dem er nun geschieden ist, vertragsmäßig etwas zugewendet. Verfügt der Vertragspartner, der nicht Ehegatte ist, **selber** auch durch den Erbvertrag letztwillig, gilt Folgendes: § 2298 Abs. 1 BGB ordnet für den Fall, dass beide Beteiligte eines Erbvertrages vertragsmäßige Verfügungen getroffen haben, an, dass die Nichtigkeit einer vertragsmäßigen Verfügung die Unwirksamkeit des ganzen Erbvertrages[14] zur Folge hat.[15] **Streitig** ist, ob sich die zur Anwendung des § 2298 BGB erforderliche Nichtigkeit auch aus dem in § 2077 Abs. 1 BGB normierten Unwirksamkeitsgrund ergeben kann:[16] Nach *Kanzleiter*[17] ist § 2077 BGB kein Fall des § 2298 BGB. Nach der hM[18] ist dagegen der § 2298 BGB auch auf eine Scheidung anzuwenden, so dass eine Scheidung nach § 2077 BGB die Nichtigkeitsfolge herbeiführt.[19] So gibt es für eine Differenzierung zwischen der anfänglichen und der nachträglichen Nichtigkeit keine sachliche Rechtfertigung.[20] Das weitere Argument besteht darin, dass § 2298 Abs. 1 BGB eine Wechselbezüglichkeit sämtlicher beiderseitigen vertragsmäßigen Verfügungen der Erbvertragsbeteiligten vermutet.[21] Da sie mithin miteinander *„stehen und fallen sollen"*,[22] soll die Nichtigkeit einer vertragsmäßigen Verfügung zur Nichtigkeit sämtlicher vertragsmäßiger Verfügungen führen.

Hinweis

Beide Auffassungen gelangen in der Regel zum gleichen Ergebnis: Nach der mM wäre Prüfungsmaßstab der § 2279 Abs. 1 iVm § 2085 BGB, so dass die Verfügung zugunsten Dritter wirksam bleibt. Dagegen wäre nach der hM § 2298 BGB Prüfungsmaßstab, wonach zwar die Unwirksamkeit von Verfügungen zugunsten Dritter vermutet, aber in der Regel der Aufrechterhaltungswille gem. § 2298 Abs. 3 BGB anzunehmen sein wird.[23] Der Unterschied besteht mithin lediglich in der Beweislastverteilung.

11 Die Vermutung des § 2298 Abs. 1 BGB kann gem. § 2298 Abs. 3 BGB durch einen anderen Willen der Vertragsschließenden widerlegt werden.

12 **Zur Klarstellung:** Die Unwirksamkeit nach § 2298 Abs. 1 BGB erstreckt sich **nur auf vertragsmäßige Verfügungen, nicht auf einseitige Verfügungen.**[24] Die Wirkungen der Nichtigkeit einer vertragsmäßigen Verfügung auf einseitige Verfügungen richten sich über § 2299 BGB nach § 2085 BGB.[25] Nachdem dann keine für einen Erbvertrag erforderliche vertrags-

[12] MüKoBGB/*Musielak* § 2298 Rn. 2; BeckOK BGB/*Litzenburger* § 2298 Rn. 2.

[13] NK-BGB/*Kornexl* § 2279 Rn. 31.

[14] Achtung: Gemeint sind nur vertragsmäßige Verfügungen, da für einseitige Verfügungen § 2299 BGB gilt.

[15] Damit ist auch – entgegen der amtlichen Überschrift – nicht Voraussetzung des § 2298 BGB, dass sich die Vertragspartner gegenseitig bedacht haben: MüKoBGB/*Musielak* § 2298 Rn. 1; BeckOK BGB/*Litzenburger* § 2298 Rn. 2.

[16] OLG München NJW-RR 2006, 82 entscheidet sich für keine Auffassung.

[17] Staudinger/*Kanzleiter* § 2298 Rn. 7.

[18] So MüKoBGB/*Musielak* § 2298 Rn. 3; BeckOK BGB/*Litzenburger* § 2298 Rn. 4; Nieder/Kössinger/*R. Kössinger* § 14 Rn. 106; Damrau/Tanck/*Krüger* § 2298 Rn. 2; NK-BGB/*Horn* § 2298 Rn. 4.

[19] Bei einem Erbvertrag, durch den beide Ehegatten verfügt haben, ergibt sich diese Rechtsfolge auch nach § 2279 Abs. 2 BGB, der die Rechtsfolge des § 2077 BGB auch auf Verfügungen zugunsten Dritter bestimmt.

[20] BeckOK BGB/*Litzenburger* § 2298 Rn. 4 unter Verweis auf OLG Hamm ZEV 1994, 367.

[21] Burandt/Rojahn/*Burandt* § 2298 Rn. 4; jurisPK-BGB/*M. Hamdan*/*B. Hamdan* § 2298 Rn. 6; § 2298 BGB geht weiter als § 2270 BGB, da § 2298 BGB für sämtliche vertragsmäßigen Verfügungen die Wechselbezüglichkeit vermutet, so Staudinger/*Kanzleiter* § 2298 Rn. 6.

[22] BeckOK BGB/*Litzenburger* § 2298 Rn. 1; Staudinger/*Kanzleiter* § 2298 Rn. 3.

[23] So auch OLG München NJW-RR 2006, 82 (83).

[24] NK-BGB/*Horn* § 2298 Rn. 1; BeckOK BGB/*Litzenburger* § 2298 Rn. 1; Nieder/Kössinger Testamentsgestaltung-HdB/*R. Kössinger* § 14 Rn. 106; Staudinger/*Kanzleiter* § 2298 Rn. 10.

[25] Burandt/Rojahn/*Burandt* § 2298 Rn. 8; BeckOK BGB/*Litzenburger* § 2298 Rn. 1.

mäßige Verfügung mehr enthalten ist, kommt eine Umdeutung nach § 140 BGB in ein notarielles Testament in Betracht (→ § 14).[26]

Beispiel:

X ist durch ein vertragsmäßiges Vermächtnis in einem Ehegattenerbvertrag begünstigt worden. Die Vermutung des § 2077 BGB aufgrund der Scheidung der verfügenden Ehegatten tritt ein. Die Unwirksamkeit des Vermächtnisses ergibt sich zum einen aus § 2279 Abs. 2 BGB iVm § 2077 BGB und zum anderen auch aus § 2298 Abs. 1 BGB.[27]

2. Rechtshängiges Scheidungs- bzw. Aufhebungsverfahren

13 Auch ist eine rechtskräftige Scheidung einer aufgelösten Ehe bzw. den Voraussetzungen des § 2077 Abs. 1 S. 2, 3 BGB bzw. § 1933 BGB gleichgestellt, mithin dem rechtshängigen Scheidungs- oder Aufhebungsverfahren.[28] Bei dem Scheidungsverfahren müssen die Voraussetzungen für die Scheidung bei dem Erbfall vorliegen, etwa das Trennungsjahr nach § 1566 Abs. 1 BGB. Liegt die unwiderlegbare Vermutung des § 1566 BGB nicht vor, müssen die Voraussetzungen des § 1565 Abs. 1 S. 2 BGB einzelfallbezogen geprüft werden.[29] Die Zustimmungserklärung des anderen Ehegatten bei einem rechtshängigen Scheidungsverfahren richtet sich nach § 134 Abs. 1 FamFG, vormals § 630 Abs. 2 S. 2 ZPO aF, und kann auch durch ein von dem anderen Ehegatten selbst unterzeichnetes Schreiben gegenüber dem Familiengericht abgegeben werden.[30]

3. Verlobten- und Lebenspartnerschaftsvertrag

14 Wenn in diesem Kapitel von einem Erbvertrag unter Ehegatten bzw. einem Ehegattenerbvertrag die Rede ist, gilt Entsprechendes auch für einen **Verlobtenerbvertrag** und einen eingetragenen Lebenspartnererbvertrag[31] im Sinne des Lebenspartnerschaftsgesetzes (§ 2279 Abs. 2 BGB; § 2077 Abs. 2 BGB).

15 § 2077 Abs. 2 BGB ist nach hM nicht analog anzuwenden, wenn bei Errichtung kein wirksames Verlöbnis vorlag oder nur eine **nichteheliche Lebensgemeinschaft**.[32] Umstritten ist die Anwendung von § 2077 BGB, wenn die Testierenden/Erbvertragspartner sich später verloben bzw heiraten. Teilweise wird die Anwendung abgelehnt.[33] Der BGH dürfte aA sein, wonach die Eheschließung beabsichtigt sein müsste.[34] Dann könnte § 2077 BGB angewendet werden.

III. Formulierungsbeispiele

16 Soll das Testament bzw. der Erbvertrag im Ganzen von dem Bestehen der Ehe abhängig sein, so empfiehlt sich folgende Klausel:[35]

Nach einer Scheidung sollen die vorstehenden Verfügungen ihrem ganzen Inhalt nach unwirksam sein. Die Anwendung von § 2077 Abs. 3 BGB wird ausgeschlossen.

---

26 Burandt/Rojahn/*Burandt* § 2298 Rn. 8; MüKoBGB/*Musielak* § 2298 Rn. 2, § 2299 Rn. 3; Damrau/Tanck/*Krüger* § 2298 Rn. 5.

27 So BeckOK BGB/*Litzenburger* § 2279 Rn. 7.

28 Hierzu sehr detailliert: Burandt/Rojahn/*Czubayko* § 2077 Rn. 3 ff.; *Czubayko* ZEV 2009, 551.

29 OLG München NJW 2013, 3732 (3733) mAnm *Röfer.*

30 OLG Köln ZEV 2014, 31 (32).

31 Keine Anwendung auf nichteheliche Lebensgemeinschaften; hierfür Gestaltungsvorschläge: *J. Mayer* ZEV 1997, 280 (283).

32 OLG Frankfurt a. M. ErbR 2016, 453 = BeckRS 2016, 6193 Rn. 12; ErbR 2016, 276 = BeckRS 2016, 9184 Rn. 20; DNotI-Gutachten, DNotI-Report 2018, 57 (58).

33 MüKoBGB/*Leipold* § 2077 Rn. 18; BayObLG DNotZ 1993, 129.

34 BGH FamRZ 1961, 364 (366) = BeckRS 1961, 31348711; detailliert DNotI-Gutachten DNotI-Report 2018, 57 (58 f.).

35 *Langenfeld/Fröhler* Testamentsgestaltung Kap. 5 Rn. 174.

17 Wenn stattdessen die einzelnen letztwilligen Verfügungen trotz Scheidung weiterhin wirksam bleiben sollen, kommt folgende Anordnung in Betracht:

Die vorstehenden Verfügungen bleiben wirksam, auch wenn unsere Ehe geschieden wird.

18 Ein Mittelweg kann wie folgt verfügt werden, wenn dem längerlebenden Ehegatten nur Vermächtnisse vermacht wurden:

Falls wir uns scheiden lassen sollten, sollen sämtliche Verfügungen dieses Testamentes bestehen bleiben. Das gilt aber nicht hinsichtlich der dem anderen Ehegatten ausgesetzten Vermächtnisse; diese sollen mit der Scheidung bzw. bei Vorliegen der Voraussetzungen des § 1933 BGB entfallen.

IV. Abgrenzungskriterien

19 Es stellt sich die durch Auslegung zu klärende Frage, ob der Erblasser die Verfügungen auch für den Fall seiner späteren Scheidung getroffen hätte.[36] Vorrangig zu den → § 8 Rn. 91 ff. dargestellten Zweifelsregelungen §§ 2077, 2268, 2279 BGB[37] ist ein eventuell abweichender Erblasserwille.[38] Abzustellen ist auf den (hypothetischen) Fortgeltungswillen bzw. Aufrechterhaltungswillen, an dessen Feststellung laut dem OLG München[39] *„keine niedrigen Anforderungen zu stellen"* sind. Im Idealfall sind in dem Testament eindeutige Regelungen für den Fall der Scheidung bzw. der vorhergehenden Trennung enthalten.

20 Bei der Auslegung von vertragsmäßigen Verfügungen ist nicht nur auf den Willen des Erblassers nach § 133 BGB abzustellen, sondern zusätzlich auch auf den Willen seines Vertragspartners als Empfänger nach § 157 BGB.[40] Eine Aufrechterhaltung ist zulässig, wenn beide Ehegatten dieses gewollt haben.[41] Maßgeblich sind die Vorstellungen bei Testamentserrichtung, nicht der Erblasser an seinem Todestag (OLG Oldenburg BeckRS 2018, 30214 Rn. 26).

21 Zur Ermittlung des fraglichen Aufrechterhaltungswillens ist primär auf den wirklichen Willen der Erblasser im Zeitpunkt der Errichtung abzustellen (einfache Auslegung).[42] Erst wenn der wirkliche Wille nicht festzustellen ist, wird auf den hypothetischen Erblasserwillen bei Testamentserrichtung durch ergänzende Testamentsauslegung abgestellt.[43] Spätere Umstände können nur als Anzeichen für einen bereits bei Testamentserrichtung vorhandenen (hypothetischen) Erblasserwillen berücksichtigt werden.[44]

22 Die Feststellung des Aufrechterhaltungswillens scheidet laut BGH[45] bereits dann aus, wenn *„der Fortbestand der Ehe … [ein] nicht unwesentliches mitbestimmendes Motiv für die Verfügung"* war. Sollen die Verfügungen zugunsten des längerlebenden Ehegatten fortbestehen, müssen besondere Umstände dafür sprechen, dass aus der Sicht des Erblassers die-

[36] Tanck/Krug/*Tanck* AnwForm und Erbvertrag § 3 Rn. 15.
[37] Damit keine unwiderlegbare Vermutung, so *J. Mayer* ZEV 1997, 280.
[38] OLG Stuttgart OLGZ 1976, 17 (18); OLG Zweibrücken NJW-RR 1998, 941; BeckOK BGB/*Litzenburger* § 2279 Rn. 5; *Abele/Klinger* FPR 2006, 138 (140).
[39] OLG München NJW-RR 2008, 1037; ebenso BGH NJW 2004, 3113 (3114).
[40] BGH NJW 1993, 256; NJW 1991, 169 (170).
[41] Burandt/Rojahn/*Braun* § 2268 Rn. 14.
[42] OLG Hamm ZEV 2011, 265 (266); OLG Dresden ZEV 2010, 257 (260).
[43] BGH NJW 2004, 3113 (3114 f.); BayObLG NJW-RR 1993, 12; Palandt/*Weidlich* § 2077 Rn. 6; *Schlitt* ZEV 2005, 96 (97); MüKoBGB/*Leipold* § 2077 Rn. 25; Nieder/Kössinger Testamentsgestaltung-HdB/*W. Kössinger* § 23 Rn. 52.
[44] OLG München NJW-RR 2008, 1037; OLG Zweibrücken NJW-RR 1998, 941; MüKoBGB/*Leipold* § 2077 Rn. 26.
[45] BGH NJW 2004, 3113 (3114); auch OLG Hamm NJW-RR 1992, 330; vgl. Staudinger/*Kanzleiter* § 2268 Rn. 10.

se Verfügungen trotz Scheidung weiterhin gelten sollen.[46] Die Prüfungsgrundsätze lassen sich einem Beschluss des OLG Frankfurt a. M.[47] wie folgt entnehmen:

„Gemäß § 2268 Abs. 2 BGB bleiben die Verfügungen eines gemeinschaftlichen Testaments nach Auflösung der Ehe jedoch ausnahmsweise insoweit wirksam, als anzunehmen ist, dass sie auch für diesen Fall getroffen sein würden. Insoweit ist durch Auslegung (§§ 133, 2084 BGB) der letztwilligen Verfügung zu ermitteln, ob deren Weitergeltung für den Fall der Ehescheidung dem wirklichen oder, falls ein solcher nicht festgestellt werden kann, dem mutmaßlichen (hypothetischen) Willen der Ehegatten im Zeitpunkt der Testamentserrichtung entsprochen hat, wobei es im Hinblick darauf, dass die jeweiligen Verfügungen Bestandteile eines gemeinschaftlichen Testaments sind, bei der Auslegung darauf ankommt, ob ein nach dem Verhalten des einen Ehegatten mögliches Auslegungsergebnis auch dem Willen des anderen Ehegatten entsprochen hat (…). Dabei müssen, wenn ein von der Vermutung des § 2268 Abs. 1 BGB abweichender hypothetischer Erblasserwillen im Einzelfall bejaht werden soll, besondere Umstände dafür sprechen (…), gerade weil gegenseitige und insbesondere wechselbezügliche Erbeinsetzungen in einem gemeinschaftlichen Testament typischerweise in Bezug auf eine bestehende Ehe vorgenommen werden und im Allgemeinen als Indiz gegen einen Aufrechterhaltungswillen sprechen (…). Weiterhin wird ein Aufrechterhaltungswille bereits dann regelmäßig verneint, wenn der Fortbestand der Ehe als zumindest mitbestimmendes Motiv für die letztwillige Verfügung noch in Betracht kommt (…).“

Diese hohen Anforderungen gelten nicht uneingeschränkt für **einseitige Verfügungen:** Bei diesen ist in aller Regel davon auszugehen, dass sie durch die Eheauflösung nicht beeinflusst werden sollen. So ist nach *Litzenburger*[48] der Aufrechterhaltungswille *„dem Wesen einseitiger Verfügungen immanent“*. Etwas anderes kann etwa in Fällen gelten, in denen sich die Ehegatten gegenseitig begünstigt haben und daneben ein Ehegatte auch Personen durch eine einseitige Verfügung begünstigt, die nur mit dem anderen Ehegatten verwandt sind, wie etwa seine Stiefkinder. Die Unwirksamkeit solcher (auch nur einseitigen) Verfügungen, hier die einseitige Begünstigung der Stiefkinder, kann sich aus § 2085 BGB ergeben.[49] 23

Wechselbezügliche Verfügungen stellen ein Indiz für das Fehlen eines Aufrechterhaltungswillens dar.[50]So hat das BayObLG entschieden:[51] 24

„Die Wechselbezüglichkeit einer letztwilligen Verfügung spricht zwar im allgemeinen gegen die Annahme, daß die Ehegatten sie auch im Fall des Scheiterns ihrer Ehe aufrecht erhalten wollten, jedoch kann sich aus der Person der Bedachten etwas anderes ergeben, insbesondere wenn es sich um gemeinschaftliche Kinder handelt (…).“

In diesem Fall waren die Kinder direkt durch ein gemeinschaftliches Testament als Erben ihrer Eltern jeweils eingesetzt worden; die Ehegatten hatten sich folglich nicht begünstigt. Das BayObLG[52] stellte den Aufrechterhaltungswillen fest, zumal der Schluss des LG zutreffend gewesen sei: 25

„auch der Erblasser hätte allein seine Kinder als Erben eingesetzt, wenn er im Zeitpunkt der Testamentserrichtung eine Scheidung seiner ersten Ehe in Betracht

[46] OLG München ZEV 2008, 290 (291); NJW-RR 2006, 82 (83); MüKoBGB/*Leipold* § 2077 Rn. 25; Burandt/Rojahn/*Czubayko* § 2077 Rn. 21.
[47] OLG Frankfurt a. M. ErbR 2015, 634 (637) = BeckRS 2015, 6817.
[48] BeckOK BGB/*Litzenburger* § 2268 Rn. 7; ebenso Burandt/Rojahn/*Braun* § 2268 Rn. 15; vgl. auch OLG Frankfurt Rpfleger 1978, 412 (413).
[49] Staudinger/*Otte* § 2077 Rn. 24.
[50] OLG Hamm NJW-RR 1992, 330 (331); BayObLG NJW-RR 1993, 1157 (1159); Damrau/Tanck/*Klessinger* § 2268 Rn. 15; NK-BGB/*Gierl* § 2268 Rn. 9; aA BeckOK BGB/*Litzenburger* § 2268 Rn. 8.
[51] BayObLG NJW-RR 1993, 1157 (1159).
[52] BayOBLG NJW-RR 1993, 1157 (1159).

gezogen hätte, ist möglich, wenn nicht sogar naheliegend, somit aus Rechtsgründen nicht zu beanstanden.“

26 Daher liegt ein Indiz für einen Aufrechterhaltungswillen dann vor, wenn die Ehegatten ihre **Abkömmlinge oder Dritte direkt zu Erben** eingesetzt haben.[53] So können Verfügungen wirksam bleiben, die in keinem Zusammenhang mit der Ehe standen.[54] Die Ehe war dann dafür kein besonderes Motiv.

Einzelfall

Etwas anderes gilt nach dem OLG München,[55] wenn die Ehegatten zwar direkt die Kinder zu Erben eingesetzt haben, aber es ihnen *„vor allem um die Absicherung des überlebenden Ehegatten ging“*. In diesem Fall war dem längerlebenden Ehegatten der Nießbrauch über die Erbschaft auch für den Fall der Wiederheirat vermacht und er war als Testamentsvollstrecker eingesetzt. Es war kein Aufrechterhaltungswille festzustellen.

27 Gerade die Konstellation des Berliner Testamentes ist *„die typische Ausprägung des gemeinschaftlichen, auf der besonderen Bindung der Ehe“*, so das OLG Hamm bei einem Erbvertrag.[56] Danach fehlt *„in der Regel der Wille zur vertraglichen Bindung (...) für den Fall der Scheidung“*, was sich auch auf die Schlusserbeinsetzung beziehe.[57]

28 Ein Indiz gegen den hypothetischen Aufrechterhaltungswillen besteht, wenn der **Erblasser selbst** das ursprüngliche Testament **für unwirksam gehalten** hat.[58] In dem Fall des BayObLG hatte der Erblasser nach der Scheidung ein notarielles Testament errichtet, in dem er versicherte, nicht erbrechtlich gebunden zu sein.

29 Besondere Umstände zugunsten des Aufrechterhaltungswillens können anzunehmen sein, wenn eine **Scheidung unter dem Zwang besonderer (politischer) Umstände** erfolgte[59] oder – ganz allgemein – durch äußere Umstände erzwungen wurde.[60] Das LG München[61] stellte beispielsweise den Aufrechterhaltungswillen nach der Scheidung einer Ehe fest, die zur Zeit des Nationalsozialismus und der Judenverfolgung erfolgt ist. Ein weiterer besonderer Umstand kann auch dann vorliegen, wenn der andere Ehegatte lediglich als nicht befreiter Vorerbe bestimmt wurde.[62]

30 Auch wenn ein gemeinschaftliches Testament oder ein Erbvertrag zu einem Zeitpunkt errichtet wurde, als die **Ehe in einer Krise** war und/oder die Ehegatten bereits nicht mehr zusammen in einer gemeinsamen Wohnung lebten, spricht vieles für den Aufrechterhaltungswillen. Die Ehegatten in einer solchen Situation haben die letztwilligen Verfügungen vermutlich nicht im Hinblick auf den Fortbestand der Ehe errichtet. Das gilt vor allem dann, wenn die Ehegatten **direkt ihre Kinder zu Miterben** eingesetzt haben und dem anderen Ehegatten lediglich etwa eine niedrige monatliche Rente vermacht wurde. Es ist dann zwar vom Wegfall des Rentenvermächtnisses aufgrund von § 2077 BGB auszugehen, aber von einem Fortbestand der Erbeinsetzung. Es ist schließlich nicht anzunehmen, dass die Ehegatten jeweils ihre Kinder nur im Hinblick auf den Fortbestand ihrer Ehe zu Erben eingesetzt haben, sondern gerade wegen der Ehekrise. Denn in einer intakten Ehe ist es üblich, dass der andere Ehegatte weitaus umfangreicher begünstigt wird.

31 Dagegen hat sich das OLG Zweibrücken gegen den Aufrechterhaltungswillen eines Erbvertrages ausgesprochen, der innerhalb einer Ehekrise errichtet wurde. Der Ehemann hatte sich bereits seiner Sekretärin zugewandt. Nach dem Gericht begründet die Ehekrise zwar *„Zweifel am Eingreifen der Auslegungsregel des § 2077 Abs. 1 BGB“*.[63] Da es aber feststell-

[53] MüKoBGB/*Musielak* § 2268 Rn. 7; Staudinger/*Kanzleiter* § 2268 Rn. 10; Burandt/Rojahn/*Czubayko* § 2077 Rn. 21; Rudolf/Bittler/Seiler-Schopp Testamentsauslegung und -anfechtung-HdB/*Rudolf* § 2 Rn. 546.
[54] Staudinger/*Kanzleiter* § 2268 Rn. 10.
[55] OLG München NJW-RR 2008, 1037 (1038).
[56] MittRhNotK 1995, 28 (30).
[57] AA OLG Stuttgart OLGZ 1976, 17 (19), wenn auch für eine etwas andere Konstellation.
[58] BayObLG ZEV 2001, 190 (192); MüKoBGB/*Leipold* § 2077 Rn. 26.
[59] MüKoBGB/*Leipold* § 2077 Rn. 25.
[60] Staudinger/*Otte* § 2077 Rn. 24.
[61] LG München ZErb 2008, 326 327.
[62] OLG Brandenburg OLGR 1995, 138 (139).
[63] OLG Zweibrücken NJW-RR 1998, 941 (942).

te, dass zumindest die Erblasserin *„noch vom Fortbestand ihrer Ehe ausgegangen ist und dies auch ihrem damaligen Ehemann bekannt war“*, sprach es sich gegen den Aufrechterhaltungswillen aus.

Einzelfall

Das OLG München[64] hatte über einen Erbvertrag zu entscheiden, mit dem sich die Ehegatten wechselseitig zu Alleinerben eingesetzt hatten und der Erblasser seine Verwandten, zu denen er dauerhaft ein schlechtes Verhältnis hatte, enterbt hatte. Die gegenseitige Erbeinsetzung war nach der Scheidung aufgrund §§ 2279 Abs. 2, 2077 Abs. 1 BGB unwirksam geworden. Die Enterbung der Verwandten, die nur mit einseitiger Wirkung getroffen wurde, wurde weder nach Anwendung von § 2279 Abs. 1 BGB iVm § 2085 BGB noch von § 2298 BGB unwirksam. Das Gericht nahm einen abweichenden Willen gem. § 2298 Abs. 3 BGB an bzw. stellte die Aufrechterhaltung nach § 2085 BGB fest.[65]

Ein **gutes Verhältnis geschiedener Ehegatten**[66] oder gar eine **Aussöhnung** können bei der Feststellung der Frage nach dem Aufrechterhaltungswillen keine Rolle spielen, da für die Auslegung grundsätzlich der Zeitpunkt der Testamentserrichtung maßgeblich ist.[67] 32

Umstritten ist der Fall der **Wiederheirat der ursprünglichen Ehegatten.** Eine mM stellt lediglich auf den Zeitpunkt des Erbfalls ab, bei dem keine geschiedene Ehe mehr vorlag, und nimmt die Wirksamkeit des gemeinschaftlichen Testamentes an.[68] Das kann aber nicht richtig sein: Ein gemeinschaftliches Testament lebt mit der Wiederverheiratung der zuvor geschiedenen Ehegatten nicht wieder auf.[69] Die zutreffenden Prüfungsgrundsätze gibt das OLG Düsseldorf[70] wie folgt vor: 33

> *„Daher könne der Wille der Ehegatten, ein unwirksam gewordenes Testament erneut in Kraft zu setzen, keine Beachtung finden, falls er nicht in der für letztwillige Verfügungen vorgeschriebenen Form zum Ausdruck gekommen sei. Jedoch müsse wegen § 2268 Abs. 2 BGB durch Auslegung nach den §§ 133, 2084 BGB ermittelt werden, ob die Weitergeltung der Verfügungen des gemeinschaftlichen Testaments für den Fall der Ehescheidung dem wirklichen oder, falls ein solcher nicht festgestellt werden könne, dem mutmaßlichen, dh hypothetischen, Willen der Ehegatten zum Zeitpunkt der Testamentserrichtung entsprochen habe. Dabei sei zu prüfen, ob ein für die Person eines Ehegatten mögliches Auslegungsergebnis auch dem Willen des anderen Teils entsprochen habe. Da es ferner auf denjenigen Zeitpunkt ankomme, zu dem die letztwillige Verfügung errichtet worden sei, könnten spätere Umstände nur als Anzeichen für einen bereits in jenem Zeitpunkt vorhandenen Erblasserwillen berücksichtigt werden (…).“*

Den Aufrechterhaltungswillen hat das BayObLG[71] aufgrund ergänzender Testamentsauslegung bei einem Fall angenommen, bei dem die Wiederheirat kurz nach der Scheidung erfolgte, sich die Ehegatten wiederholt geäußert hatten, dass es bei dem notariellen gemeinschaftlichen Testament bleibe, und die Ehegatten ihre beiden Ehen *„letztlich als Einheit angesehen“* haben. Als **Kriterien** zugunsten des Weitergeltungswillens werden eine Heirat nach verhältnismäßig kurzer Zeit nach der Scheidung und das Unterlassen anderweitiger letztwilliger Verfügungen durch die Ehegatten während der Zwischenzeit und gegen den Weitergeltungswillen die Qualifizierung der Verfügungen als wechselbezüglich und das Unterlassen der Begründung eines gemeinsamen Hausstandes genannt.[72] 34

Hat ein Ehegatte in einem Testament *„meine Ehefrau“* oder *„meinen Ehemann“* zu seinem Alleinerben eingesetzt und heiratet er nach der Scheidung erneut, bezieht sich diese 35

---

64 OLG München NJW-RR 2006, 82.
65 OLG München NJW-RR 2006, 82 (83); vgl. NK-BGB/*Beck/Selbherr* § 2077 Rn. 19.
66 OLG Stuttgart BeckRS 2011, 24495.
67 BayObLG FamRZ 1995, 1088; NK-BGB/*Beck/Selbherr* § 2077 Rn. 20; MüKoBGB/*Leipold* § 2077 Rn. 26 f.
68 MüKoBGB/*Leipold* § 2077 Rn. 28 f.; Damrau/Tanck/*Seiler-Schopp/Rudolf* § 2077 Rn. 20.
69 OLG Hamm ZEV 2011, 265; BayObLG NJW 1996, 133; vgl. OLG Dresden ZEV 2010, 257.
70 OLG Düsseldorf ZErb 2017, 172 (173).
71 BayObLG NJW 1996, 133 (134).
72 OLG Düsseldorf ZErb 2017, 172 (174) mwN.

Erbeinsetzung **nicht auf seine zweite Ehefrau:** Es kann nicht angenommen werden, dass der Erblasser jeweils seine aktuelle Ehefrau begünstigen wollte.[73] *Leipold*[74] stimmt dem zwar zu, schließt aber eine ergänzende Testamentsauslegung zugunsten des neuen Ehegatten nicht aus.

36 Ist für eine wechselbezügliche Verfügung der Aufrechterhaltungswille festgestellt, ist fraglich, ob diese weiterhin mit **wechselbezüglicher Wirkung erhalten** bleibt oder ob diese Wirkung durch die Scheidung weggefallen ist. Behält die Verfügung ihre Wechselbezüglichkeit, kann ein geschiedener Ehegatte sich nur durch ein einvernehmliches Widerrufstestament mit seinem geschiedenen Ehegatten oder durch eine einseitige notarielle Widerrufserklärung lösen, die dem anderen Ehegatten zugestellt werden muss. Der BGH[75] in seiner Grundsatzentscheidung vom 7.7.2004 bei einem gemeinschaftlichen Testament[76] und die weitere Rechtsprechung nehmen die Wechselbezüglichkeit weiterhin an.[77] Der Gegenauffassung zufolge entfällt mit der Auflösung der Ehe zwangsläufig die Wechselbezüglichkeit, weil der Grund für den Vertrauensschutz durch §§ 2070, 2071 BGB die bestehende Ehe ist.[78]

37 Hatten die **Ehegatten** bei Testamentserrichtung einen **unterschiedlichen Willen** darüber, ob ihre Verfügungen auch bei einer Scheidung aufrecht erhalten bleiben sollen, kommt auch eine sog. partiell einseitige Wechselbezüglichkeit in Betracht.[79] Eine ursprünglich wechselbezügliche Verfügung kann dann bei dem betreffenden Ehegatten als einseitige Verfügung weitergelten; eine Umdeutung ist hierzu nicht erforderlich.[80]

V. Beweis- und Feststellungslast

38 Wer sich auf die Unwirksamkeitsfolge aufgrund § 2077 Abs. 1, 2 BGB beruft, trägt für die Voraussetzungen die Beweis- und Feststellungslast.[81] Wer sich auf die Fortgeltung von letztwilligen Verfügungen trotz Scheidung beruft und damit aus diesen Verfügungen Rechte herleiten möchte, trägt die Feststellungs- bzw. Beweislast.[82] Der BGH[83] betont, dass an die Feststellung der Fortgeltung *„keine niedrigen Anforderungen zu stellen sind."* Ist das Scheidungsverfahren rechtshängig, trägt derjenige die Beweislast dafür, dass die Ehe geschieden worden wäre, der sich darauf beruft.[84]

[73] RGZ 134, 281; Palandt/*Weidlich* § 2077 Rn. 7; NK-BGB/*Beck/Selbherr* § 2077 Rn. 21; aA *Brox/Walker* ErbR Rn. 219.
[74] MüKoBGB/*Leipold* § 2077 Rn. 30.
[75] BGH NJW 2004, 3113.
[76] Gilt auch für den Erbvertrag: *Langenfeld/Fröhler* Testamentsgestaltung Kap. 5 Rn. 176.
[77] OLG Frankfurt a. M. ErbR 2015, 634 (639) mwN; BayObLG NJW-RR 1993, 1157 (1159); Palandt/*Weidlich* § 2268 Rn. 2; *Schlitt* ZEV 2005, 96 (98); *Keim* ZEV 2004, 425.
[78] Staudinger/*Kanzleiter* § 2268 Rn. 11; *Muscheler* ErbR Rn. 2044; *Muscheler* DNotZ 1994, 733 (742); *Kanzleiter* ZEV 2005, 181.
[79] Burandt/Rojahn/*Braun* § 2268 Rn. 14; *Muscheler* DNotZ 1994, 733 (740).
[80] Damrau/Tanck/*Klessinger* § 2268 Rn. 20; MüKoBGB/*Musielak* § 2268 Rn. 7, 14 nimmt eine Umdeutung in ein Einzeltestament vor.
[81] BeckOGK BGB/*Harke* § 2077 Rn. 35.
[82] BGH NJW 2004, 3113 (3114); OLG Oldenburg BeckRS 2018, 30214 Rn. 27; Palandt/*Weidlich* § 2077 Rn. 8, § 2268 Rn. 2; Staudinger/*Kanzleiter* § 2268 Rn. 10; Baumgärtel/Laumen/Prütting/*Schmitz* § 2077 Rn. 4.
[83] BGH NJW 2004, 3113 (3114).
[84] OLG München NJW 2013, 3732 (3733).

§ 23 Abgrenzungsfälle beim Berliner Testament (Einheits- gegen Trennungslösung)

Übersicht

I. Praxisrelevanz

1 Für die Mehrheit von Ehepaaren mit Kindern entspricht es ihrem Gerechtigkeitsgefühl, dass nach dem Tod des einen Ehegatten zunächst der andere Ehegatte alles erbt und erst im zweiten Erbfall die Kinder in den Genuß der Erbschaft bei der Einheitslösung bzw. der Erbschaften bei der Trennungslösung gelangen. Das Berliner Testament, gemeint ist damit zumeist die Einheitslösung, ist äußerst beliebt. Oftmals verfassen Ehegatten „aus dem Bauch heraus“ und ohne rechtliche Beratung ihr gemeinschaftliches Testament. Das führt dazu, dass einstweilen später durch Auslegung festgestellt werden muss, ob dem letzten Willen der Ehegatten eher die Einheits- oder die Trennungslösung entspricht. Auch ist jeweils in Betracht zu ziehen, ob dem längerlebenden Ehegatten vielleicht nur der Nießbrauch an der Erbschaft der erstversterbenden Ehegatten vermacht sein soll.

II. Rechtslage

1. Überblick und Definition

2 Voraussetzung für diesen Abgrenzungsfall ist, dass Ehegatten oder eingetragene Lebenspartner durch ein gemeinschaftliches Testament oder durch einen Erbvertrag letztwillige Erbeinsetzungen sowohl für den ersten als auch für den zweiten Erbfall verfügt haben. Dabei muss der längerlebende Ehegatte zum Alleinerben eingesetzt sein, ggf. aber durch die Nacherbschaft beschwert. Haben die Ehegatten jeweils nur die Person des Vorerben und die Person(en) des Nacherben bestimmt, ist der Nacherbe gem. § 2102 Abs. 1 BGB im Zweifel auch als Ersatzerbe für den zweiten Erbfall zu sehen.[1] Jedoch ist denkbar, dass die Ehegatten durchaus nur den ersten Erbfall oder den Fall im Wortsinne des gleichzeitigen Versterbens regeln wollten.[2]

3 Eine Kombination ist auch insoweit möglich, dass die Ehegatten zunächst nach der Einheitslösung verfügt haben, aber hinsichtlich des Schlußerben die Vor- und Nacherbschaft angeordnet haben.[3]

4 Haben die Ehegatten sich gegenseitig zu Alleinerben und Dritte, üblicherweise die gemeinsamen Kinder, zu Schlusserben eingesetzt, handelt es sich um die **Einheitslösung:** Im

---

[1] OLG Karlsruhe NJW-RR 2003, 582; OLG Hamm FamRZ 2002, 201 = BeckRS 2006, 4644; *Muscheler* ErbR Rn. 2094.

[2] NK-BGB/*Gierl* § 2269 Rn. 64; → § 23.

[3] OLG Karlsruhe NJW-RR 1999, 806 = BWNotZ 1999, 150; Palandt/*Weidlich* § 2269 Rn. 3.

ersten Erbfall verschmelzen die beiden bislang getrennten Vermögensmassen der Ehegatten bei dem alleinerbenden, längerlebenden Ehegatten.[4] Die Dritten beerben nur den längerlebenden Ehegatten. Bei der **Trennungslösung** hingegen ist der längerlebende Ehegatte nur Vorerbe (§ 2100 BGB). Die Dritten sind Nacherben des Erstverstorbenen; sie beerben im Zeitpunkt des zweiten Erbfalls sowohl den erstversterbenden als auch den längerlebenden Ehegatten.

5 Die gesetzliche Auslegungsregel § 2269 Abs. 1 BGB vermutet die Einheitslösung.[5] Sie ist direkt auf gemeinschaftliche Testamente und über § 2280 BGB auf Erbverträge von Ehegatten anwendbar, nicht hingegen auf Erbverträge von nichtehelichen Lebensgemeinschaften.

2. Rechtliche Unterschiede

6 Bei der **Einheitslösung** ist der längerlebende Ehegatte **nicht verfügungsbeschränkt;** er darf die Nachlasssubstanz für sich verbrauchen und Nachlassgegenstände veräußern.[6] Seine Schenkungen sind zwar wirksam, können aber nach seinem Ableben Ansprüche gem. § 2287 BGB analog gegen den Beschenkten nach sich ziehen. Sofern der längerlebende Ehegatte nicht befreiter Vorerbe ist, ist er an die Verfügungsbeschränkungen der §§ 2113 ff. BGB gebunden. Selbst wenn er gem. § 2136 BGB von sämtlichen gesetzlichen Beschränkungen befreit ist, darf er über nachlasszugehörige Gegenstände weder unentgeltlich noch letztwillig verfügen.

Nach dem ersten Erbfall steht dem Dritten bei der Einheitslösung nur eine rechtlich unverbindliche *„rechtlich begründete Aussicht"* zu, die weder vererblich noch übertragbar ist.[7] Dagegen erwirbt der Dritte als Nacherbe bei der Trennungslösung schon mit dem ersten Erbfall ein vererbbares und übertragbares **Anwartschaftsrecht,** das sich aber nur auf das Vermögen des erstversterbenden Ehegatten bezieht.[8]

7 Da der Dritte im Falle seiner Pflichtteilsberechtigung bei der Einheitslösung im ersten Erbfall **enterbt** ist, kann er den Pflichtteilsanspruch ohne weitere Maßnahmen fordern (§ 2303 BGB). Da er bei der Trennungslösung tatsächlich Erbe ist, lediglich mit der Vorerbschaft beschwert, muss er die Erbschaft wegen § 2306 BGB zunächst ausschlagen, damit die Voraussetzungen zur Forderung seines Pflichtteils vorliegen.[9] Die Ausschlagung ist schon vor dem Nacherbfall möglich, wobei die Ausschlagungsfrist des § 1944 BGB erst mit dem Nacherbfall beginnt.[10]

8 Bei der Trennungslösung kann der längerlebende Ehegatte wegen § 2065 Abs. 2 BGB die Erben des erstversterbenden Ehegatten nicht austauschen. Dagegen kann der längerlebende Ehegatte bei der Einheitslösung die Schlußerbfolge ändern, sofern die Schlusserbeinsetzung nicht wechselbezüglich oder ein Änderungsvorbehalt verfügt wurde.[11]

9 Bei Vorliegen der Voraussetzungen des § 2270 Abs. 2 BGB für die Erbeinsetzungen eines Dritten wird im Zweifel die Wechselbezüglichkeit von dessen Nach- bzw. Schlußerbeinsetzung vermutet. Nach *Muscheler*[12] dürfte die einfache Auslegung bei der Einheitslösung zutreffenderweise eher für die Wechselbezüglichkeit sprechen als bei der Trennungslösung.

III. Formulierungsbeispiele

10 Ein gemeinschaftliches Testament mit den Rechtswirkungen der Einheitslösung kann wie folgt formuliert werden:

---

[4] NK-BGB/*Gierl* § 2269 Rn. 22.; allgem. zu den Unterschieden: OLG Jena FGPrax 2018, 227 (228) = BeckRS 2018, 17321 Rn. 26 f.

[5] Zu den Vor- und Nachteilen: Groll ErbR-HdB/*Edenfeld* B VII Rn. 33 ff.

[6] NK-BGB/*Gierl* § 2269 Rn. 24.

[7] MüKoBGB/*Musielak* § 2269 Rn. 34; NK-BGB/*Gierl* § 2269 Rn. 29.

[8] Roth/Hannes/Mielke Vor- und Nacherbfolge/*Roth* § 1 Rn. 91; MüKoBGB/*Musielak* § 2269 Rn. 44.

[9] *Muscheler* ErbR Rn. 2090.

[10] MAH ErbR/*Horn* § 29 Rn. 122.

[11] Vgl. NK-BGB/*Gierl* § 2269 Rn. 26.

[12] *Muscheler* ErbR Rn. 2090.

Wir setzen uns gegenseitig, der Erstversterbende den Längstlebenden, zu unbeschränkten Alleinerben ein. Der Längstlebende von uns bzw. im Falle des gleichzeitigen Todes jeder von uns beruft zu seinen Erben die gemeinsamen Kinder …, geboren am …, wohnhaft …, und …, geboren am …, wohnhaft …, jeweils zur Hälfte. Ersatzerben sind …

Die Trennungslösung kann durch folgende Formulierung verfügt werden: 11

Wir setzen uns gegenseitig, der Erstversterbende den Längstlebenden, zu alleinigen, nicht befreiten Vorerben ein. Der Vorerbe ist mithin von allen gesetzlichen Beschränkungen und Verpflichtungen nicht befreit.
Der Erstversterbende setzt zu Nacherben … und … zu je ½ Anteil ein. Ersatznacherben sind …
Erklärt ein Nacherbe einen Zuwendungsverzicht gegen Abfindung, entfällt die zugunsten seines Stammes angeordnete Ersatznacherbfolge.
Die Nacherbfolge tritt mit dem Tode des Vorerben ein.
Die Nacherbenanwartschaft ist zwischen Erbfall und Nacherbfall nicht übertragbar, nicht verpfändbar und nicht vererblich. Das gilt jedoch nicht für eine Veräußerung an den Vorerben; in diesem Fall entfällt jede ausdrückliche oder stillschweigende Ersatznacherbeneinsetzung.
Die eingesetzten Nacherben sind auch die Erben für den Erbfall des Längstlebenden.

Soll der längerlebende Ehegatte lediglich den Nießbrauch an dem Vermögen des erstversterbenden Ehegatten im Wege eines Vermächtnisses erhalten und die Kinder direkt auch den erstversterbenden Ehegatten beerben, gelingt das mit nachfolgendem Text: 12

Sowohl im ersten als auch zweiten Erbfall von uns, den Ehegatten A und B, setzen wir unsere Kinder C und D jeweils zu Erben zu gleichen Teilen ein. Ersatzerben sind … Der längerlebende Ehegatte erhält durch Vermächtnis den Nießbrauch an dem Nachlass des erstversterbenden Ehegatten auf seine Lebenszeit.

IV. Abgrenzungskriterien[13]

1. Grundsätzliches und maßgebliches Kriterium

Die **einfache Auslegung** zur Abgrenzung zwischen der Einheits- und der Trennungslösung hat nach Maßgabe der nachfolgenden Kriterien zu erfolgen. Erst wenn die einfache Auslegung zu keinem Ergebnis führt, wird die gesetzliche Auslegungsregel § 2269 BGB angewandt. Zur Abgrenzung zum **Nießbrauchsvermächtnis** zugunsten des längerlebenden Ehegatten bei direkter Erbeinsetzung des Dritten wird → § 12 Rn. 23 ff. verwiesen.[14] 13

Die einfache Auslegung eines gemeinschaftlichen Testamentes und eines Erbvertrages hat nach §§ 133, 157 BGB zu erfolgen, mithin nach **Auffassung beider Ehegatten** (→ § 15).[15] 14

Das **maßgebende Kriterium** besteht in der Frage, ob die Ehegatten ihr beiderseitiges Vermögen als **Einheit** gesehen haben oder nicht.[16] Bejahendenfalls ist die Einheitslösung anzunehmen. Das OLG Hamm[17] formuliert wie folgt: 15

---

[13] BeckOGK BGB/*Braun* § 2269 Rn. 36–65.
[14] BeckOK BGB/*Litzenburger* § 2269 Rn. 4; BeckOGK BGB/*Braun* § 2269 Rn. 42.
[15] BGH NJW 1983, 277 (278); 1993, 256; OLG Hamm NJOZ 2003, 1241 (1244); MüKoBGB/*Musielak* § 2269 Rn. 17; Burandt/Rojahn/*Braun* § 2269 Rn. 6; *Brox/Walker* ErbR Rn. 189.
[16] OLG Düsseldorf FGPrax 2016, 271; BayObLG NJW 1967, 1136; *Muscheler* ErbR Rn. 2094; MüKoBGB/*Musielak* § 2269 Rn. 18.
[17] OLG Hamm FamRZ 2003, 1503 = NJOZ 2003, 1241 (1244); vgl. NK-BGB/*Gierl* § 2269 Rn. 63.

„Für diese Auslegung ist maßgebend, ob die Ehegatten ihr beiderseitiges Vermögen als Einheit angesehen haben und eine verschiedene Rechtsstellung des überlebenden Ehegatten zu den beiden ursprünglichen Bestandteilen dieses Vermögens wie auch eine Trennung der Massen beim Tod des längerlebenden Ehegatten haben ausschließen wollen (Einheitslösung). Soll hingegen das Gesamtvermögen der Ehegatten beim Tode des Überlebenden in seine ursprünglichen Bestandteile auseinanderfallen und eine getrennte Vererbung der Vermögen nach dem Tode beider Ehegatten eintreten, so ist die Trennungslösung gewollt (…).“

16 Hierzu hat das OLG Schleswig[18] festgestellt, dass eine Vor- und Nacherbschaft *„im Übrigen – unabhängig von der Begriffswahl – von Eheleuten nur dann gewollt [sei], wenn sie die Vorstellung haben, dass beim Tod des längerlebenden Ehegatten das Gesamtvermögen getrennt nach dem Vermögen des Vorverstorbenen und dem Eigenvermögen des Überlebenden vererbt werden und als je getrennte Vermögensmassen auf die (Nach-)Erben übergehen soll.“*

17 Eine untergeordnete Bedeutung ist den verwendeten Begriffen beizumessen, vor allem wenn es sich um privatschriftliche Testamente handelt,[19] die die Ehegatten wortreich und erkennbar nicht nach juristischer Beratung aufgesetzt haben.[20] Aber auch notarielle letztwillige Verfügungen schließen eine Auslegungsbedürftigkeit juristischer Begriffe nicht aus (→ § 7 Rn. 54 ff.). Mithin ist auch eine *„vermeintlich eindeutig formulierte Vor- und Nacherbschaft mit Blick auf die übrigen Regelungen des Testamentes einer kritischen Analyse zu unterziehen“*.[21]

18 Vor allem der Begriff *„Nacherbe“* ist oftmals nur vor dem **Hintergrund der zeitlichen Abfolge** verwendet worden, also dass der vermeintliche Nacherbe in der Erbfolge hinter dem längerlebenden Ehegatten steht.[22] Gemeint ist oft der Schlusserbe.[23] Dies wird auch durch die Verwendung der Formulierung, nach denen der Dritte *„Nacherbe bei dem Tode des Letztversterbenden“* sein soll,[24] deutlich. Dies ergibt rechtlich keinen Sinn. Auch das OLG Düsseldorf[25] entschied sich bei einem notariellen Testament (!) zugunsten der Einheitslösung bei einer gegenseitigen Erbeinsetzung und einer Einsetzung des Neffen zum Nacherben. Folglich kann trotz Verwendung der Begriffe *„Nacherbe“*,[26] und auch *„Vorerbe“* die Einheitslösung gewollt sein,[27] und zwar entweder aufgrund von anderen Anhaltspunkten oder ggf. erst durch Anwendung von § 2269 BGB.[28]

19 Auch Begriffe wie **Alleinerbe, Universalerbe**[29] und ggf. **Vollerbe** hinsichtlich der Rechtsstellung des längerlebenden Ehegatten sprechen nicht unbedingt gegen die Annahme einer Vor- und Nacherbschaft,[30] da hierdurch auch eine Abgrenzung zum Miterben erfolgt.[31] Bei **privatschriftlichen Testamenten** können daher die Ehegatten durch solche Formulierungen die unbeschränkte Erbstellung des längerlebenden Ehegatten deutlich gemacht haben.[32]

---

[18] OLG Schleswig ErbR 2017, 90 (93) = BeckRS 2016, 19260.
[19] KG NJW-RR 1987, 451; *Muscheler* ErbR Rn. 2094.
[20] Staudinger/*Kanzleiter* § 2269 Rn. 27; BeckOK BGB/*Litzenburger* § 2269 Rn. 14.
[21] OLG Jena FGPrax 2018, 227 (228) = BeckRS 2018, 17321 Rn. 24.
[22] BayObLG NJW-RR 1992, 200; vgl. BayObLG NJW 1967, 1136 (1137); MüKoBGB/*Musielak* § 2269 Rn. 19; BeckOK BGB/*Litzenburger* § 2269 Rn. 14, 17; *Muscheler* ErbR Rn. 2094; BeckOGK BGB/*Braun* § 2269 Rn. 38.
[23] So auch wie selbstverständlich OLG München BeckRS 2018, 18077 Rn. 6.
[24] BGH NJW 1983, 277; ebenso OLG Düsseldorf NJW-RR 1997, 136; Thüringer OLG OLG-NL 1994, 38 = FamRZ 1994, 1208; OLG Frankfurt OLGZ 1972, 120 (122); Staudinger/*Kanzleiter* § 2269 Rn. 28.
[25] OLG Düsseldorf NJOZ 2012, 1531 (1532).
[26] BGH NJW 1983, 277 (278); OLG Düsseldorf NJW-RR 1997, 136.
[27] BayObLG NJW-RR 1992, 200; Baumgärtel/Laumen/Prütting/*Schmitz* § 2269 Rn. 2.
[28] MüKoBGB/*Musielak* § 2269 Rn. 19.
[29] BayObLGZ 1997, 59: nicht zwingend wird die so bezeichnete Person zum Vollerben.
[30] NK-BGB/*Gierl* § 2269 Rn. 50.
[31] Roth/Hannes/*Mielke* § 1 Rn. 87.
[32] Staudinger/*Kanzleiter* § 2269 Rn. 29; Groll ErbR-HdB/*Edenfeld* B VII Rn. 67.

2. Kriterien zugunsten der Einheitslösung

Nachfolgende Kriterien indizieren die **Einheitslösung:** 20

- Die Ehegatten sprechen von ihrem *„beiderseitigen"*, ***„gemeinsamen"***, *„gemeinschaftlichen"*, *„einheitliches"*, *„unser gesamtes Vermögen"*,[33] oder *„unserem"*[34] **Vermögen.** Dies indiziert, dass beide Ehegatten von einem einheitlichen Vermögen ausgingen.[35]
- Die Ehegatten erwähnen, dass sie ihr Vermögen **gemeinsam erarbeitet** haben.[36]
- Eine **Schlusserbeinsetzung,** da der Zweck regelmäßig darin liegt, das beiderseitige Vermögen als Einheit zu behandeln und sowohl eine verschiedene Rechtsstellung des überlebenden Ehegatten zu den beiden ursprünglichen Teilen des Gesamtvermögens während seiner Lebensdauer als auch die Möglichkeit einer Trennung der beiden Vermögensmassen bei seinem Tode auszuschließen.[37] Das würde sich aus der Verfügung „als Alleinerben unserer Eigentumswohnung und unseres Vermögens" ergeben.
- Der Dritte wird ohne Bezugnahme auf einen der beiden Ehegatten als **Universalerbe** bezeichnet.[38]
- Die Ehegatten haben im zweiten Erbfall die **gesetzlichen Erben** oder die **Verwandten** zu Erben eingesetzt, ohne zu bestimmen, ob die Erben nach dem Erstversterbenden oder dem Letztversterbenden gemeint sind.[39] Im Zweifel sollen jeweils hälftig die gesetzlichen Erben des Erstversterbenden und die gesetzlichen Erben des Letztversterbenden den Letztversterbenden beerben, wobei der Zeitpunkt des zweiten Erbfalls zur Bestimmung der gesetzlichen Erben maßgeblich ist.[40] Sind nur die Verwandten bzw. gesetzlichen Erben eines Ehegatten gemeint, spricht dies eher für die Trennungslösung.
- Dem längerlebenden Ehegatten ist das **Recht zur anderweitigen Verfügung** eingeräumt,[41] vor allem wenn sich dies ausdrücklich auch auf anderweitige letztwillige Verfügungen bezieht,[42] außer dieses Recht betrifft nur das eigene Vermögen des längerlebenden Ehegatten.

3. Kriterien zugunsten der Trennungslösung

Folgende Kriterien sprechen zugunsten einer **Trennungslösung:** 21

- Dem längerlebenden Ehegatten sind **Verfügungsbeschränkungen** auferlegt, die mit einem – auch befreiten – Vorerben vergleichbar sind.[43] Das gilt vor allem, wenn Verfügungen explizit ganz oder teilweise **verboten** sind.[44] So hieß es in einem Testament:[45] *„Unser Haus darf nicht verkauft werden."*
- Die Rechtsstellung des längerlebenden Ehegatten wird als **reine Verwaltung** umschrieben, insbesondere wenn er nur über den Ertrag verfügen darf und die Substanz sichern soll.[46] Werden dem längerlebenden Ehegatten nur die Nutzungen zugewiesen, kann auch an ein **Nießbrauchsvermächtnis** zu denken sein.[47]
- Indiz für eine Trennungslösung kann sein, wenn der wesentliche Teil des beiderseitigen Vermögens nur von einem Ehegatten stammt und dieser Wert darauf gelegt hat, dass die

---

[33] OLG Jena FGPrax 2018, 227 (229) = BeckRS 2018, 17321 Rn. 29.
[34] LG Kiel NJOZ 2002, 2067 (2070).
[35] BeckOK BGB/*Litzenburger* § 2269 BGB Rn. 16 m. N. aus der Rechtsprechung.
[36] OLG Karlsruhe FGPrax 2007, 87 (88); Burandt/Rojahn/*Braun* § 2269 Rn. 13.
[37] OLG Düsseldorf FGPrax 2016, 271.
[38] Hausmann/Hohloch ErbR HdB/*Litzenburger* Kap. 7 Rn. 106; BeckOK BGB/*Litzenburger* § 2269 Rn. 14.
[39] Staudinger/*Kanzleiter* § 2269 Rn. 35; BeckOK BGB/*Litzenburger* § 2269 Rn. 14.
[40] OLG Karlsruhe FGPrax 2007, 87 (88).
[41] OLG Frankfurt a. M. NJWE-FER 1998, 134 = Rpfleger 1998, 250: „Der Überlebende von uns kann über das Ererbte und sein eigenes Vermögen frei verfügen".
[42] BeckOK BGB/*Litzenburger* § 2269 Rn. 15.
[43] Vgl. OLG Karlsruhe BWNotZ 1999, 150 (152); BeckOK BGB/*Litzenburger* § 2269 Rn. 14.
[44] Vgl. OLG Hamm FamRZ 2003, 1503 = NJOZ 2003, 1241; Burandt/Rojahn/*Braun* § 2269 Rn. 14; Hausmann/Hohloch ErbR HdB/*Litzenburger* Kap. 7 Rn. 109.
[45] OLG Hamm NJOZ 2003, 1241 (1245).
[46] BeckOK BGB/*Litzenburger* § 2269 Rn. 15; Groll/*Edenfeld* B VII Rn. 68.
[47] Hausmann/Hohloch ErbR HdB/*Litzenburger* Kap. 7 Rn. 110.

Substanz seines Vermögens unvermindert auf seine Verwandten oder Drittbenannte übergeht.[48]

- Die Ehegatten haben in ihrem Testament **zwischen ihrem jeweiligen Vermögen unterschieden.**[49] Das wird verstärkt, wenn ihr jeweils eigenes Vermögen an unterschiedliche Personen fallen soll.
- Der längerlebende Ehegatte darf nicht oder nur eingeschränkt über das geerbte Vermögen verfügen.[50]
- Dem längerlebenden Ehegatten sind verschiedene **Pflichten** wie eine Inventarerrichtung oder Sicherheitsleistungen auferlegt.[51]
- Dem Dritten sind Rechte vor allem zur **Kontrolle,** zur **Zustimmung** und zur **Mitverwaltung** eingeräumt worden.[52]
- In dem Testament wird sowohl nach Herkunft als auch nach **Verbleib** des Vermögens unterschieden.[53]
- Der längerlebende Ehegatte soll den **Nachlass für den Dritten** erhalten.[54]
- Der gebildete Erblasser, der den Testamentstext verfasst hat, hat den Zusatz *„befreite"* vor Vorerbin verwandt.[55] Das würde verdeutlichen, dass dem Erblasser die Verfügungsbeschränkungen eines Vorerben bewusst waren. Das Ergebnis würde dadurch bestätigt, dass die längerlebende Ehefrau einen Erbschein beantragt, der sie als Vorerbin und die beiden Kinder als Nacherben ausweist.

4. Weitere Kriterien

22 Die nachfolgenden Kriterien sind neutral, außer es treten weitere Umstände hinzu:

- Unergiebig ist die Anordnung, dass der längerlebende Ehegatte durch Rechtsgeschäft unter Lebenden über Nachlassgegenstände verfügen kann.[56]
- Da sowohl nach der Einheitslösung als auch nach der Trennungslösung der Dritte seinen Pflichtteil – ggf. erst nach Ausschlagung gem. § 2606 BGB – verlangen kann, ist eine **Pflichtteilsstrafklausel** grundsätzlich neutral.[57]
- Die **Vermögenslosigkeit** bzw. sehr **unterschiedliche Vermögenswerte** beider Ehegatten sind grundsätzlich neutrale Kriterien.[58] Dies ist aber höchst umstritten.[59] Es kommt sehr auf die Umstände des Einzelfalls an.[60] So spricht in der Regel für die Trennungslösung, wenn der Ehegatte, dem das werthaltige Vermögen zusteht, *„darauf Wert legt, dass die Substanz seines Vermögens unvermindert auf den Drittbenannten übergeht"*.[61]
- Neutral ist lt. OLG Düsseldorf[62] eine Erbeinsetzung mit dem Zusatz *„solange er lebt"*.
- Ebenfalls neutral ist die Aufnahme einer **Wiederverheiratungsklausel.**[63]

---

[48] OLG Schleswig ErbR 2016, 90 (93) = BeckRS 2016, 19260.

[49] BeckOK BGB/*Litzenburger* § 2269 Rn. 16; BeckOGK BGB/*Braun* § 2269 Rn. 45.

[50] BeckOGK BGB/*Braun* § 2269 Rn. 49.

[51] *Muscheler* ErbR Rn. 2095; *Brox/Walker* ErbR Rn. 189.

[52] OLG Karlsruhe NJOZ 2002, 2067 (2070); Burandt/Rojahn/*Braun* § 2269 Rn. 14; *Muscheler* ErbR Rn. 2094; Hausmann/Hohloch ErbR HdB/*Litzenburger* Kap. 7 Rn. 109; Baumgärtel/Laumen/Prütting/*Schmitz* § 2269 Rn. 3.

[53] Burandt/Rojahn/*Braun* § 2269 Rn. 13.

[54] Burandt/Rojahn/*Braun* § 2269 Rn. 14.

[55] OLG Jena BeckRS 2018, 17321 Rn. 31.

[56] BeckOK BGB/*Litzenburger* § 2269 Rn. 15.

[57] BeckOK BGB/*Litzenburger* § 2269 Rn. 15; Burandt/Rojahn/*Braun* § 2269 Rn. 14; Hausmann/Hohloch ErbR HdB/*Litzenburger* Kap. 7 Rn. 112; aA OLG Düsseldorf NJW-RR 1997, 136 und BeckOGK BGB/*Braun* § 2269 Rn. 59 ff.: Indiz für Einheitslösung.

[58] BayObLG NJW 1966, 1223; Staudinger/*Kanzleiter* § 2269 Rn. 32; aA KG DNotZ 1955, 408 (411).

[59] Damrau/Tanck/*Klessinger* § 2269 Rn. 31; NK-BGB/*Gierl* § 2269 Rn. 51.

[60] MüKoBGB/*Musielak* § 2269 Rn. 22.

[61] OLG Hamm NJOZ 2003, 1241 (1245); Palandt/*Weidlich* § 2269 Rn. 7.

[62] OLG Düsseldorf NJWE-FER 2001, 321.

[63] Baumgärtel/Laumen/Prütting/*Schmitz* § 2269 Rn. 2.

V. Feststellungs- und Beweislast

Aus der gesetzlichen Auslegungsregel des § 2269 Abs. 1 BGB ergibt sich die Feststellungs- und Beweislastverteilung:[64] Es wird die **Einheitslösung** vermutet.[65] Wer sich auf die Trennungslösung beruft, trägt hierfür die Feststellungs- und Beweislast. 23

[64] Baumgärtel/Laumen/Prütting/*Schmitz* § 2269 Rn. 1.
[65] BeckOK BGB/*Litzenburger* § 2269 Rn. 56; MüKoBGB/*Musielak* § 2269 Rn. 73.

§ 24 Abgrenzungsfälle zur Pflichtteilsstrafklausel sowie sich einer daraus ergebenden Schlusserbschaft

Übersicht

I. Praxisrelevanz

1 Das Berliner Testament entspricht dem Gerechtigkeitsgefühl vieler Ehegatten mit Kindern, so dass gerade Laien ein solches gemeinschaftliches Testament errichten. Da die Kinder im ersten Erbfall enterbt sind, können sie von dem längerlebenden Ehegatten ihren Pflichtteil fordern. Wenn allerdings nur ein sich widersetzendes Kind Zahlung verlangt, steht es sich besser als die Geschwister, die den im Testament bekundeten Willen akzeptiert haben. Das sich widersetzende Kind wird doppelt begünstigt: Da der längerlebende Ehegatte das sich widersetzende Kind oftmals wegen der wechselbezüglichen Erbeinsetzung nicht enterben kann,[1] erhält es zum einen den Pflichtteil im ersten Erbfall und bleibt zum anderen Schlusserbe.[2] Durch die Geltendmachung des Pflichtteils ist der längerlebende Ehegatte mit Zahlungspflichten belastet; Liquidität muss vorhanden sein oder (zB durch ein Darlehen) geschaffen werden und fließt ab.

2 Dieses Problem stellt sich nur dann nicht, wenn die Kinder in einem notariellen Pflichtteilsverzicht zumindest auf den Pflichtteil nach dem Erstversterbenden verzichtet haben

[1] Schlitt/Müller Pflichtteils-HdB/*G. Müller* § 10 Rn. 195.
[2] Abele/Klinger/Maulbetsch Pflichtteilsansprüche vermeiden/*Abele* § 6 Rn. 94.

(§ 2346 Abs. 2 BGB).[3] Um die Kinder möglichst von der Geltendmachung ihres Pflichtteils abzuhalten, können die Eltern das Verhalten durch eine Pflichtteilsstrafklausel letztwillig sanktionieren, indem sie für diesen Fall die Enterbung nach dem Längerlebenden verfügen. So soll dem Längerlebenden der Nachlass ungeschmälert verbleiben und nicht durch das Pflichtteilsverlangen gestört werden (OLG München BeckRS 2018, 31509 Rn. 9; OLG Köln BeckRS 2018, 25213 Rn. 14). Jedes Kind muss sich dann entscheiden, ob es lieber sofort eine Zahlung und später ebenfalls nur den Pflichtteil erhalten möchte oder ob es ausschließlich auf seinen Erbanteil nach dem Längerlebenden wartet. Dieses ist mit einem wirtschaftlichen Risiko verbunden, da der Längerlebende bis zu seinem Tod auch das geerbte Vermögen verlebt haben oder es „verschwinden" lassen könnte.

II. Rechtslage

Die **Zulässigkeit** einer Pflichtteilsstrafklausel, nachfolgend Pflichtteilsklausel, ist allgemein anerkannt, da sie in der Regel nicht gegen §§ 134, 138 BGB verstößt.[4] Nur bei Patchworkehen können diese zu einer ungerechtfertigten und oftmals unbeabsichtigten Benachteiligung der einseitigen Kinder des Erstversterbenden führen, so dass diese auszulegen sind. 3

Die Geltendmachung des Pflichtteils im ersten Erbfall lässt bei der **Einheitslösung**[5] die Erbfolge des Erstversterbenden unberührt. Die Anordnung einer Pflichtteilsklausel führt zu einer bedingten Erbeinsetzung der Kinder im zweiten Erbfall. Die Schlusserbeinsetzung der Kinder wird von der auflösenden Bedingung gem. § 2075 BGB abhängig gemacht, dass sie der Pflichtteilsklausel nicht zuwider handeln.[6] Dadurch sind die eingesetzten Schlusserben bis zum Ausfall des Ereignisses (nur) Vorerben. Nacherben sind die übrigen Schlusserben.[7] 4

Bei der **Trennungslösung** innerhalb einer Konstellation des Berliner Testamentes, wonach die Kinder bereits Nacherben des Erstversterbenden sind, stellt sich die rechtliche Situation bei dem zweiten Erbfall wie bei der Einheitslösung[8] dar. Um ihren Pflichtteil nach dem ersten Erbfall verlangen zu können, müssen sie zunächst die **Erbschaft ausschlagen** (§ 2306 BGB).[9] Die Ausschlagungsfrist fängt zwar erst mit dem zweiten Erbfall an zu laufen,[10] dennoch kann die Ausschlagung schon zu Lebzeiten des Längerlebenden erklärt werden (§ 2142 Abs. 1 BGB). Dies ist auch zweckmäßig, da die **dreijährige Verjährung des Pflichtteils** mit dem Tod des Erstversterbenden zu laufen beginnt.[11] 5

Eine Pflichtteilsklausel kann nicht unmittelbar wechselbezüglich sein, da die Wechselbezüglichkeit nicht für eine Enterbung angeordnet werden kann. Da aber eine Pflichtteilsklausel die Erbeinsetzung der sich wohlverhaltenden Kinder regelt, indem diese nach Auslösung eine höhere Erbquote erhalten, kann eine Pflichtteilsklausel mittelbar bindend sein (→ Rn. 32 ff.). 6

III. Formulierungsbeispiele

Eine einfache, automatische Pflichtteilsklausel kann wie folgt formuliert werden: 7

[3] Schlitt/Müller Pflichtteils-HdB/*G. Müller* § 10 Rn. 196.

[4] BayObLG NJW-RR 1990, 969; MüKoBGB/*Leipold* § 2074 Rn. 45; Damrau/Tanck/*Klessinger* § 2269 Rn. 37.

[5] Bei der Einheitslösung wird der längerlebende Ehegatte Alleinerbe des Erstversterbenden, so dass sein Eigenvermögen mit dem Nachlass verschmilzt. Dieses wird dann als Ganzes im zweiten Erbfall weitervererbt; MAH ErbR/*Horn* § 21 Rn. 19.

[6] BGH ZEV 2006, 501 (502) mAnm *Fischer* und vor allem zu anwaltlichen Haftungsfallen *Keim* NJW 2007, 974; OLG Düsseldorf BeckRS 2011, 20 311; OLG Karlsruhe BeckRS 2010, 30136; OLG München BeckRS 2018, 31509; NJW-RR 2011, 1164; Palandt/*Weidlich* § 2269 Rn. 13; *Tanck* ZErb 2018, 8.

[7] OLG Zweibrücken NJW-RR 1999, 374 (375); OLG Stuttgart OLGZ 1979, 52; NK-BGB/*Gierl* § 2269 Rn. 95.

[8] Bei der Einheitslösung wird der längerlebende Ehegatte Alleinerbe des Erstversterbenden.

[9] Schlitt/Müller Pflichtteils-HdB/*G. Müller* § 10 Rn. 210; BeckOK BGB/*Litzenburger* § 2269 Rn. 43.

[10] MüKoBGB/*Grunsky* § 2142 Rn. 1; Palandt/*Weidlich* § 2142 Rn. 2.

[11] Damrau/Tanck/*Klessinger* § 2269 Rn. 33; MAH ErbR/*Horn* § 21 Rn. 20.

1. Möglichkeit
Verlangt ein Kind nach dem Tod des Erstversterbenden den Pflichtteil, ...

2. Möglichkeit
Macht ein Kind nach dem Tod des Erstversterbenden Auskünfte hinsichtlich seines Pflichtteils gem. § 2314 Abs. 1 BGB geltend, ...

3. Möglichkeit
Erhält ein Kind nach dem Tod des Erstversterbenden seinen Pflichtteil ausgezahlt, ...
...... so ist er samt seiner Abkömmlinge von der Schlusserbfolge des Längerlebenden ausgeschlossen. Die so freiwerdende Erbquote wächst den übrigen Miterben entsprechend ihrer Erbquote an.

8 Vor allem aus erbschaftsteuerlicher Sicht sollte noch der Zusatz *„gegen den Willen des Längerlebenden"* aufgenommen werden.

9 Eine stärkere Bestrafung erfährt das den Pflichtteil verlangende Kind durch die *Jastrow'sche Klausel,*[12] da das Pflichtteilsverlangen einen Vermächtnisanspruch der übrigen, sich wohlverhaltenden Geschwister auslöst. Dieser ist zwar erst mit dem zweiten Erbfall fällig gestellt, reduziert aber mittelbar die Höhe des Pflichtteilsanspruchs nach dem Längerlebenden.

IV. Auslösung der Pflichtteilsstrafklausel

1. Objektiver Tatbestand

10 a) **Handelnde Person.** Das die Sanktion auslösende Verhalten kann von der betreffenden Person selbst, aber auch von Dritten, wie einem bevollmächtigten Rechtsanwalt, ausgelöst werden. Dritte können auch der gesetzliche Vertreter, ein Betreuer und ein Ergänzungspfleger sein.[13] Auch der Erbe der betreffenden Person kann die Strafklausel auslösen.[14] Da der Sozialhilfeträger auch gegen den Willen der betreffenden Person den Pflichtteil geltend machen kann, kann auch durch sein Verhalten die Klausel ausgelöst sein. In einem solchen Fall wird die Pflichtteilsklausel allerdings einschränkend auszulegen sein.

11 b) **Relevantes Verhalten.** *aa) Auslegung der Pflichtteilsklausel.* Auf Basis des Wortlautes ist – oftmals erst nach Auslegung – festzustellen, welches tatsächliche, also objektive Verhalten die Sanktion nach dem Willen des Testierenden auslösen soll.[15] Maßgeblich ist die Sicht des Erben unter Zugrundelegung des objektiven Empfängerhorizontes.[16]

12 *bb) Sanktion nach Auskünften.* Sofern die Klausel bestimmt, dass die Sanktion schon bei der Geltendmachung von **Auskünften** bzw. von **Wertermittlungsansprüchen** ausgelöst werden soll, reicht das entsprechende Verlangen nach § 2314 Abs. 1 BGB dem Erben gegenüber aus. Die **klageweise** Beanspruchung ist für den Verstoß nur relevant, wenn dies in der Klausel angeordnet ist. Wenn aber der Pflichtteilsberechtigte nur **Akteneinsicht** in die Akte vom Nachlassgericht begehrt (§ 13 FamFG), vor allem hinsichtlich des vom Erben eingereichten Nachlassverzeichnisses zum Zwecke der Gebührenberechnung, so kann darin nicht das sanktionierte Verhalten gesehen werden. Der Zweck einer Pflichtteilsklausel, die schon auf

---

[12] Muster etwa bei Schlitt/Müller Pflichtteils-HdB/*G. Müller* § 10 Rn. 207.

[13] BayObLG NJW-RR 1990, 969; BeckOK BGB/*Litzenburger* § 2269 Rn. 46; NK-BGB/*Gierl* § 2269 Rn. 101.

[14] Die ergänzende Auslegung kann in einem solchen Fall auch ergeben, dass durch die Pflichtteilsgeltendmachung nicht die Enterbung bewirkt wird. Sodann kann anzudenken sein, dass sich der Enkel die Pflichtteilszahlung auf seinen Schlusserbteil anrechnen zu lassen hat; NK-BGB/*Gierl* § 2269 Rn. 101; Staudinger/*Kanzleiter* § 2269 Rn. 59.

[15] BGH ZEV 2016, 635 (636); OLG Düsseldorf FamRZ 2011, 1175 = BeckRS 2011, 3214; OLG München BeckRS 2018, 31509 Rn. 10; ZEV 2006, 411 (412); Palandt/*Weidlich* § 2269 Rn. 14; NK-BGB/*Gierl* § 2269 Rn. 97.

[16] OLG Rostock NJW-RR 2015, 776 (777).

das Verlangen von Auskünften abstellt, besteht in dem Schutz des längerlebenden Ehegatten vor der **Lästigkeit** und dem Aufwand der Erstellung eines Verzeichnisses iSd § 260 BGB.[17]

cc) Sanktion nach Zahlung. Recht unproblematisch sind auch Klauseln, die auf den **Erhalt** der Pflichtteilszahlung abstellen. In der Geltendmachung von Auskunfts-, Wertermittlungs- oder Zahlungsansprüchen besteht noch kein Verstoß, der zur Enterbung führt.[18] Zahlt der Pflichtteilsberechtigte an den längerlebenden Ehegatten den erhaltenen Pflichtteilsanspruch zurück, werden damit nicht die Rechtsfolgen der vorherigen Beanspruchung beseitigt.[19] Dies ist bereits aus rechtlichen Gründen nicht möglich, da durch den Eintritt der auflösenden Bedingung die Schlusserbeinsetzung des Fordernden entfallen ist. Indes besteht kein Verstoß bei der Entgegennahme einer freiwilligen Zahlung ohne vorherige Geltendmachung.[20] 13

dd) Sanktion nach Verlangen oder nach Geltendmachung des Pflichtteils. Erforderlich ist das bewusste Geltendmachen des Pflichtteils gegenüber dem Erben in Kenntnis der Klausel.[21] Sehr umstritten ist bei Klauseln, die das *„Verlangen"* oder die *„Geltendmachung des Pflichtteils"* sanktionieren, durch welches Verhalten diese ausgelöst werden.[22] Jedoch steht das Wort *„fordern"* dem Wort *„verlangen"* gleich. [23] In Betracht kommen im Wesentlichen folgende Stufen:[24] 14

- Verlangen von Auskünften, mithin eines Nachlassverzeichnisses gem. § 2314 Abs. 1 BGB iVm § 260 BGB
- Geltendmachung (bzw. Verlangen) des Pflichtteilsanspruchs
- bei einem Zahlungverlangen in Verzug begründender Weise
- bei gerichtlicher Geltendmachung ab Rechtshängigkeit
- Erhalt der Pflichtteilszahlung

Der Pflichtteilsberechtigte muss *„ausdrücklich und ernsthaft"*[25] in Kenntnis der Pflichtteilsstrafklausel versucht haben, den Pflichtteil entweder außergerichtlich oder gerichtlich zu erhalten.[26] Die erfolgreiche oder gar gerichtliche Durchsetzung und zuvor ggf. die Ausschlagung des Nacherbenrechts ist für die Auslösung der Sanktion nicht erforderlich.[27] Für die Bewertung, ob ein bestimmtes Verhalten bereits eine Pflichtteilsstrafklausel auslöst, ist auf den Zweck solcher Klauseln abzustellen. Dieser besteht nach dem OLG München[28] darin, sicherzustellen, 15

> *„dass dem Überlebenden bis zu seinem Tod der Nachlass ungeschmälert verbleibt und er nicht durch das Pflichtteilsverlangen eines Schlusserben gestört wird (…). Eine derartige Klausel verfolgt das rechtlich nicht zu beanstandende Ziel, den Nachlass zunächst dem überlebenden Ehegatten ungeschmälert zukommen zu lassen (…). Im Zusammenhang mit der Schlusserbenregelung soll die Verwirkungsklausel auch das Interesse der Ehepartner, insbesondere des Erstversterbenden, daran sichern, dass nicht einer der Abkömmlinge bei der Verteilung des elterlichen Gesamtnachlasses bevorteilt wird (…)."*

Lt. OLG Hamm[29] kann der Zweck einer Verwirkungsklausel darin bestehen, den längerlebenden Ehegatten vor *„den persönlichen und wirtschaftlichen Belastungen"* zu schützen, 16

[17] Vgl. BayObLG NJW-RR 1991, 394 (395).
[18] NK-BGB/*Gierl* § 2269 Rn. 100; vgl. OLG Zweibrücken NJW-RR 1999, 374.
[19] BayObLG ZEV 2004, 202 (204); Burandt/Rojahn/*Braun* § 2269 Rn. 85; BeckOK BGB/*Litzenburger* § 2269 Rn. 46.
[20] BayObLG FamRZ 1994, 1019.
[21] OLG Rostock NJW-RR 2015, 776 (777).
[22] Vgl. *Radke* ZEV 2001, 136.
[23] OLG Rostock NJW-RR 2015, 776 (777).
[24] MSTB PflichtteilsR-HdB/*Odersky/J. Mayer* § 12 Rn. 54; NK-BGB/*Gierl* § 2269 Rn. 98.
[25] OLG München ZEV 2008, 341 (343); vgl. OLG Düsseldorf FGPrax 2011, 300; OLG Köln BeckRS 2018, 25213 Rn. 15.
[26] OLG München ZEV 2006, 411 (412); BayObLG NJW-RR 1990, 969 (970); *Lübbert* NJW 1988, 2706 (2710).
[27] OLG Düsseldorf FGPrax 2011, 300; vgl. OLG Rostock NJW-RR 2015, 776 (777).
[28] OLG München NJW-RR 2011, 1164; OLG Düsseldorf FamRZ 2011, 1175 = BeckRS 2011, 3214; ebenso BGH ZEV 2016, 635 (637).
[29] OLG Hamm BeckRS 2011, 2193.

die mit der Pflichtteilsgeltendmachung verbunden sind. Die Bezifferung oder der Erhalt des Pflichtteilsanspruchs sind nach der Rechtsprechung keine notwendigen Voraussetzungen, damit eine Klausel ausgelöst ist.[30] Ein Verlangen des Pflichtteils liegt indes schon vor, wenn der Pflichtteilsberechtigte mit dem Erben die **hochverzinsliche Stundung** des Pflichtteilsanspruchs vereinbart und sich den Anspruch durch eine Grundschuld absichern lässt.[31] Gleiches gilt in der Erhebung einer Stufenklage, auch wenn diese nach der Auskunftsstufe nicht weitergeführt wird.[32]

17 Nach dem OLG Schleswig-Holstein[33] sind nicht schon Verhandlungen als Pflichtteilsverlangen zu werten, die lediglich der Absicherung der künftigen Schlusserbfolge dienen sollen. Der schlichte Hinweis des Pflichtteilsberechtigten auf das Bestehen seines Pflichtteilsanspruchs stellt zutreffend nach *Baumann*[34] ebenfalls keinen Verstoß dar.

18 Das spätere Ablassen etwa mit der Begründung, der Pflichtteilsberechtigte habe es sich *„anders überlegt"*,[35] lässt die Sanktion nicht rückwirkend entfallen. Laut dem OLG München[36] ist, auch wenn der Pflichtteilsanspruch wegen eines Erlasses objektiv nicht mehr besteht und dennoch geltend gemacht wird, aufgrund der dem Längerlebenden entstandenen Belastung darin ein *„Verlangen"* zu sehen. Diese Auffassung dürfte zu eng sein.

Einzelfälle

(1) Als sanktionsbewehrtes Verhalten hatten Ehegatten angeordnet, dass derjenige in dem zweiten Erbfall enterbt ist, der in dem ersten Erbfall *„seinen Erbteil fordert"*. Das OLG München[37] bewertete diese Klausel dahingehend, dass damit die Forderung des Pflichtteils gemeint sei. Ein Kind vertrat in dem Erbscheinsverfahren die Ansicht, dass nach der vorverstorbenen Mutter die gesetzliche Erbfolge eingetreten sei. Der längerlebende Vater sah sich auf Grundlage seiner Erbeinsetzung in dem gemeinschaftlichen Testament als Alleinerbe an. Die von dem Kind in dem Erbscheinsverfahren verfolgte Stellung bewertete das OLG München[38] als *„in rechtlicher wie auch in wirtschaftlicher Hinsicht über den nach dem Wortlaut der Klausel unmittelbar erfassten Regelungsgehalt (Forderung des Pflichtteils) hinaus"* gehend und dies führe *„erst Recht zur Erfüllung der objektiven Tatbestandsvoraussetzungen der Ausschlussklausel."*

(2) Das Berliner Testament enthielt eine Pflichtteilsstrafklausel. Als die Erbfolge des zweiten Erbfalls streitig wurde, wurde bekannt, dass ein Kind eine Zahlung lt. eines notariellen Vertrages *„als Ausgleich für die Pflichtteilsansprüche nach … anrechnen"* zu lassen hat. Dies sei ein starkes Indiz für die Pflichtteilsgeltendmachung, so zu Recht das OLG Hamm.[39]

(3) Stellt eine Pflichtteilsklausel auf ein „Verlangen" des Pflichtteils ab, wird sie lt. OLG München (BeckRS 2018, 31509 Rn. 11 ff.) nicht dann schon ausgelöst, wenn ein Kind dem Erbscheinsantrag des längerlebenden Ehegatten entgegentritt.

(4) Ein Kind forderte mit einem anwaltlichen Schreiben unter Fristsetzung 10.000 EUR unter Betonung, nicht den Pflichtteil formal geltend zu machen. Völlig zu Recht stellte das OLG Köln (OLG Köln BeckRS 2018, 25213 Rn. 16) die Pflichtteilsgeltendmachung fest.

19 Nicht als *„Verlangen"* des Pflichtteils ist die Geltendmachung des **Auskunftsanspruchs** zu werten.[40] So hat das BayObLG[41] herausgestellt, dass sich der Auskunftsanspruch gem. § 2314 Abs. 1 S. 1 BGB und der Pflichtteilsanspruch gem. § 2303 Abs. 1 BGB unterscheiden. Während der Anspruch auf Auskunft auf eine bestimmte Handlung des Erben gerichtet ist (§ 260 Abs. 1 BGB), geht der Pflichtteilsanspruch auf Geld (§ 2303 Abs. 1 S. 2 BGB); beide Ansprüche sind

[30] OLG München ZEV 2008, 341 (343); NK-BGB/*Gierl* § 2269 Rn. 99; *Baumann,* Erbrechtliche Verwirkungsklauseln, Diss., 2009, S. 54.
[31] OLG München ZEV 2006, 411 (412).
[32] Burandt/Rojahn/*Braun* § 2269 Rn. 79; *Sarres* ZEV 2004, 407.
[33] OLG Schleswig-Holstein ZEV 1997, 331.
[34] *Baumann,* Erbrechtliche Verwirkungsklauseln, Diss., S. 53.
[35] *Lübbert* NJW 1988, 2706 (2710).
[36] OLG München ZEV 2008, 341 (343) mAnm *Purrucker.*
[37] OLG München NJW-RR 2011, 1164.
[38] OLG München NJW-RR 2011, 1164.
[39] OLG Hamm ZEV 2013, 397 (398) mit zust. Anm. *Horn/Kroiß.*
[40] Palandt/*Weidlich* § 2269 Rn. 14; MüKoBGB/*Musielak* § 2269 Rn. 65; Burandt/Rojahn/*Braun* § 2269 Rn. 79; MAH ErbR/Horn § 21 Rn. 29; *Baumann* S. 53.
[41] BayObLG NJW-RR 1991, 394 (395); zust. MüKoBGB/*Musielak* § 2269 BGB Rn. 65; Burandt/Rojahn/*Braun* § 2269 Rn. 79; Damrau/Tanck/*Klessinger* § 2269 Rn. 41.

selbstständig.[42] In dem Fall hatte die pflichtteilsberechtigte Tochter von der den verstorbenen Vater alleinbeerbenden Mutter mittelbar Auskünfte gefordert, und zwar über das Nachlassgericht. Unter Fristsetzung hatte sie beim Nachlassgericht ein Nachlassverzeichnis und eine Inventaraufstellung durch die Alleinerbin mit eidesstattlicher Versicherung *„seiner Richtigkeit"* erbeten. Nachdem das Gericht die Alleinerbin entsprechend, ebenfalls unter Fristsetzung, aufgefordert hatte, legte diese ein Verzeichnis vor. Auf Antrag wiederum der Tochter forderte das Nachlassgericht die Alleinerbin unter Fristsetzung auf, dieses zu berichtigen bzw. zu ergänzen. Später verzichtete die Tochter gegenüber dem Nachlassgericht auf ihren Pflichtteilsanspruch. Zu dem gleichen Ergebnis kommt auch das AG Lüdenscheid.[43] In dem Verlangen von Auskünften und Wertermittlung nach § 2314 BGB sei kein Verlangen des Pflichtteils zu sehen, denn *„erst nach Kenntnisnahme über den Umfang des Nachlasses"* könne sich ein Pflichtteilsberechtigter *„ernsthaft Gedanken über Pflichtteilsansprüche machen"*. Weiter heißt es: *„Dann muß es aber auch den potenziellen Schlußerben möglich sein klären zu lassen, ob sie den Rechtsverlust bei Geltendmachung des Pflichtteils hinnehmen möchten."*

In dem **Auskunftsverlangen** liege nach dem BayObLG[44] nicht *„rechtsdogmatisch"* die Geltendmachung des Pflichtteilsanspruchs. Auch hätte es den Erblassern freigestanden, als sanktioniertes Verhalten bereits das Auskunftsverlangen zu verfügen, wenn der längerlebende Ehegatte durch die Errichtung eines Verzeichnisses **nicht belästigt** werden soll. Des Weiteren ist zu bedenken, dass der Pflichtteilsberechtigte einen genauen Überblick über den Nachlass benötigt, um sich **entscheiden zu können,** ob er den Pflichtteil geltend macht oder nicht.[45] Daher ist in der Geltendmachung des Wertermittlungsanspruchs regelmäßig ebenfalls kein *„Verlangen des Pflichtteils"* zu sehen.[46] 20

Diskutiert wird, ob eine allgemeine Verwirkungsklausel durch ein Pflichtteilsverlangen ausgelöst wird. Dies hat das OLG Frankfurt a. M.[47] bei folgender Klausel abgelehnt: *„Derjenige, der mit diesen Testamentsbestimmungen nicht einverstanden ist, erhält nur den Pflichtteil unter Anrechnung dessen, was er bereits zu Lebzeiten von uns bekommen hat, wozu auch die Kosten einer Ausbildung, Ausstattung und sonstige Zuwendungen gehören."* Zu Recht kritisiert *Litzenburger*[48] diese Entscheidung in seiner Anmerkung massiv, wobei er auch darauf hinweist, dass bei solchen vagen Formulierungen ohne sonstige Anhaltspunkte das Pflichtteilsfordern idR den Bedingungseintritt nicht herbeiführt. 21

c) **Zeitpunkt des sanktionsauslösenden Verhaltens.** Die Sanktion soll auch durch entsprechendes Verhalten nach dem Tod des Längerlebenden[49] und nach Annahme der Erbschaft nach dem Längerlebenden[50] ausgelöst werden können. Gleiches gilt dem BGH[51] zufolge auch nach der Verjährung des Pflichtteilsanspruchs nach dem Erstversterbenden, da auch die eingetretene Verjährung des Pflichtteilsanspruchs *„für sich genommen dem Eintritt der auflösenden Bedingung nicht entgegen"* stehe. Das kann jedoch nicht richtig sein, da die Pflichtteilsforderung nicht mehr durchsetzbar ist und damit der Nachlass wirtschaftlich nicht beeinträchtigt wird.[52] 22

Dem BGH[53] folgend wären die Kinder nach dem Tod des Längerlebenden bis zu ihrem eigenen Ableben nur bedingte Vorerben. Wenn stringent die Vererblichkeit angenommen 23

[42] So auch AG Lüdenscheid 9 VI 120/11 (nv).
[43] AG Lüdenscheid 9 VI 120/11 (nv).
[44] BayObLG NJW-RR 1991, 394 (395); so auch im Zusammenhang mit Verjährung OLG Düsseldorf ZErb 1999, 70.
[45] BayObLG NJW-RR 1991, 394 (395); Sudhoff Unternehmensnachfolge/*Scherer* § 17 Rn. 7; *Baumann*, Erbrechtliche Verwirkungsklauseln, Diss., 2009, S. 53.
[46] AA in Verbindung mit der vorsorglichen Bezifferung eines Zahlungsanspruchs: *Sarres* ZEV 2004, 407.
[47] OLG Frankfurt a. M. ZEV 2014, 257.
[48] *Litzenburger* ZEV 2014, 259.
[49] BGH ZEV 2016, 501 (502); OLG München FGrax 2006, 123 (125); OLG Zweibrücken NJW-RR 1999, 374 (375).
[50] BGH ZEV 2006, 501 (502) = NJW 2006, 3064; MüKoBGB/*Leipold* § 2074 Rn. 50.
[51] BGH ZEV 2006, 501 (502) mit abl. Anm. *Fischer.*
[52] BeckOK BGB/*Litzenburger* § 2269 Rn. 46; MüKoBGB/*Leipold* § 2074 Rn. 50; *Wälzholz* ZEV 2007, 162 (165).
[53] BGH ZEV 2006, 501 (502).

wird, besteht die Vorerbschaft sogar über ihren Tod hinaus. Diese bedingte Vor- und Nacherbfolge müsste auch aus dem Erbschein hervorgehen.[54] Die Kinder würden erst dann unbeschränkte Schlusserben, also von der Nacherbschaft befreit, wenn sie auf die Geltendmachung des Pflichtteils nach dem Erstversterbenden verzichtet haben. Dies müsste aber bereits, auch ohne eine Verzichtserklärung, angenommen werden, sobald die dreijährige Verjährungsfrist des Pflichtteilsanspruchs nach dem Erstversterbenden abgelaufen ist.[55]

24 Überzeugender dürfte die Auffassung vom OLG Stuttgart[56] sein, wonach das Verlangen des Pflichtteils hinsichtlich des ersten Erbfalls nicht nach dem zweiten Erbfall möglich ist. Ein solches (letztlich unwirksames) Verlangen löst auch nicht die Enterbung als Sanktionsfolge für den zweiten Erbfall aus. Die Erbfolge kann schließlich nicht von Ereignissen nach dem Erbfall abhängen, anders nur bei der Ausschlagung und Erbunwürdigkeit.

25 d) **Besonderheiten bei der Geltendmachung durch einen Sozialhilfeträger.** Gegen den Willen des potenziellen Schlusserben kann sich der Sozialhilfeträger den Pflichtteilsanspruch überleiten lassen und geltend machen.[57] In einem solchen Fall ist **durch Auslegung** zu ermitteln, ob dadurch die Pflichtteilsklausel ausgelöst wurde. Der BGH[58] hat im Falle eines Behindertentestamentes entschieden, dass die Auslegung ergeben kann, dass die Enterbung für den zweiten Erbfall als Sanktion bei der Geltendmachung des Pflichtteils durch den Sozialhilfeträger nicht ausgelöst wird. Die Erblasser hätten bei Kenntnis der Umstände die Geltendmachung des Pflichtteilsanspruchs durch den Sozialhilfeträger aus dem Anwendungsbereich der Pflichtteilsklausel ausgenommen. So gehe der Wille der Eltern nicht dahin, dass die dem behinderten Kind zugedachten Vorteile entfallen und der Sozialhilfeträger den vollen Zugriff auf den Pflichtteil nach den Eltern erhält.[59] Das führe dazu, dass das behinderte Kind nach dem zweiten Erbfall zwar Miterbe war. Durch die Anordnung der Testamentsvollstreckung und die üblichen Handlungsanweisungen an den Testamentsvollstrecker ist sichergestellt, dass der Sozialhilfeträger einerseits nicht an dem Nachlass partizipiert und andererseits der Lebensstandard des behinderten Kindes aufgrund der Erbschaft oberhalb des Sozialhilfeniveaus liegt.[60]

26 e) **Besonderheiten bei einer Patchworkfamilie.** Die Ehegatten haben ein Berliner Testament errichtet, in dem sie eine Pflichtteilsklausel aufgenommen haben. Wenn ein einseitiges Kind des Erstversterbenden nach dem ersten Erbfall seinen Pflichtteil fordert, ist es für den zweiten Erbfall nach der Stiefmutter bzw. dem Stiefvater enterbt. Die Besonderheit besteht darin, dass es keinen Pflichtteil fordern kann, da es nach dem Längerlebenden nicht pflichtteilsberechtigt ist. Dem BGH zufolge kann in einem solchen Fall nach vorgenommener Auslegung das einseitige Kind im Wege eines Vermächtnisses entweder einen Pflichtteil in der Höhe verlangen, als sei es ein leibliches Kind, oder den Betrag, der dem Kind nach dem erstversterbenden Vater zustand.[61]

27 f) **Pflichtteilsklausel nicht durch Auslegung.** Enthält ein Berliner Testament keine Pflichtteilsstrafklausel, so kann es nicht so ausgelegt werden, dass die Schlusserbeinsetzung nur unter der Bedingung erfolgt sei, der Pflichtteil würde nicht geltend gemacht werden.[62] Im absoluten Einzelfall kann höchstens an eine Anfechtung nach § 2078 Abs. 2 BGB wegen enttäuschter Erwartung des Erblassers gedacht werden.[63]

---

[54] So Palandt/*Weidlich* § 2075 Rn. 5.

[55] Vgl. MSTB PflichtteilsR-HdB/*Odersky/J. Mayer* § 12 Rn. 51; BeckOK BGB/*Litzenburger* § 2269 Rn. 46; MüKoBGB/*Leipold* § 2074 Rn. 50.

[56] OLG Stuttgart NJW-RR 2017, 1353 (1354); hierzu krit. Anm. *Litzenburger* FD-ErbR 2017, 400091.

[57] BGH NJW-RR 2005, 369.

[58] ZEV 2006, 76 (77).

[59] Zustimmend NK-BGB/*Gierl* § 2269 Rn. 101; Burandt/Rojahn/*Braun* § 2269 Rn. 78; vgl. *J. Mayer* MittBayNot 2005, 286.

[60] Tanck/Krug AnwForm Testamente/*Uricher* § 21 Rn. 32 ff.

[61] BGH NJW-RR 1991, 706 (707); OLG Celle ZErb 2010, 86; NK-BGB/*Gierl* § 2269 Rn. 109; Burandt/Rojahn/*Braun* § 2269 Rn. 83.

[62] BeckOK BGB/*Litzenburger* § 2269 Rn. 48; MüKoBGB/*Musielak* § 2269 Rn. 67.

[63] Vgl. OLG Hamm NJW 1972, 1089.

2. Subjektiver Tatbestand

Allgemein wird in subjektiver Hinsicht die *„bewusste Geltendmachung des Pflichtteils in Kenntnis der Klausel"* gefordert.[64] Erforderlich ist also die Kenntnis des Testamentstextes. Ein darüber hinaus gehendes *„böswilliges Handeln"* oder eine *„böswillige Auflehnung gegen den Erblasserwillen"* ist nicht zu fordern.[65] *Braun*[66] zufolge reicht hingegen der objektive Verstoß. Diese Auffassung ist abzulehnen, da Fälle denkbar sind, in denen der Pflichtteilsberechtigte tatsächlich keine Kenntnis von der Pflichtteilsklausel haben könnte: So kann ihm das ihn enterbende Testament nicht vorliegen oder es liegt ihm dieses zwar vor, aber die Pflichtteilsklausel befindet sich in einer separaten, ihm unbekannten letztwilligen Verfügung. 28

Einzelfall

Die Pflichtteilsberechtigte hatte ohne Kenntnis des Testamentes ihren Pflichtteil anwaltlich geltend gemacht. Nach Erhalt des eröffneten Testamentes hat sie nichts mehr zur Verfolgung eines möglichen Pflichtteilsanspruchs unternommen. Das OLG Rostock[67] entschied, dass die Pflichtteilsstrafklausel nicht ausgelöst wurde.

3. Geltendmachung im Einvernehmen mit dem Längerlebenden zwecks Steueroptimierung

Sehr praxisrelevant sind die Mandate, in denen die Ehegatten ein Berliner Testament mit einer einfachen Pflichtteilsklausel errichtet haben. Diese Klausel enthält dann nicht die empfehlenswerte Einschränkung, dass diese nur dann ausgelöst wird, wenn der Pflichtteil gegen den Willen des Längerlebenden geltend gemacht wird. Nach dem ersten Erbfall stellen der längerlebende Ehegatte und die Kinder fest, dass diese gewillkürte Erbfolge dazu führt, dass die Kinder ihren Freibetrag von jeweils 400.000 EUR nach dem erstversterbenden Elternteil nicht nutzen können (§ 16 ErbStG). Nun stellt sich die Frage, ob dieser Freibetrag nicht durch die Geltendmachung des Pflichtteils – im Einvernehmen mit dem Längerlebenden – gerettet werden kann. Dabei ist aber sicherzustellen, dass die Kinder nicht durch die automatische Pflichtteilsklausel enterbt werden. Das kann dazu führen, dass die Kinder auch nach dem zweiten Erbfall nur ihren Pflichtteil erhalten. Erben können dann durchaus entfernte Verwandte werden, da die Enkel, also die Kindeskinder, in der Regel nicht mehr als Ersatzerben in Betracht kommen. Nachfolgend wird davon ausgegangen, dass die durch die Pflichtteilsklausel verfügte Schlusserbeinsetzung mittelbar wechselbezüglich ist (→ Rn. 32 ff.). Andernfalls könnte der längerlebende Ehegatte ein neues Testament errichten und die nachfolgende Auslegungsproblematik stellt sich nicht. 29

Die Ehegatten haben mit der Pflichtteilsklausel bezwecken wollen, dass der Längerlebende den **Nachlass ungeschmälert** erhält, also nicht mit den Pflichtteilszahlungen der enterbten Kinder beschwert ist. Folglich haben sie vor allem den Längerlebenden schützen wollen. Nun stellt sich die Frage, ob der Längerlebende **auf diesen Schutz verzichten** kann. Dem folgend verneint eine starke Literaturauffassung die Auslösung der Pflichtteilsklausel, wenn die Pflichtteilsgeltendmachung im Einvernehmen mit dem Längerlebenden erfolgt.[68] Die Pflichtteilsklausel sei einschränkend auszulegen mit der Folge, dass die Kinder im zweiten Erbfall nicht enterbt sind. 30

Nach *Muscheler*[69] greift eine Pflichtteilsklausel nicht, wenn die Initiative von dem längerlebenden Ehegatten ausgeht. Dies geht in etwa mit der Entscheidung des BayObLG[70] kon- 31

[64] OLG Stuttgart NJW-RR 2017, 1353 (1354); OLG Rostock NJW-RR 2015, 776 (777); OLG Düsseldorf FamRZ 2011, 1175 = BeckRS 2011, 3214; OLG München ZEV 2008, 341 (343); ZEV 2006, 411 (412); MüKoBGB/*Leipold* § 2074 Rn. 47; BeckOK BGB/*Litzenburger* § 2269 Rn. 46.

[65] BayObLG ZEV 2004, 202 (204); MittBayNot 1990, 251 (253).

[66] Burandt/Rojahn/*Braun* § 2269 Rn. 81, zust. Damrau/Tanck/*Klessinger* § 2269 Rn. 39; auch OLG Frankfurt a. M. DNotZ 2011, 552 mAnm *Kanzleiter.*

[67] OLG Rostock NJW-RR 2015, 776 (778).

[68] MAH ErbR/*Scherer* § 3 Rn. 4; *Dressler* NJW 1997, 2848 (2850); BeckOK BGB/*Litzenburger* § 2269 Rn. 46; Staudinger/*Kanzleiter* § 2269 Rn. 58a f.; *Wälzholz* ZEV 2007, 162 (165); ebenfalls der BFH NJW-RR 2007, 1458 für den Fall, dass eine Abfindung für den Verzicht der Geltendmachung des Pflichtteils vereinbart wurde.

[69] *Muscheler* ZEV 2001, 377 (379).

form, wonach ohne ein vorheriges ernsthaftes Verlangen die Entgegennahme von freiwilligen Zahlungen nicht die Pflichtteilsklausel auslöst. Unproblematisch sehen der BFH[71] und *G. Müller/Grund*[72] einen Verzicht auf die Geltendmachung des Pflichtteils gegen eine Abfindung. Dagegen steht der Beschluss des OLG Düsseldorf vom 23.11.2010,[73] wonach in der Entgegennahme einer Abfindung die Geltendmachung des Pflichtteils liegen kann. Gegen diese Auffassung spricht, dass die Pflichtteilsstrafklausel nicht nur den Schutz des längerlebenden Ehegatten bezweckt, sondern gleichfalls dem Schutz der loyalen, nicht den Pflichtteil verlangenden, weiteren Kinder.[74] Demnach ist es zur Annahme dieser Auffassung erforderlich, dass sämtliche Kinder den Pflichtteil im ersten Erbfall verlangen. Zutreffend weist *Tanck*[75] auf das Risiko hin, dass auch bei einer einvernehmlichen Pflichtteilsgeltendmachung die auflösende Bedingung im Schlusserbfall ausgelöst wird.

Einzelfall

Ernüchterung brachte der Beschluss des OLG Frankfurt a. M. vom 2.8.2010.[76] In einem Berliner Testament war verfügt, dass im zweiten Erbfall das Kind, das auf die *„Auszahlung seines Pflichtteils"* im ersten Erbfall besteht, *„nur einen Pflichtteil bekommen"* soll. Im **Einvernehmen mit der längerlebenden Mutter** machten sämtliche Kinder zur Steueroptimierung jeweils ihren Pflichtteil geltend. Das OLG Frankfurt sah die **Pflichtteilsklausel als ausgelöst** an und entschied, dass die Kinder im zweiten Erbfall enterbt sind. So gäbe es *„keinen Erfahrungssatz, dass Eltern – wenn alle Kinder gleichwohl ihre Pflichtteilsansprüche geltend machen – in diesem Fall doch lieber die Sanktionsklausel streichen"*. Das Einvernehmen der Mutter ändere nichts daran, dass der *„Tatbestand der Pflichtteilsklausel* erfüllt" sei: „Subjektive Elemente als Eingriffsvoraussetzung vermag der Senat in der Klausel nicht zu erkennen." Ergänzend legte das Gericht dann die Erbeinsetzung in der Weise aus, dass die **Enkelkinder zu Ersatzerben** berufen sind. Dem hypothetischen Willen der Erblasser zufolge hätten diese nicht gewollt, dass die gesetzliche Erbfolge zweiter Ordnung eintritt oder der Fiskus erbt. Da zwei Kinder keine eigenen Kinder hatten, erbten so nur die Kinder eines Kindes.

Praxistipp:

Wenn in einer Pflichtteilsklausel nicht der Zusatz „gegen den Willen des Längerlebenden" enthalten ist, ist von einer Pflichtteilsgeltendmachung bzw. von einer Abfindung für den Verzicht auf die Pflichtteilsgeltendmachung zur Steueroptimierung dringend abzuraten.

V. Auslegungsfragen bei den Rechtsfolgen

1. Mittelbare Wechselbezüglichkeit der Pflichtteilsstrafklausel

32 Nach Auslösung der Pflichtteilsklausel kann es im Interesse des längerlebenden Ehegatten liegen, dass er durch eine neue letztwillige Verfügung seine Erben bestimmt. So könnte dann auch das Kind Erbe werden, das eigentlich wegen der automatischen Auslösung der Klausel enterbt ist. Das ist jedoch dann nicht möglich, wenn die Pflichtteilsstrafklausel zumindest mittelbar bindende Wirkung entfaltet.

33 Der Verstoß gegen die Pflichtteilsklausel führt zur Enterbung des der Sanktionsklausel Zuwiderhandelnden, da dieser die auflösende Bedingung der Schlusserbschaft herbeigeführt hat. Eine **Enterbung** kann aber weder wechselbezüglich (§ 2270 Abs. 3 BGB) noch vertragsmäßig (§ 2278 Abs. 2) sein.[77]

34 Neben der Enterbung bewirkt der Bedingungseintritt die **Erbeinsetzung hinsichtlich des frei gewordenen Erbteils.** So können für den Wegfall von Bedachten letztwillig ausdrücklich

[70] BayObLG FamRZ 1995, 1019.
[71] BFH NJW-RR 2007, 1458.
[72] *G. Müller/Grund* ZErb 2007, 205 (208).
[73] OLG Düsseldorf FamRZ 2011, 1175 = BeckRS 2011, 3214.
[74] *J. Mayer* DStR 2004, 1541 (1546); Damrau/Tanck/*Klessinger* § 2269 Rn. 41.
[75] *Tanck* ZErb 2018, 8.
[76] OLG Frankfurt a. M. DNotZ 2011, 522 mAnm *Kanzleiter.*
[77] Nieder/Kössinger Testamentsgestaltung-HdB/*R. Kössinger* § 14 Rn. 81; *G. Müller/Grund* ZErb 2007, 205 (207).

Ersatzerben bestimmt worden sein (§ 2096 BGB). Andernfalls kann sich die Ersatzerbeinsetzung durch individuelle Auslegung bzw. durch gesetzliche Auslegungsregeln wie § 2069 BGB und § 2094 BGB (Anwachsung) ergeben. Folglich kann diese Ersatzerbeinsetzung wechselbezüglich oder vertragsmäßig sein,[78] was ggf. durch Auslegung ermittelt werden muss (→ § 20).[79] Diese **Wechselbezüglichkeit** erstreckt sich mithin **mittelbar auch auf die Pflichtteilsklausel,** so dass der längerlebende Ehegatte an die automatischen Folgen der Pflichtteilsklausel gebunden ist.[80] Ergeben sich die Ersatzerben erst aufgrund § 2069 BGB, ist aber nicht von der Wechselbezüglichkeit auszugehen, wenn diese durch § 2270 Abs. 2 BGB vermutet wird.[81] Ungeklärt ist, ob nach einer Anwachsung bei den übrigen Erben nach der Vermutung des § 2094 Abs. 1 S. 1 BGB diese auch entsprechend der Vermutung des § 2270 Abs. 2 BGB wechselbezüglich ist. Überzeugend ist die Auffassung von DNotI-Gutachten,[82] das die BGH-Rechtsprechung zur kumulativen Anwendung von § 2069 BGB und § 2270 BGB heranzieht und damit eine Wechselbezüglichkeit ablehnt.

Einzelfall

Indes ließ das OLG München[83] in einem Einzelfall die wechselbezügliche Schlusserbeinsetzung entfallen, nachdem die als Schlusserben eingesetzten Abkömmlinge ihren Pflichtteil verlangt hatten. Etwas anderes kann darüber hinaus auch gelten, wenn durch ergänzende Auslegung eine Änderungsbefugnis zugunsten des längerlebenden Ehegatten ermittelt werden kann.[84]

2. Auswirkungen auf die Erben des Längerlebenden

Nachdem die Sanktionsklausel von einem oder von mehreren Personen, die als Schlusserben eingesetzt waren, ausgelöst wurde, stellt sich die Frage, **wer an deren Stelle** tritt. War die Schlusserbeinsetzung wechselbezüglich bzw. vertragsmäßig oder hat der längerlebende Ehegatte nicht erneut letztwillig verfügt, müssen die Ersatzerben auf Basis des gemeinschaftlichen Testamentes bestimmt werden. Entweder ausdrücklich oder durch (ergänzende) Auslegung[85] kommt Folgendes in Betracht: 35

- Anwachsung des frei gewordenen Erbteils an die übrigen eingesetzten Schlusserben (§ 2094 BGB)
- Anfall an die ausdrücklichen Ersatzerben (§ 2096 BGB)
- Anfall an die Abkömmlinge des Zuwiderhandelnden (§ 2069 BGB)
- Einräumung eines Änderungsvorbehalts für den längerlebenden Ehegatten[86]
- Gesetzliche Erbfolge

Grundsätzlich umfasst die **Enterbung den gesamten Stamm,** so dass sich die Bestimmung der Ersatzerben nicht nach § 2069 BGB richtet.[87] Die Vermutung des § 2069 BGB ist in einem solchen Fall als widerlegt anzusehen.[88] Die Anwachsung gem. § 2094 BGB zugunsten der anderen Erben gilt eher als gewollt.[89] Andernfalls würde es zu einer Doppelbegünstigung eines Stammes kommen, was aber im Zweifel durch § 2320 BGB verhindert werden kann. Gegen das Argument mit § 2320 BGB spricht indes, dass dieser Ausgleich erst bei dem Nacherbfall vorzunehmen ist und es also doch zur Belastung des Erben im eigentlichen Erbfall kommt.[90] Zu bedenken ist auch, dass durch die Pflichtteilsstrafklausel die **Bestrafung** eines sich nicht konform verhaltenden Stammes bewirkt werden soll. Daher gilt die 36

[78] Nieder/Kössinger Testamentsgestaltung-HdB/*R. Kössinger* § 14 Rn. 81; *Ivo* ZEV 2004, 205.
[79] Burandt/Rojahn/*Braun* § 2269 Rn. 84.
[80] OLG Hamm NJW-RR 2011, 1097; BayObLG ZEV 2004, 202 (204); NK-BGB/*Gierl* § 2269 Rn. 106; vgl. OLG Frankfurt a. M. DNotZ 2011, 552.
[81] BGH NJW 2002, 1126; so auch DNotI-Gutachten DNotI-Report 2012, 192 (193).
[82] DNotI-Report 2012, 192 (193).
[83] OLG München ZEV 2006, 411.
[84] *Ivo* ZEV 2004, 205; NK-BGB/*Gierl* § 2269 Rn. 106.
[85] BayObLG NJW-RR 1996, 262.
[86] NK-BGB/*Gierl* § 2269 Rn. 105, 107.
[87] OLG Karlsruhe BeckRS 2010, 30136; OLG München BeckRS 2018, 31509; ZEV 2006, 411 (412); vgl. BGH NJW 1960, 1899 für den Fall der Ausschlagung; DNotI-Gutachten DNotI-Report 2012, 192 (193).
[88] KG JW 1938, 1600; DNotZ 1942, 147; Palandt/*Weidlich* § 2069 Rn. 5.
[89] OLG München NJW-RR 2011, 1164.
[90] *Stahner* ErbR 2014, 235.

tatsächliche Vermutung, dass nach einer Ausschlagung der Nacherbschaft und Pflichtteilsverlangen der Erblasser auch die Abkömmlinge des Pflichtteilsberechtigten von der Erbfolge ausschließen wollte, und zwar auch bei einer ausdrücklichen Ersatzerbenberufung.[91]

37 Dennoch hat das OLG Frankfurt a. M. in einem speziellen Fall durch ergänzende Auslegung die Kinder desjenigen zu Ersatzerben bestimmt, der gegen die Sanktionsklausel verstoßen hat.[92] In diesem Fall hatten sämtliche potenziellen Schlusserben den Pflichtteil verlangt, so dass andernfalls durch gesetzliche Erbfolge Verwandte der 2. Ordnung zu Erben berufen gewesen wären.

38 Haben nicht alle Schlusserben gegen die Sanktionsklausel verstoßen, ist zumeist von der Anwachsung bei den loyalen Schlusserben auszugehen (§ 2094 BGB).[93] § 2069 BGB kann aber dann zur Anwendung gelangen, wenn ein Erbe des eigentlichen Schlusserben die Sanktionsklausel ausgelöst hat.[94] Die dann berufenen Enkel werden sich aber im Wege der ergänzenden Auslegung den Pflichtteilsanspruch, der an den Erben des Schlusserben gezahlt wurde, anrechnen lassen müssen.[95]

VI. Konkludente Schlusserbeinsetzung durch Pflichtteilsklausel

1. Praxisrelevanz und Alternativen

39 Einige gemeinschaftliche Testamente enthalten vom Wortlaut her nur eine gegenseitige Alleinerbeinsetzung der Ehegatten für den ersten Erbfall sowie die Bestimmung, dass dasjenige Kind, das den Pflichtteil verlangt, auch im zweiten Erbfall enterbt bzw. auf den Pflichtteil gesetzt ist. Stets stellt sich die Frage, ob solchen Verfügungen die **konkludente Einsetzung** der Kinder zu Schlusserben zu entnehmen ist.[96] Insoweit machen die folgenden beiden Rechtsfolgen Sinn und können dem Willen der Ehegatten durchaus entsprechen:[97]

40 • **1. Alternative:** Das den Pflichtteil verlangende Kind ist in dem zweiten Erbfall enterbt (§ 1938 BGB), ohne dass Schlusserben bestimmt sind. Dies hat das OLG Stuttgart[98] bei der Formulierung angenommen, dass nach Pflichtteilsverlangen ein Kind „von der Erbfolge am Überlebenden ausgeschlossen" sei. Der längerlebende Ehegatte muss nach dem ersten Erbfall kein neues Testament errichten: Er kann es bei der gesetzlichen Erbfolge belassen, die ohne Berücksichtigung des den Pflichtteil verlangenden Kindes maßgeblich ist. Alternativ kann er auch nach seinem Belieben ein Testament errichten.

41 • **2. Alternative:** Der Pflichtteilsstrafklausel ist eine Schlusserbeinsetzung der (gemeinsamen) Kinder zu entnehmen.

42 In beiden Konstellationen schließt sich die Frage an, ob die Enterbung (1. Alt.) bzw. die Schlusserbeinsetzung (2. Alt.) wechselbezüglich ist. Beide Alternativen sind auch geeignet,[99] den längerlebenden Ehegatten vor Pflichtteilsansprüchen und damit vor der Schmälerung des Erbes zur Altersversorgung zu schützen.[100]

43 Zum Streit über diese Auslegungsfragen kommt es, wenn der Längerlebende einzelne Kinder letztwillig umfangreicher begünstigt oder nach Wiederverheiratung seinen neuen Ehegatten[101] von Todes wegen bedacht hat. Das Gleiche gilt, wenn der Längerlebende ein Kind durch Schenkungen besonders begünstigt hat und die benachteiligten Kinder nach

---

[91] OLG Bamberg ErbR 2014, 232 (233); Nieder/Kössinger Testamentsgestaltung-HdB/*R. Kössinger* § 10 Rn. 86.

[92] OLG Frankfurt a. M. DNotZ 2011, 552 mAnm *Kanzleiter*.

[93] OLG München ZEV 2008, 341 (342); ZEV 2006, 411 (412); BayObLG ZEV 2004, 202 (204); MüKoBGB/*Musielak* § 2269 Rn. 65; Damrau/Tanck/*Klessinger* § 2269 Rn. 42.

[94] NK-BGB/*Gierl* § 2269 Rn. 101.

[95] Staudinger/*Kanzleiter* § 2269 Rn. 59.

[96] *Fischer* ZEV 2005, 189.

[97] Vgl. *J. Mayer* MittBayNot 1999, 265 (265).

[98] OLG Stuttgart NJW-RR 2017, 1353 (1354).

[99] OLG Hamm BeckRS 2010, 6633.

[100] Vgl. *Fischer* ZEV 2005, 189.

[101] Sofern noch nicht verfristet, ist stets die Anfechtung wegen Übergehens eines Pflichtteilsberechtigten nach § 2079 BGB zu prüfen, → § 5 Rn. 54, 102.

dem Tod des Längerlebenden nach § 2287 BGB analog an den Schenkungen partizipieren wollen.

2. Abgrenzungskriterien

a) Grundsätzliche Möglichkeit einer konkludenten Schlusserbeinsetzung. Allgemein ist anerkannt, dass eine Erbeinsetzung nicht ausdrücklich verfügt sein muss. Sie kann sich daher auch aus einer Pflichtteilsstrafklausel ergeben bzw. kann eine solche Klausel den erforderlichen Anhaltspunkt zugunsten einer Schlusserbeinsetzung darstellen.[102] Eine solche Auslegung ist *„aber nicht zwingend geboten"*; insbesondere gibt es *„keinen allgemeinen Erfahrungssatz für eine solche Wertung"*.[103] Einen Automatismus gibt es nicht.[104] Es müssen hierfür *„konkrete Anhaltspunkte"* vorliegen, die von demjenigen vorzutragen sind, der sich auf die konkludente Schlusserbeinsetzung beruft.[105] 44

Die Stimmen, die geradezu grundsätzlich aus der Pflichtteilsstrafklausel eine Schlusserbeinsetzung herauslesen wollen, berufen sich auf folgende Begründung:[106] *„Denn dem Erblasser kann gerade das Bedeutsamste als so selbstverständlich erscheinen, dass er es nicht ausdrücklich neben den einzelnen Sonderanordnungen niederlegen zu müssen glaubt (…)."* Das OLG Hamm fügt hinzu, dass die Ehegatten die Schlusserbeinsetzung, *„als selbstverständliche Voraussetzung erachtet haben, die Erbeinsetzung sich also quasi hinter der Strafklausel verbirgt (…)."* 45

Eine konkludente Schlusserbeinsetzung kann nicht auf Basis einer Verwirkungsklausel angenommen werden, wonach dasjenige Kind den Pflichtteil erhält, welches das Testament anficht.[107] 46

b) Grundsätzlich keine konkludente Schlusserbeinsetzung. Die pauschale Annahme einer Schlusserbeinsetzung vermag nicht zu überzeugen, zumal die Pflichtteilsstrafklausel auch ohne Herauslesen einer Schlusserbfolge einen Sinn gibt.[108] Ein Bedürfnis der gewillkürten Erbfolge stellt sich auch nur im ersten Erbfall, da der längerlebende Ehegatte nur so das gesamte Vermögen des Erstverstorbenen erhält. Dies wünschen die Ehegatten in vielen Fällen mit dem Ziel, dass der Längerlebende im Alter finanziell bestmöglich abgesichert ist. Dagegen wollen es die Ehegatten in diesen Fällen oftmals für den zweiten Erbfall bei der gesetzlichen Erbfolge belassen. Danach erben die gemeinsamen Kinder zu gleichen Teilen. Dieses Ergebnis entspricht dem Gerechtigkeitsgefühl vieler Ehegatten mit Kindern, was den Erfolg des Berliner Testamentes erklärt. Aufgrund dessen besteht keine Notwendigkeit, geradezu stets eine Schlusserbeinsetzung aus einer Pflichtteilsklausel zu interpretieren. Im Zweifel ist also keine konkludente Schlusserbeinsetzung anzunehmen; es verbleibt lediglich bei dem Strafcharakter.[109] Auch ist zu bedenken, dass Ehegatten 47

> *„größeres Gewicht darauf gelegt haben, dem Überlebenden die freie Verfügung über den gemeinschaftlichen Nachlass einzuräumen, weil sie sich gegenseitig das Vertrauen entgegengebracht haben, der Überlebende werde unter Berücksichti-*

[102] KG ErbR 2018, 452 (454) = BeckRS 2018, 9262; OLG Hamm BeckRS 2010, 6633; BeckRS 2011, 21 893; OLG Karlsruhe ZEV 2006, 409; OLG Saarbrücken NJW-RR 1994, 844; OLG Köln NJW-RR 1994, 397; Burandt/Rojahn/*Braun* § 2269 Rn. 24; NK-BGB/*Gierl* § 2269 Rn. 12 f.; MüKoBGB/*Musielak* § 2269 Rn. 14.

[103] OLG Hamm BeckRS 2010, 6633; NJW-RR 2004, 1520 (1521); ebenso: OLG Karlsruhe ZEV 2006, 409; BWNotZ 1995, 168; OLG Saarbrücken NJW-RR 1994, 844 (845); OLG Celle MDR 2003, 813; OLG Köln NJW-RR 1994, 397 (397 f.); vgl. BayOblGZ 1960, 216 (219); vgl. OLG Hamm FGPrax 2005, 74 (76); NK-BGB/*Gierl* § 2269 Rn. 12; MüKoBGB/*Musielak* § 2269 Rn. 14.

[104] *Roth* NJW-Spezial 2015, 103.

[105] OLG Hamm ZEV 2011, 538.

[106] OLG Karlsruhe ZEV 2006, 409 (409); zuvor ebenso etwa OLG Saarbrücken NJW-RR 1994, 844 (845); BayObLG NJW 1959, 1969; Palandt/*Weidlich* § 2269 Rn. 8.

[107] MüKoBGB/*Musielak* § 2269 Rn. 14 unter Verweis auf OGH MDR 1950, 669 sowie auf Soergel/*Wolf* § 2280 Rn. 3.

[108] BeckOK BGB/*Litzenburger* § 2269 Rn. 22; Staudinger/*Kanzleiter* § 2269 Rn. 24; Burandt/Rojahn/*Braun* § 2269 Rn. 24; OLG Hamm BeckRS 2010, 6633.

[109] *Fischer* ZEV 2005, 189 (190); *Lübbert* NJW 1988, 2706 (2708).

gung der weiteren Entwicklung eine gerechte Regelung für die Schlußerbfolge treffen.“[110]

48 Aus dieser Argumentation ergibt sich auch die **Feststellungs- bzw. Beweislastverteilung:** Derjenige, der sich auf eine Schlusserbeinsetzung beruft, die sich konkludent vor allem aus der Pflichtteilsklausel ergeben soll, ist feststellungs- bzw. beweisverpflichtet.[111] Nach dem OLG Hamm[112] besteht schließlich hierfür kein Erfahrungssatz; nach dem OLG Karlsruhe[113] besteht insoweit „*kein zwingender Schluss*“. Das OLG Düsseldorf[114] lehnt ebenfalls eine konkludente Schlußerbeinsetzung ab, da die Erblasser lediglich den Strafcharakter der Pflichtteilsstrafklausel als Inhalt ihrer letztwilligen Verfügung wollten.

49 In einem **notariellen Erbvertrag** hatten sich die Ehegatten gegenseitig zu Alleinerben eingesetzt und im Hinblick auf ihre gemeinsamen Kinder eine Pflichtteilsstrafklausel verfügt. Das OLG Saarbrücken[115] sprach sich gegen eine konkludente Schlusserbeinsetzung aus, da bei einem Notar im Hinblick auf eine für ihn Routinearbeit nicht zu vermuten sei, dass er die Schlusserbeinsetzung vergessen hätte aufzunehmen. Schließlich könne ein Notar sich Musterentwürfen aus „*in jedem Notariat vorhandene Anleitungs- und Musterbüchern*“ bedienen, die jeweils auch Klauseln für die Schlusserbeinsetzung enthalten würden. Der Inhalt des Erbvertrages sei „*als richtig und vollständig zu vermuten*“.

50 c) **Erforderliche individuelle Auslegung.** Zur Annahme einer konkludenten Schlusserbeinsetzung ist es erforderlich, diese Frage „*unter Würdigung aller für die Testamentsauslegung in Betracht kommenden Umstände*“ zu untersuchen.“[116] So sind auch „*außerhalb der Testamentsurkunde liegende Umstände und die allgemeine Lebenserfahrung heranzuziehen*“.[117] Entscheidend ist mit *Kanzleiter*[118] der „*letztlich zu ermittelnde Wille der Ehegatten*“. Den folgenden Prüfungsgrundsatz hat das OLG München[119] aufgestellt:

> „*Maßgebend für die Annahme einer Schlusserbeneinsetzung ist, dass die Ehegatten neben dem ersten Erbfall auch den Fall des Ablebens des überlebenden Ehegatten abschließend regeln wollten und entsprechend dem gemeinsamen Willen der Ehegatten das beidseitige Vermögen als eine Einheit einem Dritten anfallen soll.*“

51 d) **Indizien zugunsten einer konkludenten Schlusserbeinsetzung.** Ein Indiz zugunsten einer konkludenten Schlusserbeinsetzung sieht die Rechtsprechung[120] darin, dass in der Pflichtteilsklausel Wörter wie „*Erben*“ oder „*Erbschaft*“ enthalten sind, die auf eine Regelung auch für den zweiten Erbfall hinweisen. So entnahm das OLG Köln[121] nachfolgender Klausel eine (wechselbezügliche) Schlusserbeinsetzung:

> „*Wer von unseren Kindern (Erben) nach dem Tode des von uns beiden Erstversterbenden seinen Pflichtteil verlangt, der soll auch nach dem Tod des Letztversterbenden nur seinen Pflichtteil erlangen.*“

52 Auch eine neben der Pflichtteilsklausel verfügte **Wiederverheiratungsklausel** kann die konkludente Schlusserbeinsetzung indizieren.[122] Etwas anderes gilt bei einem notariellen

[110] OLG Hamm NJW-RR 2004, 1520 (1522).
[111] OLG Karlsruhe ZEV 2006, 409 (410).
[112] OLG Hamm BeckRS 2010, 6633; Staudinger/*Kanzleiter* § 2269 Rn. 24 unter Verweis auf OLG Hamm DNotZ 1951, 41.
[113] OLG Karlsruhe BWNotZ 1995, 168 (169).
[114] OLG Düsseldorf ZEV 2014, 303 (304).
[115] OLG Saarbrücken NJW-RR 1992, 841 (842).
[116] OLG München ZEV 2006, 411 unter Verweis auf BayObLGZ 1995, 199 (204); vgl. OLG Köln NJW-RR 1994, 397 (398); das OLG Karlsruhe geht irrtümlich von einer ergänzenden Auslegung aus in BWNotZ 1995, 168, (169).
[117] OLG Karlsruhe ZEV 2006, 409; vgl. BayObLGZ 1960, 216 (221).
[118] Staudinger/*Kanzleiter* § 2269 Rn. 24; ebenso DNotI Gutachten DNotI-Report 2002, 97 (98).
[119] OLG München DNotZ 2017, 215.
[120] OLG Hamm BeckRS 2010, 6633; OLG Karlsruhe ZEV 2006, 409 (410).
[121] OLG Köln NJW-RR 1994, 397 (398).
[122] So OLG Saarbrücken NJW-RR 1994, 844 (845); aA Burandt/Rojahn/*Braun* § 2269 Rn. 24; BeckOK BGB/*Litzenburger* § 2269 Rn. 22.

Testament bzw. Erbvertrag, da der Notar die Testierenden nach ihren Wünschen einer Schlusserbeinsetzung gefragt haben wird. Hätte er einen entsprechenden Wunsch festgestellt, hätte er eine ausdrückliche Schlusserbeinsetzung in seinem Entwurf aufgenommen, so das OLG Saarbrücken.[123] Daher spricht ein **notarielles Testament** generell gegen die konkludente Annahme einer Schlußerbschaft.[124] Denn der Notar ist gesetzlich verpflichtet, den Willen der Beteiligten zu erforschen und in der Testamentsurkunde zweifelsfrei zu dokumentieren (§ 17 BeurkG).

Zugunsten einer konkludenten Schlusserbeinsetzung spricht, wenn in dem Testament **Regelungen für den zweiten Erbfall verfügt** sind. So etwa in dem folgenden Zusatz zu einer üblichen Pflichtteilsklausel: *„Der freiwerdende Erbteil wächst sodann den übrigen Kindern im gleichen Verhältnis zu.“* In diesem dem OLG Hamm vorgelegten Testament[125] war die Trennungslösung verfügt und an einer Stelle heißt es auch *„Nach dem Tod des Längstlebenden …“*. *Fischer*[126] zufolge indiziert ein **größerer Altersunterschied** zwischen den Ehegatten, alternativ das Vorhandensein **junger Kinder** bei Testamentserrichtung lediglich die Annahme des Strafcharakters und eben keine Schlusserbeinsetzung. 53

Einzelfälle

(1) Lt. OLG München können[127] Anordnungen der Ehegatten in einem gemeinschaftlichen Testament betreffend einen „Pflichtteils-“ bzw. „Erbteilsverzicht“ der Kinder bis beide Eltern verstorben sind, für die wechselbezügliche Anordnung von deren Einsetzung als Schlusserben sprechen.

(2) Das OLG Frankfurt a. M.[128] begründet die Annahme einer konkludenten Schlusserbschaft damit, dass sich die Ehegatten zur Erreichung der wechselseitigen Absicherung zu Vollerben hätten einsetzen können. Das überzeugt nicht, da die Pflichtteilsklausel auch einen Zweck erfüllt, wenn nur das den Pflichtteil verlangende Kind für den zweiten Erbfall enterbt ist.

(3) Das OLG München[129] macht den gleichen Denkfehler, wenn es mit folgender Begründung eine konkludente Schlusserbeinsetzung annimmt: Die Ehegatten hätten sicherstellen wollen, dass der Längerlebende nicht *„mit Pflichtteilsansprüchen überzogen“* werde. *„Demzufolge beinhalte die Pflichtteilsklausel die Schlusserbeinsetzung der B 2 und 3.“*

(4) Die Erblasser hatten neben ihrer gegenseitigen Erbeinsetzung eine Pflichtteilsstrafklausel verfügt. Zudem verfügten sie, dass das Eigenheim die Tochter erhält, die eigenen Kinder hat und dort ihren festen Wohnsitz nimmt, andernfalls die älteste Tochter. Darin sah das KG[130] ein Indiz für eine wechselbezügliche Schusserbeinsetzung, zumal es ausführte, dass aufgrund ihres Verhaltens die längerlebende Ehefrau auch von einer enthaltenen Schlusserbeinsetzung ausging. So hätte es ansonsten in ihrem späteren notariellen Testament keiner Begründung bedurft, warum sie nicht an das gemeinschaftliche Testament gebunden sei.

(5) Das gemeinschaftliche Testament enthielt eine Pflichtteilsstrafklausel und eingehende Regelungen für den Fall eines „plötzlichen“ Todes beider Ehegatten. Das OLG Düsseldorf (OLG Düsseldorf BeckRS 2018, 26335 Rn. 17 ff.) stellte durch Auslegung einen Wechsel bezüglich der Schlusserbeinsetzung der Kinder fest.

e) **Indizien gegen eine konkludente Schlusserbeinsetzung.** Gegen eine konkludente Schlusserbeinsetzung spricht der Umstand, dass die Ehegatten die Pflichtteilsstrafklausel erst innerhalb einer Testamentsergänzung zwei Tage nach Testamentserrichtung letztwillig verfügt haben. Die Ehegatten haben nämlich nach *„nochmaliger Überlegung“* festgestellt, dass noch etwas fehlt, und diese Lücke durch das Ergänzungstestament geschlossen.[131] Wäre eine Schlusserbeinsetzung gewollt gewesen, hätten die Ehegatten in ihrer Ergänzung eine ausdrückliche Regelung aufgenommen. 54

[123] NJW-RR 1992, 841 (842).
[124] *Fischer* ZEV 2005, 189 (190); DNotI-Gutachten DNotI-Report 2000, 149 (151); aA OLG Saarbrücken NJW-RR 1994, 844 (845); LG Frankfurt a. M. FGPrax 2001, 246.
[125] OLG Hamm FGPrax 2005, 74.
[126] *Fischer* ZEV 2005, 189 (190 f.).
[127] OLG München DNotZ 2017, 215.
[128] OLG Frankfurt a. M. FGPrax 2001, 246.
[129] OLG München ZEV 2006, 411.
[130] KG ErbR 2018, 452 (455).
[131] OLG Karlsruhe ZEV 2006, 409 (410).

Einzelfall
Das OLG Hamm lehnte eine konkludente Schlusserbeinsetzung bei der Formulierung „Nach dem Tod des Letztversterbenden soll die gesetzliche Erbfolge eintreten" ab. Es sei vielmehr ein Verweis auf die von Gesetzes wegen eintretende Erbfolge. Hier war aber die Besonderheit, dass der Erblasser als Konsul in Frankreich Beurkundungen von letztwilligen Verfügungen vorgenommen hat und daher über rechtliche Grundlage verfügte.

55 **f) Besonderheit bei Patchworkfamilien.** Wenn unklar ist, ob bei Vorhandensein von einseitigen und gemeinsamen Kindern bei der schlichten Erbeinsetzung der *„Kinder"* auch die einseitigen Kinder gemeint sind, so indiziert eine Pflichtteilsklausel, dass nur die gemeinsamen Kinder Erben sein sollen.[132] Schließlich sind nur diese nach beiden Ehegatten pflichtteilsberechtigt.

3. Feststellung der Wechselbezüglichkeit der Schlusserbeinsetzung

56 **a) Enterbung.** Sofern in der Pflichtteilsklausel keine konkludente Schlusserbeinsetzung zu sehen ist und ein Kind den Pflichtteil verlangt, stellt sich die Frage, ob die eingetretene Enterbung wechselbezüglich ist. Gem. § 2270 Abs. 3 BGB können nur Erbeinsetzungen, Vermächtnisse und Auflagen wechselbezüglich sein. Damit kann eine Enterbung nach § 1938 BGB nicht wechselbezüglich sein.[133] Verfügt der längerlebende Ehegatte nicht erneut, ist das seinen Pflichtteil verlangende Kind enterbt und kann beim zweiten Erbfall nur nochmals seinen Pflichtteil verlangen. Unter Außerachtlassung dieses Kindes tritt die gesetzliche Erbfolge ein.

57 Fraglich ist, ob der längerlebende Ehegatte wirksam ein neues Testament errichten kann, in dem er das den Pflichtteil verlangende Kind wieder zu seinem Erben einsetzt. Eine Parallele zu der Konstellation, in der eine ausdrückliche Schlusserbeinsetzung erfolgte, kann nicht gezogen werden. Denn hier ist die Enterbung mittelbar wechselbezüglich, da durch Ausfall des den Pflichtteil verlangenden Kindes dessen eigentliche Erbquote entweder von Ersatzerben oder – und das ist die Regel – von den anderen Kindern übernommen wird. Damit ist die nur umfangreiche Erbeinsetzung wechselbezüglich, so dass die Enterbung mittelbar wechselbezüglich ist (→ Rn. 34).

58 In dem hier zu erörternden Fall können faktisch die Wirkungen der Wechselbezüglichkeit der Enterbung nur erzielt werden, wenn die Enterbung des seinen Pflichtteil verlangenden Kindes auflösende Bedingung gem. § 2075 BGB der Alleinerbeinsetzung des längerlebenden Ehegatten ist.[134] Da der längerlebende Ehegatte jederzeit bis zu seinem Tod dieses spezielle Kind wieder zu seinem Erben einsetzen kann, führt diese Konstruktion zur Beschwerung des Längerlebenden mit der Nacherbschaft. Ein solches Auslegungsergebnis ist eher unwahrscheinlich. Zum gleichen Ergebnis gelangt *Lübbert,*[135] demzufolge der längerlebende Ehegatte die Pflichtteilsklausel aufheben kann.

59 **b) Schlusserben.** Sofern auf Basis der Pflichtteilsklausel eine konkludente Schlusserbeinsetzung festzustellen ist, stellt sich die Frage, ob diese **wechselbezüglich** gem. § 2270 Abs. 1 BGB ist. Das ist nicht zwingend.[136] Wenn die individuelle Auslegung (→ § 7 Rn. 18 ff.) erfolglos verläuft, vermutet das Gesetz die Wechselbezüglichkeit (§ 2270 Abs. 2 BGB). Im Hinblick auf die hier vertretenen hohen Voraussetzungen der Annahme einer konkludenten Schlusserbeinsetzung spricht innerhalb der individuellen Auslegung vieles dafür, dass diese wechselbezüglich ist.[137] Die **Rechtsprechung** tendiert zur Annahme der Wechselbezüglichkeit, vor allem aufgrund von § 2270 Abs. 2 BGB.[138]

---

[132] BayObLG NJW-RR 1988, 968; Palandt/*Weidlich* § 2269 Rn. 8; NK-BGB/*Gierl* § 2269 Rn. 14; zu Auslegungsfragen, wenn nur jeweils einseitige Kinder vorhanden sind: OLG Zweibrücken NJW-RR 1999, 374 und darauf *J. Mayer* MittBayNot 1999, 265.

[133] BayObLG NJW-RR 1992, 1356; Burandt/Rojahn/*Braun* § 2270 Rn. 19.

[134] Vgl. NK-BGB/*Müßig* § 2270 Rn. 15.

[135] *Lübbert* NJW 1988, 2706 (2708).

[136] OLG Hamm NJW-RR 2004, 1520 (1521).

[137] So auch DNotI-Report 2002, 97 (98); es liegt keine vergleichbare Konstellation wie bei BGH ZEV 2002, 150 vor, wonach § 2270 Abs. 2 BGB und § 2069 BGB nicht kumulativ angewendet werden können.

[138] KG ErbR 2018, 452 (456); OLG Düsseldorf BeckRS 2018, 26335 Rn. 27; OLG Hamm FGPrax 2005, 74 (76); OLG Frankfurt a. M. FGPrax 2001, 246 (247); OLG Köln NJW-RR 1994, 397 (398); BayObLGZ 1960, 216 (222); 1959, 199 (209).

Die Wechselbezüglichkeit **verneint** indes *Litzenburger*[139] mit dem Hinweis, dass sich die Erbeinsetzung bereits nicht ausdrücklich aus dem Testament ergebe. Auch *J. Mayer*[140] meint, dass so eine nicht gewollte Bindungswirkung geschaffen würde. 60

4. Exkurs: Fehlende Alleinerbeinsetzung der Ehegatten beim gemeinschaftlichen Testament

Es kommt nicht nur der Fall wie oben beschrieben vor, dass Ehegatten die ausdrückliche Einsetzung ihrer Schlusserben „vergessen". Ein solches „Vergessen" ist in der Praxis einstweilen auch bei gemeinschaftlichen Testamenten festzustellen, bei denen die Ehegatten nur die Erbeinsetzung der gemeinsamen Kinder erklären.[141] Es stellt sich dann die Frage, ob die Ehegatten sich gegenseitig zu Alleinerben einsetzen wollten. Für die Ehegatten könnte dies **so selbstverständlich** gewesen sein, dass sie es nicht für erforderlich hielten, sich gegenseitig einzusetzen. Höchstens kann eine gegenseitige Erbeinsetzung aufgrund der **einfachen Auslegung** bei Vorliegen weiterer Umstände bzw. Indizien festgestellt werden, nicht indes wegen fehlender Andeutung durch die ergänzende Auslegung.[142] Die Feststellung der gegenseitigen Erbeinsetzung wird aber idR daran scheitern, dass das Testament einen Anhalt hierfür aufweist.[143] 61

Der BGH[144] hatte über eine solche Konstellation zu entscheiden, bei der ein Beteiligter einbrachte, dass die Ehegatten aus einem Entwurf versehentlich ihre gegenseitige Erbeinsetzung nicht übertragen hätten. Der BGH[145] entwickelte in diesem Urteil die Andeutungstheorie. Auch wenn Ehegatten sich üblicherweise gegenseitig selbst bedenken würden, stelle diese Tatsache keinen ausreichenden Anhalt für die gegenseitige Erbeinsetzung dar. Die gegenseitige Erbeinsetzung kann daher nicht allein aufgrund der Errichtung eines gemeinschaftlichen Testamentes angenommen werden.[146] 62

139 BeckOK BGB/*Litzenburger* § 2269 Rn. 26, zust. Burandt/Rojahn/*Braun* § 2269 Rn. 25.
140 Reimann/Bengel/Mayer Testament und Erbvertrag/*J. Mayer* § 2269 Rn. 14.
141 Firsching/Graf NachlassR/*Krätzschel* Rn. 1.133.
142 DNotI-Gutachten DNotI-Report 2011, 150.
143 DNotI-Gutachten DNotI-Report 2011, 150 (151).
144 BGH NJW 1981, 1737.
145 BGH NJW 1981, 1737 (1738).
146 DNotI-Gutachten DNotI-Report 2011, 150.

§ 25 Abgrenzungsfälle bei Wiederverheiratungsklauseln

Übersicht

I. Praxisrelevanz

1 Durch eine Wiederverheiratungsklausel soll sichergestellt werden, dass im Falle einer erneuten Heirat des längerlebenden Ehegatten zumindest Vermögen des Erstversterbenden nicht mittelbar an den neuen Ehegatten geht, sondern vielmehr den gemeinsamen Kindern erhalten bleibt.[1] Der ursprünglich verfolgte Verteilungsplan soll nicht gestört werden. Wenn der längerlebende Ehegatte unbeschränkter Alleinerbe würde und erneut heiratet, berechnet sich, selbst bei Enterbung des neuen Ehegatten, die Höhe des Pflichtteilsanspruchs des neuen Ehegatten nach dem durch die Erbschaft angereicherten Vermögen des Längerlebenden.

2 Daher regeln oftmals auch Ehegatten, die ohne juristische Beratung ihr privatschriftliches Testament konzipieren, den **Fall der Wiederverheiratung** letztwillig. Es besteht insoweit in der Bevölkerung, wie etwa bei dem Fall des gleichzeitigen Versterbens, ein **Problembewusstsein.** Im Grundsatz kommt bei Eintritt der Wiederverheiratung in Betracht,[2] dass statt des zunächst alleinerbenden Längerlebenden

- nur die Kinder erben, so dass der längerlebende Ehegatte den Nachlass herauszugeben hat (der Ehegatte wäre dann enterbt),
- die gesetzliche Erbfolge eintritt, also der Längerlebende mit den Kindern aus der vorherigen Ehe eine Erbengemeinschaft bildet,
- ein Vermächtnis zugunsten der Kinder fällig wird, etwa in Höhe deren gesetzlichen Erbanteils, oder
- die Kinder erben und der Längerlebende nur noch ein Vermächtnis beanspruchen kann.

3 Zu beachten ist auch, ob der zunächst alleinerbende Ehegatte bis zur Wiederverheiratung nur (**befreiter**) **Vorerbe oder unbeschränkter Erbe** ist. Nach Lektüre von Rechtsprechung und Literatur scheint die rechtliche Einordnung nur dogmatisch umstritten zu sein. Das ist

---

[1] *Lange/Kuchinke* ErbR § 24 IV 3, IV 3 a.

[2] MüKoBGB/*Musielak* § 2269 Rn. 50 ff.; Reimann/Bengel/Mayer Testament und Erbvertrag/*J. Mayer* § 2269 Rn. 65.

aber unzutreffend. Durch einfache bzw. ergänzende Auslegung[3] ist zu ermitteln, wie die letztwillige Verfügung erbrechtlich zu beurteilen ist und welche Rechtsfolgen im Zeitpunkt des Todes des Erstversterbenden und im Zeitpunkt der Wiederverheiratung ausgelöst werden.

Auslegungsbedürftig ist aber nicht nur die Frage der Erbfolge nach dem erstversterbenden Ehegatten, sondern auch die nach dem längerlebenden Ehegatten, sofern diese im gemeinschaftlichen Testament oder Erbvertrag bereits wechselbezüglich oder vertragsmäßig geregelt wurde. Dann stellt sich die Frage, ob (nur) die Bindung oder gar die letztwillige Verfügung entfällt. Im letzteren Fall würde die gesetzliche Erbfolge eintreten, wenn nicht der längerlebende Ehegatte nach der Wiederheirat erneut letztwillig verfügt hat. 4

II. Begriff der Wiederverheiratung

Unter dem Begriff der Wiederverheiratung fällt in jedem Fall, dass der längerlebende Ehegatte eine neue Ehe schließt. Die die Wiederverheiratungsklausel auslösende Handlung ist die Eheschließung vor dem **Standesamt** bzw. entsprechend. In der Regel wird auch die Begründung einer eingetragenen Lebenspartnerschaft sanktioniert,[4] denn in beiden Fällen wird die Stellung des Schlusserben gleichermaßen beeinträchtigt.[5] 5

Liegen ganz besondere Umstände vor, dann könnte der Begriff „*Wiederverheiratung*“ auch sehr weit ausgelegt werden und auch die Fälle erfassen, in denen der Längerlebende mit einem neuen Partner **eheähnlich** zusammenlebt.[6] In diesem Fall kann durch Verleben das durch die Erbschaft erlangte Vermögen so geschmälert werden, dass die eigentlichen Schlusserben außerordentlich beeinträchtigt werden.[7] Das kann besonders bei kleineren Nachlässen der Fall sein, gerade wenn der Längerlebende und sein neuer Partner vollends über ihre Verhältnisse leben. Zu Recht hat indes das OLG Düsseldorf[8] festgestellt, dass nicht idR das Eingehen einer Lebensgemeinschaft mit der Wiederverheiratung lt. Testament gleichgestellt werden kann. 6

III. Keine Sittenwidrigkeit

Wiederverheiratungsklauseln sind **grundsätzlich zulässig;**[9] auch in der Rechtsprechung wurde lange nicht – soweit ersichtlich – die Sittenwidrigkeit angedacht, geschweige denn diskutiert.[10] Das OLG Saarbrücken[11] stellte indes nun die Nichtigkeit fest. Gerade im Anschluss an die Hohenzollern-Entscheidung des BVerfG[12] wird in der Literatur diskutiert, ob im Einzelfall eine Wiederverheiratungsklausel sittenwidrig und damit nichtig ist.[13] Für die Nichtigkeit spricht viel, wenn der längerlebende Ehegatte nicht einmal seinen Pflichtteil verlangen oder behalten kann.[14] Da im Fall der Wiederheirat der Längerlebende zunächst die Erbschaft angenommen hat, kann er nicht mehr seinen kleinen Pflichtteil oder ggf. seinen konkreten Zugewinnausgleichsanspruch beanspruchen. Das kann dazu führen, dass er mit 7

[3] Burandt/Rojahn/*Braun* § 2269 Rn. 60; BeckOK BGB/*Litzenburger* § 2269 Rn. 31.
[4] Palandt/*Weidlich* § 2269 Rn. 16.
[5] Burandt/Rojahn/*Braun* § 2269 Rn. 49.
[6] Vgl. *Jünnemann* ZEV 2000, 81 (82).
[7] So auch *Lange/Kuchinke* ErbR § 24 IV. 3a.
[8] OLG Düsseldorf NJW-RR 2013, 1353.
[9] Burandt/Rojahn/*Braun* § 2269 Rn. 52; Palandt/*Weidlich* § 2269 Rn. 16; Staudinger/*Kanzleiter* § 2269 Rn. 39; Rudolf/Bittler/Seiler-Schopp Testamentsauslegung und -anfechtung-HdB/*Scharf* § 2 Rn. 129.
[10] BGH NJW 2002, 1126; NJW-RR 1986, 493; FamRZ 1965, 600 (601); BayObLG NJW-RR 2002, 366; OLG Hamm NJW-RR 1993, 1225; OLG Zweibrücken OLGZ 1973, 217; KG NJW 1957, 1073; vgl. Roth/Hannes/Mielke Vor- und Nacherbschaft/*Roth* § 1 Rn. 95.
[11] OLG Saarbrücken ErbR 2015, 567 mit hinsichtlich der Nichtigkeit zust. Anm. *Otte*.
[12] BVerfG NJW 2004, 2008.
[13] *Scheuren-Brandes* ZEV 2005, 185; NK-BGB/*Gierl* § 2269 Rn. 120; Damrau/Tanck/*Klessinger* § 2269 Rn. 48; MüKoBGB/*Musielak* § 2269 Rn. 47.
[14] OLG Saarbrücken ErbR 2015, 567; MüKoBGB/*Leipold* § 2074 Rn. 25.

Wiederverheiratung den gesamten Nachlass herauszugeben hat und daher **aus wirtschaftlichen Gründen gehindert** ist, erneut zu heiraten. Nach dem OLG Zweibrücken[15] dürfte eine Wiederverheiratungsklausel regelmäßig unwirksam sein, wenn diese dazu führt, dass der sich wiederverheiratende Ehegatte völlig leer ausgeht. *Firsching/Graf*[16] nimmt dann einen Verstoß gegen die Eheschließungsfreiheit des Art. 6 Abs. 1 GG an. Wie folgt ist mit dem OLG Zweibrücken[17] abzuwägen:

> *„Maßgeblich dürfte letztlich eine Abwägung sein, bei der neben der Frage, inwiefern bei dem Überlebenden ein für diesen unzumutbarer Druck bei der Eingehung einer neuen Ehe erzeugt wird, der Wert des Nachlasses des Erstversterbenden, die Lebensverhältnisse des Überlebenden und dessen sonstige Vermögensverhältnisse eine Rolle spielen."*

8 Das OLG Saarbrücken[18] hat (endlich) die **Nichtigkeit** einer Wiederverheiratungsklausel nach § 138 BGB **festgestellt.** Bei Wiederverheiratung hatte der längerlebende Ehegatte den Kindern Vermächtnisse in Höhe des Wertes per Wiederverheiratung zu zahlen. In dem Fall des OLG Saarbrücken heiratete der längerlebende Ehemann 16 Jahre nach dem Tod seiner ersten Ehefrau erneut; seine Söhne klagten die Vermächtnisse ein. Die Sittenwidrigkeit kann vorliegen, wenn den längerlebenden Ehegatten bei Wiederverheiratung drastische Vermögensnachteile treffen könnten. Der auf den längerlebenden Ehegatten wirtschaftlich ausgeübte Druck sei beträchtlich, zumal ihm nicht einmal der Pflichtteil verbliebe. Auch stellte das OLG Saarbrücken auf den besonderen Liquidationsbedarf ab, der den Längerlebenden mit Wiederverheiratung träfe. Gleichzeitig hat der Senat festgetellt, dass nach Anwendung des § 2085 BGB die Nichtigkeit der Wiederverheiratungsklausel nicht die Alleinerbeinsetzung des Längerlebenden berühre. Es reduzierte durch ergänzende Auslegung die Vermächtnisse insoweit, dass dem längerlebenden Ehegatten sein Pflichtteilsanspruch verblieb.

Praxistipp:

Bei der Gestaltung von letztwilligen Verfügungen mit Wiederverheiratungsklauseln sollte zur Vermeidung einer späteren Sittenwidrigkeit sichergestellt werden, dass dem längerlebenden Ehegatten zumindest vom Wert her sein Pflichtteilsanspruch, ggf. zudem der konkrete Zugewinnausgleichsanspruch nach § 1371 Abs. 2 BGB, verbleibt, eher aber etwas mehr.

IV. Trennungslösung

9 Sofern die Ehegatten bereits den Längerlebenden nur zum Vorerben eingesetzt haben (Trennungslösung), tritt der **Nacherbfall** entweder ohne Wiederverheiratung durch den Tod des Längerlebenden oder im **Zeitpunkt der Wiederverheiratung** ein. Die Wiederverheiratungsklausel bewirkt dann nur die zeitliche Vorverlagerung des Nacherbfalls.[19] *Musielak*[20] geht indes davon aus, dass der längerlebende Ehegatte hinsichtlich seines gesetzlichen Erbteils Vollerbe wird, wenn keine besonderen Anordnungen getroffen wurden. *J. Mayer*[21] ist zu Recht anderer Auffassung. Die gesetzliche Erbfolge ist aber dann anzunehmen, wenn letztwillig etwa angeordnet wurde: *„Mit Wiederheirat sollen sich der Überlebende und die Kinder den Nachlass teilen."*[22]

[15] OLG Zweibrücken FGPrax 2011, 176.
[16] Firsching/Graf NachlassR/*Krätzschel* Rn. 1.224.
[17] OLG Zweibrücken FGPrax 2011, 176.
[18] OLG Saarbrücken ErbR 2015, 567 mit hinsichtlich der Nichtigkeit zust. Anm. *Otte*.
[19] NK-BGB/*Gierl* § 2269 Rn. 135.
[20] MüKoBGB/*Musielak* § 2269 Rn. 49.
[21] Burandt/Rojahn/*Braun* § 2269 Rn. 60; Damrau/Tanck/*Klessinger* § 2269 Rn. 51 ist unsicher.
[22] BeckOK BGB/*Litzenburger* § 2269 Rn. 32; vgl. MAH ErbR/*Ridder* § 11 Rn. 120.

Da die Nachfolge unbedingt angeordnet ist, scheidet die Anwendung von § 2108 Abs. 2 S. 2 BGB iVm § 2074 BGB aus.[23] Damit ist das Anwartschaftsrecht des Abkömmlings vererblich (§ 2108 Abs. 2 S. 1 BGB), was sich bei Tod des Abkömmlings zwischen dem Erbfall und dem Nacherbfall auswirkt. 10

Formulierungsmuster:

Wir, die Ehegatten A und B, setzen uns wechselseitig zu alleinigen Vorerben ein. Nacherben sind unsere Kinder C und D. Der Nacherbfall tritt entweder mit dem Tod des Längerlebenden oder zuvor bei dessen Wiederverheiratung ein. 11

Es besteht auch die Möglichkeit, dass mit der Wiederverheiratung die gesetzlichen Beschränkungen des Vorerben eintreten. So kann bis zur Wiederverheiratung der Längerlebende befreiter Vorerbe sein.[24] Im Zweifel ist aber für die Zeit bis zur eventuellen Wiederverheiratung nicht von der Befreiung des Vorerben auszugehen.[25] 12

Bei Annahme des Eintritts des Nacherbfalls bei Wiederverheiratung muss der Längerlebende den Nachlass **an die Nacherben herausgeben** (§§ 2130, 2139 BGB). Er selbst hat damit seine gewillkürten und gesetzlichen Erb- und Pflichtteilsansprüche verloren. Ursprünglich war er mit der Nacherbschaft belasteter Erbe, so dass er nach fristgemäßer Ausschlagung gem. § 2306 Abs. 1 S. 1 BGB seinen (kleinen) Pflichtteil und ggf. den konkreten Zugewinnausgleichsanspruch hätte verlangen können.[26] Regelmäßig ist eine **Anfechtung der Annahme** der Erbschaft **wegen Irrtums** nicht möglich (§§ 1954, 119 BGB), da der Längerlebende hinsichtlich der Wiederverheiratungsklausel sich nicht geirrt hat und der Irrtum über den Verlust des Pflichtteilsanspruchs einen unbeachtlichen Rechtsirrtum darstellt.[27] Damit muss sich der Längerlebende bereits unverzüglich nach dem Erbfall entscheiden, ob er die Erbschaft mit den Rechtsfolgen der Wiederverheiratungsklausel annimmt oder ausschlägt.[28] 13

V. Einheitslösung

1. Mögliche Rechtskonstruktionen

Haben die Ehegatten sich in einem gemeinschaftlichen Testament oder einem Erbvertrag gegenseitig zu Alleinerben eingesetzt und bestimmt, dass im Fall der Wiederheirat der längerlebende Ehegatte den Nachlass an die Kinder herauszugeben hat oder dass die gesetzliche Erbfolge eintritt (Einheitslösung),[29] dann kommen folgende Rechtskonstruktionen in Betracht:[30] 14

- Vor- und Nacherbschaft (→ § 12)[31] (Alternative 1)
- auflösend bedingte Vollerbschaft und aufschiebend bedingte Vorerbschaft, wobei der Längerlebende mit dem Erbfall, also nicht erst mit der Wiederverheiratung, den Beschränkungen der Vor- und Nacherbschaft unterliegt (Alternative 2/hM)
- auflösend bedingte Vollerbschaft und aufschiebend bedingte Vorerbschaft, wobei der Längerlebende erst mit einer erneuten Heirat den Beschränkungen der Vor- und Nacherbschaft unterliegt (Alternative 3).

[23] Palandt/*Weidlich* § 2269 Rn. 21.
[24] Roth/Hannes/Mielke Vor- und Nacherbschaft/*Roth* § 1 Rn. 97; BeckOK BGB/*Litzenburger* § 2269 Rn. 32.
[25] LG Mannheim MDR 1960, 497 in Abgrenzung zur Einheitslösung.
[26] NK-BGB/*Gierl* § 2269 Rn. 128; MüKoBGB/*Musielak* § 2269 Rn. 61.
[27] NK-BGB/*Gierl* § 2269 Rn. 128.
[28] Palandt/*Weidlich* § 2269 Rn. 19.
[29] *Zawar* NJW 1988, 16 (17).
[30] MüKoBGB/*Musielak* § 2269 Rn. 54 ff.
[31] Dies bedeutet die Trennungslösung.

15 Diese Alternativen können nachfolgenden Klauseln entnommen werden, wobei zur erforderlichen Auslegung weitere Anordnungen hinzukommen müssen:

Formulierungsbeispiel:

Wir, die Ehegatten A und B, setzen uns im ersten Erbfall gegenseitig zu alleinigen Erben ein. Im zweiten Erbfall erben unsere Kinder C und D zu gleichen Teilen.
Wenn der Längerlebende eine neue Ehe eingeht, ……

Option 1: …… muss er den im Zeitpunkt der Wiederverheiratung vorhandenen Nachlass an unsere Kinder C und D herausgeben.

Option 2: …… gilt die gesetzliche Erbfolge, wonach der Längerlebende zu $1/2$ sowie C und D zu jeweils $1/4$ erben.

16 Die von den Ehegatten gewünschte Rechtskonstruktion ist durch einfache Auslegung zu ermitteln,[32] wobei zusätzlich eine Abgrenzung zur Vermächtnislösung vorzunehmen ist (→ Rn. 27 ff.). Bei der Einheitslösung ist innerhalb der Auslegung die Verfügungsfreiheit des Längerlebenden gegen das Interesse der Sicherung des oder der Dritten, zumeist der Kinder, gegeneinander abzuwägen.[33]

17 Sofern eine Vor- und Nacherbschaft anzunehmen ist und der längerlebende Ehegatte diese angenommen hat, kann er nach seiner Wiederheirat nicht den Pflichtteil verlangen. Dies wäre nur bei Ausschlagung wegen § 2306 Abs. 1 BGB möglich gewesen.[34] Eine Anfechtung der Annahme nach §§ 1954, 119 BGB ist nicht möglich, da er sich im Hinblick auf die Wiederverheiratung nicht in einem Irrtum befand.

2. Bloße Vor- und Nacherbschaft

18 Die Alternative 1, vertreten u.a. von *Wilhelm,*[35] verneint die Doppelstellung, die der längerlebende Ehegatte bei der Alternative 2 und 3 hat, und nimmt stets die Trennungslösung an. Demzufolge steht erst in der juristischen Sekunde vor dem Tod des Längerlebenden fest, ob der Nacherbfall eintritt und die vorgesehenen Dritten als Schlußerben des Längerlebenden oder als Nacherben des Erstverstorbenen erben. Gegen die Alternative 1 als Auslegungsergebnis spricht, dass bei diesem Abgrenzungsfall charakteristisch ist, dass die Ehegatten die Trennungslösung eben nicht wollten.

3. Längerlebender als auflösend bedingter Vollerbe und aufschiebend bedingter Vorerbe

19 a) **Grundsätzliches.** Die hM nimmt die Doppelkonstruktion der Alternative 2 an, wonach der Längerlebende zugleich **auflösend bedingter Vollerbe** (§ 2075 BGB) und **aufschiebend bedingter Vorerbe** ist.[36] Die Letztberufenen sind dann unter der aufschiebenden Bedingung (§ 2074 BGB), dass der Längerlebende wieder heiratet, eingesetzte Nacherben.[37] Dabei beruft sich die hM auf die in § 2103 BGB zum Ausdruck gekommene Grundentscheidung des Gesetzgebers, bei jeder bedingten Erbeinsetzung die Verfügungsfreiheit des Vorerben zum Schutz der Nacherben zu beschränken.[38] Es steht in den Fällen, in denen der Längerlebende von einer weiteren Heirat absieht, erst mit seinem Tod fest, dass er Vollerbe geworden

[32] Burandt/Rojahn/*Braun* § 2269 Rn. 60; MüKoBGB/*Musielak* § 2269 Rn. 60.
[33] BeckOK BGB/*Litzenburger* § 2269 Rn. 35.
[34] *Lange/Kuchinke* ErbR § 24 IV 3 e.
[35] *Wilhelm* NJW 1990, 2857 (2860, 2862); ebenfalls wohl auch *Zawar* NJW 1988, 16 (18); Reimann/Bengel/Mayer Testament und Erbvertrag/*J. Mayer* § 2269 Rn. 63; *Lange/Kuchinke* ErbR § 24 IV 3 d.
[36] OLG Düsseldorf FamRZ 2017, 1428 = BeckRS 2017, 103037; OLG Zweibrücken FGPrax 2011, 176; BGH NJW 1988, 59 (60); Palandt/*Weidlich* § 2269 Rn. 17; aA OLG Celle ZEV 2013, 40 (41) mit abl. Anm. *Weidlich.*
[37] OLG Hamm RNotZ 2011, 507.
[38] BeckOK BGB/*Litzenburger* § 2269 Rn. 35; *Lange/Kuchinke* ErbR § 24 IV 3c (S. 442 u.).

ist.[39] Gleiches gilt, wenn der Erblasser dauerhaft geschäftsunfähig ist, da er dann nicht mehr heiraten kann (§ 1304 BGB).[40]

Lt. BGH[41] sei eine solche Verbindung *„rechtlich zulässig und wirtschaftlich sinnvoll"*. Die Wiederverheiratungsklausel verwandelt die Einheitslösung in die Vorerblösung;[42] die Vollerbschaft als ursprüngliches Rechtsgeschäft wird durch die Wiederheirat aufgelöst und lässt gleichzeitig die Nacherbschaft als anderes, neues Rechtsgeschäft entstehen.[43] 20

Die Auslegung wird üblicherweise diese Alternative feststellen, sofern nicht gegenteilige Anhaltspunkte für die Alternative 1 oder 3 sprechen. So würde auch nach *Braun*[44] diese Alternative *„regelmäßig am ehesten dem Willen des Erblassers entsprechen."* 21

b) **Beschränkungen der Vorerbschaft.** Die Rechtswirkungen sind für den längerlebenden Ehegatten durchaus belastend und überraschend: Die **Schutzvorschriften §§ 2113 ff. BGB** sind nach hM auch zugunsten aufschiebend bedingter Nacherben anzuwenden. Aufgrund dessen stehen den eingesetzten Dritten, zumeist den Kindern, Mitwirkungs-, Kontroll- und Sicherungsrechte gegenüber dem Längerlebenden zu.[45] Zugleich unterliegt der Längerlebende den **Verfügungsbeschränkungen** eines Vorerben, so dass die Vor- und Nacherbschaft im Erbschein und im Grundbuch einzutragen sind.[46] Dies sei nach *Kanzleiter*[47] *„im Interesse des Nacherbenschutzes für den Fall des Bedingungseintritts hinzunehmen"*. 22

c) **Längerlebender als befreiter Vorerbe.** Die Auslegung ergibt, dass der Längerlebende die Rechtsstellung eines **befreiten Vorerben inne** hat, falls das Testament nicht dem entgegenstehende Anhaltspunkte enthält (§§ 2136, 2113 ff. BGB).[48] Andernfalls ist dem Längerlebenden die ihm grundsätzlich zugedachte Stellung als Vollerbe praktisch wieder entzogen.[49] Diese tatsächliche Vermutung[50] begründet sich auf das zwischen Ehegatten typischerweise bestehende Vertrauensverhältnis und ist daher nicht ohne Weiteres auf sonstige Fälle einer bedingten Erbeinsetzung übertragbar.[51] 23

Zu den **Umständen**, die auf einen **Befreiungswillen** des Erblassers schließen lassen, kann nach dem BayObLG[52] auch ein gemeinschaftlicher Erwerb des Nachlassvermögens durch die beiden Ehegatten gehören, wobei dieser umso mehr auf einen Befreiungswillen hindeutet, je größer der Anteil des zum Vorerben eingesetzten Ehegatten am Erwerb des hinterlassenen Vermögens war. Auch der Gebrauch des Wortes *„Alleinerbe"*, ggf. verstärkt durch doppelte Verwendung in dem Testamentstext, indiziert die Befreiung von den gesetzlichen Beschränkungen der Vorerbschaft.[53] Der BGH[54] stellt auch auf den Umfang des Vertrauens ab, das der Erblasser dem Vorerben hinsichtlich der Wahrung der Interessen der Kinder entgegenbringt. 24

Kanzleiter[55] nimmt nicht grundsätzlich die Befreiung von den gesetzlichen Beschränkungen des Vorerben an. Da auf das Maß des gegenseitigen Vertrauens der Ehegatten untereinander

39 BGH NJW-RR 1986, 493 (494); RGZ 156, 172 (180); Nieder/Kössinger Testamentsgestaltung-HdB/*R. Kössinger* § 14 Rn. 119; Palandt/*Weidlich* § 2269 Rn. 18.
40 OLG Hamm RNotZ 2011, 507.
41 BGH NJW 1986, 493 (493).
42 *Lange/Kuchinke* ErbR § 22 IV 1 d.
43 Roth/Hannes/Mielke Vor- und Nacherbschaft/*Roth* § 1 Rn. 97.
44 Burandt/Rojahn/*Braun* § 2269 Rn. 60.
45 Nieder/Kössinger Testamentsgestaltung-HdB/*R. Kössinger* § 14 Rn. 119.
46 Palandt/*Weidlich* § 2269 Rn. 17.
47 Staudinger/*Kanzleiter* § 2269 Rn. 43.
48 OLG Düsseldorf FamRZ 2017, 1428 = BeckRS 2018, 103037 Rn. 26; BGH NJW-RR 1986, 493 (494); FamRZ 1961, 275, BayObLGZ 1966, 227 (233); 1961, 200 (204); Damrau/Tanck/*Klessinger* § 2269 Rn. 52; NK-BGB/*Gierl* § 2269 Rn. 125; Palandt/*Weidlich* § 2269 Rn. 18; aA OLG Stuttgart JFG 6, 162; LG Mannheim MDR 1960, 497.
49 OLG Köln ZEV 2017, 96 (97).
50 OLG Hamm DNotZ 1972, 96 (97); vgl. Rudolf/Bittler/Seiler-Schopp Testamentsauslegung und -anfechtung-HdB/*Scharf* § 2 Rn. 122.
51 BeckOK BGB/*Litzenburger* § 2136 Rn. 12.
52 BayObLGZ 1966, 227 (233) unter Hinweis auf BayObLGZ 1960, 432 (437); ebenso OLG Hamm DNotZ 1972, 96 (98).
53 OLG Hamm DNotZ 1972, 96 (98); aA OLG Köln ZEV 2017, 96 (97).
54 BGH FamFG 1961, 275 = BeckRS 1961, 31187181.
55 Staudinger/*Kanzleiter* § 2269 Rn. 44.

ander abzustellen sei, sei zu differenzieren: Das gegenseitige Vertrauen bei der Verwaltung des Nachlasses hätten die Ehegatten mit der Wahl der Einheitslösung belegt. Durch die Wiederverheiratungsklausel wollten die Ehegatten lediglich sicherstellen, dass die dem Erstversterbenden Nahestehenden, zumeist die Kinder, auch im Falle einer erneuten Ehe des Längerlebenden angemessen berücksichtigt werden. Daher kann die Auslegung ergeben, dass der Längerlebende zwar grundsätzlich befreiter Vorerbe ist, nicht hingegen von den Beschränkungen der §§ 2133, 2134 BGB. Die Substanz muss also erhalten bleiben. An die Annahme des vollständig befreiten bzw. des vollständig nicht befreiten Vorerben seien aber keine allzu hohen Anhaltspunkte zu stellen.[56] Sei dem Erblasser nicht nur die Werterhaltung bedeutsam gewesen, sondern auch die Zusammensetzung, kann auch die Nichtbefreiung von einzelnen Beschränkungen anzunehmen sein.[57] Soll etwa den Kindern das Haus erhalten bleiben, so sei keine Befreiung von § 2113 Abs. 1 BGB anzunehmen. Innerhalb der Auslegung ist auch die Person des Letztberufenen zu berücksichtigen. Je näher diese dem Erstversterbenden steht, desto wichtiger war für diesen der Schutz des Letztberufenen.

25 d) **Rechtswirkungen des Todes des Längerlebenden.** Selbst bei Annahme der befreiten Vorerbschaft ist dem Längerlebenden die Vornahme von **Schenkungen** aus der Erbschaft **untersagt,** da diese gem. § 2113 Abs. 2 BGB unwirksam sind. Damit steht erst in der Sekunde des Todes fest, ob vorgenommene Schenkungen **wirksam** sind.[58] Das Gleiche gilt für weitere Verfügungen, die der Längerlebende nicht vornehmen durfte, soweit er nicht befreit war.[59] Erst bei seinem Ableben ist der Längerlebende zum Vollerben geworden, da er sich nicht wiederverheiratet hat. Den beeinträchtigten Testaments- oder Vertragserben stehen dann wegen vorgenommener Schenkungen höchstens die Ansprüche aus **§ 2287 BGB** zu.

4. Längerlebender als zunächst unbeschränkter Vollerbe

26 Bei dieser Alternative 3 erhält der längerlebende Ehegatte mehr Rechte als bei der Alternative 2. Bis zur Wiederheirat ist der Längerlebende Vollerbe und damit von allen Beschränkungen (der eventuellen Vorerbschaft) befreit. Die Vor- und Nacherbschaft wirkt sich erst mit der Wiederheirat aus. *Musielak*[60] vertritt zu Recht die Zulässigkeit der Rechtskonstruktion, bei der der längerlebende Ehegatte auflösend bedingter Vollerbe und aufschiebend bedingter Vorerbe ist, aber bis zu dem Bedingungseintritt nur die Regelungen einer Vollerbschaft gelten. Dem Willen der Ehegatten kann es entsprechen, dass der Längerlebende nicht einmal den Beschränkungen eines befreiten Vorerben unterliegt.[61] Aber auch *Musielak*[62] räumt ein, dass die Alternative 2 (→ Rn. 19) zumeist dem Willen der Ehegatten entspricht. Jedoch würde mit der weiteren Alternative die *„Palette testamentarischer Regelungen vergrößert"* werden.

VI. Vermächtnislösung

1. Grundsätzliches

27 Der längerlebende Ehegatte kann bei Wiederheirat verpflichtet sein, den Schlusserben, oftmals die gemeinsamen Kinder, ein Vermächtnis in Höhe des gesetzlichen Erbteils am Nachlass des Erstversterbenden zu gewähren.[63] Es kann auch der gesamte noch vorhandene Nachlass oder von diesem eine Quote vermacht sein.[64] Der Längerlebende bleibt auch nach

---

56 So auch zugunsten der Befreiung: BeckOK BGB/*Litzenburger* § 2269 Rn. 36.
57 Staudinger/*Kanzleiter* § 2269 Rn. 44 aE.
58 NK-BGB/*Gierl* § 2269 Rn. 125.
59 Vgl. BGH NJW-RR 1986, 493 (494).
60 MüKoBGB/*Musielak* § 2269 Rn. 59 f.; ebenso *Meier-Kraut* NJW 1992, 143; *Leipold* FamRZ 1988, 352 (353).
61 *Meier-Kraut* NJW 1992, 143 (145).
62 MüKoBGB/*Musielak* § 2269 Rn. 60.
63 Im Einzelnen: Reimann/Bengel/Mayer Testament und Erbvertrag/*J. Mayer* § 2269 Rn. 84 ff.
64 *Wilhelm* NJW 1990, 2857 (2858).

der Wiederheirat Vollerbe,[65] kann unentgeltliche Zuwendungen vornehmen und ist nicht durch Kontroll- und Sicherungsrechte beeinträchtigt.[66] Die Stellung des Vermächtnisnehmers in der Schwebezeit zwischen dem Erbfall und der eventuellen Wiederverheiratung bestimmt sich nach § 2179 BGB.

Ein solches aufschiebend bedingtes Vermächtnis[67] kann wie folgt letztwillig ausgesetzt werden:[68] 28

Formulierungstext:

(……) Für den Fall, dass der Längerlebende erneut heiratet oder eine eingetragene Lebenspartnerschaft eingeht, hat er jedem Kind ein Vermächtnis in Höhe seines gesetzlichen Erbteils auszuzahlen. Für die Berechnung ist der Nachlasswert per Todestag maßgeblich.

2. Abgrenzung zwischen Vermächtnis und Vor- und Nacherbschaft

Bei sehr unklaren Testamenten (oder auch Erbverträgen) kann durch Auslegung zu bestimmen sein, ob diese *„Vermächtnislösung"* oder die *„Erbschaftslösung"*, also eine Konstellation mit dem Rechtsinstitut der Vor- und Nacherbfolge, gemeint ist.[69] Für die **Erbschaftslösung** spricht etwa, 29

- wenn der gesamte Nachlass von der Wiederverheiratungsklausel umfasst und damit herauszugeben ist[70] bzw.
- wenn den Ehegatten bei Testamentserrichtung die Absicherung der Kinder besonders bedeutsam war, so dass dann der Längerlebende in seiner Verwaltungs- und Verfügungsbefugnis eingeschränkt sein soll, etwa durch *„das Haus darf nicht verkauft werden"*.[71]

Dagegen liegt eher die **Vermächtnislösung** vor, 30

- wenn der Längerlebende in seiner lebzeitigen Verfügungsfreiheit nicht beschränkt sein soll, etwa durch *„der Längerlebende kann mit dem Vermögen machen, was er will"*[72]
- wenn nur einzelne Gegenstände nach der Wiederheirat an die Kinder herauszugeben sind[73]
- bei der Formulierung, dass der Längerlebende bei Wiederheirat *„unseren gemeinschaftlichen Abkömmlingen dasjenige herauszuzahlen hat, was diese bei der gesetzlichen Erbfolge geerbt haben würden"*.[74]

VII. Rechtsfolgen für die letztwilligen Verfügungen des Längerlebenden

1. Auswirkungen auf die Wechselbezüglichkeit

Hat sich der Längerlebende in dem gemeinschaftlichen Testament oder Erbvertrag mit Wiederverheiratungsklausel, durch wechselbezügliche oder vertragsmäßige Verfügungen gebunden, so entfällt in der Regel diese erbrechtliche Bindung mit der Wiederverheiratung zumindest insoweit, wie der Längerlebende seine Beteiligung am Nachlass des Erstversterbenden verliert.[75] 31

---

[65] *Simhäuser* FamRZ 1972, 272 (275).
[66] Nieder/Kössinger Testamentsgestaltung-HdB/*R. Kössinger* § 14 Rn. 119.
[67] Palandt/*Weidlich* § 2269 Rn. 22.
[68] Vgl. MAH ErbR/*Ridder* § 11 Rn. 122 ff.
[69] OLG Neustadt MDR 1961, 602; Staudinger/*Kanzleiter* § 2269 Rn. 41.
[70] Staudinger/*Kanzleiter* § 2269 Rn. 41; BeckOK BGB/*Litzenburger* § 2269 Rn. 31.
[71] BeckOK BGB/*Litzenburger* § 2269 Rn. 31; Burandt/Rojahn/*Braun* § 2269 Rn. 51.
[72] BeckOK BGB/*Litzenburger* § 2269 Rn. 31.
[73] Burandt/Rojahn/*Braun* § 2269 Rn. 51.
[74] So legt Staudinger/*Kanzleiter* § 2269 Rn. 41 den ersten Satz eines von dem OLG Neustadt MDR 1961, 602 entschiedenen Testaments aus.
[75] BayObLG NJW-RR 2002, 366 (367); NK-BGB/*Gierl* § 2269 Rn. 131; Damrau/Tanck/*Klessinger* § 2269 Rn. 57; Staudinger/*Kanzleiter* § 2269 Rn. 47 f.

32 Sofern der Wiederverheiratungsfall zur gesetzlichen Erbfolge nach dem Erstversterbenden führt, kann das folglich für die letztwilligen Verfügungen des Längerlebenden bedeuten, dass begünstigte Kinder zumindest ihre gesetzliche Erbquote im zweiten Erbfall erhalten.[76] Insoweit verbleibt es dann bei der Wechselbezüglichkeit der Schlusserbeinsetzung.

33 Einige Stimmen wie *Litzenburger*[77] gehen unabhängig von der dem Längerlebenden verbleibenden Rechtsstellung am Nachlass von dem gänzlichen Entfall der erbrechtlichen Bindung aus. Auch das OLG Zweibrücken[78] erkannte auf den Wegfall der Bindungswirkung bei einem Erbvertrag, nach dem die Kinder nach der Wiederverheiratung ein Vermächtnis in Höhe ihres gesetzlichen Erbteils erhielten.

34 Dagegen nehmen *Braun*[79] und *J. Mayer*[80] den Fortbestand der erbrechtlichen Bindung an, soweit keine gegenteiligen Anhaltspunkte vorliegen. So hätte der Erstversterbende im Vertrauen auf die letztwilligen Verfügungen des anderen testiert. Diese Auffassung ist vor allem dann abzulehnen, wenn der Längerlebende durch die Wiederheirat enterbt wird und der Erstversterbende ihm nahestehende Personen zu Erben eingesetzt hat, wie etwa seine Kinder. Diese wird er nicht nur zu seinen Erben eingesetzt haben, weil es der andere Ehegatte gleichfalls verfügt hat.

35 Die Wechselbezüglichkeit entfällt indes nicht (teilweise), wenn sich aus der letztwilligen Verfügung etwas anderes ergibt.[81] Die erbrechtliche Bindung lebt auch nicht mit Auflösung der neuen Ehe wieder auf.

2. Anfechtung im Fall des Bestehens der erbrechtlichen Bindung

36 Es ist für die Fälle, in denen die erbrechtliche Bindung (teilweise) nicht entfallen ist, höchst umstritten, ob eine (Selbst-)Anfechtung nach §§ 2281, 2078 Abs. 2 BGB in Betracht kommt.[82] Da die Ehegatten bei der Testamentserrichtung gerade den Fall der eventuellen späteren Wiederheirat in ihre Überlegungen einbezogen haben, ist es für die meisten Fälle überzeugender, einen Ausschluss der Anfechtung anzunehmen.[83]

3. Schicksal der letztwilligen Verfügungen des Längerlebenden

37 Nach dem (teilweisen) Wegfall der Wechselbezüglichkeit bzw. Vertragsmäßigkeit seiner letztwilligen Verfügungen ist es dem Längerlebenden möglich, seine letztwilligen Verfügungen zu widerrufen und neu zu testieren.[84]

38 Weitergehend vertritt die hM,[85] dass die bestehenden letztwilligen Verfügungen durch die Wiederheirat automatisch durch ergänzende Auslegung gegenstandslos werden. Testiert der längerlebende Ehegatte nicht erneut, würde er – so folgerichtig – nach der gesetzlichen Erbfolge beerbt. Dem KG[86] zufolge *„neigen"* Ehegatten dazu, nach der Wiederheirat ihre bisherigen letztwilligen Verfügungen *„als gegenstandslos anzusehen"*. Es würde nunmehr ihrem Willen entsprechen, dass auch der neue Ehegatte bzw. zumindest die *„neuen"* Kinder am

[76] Vgl. *Simhäuser* FamRZ 1972, 272 (279); Palandt/*Weidlich* § 2269 Rn. 20; nach Staudinger/*Kanzleiter* § 2269 Rn. 49 unter Berücksichtigung sämtlicher Kinder und des erstehelichen Güterstandes.

[77] BeckOK BGB/*Litzenburger* § 2269 Rn. 40; ebenso BayObLG NJW 1962, 1727; auch *Lange/Kuchinke* ErbR § 24 IV 3e und *Simhäuser* FamRZ 1972, 272 (275) unter Hinweis auf KG JFG 15, 325 (329).

[78] OLG Zweibrücken OLGZ 1973, 217 (219) = MittBayNot 1973, 380; ebenso OLG Karlsruhe NJW 1961, 1410.

[79] Burandt/Rojahn/*Braun* § 2269 Rn. 64.

[80] Reimann/Bengel/Mayer Testament und Erbvertrag/*J. Mayer* § 2269 Rn. 81; ebenso *Jünnemann* ZEV 2000, 81 (86).

[81] Burandt/Rojahn/*Braun* § 2269 Rn. 64; MüKoBGB/*Musielak* § 2269 Rn. 62.

[82] Anfechtung nicht möglich: BayObLGZ 1962, 137 (139); Damrau/Tanck/*Klessinger* § 2269 Rn. 57; Burandt/Rojahn/*Braun* § 2269 Rn. 65; Anfechtung möglich: BeckOK BGB/*Litzenburger* § 2269 Rn. 40; Palandt/*Weidlich* § 2269 Rn. 20; MüKoBGB/*Musielak* § 2269 Rn. 62.

[83] Reimann/Bengel/Mayer Testament und Erbvertrag/*J. Mayer* § 2269 Rn. 73.

[84] Palandt/*Weidlich* § 2269 Rn. 20.

[85] KG NJW 1957, 1073 (1074); BayObLG NJW-RR 2002, 366 (367); OLG Hamm NJW-RR 1994, 1355; *Simhäuser* FamRZ 1972, 272 (278) mit differenzierter Begründung.

[86] KG NJW 1957, 1073 (1074).

Nachlass partizipieren.[87] Andernfalls wären die „*neuen*“ Kinder auf ihren Pflichtteil verwiesen, da die „*alten*“ Kinder erben würden.

Diese Auffassung ist abzulehnen, so dass nicht mit Wiederverheiratung die Verfügungen 39
des Längerlebenden automatisch entfallen.[88] Etwas anderes gilt, wenn ein erforderlicher Aufhebungswille sich dem Testament, etwa durch ergänzende Auslegung, entnehmen lässt. Auch nach *Lange/Kuchinke*[89] steht der Fortgeltung nichts entgegen. Für die Annahme eines Aufhebungswillens reichen indes dezente Anhaltspunkte.

[87] So auch OLG Hamm NJW-RR 1994, 1355 (1356).

[88] Ebenso OLG Hamm JR 1987, 376 = BeckRS 2007, 5274; Palandt/*Weidlich* § 2269 Rn. 20; Nieder/Kössinger Testamentsgestaltung-HdB/*R. Kössinger* § 14 Rn. 121; NK-BGB/*Gierl* § 2269 Rn. 134; Staudinger/*Kanzleiter* § 2269 Rn. 50; Reimann/Bengel/Mayer Testament und Erbvertrag /*J. Mayer* § 2269 Rn. 82.

[89] *Lange/Kuchinke* ErbR § 24 IV 3e.

§ 26 Abgrenzungsfälle bei Klauseln zum gleichzeitigen Versterben

Übersicht

I. Praxisrelevanz

1 Bei der Testamentserrichtung ist es verheirateten Mandanten oftmals von besonderer Bedeutung, den Fall gesondert zu regeln, in exakt genau dem **gleichen Moment** zu versterben (etwa durch einen Flugzeugabsturz, Autounfall oder Tsunami, sog. „*Katastrophenklausel*"). Statistisch gesehen ist dieser Fall äußerst selten,[1] zumal ein gleichzeitiger Tod medizinisch nur schwer feststellbar ist.[2]

2 Aufgrund dessen nimmt die Auslegung von Klauseln zum gleichzeitigen Versterben einen breiten Raum ein, was die Vielzahl von gerichtlichen Entscheidungen belegt. Die streitigen Fälle betreffen aber weniger die Konstellationen, in denen die Ehegatten genau in der gleichen Sekunde verstorben sind. Vielmehr stellt sich oftmals die Frage, ob eine Erbeinsetzung durch eine Klausel zum gleichzeitigen Versterben oder zum gleichzeitigen Ableben auch für das **sukzessive Versterben** gelten soll, also wenn einige **Stunden,** Tage, Wochen, Monate oder gar **Jahre** zwischen den beiden Todesfällen liegen. Es fällt auf, dass die Nachlassgerichte dazu tendieren, die Verfügung im Wortsinne zu verstehen, und die Beschwerdegerichte diese Entscheidungen aufheben, auch wenn beide Erbfälle auseinanderliegen.

3 Es sind somit Erbeinsetzungen für folgende Situationen zu unterscheiden:[3]

- zeitgleiches Versterben im Wortsinne (Alternative 1),
- Versterben kurz hintereinander, entweder aufgrund derselben Ursache oder aufgrund verschiedener Ursachen, wenn der Längerlebende praktisch keine Möglichkeit zur Errichtung eines neuen Testamentes hatte (Alternative 2),
- der Längerlebende verstirbt erst viele Jahre später (Alternative 3).

Beispiel für die Alternative 2

Durch einen Autounfall stirbt ein Ehegatte sofort; der andere erst auf dem Weg ins Krankenhaus.

II. Rechtslage

4 Wenn die Ehegatten im gleichen Moment versterben, können sie sich **nicht gegenseitig** beerben. Das ergibt sich aus § 1923 BGB, wonach ein Erbe nur werden kann, wer zur Zeit des (anderen) Erbfalls lebt.[4] Eine etwaig verfügte gegenseitige Erbeinsetzung wird daher **gegenstandslos** und durch die gewillkürte bzw. durch die gesetzliche Erbfolge ersetzt.[5] Das jeweilige Vermögen beider Ehegatten geht getrennt auf deren Erben über. § 2269 BGB kann nicht greifen, da es in diesem Fall nicht zu einer Vereinigung des Vermögens beider Ehegatten in der Person des längerlebenden Ehegatten kommt.[6]

---

[1] *Keim* ZEV 2005, 10.
[2] NK-BGB/*Gierl* § 2269 Rn. 57.
[3] NK-BGB/*Gierl* § 2269 Rn. 60.
[4] *Keim* ZEV 2005, 10.
[5] RGZ 149, 200 (201); *Langenfeld/Fröhler* Testamentsgestaltung Kap. 5 Rn. 89; Nieder/Kössinger Testamentsgestaltung-HdB/*R. Kössinger* § 14 Rn. 104.
[6] Damrau/Tanck/*Klessinger* § 2269 Rn. 28; vgl. Burandt/Rojahn/*Braun* § 2269 Rn. 26.

Kann nicht festgestellt werden, welcher Ehegatte den anderen Ehegatten zumindest um eine Sekunde überlebt hat, stellt § 11 VerschG die **Vermutung** auf, dass sie gleichzeitig verstorben sind.[7] 5

Ehegatten können beispielsweise eine Erbeinsetzung in der Art und Weise verfügen, dass, wenn die Ehegatten mit einem Abstand von sieben Tagen versterben, die gemeinsamen Kinder erben sollen und dass diese Erbeinsetzung nach Ablauf der Frist für den zweiten Erbfall entfallen soll. Bei einer solchen Klausel handelt es sich um eine bedingte **Vor- und Nacherbfolge** (§§ 2199 ff. BGB),[8] bei der die Bedingung nachträglich – in diesem Beispiel am achten Tag – entfällt.[9] Mit Eintritt der auflösenden Bedingung erstarkt die anfängliche Vorerbschaft zur unbeschränkten **Vollerbschaft.** 6

Diese zivilrechtlichen Folgen sind auch **erbschaftsteuerlich** anzuerkennen, so dass etwa bei einem zweiten Erbfall drei Tage nach dem ersten Erbfall auch der Nacherbfall zu besteuern ist. Diese Doppelbesteuerung lässt sich nicht vermeiden.[10] Ein steueroptimiertes *„gleichzeitiges Versterben"* lässt sich nicht durch eine Gestaltung fingieren.[11] 7

Sofern durch eine Klausel zum gleichzeitigen Versterben auch die **Schlusserbschaft** umfasst sein soll, kann sich die Frage stellen, ob diese Erbeinsetzung wechselbezüglich iSd § 2270 BGB ist.[12] Bejahendenfalls ist ein nach dem ersten Erbfall von dem Längerlebenden errichtetes **widersprechendes Einzeltestament** unwirksam. Etwa anderes gilt nur dann, wenn Änderungsvorbehalte verfügt waren (→ § 20 Rn. 58 ff.; → § 21 Rn. 35 ff.). 8

III. Formulierungsbeispiele

Wegen § 1923 BGB ist eine spezielle Klausel für den Fall des tatsächlichen zeitlich gleichzeitigen Versterbens nicht erforderlich, wenn in einem gemeinschaftlichen Testament **Schlusserben** eingesetzt sind. So wird nach ganz hM in der Schlusserbeinsetzung nach ergänzender Testamentsauslegung auch eine **Ersatzerbeinsetzung** gesehen.[13] Eine Klausel zur Schlusserbeinsetzung, die auch den Fall des gleichzeitigen Versterbens regelt, ist wie folgt zu formulieren (bei Einheitslösung): 9

Der Längstlebende von uns bzw. im Falle des gleichzeitigen Todes jeder von uns beruft zu seinen Erben die gemeinsamen Kinder …, geboren am …, und …, geboren am …, jeweils zur Hälfte. Ersatzerben sind …

Nicht immer sollen zugleich auch die Schlusserben bestimmt werden. Sofern sich die Erbeinsetzung auch auf den Fall des Versterbens zeitlich etwas nacheinander beziehen soll, bieten sich folgende Formulierungen an: 10

.....: oder des Versterbens nacheinander aufgrund gleicher Ursache .:....

... oder des Versterbens nacheinander innerhalb von zwei Wochen .:....

[7] Vgl. MüKoBGB/*Leipold* § 1923 Rn. 11 f.; vgl. OLG Celle NJOZ 2011, 2073 (2074).
[8] OLG Stuttgart NJW-RR 1994, 592 (593).
[9] Tanck/Krug AnwForm Testamente/*Tanck* § 19 Rn. 130.
[10] *Feick* ZEV 2006, 16; Gestaltungsalternative: *Daragan* ZErb 2006, 119.
[11] OLG Stuttgart NJW-RR 1994, 592 (593).
[12] *Keim* ZEV 2005, 10 (13).
[13] RGZ 60, 115 (117); *Britz* RNotZ 2001, 389; Nieder/Kössinger Testamentsgestaltung-HdB/*R. Kössinger* § 14 Rn. 104; Palandt/*Weidlich* § 2269 Rn. 3; gleiche Rechtsfolge, aber aus § 2097 BGB laut OLG Stuttgart DNotZ 1979, 615.

IV. Abgrenzungskriterien bei der Klausel „gleichzeitiges Versterben"

11 Vom Wortlaut her bezieht sich eine Erbeinsetzung für den Fall des *„gleichzeitigen Versterbens"* nur auf den Fall, in dem die Ehegatten *„in dem gleichen Bruchteil einer Sekunde den Tod finden"*[14] bzw. dieses vermutet wird. Das gilt auch für entsprechende Synonyme wie etwa bei einer Klausel mit **„gleichzeitigem Ableben"** oder mit *„gemeinsamem Tod"*.[15] Grundsätzlich erfasst eine solche Klausel auch den Fall,[16]

> *„dass die Eheleute in kurzem zeitlichem Abstand versterben und der Überlebende zu einer neuerlichen Testamentserrichtung nicht in der Lage ist."*

12 Der Sprachgebrauch setzt eine *„zeitliche Nähe beider Erbfälle"* voraus.[17] Trotz einer *„vordergründig eindeutigen"* Formulierung *„gleichzeitiges Versterben"* ist diese *„der Testamentsauslegung zugänglich"*.[18] Der Begriff des *„gleichzeitigen Versterbens"* ist insoweit entgegen dem Wortlaut etwas weiter **auszulegen,** da davon auszugehen ist, dass die Ehegatten mit der Klausel auch den Fall regeln wollten, dass sie auch kurz **hintereinander versterben.**[19] Nach dem OLG Koblenz[20] ist es Auslegungsfrage, *„ob nur das beiderseitige Versterben aufgrund einer einheitlichen Ursache wie eines gemeinsamen Unfalls gemeint war oder ob es hierauf nicht ankommt."* Andernfalls würde es geradezu von einem **Zufall** abhängen, ob die Verwandten der Ehefrau oder die Verwandten des Ehemannes gesetzlich das gemeinsame Vermögen der Ehegatten erben würden, je nach Reihenfolge des Versterbens.[21] Es ist auch lebensfern, dass die Ehegatten nur den **wenig wahrscheinlichen Fall** des Versterbens in dem gleichen Moment regeln wollten.[22]

13 Im Hinblick auf die Andeutungstheorie ist es aber erforderlich, dass für diese Auslegung eine noch so geringe Grundlage der letztwilligen Verfügung zu entnehmen ist. Bei einem zeitlichen Auseinanderliegen der Erbfälle von zwei Jahren erkannte das OLG Hamm[23] einen Anhalt darin, dass die Erblasser in ihrem Testament durch bloße Verwendung der Klausel zum gemeinsamen Versterben hätten erkennen lassen, dass sie die gesetzliche Erbfolge ausschließen und die durch die Klausel zum gemeinsamen Versterben eingesetzte Nichte begünstigen wollten.

14 Die Frage, welcher **Zeitraum** bei der Alternative, dass der Längerlebende gehindert war, eine neue letztwillige Verfügung zu errichten, OLG Frankfurt a. M. BeckRS 2018, 33073 Rn. 15 zu bemessen ist, ist schwierig zu beantworten. Solche Klauseln gelten *„grundsätzlich nicht für den Fall, dass die Erblasser nacheinander – in erheblichem Abstand – versterben"*.[24] Bei 4 Tagen,[25] 3 Tagen,[26] 1 Tag[27] bzw. bei 30 Minuten[28] ist dies sicherlich der Fall. Denkbar dürften auch **ein bis drei Monate** sein, da in der Trauerphase von dem längerle-

[14] OLG München ZEV 2011, 31 (33) mAnm *Lehmann;* BayObLG NJW-RR 1997, 329; NK-BGB/*Gierl* § 2269 Rn. 57; zum Begriff: *van Rens/Wolffskeel v. Reichenberg* ZErb 2015, 116.

[15] OLG Schleswig NJW-RR 2004, 368.

[16] OLG Düsseldorf ErbR 2017, 674 (675); FGPrax 2016, 30 (31); vgl. OLG Jena ErbR 2015, 249; OLG Köln ErbStB 2016, 368; OLG München ZEV 2011, 31 (33); OLG Hamm ZEV 2011, 536 (537); OLG Stuttgart NJW-RR 1994, 592; Nieder/Kössinger Testamentsgestaltung-HdB/*R. Kössinger* § 14 Rn. 104; Burandt/Rojahn/*Braun* § 2269 Rn. 28; Damrau/Tanck/*Klessinger* § 2269 Rn. 29; *Langenfeld/Fröhler* Testamentsgestaltung Kap. 5 Rn. 90.

[17] OLG Düsseldorf FamRZ 2012, 249 = BeckRS 2011, 23314, dort waren es 28 Jahre und das OLG Düsseldorf fand keinen gegenteiligen Anhaltspunkt.

[18] OLG Hamm ZEV 2011, 536 mAnm *Böttcher.*

[19] Vgl. OLG Frankfurt a. M. BeckRS 2018, 33073 Rn. 15; vgl. OLG Stuttgart NJW-RR 1994, 592 (593); vgl. OLG Hamm ZEV 2011, 536 (537); vgl. OLG München BeckRS 2018, 18077 Rn. 12.

[20] OLG Koblenz BeckRS 2011, 29478.

[21] OLG München ZEV 2011, 31 (33).

[22] OLG Frankfurt a. M. ErbR 2016, 37 (39); vgl. KG ZEV 1997, 247; NK-BGB/*Gierl* § 2269 Rn. 57.

[23] OLG Hamm ZEV 2011, 427 mAnm *Herrler.*

[24] OLG Hamm ZEV 2011, 535 (537).

[25] BayObLG NJWE-FER 2001, 181.

[26] OLG Düsseldorf NJW-RR 1999, 1527.

[27] OLG Stuttgart NJW-RR 1994, 592.

[28] BayObLG NJW-RR 1997, 329 (330).

benden Ehegatten nicht erwartet werden kann, dass dieser sogleich ein neues Testament errichtet. Das gilt besonders bei erschwerenden Umständen, wie wenn der Längerlebende schwer erkrankt oder verunfallt ist. Erst danach hat er praktisch die Möglichkeit, eine neue letztwillige Verfügung zu errichten; zuvor kann nicht erwartet werden, dass der längerlebende Ehegatte sogleich ein neues Testament errichtet.[29] Das OLG Düsseldorf[30] stellt auch darauf ab, ob der längerlebende Ehegatte *„praktisch keine Möglichkeit mehr"* hatte, ein Testament zu errichten. Insoweit bezog das OLG Nürnberg auch die Trauerphase mit ein und erkannte eine Erbeinsetzung bei wörtlich *„gleichzeitig versterben"* auch bei einem Abstand von 15 Wochen. Das OLG München[31] stellt zutreffend darauf ab, ob der längerlebende Ehegatte nach dem Tod seines Ehegatten *„nicht mehr in der Lage"* war, eine neue letztwillige Verfügung zu errichten; daran seien *„strenge Anforderungen"* zu stellen.

Hingegen fällt ein Zeitraum von 1,5 Jahren nach dem allgemeinen Sprachgebrauch **nicht** 15
mehr unter den Begriff des *„gleichzeitigen Versterbens"*.[32] Nach dem OLG Karlsruhe[33] kann die Erbfolge bei einem Tod bereits nach fünf Monaten nicht mehr auf Basis einer solchen Erbeinsetzung geregelt werden. Dies gilt erst recht für Zeiträume von vier Jahren,[34] *„viele Jahre"*[35] oder von 15 Jahren.[36] Einen Zeitraum von drei Jahren hat auch das OLG Jena[37] abgelehnt.

Wenn **weitere Umstände** hinzutreten, kann die Erbeinsetzung durch eine Klausel, die vom 16
Wortlaut her nur das *„gleichzeitige Versterben"* regeln soll, auch für Zeiträume angewandt werden, die wesentlich länger sind.[38] Das kann dann der Fall sein, wenn ein **Motiv für die Erbeinsetzung** angegeben wird.[39] Sind die Ehegatten nicht innerhalb kürzerer Zeit verstorben, so gilt lt. OLG Düsseldorf[40] der Grundsatz:

> *„Auf einen solchen Fall ist eine für den Fall des „gleichzeitigen Versterbens" getroffene Erbeinsetzung nur dann anzuwenden, wenn aufgrund besonderer Umstände des Einzelfalls festgestellt werden kann, dass die Testierenden den Begriff entgegen seinem Wortsinn dahin verstanden haben, dass er auch das Versterben in erheblichem zeitlichem Abstand umfassen sollte, und wenn sich darüber hinaus eine Grundlage in der vorliegenden Verfügung von Todes wegen findet (…)."*

Das OLG Jena[41] nennt als Anzeichen für eine Erbeinsetzung auch bei einem längeren 17
Zeitraum, wenn die Erben für den Fall des gleichzeitigen Versterbens als *„Schlußerben"*[42] bezeichnet werden bzw. *„jede weitere Formulierung, die stillschweigend vor dem Erbanfall zugunsten der Kinder einen Erbgang zugunsten des längerlebenden Ehegatten voraussetzt, wie er bei einem gemeinsamen Versterben des Ehepaars gerade ausbleibt."*

Einzelfälle

(1) Das OLG München[43] erkannte ein solches Motiv bei einem Testament, in dem es hieß: *„denn wer von uns zu Lebzeiten nichts wissen will, braucht auch nach unserem Ableben nichts"*. Das enterbte Kind hatte sich in dem Fall von den Eltern abgewandt, so dass das OLG München in der Enterbung *„eine bewusste Entscheidung der Eheleute für alle Versterbensfälle"* annahm.

[29] OLG Nürnberg ZErb 2015, 130 (131); hierzu krit. *van Rens/Wolffskeel v. Reichenberg* ZErb 2015, 116 (120).
[30] OLG Düsseldorf FGPrax 2016, 30 (31).
[31] OLG München BeckRS 2018, 18077.
[32] MüKoBGB/*Leipold* § 2084 Rn. 47.
[33] OLG Karlsruhe MDR 2004, 336 = BeckRS 2003, 8201.
[34] BayObLG ZEV 2004, 200 (201) mAnm *Kasper;* vgl. ebenso OLG Hamm ZEV 2011, 536 (537).
[35] OLG Koblenz BeckRS 2011, 29478.
[36] OLG Schleswig NJW-RR 2004, 368 (369).
[37] OLG Jena ErbR 2015, 249 (250).
[38] OLG Frankfurt a. M. BeckRS 2018, 33073 Rn. 18; Palandt/*Weidlich* § 2269 Rn. 9.
[39] Rudolf/Bittler/Seiler-Schopp Testamentsauslegung und -anfechtung-HdB/*Kropp* § 2 Rn. 165.
[40] OLG Düsseldorf ErbR 2017, 674 (675).
[41] OLG Jena ErbR 2015, 249 (250).
[42] So auch OLG München ZErb 2014, 50 (51).
[43] OLG München NJW-RR 2008, 1327 (1328).

(2) Ein Motiv könne nach dem OLG Hamm[44] auch darin bestehen, dass „dem Zusammenhang nach die Ehegatten eine abschließende Verteilung ihres Nachlasses unter ihren gemeinsamen Kindern vornehmen wollten". Bezeichnenderweise stellte das OLG Hamm[45] in dieser Entscheidung die gesetzliche Erbfolge fest, obwohl die Testierenden in ihrem privatschriftlichen gemeinschaftlichen Testament angeordnet hatten, dass die Verwandten nichts bekommen sollen, „da ein herzliches Verhältnis, das eine Zuwendung rechtfertigen würde, nicht vorhanden war". Zweck einer solchen Klausel sei, dass der längerlebende Ehegatte frei letztwillig verfügen könne.

18 Ein weiterer Umstand zugunsten der Annahme einer Erbeinsetzung auch für einen längeren Zeitraum kann einer **Freistellungsklausel** entnommen werden.[46] Dies stellte das OLG München[47] auch bei der Berufung einer Person als „Schlusserben" mit wechselbezüglicher Anordnung und einer Abänderungsbefugnis fest.

Einzelfälle

(1) Das OLG Frankfurt[48] bejahte eine erweiterte Auslegung bei einem Testament, in dem es hieß: *„Der Überlebende von uns kann über das Ererbte und sein eigenes Vermögen frei verfügen."* Nur so würde die Freistellungsklausel *„Sinn"* ergeben bzw. wäre nicht *„unverständlich"*. Dagegen sprach für das OLG Düsseldorf[49] der Zusatz, dass der *„Überlebende von uns unser gesamtes Vermögen zur völlig freien Verfügung erhält"*, dagegen, dass die Erbeinsetzung für den Fall des gemeinsamen Versterbens oder Verunglückens auch dann gelten soll, wenn zwischen beiden Erbfällen 28 Jahre liegen.

(2) Eine solche Auslegung im weiten Sinne kann auch vorgenommen werden, wenn sich ein entsprechender Wille etwa aus einem **Begleitschreiben** eines der Testierenden entnehmen läßt. In einem vom BayObLG[50] entschiedenen Fall hatte der Erblasser den testamentarischen Begünstigten weitere Hinweise für den Fall, *„wenn (Erblasserin) und ich nicht mehr leben"*, erteilt. Auch in einem anderen Fall nahm das BayObLG[51] aufgrund eines Begleitschreibens eine Erbeinsetzung bei einem Zeitraum von 12 Jahren zwischen den beiden Erbfällen an.

(3) Dafür, dass die Erbeinsetzung auch bei einem Abstand von 5 Jahren gelten sollte, sprach für das OLG Düsseldorf[52] zum einen die verfügte Änderungsbefugnis und zum anderen eine Erklärung des längerlebenden Ehegatten gegenüber dem Nachlassgericht im Rahmen des Erbscheinsverfahrens, dass die im Testament berufenen Personen die Schlußerben sein sollen.

(4) Die Erblasser hatten verfügt: *„Sollten wir beide durch einen Unfall zu gleicher Zeit versterben, so erbt …"*. Die Ehegatten waren innerhalb weniger Tage verstorben und wurden zusammen tot in ihrer Wohung aufgefunden. Nach Ermittlungen hat sich herausgestellt, dass der Ehemann kurz vor seiner Ehefrau gestorben ist. Das OLG Düsseldorf[53] sah „durch einen Unfall" nur als Beispiel an und erkannte, dass dieses zeitnahe Versterben von der Erbeinsetzung umfasst sein sollte. So sollte auch Streit unter den Erben vermieden werden, wer zuerst verstorben ist.

V. Abgrenzungskriterien bei individuellen Klauseln

19 Die Rechtsprechung hatte bislang beispielsweise über die nachfolgenden individuellen Klauseln zu entscheiden:

- *„Sollte es Gott dem Allmächtigen gefallen, dass wir beide Ehegatten miteinander durch irgendein Ereignis sterben, …"*[54]
- *„Nach einem plötzlichen gemeinsamen Tod soll Folgendes in Kraft treten: …"*[55]

[44] OLG Hamm ZEV 2011, 536 (537) unter Verweis auf OLG München NJW-RR 2008, 1327.
[45] OLG Hamm ZEV 2011, 536.
[46] OLG Düsseldorf ErbR 2017, 674 (675); OLG München NJW-RR 2014, 71; NK-BGB/*Gierl* § 2269 Rn. 57.
[47] OLG München ZErb 2014, 50 (51).
[48] OLG Frankfurt NJWE-FER 1998, 134; vgl. *Kasper* Amn. zu BayObLG 2004, 200 in ZEV 2004, 201 (202); aA *Keim* ZEV 2005, 10 (12); aA bei der Klausel „plötzlichen gemeinsamen Tod" OLG Düsseldorf RNotZ 2004, 585.
[49] OLG Düsseldorf BeckRS 2011, 23314.
[50] BayObLG NJW-RR 1997, 327.
[51] BayObLGZ 1979, 427.
[52] OLG Düsseldorf ErbR 2017, 674 (675).
[53] OLG Düsseldorf FGPrax 2016, 30 (32).
[54] OLG München FamRZ 2008, 2312 = BeckRS 2008, 19595: auch Schlusserbfall.
[55] OLG Düsseldorf RNotZ 2004, 585 = ZEV 2004, 202: keine Erbeinsetzung bei einem Zeitraum von 2,5 Jahren.

- *„Sollte uns beiden ein Unglück zustoßen, …“*
- *„Im Falle eines plötzlichen Todes ist unser Sohn …“*[56]
- *„Sollte uns gemeinsam etwas passieren, …“*[57]
- *„Falls dem Erben und mir gleichfalls etwas zustößt, …“*[58]
- *„„Sollte mir und meiner Ehefrau gemeinsam etwas passieren und wir in den Tod gehen, …“*[59]
- *„Falls uns beiden etwas zustößt, …“*[60]

Da bei diesen individuellen Klauseln **kein allgemeiner Sprachgebrauch** besteht,[61] muss im Wege der einfachen Auslegung, ggf. auch der mutmaßlichen Auslegung, festgestellt werden, für welche Fälle die Erbeinsetzung einschlägig sein soll.[62] Je weiter diese gefasst sind, desto **auslegungsfähiger** sind sie.[63] Oftmals sind Testierende bei der Formulierung ihres Testaments unbeholfen, so dass solche Klauseln durchaus weit auszulegen sind.[64] Vor allem kann nach Würdigung des gesamten **Testamentsinhalts,** der **Beweggründe** und **Begleitumstände** als Auslegungsergebnis festzustellen sein, dass eine Schlusserbeinsetzung gemeint ist.[65] Das ist besonders dann der Fall, wenn die Ehegatten eine abschließende und vollständige Regelung ihrer Vermögensnachfolge nach dem Tod des Längerlebenden treffen wollten.[66] Das ist nach *Kanzleiter*[67] in der Regel der Fall. Er ist der Auffassung, dass die **Vorstellung der Ehegatten** regelmäßig dahin geht, dass die im Testament bedachten Personen in jedem Fall Erben sein sollen. 20

Auch die für die Andeutungstheorie erforderlichen Anhaltspunkte sind in diesen weiter gefassten Fällen zumeist zu finden.[68] Bei einer Klausel zum gleichzeitigen Versterben ist etwa nach dem OLG München[69] als Ausnahme eine erweiterte Auslegung und damit Schlusserbeinsetzung möglich, *„wenn in der letztwilligen Verfügung selbst weniger eng gefasste Formulierungen verwendet und von den Testierenden ersichtlich als gleichbedeutend angesehen wurden.“* 21

Einzelfälle

(1) Der Klausel *„sollte es Gott dem Allmächtigen gefallen, dass wir beide Ehegatten miteinander durch irgendein Ereignis sterben, … .“* hatte das OLG München[70] eine Schlusserbfolge entnommen, da der gemeinsame Tod in dem Fall sehr unwahrscheinlich erschien. Zwischen den Ehegatten bestand ein **großer Altersunterschied** und der Ehemann war zudem an Krebs erkrankt. Schließlich waren in einer Testamentsergänzung *„nach unserem Tod“* und *„nach unserem Ableben“* enthalten, womit das Auslegungsergebnis gestützt wurde. Weiteres Indiz war der detaillierte Inhalt der Verfügung und die überwiegende Begünstigung von Verwandten des 23 Jahre älteren Ehemannes.

(2) Das OLG Düsseldorf[71] lehnte die Anwendung einer Erbeinsetzung für den zweiten Erbfall, der nach 2,5 Jahren nach dem ersten Erbfall erfolgte, für die Formulierung *„plötzlicher gemeinsamer Tod“* ab, zumal die Ehegatten eine Klarstellung wie beispielsweise *„und für den Fall, dass der Längstlebende keine letztwillige Verfügung trifft“* unterlassen hatten. Dagegen war für das BayObLG[72] die Erbeinsetzung *„im Falle eines plötzlichen Todes der Ehegatten“* auch bei einem Abstand von mehreren Jahren für den zweiten Erbfall maßgeblich. Anhaltspunkte dafür, dass die Ehegatten nur für den Fall zeitgleichen oder zeitlich nah aufeinanderfolgenden Versterbens verfügt hätten, lägen nicht vor.

[56] BayObLG NJWE-FER 2000, 214: Erbeinsetzung bei einem Zeitraum von mehreren Jahren.
[57] BayObLG NJW-RR 1997, 327.
[58] OLG Düsseldorf NJW-RR 1999, 1527.
[59] BayObLG NJW-RR 1997, 327: Schlusserbeinsetzung.
[60] BayObLGZ 1981, 79 (86): nicht wechselbezügliche Schlusserbeinsetzung.
[61] BayObLG NJW-RR 1997, 327 (328).
[62] NK-BGB/*Gierl* § 2269 Rn. 59.
[63] Burandt/Rojahn/*Braun* § 2269 Rn. 29.
[64] OLG München ZEV 2011, 31 (34).
[65] MüKoBGB/*Leipold* § 2084 Rn. 48.
[66] Vgl. BayObLG FamRZ 1988, 879 = BeckRS 1988, 30883792.
[67] Staudinger/*Kanzleiter* § 2269 Rn. 31; vgl. BeckOK BGB/*Litzenburger* § 2269 Rn. 25.
[68] Burandt/Rojahn/*Braun* § 2269 Rn. 29.
[69] OLG München ZEV 2011, 31 (34).
[70] OLG München FamRZ 2008, 2312 = BeckRS 2008, 19595.
[71] OLG Düsseldorf RNotZ 2004, 585 = ZEV 2004, 202.
[72] BayObLG NJWE-FER 2000, 214.

(3) Ein Argument, bei dem Wortlaut *„bei gemeinsamem Tod"* nicht von einer Erbeinsetzung bei einem Zeitraum von 15 Jahren zwischen den Erbfällen auszugehen, besteht für das OLG Schleswig[73] auch darin, dass bei Testamentserrichtung die Testierenden 63 bzw. 60 Jahre alt waren. In dem **Alter** erscheine es noch möglich, dass das Leben noch Wendungen nehmen kann, die die freie Testierfreiheit erfordern.

(4) Die Ehegatten setzten sich gegenseitig zu Alleinerben ein und verfügten für den Fall „wir beide zur gleichen Zeit sterben", wer den Schmuck und wer „alles andere" erben sollte. Ohne ausführliche Begründung stellte das KG (BeckRS 2018, 32122 Rn. 16 f.) fest, dass damit auch der spätere Erbfall geregelt sei. Die Formulierung „könnte auch ersatzlos gestrichen werden".

22 Sofern eine Schlusserbeinsetzung festgestellt werden konnte, ist in einem weiteren Schritt zu klären, ob diese **wechselbezüglich** iSd § 2270 Abs. 1 BGB ist.[74] Rechtsprechung[75] und Literatur[76] tendieren zu einer zurückhaltenden Auslegung, so dass der Längerlebende zu einer abweichenden Testamentserrichtung berechtigt ist: Bei derartigen Formulierungen werden die Ehegatten eher von der Befugnis ausgegangen sein, dass der Längerlebende nicht gebunden ist.

23 Fälle, in denen die Ehegatten nur für **bestimmte Risiken** ihr Testament errichtet haben, erfordern eine sehr enge und durchaus wörtliche Auslegung (→ Rn. 21).

Einzelfälle

(1) In einem vom OLG Hamm entschiedenen Fall hatten die Ehegatten vor dem Antritt einer **Reise** in einem Testament verfügt: *„sollten wir beide nicht zurückkommen"*.[77] Der Entscheidung zufolge war die letztwillige Verfügung auf den Fall des beiderseitigen Todes auf der Reise beschränkt.

(2) In einem vom OLG Schleswig[78] entschiedenen Fall hatten die Testierenden bei der Testamentserrichtung vor dem Antritt einer Autoreise den gleichzeitigen **Tod durch einen Unfall** im Blick. Für das Gericht war die Erbeinsetzung aber unabhängig von der Autoreise verfügt worden; die Testierenden starben erst 13 Jahre später.

(3) Lt. OLG München[79] legt die Klausel *„Bei einem gemeinsamen Tode, z. B. Unfall"* nahe, dass davon auch ein Nacheinanderversterben umfasst ist. Aber erforderlich sei, dass der längerlebende Ehegatte nicht mehr in der Lage war, eine neue letztwillige Verfügung zu errichten.

[73] OLG Schleswig NJW-RR 2004, 368.
[74] OLG Köln FamRZ 1996, 310 = BeckRS 1995, 31 025 169; NK-BGB/*Gierl* § 2269 Rn. 61.
[75] OLG Düsseldorf NJWE-FER 1999, 241; KG ZEV 1997, 247; BayObLGZ 1981, 79 (86) = BeckRS 2010, 18675; aA OLG Schleswig NJW-RR 2004, 368 (369).
[76] NK-BGB/*Gierl* § 2269 Rn. 59; Staudinger/*Kanzleiter* § 2269 Rn. 31; aA *Keim* ZEV 2005, 10 (13).
[77] OLG Hamm FamRZ 1997, 451.
[78] OLG Schleswig NJW-RR 1994, 592.
[79] OLG München BeckRS 2018, 18077.

Teil 5. Außergerichtliche und gerichtliche Verfahrensfragen

§ 27 Strategische Vorüberlegungen aufgrund der Mandatssituation

Die Auslegung und die Anfechtung letztwilliger Verfügungen können sowohl im **Zivilprozess** als auch im **Erbscheinsverfahren** relevant werden. 1

Ein Erbscheinsverfahren ist meist dann notwendig durchzuführen, wenn sich Immobilien und Bankvermögen im Nachlass befinden und zum Erbnachweis kein eröffnetes öffentliches Testament bzw. Erbvertrag vorliegt. Das Nachlassgericht ermittelt im Erbscheinsverfahren die Erben und legt dabei gegebenenfalls auch letztwillige Verfügungen aus. Auch prüft es im Erbscheinsverfahren die Wirksamkeit einer Anfechtung. 2

§ 28 Außergerichtlicher Vergleich einschließlich Auswirkungen auf das gerichtliche Verfahren

Übersicht

I. Zivilrechtliche Aspekte

1 Wenn ein Testament auslegungsbedürftig ist, können die Beteiligten **außergerichtlich** einen Auslegungsvertrag schließen.[1] Es empfiehlt sich die **notarielle Beurkundung.**[2] Verzichten die an dem Auslegungsvertrag Beteiligten auf eine an sich für notwendig erachtete rechtliche Klärung, so liegt in dem Vertrag zugleich ein Vergleich im Sinn des § 779 BGB.[3] Das OLG Frankfurt[4] spricht von einem „*Vergleichscharakter*".

Praxistipp:

Bestehen unter den Beteiligten unterschiedliche Ansichten über die zutreffende Auslegung eines Testamentes oder Erbvertrags, sollten sie stets versuchen, vor widersprüchlicher Antragsstellung auf Erlass eines Erbscheines einen Auslegungsvertrag zu verhandeln. Für diese Zeit kann vereinbart werden, dass Verwaltungsmaßnahmen nur nach Zustimmung sämtlicher Beteiligter durchgeführt werden.

Es kann auch vereinbart werden, dass eine über den Tod hinaus geltende Vorsorgevollmacht nicht widerrufen wird, sondern dass stattdessen der Bevollmächtigte nur im Einvernehmen mit den anderen Beteiligten davon Gebrauch macht. Daher sollten Vollmachten nicht vorschnell widerrufen werden.

2 Nach Abschluss des Auslegungsvertrages können diejenigen, die nach dem Vergleich Erben zu gewissen Quoten sein sollen, bei dem Nachlassgericht einen entsprechenden Erbschein beantragen. Zweckmäßigerweise wird innerhalb des Vertrages auch die Pflicht zur Antragsstellung bzw. zur Rücknahme bereits gestellter Anträge vereinbart. Dieser Auslegungsvertrag ist aber für das Nachlassgericht **nicht bindend,** da er nur schuldrechtliche Wirkung unter den Beteiligten entfaltet.[5] Nach dem BGH[6] kommt aber einem Auslegungsvertrag „*eine nicht zu unterschätzende indizielle Bedeutung*" zu. Dass der Auslegungsvertrag nicht verbindlich für ein Gericht sein kann, begründet sich zum einen darin, dass es sich um die Feststellung des Erblasserswillens handelt, und um anderen in dem Amtsermittlungsgrundsatzes gem. § 26 FamFG. So ist im Erbscheinsverfahren weder ein Anerkenntnis noch ein Zugeständnis möglich.[7] *Leipold*[8] spricht sich indes für die Verbindlichkeit aus, wenn die im Vertrag festgelegte Auslegung sich innerhalb des auch nach Ansicht des Gerichts möglichen Auslegungsspielraums bewegt und alle Beteiligten zugestimmt haben.

[1] Zu den zivilrechtlichen Wirkungen: *Storz* ZEV 2008, 308.
[2] Vgl. MüKoBGB/*Leipold* § 2084 Rn. 147.
[3] Vgl. *Lange/Kuchinke* § 34 IV 3a; ausführlich *Storz* ZEV 2008, 353; *Olzen* Rn. 604.
[4] ZEV 2001, 316 (318) mAnm *Otte.*
[5] OLG München NJW-RR 2011, 12 (13).
[6] NJW 1986, 1812 (1813); ebenso BayObLG BeckRS 2009, 12348 = FamRZ 1989, 99.
[7] Damrau/*Seiler-Schopp/Rudolf* § 2084 Rn. 90.
[8] MüKoBGB/*Leipold* § 2084 Rn. 146.

Allerdings kann die Stellung der Beteiligten, die aus dem Auslegungsvertrag hervorgeht, mit Hilfe entsprechender Erbteilsübertragungen gem. § 2033 BGB **dinglich angenähert** werden. Das Verpflichtungsgeschäft bedarf dann nach §§ 2371, 2385 BGB – ebenso wie die dingliche Verfügung nach § 2033 Abs. 1 S. 2 BGB, also die Abtretungserklärung und deren Annahme bei der Anteilsübertragung – der **notariellen Beurkundung.**[9] Daneben kann der Vertrag auch aus anderen Gründen formbedürftig sein, wie etwa wenn er einen Erbverzicht (§ 2348 BGB), einen Erbschaftskauf (§ 2372 BGB) oder die Übertragung eines Grundstücks (§ 311b Abs. 1 BGB) beinhaltet. Mit diesen Gestaltungsoptionen kann für den Fall Vorsorge getroffen werden, dass das Nachlassgericht nicht dem Ergebnis aus dem Auslegungsvertrag folgt. Alternativ kann ein Auslegungsvertrag auch so konzipiert werden, dass dieser bereits die Erbauseinandersetzung beinhaltet. Das bedeutet, dass eine Verteilung der Nachlassgegenstände unter den potentiellen Erben und weiteren Beteiligten, schon erfolgt. 3

II. Erbschaftsteuerliche Aspekte

Zu beachten ist, dass solche Auslegungsverträge nach Abschluss auch von dem **Finanzamt** anerkannt werden. In der Regel werden nach ständiger Rechtsprechung des BFH[10] erbrechtliche Auslegungsverträge auch erbschaftsteuerlich anerkannt, wenn sie den Willen des Erblassers berücksichtigen. Das Finanzamt kann auch eine dem Erbschein abweichende Auslegung akzeptieren.[11] Wenn indes nicht der Wille des Erblassers berücksichtigt wird, bewertet das Finanzamt Abfindungen an weichende Erbprätendenten nicht als Nachlassverbindlichkeit, die den steuerlichen Erwerb und damit die Erbschaftsteuer der tatsächlichen Erben reduziert.[12] Abfindungen werden steuerrechtlich eine Schenkung der tatsächlichen Erben an den weichenden Erbprätendenten darstellen, was zu einer anderen Steuerklasse im Vergleich zu einem Erwerb von dem Erblasser führen kann. 4

Das Finanzamt und das Finanzgericht sind berechtigt und verpflichtet, eine Auslegung entgegen des Erbscheines vorzunehmen, wenn dafür triftige Gründe bestehen, also Tatsachen oder rechtliche Gesichtspunkte.[13] Es ist aber zunächst von der Vermutung der Richtigkeit des Erbscheines nach § 2365 BGB auszugehen.[14] Erbschaftsteuerrechtlich kann dem BFH[15] zufolge etwa auch ein formunwirksam angeordnetes Vermächtnis anerkannt werden, wenn der Beschwerte es mit dem willen erfüllt hat, den mündlich geäußerten letzten Willen des Erblassers zu erfüllen. 5

III. Auswirkungen auf das gerichtliche Verfahren

Nach dem Erbfall können sich die Beteiligten durch einen notariell beurkundeten Vertrag verbindlich darauf festlegen, wie die Verfügung von Todes wegen auszulegen ist (**„Auslegungsvertrag"**).[16] 6

Der BGH führt dazu aus:[17] 7

> *„Dabei darf freilich nicht übersehen werden, dass die an einem Nachlass Beteiligten die Auslegung des Testaments nicht in der Hand haben. Wollen die Beteiligten*

[9] Der BGH stellt auf § 2371 BGB ab und nicht auf § 2385 BGB, vgl. BGH NJW 1986, 1812 (1813); anders *Lange/Kuchinke* ErbR § 34 IV 3; *Olzen* ErbR Rn. 604; Rechtsgrundlage lt. OLG Frankfurt ZEV 2001, 316 (318) ist §§ 2371, 2033 BGB.

[10] ZEV 2008, 549; BeckRS 1999, 25003470; BeckRS 2000, 25005514; siehe hierzu *v. Proff* ZEV 2010, 348; *Baumann* RNotZ 2011, 33.

[11] FG München BeckRS 2000, 21011586 = EFG 2001, 146.

[12] BFH ZEV 2011, 428; hierzu *Meusch* BWNotZ 2011, 171 (174).

[13] BFH BeckRS 2004, 25007398 = BFH/NV 2005, 557.

[14] FG München ZEV 2001, 415 (416).

[15] ZEV 2007, 343 mAnm *Ebeling;* vgl. Nieder/Kössinger Testamentsgestaltungs-Hdb/*R. Kössinger* § 6 Rn. 16 ff.

[16] *Dressler,* Der erbrechtliche Auslegungsvertrag – Gestaltungshilfe bei einvernehmlichen Nachlassregelungen, ZEV 1999, 289.

[17] BGH NJW 1986, 1812.

die Frage, wie das Testament auszulegen ist, für ihr Verhältnis untereinander verbindlich festlegen, ohne Rücksicht darauf, ob sich ihre Auslegung im Nachhinein als zutreffend oder unzutreffend erweisen sollte, und künftigem Streit entziehen, dann bedarf es dazu eines besonderen Vertrages, sei es nun ein Vergleich i.S. von § 779 BGB oder ein gesetzlich nicht normierter „Feststellungs-" oder „Auslegungsvertrag" (§ 305 BGB). Der Sache nach ist ein derartiger Feststellungsvertrag darauf gerichtet, dass die Parteien einander schuldrechtlich so zu stellen haben, als sei die vereinbarte Auslegung zutreffend. Dabei kann die Stellung der Beteiligten mit Hilfe entsprechender Erbteilsübertragungen gem. § 2033 BGB der vereinbarten Rechtslage auch dinglich angenähert werden; Vereinbarungen dieser Art fallen aber nach der Rechtsprechung des RG unter § 2385 RGB und bedürfen der notariellen Beurkundung gem. §§ 2371, 2033 BGB ...."

8 Schließen die Erbprätendenten außergerichtlich im Rahmen eines Vergleiches einen Auslegungsvertrag, so sind dessen Rechtswirkungen sehr umstritten.[18] Nach h.M. kommt einem Auslegungsvertrag keine erbrechtlich-dingliche Wirkung zu.[19] So ist weder das Zivil- noch das Nachlassgericht an die übereinstimmende Auslegung einer letztwilligen Verfügung durch die Beteiligten gebunden.[20] Selbst ein – nach § 2385 BGB formbedürftiger – Auslegungsvertrag begründet nur schuldrechtliche Verpflichtungen der Beteiligten untereinander, nicht aber eine Bindung des Nachlassgerichts.[21]

9 Die Parteien oder Beteiligten können nach dem Tod des Erblassers nicht selbst die Erbfolge festlegen.[22] Der **Erblasserwille steht nicht zur Disposition der Parteien.**[23] Ihrem übereinstimmenden Verständnis von der Auslegung des Testaments oder dem Erblasserwillen kann damit zwar insbesondere im Erbscheinsverfahren eine so große indizielle Bedeutung zukommen,[24] dass dem der Richter besonderes Gewicht beizulegen hat, bindend sind derartige Erklärungen der Beteiligten indes für das Nachlassgericht nicht. Da andererseits ein praktisches Bedürfnis besteht, umfangreiche und kostspielige Ermittlungen oder Beweiserhebungen zur Feststellung des Erblasserwillens und zur Auslegung des Testaments zu verhindern, können die Beteiligten für ihr Verhältnis untereinander einen Auslegungsvertrag schließen, in dem der Inhalt der Auslegung als für sie bindend festgelegt wird. Hierdurch soll weder eine spätere Testamentsauslegung durch den Richter vorweggenommen, noch der Erblasserwille verbindlich festgelegt werden, sondern die **Parteien verpflichten sich schuldrechtlich,** die im Auslegungsvertrag vereinbarte Rechtslage herbeizuführen bzw. gelten zu lassen.[25] In dinglicher Hinsicht kann die Stellung der Beteiligten mit Hilfe entsprechender Erbteilsübertragungen, § 2033 BGB, der vereinbarten Rechtslage allerdings angenähert werden.[26] Soweit der Auslegungsvertrag Erbteilsübertragungen nach § 2033 BGB einschließt oder dem Erbschaftskauf nach §§ 2371, 2385 BGB angenäherte Verpflichtungen enthält, bedarf er der **notariellen Beurkundung** nach §§ 2033 Abs. 1 S. 2, 2371 S. 1 BGB.[27]

10 Soweit der **außergerichtliche Auslegungsvertrag** einen Streit oder eine Ungewissheit beseitigt, stellt er einen Vergleich i.S.d. § 779 BGB dar.[28] Macht einer der Beteiligten einen Anspruch aus dem Testament geltend, der ihm nach dem Auslegungsvertrag nicht zusteht, dann bindet zwar der Auslegungsvertrag das Gericht nicht, dem Kläger kann aber der **Einwand unzulässiger Rechtsausübung** entgegengehalten werden.[29]

---

[18] *Storz* ZEV 2008, 308.
[19] *Lange* ErbR § 35 Rn. 36.
[20] OLG München NJW-RR 2011, 12; Nieder/Kössinger Testamentsgestaltung-HdB/W. *Kössinger* § 23 Rn. 59a; *Lange* ErbR § 35 Rn. 38.
[21] Vgl. Palandt/*Weidlich* § 2385 Rn. 2.
[22] BGH NJW 1986, 1812 (1813); Soergel/*Loritz* § 2084 Rn 31.
[23] BayObLG ObLGR 2000, 10; *Lange/Kuchinke* ErbR § 34 IV 2 b.
[24] BGH NJW 1986, 1812.
[25] BGH NJW 1986, 1812 (1813); Soergel/*Loritz* § 2084 Rn. 31; für das Erbscheinsverfahren noch weitergehend *Lange/Kuchinke* ErbR § 34 IV 3 c.
[26] *Lange* ErbR § 35 Rn. 36.
[27] BGH NJW 1986, 1812 (1813).
[28] Soergel/*Loritz* § 2084 Rn. 31.
[29] Soergel/*Loritz* § 2084 Rn. 32.

Wird der Auslegungsvertrag **im Rahmen eines anhängigen Rechtsstreits** vor dem Prozessgericht oder **im Erbscheinsverfahren**[30] durch einen Prozessvergleich geschlossen, ersetzt das gerichtliche Protokoll gemäß § 127a BGB die notarielle Beurkundung.[31] 11

[30] BayObLGZ 1997, 217 = NJW-RR 1997, 1368.
[31] *Lange/Kuchinke* ErbR § 34 IV 3d; Soergel/*Loritz* § 2084 Rn. 33.

§ 29 Gerichtliche Entscheidung im Erbscheinsverfahren

Übersicht

Schrifttum: *Böhringer,* Nachweis der Erbfolge im Grundbuchverfahren bei einer testamentarischen Pflichtteils-Strafklausel, BWNotZ 1988, 155; *Damrau,* Zur Einziehung des Erbscheins und Testamentvollstreckerzeugnisses und zur Ernennung eines Mitvollstreckers, ZEV 2001, 27; *Gregor,* Erbscheinsverfahren, 2. Auflage 2002; *Heinen,* Angabe der eingeschränkten Testamentsvollstreckung im Erbschein, Rpfleger 1982, 426; *Herminghausen,* Auswirkungen von einander inhaltlich widersprechenden Erbscheinen, NJW 1986, 571; *Hilger,* Das Bestimmtheitserfordernis des Erbscheinsantrages, BWNotZ 1992, 113; *Hohloch,* Gleichlaufzuständigkeit und Testamentsauslegung bei Nachlassspaltung, ZEV 1997, 469; *Ivo,* Die Legitimation des Erben ohne Erbschein, ZErb 2006, 7; *Jansen/v. Schuckmann/Sonnenfeld,* FGG Bd. 2 und 3, 3. Aufl. 2006; *Kroiß,* Grundzüge des Erbscheinsverfahren, ZErb 2000, 147; *ders.,* Die Rechtsmittel im nachlassgerichtlichen Verfahren nach dem FamFG, ZEV 2009, 224; *ders.,* Die Internationale Zuständigkeit im Nachlassverfahren nach dem FamFG, ZEV 2009, 493; *ders.,* Änderungen im Nachlassverfahren durch das FamFG, AnwBl 2009, 592; *ders.,* Die Erbscheinsklausur nach dem FamFG, JA 2009, 882; *Kuchinke,* Grundfragen des Erbscheinsverfahrens und des Verkehrsschutzes bei Verfügungen des Scheinerben über Erbschaftsgegenstände, Jura 1981, 281; *Roth,* Gegenständlich beschränkter Erbschein und Fremdrechts-Testamentsvollstreckerzeugnis im Grundbuchverfahren, IPRax 1991, 322; *Schmidt,* Die Nachfolge in das Anwartschaftsrecht des Nacherben und die Erteilung des Erbscheins nach Eintritt der Nacherbfolge, BWNotZ 1966, 139; *Sprau,* Das Erbscheinsverfahren, ZAP Fach 12, 53; *Tröster,* Eheliches Güterrecht und Erbscheinsverfahren, Rpfleger 1960, 38; *ders.,* Das Güterrechtsstatut von Vertriebenen und Flüchtlingen und sein Nachweis im Erbscheinsverfahren, Rpfleger 1962, 253; *Wefers,* Zur Vermutungswirkung des Erbscheins und zur Nachforschungspflicht, NJW 1996, 2119; *Zimmermann,* Das Erbscheinsverfahren und seine Ausgestaltung, ZEV 1995, 275, *ders.,* Zur Zulässigkeit einer Beschwerde gegen einen unzulässigen Vorbescheid im Erbscheinsverfahren, ZEV 1995, 42.

I. Begriff und Wesen des Erbscheins[1]

Gemäß § 2353 BGB stellt der Erbschein ein Zeugnis des Nachlassgerichts dar, das bekundet, wer **Erbe** ist und welchen **Verfügungsbeschränkungen** dieser unterliegt. Der Erbschein bezeugt als amtliche Bescheinigung folgende Punkte: 1

- Person des Erblassers (Name, Todestag und letzter Wohnsitz)
- Person des Erben
- Umfang des Erbrechts zur Zeit des Erbfalls (Erbquote)
- Nacherbschaft
- Testamentsvollstreckung.

Über den **Umfang des Nachlasses,** speziell zu der Frage, welche Gegenstände zur Erbmasse gehören, trifft der Erbschein keine Aussage. 2

II. Wirkung

1. Vermutungswirkung

Entsprechend einer Grundbucheintragung kommt auch dem erteilten Erbschein eine **Vermutungswirkung** nach **§ 2365 BGB** zu:[2] Es wird vermutet, dass demjenigen, welcher im Erbschein als Erbe bezeichnet ist, das in dem Erbschein angegebene **Erbrecht zusteht** und dass er **nicht** durch andere als die angegebenen Anordnungen **beschränkt** ist. 3

2. Öffentlicher Glaube[3]

Zugunsten des Rechtsverkehrs wird weiters eine **Richtigkeitsfiktion** aufgestellt, § 2366 BGB: 4

Erwirbt jemand einen Erbschaftsgegenstand, so gilt zu seinen Gunsten der Inhalt des Erbscheins als richtig, soweit die Vermutung des § 2365 BGB reicht. Darüber hinaus genießen auch Zahlungen an den Erben oder sonstige Verfügungsgeschäfte, wie z. B. Aufrechnung, Bewilligung einer Vormerkung etc. den Verkehrsschutz des **§ 2367 BGB.** Die Schutzwirkung gilt auch dann, wenn der Dritte **keine Kenntnis** von der Existenz des Erbscheins hatte.[4] Dem Dritten braucht der Erbschein gar nicht vorgelegt werden.[5]

[1] Vgl. *Kroiß,* Grundzüge des Erbscheinsverfahrens, ZErb 2000, 147.
[2] *Lange* ErbR § 78 Rn. 1.
[3] NK-BGB/*Kroiß* § 2353 Rn. 13.
[4] Palandt/*Weidlich* § 2366 Rn. 2.
[5] BGHZ 33, 317.

5 Allerdings entfällt der öffentliche Glaube bei mehreren sich **widersprechenden Erbscheinen.**

6 Die Feststellungsklage im Zivilprozess ist neben dem Erbscheinsverfahren möglich.[6] Die Klage eines Miterben auf Feststellung der Erbfolge ist auch dann zulässig, wenn zunächst nur der Hauptkontrahent des Erbscheinsverfahrens in Anspruch genommen wird, während die übrigen Erben durch ein Erkenntnis in diesem Verfahren rechtlich nicht gebunden werden.[7] Wird diese Klage erhoben und gleichzeitig ein Erbschein beantragt, kann das Feststellungsverfahren auch nicht nach § 148 ZPO ausgesetzt werden.[8] Hingegen wird die Zulässigkeit einer Aussetzung des Erbscheinsverfahrens analog § 148 ZPO bejaht.[9] Die Aussetzung ist auch noch in der Rechtsbeschwerdeinstanz möglich.[10] Eine Schiedsgerichtsklausel im Testament des Erblassers ist unerheblich, solange kein Rechtsstreit bzw. kein Schiedsverfahren um die Erbfolge selbst anhängig ist, da die Erteilung eines Erbscheins nicht übertragen werden kann; diese Aufgabe ist ausschließlich dem Nachlassgericht vorbehalten.[11] Nach Ansicht des OLG Celle soll bei Anhängigkeit eines Erbprätendentenstreits vor einem letztwillig angeordneten Schiedsgericht ein Erbscheinsantrag unzulässig sein, solange das **Schiedsgericht** nicht entschieden hat.[12] Dagegen spricht aber, dass ein Erbscheinsantrag selbst dann zulässig ist, wenn eine Erbenfeststellungsklage vor einem staatlichen Gericht anhängig ist.

III. Antrag[13]

1. Zuständiges Gericht

7 Sachlich zuständig ist das **Amtsgericht** als Nachlassgericht, § 2353 BGB, § 23a Abs. 2 Nr. 2 GVG. Die örtliche Zuständigkeit bestimmt sich nach dem Nachlassgericht, in dessen Bezirk der Erblasser seinen **letzten gewöhnlichen Aufenthalt** hatte, **§ 343 FamFG.** Die funktionelle Zuständigkeit beurteilt sich danach, ob eine letztwillige Verfügung vorliegt oder deren Existenz behauptet wird.[14] Der Rechtspfleger ist zur Entscheidung bei gesetzlicher Erbfolge berufen, während dem Richter die Prüfung bei letztwilligen Verfügungen obliegt, §§ 3 Nr. 2c, 16 Abs. 1 Nr. 6 RPflG. Darüber hinaus ist der Richter noch für die Erteilung von Erbscheinen zuständig, wenn ausländisches Recht anzuwenden ist, § 16 Abs. 1 Nr. 6 RPflG.[15] Entsprechendes gilt für den Fall der Einziehung eines Erbscheins, der vom Richter erteilt wurde, oder wenn er aufgrund einer Verfügung von Todes wegen einzuziehen ist, § 16 Abs. 1 Nr. 7 RPflG.

2. Form

8 Der Antrag ist an **keine bestimmte Form** gebunden.[16] Im Hinblick auf § 352 Abs. 3 FamFG bedarf es aber regelmäßig einer gerichtlichen oder notariellen Urkunde. So kann der Antrag insbesondere auch zu **Protokoll der Geschäftsstelle** des Nachlassgerichts erklärt werden, § 25 FamFG.[17] Eine Antragstellung durch Bevollmächtigte ist möglich, § 10 Abs. 2 S. 1 FamFG. Die Vollmacht wird von Amts wegen geprüft, § 26 FamFG. Als allgemeine Vorschrift ist § 23 FamFG zu beachten. Demnach ist dieser verfahrenseinleitende Antrag zu be-

[6] *Kroiß* ErbR 2017, 368.
[7] OLG Oldenburg FamRZ 2000, 834.
[8] BayObLGZ 1986, 244; KG FamRZ 1968, 219; Thomas/*Putzo* ZPO § 148 Rn. 9; Baumbach/Lauterbach/*Hartmann* § 148 Rn. 14.
[9] BayObLG FamRZ 1999, 334 (335); 1969, 676.
[10] BayObLG FamRZ 1999, 334.
[11] KG ErbR 2016, 337.
[12] OLG Celle NJW-RR 2016, 331.
[13] NK-BGB/*Kroiß* § 2353 Rn. 17 ff.
[14] BayObLGZ 1977, 63.
[15] Keidel/*Zimmermann* FamFG § 352 Rn. 12; MüKoBGB/*Grziwotz* § 2353 Rn. 49; *Kroiß/Seiler* Das neue FamFG § 6 Rn. 18.
[16] OLG Köln ZEV 2010, 89; MüKoBGB/*Grziwotz* § 2353 Rn. 63; Staudinger/*Herzog* § 2353 Rn. 47.
[17] Bassenge/Roth/*Bassenge* FamFG § 352 Rn. 6.

gründen. Jedoch handelt es sich dabei um eine Sollvorschrift.[18] Auch soll der Antrag die zur Begründung dienenden Tatsachen und Beweismittel angeben sowie die Personen benennen, die als Beteiligte i. S. v. § 345 Abs. 1 FamFG in Betracht kommen.[19] Das Nachlassgericht hat die „Kann-Beteiligten", die nach § 345 Abs. 1 FamFG auf ihren Antrag zum Verfahren hinzuzuziehen sind, von dem Nachlassgericht von der Einleitung des Verfahrens zu benachrichtigen und über ihr Antragsrecht zu belehren.[20] Deshalb hat das Nachlassgericht von Amts wegen zu ermitteln, welche Person als „Kann-Beteiligte" in Betracht kommt. Soweit auf Urkunden Bezug genommen wird, sollen diese in Urschrift oder Abschrift beigefügt werden. § 23 Abs. 1 S. 4 FamFG bestimmt, dass der Antrag vom Antragsteller oder seinem Bevollmächtigten „unterschrieben" werden „soll". Daraus könnte man die Notwendigkeit der Beachtung der Schriftform ableiten.[21] Da es sich dabei aber nur um eine Sollvorschrift handelt, können auch weiterhin mündlich oder konkludent gestellte Anträge nicht als unzulässig zurückgewiesen werden.[22]

Die Möglichkeit der **Antragsrücknahme** ergibt sich aus § 22 FamFG. Der Antrag kann bis 9
zur Rechtskraft der Entscheidung des Nachlassgerichts zurückgenommen werden.[23]

3. Inhalt

Der Antrag muss das behauptete Erbrecht genau bezeichnen:[24] Angaben zum **Erblasser** 10
(Namen und Todestag), die Erbfolge (**Person des [der] Erben, Erbteile**), eventuelle **Beschränkungen** (Vor-/Nacherbschaft, Testamentsvollstreckung, evtl. Befreiungen) und den **Berufungsgrund.** Zu benennen sind nunmehr auch die als Beteiligte in Betracht kommenden Personen, §§ 23 Abs. 1 S. 2, 345 Abs. 1 FamFG.[25] Dabei handelt es sich aber um eine „Sollvorschrift". Der Antrag ist sorgfältig zu formulieren, da das Gericht an den Antrag gebunden ist. Ein Erbschein kann inhaltlich nur das wiedergeben, was beantragt wurde. Das Nachlassgericht ist nicht befugt, einen Erbschein abweichend vom Antrag oder ohne Antrag zu erteilen.[26] Nicht ausreichend wäre z. B. ein Antrag, einen Erbschein „nach Maßgabe des Testaments" zu begehren.[27] Allerdings besteht die Möglichkeit, einen ohne Antrag erteilten Erbschein nachträglich zu genehmigen.[28]

4. Antragsberechtigung[29]

Antragsbefugt sind neben dem **Alleinerben** auch der Miterbe,[30] § 352a Abs. 1 S. 2 11
FamFG, der Erbschaftskäufer,[31] Anteilserwerber, § 2033 Abs. 1 BGB, und der Erbeserbe.[32] Der Fiskus ist erst nach der Feststellung des Erbrechts gemäß § 1964 BGB antragsbefugt. Der Abwesenheitspfleger, § 1911 BGB, kann den Antrag ebenso stellen wie der Auseinandersetzungspfleger, § 364 FamFG. Auch der **Betreuer** ist als gesetzlicher Vertreter des Erben berechtigt, einen Erbscheinsantrag zu stellen. Daneben sind noch der **Testamentsvollstrecker,**[33] der Nachlassverwalter, der Nachlassinsolvenzverwalter[34] und der das Gesamtgut

[18] MüKoZPO/*Ulrici* § 23 FamFG Rn. 34.

[19] MüKoBGB/*Grziwotz* § 2353 Rn. 69; Prütting/Helms/*Fröhler* FamFG § 352 Rn. 16; *Kroiß/Seiler,* Das neue FamFG, § 6 Rn. 51; MüKoZPO/*Ulrici* § 23 FamFG Rn. 35.

[20] OLG Köln ZEV 2010, 89.

[21] MüKoBGB/*Grziwotz* § 2353 Rn. 63.

[22] *Schulte-Bunert,* Das neue FamFG, Rn. 141.

[23] *Jurgeleit/Dieker* § 18 Rn. 96.

[24] *Hilger* BWNotZ 1992, 113; Keidel/*Zimmermann* FamFG § 352 Rn. 35 ff.

[25] Bassenge/Roth/*Bassenge* § 352 FamFG Rn. 8.

[26] RGZ 156, 180; BayObLGZ 1973, 28.

[27] BayObLGZ 1967, 1.

[28] BayObLGZ 1967, 1.

[29] NK-BGB/*Kroiß* § 2353 Rn. 35.

[30] Auch nach Erbteilsübertragung, BayObLGZ 2001, 127; Bassenge/Roth/*Bassenge* § 352 FamFG Rn. 4.

[31] RGZ 64, 173; Palandt/*Weidlich* § 2371 Rn. 4 (a E); Erman/*Simon* § 2353 Rn. 13; aA Staudinger/*Herzog* § 2353 Rn. 31; MüKoBGB/*Grziwotz* § 2353 Rn. 88.

[32] BayObLG ZErb 2003, 153; FamRZ 1995, 1089; *Jansen* § 20 Rn. 11; Palandt/*Weidlich* § 2353 Rn. 10.

[33] BGH NJW 2006, 3353; Staudinger/*Herzog* § 2353 Rn. 42; Jauernig/*Stürner* § 2353 Rn. 4; Bassenge/Roth/*Bassenge* § 352 FamFG Rn. 4; Keidel/*Zimmermann* FamFG § 352 Rn. 24.

[34] Prütting/Helms/*Fröhler* § 352 FamFG Rn. 13.

verwaltende Ehegatte[35] antragsbefugt. Auch ein für einen abwesenden Erwachsenen bestellter Abwesenheitspfleger, § 1911 BGB, kann, wenn die Erbschaft bereits angenommen wurde, einen Erbschein beantragen.[36] Der **Vorerbe** ist bis zum Eintritt des Nacherbfalls antragsbefugt.[37]

12 **Kein Antragsrecht** besitzen dagegen Vermächtnisnehmer,[38] Pflichtteilsberechtigte,[39] Auflagenbegünstigte (Auflagengläubiger), der Käufer eines Nachlassgegenstandes,[40] der Nacherbe vor Eintritt des Nacherbfalls[41] (auch nicht für einen Erbschein des Vorerben),[42] das Finanzamt als Erbschaftsteuerstelle[43] und der Nachlasspfleger eines unbekannten Erben,[44] § 1960 Abs. 2 BGB.

13 Hingegen können **Nachlassgläubiger** und Eigengläubiger zum Zwecke der Zwangsvollstreckung einen Erbschein beantragen, **§§ 792, 896 ZPO.**[45] Entsprechendes gilt für die Teilungsversteigerung.[46] Einem Miterben des Erblassers wird das Antragsrecht für den Erbschein nach einem anderen Miterben nur für den Fall zugestanden, dass er die Aufhebung der Gemeinschaft durch Zwangsversteigerung des Grundstücks betreiben will, §§ 180, 181 Abs. 3, § 17 Abs. 1 und 3 ZVG.[47] Begründet wird dabei das Antragsrecht mit der entsprechenden Anwendung von § 792 ZPO. In allen anderen Fällen steht den Miterben ein Antragsrecht nicht zu.[48]

14 Ein Formulierungsbeispiel zum Erbscheinsantrag eines Nachlassgläubigers findet sich bei *Krug/Rudolf/Kroiß*, Erbrecht § 7 Rn 186.

15 Bei den Kosten, die für die Erteilung des Erbscheins anfallen, handelt es sich um Kosten der Zwangsvollstreckung im Sinne des § 788 ZPO.

Für den Fall, dass dem Erben bereits ein Erbschein erteilt wurde, muss der Gläubiger keinen weiteren Erbschein beantragen; er kann vielmehr eine Ausfertigung verlangen, **§ 357 Abs. 2 FamFG.**

5. Erforderliche Erklärungen und Nachweise

16 Der Antrag muss darüber hinaus bestimmte **Erklärungen, § 352 Abs. 1, 2 FamFG,** und **Nachweise, § 352 Abs. 3 FamFG,** enthalten. Entsprechende Urkunden, die sein Erbrecht belegen, hat der Antragsteller vorzulegen und die Richtigkeit der **Angaben an Eides Statt zu versichern, § 352 Abs. 3 FamFG.** Weigert sich der Antragsteller diese Versicherung abzugeben, wird der Erbscheinsantrag als unzulässig zurückgewiesen.[49]

17 a) **Erklärungen bei gesetzlicher Erbfolge.** Der **gesetzliche Erbe** hat gemäß § 352 Abs. 1 FamFG folgende Angaben zu machen und entsprechend nachzuweisen:[50]

18 *aa) Zeitpunkt des Todes des Erblassers, § 352 Abs. 1 Nr. 1 FamFG (früher § 2354 Abs. 1 Nr. 1).* Dabei ist der genaue **Kalendertag** anzugeben, wenn die Todeszeit für das behauptete

[35] *Schlüter* Erbrecht Rn. 569.
[36] Keidel/*Zimmermann* § 352 FamFG Rn. 26.
[37] OLG Hamm NJW 1974, 1827; Prütting/Helms/*Fröhler* § 352 FamFG Rn. 13; Keidel/*Zimmermann* FamFG § 352 Rn. 23.
[38] BayObLG FamRZ 2000, 1231.
[39] BayObLG Rpfleger 1999, 182; OLG Köln Rpfleger 1994, 509. Ein Antragsrecht besteht ausnahmsweise dann, wenn der Pflichtteilsberechtigte Vollstreckungsgläubiger ist.
[40] Erman/*Simon* § 2353 Rn. 13; Bassenge/Roth/*Bassenge* FamFG § 353 Rn. 5.
[41] BayObLG NJW-RR 1999, 805 = FamRZ 1999, 1239 = Rpfleger 1999, 331.
[42] BayObLG NJW-RR 1999, 805.
[43] MüKoBGB/*Grziwotz* § 2353 Rn. 95.
[44] Bezüglich des Nachlasses, auf den sich die Pflegschaft bezieht, kein Antragsrecht; aber für den Nachlass, an dem dem Erblasser ein Erbrecht zustand, BayOblG FamRZ 1991, 230, der Erbschein muss aber dann auf den Namen des ursprünglichen Erben beantragt werden.
[45] BayObLG NJW-RR 2002, 440; OLG Zweibrücken Rpfleger 2006, 606; Bassenge/Roth/*Bassenge* § 352 FamFG Rn. 4.
[46] LG Essen Rpfleger 1986, 387.
[47] LG Essen Rpfleger 1984, 387; MüKoBGB/*Grziwotz* § 2353 Rn. 96; Jansen/*Müller-Lukoschek* FGG § 84 Rn. 5; *Zeller/Stöber* ZVG § 181 Rn. 5.4 und 5.
[48] BayObLGZ 1994, 158.
[49] OLG Frankfurt MDR 1996, 1153.
[50] *Lange* ErbR § 78 Rn. 27 ff.

Erbrecht von Bedeutung ist.[51] Beantragt ein Nacherbe einen Erbschein, so hat er auch den Tag des Eintritts des Nacherbfalls anzugeben.[52] Eventuell können genauere Zeitangaben zur zweifelsfreien Ermittlung der Erbfolge erforderlich werden; dies ist dann der Fall, wenn der Erblasser und ein möglicher Erbe am gleichen Tag verstorben sind.[53]

bb) Den letzten gewöhnlichen Aufenthalt und die Staatsangehörigkeit des Erblassers 19
(§ 352 Abs. 1 S. 1 Nr. 2 FamFG). Nach Art. 21 Abs. 1 EUErbVO bestimmt grundsätzlich der letzte gewöhnliche Aufenthalt des Erblassers das anwendbare Erbrecht. Der gewöhnliche Aufenthalt ist vom vorübergehenden und schlichten Aufenthalt abzugrenzen. Gewöhnlicher Aufenthalt bedeutet sozialer, familiärer und kultureller Lebensmittelpunkt einer Person, ein längerer reiner beruflicher Aufenthalt in einem Staat begründet allein keinen gewöhnlichen Aufenthalt.[54] Der gewöhnliche Aufenthalt entspricht dem Daseinsmittelpunkt, dh dem Mittelpunkt des Lebensinteresses.[55]

cc) Das Verhältnis, auf dem das Erbrecht beruht, § 352 Abs. 1 S. 1 Nr 3 FamFG (früher 20
§ 2354 Abs. 1 Nr. 2). Der Antragsteller hat auch sein Verwandtschafts- bzw. Ehegattenverhältnis zum Erblasser anzugeben, §§ 1924 ff., 1931 ff. Im Falle einer Adoption sind die Umstände der Annahme an Kindes statt darzulegen.[56] Die Substantiierungspflicht des Antragstellers bezieht sich nicht auf das Nichtvorliegen eines iSv § 1933 denkbaren Ausschlussgrundes und auch nicht auf den Umstand, dass der Antragsteller auf sein gesetzliches Erbrecht nicht verzichtet hat § 2346.[57] Vielmehr ist in einem ordnungsgemäß gestellten und die Angaben nach den § 352 FamFG berücksichtigenden Antrag stillschweigend die Erklärung enthalten, dass Ausschlussgründe nicht bestehen, also von der normalen Rechtslage auszugehen ist. Lediglich wenn ein konkreter Anlass besteht oder mit einer gewissen Wahrscheinlichkeit mit der Möglichkeit eines Ausschlusses des Erbrechts aus den vorgenannten Gründen zu rechnen ist, besteht Anlass, von Amts wegen die zur Feststellung dieser Ausschlussgründe erforderlichen Ermittlungen zu veranstalten.[58]

dd) Ihn von der Erbfolge ausschließende Personen, § 352 Abs. 1 S. 1 Nr. 4 FamFG bzw. 21
der Wegfall einer den Antragsteller ausschließenden Person, § 352 Abs. 1 S. 2 FamFG (früher § 2354 Abs. 1 Nr. 3, Abs. 2). Waren Personen vorhanden, die als gesetzliche oder testamentarische Erben berufen sein würden, falls sie nicht vor dem Erbfall verstorben wären oder als vor dem Erbfall verstorben zu gelten hätten,[59] sind diese anzugeben.[60] Auch der Güterstand hinsichtlich des überlebenden Ehegatten ist zu bezeichnen, § 352 Abs. 3 FamFG (früher § 2356 Abs. 2).[61]

Der Antragsteller muss auch vortragen, in welcher Weise eine Person weggefallen ist, 22
§ 352 Abs. 1 S. 2 FamFG (früher § 2354 Abs. 2). Als *Wegfallgründe* von erbberechtigten Personen kommen in Betracht: Tod vor dem Erbfall, § 1923 Abs. 1, Enterbung, § 1938, Ausschlagung, § 1953 Abs. 1, Erbunwürdigerklärung, § 2344 Abs. 1, Erbverzicht, § 2346 Abs. 1 S. 2, § 2349, Zuwendungsverzicht, § 2352, eine „Wegadoption", wenn in Folge einer Annahme als Kind das Verwandtschaftsverhältnis des Kindes und seiner Abkömmlinge zu den bisherigen Verwandten erlischt, § 1755 BGB, eine bis zum 1.4.1998 gültig zustande gekommene Vereinbarung oder ein bis dahin ergangenes rechtskräftiges Urteil über den vorzeitigen Erbausgleich,[62] § 1934c).[63]

[51] Staudinger/*Herzog* § 2354 Rn. 6; MüKoBGB/*Grziwotz* Anhang § 2353 Rn. 8.
[52] BayObLG Rpfleger 1990, 165.
[53] MüKoBGB/*Grziwotz* Anhang § 2353 Rn. 8.
[54] jurisPK-BGB/*Eichel* Art. 4 EuErbVO Rn. 45.
[55] Burandt/Rojahn/*Burandt* EuErbVO Art. 21 Rn. 3.
[56] Staudinger/*Herzog,* § 2353 Rn. 74; MüKoBGB/*Grziwotz* Anh. § 2353 Rn. 11.
[57] OLG Hamm MDR 1992, 972 = NJW-RR 1992, 1483.
[58] OLG Hamm MDR 1992, 972 = NJW-RR 1992, 1483.
[59] Etwa infolge Enterbung, Ausschlagung, Erbunwürdigkeit, Erbverzichts, Zuwendungsverzichts oder vorzeitigen Erbausgleichs.
[60] Staudinger/*Herzog* § 2353 Rn. 80.
[61] MüKoBGB/*Grziwotz* Anhang § 2353 Rn. 13.
[62] Vgl. dazu Art. 227 Abs. 1 Nr. 2 EGBGB.
[63] MüKoBGB/*Grziwotz* Anhang § 2353 Rn. 13.

23 *ee) Welche Verfügungen von Todes wegen sind vorhanden, § 352 Abs. 1 S. 1 Nr. 5 FamFG (früher §§ 2354 Abs. 1 Nr. 4, 2355)?* Auch wenn sich der Antragsteller auf gesetzliches Erbrecht beruft, hat er alle Testamente und Erbverträge anzugeben. Erst dadurch kann das Gericht prüfen, ob diese Verfügungen das gesetzliche Erbrecht ausschließen. Der Antragsteller hat auch unwirksame, widerrufene und gegenstandslose Testamente zu nennen. Hingegen bedarf es nicht der Angabe von mit dem Willen des Erblassers vernichteter Testamente.[64]

24 *ff) Ist ein Rechtsstreit über das Erbrecht des Antragstellers anhängig, § 352 Abs. 1 S. 1 Nr. 6 FamFG (früher § 2354 Abs. 1 Nr. 5)?* Der Antragsteller muss auch kundtun, ob ein zivilprozessuales Klageverfahren, zB aufgrund einer Feststellungsklage, zwischen ihm und einem anderen Erbprätendenten anhängig ist. Gemeint sind nur Rechtsstreite, die vor den ordentlichen Gerichten anhängig sind.[65]

25 *gg) Wurde die Erbschaft angenommen, § 352 Abs 1 S 1 Nr 7 FamFG?* Nunmehr wurde die in der Praxis übliche Angabe, dass der Erbe die Erbschaft angenommen hat, kodifiziert.[66]

26 *hh) Die Größe seines Erbteils, § 352 Abs 1 S 1 Nr 8 FamFG.* Nr 8 übernahm die Regelung des § 2353 HS 2, da die Angabe zur Größe des Erbteils im Antrag dem Verfahrensrecht zuzuordnen ist.[67] Auch hat der Miterben grds sowohl für den Teilerbschein als auch für den gemeinschaftlichen Teilerbschein als auch für den gemeinschaftlichen Erbschein nach § 352a Abs 2 S 1 FamFG die Größe des Erbteils anzugeben. Eine Ausnahme gilt nur für den quotenlosen Erbschein nach § 352a Abs 2 S 2 FamFG.

27 *ii) Berufungsgrund.* Schließlich ist noch der Berufungsgrund, dh, ob das Erbrecht auf gesetzlicher oder auf gewillkürter Erbfolge beruht, anzugeben.

28 **b) Gewillkürte Erbfolge.** Beruft sich der Antragsteller auf eine **Verfügung von Todes wegen,** hat er die Verfügung zu bezeichnen und anzugeben, ob und welche sonstigen Verfügungen des Erblassers von Todes wegen vorhanden sind, § 352a Abs. 2 S. 1 Nr. 1 FamFG. Wer ein Testament in Besitz hat, hat es nach dem Tod des Erblassers beim Nachlassgericht abzuliefern.[68] Im Übrigen muss er die in § 352 Abs. 2 Nr. 3 i. V. m. Abs. 1 S. 1 Nr. 1, 2 und 6 bis 8 sowie S. 2 FamFG vorgeschriebenen Angaben machen.

29 Zum Nachweis eines testamentarischen Erbrechts ist grundsätzlich die Urschrift des Testaments vorzulegen.[69] Ist ein Testament verloren gegangen, so können die Errichtung und der Inhalt mit allen zulässigen Beweismitteln bewiesen werden,[70] insbesondere durch Vorlage einer Fotokopie.[71] An den Nachweis sind jedoch strenge Anforderungen zu stellen. Das Nachlassgericht darf sich in diesen Fällen nicht mit einer formlosen Beweisaufnahme begnügen. §§ 29, 30 FamFG gebieten ein Strengbeweisverfahren.

30 **c) Weitere Angaben.** In jedem Fall muss der Antragsteller auch die Erbschaft annehmen. Jedoch wird bereits in der Antragstellung die **Annahmeerklärung** zu sehen sein.[72] Beim gemeinschaftlichen Erbschein ist die Erklärung notwendig, dass die übrigen Erben die Erbschaft angenommen haben, § 352a Abs. 3 S. 1 FamFG (früher § 2357 Abs. 2 S. 1). Auch sind die Anforderungen des § 23 FamFG zu beachten.[73] Dem entsprechend sind auch die Personen anzugeben, die als Beteiligte nach § 345 Abs. 1 FamFG in Betracht kommen, so zB der Gegner des Antragstellers in einem Rechtsstreit.

31 Die erforderlichen **Nachweise** im Einzelnen:
- Eheurkunde,
- Geburtsurkunde

[64] Staudinger/*Herzog* § 2353 Rn. 83.
[65] PWW/*Deppenkemper* § 2354 aF Rn. 2.
[66] BT-Drs 18/4201, 60; Staudinger/*Herzog* § 2353 Rn. 84.
[67] BT-Drs 18/4201, 60; Staudinger/*Herzog* § 2353 Rn. 86.
[68] OLG Frankfurt ZErb 2002, 49.
[69] BayObLG FamRZ 2001, 1327.
[70] OLG Frankfurt ZErb 2002, 49.
[71] BayObLG FamRZ 2001, 1327.
[72] Soergel/*Damrau* § 2354 Rn. 1; Staudinger/*Herzog* § 2353 Rn. 85.
[73] MüKoBGB/*Grziwotz* § 2353 Rn. 69.

- Lebenspartnerschaftsurkunde
- Sterbeurkunde

6. Eventualantrag

Ein **Hilfsantrag** ist neben dem Hauptantrag **zulässig,** wenn jeder Antrag das behauptete Erbrecht genau bezeichnet, und dem Nachlassgericht die Reihenfolge der Prüfung und Entscheidung angegeben wird.[74] 32

IV. Verfahren (Auslegung als Rechtsanwendung)

1. Sachverhaltsermittlung

Das Nachlassgericht ermittelt von Amts wegen den Sachverhalt, §§ 26 FamFG. Es kann sich dabei sowohl des Freibeweises als auch der Beweismittel der ZPO bedienen, §§ 30 FamFG. 33

2. Tatsachen als Grundlage für die Rechtsanwendung

Das Auslegungsergebnis basiert auf Tatsachen. Tatsachen sind der Testamentstext und außerhalb der Testamentsurkunde liegende Umstände, so auch mündliche und schriftliche Äußerungen des Erblassers oder widerrufene Testamente.[75] Sie müssen geeignet sein, die erstrebte Auslegung zu stützen, und einen Schluss auf den Willen des Erblassers erlauben. Für diese tatsächlichen Grundlagen der Auslegung gelten die verfahrensrechtlichen Vorschriften zur Tatsachenfeststellung, so die Regeln über 34

- Behaupten,
- Zugestehen,
- Bestreiten,
- Beweisführung und
- Beweislast.[76]

Das Erbscheinsverfahren und das streitige Verfahren unterscheiden sich bei der Tatsachenermittlung:[77] 35

- Im **Erbscheinsverfahren** ist das Gericht im Gegensatz zum streitigen Verfahren nicht an einen übereinstimmenden Tatsachenvortrag der Beteiligten gebunden. Soweit das Gericht es als erforderlich erachtet, hat es nach eigenem Ermessen weitere Tatsachen zu ermitteln. Jemand, der ein von einer gesetzlichen Auslegungsregel abweichendes Auslegungsergebnis verfolgt, hat entsprechende Tatsachen vorzutragen. Er trägt dann die Feststellungslast für diese Tatsachen bzw. für Tatsachen, die zur Unanwendbarkeit der gesetzlichen Auslegungs- und Ergänzungsregeln führen.[78]
- Im **streitigen Verfahren** ist das Gericht an unstreitige Tatsachen gebunden, was aber nicht bedeutet, dass damit gleichsam eine Bindung an das von den Parteien verfolgte Auslegungsergebnis besteht. Ist dagegen eine Tatsache streitig, obliegt demjenigen für diese die Darlegungs- und Beweislast, wenn er eine gesetzliche Auslegungs- bzw. Ergänzungsregel widerlegen möchte.

Der **Erblasserwille stellt eine innere Tatsache** dar, für den die Regeln der Tatsachenfeststellung gelten.[79] Der reale Wille des Erblassers ist somit wie andere Tatsachen dem Geständnis (§ 288 ZPO) und der Beweisaufnahme zugänglich.[80] Er kann auch ausdrücklich 36

[74] OLG Hamm FamRZ 1993, 111; BayObLGZ 73, 30.

[75] BGH WM 1978, 377 = BeckRS 2015, 1508; Staudinger/*Otte* Vor §§ 2064–2086 Rn. 120; MüKoBGB/*Leipold* § 2084 Rn. 162; NK-BGB/*Fleindl* § 2084 Rn. 69.

[76] MüKoBGB/*Leipold* § 2084 Rn. 162 f.

[77] *Tappmeier* NJW 1988, 2714 (2716).

[78] MüKoBGB/*J. Mayer*, 6. Aufl. 2013, § 2359 Rn. 20.

[79] BGH NJW 1993, 256; MüKoBGB/*Leipold* § 2084 Rn. 162; Staudinger/Otte Vor §§ 2064–2086 Rn. 120 f.; NK-BGB/*Fleindl* § 2084 Rn. 70; *Horn/Kroiß* NJW 2012, 666 (667).

[80] BGH NJW 1993, 256; OLG Karlsruhe ZEV 2009, 34; OLG Hamm NJW-RR 2015, 9.

(§ 139 Abs. 1 ZPO) bzw. durch Nichtbestreiten (§ 139 Abs. 3 ZPO) zugestanden werden.[81] Da der innere Wille keinem direkten Beweis zugänglich ist, können Beweisthema nur Indizien sein.[82] Mit Feststellung des Erblasserwillens steht aber noch nicht das Auslegungsergebnis fest.[83] So muss durch Rechtsanwendung die Schlüssigkeit eines Umstandes für eine bestimmte Willensrichtung des Erblassers sowie die Frage der hinreichenden Andeutung einer bestimmten Willensrichtung im Testament zu beurteilen sein.[84] Maßgebend ist der Erblasserwille, der aus der letztwilligen Verfügung hervorgeht („was er mit seinen Worten").

3. Amtsermittlungs- bzw. Beibringungsgrundsatz

37 Im Erbscheinsverfahren innerhalb der freiwilligen Gerichtsbarkeit gilt der Amtsermittlungsgrundsatz (§ 26 FamFG), wobei die Beteiligten zur Mitwirkung verpflichtet sind (§ 27 FamFG).[85] Folglich besteht aber keine subjektive = formelle Beweislast, also keine Pflicht der Beteiligten Beweismittel anzubieten.[86] Der Tatrichter hat den für die Testamentsauslegung maßgeblichen Sachverhalt von Amts wegen zu ermitteln[87] und geeignet erscheinende Beweise zu erheben.[88] Er hat daher etwa Zeugen anzuhören, die von Äußerungen des Erblassers berichten können, die zur Testamentsauslegung hilfreich sein können.[89] Die Aufklärungspflicht ist begrenzt durch die für den Inhalt des Antrages erforderlichen Tatsachen.[90] Dagegen gilt im streitigen Verfahren der Beibringungsgrundsatz. Die Parteien müssen dem Gericht ihre Sicht des entscheidungserheblichen Tatsachenstoffes darlegen.[91] Das Gericht darf nur auf die von den Parteien angebotenen Beweismittel zurückgreifen.[92] Es kann lediglich von Amts wegen die Vorlage von Urkunden, auf die sich eine Partei bezogen hat (§ 142 ZPO), die Einholung eines Sachverständigengutachtens oder die Augenscheineinnahme (§ 144 ZPO) sowie die ergänzende Vernehmung einer Partei (§ 448 ZPO) anordnen.[93] Auch die Einführung in den Sach- und Streitstand in der mündlichen Verhandlung darf nicht zu einer Amtsermittlung führen.[94] Jedoch hat das Gericht ggf. richterliche Hinweise auf das Maß der Substantiierung zu geben.[95]

4. Feststellungs-/Beweislast

38 Die Feststellungs- bzw. Beweislast ergibt sich in erster Linie aus den Vorschriften des BGB.[96] Wer ein Erbrecht für sich in Anspruch nimmt, trägt daher die Feststellungs- bzw. die Beweislast für die Tatsachen, die dieses begründen.[97] Besteht eine gesetzliche Auslegungs- oder Ergänzungsregel, ergibt sich daraus die Feststellungs- und Beweislastverteilung. Wenn nach Ausschöpfung aller Beweismittel sich die Richtigkeit oder Unrichtigkeit entscheidungserheblicher Tatsachen nicht ermitteln läßt, stellt sich die Frage nach der Feststellungs- bzw. Beweislast zur Überwindung des non liquet.[98] Ein ungeklärter Umstand kann bei der Ausle-

[81] Soergel/*Loritz* § 2084 Rn. 79; vgl. MüKoBGB/*Leipold* § 2084 Rn. 162.
[82] Staudinger/*Otte* Vor §§ 2064–2086 Rn. 108.
[83] NK-BGB/*Fleindl* § 2084 Rn. 70.
[84] Staudinger/*Otte* Vor §§ 2064–2086 Rn. 121.
[85] Keidel/*Zimmermann* FamFG § 352 Rn. 103.
[86] *Muscheler* ErbR 2010 Rn. 3302.
[87] OLG Köln FGPrax 2009, 287 (289); OLG Hamm BeckRS 2014, 22438 für Grundbuchamt.
[88] *Muscheler* ErbR Rn. 3298.
[89] BayObLG NJW 1988, 969 (970).
[90] NK-NachfolgeR/*Poller* FamFG § 352 Rn. 24.
[91] MüKoZPO/*Heinrich* § 358 Rn. 1.
[92] BeckOK ZPO/*Bacher* § 284 Rn. 34.
[93] BeckOK ZPO/*Bacher* § 284 Rn. 34.
[94] BGH NJW 2004, 164; Pukall/*Kießling*, Der Zivilprozess in der Praxis, 7. Aufl. 2013, Rn. 537.
[95] OLG Brandenburg NJW-RR 2014, 574.
[96] *Muscheler* ErbR Rn. 3302; NK-NachfolgeR/*Poller* FamFG § 352 Rn. 31; vgl. inzidenter OLG München NJW-RR 2015, 329.
[97] OLG Hamm NJW-RR 2008, 21 (24); Bamberger/Roth/*Siegmann*/*Höger*, 3. Aufl. 2012, § 2358 Rn. 12; vgl. Keidel/*Zimmermann* FamFG § 352 Rn. 103.
[98] *Lange* ErbR § 78 Rn. 39.

gung nicht berücksichtigt werden.[99] Die Feststellungs- bzw. Beweislast ist damit nicht von der jeweiligen Parteienstellung abhängig.

Einige Beispiele aus der Rechtsprechung:

- Derjenige trägt die Feststellungs- bzw. Beweislast dafür, der sich zur Begründung seines Erbrechts auf eine Freistellungsklausel beruft.[100] Zuvor hatte das Gericht durch individuelle Auslegung die Wechselbezüglichkeit einer Erbeinsetzung festgestellt.
- Wer sein Erbrecht auf die Wechselbezüglichkeit seiner Erbeinsetzung stützt, trägt hierfür die Feststellungs- bzw. Beweislast.[101]
- Ist streitig, ob ein Wohnrecht nur schuldrechtlich oder mit einer grundbuchlichen Sicherung vermacht wurde, trägt für die grundbuchliche Sicherung der Vermächtnisnehmer die Feststellungs- bzw. Beweislast.[102]

Die individuelle Auslegung geht den *gesetzlichen Auslegungs- und Ergänzungsregeln* vor, 39
was sich jeweils aus dem Tatbestandsmerkmal „im Zweifel" ergibt (→ § 3 Rn. 1).[103] Im gerichtlichen Verfahren führen die Auslegungs- und Ergänzungsregeln dazu, dass demjenigen, der sich auf eine hiervon abweichende Rechtsfolge beruft, im streitigen Verfahren die Darlegungs- und Beweislast und im Erbscheinsverfahren die Feststellungslast für entsprechende Tatsachen obliegt.[104] Durch bloße Behauptung eines einer gesetzlichen Auslegungs- bzw. Ergänzungsregel widersprechenden Erblasserwillens lassen sich diese jedenfalls nicht außer Kraft setzen.[105] Die Auslegungs- und Ergänzungsregeln wirken so teilweise wie Beweisregeln.[106] Der Richter kann dann nach Beweislastregeln entscheiden.[107] Teilweise wirken sie wie Rechtsanwendungsregeln sui generis iSv Wertungsregeln.

5. Auslegung als richterliche Aufgabe

Die eigentliche Auslegung aufgrund der Tatsachen ist Rechtsanwendung[108] und aus- 40
schließlich Aufgabe des Richters.[109] Die **Tatsachen sind die Anknüpfungspunkte**, die Grundlage des Auslegungsergebnisses sind.[110] Steht der Erblasserwille fest und ist dieser formgerecht erklärt, geht er jeder anderen Interpretation vor.[111] Ausfluss der Formstrenge bei letztwilligen Verfügungen ist die Andeutungstheorie.[112] Danach ist für die Erbfolge nicht maßgeblich, was der Erblasser tatsächlich wollte, sondern was er mit seinen Worten aus seiner letztwilligen Verfügung erreichen wollte.

Das Auslegungsergebnis kann auch **nicht Gegenstand des Beweises** oder eines Geständ- 41
nisses sein.[113] Es gibt **keine Feststellungs- oder Beweislast** hinsichtlich des Auslegungsergebnisses.[114] So handelt es sich bei der Auslegung nicht um eine der Beweisaufnahme zugängliche Tatsache, sondern um eine nach bestimmten rechtlichen Regeln vorzunehmende Würdigung.[115] Der Richter ist an die Auffassungen der Parteien nicht gebunden und hat

[99] MüKoBGB/*Leipold* § 2084 Rn. 163; Baumgärtel/Laumen/Prütting/*Schmitz* § 2084 Rn. 1.
[100] OLG Schleswig MittBayNot 2015, 145, (148 f.).
[101] OLG Düsseldorf FGPrax 2015, 31 (32).
[102] OLG Bamberg NJW-RR 1994, 1359.
[103] Dort auch eine Kommentierung nahezu sämtlicher gesetzlicher Auslegungsvorschriften; vgl. OLG München BeckRS 2015, 3547; OLG Düsseldorf FGPrax 2015, 31 (33).
[104] MüKoBGB/*J. Mayer,* 6. Aufl. 2013, § 2359 Rn. 20; Baumgärtel/Laumen/Prütting/*Schmitz* § 2270 Rn. 1, 6; § 2069 Rn. 1; Staudinger/*Otte* Vor §§ 2064–2086 Rn. 113.
[105] *Tappmeier* NJW 1988, 2714 (2716).
[106] Burandt/Rojahn/*Gierl,* 2. Aufl. 2014, § 2359 Rn. 9.
[107] Vgl. Staudinger/*Otte* Vor §§ 2064–2086 Rn. 113.
[108] BGH NJW 1987, 901; Soergel/*Loritz* § 2084 Rn. 79; BeckOGK BGB/*Gierl* § 2084 Rn. 159.
[109] OLG Frankfurt a. M. ZEV 2001, 316 (318); vgl. BGH NJW 1993, 2168, 2169; Burandt/Rojahn/*Czubayko* § 2084 Rn. 25.
[110] BeckOGK BGB/*Gierl* § 2084 Rn. 160.
[111] BGH NJW 1993, 256.
[112] BGH NJW 1981, 1737; BGH ZEV 2002, 20; MüKoBGB/*Leipold* § 2084 Rn. 14; Keidel/*Zimmermann* FamFG § 352 Rn. 92.
[113] BayObLG BeckRS 2009, 12348; BeckOGK BGB/*Gierl* § 2084 Rn. 160; Staudinger/*Otte* Vor §§ 2064–2086 Rn. 121.
[114] MüKoBGB/*J. Mayer,* 6. Aufl. 2013, § 2359 Rn. 25.
[115] BGH NJW 1987, 901 (902).

seine Feststellungen davon unabhängig zu treffen.[116] Die Annahme etwa eines erstinstanzlichen Gerichts, es liege eine Nacherbschaft vor, ist „keine Feststellung von Tatsachen, sondern eine Rechtsansicht".[117] Daher ist der Vortrag, es liege keine Vor- und Nacherbfolge vor, nach der letzten mündlichen Verhandlung berücksichtigungsfähig bzw. in der Berufungsinstanz nicht gem. §§ 531 Abs. 1, 296a ZPO ausgeschlossen. Die Verwendung eines Rechtsbegriffs kann, muss aber nicht als Tatsachenvortrag gewertet werden. Ein Gericht darf indes nicht „ohne Prüfung des Testaments die rechtliche Wertung" einer Partei „als unstreitige Tatsache ansehen", „weil das Gericht gehalten ist, den gesamten Prozessstoff einschließlich der Anlagen zur Kenntnis zu nehmen."[118] Das gelte insbesondere für den Inhalt des Testaments, da es rechtlich der wesentliche Ausgangspunkt des Rechtsstreits sei.

42 Der Richter hat allein nach dem Inhalt der Testamentsurkunde und unter Berücksichtigung aller außerhalb dieser liegenden und für die Auslegung in Betracht kommenden Umstände zu entscheiden,[119] wobei dies nach folgender Maßgabe zu erfolgen hat:

- Das Nachlassgericht hat einen beantragten Erbschein zu erteilen, wenn es die erforderlichen tatsächlichen und rechtlichen Voraussetzungen für festgestellt erachtet (§ 352e Abs. 1 S. 1 FamFG = § 2359 BGB aF).[120] Es hat das Ermittlungsergebnis und die Rechtsfragen nach freier Überzeugung zu würdigen (Grundsatz der freien Beweiswürdigung; § 37 Abs. 1 FamFG).[121]
- Das Prozessgericht hat unter Berücksichtigung des gesamten Inhalts der Verhandlungen und des Ergebnisses einer etwaigen Beweisaufnahme gem. § 286 ZPO nach freier Überzeugung zu entscheiden.

43 Bei seiner Auslegung hat der Richter die allgemeinen Auslegungsgrundsätze anzuwenden,[122] also vornehmlich die Methode der einfachen = erläuternden Auslegung oder andernfalls die Methode der ergänzenden Auslegung. Der Richter ist in der Bewertung der Tatsachen frei (§ 37 FamFG; § 286 ZPO), solange sich seine Wertung und damit sein Auslegungsergebnis[123]

- im Rahmen der Denkgesetze und allgemeinen Lebenserfahrung halten,
- mit den gesetzlichen Auslegungs- und Ergänzungsregeln im Einklang stehen,
- dem klaren Sinn und Wortlaut der letztwilligen Verfügung nicht widersprechen und
- die wesentlichen Umstände ausschöpfen.

44 Seine Schlussfolgerungen müssen nicht zwingend sein.[124] Innerhalb der Rechtsanwendung hat der Richter die Schlüssigkeit eines Umstandes für eine bestimmte Willensrichtung des Erblassers und auch die Frage der hinreichenden Andeutung einer bestimmten Willensrichtung im Testament zu beurteilen.[125] Zweifel bei einem Auslegungsergebnis bezeichnet *Leipold*[126] als Schwanken des Richters. Der Richter könne auch zu dem Ergebnis kommen, dass der Sinn einer Verfügung objektiv unklar sei, womit die Verfügung unwirksam ist. Lt. BGH[127] stellt § 286 ZPO nur darauf ab, ob der Richter selbst die Überzeugung von der Wahrheit einer Behauptung gewonnen hat. Eine von allen Zweifeln freie Überzeugung setze das Gesetz dabei nicht voraus. Der Richter dürfe und müsse sich aber in tatsächlich zweifelhaften Fällen mit einem für das praktische Leben brauchbaren Grad von Gewißheit begnügen. Das Bestreben des Richters müsse sein, „im Rahmen der Erklärung zu einem vernünftigen und billigen Ergebnis zu gelangen".[128] Wenn dem Richter die Erforschung des wirklichen Willens trotz Auswertung aller möglicherweise dienlichen Umstände nicht ge-

[116] RGZ 134, 277 (279); RGRK/*Johannsen* § 2084 Rn. 31; NK-BGB/*Fleindl* § 2084 Rn. 68.
[117] OLG Düsseldorf ZEV 2018, 462 (463) mit zust. Anm. *Horn*.
[118] OLG Düsseldorf ZEV 2018, 462 (463) mit zust. Anm. *Horn*.
[119] BGH DNotZ 78, 487 = BeckRS 2015, 1508.
[120] hierzu *Muscheler* ErbR Rn. 3298.
[121] Erman/*Simon*, 14. Aufl. 2014, § 2359 Rn. 1 unter Verweis auf KG JGF 6, 165.
[122] MüKoBGB/*Leipold* § 2084 Rn. 161.
[123] Erman/*M. Schmidt* § 2084 Rn. 11.
[124] Erman/*M. Schmidt* § 2084 Rn. 11.
[125] Staudinger/*Otte* Vor §§ 2064–2086 Rn. 121.
[126] MüKoBGB/*Leipold* § 2084 Rn. 163.
[127] NJW 1970, 946 (948).
[128] 1. Denkschrift des Erbrechtsausschusses der AkDR 106, zitiert in RGRK/*Johannsen* § 2084 Rn. 33.

lingt, muss er sich notfalls damit begnügen, den Sinn zu ermitteln, der dem mutmaßlichen Erblasserwillen am ehesten entspricht.[129] Geben die Parteien dem Richter im streitigen Verfahren dazu nicht außerhalb der Urkunde liegende Umstände an die Hand, ist er ggf. darauf angewiesen, sich allein auf die Ausdeutung des Wortlautes zu beschränken.[130] Keinesfalls darf der Nachlassrichter die Parteien auf das streitige Verfahren verweisen.[131]

6. Tatsächliche Vermutungen

Innerhalb seiner freien Beweiswürdigung hat der Richter *tatsächliche Vermutungen* zu 45
berücksichtigen (Erfahrungssätze). Diese sind für verschiedene Konstellationen von der Rechtsprechung entwickelt worden und sollen die Rechtsfindung vereinheitlichen.[132] So würde die Lebenserfahrung häufig die hohe Wahrscheinlichkeit eines gewissen Ablaufs begründen und damit eine tatsächliche oder unechte Vermutung.[133] Es handelt sich indes nicht um Feststellungs- oder Beweislastregeln, so dass § 292 ZPO[134] nicht anwendbar ist; sie sind dem Anscheinsbeweis zuzurechnen (prima facie).[135] Schon durch einfachen Gegenbeweis können diese erschüttert werden.[136] Zwei Beispiele:[137]

- Es besteht der Erfahrungssatz, dass die Erbeinsetzung unmittelbar der gemeinsamen Kinder durch ein gemeinschaftliches Testament nicht wechselbezüglich ist.[138]
- Schlägt ein Kind seine Erbenberufung aus, spricht eine tatsächliche Vermutung dafür, dass nach dem Willen des Erblassers dessen Kinder nicht zu Ersatzerben berufen sind.[139]

V. Verhältnis Erbscheinsverfahren zum Erbenfeststellungsverfahren

1. Bindungswirkung

Im Grundsatz stehen Erbscheinsverfahren und streitiges Verfahren selbstständig neben- 46
einander.[140] Das Nachlassgericht ist aber innerhalb der objektiven und subjektiven Grenzen der materiellen Rechtskraft an ein Urteil über die Feststellung des Erbrechts aus dem streitigen Verfahren gebunden.[141] Das Feststellungsurteil hat präjudizielle Wirkung zum nachfolgenden Erbscheinsverfahren, zumal das Gericht über „alle denkbaren Einwendungen" befunden hat.[142] Hierfür sprechen u. a. §§ 2362, 2365 BGB und § 35 GBO. Dies gilt mithin nur innerhalb der Prozessparteien.[143]

Der Inhalt des Erbscheins wird nie rechtskräftig, so dass dieser noch Jahrzehnte später 47
eingezogen werden kann (§ 2361 BGB). Nur der Feststellungsbeschluss, aufgrund dessen der Erbschein erteilt wurde, wird formell rechtskräftig. Dagegen erwächst das Feststellungsurteil in formeller und materieller Rechtskraft. Es lässt sich aber ggf. durch die Restitutionsklage aufheben (§ 580 ZPO).[144]

---

[129] BGH ZEV 2015, 343; NJW 1993, 256; NJW 1981, 2745 (2746).
[130] BGH ZEV 2015, 343.
[131] KG NJW 1963, 766 (767); *Zimmermann* JuS 2009, 817 (819).
[132] Nieder/Kössinger Testamentsgestaltung-HdB/*W. Kössinger* § 23 Rn. 28.
[133] BLAH/*Hartmann* ZPO Anh. § 286 Rn. 14.
[134] MüKoBGB/*J. Mayer,* 6. Aufl. 2013, § 2359 Rn. 22; Zöller/*Greger* ZPO Vor § 284 Rn. 33.
[135] Burandt/Rojahn/*Gierl,* 2. Aufl. 2014, § 2359 Rn. 12.
[136] BGH NJW 1987, 2876 (2877); Burandt/Rojahn/*Gierl,* 2. Aufl. 2014, § 2359 Rn. 12.
[137] Weitere Beispiele bei Horn/Kroiß Testamentsauslegung/*Horn* § 2 Rn. 126 f.
[138] BayObLG BeckRS 2009, 29043; BeckRS 2009, 28314; aA OLG Köln NJW-RR 1994, 397 (398).
[139] LG Berlin BeckRS 2011, 15188.
[140] MüKoBGB/*J. Mayer,* 6. Aufl. 2013, § 2359 Rn. 27; *Lange* ErbR § 78 Rn. 52; taktische Abwägungskriterien etwa bei NK-NachfolgeR/*Krätzschel* ZPO § 256 Rn. 33 ff., bei *Zimmermann* ZEV 2010, 457 (460) und bei Bamberger/Roth/*J. Mayer,* 2012, § 2359 Rn. 28 f.
[141] OLG München ErbR 2016, 274 = ZEV 2016, 278; Staudinger/*Herzog,* 2010, § 2359 Rn. 24 mit vielen Nachweisen, so ua BGH NJW 2006, 154 (156); NK-BGB/*Kroiß* § 2353 Rn. 10; ebenso BayObLG NJW-RR 1988, 547 (548).
[142] OLG München ZEV 2016, 278.
[143] *Muscheler* ErbR Rn. 3311; Keidel/*Sternal* FamFG § 26 Rn. 65; Palandt/*Weidlich* § 2353 Rn. 77.
[144] *Zimmermann* ZEV 2010, 457 (461).

48 Das Nachlassgericht hat die Erteilung eines Erbscheines abzulehnen, wenn rechtskräftig festgestellt worden ist, dass der Antragsteller nicht oder nicht in dem von ihm angenommenen Erbrecht Erbe geworden ist.[145] Das führt dazu, dass ein Erbscheinsverfahren in der Regel gem. § 21 FamFG **aus wichtigem Grund ausgesetzt** wird, wenn bzw. sobald ein streitiges Verfahren anhängig ist.[146] Zwingend ist das nicht: Auch bei einem anhängigen Erbrechtsprozess kann ein Erbscheinsverfahren begonnen bzw. weitergeführt werden.[147] Dagegen ist gem. § 148 ZPO ein streitiges Verfahren nicht auszusetzen, weil das Erbscheinsverfahren nicht das streitige Rechtsverhältnis rechtskräftig entscheidet.[148] Es liegt kein vorgreifliches Rechtsverhältnis iSd § 148 ZPO vor.[149] Die Praxis setzt mit guten Gründen in speziellen Konstellationen durchaus auch das streitige Verfahren aus.[150]

49 Bindende Auswirkung auf das Erbscheinsverfahren können nur Feststellungsklagen haben (auch die Zwischenfeststellungsklage[151] nach § 256 Abs. 2 ZPO).[152] Eine Klage gegen den Erbschaftsbesitzer nach § 2018 BGB[153] oder zur Herausgabe des unrichtigen Erbscheins an das Nachlassgericht nach § 2362 BGB ist nicht ausreichend.[154] Die Entscheidung im Erbscheinsverfahren hat keine präjudizielle Wirkung auf das streitige Verfahren.[155] Das Prozessgericht kann mithin von den Feststellungen des Nachlassgerichts abweichen.[156]

2. Ausnahmen von der Bindungswirkung

50 Es sind folgende Ausnahmen zu beachten:

- Eine Bindung im Verhältnis zu dritten Erbprätendenten, die nicht an dem Rechtsstreit beteiligt waren, besteht nicht (§ 325 ZPO).[157]
- Keine Bindung, wenn im Erbscheinsverfahren **nachträglich Umstände bekannt** werden, die dem Prozessgericht unbekannt waren und die dem Unterlegenen die Einrede der arglistigen Ausnutzung der Rechtskraft gewähren würden.[158] Eine vorherige **Restitutionsklage** ist nicht erforderlich.[159] Dagegen weist das OLG München[160] daraufhin, dass die Bindungswirkung des Feststellungsurteils solange fortbesteht, wie dessen formelle Rechtskraft andauert. Es hält mithin eine Restitutionsklage für erforderlich, um die Bindungswirkung für das Nachlassgericht aufzuheben.
- Umstritten ist, inwieweit **Versäumnis- und Anerkenntnisurteile** für das Nachlassgericht bindend sind. Zimmermann[161] spricht sich gegen die Bindungswirkung aus, da solche Urteile dem Nachlassrichter nicht die nach § 2359 BGB erforderliche Überzeugung verschaffen können. Es sei kein Gestaltungsurteil. Dagegen nehmen andere Stimmen[162] eine Bindungswirkung an. *Krätzschel* spricht sich für die Bindungswirkung aus, da ansonsten es der Beklagte in der Hand hätte, durch sein Verhalten im Prozess eine Bindungswirkung

[145] BayObLGZ 1969, 184; BayObLG BeckRS 1998, 31029862; RGRK/*Kregel* § 2359 Rn. 3; MüKoBGB/*J. Mayer*, 6. Aufl. 2013, § 2359 Rn. 31.
[146] BayObLG BeckRS 1998, 31029862.
[147] *Muscheler* ErbR Rn. 3311.
[148] Firsching/Graf Nachlassrecht Rn. 3.30; MüKoBGB/*J. Mayer*, 6. Aufl. 2013, § 2359 Rn. 40.
[149] NK-NachfolgeR/*Krätzschel* ZPO § 256 Rn. 32.
[150] OLG München NJW-RR 1995, 778 (779); vgl. hierzu auch *Fleischer/Horn* ZErb 2013, 133 (141).
[151] Keidel/*Sternal* FamFG § 26 Rn. 66.
[152] *Lange* ErbR § 78 Rn. 49.
[153] *Muscheler* ErbR Rn. 3310.
[154] Bamberger/Roth/*Siegmann/Höger*, 12. Aufl. 2012, § 2359 Rn. 2.
[155] BVerfG NJW-RR 2005, 1600 (1601); BGH ZEV 2010, 468 (469); Palandt/*Weidlich* § 2353 Rn. 77; Burandt/Rojahn/*Gierl* § 2365 Rn. 14.
[156] BGH NJW 1967, 1126.
[157] OLG Brandenburg ZEV 2010, 143 (144); OLG München ZEV 2016, 278; BayObLG FamRZ 1999, 334; Burandt/Rojahn/*Gierl*, 2. Aufl. 2014, § 2359 Rn. 18.
[158] RGZ 155, 55; BGH NJW 1951, 759; NK-BGB/*Kroiß* § 2353 Rn. 10; Palandt/*Weidlich* § 2353 Rn. 17.
[159] MüKoBGB/*J. Mayer*, 6. Aufl. 2013, § 2359 Rn. 38.
[160] ZEV 2016, 278.
[161] *Zimmermann* ZEV 2010, 457 (461); MüKoBGB/*J. Mayer*, 6. Aufl. 2013, § 2359 Rn. 38.
[162] *Lange/Kuchinke* ErbR § 39 III; Erman/*Schlüter*, 13. Aufl. 2011, § 2359 Rn. 5.

des Urteils für ein nachfolgendes Erbscheinsverfahren herbeizuführen oder zu verhindern.[163] Es ist anzudenken, wie folgt zu differenzieren:
- Da ein Auslegungsergebnis nicht anerkannt werden kann, sollte sich aus einem Anerkenntnisurteil keine Bindung ergeben (§ 307 ZPO). Der Wille des Erblassers[164] und damit das Auslegungsergebnis sind nicht disponibel. Auch bei einer Erbunwürdigkeitsklage ließ das LG Aachen[165] kein prozessuales Anerkenntnis zu. So seien die Wirkungen des prozessualen und des materiellen Anerkenntnisses wirtschaftlich gleich.
- Bei einem Versäumnisurteil ist eine Bindung in Erwägung zu ziehen, da das Prozessgericht eine Schlüssigkeitsprüfung vor Erlaß seines Urteils vorgenommen hat („soweit es den Klageantrag rechtfertigt", § 331 Abs. 2 ZPO). Fingiert wird das Geständnis des Beklagten, dass das tatsächliche Vorbringen des Klägers wahr ist. Aber: In der rechtlichen Würdigung bleibt das Gericht frei.[166] Sowohl das OLG Frankfurt[167] als auch das AG Düsseldorf[168] nehmen die Bindungswirkung eines Versämnisurteils an.

• Keine Bindung, wenn ein Prozessurteil unter **Zurückweisung von verspätetem Vorbringen** ergangen ist.[169]

VI. Die Einziehung des Erbscheins, § 2361 BGB

§ 353 FamFG behandelt die **Einziehung oder Kraftloserklärung** von Erbscheinen. Die verfahrensrechtlichen Vorschriften zur Einziehung bzw Kraftloserklärung von Erbscheinen finden sich überwiegend im BGB. Unrichtige Erbscheine „hat" das Nachlassgericht von Amts wegen einzuziehen, § 2361 BGB. Dabei kommt es nicht darauf an, wie das Gericht seine Kenntnis erlangt. Regelmäßig werden Beteiligte die Einziehung anregen, § 24 FamFG. Ein „Antrag" eines Beteiligten ist als Anregung zu werten, da das Verfahren von Amts wegen eingeleitet wird. Das Gericht ist nach § 26 FamFG verpflichtet, Ermittlungen über die Richtigkeit eines Erbscheins anzustrengen, soweit Anhaltspunkte für einen Einziehungsgrund gegeben sind, und über entsprechende Anregungen zu befinden. Der „Antragsteller", der sich auf die Unrichtigkeit des Erbscheins beruft, hat verfahrensrechtlich weitgehend die Position eines Beteiligten in einem Antragsverfahren.[170] Soweit er sich auf ein eigenes Erbrecht beruft, ist er als „Mussbeteiligter" gemäß § 7 Abs. 2 Nr. 1 FamFG hinzuzuziehen.[171] Auch ist er bei unterlassener Einziehung beschwerdeberechtigt, soweit auch eine materielle Beschwer iSd § 59 FamFG vorliegt.[172] Unklare Verfahrensanträge, insbesondere von anwaltlich nicht vertretenen Beteiligten, sind im Verfahren der freiwilligen Gerichtsbarkeit im Zweifel so auszulegen, dass das erkennbar gewordene Rechtsschutzziel erreicht werden kann.[173] 51

1. Voraussetzungen der Einziehung

a) **Zuständigkeit.** Zuständig für die Einziehung eines Erbscheins ist das **Nachlassgericht,** das den Erbschein erteilt hat, §§ 2361 BGB, 342 Abs. 1 Nr. 6 FamFG, 23a Abs. 2 Nr. 2 GVG.[174] Dies gilt sowohl für die örtliche, die internationale als auch die funktionelle Zuständigkeit. Insoweit ist der Richter, der einen Erbschein erteilt hat, auch für das Einziehungsverfahren zur Entscheidung berufen, § 16 Abs. 1 Nr. 7 RPflG.[175] Hat ein örtlich unzuständiges 52

[163] NK-NachfolgeR/*Krätzschel* ZPO § 256 Rn. 39.
[164] OLG Düsseldorf BeckRS 2012, 4247 = FamRZ 2012, 1587.
[165] NJW-RR 1988, 263.
[166] MüKoZPO/*Prütting* § 331 Rn. 10.
[167] ZEV 2016, 275 mAnm *Zimmermann.*
[168] ErbR 2016, 283 = BeckRS 2016, 9185 (nicht rechtskräftig).
[169] *Zimmermann* ZEV 2010, 457 (461); Rudolf/Bittler/Seiler-Schopp Testamentsauslegung und -anfechtung-HdB/*Scharf* § 3 Rn. 24.
[170] *Baur,* Lehrbuch der Freiwilligen Gerichtsbarkeit, 1955, § 12 III 2; *Habscheid* § 14 II 3.
[171] Bassenge/Roth/*Bassenge* § 353 FamFG Rn. 1.
[172] MüKoBGB/*Grziwotz* § 2361 Rn. 49.
[173] BayObLG NJOZ 2004, 3075.
[174] BayObLGZ 1977, 59; 1981, 147; *Muscheler* JURA 2009, 567 (572); Bassenge/Roth/*Bassenge* § 353 FamFG Rn. 1; MüKoZPO/*J. Mayer* § 353 FamFG Rn. 10.
[175] Prütting/Helms/*Fröhler* § 353 FamFG Rn. 5.

Gericht einen Erbschein erteilt, so ist es für das Einziehungsverfahren gleichwohl zuständig. Würde die Einziehung beim tatsächlich zuständigen Gericht „beantragt" (angeregt) werden, so wäre dieses verpflichtet, den Vorgang an das Gericht, das den Erbschein erteilt hat, weiterzuleiten.[176] Eine diesbezügliche Verweisung gemäß § 3 FamFG ist gegebenenfalls anzuregen.

53 b) **Voraussetzungen im Einzelnen.**[177] Es muss bereits ein erteilter Erbschein vorliegen. Auch muss er bereits ausgehändigt sein. Schließlich wird noch die Unrichtigkeit des Erbscheins vorausgesetzt.[178] Diese kann entweder von Anfang an vorliegen oder sich erst nachträglich ergeben.[179]

- Formelle Fehlerhaftigkeit[180]

54 Bei schweren Verfahrensfehlern, insbesondere beim Fehlen von Verfahrensvoraussetzungen, ist auch nach hM, die über den Wortlaut des § 2361 BGB hinausgeht,[181] ein materiell richtiger Erbschein einzuziehen. Zur Unrichtigkeit führen z. B. ein Verstoß gegen die Amtsermittlungspflicht,[182] die Erteilung abweichend vom Antrag oder ohne Antrag,[183] ein fehlendes Rechtsschutzbedürfnis,[184] die Antragstellung durch einen nicht antragsberechtigten Beteiligten (jedoch kann dieser Verstoß geheilt werden, wenn der Antragsberechtigte die Erteilung des Erbscheins nachträglich ausdrücklich oder stillschweigend genehmigt)[185] und Zuständigkeitsverstöße.[186]

- Materielle Unrichtigkeit

55 Ein Erbschein ist einzuziehen, wenn er hinsichtlich der Angaben, die am öffentlichen Glauben teilnehmen, nicht der **materiellen Rechtslage** entspricht oder wenn er unvollständig ist, da er eine Beschränkung nicht enthält.[187] In der Praxis kann sich die materielle Unrichtigkeit vor allem ergeben, wenn ein Testament vom Gericht falsch ausgelegt, nachträglich ein jüngeres **widersprechendes Testament** gefunden oder eine wirksame **Anfechtung**[188] erklärt wurde.

56 So ist ein **Erbschein** zB **unrichtig,** wenn er einen falschen Erben oder Erbteil angibt. Ein Erbschein ist auch dann unrichtig, wenn in ihm eine angeordnete **Nacherbfolge** nicht angegeben ist.[189] Bei Anordnung einer bedingten Nacherbschaft, zB bei Wiederverheiratungsklauseln, kann ein ursprünglich korrekter Erbschein durch Eintritt der Bedingung unrichtig werden. Bei der Nacherbfolge wird im Übrigen mit dem Eintritt des Nacherbfalls, § 2106, der Erbschein unrichtig.[190] Ein Erbschein mit einem Nacherbenvermerk, in dem der Nacherbe persönlich bezeichnet ist und vermerkt ist, dass dessen Abkömmlinge als Ersatznacherben eingesetzt sind, wird unrichtig, wenn der Nacherbe vor Eintritt des Nacherbfalls stirbt.[191] Eine nachträgliche Unrichtigkeit kann sich auch bei der Unwirksamkeit der Nacherbschaft nach § 2109 BGB oder beim Wegfall der **Testamentsvollstreckung**[192] ergeben.

57 **Keine Unrichtigkeit** iSd § 2361 BGB liegt vor, wenn der Erbschein entbehrliche oder unzulässige Zusätze enthält, die nicht am öffentlichen Glauben teilnehmen, wie zB den Namen des Testamentsvollstreckers. Enthält ein Erbschein, der die testamentarische Erbfolge richtig bezeugt, als Zusatz einen unrichtigen Berufungsgrund („gesetzlich beerbt"), so nimmt auch

[176] Vgl. *Kroiß*, Zuständigkeitsprobleme in der Freiwilligen Gerichtsbarkeit, 1994, S. 123.
[177] Grundsätzlich dazu BGHZ 40, 54.
[178] BayObLGZ 1997, 59 (63); Bassenge/Roth/*Bassenge* § 353 FamFG Rn. 6.
[179] *Brehm* Rn. 599.
[180] *Habscheid* § 55 IV 2a.
[181] Vgl. BayObLG FamRZ 1997, 126; *Brehm* Rn. 598; *Schulte-Bunert/Weinreich/Tschichoflos* § 353 FamFG Rn. 12.
[182] BayObLGZ 1977, 59.
[183] BayObLG NJW-RR 1997, 1438; BayObLGZ 1994, 73.
[184] BayObLGZ 1998, 242 (249).
[185] BGHZ 30, 220; BayObLG NJW 2001, 950 = FamRZ 2001, 1181; BayObLGZ 1951, 561.
[186] BayObLG Rpfleger 1981, 112; OLG Hamm OLGZ 1972, 352.
[187] *Habscheid* § 55 IV 2 b.
[188] BayObLG FamRZ 1990, 1037.
[189] BayObLG FamRZ 1994, 658.
[190] OLG Köln Rpfleger 2003, 193; MDR 1984, 403 (404) (Tod des Vorerben).
[191] BayObLG FamRZ 1999, 816.
[192] OLG Hamm OLGZ 1983, 59.

dieser überflüssige Zusatz nicht am öffentlichen Glauben teil.[193] In diesen Fällen ist eine bloße Berichtigung möglich, wie auch bei Schreibfehlern oder unerheblichen Falschbezeichnungen, § 42 FamFG. Eine Berichtigung oder Ergänzung aufgrund inhaltlicher Fehler, etwa aufgrund Testamentsauslegung, ist nicht möglich.[194]

Praxistipp:

Die Einziehung erfolgt **von Amts wegen.** Ein etwaiger Antrag eines Beteiligten ist als Anregung zu werten.[195]

2. Ablehnung der Einziehung

Die Ablehnung erfolgt durch Beschluss, § 38 Abs. 1 FamFG, falls eine Anregung vorlag.[196] Bei diesem Beschluss handelt es sich um eine beschwerdefähige Entscheidung nach § 58 FamFG. Soweit kein Beteiligter die Einziehung des Erbscheins angeregt hatte, § 24 FamFG, wird das Einziehungsverfahren durch einen Aktenvermerk eingestellt. 58

3. Die Einziehungsanordnung (der Einziehungsbeschluss)

Ist der Erbschein unrichtig, so ergeht die Einziehungsanordnung durch Beschluss, § 38 FamFG,[197] verbunden mit der Aufforderung, den Erbschein binnen einer bestimmten Frist abzuliefern, §§ 35, 86 ff. FamFG.[198] Ein Vorbescheid, der die Einziehung nur ankündigt, ist unzulässig; vielmehr muss das Nachlassgericht, wenn der Erbschein nach seiner Überzeugung unrichtig ist, diesen einziehen.[199] Die Einziehung eines Erbscheins kann auch lange Zeit nach seiner Erteilung beantragt werden; ein zeitliches Limit für eine Einziehungsanordnung besteht nicht;[200] so ist zB ein unrichtiger Erbschein auch noch nach 50 Jahren einzuziehen.[201] Dies gilt auch dann, wenn früher alle Beteiligten mit seinem Inhalt einverstanden waren und ihr Verhalten darauf abgestellt haben.[202] Der Einziehungsbeschluss bedarf einer Rechtsmittelbelehrung, § 39 FamFG.[203] Der Anordnungsbeschluss ist, wenn er eine Fristsetzung enthält, zuzustellen, § 41 Abs. 1 S. 2 FamFG. Im Einziehungsbeschluss hat das Gericht auch zu entscheiden, wer die Kosten des Verfahrens zu tragen hat, § 353 Abs. 1 FamFG.[204] 59

4. Die tatsächliche Einziehung

Ähnlich wie bei der Erteilung des Erbscheins ist auch bei der Einziehung zwischen der Entscheidung, die die Einziehung anordnet, und ihrem Vollzug zu unterscheiden. 60

Die Einziehung ist erst vollzogen, wenn alle Urschriften und Ausfertigungen an das Nachlassgericht zurückgegeben wurden.[205] Die Rückgabe der Urkunden kann nach §§ 86 ff., 35 FamFG erzwungen werden.[206] Danach ist die Anordnung von Zwangsgeld möglich; aber auch unmittelbarer Zwang kann angeordnet werden. Der Gerichtsvollzieher wird dann be- 61

[193] LG Koblenz Rpfleger 2000, 502.
[194] OLG Zweibrücken FamRZ 2000, 323 = NJWE-FER 1999, 278; dazu *Damrau* ZEV 2001, 27.
[195] NK-BGB/*Kroiß* § 2361 Rn. 1.
[196] *Schulte-Bunert/Weinreich/Tschichoflos* § 353 FamFG Rn. 22.
[197] MüKoZPO/*J. Mayer* § 353 FamFG Rn. 11.
[198] Bassenge/Roth/*Bassenge* § 353 FamFG Rn. 9.
[199] BayObLG FamRZ 1995, 60.
[200] OLG Köln Rpfleger 2003, 193: Einziehung 27 Jahre nach der Erteilung; MüKoBGB/*J. Mayer* § 2361 Rn. 26; *Zimmermann,* Das neue FamFG, Rn. 719.
[201] BayObLG FamRZ 1997, 1365; Rpfleger 1989, 22; BayObLGZ 1997, 59 (63); *Habscheid* § 55 IV 1; siehe auch BayObLGZ 1981, 145, wo ein Erbschein nach 15 Jahren eingezogen wurde.
[202] OLG Köln Rpfleger 2003, 194.
[203] MüKoZPO/*J. Mayer* § 353 FamFG Rn. 11.
[204] Keidel/*Zimmermann* FamFG § 353 Rn. 14.
[205] Vgl. *Brehm* Rn. 592; MüKoZPO/*J. Mayer* § 353 FamFG Rn. 12.
[206] *Muscheler* JURA 2009, 567 (573); Bassenge/Roth/*Bassenge* FamFG § 353 Rn. 9.

auftragt, dem Erbscheinsbesitzer den Erbschein wegzunehmen. Mit der tatsächlichen Rückgabe wird der Erbschein kraftlos, was auf der Urschrift vermerkt wird.

62 Befindet sich der Erbschein bzw. die einzige von ihm erteilte Ausfertigung bereits vor der Einziehungsanordnung wieder beim Nachlassgericht, so wird die Einziehung durch die dann nachfolgende Einziehungsanordnung und deren Bekanntgabe, § 15 FamFG, vollendet.[207] Der Einziehungsbeschluss kann nur so lange abgeändert werden, wie der Erbschein nicht an das Nachlassgericht zurückgegeben ist.[208]

63 Mit der Rückgabe aller Urschriften und Ausfertigungen entfällt der Gutglaubensschutz, §§ 2365–2367 BGB, ex nunc. Ein gutgläubiger Erwerb vor dem Zeitpunkt der Einziehung bleibt aber unberührt.[209]

VII. Die Kraftloserklärung, § 353 FamFG, § 2361 BGB

64 Kann der Erbschein bzw. eine Ausfertigung nicht sogleich erlangt werden, ist die Kraftloserklärung nach § 353 FamFG in Betracht zu ziehen. Dies gilt auch, wenn die Einziehung von vorneherein aussichtslos erscheint.[210]

1. Beschluss

65 Auch die Kraftloserklärung erfolgt durch einen mit Gründen zu versehenden Beschluss, §§ 38 ff. FamFG.[211] Stellt sich im Nachhinein heraus, dass der Erbschein doch noch erreichbar ist, ist er einzuziehen.[212] Der Beschluss über die Kraftloserklärung muss eine Kostenentscheidung enthalten, § 353 Abs. 2 FamFG.

2. Zustellung

66 Der Beschluss, der die Kraftloserklärung anordnet, ist durch **öffentliche Zustellung** bekannt zu machen, § 353 Abs. 1 S. 2 FamFG Regelmäßig wird der Beschluss über den elektronischen Bundesanzeiger, § 435 FamFG, bekannt gemacht.[213]

3. Vollzug

67 Wirksam wird die Kraftloserklärung entgegen § 40 FamFG erst mit dem Ablauf eines Monats nach der letzten **Einrückung des Beschlusses in die öffentlichen Blätter,** § 353 Abs. 1 S. 3 FamFG. Dieses umständliche Verfahren entwertet die Kraftloserklärung.[214] Der Beschluss, durch den ein Erbschein für kraftlos erklärt wird, ist nicht mehr anfechtbar, nachdem er öffentlich bekannt gemacht ist, § 353 Abs. 3 FamFG.[215]

VIII. Einstweiliger Rechtsschutz[216]

1. Einstweilige Anordnungen im FamFG-Verfahren

68 Möglich ist eine einstweilige Anordnung des Nachlassgerichts, **§ 49 Abs. 2 FamFG,**[217] auf Rückgabe des Erbscheins zu den Nachlassakten. Dasselbe Ziel lässt sich auch mit einer einstweiligen Verfügung im ZPO-Verfahren nach **§ 2362 Abs. 1 BGB, § 935 ZPO** erreichen.

---

207 BayObLG NJW-RR 2001, 950 = FamRZ 2001, 1181; *Muscheler* JURA 2009, 567 (573).
208 Vgl. BayObLGZ 1961, 200 (206).
209 *Roth* § 10 I.
210 BayObLGZ 40, 155.
211 Keidel/*Zimmermann* FamFG § 353 Rn. 28.
212 Staudinger/*Herzog* BGB § 2361 Rn. 38; a. A. Palandt/*Weidlich* § 2361 Rn. 14, der die Einziehung insoweit für erledigt erachtet.
213 Keidel/*Zimmermann* FamFG § 353 Rn. 28; MüKoBGB/*J. Mayer* § 2361 Rn. 42.
214 *Muscheler* JURA 2009, 567 (573).
215 Bassenge/Roth/*Bassenge* § 353 FamFG Rn. 16; Palandt/*Weidlich* § 2361 Rn. 13.
216 NK-BGB/*Kroiß* § 2361 Rn. 32 ff.
217 jurisPK-BGB/*Lange* § 2361 Rn. 14.

Mangels gesetzlicher Grundlage beseitigen diese Anordnungen nicht den öffentlichen Glauben des Erbscheins.[218] Erst mit der tatsächlichen Einziehung wird der Erbschein kraftlos, **§ 2361 S. 2 BGB.** Jedoch kann mit diesen Entscheidungen gegebenenfalls verhindert werden, dass ein Rechtserwerb wegen der fehlenden Vorlagemöglichkeit des Erbscheins unterbleibt. So wird zB der Bankangestellte sich auf die bloße Aussage hin, man habe einen Erbschein erteilt bekommen, nicht zur Auszahlung veranlasst sehen. Auch das Grundbuchamt verlangt als Nachweis der Erbfolge die „Vorlegung eines Erbscheins", § 35 Abs. 1 GBO.

Ein Formulierungsbeispiel: Antrag auf Erlass einer einstweiligen Anordnung nach § 49 69
FamFG findet sich bei *Krug/Rudolf/Kroiß*, Erbrecht § 7 Rn. 249.

Befinden sich die Akten bereits beim Beschwerdegericht, weil das Amtsgericht dem Ein- 70
ziehungsbegehren nicht Folge geleistet hat, kann der Antrag auch in der zweiten Instanz gestellt werden.

2. Antrag auf Erlass einer einstweiligen Verfügung gem. § 2362 BGB, § 935 ZPO

Neben den dargestellten einstweiligen Anordnungen im Nachlassverfahren kann einstwei- 71
liger Rechtsschutz unabhängig davon im streitigen Zivilverfahren begehrt werden. Nach **§ 2362 Abs. 1 BGB** kann der wirkliche Erbe vom Besitzer des unrichtigen Erbscheins dessen Herausgabe an das Nachlassgericht verlangen. Dieser Herausgabeanspruch kann nach h. M.[219] mittels **einstweiliger Verfügung** gesichert werden. Auch hier gilt, dass die Wirkungen des Erbscheins erst analog § 2361 Abs. 1 S. 2 BGB entfallen, wenn nach einer Hauptsacheentscheidung, die auf einem Anspruch nach § 2362 BGB beruht, der Erbschein tatsächlich zurückgegeben wird.[220]

IX. Rechtsmittel im Erbscheinsverfahren

Was die Rechtsmittel im Erbscheinsverfahren anbelangt, ist in zweierlei Hinsicht zu diffe- 72
renzieren:

Zum einen richtet sich die Statthaftigkeit des Rechtsbehelfs nach dem Organ, das ent- 73
schieden hat:

1. Entscheidungen des Richters

Gegen die Entscheidungen des Amtsrichters in Nachlassverfahren ist der statthafte 74
Rechtsbehelf die sofortige (befristete) Beschwerde, §§ 58 ff. FamFG.

Ein Formulierungsbeispiel für eine **Beschwerde gegen die Ablehnung eines Erbscheinsan-** 75
trages durch den Nachlassrichter findet sich bei *Krug/Rudolf/Kroiß*, Erbrecht § 7 Rn. 257.

2. Entscheidungen des Rechtspflegers

a) Beschwerde. § 11 Abs. 1 S. 1 RPflG iVm § 58 Abs. 1 FamFG. Gegen Entscheidungen 76
des Rechtspflegers ist das Rechtsmittel gegeben, das nach den „allgemeinen verfahrensrechtlichen Vorschriften" zulässig ist, § 11 Abs. 1 RPflG. Das bedeutet, dass in den Verfahren der Freiwilligen Gerichtsbarkeit Verfügungen des Rechtspflegers grundsätzlich mit der sofortigen Beschwerde nach §§ 58 ff. FamFG anfechtbar sind. Lehnt (zB bei gesetzlicher Erbfolge) der Rechtspfleger den Antrag auf Erteilung eines Erbscheins ab, ist die sofortige Beschwerde zum Oberlandesgericht der statthafte Rechtsbehelf.

b) Befristete Erinnerung. Ausnahmsweise lässt § 11 Abs. 2 RPflG die befristete Erinne- 77
rung zu, wenn gegen die Entscheidung „nach den allgemeinen verfahrensrechtlichen Vorschriften ein Rechtsmittel nicht gegeben ist". Hintergrund dieser Regelung ist, dass zumindest **eine** richterliche Entscheidung herbeigeführt werden kann, Art. 19 Abs. 4 GG. In den

[218] MüKoBGB/*Grziwotz* § 2361 Rn. 38.
[219] Vgl. *Brehm* FG Rn. 604.
[220] MüKoBGB/*Grziwotz* § 2362 Rn. 11.

Nachlassverfahren ist die befristete Erinnerung bei Beschlüssen nach § 353 Abs. 3 FamFG (Kraftloserklärung eines Erbscheins und anderer Zeugnisse) denkbar.

78 Der Rechtspfleger kann einer derartigen Erinnerung abhelfen, § 11 Abs. 2 S. 2 RPflG, oder sie dem Richter zur Entscheidung vorlegen, § 11 Abs. 2 S. 3 RPflG.

3. Zulässigkeit der Beschwerde

79 a) **Zuständigkeit.** Über Beschwerden gegen amtsgerichtliche Verfügungen entscheidet das Oberlandesgericht gem. §§ 119 Abs. 1 Nr. 1b GVG.

80 b) **Statthaftigkeit.** Voraussetzung ist nach § 58 Abs. 1 FamFG, dass eine erstinstanzliche **Endentscheidung**[221] des Amtsgerichts vorliegt.

81 Anfechtbare Verfügungen sind demnach Endentscheidungen, wie zB
- der Feststellungsbeschluss im Erbscheinsverfahren,
- die Zurückweisung eines Erbscheinsantrags,
- die Kraftloserklärung eines Erbscheins oder
- die Einziehungsanordnung.

82 Sie müssen allerdings bereits **erlassen** sein, dh mit Willen des Gerichts aus dessen Verfügungsgewalt entlassen worden sein. Nicht notwendig ist die Wirksamkeit der Entscheidung nach § 40 FamFG.[222] Die Erbscheinserteilungsanordnung stellt eine beschwerdefähige Entscheidung dar, solange der Erbschein nicht tatsächlich **erteilt (ausgehändigt)** worden ist. Die faktische Handlung der Erteilung als solche ist ebenso wenig anfechtbar, wie eine Beurkundung oder Eintragung in öffentlichen Registern.[223] Nach erfolgter Erteilung ist eine Beschwerde nur mit dem Ziel der Einziehung zulässig. Entsprechendes gilt für die Einziehungsanordnung, wenn sie vollzogen wurde, dh der Erbschein zu den Nachlassakten zurückgegeben worden ist. Die Beschwerde muss dann auf die Neuerteilung eines entsprechenden Erbscheins zielen. Auch die gerichtliche Entscheidung, einen Erbschein für kraftlos zu erklären, ist nach ihrer Vollziehung (öffentlichen Bekanntmachung) nicht mehr mit der Beschwerde anfechtbar.[224]

83 Einige Entscheidungen sind kraft Gesetzes von der Beschwerde ausgeschlossen, wie zB die Kraftloserklärung eines Erbscheins nach § 353 Abs. 3 FamFG.[225]

84 c) **Adressat der Beschwerde.** Nunmehr ist die Beschwerde bei dem Gericht einzulegen, dessen Beschluss angefochten wird, **§ 64 Abs. 1 FamFG (judex a quo).** Die Möglichkeit, auch bei dem Beschwerdegericht Beschwerde einzulegen, entfällt. Damit soll das Beschwerdeverfahren beschleunigt werden.

85 d) **Form.** Nach § 64 Abs. 2 FamFG ist die Beschwerde entweder durch Einreichung einer **Beschwerdeschrift** oder die **Erklärung zu Protokoll der Geschäftsstelle** des Gerichts einzulegen. Dabei ist auch die Einlegung durch Telefax zulässig,[226] wenn die Unterschrift des Absenders wiedergegeben ist. Anwaltszwang herrscht nicht, jedoch ist eine Vertretung durch Bevollmächtigte zulässig, § 10 Abs. 2 FamFG.

In Angelegenheiten der freiwilligen Gerichtsbarkeit bedarf die Beschwerdeschrift **der Unterschrift des Beschwerdeführers** oder des von diesem beauftragten Vertreters, § 64 Abs. 2 S. 2 FamFG.

86 Zu Protokoll der Geschäftsstelle heißt, dass die Erklärung grundsätzlich gegenüber dem Urkundsbeamten abzugeben ist. Jedoch ist auch eine Erklärung gegenüber dem Rechtspfleger, zum Beispiel bei der Rechtsantragstelle, möglich, **§ 24 Abs. 1 Nr. 1, Abs. 2 RPflG.** Entsprechend ist auch die Einlegung zu Protokoll des Richters zulässig.[227]

87 Ausüben können das Beschwerderecht neben bzw. statt dem Beteiligten selbst auch noch gegebenenfalls sein gesetzlicher Vertreter, der Verfahrenspfleger oder der Betreuer.[228]

---

[221] BGH FamRZ 2003, 232; *Baumbach/Lauterbach/Albers/Hartmann* FamFG § 58 Rn. 2.
[222] Vgl. BGHZ 12, 252.
[223] Vgl. *Bumiller/Winkler* § 19 FGG Rn. 5; *Brehm* FG Rn. 423.
[224] BayObLGZ 1958, 364.
[225] Vgl. dazu näher Keidel/*Meyer-Holz* FamFG § 58 Rn. 107.
[226] BGH NJW 1990, 188.
[227] Vgl. Keidel/*Sternal* FamFG § 25 Rn. 24.
[228] Keidel/*Meyer-Holz* FamFG § 59 Rn. 30 ff.

e) **Frist. § 63 Abs. 1 S. 1 FamFG** bestimmt, dass Beschwerde gegen eine erstinstanzliche Entscheidung binnen einer Frist **von einem Monat** zu erheben ist. 88

f) **Wertgrenzen.** Nach **§ 61 Abs. 1 FamFG** ist eine Beschwerde nur zulässig, wenn der Wert des Beschwerdegegenstandes EUR 600 übersteigt. 89

g) **Beschwerdeberechtigung.** Um eine Popularbeschwerde zu verhindern, ist die Beschwerdeberechtigung eine weitere Zulässigkeitsvoraussetzung für die Beschwerde, **§ 59 FamFG.** Dabei ist zunächst zwischen der **materiellen Beschwer** nach **§ 59 Abs. 1 FamFG** und der **formellen Beschwer** nach **§ 59 Abs. 2 FamFG** zu unterscheiden. 90

Die materielle Beschwer, dh die Beeinträchtigung in einem eigenen Recht, muss immer sowohl in **Amts-** als auch **Antragsverfahren** vorliegen. 91

Hingegen ist eine formelle Beschwer nur bei Antragsverfahren notwendig. In diesem Fall müssen kumulativ die Voraussetzungen der Absätze 1 und 2 des § 59 FamFG gegeben sein. 92

- **Die materielle Beschwer, § 59 Abs. 1 FamFG**

  Eine Rechtsbeeinträchtigung im Sinne des § 59 Abs. 1 FamFG liegt vor, wenn ein privatrechtliches oder öffentlich-rechtliches subjektives Recht des Beschwerdeführers durch die angefochtene Entscheidung berührt wird.[229] Als verletzte Rechtsposition kommt dabei in Nachlasssachen vor allem das Erbrecht in Betracht. Dagegen führt die bloße Verletzung von **Verfahrensrechten** nach hM.[230] grundsätzlich nicht zur Beschwerdeberechtigung. Ein Teil der obergerichtlichen Rechtsprechung bejaht eine Rechtsbeeinträchtigung im Sinne des § 59 Abs. 1 FamFG bei Verletzung zwingender Verfahrensvorschriften oder des „allgemeinen Rechts eines Beteiligten auf gesetz- und sachgemäße Behandlung seiner Angelegenheiten".[231] Beeinträchtigt ist ein Recht, wenn die angefochtene Entscheidung unmittelbar nachteilig in ein Recht des Beschwerdeführers eingreift.[232] Die Rechtsbeeinträchtigung muss zumindest möglich sein. Ob sie tatsächlich vorliegt, prüft das Gericht dann erst im Rahmen der Begründetheit der Beschwerde. Dies spielt vor allem bei den so genannten **doppelrelevanten Tatsachen** eine Rolle. Die Behauptung, Erbe zu sein, ist sowohl für die Frage der Beschwerdeberechtigung als auch für die Begründetheit der Beschwerde von Bedeutung. Für die Zulässigkeit der Beschwerde ist es erforderlich, dass die Rechtsbeeinträchtigung schlüssig behauptet wird oder jedenfalls ernsthaft möglich ist.[233] 93

  Wer geltend macht, **Nacherbe** zu sein, ist gegen die Ablehnung der Einziehung eines ohne Nacherbenvermerk erteilten Erbscheins ebenfalls beschwerdeberechtigt.[234] Gegen die Anordnung der Einziehung eines solchen Erbscheins ist derjenige beschwerdeberechtigt, auf dessen Antrag der einzuziehende Erbschein erteilt worden war, nach seinem Tod sein Erbe.[235] Dagegen sind Vermächtnisnehmer im Erbscheinsverfahren, von den Fällen der §§ 792, 896 ZPO abgesehen, auch dann nicht beschwerdeberechtigt, wenn sie zwar zu den gesetzlichen Erben gehören würden, aber nach ihrem eigenen Vorbringen durch Testament von der Erbfolge ausgeschlossen sind.[236] 94

- **Formelle Beschwer, § 59 Abs. 2 FamFG**

  In Antragsverfahren, zB bei der Erteilung eines Erbscheins, ist neben der materiellen Rechtsbeeinträchtigung auch noch eine **formelle Beschwer** gem. § 59 Abs. 2 FamFG erforderlich. Beschwerdeberechtigt ist demnach nur derjenige, dessen Antrag zurückgewiesen worden ist. Diese Einschränkung des Beschwerderechts erfährt nach der herrschende Rspr. eine Ausnahme, wenn der Beschwerdeführer zwar keinen Antrag gestellt hatte, er aber die Möglichkeit gehabt hätte, einen gleich lautenden Antrag zu stellen, wie zB ein Miterbe[237] oder der Erbe bei einem Antrag des Testamentsvollstreckers. 95

---

[229] Keidel/*Meyer-Holz* FamFG § 59 Rn. 6.

[230] BGH DNotZ 1996, 890; FamRZ 1984, 670; BayObLG FamRZ 1997, 1299; Keidel/*Meyer-Holz* FamFG § 59 Rn. 7 mwN.

[231] OLG Düsseldorf BtPrax 1998, 80; OLG Koblenz FamRZ 1985, 1266.

[232] Keidel/*Meyer-Holz* FamFG § 59 Rn. 9.

[233] BayObLG Rpfleger 1988, 531.

[234] Vgl. dazu *Köster* Rpfleger 2000, 138.

[235] BayObLG FamRZ 1996, 1577.

[236] BayObLG NJW-RR 1999, 446.

[237] BGH NJW 1993, 662.

X. Gebühren

96 Im Erbscheinsverfahren, wie auch in den übrigen Nachlassgerichtlichen Verfahren, zB bei Ausschlagung der Erbschaft, der Eröffnung letztwilliger Verfügungen, etc., erhält der Anwalt dieselben Gebühren wie in bürgerlichen Rechtsstreitigkeiten nach Teil 3 des Vergütungsverzeichnisses zum RVG. Die Verfahrensgebühr entsteht grundsätzlich in Höhe von 1,3 nach VV 3100 RVG. Soweit in Verfahren der freiwilligen Gerichtsbarkeit lediglich ein Antrag gestellt oder eine Entscheidung entgegengenommen wird, beträgt die Gebühr nach VV 3101 RVG lediglich 0,8. Demnach würde für die bloße Beantragung eines Erbscheins die reduzierte Verfahrensgebühr anfallen. Ist mit dem Erbscheinsantrag aber, was regelmäßig der Fall sein dürfte ein Sachvortrag verbunden, findet VV 3100 RVG Anwendung, dh die Verfahrensgebühr beträgt dann gleichwohl 1,3. Neben der Verfahrensgebühr kann auch im Nachlassverfahren eine Terminsgebühr in Höhe von 1,2 nach VV 3104 RVG entstehen, wenn zB eine Beweisaufnahme stattfindet oder die Angelegenheit mit den Beteiligten in mündlicher Verhandlung erörtert wird. Für das Beschwerdeverfahren in Nachlasssachen betragen sowohl die Verfahrens- als auch die Terminsgebühr nunmehr 1,6 bzw. 1,2. Es gelten insofern die VV 3200ff. RVG[238] Eine Vergütungsfestsetzung ist auch in den Nachlassverfahren nach § 11 RVG möglich.

97 Die **Kostenerstattungspflicht** ist in § 81 FamFG geregelt.[239] § 81 Abs. 1 S. 1 FamFG eröffnet dem Gericht die Möglichkeit, den Beteiligten die Kosten des Verfahrens nach billigem Ermessen aufzuerlegen. Dabei kann es auch über die Verteilung der gerichtlichen Kosten entscheiden.[240]. Auch kann von der Kostenauferlegung abgesehen werden, § 81 Abs. 1 S. 2 FamFG. Daneben bleibt auch die Möglichkeit der Anordnung der Nichterhebung von Gerichtskosten wegen unrichtiger Sachbehandlung nach § 21 GNotKG. Insgesamt besteht eine sehr viel flexiblere Möglichkeit der Kostenverteilung als nach den §§ 91 ff. ZPO. Im Rahmen der §§ 81, 84 FamFG geht es in Erbscheinserteilungsverfahren **nicht ausschließlich um den Umfang des Obsiegens bzw. Unterliegens.**[241] Daneben kommt vor allem der Vertretbarkeit von Auffassungen der Beteiligten und deren Verfahrensführung eine bedeutende Rolle bei der Ermessensentscheidung zu. Zu berücksichtigen ist deshalb, ob der sich letztlich als falsch erweisende Rechtsstandpunkt eines Beteiligten auf einer unverschuldeten Unkenntnis der tatsächlichen oder rechtlichen Verhältnisse beruht. Auch braucht im Einzelfall das ganze oder teilweise Unterliegen kein hinreichender Grund für die Kostenauferlegung sein.[242] Zudem wird das Veranlasserprinzip für die Kostenverteilung herangezogen.[243] Nach dem Rechtsgedanken des § 81 Abs. 2 FamFG sollen auch die erkennbare Aussichtslosigkeit eines Antrages, eine unvertretbare Rechtsposition, das Interesse des Antragstellers am Erbschein ebenso berücksichtigt werden, wie die sogenannten Sowieso-Kosten.[244] Weitere Kriterien können die Verfahrensführung, das Vorbringen unwahrer Behauptungen, die Erkennbarkeit der Aussichtslosigkeit der Einwendung von Anfang an sowie schuldhafte Veranlassung des Verfahrens sein.[245] Der BGH sieht den Sinn und Zweck des § 81 Abs. 1 FamFG unter Berücksichtigung von Wortlaut, Systematik und Entstehungsgeschichte darin, dass das Gericht in seine Ermessensentscheidung sämtliche in Betracht kommenden Umstände einbeziehen muss.[246] Hierzu zählen neben dem Maß des Obsiegens und Unterliegens etwa die Art der Verfahrensführung, die verschuldete oder unverschuldete Unkenntnis der tatsächlichen oder rechtlichen Verhältnisse, die familiäre und persönliche Nähe zwischen Erblasser und Verfahrensbeteiligten etc.[247] Eine nach § 81 Abs. 1 und Abs. 2 FamFG vom Amtsgericht getroffene

---

[238] Nach der Änderung durch das 2. Kostenrechtsmodernisierungsgesetz.

[239] *Kroiß* Kosten und Gebühren im Erbscheinsverfahren: Aktuelle Entwicklungen in der Rechtsprechung, ZEV 2016, 619.

[240] *Kroiß/Seiler* § 1 Rn. 122 ff.

[241] OLG Düsseldorf FamRZ 2018, 1531; OLG Saarbrücken ZEV 2016, 450.

[242] MüKo-ZPO/*Schindler* FamFG § 81 Rn. 12.

[243] OLG Hamburg ZEV 2014, 219.

[244] OLG Schleswig ZEV 2013, 445.

[245] OLG Düsseldorf FGPrax 2011, 207 (208).

[246] BGH ZEV 2016, 95.

[247] BGH ZEV 2016, 95.

Ermessensentscheidung bezüglich der Verfahrenskosten ist nur einer eingeschränkten Überprüfung durch das Beschwerdegericht zugänglich.[248] Sie beschränkt sich grundsätzlich auf die Frage, ob das erstinstanzliche Gericht von dem ihm eingeräumten Ermessen fehlerfrei Gebrauch gemacht hat. Die erstinstanzliche Entscheidung wird daher nur auf etwaige Ermessenfehler in Form eines Ermessensnichtgebrauchs, eines Ermessensfehlgebrauchs oder einer Ermessensüberschreitung überprüft. Allein im Falle eines derartigen Ermessensfehlers ist das Beschwerdegericht berechtigt, sein eigenes Ermessen an die Stelle des Ermessens des erstinstanzlichen Gerichts zu setzen.

Der Geschäftswert zur Bestimmung der Gebühr ergibt sich aus § 40 Abs. 1 GNotKG. Die 98 Vorschrift stellt auf den Wert des Nachlasses zum Zeitpunkt des Erbfalls ab. Zur Werterermittlung dürfen als Passiva aber lediglich die Erblasserschulden, nicht hingegen die Erbfallschulden in Ansatz gebracht werden.

Der **Rechtsanwalt** hat die gerichtliche Wertfestsetzung seinen Gebühren zugrunde zu le- 99 gen, § 32 RVG. Er kann aus eigenem Recht die Wertfestsetzung beantragen und Rechtsmittel gegen die Festsetzung einlegen, § 32 Abs. 2 RVG. Der Anwalt kann den gegen seinen Auftraggeber bestehenden Vergütungsanspruch auch gerichtlich festsetzen lassen, § 11 RVG. Zuständig hierfür ist der Rechtspfleger, § 21 Nr. 2 RPflG.

248 OLG Hamburg ZEV 2014, 219; OLG Frankfurt MDR 2013, 530.

§ 30 Gerichtliche Entscheidung im Zivilprozess

Übersicht

I. Die Erbenfeststellungsklage

1 Besteht Streit darüber, wer Erbe geworden ist, kommt häufig eine Erbenfeststellungsklage in Betracht. Zwar reicht als Nachweis für das Erbrecht gegenüber Dritten, insbesondere Banken oder dem Grundbuchamt regelmäßig die Vorlage des Erbscheins.[1] Daneben kann das Erbrecht aber auch im Zivilprozess durch Urteil festgestellt werden, § 256 ZPO. Dabei ist ein Rechtsschutzbedürfnis für eine Feststellungsklage auch dann anerkannt, wenn ein Erbschein bereits beantragt oder bereits erteilt wurde.[2] Anders als der Erbschein erwächst die zivilprozessuale Entscheidung in Rechtskraft. Sie bindet auch das Nachlassgericht in einem parallel anhängigen oder künftigen Erbscheinsverfahren. Diese Bindungswirkung besteht aber nur innerhalb der subjektiven Grenzen der Rechtskraft. Ist die Feststellungsklage erfolgreich, hat der Mandant einen Kostenerstattungsanspruch, §§ 91 ff. ZPO, gegen den Gegner.

2 Eine Feststellungsklage kommt vor allem dann in Betracht, wenn Streit hinsichtlich der Testierfähigkeit, der Erbunwürdigkeit, der Wirksamkeit eines Erbverzichts, der Formwirksamkeit eines Testaments oder der Anfechtung einer letztwilligen Verfügung, besteht.

1. Zuständigkeit

3 Für die sachliche Zuständigkeit gelten die allgemeinen Vorschriften, §§ 23, 71 GVG. Bezüglich der örtlichen Zuständigkeit ermöglicht **§ 27 ZPO** neben dem allgemeinen Gerichtsstand der §§ 12, 13 ZPO noch einen **besonderen Gerichtsstand der Erbschaft.**

2. Streitwert

4 Der Streitwert bemisst sich nach dem Interesse an der Feststellung. Dabei ist gegenüber einer entsprechenden Leistungsklage ein Abschlag von ca. 20 % zu machen.[3] Beträgt zB der

[1] Zum Erbscheinsverfahren vgl. *Krug/Rudolf/Kroiß* Erbrecht § 7; *Kroiß* ZErb 2000, 147; *Kroiß,* Änderungen im Nachlassverfahren durch das FamFG, AnwBl 2009, 592; *Kroiß,* Das neue Nachlassverfahrensrecht, S. 99 ff.; *Zimmermann,* Das neue FamFG, S. 185 ff.

[2] BGH NJW 1983, 277.

[3] *Thomas/Putzo* ZPO § 3 Rn. 65.

Nachlasswert € 200.000 und behauptet der Kläger eine Erbquote von $^{1}/_{2}$, so beläuft sich der Streitwert für die Feststellungsklage auf € 80.000.

3. Beweislast

Derjenige der für sich ein Erbrecht beansprucht, hat den Tod des Erblassers zu beweisen.[4] 5
Als Beweismittel stehen ihm dafür vor allem das Sterbebuch, § 37 PStG, und die Sterbeurkunde, § 64 PStG, zur Verfügung.[5] Auch hat derjenige, der eine Erbenstellung behauptet, die Voraussetzungen darzulegen und zu beweisen, aus denen sich ein Erbrecht ergibt. § 2365 BGB begründet die Rechtsvermutung, dass demjenigen, der im Erbschein als Erbe bezeichnet ist, das in dem Erbschein angegebene Erbrecht zusteht.

Aus § 2365 BGB ergibt sich die widerlegbare Vermutung für das Vorhandensein einer 6
Tatsache, § 292 ZPO.[6] Diese Rechtsvermutung ist nur durch den Beweis des Gegenteils widerlegbar.

Umstritten ist, ob die Richtigkeitsvermutung im Streit zwischen zwei Erbanwärtern gilt.[7] 7
Im Hinblick auf die Selbstständigkeit des Zivilprozesses, aber auch seiner Bindungswirkung gegenüber dem Erbscheinsverfahren sind auch hier die **allgemeinen Beweislastregeln** anzuwenden.[8] Insoweit findet § 2365 BGB im Erbprätendentenstreit keine Anwendung.[9]

4. Verjährung

Erbrechtliche Ansprüche verjährten früher nach § 197 Abs. 1, 2 BGB in 30 Jahren.[10] Die- 8
se Sonderverjährung entfiel zum 1.1.2010 zugunsten der bekannten Regelverjährung des § 195 BGB. Jedoch verjährt der Anspruch des wahren Erben gegen den Erbschaftsbesitzers gemäß § 2018 BGB weiterhin in 30 Jahren.[11]

5. Berufung auf eine Anfechtung des Testaments

Die Voraussetzungen für die Anfechtungen letztwilliger Verfügungen sind in den 9
§§ 2078 ff. BGB geregelt. Da die Auslegung gegenüber der Anfechtung vorrangig ist, muss zunächst mit Hilfe der Auslegungsregeln der wirkliche oder der hypothetische Wille des Erblassers ermittelt werden.[12] Als mögliche Anfechtungstatbestände kommen ein Erklärungs- oder Inhaltsirrtum, § 2078 Abs. 1 BGB, aber auch ein **Motivirrtum,** § 2078 Abs. 2 BGB in Betracht. Darüber hinaus berechtigen auch Täuschung und Drohung zur Anfechtung der letztwilligen Verfügung, § 2078 Abs. 2 BGB. Einen qualifizierten Motivirrtum sieht schließlich noch § 2079 Abs. 1 BGB vor, wonach eine letztwillige Verfügung angefochten werden kann, wenn der Erblasser eine pflichtteilsberechtigte Person übergangen hat.

Derjenige, der sich auf die Wirksamkeit der Anfechtung beruft, trägt im Prozess die Be- 10
weislast.[13]

Praxistipp:

Der Erblasser hat schon bei Errichtung der letztwilligen Verfügung die Möglichkeit auf das Anfechtungsrecht nach § 2079 BGB zu verzichten.[14]

---

[4] NK-BGB/*Kroiß* § 1922 Rn. 32.
[5] Staudinger/*Kunz* § 1922 Rn. 45.
[6] NK-BGB/*Kroiß* § 2365 Rn. 12
[7] MüKoBGB/*Grziwotz* § 2365 Rn. 22.
[8] MüKoBGB/*Grziwotz* § 2365 Rn. 23; NK-BGB/*Kroiß* § 2365 Rn. 12.
[9] Baumgärtel/Laumen/Prütting Beweislast § 2365 Rn. 9.
[10] NK-BGB/*Mansel* § 197 Rn. 38; *Schellhammer* ErbR Rn. 62.
[11] *Damrau* Erbrecht effektiv 2009, 134.
[12] Krug/Rudolf/*Kroiß* ErbR § 8 Rn. 172.
[13] NK-BGB/*Fleindl* § 2078 Rn. 44.
[14] BGH NJW 1983, 2247; BayObLG FamRZ 2000, 1331.

11 Die Anfechtungsfrist beginnt gemäß § 2082 Abs. 2 BGB mit der Kenntnis der Anfechtungsberechtigung. Der Fristablauf ist von dem zu beweisen, der sich darauf beruft.[15]

12 Der Erbe, der sich auf die Wirksamkeit der letztwilligen Verfügung beruft, hat seinerseits die Möglichkeit, auf Feststellung der Wirksamkeit der letztwilligen Verfügung zu klagen.[16]

6. Formulierungsbeispiel

13 Antrag:

1. Es wird festgestellt, dass der am ...... in ...... verstorbene Herrn ...... (Erblasser), zuletzt wohnhaft in ..., von dem Kläger aufgrund letztwilliger Verfügung vom ... allein beerbt worden ist.
2. Die Beklagte trägt die Kosten des Rechtsstreits.

Für den Fall des schriftlichen Vorverfahrens wird vorsorglich für den Fall der nicht rechtzeitigen Anzeige der Verteidigungsbereitschaft der Erlass eines *Versäumnis- bzw. Anerkenntnisurteils* des § 331 Abs. 3 ZPO bzw. § 307 ZPO beantragt.

Begründung:

Der Kläger ist der eheliche Sohn des Herrn ...... der am ...... in ...... gestorben ist (nachfolgend „Erblasser" genannt); die Beklagte ist die langjährige Lebensgefährtin des Erblassers.

...... (Darstellung des Sachverhalts, z. B. warum eine letztwillige Verfügung unwirksam ist)

Der Klage ist demnach wie beantragt stattzugeben.
Ein Erbschein wurde bisher nicht erteilt, ein Erbscheinserteilungsverfahren ist auch nicht anhängig.
Zum Streitwert: Der Wert des Nachlasses beträgt ca. 80.000 EUR. Als Streitwert, gemessen am klägerischen Interesse, kommen 80 % davon in Betracht (vgl. *Thomas/Putzo* § 3 ZPO Rn 65 Stichwort: „Feststellungsklage"; BGH NJW-RR 1988, 689). Demnach beträgt der Streitwert € 64.000.

Rechtsanwalt

7. Herausgabeklage

14 Will der wahre Erbe Nachlassgegenstände vom vermeintlichen Erben herausverlangen und sein Erbrecht rechtskräftig festgestellt wissen, kann er die Klage auf Herausgabe nach § 2018 BGB mit der Feststellungsklage nach § 256 Abs. 1 ZPO verbinden. Insoweit handelt es sich um einen Fall der objektiven Klagehäufung nach § 260 ZPO.

8. Stufenklage

15 Möglich ist auch eine **Stufenklage, § 254 ZPO,** dergestalt, dass primär Feststellung des Erbrechts, in der zweiten Stufe Auskunft über den Bestand des Nachlasses und schließlich Herausgabe der Nachlassgegenstände begehrt wird.

Formulierungsvorschlag Antrag bei der Stufenklage:

16 1. Es wird festgestellt, dass der am ...... in ...... verstorbene Herrn ...... (Erblasser), zuletzt wohnhaft in ...... von dem Kläger aufgrund letztwilliger Verfügung vom ... allein beerbt worden ist.

2. Die Beklagte wird verurteilt, dem Kläger über den Bestand des Nachlasses des in Ziff. I bezeichneten Erblassers und über den Verbleib der Nachlassgegenstände Auskunft zu erteilen durch Vorlage eines Verzeichnisses.

3. Für den Fall, dass die Auskunft nicht mit der erforderlichen Sorgfalt erteilt worden sein sollte, wird die Beklagte weiter verurteilt, an Eides statt zu versichern, dass sie nach bestem Wissen die Angaben so vollständig gemacht hat, wie sie dazu imstande ist.

[15] NK-BGB/*Fleindl* § 2082 Rn. 14.
[16] *J. Mayer* DNotZ 1998, 772 (784).

4. Die Beklagte wird verurteilt, an den Kläger die nach Erteilung der Auskunft und gegebenenfalls erfolgter eidesstattlicher Versicherung noch zu bezeichnender Nachlassgegenstände herauszugeben.

9. Einstweilige Verfügung

Um zu verhindern, dass der „falsche" Erbe bis zur Klärung der Rechtsnachfolge über Nachlassgegenstände verfügt, bietet sich die Beantragung einer einstweiligen Verfügung mit dem Ziel an, dass der vermeintliche Erbe seinen Erbschein an das Nachlassgericht zurückgibt. Eine Anspruchsgrundlage hierfür findet sich in § 2362 BGB. Der Anspruch auf Herausgabe des Erbscheines an das Nachlassgericht kann durch einstweilige Verfügung, §§ 935 ff. ZPO, gesichert werden. 17

10. Der Vergleich im Feststellungsverfahren

Besteht Streit über die Auslegung einer letztwilligen Verfügung, so können sich die Parteien vergleichsweise im Zivilprozess einigen. 18

Nach dem Erbfall können sich die Beteiligten durch einen notariell beurkundeten Vertrag verbindlich darauf festlegen, wie die Verfügung von Todes wegen auszulegen ist (**„Auslegungsvertrag"**).[17] 19

Hinsichtlich der Rechtsanwaltsgebühren ist zu beachten, dass in diesem Fall auch eine Einigungsgebühr nach Nr. 1000 VV-RVG entstehen kann.

II. Die Herausgabeklage nach § 2018 BGB

1. Überblick

Die wirksame Anfechtung kann dazu führen, dass „vermeintliche Erbe" rückwirkend zum **Erbschaftsbesitzer** im Sinne des § 2018 BGB mutiert. Befindet sich der „wahre Erbe" nicht im Besitz des Nachlasses, ist zu überlegen, wie gegen den Erbschaftsbesitzer vorzugehen ist. § 2018 BGB bietet einen umfassenden erbrechtlichen Gesamtanspruch, der ein dingliches Recht auf Herausgabe des nach dem Anfall der Erbschaft Erlangten gewährt. 20

Nach **§ 2018 BGB** kann der Erbe vom Erbschaftsbesitzer die Herausgabe des Erlangten verlangen. Darüber hinaus besteht auch ein Anspruch auf die Herausgabe von Surrogaten, § 2019 BGB, Nutzungen und Früchte, § 2020 BGB.

2. Anspruchsberechtigung und Anspruchsverpflichtung

Gläubiger der Ansprüche nach §§ 2018 ff. BGB sind die **wahren Erben.** Der Anspruch steht dabei jedem Miterben auch allein zu, wobei aber zu beachten ist, dass er die Herausgabe nur an die Erbengemeinschaft nach § 2039 Abs. 1 BGB verlangen kann. Daneben können noch kraft ihres Amtes der Nachlassverwalter, § 1984 BGB, der Nachlassinsolvenzverwalter, § 80 Abs. 1 InsO, und der Testamentsvollstrecker, § 2212 BGB, sich auf die Ansprüche der §§ 2018–2020 BGB berufen. 21

3. Zuständigkeit

Für die Herausgabeklage des Erben besteht der besondere Gerichtsstand des § 27 ZPO, d. h. die Klage kann vor dem Gericht erhoben werden, bei dem der Erblasser zur Zeit des Todes seinen allgemeinen Gerichtsstand gehabt hat. Daneben kann auch am allgemeinen Gerichtsstand des beklagten, §§ 12, 13 ZPO geklagt werden. 22

[17] BGH NJW 1986, 1812.

4. Klageantrag

23 Im Klageantrag müssen die einzelnen Nachlassgegenstände genau bezeichnet werden, § 253 Abs. 2 Satz 2 ZPO.[18] Dies ist schon allein im Hinblick auf die spätere Vollstreckung von Bedeutung. Stellt sich im Laufe des Verfahrens das Vorhandensein von weiteren Nachlassgegenständen heraus, kann die Klage jederzeit gemäß § 264 Nr. 2 ZPO erweitert werden.

5. Beweislast

24 Der Erbprätendent, der das Erbrecht beansprucht, trägt die Beweislast für das Vorliegen der Voraussetzungen des § 2018 BGB.[19] Er muss als Kläger seine Erbenstellung und den Erbschaftsbesitz des Beklagten darlegen und beweisen.

25 Schließlich muss der Kläger auch die Anmaßung des Erbrechts seitens des Beklagten darlegen und beweisen.[20]

6. Auskunftsanspruch

26 Der wahre Erbe besitzt gegen den Erbschaftsbesitzer auch einen Auskunftsanspruch nach § 2027 BGB. Der Erbschaftsbesitzer ist verpflichtet, dem Erben über den Bestand der Erbschaft und über den Verbleib der Erbschaftsgegenstände Auskunft zu erteilen. Der Anspruch umfasst auch die Pflicht zur Vorlage eines Bestandsverzeichnisses, § 260 Abs. 1 BGB. Dabei ist auf den gegenwärtigen Bestand abzustellen.[21] Die Auskunftspflicht gilt auch für Surrogate, Nutungen und Früchte nach §§ 2019, 2020 BGB. Gegebenenfalls kann auch eine Rechnungslegung nach § 259 BGB beansprucht werden, falls Nachlassgegenstände nicht mehr vorhanden oder auffindbar sind.[22] Vom Auskunftsanspruch umfasst ist auch das, was dem Erbschaftsbesitzer als Voraus, § 1932 BGB, oder als Vorausvermächtnis, § 2150 BGB, zugewendet werden soll.[23]

Praxistipp:
Mit der Erhebung der bloßen Auskunftsklage wird nicht die Rechtshängigkeit des Erbschaftsanspruchs begründet!

7. Formulierungsvorschlag: Klageantrag „isolierte Herausgabeklage"

27 „Die Beklagte wird verurteilt, an den Kläger die zum Nachlass des am …… verstorbenen, zuletzt wohnhaft in … gewesenen Erblassers … gehörenden Gegenstände:

…… (genaue Bezeichnung und Auflistung der Gegenstände)

herauszugeben."

8. Feststellungsklage

28 Will der Erbe sein Erbrecht rechtskräftig festgestellt wissen, reicht allein die Klage auf Herausgabe nach § 2018 BGB nicht aus, da die Erbenstellung hier lediglich als Vorfrage behandelt wird. Es besteht aber die Möglichkeit, die Herausgabeklage mit einer Feststellungsklage nach § 256 Abs. 1 ZPO zu verbinden. Insoweit handelt es sich um einen Fall der **objektiven Klagehäufung** nah § 260 ZPO.

---

18 NK-BGB/*Fleindl* Vor § 2018 Rn. 13.
19 Baumgärtel/Laumen/Prütting/*Strieder* Beweislast § 2018 BGB Rn. 1.
20 MüKoBGB/*Helms* § 2018 Rn. 33.
21 BGHZ 61, 180 (182).
22 *Brox* ErbR § 32 VII 1.
23 Erman/*Horn* § 2027 Rn. 4.

9. Stufenklage

Möglich ist auch eine Verbindung von Feststellungs-, Auskunfts- und Herausgabeklage zu einer **Stufenklage.**[24] 29

Formulierungsvorschlag Kombinierter Klageantrag Auskunft und Herausgabe

„1. Die Beklagte wird verurteilt, dem Kläger schriftlich Auskunft zu erteilen, 30
a) über den Bestand des Nachlass des am ...... verstorbenen, zuletzt wohnhaft in ...... gewesenen Erblassers ...... zum Stichtag ...... einschließlich der Surrogate und der gezogenen Nutzungen und Früchte durch Vorlage eines Bestandsverzeichnisses;
b) über den Verbleibfolgender Nachlassgegenstände: ...... durch Vorlage entsprechender Belege.

2. Die Beklagte wird verurteilt, an den Kläger die zum Nachlass des in Ziff. 1 genannten Erblassers ...... gehörenden Gegenstände: ... herauszugeben."

10. Einstweilige Verfügung

Der Herausgabeanspruch kann durch **einstweilige Verfügung** nach §§ 935 ff. ZPO gesichert werden. 31

Beim Antrag auf Erlass einer einstweiligen Verfügung ist zu beachten, dass in der Antragsschrift

- der Verfügungsanspruch,
- der Verfügungsgrund und gegebenenfalls
- die Prozessvoraussetzungen

schlüssig dargetan und glaubhaft gemacht werden müssen.

Als Mittel der Glaubhaftmachung dient vor allem die **eidesstattliche Versicherung, § 294 ZPO.** Der Rechtsanwalt wird den Mandanten bitten, den von ihm geschilderten Sachverhalt an Eides Statt zu versichern. Erforderlich dafür ist eine eigene Darstellung der glaubhaft zu machenden Tatsachen und nicht eine bloße Bezugnahme auf den Schriftsatz des Rechtsanwalts.[25] 32

[24] NK-BGB/*Fleindl* Vor § 2018 Rn. 19.
[25] BGH NJW 1988, 2045.

Teil 6. Steuerrecht

§ 31 Erbschaft- und Schenkungsteuer

Übersicht

I. Erbauseinandersetzung und Erbschaftsteuer

1 Erbschaftsteuerlich ist mit dem unmittelbaren Vermögensübergang auch bei einer Mehrheit von Erben der Erbfall abgeschlossen.[1] Gemäß § 3 Abs. 1 Nr. 1 ErbStG iVm § 39 Abs. 2 Nr. 2 AO erfolgt zur Ermittlung des steuerpflichtigen Erwerbs eine anteilige Zurechnung der Nachlassgegenstände in Höhe der jeweiligen **Erbquote** an den Miterben.

1. Grundsatz der erbschaftsteuerlichen Neutralität der Erbauseinandersetzung

2 Eine nachfolgende (freie) **Erbauseinandersetzung** durch die Erben ist für die Ermittlung des Anteils des einzelnen Erben am Nachlass, d. h. für seinen Erwerb durch Erbanfall iSd § 3 Abs. 1 Nr. 1 ErbStG, ohne Bedeutung.[2] Die Erbauseinandersetzung ändert mithin nichts an dem steuerbaren Erwerb der einzelnen Miterben im Verhältnis ihrer Erbquote. Es ist demnach für die Besteuerung eines Miterben grundsätzlich nicht von Belang, welche Nachlassgegenstände er im Rahmen einer Erbauseinandersetzung erhält bzw. welchen steuerlichen Wert diese Gegenstände haben. Gleiches gilt für die Übernahme von Nachlassverbindlichkeiten durch einen Miterben, auch wenn er hierfür einen Ausgleich von den Miterben erhält. Ein Miterbe unterliegt mithin mit seinem erbquotalen Erwerb am Gesamt-

[1] TGJG/*Gottschalk* ErbStG § 3 Rn. 112.
[2] ErbStR E 3.1 Abs. 1 S. 3.

nachlass der Erbschaftsteuer, selbst wenn er aus irgendwelchen Gründen leer ausgehen sollte.[3]

2. Teilungsanordnung (§ 2048 BGB)

3 Am Grundsatz der erbschaftsteuerlichen Neutralität der Erbauseinandersetzung ändern auch Teilungsanordnungen nichts. Diese sind als eine ausschließlich auf die Erbauseinandersetzung bezogene Verfügung des Erblassers für die Bemessung der Erbschaftsteuer **unbeachtlich.**[4] Daher wird jeder Erbe – unabhängig von den Teilungsanordnungen – nach seinem Erbanteil am nach den steuerlichen Bewertungsvorschriften ermittelten Reinwert des Nachlasses erbschaftbesteuert. Anders als ein Vorausvermächtnis stellt die Teilungsanordnung folgerichtig auch keine vom Gesamtnachlass abzugsfähige Erblasserschuld iSd § 10 Abs. 5 Nr. 2 ErbStG dar.

4 Die grundsätzliche Unbeachtlichkeit der Teilungsanordnung für die Erbschaftbesteuerung gilt nicht, wenn eine **gegenständliche Erbeinsetzung** vorliegt (→ § 9 Rn. 21 ff.). Diese ist als Erbeinsetzung zu einem Bruchteil mit einer Teilungsanordnung auszulegen. Auch in diesem Fall sind die Teilungsanordnungen selbst zwar erbschaftsteuerrechtlich unbeachtlich,[5] die sich daraus ergebende Erbquote ist für die Besteuerung allerdings konstitutiv.[6] Hat ein Erblasser in seiner letztwilligen Verfügung bestimmte einzelne Vermögensgegenstände oder Gruppen unterschiedlichen Beteiligten zugewiesen, kann sich hieraus eine Erbeinsetzung ergeben, insbesondere, wenn die auf diese Weise verteilten Gegenstände den Nachlass weitestgehend erschöpfen und eine Wertausgleichung zwischen den Miterben nicht angeordnet ist. Die **Testamentsauslegung** iSd §§ 133, 2084 BGB geht der Zweifelsregelung des § 2087 Abs. 2 BGB vor (→ § 9 Rn. 22). Die Erbanteile richten sich nach dem Verkehrswert der durch die Teilungsanordnungen zugewiesenen Nachlassgegenstände im Verhältnis zum Verkehrswert des Nachlasses (→ § 9 Rn. 40).[7]

5 Bei qualifizierten Nachfolgeklauseln in **Personengesellschaftsverträgen** kommt es im Rahmen der Erbfolge zu einem unmittelbaren – singularsukzessiven – Übergang des Gesellschafteranteils auf den Gesellschaftsnachfolger. Es handelt sich um einen Sonderfall einer Teilungsanordnung mit dinglicher Wirkung.[8] Auch solche Erwerbe im Rahmen der Sondererbfolge sind für die Erbschaftbesteuerung nicht von Bedeutung.[9] Wie bei der Teilungsanordnung ist in einem ersten Schritt der nachlassgegenständliche Personengesellschaftsanteil mit seinem Steuerwert dem Gesamtwert des Nachlasses zuzurechnen. In einem zweiten Schritt ist der Gesamtnachlasswert auf die Miterben nach ihren Erbquoten zu verteilen. Jeder Miterbe ist mithin unabhängig von Erwerben im Rahmen qualifizierter Nachfolgeklauseln erbschaftsteuerpflichtig. Steuerlich von Bedeutung sind Erwerbe im Rahmen einer Sondererbfolge nur dann, wenn die Auslegung der letztwilligen Verfügungen des Erblassers zu einer **Verschiebung der Erbquoten** führt.[10]

3. Vorausvermächtnis (§ 2150 BGB)

6 Ein Vorausvermächtnis (§ 2150 BGB) liegt regelmäßig dann vor, wenn ein Miterbe einen bestimmten Nachlassgegenstand erhalten und der Wert des zugewiesenen Gegenstands nicht auf seinen Erbteil angerechnet werden soll (→ § 10 Rn. 11 ff.). Als Abgrenzungskriterium zur Teilungsanordnung (§ 2048 BGB), also im Rahmen der Auslegung iSd §§ 133, 2084 BGB einer letztwilligen Verfügung, dient grundsätzlich ein entsprechender Begünstigungswille des Erblassers (→ § 10 Rn. 18).

[3] TGJG/*Gottschalk* ErbStG § 3 Rn. 112.
[4] ErbStR E 3.1 Abs. 1 S. 3.
[5] ErbStR E 3.1 Abs. 2 S. 2.
[6] Meincke/Hannes/Holtz ErbStG § 3 Rn. 25.
[7] ErbStR E 3.1 Abs. 2 S. 3.
[8] ErbStR E 3.1 Abs. 2 S. 1.
[9] BFH v. 10.11.1982 – II R 85–86/78, BStBl II 1983, 329.
[10] ErbStR E 3.1 Abs. 3 S. 2.

Liegt ein Vorausvermächtnis vor, wirkt sich dies erbschaftsteuerrechtlich werterhöhend als selbstständiger Erwerb von Todes wegen iSd § 3 Abs. 1 Nr. 1 ErbStG beim begünstigten Miterben aus. Entsprechendes gilt für den Fall, dass ein Miterbe vom Erblasser beabsichtigt schlechter gestellt werden soll, etwa durch die vorausvermächtnisweise Zuweisung von Verbindlichkeiten.[11] Anders als die Teilungsanordnung stellt das Vorausvermächtnis folgerichtig eine vom Gesamtnachlass **abzugsfähige Erbfallschuld** iSd § 10 Abs. 5 Nr. 2 ErbStG dar. 7

4. Begünstigungstransfer bei Teilungsanordnung, freier Erbauseinandersetzung und (Voraus-)Vermächtnis

Da die Auseinandersetzung des Nachlasses erbschaftsteuerlich grundsätzlich unbeachtlich ist, kommen bei Erbengemeinschaften Steuerbefreiungen (wie zB für Familienheime gem. § 13 Abs. 1 Nr. 4b und c oder für Betriebsvermögen gem. § 13a ErbStG) zunächst allen Miterben zugute. Ein Transfer bzw. eine Weitergabe im Zuge des Vollzugs einer Teilungsanordnung, einer freien Erbauseinandersetzung oder eines (Voraus-)Vermächtnisses von (zunächst) steuerprivilegiertem Vermögen würde zu einem Verbleib der Begünstigung bei mindestens einem (Mit-)Erben führen, der das begünstigte Vermögen nicht behält, und damit zu einer sog. **„Fehlallokation"**[12] der Begünstigungen. Die Regelungen des § 13 Abs. 1 Nr. 4b S. 2–4 ErbStG und des § 13 Abs. 1 Nr. 4c S. 2–4 ErbStG beim Erbschaftserwerb eines Familienheims, § 13d Abs. 2 ErbStG beim Erwerb von zu Wohnzwecken fremdvermietetem Grundvermögen sowie § 13a Abs. 5 ErbStG beim Betriebsvermögen stellen daher sicher, dass die Begünstigung dem Enderwerber des privilegierten Vermögens zugutekommt. 8

Bei einer freien Erbauseinandersetzung ist ein steuerbegünstigter Transfererwerb nach Ansicht der Finanzverwaltung nur dann möglich, wenn die Auseinandersetzung zeitnah zum Erbfall erfolgt.[13] Sie geht dabei grundsätzlich von einem Zeitraum von **6 Monaten** nach dem Erbfall aus. Vergleichbares gilt für die Anerkennung einer Auseinandersetzungsvereinbarung für die rückwirkende Zurechnung laufender Einkünfte. Erfolgt die Erbauseinandersetzung erst nach mehr als sechs Monaten, kann der Begünstigungstransfer in begründeten Ausnahmefällen (zB aufgrund von **Erbstreitigkeiten,** Erstellung von Gutachten o. ä.) gewährt werden. Der Steuerpflichtige hat die Gründe darzulegen, die eine Erbauseinandersetzung innerhalb des Sechsmonatszeitraums verhindert haben, wobei die Finanzverwaltung auf die Rechtsprechung des BFH (zum Familienheim) verweist.[14] 9

Im Rahmen der Nachlassteilung sehen die jeweiligen Regelungen eine Höchstgrenze für den Erwerb begünstigungsfähigen Vermögens beim Enderwerber vor. Es soll – mit der wohl etwas unglücklich formulierten Regelung – sichergestellt werden, dass für den Enderwerber keine Vergrößerung des Begünstigungsvolumens erreichbar ist. Deshalb ist das nicht begünstigte Vermögen, das der Enderwerber des begünstigten Vermögens im Rahmen der Nachlassteilung hingeben darf, auf den Nachlass des Erblassers beschränkt. Ansonsten könnte der Enderwerber das Begünstigungsvolumen beliebig aufblähen, indem er für den Erhalt des begünstigten Vermögens Eigenvermögen hingibt oder überquotal Nachlassverbindlichkeiten übernimmt.[15] 10

Erfolgt die Übertragung und Hingabe des Vermögens nach Ergehen des jeweiligen Erbschaftsteuerbescheids, ist dies als **Ereignis mit steuerlicher Rückwirkung** auf den Zeitpunkt der Steuerentstehung anzusehen, so dass die Steuerfestsetzungen nach § 175 Abs. 1 S. 1 Nr. 2 AO zu ändern sind.[16] 11

[11] ErbStR E 3.1 Abs. 4.
[12] *Koblenzer* ErbStB 2011, 227.
[13] ErbStR E 13.4 Abs. 5 S. 11 (zum Familienheim).
[14] BFH v. 23.6.2015 – II R 39/13, BStBl. II 2016, 225, der BFH hatte sich allerdings dafür ausgesprochen, dass eine zeitliche Nähe der Nachlassteilung zum Erbfall grundsätzlich nicht vorgeschrieben ist.
[15] *Jülicher* ZErb 2014, 5 (7).
[16] ErbStR E 13.4 Abs. 5 S. 12 (zum Familienheim).

II. Erbauseinandersetzung und Schenkungsteuer

12 Im Rahmen der freien Auseinandersetzung von Erbengemeinschaften kann es bei Vermögensverschiebungen zwischen den Miterben zu einer wertmäßig von der Erbquote abweichenden ungleichmäßigen Verteilung kommen. Im Regelfall wird dabei allerdings eine steuerpflichtige freigiebige Zuwendung iSd § 7 Abs. 1 Nr. 1 ErbStG zu verneinen sein, da es an einem **Bereicherungswillen** des wertmäßig schlechter gestellten Miterben fehlt. Nach Ansicht des BFH kommt eine Schenkung im Rahmen der Erbauseinandersetzung nicht in Betracht, wenn eine sich im Rahmen der Auseinandersetzung ergebende Bereicherung der Beseitigung der Ungewissheit oder des Streits dienen soll.[17] Liegt mithin ein **(außer-)gerichtlicher Vergleich** vor, spricht dies regelmäßig gegen eine Bereicherungsabsicht und damit gegen eine steuerpflichtige freigiebige Zuwendung.

13 Für die Beurteilung, ob eine steuerpflichtige Schenkung vorliegt, ist das gleiche Finanzamt – bzw. regelmäßig sogar der gleiche Sachbearbeiter – wie für die Bearbeitung des Erbfalls zuständig, § 35 Abs. 3 ErbStG. Sollten Bereicherungen eines Miterben gewollt sein, müssen die entsprechenden Folgen **vor Auseinandersetzung der Erbengemeinschaft geprüft** werden. Dies kann etwa der Fall sein, wenn bei einer aus zwei Geschwisterteilen bestehenden Erbengemeinschaft ein kinderloser Geschwisterteil überproportional Nachlassmasse dem anderen Geschwisterteil überlässt, um mittel- bzw. langfristig für den eigenen Erbfall einen etwaigen Erwerb seiner Nichte/seines Neffen wegen der niedrigen Freibeträge und der nachteiligen Steuerklasse zu verringern.

III. Haftung des Nachlasses für die Erbschaftsteuer

14 Grundsätzlich hat jeder Erwerber die für seinen Erwerb entstehende Erbschaftsteuer selber zu bezahlen. Bei der Erbschaftsteuer handelt es sich für den Erwerber zivilrechtlich um eine Erbfallschuld iSd § 1967 Abs. 2 BGB,[18] für die eine Haftungsbeschränkung gem. § 1975 BGB auf den Nachlass möglich ist. Der gesamte (gesamthänderisch gebundene) Nachlass haftet **bis zu seiner Auseinandersetzung** iSd § 2042 BGB für die Erbschaftsteuer der am Erbfall Beteiligten, § 20 Abs. 3 ErbStG. Dies gilt neben Miterben auch für Vermächtnisnehmer und Pflichtteilsberechtigte.[19] Eine persönliche Haftung eines Miterben für die Erbschaftsteuerschuld eines anderen Beteiligten existiert nicht. Die Erbauseinandersetzung ist erst nach vollständiger Verteilung aller Nachlassgegenstände abgeschlossen. Eine sachliche oder persönliche **Teilerbauseinandersetzung** ist unbeachtlich.

15 Der **Testamentsvollstrecker** hat als Vermögensverwalter iSd § 34 Abs. 3 AO die steuerlichen Pflichten des § 34 Abs. 1 AO zu erfüllen. Danach hat er insbesondere dafür zu sorgen, dass die Steuern aus den Mitteln entrichtet werden, die er verwaltet, mithin aus dem Nachlass, der seiner Tätigkeit unterfällt. Es kann zu einer persönlichen Haftung des Testamentsvollstreckers gegenüber dem Finanzamt kommen, soweit Erbschaftsteuerschulden aufgrund vorsätzlichen oder grob fahrlässigen Verhaltens des Testamentsvollstreckers nicht beglichen werden, § 69 AO. Insbesondere stellt das Auskehren des Nachlasses an den Erben, ohne Vorkehrungen für die Entrichtung der Steuerschuld zu treffen, immer eine grob fahrlässige Pflichtverletzung dar.[20] Darüber hinaus haftet der Testamentsvollstrecker gem. § 20 Abs. 6 S. 2 ErbStG persönlich für die Erbschaftsteuer, wenn er vor deren Entrichtung Nachlassvermögen vorsätzlich oder fahrlässig ins Ausland bringt oder einem im Ausland lebenden Erwerber zur Verfügung stellt.

IV. Gerichtlicher und außergerichtlicher Auslegungsvertrag

16 Ein in erbrechtlichen Angelegenheiten geschlossener (gerichtlicher) Vergleich ist ein Vertrag, durch den der Streit oder die Ungewissheit der Parteien über ein Rechtsverhältnis im

[17] BFH v. 14.7.1982 – II R 125/79, BStBl II 1982, 714.
[18] BFH v. 11.8.1998 – VII R 118/95, BStBl II 1998, 705.
[19] TGJG/*Gebel* ErbStG § 20 Rn. 52.
[20] FG Hessen v. 23.2.1995 – 10 K 2509/90, EFG 1996, 666.

Wege gegenseitigen Nachgebens beseitigt wird, § 779 Abs. 1 BGB. Dieser kann insbesondere streitige **Fragen der Auslegung** einer Verfügung von Todes wegen betreffen (→ § 28 Rn. 1 ff.).

1. Erbschaftsteuerliche Anerkennung dem Grunde nach

Ein (außer-)gerichtlicher Erbvergleich schlägt – wie ein rechtskräftiges Gerichtsurteil – auf die Erbschaftbesteuerung durch. Erbschaftsteuerlich ist demnach so zu verfahren, als hätte der Erblasser entsprechende Regelungen durch Verfügung von Todes wegen getroffen.[21] Dies gilt nach höchstrichterlicher Rechtsprechung insbesondere auch für Verträge über die Auslegung unklare Verfügungen von Todes wegen, sogenannten **Auslegungsverträgen**.[22] 17

Allerdings ist nur das Ergebnis eines **ernsthaft gemeinten Vergleichs,** der die gütliche Regelung streitiger Erbverhältnisse zum Ziel hat, der Erbschaftbesteuerung zugrunde zu legen. Die durch den Erbfall entstandenen Rechtsverhältnisse (zwischen Erben, Pflichtteilsberechtigten oder Vermächtnisnehmern) müssen „zweifelhaft und ernstlich umstritten" (gewesen) sein.[23] Entscheidend ist, dass der Vergleich seinen Rechtsgrund im Erbrecht hat und nicht in Zweifeln über die außererbrechtliche Lage.[24] Letzteres gilt etwa für einen Vergleich eines Alleinerben mit einem Dritten über das Bestehen oder die Höhe einer Nachlassforderung. Das Gleiche gilt bezüglich einer vergleichsweisen Einigung eines Alleinerben mit einem Zugewinngläubiger.[25] 18

Ein Erbvergleich als erbschaftsteuerliches **Gestaltungsmittel** der Parteien ist steuerlich nicht anzuerkennen. Dies gilt etwa, wenn nahe Angehörige eine von den Regelungen eines wirksamen Testaments abweichende mündliche Vereinbarung treffen.[26] Im Rahmen von solchen steuerlich nicht anzuerkennenden Vereinbarungen getätigte Leistungen können sogar steuerpflichtige Schenkungen darstellen.[27] 19

Ein einmal geschlossener Vergleich ist der Besteuerung zugrunde zu legen, auch wenn die Beteiligten bei seiner Durchführung hiervon abweichen.[28] 20

2. Umfang der Besteuerung

Ist der Erbvergleich der Erbschaftbesteuerung zugrunde zu legen, richtet sich auch der Umfang der Besteuerung nach den getroffenen Vereinbarungen. Die seitens der Beteiligten zunächst geltend gemachten (strittigen) Rechtspositionen sind nicht ausschlaggebend.[29] Für die Steuerbemessung und -berechnung kommt es auf die **Verhältnisse am Todestag** an. 21

Erhält ein **Vermächtnisnehmer** eine Geldsumme als **Surrogat** für sein Sachvermächtnis, gilt der Nennwert des Geldbetrags als erbschaftsteuerpflichtiger Erwerb iSd § 3 Abs. 1 Nr. 1 ErbStG und beim Erben als abzugsfähige Nachlassverbindlichkeit iSd § 10 Abs. 3 Nr. 2 ErbStG.[30] 22

Im Rahmen eines Erbvergleichs pauschal mit der Zahlung eines Betrages abgegoltene Ansprüche auf den **Zugewinn** iSd § 1371 Abs. 2, 3 BGB und den **kleinen Pflichtteil** iSd § 1371 Abs. 2 Hs. 2 BGB führen zu einer Aufteilung der geleisteten **Gesamtabfindung** gem. § 366 Abs. 2 BGB. Dies kann zu einem anteiligen Verlust der Erbschaftsteuerbefreiung des § 5 Abs. 1 ErbStG führen. Zwischen dem überlebenden Ehegatten und den Erben sollte daher bei einer Gesamtabfindung eine eindeutige Zuordnung (**Teilungsbestimmung**) für den Zugewinnausgleichsanspruch getroffen werden, wenn auch ein Verzicht auf Pflichtteilsansprüche erfasst sein soll. Anderenfalls ist der (jedenfalls anteilig) auf den Pflichtteilsverzicht fallende Abfindungsbetrag steuerpflichtig.[31] 23

---

[21] BFH v. 11.10.1957 – III 139/56 U, BStBl III 1957, 447.
[22] BFH v. 22.1.1986 – IV a ZR 90/84, NJW 1986, 1812.
[23] BFH v. 19.7.2006 – II R 1/05, BStBl II 2006, 718.
[24] BFH v. 25.8.1998 II B 45/98, BFH/NV 1999, 313; BFH v. 19.9.2000 II B 10/00, BFH/NV 2001, 163.
[25] BFH v. 1.7.2008 – II R 71/06, BStBl II 2008, 874.
[26] RFH v. 14.3.1940 – IIIe 28/38, RStBl 1940, 417.
[27] TGJG/*Gottschalk* ErbStG § 3 Rn. 83.
[28] FG Düsseldorf v. 18.10.1965 –VI 4/ 63 Erb, EFG 1966, 127.
[29] Meincke/Hannes/Holtz ErbStG § 3 Rn. 32.
[30] FG Rheinland-Pfalz v. 16.5.2013 – 4 K 2215/11, EFG 2013, 2030.
[31] BFH v. 27.9.2012 – II R 52/11, BFH/NV 2013, 938.

3. Verfahrensrecht

24 Ein steuerlich anzuerkennender Erbvergleich stellt, wie ein rechtskräftiges Urteil in Erbstreitigen auch, ein **rückwirkendes Ereignis** iSd § 175 Abs. 1 Nr. 2 AO dar.[32] Ein bereits bestandskräftiger Erbschaftsteuerbescheid ist mithin (nach Entstehung des Steueranspruchs und nach dem Erlass des Bescheids ggf. in Form des zuletzt erlassenen Änderungsbescheids) entsprechend der Zivilrechtslage zu erlassen, aufzuheben oder zu ändern.

25 Grundsätzlich muss das zuständige Erbschaftsteuerfinanzamt von Amts wegen tätig werden. Gleichwohl sollte ein **Änderungsantrag** gestellt werden, damit das Finanzamt von dem Inhalt eines Erbvergleichs oder eines rechtskräftigen Urteils zweifelsfrei Kenntnis erlangt. Die Festsetzungsfrist beginnt gem. § 175 Abs. 2 S. 2 AO mit Ablauf des Kalenderjahrs in das Erbvergleich oder Urteil fällt. Der Antrag bedarf keiner besonderen Form, sollte allerdings mit Hinweis auf die veränderte Rechtslage und mit einer einfachen Abschrift des Vergleichs bzw. Urteils bei dem Finanzamt, das den Erbschafsteuerbescheid erlassen hat, schriftlich unter Angabe des Aktenzeichens eingereicht werden.

V. Abfindung weichender Erbprätendenten

26 In der erbrechtlichen Praxis kommt es regelmäßig zu Auseinandersetzungen zwischen Personen, die sich – zu Recht oder zu Unrecht – einer Erbenstellung berühmen (**Erbprätendenten**). Im Rahmen von (außergerichtlichen oder gerichtlichen) Erbvergleichen werden dann regelmäßig an weichende Erbprätendenten Abfindungszahlungen geleistet.

1. Behandlung bei weichenden Erbprätendenten

27 Wird einem Erbprätendenten vergleichsweise das Alleinerbrecht gegen Abfindungszahlung an einen anderen Erbprätendenten zuerkannt, stellt die Abfindungszahlung nach **alter Rechtlage** beim weichenden Erben **keinen Erwerb von Todes wegen** dar. Dem lag die Auffassung des BFH zugrunde,[33] dass es sich bei § 3 ErbStG um eine abschließende Aufzählung von Erwerben von Todes wegen handelt. Insbesondere ist nach BFH ausschließlich der durch Erbfolge dinglich eingetretene Vermögenszuwachs iSd § 1922 BGB als Erwerb durch Erbanfall iSd § 3 Abs. 1 Nr. 1 ErbStG zu verstehen.[34] Die vom Erben gezahlte Abfindungssumme ist allerdings stets als Nachlassverbindlichkeit iSd § 10 Abs. 5 Nr. 3 S. 1 ErbStG bei diesem abzugsfähig, wirkt also **erwerbsmindernd.**[35] Da die Abfindungszahlung auch nicht als eine schenkungsteuerpflichtige Zuwendung iSd § 7 Abs. 1 Nr. 1 ErbStG zu qualifizieren ist, selbst wenn deren Wert erheblich unter dem der aufgegebenen Stellung des weichenden Erben liegt,[36] lag in diesen Konstellationen eine **Besteuerungslücke,** mit entsprechendem Steuergestaltungsspielraum vor. Im Ergebnis blieb der Nachlass in Höhe der gezahlten Abfindung unversteuert.

28 Dieser Rechtsprechung des BFH ist der Gesetzgeber nunmehr durch Erweiterung des Tatbestandes der gem. § 3 ErbStG steuerpflichtigen Erwerbe **mit Wirkung zum 25.6.2017** entgegengetreten. Gem. § 3 Abs. 2 Nr. 4 ErbStG gilt als steuerpflichtiger Erwerb nunmehr, was als Abfindung dafür gewährt wird, dass eine Rechtsstellung, insbesondere eine Erbenstellung nicht mehr oder nur noch teilweise geltend gemacht wird. Dabei fingiert das Gesetz die Abfindung als vom Erblasser zugewendet, für das steuerliche Zuwendungsverhältnis greift mithin bezüglich der Steuerklasse iSd § 15 ErbStG das Verwandtschaftsverhältnis zum Erblasser.

2. Behandlung beim leistenden Erben

29 Die vom Erben gezahlte Abfindungssumme ist (weiterhin) als Nachlassverbindlichkeit iSd § 10 Abs. 5 Nr. 3 S. 1 ErbStG abzugsfähig, wirkt also erwerbsmindernd.[37] Im Rahmen des

[32] BFH v. 26.2.2008 – II R 82/05, BStBl II 2008, 629.
[33] BFH v. 4.5.2011 – II R 34/09, BStBl II 2011, 725.
[34] BFH v. 1.4.1992 – II R 21/89, BStBl II 1992, 669.
[35] BFH v. 15.6.2016 – II R 23/15, BFH/NV 2016, 1568.
[36] FG München v. 16.10.2002 4 K5381/01, EFG 2003, 551.
[37] BFH v. 15.6.2016 – II R 23/15, BFH/NV 2016, 1568.

§ 10 Abs. 5 Nr. 2 ErbStG also der Abzugsfähigkeit von Verbindlichkeiten aus Vermächtnissen, Auflagen und geltend gemachten Pflichtteilen und Erbersatzansprüchen, liegt ebenfalls eine korrespondierende Besteuerung vor, da § 3 ErbStG eine entsprechende Steuerbarkeit des Erwerbers vorsieht.

3. Entstehungszeitpunkt der Steuer für die Abfindung

Die Erbschaftsteuer für die dem Erbprätendeten gezahlte Abfindung entsteht gem. § 9 Abs. 1 Nr. 1f) ErbStG mit dem **Zeitpunkt der Erklärung** über das Nichtgeltendmachen. Der Zeitpunkt der Erfüllung der Abfindung ist dagegen unbeachtlich.[38] 30

Ähnlich wie im Rahmen der Geltendmachung im Pflichtteilsrecht[39] kann daher auf den Zeitpunkt der Entstehung der Steuer Einfluss genommen bzw. ein zeitverzögerter Erwerb gestaltet werden. Auf diese Weise lässt sich in Einzelfällen eine Berücksichtigung früherer Erwerbe des Erblassers an den weichenden Erbprätendenten iSd § 14 ErbStG vermeiden, mithin „frischer" Freibetrag generieren. 31

4. Gegenstand und Höhe der Abfindung

Bei einer Abfindung, die den wirtschaftlichen Wert der Erbschaft **erheblich übersteigt,** kann eine freigiebige Zuwendung an den Ausschlagenden iSd § 7 Abs. 1 Nr. 1 ErbStG vorliegen. Steuerpflichtig ist in diesem Fall der Mehrwert, der nicht nach steuerlichen, sondern nach bürgerlich-rechtlichen Bewertungsmaßstäben ermittelt wird.[40] 32

VI. Anfechtung einer Verfügung von Todes wegen

Gemäß § 2078 Abs. 1 BGB kann eine letztwillige Verfügung angefochten werden, soweit der Erblasser über den Inhalt seiner Erklärung im Irrtum war oder eine Erklärung dieses Inhalts überhaupt nicht abgeben wollte und anzunehmen ist, dass er die Erklärung bei Kenntnis der Sachlage nicht abgegeben haben würde (→ § 5 Rn. 1 ff.). Die Anfechtung hat innerhalb eines Jahres ab Kenntnis vom Anfechtungsgrund durch Erklärung gegenüber dem Nachlassgericht zu erfolgen, § 2081 Abs. 1 BGB, bei Vermächtnissen gegenüber dem Vermächtnisnehmer, § 143 BGB. Eine begründete, form- und fristgerechte Anfechtung durch den Berechtigten führt grundsätzlich zur **Nichtigkeit von Anfang an,** § 142 BGB. 33

Die sich aus einer Anfechtung ergebende Rechtslage (Wirkung für die Vergangenheit) schlägt auf die Erbschaftbesteuerung durch. Die wirksame Anfechtung einer Verfügung von Todes wegen stellt daher ein rückwirkendes Ereignis iSd § 175 Abs. 1 Nr. 2 AO dar, ein bestandskräftiger Steuerbescheid ist mithin zu ändern. Ein auf Grundlage eines zwischen den Parteien unstreitig bestehenden, aber nicht ausgeübten Anfechtungsrechts, wird im Rahmen einer einvernehmlichen Nachlassregelung steuerlich anerkannt, auch wenn die Anfechtungserklärung im allseitigen Einverständnis unterlassen wurde.[41] 34

VII. Steuerliche Anerkennung einer unwirksamen Verfügung von Todes wegen

Zivilrechtlich können die Beteiligten aus einer nichtigen Verfügung von Todes wegen keine Rechte ableiten. Es greift grundsätzlich – sofern keine andere wirksame Verfügung vorliegt – die gesetzliche Erbfolge. **Steuerlich** hingegen ist jede Unwirksamkeit unerheblich, wenn die Beteiligten das wirtschaftliche Ergebnis der Verfügung umsetzen, wobei der Grund für die Unwirksamkeit – sei es wegen Formmängeln oder wegen Testier- bzw. Geschäftsunfähigkeit – unbeachtlich ist. Dem liegt der in § 41 AO normierte Grundsatz zugrunde, dass 35

[38] RFH v. 26.1.1934 – Ve A 1037/31, RStBl 1934, 444.

[39] Die Geltendmachung des Pflichtteilsanspruchs stellt im Erbschaft- bzw. Schenkungsteuerrecht eine wesentliche Zäsur dar. Siehe *Schmid*, Steuerfallen im Erbrecht, § 3 Rn. 10 ff.

[40] TGJG/*Gottschalk* ErbStG § 3 Rn. 335.

[41] RFH v. 23.5.1939 – IIIe 27/39, RStBl 1939, 935.

die Unwirksamkeit von Rechtsgeschäften für die Besteuerung unerheblich ist, soweit und solange die Beteiligten das wirtschaftliche Ergebnis dieses Rechtsgeschäfts gleichwohl eintreten und bestehen lassen. Die steuerliche Anerkennung gilt aber nur, **soweit** die Durchführung der unwirksamen Verfügung von den Beteiligten betrieben wird. „Soweit" bedeutet dabei „in dem Maße wie",[42] so dass die unwirksame Verfügung bei nur teilweiser Umsetzung entsprechend im Umfang der Durchführung steuerlich berücksichtigt werden muss.[43]

36 Die Umsetzung darf allerdings nicht ausschließlich die Vorstellungen der Beteiligten verwirklichen.[44] Es muss mithin überhaupt eine (wenn auch unwirksame) Verfügung von Todes wegen vorliegen und der darin **zum Ausdruck kommende Erblasserwille** muss von den Hinterbliebenen zumindest teilweise vollzogen werden.[45] Es reicht jedenfalls aus, wenn die Verfügung zumindest entsprechende Andeutungen enthält.[46] Zur Beweisvorsorge gegenüber dem Finanzamt kann es sich empfehlen, den zugrundeliegenden Sachverhalt und die Umsetzung in einer notariellen Urkunde niederzulegen.[47]

37 Da auch Formmängel unbeachtlich sind, reicht für die steuerliche Anerkennung nach Ansicht des BFH grundsätzlich (sogar) eine **nur mündliche Erklärung des Erblassers** als Verfügung aus.[48] Dies gilt auch, wenn sich der Erblasser der Unwirksamkeit seiner Verfügung bewusst war.[49] Die Auskehrung eines (nur) mündlich angeordneten Vermächtnisses führt mithin insbesondere zu dessen Abzugsfähigkeit als Nachlassverbindlichkeit beim Erben iSd § 10 Abs. 5 Nr. 2 ErbStG.[50] Eine mündliche Erklärung, mit der ein Erblasser nur einen Wunsch geäußert hat, dessen Erfüllung oder Nichterfüllung dem Ermessen des Erklärungsempfängers unterstellt ist, reicht für eine steuerliche Anerkennung hingegen nicht aus.[51]

38 Die **Feststellungslast** bezüglich der Frage, ob eine zivilrechtlich unwirksame Anordnung tatsächlich den letzten Willen des Erblassers repräsentiert, trifft den Steuerpflichtigen, wenn er (zB bei einem mündlichen Vermächtnis) dieses als Nachlassverbindlichkeit bei seinem Erwerb iSd § 10 Abs. 5 Nr. 2 ErbStG in Abzug bringen will. Will das Finanzamt hingegen aus einer unwirksamen Verfügung von Todes wegen einen Erbschaftsteueranspruch gegen einen Erwerber (der tatsächlich nichts erhalten hat) begründen, trifft die Feststellungslast die Finanzbehörde.[52]

VIII. Steuerklassen und Steuersätze

1. Steuerklassen (§ 15 ErbStG)

39

Steuerklasse	Person
I	• Ehegatten und eingetragene Lebenspartner • Kinder und Stiefkinder • Enkelkinder und Stiefenkel • Eltern und Großeltern im Erbfall
II	• Eltern und Großeltern bei Schenkung • Geschwister, Nichten, Neffen, Stiefeltern, Schwiegerkinder und -eltern • der geschiedene Ehegatte und der Lebenspartner einer aufgehobenen Lebenspartnerschaft
III	alle Übrigen

[42] FG Baden-Württemberg v. 27.8.1975 – II 22/74, EFG 1976, 138 (139).
[43] Meincke/Hannes/Holtz ErbStG § 3 Rn. 33.
[44] Siehe *von Proff* ZEV 2010, 348 (350).
[45] BFH v. 15.3.2000 – II R 15/98, BStBl II 2000, 588.
[46] *Geck* FS Bengel/Reimann, 2012, 83 f.
[47] *Roth* RNotZ 2013, 193 (208).
[48] RFH v. 1942, 587, RStBl 1942, 587; BFH v. 28.3.2007 – II R 25/05, BStBl II 2007, 461.
[49] BFH v. 2.12.1969 – II 120/64, BStBl II 1970, 119.
[50] BFH v. 2.12.1969 – II 120/64, BStBl II 1970, 119.
[51] TGJG/*Gottschalk* ErbStG § 3 Rn. 59.
[52] TGJG/*Gottschalk* ErbStG § 3 Rn. 60.

2. Steuersätze (§ 19 ErbStG)

Wert des steuerpflichtigen Erwerbs (§ 10 ErbStG) bis einschließlich ... EUR	Prozentsatz in der Steuerklasse		
	I	II	III
75.000 EUR	7	15	30
300.000 EUR	11	20	30
600.000 EUR	15	25	30
6.000.000 EUR	19	30	30
13.000.000 EUR	23	35	50
26.000.000 EUR	27	40	50
über 26.000.000 EUR	30	43	50

40

3. Freibeträge (§ 16 Abs. 1 ErbStG)

Person	Freibetrag
Ehegatten und eingetragene Lebenspartner	500.000 EUR
Kinder, Stiefkinder und Kinder verstorbener Kinder	400.000 EUR
Enkelkinder und Stiefenkel	200.000 EUR
Eltern und Großeltern im Erbfall	100.000 EUR
Alle übrigen Personen (insbesondere): • Eltern und Großeltern bei Schenkung • Geschwister, Nichten, Neffen, Stiefeltern, Schwiegerkinder und Eltern • der geschiedene Ehegatte und der Lebenspartner einer aufgehobenen Lebenspartnerschaft • fremde Dritte	20.000 EUR

41

4. Kapitalwert einer lebenslänglichen Nutzung[53]

	Männer		Frauen	
Vollendetes Lebensalter	Durchschnittliche Lebenserwartung	Kapitalwert	Durchschnittliche Lebenserwartung	Kapitalwert
50	30,13	14,959	34,35	15,712
51	29,23	14,775	33,42	15,561
52	28,34	14,584	32,49	15,401
53	27,46	14,387	31,56	15,234
54	26,59	14,182	30,65	15,062
55	25,73	13,971	29,74	14,881
56	24,88	13,752	28,83	14,691
57	24,05	13,527	27,94	14,496
58	23,22	13,294	27,05	14,292
59	22,42	13,056	26,16	14,078
60	21,62	12,810	25,28	13,856
61	20,83	12,557	24,42	13,628
62	20,05	12,298	23,56	13,390
63	19,29	12,032	22,7	13,141
64	18,54	11,759	21,85	12,883
65	17,80	11,480	21,00	12,613
66	17,07	11,193	20,17	12,337

42

[53] BMF-Schreiben v. 22.11.2018 – IV C 7 – S 3104/09/10001.

	Männer		Frauen	
Vollendetes Lebensalter	Durchschnittliche Lebenserwartung	Kapitalwert	Durchschnittliche Lebenserwartung	Kapitalwert
67	16,35	10,898	19,34	12,049
68	15,64	10,596	18,53	11,755
69	14,94	10,287	17,72	11,448
70	14,25	9,970	16,91	11,127
71	13,57	9,647	16,12	10,801
72	12,89	9,315	15,34	10,465
73	12,23	8,976	14,56	10,114
74	11,58	8,632	13,79	9,754
75	10,93	8,277	13,03	9,383
76	10,30	7,920	12,27	8,997
77	9,68	7,557	11,53	8,605
78	9,08	7,191	10,81	8,209
79	8,49	6,824	10,10	7,803
80	7,92	6,457	9,42	7,400
81	7,38	6,098	8,77	7,000
82	6,86	5,745	8,15	6,606
83	6,38	5,403	7,56	6,219
84	5,91	5,066	6,99	5,832
85	5,47	4,744	6,45	5,455
86	5,07	4,441	5,95	5,097
87	4,69	4,151	5,48	4,750
88	4,34	3,873	5,04	4,418
89	4,01	3,613	4,63	4,102
90	3,70	3,361	4,26	3,810
91	3,42	3,126	3,92	3,537
92	3,16	2,907	3,61	3,283
93	2,94	2,717	3,34	3,059
94	2,72	2,534	3,09	2,849
95	2,55	2,382	2,88	2,670

§ 32 Grunderwerbsteuer

Übersicht

I. Erbfall und Grunderwerbsteuer

1 Gehört zum Nachlass Grundvermögen, bleibt der Grundstückserwerb von Todes wegen gem. § 3 Nr. 2 GrEStG **grunderwerbsteuerfrei,** auch wenn der Erwerber im Zusammenhang mit seinem Erwerb etwa mit einer Auflage oder Gegenleistung (Entgelt) belastet ist. Diese Steuerbefreiung gilt für sämtliche Erwerbe von Todes wegen iSd § 3 ErbStG, also insbesondere für Erwerbe eines Erben/einer Erbengemeinschaft und durch Vermächtnis. Die Regelung soll eine Doppelbesteuerung mit Erbschaftsteuer und Grunderwerbsteuer vermeiden. Die Befreiung greift (aber) auch, wenn es zB wegen persönlicher Freibeträge gem. § 16 ErbStG oder der Steuerbefreiung des Familienheims gem. § 13 Abs. 1 Nr. 4b und 4c ErbStG schon gar nicht zu einer Erbschaftbesteuerung kommt.[1]

2 Erhält ein Erbe oder Vermächtnisnehmer ein Grundstück für die Ausschlagung als **Abfindung** iSd § 3 Abs. 2 Nr. 4 ErbStG, unterfällt der Erwerb auch der Steuerbefreiung des § 3 Nr. 2 GrEStG. Gleiches gilt im Rahmen der Abfindung für die Nichtgeltendmachung eines Pflichtteilsanspruchs oder der Aufgabe einer Erbprätendentenstellung iSd § 3 Abs. 2 Nr. 4 ErbStG. Dies gilt allerdings nicht, wenn der Pflichtteilsanspruch nicht in bar, sondern an Erfüllungs statt iSv § 364 Abs. 1 BGB durch Leistung eines Grundstücks erfüllt wird.[2] Das Grundstück gilt – anders als im Fall des § 3 Abs. 2 Nr. 4 ErbStG – nicht als vom Erblasser zugewendet gilt. Gleiches gilt für die Erfüllung eines Barvermächtnisses durch Hingabe eines Grundstücks. In diesen Fällen stellt sich dann die Frage nach Steuerbefreiung für Grundstückserwerbe durch Verwandte und Gleichgestellte gem. § 3 Nr. 6 GrEStG.

II. Erbvergleich und Erbauseinandersetzung und Grunderwerbsteuer

3 Ein (**außer-)gerichtlicher Erbvergleich** schlägt – wie ein **rechtskräftiges Gerichtsurteil** – auf die Besteuerung des Erbfalls durch. Erbschaftsteuerlich ist so zu verfahren, als hätte der Erblasser entsprechende Regelungen durch Verfügung von Todes wegen getroffen (→ § 31 Rn. 17). Der grunderwerbsteuerlichen Behandlung, d.h. insbesondere der Anwendbarkeit der Steuerbefreiung nach § 3 Nr. 2 GrEStG, ist der Vergleich dann ebenfalls zugrunde zu legen.

4 Die **Erbauseinandersetzung** stellt grundsätzlich einen grunderwerbsteuerpflichtigen Tatbestand dar. Allerdings ist der Erwerb eines zum Nachlass gehörigen Grundstücks durch Miterben bei der Aufteilung des Nachlasses von der Grunderwerbsteuer befreit, § 3 Nr. 3 S. 1 GrEStG. Den Miterben steht der überlebende Ehegatte/Lebenspartner gleich, wenn er mit den Erben des verstorbenen Ehegatten gütergemeinschaftliches Vermögen zu teilen hat oder wenn ihm in Anrechnung auf eine Ausgleichsforderung am Zugewinn des verstorbenen Ehegatten/Lebenspartners ein zum Nachlass gehöriges Grundstück übertragen wird, § 3 Nr. 3 S. 2 GrEStG. Den Miterben stehen außerdem ihre Ehegatten gleich, § 3 Nr. 3 S. 3 GrEStG.

5 Eine **voreilige Erbauseinandersetzung** kann die grunderwerbsteuerlichen Vorteile des § 3 Nr. 3 GrEStG vereiteln. Dazu tragen in der Praxis auch die Formschreiben der **Nachlassge-**

[1] BFH v. 29.1.1992 – II R 41/89, BStBl II 1992, 420.
[2] BFH v. 10.7.2002 – II R 11/01, BStBl II 2002, 775.

richte/Grundbuchämter im Erbfall bei. Darin wird in der Regel zutreffend ausgeführt, dass die Miterben verpflichtet sind, das Grundbuch zu aktualisieren, und dass die Grundbuchberichtigung innerhalb von zwei Jahren nach dem Erbfall gebührenfrei ist. Allerdings ist mit **„Grundbuchberichtigung“** in diesem Zusammenhang (lediglich) die Eintragung der Erbengemeinschaft anstelle des Erblassers gemeint. Im Zuge dieser „Grundbuchberichtigung“ kommt es immer wieder zur (notariellen) Aufhebung der gesamten Erbengemeinschaft, also der Gesamthand, und zur entsprechenden Überführung von Nachlassimmobilien in Bruchteilseigentum iSd § 741 BGB. Dabei entsprechen die Beteiligungsquoten der Miterben an der Bruchteilsgemeinschaft denen der (dann auseinandergesetzten) Erbengemeinschaft. Eine spätere Auseinandersetzung der Bruchteilsgemeinschaft ist dann grunderwerbsteuerpflichtig, da die Befreiung des § 3 Nr. 3 GrEStG nur für Grundstücke gilt, die sich in ungeteilter Erbengemeinschaft befinden.[3] Mit anderen Worten: Die Befreiung ist durch eine Überführung in Bruchteilseigentum bereits **verbraucht.**[4]

6 Bevor im Erbfall Änderungen im Grundbuch vorgenommen werden, sollte daher zunächst geklärt werden, ob bereits Einigkeit der Miterben über die Verteilung der Nachlassimmobilien besteht. Insbesondere bei Geschwistern kann eine voreilige Erbauseinandersetzung ansonsten zu einer erheblichen Grundsteuerbelastung führen, da hier die Steuerbefreiung für Grundstückserwerber durch Verwandte und Gleichgestellte gemäß § 3 Nr. 6 GrEStG nicht greift.

[3] BFH v. 7.2.2001 – II R 5/99, BFH/NV 2001, 938.
[4] *Pahlke/Franz* GrEStG § 3 Rn. 197.

§ 33 Einkommensteuer

Übersicht

I. Erbfall und Einkommensteuer

1 Die Einkommensteuerpflicht einer natürlichen Peron beginnt mit der Geburt (bzw. dem Zuzug ins Inland) und endet mit dem Tod (bzw. dem Wegzug ins Ausland). Einkünfte, die der Erblasser erzielt hat (zB aus Vermietung und Verpachtung oder Kapitaleinkünfte), sind ab diesem Stichtag beim Erben bzw. bei der Erbengemeinschaft zu versteuern. Es wird nicht etwa eine (anteilige) Umrechnung des Einkommens auf den Veranlagungszeitraum (Kalenderjahr) durchgeführt, vielmehr werden die ab dem Todestag angefallenen Einkünfte **stichtagsgenau** zugerechnet.[1]

2 In der Praxis spielt die Behandlung **privater Einkommensteuerschulden** des Erblassers als erwerbsmindernde Erblasserschuld iSd § 10 Abs. 5 Nr. 1 ErbStG im Rahmen der Erbschaftbesteuerung eine große Rolle. Einkommensteuerschulden aus Veranlagungszeiträumen (Kalenderjahren), die vor dem Todeszeitpunkt des Erblassers endeten, sind unabhängig davon, ob sie am Todeszeitpunkt des Erblassers bereits festgesetzt waren oder nicht, als Nachlassverbindlichkeiten nach § 10 Abs. 5 Nr. 1 ErbStG abzugsfähig.[2] Die bereits entstandenen Einkommensteuerschulden gehen gem. § 45 AO auf den Erben über. Verstirbt ein Erblasser 2017, sind Einkommensteuerschulden aus 2016 und den Vorjahren stets erwerbsmindernd zu berücksichtigen. Einkommensteuerschulden, die den Veranlagungszeitraum betreffen, in dem der Erblasser verstorben ist, sind nach Ansicht der Finanzverwaltung nicht als Nachlassverbindlichkeiten abzugsfähig.[3] Diese Ansicht beruft sich auf §§ 36 Abs. 1, 25 Abs. 1 EStG, wonach die Einkommensteuer erst mit Ablauf des Veranlagungszeitraums entsteht und der Abzug einer vom Erblasser herrührenden Schuld deren rechtliches Bestehen im Todeszeitpunkt des Erblassers voraussetzt. Der BFH hingegen bejaht die Abzugsfähigkeit.[4]

3 Die durch den Erbfall ausgelösten Kosten und Nachlassverbindlichkeiten stellen Privataufwendungen dar, denen keine einkommensteuerliche Relevanz zukommt. Dies gilt insbesondere für **Vermächtnis- und Pflichtteilsschulden,** die erbschaftsteuerlich grundsätzlich gem. § 10 Abs. 6 ErbStG abzugsfähig sind. Gleiches gilt für die **Prozesskosten** (gerichtliche und außergerichtliche Kosten), die im Rahmen einer erbrechtlichen Streitigkeit entstehen. An der grundsätzlichen privaten Veranlassung und damit einkommensteuerlichen Unbeachtlichkeit dieser Kosten und Verbindlichkeiten ändert sich auch nichts, wenn sich Betriebsvermögen im Nachlass befindet.[5] Kosten eines erbrechtlichen Rechtsstreits – etwa wenn Auskunfts- und Pflichtteilsansprüche geltend gemacht werden – können allerdings als außergewöhnliche Belastung iSd § 33 EStG absetzbar sein.[6]

4 Von den Kosten des Erbfalls sind die **Kosten der Erbauseinandersetzung** zu unterscheiden. Der Erbfall und die Erbauseinandersetzung stellen – wie in der Erbschaftsteuer – einkommensteuerrechtlich selbstständige Vorgänge dar. Aufwendungen, die bei einer Erbauseinan-

---

[1] BFH v. 28.3.1973 – I R 100/71, BStBl II 1973, 544.
[2] ErbStR E 10.8 Abs. 2.
[3] ErbStR E 10.8 Abs. 3.
[4] BFH v. 4.7.2012 – II R 15/11, BStBl II 2012, 790.
[5] BFH v. 31.7.1985 – VIII R 345/82, BStBl II 1986, 139; BFH v. 16.5.2001 – X R 16/98, BFH/NV 2001, 1262.
[6] BFH v. 12.5.2011 – VI R 42/10, BStBl II 2011, 1015.

dersetzung geleistet werden, zB Spitzen- oder Wertausgleich (Abfindung) an weichende Miterben, können einkommensteuerrelevante Anschaffungskosten zB im Rahmen von Vermietung und Verpachtung iSd § 21 EStG darstellen.

5 Eine **Erbengemeinschaft** selbst ist nicht einkommensteuerpflichtig, obwohl ihr die Erträge aus dem Nachlass zufließen, etwa die Mieteinkünfte einer fremdvermieteten Nachlassimmobilie auf ein entsprechendes (gesamthänderisch gebundenes) Konto. Die Einkünfte werden bis zur Auseinandersetzung der Erbengemeinschaft für diese im Wege der einheitlichen und gesonderten Feststellung gem. §§ 179, 180 AO ermittelt und durch Feststellungbescheid bekannt gegeben. Die Erträge werden den Erben nach ihrer Erbquote **anteilig** zugerechnet. Die Erbengemeinschaft wird dabei steuerlich bei den Überschusseinkünften (zB Mieteinkünfte, Kaptaleinkünfte) wie eine Bruchteilsgemeinschaft iSd § 39 Abs. 2 Nr. 2 AO und bei den Gewinneinkünften (zB Einkünfte aus Gewerbebetrieb) als Mitunternehmerschaft iSd § 15 Abs. 1 S. 1 Nr. 2 EStG behandelt. Die Einkünfteerzielung durch die Erbengemeinschaft und damit die Zurechnung der laufenden Einkünfte an die Miterben findet ihr Ende, soweit sich die Miterben hinsichtlich des gemeinsamen Vermögens auseinandergesetzt haben.

6 Nach Auffassung der Finanzverwaltung wird bei einer **Auseinandersetzungsvereinbarung** in der Regel eine **rückwirkende Zurechnung laufender Einkünfte für sechs Monate** auf den Zeitpunkt des Erbfalls anerkannt.[7] Dazu muss innerhalb der Frist eine klare und rechtlich bindende – insbesondere formwirksame – Vereinbarung mit entsprechendem Übergang von Nutzungen und Lasten über die Auseinandersetzung und ihre Modalitäten vorliegen und auch tatsächlich durchgeführt werden. Soweit noch eine Wertfindung erforderlich ist, kann diese jedoch auch außerhalb der Frist erfolgen. Wird die Erbengemeinschaft also innerhalb von sechs Monaten nach dem Erbfall (teil-)auseinandergesetzt und erhält ein Miterbe eine vermietete Nachlassimmobilie nebst Erträgen ab dem Zeitpunkt des Erbfalls, wird diese Zurechnung steuerlich anerkannt. Es kommt also nicht zu einer Zwischenzurechnung an die Erbengemeinschaft.

7 Liegt eine **Teilungsanordnung** des Erblassers iSd § 2048 BGB vor und verhalten sich die Miterben tatsächlich bereits vor der Auseinandersetzung entsprechend dieser Anordnung, indem die Einkünfte einem Miterben zugeordnet werden, ist nach Ansicht der Finanzverwaltung eine rückwirkende Zurechnung laufender Einkünfte auch über einen längeren Zeitraum als sechs Monate, der sich an den Umständen des Einzelfalls zu orientieren hat, möglich.[8]

8 § 23 Abs. 1 Nr. 1 S. 1 EStG bestimmt, dass Gewinne aus privaten Veräußerungsgeschäften von Grundstücken der Einkommensbesteuerung unterliegen, wenn diese innerhalb von 10 Jahren nach ihrer Anschaffung veräußert werden (sog. **Spekulationssteuer**). Im Rahmen der Berechnung der Zehnjahresfrist wird dem Erben (wie einem Vermächtnisnehmer auch) gem. § 23 Abs. 1 S. 3 EStG die Anschaffung des Grundstücks durch den Erblasser zugerechnet. Er tritt insofern in den Fristlauf seines Rechtsvorgängers ein (sog. **Fußstapfen-Theorie**).

II. Einkommensteuer und Erbauseinandersetzung

9 Die einkommensteuerlichen Folgen einer Erbauseinandersetzung hängen in erster Linie davon ab, ob bzw. inwieweit wegen einer Entgeltlichkeit ein Anschaffungs- bzw. Veräußerungsvorgang bei den Beteiligten ausgelöst wird. **Veräußerungsvorgänge** können (erhebliche) einkommensteuerliche Folgen haben. Einkommensteuerpflichtig können beim (veräußernden Miterben) etwa im Privatvermögensbereich insbesondere

- Grundstücksveräußerungen iSd § 23 Abs. 1 Nr. 1 S. 1 EStG,
- Wertpapierveräußerungen iSd § 20 Abs. 2 S. 1 EStG und
- die Veräußerung „wesentlicher Anteile an Kapitalgesellschaften" iSd § 17 EStG sein.

10 Dies gilt insbesondere auch für Zahlungen, die im Rahmen eines **(außer-)gerichtlichen Erbvergleichs** vereinbart werden. Daher sollten solche Vergleiche im Lichte ihrer ertragsteuerlichen Entgeltlichkeit und deren Folgen geprüft werden.

[7] BMF-Schreiben v. 11.1.2006, BStBl I 2006, 253, Rn. 8.
[8] BMF-Schreiben v. 11.1.2006, BStBl I 2006, 253, Rn. 8.

III. Einkommensteuer und Pflichtteilsrecht

Einkommensteuerliche Folgen können sich auch im Rahmen des Pflichtteilrechts ergeben. So stellt etwa die Hingabe eines Gegenstandes zur (teilweisen) Erfüllung des Pflichtteilsanspruchs an Erfüllungs statt iSv § 364 Abs. 1 BGB ertragsteuerlich einen **Anschaffungs- bzw. Veräußerungsvorgang** dar. Die Übertragung eines Grundstücks kann mithin ein „spekulationssteurpflichtiges" privates Veräußerungsgeschäft iSd § 23 Abs. 1 Nr. 1 S. 1 EStG darstellen. 11

Die einkommensteuerrechtliche Behandlung einer Abfindung für die Nichtgeltendmachung des Pflichtteilsanspruchs iSd § 3 Abs. 2 Nr. 4 ErbStG ist nicht geklärt. Der Vorgang hat jedenfalls nicht unmittelbar einen tauschähnlichen Charakter. Es ist deshalb davon auszugehen, dass hier keine Veräußerungs- oder Anschaffungsvorgänge bei den Beteiligten stattfinden.[9] Gleiches muss im Rahmen der Abfindung für die Aufgabe einer Erbprätendentenstellung iSd § 3 Abs. 2 Nr. 4 ErbStG gelten. 12

IV. Einkommensteuer und Ausschlagung

Bevor eine Ausschlagung gegen Abfindung des weichenden Erben vorgenommen wird, sollten auch die ertragsteuerlichen Folgen geprüft werden. Dabei ist zu beachten, dass steuerlich ein entgeltliches Rechtsgeschäft vorliegt.[10] Der weichende Erbe „veräußert" den ihm zunächst zurechenbaren Nachlass gegen Entgelt in Form der Abfindung an den Ersatzerben. 13

Erhält der Ersatzerbe Nachlassgegenstände, deren Veräußerung eine Steuer auslöst, stellt die Abfindung hinsichtlich des Anteils, der auf den Erwerb dieser Gegenstände fällt, einen steuerpflichtigen Erwerb dar. In Betracht kommt dabei insbesondere eine Besteuerung von Grundstücken gem. § 23 Abs. 1 Nr. 1 S. 1 EStG. 14

---

[9] *Jülicher* ZErb 2014, 128.
[10] BMF-Schreiben v. 14.3.2006, BStBl. I 2006, 253, Rn. 37.

Sachverzeichnis

Fette Zahlen bezeichnen die Paragraphen, magere die Randnummern.